AF819674

Recommended by **Teachers**
Trusted by **Toppers**

All in One

भूगोल

कक्षा 12

EVERYTHING YOU NEED TO SCORE

- NCERT की थ्योरी का सरल भाषा में अध्ययन
- वस्तुनिष्ठ प्रश्नों का कवरेज
- दक्षता (Competency) आधारित प्रश्न
- NCERT, बोर्ड परीक्षा व अन्य महत्त्वपूर्ण प्रश्न
- सैंपल पेपर्स

CBSE परीक्षा 2026

लेखकगण
राहुल मौर्य,
जयसिंह यादव

arihant
SUCCESS AND NOTHING LESS

arihant
SUCCESS AND NOTHING LESS

अरिहन्त प्रकाशन

(स्कूल डिवीज़न सीरीज़)

卐 रजि. कार्यालय

'रामछाया' 4577/15, अग्रवाल रोड, दरिया गंज, नई दिल्ली-110002
फोन: 011-47630600, 43518550; फैक्स: 011-23280316

मुख्य कार्यालय

कालिन्दी, टी०पी० नगर, मेरठ (यूपी)-250002 फोन: 0121-7156203, 7156204

卐 शाखा कार्यालय

आगरा, अहमदाबाद, बरेली, बंगलुरु, चेन्नई, दिल्ली, गुवाहाटी, हैदराबाद, जयपुर, झाँसी, कोलकाता, लखनऊ, नागपुर तथा पुणे

卐 PO No : TXT-XX-XXXXXXX-X-XX

Published by Arihant Publications (India) Ltd.

'अरिहन्त' की पुस्तकों के बारे में अधिक जानकारी के लिए हमारी वेबसाइट www.arihantbooks.com पर लॉग इन करें या info@arihantbooks.com पर सम्पर्क करें।

Follow us on

卐 मूल्य ₹ 450.00

प्रोडक्शन टीम

पब्लिशिंग मैनेजर
महेन्द्र सिंह रावत, केशव मोहन

कवर डिज़ाइनर
राकेश रावत

इनर डिज़ाइनर
अंकित त्यागी

प्रोजेक्ट हैड
पारूल काम्बोज

पेज लेआउट
संजय सागर

प्रूफ रीडर
शशि रानी

Index *cum* Study Planner

भाग 'क' मानव भूगोल के मूल सिद्धांत

		Studied	Revised	Exam ready
1. मानव भूगोल : प्रकृति एवं विषय क्षेत्र	**1-16**			
मानव भूगोल	1	☐	☐	☐
मानव भूगोल की प्रकृति	2	☐	☐	☐
मानव भूगोल के दृष्टिकोण की विचारधाराएँ	3	☐	☐	☐
मानव भूगोल के क्षेत्र व उप–क्षेत्र	5	☐	☐	☐
Mind Map	6	☐	☐	☐
NCERT फोल्डर	7	☐	☐	☐
अभ्यास प्रश्न	8	☐	☐	☐
स्वयं को जाँचें	16	☐	☐	☐
2. विश्व जनसंख्या : वितरण, घनत्व और वृद्धि	**17-34**			
विश्व में जनसंख्या वितरण का प्रारूप	17	☐	☐	☐
जनसंख्या वितरण को प्रभावित करने वाले कारक	18	☐	☐	☐
जनसंख्या वृद्धि	19	☐	☐	☐
जनसंख्या परिवर्तन के घटक	20	☐	☐	☐
जनांकिकीय संक्रमण सिद्धांत	20	☐	☐	☐
Mind Map	22	☐	☐	☐
NCERT फोल्डर	23	☐	☐	☐
अभ्यास प्रश्न	26	☐	☐	☐
स्वयं को जाँचें	34	☐	☐	☐
3. मानव विकास	**35-52**			
मानव विकास की अवधारणा	35	☐	☐	☐
मानव विकास के चार स्तंभ	36	☐	☐	☐
मानव विकास के उपागम	36	☐	☐	☐
मानव विकास का मापन	37	☐	☐	☐
मानव विकास सूचकांक की अंतर्राष्ट्रीय तुलनाएँ	38	☐	☐	☐
Mind Map	40	☐	☐	☐
NCERT फोल्डर	41	☐	☐	☐
अभ्यास प्रश्न	43	☐	☐	☐
स्वयं को जाँचें	52	☐	☐	☐
4. प्राथमिक क्रियाएँ	**53-76**			
प्राथमिक क्रियाओं के प्रकार	53	☐	☐	☐
कृषि	55	☐	☐	☐
कृषि के प्रकार	59	☐	☐	☐
खनन	59	☐	☐	☐
Mind Map	61	☐	☐	☐
NCERT फोल्डर	62	☐	☐	☐
अभ्यास प्रश्न	64	☐	☐	☐
स्वयं को जाँचें	76	☐	☐	☐

		Studied	Revised	Exam ready
5. द्वितीयक क्रियाएँ	**77-95**			
विनिर्माण	77			
उद्योगों की अवस्थिति को प्रभावित करने वाले कारक	79			
विनिर्माण उद्योगों का वर्गीकरण	80			
Mind Map	83			
NCERT फोल्डर	84			
अभ्यास प्रश्न	86			
स्वयं को जाँचें	95			
6. तृतीयक और चतुर्थ क्रियाकलाप	**96-115**			
तृतीयक क्रियाकलाप	96			
चतुर्थ क्रियाकलाप	101			
पंचम क्रियाकलाप	101			
Mind Map	103			
NCERT फोल्डर	104			
अभ्यास प्रश्न	106			
स्वयं को जाँचें	115			
7. परिवहन एवं संचार	**116-147**			
परिवहन	116			
स्थल (सड़क) परिवहन	117			
जल परिवहन	122			
वायु परिवहन	125			
पाइप लाइंस	126			
संचार	126			
Mind Map	128			
NCERT फोल्डर	129			
अभ्यास प्रश्न	131			
स्वयं को जाँचें	147			
8. अंतर्राष्ट्रीय व्यापार	**148-167**			
अंतर्राष्ट्रीय व्यापार का इतिहास	148			
अंतर्राष्ट्रीय व्यापार के प्रकार	149			
अंतर्राष्ट्रीय व्यापार के आधार	150			
व्यापार संतुलन	151			
विश्व व्यापार संगठन	152			
अंतर्राष्ट्रीय व्यापार के प्रवेश द्वार	153			
Mind Map	155			
NCERT फोल्डर	156			
अभ्यास प्रश्न	157			
स्वयं को जाँचें	167			

भाग 'ख' भारत : लोग और अर्थव्यवस्था

1. जनसंख्या वितरण, घनत्व, वृद्धि और संघटन	**168-191**			
जनसंख्या का वितरण	168			
जनसंख्या का घनत्व	169			
जनसंख्या वृद्धि	170			

		Studied	Revised	Exam ready
जनसंख्या संरचना	172	☐	☐	☐
Mind Map	177	☐	☐	☐
NCERT फोल्डर	178	☐	☐	☐
अभ्यास प्रश्न	180	☐	☐	☐
स्वयं को जाँचें	191	☐	☐	☐
2. मानव बस्तियाँ	**192-206**			
ग्रामीण बस्तियाँ	192	☐	☐	☐
नगरीय बस्तियाँ	194	☐	☐	☐
भारत में नगरों का विकास	194	☐	☐	☐
Mind Map	196	☐	☐	☐
NCERT फोल्डर	197	☐	☐	☐
अभ्यास प्रश्न	198	☐	☐	☐
स्वयं को जाँचें	206	☐	☐	☐
3. भू-संसाधन तथा कृषि	**207-237**			
भू-उपयोग का वर्गीकरण	207	☐	☐	☐
भारत में भू-उपयोग परिवर्तन	208	☐	☐	☐
साझा संपत्ति संसाधन	209	☐	☐	☐
भारत में कृषि भूमि का उपयोग	210	☐	☐	☐
भारत में फसल ऋतुएँ	211	☐	☐	☐
भारत में कृषि विकास	219	☐	☐	☐
भारतीय कृषि की समस्याएँ	220	☐	☐	☐
Mind Map	222	☐	☐	☐
NCERT फोल्डर	223	☐	☐	☐
अभ्यास प्रश्न	225	☐	☐	☐
स्वयं को जाँचें	237	☐	☐	☐
4. जल संसाधन	**238-258**			
भारत के जल संसाधन	238	☐	☐	☐
जल के गुणों का ह्रास	240	☐	☐	☐
Mind Map	244	☐	☐	☐
NCERT फोल्डर	245	☐	☐	☐
अभ्यास प्रश्न	247	☐	☐	☐
स्वयं को जाँचें	258	☐	☐	☐
5. खनिज तथा ऊर्जा संसाधन	**259-282**			
खनिज	259	☐	☐	☐
भारत में खनिजों का वितरण	260	☐	☐	☐
लौह धात्विक खनिज	261	☐	☐	☐
अलौह धात्विक खनिज	263	☐	☐	☐
अधात्विक खनिज	264	☐	☐	☐
ऊर्जा संसाधन	264	☐	☐	☐
खनिज संसाधनों का संरक्षण	268	☐	☐	☐
Mind Map	269	☐	☐	☐
NCERT फोल्डर	270	☐	☐	☐
अभ्यास प्रश्न	271	☐	☐	☐
स्वयं को जाँचें	282	☐	☐	☐

		Studied	Revised	Exam ready
6. भारत के संदर्भ में नियोजन और सतत पोषणीय विकास	**283-302**			
नियोजन के प्रकार	283	☐	☐	☐
भरमौर क्षेत्र में समन्वित जनजातीय विकास कार्यक्रम – एक केस अध्ययन	285	☐	☐	☐
सतत पोषणीय विकास	287	☐	☐	☐
सतत पोषणीय विकास को बढ़ावा देने वाले उपाय	289	☐	☐	☐
Mind Map	290	☐	☐	☐
NCERT फोल्डर	291	☐	☐	☐
अभ्यास प्रश्न	292	☐	☐	☐
स्वयं को जाँचें	302	☐	☐	☐
7. परिवहन एवं संचार	**303-325**			
परिवहन	303	☐	☐	☐
रेल परिवहन	306	☐	☐	☐
तेल एवं गैस पाइपलाइन	307	☐	☐	☐
जल परिवहन	307	☐	☐	☐
वायु परिवहन	308	☐	☐	☐
संचार जाल	309	☐	☐	☐
Mind Map	311	☐	☐	☐
NCERT फोल्डर	312	☐	☐	☐
अभ्यास प्रश्न	314	☐	☐	☐
स्वयं को जाँचें	325	☐	☐	☐
8. अंतर्राष्ट्रीय व्यापार	**326-344**			
भारत के निर्यात संघटन के बदलते प्रारूप	326	☐	☐	☐
भारत के आयात संघटन के बदलते प्रारूप	327	☐	☐	☐
व्यापार की दिशा	328	☐	☐	☐
समुद्री पत्तन अंतर्राष्ट्रीय व्यापार के प्रवेश द्वार के रूप में	328	☐	☐	☐
Mind Map	331	☐	☐	☐
NCERT फोल्डर	332	☐	☐	☐
अभ्यास प्रश्न	333	☐	☐	☐
स्वयं को जाँचें	344	☐	☐	☐
9. भौगोलिक परिप्रेक्ष्य में चयनित कुछ मुद्दे एवं समस्याएँ	**345-364**			
पर्यावरण प्रदूषण	345	☐	☐	☐
भू-निम्नीकरण	348	☐	☐	☐
नगरीय अपशिष्ट निपटान	349	☐	☐	☐
ग्रामीण-शहरी प्रवास	350	☐	☐	☐
गंदी बस्तियों की समस्याएँ	351	☐	☐	☐
Mind Map	352	☐	☐	☐
NCERT फोल्डर	353	☐	☐	☐
अभ्यास प्रश्न	355	☐	☐	☐
स्वयं को जाँचें	364	☐	☐	☐
• **प्रयोगात्मक कार्य**	**367-388**			
• **सैंपल पेपर्स** (1-3)	**391-409**			
• **बोर्ड प्रश्न-पत्र** 2025	**413-422**			

One Book- Endless Features

to Help you Succeed

संपूर्ण अध्ययन

प्रत्येक अध्याय के प्रारंभ में Theory को Easy to Read/Understand रूप में दिया गया है। Theory के बीच में चित्र, फ्लोचार्टर्स, सारणी आदि दिए गए हैं, जिनकी सहायता से विद्यार्थी विषय संकल्पनाओं को आसानी से समझ पाएँगे।

1

खण्ड (क) मानव भूगोल के मूल सिद्धांत

अध्याय

यह अध्याय, मानव और प्रकृति के संबंधों पर आधारित है। इसमें प्राकृतिक और मानवीय तत्वों के परस्पर संबंधों की चर्चा की गई है और साथ ही अध्ययन हेतु स्रोत आधारित विचारधाराओं का विवरण दिया गया है।

▼ **अध्ययन एक नजर में**
- 1.1 मानव भूगोल
- 1.2 मानव भूगोल की प्रकृति
- 1.3 मानव भूगोल के दृष्टिकोण/विचारधाराएँ
- 1.4 मानव भूगोल के क्षेत्र व उप-क्षेत्र

▼ **आपके अभ्यास लक्ष्य**
- बहुविकल्पीय प्रश्न 28, (युग्मित प्रश्न आधारित, कथन/कारण, सुमेलित कीजिए)
- वर्णनात्मक प्रकार के प्रश्न (लघु उत्तरीय प्रश्न 15, दीर्घ उत्तरीय प्रश्न 3)
- स्रोत आधारित प्रश्न 3 मानचित्र आधारित 0

मानव भूगोल
(प्रकृति एवं विषय क्षेत्र)

भूगोल, अध्ययन क्षेत्र के रूप में विभिन्न शाखाओं में फैला हुआ है तथा अध्ययन के रूप में यह समाकलनात्मक[1], आनुभाविक[2] एवं व्यावहारिक[3] विषय है। मानव एवं प्रकृति के अध्ययन हेतु भूगोल के प्रमुख दो घटक हैं– भौतिक भूगोल (Physical Geography) एवं मानव भूगोल (Human Geography)। भौतिक भूगोल में भौतिक पर्यावरण का अध्ययन किया जाता है, जिसमें पहाड़, पठार, जल, मृदाएँ, जलवायु, प्राकृतिक वनस्पति आदि शामिल हैं और मानव भूगोल में पृथ्वी तथा मनुष्य के आसंबंधों की एक नई संकल्पना प्रस्तुत करता है।

NCERT फोल्डर

पाठ्यपुस्तक के प्रत्येक अध्याय में NCERT पाठ्यपुस्तक के अभ्यास प्रश्नों का उत्तर सरल भाषा में दिया गया है तथा उतना ही उत्तर दिया गया है जितना कि प्रश्न में अनिवार्य रूप से पूछा गया है। NCERT फोल्डर को यहाँ देने का मुख्य उद्देश्य यह है कि छात्र NCERT का पूर्ण अभ्यास एक ही पुस्तक में कर सकें।

अभ्यास प्रश्न

पाठ्यपुस्तक के प्रत्येक अध्याय के NCERT प्रश्नोत्तर के पश्चात् 'परीक्षा अभ्यास' दिया गया है, जिसमें वस्तुनिष्ठ प्रश्न, अतिलघु उत्तरीय, लघु उत्तरीय और दीर्घ उत्तरीय आदि प्रश्न दिए गए हैं। परीक्षा अभ्यास देने का मुख्य उद्देश्य यह है कि छात्र अपने द्वारा अध्याय में पढ़ी हुई पाठ्य सामग्री से संबंधित प्रश्नोत्तर का अध्ययन यहाँ कर सकते हैं।

अभ्यास प्रश्न

वस्तुनिष्ठ प्रश्न

बहुविकल्पीय प्रश्न

1. विश्व की सर्वाधिक जनसंख्या किस महाद्वीप पर निवास करती है?
(a) यूरोप (b) अफ्रीका (c) ऑस्ट्रेलिया (d) एशिया
उत्तर (d) एशिया

2. एशिया का सर्वाधिक जनसंख्या वाला देश है
(a) भारत (b) जापान (c) चीन (d) इंडोनेशिया
उत्तर (c) चीन

3. निम्नलिखित में से कौन-सा विश्व में जनसंख्या के असमान वितरण के लिए उत्तरदायी एक आर्थिक कारक है? CBSE 2023
(a) नगरीकरण (b) मृदाएँ (c) जलवायु (d) राजनीतिक अशांति
उत्तर (a) नगरीकरण

4. निम्नलिखित में से कौन-सा भौतिक कारक भारत में जनसंख्या के असमान वितरण के लिए उत्तरदायी है? CBSE 2021
(a) पानी की उपलब्धता (b) कृषि विकास (c) परिवहन संचार (d) नगरीकरण
उत्तर (a) पानी की उपलब्धता

5. किसी भौगोलिक क्षेत्र के आकार एवं उसमें रहने वाले लोगों की संख्या के अनुपात को कहा जाता है — दक्षता आधारित प्रश्न
(a) जनसंख्या वितरण (b) जनसंख्या घनत्व (c) जनसंख्या वृद्धि (d) जनसंख्या प्रसार
उत्तर (b) जनसंख्या घनत्व

6. निम्न में से कौन-सा उच्च जनसंख्या घनत्व वाला क्षेत्र है?
(a) एशिया का पश्चिमी चीन
(b) अमेरिका का उत्तरी-पूर्वी भाग
(c) दक्षिणी ध्रुव के क्षेत्र
(d) यूरोप का नॉर्वे
उत्तर (b) अमेरिका का उत्तरी-पूर्वी भाग

7. निम्न में से कौन-सा प्रवास को प्रभावित करने वाला अपकर्ष कारक नहीं है?
(a) रोजगार के बेहतर अवसर
(b) सामाजिक-आर्थिक पिछड़ापन
(c) अनुकूल जलवायु
(d) सम्पत्ति की सुरक्षा
उत्तर (b) सामाजिक-आर्थिक पिछड़ापन

8. निम्नलिखित में से प्रवासन के प्रेरक कारक चुने CBSE 2021
(a) सामाजिक आर्थिक पिछड़ापन
(b) आरामदायक मौसम
(c) जीवन और धन की सुरक्षा
(d) शांति और स्थिरता
उत्तर (a) सामाजिक आर्थिक पिछड़ापन

9. किस प्रकार के उपाय परिवार नियोजन में सहायक हो सकते हैं?
(a) प्रचार और गर्भ निरोधक की सुगम उपलब्धता
(b) केवल जनसंख्या नियंत्रण कानून
(c) खाद्य आपूर्ति की वृद्धि
(d) शिक्षा में सुधार
उत्तर (a) प्रचार और गर्भ निरोधक की सुगम उपलब्धता

10. निम्नलिखित में से कौन-सा फॉर्मूला जनसंख्या की वास्तविक वृद्धि दर को दर्शाता है? CBSE 2020
(a) जन्म-मृत्यु + अप्रवास - उत्प्रवास
(b) जन्म-मृत्यु + आप्रवास - उत्प्रवास
(c) जन्म + मृत्यु - अप्रवास + उत्प्रवास
(d) जन्म - मृत्यु + अप्रवास - उत्प्रवास
उत्तर (d) जन्म - मृत्यु + अप्रवास - उत्प्रवास

11. निम्नलिखित में से कौन-सा सघन आवास क्षेत्र है? CBSE 2023
(a) हिमालयी क्षेत्र
(b) जापान का ओसाका कोबे क्षेत्र
(c) रूस का साइबेरियन क्षेत्र
(d) नयी दिल्ली
उत्तर (b) जापान का ओसाका कोबे क्षेत्र

12. थॉमस माल्थस ने अपने सिद्धांत (1798) में कहा था कि लोगों की संख्या .... की अपेक्षा अधिक तेजी से बढ़ेगी।
(a) पैसे (b) संसाधन (c) खाद्य आपूर्ति (d) विज्ञान
उत्तर (c) खाद्य आपूर्ति

13. भारत की वर्ष 2001 की जनसंख्या (102.70 करोड़) और वर्ष 2011 की जनसंख्या (121.02 करोड़) के बीच की वास्तविक जनसंख्या वृद्धि .... करोड़ है। दक्षता आधारित प्रश्न
(a) 18.15 (b) 15.35 (c) 20.15 (d) 25.00
उत्तर (a) 18.15

NCERT फोल्डर

नीचे दिए गए चार विकल्पों में से सही उत्तर को चुनिए

1. निम्नलिखित कथनों में से कौन-सा एक भूगोल का वर्णन नहीं करता?
(a) समाकलनात्मक अनुशासन
(b) मानव और पर्यावरण के बीच अंतर्संबंधों का अध्ययन
(c) द्वैधता पर आश्रित
(d) प्रौद्योगिकी के विकास के फलस्वरूप आधुनिक समय में प्रासंगिक नहीं
उत्तर (c) द्वैधता पर आश्रित

2. निम्नलिखित में से कौन-सा एक भौगोलिक सूचना का स्रोत नहीं है?
(a) यात्रियों का विवरण
(b) प्राचीन मानचित्र
(c) चंद्रमा से चट्टानी पदार्थों के नमूने
(d) प्राचीन महाकाव्य
उत्तर (d) प्राचीन महाकाव्य

3. निम्नलिखित में से कौन-सा एक कारक मानव और पर्यावरण के बीच अन्योन्यक्रिया का सर्वाधिक महत्त्वपूर्ण कारक है?
(a) मानव बुद्धिमत्ता
(b) प्रौद्योगिकी
(c) लोगों के अनुभव
(d) मानवीय भाईचारा
उत्तर (b) प्रौद्योगिकी

4. निम्नलिखित में से कौन-सा एक मानव भूगोल का उपागम नहीं है?
(a) क्षेत्रीय विभिन्नता
(b) मात्रात्मक क्रांति
(c) स्थानिक संगठन
(d) अन्वेषण और वर्णन
उत्तर (b) मात्रात्मक क्रांति

3. मानव भूगोल किस प्रकार अन्य सामाजिक विज्ञानों से संबंधित है?
उत्तर मानव भूगोल की प्रकृति अत्यधिक अंतर-विषयक है, क्योंकि इसमें मानव और प्राकृतिक पर्यावरण के बीच अंतर्संबंधों का अध्ययन किया जाता है। अतः इसका विभिन्न सामाजिक विज्ञानों से गहरा संबंध है, जैसे—मानव विज्ञान, राजनीति विज्ञान, अर्थशास्त्र, समाजशास्त्र, मनोविज्ञान इत्यादि।

निम्नलिखित प्रश्नों के उत्तर लगभग 150 शब्दों में दीजिए

1. मानव के प्राकृतीकरण की व्याख्या कीजिए। CBSE 2023
अथवा "आदिम समुदाय अपने प्राकृतिक पर्यावरण के साथ पूर्व सामंजस्य के साथ रहते थे और इस प्रकार मनुष्य का प्राकृतीकरण हुआ था" इस कथन का समर्थन करें।
उत्तर मानव के प्राकृतीकरण से तात्पर्य मानव का प्रकृति के अनुसार स्वयं को ढालने से है। आदिम काल में प्रौद्योगिकी का स्तर निम्न होने के कारण आदिम समुदाय अपने प्राकृतिक पर्यावरण के साथ पूर्ण सामंजस्य के साथ रहते थे तथा मानव ने प्रकृति के आदेशों के अनुसार स्वयं को ढाल लिया, क्योंकि वह उस समय प्राकृतिक शक्तियों से डरता था और उसकी पूजा करता था। आरंभिक समय में मानव की सामाजिक विकास की अवस्था भी निम्न थी। धीरे-धीरे समय के साथ लोग अपने पर्यावरण एवं प्राकृतिक बलों को समझने लगे और अपने ज्ञान के आधार पर तकनीकी कौशल विकसित करने में सफल हुए। इस प्रकार मानव ने प्राकृतिक संसाधनों को अवसर के रूप में प्राप्त कर अपनी सामाजिक, सांस्कृतिक तथा आर्थिक क्रियाओं का विकास किया। इसमें मानव तथा प्रकृति के बीच पूर्णतः सामंजस्य पाया गया।

2. मानव भूगोल के विषय क्षेत्र पर एक टिप्पणी लिखिए।
अथवा मानव भूगोल की प्रकृति अंतर-विषयक् है। इसके प्रमुख क्षेत्रों की व्याख्या कीजिए। दक्षता आधारित प्रश्न

One Book- Endless Features
to Help you Succeed

स्वयं को जाँचें

परीक्षा अभ्यास के पश्चात् अध्याय के इस चरण में छात्र अध्याय से संबंधित अपने ज्ञान का मूल्यांकन कर सकते हैं।

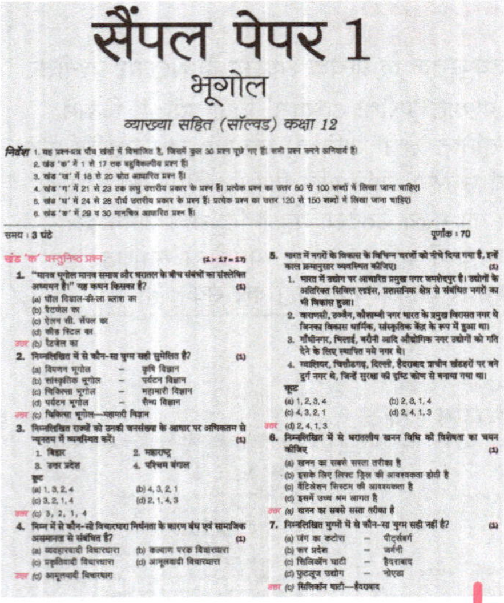
सैंपल पेपर 1
भूगोल
व्याख्या सहित (सॉल्वड) कक्षा 12

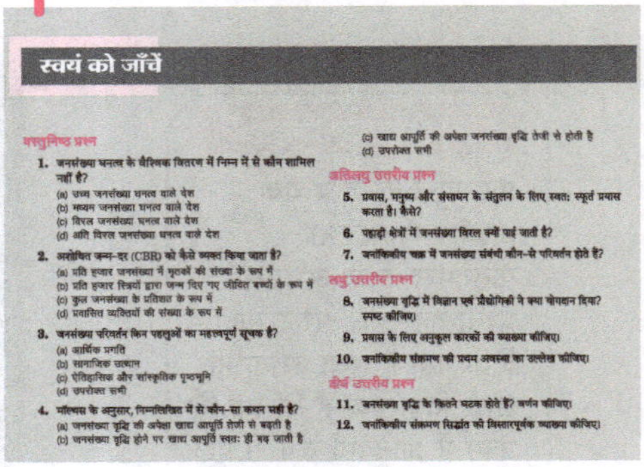
स्वयं को जाँचें

सैंपल पेपर्स

पुस्तक के अंत में CBSE के नवीनतम पाठ्यक्रम व नवीनतम सैंपल पेपर पर आधारित 3 सैंपल पेपर्स दिए गए हैं। सभी सैंपल पेपर्स को परीक्षा पैटर्न व समय सीमा को ध्यान में रखकर तैयार किया गया है। इन सैंपल पेपर्स की प्रैक्टिस कर छात्र परीक्षा की सटीक तैयारी कर सकते हैं।

नवीनतम पाठ्यक्रम

मानव भूगोल के मूल सिद्धांत

अध्याय संख्या	अध्याय का नाम	अंक
इकाई–1		
1.	मानव भूगोल	3
इकाई–2		
2.	विश्व जनसंख्या : घनत्व, वितरण और विकास	8
3.	मानव विकास	
इकाई–3		
4.	प्राथमिक गतिविधियाँ	
5.	द्वितीयक गतिविधियाँ	19
6.	तृतीयक और चतुर्थ गतिविधियाँ	
7.	परिवहन, संचार एवं व्यापार	
8.	अंतर्राष्ट्रीय व्यापार	
मानचित्र कार्य (विश्व राजनीतिक मानचित्र पर सुविधाओं की पहचान के आधार पर)		5
योग		**35**

भारत : लोग और अर्थव्यवस्था

अध्याय संख्या	अध्याय का नाम	अंक
इकाई–1		
1.	जनसंख्या : वितरण, घनत्व, वृद्धि और संरचना	5
इकाई–2		
2.	मानव बस्ती	3
इकाई–3		
3.	भूसंसाधन तथा कृषि	
4.	जल–संसाधन	10
5.	खनिज तथा ऊर्जा संसाधन	
6.	भारतीय संदर्भ में योजना और सतत विकास	
इकाई–4		
7.	परिवहन तथा संचार	7
8.	अंतर्राष्ट्रीय व्यापार	
इकाई–5		
9.	चयनित मुद्दों एवं समस्याओं पर भौगोलिक परिप्रेक्ष्य	5
मानचित्र कार्य (भारत के राजनीतिक मानचित्र पर अंकन और चिह्नित के आधार पर)		5
योग		**35**

1

खण्ड (क) मानव भूगोल के मूल सिद्धांत

अध्याय

यह अध्याय, मानव और प्रकृति के संबंधों पर आधारित है। इसमें प्राकृतिक और मानवीय तत्त्वों के परस्पर संबंधों की चर्चा की गई है और साथ ही अध्ययन हेतु स्रोत आधारित विचारधाराओं का विवरण दिया गया है।

▼ अध्ययन एक नजर में

1.1 मानव भूगोल
1.2 मानव भूगोल की प्रकृति
1.3 मानव भूगोल के दृष्टिकोण/विचारधाराएँ
1.4 मानव भूगोल के क्षेत्र व उप-क्षेत्र

▼ आपके अभ्यास लक्ष्य

– बहुविकल्पीय प्रश्न 28, (युग्मित प्रश्न आधारित, कथन/कारण, सुमेलित कीजिए)
– वर्णनात्मक प्रकार के प्रश्न (लघु उत्तरीय प्रश्न 15, दीर्घ उत्तरीय प्रश्न 3)
– स्रोत आधारित प्रश्न 3 मानचित्र आधारित 0

मानव भूगोल
(प्रकृति एवं विषय क्षेत्र)

भूगोल, अध्ययन क्षेत्र के रूप में विभिन्न शाखाओं में फैला हुआ है तथा अध्ययन के रूप में यह **समाकलनात्मक**[1], **आनुभाविक**[2] एवं **व्यावहारिक**[3] विषय है। मानव एवं प्रकृति के अध्ययन हेतु भूगोल के प्रमुख दो घटक हैं— भौतिक भूगोल (Physical Geography) एवं मानव भूगोल (Human Geography)। भौतिक भूगोल में भौतिक पर्यावरण का अध्ययन किया जाता है, जिसमें पहाड़, पठार, जल, मृदाएँ, जलवायु, प्राकृतिक वनस्पति आदि शामिल हैं और मानव भूगोल में पृथ्वी तथा मनुष्य के अंतर्संबंधों की एक नई संकल्पना प्रस्तुत करता है।

1.1 मानव भूगोल

विभिन्न विद्वानों ने मानव भूगोल को अपने-अपने शब्दों में परिभाषित किया है, जिनमें कुछ परिभाषाएँ इस प्रकार हैं

- ''मानव भूगोल, मानव समाज और धरातल के मध्य संबंधों का संश्लेषित अध्ययन है।''
  - रैटजेल
- ''मानव भूगोल अस्थिर पृथ्वी और क्रियाशील मानव के मध्य परिवर्तनशील संबंधों का अध्ययन है।'' ***- एलन सी सेंपल***
- ''हमारी पृथ्वी को नियंत्रित करने वाले भौतिक नियमों तथा इस पर रहने वाले जीवों के मध्य संबंधों के अधिक संश्लेषित ज्ञान से उत्पन्न संकल्पना ही मानव भूगोल हैं।''
  -पॉल विडाल-डी- ला -ब्लाश

---

1 समाकलनात्मक का अर्थ किसी विषय या अधिगम के परिणामों का समग्र मूल्यांकन करना है।
2 आनुभाविक ऐसे अवलोकन, जो प्रयोगों और व्यावहारिक अनुभव पर आधारित होते हैं।
3 व्यावहारिक ऐसे अवलोकन, जो व्यवहारिक क्रिय-कलापों पर आधारित होते हैं।

- मानव भूगोल में भौतिक पर्यावरण के साथ मानवीय गतिविधियों का अध्ययन किया जाता है। मानवीय गतिविधियाँ पर्यावरण से प्रभावित होती हैं, इसलिए इनके अंतर्गत सभी मानव पोषित तत्त्वों का भी अध्ययन किया जाता है। अन्य शब्दों में, ''मानव भूगोल वह विज्ञान है, जिसके अंतर्गत मानव तथा भौतिक पर्यावरण के पारस्परिक संबंधों का अध्ययन क्षेत्रीय आधार पर किया जाता है।''
- भौतिक भूगोल भौतिक पर्यावरण का अध्ययन करता है। मानव भूगोल भौतिक/प्राकृतिक एवं मानवीय जीवन के मध्य संबंधों का, मानवीय परिघटनाओं का स्थानिक विवरण का तथा उनके घटित होने के कारण एवं विश्व के विभिन्न भागों में सामाजिक और आर्थिक विभिन्नताओं का अध्ययन करता है।
- भौतिक एवं मानव भूगोल के मध्य द्विभाजन या अंतर मान्य नहीं है, क्योंकि प्रकृति एवं मानव अविभाज्य तत्त्व हैं, अतः उन्हें व्यापक रूप से देखा जाना चाहिए।

1.2 मानव भूगोल की प्रकृति

- मानव भूगोल भौतिक पर्यावरण और मनुष्य द्वारा निर्मित सामाजिक-सांस्कृतिक पर्यावरण के मध्य के संबंधों का अध्ययन उनकी परस्पर अन्योन्यक्रिया (Interdependence) के द्वारा करता है।
- मानव भौतिक (प्रकृति) पर्यावरण द्वारा प्रदान किए गए संसाधनों; जैसे—भू-आकृति, मृदाएँ, जलवायु आदि का उपयोग कर भौतिक वस्तुओं का निर्माण करते हैं।
- गृह, गाँव, सड़क, नगर, उद्योग, रेलों का जाल, पत्तन दैनिक उपयोग में आने वाली वस्तुएँ तथा भौतिक संस्कृति के अन्य सभी तत्त्व भौतिक पर्यावरण द्वारा प्रदत्त संसाधनों का उपयोग करते हुए मानव द्वारा निर्मित किए गए हैं।
- इसमें मानव तथा प्रकृति दोनों एक-दूसरे को प्रभावित करते हैं। मानव भूगोल की प्रकृति अंतर-विषयक (Interdisciplinary) है।

मानव का प्राकृतीकरण

- मानव के प्राकृतीकरण (Naturalisation of Human) से तात्पर्य मानव का प्रकृति के अनुसार, स्वयं को ढाल लेने से है। आदिमकाल में प्रौद्योगिकी (Technology) का स्तर अत्यंत निम्न होने के कारण मानव ने प्रकृतिनुसार स्वयं को ढाल लिया था, क्योंकि उस समय मानव प्रकृति को भली-भाँति समझता था। वह प्रकृति को सुनता था, प्रकृति की प्रचंडता (जैसे—बादलों का गरजना, बिजली चमकना) से डरता था और साथ ही वह प्रकृति की पूजा भी करता था।
- प्रौद्योगिकी की सहायता से मानव अपने भौतिक पर्यावरण के साथ अन्योन्यक्रिया करता है। यह महत्त्वपूर्ण नहीं है कि मानव क्या उत्पन्न और क्या निर्माण करता है, बल्कि यह अत्यंत महत्त्वपूर्ण है कि मानव किन उपकरणों और तकनीकों की सहायता से उत्पादन और निर्माण करता है।

प्रकृति का मानवीकरण

- मानव द्वारा प्रौद्योगिकी का प्रयोग करके प्रकृति को अपने अनुसार ढाल लेना प्रकृति का मानवीकरण कहलाता है।
- मानव द्वारा विकसित प्रौद्योगिकी ने उन्हें प्राकृतिक पर्यावरण द्वारा बनाए गए अवरोधों को पार करने में सक्षम बनाया। उदाहरणस्वरूप, घर्षण और ऊष्मा के सिद्धांतों की वैज्ञानिक समझ ने मानव को अग्नि की खोज करने और उसके उपयोग के माध्यम से अपने जीवन को सरल बनाने में सहायता प्रदान की।
- इसी प्रकार, डीएनए एवं आनुवांशिकी के क्षेत्र में ज्ञान प्राप्त करने से मनुष्य कई घातक बीमारियों का उपचार खोजने में सक्षम हो पाया है। इन सभी प्रकरणों में प्रकृति को शक्तिशाली माना गया है और पर्यावरण से प्राप्त संसाधनों के माध्यम से मनुष्य ने प्रकृति का मानवीकरण किया है।

1.3 मानव भूगोल के दृष्टिकोण/विचारधाराएँ

विद्वानों ने मानव और पर्यावरण संबंधों का वर्णन करने व मानव भूगोल का अध्ययन करने के लिए तीन मुख्य दृष्टिकोण अथवा/ विचारधाराएँ प्रस्तुत की हैं, जिनका वर्णन निम्नलिखित है

पर्यावरणीय निश्चयवाद या नियतिवाद

- आदिम समय में प्रकृति की शक्तियों व मानव के मध्य होने वाली परस्पर क्रियाओं को पर्यावरणीय नियतिवाद (Environmental Determinism) कहा गया है। **पर्यावरणीय नियतिवाद**[4] की विचारधारा के अनुसार, मनुष्य के प्रत्येक क्रिया-कलाप को पर्यावरण से नियंत्रित किया जाता है। इसे हम इस प्रकार समझ सकते हैं; जैसे—
- आदिम अवस्थाओं में मानव-पर्यावरण अन्त: क्रिया को मानव के प्राकृतीकरण या प्रकृति के मानवीकरण के रूप में तथा भौतिक पर्यावरण को 'माता-प्रकृति' के रूप में पूजा जाता था।
- इस अवस्था का अनुसरण करने वाले मानते हैं कि भौतिक कारक; जैसे -जलवायु उच्चावच, प्राकृतिक वनस्पति आदि मानव के समस्त क्रिया-कलाप और जीवन शैली को नियंत्रित करते हैं। अत: इसमें प्राकृतिक शक्ति की प्रधानता होती है।

संभववाद

- मानव द्वारा पर्यावरण से प्राप्त संसाधनों को विभिन्न संभावनाओं के रूप में बदलना **संभववाद**[5] (Possibilism) कहलाता है। इसके जनक विडाल-डी-ला-ब्लाश हैं। इनके अनुसार, मानव प्रकृति द्वारा प्रदान किए गए संसाधनों को अवसर के रूप में प्राप्त कर इच्छानुसार उपयोग कर सकता है। अत: इसमें मानव शक्ति की प्रधानता होती है।
- भौगोलिक वातावरण में मानवीय क्रियाओं की छाप सभी जगह देखने को मिलती है; जैसे—उच्च भूमियों पर स्वास्थ्य विश्राम स्थल बनाना, विशाल नगरीय प्रसार करना, खेती; फलोद्यान बनाना,मैदानों एवं तरंगित पहाड़ियों में चरागाहों का निर्माण करना, तटों पर पत्तन, और महासागरीय तल पर समुद्री मार्ग खोजना तथा अंतरिक्ष में उपग्रह स्थापित करना इत्यादि।

नव-निश्चयवाद

- **नव-निश्चयवाद**[6] की अवधारणा भूगोलवेत्ता ग्रिफिथ टेलर द्वारा प्रतिपादित की गई थी।
- यह विचार पर्यावरण नियतिवाद और संभववाद के दो परस्पर विरोधी दृष्टिकोणों के मध्य सतुंलन स्थापित करने का प्रयास करता है।
- टेलर के अनुसार, न तो पर्यावरणीय कारक मानव के जीवन और कार्यों पर पूर्ण रूप से निर्धारणकारी प्रभाव डालते हैं (पर्यावरण नियतिवाद) और न ही मनुष्यों को अपने कार्यों में संपूर्ण स्वतंत्रता प्राप्त है (संभववाद)। इस दृष्टिकोण के अंतर्गत, मानव क्रियाकलाप पर्यावरणीय परिस्थितियों और मानवीय निर्णयों के सामंजस्य से प्रभावित होते हैं। यही कारण है कि इसे ''रुको और जाओ निश्चयवाद'' के नाम से भी जाना जाता है।
- इस विचारधारा के अनुसार, मनुष्य प्राकृतिक पर्यावरण को क्षति पहुँचाए बिना अपनी आवश्यकताओं के अनुसार उसमें परिवर्तन कर सकता है, बशर्ते प्रकृति स्वयं इन परिवर्तनों हेतु अनुमति प्रदान करे।
- नव-निश्चयवाद मनुष्य और पर्यावरण के मध्य एक सतुंलित संबंध स्थापित करने की अवधारणा को प्रोत्साहित करता है, जिससे दोनों के मध्य समन्वय और सह-अस्तित्व सुनिश्चित हो सके।

मानव भूगोल में विभिन्न विचारधाराएँ

मानव भूगोल में विभिन्न विचारधाराएँ निम्नलिखित हैं

मानवीय भूगोल की कल्याणपरक अथवा मानवतावादी विचारधारा यह विचारधारा मुख्यत: सामाजिक कल्याण के विभिन्न आयामों पर केंद्रित है। इसके अंतर्गत आवास, स्वास्थ्य, शिक्षा आदि जैसे पहलुओं का समावेशन होता है, जो व्यक्तियों के जीवन स्तर को बेहतर बनाने में सहायक होते हैं।

आमूलवादी (रेडिकल) **विचारधारा** यह विचाधारा समाज में व्याप्त गरीबी, अभाव और सामाजिक असमानता के मूल कारणों को समझने के लिए मार्क्सवादी सिद्धांतों का सहारा लेती है, इसके माध्यम से समाज में व्याप्त वर्गभेद और आर्थिक विषमता का विश्लेषण किया जाता है।

---

4 पर्यावरणीय नियतिवाद यह विचार है कि किसी भी स्थान का भौगोलिक और जलवायु पर्यावरण, वहाँ के लोगों के व्यवहार और सामाजिक, राजनीतिक और आर्थिक विकास को निर्धारित करता है।

5 संभववाद इस शब्द से तात्पर्य है कि प्रकृति में सर्वत्र संभावनाएँ हैं और मनुष्य इन संभावनाओं का स्वामी है।

6 नव-निश्चयवाद पर्यावरण एवं मानव क्रिया के बीच समन्वय पर आधारित अवधारणा है।

व्यवहारवादी विचारधारा यह विचारधारा जातीयता, नस्ल और धर्म जैसे सामाजिक आधारों पर बनी श्रेणियों के अनुभवों और स्थान की धारणा पर विशेष ध्यान देती है। इसका उद्देश्य इन कारकों के प्रभावों को समझना और उनका विश्लेषण करना है।

मानव भूगोल का सामयिक विकास

- मानव भूगोल का सामयिका विकास निम्नलिखित अवस्थाओं से होकर गुजरा है, जो निम्न हैं

मानव भूगोल की वृहत अवस्थाएँ और प्रणोद

समय अवधि	उपागम	मुख्य लक्षण
आरंभिक उपनिवेश युग	अन्वेषण और विवरण	साम्राज्यी और व्यापारिक रुचियों ने नए क्षेत्रों में खोजों व अन्वेषणों को प्रोत्साहित किया। क्षेत्र का विश्वज्ञानकोषीय (Encyclopaedic) विवरण भूगोलवेत्ताओं द्वारा वर्णन करना महत्त्वपूर्ण पक्ष बना।
उत्तर उपनिवेश युग	प्रादेशिक विश्लेषण	प्रदेश के सभी पक्षों का विस्तृत वर्णन किया गया। सभी प्रदेश पूर्ण अर्थात् पृथ्वी के भाग हैं। अत: इन भागों की पूरी समझ पृथ्वी को पूर्ण रूप से समझने में सहायता करेगा।
अंतर-युद्ध अवधि के बीच 1930 का दशक	स्थानिक संगठन	एक प्रदेश अन्य प्रदेशों से किस प्रकार और क्यों भिन्न है, यह समझने के लिए तथा किसी प्रदेश की विलक्षणता की पहचान करने पर बल दिया गया।
1950 के दशक के अंत से 1960 के दशक के अंत तक	स्थानिक संगठन	कंप्यूटर और परिष्कृत सांख्यिकीय विधियों (Sophisticated Statistical Tools) के प्रयोग के लिए विशिष्ट मानचित्र और मानवीय परिघटनाओं के विश्लेषण में प्राय: भौतिकी के नियमों का अनुप्रयोग किया जाता था। इस प्रावस्था में विभिन्न मानवीय क्रियाओं के मानचित्र योग्य प्रतिरूपों की पहचान करना मुख्य उद्देश्य बन गया।
1970 का दशक	मानवतावादी, आमूलवादी और व्यवहारवादी विचारधाराओं का उदय	मात्रात्मक क्रांति से उत्पन्न असंतुष्टि और अमानवीय रूप से भूगोल के अध्ययन के चलते मानव भूगोल में 1970 के दशक में तीन नई विचारधाराओं का जन्म हुआ। इन विचारधाराओं के अभ्युदय से मानव भूगोल सामाजिक-राजनीतिक यथार्थ के प्रति अधिक प्रासंगिक बना।
1990 का दशक	भूगोल में उत्तर आधुनिकवाद	प्रत्येक स्थानीय संदर्भ की समझ के महत्त्व के साथ सामान्यीकरण तथा मानवीय दशाओं की व्याख्या पर बल दिया गया।

चेक प्वॉइंट 1

1. मानव भूगोल में व्यवहारवादी विचारधारा किस बात पर बल देती है?
2. मानव भूगोल में कल्याण या मानवतावादी विचारधारा किस बात पर बल देती है?
3. नियतिवाद की अवधारणा किसने प्रस्तुत की?
4. नव-निश्चयवाद का विचार किनके मध्य सतुंलन स्थापित करता है।

1.4 मानव भूगोल के क्षेत्र व उप-क्षेत्र

मानव भूगोल का सामाजिक विज्ञान के अन्य सहयोगी विषयों के साथ घनिष्ठ संबंध है और इसका विस्तार निम्नलिखित क्षेत्रों और उप-क्षेत्रों तक है

मानव भूगोल और सामाजिक विज्ञान के सहयोगी अनुशासन (विषय)

मानव भूगोल के क्षेत्र	उप-क्षेत्र	सामाजिक विज्ञान के सहयोगी अनुशासकों (विषयों) से अंतरापृष्ठ
सामाजिक भूगोल	—	सामाजिक विज्ञान-समाजशास्त्र
	व्यवहारवादी भूगोल	मनोविज्ञान
	सामाजिक कल्याण का भूगोल	कल्याण अर्थशास्त्र
	अवकाश का भूगोल	समाजशास्त्र
	सांस्कृतिक भूगोल	मानव विज्ञान
	लिंग भूगोल	समाजशास्त्र,मानव विज्ञान, महिला अध्ययन
		इतिहास
	ऐतिहासिक भूगोल	महामारी विज्ञान
	चिकित्सा भूगोल	
नगरीय भूगोल	—	नगरीय अध्ययन और नियोजन
राजनीतिक भूगोल	—	राजनीतिक विज्ञान
	निर्वाचन भूगोल	—
	सैन्य भूगोल	सैन्य विज्ञान
जनसंख्या भूगोल	—	जनांकिकी
आवास भूगोल	—	नगर/ग्रामीण नियोजन
आर्थिक भूगोल	—	अर्थशास्त्र
	संसाधन भूगोल	संसाधन अर्थशास्त्र
	कृषि भूगोल	कृषि विज्ञान
	उद्योग भूगोल	औद्योगिक अर्थशास्त्र
	विपणन भूगोल	व्यावसायिक अर्थशास्त्र, वाणिज्य
	पर्यटन भूगोल	पर्यटन और यात्रा प्रबंधन
	अंतर्राष्ट्रीय व्यापार का भूगोल	अंतर्राष्ट्रीय व्यापार

चेक प्वॉइंट 2

1. मानव भूगोल के किस उप-क्षेत्र का संबंध समाजशास्त्र से है?
2. आर्थिक भूगोल के दो उप-क्षेत्रों के नाम बताइए।
3. मानव विज्ञान व मानव शास्त्र को भूगोल के किस उप-क्षेत्र के अंतर्गत शामिल किया जाता है?
4. आवास भूगोल के अंतर्गत सहयोगी विषय कौन-से हैं?

Mind Map

मानव भूगोल प्रकृति एवं विषय क्षेत्र

1 मानव भूगोल की परिभाषाएँ

एलन सी. सैंपल
- मानव भूगोल अस्थिर पृथ्वी और क्रियाशील मानव के बीच परिवर्तनशील संबंधों का अध्ययन करता है।

रैटजेल
मानव भूगोल मानव समाजों और धरातल के बीच संबंधों का संश्लेषित अध्ययन है।

पॉल विडाल-डी-ला-ब्लाश
मानव भूगोल मानव संबंधों के प्राकृतिक नियमों का समन्वय है।

2 मानव भूगोल की प्रकृति
- यह भौतिक और सामाजिक सांस्कृतिक पर्यावरण के मध्य अंतः संबंध और आपसी क्रिया का अध्ययन है।
- भौतिक पर्यावरण में भू-आकृति, मृदाएँ, जलवायु, जल, प्राकृतिक वनस्पति और विविध प्राणिजात तथा वनस्पति-जात शामिल हैं।
- मानव ने भौतिक पर्यावरण द्वारा उपलब्ध संसाधनों का उपयोग करके घर, गाँव, शहर आदि निर्मित किए।

3 मानव भूगोल के दृष्टिकोण

नव-निश्चयवाद
- इस अवधारणा को ग्रिफिथ टेलर ने प्रस्तुत किया।
- यह पर्यावरणीय निश्चयवाद और संभवाद के बीच मध्यम मार्ग प्रस्तुत करता है।
- यह मानव और पर्यावरण के मध्य संतुलित संबंध की धारणा उत्पन्न करता है।
- इसमें न तो नितांत आवश्यकता की स्थिति है और न ही नितांत स्वतंत्रता की दशा है। इसे ''रुको और जाओ निश्चयवाद'' कहा जाता है।

संभववाद
- यह पर्यावरण से प्राप्त संसाधनों के माध्यम से नई संभावनाएँ उत्पन्न करता है।

पर्यावरणीय निश्चयवाद
- यह प्राचीन मानव समाजों और प्रभावी प्रकृति के मध्य अंतः क्रिया को दर्शाता है।

4 मानव भूगोल में विभिन्न विचारधाराएँ
- **कल्याणकारी या मानववादी विचारधारा** इसमें आवास, स्वास्थ्य और शिक्षा जैसे पहलू शामिल हैं।
- **आमूलवादी विचारधारा** यह निर्धनता के कारण, बंधन और सामाजिक असमानता के मूल कारणों को समझाने पर केंद्रित है।
- **व्यवहारवादी विचारधारा** यह प्रत्यक्ष अनुभव के साथ-साथ मानव जातीयता, प्रजाति, धर्म इत्यादि पर आधारित सामाजिक संवर्गों के दिक्काल बोध पर अधिक बल देता है।

5 मानव भूगोल की वृहत् अवस्थाएँ और प्रणोद
- **आरंभिक उपनिवेश युग** साम्राज्यी और व्यापारिक रुचियों ने नए क्षेत्रों में खोजों व अन्वेषणों को प्रोत्साहित किया।
- **उत्तर उपनिवेश युग** प्रादेशिक विश्लेषण की अवधारणा को बढ़ावा मिला।
- **अंतर-युद्ध अवधि के बीच 1930 का दशक** इसमें किसी प्रदेश की विलक्षणता की पहचान करने पर बल दिया जाता था।
- **1950 के दशक के अंत से 1960 के दशक के अंत तक** इसे मात्रात्मक क्रांति का काल कहा जाता है, जिसमें कंप्यूटर और सांख्यिकीय उपकरणों का उपयोग किया गया।
- **1970 का दशक** इस दौरान तीन दृष्टिकोण विकसित हुए मानवतावादी, आमूलवादी और व्यवहारवादी भूगोल
- **1990 का दशक** इस अवधि में भूगोल में उत्तर आधुनिकतावाद सिद्धांत को लागू किया गया।

6 मानव भूगोल के क्षेत्र और उप-क्षेत्र
- सामाजिक भूगोल
- नगरीय भूगोल
- राजनीतिक भूगोल
- जनसंख्या भूगोल
- आवास भूगोल
- आर्थिक भूगोल

NCERT फोल्डर

नीचे दिए गए चार विकल्पों में से सही उत्तर को चुनिए

1. निम्नलिखित कथनों में से कौन-सा एक भूगोल का वर्णन नहीं करता?

(a) समाकलनात्मक अनुशासन
(b) मानव और पर्यावरण के बीच अंतर्संबंधों का अध्ययन
(c) द्वैधता पर आश्रित
(d) प्रौद्योगिकी के विकास के फलस्वरूप आधुनिक समय में प्रासंगिक नहीं

उत्तर (c) द्वैधता पर आश्रित

2. निम्नलिखित में से कौन-सा एक भौगोलिक सूचना का स्रोत नहीं है?

(a) यात्रियों का विवरण
(b) प्राचीन मानचित्र
(c) चंद्रमा से चट्टानी पदार्थों के नमूने
(d) प्राचीन महाकाव्य

उत्तर (d) प्राचीन महाकाव्य

3. निम्नलिखित में से कौन-सा एक कारक मानव और पर्यावरण के बीच अन्योन्यक्रिया का सर्वाधिक महत्त्वपूर्ण कारक है?

(a) मानव बुद्धिमत्ता
(b) प्रौद्योगिकी
(c) लोगों के अनुभव
(d) मानवीय भाईचारा

उत्तर (b) प्रौद्योगिकी

4. निम्नलिखित में से कौन-सा एक मानव भूगोल का उपागम नहीं है?

(a) क्षेत्रीय विभिन्नता
(b) मात्रात्मक क्रांति
(c) स्थानिक संगठन
(d) अन्वेषण और वर्णन

उत्तर (b) मात्रात्मक क्रांति

निम्नलिखित प्रश्नों के उत्तर लगभग 30 शब्दों में दीजिए

1. मानव भूगोल को परिभाषित कीजिए।

उत्तर मनुष्य और भौतिक पर्यावरण के मध्य मानवीय अंतर्संबंधों का अध्ययन करनेवाला भूगोल, मानव भूगोल कहलाता है।
मानवीय गतिविधियों के पर्यावरण से प्रभावित होने के कारण इसमें सभी मानव पोषित तत्त्वों का अध्ययन होता है।

2. मानव भूगोल के कुछ उप-क्षेत्रों के नाम बताइए।

उत्तर मानव भूगोल के उप-क्षेत्र निम्नलिखित हैं

(i) व्यवहारवादी भूगोल (ii) मानव कल्याण का भूगोल
(iii) सांस्कृतिक भूगोल (iv) ऐतिहासिक भूगोल
(v) लिंग भूगोल (vi) संसाधन भूगोल
(vii) चिकित्सा भूगोल

3. मानव भूगोल किस प्रकार अन्य सामाजिक विज्ञानों से संबंधित है?

उत्तर मानव भूगोल की प्रकृति अत्यधिक अंतर-विषयक है, क्योंकि इसमें मानव और प्राकृतिक पर्यावरण के बीच अंतर्संबंधों का अध्ययन किया जाता है। अतः इसका विभिन्न सामाजिक विज्ञानों से गहरा संबंध है; जैसे—मानव विज्ञान, राजनीति विज्ञान, अर्थशास्त्र, समाजशास्त्र, मनोविज्ञान इत्यादि।

निम्नलिखित प्रश्नों के उत्तर लगभग 150 शब्दों में दीजिए

1. मानव के प्राकृतीकरण की व्याख्या कीजिए। **CBSE 2023**

अथवा **"आदिम समुदाय अपने प्राकृतिक पर्यावरण के साथ पूर्व सामंजस्य के साथ रहते थे और इस प्रकार मनुष्य का प्राकृतीकरण हुआ था" इस कथन का समर्थन करें।**

उत्तर मानव के प्राकृतीकरण से तात्पर्य मानव का प्रकृति के अनुसार स्वयं को ढालने से है। आदिम काल में प्रौद्योगिकी का स्तर निम्न होने के कारण आदिम समुदाय अपने प्राकृतिक पर्यावरण के साथ पूर्ण सामंजस्य के साथ रहते थे तथा मानव ने प्रकृति के आदेशों के अनुसार स्वयं को ढाल लिया, क्योंकि वह उस समय प्राकृतिक शक्तियों से डरता था और उसकी पूजा करता था। आरंभिक समय में मानव की सामाजिक विकास की अवस्था भी निम्न थी। धीरे-धीरे समय के साथ लोग अपने पर्यावरण एवं प्राकृतिक बलों को समझने लगे और अपने ज्ञान के आधार पर तकनीकी कौशल विकसित करने में सफल हुए। इस प्रकार मानव ने प्राकृतिक संसाधनों को अवसर के रूप में प्राप्त कर अपनी सामाजिक, सांस्कृतिक तथा आर्थिक क्रियाओं का विकास किया। इसमें मानव तथा प्रकृति के बीच पूर्णतः सामंजस्य पाया गया।

2. मानव भूगोल के विषय क्षेत्र पर एक टिप्पणी लिखिए।

अथवा **मानव भूगोल की प्रकृति अंतर-विषयक् है। इसके प्रमुख क्षेत्रों की व्याख्या कीजिए।** *दक्षता आधारित प्रश्न*

उत्तर मानव भूगोल की प्रकृति अत्यधिक अंतर-विषयक् है। इसके अंतर्गत मानव जीवन के सभी तथ्यों व उनके घटित होने के संबंध की व्याख्या की जाती है। मानव भूगोल में विस्तार के साथ उसके क्षेत्रों और उप-क्षेत्रों का भी विकास हुआ है। मानव भूगोल के प्रमुख क्षेत्र निम्न प्रकार हैं

(i) **सामाजिक भूगोल** इसके अंतर्गत मुख्य रूप से व्यवहारवाद, सामाजिक कल्याण, सांस्कृतिक, ऐतिहासिक तथा चिकित्सा जैसे उप-क्षेत्रों को शामिल किया जाता है, जो क्रमशः सनाजशास्त्र, मनोविज्ञान, कल्याण अर्थशास्त्र, मानव विज्ञान, इतिहास तथा अन्य विज्ञान से संबंधित विषयों के साथ संबंधित होते हैं, जिनके माध्यम से मानव के विभिन्न उपागमों का अध्ययन किया जाता है।

(ii) **राजनीतिक भूगोल** इसके अंतर्गत मानव की राजनीतिक-सामाजिक स्थिति का अवलोकन किया जाता है, जिससे मानव की राजनीतिक स्थिति को समझने में सहायता मिलती है। यह अंतर्राष्ट्रीय अध्ययनों में भी सहायक होता है।

(iii) **नगरीय एवं आवास भूगोल** मानव भूगोल के इस क्षेत्र के अंतर्गत नगरों की स्थिति तथा नगरों के नियोजन से संबंधित तथ्यों का अध्ययन किया जाता है, जिसका आधुनिक नगरीय नियोजन में अधिक महत्त्व बढ़ गया है। आवास भूगोल के अंतर्गत नगर/ग्रामीण नियोजन का अध्ययन किया जाता है।

(iv) **जनसंख्या भूगोल** जनसंख्या भूगोल, मानव भूगोल का एक महत्त्वपूर्ण विषय क्षेत्र है, जिसमें जनसंख्या तथा उसका वितरण, घनत्व, आयु, लिंग, जन्म-दर, मृत्यु-दर, साक्षरता आदि महत्त्वपूर्ण पहलुओं का अध्ययन किया जाता है।

(v) **आर्थिक भूगोल** यह मानव भूगोल के अंतर्गत वृहत अध्ययन क्षेत्र होता है, जिसके अंतर्गत संसाधन, कृषि, उद्योग, विपणन, पर्यटन अंतर्राष्ट्रीय व्यापार जैसे उप-क्षेत्रों का अध्ययन किया जाता है। इसमें सहयोगी विज्ञान विषय को शामिल कर इसका विश्लेषण बड़े स्तर पर किया जाता है। यह अध्ययन देश की आर्थिक स्थिति को समझने में भी सहायता करता है। अतः इसका अधिक महत्त्व है।

अभ्यास प्रश्न

वस्तुनिष्ठ प्रश्न

बहुविकल्पीय प्रश्न

1. भौतिक पर्यावरण के तत्त्व हैं

(a) मृदा (b) जलवायु
(c) प्राकृतिक वनस्पति (d) ये सभी

उत्तर (d) ये सभी

2. मानवीय क्रियाएँ रचना करती हैं

(a) सांस्कृतिक भू-दृश्य की (b) प्राकृतिक पर्यावरण की
(c) भौतिक पर्यावरण की (d) रचनात्मक भू-दृश्य की

उत्तर (c) भौतिक पर्यावरण की

3. "मानव भूगोल मानव समाज और पृथ्वी की सतह के बीच संबंधों का संश्लेषित अध्ययन है।" यह कथन किसका है? **CBSE 2025**

(a) पॉल विडाल-डी-ला ब्लाश का
(b) रैटजेल का
(c) ऐलन सी. सेंपल का
(d) कीड स्टिल का

उत्तर (b) रैटजेल का

4. निम्न में से कौन-सा मानव भूगोल का क्षेत्र नहीं है?

(a) सामाजिक भूगोल (b) प्राकृतिक भूगोल
(c) आर्थिक भूगोल (d) राजनीतिक भूगोल

उत्तर (b) प्राकृतिक भूगोल

5. निम्नलिखित में से कौन-सा एक विषय के रूप में 'भूगोल' का मुख्य सरोकार है?

(a) जनसंख्या वितरण और उसको प्रभावित करने वाले कारकों को समझना।
(b) संसाधन-वितरण और उनके उपयोग के बीच संबंध को समझना।
(c) पृथ्वी को मानव के आवास और इसकी वहनीयता को समझना।
(d) पृथ्वी को प्राकृतिक संसाधनों का घर और उनके आंकलन को समझना।

उत्तर (c) पृथ्वी को मानव के आवास और इसकी वहनीयता को समझना।

6. निम्नलिखित में से किसके अनुसार "मानव प्रकृति द्वारा प्रदान किए गए संसाधनों को अवसर के रूप में प्राप्त कर इच्छानुसार उपयोग कर सकता है, अतः इसमें मानव शक्ति की प्रधानता होती है।" **CBSE 2021**

(a) पॉल विडाल-डी-ला ब्लाश (b) ऐलन सी. सेंपल
(c) कार्ल रिटर (d) विलियम वुंट

उत्तर (a) पॉल विडाल-डी-ला ब्लाश के

7. नव-निश्चयवाद विचारधारा किसने प्रस्तुत की? **CBSE 2025**

(a) रूसो ने (b) जॉन डीवी ने
(c) ग्रिफिथ टेलर ने (d) अरस्तू ने

उत्तर (c) ग्रिफिथ टेलर ने

8. भूगोलवेत्ता ग्रिफिथ टेलर द्वारा प्रस्तुत नई संकल्पना ....

दक्षता आधारित प्रश्न

(a) पर्यावरण निश्चयवाद और संभववाद के बीच की संकल्पना है
(b) आमूलवादी संकल्पना का नया रूप है
(c) व्यवहारवादी और अमूलवादी के मध्य की संकल्पना है
(d) संभववाद का अति स्वरूप है

उत्तर (a) पर्यावरण निश्चयवाद और संभववाद के बीच की संकल्पना है

9. अंतर-युद्ध अवधि के बीच 1930 के दशक को मानव भूगोल के किस उपागम के अंतर्गत समझा जाता है?

(a) प्रादेशिक विश्लेषण (b) स्थानिक संगठन
(c) क्षेत्रीय विभेदन (d) अन्वेषण और विवरण

उत्तर (c) क्षेत्रीय विभेदन

10. मानव के प्राकृतीकरण से संबंधित कुछ चरण दिए गए हैं , जो संभववाद से संबंधित हैं। इनके उस विकल्प की पहचान कीजिए, जो इससे संबंधित नहीं है?

दक्षता आधारित प्रश्न

(a) समय के साथ लोग अपने पर्यावरण और प्राकृतिक बलों को समझने लगते हैं
(b) लोग सामाजिक और सांस्कृतिक विकास के साथ मानव की बेहतर और अधिक सक्षम प्रौद्योगिकी का विकास करते हैं
(c) वे स्वतंत्रता की अवस्था से अभाव की ओर अग्रसर होते हैं
(d) मानवीय क्रियाओं की छाप सर्वत्र है

उत्तर (d) मानवीय क्रियाओं की छाप सर्वत्र है

11. **निम्नलिखित में से कौन-सी विचारधारा लोगों के सामाजिक कल्याण के विभिन्न पहलुओं से संबंधित है?** **CBSE 2021**

(a) मानवतावादी (b) व्यवहारवादी
(c) यूटोपियन (d) मौलिक

उत्तर (a) मानवतावादी

12. **………… का संबंध निर्धनता के कारण बंधन और सामाजिक असमानता से संबधित होता है। इसमें मार्क्स के सिद्धांत का उपयोग किया गया है?**

(a) कल्याणपरक विचारधारा (b) व्यवहारवादी विचारधारा
(c) आमूलयवादी विचारधारा (d) पर्यावरणीय विचारधारा

उत्तर (c) आमूल्यावादी विचारधारा

13. **फ्लोचार्ट में रिक्त स्थान की पूर्ति के लिए विकल्प का चयन कीजिए।**

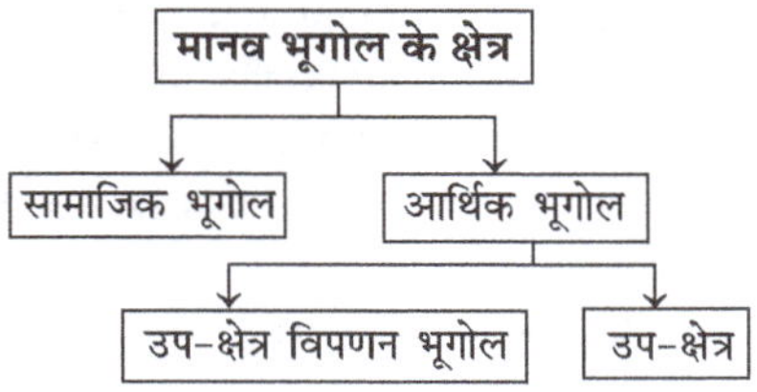

(a) निर्वाचन भूगोल (b) ग्रामीण नियोजन
(c) पर्यटन भूगोल (d) चिकित्सा भुगोल

उत्तर (c) पर्यटन भूगोल

14. **दिए गए विकल्पों का प्रयोग करते हुए निम्न तालिका को पूरा कीजिए**

मानव भूगोल का क्षेत्र	उप-क्षेत्र	सामाजिक विज्ञान के सहयोगी विषयों से अंतरापृष्ठ
सामजिक भूगोल	व्यवहारवादी भूगोल	अ
	अवकाश का भूगोल	ब

(a) अ → समाजशास्त्र, ब → मनोविज्ञान
(b) अ → मनोविज्ञान, ब → समाजशास्त्र
(c) अ → मानव विज्ञान, ब → इतिहास
(d) अ → मनोविज्ञान, ब → इतिहास

उत्तर *(b)* अ → मनोविज्ञान, ब →समाजशास्त्र

15. **निम्न में कौन-सा युग्म सही सुमेलित नही हैं?** *दक्षता आधारित प्रश्न*

(a) आरंभिक उपनिवेश - अन्वेषण और विवरण
(b) अंतर उपनिवेश युग - प्रादेशिक विश्लेषण
(c) अंतर-युद्ध अवधि - क्षेत्रीय विभेदन
(d) 1950 का दशक - उत्तर-आधुनिकवाद

उत्तर (d) 1950 का दशक - उत्तर आधुनिकवाद।

16. **निम्नलिखित कारकों को ध्यानपूर्वक पढ़िए 'प्रकृति के मानवीकरण' के संदर्भ में कौन-सा कथन सही नहीं है?**

1. मानव ने प्रकृति के रहस्यों को जानने के बाद ही तरह-तरह की वस्तुओं का निर्माण करना प्रारंभ किया।
2. डी.एन.ए व आनुवांशिकी ज्ञान ने मानव की विभिन्न बीमारियों का पता लगाया है।
3. तीव्र गति से वाहनों द्वारा लंबी दूरियाँ तय करना कठिन हो गया है।
4. प्रौद्योगिकी ज्ञान की सहायता से एवं प्राकृतिक संसाधनों से विभिन्न प्रकार की सांस्कृतिक वस्तुओं का निर्माण होने से मानव का प्राकृतीकरण होता है।

कूट

(a) 1 और 2 (b) केवल 1 (c) 3 और 4 (d) केवल 2

उत्तर (c) 3 और 4

17. निम्नलिखित में से कौन-से युग्म सही सुमेलित हैं?

1. सामाजिक भूगोल – समाजशास्त्र
2. चिकित्सा भूगोल – महामारी विज्ञान
3. विपणन भूगोल – व्यवसायिका अर्थशास्त्र
4. सांस्कृतिक भूगोल – पर्यटन विज्ञान

कूट

(a) 1, 2 और 3 (b) 2, 3 और 4 (c) 2 और 3 (d) 1 और 2

उत्तर (a) 1, 2 और 3

18. पर्यावरण निश्चयवाद के संदर्भ में निम्नलिखित कथनों पर विचार करते हुए सही उत्तर का चयन कीजिए। *दक्षता आधारित प्रश्न*

1. मानव के सभी क्रियाकलाप पर्यावरण से नियंत्रित होते हैं।
2. प्रकृति की शक्ति प्रधान होती है।
3. मानव पर्यावरण के साथ अन्तःक्रिया नहीं करता।

कूट

(a) 1 और 2 (b) 2 और 3
(c) 1 और 3 (d) 1, 2 और 3

उत्तर (a) 1 और 2

19. दिए गए कथनों पर विचार कीजिए

1. संभववाद के जनक पॉल विडाल-डी ला-ब्लाश को माना जाता है।
2. अमूलवादी विचारधारा का संबंध निर्धनता के कारण बंधन और सामाजिक असमानता से संबंधित होता है।
3. निश्चयवाद मानव गतिशीलता की प्रधानता को दर्शाता है।

उपरोक्त कथनों में से कौन-सा/से कथन सही है/हैं?

(a) 1 और 2 (b) 1 और 3 (c) 2 और 3 (d) 1, 2 और 3

उत्तर (a) 1 और 2

20. निम्नलिखित कारकों को ध्यानपूर्वक पढ़िए और 'मानव के प्राकृतीकरण' से संबंधित सही कथन का चयन कीजिए। *दक्षता आधारित प्रश्न*

1. प्राकृतीकरण से तात्पर्य मानव का प्रकृति के अनुसार स्वयं के ढाल लेने से है।
2. पर्यावरण से अन्योन्यक्रिया की आरंभिक अवस्था में मानव समुदाय अधिक प्रभावित हुआ।
3. प्राकृतीकरण से तात्पर्य मानव का प्रौद्योगिकी का प्रयोग करके प्रकृति को अपने अनुसार ढाल लेने से है।
4. मानवीय क्रियाओं के द्वारा सांस्कृतिक भू-दृश्य की रचना की जाती है।

कूट

(a) 1 और 2 (b) 3 और 4 (c) 1 और 4 (d) 1, 2 और 3

उत्तर (a) 1 और 2

21. निम्नलिखित में से कौन-मानव भूगोल की वृहत् अवस्थाओं का सही कालानुक्रमिक क्रम का प्रतिनिधित्व करता हैं?

1. उत्तर-आधुनिकवाद
2. मानवतावादी विचारधारा
3. क्षेत्रीय विभेदन
4. स्थानिक संगठन

कूट

(a) 4, 3, 1, 2 (b) 3, 1, 2, 4
(c) 3, 4, 2, 1 (d) 1, 2, 3, 4

उत्तर (c) 3, 4, 2, 1

22. निम्नलिखित सूचनाओं को ध्यानपूर्वक पढ़िए और सही विकल्प का चयन कीजिए *दक्षता आधारित प्रश्न*

- इसमें मानव द्वारा पर्यावरण से प्राप्त संसाधनों का विभिन्न संभावनाओं के रूप का चयन किया जाता है।
- इसके जनक विडाल-डी-ला बलाश हैं
- इसमें मानव शक्ति की प्रधानता होती है
- इसमें मानवीय क्रियाओं की छाप सभी जगह देखने को मिलती है।

(a) निश्चयवाद (b) नव- निश्चयवाद
(c) सम्भववाद (d) आमूलवादी

उत्तर (a) निश्चयवाद

23. नीचे दो कथन दिए गए हैं। कथन I व कथन II इन दोनों कथनों को ध्यानपूर्वक पढ़िए और सही विकल्प का चयन कीजिए। *दक्षता आधारित प्रश्न*

I. निश्चयवाद के विपरीत संभववाद की अवधारणा पर्यावरण तत्त्वों की प्रधानता पर आधारित है।
II. उच्च भूमियों पर स्वास्थ्य विश्राम भूमियों का विकास, नगरीय प्रसार, पहाड़ियों पर चारागाहों का विकास संभववाद के प्रमुख उदारहण हैं

कूट

(a) कथन I सही है, परंतु कथन II गलत है
(b) कथन I गलत है, परंतु कथन II सही है
(c) कथन I और II दोनों सही हैं
(d) कथन I और II दोनों गलत हैं

उत्तर (c) कथन I और II दोनों सही हैं।

निर्देश (प्र. सं. 24-25) नीचे दिए गए कथन (A) व कारण (R) को ध्यानपूर्वक पढ़कर कूट की सहायता से सही उत्तर का चयन करें

कूट

(a) A और R दोनों सही हैं तथा R, A की सही व्याख्या है
(b) A और R दोनों सही हैं परंतु R, A की सही व्याख्या नहीं है
(c) A सही है, किंतु R गलत है
(d) A गलत है, किंतु R सही है

24. **कथन** (A) समय के साथ लोग पर्यावरण और प्राकृतिक बलों को समझने लगते हैं।

कारण (R) मानवीय क्रियाएँ सांस्कृतिक भू-दृश्य की रचना करती हैं।

उत्तर (b) A और R दोनों सही हैं, किंतु R, A की सही व्याख्या नहीं है। समय के साथ लोग अपने पर्यावरण और प्राकृतिक बलों को समझने लगे हैं। अपने सामाजिक और सांस्कृतिक विकास के साथ मानव बेहतर और अधिक सक्षम प्रौद्योगिकी का विकास करते हैं। मानवीय क्रियाएँ सांस्कृतिक भू-दृश्य की रचना करती हैं तथा मानवीय क्रियाओं की छाप सर्वत्र है।

25. **कथन** (A) नव-निश्चयवाद न तो पर्यावरणीय निश्चयवाद के समान है और न ही संभववाद के समान है।

कारण (R) नव-निश्चयवाद विचारधारा पर्यावरण एवं मानव क्रिया के बीच समन्वय पर आधारित अवधारणा है। *दक्षता आधारित प्रश्न*

उत्तर (a) A और R दोनों सही हैं तथा R,A की सही व्याख्या है। नव-निश्चयवाद न तो पर्यावरणीय निश्चयवाद के समान है और न ही सम्भववाद के समान है। ग्रिफिथ टेलर ने एक नई संकल्पना प्रस्तुत की है, जो दो विचारों पर्यावरणीय निश्चयवाद और संभववाद के बीच मध्य मार्ग को परिलक्षित करता है। नव निश्चयवाद विचारधारा पर्यावरण एवं मानव क्रिया के बीच समन्वय पर आधारित विचारधारा है।

26. सूची I को सूची II से सुमेलित कीजिए

सूची I (उप-क्षेत्र)	सूची II (सामाजिक विज्ञान के सहयोगी विषय)
A. व्यवहारवादी भूगोल	1. सैन्य विज्ञान
B. राजनीतिक भूगोल	2. व्यावसायिक अर्थशास्त्र
C. आर्थिक भूगोल	3. जनांकिकी
D. जनसंख्या भूगोल	4 मनोविज्ञान

कूट

	A	B	C	D
(a)	1	2	3	4
(b)	2	3	1	4
(c)	3	1	4	2
(d)	4	1	2	3

उत्तर (d) 4 1 2 3

27. सूची I को सूची II से सुमेलित कीजिए

सूची I (मानव भूगोल के क्षेत्र)	**सूची II** (सामाजिक विज्ञान सहयोग अनुशासकों (विषयों) से अंतरापृष्ठ
A. नगरीय भूगोल	1. नगरीय अध्ययन और नियोजन
B. आर्थिक भूगोल	2. पर्यटन और यात्रा प्रबंधन
C. आवास भूगोल	3. ग्रामीण/नगर नियोजन
D. राजनीतिक भूगोल	4 सैन्य विज्ञान

कूट

	A	B	C	D
(a)	3	4	2	1
(b)	3	4	1	2
(c)	1	2	3	4
(d)	4	3	1	2

उत्तर (c) 1 2 3 4

28. **सूची I को सूची II से सुमेलित कीजिए**

सूची I (मानव भूगोल के उप-क्षेत्र)	सूची II (सामाजिक विज्ञान से संबंधित विषय)
A. व्यवहारवादी भूगोल	1. समाजशास्त्र
B. सांस्कृतिक भूगोल	2. महामारी विज्ञान
C. लिंग भूगोल	3. मनोविज्ञान
D. चिकित्सा भूगोल	4 मनुष्य जाति का विज्ञान

CBSE 2021

कूट

	A	B	C	D		A	B	C	D
(a)	1	2	3	4	(b)	3	4	1	2
(c)	4	3	2	1	(d)	2	1	4	3

उत्तर (d) 3 4 1 2

लघु उत्तरीय प्रश्न

1. **'मानव भूगोल' की परिभाषा दीजिए। प्रकृति द्वारा प्रदत्त संसाधनों के प्रयोग करने पर मानवी द्वारा निर्मित भौतिक संस्कृति के तत्त्वों के चार उदाहरण दीजिए।** *दक्षता आधारित प्रश्न*

उत्तर मानव भूगोल वह विज्ञान है, जिसके अंतर्गत मानव तथा भौतिक पर्यावरण के बीच पारस्परिक संबंधों का अध्ययन क्षेत्रीय आधार पर किया जाता है। मानव भूगोल भौतिक/प्राकृतिक एवं मानवीय जीवन के मध्य संबंध, मानवीय घटनाओं का स्थानिक विवरण तथा उनके घटित होने के कारण एवं विश्व के विभिन्न भागों में सामाजिक और आर्थिक विभिन्नताओं का अध्ययन करता है। अतः मानव भूगोल मानव समाज और धरातल के बीच संबंधों का संश्लेषित अध्ययन होता है। प्रकृति द्वारा प्रदत्त संसाधनों के प्रयोग करने पर मानवों द्वारा निर्मित भौतिक संस्कृति के तत्त्वों के चार उदाहरण इस प्रकार हैं—रेल, नगर उद्योग, पत्तन तथा दैनिक उपयोग में आने वाली वस्तुएँ। मानव भूगोल के अंतर्गत सामाजिक और आर्थिक विभिन्नताओं का व्यापक रूप से अध्ययन किया जाता है।

2. **"भौतिक भूगोल और मानव भूगोल के तत्त्वों के मध्य परस्पर अन्योन्यक्रिया होती है।" इस कथन की उपयुक्त उदाहरणों सहित पुष्टि कीजिए।**

उत्तर भौतिक पर्यावरण तथा मानवजनित सामाजिक-सांस्कृतिक पर्यावरण के अंतर्संबंधों का अध्ययन मानव भूगोल के अंतर्गत किया जाता है। पृथ्वी की भौतिक परिस्थितियाँ मानव गतिविधियों को प्रभावित करती हैं और मानव अपनी आवश्यकताओं के अनुसार इन भौतिक तत्त्वों को रूपांतरित करता है। भौतिक पर्यावरण के प्रमुख तत्त्व भू-आकृति, मृदाएँ, जलवायु, जल आदि हैं। गाँव, नगर, सड़क एवं रेलों का जाल, उद्योग, पत्तन, खेत, दैनिक उपयोग में आने वाली वस्तुएँ मानव की भौतिक संस्कृति के तत्त्व हैं, जो प्रकृति द्वारा प्रदत्त संसाधनों का उपयोग कर मानव द्वारा निर्मित किए गए हैं। ये सभी तत्त्व प्रकृति पर निर्भर होते हैं। मानव तथा प्रकृति दोनों एक-दूसरे को प्रभावित करते हैं। यही अन्योन्यक्रिया कहलाती है।

3. **किस प्रकार के समाजों ने भौतिक पर्यावरण को 'माता-प्रकृति' की संज्ञा दी है और क्यों?**

अथवा **'आदिम समाजों के लिए भौतिक पर्यावरण प्रकृति माँ है।" इस कथन का विश्लेषण कीजिए।** *दक्षता आधारित प्रश्न*

उत्तर प्राचीनकाल में आदिम समाज पर्यावरण के साथ पूर्णतः सामंजस्य बनाए हुए थे। आदिम समाज संसाधनों के लिए संपूर्ण रूप से प्रकृति पर ही निर्भर थे। आदिम समाज न केवल प्रकृति पर निर्भर थे, बल्कि वे प्रकृति से डरते भी थे तथा साथ ही प्रकृति की पूजा भी करते थे फलतः ऐसे समाजों के लिए भौतिक पर्यावरण को 'माता-प्रकृति' के रूप में व्यक्त किया गया है। सभी प्रकरणों में प्रकृति को शक्तिशाली बल, पूज्य, सत्कार योग्य व संरक्षित माना जाता है। सनत पोषण हेतु मनुष्य प्राकृतिक संसाधनों पर प्रत्यक्ष रूप से निर्भर है। ऐसे समाजों के लिए भौतिक पर्यावरण माता-प्रकृति का रूप धारण करता है।

4. **प्रकृति के मानवीकरण की अवधारणा की उदाहरणों सहित व्याख्या कीजिए**

अथवा **प्रकृति का किस प्रकार मानवीकरण होता है? उदाहरणों सहित स्पष्ट कीजिए।**

अथवा **प्रकृति का मानवीकरण कैसे होता है? उदाहरण सहित स्पष्ट कीजिए।**

अथवा **"मानवीय क्रियाओं की छाप सर्वत्र है।" प्रकृति के मानवीकरण के संदर्भ में इस कथन का मूल्यांकन कीजिए।** **CBSE 2023**

उत्तर मानव द्वारा प्रौद्योगिकी का प्रयोग करके प्रकृति को अपने अनुसार ढाल लेना प्रकृति का मानवीकरण कहलाता है। इसे निम्न उदाहरणों द्वारा समझा जा सकता है

(i) मानव ने प्रकृति के रहस्यों को जानने के बाद ही तरह-तरह की वस्तुओं का निर्माण करना प्रारंभ किया; जैसे—डी.एन.ए. व आनुवांशिकी के ज्ञान से मानव ने विभिन्न बीमारियों का पता लगाया।

(ii) तीव्र गति के वाहनों द्वारा लंबी दूरियों को तय करना आसान हो गया, साथ ही श्वेत, मैदान, विश्राम स्थल विशाल नगर जैसे सांस्कृतिक पर्यावरण का निर्माण भौतिक पर्यावरण की सहायता से ही संभव हो पाया है।

(iii) अतः प्रौद्योगिकी ज्ञान की सहायता से एवं प्राकृतिक संसाधनों से विभिन्न प्रकार की सांस्कृतिक वस्तुओं का निर्माण होने से ही प्रकृति का मानवीकरण होता है।

5. **"प्रकृति का ज्ञान प्रौद्योगिकी को विकसित करने के लिए अत्यंत महत्त्वपूर्ण है।" तीन उदाहरण देते हुए इस कथन की पुष्टि कीजिए।**

अथवा **"प्रकृति का ज्ञान प्रौद्योगिकी को विकसित करने के लिए अत्यंत महत्त्वपूर्ण है।" इस कथन की पुष्टि कीजिए।**

उत्तर प्रौद्योगिकी किसी समाज के शैक्षिक विकास के स्तर की सूचक होती है। मानव प्रकृति के नियमों को उचित रूप से समझने के बाद ही प्रौद्योगिकी का विकास कर पाया है।

प्रकृति का ज्ञान प्रौद्योगिकी को विकसित करने के लिए महत्त्वपूर्ण होता है, साथ ही प्रौद्योगिकी मनुष्य पर प्रकृति की बंदिशों को कम करने में सहायता करती है। उक्त कथन निम्न तीन उदाहरणों द्वारा स्पष्ट किया जा सकता है

- घर्षण और ऊष्मा की संकल्पनाओं ने अग्नि की खोज में सहायता की है।
- डी.एन.ए. और आनुवांशिकी के रहस्यों को प्रकृति के ज्ञान द्वारा समझना संभव हुआ है, जिसकी सहायता से अनेक बीमारियों पर विजय प्राप्त हुई है।
- प्रकृति तथा प्रौद्योगिकी के ज्ञान से ही अधिक तीव्र गति से चलने वाले यान विकसित किए गए।

6. "प्रकृति अवसर प्रदान करती है और मानव उनका उपयोग करते हैं तथा धीरे-धीरे प्रकृति का मानवीकरण हो जाता है तथा प्रकृति पर मानव प्रयासों की छाप पड़ने लगती है।" इस कथन का औचित्य सिद्ध कीजिए। *दक्षता आधारित प्रश्न*

उत्तर प्रकृति विभिन्न प्रकार के प्राकृतिक संसाधनों को प्रदान करती है; जैसे—मृदा, खनिज, जल, वायु आदि। मानव प्राकृतिक नियम को बेहतर ढंग से जानने के पश्चात् प्रौद्योगिकी ज्ञान की सहायता से विभिन्न सांस्कृतिक भू-दृश्यों का निर्माण करता है; जैसे— उच्च भूमियों पर स्वास्थ्य, विश्रामस्थल, चरागाहें, तटों पर पत्तन, उपग्रह आदि। इससे मानव अभाव की अवस्था से स्वतंत्र अवस्था की ओर अग्रसर होते हैं। इस प्रकार प्राकृतिक संसाधनों को अवसर के रूप में देखकर विभिन्न संभावनाओं को जन्म देने से ही प्रकृति का मानवीकरण हो पाता है तथा प्रकृति पर मानव प्रयासों की छाप दिखाई देने लगती है। इससे मानव जीवन में प्रकृति अवरोध भी धीरे-धीरे कम होने लगता है तथा नवीन जीवनशैली का विकास होता है। इससे प्रकृति के छिपे रहस्य उजागर होने लगते हैं।

7. मानव भूगोल के अध्ययन में रैटजेल तथा सेंपल ने किस विचारधारा का अनुसरण किया था? इस विचारधारा की दो विशेषताएँ बताइए।

उत्तर विश्व के प्रमुख भूगोलवेत्ता रैटजेल एवं सेंपल ने 'नियतिवाद' विचारधारा का अनुसरण किया था। नियतिवाद विचारधारा की विशेषताएँ निम्नलिखित हैं

- इस विचारधारा के अनुसार, भौतिक पर्यावरण को व्यापक महत्त्व दिया जाता है।
- इसके अनुसार, भौतिक पर्यावरण से ही सभी मानवीय क्रियाएँ नियंत्रित और संपादित होती हैं।
- सेंपल का मानना था कि मनुष्य प्रकृति का गुलाम होता है। मानव प्रकृति के अनुकूल अपनी गतिविधियाँ संचालित करता है। वह प्रकृति के विरुद्ध कोई भी कार्य नहीं कर सकता है।

8. प्रकृति और मानव के बीच द्वैधवाद वैध नहीं है। इस कथन की उदाहरण सहित व्याख्या कीजिए। **CBSE 2024**

अथवा **"प्रकृति और मनुष्य आपस में इतनी जटिलता से जुड़े हुए हैं कि उन्हें एक-दूसरे से अलग नहीं किया जा सकता।" इस कथन को प्रमाणित कीजिए।**

उत्तर मानव और प्रकृति के बीच द्वैधता नहीं है, क्योंकि प्रकृति एवं मानव एक-दूसरे से जुड़े हुए हैं और इन्हें एक-दूसरे से अलग भी नहीं किया जा सकता है, क्योंकि प्रकृति प्रदत्त वस्तुओं का मानव अपने ज्ञान के आधार पर ही उपयोग करता है।

प्रकृति मानव को प्रभावित करती है तथा वह प्रकृति के अनुसार ही स्वयं को उसके अनुरूप ढालता है। वह बदलते पर्यावरण में भी अपने तकनीकी ज्ञान के द्वारा अपना जीवन-यापन कर सकता है और कम या अधिक तापमान को सावधानीपूर्वक नियंत्रित कर सकता है। आज मनुष्य ने डी.एन.ए. और आनुवांशिकी के रहस्यों को समझकर अनेक बीमारियों पर विजय प्राप्त की है। उपरोक्त सभी कथनों के आधार पर यह कहा जा सकता है कि मानव और प्रकृति एक-दूसरे से जटिलता पूर्वक से जुड़े हुए हैं।

9. मानव भूगोल के अध्ययन की विषय-वस्तु के तीन तथ्यों की व्याख्या कीजिए।

उत्तर मानव भूगोल के अध्ययन की विषय-वस्तु निम्न प्रकार है

- मानव भूगोल भौतिक जगत और मानव जगत के बीच संबंध का अध्ययन करता है।
- यह मानवीय परिघटना के स्थानिक वितरण का भी अध्ययन करता है।
- विश्व के विभिन्न सामाजिक और आर्थिक विभिन्नताओं के अध्ययन में सहायता करता है।
- मानव भूगोल का मुख्य सरोकार पृथ्वी को मानव के घर के रूप में समझना और उन सभी तत्त्वों का अध्ययन करना है, जिन्होंने मानव को पोषित किया है।

10. सामाजिक भूगोल के अंतर्गत 'ऐतिहासिक भूगोल' की भूमिका की संक्षिप्त विवेचना कीजिए।

उत्तर 'ऐतिहासिक भूगोल' का अध्ययन मानव भूगोल के प्रमुख क्षेत्र सामाजिक भूगोल के अंतर्गत किया जाता है। सामाजिक भूगोल के अंतर्गत किसी क्षेत्र का सामयिक अध्ययन किया जाता है अर्थात् उन क्षेत्रों के कालांतर में मानव और पर्यावरण के संबंधों की विवेचना की जाती है, साथ ही वर्तमान स्थिति से तुलनात्मक अध्ययन भी इसके अंतर्गत किया जाता है। मानव भूगोल की इस शाखा के माध्यम से प्राचीनकाल में मानव की सामाजिक-आर्थिक स्थिति को जानने में सहायता मिलती है।

11. मानव भूगोल को परिभाषित करें तथा इसके अंतर्गत 'राजनीतिक भूगोल' एवं 'जनसंख्या भूगोल' पर टिप्पणी लिखिए।

उत्तर मानव भूगोल के अंतर्गत 'राजनीतिक भूगोल' एवं 'जनसंख्या भूगोल' का वर्णन निम्नलिखित हैं

(i) **मानव भूगोल** मनुष्य और भौतिक पर्यावरण के मध्य मानवीय अंतर्संबंधों का अध्ययन करने वाला भूगोल मानव भूगोल कहलाता है। 'राजनीतिक भूगोल' के अंतर्गत अंतर्राष्ट्रीय संबंधों की भौगोलिक व्याख्या की जाती है। इसके अतिरिक्त मानव भूगोल के इस क्षेत्र के अंतर्गत मानव समुदाय की राजनीतिक स्थिति, उनकी समस्याओं एवं स्थानीय प्रशासन जैसे महत्त्वपूर्ण क्षेत्रों का अध्ययन किया जाता है।

(ii) **जनसंख्या भूगोल** मानव भूगोल का एक महत्त्वपूर्ण क्षेत्र है, जिसके अंतर्गत मानव के निवास, जनसंख्या वितरण, घनत्व आदि का अध्ययन किया जाता है। मानव जनसंख्या की आयु व लिंग से संबंधित तथ्यों के आकलन के अतिरिक्त जन्म-दर, मृत्यु-दर, साक्षरता आदि पहलुओं की विवेचना भी 'जनसंख्या भूगोल' के अंतर्गत ही की जाती है। अतः जनसंख्या भूगोल जनसंख्या संबंधी तथ्यों के लिए महत्त्वपूर्ण है। प्रादेशिक भूगोल के अध्ययन में इसकी महत्त्वपूर्ण भूमिका होती है।

12. **"मानव द्वारा भौतिक पर्यावरण को संशोधित किया गया है, इसने मानव जीवन को प्रभावित किया है।" कथन की पुष्टि कीजिए।**

दक्षता आधारित प्रश्न

उत्तर मानव द्वारा भौतिक पर्यावरण को काफी सीमा तक संशोधित किया गया है। प्रौद्योगिकीय विकास से विभिन्न संसाधनों एवं उपकरणों का निर्माण किया गया। सामाजिक-सांस्कृतिक विकास के साथ-साथ मानव ने कुशल तकनीकी विकसित की है, जिससे मानवीय क्रिया-कलापों की छाप सभी स्थानों पर दिखाई देती है—नगरों का प्रसार, खेतों, बगीचों, चरागाह, बंदरगाह, महासागरी तल पर समुद्री मार्ग तथा अंतरिक्ष उपग्रह आदि के रूप में अपना सांस्कृतिक परिदृश्य बनाकर मानव ने प्राकृतिक परिदृश्य को संशोधित किया है। वहीं दूसरी ओर प्रकृति ने भी मानव जीवन को प्रभावित किया है। मानव प्रकृति से प्रभावित हुआ है और प्रकृति के नियमों को बेहतर समझ विकसित होने के बाद ही वह प्रौद्योगिकी का विकास करने में सक्षम हुआ है। जैसे गर्मी एवं घर्षण की समझ ने ही मानव को आग की खोज में सहायता की। प्रारंभिक समय में मानव प्रकृति से अत्यधिक प्रभावित था। उसने प्रकृति के साथ सामंजस्य स्थापित किया। मानव प्रकृति की पूजा करता था, लेकिन साथ ही उसके प्रकोप से डरता भी था।

इस प्रकार मानव द्वारा भौतिक पर्यावरण को बहुत अधिक संशोधित किया गया है।

13. **पर्यावरणीय निश्चयवाद मुख्य पहलुओं को स्पष्ट कीजिए।** **CBSE 2024**

अथवा **पर्यावरणीय निश्चयवाद की संकल्पना की उदाहरण सहित व्याख्या कीजिए।** **CBSE 2024**

अथवा **पर्यावरणीय निश्चयवाद के विचार को उपयुक्त उदाहरणों सहित स्पष्ट कीजिए।**

अथवा **पर्यावरणीय निश्चयवाद की अवधारणा को उदाहरण सहित स्पष्ट कीजिए।**

उत्तर पर्यावरणीय निश्चयवाद के विचार के उपयुक्त उदाहरण निम्नलिखित हैं

(i) पर्यावरणीय निश्चयवाद के अनुसार, मनुष्य के प्रत्येक क्रिया-कलाप को पर्यावरण से नियंत्रित किया जाता है। प्राचीनकाल में मनुष्य पूर्णतः प्रकृति पर ही निर्भर था।

(ii) ऐसे समाज के लिए भौतिक पर्यावरण माता-प्रकृति के रूप में होता है।

(iii) पर्यावरण निश्चयवाद में मानव प्रकृति की सुनता है और उसकी पूजा करता है।

मानव अपने क्रियाकलापों के माध्यम से लघु स्तरीय परिवर्तन करने में भले ही सक्षम हो जाता है, परंतु व्यापक स्तर पर प्रकृति में परिवर्तन करना संभव नहीं है। पर्यावरणीय निश्चयवाद के अंतर्गत यह माना जाता है कि प्रकृति, मानवीय गतिशीलता को नियंत्रित करती है, अमेरिकी भूगोलवेत्ता **ई.सी. सेंपल** का मानना था कि मनुष्य प्रकृति का दास है, मनुष्य का न केवल शरीर, बल्कि आत्मा भी प्रकृति का गुलाम है।

14. **मानव-पर्यावरण संबंधों की दो संकल्पनाओं के बीच नव-निश्चयवाद किस प्रकार से संतुलन बनाने का प्रयास करता है? विश्लेषण कीजिए।**

अथवा **ग्रिफिथ टेलर की मानव भूगोल के क्षेत्र की नई संकल्पना क्या है? इस नई संकल्पना का उदाहरण सहित वर्णन कीजिए।**

अथवा **'नव-निश्चयवाद' के विचार को उपयुक्त उदाहरण सहित स्पष्ट कीजिए।**

अथवा **"यहाँ न तो नितांत आवश्यकता की स्थिति (पर्यावरणीय निश्चयवाद) है और न ही नितांत स्वतंत्रता (संभववाद) की दशा है।" इस अवधारणा का उदाहरण सहित विश्लेषण कीजिए।** दक्षता आधारित प्रश्न

अथवा **मानव-पर्यावरण संबंधों की दो संकल्पनाओं के बीच नवनिश्चयवाद संतुलन बनाने का प्रयास करता है। उदाहरणों सहित इस कथन की परख कीजिए।** **CBSE 2024**

उत्तर ग्रिफिथ टेलर ने मानव भूगोल के क्षेत्र में एक नई संकल्पना प्रस्तुत की, जिसे 'नव-निश्चयवाद' या 'रुको और जाओ निश्चयवाद' नाम से जाना जाता है। यह अवधारणा 'पर्यावरणीय निश्चयवाद' और 'संभववाद' के बीच की मध्यमार्गी अवधारणा है। आदिम समय में प्रकृति की शक्तियों व मानव के बीच परस्पर होने वाली क्रियाओं को पर्यावरणीय नियतिवाद या निश्चयवाद कहा गया है।

इसे स्पष्ट करने के लिए टेलर ने चौराहे पर यातायात को नियंत्रित करने में लगी बत्तियों का उदाहरण प्रस्तुत किया है, जिसमें यह बताया गया है कि प्रकृति के नियमों का अनुसरण करके ही प्रकृति पर विजय प्राप्त की जा सकती है अर्थात् प्रकृति की स्वीकृति प्राप्त कर ही उसका रूपांतरण किया जाना चाहिए, नहीं तो पर्यावरणीय दशाएँ उत्पन्न होती हैं, जैसा कि विकसित अर्थव्यवस्था वाले देश ने तीव्र आर्थिक विकास से हरित गृह प्रभाव, ओजोन क्षरण जैसी समस्याओं को जन्म दिया है।

15. **समस्त भौगोलिक अध्ययनों में मानव और प्रकृति अविभाज्य तत्त्व हैं।" इस कथन को स्पष्ट कीजिए।** **CBSE 2024**

उत्तर समस्त भौगोलिक अध्ययनों में मानव और प्रकृति अविभाज्य तत्त्व हैं, क्योंकि यह अवधारणा इस बात को रेखांकित करती है, कि मानवीय क्रियाएँ और प्राकृतिक प्रक्रियाएँ एक-दूसरे से जुड़ी हैं और एक-दूसरे को आकार देती हैं, जो विभिन्न भौगोलिक क्षेत्रों के परिदृश्य, संसाधनों और गतिशीलता को प्रभावित करती हैं।

मानव-पर्यावरण सहभागिता के अंतर्गत मनुष्य जल, भूमि खनिज और ऊर्जा जैसे संसाधनों के लिए प्राकृतिक पर्यावरण पर निर्भर करता है, जो जीविका, आर्थिक गतिविधियों और सामाजिक विकास के लिए महत्त्वपूर्ण है। साथ ही, शहरीकरण और औद्योगीकरण, कृषि और संसाधन निष्कर्षण गतिविधियाँ पर्यावरण को महत्वपूर्ण रूप से प्रभावित करती हैं। मानव भूगोल की प्रकृति अंतर-विषयक है।

दीर्घ उत्तरीय प्रश्न

1. **प्राकृतिक एवं सांस्कृतिक पर्यावरण एक दूसरे के पूरक हैं प्राकृतिक एवं सांस्कृतिक पर्यावरण के किन्हीं तीन-तीन महत्त्वपूर्ण घटकों की चर्चा कीजिए, जिनसे मानव व पर्यावरण अंतर्संबंधित होते हैं।**

दक्षता आधारित प्रश्न

उत्तर प्राकृतिक पर्यावरण के महत्त्वपूर्ण घटक निम्न प्रकार हैं

(i) **जलवायु** यह प्राकृतिक पर्यावरण का महत्त्वपूर्ण भाग है, जिसमें तापमान, वर्षा, हवा इत्यादि आते हैं, जो मानव की क्रियाविधि को प्रभावित करते हैं।

(ii) **उच्चावच** इसके अंतर्गत भू-आकृति के प्रमुख घटक; जैसे—पर्वत, पठार, मैदान आदि शामिल होते हैं, जिनके अनुसार मानव अपने जीविकोपार्जन हेतु विभिन्न प्रकार की आर्थिक क्रियाओं को पूरा करता है।

(iii) **प्राकृतिक वनस्पति एवं वन** प्राकृतिक वनस्पति के अंतर्गत वनों में पाए जाने वाले प्रमुख वृक्ष, जीव, पशु आदि शामिल होते हैं। इसके अतिरिक्त मिट्टी, जल, खनिज इत्यादि भी सहायक होते हैं, जो मानव को स्वच्छ एवं स्वास्थ्यवर्द्धक वातावरण प्रदान करते हैं।

सांस्कृतिक पर्यावरण के महत्त्वपूर्ण घटक निम्नलिखित हैं

(i) **मानव जनसंख्या** मानव जनसंख्या का वितरण एवं घनत्व तथा इससे संबंधित कारणों के विषय में अध्ययन किया जाता है, क्योंकि ये प्राकृतिक पर्यावरण से पूरी तरह प्रभावित होते हैं।

(ii) **नगरीय विकास** मानव प्रकृति के संसाधनों से संभावना को तलाश कर नगरीय विकास कर आवश्यकताओं को पूरा करते हैं। यह घटक भी पूर्णतः प्रकृति से प्रभावित होता है।

(iii) **कृषि एवं उद्योग** मनुष्य अपनी आवश्यकताओं को पूरा करने के लिए प्राकृतिक पर्यावरण के अनुकूल कृषि कार्य तथा विभिन्न उद्योगों को स्थापित करते हैं क्योंकि उद्योगों के प्रकार एवं कृषि का विकास सभी प्रकृति पर निर्भर होते हैं। इसके अतिरिक्त भौतिक संस्कृति के अन्य तत्त्व भौतिक पर्यावरण द्वारा प्रदत्त संसाधनों से मानव द्वारा निर्मित किए जाते हैं। ये सभी संभावनाएँ प्रकृति के साथ अंतर्संबंधित होती हैं।

2. नियतिवाद, संभववाद तथा नव-निश्चयवाद किस प्रकार एक-दूसरे से भिन्न हैं? प्रकृति के संदर्भ में इनकी व्याख्या कीजिए।

उत्तर प्रकृति के संदर्भ में नियतिवाद, संभववाद तथा नव-निश्चयवाद एक-दूसरे से भिन्न हैं। इनकी व्याख्या इस प्रकार है

(i) **नियतिवाद** इस विचारधारा के अंतर्गत मानव की प्रत्येक क्रिया को पर्यावरण के तत्त्वों द्वारा संतुलित किया जाता है अर्थात् इसमें प्रकृति का अनुसरण किया जाता है।
इसके प्रमुख भौतिक कारक; जैसे— जलवायु, प्राकृतिक वनस्पति आदि मानव की सभी क्रियाओं को प्रभावित करते हैं। इसमें मानवीय कार्य प्रकृति द्वारा नियंत्रित होते हैं।

(ii) **संभववाद** मानव द्वारा पर्यावरण से प्राप्त संसाधनों को विभिन्न संभावनाओं के रूप में बदलना संभववाद कहलाता है। इसमें प्राकृतिक संसाधनों के अवसर को मानव द्वारा उसका उपयोग कर संभावनाओं को जन्म दिया जाता है। इसके अंतर्गत पर्यावरण एवं मानव के अंतर्संबंध को दिखाने के क्रम में मानव को केंद्र-बिंदु के रूप में देखा जाता है।

(iii) **नव-निश्चयवाद** यह निश्चयवाद एवं संभववाद के बीच का मध्यम मार्ग है, जिसमें पर्यावरण को संकल्पनात्मक ढंग से संतुलित करने का प्रयास किया गया है, क्योंकि संभववाद के बाद विकसित अर्थव्यवस्था ने कई पर्यावरणीय संकटों को जन्म दिया है, इसलिए यह संकल्पना पर्यावरण के संदर्भ में यह बताती है कि प्राकृतिक नियमों का अनुपालन कर प्रकृति पर विजय प्राप्त की जा सकती है अर्थात् इसमें प्रकृति के साथ सामंजस्य पर बल दिया गया है।

अतः उपरोक्त तीनों वादों में मानव व पर्यावरण के संबंध को संतुलित रूप में व्यक्त करने का प्रयास किया गया है। इस प्रकार नियतिवाद, संभववाद तथा नव-निश्चयवाद एक-दूसरे से भिन्न हैं।

3. मानव भूगोल की कल्याणपरक विचारधारा मानवतावादी विचारधारा से किस प्रकार भिन्न है? दोनों के बीच मुख्य अंतर स्पष्ट कीजिए।

उत्तर मानव भूगोल की कल्याणपरक विचारधारा, मानवतावादी विचारधारा से निम्नलिखित रूप से भिन्न है

कल्याणपरक विचारधारा	मानवतावादी विचारधारा
कल्याणपरक विचारधारा मनुष्य के विकास में प्रादेशिक असमानता का अध्ययन करती है।	मानवतावादी विचारधारा स्वयं मनुष्य पर केंद्रित है।
इस विचारधारा का उद्भव पूँजीवाद की शरण में हुआ।	इस विचारधारा के विन्यास में मानव भूगोल में मानवीय परिघटनाओं के प्रतिरूपों के वर्णन के स्थान पर इनके पीछे कार्यरत् प्रक्रिया को समझा जाता है।
इस विचारधारा में मनुष्य की वित्तीय स्थिति का अध्ययन किया जाता है।	इस विचारधारा में मानव जागृति, मानव साधन, मानव चेतना आदि के संदर्भ में मनुष्य की केंद्रीय एवं क्रियाशील भूमिका पर बल दिया जाता है।
कौन, कहाँ, क्या और कैसे कल्याणपरक विचारधारा के मूल बिंदु हैं।	मानवतावाद मानव भूगोल में जोड़ी गई नई विचारधारा है, जिसका संबंध मानव कल्याण के स्थानिक प्रतिरूप से होता है।
यह मानव के जीवन स्तर में वृद्धि से संबंधित क्षेत्रों पर बल देता है।	यह मानव तथा प्रकृति के मध्य के संबंधों की व्याख्या करती है।

स्रोत आधारित प्रश्न

निम्नलिखित स्रोतों को ध्यानपूर्वक पढ़कर उन पर आधारित प्रश्नों के उत्तर दीजिए।

1. आखेट एवं भोजन संग्रह

मानव सभ्यता के आरंभिक युग में आदिमकालीन मानव अपने जीवन-निर्वाह के लिए अपने समीप के वातावरण पर निर्भर रहता था। उसका जीवन-निर्वाह दो प्रकार के कार्यों द्वारा होता था (क) पशुओं का आखेट करके और (ख) अपने समीप के जंगलों से खाने योग्य जंगली पौधे एवं कंद-मूल आदि को एकत्रित करके ।

आदिमकालीन समाज जंगली पशुओं पर निर्भर था। अतिशीत एवं अत्यधिक गर्म प्रदेशों के रहने वाले लोग आखेट द्वारा जीवन-यापन करते थे। तकनीकी विकास के कारण यद्यपि मत्स्य-ग्रहण अवैध शिकार के कारण जीवों की कई प्रजातियाँ या तो लुप्त हो गईं, आधुनिकीकरण से युक्त हो गया है, तथापि तटवर्ती क्षेत्रों में रहने वाले लोग अब भी मछली पकड़ने का कार्य करते हैं। अवैध शिकार के कारण जीवों की कई प्रजातियाँ या तो लुप्त हो गई हैं या संकट में हैं। प्राचीन काल के आखेटक पत्थर या लकड़ी के बने औजार एवं तीर इत्यादि का प्रयोग करते थे, जिससे मारे जाने वाले पशुओं की संख्या सीमित रहती थी।

भोजन संग्रह एवं आखेट प्रचीनतम ज्ञात आर्थिक क्रियाएँ हैं। विश्व के विभिन्न भागों में यह कार्य विभिन्न स्तरों पर विभिन्न रूपों में किया जाता है। भोजन संग्रह कार्य कठोर जलवायुविक दशाओं में किया जाता है। इसे अधिकतर आदिमकालीन समाज के लोग करते हैं। ये लोग अपने भोजन, वस्त्र एवं आश्रय की आवश्यकता की पूर्वी हेतु पशुओं एवं वनस्पति का संग्रह

करते हैं। इस कार्य के लिए बहुत कम पूँजी एवं निम्न स्तरीय तकनीकी ज्ञात की आवश्यकता होती हैं। इसमें भोजन अधिशेष भी नहीं रहता है एवं प्रतिव्यक्ति उत्पादकता भी कम होती है।

(i) **जंगली पशुओं के अवैध शिकार के प्रभाव का मूल्यांकन कीजिए।**

उत्तर अवैध शिकार के कारण जीवों की कई प्रजातियाँ या तो लुप्त हो गई हैं या संकट में हैं।

(ii) **आदिम काल में पशुओं का शिकार सीमित क्यों था? व्याख्या कीजिए।**

उत्तर आदिम-काल के आखेटक पत्थर या लकड़ी के बने औजार एवं तीर इत्यादि का प्रयोग करते थे, जिससे मारे जाने वाले पशुओं की संख्या सीमित रहती थी।

(iii) **आदिमकालीन मनुष्य अपने समीप के वातावरण पर निर्भर क्यो था? व्याख्या कीजिए।**

उत्तर मानव सभ्यता के आरंभिक युग में आदिमकालीन मानव अपने जीवन-निर्वाह के लिए अपने समीप के वातावरण पर निर्भर था। उसका जीवन-निर्वाह दो प्रकार के कार्यों द्वारा होता था। (क) पशुओं का आखेट करके और (ख) अपने समीप के जंगलों में खाने योग्य जंगली पौधे एक कन्दमूल आदि एकत्रित करके।

2. **ट्रॉन्डहाईम के शहर में सर्दियों का अर्थ– प्रचंड पवनें और भारी हिम होता है। महीनों तक आकाश अदीप्त रहता है। कैरी प्रातः 8 बजे अँधेरे में कार से काम पर जाती है। सर्दियों के लिए उसके पास विशेष टायर हैं और वह अपनी शक्तिशाली कार की लाइटें जलाए रखती है। उसका कार्यालय सुखदायक 23 डिग्री सेल्सियस पर कृत्रिम ढंग से गर्म रहता है। विश्वविद्यालय का परिसर जिसमें वह काम करती है, काँच के एक विशाल गुंबद के नीचे बना हुआ है। यह गुंबद सर्दियों में हिम को बाहर रखता है और गर्मियों में धूप को अंदर आने देता है। तापमान को सावधानीपूर्वक नियंत्रित किया जाता है और वहाँ पर्याप्त प्रकाश होता है। यद्यपि ऐसे रूक्ष मौसम में नई सब्जियाँ और पौधे नहीं उगते।**

कैरी अपने डेस्क पर आर्किड रखती है और उष्णकटिबंधीय फलों जैसे-केला व कीवी का आनंद लेती हैं। ये नियमित रूप से वायुयान द्वारा उष्ण क्षेत्रों से मँगाए जाते हैं। माउस के एक क्लिक के साथ कैरी नई दिल्ली में अपने सहकर्मियों से कंप्यूटर नेटवर्क से जुड़ जाती हैं। वह प्रायः लंदन के लिए सुबह की उड़ान लेती हैं और शाम को अपना मनपसंद टेलीविजन सीरियल देखने के लिए सही समय पर वापस पहुँच जाती हैं। यद्यपि कैरी 58 वर्षीय है फिर भी वह विश्व के अन्य भागों के अनेक 30 वर्षीय लोगों से अधिक स्वस्थ और युवा दिखती हैं।

(i) **ट्रॉन्डहाईम शहर का मौसम किस प्रकार का था?**

उत्तर ट्रॉन्डहाईम शहर का मौसम अधिक सर्दियों वाला था। वहाँ प्रचंड पवनें और भारी हिम का प्रभाव रहता है तथा महीनों तक आकाश अदीप्त रहता है।

(ii) **कैरी सर्दी से बचने के लिए क्या करता है?**

उत्तर वह अपने कार में सर्दियों के लिए विशेष टायर लगाती है और ड्राइव करते समय शक्तिशाली लाइट्स का इस्तेमाल करती है।

(iii) **प्रौद्योगिकी विकास ने मानव जीवन को किस प्रकार अनुकूलित किया है?**

उत्तर प्रौद्योगिकी विकास ने मानव की कार्य प्रणाली को आसान बना दिया है, जैसे कैरी द्वारा लंदन जाने के लिए यान का प्रयोग किया जाता है। जिससे वह कम समय में यात्रा कर पाती है। शीत क्षेत्र में होते हुए भी वह उष्णकटिबंधीय फलों को खा पाती है। अत्यधिक ठंड की स्थिति में भी वह कृत्रिम ढंग से गर्म वातावरण में कार्य कर पाती है।

3. **मनुष्य अपने प्रौद्योगिकी की सहायता से अपने भौतिक पर्यावरण से अन्योन्यक्रिया करता है। यह महत्त्वपूर्ण नहीं है, कि मानव क्या उत्पन्न और निर्माण करता है, बल्कि यह अत्यंत महत्त्वपूर्ण है कि वह 'किन उपकरणों और तकनीकों की सहायता से उत्पादन और निर्माण करता है'?**

प्रौद्योगिकी किसी समाज के सांस्कृतिक विकास के स्तर की सूचक होती है। मानव प्रकृति के नियमों को बेहतर ढंग से समझने के बाद ही प्रौद्योगिकी का विकास कर पाया। उदाहरणार्थ, घर्षण और ऊष्मा की संकल्पनाओं ने अग्नि की खोज में हमारी सहायता की। इसी प्रकार डी.एन.ए. और आनुवांशिकी के रहस्यों की समझ ने हमें अनेक बीमारियों पर विजय पाने के योग्य बनाया। अधिक तीव्र गति से चलने वाले यान विकसित करने के लिए हम वायु गति के नियमों का प्रयोग करते हैं। आप देख सकते हैं कि प्रकृति का ज्ञान प्रौद्योगिकी को विकसित करने के लिए महत्त्वपूर्ण है और प्रौद्योगिकी मनुष्य पर पर्यावरण की बंदिशों को कम करती है। प्राकृतिक पर्यावरण से अन्योन्यक्रिया की आरंभिक अवस्थाओं में मानव इससे अत्यधिक प्रभावित हुआ था। उन्होंने प्रकृति के आदेशों के अनुसार, स्वयं को ढाल लिया। इसका कारण यह है कि प्रौद्योगिकी का स्तर अत्यंत निम्न था और मानव के सामाजिक विकास की अवस्था भी आदिम थी। आदिम मानव समाज और प्रकृति की प्रबल शक्तियों के बीच इस प्रकार की अन्योन्यक्रिया को पर्यावरणीय निश्चयवाद कहा गया। प्रौद्योगिक विकास की उस अवस्था में हम प्राकृतिक मानव की कल्पना कर सकते हैं, जो प्रकृति को सुनता था, उसकी प्रचंडला से भयभीत होता था और उसकी पूजा करता था।

(i) **प्रौद्योगिकी का मानव समाज के सांस्कृतिक विकास से क्या संबंध है?**

उत्तर प्रौद्योगिकी किसी समाज के सांस्कृतिक विकास के स्तर की सूचक होती है। यह दर्शाती है कि मानव अपने भौतिक पर्यावरण से कैसे अन्योन्यक्रिया करता है और किस प्रकार के उपकरणों और तकनीकों का उपयोग करता है।

(ii) **प्रौद्योगिकी के विकास में प्रकृति को ज्ञान की क्या भूमिका है?**

उत्तर प्रकृति के नियमों की समझ ने प्रौद्योगिकी के विकास नें सहायता की है। जैसे घर्षण और ऊष्मा की समझ ने अग्नि की खोज में सहायता की और आनुवांशिकी के ज्ञान ने बीमारियों पर विजय पाने में योगदान दिया।

(iii) **प्राचनी काल में मानव और प्रकृति के संबंध को क्या कहा गया?**

उत्तर प्राचीन काल में जब प्रौद्योगिकी और सामाजिक विकास का स्तर निम्न या मानव और प्रकृति के बीच अन्योन्यक्रिया को 'पर्यावरणीय निश्चवाद' कहा गया।

स्वयं को जाँचें

वस्तुनिष्ठ प्रश्न

1. **"मानव भूगोल अस्थिर पृथ्वी और क्रियाशील मानव के बीच परिवर्तनशील संबंधों का अध्ययन है।" यह कथन किसका है?**

(a) रैटजेल (b) ऐलन सी सेंपल
(c) पॉल विडाल-डी-ला-ब्लाश (d) ग्रिफिथ टेलर

2. **पर्यावरणीय नियतिवाद में किस शक्ति की प्रधानता होती है?**

(a) मानव की (b) पृथ्वी की
(c) 'a' और 'b' दोनों (d) प्रकृति की

3. **सामाजिक भूगोल के अंतर्गत निम्न में कौन-सा क्षेत्र शामिल नहीं है?**

(a) लिंग भूगोल (b) ऐतिहासिक भूगोल
(c) निर्वाचन भूगोल (d) चिकित्सा भूगोल

4. **अभाव की अवस्था से स्वतंत्रता की अवस्था ने किस विचारधारा को जन्म दिया है?**

(a) व्यवहारवाद (b) नव-निश्चयवाद
(c) संभववाद (d) प्रकृतिवाद

5. **निम्नलिखित में से कौन-सा एक मानव भूगोल से संबंधित नहीं है?**

(a) क्षेत्रीय विभिन्नता (b) मात्रात्मक क्रांति
(c) स्थानिक संगठन (d) अन्वेषण एवं वर्णन

अतिलघु उत्तरीय प्रश्न

6. **मनुष्य अपने भौतिक पर्यावरण से अंत:क्रिया कैसे करता है?**

7. **फ्रेडरिक रैटजेल के अनुसार, मानव भूगोल की परिभाषा दीजिए।**

8. **भौतिक पर्यावरण 'माता-प्रकृति' का रूप धारण किए हुए है। इसका क्या अर्थ है?**

9. **प्राकृतिक पर्यावरण से अन्योन्यक्रिया की आरंभिक अवस्था में मानव, प्राकृतिक पर्यावरण से अत्यधिक प्रभावित हुआ उसने प्रकृति के आदेशों के अनुसार, अपने आप को ढाल लिया है। मानव की सामाजिक अवधारणा में इसे किस नाम से जाना जाता है।**

लघु उत्तरीय प्रश्न

10. **'संसाधन भूगोल' को स्पष्ट कीजिए।**

11. **प्रकृति पर मानव प्रयासों की छाप स्पष्ट दिखाई देती है। स्पष्ट कीजिए?**

12. **प्रौद्योगिकी किसी समाज के सांस्कृतिक विकास के स्तर की सूचक होती है, स्पष्ट कीजिए।**

दीर्घ उत्तरीय प्रश्न

13. **मानव भूगोल की प्रकृति तथा मानव भूगोल के संबंध में उत्पन्न महत्त्वपूर्ण अवधारणाओं का उल्लेख कीजिए।**

14. **नव-नियतिवाद किस प्रकार एक मध्यमार्गी अवधारणा है? स्पष्ट कीजिए।**

अथवा **नव-निश्चयवाद द्वारा किस प्रकार प्रकृति पर विजय प्राप्त करना संभव है?**

2

अध्याय

यह अध्याय, विश्व में जनसंख्या वितरण, घनत्व, वृद्धि परिवर्तन, से संबंधित है, इसमें जनांकिकीय संक्रमण सिद्धांत की अवस्थाओं और जनसंख्या नियंत्रण के उपायों के बारे में स्रोत आधारित चर्चा की गई है।

▼ अध्ययन एक नजर में

2.1 विश्व में जनसंख्या वितरण के प्रारूप

2.2 जनसंख्या वितरणा को प्रभावित करने वाले कारक

2.3 जनसंख्या वृद्धि

2.4 जनसंख्या परिवर्तन के घटक

2.5 जनांकिकीय संक्रमण सिद्धांत

▼ अभ्यास के लिए

– बहुविकल्पीय प्रश्न 30 (युग्मित प्रश्न, कथन/कारण, सुमेलित कीजिए)

– वर्णनात्मक प्रकार के प्रश्न (लघु उत्तरीय प्रश्न 12, दीर्घ उत्तरीय प्रश्न 3)

– स्रोत आधारित प्रश्न 4, मानचित्र आधारित 0

विश्व जनसंख्या : वितरण, घनत्व और वृद्धि

जनसंख्या किसी क्षेत्र में रहने वाले लोगों की संख्या को दर्शाती है और किसी राष्ट्र के लिए महत्त्वपूर्ण मानव संसाधन है। यह राष्ट्र के अन्य संसाधनों का उपयोग व उपभोग करती है तथा प्रौद्योगिकी का विकास करती है और राष्ट्र पर शासन करती है।

21वीं सदी के प्रारंभ में विश्व की जनसंख्या 600 करोड़ से अधिक दर्ज की गई है, जो पृथ्वी पर असमान रूप से वितरित है।

2.1 विश्व में जनसंख्या वितरण का प्रारूप

- जनसंख्या का वितरण और वृद्धि भौगोलिक, आर्थिक, सामाजिक और सांस्कृतिक जैसे विभिन्न कारकों पर निर्भर करती है।
- जनसंख्या वितरण शब्द का अर्थ भू-पृष्ठ पर लोग किस प्रकार वितरित हैं
- अधिकांश विश्व की 90% जनसंख्या धरातल के 10% भाग पर निवास करती है और लगभग 60% जनसंख्या दस सर्वाधिक आबादी वाले देशों में निवास करती है, जिसमें एशिया के छः (चीन, भारत, इंडोनेशिया, जापान, पाकिस्तान व बांग्लादेश) देश शामिल हैं

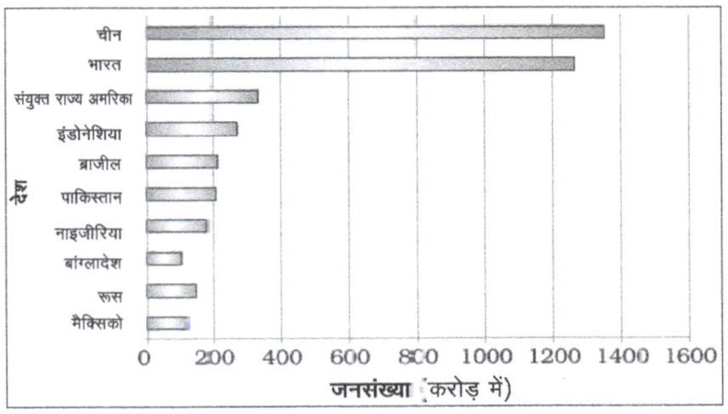

▲ अत्यधिक सघन जनसंख्या वाले देश

जनसंख्या का घनत्व

जनसंख्या का घनत्व प्रति इकाई क्षेत्र में रहने वाले व्यक्तियों की संख्या को दर्शाता है।

$$\text{जनसंख्या का घनत्व} = \frac{\text{जनसंख्या}}{\text{क्षेत्रफल}}$$

उदाहरण के लिए, 'क' प्रदेश का क्षेत्रफल 100 वर्ग किमी है और जनसंख्या 1,50,000 है। जनसंख्या का घनत्व इस प्रकार निकाला जाएगा

$$\text{घनत्व} = \frac{1{,}50{,}000}{100} = 1500 \text{ प्रति वर्ग किमी}$$

2.2 जनसंख्या वितरण को प्रभावित करने वाले कारक

जनसंख्या वितरण को भौगोलिक कारकों के अतिरिक्त सामाजिक आर्थिक एवं सांस्कृतिक कारक भी प्रभावित करते हैं, जिनका वर्णन इस प्रकार है

भौगोलिक कारक

जनसंख्या वितरण को प्रभावित करने वाले भौगोलिक कारक निम्नलिखित हैं

(i) **जल की उपलब्धता** किसी भी क्षेत्र में मनुष्य के निवास हेतु जल की पर्याप्त उपलब्धता का होना अति आवश्यक है। जल का उपयोग पीने के लिए, नहाने, भोजन बनाने, कृषि कार्य, उद्योग-धंधों तथा **नौसंचालन**[1] आदि के लिए किया जाता है। इसी कारण विश्व की जनसंख्या का अधिकांश भाग नदी घाटियों में निवास करता है, क्योंकि वहाँ कृषि के लिए उपजाऊ मिट्टी के अतिरिक्त पर्याप्त जलापूर्ति होती है।

(ii) **भू-आकृति** जनसंख्या को प्रभावित करने वाले कारकों में प्रमुख है। जनसंख्या का वितरण मैदानी क्षेत्र और मंद ढाल वाले क्षेत्रों में अधिक पाया जाता है, क्योंकि ये क्षेत्र सड़क यातायात, फसल उत्पादन और उद्योगों के विकास के लिए अनुकूल होते हैं। पहाड़ी और पर्वतीय क्षेत्र के ढाल तीव्र होते हैं, जिस कारण ये क्षेत्र यातायात, कृषि एवं औद्योगिक विकास के अनुकूल नहीं होते, इसी कारण यहाँ जनसंख्या कम पाई जाती है। गंगा का मैदान विश्व के सबसे अधिक सघन जनसंख्या वाले क्षेत्रों में से एक है, जबकि हिमालय के पर्वतीय भाग कम जनसंख्या वाले क्षेत्र हैं।

(iii) **जलवायु** जिन प्रदेशों के मौसम में परिवर्तन कम होता है, वहाँ जनसंख्या अधिक पाई जाती है, क्योंकि ये प्रदेश मनुष्य के रहने के लिए अनुकूल होते हैं; जैसे—भूमध्यसागरीय प्रदेश आदि। अति उष्ण या ठंडे मरुस्थल की विषम जलवायु वाले क्षेत्र मनुष्य के रहने के लिए अनुकूल नहीं होते, क्योंकि यहाँ मौसम में परिवर्तन होता रहता है, जिसके कारण इन क्षेत्रों में जनसंख्या कम पाई जाती है।

(iv) **मृदा** उपजाऊ मृदा वाले क्षेत्रों में जनसंख्या अधिक पाई जाती है, क्योंकि यहाँ कृषि कार्य सरलता से हो पाता है और मनुष्य अपने जीवन यापन हेतु खाद्य सामग्री का उत्पादन कर सकता है। विश्व की अधिकांश जनसंख्या **दोमट मृदा**[2] वाले क्षेत्रों और नदी घाटियों के आस-पास पाई जाती है, क्योंकि इस प्रकार की मिट्टियाँ गहन कृषि का आधार होती हैं। दक्षिण तथा दक्षिण-पूर्वी एशिया में अधिक जनसंख्या होने का मुख्य कारण मृदा का उपजाऊ होना है।

आर्थिक कारक

जनसंख्या वितरण को प्रभावित करने वाले आर्थिक कारक इस प्रकार हैं

(i) **खनिज** खनिज पदार्थों के उत्खनन से युक्त क्षेत्र उद्योगों को आकर्षित करने के साथ-साथ रोजगार भी उत्पन्न करते हैं, जिससे कुशल और अर्द्ध-कुशल श्रमिक इन क्षेत्रों की ओर पलायन कर जनसंख्या को सघन बना देते हैं; जैसे—अफ्रीका की कटंगा तथा जांबिया की ताबा पेटी।

(ii) **नगरीकरण** नगरीय क्षेत्र में शिक्षा, चिकित्सा, स्वास्थ्य तथा संचार एवं परिवहन के साथ रोजगार के साधन उपलब्ध होते हैं, जो ग्रामीण क्षेत्र के लोगों को यहाँ आने के लिए आकर्षित करते हैं, जिससे नगरीय जनसंख्या बढ़ जाती है।

---

1 **नौसंचालन** यह जल परिवहन का एक प्रकार होता है।
2 **दोमट मृदा** इस मिट्टी का विस्तार नदियों के तटीय क्षेत्रों में होता है।

(iii) **औद्योगीकरण** जिन क्षेत्रों में अत्यधिक औद्योगिक विकास और औद्योगिक क्षेत्र हैं, वहाँ रोजगार के बेहतर अवसर उपलब्ध होते हैं, जिससे जनसंख्या उन क्षेत्रों के प्रति आकर्षित होती है। इनमें कारखानों के श्रमिकों के अतिरिक्त परिवहन चालक, दुकानदार, बैंककर्मी, डॉक्टर, अध्यापक तथा अन्य सेवाएँ उपलब्ध कराने वाले लोग भी शामिल होते हैं; जैसे—जापान का कोबे-ओसाका विकसित औद्योगीकरण के कारण सघन जनसंख्या वाला क्षेत्र है।

सामाजिक एवं सांस्कृतिक कारक

कुछ स्थान धार्मिक अथवा सांस्कृतिक महत्त्व के कारण अधिक लोगों को आकर्षित करते हैं, अत: यह अत्यधिक आबादी वाले क्षेत्र हैं। कई बार सामाजिक और राजनीतिक अशांति के कारण लोग उन क्षेत्रों से पलायन करते हैं।

- कभी-कभी सरकार भी अधिक जनसंख्या वाले क्षेत्रों से लोगों के पलायन तथा कम जनसंख्या वाले क्षेत्रों में लोगों को बसने के लिए प्रोत्साहित करती है।

चेक प्वॉइंट 1

1. जनसंख्या वितरण को प्रभावित करने वाले कोई दो भौगोलिक कारकों के नाम बताइए।
2. अफ्रीका में कटंगा-जांबिया बेल्ट किस खनिज के खनन के लिए प्रसिद्ध है?
3. जनसंख्या घनत्व किस इकाई में मापा जाता है?
4. कम जनसंख्या घनत्व वाले चार क्षेत्रों के नाम बताइए।

2.3 जनसंख्या वृद्धि

किसी निश्चित क्षेत्र में निश्चित अवधि के दौरान वहाँ के निवासियों की संख्या में हुए परिवर्तन को जनसंख्या वृद्धि या जनसंख्या परिवर्तन कहा जाता है।

- उदाहरण के लिए, यदि हम भारत की वर्ष 2001 की जनसंख्या (102.70 करोड़) को वर्ष 2011 की जनसंख्या (121.02 करोड़) में से घटाएँ, तब हमें जनसंख्या की वृद्धि (18.15 करोड़) की वास्तविक संख्या का पता चलेगा, जैसे-
  - जनसंख्या परिवर्तन को किसी क्षेत्र की सामाजिक, आर्थिक एवं सांस्कृतिक पृष्ठभूमि का महत्त्वपूर्ण सूचक होता है।
  - यह परिवर्तन धनात्मक अथवा ऋणात्मक हो सकता है।
  - जनसंख्या की वृद्धि दर प्रतिशत रूप में व्यक्त की जाती है।
  - भारत की वार्षिक जनसंख्या वृद्धि दर 1.64% है।
- जनसंख्या परिवर्तन को निम्न दो रूपों में बाँटकर देखा जाता है

  (i) **धनात्मक वृद्धि** (Positive Growth) जनसंख्या में धनात्मक वृद्धि तब होती है, जब किसी क्षेत्र में निश्चित अवधि के दौरान जन्म-दर, मृत्यु-दर से अधिक हो। जनसंख्या में धनात्मक वृद्धि तब भी संभव है, जब किसी अन्य क्षेत्र के लोग उस देश में स्थायी रूप से प्रवास कर जाएँ।

  (ii) **ऋणात्मक वृद्धि** (Negative Growth) किसी निश्चित क्षेत्र में निश्चित अवधि के दौरान जनसंख्या में हुई कमी को ऋणात्मक (नकारात्मक) वृद्धि कहा जाता है। ऋणात्मक वृद्धि तब होती है, जब जन्म-दर, मृत्यु-दर से कम हो या लोग किसी अन्य देश में **प्रवास**[3] (Migration) कर जाएँ।

जनसंख्या वृद्धि से संबंधित आधारभूत संकल्पनाएँ

जनसंख्या की वृद्धि दर यह जनसंख्या में परिवर्तन है, जो प्रतिशत में व्यक्त किया जाता है।

जनसंख्या की प्राकृतिक वृद्धि किसी क्षेत्र विशेष में दो समय अंतरालों में जन्म और मृत्यु के अंतर से बढ़ने वाली जनसंख्या को उस क्षेत्र की प्राकृतिक वृद्धि कहते हैं।

प्राकृतिक वृद्धि = जन्म – मृत्यु

जनसंख्या की वास्तविक वृद्धि यह वृद्धि तब होती है, जब वास्तविक वृद्धि (जन्म – मृत्यु + आप्रवास – उत्प्रवास) होती है।

3 **प्रवास** जनसंख्या का एक स्थान से दूसरे स्थान पर स्थायी या अस्थायी रूप से जाकर बसना।

2.4 जनसंख्या परिवर्तन के घटक

जनसंख्या वृद्धि के मुख्यत: तीन घटकों का संक्षिप्त में विवरण इस प्रकार है

अशोधित जन्म-दर (CBR)

- किसी वर्ष विशेष में प्रति हजार स्त्रियों द्वारा जन्म दिए गए जीवित बच्चों की संख्या अशोधित जन्म-दर (Crude Birth Rate, CBR) कहलाती है।

$$\text{अशोधित मृत्यु-दर} = \frac{\text{किसी वर्ष विशेष में जीवित जन्मे बच्चों की संख्या}}{\text{किसी क्षेत्र विशेष में वर्ष के मध्य जनसंख्या}} \times 1000$$

अशोधित मृत्यु-दर (CDR)

- किसी वर्ष विशेष में प्रति हजार जनसंख्या के अनुपात में मरने वाले व्यक्तियों की संख्या को अशोधित मृत्यु-दर (Crude Death Rate, CDR) कहते हैं।
- जनसंख्या वृद्धि न केवल बढ़ती जनसंख्या से होती है, बल्कि घटती मृत्यु-दर से भी होती है। अधिकतर मृत्युदर किसी क्षेत्र की जनांकिकीय संरचना, सामाजिक उन्नति और आर्थिक विकास के स्तर द्वारा प्रभावित होती है।

$$\text{अशोधित मृत्यु-दर} = \frac{\text{किसी वर्ष विशेष में मृतकों की संख्या}}{\text{उस वर्ष विशेष के मध्य में अनुमानित जनसंख्या}} \times 1000$$

प्रवास

- लोगों का विभिन्न कारणों से अपने मूल आवास स्थान से स्थानांतरित होना प्रवास कहलाता है।
- प्रवास प्रक्रिया के अंतर्गत लोग जहाँ से चलते हैं, उसे उद्‌गम स्थान (Place of Origin) तथा जिस स्थान पर पहुँचते अथवा आगमन करते हैं, उसे गंतव्य स्थान (Place of Destination) कहते हैं।
- प्रवास के अंतर्गत उद्‌गम स्थान में जनसंख्या की कमी तथा गंतव्य स्थान में जनसंख्या की वृद्धि होती है। प्रवास स्थायी, अस्थायी अथवा मौसमी हो सकता है। यह गाँव से गाँव, गाँव से नगर, नगर से नगर तथा नगर से गाँव हो सकता है।

प्रवास को प्रभावित करने वाले कारक

प्रवास को प्रभावित करने वाले कारक निम्नलिखित हैं

(i) **प्रतिकर्ष कारक** इसके अंतर्गत जलवायु, प्राकृतिक विपदाएँ, महामारी, सामाजिक-आर्थिक पिछड़ापन, बेरोजगारी, राजनीतिक उपद्रव व रहन-सहन की निम्न दशाएँ जैसे कारक आते हैं। ये कारक उद्‌गम स्थान को कम आकर्षित करते हैं, जिससे व्यक्ति दूसरे स्थान पर जाने को विवश हो जाता है, जिसके कारण प्रवास को बढ़ावा मिलता है।

(ii) **अपकर्ष कारक** इसके अंतर्गत रहन-सहन की अच्छी दशाएँ, शांति व स्थायित्व जीवन, संपत्ति की सुरक्षा, काम के बेहतर अवसर व अनुकूल जलवायु जैसे कारक आते हैं। ये कारक प्रवास के लिए अनुकूल होते हैं, जो लोगों को अपनी ओर आकर्षित करते हैं।

(iii) **आप्रवास** प्रवासी जो किसी नए स्थान पर जाते हैं, वे वहाँ के लिए अप्रवासी कहलाते हैं।

(iv) **उत्प्रवास** प्रवासी जो एक स्थान से बाहर चले जाते हैं, उत्प्रवासी कहलाते हैं।

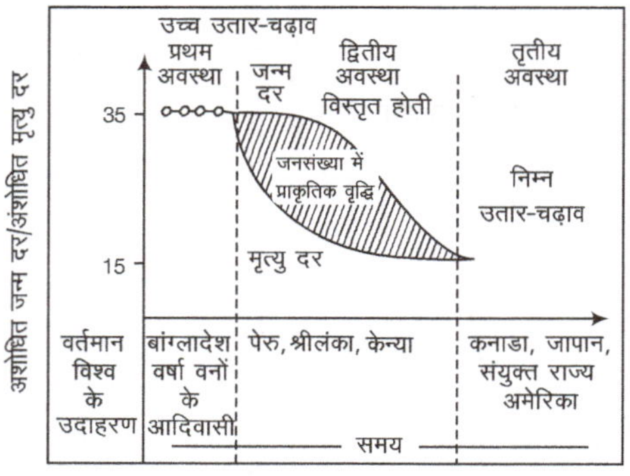

▲ जनांकिकीय संक्रमण सिद्धांत

2.5 जनांकिकीय संक्रमण सिद्धांत

- जनांकिकीय संक्रमण सिद्धांत का उपयोग किसी क्षेत्र की जनसंख्या के वर्णन तथा भविष्य की जनसंख्या के पूर्वानुमान के लिए किया जा सकता है।
- जनांकिकीय संक्रमण सिद्धांत की तीन अवस्थाएँ हैं, जिन्हें 'जनांकिकीय चक्र' कहा जाता है। जनांकिकीय परिवर्तन की अवस्थाओं पर चर्चा नीचे की गई है

प्रथम अवस्था

- इस अवस्था में अधिकतम लोग कृषि कार्य में संलग्न रहते हैं, साथ ही इसमें अशिक्षा, प्रौद्योगिकी का निम्न स्तर, धीमी जनसंख्या वृद्धि तथा जीवन प्रत्याशा कम पाई जाती है, साथ ही बड़े परिवारों को परिसंपत्ति माना जाता है।

- उच्च प्रजनन दर एवं उच्च मृत्यु-दर तथा धीमी जनसंख्या वृद्धि इसकी प्रमुख विशेषता है, जो भोजन की आपूर्ति में कमी एवं महामारी के कारण उत्पन्न हुई क्षति की पूर्ति करती है। 200 वर्ष पूर्व विश्व के लगभग सभी देश इसी अवस्था में थे। वर्तमान में अंगोला व सोमालिया जैसे देशों को इस अवस्था में देखा जा सकता है।

द्वितीय अवस्था

- इस अवस्था में प्रारंभ में जन्म-दर उच्च होती है तथा समय के साथ घटती जाती है अर्थात् यह अवस्था घटी हुई मृत्यु-दर के साथ आती है। स्वास्थ्य एवं स्वच्छता में सुधार के कारण मृत्यु-दर में कमी आती है।
- फलतः जन्म-दर अधिक तथा मृत्यु-दर कम होने से जनसंख्या में तेजी दिखाई देती है।
- वर्तमान में इस अवस्था में विश्व के अधिकांश विकासशील देशों को देखा जा सकता है।

तृतीय अवस्था

- इस अवस्था में जनसंख्या शिक्षित एवं नगरीय हो जाती है तथा उसके पास तकनीकी ज्ञान होता है। लोग परिवार के आकार को निश्चित करने लगते हैं।
- इसमें जन्म-दर एवं मृत्यु-दर घटकर लगभग स्थिर हो जाती। लोगों में प्रजनन दर को संतुलित करने की योग्यता हो जाती है, जिससे जनसंख्या या तो स्थिर हो जाती है या मंद गति से बढ़ती है।
- वर्तमान में इस अवस्था के अंतर्गत पूर्वी यूरोप एवं मध्य एशिया को देखा जा सकता है।

जनसंख्या नियंत्रण के उपाय

- हमारे संसाधनों की स्थिरता के लिए विश्व को तेजी से बढ़ती जनसंख्या को नियंत्रित करने की आवश्यकता है।
- परिवार नियोजन जैसे कार्यक्रमों को अपनाकर बच्चों की जन्म-दर को कम करके तथा उनमें अंतराल को रखकर जनसंख्या को सीमित किया जा सकता है।
- जन-अभियान के माध्यम से प्रचार कर जागरुकता को बढ़ाकर तथा गर्भ-निरोधक के प्रयोग को बढ़ावा देने व बड़े परिवारों के लिए कर हतोत्साहन जैसे उपाय जनसंख्या नियंत्रित में सहायता कर सकते हैं।
- **थॉमस माल्थस** ने अपने सिद्धांत (1798) में बताया था कि खाद्य आपूर्ति की अपेक्षा लोगों की जनसंख्या अधिक तेजी से बढ़ेगी और जनसंख्या वृद्धि का परिणाम अकाल, **महामारी**[4] (Pandemic) तथा युद्ध के रूप में सामने आएगा, जिससे जनसंख्या वृद्धि में अचानक गिरावट होगी।

चेक प्वॉइंट 2

1. जनसंख्या परिवर्तन के तीन महत्त्वपूर्ण घटक कौन-से हैं?
2. प्रवास के अपकर्ष कारकों का एक उदाहरण दीजिए।
3. जनांकिकीय संक्रमण की कौन-सी अवस्था जनसंख्या विस्फोट को दर्शाती है?
4. प्रवास में 'गंतव्य स्थान' से क्या अभिप्राय है?

---

4 **महामारी** (Pandemic) जब किसी रोग का प्रकोप कुछ समय पहले की अपेक्षा बहुत अधिक होता, तो उसे महामारी कहते हैं।

Mind Map

विश्व जनसंख्या: वितरण घनत्व और वृद्धि

1 विश्व में जनसंख्या वितरण का प्रारूप

- यह पृथ्वी की सतह पर लोगों के वितरण को दर्शाता है।
- विश्व के दस सर्वाधिक आबाद देशों में विश्व की लगभग 60% जनसंख्या निवास करती है।
- एशिया सबसे अधिक जनसंख्या वाला महाद्वीप है।

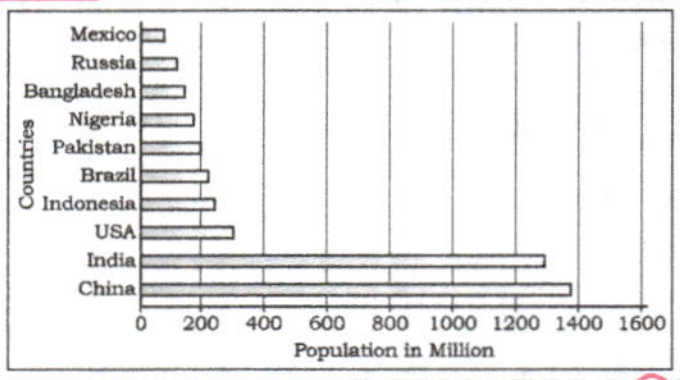

2 जनसंख्या का घनत्व

यह प्रति इकाई क्षेत्र में रहने वाले लोगों की संख्या को दर्शाता है।

$$\text{धनत्व} = \frac{\text{जनसंख्या}}{\text{क्षेत्रफल}}$$

3 जनसंख्या वितरण को प्रभावित करने वाले कारक

भौगोलिक कारक

- **जल की उपलब्धता** लोग उन क्षेत्र में बसने को प्राथमिकता देते हैं, जहाँ जल आसानी से उपलब्ध होता है।
- **भू-आकृति** समतल भूमि, कृषि, सड़क निर्माण और उद्योगों के लिए अनुकूल होते हैं।
- **जलवायु** लोग ऐसे स्थानों पर रहना पसंद करते हैं, जहाँ जलवायु न अधिक गर्म हो, न अधिक ठंडी।
- **मृदा** उपजाऊ मिट्टी कृषि के लिए अनुकूल होती है।

सामाजिक एवं सांस्कृतिक कारक

- कुछ स्थानों पर धार्मिक अथवा सांस्कृतिक महत्त्व के कारण अधिक लोग आकर्षित होते हैं।
- लोग उन क्षेत्रों को छोड़कर चले जाते हैं, जहाँ सामाजिक और राजनीतिक अशांति होती है।

आर्थिक कारक

- **खनिज संसाधनों का वितरण** खनिज निक्षेपों से युक्त क्षेत्र उद्योगों को आकृष्ट करते हैं, जैसे -कटंगा, जोंबिया ताँबा पेटी (अफ्रीका)
- **नगरीकरण** इसमें रोजगार, शिक्षा चिकित्सा सुविधाएँ, परिवहन व संचार के बेहतर अवसर होते हैं, जैसे विभिन्न शहर आदि।
- **औद्योगीकरण** यह नौकरी के अवसर प्रदान करता है, जैसे-जापान का कोबे-ओसाका क्षेत्र आदि।

4 जनसंख्या वृद्धि

- यह किसी क्षेत्र में निवासियों की संख्या में परिवर्तन को दर्शाती है।

जनसंख्या वृद्धि के तीन घटक होते हैं

(i) जन्म दर प्रति 1000 जनसंख्या पर 1 वर्ष में जन्मे जीवित शिशुओं की संख्या।
(ii) मृत्यु दर किसी क्षेत्र में एक वर्ष में प्रति 1000 लोगों की हुई कुल मृत्यु।
(iii) प्रवास लोगों का एक स्थान से दुसरे स्थान पर जाना।

5 जनांकिकीय संक्रमण

यह किसी समाज में जनसंख्या के विकास की प्रक्रिया को दर्शाती है।
इसके तीन चरण हैं।

(i) उच्च उतार-चढ़ाव वाला चरण

- जन्म दर और मृत्यु दर दोनों अधिक
- जनसंख्या वृद्धि धीमी
- कृषि समाज में बड़े परिवारों को परिसंपत्ति माना जाता है।

(ii) स्थिर चरण

- इसमें प्रजननशीलता ऊँची बनी रहती है, किंतु समय के साथ घटती जाती है।
- स्वास्थ्य संबंधी दशाओं व स्वच्छता में सुधार के साथ मर्त्यता में कमी आती है।

(iii) निम्न उतार चढ़ाव वाला चरण

- जन्म और मृत्यु दर दोनों में कमी आती है।
- जनसंख्या नगरीय और शिक्षित हो जाती है तथा उसके पास तकनीकी ज्ञान होता है।

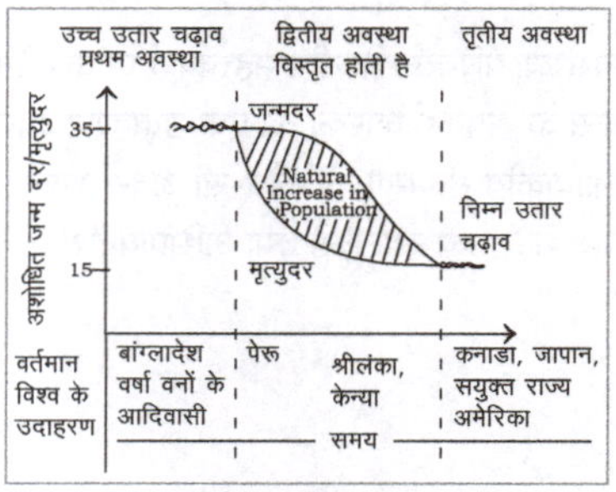

जनांकिकीय संक्रमण सिद्धांत

6 जनसंख्या नियंत्रण के उपाय

- प्रमुख उपाय है गर्भ निरोधक उपाय परिवार नियोजन बड़े परिवारों के लिए कर निरूत्साहक उपाय व शिक्षा और जागरुकता अभियान।

NCERT फोल्डर

अध्याय के मध्य में दिए गए प्रश्न

1. लोग अन्य प्रदेशों की अपेक्षा निश्चित प्रदेशों में क्यों रहना चाहते हैं?

उत्तर लोग कुछ निश्चित प्रदेशों में इसलिए रहना चाहते हैं कि उन प्रदेशों में मनुष्य को निवास हेतु उपयुक्त भौगोलिक, आर्थिक तथा सामाजिक एवं सांस्कृतिक कारक मिलते हैं। लोग अन्य प्रदेशों में इसलिए नहीं रहना चाहते हैं, क्योंकि वे ऐसे प्रदेश होते हैं, जहाँ मानवीय निवास के लिए आवश्यक भौगोलिक, आर्थिक तथा सामाजिक कारक विपरीत अवस्था में होते हैं।

2. फिर भी नगरीय जीवन अत्यंत कष्टदायक हो सकता है......

नगरीय जीवन के कुछ कष्टदायक पक्षों को सोचिए।

उत्तर नगरीय जीवन, हालाँकि सुविधाओं से भरा होता है, फिर भी अनेक कष्टदायक पहलुओं से परिपूर्ण है। बढ़ती जनसंख्या और भीड़-भाड़ के कारण सड़कें हमेशा अस्त व्यस्त रहती हैं, जिससे यातायात में समय की बर्बादी होती है। वायु प्रदूषण और ध्वनि प्रदूषण दोनों लोगों के स्वास्थ्य पर प्रतिकूल प्रभाव डालते हैं, जबकि बढ़ती महँगाई से जीवन-यापन मुश्किल हो जा रहा है। इसके अतिरिक्त सामाजिक संबंधों में दूरी और अकेलापन भी एक गंभीर समस्या बनती जा रही है, क्योंकि लोग अपने व्यस्त कार्यक्रम में व्यक्तिगत जीवन की प्राथमिकता खो देते हैं। इस प्रकार, नगरीय जीवन में एक ओर जहाँ सुविधाओं का लाभ है, वहीं दूसरी ओर मानसिक और शारीरिक कष्टों का सामना भी करना पड़ता है।

3. क्या आप सोच सकते हैं कि लोग किन कारणों से प्रवास करते हैं?

उत्तर लोग विभिन्न कारणों से प्रवास करते हैं, जो व्यक्तिगत, आर्थिक और सामाजिक कारणों पर आधारित हो सकते हैं। कुछ मुख्य कारण इस प्रकार हैं

(i) **आर्थिक अवसर** बेहतर नौकरी, उच्च वेतन और आर्थिक स्थिति सुधारने के लिए लोग एक स्थान से दूसरे स्थान पर जाते हैं।

(ii) **शिक्षा** बेहतर शिक्षा और विश्वविद्यालयों में दाखिला लेने के लिए लोग विभिन्न देशों या शहरों में प्रवास करते हैं।

(iii) **राजनीतिक कारण** युद्ध, संघर्ष या उत्पीड़न से बचने के लिए लोग शरण लेने के उद्देश्य से प्रवास करते हैं।

(iv) **प्राकृतिक आपदाएँ** बाढ़, भूकंप, सूखा जैसी प्राकृतिक आपदाओं से प्रभावित लोग सुरक्षित स्थानों पर जाने के लिए प्रवास करते हैं। ये कारण अलग-अलग व्यक्तियों के जीवन की परिस्थितियों पर निर्भर करते हैं।

नीचे दिए चार विकल्पों में से सही उत्तर चुनिए

1. निम्नलिखित में किस महाद्वीप में जनसंख्या वृद्धि सर्वाधिक है?

(a) अफ्रीका (b) एशिया
(c) दक्षिणी अमेरिका (d) उत्तरी अमेरिका

उत्तर *(a)* अफ्रीका

2. निम्नलिखित में से कौन-सा विरल जनसंख्या वाला क्षेत्र नहीं है?

(a) अटाकामा
(b) भूमध्यरेखीय प्रदेश
(c) दक्षिण-पूर्वी एशिया
(d) ध्रुवीय प्रदेश

उत्तर (c) दक्षिण-पूर्वी एशिया

3. निम्नलिखित में से कौन-सा एक प्रतिकर्ष कारक नहीं है?

(a) जलाभाव
(b) बेरोजगारी
(c) चिकित्सा/शैक्षणिक सुविधाएँ
(d) महामारियाँ

उत्तर (c) चिकित्सा/शैक्षणिक सुविधाएँ

4. निम्नलिखित में से कौन-सा एक कथन सही नहीं है?

(a) विगत 500 वर्षों में मानव जनसंख्या 10 गुना से अधिक बढ़ी है
(b) 5 से 6 अरब तक बढ़ने में जनसंख्या को 100 वर्ष लगे
(c) जनांकिकीय संक्रमण की प्रथम अवस्था में जनसंख्या वृद्धि उच्च होती है

उत्तर (c) जनांकिकीय संक्रमण की प्रथम अवस्था में जनसंख्या वृद्धि उच्च होती है।

निम्नलिखित प्रश्नों के उत्तर लगभग 30 शब्दों में दीजिए

1. जनसंख्या के वितरण को प्रभावित करने वाले तीन भौगोलिक कारकों का उल्लेख कीजिए।

उत्तर जनसंख्या के वितरण को प्रभावित करने वाले तीन (जलवायु, मृदाएँ एवं जल की उपलब्धता) भौगोलिक कारक हैं

किसी भी स्थान पर रहने के लिए मानव को इन तीन कारकों की आवश्यकता होती है। जहाँ इन तीनों कारकों का अनुकूलन होता है, वहाँ जनसंख्या सघन होती है और जहाँ इन कारकों की अवस्था विपरीत होती है, वहाँ जनसंख्या विरल होती है।

2. विश्व में उच्च जनसंख्या घनत्व वाले अनेक क्षेत्र हैं, ऐसा क्यों होता है?

उत्तर विश्व के जिन क्षेत्रों में उर्वर मिट्टी, अनुकूल जलवायु, जल की उपलब्धता आदि मानवीय क्रियाओं के अनुकूल हैं, वहाँ उच्च जनसंख्या घनत्व पाया जाता है। आर्थिक कारक; जैसे—खनिज, नगरीकरण, औद्योगीकरण आदि भी जनसंख्या घनत्व को प्रभावित करते हैं, जिनके कारण विश्व के अनेक क्षेत्रों में जनसंख्या घनत्व अधिक उच्च है। उच्च जनसंख्या वाले अनेक क्षेत्र हैं; जैसे—संयुक्त राज्य अमेरिका का उत्तर-पूर्वी भाग, यूरोप का उत्तर-पश्चिमी एवं दक्षिणी भाग तथा एशिया का पूर्वी भाग आदि।

3. जनसंख्या परिवर्तन के तीन घटक कौन-से हैं?

उत्तर जनसंख्या परिवर्तन के तीन घटक होते है; जैसे जन्म दर मृत्यु दर और प्रवास। जन्मदर से जनसंख्या बढ़ती है, तथा मृत्युदर से घटती है और प्रवास (आने-जाने) से जनसंख्या में बदलाव आता है।

4. जन्म-दर तथा मृत्यु-दर में अंतर स्पष्ट कीजिए

उत्तर जन्म-दर तथा मृत्यु-दर में निम्नलिखित अंतर हैं

जन्म-दर	मृत्यु-दर
प्रति हजार जनसंख्या पर एक वर्ष में जीवित जन्में बच्चों की संख्या को जन्म-दर कहते हैं।	प्रति हजार जनसंख्या पर एक वर्ष में मृत व्यक्तियों की संख्या को मृत्यु-दर कहते हैं।
जन्म-दर जनसंख्या वृद्धि का घटक है।	मृत्यु-दर जनसंख्या ह्रास का घटक है।
जन्म-दर को नियंत्रित किया जा सकता है।	मृत्यु-दर को पूर्णत: नियंत्रित नहीं किया जा सकता है।

5. प्रवास के अपकर्ष कारक और प्रतिकर्ष कारक के बीच अंतर कीजिए।

उत्तर प्रवास के अपकर्ष कारक और प्रतिकर्ष कारक में निम्नलिखित अंतर हैं

अपकर्ष कारक	प्रतिकर्ष कारक
अपकर्ष कारक वह स्वैच्छिक प्रवास है, जब लोग नगरों की सुविधाओं व आजीविका के बेहतर साधनों से प्रेरित होकर प्रवास करते हैं।	प्रतिकर्ष कारक भी स्थानांतरण के लिए उत्तरदायी होते हैं। बेरोजगारी, आजीविका के साधनों की कमी, कृषि के कम उत्पादन के कारण भुखमरी आदि प्रमुख प्रतिकर्ष कारक हैं।
नगरों में अच्छे आर्थिक अवसरों, शिक्षा तथा मनोरंजन के साधनों के कारण लोग चुंबक की तरह आकर्षित होते हैं।	ग्रामीण क्षेत्रों में कृषि पर बढ़ती जनसंख्या के दबाव के कारण जीविकोपार्जन के साधनों की कमी के कारण लोग विकसित स्थानों की ओर प्रवास करते हैं।
नगरों में उद्योग, परिवहन, संचार, व्यापार तथा वाणिज्य आदि की बेहतर सुविधाएँ लोगों को प्रवास के लिए प्रेरित करती हैं।	गाँव में आजीविका प्राप्त नहीं कर पाने वाली जनसंख्या की गणना अधिशेष जनसंख्या के रूप में की जाती है। यह जनसंख्या नगरों की ओर प्रवास करती है।

निम्नलिखित प्रश्नों के उत्तर लगभग 150 शब्दों में दीजिए

1. विश्व में जनसंख्या के वितरण और घनत्व को प्रभावित करने वाले कारकों की विवेचना कीजिए।

अथवा **जल की उपलब्धता और भू-आकृतियाँ विश्व में जनसंख्या के वितरण को किस प्रकार प्रभावित करती हैं? उदाहरण सहित स्पष्ट कीजिए।**

अथवा **विश्व में जनसंख्या के वितरण को प्रभावित करने वाले तीन मुख्य आर्थिक कारकों को उदाहरणों सहित स्पष्ट कीजिए।** **CBSC 2024**

अथवा **संसार में जलवायु जनसंख्या के वितरण को किस प्रकार प्रभावित करती है? उदाहरणों सहित स्पष्ट कीजिए।**

अथवा **विश्व में जनसंख्या के वितरण को प्रभावित करने वाले आर्थिक और सांस्कृतिक कारकों की व्याख्या कीजिए।**

उत्तर जनसंख्या वितरण को प्रभावित करने वाले कारकों में भौगोलिक कारक के अतिरिक्त सामाजिक, आर्थिक, राजनीतिक एवं सांस्कृतिक कारक भी शामिल होते हैं, जो मानव को प्रभावित करते हैं।

1. **भौगोलिक कारक** इसके अंतर्गत जलवायु, मृदा, भू-आकृति तथा जल की उपलब्धता आदि शामिल होते हैं, जिनका वर्णन निम्न प्रकार है

(i) **जल की उपलब्धता** किसी भी क्षेत्र में मनुष्य के रहने के लिए जल की पर्याप्त उपलब्धता का होना आवश्यक है। जल का उपयोग पीने के लिए, नहाने, भोजन बनाने, कृषि के लिए, उद्योग-धंधों तथा नौसंचालन के लिए होता है।

नदी घाटियों में कृषि के लिए उपजाऊ मिट्टी के अतिरिक्त पर्याप्त जलापूर्ति के कारण जनसंख्या अधिक पाई जाती है। इस कारण से विश्व की जनसंख्या का अधिकांश भाग नदी घाटियों में निवास करता है।

(ii) **भू-आकृति** जनसंख्या को प्रभावित करने वाले कारकों में प्रमुख है, जिससे जनसंख्या का वितरण मैदानी क्षेत्र और मंद ढाल वाले क्षेत्रों में अधिक पाया जाता है, क्योंकि ये क्षेत्र सड़क यातायात, फसल उत्पादन और उद्योगों के विकास के लिए अनुकूल होते हैं। पहाड़ी और पर्वतीय क्षेत्र के ढाल तीव्र होने के कारण ये क्षेत्र यातायात, कृषि एवं औद्योगिक विकास के अनुकूल नहीं होते हैं। फलतः यहाँ जनसंख्या कम पाई जाती है। गंगा का मैदान विश्व के सबसे अधिक सघन जनसंख्या वाले क्षेत्रों में से एक है, जबकि हिमालय के पर्वतीय भाग विरल (कम) जनसंख्या वाले क्षेत्र हैं।

(iii) **जलवायु** जिन प्रदेशों में मौसम में परिवर्तन कम होता है, वहाँ जनसंख्या अधिक पाई जाती है, क्योंकि ये प्रदेश मनुष्य के रहने के लिए अनुकूल होते हैं; जैसे—भूमध्यसागरीय प्रदेश।

अति उष्ण (गर्म) या ठंडे मरुस्थल की विषम जलवायु (परिवर्तनशील) वाले क्षेत्र मनुष्य के रहने के अनुकूल नहीं होते, क्योंकि यहाँ मौसम में परिवर्तन होता रहता है, जिसके कारण इन क्षेत्रों में जनसंख्या कम पाई जाती है।

(iv) **मृदा** उपजाऊ मृदा वाले क्षेत्रों में जनसंख्या अधिक पाई जाती है। विश्व की अधिकांश जनसंख्या दोमट मृदा वाले क्षेत्रों और नदी घाटियों के आस-पास पाई जाती है, क्योंकि इस प्रकार की मृदा गहन कृषि का आधार होती हैं।

2. **आर्थिक कारक** इसके अंतर्गत खनिज, नगरीकरण, औद्योगीकरण आदि कारक शामिल होते हैं, जिनका वर्णन निम्न प्रकार है

(i) **खनिज** खनिज पदार्थों के उत्खनन से युक्त क्षेत्र उद्योगों को आकर्षित करने के साथ-साथ रोजगार भी उत्पन्न करते हैं, जिससे कुशल और अर्द्ध-कुशल श्रमिक इन क्षेत्रों की ओर पलायन कर जनसंख्या को सघन बना देते हैं; जैसे—अफ्रीका की कटंगा तथा जांबिया की ताँबा पेटी।

(ii) **नगरीकरण** नगरीय क्षेत्र में शिक्षा, चिकित्सा, स्वास्थ्य तथा संचार एवं परिवहन के साथ रोजगार के साधन उपलब्ध होते हैं, जो ग्रामीण क्षेत्र के लोगों को यहाँ आने के लिए आकर्षित करते हैं, जिससे नगरीय जनसंख्या बढ़ जाती है।

(iii) **औद्योगीकरण** जिन क्षेत्रों में अत्यधिक औद्योगिक विकास एवं और औद्योगिक क्षेत्र हैं, वहाँ रोजगार के बेहतर अवसर उपलब्ध होते हैं, जिससे जनसंख्या उन क्षेत्रों के प्रति आकर्षित होती है। इनमें कारखानों के श्रमिकों के अतिरिक्त परिवहन चालक, दुकानदार, बैंककर्मी, डॉक्टर, अध्यापक तथा अन्य सेवाएँ उपलब्ध कराने वाले लोग भी शामिल होते हैं; जैसे—जापान का कोबे-ओसाका विकसित औद्योगीकरण के कारण सघन जनसंख्या वाला क्षेत्र है।

3. **सामाजिक एवं सांस्कृतिक कारक** संस्कृति की पहचान के रूप में महत्त्व रखने वाले क्षेत्र के साथ-साथ समय सामाजिक और राजनीतिक रूप से शांत क्षेत्र मानव बसाव के लिए अधिक उपयुक्त माना जाता है। भौगोलिक रूप से निर्जन क्षेत्रों में जनसंख्या को बसाना, राजनीतिक उददेश्यों के लिए महत्त्वपूर्ण माना जाता है।

2. जनांकिकीय संक्रमण की तीन अवस्थाओं की विवेचना कीजिए।

अथवा **जनसंख्या संक्रमण की तीन अवस्थाओं को उदाहरण सहित स्पष्ट कीजिए।**

अथवा **जनांकिकीय चक्र से क्या अभिप्राय है? जनांकिकीय संक्रमण सिद्धांत की तीन अवस्थाओं का वर्णन कीजिए।**

उत्तर इस सिद्धांत के अनुसार, जब समाज ग्रामीण, खेतिहर और अशिक्षित अवस्था से उन्नति करके नगरीय, औद्योगिक और साक्षर बनता है, तब किसी प्रदेश की जनसंख्या उच्च जन्म-दर और उच्च मृत्यु-दर से निम्न जन्म-दर व निम्न मृत्यु-दर में परिवर्तित होती है।

ये सभी परिवर्तन अवस्थाओं में होते हैं, जिन्हें सामूहिक रूप से जनांकिकीय चक्र के रूप में जाना जाता है। इस सिद्धांत का उपयोग किसी क्षेत्र की जनसंख्या का वर्णन तथा भविष्य की जनसंख्या के पूर्वानुमान के लिए किया जा सकता है।

जनांकिकीय संक्रमण चक्र की तीन अवस्थाएँ हैं, जो वैश्विक परिदृश्य को इस चक्र के माध्यम से दर्शाती हैं। जनांकिकीय संक्रमण चक्र की तीन अवस्थाएँ निम्नलिखित हैं

(i) **प्रथम अवस्था** इस अवस्था में अधिकतम लोग कृषि कार्य से जुड़े रहते हैं, जिसके कारण अशिक्षा, प्रौद्योगिकी का निम्न स्तर, जनसंख्या वृद्धि धीमी तथा जीवन प्रत्याशा निम्न पाई जाती है, साथ ही बड़े परिवारों को परिसंपत्ति माना जाता है।

(ii) **द्वितीय अवस्था** इस अवस्था में स्वास्थ्य संबंधी सुधारों के कारण मृत्यु-दर में कमी आती है, साथ ही जन्म-दर अधिक तथा मृत्यु दर में कमी से जनसंख्या में तेजी दिखाई देती है।

(iii) **तृतीय अवस्था** इस अवस्था में जनसंख्या शिक्षित एवं नगरीय हो जाती है तथा उसके पास तकनीकी ज्ञान होता है। लोग परिवार के आकार को निश्चित करने लगते हैं। इसमें जन्म दर एवं मृत्यु दर घटकर लगभग स्थिर हो जाती हैं। लोगों में प्रजनन दर को संतुलित करने की योग्यता हो जाती है, जिससे जनसंख्या या तो स्थिर हो जाती है या मंद गति से बढ़ती है। वर्तमान में इस अवस्था के अंतर्गत पूर्वी यूरोप एवं मध्य एशिया को देखा जा सकता है।

3. विश्व के रूपरेखा मानचित्र पर निम्नलिखित को दर्शाइए व उनके नाम लिखिए

यूरोप और एशिया के ऋणात्मक जनसंख्या वृद्धि दर वाले देश

उत्तर यूरोप और एशिया के कुछ देश हैं, जिनकी जनसंख्या वृद्धि दर ऋणात्मक है। इन देशों में जनसंख्या वृद्धि दर नकारात्मक होने से तात्पर्य है कि जनसंख्या समय के साथ घट रही है; जैसे यूरोप (जर्मनी, इटली, हंगरी, पोलैंड) तथा एशिया (जापान, दक्षिण कोरिया, चीन) आदि।

अभ्यास प्रश्न

वस्तुनिष्ठ प्रश्न

बहुविकल्पीय प्रश्न

1. विश्व की सर्वाधिक जनसंख्या किस महाद्वीप पर निवास करती है?

(a) यूरोप (b) अफ्रीका
(c) ऑस्ट्रेलिया (d) एशिया

उत्तर *(d)* एशिया

2. एशिया का सर्वाधिक जनसंख्या वाला देश है

(a) भारत (b) जापान
(c) चीन (d) इंडोनेशिया

उत्तर *(c)* चीन

3. निम्नलिखित में से कौन-सा विश्व में जनसंख्या के असमान वितरण के लिए उत्तरदायी एक आर्थिक कारक है? **CBSE 2023**

(a) नगरीकरण (b) मृदाएँ
(c) जलवायु (d) राजनीतिक अशांति

उत्तर *(a)* नगरीकरण

4. निम्नलिखित में से कौन-सा भौतिक कारक भारत में जनसंख्या के असमान वितरण के लिए उत्तरदायी है? **CBSE 2021**

(a) पानी की उपलब्धता (b) कृषि विकास
(c) परिवहन संचार (d) नगरीकरण

उत्तर *(a)* पानी की उपलब्धता

5. किसी भौगोलिक क्षेत्र के आकार एवं उसमें रहने वाले लोगों की संख्या के अनुपात को कहा जाता है *दक्षता आधारित प्रश्न*

(a) जनसंख्या वितरण (b) जनसंख्या घनत्व
(c) जनसंख्या वृद्धि (d) जनसंख्या प्रसार

उत्तर *(b)* जनसंख्या घनत्व

6. निम्न में से कौन-सा उच्च जनसंख्या घनत्व वाला क्षेत्र है?

(a) एशिया का पश्चिमी चीन
(b) अमेरिका का उत्तरी-पूर्वी भाग
(c) दक्षिणी ध्रुव के क्षेत्र
(d) यूरोप का नॉर्वे

उत्तर *(b)* अमेरिका का उत्तरी-पूर्वी भाग

7. निम्न में से कौन-सा प्रवास को प्रभावित करने वाला अपकर्ष कारक नहीं है?

(a) रोजगार के बेहतर अवसर
(b) सामाजिक-आर्थिक पिछड़ापन
(c) अनुकूल जलवायु
(d) सम्पत्ति की सुरक्षा

उत्तर *(b)* सामाजिक-आर्थिक पिछड़ापन

8. निम्नलिखित में से प्रवासन के प्रेरक कारक चुने **CBSE 2021**

(a) सामाजिक आर्थिक पिछड़ापन
(b) आरामदायक मौसम
(c) जीवन और धन की सुरक्षा
(d) शांति और स्थिरता

उत्तर *(a)* सामाजिक आर्थिक पिछड़ापन

9. किस प्रकार के उपाय परिवार नियोजन में सहायक हो सकते हैं?

(a) प्रचार और गर्भ निरोधक की सुगम उपलब्धता
(b) केवल जनसंख्या नियंत्रण कानून
(c) खाद्य आपूर्ति की वृद्धि
(d) शिक्षा में सुधार

उत्तर *(a)* प्रचार और गर्भ निरोधक की सुगम उपलब्धता

10. निम्नलिखित में से कौन-सा फॉर्मूला जनसंख्या की वास्तविक वृद्धि दर को दर्शाता है? **CBSE 2020**

(a) जन्म-मृत्यु + अप्रवास - उत्प्रवास
(b) जन्म-मृत्यु + अप्रवास - उत्प्रवास
(c) जन्म + मृत्यु - अप्रवास + उत्प्रवास
(d) जन्म - मृत्यु + अप्रवास - उत्प्रवास

उत्तर *(d)* जन्म - मृत्यु + अप्रवास - उत्प्रवास

11. निम्नलिखित में से कौन-सा सघन आवास क्षेत्र है? **CBSE 2023**

(a) हिमालयी क्षेत्र
(b) जापान का ओसाका कोबे क्षेत्र
(c) रूस का साइबेरियन क्षेत्र
(d) मध्य चिली

उत्तर *(b)* जापान का ओसाका कोबे क्षेत्र

12. थॉमस माल्थस ने अपने सिद्धांत (1798) में कहा था कि लोगों की संख्या .... की अपेक्षा अधिक तेजी से बढ़ेगी।

(a) पैसे (b) संसाधन
(c) खाद्य आपूर्ति (d) विज्ञान

उत्तर (c) खाद्य आपूर्ति

13. भारत की वर्ष 2001 की जनसंख्या (102.70 करोड़) और वर्ष 2011 की जनसंख्या (121.02 करोड़) के बीच की वास्तविक जनसंख्या वृद्धि .... करोड़ है। *दक्षता आधारित प्रश्न*

(a) 18.15
(b) 15.35
(c) 20.15
(d) 25.00

उत्तर (a) 18.15

14. लोगों के प्रवास के मुख्य अपकर्ष कारक हैं? दक्षता आधारित प्रश्न

1. जीवन की सुरक्षा
2. रोजगार के अवसर
3. अनुकूल जलवायु
4. राजनीतिक उपद्रव

कूट

(a) 1, 2 और 3 (b) 2, 3 और 4
(c) 1, 3 और 4 (d) 1, 2 और 4

उत्तर *(a)* 1, 2 और 3

15. जनांकिकीय संक्रमण सिद्धांत उपयोगी है

1. किसी क्षेत्र की जनसंख्या के वर्णन में
2. भविष्य की जनसंख्या के पूर्वानुमान में
3. प्रारंभिक जनसंख्या के अवलोकन में
4. अतीत की खोज करने में

कूट

(a) 1 और 3 (b) 2 और 4
(c) 3 और 4 (d) 1 और 2

उत्तर *(d)* 1 और 2

16. जनसंख्या नियंत्रण के संदर्भ में निम्नलिखित में से कौन-सा कथन सही नहीं है? दक्षता आधारित प्रश्न

1. जनसंख्या नियंत्रण के उपायों में परिवार नियोजन कार्यक्रम प्रमुख है।
2. जनसंख्या वृद्धि को रोकने के लिए प्राकृतिक संसाधनों का अत्यधिक दोहन किया जाना चाहिए।
3. शिक्षा और जागरुकता जनसंख्या नियंत्रण के महत्त्वपूर्ण उपाय हैं।
4. जनसंख्या नियंत्रण के लिए सरकार को महिला सशक्तीकरण को बढ़ावा देना चाहिए।

कूट

(a) केवल 1 (b) केवल 2 (c) 1 और 3 (d) 2 और 4

उत्तर (b) केवल 2

17. जनांकिकीय संक्रमण की विशेषताएँ नीचे दी गई हैं। इनको ध्यान से पढ़िए और अवस्था की पहचान कीजिए। दक्षता आधारित प्रश्न

- जन्मदर उच्च होती है तथा समय के साथ घटती जाती है।
- स्वास्थ्य एवं स्वच्छता में सुधार के कारण मृत्यु-दर में कमी आती है।
- जन्म-दर अधिक तथा मुत्यु-दर कम होने से जनसंख्या में वृद्धि होती है।
- अधिकांशतः विकासशील देश इस श्रेणी के अंतर्गत आते हैं।

(a) प्रथम (b) द्वितीय (c) तृतीय (d) चतुर्थ

उत्तर *(b)* द्वितीय

18. जनसांख्यिकीय संक्रमण के निम्नलिखित चरणों को कालक्रमानुसार व्यवस्थित कीजिए। दक्षता आधारित प्रश्न

1. उच्च प्रजनन क्षमता, उच्च मृत्यु-दर
2. जन्म-दर के बराबर मृत्यु-दर
3. जनसंख्या विस्फोट

कूट

(a) 1, 2, 3 (b) 2, 3, 1 (c) 1, 3, 2 (d) 2, 1, 3

उत्तर *(c)* 1, 3, 2

19. निम्नलिखित से कौन-से युग्म सही नहीं हैं? दक्षता आधारित प्रश्न

1. जीवन की औसत आयु-जीवन प्रत्याशा
2. जनसंख्या का किसी स्थान से जाना-अप्रवास
3. प्रति हजार जनसंख्या के अनुपात में मरने वालों की संख्या-अशोधित मृत्यु दर
4. अत्यधिक जनघनत्व वाला क्षेत्र-पूर्वी यूरोप

कूट

(a) 1 और 2
(b) 2 और 4
(c) 1 और 3
(d) 3 और 4

उत्तर *(c)* 1 और 3

20. नीचे दिए गए विकल्पों का प्रयोग करके आरेख को पूरा कीजिए।

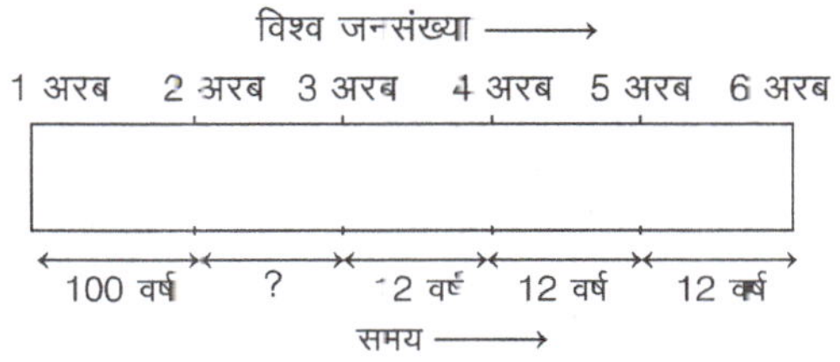

(a) 36 वर्ष
(b) 35 वर्ष
(c) 30 वर्ष
(d) 20 वर्ष

उत्तर *(c)* 30 वर्ष

21. नीचे दिए गए विकल्पों का प्रयोग करके आरेख को पूरा कीजिए।

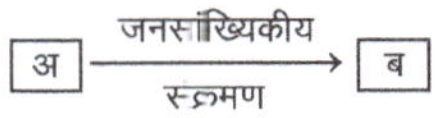

(a) अ - ग्रामीण, ब - औद्योगिक
(b) अ - खेतिहर, ब - ग्रामीण
(c) अ - नगरीय, ब - खेतिहर
(d) अ - शिक्षित, ब - अशिक्षित

उत्तर *(a)* अ - ग्रामीण, ब - औद्योगिक

22. नीचे दो कथन I एवं II दिए गए हैं। दोनों कथनों को ध्यानपूर्वक पढ़िए और सही विकल्प का चयन कीजिए।

कथन I उच्च प्रजनन दर एवं उच्च मृत्यु-दर प्रथम अवस्था की प्रमुख विशेषता है, जो भोजन की आपूर्ति में कमी एवं महामारी के कारण उत्पन्न हुई क्षति की पूर्ति करती है।

कथन II फलतः जन्मदर अधिक तथा मृत्युदर कम होने से जनसंख्या में कमी दिखाई देती है।

(a) कथन I सही है, किंतु II गलत है
(b) कथन I गलत है, किंतु II सही है
(c) कथन I और II दोनों सही हैं
(d) कथन I और II दोनों गलत हैं,

उत्तर *(a)* कथन I सही है, किंतु कथन II गलत है।

23.

जनसंख्या घनत्व का वैश्विक वितरण

- उच्च घनत्व वाले क्षेत्र जनघनत्व=200 से अधिक व्यक्ति (प्रतिवर्ग किमी)
- मध्यम जनसंख्या घनत्व वाले क्षेत्र जनघनत्व=11 से 50 व्यक्ति (प्रतिवर्ग किमी)
- विरल जनसंख्या घनत्व वाले क्षेत्र जनघनत्व=?

विकल्प

(a) 10 व्यक्ति/वर्ग किमी
(b) 1 व्यक्ति/वर्ग किमी से कम
(c) 5 व्यक्ति/वर्ग किमी
(d) 8 व्यक्ति/वर्ग किमी

उत्तर *(b)* 1 व्यक्ति/वर्ग किमी से कम

24. निम्नलिखित में से कौन-सा युग्म सही सुमेलित नहीं है?

दक्षता आधारित प्रश्न

(a) किसी स्थान पर जाकर बसना - अप्रवास
(b) किसी स्थान से चले जाना - उत्प्रवास
(c) प्रजननशीलता एवं मर्त्यता दोनों उच्च - जनांकिकी संक्रमण की द्वितीय अवस्था
(d) प्रजननशीलता एवं मर्त्यता दोनों निम्न - जनांकिकी संक्रमण की प्रथम अवस्था

उत्तर *(c)* प्रजननशीलता एवं मर्त्यता दोनों उच्च- जनांकिकी संक्रमण की द्वितीय अवस्था

25. सूची I का सूची II से सुमेलित कीजिए

	सूची I		सूची II
A.	जनसंख्या घनत्व	1.	जन्म-मृत्यु + अप्रवास-उत्प्रवास
B.	जनसंख्या की वास्तविक वृद्धि दर	2.	जन्म-मृत्यु
C.	जनसंख्या की प्राकृतिक वृद्धि दर	3.	$\frac{\text{जनसंख्या}}{\text{क्षेत्रफल}}$

कूट

	A B C		A B C
(a)	1, 2, 3	(b)	2, 3, 1
(c)	3, 1, 2	(d)	1, 3, 2

उत्तर *(c)* 3, 1, 2

26. सूची I को सूची II से सुमेलित कीजिए

	सूची I		सूची II
A.	अशोधित जन्म-दर	1.	$\frac{\text{किसी वर्ष विशेष में जन्में बच्चों की संख्या}}{\text{इस वर्ष विशेष में क्षेत्र-विशेष की कुल जनसंख्या}} \times 1000$
B.	अशोधित मृत्यु-दर	2.	$\frac{\text{किसी वर्ष विशेष में मृतकों की संख्या}}{\text{उस वर्ष विशेष के मध्य अनुमानित जनसंख्या}} \times 1000$
C.	जनसंख्या की प्राकृतिक वृद्धि	3.	जन्म-मृत्यु
D.	जनसंख्या की वास्तविक वृद्धि	4.	जन्म-मृत्यु + आप्रवास-उत्प्रवास

कूट

	A	B	C	D		A	B	C	D
(a)	3	4	2	1	(b)	3	4	1	2
(c)	4	3	2	1	(d)	1	2	3	4

उत्तर *(d)* 1 2 3 4

निर्देश (प्र. सं. 27 से 30) दिए गए कथनों में एक कथन (A) तथा दूसरा कारण (R) है। नीचे दिए गए कूट की सहायता से सही उत्तर का चयन कीजिए।

कूट

(a) A और R दोनों सही हैं तथा R, A की सही व्याख्या है
(b) A और R दोनों सही हैं, परंतु R, A की सही व्याख्या नहीं है
(c) A सही है, किंतु R गलत है
(d) A गलत है, किंतु R सही है

27. कथन (A) थॉमस माल्थस के सिद्धांत के अनुसार लोगों की संख्या खाद्य आपूर्ति की अपेक्षा अधिक तीव्रता से बढ़ती है।

कारण (R) जनसंख्या में वृद्धि से संसाधनों की संपन्नता बढ़ती है तथा बढ़ती जनसंख्या के अनुसार इनका उचित प्रयोग किया जा सकता है।

उत्तर (c) थॉमस माल्थस के सिद्धांत को सही ढंग से प्रस्तुत करता है। माल्थस ने बताया था कि यदि जनसंख्या की वृद्धि को नियंत्रित नहीं किया गया, तो खाद्य और अन्य संसाधनों की कमी से मानवता संकट का सामना करेगी, जबकि कारण यह माल्थस के सिद्धांतों के विपरीत है। माल्थस ने जनसंख्या वृद्धि को संसाधनों के लिए हानिकारक माना है, न कि लाभकारी।

28. कथन (A) पहाड़ी एवं पर्वतीय क्षेत्र कृषि, यातायात एवं औद्योगिक विकास के अनुकूल होते हैं।

कारण (R) गंगा का मैदान विश्व के सबसे अधिक सघन जनसंख्या वाले क्षेत्रों में से एक है।

उत्तर (d) पहाड़ी एवं पर्वतीय क्षेत्र कृषि यातायात और औद्योगिक विकास के लिए सामान्यतः अनुकूल नहीं होते। इनका मुख्य कारण दुर्गम भौगोलिक स्थिति, ढलानों पर मिट्टी के अपरदन, सीमित जल संसाधन और यातायात के लिए दुर्गम अवस्थाएँ हैं, जबकि गंगा का मैदान उपजाऊ जलोढ़ मिट्टी, पर्याप्त जल आपूर्ति और समतल भू-भाग के कारण कृषि और मानव निवास के लिए अत्यंत अनुकूल है। इन कारणों से यह क्षेत्र घनी आबादी वाला है।

29. कथन (A) किसी वर्ष विशेष में प्रति हजार स्त्रियों द्वारा जन्म दिए गए जीवित बच्चों की संख्या अशोधित जन्म दर कहलाती है।

कारण (R) प्रवास के कारण प्राकृतिक रूप से जनांकिकीय स्वरूप में व्यापक परिवर्तन होते हैं।

उत्तर (c) अशोधित जन्म दर उस दर को कहते हैं, जिसमें प्रति हजार स्त्रियों द्वारा एक वर्ष में जीवित बच्चों को जन्म दिया जाता है। यह दर जनसंख्या वृद्धि और जन्म दर के आँकडों को मापने के लिए प्रयोग की जाती है, प्रवास के कारण प्राकृतिक रूप से जनांकिकीय स्वरूप में व्यापक परिवर्तन होते हैं। प्रवास जनसंख्या में मात्र स्थानांतरण को दर्शाता है और यह प्राकृतिक कारकों का हिस्सा नहीं हैं।

30. कथन (A) **जिन प्रदेशों में मौसमी परिवर्तन कम होते हैं, वहाँ जनसंख्या अधिक पाई जाती है।**

कारण (R) **यूरोप के कुछ देशों में जनसंख्या वृद्धि दर को बढ़ाने के लिए प्रोत्साहित किया जाता है।**

उत्तर (b) जिन प्रदेशों में मौसमी परिवर्तन कम होते हैं, वहाँ जनसंख्या अधिक पाई जाती है।, क्योंकि जिन क्षेत्रों में मौसम स्थिर और अनुकूल होता है, वहाँ कृषि, निवास और जीवन-यापन के लिए बेहतर परिस्थितियाँ होती हैं। ऐसे स्थानों पर लोग अधिक बसते हैं। यूरोपीय देशों में जनसंख्या वृद्धि दर कम है इसके कारण उनकी सरकारें नीतियों के माध्यम से लोगों को अधिक बच्चे पैदा करने के लिए प्रोत्साहित करती हैं।

लघु उत्तरीय प्रश्न

1. विश्व जनसंख्या के वितरण पर जलवायु, जल की उपलब्धता और मृदा उर्वरता की भूमिका की परख कीजिए। **CBSE 2025**

उत्तर जनसंख्या वितरण में जलवायु महत्त्वपूर्ण भूमिका निभाती है। अनुकूल जलवायु वाले क्षेत्र, जैसे समशीतोष्ण जलवायु अधिक जनसंख्या घनत्व वाले होते हैं, जबकि अत्यधिक शुष्क (सहारा) या ठण्डे (साइबेरिया) क्षेत्र विरल जनसंख्या वाले होते हैं। जल की उपलब्धता भी जनसंख्या घनत्व को प्रभावित करती है। नदियों के किनारे (गंगा, नील, यांग्जी) घनी आबादी होती है, जबकि मरुस्थलीयय क्षेत्रों में जनसंख्या कम होती है।

मृदा की उर्वरता कृषि उत्पादन को प्रभावित करती है। ऊपजाऊ मैदान (गंगा-बह्मपुत्र, डेल्टा) घनी आबादी वाले होते हैं, जबकि बंजर भूमि में बसावट कम होती है।

इस प्रकार, जलवायु, जल संसाधन और मृदा उर्वरता मिलकर विश्व जनसंख्या वितरण को निर्धारित करते हैं।

2. जनसंख्या घनत्व का आकलन क्यों और कैसे किया जाता है?

उत्तर भूमि की प्रत्येक इकाई में उस पर रह रहे लोगों के पोषण की सीमित क्षमता होती है। अतः भूमि के आकार तथा उस पर रह रहे लोगों की संख्या के बीच के अनुपात को जानने के लिए जनसंख्या के घनत्व का आकलन किया जाता है। इसे प्रायः प्रतिवर्ग किलोमीटर (इकाई) क्षेत्रफल में रहने वाले लोगों की संख्या की गणना करके अभिव्यक्त किया जाता है। इसका गणितीय सूत्र है

$$\text{जनसंख्या का घनत्व} = \frac{\text{कुल जनसंख्या}}{\text{कुल क्षेत्रफल}}$$

उदाहरण यदि क प्रदेश का क्षेत्रफल = 100 वर्ग किमी है और जनसंख्या 1,20,000 है, तब 'क' प्रदेश का

$$\text{जनसंख्या घनत्व होगा} = \frac{1,20,000}{100}$$

= 1,200 व्यक्ति प्रतिवर्ग किमी होगा।

3. अंतर स्पष्ट कीजिए

(i) जनसंख्या वृद्धि एवं जनसंख्या की प्राकृतिक वृद्धि।

(ii) जनसंख्या की धनात्मक वृद्धि एवं जनसंख्या की ऋणात्मक वृद्धि।

उत्तर (i) जनसंख्या वृद्धि एवं जनसंख्या की प्राकृतिक वृद्धि में अंतर निम्नलिखित हैं

जनसंख्या वृद्धि	जनसंख्या की प्राकृतिक वृद्धि
किसी निश्चित क्षेत्र में निश्चित अवधि के दौरान निवासियों की संख्या में हुए परिवर्तन को जनसंख्या वृद्धि या जनसंख्य परिवर्तन कहा जाता है।	किसी क्षेत्र विशेष में एक निश्चित समयावधि में जन्मे जीवित बच्चों में से कुल मृत लोगों की संख्या को घटाकर जनसंख्या की प्राकृतिक वृद्धि ज्ञात करते हैं।
इसे प्रतिशत के रूप में भी व्यक्त किया जाता है। इसकी गणना निम्न रूपों में की जाती है (जन्म – मृत्यु) + (अप्रवास – उत्प्रवास)।	इसकी गणना निम्न रूपों में करते हैं। प्राकृतिक वृद्धि = जन्म – मृत्यु।

(ii) जनसंख्या की धनात्मक वृद्धि एवं जनसंख्या की ऋणात्मक वृद्धि में अंतर निम्नलिखित हैं

धनात्मक वृद्धि	ऋणात्मक वृद्धि
जनसंख्या में धनात्मक वृद्धि तब होती है, जब किसी क्षेत्र में निश्चित अवधि के दौरान जन्म-दर, मृत्यु-दर से अधिक हो।	किसी निश्चित क्षेत्र में निश्चित अवधि के दौरान जनसंख्या में हुई कमी को ऋणात्मक वृद्धि कहा जाता है।
जनसंख्या में धनात्मक वृद्धि तब भी सम्भव है, जब किसी अन्य क्षेत्र के लोग उस देश में स्थायी रूप से प्रवास कर जाएँ।	ऋणात्मक वृद्धि तब होती है, जब जन्म-दर, मृत्यु-दर से कम हो या लोग किसी अन्य देश में प्रवास कर जाएँ।

4. 'प्रवास' शब्द की परिभाषा दीजिए। भारत में लोगों के प्रवास के लिए उत्तरदायी किन्हीं चार कारकों की व्याख्या कीजिए।

उत्तर विभिन्न कारणों से लोगों का एक स्थान से दूसरे स्थान पर जाकर बसना प्रवास कहलाता है। प्रवास के लिए चार उत्तरदायो कारक निम्नलिखित हैं

(i) अधिकांश लोग रोजगार और जीवन की बेहतर दशाओं की खोज में प्रवास करते हैं।

(ii) सामाजिक एवं सांस्कृतिक महत्त्व के कारण भी लोगों का व्यापक रूप से प्रवास होता है।

(iii) राजनीतिक अस्थिरता के कारण भी लोगों का प्रवास व्यापक रूप से होता है।

(iv) अनुकूल जलवायु भी प्रवास को बढ़ावा देती है।

5. विश्व में प्रवास को प्रभावित करने वाले कारकों के दो समूह कौन-से हैं? कारकों के दोनों समूहों को उपयुक्त उदाहरण सहित स्पष्ट कीजिए।

अथवा **लोग किन कारणों से प्रवास करते हैं? स्पष्ट कीजिए।**

उत्तर प्रवास को प्रभावित करने वाले कारकों के दो समूह निम्न हैं

(i) **प्रतिकर्ष कारक** जिन कारणों की वजह से व्यक्ति एक स्थान को छोड़कर दूसरे स्थान पर जाते हैं, वे प्रतिकर्ष कारक कहलाते हैं। उदाहरण भुखमरी, महामारी, गरीबी व बेरोजगारी, प्राकृतिक आपदाएँ, प्रतिकूल जलवायु और सामाजिक-आर्थिक पिछड़ापन आदि कारणों से व्यक्ति एक स्थान से दूसरे स्थान को पलायन करते हैं।

(ii) **अपकर्ष कारक** जिन कारणों से व्यक्ति गंतव्य स्थान पर आते हैं अर्थात् उद्‌गम स्थान को गंतव्य स्थान के लिए आकर्षित करने वाले कारक अपकर्ष कारक कहलाते हैं। जैसे– शहरों में आधुनिक सुविधाएँ, काम के बेहतर अवसर, रहन-सहन की अच्छी सुविधाएँ, शांति व स्थायित्व तथा शिक्षा व चिकित्सा की बेहतर सुविधाएँ व्यक्तियों को आकर्षित करती हैं।

6. प्रतिकर्ष कारक किस प्रकार के लोगों को एक प्रदेश से दूसरे प्रदेश को प्रवास के लिए बाध्य करते हैं?

उत्तर प्रतिकर्ष कारक प्रवास को प्रभावित करने वाला प्रमुख कारक है। इसमें लोग निम्न कारणों से प्रवास के लिए बाध्य होते हैं

(i) **रहन-सहन की निम्न दशाएँ** किसी क्षेत्र में लोगों के रहन-सहन की दशाएँ निम्न होने से उस क्षेत्र में लोगों का पलायन अच्छे रहन-सहन की तलाश में नगरों की ओर होने लगता है।

(ii) **प्राकृतिक विपदाएँ या प्रतिकूल दशाए** बाढ़, अकाल, सुनामी आदि विभिन्न प्राकृतिक आपदाओं के कारण भी उस क्षेत्र से लोगों का पलायन होता है।

(iii) **प्रतिकूल जलवायु** किसी क्षेत्र की जलवायु रहने के लिए कठिन होने की दशा में भी लोग प्रवास करने लगते हैं।

(iv) **सामाजिक-आर्थिक पिछड़ापन** किसी क्षेत्र के लोगों की सामाजिक-आर्थिक स्थिति खराब होने की दशा में उस क्षेत्र से लोगों का पलायन होने लगता है।

(v) **अशांति** किसी क्षेत्र या राष्ट्र में राजनीतिक उपद्रव एवं अस्थिरता भी उस क्षेत्र के लोगों को पलायन करने के लिए मजबूर करती है, जिससे प्रवास को बढ़ावा मिलता है।

7. जनांकिकीय संक्रमण सिद्धांत की तीन अवस्थाओं को स्पष्ट कीजिए। **CBSE 2025**

उत्तर जनांकिकीय संक्रमण सिद्धांत किसी देश या क्षेत्र में जन्मदर, मृत्यु दर और जनसंख्या वृद्धि के परिवर्तन को दर्शाता है। इसकी तीन मुख्य अवस्थाएँ हैं

(i) **प्रथम अवस्था** इसमें अधिकतर लोग कृषि कार्य में संलग्न रहते हैं। अशिक्षा, निम्न प्रौद्योगिकी और महामारी के कारण मृत्यु दर और जन्मदर दोनों अधिक होते हैं जिससे जनसंख्या वृद्धि धीमी रहती है। वर्तमान में अंगोला और सोमालिया इस अवस्था में हैं।

(ii) **द्वितीय अवस्था** इसमें मृत्युदर घटती है, लेकिन जन्मदर उच्च बनी रहती है जिससे जनसंख्या तेजी से बढ़ती है। स्वच्छता और चिकित्सा सुविधाओं में सुधार के मुख्य कारण हैं। अधिकांश विकासशील देश इस अवस्था के अंतर्गत आते हैं।

(iii) **तृतीय अवस्था** इसमें जनसंख्या शिक्षित और नगरीय हो जाती है। जन्मदर और मृत्युदर स्थिर हो जाते हैं, जिससे जनसंख्या वृद्धि धीमी हो जाती है। पूर्वी यूरोप और मध्य एशिया इस अवस्था में आते हैं।

8. 'जनांकिकीय संक्रमण सिद्धांत' की अंतिम अवस्था को स्पष्ट कीजिए।

अथवा **तृतीय अवस्था की किन्हीं तीन विशेषताओं का वर्णन कीजिए।**

उत्तर 'जनांकिकीय संक्रमण सिद्धांत' की अंतिम अवस्था की तीन विशेषताएँ इस प्रकार हैं

(i) इस अवस्था में जनसंख्या नगरीय के साथ शिक्षित हो जाती है।

(ii) इसमें जनसंख्या की दर स्थिर या मंद हो जाती है।

(iii) इस अवस्था में मनुष्य में अपनी प्रजननशीलता को समायोजित करने की योग्यता होती है, जिससे परिवार का एक निश्चित आकार भी निर्धारित होने लगता है।

9. जनसंख्या नियंत्रण के उपायों का वर्णन कीजिए।

अथवा **संसार में जनसंख्या के नियंत्रण में सहायक किन्हीं तीन उपायों का उदाहरणों सहित व्याख्या कीजिए।**

उत्तर जनसंख्या वृद्धि को कुछ उपायों के द्वारा नियंत्रित किया जा सकता है, जो निम्नलिखित हैं

- परिवार नियोजन जैसे कार्यक्रमों को अपनाकर, बच्चों की जन्म-दर को कम करके तथा उनमें अंतराल को रखकर जनसंख्या को सीमित किया जा सकता है।
- परिवार नियोजन से जनसंख्या वृद्धि दर को कम किया जा सकता है, साथ ही यह महिलाओं के स्वास्थ्य को बेहतर रखने में भी महत्त्वपूर्ण भूमिका निभाता है।
- जन-अभियान के माध्यम से प्रचार-प्रसार कर जागरूकता को बढ़ाकर, गर्भ-निरोधक के प्रयोग को बढ़ावा देने जैसे उपायों से जनसंख्या नियंत्रित की जा सकती है।

10. जनसंख्या कारक विभिन्न देशों के बीच व्यापार की वस्तुओं के प्रकार और मात्रा को किस प्रकार प्रभावित करते हैं? उदाहरण सहित स्पष्ट कीजिए।

उत्तर जनसंख्या कारक विभिन्न देशों के मध्य व्यापार की वस्तुओं के प्रकार और मात्रा को प्रभावित करते हैं, क्योंकि जनसंख्या का असमान वितरण व्यापार की वस्तुओं के प्रकार और मात्रा को प्रभावित करता है, जो क्षेत्र अधिक घनत्व वाले होते हैं, वहाँ खाद्यान्न की समस्या का सामना करना पड़ता है, क्योंकि उन्हें खाद्यान्न आयात करना पड़ता है, लेकिन जो क्षेत्र कम जनसंख्या वाले होते हैं, वे अपने खाद्यान्नों का निर्यात भी करते हैं; जैसे—ऑस्ट्रेलिया गेहूँ का निर्यात करता है। भारत एक बड़ा देश होते हुए भी यहाँ प्रतिव्यक्ति व्यापार कम है, लेकिन संयुक्त राज्य अमेरिका का प्रतिव्यक्ति व्यापार अधिक है।

11. इतिहास के आरंभिक काल में भूमध्यसागरीय प्रदेश ने मानव निवास को किस प्रकार आकर्षित किया?

उत्तर भूमध्यसागरीय प्रदेश एक सुखदायक जलवायु प्रदेश है, जहाँ न अधिक गर्मी और न ही अधिक ठंड अर्थात् अनुकूल दशाएँ पाई जाती हैं। यहाँ मौसम में अधिक परिवर्तन नहीं पाया जाता है। यहाँ लोगों को अपनी आर्थिक गतिविधियाँ करने में भी सहायता मिलती है। यही कारण है कि आरंभिक काल में इस प्रदेश ने मानव को आकर्षित किया। आज भी ऐसे क्षेत्र मानव बसाव को आकर्षित करते हैं।

12. **प्रौद्योगिकी ने जन्म-दर घटाने के साथ ही जनसंख्या वृद्धि के लिए कैसे त्वरित मंच प्रदान किया? समझाइए।**

उत्तर प्रौद्योगिकी की प्रगति के फलस्वरूप जनसंख्या संक्रमण के चक्र की तृतीय अवस्था प्रभावित हुई, जिससे जनसंख्या वृद्धि को बढ़ावा मिला, साथ ही परिवार के आकार को निश्चित करने की प्रवृत्ति भी उत्पन्न हुई, जिससे जन्म दर में कमी को बढ़ावा मिला। इसके अतिरिक्त स्वास्थ्य व टीकाकरण की सुविधा से मृत्यु दर में भी कमी आई है। इस प्रकार प्रौद्योगिकी को एक त्वरित मंच के रूप में देखा जा सकता है, जो जन्म दर घटाने में महत्त्वपूर्ण भूमिका निभाता है।

दीर्घ उत्तरीय प्रश्न

1. **विश्व में जनसंख्या वितरण को प्रभावित करने वाले किन्हीं पाँच कारकों का विश्लेषण कीजिए?** **CBSE 2024**

अथवा **जनसंख्या घनत्व क्या है? संसार में जनसंख्या के वितरण को प्रभावित करने वाले चार भौतिक कारकों को उदाहरणों सहित स्पष्ट कीजिए।**

अथवा **जनसंख्या में धनात्मक वृद्धि कब होती है? संसार में जनसंख्या के वितरण को प्रभावित करने वाले किन्हीं चार भौगोलिक कारकों की व्याख्या कीजिए।**

अथवा **'जनसंख्या घनत्व' शब्द को परिभाषित कीजिए। विश्व में जनसंख्या वितरण को प्रभावित करने वाले किन्हीं चार भौगोलिक कारकों का वर्णन कीजिए।**

उत्तर किसी क्षेत्र की जनसंख्या तथा क्षेत्रफल के बीच का अनुपात जनसंख्या घनत्व कहलाता है। जनसंख्या में धनात्मक वृद्धि तब होती है, जब किसी क्षेत्र में निश्चित अवधि के दौरान जन्म दर, मृत्यु दर से अधिक हो। जनसंख्या में धनात्मक वृद्धि तब भी संभव है, जब किसी अन्य क्षेत्र के लोग उस देश में स्थायी रूप से प्रवास कर जाएँ।

$$\text{जनसंख्या घनत्व} = \frac{\text{कुल जनसंख्या}}{\text{कुल क्षेत्रफल}}$$

विश्व में जनसंख्या वितरण को प्रभावित करने वाले मुख्य कारक निम्नलिखित हैं

1. **भौगोलिक/प्राकृतिक/भौतिक कारक** वैज्ञानिक और तकनीकी विकास के कारण आज विश्व की जनसंख्या का वितरण काफी हद तक भौतिक कारकों के चंगुल से बाहर तो आ गया है, लेकिन पूरी तरह स्वतंत्र नहीं हुआ है, एसे अनेक कारण आज भी जनसंख्या वितरण का कारण बने हुए हैं; जैसे-
   (i) **जल की उपलब्धता** जल मनुष्य के जीवन का सर्वाधिक महत्त्वपूर्ण कारक है। अतः लोग उन क्षेत्रों में बसने को प्राथमिकता देते हैं, जहाँ जल आसानी से पर्याप्त मात्रा में उपलब्ध हों। जल का उपयोग पीने, नहाने और भोजन बनाने के साथ-साथ पशुओं, फसलों तथा उद्योगों में किया जाता है। यही कारण है कि नदी घाटियाँ विश्व में सबसे सघन बसे हुए क्षेत्र हैं।
   (ii) **भू-आकृति** लोग समतल मैदानों और मंद ढालों पर रहने को प्राथमिकता देते हैं। इसका कारण है कि ऐसे क्षेत्र फसलों के उत्पादन, सड़क निर्माण और उद्योगों के लिए अनुकूल होते हैं।
   (iii) **जलवायु** जलवायु का जनसंख्या वितरण पर गहरा प्रभाव पड़ता है, जिन क्षेत्रों में जलवायु अनुकूल और आरामदायक होती है, वहाँ अधिक लोग निवास करते हैं। उदाहरण के लिए समशीतोष्ण जलवायु वाले क्षेत्र (जैसे यूरोप व उत्तरी अमेरिका) में जनसंख्या घनत्व अधिक है, जबकि रेगिस्तानी या अत्याधिक ठण्डे क्षेत्रों में (जैसे सहारा का रेगिस्तान, साइबेरिया) जनसंख्या घनत्व बहुत कम है।
2. **आर्थिक कारक**
   (i) **खनिज संसाधन** खनिज संसाधनों की उपलब्धता किसी क्षेत्र की आर्थिक गतिविधियों को बढ़ावा देती है, जिससे वहाँ रोजगार के अवसर उत्पन्न होते हैं और जनसंख्या आकर्षित होती है। अफ्रीका की कटंगा, जांबिया ताँबा पेटी इसका एक अच्छा उदाहरण है।
   (ii) **नगरीकरण** नगरीकरण वह प्रक्रिया है, जिसमें लोग ग्रामीण क्षेत्रों से शहरों की ओर पलायन करते हैं। शहरों में बेहतर रोजगार, शिक्षा, स्वास्थ्य और अन्य बुनियादी सुविधाएँ उपलब्ध होती हैं, जो लोगों को आकर्षित करती हैं; जैसे- मुंबई और दिल्ली जैसे भारतीय शहरों में उच्च नगरीकरण दर के कारण जनसंख्या घनत्व काफी बढ़ा है।
3. **सामाजिक-सांस्कृतिक कारक** सामाजिक और सांस्कृतिक कारणों से भी जनसंख्या वितरण पर प्रभाव पड़ता है। कुछ लोग अपने धार्मिक, सांस्कृतिक या सामाजिक कारणों से किसी विशेष स्थान पर बसते है। इसके अतिरिक्त ऐतिहासिक रूप से विभिन्न क्षेत्रों में भी अधिक जनसंख्या होती है ;जैसे- भारत में उज्जैन, बनारस आदि।
4. **राजनीतिक कारक** राजनीतिक स्थिरता, नीतियाँ और सुरक्षा भी जनसंख्या वितरण में भूमिका निभाते हैं। जहाँ राजनीतिक स्थिरता होती है और युद्ध, हिंसा या अस्थिरता का खतरा कम होता है, वहाँ लोग बसना पसंद करते हैं। वहीं जहाँ राजनीतिक अस्थिरता होती है, जैसे कि युद्धग्रस्त क्षेत्र, वहाँ से लोग पलायन कर जाते हैं। ये सभी कारक मिलकर किसी क्षेत्र में जनसंख्या घनत्व और वितरण को प्रभावित करते हैं।

2. **जनसंख्या घनत्व के वैश्विक वितरण को विस्तृत रूप में समझाइए।**

उत्तर **जनसंख्या घनत्व का वैश्विक वितरण** जनसंख्या घनत्व का अर्थ है कि किसी विशेष क्षेत्र में प्रति वर्ग किमी में कितने लोग रहते हैं। विश्व में जनसंख्या घनत्व का वितरण असमान है और यह विभिन्न कारकों जैसे कि जलवायु, भौगोलिक स्थिति, आर्थिक विकास, सामाजिक संरचना और राजनीतिक कारकों पर निर्भर करता है। जनसंख्या घनत्व के वैश्विक वितरण के प्रमुख क्षेत्र इस प्रकार हैं

(i) **उच्च घनत्व वाले क्षेत्र ये क्षेत्र** मुख्य रूप से एशिया में पाए जाते हैं; जैसे- भारत, चीन, जापान, तथा बांग्लादेश आदि। यहाँ जनसंख्या अधिक और संसाधनों की पहुँच आसान होती है। यूरोप के भी कुछ क्षेत्रों में घनी जनसंख्या है; जैसे- नीदरलैंड और बेल्जियम।

(ii) **मध्यम घनत्व वाले क्षेत्र** इसमें उत्तरी अमेरिका के कुछ हिस्से ;जैसे-पूर्वी अमेरिका, दक्षिण अमेरिका, अफ्रीका के तटीय क्षेत्र और ऑस्ट्रेलिया के कुछ क्षेत्र आते हैं। इन क्षेत्रों में जनसंख्या घनत्व न तो बहुत अधिक होता है और न ही बहुत कम।

(iii) **कम घनत्व वाले क्षेत्र** इनमें रेगिस्तानी क्षेत्र (जैसे सहारा) घने जंगल (जैसे अमेजन का जंगल) और पर्वतीय क्षेत्र (जैसे हिमालय और एंडोज क्षेत्र) आते हैं। यहाँ जनसंख्या घनत्व बहुत कम होता है, क्योंकि यहाँ जीवन, यापन में कठिनाइयाँ होती हैं।

3. **संसार में जनसंख्या परिवर्तन के तीन घटकों की व्याख्या कीजिए। जनसंख्या परिवर्तन के प्रभावों का विश्लेषण कीजिए।**

अथवा **जनसंख्या वृद्धि के लिए उत्तरदायी तीन मूलभूत घटक कौन-से हैं? प्रत्येक घटक का संक्षेप में वर्णन कीजिए।**

उत्तर जनसंख्या परिवर्तन (वृद्धि) के लिए उत्तरदायी तीन घटक निम्नलिखित हैं

(i) **जन्म दर** किसी वर्ष विशेष में प्रति हजार स्त्रियों द्वारा जन्म दिए गए जीवित बच्चों की संख्या को जन्म दर कहा जाता है। यह जनसंख्या परिवर्तन का महत्त्वपूर्ण प्राकृतिक घटक है। अतः बढ़ती जन्म दर से जनसंख्या में परिवर्तन होता है।

(ii) **मृत्यु दर** किसी वर्ष विशेष में प्रति हजार जनसंख्या के अनुपात में मरने वाले व्यक्तियों की संख्या को मृत्यु दर कहा जाता है। यदि मृत्यु दर में भी लगातार कमी होती है, तब भी जनसंख्या में परिवर्तन होता है।

(iii) **प्रवास** लोगों का एक स्थान से दूसरे स्थान पर स्थायी या अस्थायी रूप से जाना प्रवास कहलाता है। इसमें लोग उद्गम स्थान से गंतव्य स्थान पर जाते हैं, जिसमें उद्गम स्थान पर जनसंख्या में कमी तथा गंतव्य स्थान पर जनसंख्या में वृद्धि होती है।

जनसंख्या परिवर्तन के प्रभाव

- उच्च जनसंख्या वृद्धि के कारण विकासशील देश में संसाधनों का ह्रास होता है।
- विकासशील देश की अर्थव्यवस्था को समृद्ध करने के लिए अल्प वृद्धि अपेक्षित है।
- उच्च जनसंख्या वृद्धि आर्थिक समृद्धि को कम करती है।

स्रोत आधारित प्रश्न

निम्नलिखित स्रोतों ने ध्यानपूर्वक पढ़कर उन पर आधारित प्रश्नों के उत्तर दीजिए।

1. **जनसंख्या वृद्धि अथवा जनसंख्या परिवर्तन का अभिप्राय किसी क्षेत्र में समय की किसी निश्चित अवधि के दौरान बसे हुए लोगों की संख्या में परिवर्तन से है। यह परिवर्तन धनात्मक भी हो सकता है और ऋणात्मक भी। इसे निरपेक्ष संख्या अथवा प्रतिशत के रूप में अभिव्यक्त किया जा सकता है। जनसंख्या परिवर्तन किसी क्षेत्र की आर्थिक प्रगति, सामाजिक उत्थान, ऐतिहासिक और सांस्कृतिक पृष्ठभूमि का महत्त्वपूर्ण सूचक होता है।**

जनसंख्या परिवर्तन के तीन घटक हैं–जन्म, मृत्यु और प्रवास।

अशोधित जन्म-दर (CBR) को प्रति हजार स्त्रियों द्वारा जन्म दिए जीवित बच्चों के रूप में व्यक्त किया जाता है।

मृत्यु-दर जनसंख्या परिवर्तन में सक्रिय भूमिका निभाती है। जनसंख्या वृद्धि केवल बढ़ती हुई जन्म-दर से नहीं होती अपितु घटती हुई मृत्यु-दर से भी होती है। अशोधित मृत्यु-दर किसी क्षेत्र में मृत्यु-दर को मापने की एक सरल विधि है। अशोधित मृत्यु-दर को किसी क्षेत्र विशेष में किसी वर्ष के दौरान प्रति हजार जनसंख्या के पीछे मृतकों की संख्या के रूप में अभिव्यक्त किया जाता है। जन्म और मृत्यु के अतिरिक्त एक और घटक है, जिससे जनसंख्या का आकार परिवर्तित होता है।

जब लोग एक स्थान से दूसरे स्थान पर जाते हैं, तो वह स्थान जहाँ से लोग गमन करते हैं, उद्गम स्थान कहलाता है और जिस स्थान में आगमन करते हैं, वह गंतव्य स्थान कहलाता है। उद्गम स्थान जनसंख्या में कमी को दर्शाता है, जबकि गंतव्य स्थान पर जनसंख्या बढ़ जाती है। प्रवास को मनुष्य और संसाधन के बीच बेहतर संतुलन प्राप्त करने की दिशा में एक स्वतः स्फूर्त प्रयास के रूप में निरूपित किया जा सकता है। प्रवास स्थायी, अस्थायी अथवा मौसमी हो सकता है। यह गाँव से गाँव, गाँव से नगर, नगर से नगर तथा नगर से गाँव की ओर हो सकता है।

क्या आप महसूस करते हैं कि एक ही व्यक्ति दोनों एक अप्रवासी और एक उत्प्रवासी हो सकता है।

(i) **जनसंख्या परिवर्तन के कौन-कौन से मुख्य घटक होते हैं?**

उत्तर जनसंख्या परिवर्तन के तीन मुख्य घटक हैं- जन्म, मृत्यु और प्रवास। ये तीनों घटक किसी क्षेत्र की जनसंख्या को बढ़ाने या घटाने में महत्त्वपूर्ण भूमिका निभाते हैं।

(ii) **एक व्यक्ति कैसे एक ही समय में अप्रवासी और उत्प्रवासी हो सकता है?**

उत्तर जब कोई व्यक्ति एक स्थान से दूसरे स्थान पर जाता है, तो वह अपने मूल स्थान (उदगम स्थान) के लिए उत्प्रवासी (जो स्थान छोड़ रहा है) और नए स्थान (गंतव्य स्थान) के लिए अप्रवासी (जिस स्थान में प्रवेश कर रहा है) कहलाता है।

(iii) **किसी प्रदेश में किस कारण से उत्प्रवास जैसी समस्या उत्पन्न नहीं होती है?**

उत्तर यदि किसी क्षेत्र में आर्थिक विकास के अवसरों की संभावना विद्यमान रहती है, तो वहाँ उत्प्रवास की समस्या नहीं होती है, रोजगार के अवसरों की कमी, निवास तथा जीवन की गुणवत्ता में कमी के फलस्वरूप लोग एक स्थान से दूसरे स्थान पर उत्प्रवास करते हैं।

2. **प्रथम अवस्था में उच्च प्रजननशीलता व उच्च मर्त्यता होती है, क्योंकि लोग महामारियों और भोजन की अनिश्चित आपूर्ति से होने वाली मृत्युओं की क्षतिपूर्ति अधिक पुनरुत्पादन से करते हैं। जनसंख्या वृद्धि धीमी होती है और अधिकांश लोग खेती में कार्यरत् होते हैं। जहाँ बड़े परिवारों को परिसपत्ति माना जाता है। जीवन-प्रत्याशा निम्न होती है। 200 वर्ष पूर्व विश्व के सभी देश इसी अवस्था में थे।**

द्वितीय अवस्था के प्रारंभ में प्रजननशीलता ऊँची बनी रहती है, किंतु यह समय के साथ घटती जाती है। यह अवस्था घटी हुई मृत्यु दर के साथ आती है। स्वास्थ्य संबंधी दशाओं व स्वच्छता में सुधार के साथ मर्त्यता में कमी आती है। इस अंतर के कारण, जनसंख्या में होने वाला शुद्ध योग उच्च होता है। अंतिम अवस्था में प्रजननशीलता और मर्त्यता दोनों अधिक घट जाती हैं। जनसंख्या या तो स्थिर हो जाती है या मंद गति से बढ़ती है। जनसंख्या नगरीय और शिक्षित हो जाती है तथा उसके पास तकनीकी ज्ञान होता है। ऐसी जनसंख्या विचारपूर्वक परिवार के आकार को नियंत्रित करती है।

इससे प्रदर्शित होता है कि मनुष्य जाति अत्यधिक नम्य है और अपनी प्रजननशीलता को समायोजित करने की योग्यता रखती है।

(i) **प्रथम अवस्था में उच्च प्रजननशीलता और उच्च मर्त्यता का क्या कारण है?**

उत्तर प्रथम अवस्था में उच्च प्रजननशीलता और उच्च मर्त्यता का मुख्य कारण महामारियों और भोजन की अनिश्चित आपूर्ति से होने वाली मृत्यु है। लोग अधिक पुनरुत्पादन करके इन मृत्युओं की क्षतिपूर्ति करने का प्रयास करते हैं। इस कारण से जनसंख्या वृद्धि धीमी रहती है और अधिकांश लोग खेती पर निर्भर रहते हैं।

(ii) **द्वितीय अवस्था में मर्त्यता दर में कमी क्यों आती है?**

उत्तर द्वितीय अवस्था में स्वास्थ्य संबंधी दशाओं और स्वच्छता में सुधार के कारण मर्त्यता दर में कमी आती है। इसके परिणामस्वरूप, जनसंख्या वृद्धि दर बढ़ जाती है।

(iii) **अंतिम अवस्था (तृतीय अवस्था) में जनसंख्या वृद्धि दर कैसे स्थिर होती है ?**

उत्तर अंतिम अवस्था में प्रजननशीलता और मर्त्यता दोनों दरें काफी घट जाती हैं। लोग परिवार के आकार को नियंत्रित करने के प्रति अधिक सजग हो जाते हैं। जनसंख्या नगरीय और शिक्षित होती है तथा उनके पास तकनीकी ज्ञान होता है। इस प्रकार जनसंख्या या तो स्थिर हो जाती है या मंद गति से बढ़ती है।

3. **नीचे दिए गए ग्राफ (जनांकिकीय संक्रमण सिद्धांत) का अध्ययन कर निम्नलिखित प्रश्नों के उत्तर दीजिए।**

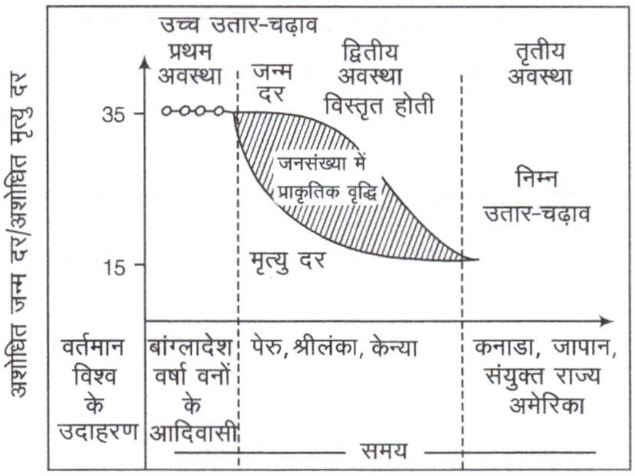

(i) **निम्नलिखित में से किस देश की उच्च प्रजनन दर है?**

(a) कनाडा (b) बांग्लादेश (c) जापान (d) केन्या

उत्तर *(b)* बांग्लादेश

(ii) **जनांकिकीय संक्रमण के पहले चरण की क्या विशेषता है?**

(a) जन्म दर और मृत्यु दर दोनों उच्च होती हैं
(b) जन्म दर और मृत्यु दर दोनों निम्न होती हैं
(c) जन्म दर उच्च और मृत्यु दर निम्न होती है
(d) जन्म दर निम्न और मृत्यु दर उच्च होती है

उत्तर *(a)* जन्म दर और मृत्यु दर दोनों उच्च होती हैं।

(iii) **जनांकिकीय संक्रमण सिद्धांत के किस चरण में जनसंख्या वृद्धि उच्चतम होती है?**

(a) पहले चरण में (b) दूसरे चरण में
(c) तीसरे चरण में (d) चौथे चरण में

उत्तर *(b)* दूसरे चरण में

4. **नीचे दिए गए ग्राफ का अध्ययन कर निम्नलिखित प्रश्नों के उत्तर दीजिए।**

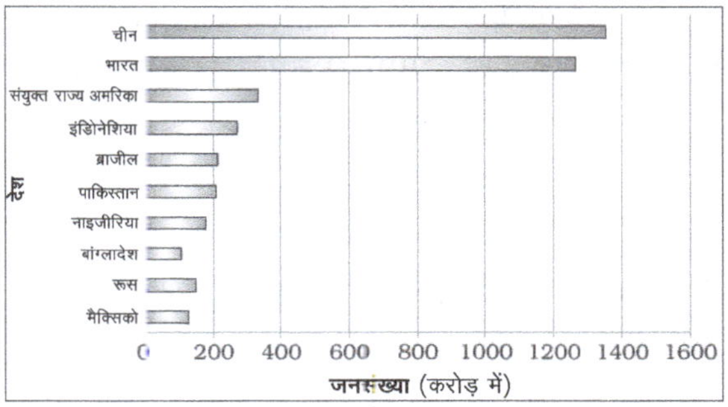

अत्यधिक सघन जनसंख्या वाले देश

(i) **शीर्ष जनसंख्या वाले दस देशों में से कितने देश एशिया में स्थित हैं?**

उत्तर शीर्ष जनसंख्या वाले दस देशों में से छः देश एशिया महाद्वीप में स्थित हैं। ये भारत, चीन, इंडोनेशिया, पकिस्तान, बांग्लादेश और जापान हैं।

(ii) **अफ्रीका महाद्वीप के कितने देश शीर्ष जनसंख्या वाले दस देशों में सम्मिलित हैं?**

उत्तर अफ्रीका महाद्वीप से केवल एक देश नाइजीरिया, शीर्ष जनसंख्या वाले दस देशों में सम्मिलित है।

(iii) **ग्राफ के अनुसार किन देशों की जनसंख्या 1200 करोड़ से अधिक है?**

उत्तर 1200 करोड़ से अधिक जनसंख्या वाले देश भारत और चीन हैं। ये दोनों देश विश्व की शीर्ष जनसंख्या वाले देशों में शानिल हैं।

स्वयं को जाँचें

वस्तुनिष्ठ प्रश्न

1. जनसंख्या घनत्व के वैश्विक वितरण में निम्न में से कौन शामिल नहीं है?

(a) उच्च जनसंख्या घनत्व वाले देश
(b) मध्यम जनसंख्या घनत्व वाले देश
(c) विरल जनसंख्या घनत्व वाले देश
(d) अति विरल जनसंख्या घनत्व वाले देश

2. अशोधित जन्म-दर (CBR) को कैसे व्यक्त किया जाता है?

(a) प्रति हजार जनसंख्या में मृतकों की संख्या के रूप में
(b) प्रति हजार स्त्रियों द्वारा जन्म दिए गए जीवित बच्चों के रूप में
(c) कुल जनसंख्या के प्रतिशत के रूप में
(d) प्रवासित व्यक्तियों की संख्या के रूप में

3. जनसंख्या परिवर्तन किन पहलुओं का महत्त्वपूर्ण सूचक है?

(a) आर्थिक प्रगति
(b) सामाजिक उत्थान
(c) ऐतिहासिक और सांस्कृतिक पृष्ठभूमि
(d) उपरोक्त सभी

4. मॉल्थस के अनुसार, निम्नलिखित में से कौन-सा कथन सही है?

(a) जनसंख्या वृद्धि की अपेक्षा खाद्य आपूर्ति तेजी से बढ़ती है
(b) जनसंख्या वृद्धि होने पर खाद्य आपूर्ति स्वतः ही बढ़ जाती है
(c) खाद्य आपूर्ति की अपेक्षा जनसंख्या वृद्धि तेजी से होती है
(d) उपरोक्त सभी

अतिलघु उत्तरीय प्रश्न

5. प्रवास, मनुष्य और संसाधन के संतुलन के लिए स्वतः स्फूर्त प्रयास करता है। कैसे?

6. पहाड़ी क्षेत्रों में जनसंख्या विरल क्यों पाई जाती है?

7. जनांकिकीय चक्र में जनसंख्या संबंधी कौन-से परिवर्तन होते हैं?

लघु उत्तरीय प्रश्न

8. जनसंख्या वृद्धि में विज्ञान एवं प्रौद्योगिकी ने क्या योगदान दिया? स्पष्ट कीजिए।

9. प्रवास के लिए अनुकूल कारकों की व्याख्या कीजिए।

10. जनांकिकीय संक्रमण की प्रथम अवस्था का उल्लेख कीजिए।

दीर्घ उत्तरीय प्रश्न

11. जनसंख्या वृद्धि के कितने घटक होते हैं? वर्णन कीजिए।

12. जनांकिकीय संक्रमण सिद्धांत की विस्तारपूर्वक व्याख्या कीजिए।

3

अध्याय

यह अध्याय, यूरोप में एक अलग शहरी संस्कृति के उदय और इतिहास में विकसित होती भावना सभ्यता पर की गई चर्चा से संबंधित है।
यह इस बात पर भी प्रकाश डालता है कि कैसे लोगों ने अपनी आधुनिक दुनिया की तुलना ग्रीस और रोम की प्राचीन सभ्यताओं से करना प्रारंभ किया।

▼ **अध्ययन एक नजर में**

3.1 मानव विकास की अवधारणा
3.2 मानव विकास के चार स्तंभ
3.3 मानव विकास के उपागम
3.4 मानव विकास का मापन
3.5 मानव विकास सूंचकांक की अंतर्राष्ट्रीय तुलनाएँ

▼ **अभ्यास के लिए**

- बहुविकल्पीय प्रश्न 35, (युग्मित प्रश्न, कथन/कारण, सुमेलित कीजिए)
- वर्णनात्मक प्रकार के प्रश्न (लघु उत्तरीय प्रश्न 10, दीर्घ उत्तरीय प्रश्न 7)
- स्रोत आधारित प्रश्न 4, मानचित्र आधारित प्रश्न 0

मानव विकास

वृद्धि और विकास समय के साथ परिवर्तन को दर्शाते हैं, जिसमें वृद्धि परिवर्तन का मात्रात्मक पक्ष (Quantitative Side) और विकास परिवर्तन का गुणात्मक पक्ष (Qualitative Side) होता है। वृद्धि में परिवर्तन धनात्मक तथा ऋणात्मक दोनों रूप में होता है, जबकि विकास में यह परिवर्तन सदैव धनात्मक रूप में ही होता है; जैसे—लोगों के स्वास्थ्य तथा शिक्षा के स्तर में सुधार आदि।

3.1 मानव विकास की अवधारणा

- मानव विकास की अवधारणा का प्रतिपादन **डॉ. महबूब-उल-हक** ने किया था। मानव विकास का आशय मानव के संपूर्ण विकास से है, जिसमें सामाजिक, आर्थिक एवं राजनीतिक स्वतंत्रता शामिल है
- मानव विकास का मूल लक्ष्य ऐसी परिस्थिति बनाना है, जहाँ लोग सार्थक जीवन व्यतीत कर सकें।
- मानव विकास से संबंधित विचारों को 1980 के दशक के अंत में तथा 1990 के दशक के आरंभ में स्पष्ट किया गया था। वर्ष 1990 से संयुक्त राष्ट्र विकास कार्यक्रम (UNDP) द्वारा मानव विकास रिपोर्ट प्रत्येक वर्ष प्रकाशित की जाती है।
- मानव विकास के विचारों के संबंध में दो दक्षिण एशियाई अर्थशास्त्रियों डॉ. महबूब-उल-हक एवं अमर्त्य सेन का महत्त्वपूर्ण योगदान रहा है।

मानव विकास की अवस्थाएँ

मानव विकास को दो अवस्थाओं को दो भागों मे बाँटा गया है, जिनका वर्णन इस प्रकार है

वर्ष 1980-90 से पूर्व मानव विकास

वर्ष 1980-90 से पूर्व देश को **आर्थिक संवृद्धि**[1] (Economic Growth) के मात्रात्मक परिवर्तन के साथ मानव विकास को देखा जाता था, जिसमें देश आर्थिक रूप

1 आर्थिक संवृद्धि किसी समयावधि में किसी अर्थव्यवस्था में होने वाली वास्तविक आय में वृद्धि।

से विकसित होता था, परंतु देश का आर्थिक रूप से विकसित होना मानव जीवन के गुणात्मक परिवर्तन के अनुसार नहीं था, क्योंकि उस समय आर्थिक विकास (Economic Development) का लाभ जनसाधारण तक नहीं पहुँच पाता था।

वर्ष 1980-90 के पश्चात् मानव विकास

- इस दशक में मानव विकास के गुणात्मक पक्षों पर बल दिया गया तथा मानव को केंद्र-बिंदु मानकर विकास के प्रत्येक पहलू पर बल देकर उसे विकल्पों के साथ परिवर्तनशील बनाने का प्रयास किया गया। मानव विकास के मूल उद्देश्यों की प्राप्ति हेतु अनुकूल दशाओं का निर्धारण प्रारंभ हुआ। साथ ही संसाधनों तक लोगों की पहुँच हो सके, इसके लिए उनकी क्षमता निर्माण पर बल दिया गया।
- इस संदर्भ में नोबेल पुरस्कार विजेता **प्रो. अमर्त्य सेन** ने मानव विकास के लिए स्वतंत्रताओं की वृद्धि को प्रभावशाली माध्यम बताया है। डॉ. हक ने मानव विकास का वर्णन ऐसे विकास के रूप में किया है, जो लोगों के विकल्पों में वृद्धि करता है और उनके जीवन-स्तर में सुधार लाता है।

सार्थक जीवन

सार्थक जीवन का तात्पर्य जीवन के दीर्घ आयु होने के साथ उद्देश्यपूर्ण जीवन से होता है, जिसमें लोग स्वस्थ होकर अपनी बुद्धि और विवेक के साथ समाज में प्रतिभागी बनकर अपने उद्देश्यों को पूरा करते हैं।

3.2 मानव विकास के चार स्तंभ

मानव विकास[2] की विचारधारा समानता, सतत-पोषणीयता, उत्पादकता और सशक्तीकरण जैसी अवधारणाओं पर आधारित है, जिन्हें मानव विकास के चार स्तंभों के रूप में जाना जाता है। इन स्तंभों के महत्त्व को अलग-अलग रूप में स्पष्ट किया जाता है, जिनका वर्णन इस प्रकार है

(i) **समानता** इसका अभिप्राय प्रत्येक व्यक्ति के लिए उपलब्ध अवसरों की समान व्यवस्था करना है। इसके यह स्पष्ट करना है कि लिंग, नस्ल, आय, जाति और धर्म के आधार पर कोई भेदभाव नहीं होना चाहिए।

(ii) **सतत् पोषणीयता** इसका अभिप्राय अवसरों की सतत पर्याप्तता से है। यह अवधारणा पर्यावरणीय तथा वित्तीय संसाधनों का उपयोग भावी पीढ़ी को ध्यान में रखकर करने पर बल देती है, जिससे भविष्य में आने वाली पीढ़ी के लिए अवसरों की निरंतरता बनी रहे।

(iii) **उत्पादकता** उत्पादकता का तात्पर्य मानव की कार्यक्षमता से या मानव श्रम की उत्पादन क्षमता से है। मानव या जनसमुदाय की कार्यक्षमता को उनके ज्ञान में वृद्धि करके, शिक्षा एवं स्वास्थ्य के उचित अवसर उपलब्ध कराकर बढ़ाया जा सकता है। उत्पादकता के बढ़ने से मानव की आय व रहन-सहन के स्तर में वृद्धि के साथ देश के आर्थिक विकास को भी बढ़ावा मिलता है

(iv) **सशक्तीकरण** अपनी क्षमता और स्वतंत्रता के साथ विकल्पों का चयन करने की शक्ति प्राप्त होना ही सशक्तीकरण कहलाता है। सुशासन एवं लोक उन्मुखी जैसी नीतियाँ लोगों को चुनाव करने में सशक्त बनाती हैं। सामाजिक एवं आर्थिक रूप से पिछड़े हुए समूहों के लिए सशक्तीकरण का विशेष महत्त्व होता है।

3.3 मानव विकास के उपागम

मानव विकास में आने वाली कमियों/समस्याओं को विभिन्न उपागमों के माध्यम से स्पष्ट किया जाता है। इसके अंतर्गत चार उपागमों; जैसे—आय उपागम, कल्याण उपागम, आधारभूत आवश्यकता उपागम तथा क्षमता उपागम को सम्मिलित किया जाता है। इन उपागमों की कमियों में सुधार कर मानव विकास को और अधिक श्रेष्ठ बनाया जा सकता है। इन उपागमों का स्पष्ट विवरण इस प्रकार है

आय उपागम

- इस विचार के अनुसार, आय का स्तर किसी व्यक्ति की स्वतंत्रता के स्तर को निर्धारित करता है।
- यह माना जाता है कि यदि किसी देश की आय का स्तर ऊँचा है, तो इससे मानव विकास का स्तर भी ऊँचा होगा।
- यह मानव विकास के सबसे पुराने उपागमों में से एक है।

---

2 मानव विकास को लोगों की स्वतंत्रता और अवसरों को बढ़ाने तथा उनके हित में सुधार करने की प्रक्रिया के रूप में परिभाषित किया जाता है।

कल्याण उपागम

- इस उपागम के तहत मनुष्य केंद्रीय स्थान पर हैं। इसके अनुसार, लोग केवल निष्क्रिय प्राप्तकर्ता हैं और विकास की प्रक्रिया में भागीदार नहीं हैं।
- यह उपागम शिक्षा, स्वास्थ्य और सामाजिक सुविधाओं के लिए अधिकतम सरकारी व्यय पर बल देता है।
- इस उपागम द्वारा लोगों को विकास में भागीदार बनाकर विकास का स्तर ऊँचा किया जाता है।

आधारभूत आवश्यकता उपागम

- यह अंतर्राष्ट्रीय श्रम संगठन (International labour Organisation) द्वारा प्रस्तावित उपागम है।
- यह मानव विकास के लिए महत्त्वपूर्ण छः बुनियादी आवश्यकताओं पर ध्यान केंद्रित करता है; जैसे— स्वास्थ्य, शिक्षा, भोजन, जल आपूर्ति, स्वच्छता और आवास आदि।

क्षमता उपागम

- यह उपागम प्रोफेसर **अमर्त्य सेन** द्वारा प्रस्तावित किया गया था।
- इस उपागम के अनुसार, मानव विकास के स्तर को उन्नत करने के लिए लोगों की स्वास्थ्य, शिक्षा और संसाधनों तक पहुँच को सशक्त और व्यापक बनाया जाना आवश्यक है।
- अतः ये चारों उपागम किसी-न-किसी रूप में मानव विकास के स्तर को बढ़ाने में सहायक सिद्ध होते हैं।

चेक प्वॉइंट 1

1. मानव विकास अवधारणा का केंद्र-बिंदु लक्ष्य क्या है?
2. मानव विकास के कोई दो आधारभूत स्तंभों के नाम बताइए।
3. मानव विकास का सबसे पुराना उपागम कौन-सा है?
4. मानव विकास में न्यूनतम आवश्यकता उपागम की अवधारणा किसने प्रस्तावित की थी?
5. किसने ने मानव विकास के लिए क्षमता उपागम का प्रस्ताव रखा।

3.4 मानव विकास का मापन

मानव विकास की गणना के दो महत्त्वपूर्ण मानदंड हैं, जिनका विवरण निम्नलिखित है

मानव विकास सूचकांक

- मानव विकास सूचकांक (HDI- Human Development Index) शिक्षा, स्वास्थ्य और संसाधनों तक पहुँच जैसे प्रमुख क्षेत्रों में निष्पादन के आधार पर देशों का क्रम तैयार करता है। इस सूचकांक में प्रयुक्त संकेतक इस प्रकार हैं
  (i) **स्वास्थ्य** इसमें बच्चों के जन्म के समय की **जीवन प्रत्याशा**[3] को शामिल किया जाता है, उच्चतर जीवन प्रत्याशा का अर्थ है कि लोगों के पास दीर्घायु होने एवं स्वस्थ जीवन जीने का अवसर उपलब्ध है।
  (ii) **शिक्षा** इसके अंतर्गत विद्यालय में कुल नामांकित बच्चों एवं प्रौढ़ साक्षरता दर को शामिल किया जाता है, जिसमें प्रौढ़ साक्षरता दर से पढ़े-लिखे **वयस्कों की शिक्षा**[4] के स्तर को स्पष्ट किया जाता है।
  (iii) **संसाधनों तक लोगों की पहुँच** (Access to Resource) इसमें लोगों की **क्रय शक्ति क्षमता**[5] (Purchasing Power Parity) को शामिल किया जाता है, जिससे लोगों के आय के स्तर के साथ उनके रहन-सहन के स्तर का भी निर्धारण किया जा सके। यह स्तर संसाधनों तक लोगों की पहुँच को भी दर्शाता है।
- उपरोक्त में से प्रत्येक आयाम को 1/3 की भारिता दी गई है।

---

3 **जीवन प्रत्याशा** यह मूल रूप से एक सीमित जनसंख्या का औसत जीवन काल है।
4 **वयस्कों की शिक्षा** वयस्क शिक्षा 15 वर्ष या उससे अधिक आय के उन लोगों का प्रतिशत है, जो पढ़-लिख सकते हैं।
5 **क्रय शक्ति क्षमता** लोगों में मूलभूत आवश्यकताओं को पूरा करने की क्षमता अथवा आय का स्तर या क्रय करने की क्षमता, क्रय शक्ति क्षमता कहलाती है।

- इसमें देशों का क्रम 0 से 1 के स्कोर के बीच आधारित होता है, जिसमें मानव विकास का स्तर 0 से 1 की ओर उच्चतम होता है।
- मानव विकास सूचकांक (HDI), मानव विकास में विभिन्न उपलब्धियों का मूल्यांकन करता है।

मानव विकास प्रतिवेदन

मानव विकास प्रतिवेदन (Human Development Report) वर्ष 1990 से संयुक्त राष्ट्र विकास कार्यक्रम (United Nation Development Program) द्वारा प्रतिवर्ष प्रकाशित किया जाता है। यह मानव विकास के स्तर के आधार पर देशों की क्रमवार सूची उपलब्ध कराता है। इसके द्वारा प्रयुक्त दो आधारों पर सुचकांक प्रकाशित किया जाता है- मानव विकास सूचकांक तथा गरीबी सूचकांक मानव विकास प्रतिवेदन, 2006 के अनुसार, भारत 126 वें स्थान पर था। वर्ष 2024 में यह और नीचे 134वें स्थान पर चला गया।

मानव गरीबी सूचकांक

मानव गरीबी सूचकांक (Human Poverty Index) मानव विकास सूचकांक से संबंधित है। यह मानव विकास सूचकांक की कमी की माप करता है। यह बिना आय वाला माप होता है।

इसमें प्रौढ़ निरक्षरता दर, स्वच्छ जल तक पहुँच न रखने वाले लोगों की संख्या, कम वजन वाले बच्चों की संख्या तथा 40 वर्ष तक जीवित न रह पाने की संभावना जैसे पक्ष शामिल होते हैं।

- यह मानव विकास सूचकांक की अपेक्षा अधिक कमी को व्यक्त करता है, जिसके कारण इस सूचकांक को विश्वसनीय माप माना जाता है। इसलिए मानव विकास को मापने की विधियाँ परिष्कृत हो रही हैं तथा राजनीतिक स्वतंत्रता सूचकांक एवं सर्वाधिक भ्रष्ट देशों के सूचीकरण हेतु प्रयास किए जा रहे हैं।

सकल राष्ट्रीय प्रसन्नता

- सकल राष्ट्रीय प्रसन्नता किसी देश की खुशहाली का एक माप है, जो सकल घरेलू उत्पाद (GDP) जैसे आर्थिक संकेतों से कहीं आगे तक जाती है।
- भूटान विश्व का एकमात्र देश है, जिसने सकल राष्ट्रीय प्रसन्नता (Gross National Happiness, GNH) को देश की प्रगति का आधिकारिक माप घोषित किया है। भूटान ने इसको पर्यावरण सांस्कृतिक तथा आध्यात्मिक जीवन के अन्य पहलुओं को भौतिक प्रगति और प्रौद्योगिकी विकास से होने वाले संभावित नुकसान को ध्यान में रखकर अपनाया है अर्थात् प्रसन्नता की कीमत पर भौतिक प्रगति नहीं की जा सकती।
- यह माप हमें विकास के आध्यात्मिक, भौतिकता तथा गुणात्मक पक्षों को सोचने हेतु प्रेरित करती है।

3.5 मानव विकास सूचकांक की अंतर्राष्ट्रीय तुलनाएँ

- मानव विकास सीधे रूप में देश की आय पर निर्भर नहीं करता है। कभी-कभी कम आय वाले छोटे देश अपने अमीर पड़ोसी देश से बेहतर प्रदर्शन करते हैं। उदाहरण के लिए- श्रीलंका, ट्रिनिडाड और टोबैगो जैसी छोटी अर्थव्यवस्थाएँ मानव विकास सूचकांक (HDI) में भारत से ऊपर हैं।
- मानव विकास सूचकांक के आधार पर विश्व के देशों को (मानव विकास के स्तर पर) चार रूपों में बाँटकर देखा जाता है, जो निम्नलिखित हैं
  (i) **अति उच्च सूचकांक मूल्य वाले देश** (Countries with Very High Index Value) इस सूचकांक के अंतर्गत उन देशों को शामिल किया जाता है, जिनका मानव विकास सूचकांक 0.800 से ऊपर पाया जाता है। UNDP की वर्ष 2021-22 की रिपोर्ट के अनुसार, इस श्रेणी में 66 देश हैं। जिसमें प्रथम दस देश क्रमश: स्विट्जरलैंड, नॉर्वे, आइसलैंड, हांग-कांग, ऑस्ट्रेलिया, डेनमार्क, स्वीडन, आयरलैंड, जर्मनी, और नीदरलैंड शामिल हैं। अति उच्च सूचकांक मूल्य वाले देशों में शिक्षा, स्वास्थ्य सेवाओं के साथ सामाजिक स्तर में बेहतर स्थिति पाई जाती है।
  (ii) **उच्च सुचकांक मूल्य वाले देश** (Countries with High Index Value) इस सूचकांक के अंतर्गत उन देशों की शामिल किया जाता है, जिनका मानव विकास सूचकांक 0.700 से 0.799 के मध्य है। इस श्रेणी में 49 देश हैं। इन देशों में सरकार शिक्षा और स्वास्थ्य सेवा को प्राथमिकता देती हैं। अधिकतर देश शुरुआती साम्राज्यवादी शक्तियाँ हैं।

(iii) **मध्य सूचकांक मूल्य वाले देश** (Countries with Index Value) इस सूचकांक के अंतर्गत उन देशों को शामिल किया जाता है, जिनका मानव विकास सूचकांक 0.550 से 0.699 के मध्य पाया जाता है। इस स्तर में 44 देश हैं। इसमें अधिकतर देश द्वितीय विश्व युद्ध के बाद उभरे हैं और शेष देशों का विकास वर्ष 1991 में तत्कालीन सोवियत संघ के विघटन के पश्चात् हुआ है।

(iv) **निम्न सूचकांक मूल्य वाले देश** (Countries With Low Index Value) इस सूचकांक के अंतर्गत उन देशों को शामिल किया जाता है, जिनका मानव विकास सूचकांक 0.549 से नीचे हैं। इस श्रेणी में 32 देश हैं। इसमें अधिकतर छोटे देश राजनीतिक उथल-पुथल और सामाजिक अस्थिरता से गुजर रहे हैं।।

तालिका 3.2 मानव विकास संवर्ग, मानदंड और देश

मानव विकास का स्तर	मानव विकास सुचकांक का स्कोर	देशों की संख्या
अति उच्च	0.800 से ऊपर	66
उच्च	0.700 से 0.799 के मध्य	49
मध्यम	0.550 से 0.699 के मध्य	44
निम्न	0.549 से नीचे	32

चेक प्वॉइंट 2

1. मानव विकास सूचकांक के प्रत्येक आयाम को कितनी भारिता दी गई है?
2. मानव विकास प्रतिवेदन किसके द्वारा प्रकाशित किया जाता है?
3. मानव गरीबी सूचकांक में शिक्षा की कमी को दर्शाने के लिए प्रयुक्त सूचक का नाम बताइए।
4. दक्षिण एशिया के किस देश में मानव विकास सूचकांक भारत से उच्च है?
5. मानव विकास सूचकांक के आधार पर विश्व के देशों को कितने रूपों में बाँटा गया है?

Mind Map

मानव विकास

1 मानव विकास की अवधारणा

- मानव विकास की अवधारणा डा. महबूब-उल-हक के द्वारा प्रतिपादित की गई।
- डॉ. हक ने मानव विकास का वर्णन एक ऐसे विकास के रूप में किया जो लोगों के विकल्पों में वृद्धि करता और उनके जीवन में सुधार लाता है।
- इसका मूल उद्देश्य ऐसी दशाओं को उत्पन्न करना है जिनमें लोग सार्थक जीवन व्यतीत कर सकें।

मानव विकास प्रतिवेदन

मानव विकास प्रतिवेदन (Human Development Report) वर्ष 1990 से संयुक्त राष्ट्र विकास कार्यक्रम (United Nation Development Program) द्वारा प्रतिवर्ष प्रकाशित किया जाता है। यह मानव विकास के मापन के सूचकांक तथा गरीबी सूचकांक है। मानव विकास प्रतिवेदन, 2006 के अनुसार, भारत 126वें स्थान पर था। वर्ष 2020 में यह और नीचे 131वें स्थान पर चला गया।

2 मानव विकास के चार स्तम्भ

- समता का आशय प्रत्येक व्यक्ति को उपलब्ध अवसरों के लिए समान पहुँच की व्यवस्था करना है।
- सतत् पोषणीयता सतत् निर्वहन हेतु अवसरों की उपलब्धता में निरंतरता को व्यक्त करती है।
- उत्पादकता का अर्थ मानव श्रम उत्पादकता अथवा मानव कार्य के संदर्भ में उत्पादकता है।
- सशक्तीकरण का अर्थ अपने विकल्प चुनने के लिए शक्ति प्राप्त करना है।

4 मानव विकास का मापन

मानव विकास सूचकांक द्वारा मापा जाता है

- मानव विकास सूचकांक (HDI) स्वास्थ्य शिक्षा और संसाधनों तक पहुँच जैसे प्रमुख क्षेत्रों में निष्पादन के आधार पर देशों का क्रम तैयार करता है
- यह क्रम 0-1 के मध्य के स्कोर पर आधारित होता है।

संकेतक

- जीवन प्रत्याशा एक नवजात शिशु के जीने की औसत अपेक्षित वर्षों की संख्या है।
- साक्षरता वयस्क शिक्षा का स्तर साक्षरता दर और सकल नामांकन अनुपात द्वारा मापी जाती है।
- प्रतिव्यक्ति आय किसी राष्ट्र या भौगोलिक क्षेत्र में प्रति व्यक्ति आर्जित कुल राशि है।
- यू.ए.न.डी.पी. (UNDP) एच डी. आई. (HDI) प्रकाशित करता है।

3 मानव विकास के उपागम

- आय उपागम विकास को दर्शाता है, उदाहरण के लिए, यदि किसी राष्ट्र की आय का स्तर अधिक है, तो यह उच्च विकास की ओर ले जाता है।
- कल्याण उपागम मनुष्य को लाभार्थी के रूप में देखता है, यह शिक्षा, स्वास्थ्य आदि पर सरकारी व्यय पर बल देता है।
- न्यूनतम आवश्यकता उपागम घर, भोजन, कपड़े जैसी बुनियादी जरूरतों का ख्याल रखता है। इसे अंतर्राष्ट्रीय श्रम संगठन द्वारा प्रस्तावित किया गया था।
- क्षमता उपागम स्वास्थ्य के क्षेत्रों में मानव क्षमताओं का निर्माण है, इसे प्रो. अमर्त्य सेन द्वारा प्रस्तावित किया गया था।

5 अंतर्राष्ट्रीय तुलनाएँ

मानव विकास का स्तर	मानव विकास सूचकांक का स्कोर	देशों की संख्या
अति उच्च	0.800 से ऊपर	66
उच्च	0.700 से 0.799 के बीच	49
मध्यम	0.550 से 0.699 के बीच	44
निम्न	0.549 से नीचे	32

NCERT फोल्डर

अध्याय के मध्य में दिए गए प्रश्न

1. क्या वृद्धि और विकास का एक ही अर्थ है? क्या दोनों एक दूसरे के साथ चलते हैं ?

उत्तर नहीं वृद्धि और विकास अलग-अलग अवधारणाएँ हैं; जैसे

(i) वृद्धि मात्रात्मक और मूल्य निरपेक्ष होती है। यह सकारात्मक तथा नकारात्मक दोनों रूप में हो सकती है। सकारात्मक परिवर्तन वृद्धि को दर्शाता है और नकारात्मक परिवर्तन ह्रास को दर्शाता है। इसे मापना सरल होता है; जैसे-आय या उत्पादन में वृद्धि आदि।

(ii) विकास यह एक गुणात्मक परिवर्तन है, जो मूल्य सापेक्ष होता है। किसी व्यक्ति का विकास तब तक संभव नहीं है, जब तक उसकी वर्तमान दशाओं में सुधार न हो। अतः विकास के लिए सकारात्मक वृद्धि आवश्यक है; जैसे-मूलभूत सुविधाओं की पूर्ति और उनमें वृद्धि।

वृद्धि और विकास परस्पर जुड़े, हुए हैं, लेकिन स्वतंत्र भी हैं। वृद्धि विकास का एक हिस्सा हो सकती है, लेकिन विकास केवल वृद्धि पर निर्भर नहीं है। उदाहरण के रूप में, किसी निश्चित समयावधि में यदि किसी नगर की जनसंख्या एक लाख से दो लाख हो जाती है, तो हम कहते हैं कि नगर की वृद्धि हुई। फिर भी यदि आवास जैसी सुविधाएँ, मूलभूत सेवाओं की व्यवस्था तथा अन्य विशेषताएँ पहले जैसी ही रहती हैं, तब इस वृद्धि के साथ विकास नहीं जुड़ा हुआ होता है।

2. विकासहीन वृद्धि और विकास युक्त वृद्धि पर एक निबंध लिखिए।

उत्तर विकासहीन वृद्धि और विकास युक्त वृद्धि दोनों अर्थव्यवस्था की स्थिति के संदर्भ में महत्त्वपूर्ण अवधारणाएँ हैं, जो समाज के समग्र विकास को प्रभावित करती हैं। इन दोनों में अंतर को समझना आवश्यक है।

विकासहीन वृद्धि का अर्थ है- ऐसी आर्थिक वृद्धि , जिसमें केवल कुछ वर्ग या क्षेत्रों का लाभ होता है, जबकि अन्य क्षेत्रों में गरीबी और असमानता बनी रहती है। यह वृद्धि सामाजिक और आर्थिक असमानताओं को बढ़ावा देती है। उदाहरणस्वरूप यदि किसी देश में केवल शहरी क्षेत्रों में औद्योगिकरण हो, लेकिन ग्रामीण क्षेत्रों में कोई विकास न हो, तो इसे विकासहीन वृद्धि कहा जाएगा। यह वृद्धि समाज में संपत्ति और संसाधनों का असमान वितरण करती है, जिससे वर्ग भेद और अन्याय की स्थिति उत्पन्न होती है। इसके विपरीत विकासयुक्त वृद्धि का तात्पर्य ऐसी वृद्धि से है, जो समाज के सभी वर्गों के लिए लाभप्रद हो। इसमें केवल आर्थिक वृद्धि पर ध्यान नहीं दिया जाता, बल्कि समाज के गरीब, शोषित और वंचित वर्गों का भी विकास होता है। यह पूरी अर्थव्यवस्था को लाभ पहुँचाने वाली वृद्धि है। जिसमें रोजगार के अवसर, शिक्षा, स्वास्थ्य सेवाओं और समृद्धि के अन्य उपायों का समान वितरण होता है। विकास युक्त वृद्धि समाज में समता और न्याय की भावना को बढ़ावा देती है। विकासहीन वृद्धि समाज में असंतोष और संघर्ष को जन्म देती है, जबकि विकास युक्त वृद्धि समाज में समान अवसरों और खुशहाली की दिशा में काम करती है। इसलिए किसी भी राष्ट्र के लिए विकास युक्त वृद्धि को प्राथमिकता देना आवश्यक है। जिससे समग्र सामाजिक और आर्थिक विकास सुनिश्चित किया जा सके। विकास की प्रक्रिया केवल GDP या वित्तीय आँकड़ों तक सीमित नहीं होनी चाहिए, बल्कि इसे समाज के सभी वर्गों तक पहुँचने का प्रयास करना चाहिए। इससे समाज में समता, न्याय और स्थिरता का निर्माण होता है।

नीचे दिए चार विकल्पों में से सही उत्तर चुनिए

1. निम्नलिखित में से कौन-सा विकास का सर्वोत्तम वर्णन करता है?

(a) आकार में वृद्धि
(b) गुण में धनात्मक परिवर्तन
(c) आकार में स्थिरता
(d) गुण में साधारण परिवर्तन

उत्तर *(b)* गुण में धनात्मक परिवर्तन

2. मानव विकास की अवधारणा निम्नलिखित में से किस विद्वान् की देन है?

(a) प्रो. अमर्त्य सेन
(b) डॉ. महबूब-उल-हक
(c) ऐलन सी. सेंपुल
(d) रैटजेल

उत्तर *(b)* डॉ. महबूब-उल-हक

निम्नलिखित प्रश्नों के उत्तर लगभग 30 शब्दों में दीजिए

1. मानव विकास के तीन मूलभूत क्षेत्र कौन-से हैं?

उत्तर मानव विकास के तीन मूलभूत क्षेत्र निम्नलिखित हैं

(i) **स्वास्थ्य** इसमें जन्म के समय की जीवन प्रत्याशा को शामिल किया जाता है।

(ii) **शिक्षा** इसमें वयस्कों में शिक्षा का स्तर तथा विद्यालय तक बच्चों की पहुँच को देखा जाता है।

(iii) **क्रय शक्ति** इसमें लोगों की क्रय क्षमता को शामिल किया जाता है, जिससे व्यक्ति की आय के स्तर का पता लगता है।

2. मानव विकास के चार प्रमुख घटकों के नाम लिखिए।

उत्तर मानव विकास के चार प्रमुख घटकों के नाम इस प्रकार हैं

(i) **समता** यह प्रत्येक व्यक्ति तक अवसरों की समान उपलब्धता को व्यक्त करता है।

(ii) **सतत पोषणीयता** यह प्रत्येक पीढ़ी के अवसरों की समानता को व्यक्त करता है।

(iii) **उत्पादकता** इसका तात्पर्य श्रम की उत्पादन क्षमता से होता है।

(iv) **सशक्तीकरण** लोगों में क्षमता और स्वतंत्रता के साथ विकल्पों का चयन करने की शक्ति प्राप्त होना ही सशक्तीकरण कहलाता है।

3. मानव विकास सूचकांक के आधार पर देशों का वर्गीकरण किस प्रकार किया जाता है?

उत्तर मानव विकास प्रतिवेदन 2023-24 के अंतर्गत मानव विकास सूचकांक के आधार पर देशों को अति उच्च, उच्च, मध्यम एवं निम्न देशों में वर्गीकृत किया गया था, जिसमें 0.800 से ऊपर के स्कोर प्राप्त करने वाले देशों को अति उच्च, 0.701 से 0.799 के मध्य स्कोर प्राप्त करने वाले देशों को उच्च, 0.550 से 0.700 के मध्य स्कोर प्राप्त करने वाले देशों को मध्यम तथा 0.549 से नीचे के स्कोर प्राप्त करने वाले देशों को निम्न वर्ग में रखा गया है।

निम्नलिखित प्रश्नों के उत्तर लगभग 150 शब्दों में दीजिए

1. मानव विकास शब्द से आपका क्या अभिप्राय है?

उत्तर मानव विकास की अवधारणा का प्रतिवादन डॉ. महबूब-उल-हक द्वारा किया गया था इस शब्द से आशय मानव के संपूर्ण विकास से है,

- जिसमें मानव के लिए स्वस्थ पर्यावरण, सामाजिक, आर्थिक, राजनीतिक स्वतंत्रता के साथ शिक्षा, स्वास्थ्य, सेवा तथा अन्य अवसरों की स्वतंत्रता आदि भी शामिल होती है।
- यह विकास के गुणात्मक पक्ष को व्यक्त करता है। विकास का सर्वमान्य उद्देश्य लोगों के कल्याण से होता है। विकास की प्रक्रियाओं एवं विकास की सभी रणनीतियों का केंद्र-बिंदु मानव है।
- मानव विकास का विचार समता, सतत पोषणीयता, उत्पादकता और सशक्तीकरण जैसी अवधारणाओं पर आधारित है, जिन्हें मानव विकास के चार स्तंभ भी कहा जाता है।
- मानव विकास के संदर्भ में कुछ महत्त्वपूर्ण पक्षों पर अधिक ध्यान दिया जाता है, जो निम्न प्रकार हैं
  - व्यक्ति का दीर्घायु होना एवं स्वस्थ जीवन जीना।
  - ज्ञान प्राप्ति की समता का विकास होना।
  - सुखमय जीवन जीने हेतु पर्याप्त साधनों का उपलब्ध होना अर्थात् व्यक्ति की क्रय क्षमता को बढ़ाना।
  - सामाजिक, राजनीतिक जैसे क्षेत्रों में शांति स्थापित होना।

2. मानव विकास अवधारणा के अंतर्गत समता और सतत पोषणीयता से आप क्या समझते हैं?

अथवा **मानव विकास के स्तंभों के रूप में समता और सतत पोषणीय विचारों को स्पष्ट कीजिए।**

उत्तर मानव विकास अवधारणा के अंतर्गत समता और सतत पोषणीयता का वर्णन निम्न प्रकार से स्पष्ट है

(i) **समता** समता का आशय प्रत्येक व्यक्ति के लिए उपलब्ध अवसरों तक समान पहुँच की व्यवस्था करना है। यह लिंग, जाति, आय आदि के भेदभाव रहित विचार को व्यक्त करती है। समता समाज में सभी वर्गों के लिए समान विकल्पों का प्रबंध कराने में भी सहायक है।

उदाहरण के लिए किसी भी विद्यालय में बालिकाओं एवं आर्थिक दृष्टि से पिछड़े वर्ग के विद्यार्थियों की संख्या कम होती है, जिससे यह स्पष्ट होता है कि इन वर्गों तक शिक्षा की पहुँच कम है। समता इसी भेदभाव को कम करने तथा सभी के लिए समान विकल्प उपलब्ध कराने पर बल देती है।

(ii) **सतत पोषणीयता** सतत पोषणीयता का अर्थ अवसरों की सतत उपलब्धता से है, साथ ही संसाधनों का इस प्रकार उपयोग होना चाहिए, जिससे कि भावी पीढ़ी के लिए समस्या उत्पन्न न हो। यह अवधारणा भविष्य की पीढ़ी में अवसरों की निरंतरता पर बल देती है। ऐसा करने हेतु सरकारी नीतियाँ एवं लोगों के प्रयास को महत्त्वपूर्ण माना जा सकता है। अतः मानव विकास की अवधारणा के ये दो स्तंभ वर्तमान एवं भावी पीढ़ियों के मध्य संसाधनों के उपयोग, अवसरों, और विकल्पों की उपलब्धता को सुनिश्चित करते हैं।

उदाहरण के लिए कुछ समुदाय बालिकाओं को विद्यालय भेजने पर ध्यान नहीं देते, जिसके कारण युवा होने पर उन बालिकाओं के लिए आगे बढ़ने के अवसरों की समाप्ति हो जाती है। अवसरों की समाप्ति होने पर उनके जीवन पर विभिन्न प्रभाव पड़ते हैं। अतः प्रत्येक पीढ़ी के लिए यह आवश्यक है कि वह अपनी भावी पीढ़ियों के लिए अवसरों एवं विकल्पों को सुनिश्चित करें।

अभ्यास प्रश्न

वस्तुनिष्ठ प्रश्न

बहुविकल्पीय प्रश्न

1. 'अन्तर्राष्ट्रीय श्रम संगठन' द्वारा प्रस्तावित मानव विकास का उपागम निम्नलिखित में से कौन-सा है? **CBSE 2024**

(a) आय (b) कल्याण
(c) क्षमता (d) आधारभूत आवश्यकता

उत्तर *(d)* आधारभूत आवश्यकता

2. निम्नलिखित में से कौन-सा मानव विकास का उपागम है? **CBSE 2024**

(a) समता (b) उत्पादकता
(c) क्षमता (d) सशक्तीकरण

उत्तर *(c)* क्षमता

3. मानव विकास के दृष्टिकोण से कौन-सा सही नहीं है? **CBSE 2024**

(a) मानव विकास केवल आर्थिक प्रगति पर निर्भर करता है।
(b) मानव विकास में स्वास्थ्य और शिक्षा महत्त्वपूर्ण भूमिका निभाते हैं।
(c) मानव विकास का उद्देश्य लोगों की जीवन गुणवत्ता को बढाना है।
(d) मानव विकास में आय, शिक्षा और जीवन प्रत्याशा का मापन किया जाता है

उत्तर *(a)* मानव विकास केवल आर्थिक प्रगति पर निर्भर करता है।

4. देश की अर्थव्यवस्था में होने वाली मात्रात्मक वृद्धि को कहा जाता है

(a) आर्थिक विकास (b) समावेशी प्रसार
(c) आर्थिक संवृद्धि (d) सतत पोषणीयता

उत्तर *(c)* आर्थिक संवृद्धि

5. डॉ. महबूब-उल-हक के अनुसार, मानव विकास का अर्थ है

(a) व्यवसाय के अवसर बढ़ाना
(b) लोगों की आय बढ़ाना
(c) लोगों के जीवन-स्तर में सुधार करना
(d) उपरोक्त में से कोई नहीं

उत्तर *(c)* लोगों के जीवन-स्तर में सुधार करना

6. नोबेल पुरस्कार विजेता अमर्त्य सेन के अनुसार, विकास का मुख्य उद्देश्य कौन-सा है? **CBSE 2021**

(a) भातृवाद में वृद्धि (b) स्वतंत्रता में वृद्धि
(c) लोकतंत्र में वृद्धि (d) समानता में वृद्धि

उत्तर *(d)* समानता में वृद्धि

7. निम्न में से कौन-सा मानव विकास का स्तंभ नहीं है?

(a) समता (b) समानता
(c) उत्पादकता (d) सशक्तीकरण

उत्तर *(b)* समानता

8. निम्न में से मानव विकास का सबसे पुराना उपागम कौन-सा है? **CBSE 2021**

(a) कल्याण उपागम
(b) क्षमता उपागम
(c) आधारभूत आवश्यकता उपागम
(d) आय उपागम

उत्तर *(d)* आय उपागम

9. निम्नलिखित में से किस संगठन ने बुनियादी आवश्यकता दृष्टिकोण का प्रस्ताव रखा? **CBSE 2021**

(a) अंतर्राष्ट्रीय श्रम संगठन (b) संयुक्त राष्ट्र विकास कार्यक्रम
(c) विश्व स्वास्थ्य संगठन (d) अंतर्राष्ट्रीय युद्ध कोष

उत्तर *(a)* अंतर्राष्ट्रीय श्रम संगठन

10. निम्न में से किस देश का मानव विकास सूचकांक भारत से अच्छा है?

(a) अफगानिस्तान (b) पाकिस्तान
(c) चाड (d) श्रीलंका

उत्तर *(d)* श्रीलंका

11. निम्नलिखित में से कौन-सा देश मानव विकास के मध्य स्तर के अंतर्गत आता है? **CBSE 2021**

(a) नॉर्वे (b) कनाडा (c) भारत (d) सिंगापुर

उत्तर *(c)* भारत

12. मानव विकास सूचकांक 2021-22 के अनुसार, कितने देश अति उच्च सूचकांक मूल्य वाले समूह में सम्मिलित हैं?

(a) 66 (b) 53 (c) 39 (d) 38

उत्तर *(a)* 66

13. निम्नलिखित में से कौन-सा देश 'मानव विकास सूचकांक' की अति उच्च श्रेणी में आता है? **CBSE 2023**

(a) मैक्सिको (b) सिंगापुर
(c) चीन (d) कोलंबिया

उत्तर *(b)* सिंगापुर

14. किस देश ने सकल राष्ट्रीय प्रसन्नता (GNH) को देश की प्रगति की आधिकारिक नाप घोषित किया है?

(a) म्यांमार (b) श्रीलंका (c) नेपाल (d) भूटान

उत्तर *(d)* भूटान

15. वर्ष 1990 से प्रतिवर्ष 'संयुक्त राष्ट्र विकास कार्यक्रम', मानव विकास प्रतिवेदन प्रकाशित करता है। यह प्रतिवेदन मानव विकास स्तर के अनुसार, सभी सदस्य देशों की कोटि, क्रमानुसार सूची उपलब्ध कराता है। UNDP द्वारा इस मापन के लिए मानव विकास सूचकांक के साथ-साथ अन्य सूचकांक का प्रकाशन भी किया जाता है।

निम्नलिखित विकल्पों में से उस विकल्प का चयन कीजिए, जो दूसरे सूचकांक के रूप में UNDP द्वारा प्रयुक्त किया जाता है।

(a) मानव गरीबी सूचकांक (b) मानव साक्षरता सूचकांक
(c) मानव कुपोषण सूचकांक (d) जनांकिकी सूचकांक

उत्तर *(a)* मानव गरीबी सूचकांक

16. "इस उपागम का विशेष संबंध अर्थशास्त्री प्रो. अमर्त्य सेन से माना जाता है, क्योंकि इसकी अवधारणा इन्होंने अभिव्यक्त की थी। इनका मानना था कि संसाधनों का उपयोग विकास के लिए किया जाता है।" यह वाक्यांश किस उपागम के संबंध में उदाहरण प्रस्तुत करता है?

दक्षता आधारित प्रश्न

(a) कल्याण उपागम (b) आधारभूत आवश्यकता उपागम
(c) क्षमता उपागम (d) आय उपागम

उत्तर *(c)* क्षमता उपागम

17. मानव विकास सूचकांक में ········ का उच्च स्तर इस बात का संकेतक है कि देश में स्वास्थ्य सेवाएँ बेहतर हैं।

(a) जीवन प्रत्याशा (b) प्रति व्यक्ति आय
(c) शिक्षा स्तर (d) रोजगार दर

उत्तर (a) जीवन प्रत्याशा

18. उच्चतर जीवन-प्रत्याशा का आशय ········ ।

(a) लोगों के पास अधिक दीर्घ और अधिक स्वस्थ जीवन जीने के अधिक अवसर हैं
(b) व्यक्ति की उपलब्ध स्वतंत्रता के स्तर को परिलक्षित करना है।
(c) लोगों की आय में पर्याप्त वृद्धि से है
(d) मानव विकास के स्तरों में वृद्धि से है

उत्तर (a) लोगो के पास अधिक दीर्घ और अधिक स्वस्थ जीवन जीने के अधिक अवसर हैं

19. मानव विकास के मापन के संबंध में निम्न कथनों में से कौन कथन सही हैं?

दक्षता आधारित प्रश्न

1. इसमें देशों का क्रम 0 से 1 के स्कोर के बीच आधारित होता है।
2. संसाधनों तक लोगों की पहुँच को क्रय शक्ति क्षमता के आधार पर प्रदर्शित किया जाता है।
3. मानव विकास सूचकांक में प्रत्येक आयाम को $\frac{1}{4}$ भारिता दी गई है।
4. किसी देश का स्कोर 1 के जितना निकट होगा, वहाँ का मानव विकास उतना ही उच्च होगा।

कूट

(a) 1, 2 और 3 (b) 1, 3 और 4
(c) 1, 2 और 4 (d) 2, 3 और 4

उत्तर *(d)* 1, 2 और 4

20. निम्न में से क्या मानव विकास के मापन का आधार है?

1. शिक्षा 2. स्वास्थ्य
3. प्रशासनिक व्यवस्था 4. सरकार
5. संसाधनों तक लोगों की पहुँच

कूट

(a) 1, 3 और 4 (b) 2, 3 और 5
(c) 3, 4 और 5 (d) 1, 2 और 5

उत्तर *(d)* 1, 2 और 5

21. निम्नलिखित कथनों में से कौन- से कथन सही हैं?

1. मानव विकास सूचकांक के प्रतिपादक प्रो. अमर्त्य सेन हैं।
2. मानव विकास प्रतिवेदन वर्ष 1990 से प्रतिवर्ष संयुक्त राष्ट्र विकास कार्यक्रम द्वारा प्रकाशित किया जाता है।
3. उच्च मानव विकास सूचकांक वाले देशों की श्रेणी में कई यूरोपीय देश सम्मिलित हैं।

कूट

(a) 1 और 2 (b) 2 और 3
(c) 1 और 3 (d) 1, 2 और 3

उत्तर *(b)* 2 और 3

22. निम्नलिखित कथनों में से कौन-सा/ से कथन सही है/हैं?

1. मानव विकास सूचकांक वर्ष 1990 के दशक में प्रारंभ किया गया था।
2. वर्ष 1980-90 से पूर्व आर्थिक विकास लाभ मानव तक नहीं पहुँच पाता था।
3. सार्थक जीवन का तात्पर्य नियमित रूप से आर्थिक विकास से माना जाता है।

कूट

(a) केवल 1 (b) केवल 2
(c) 1 और 2 (d) 1, 2 और 3

उत्तर *(c)* 1 और 2

23. निम्नलिखित कथनों में से कौन-से कथन सही हैं?

1. सतत पोषणीयता का अभिप्राय अवसरों की सतत पर्याप्तता से है।
2. उत्पादकता का तात्पर्य मानव की कार्यक्षमता से या मानव श्रम की उत्पादन क्षमता से है।
3. प्रत्येक व्यक्ति के लिए उपलब्ध अवसरों की समान व्यवस्था समता के नियमों के तहत की गई है।

कूट

(a) 1 और 2 (b) 2 और 3
(c) 1 और 3 (d) 1, 2 और 3

उत्तर *(d)* 1, 2 और 3

24. निम्नलिखित घटनाओं को उनके क्रम में व्यवस्थित करें कि कैसे मानव विकास की अवधारणा विकसित हुई?

दक्षता आधारित प्रश्न

1. संयुक्त राष्ट्र द्वारा मानव विकास सूचकांक (HDI) का प्रस्ताव।
2. अमर्त्य सेन और महबूब-उल-हक द्वारा मानव विकास की परिभाषा को स्पष्ट करना।
3. द्वितीय विश्व युद्ध के बाद आर्थिक विकास पर बल दिया जाना।
4. मानव विकास सूचकांक (HDI) में शिक्षा, स्वास्थ्य और आय को मुख्य घटकों के रूप में शामिल करना।

कूट

(a) 4, 3, 1, 2
(b) 3, 2, 1, 4
(c) 1, 2, 3, 4
(d) 3, 1, 4, 2

उत्तर *(b)* 3, 2, 1, 4

25. **मानव विकास के उपागम की विशेषताएँ नीचे दी गई हैं। इनको ध्यान से पढ़िए और उपागम की पहचान कीजिए** *दक्षता आधारित प्रश्न*

- यह उपागम मानव की सभी विकासात्मक गतिविधियों के लक्ष्य को दर्शाता है।
- मानव विकास के स्तरों की वृद्धि के लिए सरकारी व्यय को जिम्मेदार कारक के रूप में व्यक्त किया जाता है।
- इसमें कल्याणपरक लक्ष्य शामिल किए जाते हैं।
- इसमें मानव निष्क्रिय, प्राप्तकर्ता से विकास में भागीदार बनते हैं और लाभ प्राप्त करते हैं।

उपागम

(a) आय उपागम (b) कल्याण उपागम
(c) आधारभूत आवश्यकता उपागम (d) क्षमता उपागम

उत्तर *(b)* कल्याण उपागम

26. **नीचे दो कथन I एवं II के रूप में दिए गए हैं। दोनों कथनों को ध्यानपूर्वक पढ़िए और सही विकल्प का चयन कीजिए**

कथन I. सतत पोषणीयता का अभिप्राय अवसरों की सतत् पर्याप्तता से है। यह अवधारणा पर्यावरणीय तथा वित्तीय संसाधनों का उपयोग भावी पीढ़ी को ध्यान में रखकर करने पर बल देती है।

कथन II. सतत पोषणीयता भूटान द्वारा विकसित सकल राष्ट्रीय प्रसन्नता की प्रगति में सहायक कारक हो सकता है।

(a) कथन I सही है, किंतु कथन II गलत है
(b) कथन I गलत है, किंतु कथन II सही है
(c) कथन I और II दोनों सही हैं
(d) कथन I और II दोनों गलत हैं

उत्तर *(c)* कथन I और II दोनों सही हैं।

27. **निम्नलिखित में से कौन-सा युग्म सही सुमेलित नहीं हैं?**

(a) मानव विकास सूचकांक में शिक्षा का मापन – औसत विद्यालयी वर्ष और साक्षरता दर
(b) मानव विकास सूचकांक में स्वास्थ्य का मापन – जीवन प्रत्याशा
(c) मानव विकास सूचकांक में आर्थिक स्थिति का मापन – प्रतिव्यक्ति आय
(d) मानव विकास सूचकांक में लोगों की जीवन गुणवत्ता का मापन – व्यय के आधार पर

उत्तर (d) मानव विकास सूचकांक में लोगों की जीवन गुणवत्ता का मापन-व्यय के आधार पर

28. **सूची I को सूची II से सुमेलित कीजिए**

सूची I (मानव विकास सूचकांक 2021-22)	सूची II (देशों की संख्या)
A. अति उच्च सूचकांक मूल्य वाले देश	1. 49
B. मध्यम सूचकांक मूल्य वाले देश	2. 44
C. उच्च सूचकांक मूल्य वाले देश	3. 66
D. निम्न सूचकांक मूल्य वाले देश	4. 32

कूट

	A	B	C	D		A	B	C	D
(a)	1	3	4	2	(b)	2	1	4	3
(c)	3	2	1	4	(d)	4	2	3	1

उत्तर *(c)* 3 2 1 4

29. **सूची I को सूची II से सुमेलित कीजिए**

सूची I	सूची II
A. स्वास्थ्य	1. क्रय शक्ति क्षमता
B. शिक्षा	2. जीवन प्रत्याशा
C. संसाधनों तक लोगों की पहुँच	3. प्रौढ़ शिक्षा दर
D. समता	4. अवसरों की समान व्यवस्था

कूट

	A	B	C	D		A	B	C	D
(a)	1	2	3	4	(b)	2	3	1	4
(c)	3	2	1	4	(d)	2	1	3	4

उत्तर *(b)* 2 3 1 4

30. **सूची I को सूची II से सुमेलित कीजिए**

सूची I	सूची II
A. निर्वहन	1. क्षमताओं का निर्माण
B. उत्पादकता	2. अवसरों की निरंतरता
C. सशक्तीकरण	3. विकल्पों के चयन करने की शक्ति प्राप्त होना
D. कल्याण उपागम	4. समस्त लक्ष्यों की प्राप्ति
E. सकल राष्ट्रीय प्रसन्नता	5. स्वास्थ्य का उच्च गुणांक
F. जीवन प्रत्याशा	6. आध्यात्मिक एवं गुणात्मक पक्ष पर बल

कूट

	A	B	C	D	E	F		A	B	C	D	E	F
(a)	2	4	6	5	1	3	(b)	4	2	5	6	3	1
(c)	2	1	3	4	6	5	(d)	1	3	2	5	4	6

उत्तर *(c)* 2 1 3 4 6 5

निर्देश (प्र. सं. 31-33) नीचे दो कथन दिए गए हैं, जिसमें एक को कथन (A) तथा दूसरे को कारण (R) कहा गया है। नीचे दिए गए कूट की सहायता से सही उत्तर का चयन कीजिए। *दक्षता आधारित प्रश्न*

कूट

(a) A और R दोनों सही हैं तथा R, A की सही व्याख्या है
(b) A और R दोनों सही हैं, परंतु R, A की सही व्याख्या नहीं है
(c) A सही है, किंतु R गलत है
(d) A गलत है, किंतु R सही है

31. **कथन (A) मानव विकास सूचकांक (HDI) एक व्यापक सूचकांक है, जो किसी देश के सामाजिक-आर्थिक विकास का मापन करने के लिए तीन प्रमुख आयामों – जीवन प्रत्याशा, शिक्षा के स्तर और प्रति व्यक्ति आय का उपयोग करता है।**

कारण (R) मानव विकास सूचकांक का उद्देश्य एक देश की भौतिक प्रगति का आकलन करना है, जिससे यह समझा जा सके कि एक देश अपने नागरिकों के जीवन को बेहतर बनाने के लिए कितना सफल है।

HDI इस बात का संकेत है कि देश में विकास आर्थिक दृष्टि से नहीं, बल्कि सामाजिक और व्यक्तिगत विकास के विभिन्न पहलुओं पर आधारित होना चाहिए।

उत्तर (b) मानव विकास सूचकांक के अंतर्गत देश के सामाजिक, आर्थिक विकास का मापन करने के लिए तीन प्रमुख आयामों-जीवन प्रत्याशा, शिक्षा के स्तर और प्रति व्यक्ति आय का उपयोग किया जाता है, मानव विकास का उद्देश्य एक देश की भौतिक प्रगति का आकलन करना है। मानव विकास इस बात का संकेत है कि देश में विकास केवल आर्थिक दृष्टि से नहीं, बल्कि सामाजिक और व्यक्तिगत विकास के विभिन्न पहलुओं पर आधारित होता है।

32. कथन (A) शिक्षा और स्वास्थ्य मानव विकास के मुख्य घटक हैं, क्योंकि ये दोनों तत्त्व न केवल व्यक्तियों की भौतिक प्रगति में मदद करते हैं, बल्कि उन्हें समाज मे बेहतर ढंग से योगदान करने की क्षमता भी प्रदान करते हैं।

कारण (R) शिक्षा और स्वास्थ्य जीवन स्तर आय के स्तर से अधिक महत्त्वपूर्ण माने जाते हैं, क्योंकि यह दोनों व्यक्ति को ज्ञान, स्वास्थ्य और बेहतर जीवन जीने का अवसर प्रदान करते हैं। इनके माध्यम से व्यक्ति अपनी पूरी क्षमता का उपयोग कर सकते हैं और समाज के समग्र विकास में योगदान कर सकते हैं।

उत्तर (a) शिक्षा और स्वास्थ्य मानव विकास के मुख्य घटक हैं, क्योंकि दोनों तत्त्व व्यक्ति की भौतिक प्रगति के साथ समाज को बेहतर ढंग से योगदान करने की क्षमता भी प्रदान करते हैं। शिक्षा और स्वास्थ्य जीवन स्तर और आय के स्तर से अधिक महत्त्वपूर्ण है, क्योंकि यह दोनों व्यक्तियों को ज्ञान, स्वास्थ्य और बेहतर जीवन जीने का अवसर प्रदान करते हैं। इन्हीं की सहायता से व्यक्ति अपनी पूरी क्षमता का उपयोग करता है और समाज के समग्र विकास में योगदान देता है।

33. कथन (A) मानव विकास केवल आर्थिक विकास पर आधारित नहीं होता, बल्कि यह स्वास्थ्य, शिक्षा और जीवन स्तर जैसे सामाजिक कारकों पर भी निर्भर करता है, जो लोगों के समग्र विकास को बढ़ावा देने में सहायक होते हैं।

कारण (R) शिक्षा और स्वास्थ्य जीवन स्तर आय स्तर से अधिक महत्त्वपूर्ण माने जाते हैं।

उत्तर (b) मानव विकास स्वास्थ्य, शिक्षा, जीवन स्तर के साथ आर्थिक विकास पर भी आधारित होता है, जो लोगों के समग्र विकास को बढ़ावा देने में सहायक होता है। जिसमें शिक्षा और स्वास्थ्य जीवन स्तर आर्थिक स्तर से अधिक माने जाते हैं।

34. निम्नलिखित तालिका/चार्ट को पूरा कीजिए

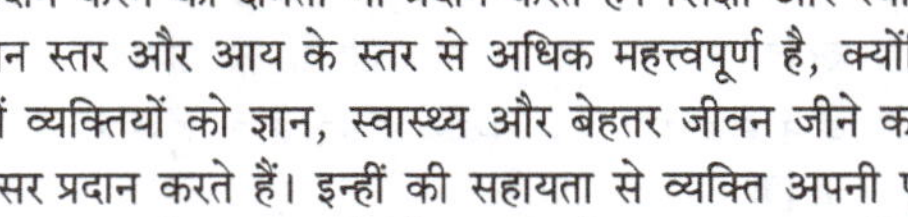

उत्तर (A) समता (B) सतत पोषणीयता

35. निम्नलिखित तालिका/चार्ट को पूरा कीजिए।

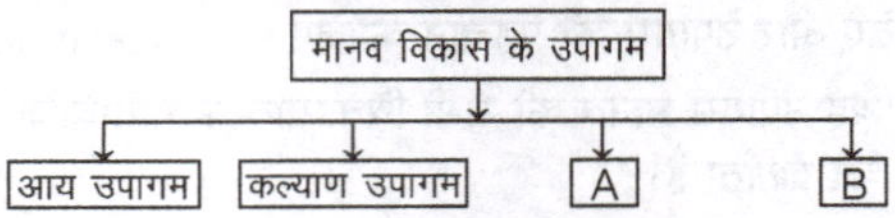

उत्तर (A) आधारभूत आवश्यकता उपागम (B) क्षमता उपागम

लघु उत्तरीय प्रश्न

1. प्रो. अमर्त्य सेन ने मानव के लिए स्वतंत्रताओं में वृद्धि को एक प्रभावशाली कारक बताया है। इस कथन की समीक्षा करें।

दक्षता आधारित प्रश्न

उत्तर मानव विकास के संदर्भ में नोबेल पुरस्कार विजेता प्रो. अमर्त्य सेन ने मानव विकास के लिए स्वतंत्रताओं की वृद्धि को प्रभावशाली माध्यम बताया है, क्योंकि स्वतंत्रता में वृद्धि द्वारा मानव विकास को देश के विकास में सर्वाधिक प्रभावशाली माध्यम बनाया जा सकता है।

स्वतंत्रता में वृद्धि लाकर सामाजिक और राजनीतिक संस्थाओं तथा प्रक्रियाओं की भूमिका को भी देखा जाना संभव है। साथ ही इसके द्वारा नए विचारों के साथ मानव विकास को बढ़ावा मिलता है। इनका मानना था कि प्राकृतिक संसाधनों का उपयोग मानव विकास के लिए किया जाना चाहिए। सतत विकास के लिए यह आवश्यक है कि संसाधनों का उपयोग नियोजित तरीके से होना चाहिए।

2. मानव विकास के लिए देश की आर्थिक संवृद्धि और देश के आर्थिक विकास में से किसका महत्त्वपूर्ण योगदान होता है?

उत्तर मानव विकास के संदर्भ में देश की आर्थिक संवृद्धि की अपेक्षा आर्थिक विकास का अधिक महत्त्वपूर्ण योगदान होता है, क्योंकि मानव विकास के लिए आर्थिक संवृद्धि, देश की अर्थव्यवस्था में मात्रत्मक वृद्धि को व्यक्त करता है।

इसमें मानव के विकास के सभी पक्षों में समान वृद्धि हो रही है, इसकी कोई गारंटी नहीं होती है। परिणामस्वरूप, देश मात्रात्मक रूप से विकसित होता है, जबकि आर्थिक विकास का संबंध मानव विकास के प्रत्येक पक्ष से होता है। इसमें मानव केंद्र-बिंदु होता है। इसमें स्वास्थ्य, शिक्षा, रोजगार से लेकर कल्याण के सभी पक्ष शामिल होते हैं, जिससे लोगों के जीवन-स्तर में सुधार होता है। इस प्रकार जब आर्थिक विकास होता है, तो यह विकास के गुणात्मक परिवर्तन को व्यक्त करता है।

3. समता का आशय प्रत्येक व्यक्ति को उपलब्ध अवसरों के लिए समान पहुँच की व्यवस्था करना है। उपयुक्त तर्कों द्वारा इस कथन की पुष्टि कीजिए **CBSE (2024)**

उत्तर समता का आशय प्रत्येक व्यक्ति को उपलब्ध अवसरों के लिए समान पहुँच की व्यवस्था करना है। यह अवसरों की उपलब्धता के लिए जाति, लिंग, आय आदि के संबंध में भेदभाव रहित विचारों को व्यक्त करता है। जब समान अवसर उपलब्ध होते हैं, तो व्यक्ति अपनी योग्यता और मेहनत के आधार पर सफल होता है। इससें स्वस्थ प्रतिस्पर्द्धा को प्रोत्साहन मिलता है। अतः समता की अवधारणा न केवल दृष्टिकोण से सही है, बल्कि समाज और राष्ट्र के विकास के लिए भी अनिवार्य है।

4. वृद्धि और विकास में उदाहरण सहित अंतर स्पष्ट कीजिए।

उत्तर वृद्धि और विकास के मध्य अंतर तालिका के रूप में निम्नलिखित हैं

वृद्धि	विकास
यह मात्रात्मक परिवर्तन होता है।	यह गुणात्मक परिवर्तन होता है।
यह धनात्मक तथा ऋणात्मक दोनों रूपों में होती है।	यह हमेशा धनात्मक होता है।
धनात्मक वृद्धि से सदैव विकास नहीं होता है।	वृद्धि के धनात्मक होने पर ही विकास होता है।
जनसंख्या का एक लाख से दो लाख होना वृद्धि कहलाता है।	लोगों की मूलभूत आवश्यकता; जैसे— शिक्षा, स्वास्थ्य तथा अन्य सुविधाओं में बढ़ोतरी होना विकास कहलाता है।

5. 'आर्थिक विकास' मानव विकास को किस प्रकार दर्शाता है?

उत्तर आर्थिक विकास मानव विकास को निम्नलिखित रूपों में दर्शाता है

- आर्थिक रूप से संपन्न रहने पर ही सतत पोषणीयता की कल्पना की जा सकती है।
- वर्तमान में शिक्षा प्राप्ति आर्थिक संपन्नता के बिना अधूरी साबित होती है।
- किसी लिंग, समुदाय या जाति के लिए समानता का अवसर बिना आर्थिक सहायता के अधूरा है।
- किसी भी लिंग, समुदाय या वर्ग की सामाजिक स्थिति आर्थिक संपन्नता से प्रभावित होती है।
- आर्थिक संपन्नता से ही नागरिक या राष्ट्र मानव विकास के उच्च स्तर को प्राप्त करने में सक्षम हो सकता है।

अतः उपरोक्त कथनों के आधार पर कहा जा सकता है कि मानव विकास के लिए देश का आर्थिक विकास होना अत्यंत आवश्यक है, क्योंकि आर्थिक विकास पर ही मानव विकास निर्भर करता है। आर्थिक संपन्नता किसी नागरिक, समाज या राष्ट्र के लिए उसके विकास में अधिक महत्त्वपूर्ण होती है, क्योंकि आर्थिक विकास, सकारात्मक-गुणात्मक पक्ष को व्यक्त करता है।

6. आप कहाँ तक सहमत हैं कि मानव विकास से संबंधित सभी क्रियाओं का अंतिम लक्ष्य मानव स्थिति को सुधारने के साथ जन कल्याण के स्तर को बढ़ाना है? वर्णन कीजिए। *दक्षता आधारित प्रश्न*

उत्तर मानव विकास से ही किसी समाज या राष्ट्र के वास्तविक रूप से विकसित होने की बात कही जा सकती है। मानव विकास के महत्त्व को निम्नलिखित रूपों में देखा जा सकता है

- मानव विकास गरीबी को हटाने तथा स्वस्थ व सभ्य समाज के निर्माण में सहायक होता है।
- मानव विकास से राष्ट्रीय आय और प्रति व्यक्ति आय में वृद्धि होती है, जो किसी देश के विकसित होने में सहायक सिद्ध होती है।
- मानव विकास मानव के सभी आवश्यक घटकों पर बल देता है।
- मानव विकास मानव को बुद्धिमान व विवेकशील बनाता है।
- मानव विकास से उत्पादन की नई तकनीक का भी विकास संभव होता है।

अतः उपरोक्त कथनों के आधार पर यह कहा जा सकता है कि विकास की सभी क्रियाओं का अंतिम उद्देश्य मानवीय दशाओं को सुधारना और जन कल्याण के स्तर को बढ़ाना होता है।

7. आधारभूत विकल्पों को सीमित करने के स्थान पर विकल्पों में वृद्धि कर मानव विकास कैसे किया जा सकता है? व्याख्या कीजिए। *दक्षता आधारित प्रश्न*

अथवा **वे कौन-से विकल्प व स्वतंत्रताएँ हैं, जिनके सीमित होने से लोगों के विकास में बाधा उत्पन्न होती है?**

उत्तर लोगों में अज्ञानता, निर्धनता, सामाजिक भेदभाव जैसे कारण लोगों में अपने आधारभूत विकल्पों को त्य करने की क्षमता और स्वतंत्रता को बाधित करते हैं। इसलिए शिक्षा, स्वास्थ्य तथा संसाधनों तक पहुँच को सुनिश्चित कर, क्षमताओं का निर्माण कर तथा विकल्पों में वृद्धि करके ही मानव विकास किया जा सकता है, क्योंकि क्षमता की कमी विकल्पों में कमी लाती है, जबकि विकल्पों में वृद्धि से लोग स्वतंत्र होकर अपनी बुद्धि और विवेक के साथ उद्देश्यपूर्ण सार्थक जीवन व्यतीत कर सकते हैं। इस प्रकार विकल्पों की वृद्धि कर मानव विकास किया जा सकता है।

8. मानव विकास के कल्याण उपागम का जोर मानव के विकास करने पर होता है उदाहरणों सहित इस कथन की व्याख्या कीजिए? **CBSE 2024**

अथवा **मानव विकास के कल्याण उपागम की विशेषताओं को स्पष्ट कीजिए।**

उत्तर मानव विकास के कल्याण उपागम निम्न विशेषताएँ इस प्रकार हैं

- कल्याण उपागम, शिक्षा, स्वास्थ्य के साथ सामाजिक सुरक्षा के अन्य पहलुओं के साथ संसाधनों पर सरकारी व्यय का तर्क देता है।
- सरकार अपनी नीतियों के माध्यम से कल्याण पर अधिक व्यय करके मानव विकास के स्तर को बढ़ा सकती है।
- इस उपागम का मुख्य आधार मानव के लिए सभी कल्याणपरक सुविधाएँ उपलब्ध कराना है।
- इस उपागम में मानव को प्राप्तकर्ता न बनाकर विकास में भागीदार बनने की प्रक्रिया पर बल दिया जाता है।

9. "लोग विकास में प्रतिभागी न होकर केवल निष्क्रिय प्राप्तकर्ता हैं।" इस कथन की मानव विकास उपागम के संदर्भ में व्याख्या कीजिए।

उत्तर "लोग विकास में प्रतिभागी न होकर केवल निष्क्रिय प्राप्तकर्ता हैं।" यह वाक्य मानव विकास के कल्याण उपागम से संबंधित है, जो मानव विकास की समस्याओं को उजागर करता है। यदि सरकार द्वारा चलाए जा रहे शिक्षा, स्वस्थ्य, जैसे कल्याण कार्यक्रम सही दिशा में चल रहे हैं, तो लोग विकास मे प्रतिभागी होंगे और यदि लोगों तक कार्यक्रमों की पहुँच उचित रूप से नहीं होगी, तो लोग केवल निष्क्रिय प्राप्तकर्ता बनकर ही रह जाएँगे।

इसलिए मानव विकास के लिए सरकार को कल्याण कार्यक्रमों पर अधिक व्यय करने के साथ जिम्मेदारी को प्राथमिकता देकर लोगों को प्रतिभागी बनाने पर बल दिया जाना चाहिए।

10. "मानव विकास को मापने की विधियाँ निरन्तर परिष्कृत होती हैं।" उपयुक्त तर्कों द्वारा इस कथन की पुष्टि कीजिए **CBSE 2024**

उत्तर मानव विकास के मूल में मानवता का विचार निहित है। मानव विकास का दृष्टिकोण महज अर्थव्यवस्था की समृद्धि को अधिकतम करने के रूप में प्रचलित आर्थिक विकास की धारणा से परे जाता है।

इस प्रकार मानव गरीबी सूचकांक मानव विकास सूचकांक से संबंधित है। यह मानव विकास सूचकांक की कमी की माप करता है। यह बिना आय वाला माप होता है। इसमें प्रौढ़ निरक्षरता दर, स्वच्छ जल तक पहुँच न रखने वाले लोगों की संख्या, कम वजन वाले बच्चों की संख्या तथा 40 वर्ष तक जीवित न रह पाने की संभावना जैसे पक्ष शामिल होते हैं।

यह मानव विकास सूचकांक की अपेक्षा अधिक कमी को व्यक्त करता है। इसलिए मानव विकास को मापने की विधियाँ परिष्कृत हो रही है तथा राजनीतिक स्वतंत्रता सूचकांक एवं सर्वाधिक भ्रष्ट देशों के सूचीकरण हेतु भी प्रयास किए जा रहे हैं।

दीर्घ उत्तरीय प्रश्न

1. भारत में मानव विकास सूचकांक के सामाजिक सशक्तीकरण के सूचकांकों का वर्णन कीजिए। **CBSE 2021, 20**

अथवा **मानव विकास शब्द की परिभाषा दीजिए। मानव विकास क्यों आवश्यक है? कोई चार कारण स्पष्ट कीजिए।**

उत्तर मानव विकास का आशय मानव के संपूर्ण विकास से है, जिसमें सामाजिक, आर्थिक, राजनीतिक स्वतंत्रता के साथ शिक्षा, स्वास्थ्य सेवा तथा अवसरों की स्वतंत्रता आदि शामिल होती हैं। यह विकास का गुणात्मक पक्ष होता है। मानव विकास की माप के लिए मुख्यतः स्वास्थ्य, शिक्षा एवं क्रय शक्ति की क्षमता को प्रमुखता दी जाती है।

मानव विकास की आवश्यकता को निम्न महत्त्वपूर्ण बिंदुओं के माध्यम से समझा जा सकता है

(i) **दीर्घ एवं स्वस्थ जीवन जीने के लिए** मानव विकास स्वस्थ जीवन को दीर्घायु एवं सार्थक बनाने हेतु महत्त्वपूर्ण घटक है। व्यक्ति का स्वास्थ्य सही रहने से उसकी कार्यक्षमता एवं उत्पादकता में वृद्धि होती है, जिससे मानव के साथ देश का विकास भी अनुकूल होता है।

(ii) **समता स्थापित करने के लिए** मानव विकास में समता प्रत्येक व्यक्ति तक अवसरों की समान रूप से उपलब्धता को दर्शाती है। साथ ही यह जाति, लिंग, आय से संबंधित भेदभाव रहित विचार को प्रकट करती है, जिससे समाज के लोगों के लिए विकल्पों के मार्ग खुलते हैं। अतः समता मानव विकास के लिए आवश्यक है।

(iii) **उत्पादकता बढ़ाने के लिए** उत्पादकता का संबंध मानव श्रम की उत्पादन क्षमता से होता है। स्वास्थ्य, शिक्षा आदि उपलब्ध कराकर क्षमता निर्माण को बढ़ाया जा सकता है, जिसके बढ़ने से व्यक्ति की आय, रहन-सहन में वृद्धि के साथ देश के आर्थिक विकास को भी बढ़ावा मिलता है। अतः मानव विकास के लिए क्षमता निर्माण आवश्यक होता है।

(iv) **स्वतंत्रता के लिए** मानव विकास के लिए सामाजिक, आर्थिक, राजनीतिक स्वतंत्रता महत्त्वपूर्ण होती है, क्योंकि लोग स्वतंत्रता को प्राप्त करके अपनी बुद्धि और विवेक का विकास कर स्वतंत्रतापूर्वक अपने उद्देश्यों को पूरा करने में सफल होते हैं।

उपरोक्त तथ्यों के आधार पर यह कहा जा सकता है कि मानव विकास के लिए लोगों के स्वास्थ्य, क्षमता निर्माण, समाज में समता, विकल्पों को साकार करने के लिए स्वतंत्रता आवश्यक होती है।

2. मानव विकास का मूल उद्देश्य क्या है? मानव विकास के सभी स्तंभों की उदाहरण सहित व्याख्या कीजिए।

अथवा **मानव विकास क्या है? संसार में मानव विकास के चार स्तंभों की उदाहरण सहित व्याख्या कीजिए।**

अथवा **'मानव विकास' की अवधारणा को स्पष्ट कीजिए। मानव विकास के चार उपागमों का मूल्यांकन कीजिए।** **CBSE 2025**

उत्तर मानव विकास का मूल उद्देश्य लोगों के विकल्पों में वृद्धि करना तथा विकल्पों में वृद्धि कर सार्थक जीवन जीने के लिए मार्ग प्रशस्त करना है अर्थात् मानव विकास का आशय मानव के संपूर्ण विकास से है, जिसमें सामाजिक, आर्थिक एवं राजनीतिक स्वतंत्रता के साथ अवसरों की स्वतंत्रता भी शामिल होती है।

मानव विकास का मूल उद्देश्य लोगों के सार्थक जीवन जीने से भी होता है, जिसका तात्पर्य दीर्घायु होने के साथ उद्देश्यपूर्ण जीवन से है, जिसमें लोग अपने बुद्धि और विवेक से उद्देश्यों को पूरा करते हैं।

मानव विकास के चार स्तंभ

मानव विकास की विचारधारा समता, सतत-पोषणीयता, उत्पादकता और सशक्तीकरण जैसी अवधारणाओं पर आधारित है, जिन्हें मानव विकास के चार स्तंभ के रूप में जाना जाता है। इन स्तंभों के महत्त्व को अलग-अलग रूप में स्पष्ट किया जाता है, जिनका वर्णन इस प्रकार है

(i) **समानता** इसका अभिप्राय प्रत्येक व्यक्ति के लिए उपलब्ध अवसरों की समान व्यवस्था करना है और यह स्पष्ट करना है कि लिंग, नस्ल, आय, जाति और धर्म के आधार पर कोई भेदभाव नही होना चाहिए।

(ii) **सतत पोषणीय** सतत पोषणीयता का अभिप्राय अवसरों की सतत पर्याप्तता से है। यह अवधारणा पर्यावरणीय तथा वित्तीय संसाधनों का उपयोग भावी पीढ़ी को ध्यान में रखकर करने पर बल देती है, जिससे भविष्य में आने वाली पीढ़ी के लिए अवसरों की निरंतरता बनी रहे।

(iii) **उत्पादकता** इसका का तात्पर्य मानव की कार्यक्षमता से या मानव श्रम की उत्पादन क्षमता से है। मानव या जनसमुदाय की कार्यक्षमता को उनके ज्ञान में वृद्धि करके, शिक्षा एवं स्वास्थ्य के उचित अवसर उपलब्ध कराकर बढ़ाया जा सकता है। उत्पादकता के बढ़ने से मानव की आय व रहन-सहन के स्तर में वृद्धि के साथ देश के आर्थिक विकास को भी बढ़ावा मिलता है।

(iv) **सशक्तीकरण** अपनी क्षमता और स्वतंत्रता के साथ विकल्पों का चयन करने की शक्ति प्राप्त होना ही सशक्तीकरण कहलाता है। सुशासन एवं लोक उन्मुखी जैसी नीतियाँ लोगों को चुनाव करने में सशक्त बनाती हैं। सामाजिक एवं आर्थिक रूप से पिछड़े हुए समूहों के लिए सशक्तीकरण का विशेष महत्त्व होता है।

3. 'मानव विकास सूचकांक' का किस प्रकार मापन किया जाता है? मानव विकास के महत्त्वपूर्ण सूचकों की व्याख्या कीजिए। **CBSE 2024**

अथवा **मानव विकास से क्या आशय है? मानव विकास के मापन में शामिल घटकों की चर्चा कीजिए। साथ ही विश्व के उच्च मानव सूचकांक एवं निम्न सूचकांक वाले देशों के कारणों पर प्रकाश डालिए।**

उत्तर मानव विकास से आशय मानव के संपूर्ण विकास से है, जिसमें सामाजिक, आर्थिक, राजनीतिक स्वतंत्रता के साथ शिक्षा, स्वास्थ्य एवं अवसरों की स्वतंत्रता आदि पक्ष शामिल होते हैं।

मानव विकास का मापन स्वास्थ्य, शिक्षा एवं क्रयशक्ति के आधार पर किया जाता है, जिसकी विस्तृत चर्चा इस प्रकार है

(i) **स्वास्थ्य** इसमें बच्चों के जन्म के समय की जीवन प्रत्याशा को शामिल किया जाता है, जिसमें लोगों के दीर्घायु होने तथा स्वस्थ जीवन का पता चलता है।

(ii) **शिक्षा** इसमें विद्यालय में कुल नामांकित बच्चों एवं प्रौढ़ साक्षरता दर को शामिल किया जाता है, जिसमें प्रौढ़ साक्षरता दर से पढ़े-लिखे वयस्कों को देखा जाता है।
अतः यह शिक्षा वयस्कों में शिक्षा का स्तर तथा विद्यालय तक बच्चों की पहुँच को दर्शाता है।

(iii) **संसाधनों तक लोगों की पहुँच/क्रयशक्ति** इसमें लोगों की क्रय क्षमता को शामिल किया जाता है, जिससे आय के स्तर के साथ उनके रहन-सहन के स्तर का पता लग पाता है।

मानव विकास के निम्न तथा उच्च स्तर के कारणों को इस प्रकार देखा जाता है

(i) **मानव विकास के उच्चतम स्कोर वाले देश इन देशों** में संसाधनों का वितरण समान पाया जाता है। साथ ही सामाजिक क्षेत्र में निवेश की अधिकता से सामाजिक स्थिति अच्छी पाई जाती है तथा इस वर्ग में ही राजनीतिक वातावरण शांत पाया जाता है। परिणामस्वरूप, यहाँ परिवेश मानव विकास के अनुकूल पाया जाता है।

(ii) **मानव विकास के निम्न स्तर वाले देश** इन देशों में सामाजिक क्षेत्र में कम निवेश होता है, साथ ही देश में अस्थिरता की स्थिति पाई जाती है। ये देश प्रतिरक्षा पर अधिक धन व्यय करते हैं तथा सामाजिक-आर्थिक स्थिति की अस्थिरता के कारण इनका आर्थिक विकास बाधित होता है, जिसके कारण मानव विकास हेतु अनुकूल परिवेश स्थापित नहीं हो पाता। अतः मानव विकास के लिए अनुकूल वातावरण का निर्माण कर मानव विकास के स्तर को ऊँचा किया जा सकता है।

4. विश्व में 2020 के अनुसार, किस देश का 'मानव विकास सूचकांक' सर्वोच्च है? मानव विकास के चार उपागमों की व्याख्या कीजिए **CBSE 2024**

उत्तर विश्व में 2020 के अनुसार नॉर्वे का 'मानव विकास सूचकांक' सर्वोच्च है। अति उच्च सूचकांक मूल्य वाले देशों में, शिक्षा, स्वास्थ्य सेवाओं के साथ-साथ सामाजिक स्तर में बेहतर स्थिति पाई जाती है। मानव विकास सूचकांक के आधार पर विश्व के देशों को मानव विकास में स्तर पर चार रूपों में बाँटा गया है

(i) अति उच्च सूचकांक मूल्य वाले देश
(ii) उच्च सूचकांक मूल्य वाले देश
(iii) मध्यम सूचकांक मूल्य वाले देश
(iv) निम्न सूचकांक मूल्य वाले देश

मानव विकास के उपागम का उल्लेख इस प्रकार है.

(i) **आय उपागम** यह मानव विकास के सबसे पुराने दृष्टिकोण में से एक है, जिसमें मानव विकास को आय के स्तर से जोड़ा जाता है। इस दृष्टिकोण का मानना है कि आय का स्तर किसी व्यक्ति द्वारा प्राप्त स्वतंत्रता के स्तर को दर्शाता है। जैसे-जैसे आय का स्तर बढ़ता है, वैसे-वैसे मानव का स्तर भी ऊँचा होता जाता है।

(ii) **कल्याण उपागम** इस उपागम में मानव को लाभार्थी और सभी विकासात्मक गतिविधियों के लक्ष्य के रूप में देखा जाता है। यह दृष्टिकोण शिक्षा, स्वास्थ्य, सामाजिक सुरक्षा और सुख-सुविधाओं पर अधिक सरकारी खर्च की आवश्यकताओं पर बल देता है। इससे माना जाता है कि लोग विकास में सक्रिय प्रतिभागी नहीं हैं, बल्कि केवल निष्क्रिय प्राप्तकर्ता हैं। सरकार को कल्याण पर अधिकतम व्यय करके मानव विकास के स्तर को बढानें की जिम्मेदारी सौंपी गई है।

(iii) **आधारभूत आवश्यकता उपागम** इस उपागम को मुख्य रूप से अंतर्राष्ट्रीय श्रम संगठन (ILO) ने प्रस्तावित किया था। इसमें छः बुनियादी आवश्यकताओं की पहचान की गई थी; जैसे- स्वास्थ्य, शिक्षा, भोजन, जलापूर्ति, स्वच्छता और आवास। इस दृष्टिकोण में मानव विकल्पों के प्रश्न की अनदेखी की गई है और इसके अतिरिक्त परिभाषित वर्गों की मौलिक आवश्यकताओं की पूर्ति पर बल दिया गया है।

(iv) **दक्षता उपागम** इस उपागम का संबंध प्रो. असर्त्य सेन से है। उनका मानना है कि संसाधनों तक पहुँच और मानव दक्षताओं के निर्माण के क्षेत्र में वृद्धि मानव विकास की प्रमुख कुँजी है।

5. "किसी प्रदेश के आकार और उसकी प्रतिव्यक्ति आय का मानव विकास से प्रत्यक्ष संबंध नहीं है।" उदाहरणों सहित इस कथन की पुष्टि कीजिए। **CBSE 2017**

उत्तर मानव विकास की अवधारणा एक व्यापक अवधारणा है, जिसका किसी प्रदेश/देश के आकार, सकल घरेलू उत्पाद तथा प्रतिव्यक्ति आय से प्रत्यक्ष संबंध नहीं होता है, क्योंकि यह देश के आकार, प्रतिव्यक्ति आय और आर्थिक संवृद्धि से मानव का विकास (जीवन की गुणवत्ता में सुधार) हो, इस बात को सुनिश्चित नहीं किया जा सकता है या इस बात की पुष्टि नहीं हो पाती है कि मानव विकास हो रहा है। इस संदर्भ में प्रायः मानव विकास में बड़े एवं विकसित देशों की अपेक्षा छोटे देशों में मानव विकास की स्थिति सकारात्मक होती है। मानव विकास सूचकांक से यह ज्ञात होता है कि मानव विकास में निर्धन राष्ट्रों का सूचकांक धनी पड़ोसी देशों से ऊँचा रहता है। इसे निम्न उदाहरण के द्वारा समझा जा सकता है

उदाहरण संयुक्त राष्ट्र विकास कार्यक्रम द्वारा हाल ही में जारी मानव विकास सूचकांक से यह ज्ञात होता है कि अपेक्षाकृत छोटी अर्थव्यवस्थाएँ होते हुए भी श्रीलंका, ट्रिनिडाड और टोबैगो का मानव विकास सूचकांक भारत से बेहतर स्थिति में है। इतना ही नहीं सूची में इराक, गैबन, इंडोनेशिया, मिस्र तथा दक्षिण अफ्रीका भी भारत से आगे हैं। इस तथ्य को यदि भारत में भी देखा जाए तो यहाँ भी प्रदेश के आकार और उसकी प्रतिव्यक्ति आय का मानव विकास से प्रत्यक्ष संबंध नहीं दिखता है; जैसे—प्रतिव्यक्ति आय के बावजूद मानव विकास में केरल का प्रदर्शन पंजाब और गुजरात से कहीं अधिक बेहतर है। यद्यपि उच्च मानव विकास स्कोर वाले देश यूरोप में अवस्थित हैं तथा वे औद्योगीकृत पश्चिमी विश्व का प्रतिनिधित्व करते हैं तथापि इस सूची में गैर-यूरोपीय देशों ने भी अपना स्थान बनाया है।

इस प्रकार उपर्युक्त तथ्यों से यह स्पष्ट होता है कि प्रदेश के आकार और प्रतिव्यक्ति आय का मानव विकास से प्रत्यक्ष संबंध नहीं होता है।

6. कौन सी संस्था 'मानव विकास प्रतिवेदन' प्रकाशित करती है? मानव विकास के चार स्तंभों की व्यख्या कीजिए। **CBSE 2024**

अथवा **संयुक्त राष्ट्र विकास कार्यक्रम द्वारा प्रकाशित मानव विकास प्रतिवेदन क्या है? इसकी विस्तृत चर्चा कीजिए।**

अथवा **मानव विकास सूचकांक तथा मानव गरीबी सूचकांक पर एक लेख लिखिए।**

उत्तर संयुक्त राष्ट्र द्वारा प्रकाशित मानव विकास प्रतिवेदन मानव विकास के स्तर पर विश्व के देशों की क्रमवार सूची उपलब्ध कराता है। संयुक्त राष्ट्र विकास कार्यक्रम द्वारा प्रयुक्त मानव विकास मापन के दो महत्त्वपूर्ण सूचकांक मानव विकास सूचकांक तथा गरीबी सूचकांक हैं। इनका विवरण निम्न प्रकार है

(i) **मानव विकास सूचकांक** वर्ष 1990 में डॉ. महबूब-उल-हक ने इस सूचकांक को निर्मित किया था। मानव विकास सूचकांक मानव विकास की प्राप्तियों को मापता है, जो मानव विकास के क्षेत्र में हुई उन्नति व उपलब्धियाँ होती हैं, जिसमें स्वास्थ्य, शिक्षा एवं लोगों की क्रय क्षमता से जुड़े घटक शामिल होते हैं, जो मानव के जीवन-स्तर तथा आवश्यक उपलब्ध संसाधनों तक उनकी पहुँच को भी दर्शाते हैं।

इन संपूर्ण तत्त्वों के आधार पर ही मानव विकास के स्तर को अति उच्च, उच्च, मध्यम तथा निम्न चार रूपों में दर्शाया जाता है, जिसमें विश्व के सभी देश शामिल होते हैं।

(ii) **मानव गरीबी सूचकांक** मानव गरीबी सूचकांक मानव विकास सूचकांक से संबंधित होता है। यह मानव विकास सूचकांक की कमी की माप करता है। यह बिना आय वाला माप होता है। इसमें प्रौढ़ निरक्षरता दर, स्वच्छ जल तक पहुँच न रखने वाले लोगों की संख्या, कम वजन वाले बच्चों की संख्या तथा 40 वर्ष तक जीवित न रह पाने की संभावना जैसे पक्ष शामिल होते हैं। यह सूचकांक मानव विकास सूचकांक की अपेक्षा अधिक कमी को व्यक्त करता है, जिसके कारण इस सूचकांक की माप को विश्वसनीय माना जाता है।

मानव विकास सूचकांक की माप से वितरण का स्पष्ट पता नहीं लग पाता है। इसके साथ ही मानव विकास सूचकांक के संदर्भ में नवीन तत्त्वों को शामिल कर नई विधियों का प्रयास जारी है; 'जैसे—राजनीतिक स्वतंत्रता सूचकांक, भ्रष्टाचार सूचकांक आदि। मानव विकास के चार स्तंभ हेतु दीर्घ प्रश्न संख्या 4 का अध्ययन करें।

7. ''सकल राष्ट्रीय प्रसन्नता (GNH) देश की प्रगति की माप है'' इस कथन का मूल्यांकन कीजिए तथा उस देश का वर्णन कीजिए, जिसने राष्ट्रीय प्रसन्नता के आधिकारिक रूप में स्वयं को प्रदर्शित किया है। *दक्षता आधारित प्रश्न*

अथवा **'भूटान किन विशेषताओं के आधार पर मानव विकास के माप के निर्धारण में अद्वितीय देश है?' वर्णन करें।**

उत्तर सकल राष्ट्रीय प्रसन्नता (GNH, Gross National Happiness) हमें विकास के आध्यात्मिक, गैर-भौतिक एवं गुणात्मक पहलुओं के विषय में सोचने के लिए प्रोत्साहित करती है। यह एक जनसंख्या के सामूहिक प्रसन्नता एवं कल्याण को दर्शाता है। आर्थिक विकास के संदर्भ में देश की प्रगति को मापने के बजाय यह सतत विकास, पर्यावरण संरक्षण, संस्कृति संरक्षण एवं सुशासन पर केंद्रित है।

भूटान संपूर्ण विश्व में एकमात्र ऐसा देश है, जिसने राष्ट्रीय प्रसन्नता को आधिकारिक रूप में तथा देश की उन्नति की माप के रूप में घोषित किया है। भूटान के निवासियों ने अपने पर्यावरण अथवा सांस्कृतिक एवं आध्यात्मिक जीवन के अन्य पहलुओं को भौतिक प्रगति और प्रौद्योगिकी विकास से होने वाली संभावित हानि को पर्यावरण की दृष्टि से ध्यान में रखकर अपनाया है। इनका मानना है कि प्रसन्नता की कीमत पर भौतिक विकास नहीं किया जा सकता है।

इनके अनुसार सकल राष्ट्रीय प्रसन्नता विकास के आध्यात्मिक, भौतिक और गुणात्मक पक्षों को सोचने के लिए प्रोत्साहित करती है। अतः इन्हीं मापकों को अपनाकर मानव विकास को करने के कारण भूटान को अद्वितीय देश के रूप में जाना जाता है।

स्रोत आधारित प्रश्न

निम्नलिखित स्रोतों को ध्यानपूर्वक पढ़कर उन पर आधारित प्रश्नों के उत्तर दीजिए।

1. निम्नलिखित तालिका का अध्ययन करें और प्रश्नों के उत्तर दें

मानव विकास का स्तर	मानव विकास सूचकांक का स्कोर	देशों की संख्या
अति उच्च	0.800 से ऊपर	66
उच्च	0.700 से 0.799 के बीच	49
मध्यम	0.550 से 0.699 के बीच	44
निम्न	0.549 से नीचे	32

(i) उच्च मानव विकास वाले देशों में सरकार की प्राथमिकता क्या हो सकती है?

(a) शिक्षा (b) स्वास्थ्य
(c) 'a' और 'b' दोनों (d) लोकतंत्र

उत्तर (c) a और b दोनों

(ii) 0.800 से ऊपर मानव विकास सूचकांक वाले देश किस प्रकार अन्य तीनों स्तर से अलग हैं?

(a) उच्चतर मानव विकास वाले देशों ने सामाजिक निवेश में प्राथमिकता दी।
(b) इन देशों ने अन्य देशों के बेहतर संसाधनों पर अधिकार कर लिया।
(c) सुशासन पर निवेश किया।
(d) a और c दोनों

उत्तर (d) a और c दोनों

(iii) निम्न मानव विकास वाले देशों की संभावित समस्याएँ क्या हो सकती हैं?

(a) सामाजिक अस्थिरता (b) अकाल
(c) गृहयुद्ध (d) ये सभी

उत्तर (d) ये सभी

2. अनेक दशकों तक किसी देश के विकास के स्तर को केवल आर्थिक वृद्धि के संदर्भ में मापा जाता था। इसका अर्थ यह है कि जिस देश की अर्थव्यवस्था जितनी ज्यादा बड़ी होती थी, उसे उतना ही अधिक विकसित माना जाता था, लेकिन इस वृद्धि का अधिकांश लोगों के जीवन में परिवर्तन से कोई संबंध नहीं था।

किसी देश में लोग जीवन की गुणवत्ता का जो आनंद लेते हैं, उन्हें जो अवसर उपलब्ध हैं और जिन स्वतंत्रताओं का वे भोग करते हैं, विकास के महत्त्वपूर्ण पक्ष हैं, यह विचार नया नहीं है।

पहली बार इन विचारों को 1980 के दशक के अंत में और 1990 के दशक के आरंभ में स्पष्ट किया गया था। इस संबंध में दो दक्षिण एशियाई अर्थशास्त्रियों डॉ. महबूब-उल-हक और अमर्त्य सेन का कार्य महत्त्वपूर्ण है।

मानव विकास की अवधारणा का प्रतिपादन डॉ. हक ने के का वर्णन एक ऐसे विकास के रूप में किया, जो लोगों के विकल्पों में वृद्धि करता है और उनके जीवन स्तर में सुधार लाता है। इस अवधारणा में सभी प्रकार के विकास का केंद्र-बिंदु मनुष्य है। ये विकल्प स्थिर नहीं हैं, बल्कि परिवर्तनशील हैं। विकास का मूल उद्‌देश्य ऐसी दशाओं को उत्पन्न करना है, जिनमें लोग सार्थक जीवन व्यतीत कर सकते हैं।

इनके अनुसार, सार्थक जीवन केवल दीर्घ नहीं होता, अपितु जीवन का कोई उद्‌देश्य होना भी आवश्यक है। इसका अर्थ है कि लोग स्वस्थ हों, अपने विवेक और बुद्धि का विकास कर सकते हों, वे समाज में प्रतिभागिता करें और अपने उद्‌देश्यों को पूरा करने में स्वतंत्र हों।

(i) **विकास के महत्त्वपूर्ण पक्ष कौन-कौन से हैं?**

उत्तर विकास का महत्त्वपूर्ण पक्ष मानव के जीवन स्तर को सुधारना है, इसे अवसर की समानता द्वारा, मानव की स्वतंत्रता द्वारा प्राप्त किया जा सकता है।

(ii) **सार्थक जीवन से क्या तात्पर्य है?**

उत्तर सार्थक जीवन से तात्पर्य स्वस्थ्य जीवन शैली, बौद्धिक विकास तथा सामाजिक प्रतिस्पर्धा की समानता को सुनिश्चित करना है, क्योंकि सार्थक जीवन लंबी अवधि की जगह जीवन शैली की महत्त्वपूर्ण स्थिति पर बल देता है।

(iii) **डॉ. महबूब-उल-हक द्वारा प्रतिपादित मानव विकास की अवधारणा का केंद्र बिंदु क्या है?**

उत्तर डॉ. महबूब-उल-हक द्वारा प्रतिपादित मानव विकास की अवधारणा का केंद्र बिंदु मानव है। जिसके विकास के विकल्पों में वृद्धि कर जीवन स्तर को सुधारना प्रमुख उद्‌देश्य है।

3. मानव विकास सूचकांक (HDI) स्वस्थ्य, शिक्षा और संसाधनों तक पहुँच जैसे प्रमुख क्षेत्रों में निष्पादन के आधार पर देशों का क्रम तैयार करता है। यह क्रम 0 से 1 के बीच के स्कोर पर आधारित होता है, जो एक देश, मानव विकास के महत्त्वपूर्ण सूचकों में अपने रिकॉर्ड से प्राप्त करता है।

मानव विकास सूचकांक मानव विकास में प्राप्तियों का मापन करता है। यह प्रदर्शित करता है कि मानव विकास के प्रमुख क्षेत्रों में क्या उपलब्धि हुई हैं। फिर भी यह सर्वाधिक विश्वसनीय माप नहीं हैं। इसका कारण है कि यह सूचकांक वितरण के संबंध में मौन है।

मानव गरीबी सूचकांक मानव विकास सूचकांक से संबंधित है। यह सूचकांक मानव विकास में कमी मापता है। यह एक बिना आय वाला माप है। किसी प्रदेश के मानव विकास में कमी दर्शाने के लिए 40 वर्ष की आयु तक जीवित न रह पाने की संभाव्यता, प्रौढ़ निरक्षता दर स्वच्छ जल तक पहुँच न रखने वाले लोगों की संख्या और अल्पभार वाले छोटे बच्चों की संख्या सभी इसमें गिने जाते हैं। प्राय: मानव गरीबी सूचकांक, मानव विकास सूचकांक की अपेक्षा अधिक कमी उद्‌घाटित करता है।

मानव विकास के इन दोनों मापों का संयुक्त अवलोकन किसी देश में मानव विकास की स्थिति का यथार्थ चित्र प्रस्तुत करता है।

मानव विकास को मापने की विधियाँ निरंतर परिष्कृत हो रही हैं और मानव विकास के विभिन्न तत्त्वों को ग्रहण करने की नूतन विधियों का अनुसंधान हो रहा है।

शोधकर्ताओं ने किसी क्षेत्र विशेष में भ्रष्टाचार के स्तर और राजनीतिक स्वतंत्रता सूचकांक और सर्वाधिक भ्रष्ट देशों के सूचीकरण पर चर्चा की है।

(i) **मानव विकास सूचकांक के लिए किन क्षेत्रों में निष्पादन के आधार पर देशों का क्रम तैयार किया जाता है?**

उत्तर मानव विकास सूचकांक (HDI) स्वास्थ्य शिक्षा और संसाधनों तक पहुँच जैसे क्षेत्रों में निष्पादन के आधार पर देशों का क्रम तैयार किया जाता है।

(ii) **मानव विकास सूचकांक में किन नवीन प्रवृत्तियों को शामिल किया गया है?**

उत्तर मानव विकास सूचकांक में निरंतर परिवर्तित होते मानकों के कारण राजनीतिक स्वतंत्रता तथा शासन के व्याप्त भ्रष्टाचार के भी इसमें शामिल किया जाने लगा है।

(iii) **मानव विकास सूचकांक किस संगठन के माध्यम से तैयार किया जाता है?**

उत्तर मानव विकास सूचकांक संयुक्त राष्ट्र विकास कार्यक्रम द्वारा तैयार किया जाता है।

4 भूटान विश्व में अकेला देश है, जिसने सकल राष्ट्रीय प्रसन्नता (GNH) को देश की प्रगति का आधिकारिक माप घोषित किया है। भूटानियों ने अपने पर्यावरण अथवा सांस्कृतिक एवं आध्यात्मिक जीवन के अन्य पहलुओं को भौतिक प्रगति और प्रौद्योगिकी विकास से होने वाला संभावति नुकसान को सतर्कतापूर्वक अथवा ध्यान में रखकर अपनाया है। इसका साधारण सा अर्थ है कि प्रसन्नता की कीमत पर भौतिक प्रगति नहीं की जा सकती। सकल राष्ट्रीय प्रसन्नता हमें विकास के आध्यात्मिक, भौतिकता और गुणात्मक पक्षों को सोचने के लिए प्रोत्साहित करती है।

(i) **भूटान द्वारा पर्यावरणीय स्थिरता को महत्त्व क्यों दिया जा रहा है?**

उत्तर भूटान विश्व का एकमात्र देश है, जो प्रसन्नता को मानव जीवन के प्रमुख अंग के रूप में स्वीकार करता है, इसलिए इसे सकल राष्ट्रीय प्रसन्नता की मूल ईकाई मानता है

(ii) **सकल राष्ट्रीय प्रसन्नता क्यों आवश्यक है?**

उत्तर सकल राष्ट्रीय प्रसन्नता विकास के आध्यात्मिक, भौतिक तथा गुणात्मक पक्षों पर विचार करने के लिए प्रोत्साहित करते हैं, क्योंकि मात्र भौतिक प्रगति ही मानव जीवन का आधार नहीं हैं।

(iii) **प्रौद्योगिकी विकास जीवन पर किस प्रकार नकारात्मक प्रभाव डालता है?**

उत्तर कभी-कभी प्रौद्योगिकी विकास पर्यावरणीय प्रभावों के प्रतिकूल हो सकता है, जिससे व्यक्ति की जीवन शैली प्रभावित होती है, जिसका प्रभाव उसकी सांस्कृतिक और आध्यात्मिक जीवन शैली पर पड़ता है।

स्वयं को जाँचें

वस्तुनिष्ठ प्रश्न

1. **विकास लोगों के लिए विकल्पों का विस्तार है। यह कथन किस विद्वान् का है?**

(a) डॉ. महबूब-उल-हक (b) डॉ.अमर्त्य सेन
(c) रिटर (d) हंबोल्ट

2. **मानव विकास का कौन-सा उपागम प्रो. अमर्त्य सेन की अवधारणा से संबंधित है?**

(a) आय उपागम
(b) कल्याण उपागम
(c) आधारभूत आवश्यकता उपागम
(d) क्षमता उपागम

3. **आधारभूत आवश्यकता उपागम निम्न में से किसके द्वारा प्रस्तावित है?**

(a) विश्व बैंक
(b) यूनिसेफ
(c) अंतर्राष्ट्रीय श्रम संगठन
(d) विश्व व्यापार संगठन

4. **मानव विकास सूचकांक 2024 के अनुसार, उच्च मानव विकास सूचकांक मूल्य वाले देशों की श्रेणी में कितने देश सम्मिलित हैं?**

(a) 59 (b) 57
(c) 53 (d) 51

5. **मानव विकास सूचकांक 2024 में भारत का स्थान है**

(a) 125वाँ (b) 129वाँ
(c) 130वाँ (d) 131वाँ

6. **निम्न में से क्या मानव विकास का आधार नहीं है?**

1. शिक्षा **2. स्वास्थ्य**
3. प्रशासनिक व्यवस्था **4. सरकार**

कूट

(a) 3 और 4
(b) 1, 2 और 3
(c) 2, 3 और 4
(d) 1 और 4

अतिलघु उत्तरीय प्रश्न

7. **मानव विकास के लिए 'विकल्पों की परिवर्तनशीलता' क्यों आवश्यक है?**

8. **भूटान किस मायने में अलग तथा विशिष्ट है?**

लघु उत्तरीय प्रश्न

9. **मानव गरीबी सूचकांक मानव विकास सूचकांक की अपेक्षा विश्वनीय माप को दर्शाता है। कैसे?**

10. **डॉ. महबूब-उल-हक के अनुसार, विकास की परिभाषा को स्पष्ट कीजिए।**

11. **मानव विकास की प्रवृत्तियों का वर्णन कीजिए।**

12. **मानव विकास मापन में किसी देश का आकार तथा बड़ी व्यवस्था क्या मायने रखती है?**

दीर्घ उत्तरीय प्रश्न

13. **उन प्रमुख उपागमों की चर्चा कीजिए, जिनके माध्यम से मानव विकास की कमियों को देखा जाता है?**

14. **मानव विकास सूचकांक के आधार पर विश्व के देशों को वर्गीकृत कीजिए तथा उनके कारणों की विवेचना कीजिए।**

4

अध्याय

आर्थिक क्रियाएँ मानव द्वारा की गई वे क्रियाएँ हैं, जिनके माध्यम से वह जीवन निर्वाह के साथ-साथ आय की प्राप्ति भी करता है। आर्थिक क्रियाओं को प्राथमिक क्रियाएँ, द्वितीयक क्रियाएँ, तृतीयक क्रियाओं और चतुर्थक क्रियाएँ में वर्गीकृत किया जा सकता है। इस अध्याय में हम प्राथमिक क्रियाओं से संबंधित सभी प्रकार की आर्थिक गतिविधियों का अध्ययन करेंगे।

▼ अध्ययन एक नजर में

4.1 प्राथमिक क्रियाओं के प्रकार
4.2 कृषि
4.3 कृषि के प्रकार
4.4 खनन

▼ अभ्यास के लिए

- बहुविकल्पीय प्रश्न 46, (युग्मित प्रश्न आधारित, कथन/कारण, सुमेलित कीजिए)
- वर्णनात्मक प्रकार के प्रश्न (लघु उत्तरीय प्रश्न 15, दीर्घ उत्तरीय प्रश्न 8)
- स्रोत आधारित प्रश्न 5, मानचित्र आधारित प्रश्न 1

प्राथमिक क्रियाएँ

प्राथमिक क्रियाएँ वे हैं, जो सीधे पर्यावरण पर निर्भर हैं। प्राथमिक क्रियाओं के कुछ उदाहरण हैं; जैसे- शिकार करना, मछली पकड़ना, वानिकी, कृषि खनन और **उत्खनन**[1]। प्राथमिक क्रियाओं में शामिल लोगों को रेड-कॉलर वर्कर के रूप में जाना जाता है।

4.1 प्राथमिक क्रियाओं के प्रकार

प्राथमिक क्रियाओं को निम्नलिखित प्रकार से वर्गीकृत किया गया है।

आखेट और भोजन संग्रह

- आखेट प्राचीन आर्थिक क्रिया है, जिसमें लोग लकड़ी या पत्थर के औजार एवं तीर बनाकर, मछलियों को पकड़कर एवं पशुओं का शिकार करके जीवन-यापन करते थे। यह कार्य अत्यधिक ठंडे एवं गर्म प्रदेशों में रहने वाले लोगों द्वारा किया जाता था।
- भोजन संग्रह ऐसी प्राचीन आर्थिक क्रिया है, जिसमें लोग अपने भोजन, वस्त्र एवं अन्य आवश्यकताओं की पूर्ति के लिए पशुओं एवं वनस्पति उत्पादों का संग्रह करते थे, क्योंकि इस कार्य के लिए कम पूँजी एवं निम्न स्तरीय तकनीकी ज्ञान की आवश्यकता होती थी।
- मुख्य रूप से विश्व के दो निम्न क्षेत्रों में भोजन संग्रह जैसी प्राथमिक क्रियाएँ मानव द्वारा की जाती हैं
  (i) **उच्च अक्षांश वाले क्षेत्र** इसमें उत्तरी कनाडा, उत्तरी यूरेशिया एवं दक्षिणी चिली शामिल हैं।
  (ii) **निम्न अक्षांश वाले क्षेत्र** इसमें दक्षिणी अमेरिका का अमेजन बेसिन, मध्य अमेरिका का जायरे बेसिन, उष्णकटिबंधीय अफ्रीका, दक्षिण-पूर्वी एशिया के आंतरिक प्रदेश के साथ ऑस्ट्रेलिया के क्षेत्र शामिल हैं।

1 **उत्खनन** इसके अंतर्गत पत्थरों, चट्टानों, रेत, मिट्टी आदि का निष्कर्षण शामिल है।

- इस कार्य के लिए बहुत कम पूँजी एवं निम्न स्तरीय तकनीकी ज्ञान की आवश्यकता होती है। इसमें भोजन अधिशेष भी नहीं रहता है एवं प्रति व्यक्ति उत्पादकता भी कम होती है।
- आधुनिक समय में भोजन संग्रह के कार्य का कुछ भागों में व्यापारीकरण भी हो गया है। विश्व स्तर पर भोजन संग्रहण का अधिक महत्त्व नहीं है।
- इन क्रियाओं के द्वारा प्राप्त उत्पाद विश्व बाजार में प्रतिस्पर्द्धा नहीं कर सकते। कई प्रकार की अच्छी किस्म एवं कम दाम वाले कृत्रिम उत्पादों ने इनका स्थान ले लिया है।

पशुचारण

- पशुचारण, पशुपालन का एक रूप है, जिसमें पालतू पशुओं को 'पशुधन' के रूप में जाना जाता है, जिन्हें चरने के लिए बड़े चारागाहों पर छोड़ा जाता है।
- भौगोलिक कारकों एवं तकनीकी विकास के आधार पर वर्तमान समय में पशुपालन व्यवसाय निर्वहन अथवा व्यापारिक स्तर पर किया जाता है।
- पशुओं को पालने की स्थिति के आधार पर पशुचारण को मुख्यत: दो भाग में बाँटा गया है

(i) चलवासी (घुमंतू/खानाबदोश) पशुचारण

- इसे चलवासी पशुचारण के रूप में भी जाना जाता है। यह एक आदिम निर्वाह गतिविधि है।

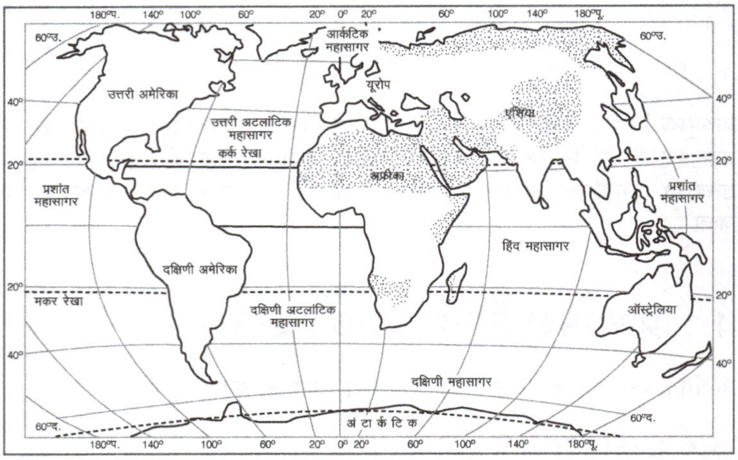

▲ चलवासी पशुचारण के क्षेत्र

- पशुपालक का पशुओं के साथ चरागाह तथा पानी की खोज में एक स्थान से दूसरे स्थान पर स्थानांतरण करते रहना चलवासी पशुचारण (Nomadic Herding) कहलाता है।
- यह गतिशील पशुपालन होता है। यह प्राचीन जीवन निर्वाह व्यवसाय है, जिसमें पशुपालक भोजन, वस्त्र, औजार एवं यातायात के लिए पशुओं पर निर्भर रहते हैं।
- इनकी आय का प्रमुख स्रोत पशुओं से प्राप्त दूध, मांस, खाल, ऊन व हड्डियाँ होती हैं।
- इसमें पशुपालक गर्मियों में मैदानी भाग से पर्वतीय चरागाह की ओर तथा शीतकाल में पर्वतीय भाग से मैदानी भाग के चरागाह की ओर प्रवास करते हैं, जिसे ऋतुप्रवास (Transhumance) कहा जाता है।
- हिमालय के पर्वतीय क्षेत्रों के गुज्जर, बकरवाल, गद्दी तथा भूटिया जनजाति समूह के लोग ग्रीष्मकाल में मैदानी क्षेत्रों से पर्यतीय क्षेत्र में चले जाते हैं एवं शीतकाल में पर्वतीय क्षेत्रों से मैदानी क्षेत्र में आ जाते हैं।
- इसी प्रकार **टुंड्रा प्रदेश**[2] में भी पशुचारक ग्रीष्मकाल में दक्षिण से उत्तर दिशा की ओर तथा शीतकाल में उत्तर से दक्षिण दिशा की ओर प्रवास करते हैं।
- मरुस्थलीय क्षेत्रों में भी इस तरह के प्रवास को देखा जा सकता है। इस पशुचारण में लोग जलवायु की स्थिति या क्षेत्रों के अनुसार पशुओं को पालते हैं; जैसे—उष्णकटिबंधीय अफ्रीका में गाय एवं बैल, सहारा एवं एशिया के मरुस्थल में भेड़, बकरी एवं ऊँट तथा तिब्बत एवं एंडीज के पर्वतीय भागों में यॉक एवं लामा तथा उप-ध्रुवीय क्षेत्रों में रेंडियर आदि।
- आधुनिक समय में विश्व के देशों द्वारा नई बस्तियों की योजना बनाने तथा राजनीतिक सीमाओं के निर्धारण से पशुचारण के क्षेत्रों में कमी आई है, जिसके कारण चलवासी पशुचारण घटता जा रहा है।
- प्रत्येक चलवासी समुदाय एक निश्चित क्षेत्र में रहता है।
- विश्व में चलवासी पशुचारण के प्रमुख तीन क्षेत्र पाए जाते हैं
  (i) यूरोप तथा एशिया के टुंड्रा प्रदेश।
  (ii) उत्तरी अफ्रीका के अटलांटिक तट से अरब प्रायद्वीप होते हुए मंगोलिया एवं मध्य चीन तक का क्षेत्र।
  (iii) दक्षिणी गोलार्द्ध में दक्षिण-पश्चिमी अफ्रीका एवं मेडागास्कर द्वीप।

---

2 **टुंड्रा प्रदेश** पृथ्वी के सबसे ठंडे और वृक्षाविहीन क्षेत्र हैं।

(ii) वाणिज्य पशुधन पालन

- पश्चिमी संस्कृति से प्रभावित वाणिज्य पशुधन पालन (Commercial Livestock Rearing) चलवासी पशुचारण की अपेक्षा अत्यधिक व्यवस्थित एवं पूँजी प्रधान होता है।
- इसमें स्थायी **फार्मों**[3] में चरागाह की क्षमता के अनुसार पशुओं को पाला जाता है। साथ ही पशुओं की पर्याप्त चराई हेतु बाड़ लगाकर चरागाह क्षेत्र को छोटे-छोटे टुकड़ों में बाँटा जाता है।
- जब चराई के कारण छोटे क्षेत्रों की घास समाप्त हो जाती है, तब इन पशुओं को किसी दूसरे छोटे क्षेत्र में चराई के लिए ले जाया जाता है।
- वाणिज्य पशुधन पालन के अंतर्गत एक ही प्रकार के पशुओं को पाला जाता है; जैसे—भेड़, बकरी, गाय, बैल एवं घोड़े। इसमें पशुओं से प्राप्त उत्पादों; जैसे—मांस, खाल एवं ऊन को वैज्ञानिक तरीके से संसाधित और पैक किया जाता है और वैश्विक बाजारों में निर्यात कर दिया जाता है।
- वाणिज्य पशुधन पालन में पशुओं के प्रजनन, अनुवांशिक सुधार, रोग नियंत्रण और स्वास्थ्य देखभाल पर भी ध्यान दिया जाता है।
- चरागाह में पशुओं की संख्या चरागाह की वहन क्षमता के अनुसार रखी जाती है।
- विश्व में वाणिज्य पशुधन पालन वाले देश क्रमशः न्यूजीलैंड, ऑस्ट्रेलिया, अर्जेंटीना, उरुग्वे तथा संयुक्त राज्य अमेरिका हैं।

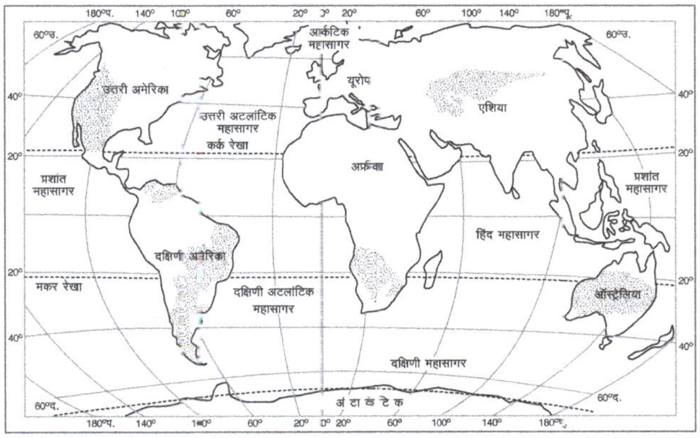

▲ वाणिज्य पशुधन पालन के क्षेत्र

चेक प्वॉइंट 1

1. प्राथमिक क्रियाओं में काम करने वाले लोगों के लिए किस शब्द का प्रयोग किया जाता है?
2. विश्व के एक ऐसे क्षेत्र का नाम बताइएँ जहाँ अभी भी 'भोजन संग्रह' किया जाता है?
3. चलवासी पशुचारण का अभ्यास करने वाले एक क्षेत्र का नाम बताइये?
4. स्थायी खेत में किस प्रकार की प्राथमिक क्रियाओं का अभ्यास किया जाता है?

4.2 कृषि

- विश्व में पाई जाने वाली विभिन्न भौतिक, सामाजिक एवं आर्थिक दशाएँ कृषि को समान रूप से प्रभावित करती हैं।
- इन प्रभावों के कारण ही विश्व में भिन्न-भिन्न कृषि प्रणालियों द्वारा कृषि की जाती है।
- कृषि, विभिन्न प्रकार की (फसलों का) बोया जाना तथा पशुपालन, विभिन्न कृषि विधियों पर आधारित होता है। विभिन्न कृषि विधियों के प्रकार नीचे दिए गए चार्ट में प्रदर्शित किए गए हैं।

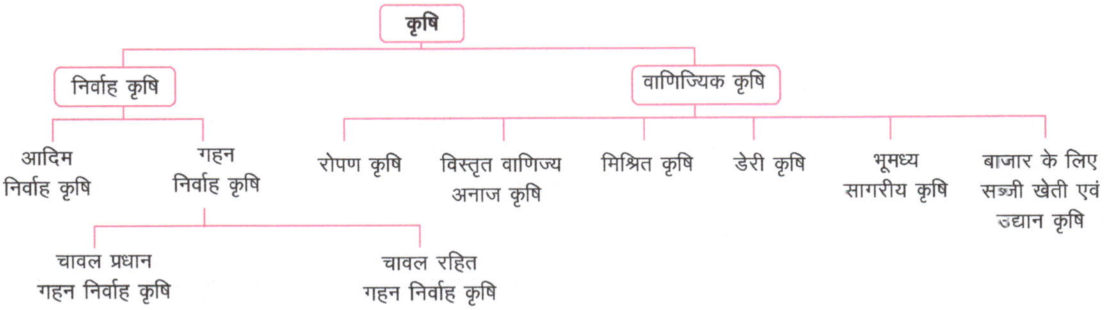

3 **फार्म/खेत** यह पशु क्षेत्र/फार्म/खेत मवेशियों, मंडी या घोड़ों के प्रजनन और पालन-पोषण के लिए संदर्भित है।

निर्वाह कृषि

निर्वाह कृषि स्थानीय लोगों की आवश्यकताओं की पूर्ति के लिए की जाती है। इसमें कृषि उत्पादों का उपभोग स्थानीय स्तर पर होता है। यह प्रणाली दो भागों में विभक्त होती है; आदिम निर्वाह कृषि और गहन निर्वाह कृषि

आदिम निर्वाह कृषि

- इस प्रकार की कृषि को स्थानांतरण कृषि के नाम से भी जाना जाता है। कृषि की इस पद्धति के अंतर्गत वन के कुछ भागों के पेड़-पौधों एवं झाड़ियों को काटकर जला दिया जाता है तथा उससे प्राप्त राख को मिट्टी में मिला दिया जाता है, जो खाद का कार्य करती है, इसलिए इसे कर्तन और दहन कृषि के नाम से भी जाना जाता है।
- यह कृषि मुख्य रूप से आदिम जाति के लोगों के द्वारा उष्णकटिबंधीय क्षेत्रों में की जाती है। अफ्रीका, दक्षिण एवं मध्य अमेरिका के उष्णकटिबंधीय क्षेत्र के अतिरिक्त दक्षिण-पूर्वी एशिया में मुख्य रूप से इस प्रकार की कृषि की जाती है।
- इसमें बोए गए खेत बहुत छोटे-छोटे होते हैं एवं खेती भी पुराने औजारों; जैसे- लकड़ी, कुदाली एवं फावड़े द्वारा की जाती है।
- कुछ समय पश्चात् (3 से 5 वर्ष) जब मिट्टी का उपजाऊपन समाप्त हो जाता है, तब कृषक नए क्षेत्रों में वन जलाकर कृषि के लिए भूमि तैयार करता है। कुछ समय पश्चात् कृषक वापस पहले वाले कृषि क्षेत्र पर कृषि कार्य करने आ जाता है।
- इस कृषि की सबसे बड़ी समस्या यह है कि इस क्षेत्र में भूमि की उर्वरकता कम होती जाती है। जिससे झूम का चक्र (आग लगाकर कृषि क्षेत्र तैयार करना) छोटा होता जाता है।

कर्तन एवं दहन कृषि (स्थानांतरणशील कृषि) के अन्य नाम

- स्थानांतरित कृषि विश्व के उष्णकटिबंधीय क्षेत्रों में अलग-अलग नामों से जानी जाती है; जैसे—मैक्सिको एवं मध्य अमेरिका में **मिल्पा**, मलेशिया और इंडोनेशिया में **लादांग**, भारत के उत्तर-पूर्वी क्षेत्र में **झूम खेती**, वियतनाम में **रे** तथा ब्राजील में **रोका** नाम से जानी जाती है।

गहन निर्वाह कृषि

गहन निर्वाह कृषि मानसूनी प्रदेशों के सघन जनसंख्या वाले क्षेत्रों में की जाती है, जिसका मुख्य उद्देश्य विशाल जनसंख्या का पोषण करना होता है। इस कृषि में सिंचाई के पर्याप्त साधन के साथ भूमि का गहन उपयोग होता है। गहन निर्वाह कृषि को सिंचाई के पर्याप्त साधन की उपलब्धता एवं चावल प्रधान होने के आधार पर दो भागों में बाँटा जाता है

(i) **चावल प्रधान गहन निर्वाह कृषि** इस कृषि की प्रमुख फसल चावल है। इस कृषि में जनसंख्या घनत्व अधिक होने के कारण भूमि का आकार छोटा होता है। इसमें परिवार के संपूर्ण सदस्य संलग्न होते हैं, जिसके कारण यंत्रों की अपेक्षा मानव श्रम का अधिक उपयोग होता है। इसमें मृदा की उर्वरता हेतु पशुओं के गोबर तथा हरी खाद का प्रयोग किया जाता है। कृषि की इस प्रणाली में प्रति इकाई उत्पादन अधिक एवं प्रति कृषक कम होता है।

(ii) **चावल रहित गहन निर्वाह कृषि** मानसून एशिया के अनेक, भागों में उच्चावच, जलवायु, मृदा तथा अन्य भौगोलिक कारकों में अंतर होने के कारण एशिया के अनेक भागों में चावल की खेती संभव नहीं होती। सिंचाई की सुविधा होने के कारण एशिया के कुछ भागों; जैसे—उत्तरी चीन, मंचूरिया, उत्तरी कोरिया एवं उत्तरी जापान में क्रमशः गेहूँ, सोयाबीन, सोरघम की खेती की जाती है। भारत में सिंध गंगा के मैदान के पश्चिमी भागों में गेहूँ तथा दक्षिणी व पश्चिमी शुष्क भागों में ज्वार व बाजरे की कृषि मुख्य रूप से की जाती है। इस कृषि की अधिकतर विशेषताएँ चावल प्रधान कृषि के समान हैं। इस कृषि के अंतर्गत सिंचाई की आवश्यकता होती है, जो चावल प्रधान कृषि में नहीं होती।

▲ चाय के बागान

वाणिज्यिक कृषि

वाणिज्यिक कृषि एक प्रकार की कृषि/खेती है, जो व्यक्तिगत या स्थानीय स्तर पर उपयोग के अतिरिक्त बाजार में बिक्री के लिए कृषि उत्पादों के उत्पादन पर केंद्रित है। वाणिज्यिक कृषि के विभिन्न प्रकार निम्न है

रोपण कृषि

- यह एक फसली कृषि है तथा इसके कृषि क्षेत्र का आकार बहुत विस्तृत होता है।
- इस कृषि के अंतर्गत विभिन्न फसलों; जैसे—चाय, कॉफी, गन्ना, रबड़, कपास, केले एवं अनन्नास आदि की खेती पौध लगाकर की जाती है।
- इसमें अधिक पूँजी निवेश, उच्च प्रबंधन और तकनीकी आधार पर वैज्ञानिक विधियों का प्रयोग किया जाता है। श्रमिकों के सस्ते मिलने एवं यातायात के विकसित होने के कारण बागान एवं बाजार सुचारु रूप से जुड़े होते हैं।

- यूरोपवासियों ने औपनिवेशिक काल में विश्व के अनेक उष्णकटिबंधीय क्षेत्रों में लाभ के उद्देश्य से कृषि के नए रूप में रोपण कृषि की शुरुआत की थी।
- फ्रांसीसियों ने पश्चिमी अफ्रीका में कॉफी एवं कोकोआ तथा ब्रिटेनवासियों ने भारत एवं श्रीलंका मे चाय के बागान विकसित किए, साथ ही पश्चिमी द्वीप समूह में गन्ने एवं केले तथा मलेशिया में रबड़ के बागान भी विकसित किए थे।
- स्पेन एवं अमेरिकावासियों ने फिलीपींस में नारियल एवं गन्ने तथा हॉलैंडवासियों (डचों) ने इंडोनेशिया में गन्ने की कृषि को विकसित किया था।
- वर्तमान समय में फसलों के बागानों पर देश की सरकार अथवा नागरिक का स्वामित्व पाया जाता है। ब्राजील के कॉफी बागान, जिन्हें फेजेंडा कहा जाता है, के कुछ भाग पर यूरोपवासियों का तथा अधिकांश भाग पर देश की सरकार का नियंत्रण है।
- उत्पादों के निर्यात के लिए कारखानों और बाजारों से राज्य को जोड़ने हेतु एक अच्छी परिवहन प्रणाली की भी आवश्यकता होती है।

विस्तृत वाणिज्य अनाज कृषि

- इस कृषि की मुख्य फसल गेहूँ है। इसके अतिरिक्त मक्का, जौ, राई व जई जैसी अन्य फसलें भी उगाई जाती हैं।
- इस कृषि में खेतों का आकार बड़ा होता है, जिसमें जुताई से लेकर कटाई तक के सभी कार्य तकनीकी व मशीनों से किए जाते हैं।
- इस प्रकार की खेती मध्य अक्षांशों के आंतरिक अर्द्ध-शुष्क क्षेत्रों में की जाती है, जिसमें प्रति एकड़ उत्पादन कम, परंतु प्रतिव्यक्ति उत्पादन अधिक होता है।
- उत्तरी अमेरिका के प्रेयरीज, अर्जेंटाइना के पंपास, दक्षिण अफ्रीका के वेल्ड्स, यूरेशिया के स्टेपीज, ऑस्ट्रेलिया के डाउंस एवं न्यूजीलैंड के कैंटरबरी के मैदान ऐसे कृषि प्रदेश के प्रमुख क्षेत्र हैं।

मिश्रित कृषि

- मिश्रित कृषि (Mixed Farming) के अंतर्गत फसल उत्पादन के साथ पशुपालन भी शामिल होता है। इस कृषि में खेतों का आकार मध्यम होता है तथा कृषि यंत्र, रासायनिक एवं वनस्पति खाद पर पूँजी व्यय अधिक होता है।
- कृषकों की कुशलता एवं योग्यता इस कृषि की प्रमुख विशेषता है।
- गेहूँ, जौ, राई, मक्का एवं पशुओं के चारे की फसल इस कृषि की प्रमुख फसलें हैं। इसमें भेड़, सुअर एवं कुक्कुट जैसे पशुओं का पालन आय की प्राप्ति हेतु किया जाता है।
- **शस्यावर्तन**[4] (Crop Rotation) एवं **अंतः फसली**[5] कृषि मृदा की उर्वरता को बनाए रखने में महत्त्वपूर्ण भूमिका निभाते हैं।
- उत्तर-पश्चिमी यूरोप, उत्तरी अमेरिका का पूर्वी भाग, यूरेशिया के कुछ भाग एवं दक्षिणी महाद्वीपों के समशीतोष्ण अक्षांश वाले विकसित भाग मिश्रित कृषि के प्रमुख क्षेत्र हैं

डेरी कृषि

डेयरी कृषि (Dairy Farming) के अंतर्गत पशुओं को दूध के व्यवसाय के लिए पाला जाता है। यह कृषि दुधारू पशुओं के पालन-पोषण का उन्नत एवं दक्ष प्रकार है।

▲ आस्ट्रिया में डेरी फार्म

- पशुओं के स्वास्थ्य, प्रजनन एवं पशु चिकित्सा के साथ पशुओं के घर, चारे की व्यवस्था तथा दूध उत्पादन में यंत्रों के प्रयोग हेतु इस व्यवस्था में पूँजी की अधिक आवश्यकता होती है।
- इसमें गहन श्रम की आवश्यकता होती है, पशुओं को चराने, दूध निकालने आदि कार्यों के लिए वर्षभर श्रम की आवश्यकता रहती है।
- डेयरी कृषि का कार्य नगरीय एवं औद्योगिक केंद्रों के निकट किया जाता है, क्योंकि ये क्षेत्र दूध एवं अन्य उत्पाद के विक्रय के अच्छे बाजार होते हैं। वर्तमान समय में परिवहन, शीतलन (Refrigeration), **पाश्च्युरीकृत**[6] (Pasteurisation) तथा अन्य संरक्षित रखने की प्रक्रिया के विकास ने विभिन्न दूध उत्पादकों के भंडारण की सुविधा बढ़ा दी है। विश्व में वाणिज्य डेयरी कृषि के तीन प्रमुख क्षेत्र निम्न हैं

(i) उत्तर-पश्चिमी यूरोप (सबसे बड़ा)
(ii) कनाडा
(iii) न्यूजीलैंड, दक्षिण-पूर्वी ऑस्ट्रेलिया एवं तस्मानिया

---

4 शस्यावर्तन वर्षभर में किसी भूमि पर बोई जाने वाली फसलों का क्रम शस्यावर्तन कहलाता है।
5 अंतः फसली एक ही क्षेत्र/खेत में एक ही समय दो या दो से अधिक फसलों को एक समय उगाने की प्रक्रिया है। जिससे भूमि का इष्टतम उपयोग हो और संमग्र उत्पादकता में भी वृद्धि हो।
6 पाश्च्युरीकृत पदार्थ को एक निश्चित तापक्रम पर गर्म करके जीवाणुमुक्त करना।

भूमध्य सागरीय कृषि

- यह अत्यधिक विशिष्ट प्रकार वाणिज्यिक कृषि है।
- यूरोप में भूमध्यसागर के समीपवर्ती क्षेत्रों में होने वाली कृषि को भूमध्यसागरीय कृषि (Mediterranean Agriculture) कहा जाता है। खट्टे फलों की आपूर्ति हेतु यह क्षेत्र महत्त्वपूर्ण है।
- अंगूर की कृषि इस क्षेत्र की प्रमुख कृषि है,
- दक्षिणी यूरोप से उत्तरी अफ्रीका में ट्यूनीशिया से अटलांटिक तट तक, दक्षिणी कैलिफोर्निया, मध्यवर्ती चिली, दक्षिण अफ्रीका का दक्षिण-पश्चिमी भाग तथा ऑस्ट्रेलिया के दक्षिण व दक्षिणी भाग ऐसी कृषि के प्रमुख क्षेत्र हैं।
- सर्दी के मौसम में यूरोप एवं संयुक्त राज्य अमेरिका में फलों एवं सब्जियों की माँग की पूर्ति भूमध्यसागरीय क्षेत्र करते हैं।

विटीकल्चर

- अँगूर की कृषि भूमध्यसागरीय क्षेत्र की विशेषता है इस क्षेत्र में जैतून और अंजीर का भी उत्पादन किया जाता है।
- इस क्षेत्र के कई देशों में अच्छे किस्म के अँगूरों से उच्च गुणवत्ता वाली मदिरा का उत्पादन किया जाता है और निम्न श्रेणी के अँगूरों को सुखाकर मुनक्का एवं किशमिश बनाई जाती है।

बाजार के लिए सब्जी खेती एवं उद्यान कृषि

इस कृषि के अंतर्गत फल, फूल एवं सब्जियों की खेती की जाती है। इस प्रकार की खेती अच्छी परिवहन प्रणालियों से युक्त नगरों व औद्योगिक क्षेत्रों या घने बसे उच्च आय वाले उपभोक्ताओं के पास की जाती है। इसमें अधिक पूँजी एवं श्रम की आवश्यकता होती है।

- इस कृषि के अंतर्गत सब्जी खेती का संबंध विभिन्न प्रकार की सब्जियों के उत्पादन से होता है। इसमें खेती का आकार छोटा, किंतु सिंचाई, उर्वरक, अच्छी किस्म के बीज, कीटनाशी तथा लंबे समय तक रखने हेतु **कृत्रिम तापघर**[7] (Artificial Heating) की आवश्यकता होती है।
- यूरोप के जिन क्षेत्रों में कृषक केवल सब्जियों की खेती करते हैं, उन क्षेत्रों में सब्जी खेती को **ट्रक कृषि** (Truck Farming) का नाम दिया गया है। उत्तर-पश्चिमी यूरोप, संयुक्त राज्य अमेरिका का उत्तरी भाग एवं भूमध्यसागरीय प्रदेश सब्जी की खेती के क्षेत्र में विकसित हैं। ट्रक, फार्म एवं बाजार के मध्य की दूरी, जो एक ट्रक रातभर में तय करता है, उसी आधार पर इसका नाम ट्रक कृषि रखा गया है।
- उद्यान कृषि का संबंध विभिन्न प्रकार के फलों एवं फूलों के उत्पादन से है। नीदरलैंड फूलों की खेती में विशिष्ट स्थान रखता है। यहाँ से ट्यूलिप यूरोप के प्रमुख शहरों में भेजा जाता है। पश्चिमी यूरोप एवं उत्तरी अमेरिका के औद्योगिक क्षेत्र प्रमुख उद्यान कृषि के क्षेत्र हैं। इन क्षेत्रों में उद्यान कृषि के अतिरिक्त कारखाना कृषि भी की जाती है, जिसके अंतर्गत गाय, बैल एवं कुक्कुटपालन किया जाता है। इन्हें बाडे पर कारखानों में तैयार बने बनाए भोजन पर रखा जाता है एवं उनकी बीमारियों का भी ध्यान में रखा जाता है।
- इसमें भवन निर्माण, यंत्र खरीदने, प्रकाश एवं ताप की व्यवस्था करने एवं पशु चिकित्सा के लिए बहुत अधिक धन की आवश्यकता होती है।

ट्रक फार्मिंग

- यूरोप के जिन क्षेत्रों में कृषक केवल सब्जियों की खेती करते हैं, उन क्षेत्रों में सब्जी खेती को **ट्रक कृषि** (Truck Farming) का नाम दिया गया है।
- उत्तर-पश्चिमी यूरोप, संयुक्त राज्य अमेरिका का उत्तरी भाग एवं भूमध्यसागरीय प्रदेश सब्जी की खेती के क्षेत्र में विकसित हैं।
- ट्रक, फार्म एवं बाजार के मध्य की दूरी, जो एक ट्रक रातभर में तय करता है, उसी आधार पर इसका नाम ट्रक कृषि रखा गया है।

---

7 कृत्रिम तापघर दूध तथा दूध उत्पादों को लंबे समय तक एक निश्चित ताप पर बनाए रखने हेतु बनाया गया घर कृत्रिम तापघर कहलाता है।

चेक प्वॉइंट 2

1. आदिकालीन निर्वाह कृषि को किस अन्य नाम से जाना जाता है?
2. फ्रांसीसियों ने पश्चिमी अफ्रीका में किसकी कृषि प्रारंभ की थी?
3. वर्तमान में डेयरी कृषि उत्पादों के संरक्षण हेतु प्रयुक्त किसी एक तकनीक का नाम बताइए?
4. सर्दी के मौसम में यूरोप एवं संयुक्त राज्य अमेरिका में फलों एवं सब्जियों की आपूर्ति किन क्षेत्रों से की जाती है?
5. भूमध्यसागरीय क्षेत्र में उत्पादित होने वाली कोई तीन फसलों के नाम बताइए?

4.3 कृषि के प्रकार

- यह कृषि संगठन, कृषक का खेतों पर अधिकार एवं उस पर सरकारी नीतियाँ जो कृषि में सहायक होती हैं, से प्रभावित होता है।
- कृषि करने वाले संगठन के आधार पर भी कृषि के प्रकारों का वर्गीकरण किया जा सकता है।

सहकारी कृषि

- कृषकों का एक समूह जब अपनी कृषि से अधिक लाभ कमाने के लिए अपनी इच्छा से एक सहकारी संस्था बनाकर कृषि कार्य करता है, तो वह कृषि सहकारी कृषि (Co-operative Farming) कहलाती है।
- इसमें कृषि कार्य व्यक्तिगत स्तर पर न करके सामूहिक रूप से किया जाता है, जिसमें सहकारी संस्था कृषि उत्पादों को उचित मूल्य पर बेचने एवं सस्ती दरों पर प्रसंस्कृत साधनों को जुटाने का कार्य करती है।
- भूमि पर किसान का व्यक्तिगत स्वामित्व बना रहता है, परंतु समूह के मध्य कृषि सहकारी होती है।
- सहकारी आंदोलन की शुरुआत एक शताब्दी पूर्व हुई, जिसका संचालन पश्चिमी यूरोप के डेनमार्क, नीदरलैंड, बेल्जियम, स्वीडन एवं इटली में सफलतापूर्वक रहा।
- सहकारी आंदोलन को सर्वाधिक सफलता डेनमार्क में मिली, जहाँ सभी कृषक इसके सदस्य हैं।

सामूहिक कृषि

- वह कृषि, जिसमें उत्पादन के साधनों का संपूर्ण स्वामित्व समाज एवं सामूहिक श्रम पर आधारित होता है, सामूहिक कृषि कहलाती है।
- कृषि की दशा सुधारने एवं उत्पादकता बढ़ाने के साथ-साथ आत्मनिर्भरता की प्राप्ति हेतु सामूहिक कृषि की शुरुआत समाजवादी राष्ट्र पूर्व सोवियत संघ में हुई, जहाँ इसे कोलखहोज के नाम से जाना जाता है।
- सोवियत संघ के विघटन के पश्चात् इस कृषि में भी कुछ संशोधन किए गए थे।

सामूहिक कृषि की विशेषताएँ निम्नलिखित हैं

- इसमें किसान अपने सभी संसाधनों; जैसे—भूमि, पशु तथा श्रम को सम्मिलित कर कार्य करते हैं, साथ ही जमीन का एक छोटा हिस्सा अपनी दैनिक आवश्यकताओं की पूर्ति हेतु रखते हैं।
- सभी किसानों को उनकी कार्य की प्रकृति (Nature) के आधार पर भुगतान किया जाता है तथा किराये पर ली गई मशीनों के लिए किसानों को कर चुकाना पड़ता है।
- अधिक श्रम या असाधारण कार्य करने वाले किसानों को नकद या माल के रूप में पुरस्कार भी प्रदान किया जाता है।

4.4 खनन

- धरातल या भू-गर्भ से खनिजों को निकालने की प्रक्रिया खनन (Mining) कहलाती है।
- सभ्यता के विकास में खनिजों के आधार पर कई युगों का नामकरण भी किया गया है; जैसे—ताम्र युग, काँस्य युग, लौह युग आदि।
- प्राचीनकाल में खनिजों का प्रयोग बर्तन, हथियार एवं औजार बनाने में किया जाता था, जिसमें औद्योगिक क्रांति के पश्चात् काफी परिवर्तन हुआ।
- विकसित अर्थव्यवस्था वाले देश उत्पादन के खनन, प्रसंस्करण एवं शोधन कार्य से पीछे हट रहे हैं, क्योंकि इनमें श्रमिक लागत अधिक आने लगी है।

- वहीं विकासशील देश अपने विशाल श्रमिक शक्ति के बल पर अपने देशवासियों के ऊँचे रहन-सहन को बनाए रखने हेतु खनन गतिविधिकों का महत्त्व दे रहे हैं।
- अफ्रीका के कई देश, दक्षिण अमेरिका के कुछ देश एवं एशिया में आय के साधनों का पचास प्रतिशत तक खनन कार्य से प्राप्त होता है।

खनन को प्रभावित करने वाले कारक

खनन कार्य को मुख्य रूप से दो कारक प्रभावित करते हैं

(i) **भौतिक कारक** इस कारक में निक्षेपों के आकार, श्रेणी तथा उनकी उपस्थिति की अवस्था को शामिल किया जाता है, जिसमें **निक्षेप**[8] खनिज युक्त एकत्रित पदार्थ होता है।

(ii) **आर्थिक कारक** इस कारक में खनिजों की माँग, तकनीकी ज्ञान एवं उसका उपयोग, अवसंरचना के विकास के लिए उपलब्ध पूँजी, यातायात एवं श्रम पर होने वाले खर्च शामिल होते हैं।

खनन की विधियाँ

खनन की अवस्था एवं अयस्क की प्रकृति के आधार पर खनन की दो विधियाँ अपनाई जाती हैं, जो निम्न हैं,

▲ खनन की विधियाँ

(i) **धरातलीय खनन विधि** यह खनन का सबसे आसान तरीका है। इसे विवृत खनन (Open-Cast Mining) के नाम से भी जाना जाता है। इस विधि में उपकरणों एवं सुरक्षा के दृष्टिकोण से किए गए उपायों पर खर्च कम होता है तथा उत्पादन जल्दी एवं अधिक होता है।

(ii) **भूमिगत खनन विधि** यह विधि उन खनिजों के लिए प्रयोग की जाती है, जो अधिक गहराई में पाए जाते हैं, जिस कारण इसे **कूपकी खनन**[9] (Underground Mining) भी कहा जाता है।

- इस विधि में खनिजों तक पहुँचने के लिए लंबवत् कूपक बनाए जाते हैं, जिनसे होकर खनिजों का परिवहन एवं निष्कर्षण धरातल तक किया जाता है।
- खनन का यह तरीका जोखिम भरा होता है, जिसमें आग या जहरीली गैसों के रिसाव के कारण खदानों में दुर्घटना का भय बना रहता है, इसलिए खनन कार्य में लगे श्रमिकों के लिए वायु संचार प्रणाली, माल ढोने की गाड़ियाँ, विशेष प्रकार की लिफ़्ट बेधक (बरमा) जैसी सुरक्षा की संपूर्ण व्यवस्था की जाती है।
- अफ्रीका के देशों में, दक्षिणी अमेरिका के कुछ देशों में तथा एशिया के अधिकतर देशों में आय के साधनों का 50% भाग खनन कार्य से प्राप्त होता है।

चेक प्वॉइंट 3

1. सहकारी आंदोलन को सर्वाधिक सफलता कहाँ प्राप्त हुई?
2. कोलखहोज कृषि किस राष्ट्र में प्रचलित है?
3. खनन किसे कहते हैं?
4. खनन की दो विधियाँ कौन-सी हैं?
5. कूपकी खनन को अन्य किस नाम से जाना जाता है?

8 **निक्षेप** खनिजों से युक्त एकत्रित पदार्थ निक्षेप कहलाता है।
9 **कूपकी खनन** खनन की वह विधि, जिसमें खनन धरातल की गहराई में होता है और लंबे कूपक लगे होते हैं।

Mind Map

प्राथमिक क्रियाएँ

1 आखेट एवं भोजन संग्रह

- आदिम कालीन समाज आखेट एवं भोजन संग्रह गतिविधियों पर निर्भर थे।
- यह गतिविधि कठोर जलवायुविक दशाओं में की जाती है। इसमें प्रतिव्यक्ति उपज बहुत कम होती है।
- यह गतिविधि उत्तरी कनाड़ा उत्तरी यूरेशिया दक्षिणी चिली अमेजन बेसिन, उष्णकटिबंधीय अफ्रीका, ऑस्ट्रेलिया एवं दक्षिण पूर्वी एशिया में की जाती है

2 पशुचारण

- इसमें पशुपालन पर अधिक बल दिया जाता था। यह घरेलू/निर्वाह और वाणिज्यिक स्तर पर संपन्न की जाने वाली गतिविधि थी।

चलवासी पशुचारण

- यह एक प्राचीन जीवन-निर्वाह व्यवसाय रहा है, जो आदिम समाज में ऋतु प्रवास के रूप में प्रचलित था। यह गतिविधि उत्तरी अफ्रीका के एटलांटिक तट से मध्य चीन तक, यूरोप एवं एशिया के टुण्ड्रा प्रदेश, दक्षिणी पश्चिमी अफ्रीका एवं मेडागास्कर द्वीप में की जाती थी।

वाणिज्य पशुधन पालन

- यह अधिक व्यवस्थित एवं पूँजी प्रधान है। इसके अंतर्गत मुख्य ध्यान पशुओं के प्रजनन, जननिक सुधार, बीमारियों पर नियंत्रण एवं उनके स्वास्थ्य पर दिया जाता है।
- विश्व में न्यूजीलैंड, ऑस्ट्रेलिया, अर्जेंटाइना, एवं संयुक्त राज्य अमेरिका में वाणिज्य पशुधन पालन किया जाता है।

3 कृषि

- विभिन्न भौतिक, सामाजिक एवं आर्थिक दशाओं में कृषि गतिविधि की जाती है।
- कृषि में विभिन्न प्रकार की फसलों का बोया जाना तथा पशुपालन संबंधी गतिविधियाँ शामिल होती हैं।

4 कृषि प्रणालियों के प्रकार

निर्वाह कृषि

- इसका आदिम जनजातियों द्वारा प्रयोग किया जाता है
- इसमें स्लैश और वर्न, शिफ्टिंग कृषि शामिल हैं।
- निर्वाह कृषि को दो भागों में विभाजित किया गया है।
- आदिकालीन निर्वाह कृषि
- गहन निर्वाह कृषि (घनी आबादी वाले क्षेत्रों में प्रचलित)

रोपण कृषि

- इस कृषि की प्रमुख विशेषता विस्तृत कृषि क्षेत्र, अधिक पूँजी निवेश उच्च प्रबंधन और तकनीकी आधार एवं वैज्ञानिक विधियों का प्रयोग एक फसली कृषि उत्पादन पर संकेन्द्रण, सस्ता भय तथा सुविकसित परिवहन प्रणाली का होना है। इसके
- अंतर्गत उगाई जाने वाली प्रमुख फसलें चाय, कॉफी, कोको, रबड़, कपास, गन्ना, केले अनानास आदि हैं।

विस्तृत वाणिज्य अनाज कृषि

- यह कृषि मध्य अक्षांशों के आंतरिक अर्द्धशुष्क प्रदेशों में की जाती है। इसके अंतर्गत उगाई जाने वाली फसलें, गेहूँ, जौ मक्का, राई एवं जई आदि हैं।

भूमध्यसागरीय कृषि

- इस प्रकार की कृषि भूमध्यसागर के समीपवर्ती क्षेत्रों में की जाती है। अंगूर की कृषि इस क्षेत्र की प्रमुख विशेषता है।

बाज़ार के लिए सब्जी खेती एवं उद्यान कृषि

- इस प्रकार की कृषि में अधिक आय या मुद्रा मिलने वाली फसलें; जैसे-सब्जियाँ, फल एवं पुष्प आदि को शामिल किया जाता है।

सहकारी कृषि

- जब कृषकों का एक समूह अपनी कृषि से अधिक लाभ कमाने के लिए स्वेच्छा से एक सहकारी संस्था बनाकर कृषि कार्य संपन्न करें तो उसे सहकारी कृषि कहते हैं।
- डेनमार्क, नीदरलैंड, बेल्जियम, स्वीडन एवं इटली आदि सहकारी कृषि के प्रमुख उदाहरण हैं।

डेरी कृषि

- उन्नत और अत्यधिक पूँजी गहन कृषि है। इसमें पशुओं के स्वास्थ्य, प्रजनन एवं पशु चिकित्सा पर भी अधिक ध्यान दिया जाता है।

मिश्रित कृषि

- इस प्रकार की कृषि विश्व के अत्यधिक विकसित भागों में की जाती है। इसके अंतर्गत उगाई जाने वाली प्रमुख फसलें मक्का, राई, गेहूँ, जौ, जई, चारे की फसलें एवं कन्द मूल आदि हैं।

सामूहिक कृषि

- इस प्रकार की कृषि में उत्पादन के साधनों का स्वामित्व संपूर्ण समाज एवं सामूहिक श्रम पर आधारित होता है। जैसे कोलखहोज (सोवियत संघ)

5 खनन

- यह गतिविधि खनिजों की खोज से संबंधित है।

खनन कार्य को प्रभावित करने वाले कारक

- **भौतिक कारक** इसमें खनिज निक्षेपों के आकार, श्रेणी एवं उपस्थिति की अवस्था को शामिल किया जाता है।
- **आर्थिक कारक** इसमें खनिज की माँग, विद्यमान तकनीकी ज्ञान एवं उसका उपयोग, अवसंरचना के विकास के लिए उपलब्ध पूँजी एवं यातायात/परिवहन व श्रम पर होने वाला व्यय शामिल किए गए हैं।

खनन की विधियाँ

- धरातलीय खनन को विवृत खनन भी कहा जाता है। यह खनिजों के खनन का सबसे सस्ता तरीका है तथा इसका उत्पादन शीघ्र व अधिक होता है।
- भूमिगत खनन में कूपकी खनन विधि प्रयुक्त की जाती है। इसमें लंबवत् कूपक गहराई तक स्थित होते हैं, जहाँ से भूमिगत गैलरियाँ खनिजों तक पहुँचने हेतु बनाई जाती हैं, जिनसे खनिजों का निष्कर्षण एवं परिवहन धरातल तक किया जाता है।

NCERT फोल्डर

अध्याय के मध्य दिए गए प्रश्न

1. मछली पकड़ने एवं कृषि करने का कार्य क्रमशः तटीय एवं मैदानी भागों के निवासी ही क्यों करते हैं? वे कौन- से भौतिक एवं सामाजिक कारक हैं, जो, विभिन्न प्रदेशों में प्राथमिक क्रियाओं के प्रकार को निर्धारित करते हैं?

उत्तर मछली प्राकृतिक रूप से जलाशयों में रहती हैं अतः मछली पकड़ने का कार्य प्रायः समुद्र के समीप तटीय क्षेत्रों में होता है। कृषि कार्य मैदानी भागों में सुगमता से किया जाता है। यहाँ कृषि की आदर्श स्थिति पाई जाती है। स्थलाकृति, जलवायु, प्राकृतिक संसाधन (भौगोलिक कारक), शिक्षा, आर्थिक स्थिति (सामाजिक कारक) विभिन्न प्रदेशों में प्राथमिक क्रियाओं के प्रकार को निर्धारित करते हैं।

नीचे दिए चार विकल्पों में से सही उत्तर चुनिए

1. निम्नलिखित में से कौन–सी रोपण फसल नहीं है?

(a) कॉफी (b) गन्ना (c) गेहूँ (d) रबड़

उत्तर (c) गेहूँ

2. निम्न देशों में से किस देश में सहकारी कृषि का सफल परीक्षण किया गया है?

(a) रूस (b) डेनमार्क
(c) भारत (d) नीदरलैंड

उत्तर (b) डेनमार्क

3. फूलों की कृषि कहलाती है

(a) ट्रक फार्मिंग (b) कारखाना कृषि
(c) मिश्रित कृषि (d) पुष्पोत्पादन

उत्तर (d) पुष्पोत्पादन

4. निम्न में से कौन–सी कृषि के प्रकार का विकास यूरोपीय औपनिवेशिक समूहों द्वारा किया गया?

(a) कोलखहोज़ (b) अंगूरोत्पादन
(c) मिश्रित कृषि (d) रोपण कृषि

उत्तर (d) रोपण कृषि

5. निम्न प्रदेशों में से किसमें विस्तृत वाणिज्य अनाज कृषि नहीं की जाती है?

(a) अमेरिका एवं कनाडा का प्रेयरी क्षेत्र
(b) अर्जेंटीना का पंपास क्षेत्र
(c) यूरोपीय स्टेपीज क्षेत्र
(d) अमेजन बेसिन

उत्तर (d) अमेजन बेसिन

6. निम्न में से किस प्रकार की कृषि में खट्टे रसदार फलों की कृषि की जाती है?

(a) बाजारीय सब्जी कृषि (b) भूमध्यसागरीय कृषि
(c) रोपण कृषि (d) सहकारी कृषि

उत्तर (b) भूमध्यसागरीय कृषि

7. निम्न कृषि के प्रकारों में से कौन-सा कर्तन-दहन कृषि का प्रकार है?

(a) विस्तृत जीवन निर्वाहक कृषि
(b) आदिकालीन निर्वाहक कृषि
(c) विस्तृत वाणिज्य अनाज कृषि
(d) मिश्रित कृषि

उत्तर (b) आदिकालीन निर्वाहक कृषि

8. निम्न में से कौन-सी एकल कृषि नहीं है?

(a) डेयरी कृषि (b) मिश्रित कृषि
(c) रोपण कृषि (d) वाणिज्य अनाज कृषि

उत्तर (b) मिश्रित कृषि

निम्नलिखित प्रश्नों के उत्तर लगभग 30 शब्दों में दीजिए

1. स्थानांतरित कृषि का भविष्य अच्छा नहीं है। विवेचना कीजिए।

उत्तर स्थानांतरित कृषि अस्थायी कृषि है तथा इस प्रकार के कृषि उत्पादन में वनस्पतियों को हानि पहुँचती है। स्थानांतरित कृषि में यदि मृदा की उर्वरता में कमी हो जाती है, तो उस भूमि को छोड़ना पड़ता है और दूसरे क्षेत्रों की भूमि की वनस्पतियों को काटकर व जलाकर उन क्षेत्रों को कृषि के लिए साफ किया जाता है। इस प्रकार एक स्थान से दूसरे स्थान पर कृषि स्थानांतरण से प्राकृतिक वनस्पतियों का लगातार विनाश होने के परिणामस्वरूप मृदा अपरदन होता है, जिससे पर्यावरण को भी क्षति पहुँचती है।

इस कृषि को पर्यावरण के अनुकूल नहीं माना जाता है, इसलिए इस कृषि का भविष्य अच्छा नहीं है। वर्तमान समय में इसे नियत्रण करने का पूरा प्रयास किया जा रहा है।

2. बाजारीय सब्जी कृषि नगरीय क्षेत्रों के समीप ही क्यों की जाती है?

उत्तर आर्थिक दृष्टिकोण से बाजारीय सब्जी कृषि का संबंध विभिन्न प्रकार की सब्जियों, फल एवं पुष्पों के उत्पादन से है, जिसकी माँग नगरीय क्षेत्रों में अधिक होती है।इस प्रकार की कृषि यातायात के साधन से उच्च आय वाले नगरीय उपभोक्ताओं से जुड़ी होती है। इसलिए यह नगरीय क्षेत्रों के समीप की जाती है।

3. विस्तृत पैमाने पर डेयरी कृषि का विकास यातायात के साधनों एवं प्रशीतकों के विकास के बाद ही क्यों संभव हो सका है?

उत्तर डेयरी कृषि का संबंध दूध के उत्पादन से है, जिसमें दुधारू पशुओं को उचित तरीके से पाला जाता है। इस कृषि में दूध एवं दूध से संबंधित उत्पादों का जल्दी खराब होने का खतरा रहता है, जिसके कारण इन्हें उपभोक्ताओं तक शीघ्र पहुँचाना आवश्यक होता है।

परिणामस्वरूप, शीघ्र पहुँचाने हेतु यातायात के साधन तथा उत्पादों को अधिक समय तक ताजा रखने हेतु प्रशीतकों की आवश्यकता होती है।

अतः इनके विकास के उपरांत ही डेयरी कृषि का विकास व्यापक रूप में हुआ है, जिससे कई दिनों तक दूध उत्पादों को ताजा रखा जा सकता है।

निम्नलिखित प्रश्नों के उत्तर लगभग 150 शब्दों में दीजिए

1. चलवासी पशुचारण और वाणिज्य पशुधन पालन में अंतर स्पष्ट कीजिए। **CBSE 2016**

उत्तर चलवासी पशुचारण और वाणिज्य पशुधन पालन में निम्नलिखित अंतर हैं

चलवासी पशुचारण	वाणिज्य पशुधन पालन
चलवासी पशुचारण जीवन निर्वाह का प्राचीन व्यवसाय रहा है।	वाणिज्य पशुधन पालन चलवासी पशुचारण के बाद का नया व्यवसाय है।
चलवासी पशुचारण में चारे के लिए पूर्णत: प्राकृतिक निर्भरता होती है।	वाणिज्य पशुधन पालन में चारे के लिए केवल प्रकृति के ऊपर निर्भरता नहीं होती, बल्कि चारा उगाया भी जाता है।
इस प्रकार के पशुचारण में अनेक प्रकार के पशुओं को रखा जाता है।	वाणिज्य पशुधन पालन में उस क्षेत्र की भौगोलिक दशा में रहने वाले विशेष पशुओं को रखा जाता है।
विश्व में चलवासी पशुचारण के प्रमुख क्षेत्र उत्तरी अफ्रीका के अटलांटिक तट से अरब प्रायद्वीप होते हुए मंगोलिया एवं मध्य चीन तक, दूसरा क्षेत्र यूरोप एवं एशिया के टुंड्रा प्रदेश तथा तीसरा दक्षिण-पश्चिमी अफ्रीका एवं मेडागास्कर द्वीप है।	वाणिज्य पशुधन पालन के मुख्य क्षेत्र न्यूजीलैंड, ऑस्ट्रेलिया, अर्जेंटीइना, उरुग्वे एवं संयुक्त राज्य अमेरिका हैं।
चलवासी पशुचारण में संलग्न लोग चारे तथा जल की खोज में एक स्थान से दूसरे स्थान पर प्रवास करते हैं।	वाणिज्य पशुधन पालन करने वाले एक निश्चित स्थान पर फार्म के रूप में पशुओं का पालन करते हैं।

2. रोपण कृषि की मुख्य विशेषताएँ बताइए एवं भिन्न-भिन्न देशों में उगाई जाने वाली कुछ प्रमुख रोपण फसलों के नाम बताइए।

अथवा **रोपण कृषि की विशेषताओं को बताइए।**

अथवा **संसार में रोपण कृषि की किन्हीं छः फसलों के नाम बताइए। रोपण कृषि की किन्हीं चार विशेषताओं का वर्णन कीजिए।**

अथवा **विश्व में रोपण कृषि की किन्हीं पाँच विशेषताओं का वर्णन कीजिए।**

उत्तर रोपण कृषि की मुख्य विशेषताएँ निम्नलिखित हैं

- इस कृषि की मुख्य विशेषता यह है कि इसके अंतर्गत कृषि क्षेत्र का आकार बहुत विस्तृत होता है।
- इसमें अधिक पूँजी निवेश, उच्च प्रबंध एवं तकनीकी आधार तथा वैज्ञानिक विधियों का प्रयोग किया जाता है। यह एक फसली कृषि है, जिसमें किसी एक फसल के उत्पादन पर ही संकेंद्रण किया जाता है।
- इसमें सस्ते श्रमिक एवं यातायात के विकसित साधनों की आवश्यकता होती है, जिनके द्वारा बागान एवं बाजार सुचारु रूप से जुड़े रहते हैं।
- इस प्रकार की कृषि का अधिकतर भाग निर्यात कर दिया जाता है।
- यह एक वृहत स्तरीय लाभदायक उत्पादन प्रणाली है।

भिन्न-भिन्न देशों में उगाई जाने वाली कुछ प्रमुख रोपण फसलें निम्नलिखित हैं

प्रमुख देश	प्रमुख रोपण फसलें
पश्चिमी अफ्रीका	कॉफी एवं कोकोआ
भारत एवं श्रीलंका	चाय
मलेशिया	रबड़
पश्चिमी द्वीप समूह	गन्ना एवं केला
फिलीपींस	नारियल एवं गन्ना
इंडोनेशिया	नारियल एवं गन्ना
ब्राजील	कॉफी

अभ्यास प्रश्न

वस्तुनिष्ठ प्रश्न

बहुविकल्पीय प्रश्न

1. प्राथमिक क्रियाओं में संलग्न श्रमिकों को .... कहा जाता है

(a) कृषक (b) कुशल श्रमिक
(c) लाल कॉलर श्रमिक (d) आखेटक

उत्तर *(c)* लाल कॉलर श्रमिक

2. प्राथमिक क्रियाओं में सम्मिलित कार्य है

(a) कृषि (b) खनन
(c) पशुचारण (d) ये सभी

उत्तर *(d)* ये सभी

3. ग्रामीण बस्तियों में लोग अपनी आजीविका के लिए मुख्य रूप से निम्नलिखित में से किस क्षेत्र पर निर्भर हैं? **CBSE 2021**

(a) प्राथमिक (b) द्वितीयक
(c) तृतीयक (d) चतुर्थक

उत्तर *(a)* प्राथमिक

4. निम्नलिखित में से कौन-सी क्रिया प्राथमिक क्रियाओं के अंतर्गत आती हैं? **CBSE 2021**

(a) जूते बनाना (b) टोकरियों का बनाना
(c) दूध वेंडिंग (d) सिलाई

उत्तर *(b)* टोकरियों का बनाना

5. कृषि विभिन्न प्रकार के फसलों का बोया जाना है। नीचे दी गई कृषि प्रणाली की पहचान करें।

इस कृषि की प्रमुख विशेषता यह है कि इसमें कृषि क्षेत्र का आकार बहुत विस्तृत होता है। इसमें अधिक पूँजी निवेश, उच्च प्रबंध एवं तकनीकी आधार एवं वैज्ञानिक विधियों का प्रयोग किया जाता है यह एक फसली कृषि है। इस कृषि में सस्ते श्रमिक व विकसित यातायात की आवश्यकता होती है।

(a) मिश्रित कृषि (b) वाणिज्यिक कृषि
(c) रोपण कृषि (d) गहन निर्वाह कृषि

उत्तर *(c)* रोपण कृषि

6. पशुपालकों का गर्मियों में मैदानों से पर्वतीय चरागाह की ओर किया गया प्रवास कहलाता है

(a) चलवासी प्रवास (b) ऋतुप्रवास
(c) पशुपालन प्रवास (d) पशुचारण

उत्तर *(b)* ऋतुप्रवास

7. चलवासी पशुचारण के अंतर्गत प्रमुख क्षेत्र कितने हैं? **CBSE 2024**

(a) चार (b) पाँच
(c) दो (d) तीन

उत्तर *(d)* तीन

8. निम्नलिखित में से कौन-सा निर्वाहन संग्रहण का महत्त्वपूर्ण क्षेत्र है? **CBSE 2023**

(a) दक्षिण अफ्रीका (b) अमेजन बेसिन
(c) इंडोनेशिया (d) मैक्सिको

उत्तर *(b)* अमेजन बेसिन

9. निम्न में से कौन-सा चलवासी पशुचारण क्षेत्र है?

(a) यूरोप तथा एशिया के टुंड्रा प्रदेश
(b) दक्षिण-पश्चिम अफ्रीका एवं मेडागास्कर द्वीप
(c) 'a' और 'b' दोनों
(d) उपरोक्त में से कोई नहीं

उत्तर *(c)* 'a' और 'b' दोनों

10. वाणिज्यिक पशुधन पालन के संबंध में कौन-सा कथन सही नहीं है? **CBSE 2021**

(a) वाणिज्यिक पशुधन पालन पश्चिमी संस्कृति से जुड़ा हुआ है
(b) चराई को नियंत्रित करने के लिए क्षेत्र विशेष की घेराबंदी की जाती है
(c) चरागाहों की मात्रा के आधार पर एक स्थान से दूसरे स्थान पर जाना
(d) जब एक क्षेत्र की घास चराई करने के पश्चात् जानवर दूसरे क्षेत्र में जाते हैं

उत्तर *(b)* चराई को नियंत्रित करने के लिए क्षेत्र विशेष की घेराबंदी की जाती है।

11. चारे की फसलें निम्नलिखित में से किस प्रकार की कृषि का मुख्य घटक हैं? **CBSE 2023**

(a) मिश्रित (b) भूमध्यसागरीय
(c) सहकारी (d) सामूहिक

उत्तर *(a)* मिश्रित

12. निम्नलिखित में से किस प्रकार का कृषि का संबंध एकल फसल के उत्पादन से है? **CBSE 2024**

(a) गहन निर्वाह कृषि (b) रोपण कृषि
(c) मिश्रित कृषि (d) भूमध्यसागरीय कृषि

उत्तर *(b)* रोपण कृषि

13. ब्राजील के कॉफी बागानों को क्या कहा जाता है?

(a) सोरपम (b) दिहांग (c) बेल्ड़ (d) फेजेंडा

उत्तर *(d)* फेजेंडा

14. निम्नलिखित में से कौन-सी एक वृक्षारोपण कृषि की विशेषता है? **CBSE 2021**

(a) यह एकल फसल विशेषज्ञता है
(b) यह बहु फसल विशेषज्ञता है
(c) निर्वाह कृषि का उदाहरण है
(d) यह कृषि बहुत ही आदिम औजारों की सहायता से की जाती है

उत्तर *(b)* यह बहु फसल विशेषज्ञता है।

15. **'प्रत्येक समुदाय परंपरागत रूप से अपने अधिकार क्षेत्र के अंतर्गत, अधिग्रहण से पूरी तरह परिचित होता है।'** *दक्षता आधारित प्रश्न*

अथवा **यह कथन, निम्नलिखित में से किस विशेषता को दर्शाता है?** **CBSE 2020**

(a) निर्वाह कृषि (b) चलवासी पशुचारण
(c) रोपण कृषि (d) सामूहिक कृषि

उत्तर *(d)* सामूहिक कृषि

16. **निम्नलिखित में से कौन कोलखहोज से संबंधित है?** **CBSE 2021**

(a) वाणिज्यिक कृषि (b) सामूहिक कृषि
(c) ट्रक कृषि (d) गार्डन कृषि

उत्तर *(b)* सामूहिक कृषि

17. **'लादांग' का संबंध निम्नलिखित में से किस देश से है?** **CBSE 2023**

(a) मलेशिया (b) मैक्सिको
(c) भारत (d) ब्राजील

उत्तर *(a)* मलेशिया

18. **वाणिज्य डेरी कृषि के तीन प्रमुख क्षेत्र हैं, सबसे बड़ा प्रदेश उत्तरी पश्चिमी यूरोप का क्षेत्र है। दूसरा कनाड़ा एवं तीसरा क्षेत्र न्यूजीलैंड़, दक्षिणी पूर्वी ऑस्ट्रेलिया एवं .... हैं।** *दक्षता आधारित प्रश्न*

(a) जिबूती (b) इंडोनेशिया
(c) पापुआ न्यू गिनी (d) तस्मानिया

उत्तर *(d)* तस्मानिया

19. **पश्चिमी यूरोप एवं उत्तरी अमेरिका के औद्योगिक क्षेत्रों में ....** *दक्षता आधारित प्रश्न*

(a) उद्यान कृषि के अतिरिक्त कारखाना कृषि भी की जाती है
(b) जनसंख्या घनत्व अधिक है
(c) अधिक मुद्रा मिलने वाली फसलें लगाई जाती हैं
(d) अच्छे किस्म के अँगूरों से उच्च गुणवत्ता वाली मदिरा का उत्पादन किया जाता है

उत्तर *(a)* उद्यान कृषि के अतिरिक्त कारखाना कृषि भी की जाती है।

20. **दिए गए महाद्वीपों को पश्चिम से पूर्व के क्रम में लगाए?** *दक्षता आधारित प्रश्न*

1. **उत्तरी अमेरिका** 2. **ऑस्ट्रेलिया**
3. **एशिया** 4. **अफ्रीका**

कूट

(a) 1, 2, 3, 4 (b) 1, 4 ,3, 2
(c) 1, 3, 4, 2 (d) 4, 3, 2, 1

21. **खनन को प्रभावित करने वाले भौतिक कारकों का चयन करें।** **CBSE 2021**

(a) खनिज की माँग
(b) तकनीकी ज्ञान
(c) ढाँचागत विकास
(d) खनिज संग्रह क्षेत्र में परिवर्तन होना

उत्तर *(b)* तकनीकी ज्ञान

22. **चलवासी पशुचारण के संबंध में निम्नलिखित विशेषताओं में से कौन-सी एक सही है?** **CBSE 2023**

(a) चलवासी पशुचारण एक आधुनिक वाणिज्य क्रियाकलाप है
(b) इसका पालन स्थायी चरागाहों पर होता है
(c) भिन्न-भिन्न क्षेत्रों में कई प्रकार के पशु पाले जाते हैं
(d) चलवासी पशुचारण आधुनिक तकनीकी से जुड़ा है

उत्तर *(c)* भिन्न-भिन्न क्षेत्रों में कई प्रकार के पशु पाले जाते हैं

23. **निम्नलिखित से धरातलीय खनन विधि की विशेषता का चयन कीजिए** **CBSE 2021**

(a) खनन का सबसे सस्ता तरीका है
(b) इसके लिए लिफ्ट ड्रिल की आवश्यकता होती है
(c) वेंटिलेशन सिस्टम को आवश्यकता है
(d) इसमें उच्च श्रम लागत है

उत्तर *(a)* खनन का सबसे सस्ता तरीका

24. **खनन के संबंध में कौन-सा/से कथन सही नहीं है/हैं?** *दक्षता आधारित प्रश्न*

1. **धरातलीय खनन को विवृत खनन भी कहा जाता है।**
2. **भूमिगत खनन को कूपकी खनन भी कहा जाता है।**
3. **धरातलीय खनन खनिजों को सबसे महँगा तरीका है।**
4. **जब अयस्क धरातल के नीचे गहराई में होता है, तब भूमिगत विधि का प्रयोग किया जाता है।**

कूट

(a) 2 और 3 (b) केवल 3
(c) केवल 4 (d) 1 और 2

उत्तर *(b)* केवल 3

25. **निम्नलिखित कथनों में से कौन-सा से कथन सही है/हैं?** *दक्षता आधारीत प्रश्न*

1. **भूमध्यसागरीय कृषि क्षेत्र में अंगूर का उत्पादन मुख्य रूप से किया जाता है।**
2. **उच्च गुणवत्ता वाले अंगूर से शराब व निम्न गुणवत्ता वाले अंगूर से किशमिश बनाई जाती है।**

कूट

(a) केवल 1 (b) केवल 2
(c) 1 और 2 दोनों (d) न तो 1 और न ही 2

उत्तर *(c)* 1 और 2 दोनों

26. **निम्नलिखित कथनों में से कौन-सा/से कथन कृषि प्रणाली के संदर्भ में सही है/हैं?** *दक्षता आधारित प्रश्न*

1. **चारे की फसलें मिश्रित कृषि के मुख्य घटक हैं।**
2. **डेरी कृषि का कार्य नगरीय एवं औद्योगिक केंद्रों के समीप किया जाता है।**
3. **अंगूर की कृषि भूमध्यसागरीय क्षेत्र की विशेषता है।**
4. **सहकारी कृषि को सबसे अधिक सफलता स्वीडन में मिली।**

कूट

(a) 1, 2 और 4 (b) 2, 3 और 4
(c) 1, 2 और 3 (d) 1, 3 और 4

उत्तर *(c)* 1, 2, 3

27. **विश्व में पशुधन पालन की विशेषताएँ नीचे दी गई हैं। इनको ध्यान से पढ़िए और पशुधन के प्रकार की पहचान कीजिए।** *दक्षता आधारित प्रश्न*

- **स्थायी फार्मों में चारागाह की क्षमता के अनुसार पशुओं को पाला जाता है।**
- **इसमें पशुपालन अत्यधिक व्यवस्थित एवं पूँजी प्रधान होता है।**

- पशुधन पालन के अंतर्गत एक ही प्रकार के पशुओं को पाला जाता है।
- न्यूजीलैंड, ऑस्ट्रेलिया, अर्जेंटीना, उरुग्वे तथा संयुक्त राज्य अमेरिका देश इसके अंतर्गत आते हैं।

पशुधन पालन

(a) चलवासी (b) वाणिज्य
(c) मिश्रित (d) इनमें से कोई नहीं

उत्तर *(b)* वाणिज्य

28. **नीचे दिए गए कथन I व कथन II को ध्यानपूर्वक पढ़कर कूट सहायता से उत्तर का चयन कीजिए**

कथन I मरुस्थलीय क्षेत्रों में भी चलवासी पशुचारण के प्रवास को देखा जा सकता है।

कथन II आधुनिक समय में विश्व के देशों द्वारा नई बस्तियों की योजना बनाने तथा राजनीतिक सीमाओं के निर्धारण से पशुचारण के क्षेत्रों में कमी आई है, जिसके कारण चलवासी पशुचालन घटता जा रहा है।

कूट

(a) कथन I सही है, किंतु कथन II गलत है
(b) कथन I गलत है, किंतु कथन II सही है
(c) कथन I और II दोनों सही हैं तथा कथन II, कथन I की सही व्याख्या करता है
(d) कथन I और II दोनों सही है तथा कथन II, कथन I की सही व्याख्या नहीं करता है

उत्तर *(b)* कथन I गलत है, किंतु कथन II सही है।

29. **निम्नलिखित में से कौन सा-युग्म सही सुमेलित नहीं है?**

	क्रियाकलाप		विशेषताएँ
(a)	ट्रक फार्मिंग	—	सब्जियों का उत्पादन
(b)	फैक्ट्री फार्मिंग	—	पशुपालन व मुर्गीपालन
(c)	मार्केट गार्डनिंग	—	फूलों का उत्पादन
(d)	विटी कल्चर	—	मत्स्यन

उत्तर *(d)* विटी कल्चर—मत्स्यन

30. **निम्नलिखित में से कौन-सा युग्म सही सुमेलित है?** **CBSE 2021**

(a) भूमध्यसागरीय कृषि — खट्टे फलों का उत्पादन
(b) मिश्रित खेती — धान केंद्रित खेती करना
(c) आदिम निर्वाह कृषि — यंत्रीकृत अनाज की खेती
(d) गहन निर्वाह कृषि — झूमिंग खेती

उत्तर *(a)* भूमध्यसागरीय कृषि — खट्टे फलों का उत्पादन

31. **निम्नलिखित में से कौन-से युग्म सही सुमेलित हैं?**

1. मैक्सिको – मिल्पा
2. ब्राजील – रोका
3. वियतनाम – टावी
4. भारत – झूम

कूट

(a) 1, 2 और 3 (b) 2, 3 और 4
(c) 1, 2 और 4 (d) 1, 3 और 4

उत्तर *(c)* 1, 2 और 4

32. **निम्नलिखित युग्मों में से कौन-से युग्म सही सुमेलित हैं?**

1.	मिश्रित कृषि	—	अधिक जनसंख्या वाले क्षेत्रों में
2.	डेयरी कृषि	—	नगरीय एवं औद्योगिक केंद्र के समीप
3.	सहकारी कृषि	—	पश्चिमी यूरोप में अधिक प्रचलित
4.	गहन कृषि	—	प्रति व्यक्ति उत्पादन कम

कूट

(a) 1, 2 और 3 (b) 1, 2 और 4
(c) 2, 3 और 4 (d) 1, 3 और 4

उत्तर *(a)* 1, 2 और 3

33. **निम्न में से कौन-से क्षेत्र चलवासी पशुचारण के लिए प्रसिद्ध हैं?**

1. मध्य चीन क्षेत्र
2. उत्तरी अफ्रीका के अटलांटिक तट
3. दक्षिण-पश्चिम अफ्रीका
4. एशिया के टुंड्रा प्रदेश

कूट

(a) 1, 3 और 4 (b) 2, 3 और 4
(c) 1, 2 और 4 (d) 1, 2, 3 और 4

उत्तर *(c)* 1, 2 और 4

34. **विश्व में वाणिज्य कृषि का प्रमुख क्षेत्र है**

1. कनाडा 2. उत्तर-पश्चिम यूरोप
3. मध्य चीन 4. दक्षिण-पूर्वी ऑस्ट्रेलिया

कूट

(a) 1, 2 और 4 (b) 2, 3 और 4
(c) 1, 3 और 4 (d) 1, 2, 3 और 4

उत्तर *(a)* 1, 2 और 4

35. **निम्नलिखित में से कौन-सा क्रम सही है?**

(a) ताम्र युग, कांस्य युग, लौह युग
(b) लौह युग, कांस्य युग, ताम्र युग
(c) ताम्र युग, लौह युग, कांस्य युग
(d) कांस्य युग, ताम्र युग, लौह युग

उत्तर *(a)* ताम्र युग, कांस्य युग, लौह युग

36. **सहकारी कृषि व सामूहिक कृषि के संदर्भ में कौन-सा/से कथन सही है/हैं?**

1. सहकारी कृषि डेनमार्क, नीदरलैंड, बेल्जियम, स्वीडन व इटली में सफल रही है।
2. सहकारी कृषि को सर्वाधिक सफलता इटली में प्राप्त हुई।
3. सामूहिक कृषि का प्रारंभ यूरोप में हुआ था।
4. सामूहिक कृषि में उत्पादन के साधनों का स्वामित्व संपूर्ण समाज एवं सामूहिक श्रम पर आधारित होता है।

विकल्प

(a) 1 और 4 दानों
(b) केवल 1
(c) 3 और 4 दानों
(d) केवल 1

उत्तर *(a)* 1 और 4 दाना

37. दिए गए कथन को ध्यानपूर्वक पढ़िए और नीचे दिए गए प्रश्न का उत्तर दीजिए। *दक्षता आधारीत प्रश्न*

"पशुओं के स्वास्थ्य, प्रजनन एवं पशु चिकित्सा के साथ पशुओं के घर, चारे की व्यवस्था तथा दूध उत्पादन में प्रयोग हेतु इस व्यवस्था में पूँजी की अधिक आवश्यकता होती है।"

उपरोक्त पंक्तियों में किस कृषि प्रणाली की चर्चा की गई है?

(a) मिश्रित कृषि
(b) सामूहिक कृषि
(c) डेरी कृषि
(d) ट्रक फार्मिंग

उत्तर *(c)* डेरी कृषि

38. सूची I को सूची II से सही सुमेलित कीजिए

सूची I (क्षेत्र/देश)	सूची II (स्थानांतरित कृषि)
A. वियतनाम	1. रे
B. ब्राजील	2. रोका
C. मैक्सिको	3. मिल्पा
D. मलेशिया	4. लादांग

कूट

	A	B	C	D
(a)	1	2	3	4
(b)	2	4	3	1
(c)	3	1	4	2
(d)	4	2	1	3

उत्तर *(a)* 1 2 3 4

39. सूची I को सूची II से सही सुमेलित कीजिए

सूची I (चलवासी पशुचारण क्षेत्र)	सूची II (जानवर)
A. सहारा मरुस्थल	1. याक
B. तिब्बत	2. ऊँट
C. उष्णकटिबंधीय अफ्रीका	3. रेंडियर
D. उप-ध्रुवीय क्षेत्र	4. गाय

कूट

	A	B	C	D
(a)	1	2	4	3
(b)	2	1	4	3
(c)	3	2	4	1
(d)	4	1	3	2

उत्तर *(b)* 2 1 4 3

40. सूची I को सूची II से सही सुमेलित कीजिए

सूची I (क्रियाकलाप)	सूची II (लक्षण)
A. निर्वाह कृषि	1. दुधारू पशु पालन
B. मिश्रित कृषि	2. खट्टे फलों की आपूर्ति
C. डेयरी कृषि	3. उत्पादक एवं उपभोक्ता
D. भूमध्यसागरीय कृषि	4. फसल उत्पादन के साथ पशुपालन

कूट

	A	B	C	D
(a)	1	3	4	2
(b)	2	1	4	3
(c)	3	4	1	2
(d)	4	2	1	3

उत्तर (c) 3 4 1 2

41. सूची I को सूची II से सही सुमेलित कीजिए

सूची I	सूची II
A. भोजन संग्रहण	1. मेडागास्कर द्वीप
B. चलवासी पशुचारण	2. अमेजन बेसिन
C. वाणिज्य पशुधन पालन	3. अर्जेंटीना
D. चावल रहित गहन निर्वाह कृषि	4. पश्चिमी अफ्रीका
E. रोपण कृषि	5. उत्तरी चीन
F. भूमध्यसागरीय कृषि	6. दक्षिण-पश्चिम ऑस्ट्रेलिया

कूट

	A	B	C	D	E	F
(a)	3	2	1	4	5	6
(b)	2	1	3	5	4	6
(c)	1	2	5	4	3	6
(d)	1	5	2	3	4	6

उत्तर *(b)* 2 1 3 5 4 6

42. सूची I को सूची II से सही सुमेलित कीजिए

सूची I (मैदान)	सूची II (कृषि प्रदेश/ देश)
A. प्रेयरीज	1. उत्तरी अमेरिका
B. पंपास	2. अर्जेंटीना
C. स्टेपीज	3. यूरेशिया
D. कैंटबरी	4. न्यूजीलैंड

कूट

	A	B	C	D
(a)	3	4	2	1
(b)	3	4	1	2
(c)	1	2	3	4
(d)	4	3	1	2

उत्तर (c) 1 2 3 4

निर्देश (प्र. सं. 43-44) नीचे दिए गए कथन (A) तथा कारण (R) को ध्यानपूर्वक पढ़कर कूट की सहायता से सही उत्तर का चयन करें *दक्षता आधारित प्रश्न*

कूट

(a) A और R दोनों सही हैं तथा R, A की सही व्याख्या है
(b) A और R दोनों सही हैं, परंतु R, A की सही व्याख्या नहीं है
(c) A सही है, किंतु R गलत है
(d) A गलत है, किंतु R सही है

43. **कथन** (A) **वाणिज्य पशुधन पालन सामान्यतः चलवासी पशुचारण की अपेक्षा अधिक व्यवस्थित एवं पूँजी प्रधान होता है।**

कारण (R) **विश्व में वाणिज्य पशुधन पालन वाले देश क्रमशः न्यूजीलैंड, ऑस्ट्रेलिया, अर्जेंटीना, उरुग्वे एवं संयुक्त राज्य अमेरिका है।**

उत्तर *(c)* चलवासी पशुचारण की अपेक्षा वाणिज्य पशुधन पालन अधिक व्यवस्थित एवं पूँजी प्रधान होता है। वाणिज्य पशुधन पालन पश्चिमी संस्कृति से प्रभावित हैं एवं इसके फार्म भी स्थायी होते हैं। विश्व में न्यूजीलैंड, ऑस्ट्रेलिया, अर्जेंटीना, युरुग्वे एवं संयुक्त राज्य अमेरिका में वाणिज्य पशुधन पालन किया जाता है।

44. **कथन** (A) **भूमध्यसागरीय कृषि खट्टे एवं रसदार फलों की आपूर्ति हेतु प्रसिद्ध है, इसे ट्रक कृषि भी कहा जाता है।**

कारण (R) **सर्दियों के मौसम में यूरोप एवं संयुक्त राज्य अमेरिका में सब्जियों एवं फलों की आपूर्ति भूमध्यसागरीय क्षेत्रों से की जाती है।**

उत्तर *(c)* भूमध्यसागरीय कृषि अति विशिष्ट प्रकार की कृषि है। इसका विस्तार भूमध्यसागर के समीपवर्ती क्षेत्र में है। यह खट्टे फलों की आपूर्ती करने में महत्त्वपूर्ण क्षेत्र है। शीत ऋतु में जब यूरोप एवं संयुक्त राज्य अमेरिका में फलों एवं सब्जियों की माँग होती है, तब इसी क्षेत्र से पूर्ति की जाती है।

45. **निम्नलिखित चार्ट को पूरा कीजिए**

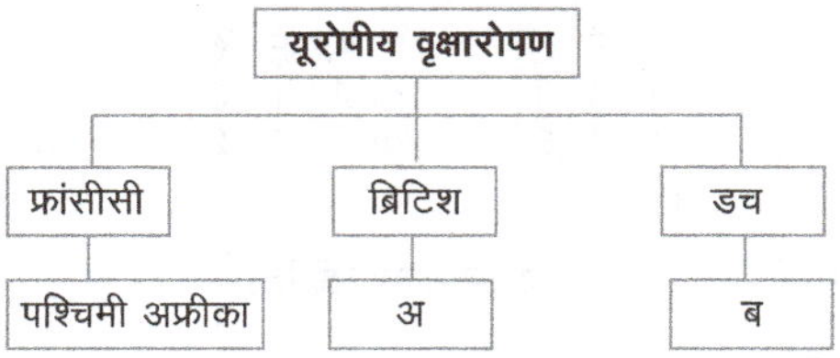

(a) अ - ब्राजील, ब - स्पेन
(b) अ - भारत, ब - इंडोनेशिया
(c) अ - पश्चिमी अफ्रीका, ब - स्विट्जरलैंड
(d) अ - तुर्की, ब - चीन

उत्तर *(b)* अ - भारत, ब - इंडोनेशिया

46. **निम्नलिखित चार्ट को पूरा कीजिए**

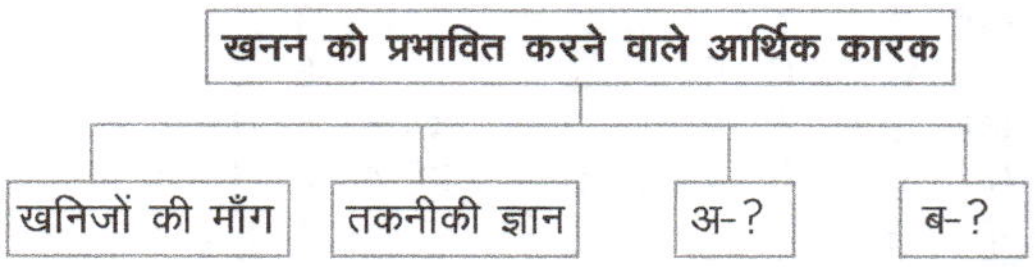

(a) अ - उपलब्ध पूँजी, ब - निक्षेप का आकार
(b) अ - तकनीकी ज्ञान, ब - निक्षेप की स्थिति
(c) अ - उपलब्ध पूँजी, ब - यातायात एवं श्रम
(d) अ - तकनीकी ज्ञान, ब - खनन समय

उत्तर *(c)* अ - उपलब्ध पूँजी, ब - यातायात एवं श्रम

लघु उत्तरीय प्रश्न

1. **संसार में किए जाने वाले आखेट और भोजन संग्रह की आर्थिक क्रियाओं की पाँच विशेषताओं का वर्णन कीजिए।**

उत्तर संसार में प्रचलित आखेट और भोजन संग्रह की आर्थिक क्रियाओं की पाँच विशेषताएँ इस प्रकार हैं

(i) यह प्राचीन क्रिया है, जिसमें पत्थर या लकड़ी के औजारों का प्रयोग किया जाता था।
(ii) इस क्रिया में जीवन निर्वाह के लिए मनुष्य को पर्यावरण पर निर्भर रहना पड़ता था।
(iii) इसमें लोग भोजन, वस्त्र तथा अन्य आवश्यकताओं की पूर्ति पशुओं एवं वनस्पति के उत्पादों के संग्रह से करते थे।
(iv) आखेट एवं भोजन संग्रह से संबंधित कार्यों में पूँजी की कम आवश्यकता के साथ निम्न तकनीकी ज्ञान की आवश्यकता होती थी।
(v) इस क्रियाकलाप में प्रतिव्यक्ति आय बहुत कम और उत्पादकता भी कम होती थी।

2. **विश्व स्तर पर संग्रहण के महत्त्वपूर्ण होने के कम अवसर क्यों हैं? इसके तीन कारण बताइए।**

उत्तर भोजन संग्रह एवं आखेट प्राचीनतम आर्थिक क्रियाएँ हैं, जो विश्व के विभिन्न भागों एवं विभिन्न रूपों में जीवन निर्वाह के लिए की जाती थीं, लेकिन धीरे-धीरे इनका महत्त्व कम होता गया। इसके निम्न कारण थे

- औद्योगीकरण के कारण संग्रहण घटने लगा।
- कृत्रिम उत्पादों की अच्छी गुणवत्ता होने के कारण ये विश्व बाजार में प्रतिस्पर्द्धा करने में सक्षम नहीं हैं।
- इसके अतिरिक्त कृत्रिम उत्पादों के अपेक्षाकृत कम मूल्य ने भी संग्रहण के महत्त्व को कम किया है।

इसमें भोजन अधिशेष नहीं रहता है एवं प्रति हेक्टेयर उत्पादकता भी कम होती है। वर्तमान समय में इसका प्रचलन कम होने लगा है।

3. **निर्वाहन संग्रहण के क्षेत्रों को दिखाने वाले दिए गए मानचित्र का अध्ययन सावधानीपूर्वक कीजिए और निम्नलिखित प्रश्नों के उत्तर दीजिए** *दक्षता आधारित प्रश्न*

(i) **A, B, C और D द्वारा अंकित क्षेत्रों की पहचान कीजिए और उनके नाम उत्तर पुस्तिका में लिखिए।**
(ii) **संग्रहण की किन्हीं चार विशेषताओं की व्याख्या कीजिए।**
(iii) **विश्व स्तर पर संग्रहण महत्त्वपूर्ण क्यों नहीं हो सकता है? दो कारण दीजिए।**

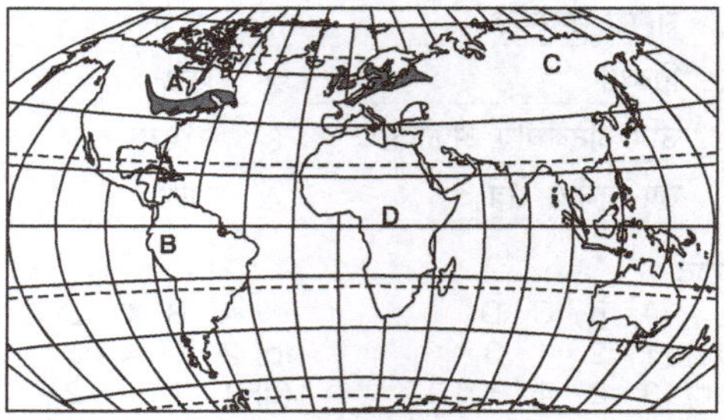

उत्तर (i) A. B. C और D के प्रमुख क्षेत्रों के नाम इस प्रकार हैं

A. उत्तरी कनाडा B. अमेजन बेसिन
C. उत्तरी यूरेशिया D. उष्णकटिबंधीय अफ्रीका

(ii) संग्रहण की चार विशेषताएँ निम्नलिखित हैं

- यह प्राचीन आर्थिक क्रिया है।
- यह कार्य आदिमकालीन समाज के लोग करते हैं।
- यह कार्य अतिशील एवं अत्यधिक गर्म प्रदेशों में किया जाता है।
- इस कार्य में संलग्न लोग पशुओं एवं वनस्पतियों से भोजन, वस्त्र एवं अन्य आवश्यकताओं की पूर्ति करते हैं।

(iii) संग्रहण के विश्व स्तर पर महत्त्वपूर्ण नहीं होने के दो कारण निम्नलिखित हैं

- संग्रहण के उत्पाद में गुणवत्ता का अभाव पाया जाता है।
- प्रतिव्यक्ति उत्पादकता कम पाई जाती है।

4. "चलवासी पशुचारकों की संख्या अब घट रही है एवं इनके द्वारा उपयोग में लाए गए क्षेत्र में भी कमी हो रही है।" कथन की पुष्टि कीजिए। दक्षता आधारित प्रश्न

उत्तर पशुपालक का पशुओं के साथ चरागाह तथा पानी की खोज में एक स्थान से दूसरे स्थान पर स्थानांतरण करते रहना चलवासी पशुचारण कहलाता है। इस पशुपालन में लोग जलवायु की स्थिति या क्षेत्रों के अनुसार पशुओं को पालते हैं; जैसे—मरुस्थलीय क्षेत्र में भेड़ व बकरी, उप-ध्रुवीय क्षेत्रों में रेंडियर आदि। पशुपालकों को मौसम के अनुसार प्रवास भी करना पड़ता है। आधुनिक समय में इसकी प्रासंगिकता यह है कि बस्तियों की योजना बनाने तथा राजनीतिक सीमाओं के निर्धारण से पशुचारण के क्षेत्रों में कमी आई है, जिससे यह घटता जा रहा है।

5. आदिकालीन निर्वाह कृषि एवं गहन निर्वाह कृषि में अंतर स्पष्ट कीजिए।

उत्तर आदिकालीन निर्वाह कृषि एवं गहन निर्वाह कृषि में निम्नलिखित अंतर हैं

आदिकालीन निर्वाह कृषि	गहन निर्वाह कृषि
आदिकालीन निर्वाह कृषि उष्णकटिबंधीय क्षेत्रों में की जाती है।	गहन निर्वाह कृषि एशिया के घने बसे देशों में की जाती है।
इस प्रकार की कृषि में इन क्षेत्रों की वनस्पति को जला दिया जाता है तथा उससे प्राप्त राख उर्वरक का कार्य करती है।	इस प्रकार की कृषि में भूमि का गहन उपयोग होता है। उर्वरता बनाए रखने के लिए पशुओं के गोबर की खाद का उपयोग किया जाता है।
इसमें पुराने औजारों का प्रयोग होता है।	इसमें आधुनिक तकनीकों का प्रयोग किया जाता है।

6. गहन निर्वाह कृषि तथा विस्तृत वाणिज्यिक अनाज कृषि में पाँच-पाँच अंतर बताइए। CBSE 2009

उत्तर गहन निर्वाह कृषि तथा विस्तृत वाणिज्यिक अनाज कृषि में निम्नलिखित अंतर हैं

गहन निर्वाह कृषि	विस्तृत वाणिज्यिक अनाज कृषि
यह कृषि उन क्षेत्रों में की जाती है, जहाँ जनसंख्या का घनत्व अधिक होता है तथा प्रतिव्यक्ति भूमि भाग कम होता है।	यह खेती विरल जनसंख्या वाले क्षेत्रों में की जाती है, जहाँ भूमि अनुपात प्रतिव्यक्ति अधिक होता है।
इस प्रकार की कृषि में अधिकतर कार्य हाथ से किया जाता है।	इस प्रकार की कृषि में मशीनों का प्रयोग बड़े पैमाने पर किया जाता है।
प्रतिव्यक्ति उत्पादन कम, लेकिन कुल उत्पादन अधिक होता है।	प्रतिव्यक्ति उत्पादन अधिक, लेकिन कुल उत्पादन कम होता है।
इस प्रकार की कृषि जापान, मलाया, थाइलैंड, भारत व इंडोनेशिया जैसे देशों में की जाती है।	यह उत्तरी अमेरिका, रूस, ऑस्ट्रेलिया व अर्जेंटीना में की जाती है।
चरागाह की कमी के कारण पशुपालन कम होता है।	एक या दो फसलों का विशिष्टीकरण प्रमुख लक्षण है।

7. "मिश्रित कृषि फसल उत्पादन प्रणाली तथा पशुपालन के संयुक्त प्रक्रिया की एक प्रणाली है" समीक्षा कीजिए।

उत्तर मिश्रित कृषि वह कृषि है, जिसमें फसल उत्पादन के साथ पशुपालन भी शामिल होता है। इस कृषि में खेतों का आकार मध्यम होता है। गेहूँ, राई, जौ एवं पशुओं का चारा प्रमुख फसलें हैं। इसमें कृषि की कुशलता एवं योग्यता के साथ रासायनिक एवं वनस्पति खाद के गहन उपयोग तथा विकसित कृषि यंत्र हेतु अधिक पूँजी की आवश्यकता होती है, साथ ही इसमें खेतों की उर्वरता बनाए रखने हेतु ऋतुओं के अनुसार अलग-अलग फसलों की बुआई की जाती है। इसमें पशुओं का पालन आय की प्राप्ति हेतु किया जाता है। उत्तर-पश्चिमी यूरोप, उत्तरी अमेरिका का पूर्वी भाग, यूरेशिया के कुछ भाग एवं दक्षिणी महाद्वीपों के समशीतोष्ण अक्षांश वाले विकसित भाग मिश्रित कृषि के प्रमुख क्षेत्र हैं।

8. विश्व में मिश्रित कृषि की किन्हीं तीन विशेषताओं को स्पष्ट कीजिए।

उत्तर विश्व में मिश्रित कृषि की तीन विशेषताएँ निम्नलिखित हैं

(i) मिश्रित कृषि विश्व के अत्यधिक विकसित भागों; जैसे—उत्तर-पश्चिमी यूरोप, उत्तरी अमेरिका का पूर्वी भाग, यूरेशिया के कुछ भाग आदि में की जाती है।

(ii) इस कृषि में खेतों का आकार मध्यम होता है तथा मुख्य रूप से बोई जाने वाली फसलें गेहूँ, जौ, राई, जई, मक्का, चारे की फसल एवं कंदमूल हैं।

(iii) इस कृषि के अंतर्गत फसलों के साथ-साथ पशुपालन भी किया जाता है। भेड़, सुअर एवं कुक्कुट आय के प्रमुख स्रोत है।

9. मिश्रित कृषि एवं डेयरी कृषि में अंतर स्पष्ट कीजिए।

उत्तर मिश्रित कृषि एवं डेयरी कृषि में निम्नलिखित अंतर हैं

मिश्रित कृषि	डेयरी कृषि
इस कृषि मे फसलों के साथ पशुओं का भी पालन किया जाता है।	डेयरी कृषि में केवल पशु ही अधिक पाले जाते हैं।
फसलों में खाद्य फसलें उत्पन्न की जाती हैं।	डेयरी कृषि में पशुपालन दूध एवं दूध उत्पाद, मांस तथा ऊन के लिए किया जाता है।
इस प्रकार की कृषि अधिक जनसंख्या वाले क्षेत्रों में का जाती है।	इस प्रकार की कृषि नगरीय एवं औद्योगिक केंद्रों के निकट की जाती है।

10. **दिए गए मानचित्र का अध्ययन सावधानीपूर्वक कीजिए, जिसमें डेयरी कृषि के क्षेत्रों को दिखाया गया है और उसके नीचे दिए गए प्रश्नों के उत्तर दीजिए** *दक्षता आधारित प्रश्न*

(i) **मानचित्र में अंकित A और B क्षेत्रों की पहचान कीजिए और उनके नाम लिखिए।**

(ii) **'डेयरी कृषि' की परिभाषा दीजिए।**

(iii) **डेयरी कृषि की किन्हीं तीन विशेषताओं की व्याख्या कीजिए।**

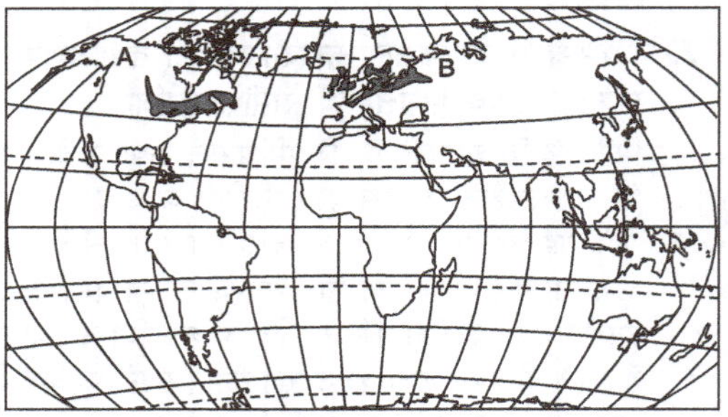

उत्तर (i) A और B के नाम इस प्रकार हैं

A—कनाडा

B—उत्तर-पश्चिमी यूरोप

(ii) इस प्रश्न के उत्तर के लिए पृष्ठ संख्या 52 पर 'डेयरी कृषि' शीर्षक का अध्ययन करें

(iii) डेयरी कृषि की प्रमुख तीन विशेषताएँ निम्नलिखित हैं

(a) इसमें पूँजी की अधिक आवश्यकता होती है।

(b) इसमें पशुओं की देखभाल हेतु गहन श्रम की आवश्यकता होती है

(c) डेयरी कृषि कार्य नगरीय अथवा औद्योगिक केंद्रों के निकट किया जाता है।

11. **सामूहिक कृषि पर संक्षिप्त टिप्पणी लिखिए।**

उत्तर सामूहिक कृषि वह कृषि है, जिसमें उत्पादन के साधनों का स्वामित्व सामूहिक श्रम एवं सामूहिक समाज के अधीन होता है। कृषि की दशा सुधारने एवं उत्पादकता बढ़ाने के साथ-साथ आत्मनिर्भरता की प्राप्ति हेतु सामूहिक कृषि की शुरुआत समाजवादी राष्ट्र पूर्व सोवियत संघ में हुई, जहाँ इसे 'कोलखहोज' कहा गया था। इसमें अधिक श्रम करने वाले किसानों को पुरस्कृत भी किया जाता है। इसमें उत्पादन के लक्ष्यों का निर्धारण सरकार द्वारा किया जाता है, जिससे अधिक उत्पादन होने पर किसानों के बीच बाँट दिया जाता है। कृषि की इस प्रणाली में सोवियत संघ के विघटन के पश्चात् संशोधन हुआ है, जिसे अन्य समाजवादी देशों द्वारा अपनाया गया है।

12. **विश्व में सामूहिक कृषि की किन्हीं तीन विशेषताओं की व्याख्या कीजिए।**

उत्तर विश्व में सामूहिक कृषि की विशेषताएँ निम्नलिखित हैं

- इसमें किसान अपने सभी संसाधनों; जैसे—भूमि, पशु तथा श्रम को सम्मिलित कर कार्य करते हैं, साथ ही जमीन का एक छोटा हिस्सा अपनी दैनिक आवश्यकताओं की पूर्ति हेतु रखते हैं।
- सभी किसानों को उनकी कार्य की प्रकृति के आधार पर भुगतान किया जाता है तथा किराये पर ली गई मशीनों के लिए किसानों को कर चुकाना पड़ता है।
- अधिक श्रम या असाधारण कार्य करने वाले किसानों को नकद या माल के रूप में पुरस्कार भी प्रदान किया जाता है।

13. **खनन कार्य की लाभप्रदता को प्रभावित करने वाले कारकों के दो समूहों का उल्लेख कीजिए।**

अथवा **खनन से क्या तात्पर्य है? इसको प्रभावित करने वाले कारकों का वर्णन कीजिए।**

उत्तर धरातल या भू-गर्भ से खनिजों को निकालने की प्रक्रिया खनन कहलाती है, जिसमें खनिज एक से अधिक तत्त्वों के संयोग से बना पदार्थ होता है।

सभ्यता के विकास में खनिजों के आधार पर कई युगों का नामकरण भी किया गया है; जैसे—ताम्र युग, काँस्य युग, लौह युग आदि। प्राचीनकाल में खनिजों का प्रयोग बर्तन, हथियार एवं औजार बनाने में किया जाता था, जिसमें औद्योगिक क्रांति के पश्चात् काफी परिवर्तन हुआ।

खनन कार्य को प्रभावित करने वाले कारकों के दो समूह निम्नलिखित हैं

(i) **भौतिक कारक** इसके अंतर्गत निक्षेपों के आकार, श्रेणी तथा उनकी उपस्थिति की अवस्था को शामिल किया जाता है, जिसमें निक्षेप खनिज युक्त एकत्रित पदार्थ होता है।

(ii) **आर्थिक कारक** इसके अंतर्गत खनिजों की माँग, तकनीकी ज्ञान एवं उसका उपयोग, अवसंरचना के विकास के लिए उपलब्ध पूँजी तथा यातायात एवं श्रम पर होने वाले खर्च शामिल होते हैं।

14. **विश्व के विभिन्न देशों में प्रयुक्त भूमिगत खनन विधि की किन्हीं तीन विशेषताओं को स्पष्ट कीजिए।**

उत्तर विश्व के विभिन्न देशों में प्रयुक्त भूमिगत खनन विधि की तीन विशेषताएँ निम्न हैं

- इस प्रकार का खनन कार्य धरातलीय खनन विधि की तुलना में अधिक कठिन अथवा जोखिम भरा होता है।
- इस प्रकार की खनन विधि में गहरी भूमिगत सुरंगें बनाई जाती हैं, जो एक-दूसरे से जुड़ी होती हैं।
- इस प्रकार की खनन विधि में खनन प्रक्रिया गहरी ऊर्ध्वाकार खानों से अथवा तिरछे खनिकूप बनाकर की जाती है।

अफ्रीका दक्षिण अमेरिका के कुछ देशों एवं एशिया के अधिकतर देशों में आम के साधनों का 50% भाग खनन कार्य से प्राप्त होता है।

15. **खनन की धरातलीय विधि एवं भूमिगत विधि को समझाइए।**

उत्तर **खनन धरातलीय विधि** यह खनन का सबसे आसान तरीका होता है। इसे विवृत खनन के नाम से भी जाना जाता है। इस विधि में उपकरणों एवं सुरक्षा के दृष्टिकोण से किए गए उपायों पर खर्च कम होता है तथा उत्पादन जल्दी एवं अधिक होता है।

खनन भूमिगत विधि यह विधि उन खनिजों के लिए प्रयोग की जाती है, जो अधिक गहराई में पाए जाते हैं, जिस कारण इसे कूपकी खनन भी कहा जाता है। इस विधि में खनिजों तक पहुँचने के लिए लंबवत् कूपक बनाए जाते हैं, जिनसे होकर खनिजों का परिवहन एवं निष्कर्षण धरातल तक किया जाता है। खनन का यह तरीका जोखिम भरा होता है, जिसमें आग या जहरीली गैसों के रिसाव के कारण

खदानों में दुर्घटना का भय बना रहता है, इसलिए खनन कार्य में लगे श्रमिकों के लिए वायु संचार प्रणाली, माल ढोने की गाड़ियाँ, विशेष प्रकार की लिफ़्ट बेधक (बरमा) जैसी सुरक्षा की संपूर्ण व्यवस्था की जाती है। अफ्रीका के देशों में, दक्षिणी अमेरिका के कुछ देशों में तथा एशिया के अधिकतर देशों में आय के साधनों का 50% भाग खनन कार्य से प्राप्त होता है।

दीर्घ उत्तरीय प्रश्न

1. "चलवासी पशुचारण एक प्राचीन एक प्राचीन जीवन -निर्वाह व्यवसाय रहा है।" इस कथन की समीक्षा कीजिए *दक्षता आधारित प्रश्न*

अथवा **संसार में चलवासी पशुचारण के किन्हीं पाँच लक्षणों की व्याख्या कीजिए।**

अथवा **चलवासी पशुचारण की प्रमुख विशेषताएँ तथा इससे संबंधित क्षेत्रों का वर्णन कीजिए।**

अथवा **चलवासी पशुचारण की परिभाषा लिखिए। इसकी किन्हीं चार विशेषताओं का उल्लेख कीजिए।**

उत्तर पशुपालक का पशुओं के साथ चरागाह एवं पानी की खोज में एक स्थान से दूसरे स्थान पर स्थानांतरण करते रहना चलवासी पशुचारण कहलाता है। इसमें निहित प्रमुख विशेषताओं की व्याख्या इस प्रकार है

- यह प्राचीन जीवन निर्वाह व्यवसाय है, जिसमें पशुपालक भोजन, वस्त्र, औजार एवं यातायात के लिए पशुओं पर निर्भर रहते हैं।
- इनकी आय का प्रमुख स्रोत पशुओं से प्राप्त दूध, मांस, खाल, ऊन व हड्डियाँ हैं।
- इसमें पशुपालक गर्मियों में मैदानी भाग से पर्वतीय चरागाह की ओर तथा शीतकाल में पर्वतीय भाग से मैदानी भाग के चरागाह की ओर प्रवास करते हैं, जिसे ऋतु प्रवास कहा जाता है। हिमालय के पर्वतीय क्षेत्रों के गुज्जर, बकरवाल, गद्दी तथा भूटिया जनजाति समूह के लोग ग्रीष्मकाल में मैदानी से पर्वतीय क्षेत्र में तथा शीतकाल में पर्वतीय क्षेत्र से मैदानी क्षेत्र में आ जाते हैं।
- इसी तरह टुंड्रा प्रदेश में भी पशुचारक ग्रीष्मकाल में दक्षिण से उत्तर तथा शीतकाल में उत्तर से दक्षिण दिशा की ओर प्रवास करते हैं। मरुस्थलीय क्षेत्रों में भी इस तरह के प्रवास को देखा जा सकता है।
- इस पशुचारण में लोग जलवायु की स्थिति या क्षेत्रों के अनुसार पशुओं को पालते हैं; जैसे—उष्णकटिबंधीय अफ्रीका में गाय एवं बैल, मरुस्थल में भेड़ एवं बकरी, तिब्बत एवं एंडीज पर्वतीय भागों में याक एवं लामा तथा उप-ध्रुवीय क्षेत्रों में रेंडियर आदि।
- आधुनिक समय में विश्व के देशों द्वारा नई बस्तियों की योजना बनाने तथा राजनीतिक सीमाओं के निर्धारण से पशुचारण के क्षेत्रों में कमी आई है, जिसके कारण चलवासी पशुचारण घटता जा रहा है।

चलवासी पशुचारण के क्षेत्र

विश्व में चलवासी पशुचारण के तीन प्रमुख क्षेत्र पाए जाते हैं; जैसे–

(i) यूरोप तथा एशिया के टुंड्रा प्रदेश।

(ii) उत्तरी अफ्रीका के अटलांटिक तट से अरब प्रायद्वीप होते हुए मंगोलिया एवं मध्य चीन तक का क्षेत्र।

(iii) दक्षिण-पश्चिमी अफ्रीका एवं मेडागास्कर द्वीप।

2. वाणिज्य पशुधन पालन की किन्हीं पाँच विशेषताओं का वर्णन कीजिए।

अथवा **वणिज्यिक पशुधन पालन किस प्रकार संसार में प्रचलित विशिष्ट गतिविधि बन गया? उदाहरण सहित स्पष्ट कीजिए।**

अथवा **वाणिज्य पशुधन पालन शब्द की परिभाषा दीजिए। इसकी किन्हीं चार विशेषताओं की व्याख्या कीजिए।**

अथवा **संसार में प्रचलित वाणिज्य पशुधन पालन की किन्हीं पाँच विशेषताओं का वर्णन कीजिए।**

अथवा **विश्व में वाणिज्य पशुधन पालन की किन्हीं पाँच विशेषताओं का वर्णन कीजिए।** **CBSE 2024**

उत्तर पशुचारण की एक ऐसी व्यवस्था है, जिसमें पशुधन पालन के अंतर्गत पशुपालन व्यवस्थित ढंग से बड़े फार्म में किया जाता है, जिसमें अधिक पूँजी की आवश्यकता होती है। वाणिज्य पशुधन पालन की प्रमुख पाँच विशेषताएँ इस प्रकार हैं

(i) पश्चिमी संस्कृति से प्रभावित वाणिज्य पशुधन पालन चलवासी पशुचारण की अपेक्षा अत्यधिक व्यवस्थित एवं पूँजी आधारित होता है। इसके फार्म विशाल क्षेत्रों में फैले तथा स्थायी होते हैं, जो छोटे-छोटे टुकड़ों में बँटे होते हैं।

(ii) वाणिज्यिक पशुधन पालन में चरागाह क्षेत्र में चराई को बाड़ लगाकर नियंत्रित किया जाता है, ताकि पशुओं को घास की कमी न हो सके।

(iii) यह एक विशिष्ट गतिविधि है, जिसमें केवल एक ही प्रकार के पशु पाले जाते हैं, पशुओं में भेड़ बकरी, गाय, बैल एवं घोडे होते है।

(iv) इन पशुओं से प्राप्त दूध, मांस, खाल एवं ऊन जैसे पशु उत्पादों की माँग विश्व बाजार में व्यापक रूप में होने से उनका निर्यात किया जाता है।

(v) इस प्रकार का पशुधन पालन वैज्ञानिक पद्धति से किया जाता है। पशुओं की संख्या चरागाह वहन क्षमता के अनुसार होती है। न्यूजीलैंड, ऑस्ट्रेलिया और संयुक्त राज्य अमेरिका विश्व में वाणिज्य पशुधन पालन के प्रमुख देश हैं।

3. निर्वाह कृषि किसे कहते हैं? निर्वाह कृषि को दो वर्गों में विभाजित कीजिए। प्रत्येक वर्ग की तीन-तीन विशेषताएँ लिखिए।

अथवा **संसार में प्रचलित निर्वाह कृषि की किन्हीं पाँच विशेषताओं का वर्णन कीजिए।** **CBSE 2019**

उत्तर ऐसी कृषि जो स्थानीय लोगों की आवश्यकताओं की पूर्ति के लिए की जाती है तथा इसमें कृषि उत्पादों का प्रयोग स्थानीय स्तर पर होता है निर्वाह कृषि कहा जाता है इसके दो वर्ग निम्न प्रकार हैं

(i) **आदिकालीन निर्वाह कृषि की विशेषताएँ**

आदिकालीन निर्वाह कृषि की प्रमुख विशेषताएँ निम्न हैं

- इस प्रकार की कृषि को स्थानांतरण कृषि के नाम से भी जाना जाता है। कृषि की इस पद्धति के अंतर्गत वन के कुछ भागों के पेड़-पौधों एवं झाड़ियों को काटकर जला दिया जाता है तथा उससे प्राप्त राख को मिट्टी में मिला दिया जाता है, जो खाद का कार्य करती है, इसलिए इसे कर्तन और दहन कृषि के नाम से भी जाना जाता है।

- यह कृषि मुख्य रूप से आदिम जाति के लोगों के द्वारा उष्णकटिबंधीय क्षेत्रों में की जाती है। अफ्रीका, दक्षिण एवं मध्य अमेरिका के उष्णकटिबंधीय क्षेत्र के अतिरिक्त दक्षिण-पूर्वी एशिया में मुख्य रूप से इस प्रकार की कृषि की जाती है।
- स्थानांतरित कृषि विश्व के उष्णकटिबंधीय क्षेत्रों में अलग-अलग नामों से जानी जाती है; जैसे—मैक्सिको एवं मध्य अमेरिका में मिल्पा, मलेशिया और इंडोनेशिया में लादांग, भारत के उत्तर-पूर्वी क्षेत्र में झूम खेती, वियतनाम में रे तथा ब्राजील में रोका नाम से जानी जाती है।

(ii) **गहन जीविकोपार्जी** (निर्वाह) **कृषि की विशेषताएँ**

गहन जीविकोपार्जी कृषि की प्रमुख विशेषताएँ निम्न हैं

(i) इस प्रकार की खेती प्रमुख रूप से मानसूनी प्रदेशों के सघन जनसंख्या वाले क्षेत्रों में की जाती है। इसका मुख्य उद्देश्य विशाल जनसंख्या का पोषण करना है।

(ii) गहन जीविकोपार्जी कृषि में धान की खेती की प्रधानता होती है।

(iii) इस कृषि में सिंचाई के साधनों की पर्याप्त उपलब्धता रहती है, जिनके आधार पर इस कृषि को दो भागों—चावल प्रधान गहन निर्वाह कृषि एवं चावल रहित गहन निर्वाह कृषि में बाँटा जाता है।

4. विश्व में गहन निर्वाह कृषि कहाँ की जाती है? इसके दो प्रकार कौन-से हैं? प्रत्येक प्रकार की कृषि की किन्हीं दो विशेषताओं का वर्णन कीजिए।

अथवा **विश्व में प्रचलित गहन निर्वाह कृषि को दो वर्गों में वर्गीकृत कीजिए। वे एक-दूसरे से किस प्रकार भिन्न हैं? स्पष्ट कीजिए।**

उत्तर गहन निर्वाह कृषि मुख्यतः मानसूनी एशिया के घने जनसंख्या वाले देशों में की जाती है। इसमें चीन, भारत, पाकिस्तान, बांग्लादेश व दक्षिण-पूर्वी एशियायी देश सम्मिलित हैं। गहन निर्वाह कृषि के दो प्रकार होते हैं

(i) **चावल प्रधान गहन निर्वाह कृषि की विशेषताएँ**

चावल प्रधान गहन निर्वाह कृषि की प्रमुख विशेषताएँ इस प्रकार हैं

- इसमें खेतों का आकार छोटा तथा जनसंख्या घनत्व अधिक होता है। चावल इस कृषि की मुख्य फसल है। इसमें परिवार के संपूर्ण सदस्य संलग्न रहते हैं।
- खेतों की उर्वरकता को बनाए रखने हेतु पशुओं का गोबर एवं हरी खाद का प्रयोग किया जाता है। इसमें प्रति इकाई उत्पादन अधिक तथा प्रति कृषक उत्पादन कम होता है।

(ii) **चावल रहित गहन निर्वाह कृषि की विशेषताएँ**

चावल रहित गहन निर्वाह कृषि की प्रमुख विशेषताएँ इस प्रकार हैं

- यह ऐसी कृषि है, जिसमें जलवायु, मृदा तथा अन्य भौगोलिक कारकों में अंतर होने के कारण चावल की खेती संभव नहीं होती, जिसके कारण गेहूँ, जौ आदि फसलों को उगाया जाता है। सिंचाई की सुविधा होने पर मानसूनी एशिया के अन्य भाग; जैसे—उत्तरी चीन, मंचूरिया, उत्तरी कोरिया एवं उत्तरी जापान में गेहूँ, सोयाबीन व सोरपम की खेती की जाती है।
- भारत के दक्षिण-पश्चिमी भाग में गेहूँ तथा शुष्क प्रदेशों में ज्वार-बाजरा उगाया जाता है।

चावल प्रधान गहन निर्वाह कृषि तथा चावल रहित गहन निर्वाह कृषि में प्रमुख अंतर इस प्रकार हैं

	चावल प्रधान गहन निर्वाह कृषि	चावल रहित गहन निर्वाह कृषि
(i)	चावल प्रधान गहन निर्वाह कृषि में मशीनों का कम उपयोग होता है,	चावल रहित गहन कृषि में मशीनों का अधिक उपयोग होता है।
(ii)	चावल प्रधान गहन कृषि में उत्पादकता कम होती है।	चावल रहित गहन कृषि में उत्पादकता अधिक होती है।
(iii)	चावल प्रधान गहन निर्वाह कृषि में सिंचाई की कम आवश्यकता होती है,	चावल रहित गहन निर्वाह कृषि में सिंचाई की अधिक आवश्यकता होती है।

5. मिश्रित कृषि शब्द की परिभाषा दीजिए। संसार में प्रचलित मिश्रित कृषि की किन्हीं चार विशेषताओं को स्पष्ट कीजिए।

अथवा **विश्व में मिश्रित कृषि की किन्हीं पाँच विशेषताओं की उदाहरण सहित व्याख्या कीजिए।** **CBSE 2024**

उत्तर मिश्रित कृषि शब्द वह कृषि है, जिसमें फसल उत्पादन के साथ पशुपालन भी किया जाता है। इस कृषि की प्रमुख फसल गेहूँ, जौ, मक्का एवं पशुओं के चारे की फसल आदि हैं। इस कृषि की प्रमुख विशेषताओं को इस प्रकार देखा जा सकता है

- इस कृषि में खेतों का आकार मध्यम होता है।
- इसमें भेड़, सुअर एवं कुक्कुट जैसे पशुओं का पालन आय की प्राप्ति हेतु किया जाता है।
- इसमें कृषकों की योग्यता एवं कुशलता के साथ रासायनिक एवं वनस्पति खाद के गहन उपयोग हेतु अधिक पूँजी की आवश्यकता होती है।
- इसमें भूमि की उर्वरता को बनाए रखने हेतु ऋतुओं के प्रकार के अनुसार अलग-अलग फसलों की बुआई की जाती है।
- विश्व के बड़े डेयरी उद्योग में मिश्रित कृषि की जाती है; जैसे–न्यूजीलैंड, नीदरलैंड और उत्तर-पश्चिमी यूरोप।
- शीतकाल में भी पशुपालन के द्वारा आर्थिक गतिविधियों के माध्यम से अर्थव्यवस्था को स्थिर रखा जाता है। उत्तरी-पश्चिमी यूरोप, उत्तरी अमेरिका का पूर्वी भाग एवं दक्षिणी महाद्वीपों के समशीतोष्ण अक्षांश वाले विकसित भाग मिश्रित कृषि के प्रमुख क्षेत्र हैं।

6. विश्व में 'डेरी कृषि' की प्रमुख विशेषताओं की परख कीजिए। **CBSE 2024**

अथवा **विश्व में डेरी कृषि की किन्हीं पाँच विशेषताओं की उदाहरण सहित व्याख्या कीजिए** **CBSE 2024**

अथवा **"डेयरी कृषि दुनिया में सबसे उन्नत, कुशल एवं पूँजी अथवा गहन व्यवसाय है।" कथन का समर्थन कीजिए।**

अथवा **संसार के विभिन्न भागों में की जा रही डेयरी कृषि की किन्हीं पाँच विशेषताओं का वर्णन करें।**

उत्तर डेयरी कृषि के अंतर्गत पशुओं को दूध के व्यवसाय के लिए पाला जाता है। यह कृषि दुधारू पशुओं के पालन-पोषण का उन्नत एवं दक्ष प्रकार है।

पशुओं के स्वास्थ्य, प्रजनन एवं पशु चिकित्सा के साथ पशुओं के घर, चारे की व्यवस्था तथा दूध उत्पादन में यंत्रों के प्रयोग हेतु इस व्यवस्था में पूँजी की अधिक आवश्यकता होती है।

डेयरी कृषि का कार्य नगरीय एवं औद्योगिक केंद्रों के निकट किया जाता है, क्योंकि ये क्षेत्र दूध एवं अन्य उत्पाद के विक्रय के अच्छे बाजार होते हैं। वर्तमान समय में परिवहन, शीतलन पाश्च्युरीकृत तथा अन्य संरक्षित रखने की प्रक्रिया के विकास ने विभिन्न दूध उत्पादकों के भंडारण की सुविधा बढ़ा दी है।

विश्व में वाणिज्य डेयरी कृषि के प्रमुख क्षेत्र निम्न हैं

- उत्तर-पश्चिमी यूरोप (सबसे बड़ा)
- कनाडा
- न्यूजीलैंड, दक्षिण-पूर्वी ऑस्ट्रेलिया एवं तस्मानिया

संसार के विभिन्न भागों में की जा रही डेयरी कृषि की प्रमुख विशेषताएँ निम्न हैं

- डेयरी कृषि में बड़ी मात्रा में पशुओं को दूध के व्यवसाय के लिए पाला जाता है।
- यह कृषि अधिकतर नगरीय एवं औद्योगिक केंद्रों के समीप की जाती है, क्योंकि ये क्षेत्र ताजा दूध एवं अन्य डेयरी उत्पादों के अच्छे बाजार होते हैं।
- इस कृषि में पशुओं के स्वास्थ्य, प्रजनन एवं पशु चिकित्सा पर भी ध्यान दिया जाता है।
- इस कृषि में संपूर्ण वर्ष श्रम की आवश्यकता रहती है, क्योंकि इस कृषि में कोई वार्षिक अंतराल नहीं होता।
- इस कृषि के प्रमुख क्षेत्र उत्तर-पश्चिमी यूरोप, कनाडा, न्यूजीलैंड, दक्षिण-पूर्वी ऑस्ट्रेलिया एवं तस्मानिया हैं।

7. विस्तृत व्यापारिक (वाणिज्य) कृषि की कोई पाँच विशेषताएँ लिखिए, जो विश्व के विभिन्न भागों में की जाती है।

अथवा **विश्व में विस्तृत वाणिज्य अनाज कृषि की किन्हीं पाँच विशेषताओं की व्याख्या कीजिए।**

उत्तर विस्तृत व्यापारिक कृषि की पाँच विशेषताएँ निम्न हैं

(i) विस्तृत व्यापारिक कृषि की मुख्य फसल गेहूँ है, परंतु इसके साथ-साथ मक्का, जौ, राई एवं जई की फसलों की भी खेती की जाती है।

(ii) इस कृषि में खेतों का आकार बहुत बड़ा होता है; जैसे—संयुक्त राज्य अमेरिका का प्रेयरी क्षेत्र, जहाँ गेहूँ की कृषि की जाती है।

(iii) इसके अंतर्गत जुताई से लेकर कटाई तक के कार्य तकनीकी व मशीनों के द्वारा किए जाते हैं।

(iv) इस प्रकार की खेती मध्य अक्षांशों के आंतरिक अर्द्ध-शुष्क क्षेत्रों में की जाती है।

(v) विस्तृत वाणिज्य कृषि में प्रति एकड़ उत्पादन कम, किंतु प्रतिव्यक्ति उत्पादन अधिक होता है। इस प्रकार की कृषि का क्षेत्र यूरेशिया के स्टेपीज, उत्तरी अमेरिका के प्रेयरीज, अर्जेंटाइना के पंपास, दक्षिणी अफ्रीका के वेल्डस, ऑस्ट्रेलिया के डाउंस एवं न्यूजीलैंड के केंटरबरी के मैदानों में है।

8. विश्व में सहकारी कृषि की प्रमुख विशेषताओं की पहचान कीजिए। **CBSE 2024**

उत्तर कृषकों का एक समूह जब अपनी कृषि से अधिक लाभ कमाने के लिए अपनी इच्छा से एक सहकारी संस्था बनाकर कृषि कार्य करता है, तो वह कृषि सहकारी कृषि (Co-operative Farming) कहलाती है। इसमें कृषि कार्य व्यक्तिगत स्तर पर न करके सामूहिक रूप से किया जाता है, जिसमें सहकारी संस्था कृषि उत्पादों को उचित मूल्य दिलाने तथा कृषि के सहायक साधनों को जुटाने का कार्य करती है।

सहकारी आंदोलन की शुरुआत एक शताब्दी पूर्व हुई, जिसका संचालन पश्चिमी यूरोप के डेनमार्क, नीदरलैंड, बेल्जियम, स्वीडन एवं इटली में सफलतापूर्वक चला। सहकारी आंदोलन को सर्वाधिक सफलता डेनमार्क में मिली, जहाँ सभी कृषक इसके सदस्य हैं।

सहकारी कृषि की प्रमुख विशेषताएँ

सहकारी कृषि की प्रमुख विशेषताएँ निम्नलिखित हैं

- पूरे खेत का प्रबंधन एक ही इकाई करती है।
- खेती करने के लिए किसानों की रणनीतिक साझेदारी स्वैच्छिक होती है।
- सहकारी खेती में किसान अपनी जमीन का मालिकाना हक रखते हैं।
- खेती के लिए दी गई जमीन और श्रम के आधार पर प्रत्येक सदस्य को लाभ का हिस्सा मिलता हैं।
- सहकारी कृषि के अंतर्गत किसान आर्थिक रूप से ज्यादा सुरक्षित होते हैं।

स्रोत आधारित प्रश्न

निम्नलिखित स्रोतों/ग्राफों को ध्यानपूर्वक पढ़कर उन पर आधारित प्रश्नों के उत्तर दीजिए।

1. भोजन संग्रह एवं आखेट प्राचीनतम ज्ञात आर्थिक क्रियाएँ हैं। विश्व के विभिन्न भागों में यह कार्य विभिन्न स्तरों पर विभिन्न रूपों में किया जाता है। यह कार्य कठोर जलवायुविक दशाओं में किया जाता है। इसे अधिकतर आदिमकालीन समाज के लोग करते हैं। ये लोग अपने भोजन, वस्त्र एवं शरण की आवश्यकता की पूर्ति हेतु पशुओं एवं वनस्पति का संग्रह करते हैं। इस कार्य के लिए बहुत कम पूँजी एवं निम्न स्तरीय तकनीकी ज्ञान की आवश्यकता होती है। इसमें भोजन अधिशेष भी नहीं रहता है एवं प्रति व्यक्ति उत्पादकता भी कम होती है।

भोजन संग्रह विश्व के दो भागों में किया जाता है

पहला उच्च अक्षांश के क्षेत्र जिसमें उत्तरी कनाडा, उत्तरी यूरेशिया एवं दक्षिणी चिली आते हैं।

दूसरा निम्न अक्षांश के क्षेत्र जिसमें अमेजन बेसिन, उष्णकटिबंधीय अफ्रीका, ऑस्ट्रेलिया एवं दक्षिणी पूर्वी एशिया का आंतरिक प्रदेश आता है।

आधुनिक समय में भोजन संग्रह के कार्य का कुछ भागों में व्यापारीकरण भी हो गया है। ये लोग कीमती पौधों की पत्तियाँ, छाल एवं औषधीय पौधों को सामान्य रूप से संशोधित कर बाजार में बेचने का कार्य भी करते हैं। पौधे के विभिन्न भागों का ये उपयोग करते हैं।

(i) **भोजन संग्रह एवं आखेट का कार्य किन समाजों द्वारा किया जाता हैं?**

उत्तर भोजन संग्रह एवं आखेट का कार्य आदिम समाज के लोग करते थे, जो कठोर जलवायुविक परिस्थितियों में अपने भोजन वस्त्र एवं शरण की आवश्यकतओं को पूरा करने के लिए पशुओं एवं वनस्पतियों का संग्रह करते थें।

(ii) **भोजन संग्रह मुख्य रूप से किन क्षेत्रों में किया जाता था?**

उत्तर भोजन संग्रह उच्च अक्षांशीय (उत्तरी कनाडा, उत्तरी यूरेशिया, दक्षिणी चिली) और निम्न अक्षांशीय क्षेत्रों (अमेजन वेसिन, उष्णकटिबंधीय अफ्रीका, ऑस्ट्रेलिया, दक्षिण-पूर्व एशिया) में किया जाता था।

(iii) **आधुनिक समय में भोजन संग्रह में क्या परिवर्तन हुआ हैं?**

उत्तर आधुनिक समय में भोजन संग्रह का कुछ भाग व्यापारीकरण की ओर बढ़ा है, जिसमें कीमती पौधों की पत्तियाँ , छाल एवं औषधीय पौधों को बाजार में बेचा जाता है।

2. नीचे दिए गए आरेख का अध्ययन कीजिए और दिए गए प्रश्नों के उत्तर दीजिए। **CBSE 2008**

(i) A और B **क्रमशः किस प्रकार की खनन गति विधियों को संदर्भित करता है?**

(a) क्रमश; कूपकी खनन तथा विवृत खनन
(b) विवृत खनन तथा कूपकी खनन
(c) बाह्य खनन तथा आंतरिक खनन
(d) लंबवत खनन तथा क्षैतिज खनन

उत्तर (b) विवृत खनन तथा कूपकी खनन

(ii) **कूपकी खनन गतिविधि के संदर्भ में कौन-सा कथन सही नहीं है?**

(a) यह विधि खनिजों को कम गहराई पर होने में प्रयुक्त की जाती है
(b) लिफ्ट बेधक (बरमा) इस प्रणाली की आवश्यक विशेषता है
(c) यह जोखिम युक्त प्रणाली है
(d) इस विधि में लंबवत कूपक बनाए जाते हैं

उत्तर (a) यह विधि खनिजों को कम गहराई पर होने में प्रयुक्त की जाती हैं?

(iii) **निम्नलिखित कथनों में से कौन-सा कथन सही नहीं है?**

(a) विवृत खनन एक महँगी खनन प्रक्रिया है
(b) विकसित देशों में खनन प्रक्रिया पर विशेष महत्त्व दिया जाता है
(c) अफ्रीका तथा दक्षिण एशिया की 50% आय खनन से प्राकृत होती है
(d) गतिविधि सुरक्षात्मक आय की शिथिलता पाई जाती है

उत्तर (b) विकसित देशों में खनन प्रक्रिया पर विशेष महत्त्व दिया जाता है

3. चलवासी पशुचारण एक प्राचीन जीवन-निर्वाह व्यवसाय रहा है, जिसमें पशुचारक अपने भोजन, वस्त्र, शरण, औजार एवं यातायात के लिए पशुओं पर ही निर्भर रहता था। वे अपने पालतू पशुओं के साथ पानी एवं चरागाह की उपलब्धता एवं गुणवत्ता के अनुसार एक स्थान से दूसरे स्थान पर स्थानांतरित होते रहते थे। इन पशुचारक वर्गों के अपने-अपने निश्चित चरागाह क्षेत्र होते थे।

भिन्न-भिन्न क्षेत्रों में कई प्रकार के पशु पाले जाते हैं। उष्णकटिबंधीय अफ्रीका में गाय-बैल प्रमुख पशु हैं, जबकि सहारा एवं एशिया के मरुस्थलों में भेड़, बकरी एवं ऊँट आदि पाले जाते हैं।

तिब्बत एवं एंडीज के पर्वतीय भागों में यॉक व लामा एवं आर्कटिक और उप उत्तरी ध्रुवीय क्षेत्रों में रेंडियर पाला जाता है। चलवासी पशुचारण के तीन प्रमुख क्षेत्र हैं। इसका प्रमुख क्षेत्र उत्तरी अफ्रीका के एटलांटिक तट से अरब प्रायद्वीप होता हुआ मंगोलिया एवं मध्य चीन तक फैला है। दूसरा क्षेत्र यूरोप तथा एशिया के टुंड्रा प्रदेश में है जबकि तीसरा क्षेत्र दक्षिणी गोलार्द्ध में दक्षिणी पश्चिमी अफ्रीका एवं मेडागास्कर द्वीप पर है

(i) **चलवासी पशुचारक अपनी आवश्यकताओं की पूर्ति हेतु मुख्यत: किस पर निर्भर रहता है?**

उत्तर चलवासी पशुचारक अपनी आवश्यकताओं की पूर्ति हेतु मुख्यतः पशुओं पर ही निर्भर रहते हैं।

(ii) **सहारा एवं एशियाई मरुस्थलीय क्षेत्रों में मुख्य रूप से कौन-से पशु पाले जाते हैं?**

उत्तर सहारा एवं एशियाई मरुस्थलीय क्षेत्रों में मुख्य रूप से भेड़ पशु पाले जाते हैं। यहाँ के मौसम के अनुरूप भेड़ पालन करना उपयुक्त माना जाता है।

(iii) **चलवासी पशुचारण के तीन प्रमुख क्षेत्र कौन-से हैं?**

उत्तर चलवासी पशुचारण के तीन प्रमुख क्षेत्र हैं। इसका प्रमुख क्षेत्र उत्तरी अफ्रीका के एटंलाटिक तट से अरब प्रायद्वीप होता हुआ मंगोलिया एवं मध्य चीन तक विस्तृत है।

दूसरा क्षेत्र यूरोप तथा एशिया के टुंड्रा प्रदेश में है जबकि तीसरा क्षेत्र दक्षिणी गोलार्द्ध में दक्षिणी पश्चिमी अफ्रीका एवे मेडागास्कर द्वीप पर है।

4. यूरोपीय लोगों ने विश्व के अनेक भागों का औपनिवेशीकरण किया तथा कृषि के कुछ अन्य रूपों की शुरुआत की जैसे रोपण कृषि, जो वृहद् स्तरीय लाभोन्मुख उत्पादन प्रणाली है। यूरोपीय उपनिवेशों ने अपने अधीन उष्ण कटिबंधीय क्षेत्रों में चाय, कॉफी, कोको, रबड़, कपास, गन्ना, केले एवं अनन्नास की पौध लगाई।

इस कृषि की प्रमुख विशेषता यह है कि इसमें कृषि क्षेत्र का आकार बहुत विस्तृत होता है। इसमें अधिक पूँजी निवेश, उच्च प्रबंध एवं तकनीकी आधार एवं वैज्ञानिक विधियों का प्रयोग किया जाता है। यह एक फसली कृषि है, जिसमें किसी एक फसल के उत्पादन पर ही सकेंद्रण किया जाता है। श्रमिक सस्ते मिल जाते हैं एवं यातायात विकसित होता है जिसके द्वारा बागान एवं बाज़ार सुचारु रूप से जुड़े रहते हैं।

फ्रांसवासियों ने पश्चिमी अफ्रीका में कॉफी एवं कोकोआ की पौध लगाई थी। ब्रिटेनवासियों ने भारत एवं लंका में चाय के बाग, मलेशिया में रबड़ के बाग एवं पश्चिमी द्वीप समूह में गन्ना एवं केले के बाग विकसित किए। स्पेन एवं अमेरिकावासियों ने फिलीपाइंस में नारियल व गन्ने के बागान लगाए। इंडोनेशिया में एक समय गन्ने की कृषि में हॉलैंडवासियों (डचों)

का एकाधिकार था। ब्राजील में अभी भी कुछ कॉफी के बागान जिन्हें फेजेंडा कहा जाता है यूरोपवासियों के नियंत्रण में है।

वर्तमान में अधिकतर बागानों का स्वामित्व देशों की सरकार अथवा नागरिकों के नियंत्रण में है।

(i) **यूरोपीय उपनिवेशों ने कृषि में कौन–कौन से पौधों की खेती शुरू की?**

उत्तर यूरोपीय उपनिवेशों ने अपने अधीन उष्णकटिबंधीय क्षेत्रों में चाय, कॉफी, कोको, रबर, कपास, गन्ना, केला और अनानास जैसे पौधों की खेती की। यह खेती बड़े कृषि क्षेत्रों में एक फसली प्रणाली पर आधारित थी।

(ii) **औपनिवेशिक कृषि की प्रमुख विशेषताएँ क्या थीं?**

उत्तर औपनिवेशिक कृषि में बड़े क्षेत्रों, अधिक पूँजी निवेश, आधुनिक तकनीक और वैज्ञानिक विधियों का उपयोग होता था। यह एक फसली प्रणाली थी, जिसमें एक फसल पर ही निर्भरता रहती थी। इसमें उत्पाद वैश्विक बाजार में बेचे जाते थे।

(iii) **फ्रांसीसी और अन्य यूरोपीय देशों ने कौन–कौन से क्षेत्रों में कृषि का विकास किया?**

उत्तर फ्रांसीसियों ने पश्चिमी अफ्रीका में कॉफी और कोको की खेती की। ब्रिटेनवासियों ने भारत और श्रीलंका में चाय के बाग लगाए। मलेशिया में रबर और फिलीपींस में नारियल व गन्ने की खेती की गई। इंडोनेशिया में डचों का गन्ने की खेती पर एकाधिकार था।

5. भूमध्यसागरीय कृषि अति विशिष्ट प्रकार की कृषि है। इसका विस्तार भूमध्यसागर के समीपवर्ती क्षेत्र जो दक्षिणी यूरोप से उत्तरी अफ्रीका में ट्यूनीशिया से एटलांटिक तट तक विस्तृत है दक्षिणी कैलीफोर्निया, मध्यवर्ती चिली, दक्षिणी अफ्रीका का दक्षिणी पश्चिमी भाग एवं ऑस्ट्रेलिया के दक्षिण व दक्षिण पश्चिम भाग में है। खट्टे फलों की आपूर्ति करने में यह क्षेत्र महत्त्वपूर्ण है।

अंगूर की कृषि भूमध्यसागरीय क्षेत्र की विशेषता हैं। इस क्षेत्र के कई देशों में अच्छे किस्म के अंगूरों से उच्च गुणवत्ता वाली मदिरा का उत्पादन किया जाता है। निम्न श्रेणी के अंगूरों को सुखाकर मुनक्का एवं किशमिश बनाई जाते हैं। अंजीर एवं जैतून भी यहाँ उत्पन्न होता है। शीत ऋतु में जब यूरोप एवं संयुक्त राज्य अमेरिका में फलों एवं सब्जियों की माँग होती है तब इसी क्षेत्र से पूर्ति की जाती है।

(i) **भूमध्यसागरीय कृषि किन क्षेत्रों में पाई जाती है?**

उत्तर भूमध्यसागरीय कृषि भूमध्य सागर के समीपवर्ती क्षेत्रों; जैसे- दक्षिणी यूरोप, उत्तरी अफ्रीका, दक्षिणी कैलिफोर्निया, मध्यवर्ती चिली, दक्षिण-पश्चिमी दक्षिण अफ्रीका और ऑस्ट्रेलिया के दक्षिण व दक्षिण-पश्चिनी भाग में पाई जाती है।

(ii) **भूमध्यसागरीय कृषि में कौन–सी प्रमुख फसलें उगाई जाती हैं?**

उत्तर भूमध्य सागरीय कृषि में अंगूर, अंजीर, जैतून, खट्टे फल तथा सब्जियाँ उगाई जाती हैं, अंगूर से मदिरा, किशमिश और मुनक्का बनाया जाता है।

(iii) **भूमध्यसागरीय कृषि का आर्थिक महत्त्व क्या है?**

उत्तर इस क्षेत्र से खट्टे फलों, सब्जियों और मदिरा का निर्यात किया जाता है। शीत ऋतु में यूरोप और अमेरिका में फलों और सब्जियों की माँग इसी क्षेत्र से पूरी होती है।

मानचित्र आधारित प्रश्न

1. निम्नलिखित लक्षणों वाले क्षेत्रों की पहचान कीजिए।

(i) **वाणिज्य पशुधन पालन का एक प्रमुख क्षेत्र या देश।**

(ii) **'चलवासी पशुचारण' के प्रमुख क्षेत्र।** **CBSE 2025**

(iii) **विस्तृत वाणिज्य अनाज कृषि के प्रमुख क्षेत्र।** **CBSE 2025**

(iv) **अफ्रीका में विस्तृत वाणिज्य अनाज कृषि के क्षेत्र का उल्लेख कीजिए।**

(v) **मिश्रित कृषि के प्रमुख क्षेत्र।**

(vi) **निर्वाहन संग्रहण का एक क्षेत्र।** **CBSE 2025**

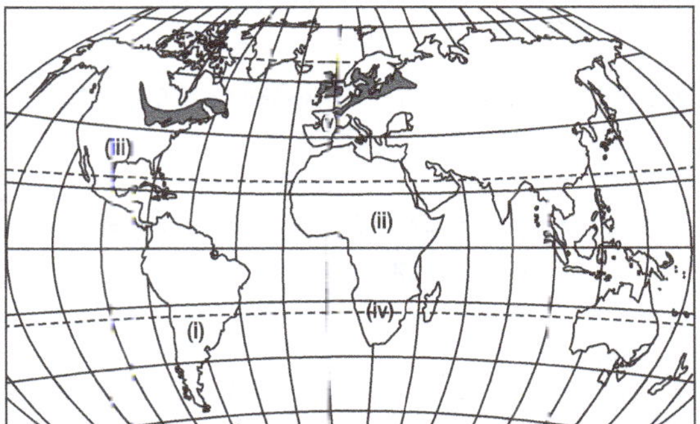

उत्तर (i) अर्जेंटीना

(ii) अफ्रीका के उष्णकटिबंधीय क्षेत्र

(iii) संयुक्त राज्य अमेरिका के मैदान प्रेयरीज

(iv) दक्षिण अफ्रीका का वेल्ड्स विस्तृत वाणिज्य अनाज कृषि का प्रमुख क्षेत्र है।

(v) उत्तरी अमेरिका का पूर्वी भाग

(vi) उत्तरी कनाडा

स्वयं को जाँचें

वस्तुनिष्ठ प्रश्न

1. विश्व में चलवासी पशुचारण के क्षेत्र में कमी आने का प्रमुख कारण क्या है?

(a) जानवरों की संख्या का कम होना
(b) चारागाहों का समाप्त होना
(c) राजनीतिक सीमाओं के निर्धारण से
(d) एक-समान मौसमी दशाएँ

2. ब्राजील में स्थानांतरण कृषि को कहा जाता है

(a) मिल्पा (b) लादांग (c) रोका (d) झूम

3. विश्व के प्रमुख वाणिज्य डेयरी कृषि क्षेत्र है

(a) कनाडा (b) उत्तर पश्चिम यूरोप
(c) न्यूजीलैंड (d) ये सभी

4. भूमध्य सागर के समीपवर्ती क्षेत्रों में मुख्यतः उगाई जाने वाली मुख्य फसल है

(a) अंगूर (b) अंजीर (c) जैतून (d) ये सभी

5. सहकारी आंदोलन का संचालन किन देशों में सफलतापूर्वक किया गया?

(a) बेल्जियम (b) भूटान (c) भारत (d) अमेरिका

6. सामूहिक कृषि के संबंध में निम्नलिखित कथनों पर विचार कीजिए और सही विकल्प का चयन कीजिए

1. इस कृषि का प्रारंभ डेनमार्क में हुआ।
2. इस कृषि के अंतर्गत किसानों को भुगतान कार्य की प्रकृति के आधार पर किया जाता है।

कूट

(a) केवल 1 (b) केवल 2
(c) 1 और 2 (d) न तो 1 और न ही 2

अतिलघु उत्तरीय प्रश्न

6. वाणिज्य पशुधन पालन एक विशिष्ट गतिविधि है, स्पष्ट कीजिए।

7. उस देश का नाम बताइए, जहाँ व्यावहारिक रूप से हर किसान सहकारी समिति का सदस्य है

8. खनन कार्य से कौन कौन-से देश अधिक आय प्राप्त करते हैं?

लघु उत्तरीय प्रश्न

9. स्थानांतरित कृषि से क्या तात्पर्य है? इसको अन्य किन नामों से जाना जाता है?

10. डेयरी फार्मिंग एक आधुनिक व्यवसाय है, स्पष्ट कीजिए।

11. कोलखहोज़ क्या है? उसकी प्रमुख विशेषताओं की व्याख्या कीजिए।

अथवा

उष्ण कटिबंध के सभी भागों में रोपण कृषि विकसित न होने के काणों को स्पष्ट कीजिए

दीर्घ उत्तरीय प्रश्न

12. समाजवादी राष्ट्रों द्वारा कृषि की कौन-सी प्रणाली अपनाई गई है? उसके प्रमुख लक्षणों का उल्लेख कीजिए।

13. खनन क्या होता है? खनन की प्रमुख विधियों का उल्लेख कीजिए। विश्व के वे कौन-से देश हैं, जिनकी आय के 50% भाग की पूर्ति खनन से होती है?

अथवा

यूरोपीय लोगों द्वारा उष्ण कटिबंधीय क्षेत्रों में कौन -सी कृषि विकसित की गई थी।

5

अध्याय

यह अध्याय, द्वितीयक क्रियाओं से संबंधित है, इसमें विनिर्माण, उद्योगों की अवस्थिति को प्रभावित करने वाले कारकों का विवरण दिया गया है और साथ ही उद्योग के वर्गीकरण एवं उनकी संकल्पना पर स्रोत आधारित चर्चा की गई है।

▼ अध्ययन एक नजर में

5.1 विनिर्माण

5.2 उद्योगों की अवस्थिति को प्रभावित करने वाले कारक

5.3 विनिर्माण उद्योगों का वर्गीकरण

▼ अभ्यास के लिए

- बहुविकल्पीय प्रश्न 23, (युग्मित प्रश्न, कथन/कारण, सुमेलित कीजिए)
- वर्णनात्मक प्रकार के प्रश्न (लघु उत्तरीय प्रश्न 15, दीर्घ उत्तरीय प्रश्न 7)
- स्रोत आधारित प्रश्न 4, मानचित्र आधारित

द्वितीयक क्रियाएँ

द्वितीयक गतिविधियाँ कच्चे माल को मूल्यवान उत्पादों में परिवर्तित करती हैं और उपभोक्ता को उपभोग के लिए तैयार माल उपलब्ध कराती हैं। ये गतिविधियाँ मुख्य रूप से विनिर्माण, प्रसंस्करण (किसी भी वस्तु को बनाने की प्रक्रिया) और निर्माण या अवसंरचना उद्योग से संबंधित हैं।

5.1 विनिर्माण

- विनिर्माण का शाब्दिक अर्थ हाथ द्वारा निर्मित वस्तुओं के निर्माण से है, परंतु इसके अंतर्गत मशीनों द्वारा बनाई गई वस्तुओं को भी सम्मिलित किया जाता है, जिसमें कच्चे माल को तैयार माल में बदलकर स्थानीय या दूरस्थ बाजारों में ऊँचे मूल्य पर बेचा जाता है। प्राथमिक उत्पाद या कच्चे माल को मशीनों की सहायता से बड़े पैमाने पर निर्मित वस्तुओं में बदलने की क्रिया को विनिर्माण तथा इससे संबद्ध उद्योग को विनिर्माण उद्योग (Manufacturing Industries) कहा जाता है। .
- हस्तशिल्प कार्य, लोहे व इस्पात संबंधी कार्य, प्लास्टिक के खिलौने बनाने से संबंधित कार्य, कंप्यूटर के अति सूक्ष्म घटकों को जोड़ना, अंतरिक्षयान निर्माण आदि सभी प्रकार के उत्पादन विनिर्माण के अंतर्गत ही आते हैं।
- विनिर्माण की प्रक्रियाओं में शक्ति (ऊर्जा) के उपयोग से मानक वस्तुओं का उत्पादन होता है। इस प्रक्रिया में एक ही प्रकार की वस्तुओं का उत्पादन बड़ी संख्या में होता है।
- इस प्रक्रिया में उत्पादन कार्य दक्ष और विशिष्ट श्रमिकों द्वारा किए जाते हैं। उत्पादन कार्य में आधुनिक शक्ति के साधन एवं मशीनरी के साथ-साथ पुराने साधनों का भी प्रयोग किया जाता है। तृतीय विश्व या विकासशील देशों में विनिर्माण शब्द का प्रयोग केवल शाब्दिक अर्थों में किया जाता है, साथ ही ऐसे देशों में उत्पादन के लिए कम जटिल तंत्रों (Complicated System) का प्रयोग किया जाता है।

बड़े पैमाने पर होने वाले आधुनिक विनिर्माण उद्योग की विशेषताएँ

आधुनिक वृहत् उद्योगों में अधिक **निवेश**[1] (Investment) के द्वारा बड़े पैमाने पर वस्तुओं का उत्पादन किया जाता है, जिनकी विशेषताएँ निम्नवत् हैं

(i) **कौशल का विशिष्टीकरण/उत्पादन की विधियाँ** उद्योगों में वस्तुओं का उत्पादन शिल्प एवं कौशल विशिष्टीकरण (Specialisation of Skills) विधि द्वारा किया जाता है, जिसमें शिल्प विधि द्वारा सीमित मात्रा में वस्तुओं का उत्पादन किया जाता है। ये वस्तुएँ आदेशानुसार बनाई जाती हैं, क्योंकि इन वस्तुओं को बनाने में लागत अधिक आती है। कौशल विशिष्टीकरण उत्पादन विधि द्वारा वस्तुओं का उत्पादन बड़े स्तर पर किया जाता है। इसमें संलग्न प्रत्येक श्रमिक एक ही प्रकार के कार्य को करता है। अत: बड़े पैमाने पर उत्पादन हेतु कौशल का विशेष महत्त्व होता है।

(ii) **यंत्रीकरण** किसी कार्य को संपन्न करने के लिए मशीनों का उपयोग करना यंत्रीकरण (Mechanisation) कहलाता है। निर्माण प्रक्रिया के दौरान मानव की सोच को सम्मिलित किए बिना किया गया कार्य यंत्रीकरण की विकसित अवस्था को व्यक्त करता है। वर्तमान समय में कंप्यूटर नियंत्रण प्रणाली से युक्त स्वचालित मशीनों के कार्य को संपूर्ण विश्व में बड़े स्तर पर देखा जा रहा है।

(iii) **स्वचालन** यह विनिर्माण प्रक्रियाओं को एक उन्नत स्तर पर ले जाता है, जहाँ न्यूनतम या बिना किसी मानवीय हस्तक्षेप के संचालन संभव होता है। यह प्रक्रिया कार्यक्षमता और उत्पादकता को बढ़ाने के लिए प्रौद्योगिकी का उपयोग करती है।

(iv) **प्रौद्योगिकीय नवाचार** शोध एवं विकासमान युक्तियों के माध्यम से विनिर्माण की गुणवत्ता को नियंत्रित करना, अपशिष्टों का निस्तारण करना, अदक्षता को समाप्त करना और प्रदूषण के विरुद्ध संघर्ष करना प्रौद्योगिकीय नवाचार (Technological Inovation) कहलाता है। नवाचार से उत्पादन के स्तर में वृद्धि के साथ उत्पाद की गुणवत्ता में भी परिवर्तन होता है।

(v) **संगठनात्मक ढाँचा एवं स्तरीकरण आधुनिक निर्माण** यह एक उन्नत प्रणाली है, जो जटिल प्रौद्योगिकी यंत्रों पर आधारित होती है। इसमें उत्पादन प्रक्रिया को कुशल बनाने के लिए अत्यधिक विशिष्टीकरण और श्रम विभाजन का सहारा लिया जाता है, जिससे कम प्रयास और कम लागत में अधिक माल का उत्पादन संभव हो पाता है। यह प्रणाली बड़े पैमाने पर उत्पादन के लिए बड़े संगठनों और कुशल प्रशासनिक अधिकारियों की आवश्यकता को पूरा करती है। इस प्रकार, आधुनिक निर्माण प्रक्रियाएँ (तकनीकी दक्षता और संसाधनों के बेहतर उपयोग के माध्यम से) अधिक उत्पादन सुनिश्चित करती हैं।

(vi) **अनियमित भौगोलिक वितरण** आधुनिक निर्माण उद्योगों का **संकेंद्रण**[2] (Concentrations) स्थलमंडल के कुल भू-भाग के 10% से भी कम क्षेत्रों में पाया जाता है। वर्तमान में निर्माण उद्योग वाले देश विश्व में आर्थिक और राजनीतिक शक्ति के केंद्र बन गए हैं। विनिर्माण स्थल का विस्तार कृषि स्थलों की अपेक्षा कम क्षेत्रों में पाया जाता है, जिसमें रोजगार की संभावना कृषि कार्य की अपेक्षा अधिक होती है।

उद्योग का निर्माण एवं विनिर्माण उद्योग

- विनिर्माण का शाब्दिक अर्थ 'हाथ से बनाना'है, किंतु इसमें यंत्रों द्वारा निर्मित वस्तुएँ भी शामिल होती हैं। यह एक आवश्यक प्रक्रिया है, जिसमें कच्चे माल को तैयार माल में परिवर्तित कर स्थानीय या दूरस्थ बाजारों में ऊँचे मूल्य पर बेचा जाता है।
- उद्योग एक निर्माण इकाई के रूप में, विशिष्ट भौगोलिक स्थान पर स्थित होता है और प्रबंध तंत्र के अंतर्गत इसके (लेखा-जोखा) रिकॉर्ड्स का रख-रखाव किया जाता है। उद्योग शब्द की सीमा व्यापक है और इसे सामान्यत: विनिर्माण का पर्याय माना जाता है। जब इस्पात उद्योग या रसायन उद्योग जैसी शब्दावलियों का उपयोग होता है, तो यह सामान्यत: कारखानों और वहाँ चलने वाली विभिन्न प्रक्रियाओं को इंगित करता है। हालांकि, सभी औद्योगिक फैक्ट्रियाँ भौतिक या खाद्य उत्पादन ही बनाती है, किंतु फिर भी उन्हें उद्योग कहा जाता है। उदाहरण के लिए कुछ गतिविधियाँ; जैसे—पर्यटन उद्योग या मनोरंजन उद्योग। इसलिए, 'विनिर्माण उद्योग' शब्द का प्रयोग तब किया जाता है, जब हम स्पष्ट करना चाहते हैं कि यह भौतिक वस्तुओं या खाद्य पदार्थों के बारे है।

खाद्य प्रसंस्करण

खाद्य पदार्थों को अधिक समय तक उपयोग में लाने के लिए जिस प्रक्रिया को अपनाया जाता है, उसे खाद्य प्रसंस्करण (Food Processing) कहते हैं। इसके अंतर्गत कृषि से तैयार खाद्य में मलाई (क्रीम) का उत्पादन, डिब्बा खाद्य, फलों से खाद्य तैयार करना एवं मिठाइयाँ सम्मिलित की जाती हैं। प्राचीनकाल में खाद्य पदार्थ को सुरक्षित रखने की कई विधियाँ थीं, जिनका औद्योगिक क्रांति के पूर्व सीमित उपयोग ही होता था।

---

1 निवेश (Investment) निवेश शब्द से आशय निर्माण कार्य के संचालन हेतु बाह्य स्रोत से पूँजी प्राप्त करना है। बाह्य स्रोत में निवेश करने वाला कोई व्यक्ति अथवा संस्था भी हो सकती है।

2 संकेंद्रण (Concentrations) एक क्षेत्र विशेष में केवल एक ही प्रकार की क्रियाओं का संपन्न होना, संकेद्रण कहलाता है।

5.2 उद्योगों की अवस्थिति को प्रभावित करने वाले कारक

विनिर्माण उद्योगों के लिए स्थानों का अनुकूलित चयन अत्यंत महत्त्वपूर्ण होता है, जिससे वस्तु की उत्पादन लागत को घटाने, गुणवत्ता को बनाए रखने तथा अधिक लाभ कमाने में सहायता मिलती है। विनिर्माण उद्योगों की अवस्थिति को प्रभावित करने वाले प्रमुख कारक निम्नलिखित हैं

(i) **बाजार तक अभिगम्यता** उद्योगों की स्थापना हेतु सबसे महत्त्वपूर्ण कारक (उत्पादित वस्तुओं के लिए) बाजार की उपलब्धता है अर्थात् वह क्षेत्र, जहाँ उद्योगों से निर्मित वस्तुओं की माँग होती है। बाजार उस क्षेत्र में तैयार माल की माँग और वहाँ के निवासियों की क्रय शक्ति पर निर्भर करता है; जैसे–

- यूरोप, उत्तरी अमेरिका, जापान और ऑस्ट्रेलिया जैसे वृहत् **वैश्विक बाजार**[3] हैं , क्योंकि वहाँ के निवासियों की क्रय शक्ति अधिक है।
- दक्षिण और दक्षिण-पूर्वी एशिया के घनी आबादी वाले क्षेत्र भी वृदह बाजार उपलब्ध कराते हैं।
- वायुयान निर्माण और शस्त्र निर्माण जैसे उद्योगों का बाजार अंतर्राष्ट्रीय स्तर पर व्यापक होता है।

(ii) **कच्चे माल की प्राप्ति तक अभिगम्यता** सस्ता एवं आसानी से उपलब्ध होने वाला कच्चा माल उद्योगों के लिए अत्यंत लाभप्रद होता है। इसमें परिवहन व्यय भी कम-से-कम होता है। उदाहरणस्वरूप भारी वजन, सस्ते मूल्य एवं ह्रासमान (घटने वाले) पदार्थों पर आधारित उद्योगों को कच्चे माल के स्रोतों के निकट ही स्थापित किया जाता है; जैसे—इस्पात, चीनी एवं सीमेंट उद्योग। कृषि प्रसंस्करण एवं डेयरी उत्पादों को क्रमश: कृषि उत्पादन क्षेत्र तथा दुग्ध आपूर्ति वाले स्रोतों के निकट ही तैयार किया जाता है। क्योंकि कच्चे माल के स्रोतों के समीप स्थापित उद्योग के पदार्थ की शीघ्र नष्टशीलता एक अनिवार्य कारक है।

(iii) **श्रम आपूर्ति तक अभिगम्यता** श्रमिकों की उपलब्धता उद्योगों की स्थापना हेतु अत्यंत महत्त्वपूर्ण कारक है, क्योंकि विनिर्माण उद्योगों को कुशल और अर्द्ध-कुशल श्रमिकों की आवश्यकता होती है, इसलिए उद्योग उन स्थानों के आस-पास स्थित होते हैं, जहाँ श्रमिक सरलता से उपलब्ध होते हैं। औद्योगिक प्रक्रियाओं के बढ़ते मशीनीकरण, स्वचालन और लचीलेपन के पश्चात् भी कुशल श्रमिकों की आवश्यकता वृहद् स्तर पर होती है।

(iv) **शक्ति के साधनों तक अभिगम्यता** शक्ति (ऊर्जा) के साधनों के बिना उद्योगों का संचालन संभव नहीं है। अत: ऐसे उद्योग, जिन्हें शक्ति की आवश्यकता अधिक होती है, उन्हें ऊर्जा के स्रोत स्थल के निकट ही स्थापित किया जाता है; जैसे—एल्युनीनियम उद्योग। आरंभ में कोयला ही शक्ति का प्रमुख साधन था। वर्तमान में जल-विद्युत और खनिज तेल उद्योगों की ऊर्जा आपूर्ति के मुख्य स्रोत हैं।

(v) **परिवहन एवं संचार की सुविधाओं तक अभिगम्यता** परिवहन लागत किसी औद्योगिक इकाई की अवस्थिति को निश्चित करने में महत्त्वपूर्ण भूमिका निभाती है। परिणामस्वरूप, कच्चे माल को स्रोतों से उद्योगों तक तथा उत्पादों को बाजार तक उपलब्ध कराने हेतु सस्ते एवं सुगम यातायात के साधनों का होना आवश्यक होता है।

- उदाहरण के लिए, पश्चिमी यूरोप एवं उत्तरी अमेरिका के पूर्वी भाग में परिवहन तंत्र के विकसित होने के कारण उद्योगों का संकेंद्रण पाया जाता है।
- सुगम परिवहन देश के आर्थिक विकास और विनिर्माण की प्रादेशिक विशिष्टता को बढ़ता है, इसलिए पश्चिमी यूरोप एवं उत्तरी अमेरिका के पूर्वी भाग में परिवहन तंत्र विकसित होने के कारण उद्योगों का संकेंद्रण पाया जाता है। उद्योगों के विकास हेतु परिवहन के साथ सूचनाओं के आदान-प्रदान एवं प्रबंधन हेतु संचार व्यवस्था की अति आवश्यकता होती है।

(vi) **सरकारी नीति** संतुलित आर्थिक विकास हेतु सरकार प्रादेशिक नीति अपनाती है, जिसके अंतर्गत विशिष्ट क्षेत्रों में उद्योगों की स्थापना की जाती है, जिससे उद्योगों के साथ औद्योगिक क्षेत्र का विकास भी होता है।

(vii) **समूहन अर्थव्यवस्था तक पहुँच/उद्योगों के मध्य संबंध** मुख्य उद्योगों के समीप स्थित होने से अन्य छोटे उद्योगों को लाभ प्राप्त होता है, जिससे इनके मध्य औद्योगिक श्रृंखला विकसित हो जाती है। औद्योगिक श्रृंखला विकसित होने से दोनों उद्योगों की बचत एवं लाभों में वृद्धि होती है, जिसे लाभ समूहन अर्थव्यवस्था (Agglomeration Economies) कहा जाता है। इस अर्थव्यवस्था में प्रधान उद्योगों के साथ सहयोगी उद्योगों का भी विकास होता है। ये दोनों उद्योग पूरक के रूप में काम करके क्षेत्र का विकास करते हैं।

स्वच्छंद उद्योग

- स्वच्छंद उद्योग (Foot Loose Industry) ऐसे उद्योग हैं, जो विविधता वाले स्थानों पर स्थित होते हैं। ये कच्चे माल की कमी या वृद्धि पर निर्भर नहीं करते तथा इनमें अकुशल श्रमिकों की कम आवश्यकता होती है।
- सड़कों का विकसित जाल इस उद्योग का महत्त्वपूर्ण घटक है, साथ ही ऐसे उद्योग पर्यावरण को प्रदूषित नहीं करते हैं। इन उद्योगों में कच्चा माल दूसरे उद्योगों का तैयार माल होता है, जिनमें क्षति का स्तर बहुत कम होता है।

---

3 **वैश्विक बाजार** इसका तात्पर्य अंतर्राष्ट्रीय बाजार से है, जहाँ विभिन्न देशों के बीच वस्तुओं, सेवाओं और पूँजी का परस्पर आदान-प्रदान होता है।

चेक प्वॉइंट 1

1. विनिर्माण उद्योग के अनुसार, कच्चा माल को किसमें परिवर्तित किया जाता है?
2. रसायन उद्योग पर आधारित किन्हीं दो उत्पादों के नाम बताइए।
3. किन उद्योगों को गैर-आधारभूत उद्योग कहा जाता है?
4. स्वच्छंद उद्योग सामान्यतः कहाँ स्थित होते हैं?
5. स्वामित्व के आधार पर उद्योगों का वर्णन कितने क्षेत्रों में किया गया है?

5.3 विनिर्माण उद्योगों का वर्गीकरण

- विनिर्माण उद्योगों का वर्गीकरण उद्योगों के आकार, कच्चे माल, उत्पादन और स्वामित्व के आधार पर किया जाता है, जिनका वर्णन इस प्रकार है

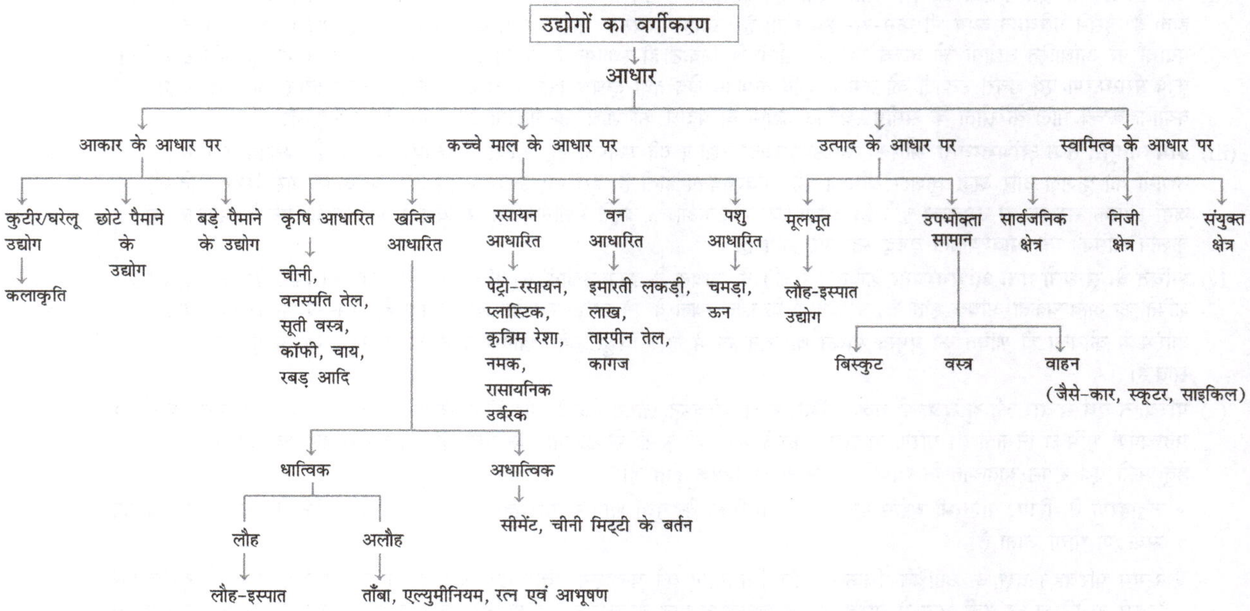

आकार पर आधारित उद्योग

उद्योगों का आकार, उसमें निवेश की गई पूँजी व कार्यरत श्रमिकों की संख्या तथा उत्पादन की मात्रा पर निर्भर करता है। इस आधार पर उद्योगों को निम्नलिखित तीन वर्गों में बाँटा जाता है

(i) **कुटीर उद्योग** यह निर्माण की सबसे छोटी इकाई है। इसमें शिल्पकार स्थानीय कच्चे माल का उपयोग करते हैं एवं साधारण औजारों द्वारा परिवार के सभी सदस्य मिलकर अपने दैनिक जीवन के उपयोग की वस्तुओं का उत्पादन करते हैं। तैयार माल का उपयोग वे स्वयं करते हैं या इसे स्थानीय गाँव के बाजार में विक्रय कर देते हैं। कभी-कभी ये अपने उत्पादों का **वस्तु-विनिमय**[4] अर्थात् अदला-बदली भी करते हैं। इसके अतिरिक्त ये पूँजी एवं परिवहन उद्योगों को अधिक प्रभावित नहीं करते हैं, क्योंकि इनके द्वारा निर्मित वस्तुओं का व्यापारिक महत्त्व कम होता है एवं अधिकतम उपकरण स्थानीय लोगों द्वारा निर्मित होते हैं। ये उद्योग खाद्य पदार्थ, कपड़े, चटाई, फर्नीचर, मिट्टी के बर्तन, ईंट आदि जैसे समान का उत्पादन करते हैं।

4 **वस्तु -विनिमय** इसका शाब्दिक अर्थ है-बिना धन के वस्तुओं या सेवाओं का आदान-प्रदान करना अर्थात्-वस्तु के बदले वस्तु खरीदना।

(ii) **छोटे पैमाने के उद्योग** इन उद्योगों के उत्पादन की तकनीक व निर्माण स्थल कुटीर उद्योगों से भिन्न होते हैं। इसमें निर्माण कार्य घर से बाहर कारखानों में होता है। इसमें स्थानीय कच्चे माल का उपयोग होता है तथा अर्द्ध-कुशल श्रमिकों (Semi-Skilled Labour) द्वारा हस्तचालित व शक्ति से चलने वाली मशीनों के प्रयोग से उत्पादन किया जाता है। जबकि इसमें बड़े स्तर पर रोजगार के अवसर उपलब्ध होते हैं, जिससे स्थानीय लोगों की क्रय शक्ति में वृद्धि होती है। भारत, चीन, इंडोनेशिया एवं ब्राजील जैसे देशों ने रोजगार उपलब्ध कराने के लिए इस प्रकार के उद्योगों को प्रोत्साहित किया है

▲ असम में कुटीर उद्योग के उत्पादों की बिक्री

3. **बड़े पैमाने के उद्योग** इस प्रकार के उद्योग अधिक पूँजी लगाकर स्थापित किए जाते हैं। इन उद्योगों में भारी मशीन, विभिन्न प्रकार के कच्चे माल, शक्ति के साधन, कुशल श्रमिक तथा विकसित प्रौद्योगिकी का प्रयोग किया जाता है। परिणामस्वरूप, इनमें वस्तुओं का उत्पादन बड़े पैमाने पर होता है। पिछले 200 वर्षों में इन उद्योगों का विकास ग्रेट ब्रिटेन, संयुक्त राज्य अमेरिका का पूर्वी भाग एवं यूरोप में हुआ है, परंतु वर्तमान में विश्व के अन्य भागों में भी बड़े पैमाने के उद्योगों का विकास हो गया है। विश्व के औद्योगिक प्रदेशों को बड़े पैमाने पर किए गए निर्माण के आधार पर दो बड़े समूहों में बाँटा जाता है
   (i) अधिक विकसित देशों में स्थापित परंपरागत वृहत् औद्योगिक प्रदेश।
   (ii) कम विकसित देशों में स्थापित उच्च प्रौद्योगिकी वाले वृहत औद्योगिक प्रदेश।

कच्चे माल पर आधारित उद्योग

कच्चे माल पर आधारित उद्योगों का वर्गीकरण पाँच शीर्षकों के अंतर्गत किया जाता है, जो निम्नलिखित हैं

(i) **कृषि आधारित उद्योग** कृषि आधारित उद्योग वे उद्योग होते हैं, जिनको उत्पादन के लिए कृषि उत्पादों पर निर्भर रहना पड़ता है; जैसे—चीनी उद्योग, सूती वस्त्र उद्योग, भोजन तैयार करने वाले उद्योग (पेय पदार्थ, चाय, कॉफी व मसाले) तथा रबड़ उद्योग आदि।

भोजन प्रसंस्करण कृषि से तैयार खाद्य में मलाई (क्रीम) उत्पादन, डिब्बा खाद्य फलों से खाद्य तैयार करना एवं मिटाई सम्मिलित की जाती है। खाद्य को सुरक्षित रखने की कई विधियाँ प्राचीन काल से चली आ रही हैं; जैसे— उनको सुखाकर **किण्वन**[5] कर आचार के रूप में तेल या सिरका आदि डालकर। इन विधियों का औद्योगिक क्रांति से पूर्व सीमित उपयोग होता था।

कृषि-व्यापार

- कृषि व्यापार एक प्रकार की व्यापारिक कृषि है, जो औद्योगिक पैमाने पर की जाती है, इसका वित्त-पोषण प्राय: वह व्यापार करता है जिसकी मुख्य रुचि कृषि के बाहर हो।
- कृषि व्यापार फार्म से आकार में बड़े, यंत्रीकृत, रसायनों पर निर्भर एवं अच्छी संरचना वाले होते हैं। इनको **'कृषि कारखाने'** भी कहा जाता है।

(ii) **खनिज आधारित उद्योग** इन उद्योगों में खनिजों को कच्चे माल के रूप में उपयोग किया जाता है। कुछ उद्योग लौह अंश वाले धात्विक खनिजों का उपयोग करते हैं; जैसे-लौहा इस्पात उद्योग, जबकि कुछ उद्योग अलौह धात्विक खनिजों का उपयोग करते हैं- जैसे एल्युमीनियम, ताँबा एवं जवाहरात उद्योग। सीमेंट, मिट्टी के बर्तन आदि उद्योगों में अधात्विक खनिजों का प्रयोग होता है।

▲ अलास्का के केचीकान क्षेत्र में लकड़ी की लुगदी का कारखाना

(iii) **रसायन पर आधारित उद्योग** इन उद्योगों में प्राकृतिक रूप से पाए जाने वाले रासायनिक खनिजों का उपयोग होता है; जैसे—पेट्रो-रसायन उद्योग में खनिज तेल (पेट्रोलियम) का उपयोग तथा नमक, गंधक एवं पोटाश उद्योगों में भी प्राकृतिक खनिज का प्रयोग होता है।

साथ ही कुछ रासायनिक उद्योग लकड़ी एवं कोयले से प्राप्त कच्चे माल पर आधारित होते हैं। प्लास्टिक निर्माण तथा कृत्रिम रेशे बनाना भी रसायन आधारित उद्योग के उदाहरण हैं।

(iv) **वनों पर आधारित उद्योग** जिन उद्योगों में वनों से प्राप्त उत्पादों का प्रत्यक्ष या अप्रत्यक्ष रूप में प्रयोग किया जाता है, वे वनों पर आधारित उद्योग कहलाते हैं। फर्नीचर उद्योग, कागज उद्योग व लाख उद्योग ऐसे प्रमुख उद्योग हैं, जिनमें बाँस की लकड़ी तथा लाख का उपयोग किया जाता है।

(v) **पशु आधारित उद्योग** पशुओं से प्राप्त उत्पादों पर आधारित उद्योग पशु आधारित उद्योग होते हैं। चमड़ा उद्योग, ऊर्न वस्त्र उद्योग, हाथीदाँत उद्योग, डेयरी उद्योग आदि प्रमुख पशु आधारित उद्योग हैं

5 **किण्वन** यह एक चयापचय प्रक्रिया है, जो शर्करा को अम्ल, गैस और एल्कोहल में परिवर्तित करती है।

उत्पादन/उत्पाद पर आधारित उद्योग

इन उद्योगों को दो भागों में बाँटा गया है, जो निम्न प्रकार हैं

(i) **आधारभूत उद्योग** आधारभूत उद्योग उन उद्योगों को कहा जाता है, जिन पर अन्य उद्योग आधारित होते हैं। आधारभूत उद्योग के उत्पाद दूसरे अन्य उद्योगों के लिए कच्चा माल होता है। उदाहरण के लिए; लौह-इस्पात उद्योग सबसे बड़ा आधारभूत उद्योग है।

(ii) **उपभोक्ता वस्तु उद्योग** उपभोक्ता वस्तु उद्योग के द्वारा ऐसे उत्पादों का उत्पादन होता है, जिनका उपभोग उपभोक्ता प्रत्यक्ष रूप में करते हैं; जैसे—चाय, साबुन, कागज, श्रृंगार का सामान, टेलीविजन इत्यादि। ऐसे उद्योगों को गैर-आधारभूत उद्योग (Non-Basic Industries) भी कहा जाता है।

स्वामित्व के आधार पर उद्योग

स्वामित्व के आधार पर उद्योगों का वर्गीकरण तीन प्रकार से किया जाता है, जो निम्न हैं

(i) **सार्वजनिक क्षेत्र के उद्योग** ये ऐसे उद्योग होते हैं, जिनका नियंत्रण सरकार के अधीन होता है। ऐसे उद्योग समाजवादी देशों में अधिक होते हैं। वहीं मिश्रित अर्थव्यवस्था वाले देशों में सार्वजनिक तथा निजी दोनों प्रकार के उद्योग पाए जाते हैं। भारत में बहुत से उद्योग सार्वजनिक क्षेत्र के अधीन होते हैं।

(ii) **निजी क्षेत्र के उद्योग** ऐसे उद्योग, जिनका नियंत्रण एवं संचालन व्यक्तिगत अर्थात् निजी निवेशकों एवं निजी संगठनों के द्वारा होता है, निजी क्षेत्र के उद्योग कहलाते हैं। ऐसे उद्योग पूँजीवादी देशों में अधिक पाए जाते हैं।

(iii) **संयुक्त क्षेत्र के उद्योग** जिन औद्योगिक क्षेत्रों का संचालन एवं संपादन सरकार एवं निजी स्वामित्व के माध्यम या संयुक्त प्रयास से होता है, उन्हें संयुक्त क्षेत्र का उद्योग कहते हैं।

उच्च प्रौद्योगिकी उद्योग की संकल्पना

- इसे उच्च तकनीक उद्योग के रूप में भी जाना जाता है और यह विनिर्माण गतिविधियों की नवीनतम पीढ़ी है।
- इसमें उच्च वैज्ञानिक एवं इंजीनियरिंग उत्पादकों का निर्माण गहन शोध एवं विकास के प्रयोग द्वारा किया जाता है। संपूर्ण श्रमिक शक्ति का अधिकतर भाग व्यावसायिक **सफेद कॉलर श्रमिकों**[6] का होता है। यह उच्च दक्ष एवं विशिष्ट व्यावसायिक श्रमिक वास्तविक उत्पादन **नीला कॉलर श्रमिकों**[7] से संख्या में अधिक है।
- उच्च प्रौद्योगिकी उद्योग में रोबोटिक्स (यंत्र मानव), कंप्यूटर आधारित डिजाइन (कैड) तथा निर्माण धातु पिघलाने एवं नए रासायनिक व औषधीय उत्पाद प्रमुख स्थान रखते हैं।
- उच्च प्रौद्योगिकी उद्योगों की विशेषताएँ निम्नलिखित हैं
  - उनके पास व्यवस्थित रूप से साफ-सुथरे स्थान वाले क्षेत्र हैं।
  - उन्हें विशाल क्षेत्रों के अतिरिक्त कम ऊँचाई वाले, आधुनिक, फैले हुए कार्यालय संयंत्र भवनों की आवश्यकता होती है।
  - उच्च तकनीक वाले स्टार्ट-अप के लिए नियोजित बिजनेस पार्क क्षेत्रीय और स्थानीय विकास योजना का भाग बन गए हैं।
- उच्च तकनीक उद्योग, जो प्रादेशिक संकेंद्रित हैं, आत्मनिर्भर एवं उच्च विशिष्टता लिए होते हैं उन्हें प्रौद्योगिकी ध्रुव कहा जाता है। सेनफ्रांसिस्कों के समीप सिलीकॉन घाटी एवं सियटल के समीप सिलीकॉन वन प्रौद्योगिकी ध्रुव के अच्छे उदाहरण हैं।

चेक प्वॉइंट 5.2

1. उद्योगों की अवस्थिति को प्रभावित करने वाला कोई दो कारक बताइए।
2. वर्तमान में कौन-सा उद्योगों की ऊर्जा आपूर्ति के मुख्य स्रोत हैं?
3. सबसे बड़ा आधारभूत उद्योग कौन-सा है?
4. उन उद्योगों के लिए प्रयुक्त शब्द क्या है, जिनका उपयोग उत्पादों का प्रसंस्करण करने, अन्य वस्तुएँ बनाने में किया जाता है?
5. भारत जैसे विकासशील देशों में किस प्रकार के उद्योग अधिक रोजगार के अवसर प्रदान करते हैं?

---

6 **सफेद कॉलर श्रमिक** ये सफेद कॉलर श्रमिकों उच्च श्रमिक प्रौद्योगिक कार्य में संलग्न रहते हैं तथा नीले कॉलर श्रमिकों की अपेक्षा उच्च दक्ष एवं विशिष्ट व्यावसायिक बुद्धि वाले होते हैं।

7 **नीला कॉलर श्रमिक** द्वितीयक क्रिया या विनिर्माण कार्य में संलग्न श्रमिकों को नीले कॉलर श्रमिक कहा जाता है।

Mind Map

द्वितीयक क्रियाएँ

1 द्वितीयक क्रियाओं का अर्थ

- प्राकृतिक संसाधनों का मूल्य वर्धन करने वाली गतिविधियाँ।
- इसमें विनिर्माण, प्रसंस्करण और निर्माण जैसी प्रक्रियाएँ शामिल हैं।

2 विनिर्माण

- यह कच्चे माल को तैयार माल में बदलने की प्रक्रिया है इसमें एक ही प्रकार की वस्तुओं का बड़े पैमाने पर उत्पादन, शक्ति का उपयोग, एवं कारखानों में विशिष्ट श्रमिक, जो मानक वस्तुओं का उत्पादन करते हैं शामिल होते हैं।

3 आधुनिक बड़े पैमाने पर होने वाली विनिर्माण की विशेषताएँ

- कौशल का विशिष्टीकरण/उत्पादन की विधियों में मानवीकृत वस्तुओं की बड़ी मात्रा का उत्पादन करना शामिल है, जहाँ एक कारीगर अंतिम उत्पाद में विशिष्ट योगदान देने के लिए एक ही प्रकार का कार्य करता है।
- यंत्रीकरण एक व्यवस्थित प्रक्रिया है, जिसे एक विशिष्ट कार्य करने के लिए डिजाइन किया गया है। यह यांत्रिक उपकरणों और स्वचलित उपकरणों पर बहुत अधिक निर्भर है।
- स्वचालन यह विनिर्माण का एक उन्नत चरण है। यह विनिर्माण प्रक्रियाओं के मानव निर्भरता के बिना संचालित करने की अनुमति देता है।
- संगठनात्मक ढाँचा एवं स्तरीकरण एक जटिल प्रौद्योगिकी यंत्र है और यह अत्यधिक विशिष्टीकरण एवं श्रम विभाजन के द्वारा कम प्रयास एवं अल्प लागत से अधिक माल का उत्पादन करता है। बड़े पैमाने पर विनिर्माण हेतु अधिक पूँजी बड़े संगठन एवं प्रशासकीय अधिकारी वर्ग की भी आवश्यकता होती है।
- प्रौद्योगिकीय नवाचार गुणवत्ता नियंत्रण, अपशिष्ट को कम करने और दक्षता को समाप्त करने के लिए आवश्यक है तथा उद्योगों को पर्यावरण संबंधी चिंताओं को दूर करने में भी सहायता करता है।
- अनियमित भौगोलिक वितरण: यह विश्व के कुल स्थलीय भाग के 10% से कम भू-क्षेत्र पर फैला है।

4 उद्योगों की स्थिति को प्रभावित करने वाले कारक

- बाज़ार तक अभिगम्यता या पहुँच
- कच्चे माल की प्राप्ति तक अभिगम्यता
- श्रम आपूर्ति तक अभिगम्यता
- शक्ति के साधनों तक अभिगम्यता
- परिवहन एवं संचार की सुविधाओं तक अभिगम्यता
- सरकारी नीति
- समूहन अर्थव्यवस्था तक अभिगम्यता/उद्योगों के मध्य संबंध

5 विनिर्माण उद्योग का वर्गीकरण

आकार के आधार पर उद्योग

- कुटीर/घरेलू उद्योग में शिल्पकार स्थानीय कच्चे माल का उपयोग कर, साधारण औज़ारों के द्वारा परिवार के सभी सदस्य मिलकर अपने दैनिक जीवन के उपभोग की वस्तुओं का उत्पादन करते हैं; जैसे-खाद्य पदार्थ चटाइयाँ, फर्नीचर, मिट्टी के बर्तन आदि।
- छोटे पैमाने के उद्योग सीमित संसाधनों का उपयोग करके छोटे पैमाने पर वस्तुओं का उत्पादन करते हैं। इसमें उत्पादन की तकनीकी एवं निर्माण स्थल घर से बाहर कारखाना दोनों कुटीर उद्योग से अलग होते हैं।

बड़े पैमाने के उद्योग

- बड़े पैमाने के उद्योग के लिए विशाल बाज़ार, विभिन्न प्रकार का कच्चा माल, शक्ति के साधन, कुशल श्रमिक, विकसित प्रौद्योगिकी, अधिक उत्पादन एवं अधिक पूँजी की आवश्यकता होती है।

स्वामित्व के आधार पर उद्योग

- सार्वजनिक क्षेत्र के उद्योग वे उद्योग हैं, जिनका स्वामित्व और प्रबंधन सरकार द्वारा किया जाता है।
- निज़ी क्षेत्र के उद्योग वे उद्योग है, जिनका स्वामित्व और प्रबंधन व्यक्तिगत निवेशकों या निजी संगठनों के पास होता है।
- संयुक्त क्षेत्र के उद्योग का संचालन संयुक्त कंपनी के द्वारा या किसी निजी एवं सार्वजनिक क्षेत्र की कंपनी के संयुक्त प्रयासों द्वारा किया जाता है।

उत्पादन सामग्री/ कच्चे माल के आधार पर उद्योग

- कृषि आधारित उद्योग (चीनी, चाय आदि)
- खनिज आधारित उद्योग (ताँबा, लोहा आदि)
- रसायन आधारित उद्योग (पेट्रो-रसायन, रासायनिक उर्वरक आदि)
- वन आधारित उद्योग (लकड़ी, लाख आदि)
- पशु आधारित उद्योग (चमड़ा, ऊन आदि)

खाद्य प्रसंस्करण उद्योग

उत्पादन/उत्पाद के आधार पर उद्योग

- मूलभूत उद्योग जैसे-लौह-इस्पात उद्योग
- उपभोक्ता सामान आधारित उद्योग जैसे-विस्कुट वस्त्र, वाहन आदि।

NCERT फोल्डर

अध्याय के मध्य दिए गए प्रश्न

1. बड़े पैमाने पर लगाए जाने वाले उद्योग विभिन्न स्थितियों का चुनाव क्यों करते हैं?

उत्तर वे उद्योग, जो माल के बड़े पैमाने पर उत्पादन में शामिल होते हैं और उनके माल के लिए बड़ा बाजार होता है और वे भारी कच्चे माल, भारी ऊर्जा, विशाल पूँजी और उत्पादन के लिए उन्नत तकनीक का उपयोग करते हैं, जो बड़े पैमाने के उद्योग कहलाते हैं। इनके पास प्रबंधन के लिए एक बड़ा संगठन और कार्यकारी नौकरशाही होती है। बड़े पैमाने के उद्योग लाभ को अधिकतम करने और इनपुट लागत को कम करने के लिए विभिन्न स्थानों का चयन करते हैं। बड़े पैमाने पर लगाए जाने वाले उद्योग विभिन्न स्थानों का चुनाव करने के निम्न कारक हैं

- कच्चे माल के स्रोतों की निकटता
- बाजार की निकटता
- बिजली के सस्ते स्रोत
- कौशल श्रम का सस्ता स्रोत
- सरकार की नीति और लोगों की सुरक्षा
- परिवहन प्रणाली की निकटता
- समूहन अर्थव्यवस्था

नीचे दिए चार विकल्पों में से सही उत्तर चुनिए

1. निम्न में से कौन-सा कथन सही नहीं है?

(a) हुगली के सहारे जूट के कारखाने सस्ती जल यातायात की सुविधा के कारण स्थापित हुए
(b) चीनी, सूती वस्त्र एवं वनस्पति तेल उद्योग स्वच्छंद उद्योग हैं
(c) खनिज तेल एवं जल-विद्युत शक्ति के विकास ने उद्योगों की अवस्थिति कारक के रूप में कोयला शक्ति के महत्त्व को कम किया है
(d) पत्तन नगरों ने भारत में उद्योगों को आकर्षित किया है

उत्तर *(b)* चीनी, सूती वस्त्र एवं वनस्पति तेल उद्योग स्वच्छंद उद्योग हैं

2. निम्न में से कौन-सी एक अर्थव्यवस्था में उत्पादन का स्वामित्व व्यक्तिगत होता है?

(a) पूँजीवाद (b) मिश्रित
(c) समाजवाद (d) इनमें से कोई नहीं

उत्तर *(a)* पूँजीवाद

3. निम्न में से कौन-सा एक प्रकार का उद्योग अन्य उद्योगों के लिए कच्चे माल का उत्पादन करता है?

(a) कुटीर उद्योग (b) छोटे पैमाने के उद्योग
(c) आधारभूत उद्योग (d) स्वच्छंद उद्योग

उत्तर (c) आधारभूत उद्योग

4. निम्न में से कौन-सा युग्म सही सुमेलित है?

(a) स्वचालित वाहन उद्योग – लॉस एंजिल्स
(b) पोत निर्माण उद्योग – लुसाका
(c) वायुयान निर्माण उद्योग – फ्लोरेंस
(d) उपरोक्त में से कोई नहीं

उत्तर *(d)* उपरोक्त में से कोई नहीं

निम्नलिखित प्रश्नों के उत्तर लगभग 30 शब्दों में दीजिए

1. (i) उच्च प्रौद्योगिकी उद्योग (ii) विनिर्माण (iii) स्वच्छंद उद्योग

उत्तर (i) **उच्च प्रौद्योगिकी उद्योग** उच्च प्रौद्योगिकी उद्योग उन्नत वैज्ञानिक शोध एवं विकास तथा इंजीनियरिंग पर आधारित नवीन पीढ़ी के उद्योग हैं, जिनमें नीले कॉलर श्रमिकों की अपेक्षा सफेद कॉलर श्रमिक अधिक संख्या में पाए जाते हैं। ऐसे औद्योगिक प्रदेश में उन्नत प्रयोगशालाएँ, यातायात एवं संचार के विकसित साधन पाए जाते हैं, जिसके परिणामस्वरूप प्रादेशिक एवं स्थानीय योजना में व्यावसायिक पार्क का भी निर्माण किया जा रहा है।

(ii) **विनिर्माण** प्राथमिक उत्पाद या कच्चे माल को मशीनों की सहायता से बड़े पैमाने पर निर्मित वस्तुओं में बदलने की क्रिया को विनिर्माण कहा जाता है तथा इससे संबंधित उद्योग को विनिर्माण उद्योग कहा जाता है; जैसे—लौह-अयस्क से इस्पात बनाना। विनिर्माण की प्रक्रिया में सुई से लेकर जलयान या वायुयान जैसी वस्तुओं का निर्माण किया जाता है,

(iii) **स्वच्छंद उद्योग** ये ऐसे उद्योग हैं, जो विविधता वाले स्थानों पर स्थित होते हैं तथा ये कच्चे माल में कमी या वृद्धि पर निर्भर नहीं करते हैं। ये उद्योग कहीं भी स्थापित किए जा सकते हैं। इनमें श्रमिकों की कम आवश्यकता होती है, साथ ही ऐसे उद्योग पर्यावरण प्रदूषित नहीं करते हैं। इन उद्योगों का कच्चा माल दूसरे उद्योगों का तैयार माल होता है, जिनमें क्षति कम होती है।

निम्नलिखित प्रश्नों के उत्तर लगभग 150 शब्दों में दीजिए

1. प्राथमिक एवं द्वितीयक गतिविधियों में क्या अंतर है?

उत्तर प्राथमिक एवं द्वितीयक गतिविधियों में पाए जाने वाले मुख्य अंतर निम्नलिखित हैं

प्राथमिक गतिविधियाँ	द्वितीयक गतिविधियाँ
जिन कार्यों में उत्पादन सीधे प्रकृति से प्राप्त किया जाता है, उसे प्राथमिक क्रिया कहते हैं।	जिन कार्यों में उत्पादन के लिए प्राथमिक क्रियाओं से उत्पन्न वस्तुओं का उपयोग किया जाता है, उसे द्वितीयक क्रिया कहते हैं।
इसके उत्पाद अपेक्षाकृत कम मूल्यवान होते हैं।	इसके उत्पाद अपेक्षाकृत अधिक मूल्यवान होते हैं।
प्राथमिक गतिविधियों के लिए अपेक्षाकृत कम पूँजी निवेश की आवश्यकता होती है।	इसके लिए अपेक्षाकृत अधिक पूँजी निवेश की आवश्यकता होती है।
इसमें प्राकृतिक वस्तुओं का दोहन किया जाता है।	इसमें वस्तुओं के स्वरूप में परिवर्तन किया जाता है।
प्राथमिक क्रियाएँ निम्न मानव विकास की सूचक हैं।	द्वितीयक क्रियाएँ उच्च मानव विकास की सूचक हैं।

प्राथमिक गतिविधियाँ	द्वितीयक गतिविधियाँ
यह अविकसित देशों का मुख्य क्रियाकलाप है।	यह विकसित देशों का मुख्य क्रियाकलाप है।
इसके उत्पादों का मूल्य निर्धारण होता है।	इसके उत्पादों के मूल्य में वृद्धि होती है।
इस क्रिया में संलग्न श्रमिक लाल कॉलर श्रमिक कहलाते हैं।	इस क्रिया में संलग्न श्रमिक नीले कॉलर श्रमिक कहलाते हैं।
इसमें अपेक्षाकृत कम ज्ञान की आवश्यकता होती है।	इसमें उच्च ज्ञान की आवश्यकता होती है।

2. विश्व के विकसित देशों के उद्योगों के संदर्भ में आधुनिक औद्योगिक क्रियाओं की मुख्य प्रवृत्तियों की विवेचना कीजिए।

उत्तर **आधुनिक औद्योगिक क्रियाएँ** ऐसी औद्योगिक क्रियाएँ हैं, जिनमें आधुनिक स्वचालित मशीनें, अधिक पूँजी निवेश, कुशल और विशेषीकृत श्रमिकों का उपयोग करके उत्पादन बड़े स्तर पर बाजारों अर्थात् उपभोक्ताओं के लिए किया जाता है, वे आधुनिक औद्योगिक क्रियाएँ कहलाती हैं।

आधुनिक औद्योगिक क्रियाओं की मुख्य प्रवृत्तियाँ निम्नलिखित हैं

- विश्व के कुल स्थलीय भाग के 10% से कम भू-भाग पर इसका विस्तार पाया जाता है।
- कुल क्षेत्र को आच्छादित करने की दृष्टि से विनिर्माण स्थल प्रक्रियाओं की अधिक गहनता के कारण कृषि की अपेक्षा बहुत छोटे केंद्रों में संकेंद्रित होता है, जो अधिक संख्या में रोजगार उपलब्ध कराते हैं।
- यह उद्योग एक जटिल प्रौद्योगिकी तंत्र, अधिक पूँजी, बड़े संगठन और अधिक संख्या में प्रशासकीय अधिकारी वर्ग द्वारा संचालित होता है।
- इस उद्योग में अत्यधिक विशिष्टीकरण, श्रम विभाजन के द्वारा कम प्रयास एवं अल्प लागत से अधिक माल का उत्पादन होता है।
- आधुनिकतम औद्योगिक क्रियाओं में कंप्यूटर आधारित डिजाइन तथा निर्माण, धातु पिघलाने एवं शोधन जैसे कार्यों के लिए इलेक्ट्रॉनिक नियंत्रण प्रणाली का उपयोग किया जाता है।
- इसमें नवाचार से उत्पादन के स्तर में वृद्धि के साथ गुणवत्ता में बदलाव आता है। कुशल प्रशासनिक वर्ग द्वारा कार्यों के संचालन से कार्य में स्पष्टता आती है।

3. अधिकतर देशों में उच्च प्रौद्योगिकी उद्योग प्रमुख महानगरों के परिधि क्षेत्रों में ही क्यों विकसित हो रहे हैं? व्याख्या कीजिए।

उत्तर उच्च प्रौद्योगिकी उद्योग उन्नत वैज्ञानिक शोध एवं विकास तथा इंजीनियरिंग पर आधारित नवीन पीढ़ी के उद्योग हैं, जिनमें नीले कॉलर श्रमिक की अपेक्षा सफेद कॉलर श्रमिक ज्यादा संख्या में संलग्न रहते हैं, जो काफी कुशल एवं दक्ष होते हैं।

कंप्यूटर आधारित डिजाइन (कैड) तथा निर्माण, शोधन एवं इलेक्ट्रॉनिक आदि उच्च प्रौद्योगिकी से संबद्ध होते हैं। इसमें प्रयोगशालाएँ एवं संचार के विकसित साधन स्वच्छंद होते हैं। ऐसे उद्योगों का विकास महानगरों के परिधि क्षेत्र में किया जाता है, जिसके प्रमुख कारण निम्नलिखित हैं

- महानगरों के परिधि क्षेत्र अधिक लाभ प्रदान करते हैं, जहाँ बड़ी संख्या में कुशल श्रम की उपलब्धता होती है।
- आस-पास के गाँवों एवं समीप के क्षेत्रों में सस्ते श्रम की भी आपूर्ति हो जाती है।
- इनके परिधि क्षेत्र में यातायात व संचार के साधन विकसित होते हैं, जिससे इनका महत्त्व और बढ़ जाता है।
- महानगरों के परिधि क्षेत्र में भूमि अपेक्षाकृत सस्ती मिल जाती है, जिससे उच्च प्रौद्योगिकी उद्योग को स्थापित करने में कम लागत आती है।

  महानगरों की परिधि में रहने वाले लोग वैश्विक नवीन तकनीक से अवगत होते हैं, जिससे ऐसे उद्योगों के प्रति लोगों की सकारात्मक सोच पाई जाती है, जिससे इसको बढ़ावा मिलता है।

विश्व के उच्च प्रौद्योगिकी उद्योगों की मुख्य विशेषताएँ निम्नलिखित हैं

- उच्च प्रौद्योगिकी उद्योग आधुनिक समय में प्रादेशिक योजना निर्माण एवं विकास में योगदान कर रहे हैं।
- ये उद्योग वृहत स्तर पर रोजगार के अवसर प्रदान करते हैं, जिससे लोगों की आय का स्तर उच्च हो रहा है।
- ये उद्योग पर्यावरण दृष्टि से भी अनुकूल होते हैं। इनसे पर्यावरण प्रदूषण की समस्या नहीं होती।
- ये उद्योग पुरानी एवं जटिल विनिर्माण कार्य पद्धति को सरल बनाते हैं।
- ये उद्योग विकसित देशों की भाँति तकनीकी विकास कर देश की अर्थव्यवस्था को बढ़ाने में महत्त्वपूर्ण भूमिका निभाते हैं।

4. अफ्रीका में अपरिमित प्राकृतिक संसाधन हैं, फिर भी औद्योगिक दृष्टि से यह पिछड़ा महाद्वीप है। समीक्षा कीजिए।

उत्तर अफ्रीका में जल-विद्युत, कोयला, पेट्रोलियम, लौह-अयस्क, सोना, हीरा व अभ्रक जैसे खनिज संसाधनों की प्रचुरता है, फिर भी अफ्रीका औद्योगिक दृष्टि से पिछड़ा हुआ है। इसके निम्नलिखित कारण हैं

- अफ्रीका में अभी तक तीव्र, सक्षम और पर्याप्त लंबाई में यातायात के साधनों का विकास नहीं हुआ है।
- अफ्रीका में अधिक जनसंख्या के होते हुए भी कुशल श्रमिकों की संख्या कम है। इस महाद्वीप में विद्युत और जल-विद्युत का विकास बहुत कम हुआ, जबकि संभावना बहुत अधिक थी। अतः शक्ति के अभाव में यह महाद्वीप पिछड़ा हुआ है।
- यहाँ पर विनिर्माण क्षेत्रों में अभी तक पूँजी का निवेश पर्याप्त मात्रा में नहीं हुआ है।
- अफ्रीकी लोगों की क्रय क्षमता कम है और वे गरीब हैं। अतः बाजार में वस्तुओं की माँग भी कम है।
- अफ्रीका के पिछड़ेपन के लिए वहाँ की सरकारी नीतियाँ भी जिम्मेदार हैं। यहाँ आधुनिक तकनीकी शिक्षा का प्रचार बहुत कम हुआ है, जबकि अधिकांश देशों में राजनीतिक अस्थिरता एवं अराजकता का वातावरण पाया जाता है।

अभ्यास प्रश्न

वस्तुनिष्ठ प्रश्न

बहुविकल्पीय प्रश्न

1. आधुनिक बड़े पैमाने पर होने वाले विनिर्माण उद्योग की विशेषता है

(a) कौशल विशिष्टीकरण (b) यंत्रीकरण
(c) प्रौद्योगिकीय नवाचार (d) ये सभी

उत्तर (d) ये सभी

2. 'फुटकर व्यापार' निम्नलिखित में से किस क्रियाकलाप के अंतर्गत आता है? **CBSE 2023**

(a) प्रादेशिक (b) तृतीयक
(c) चतुर्थक (d) द्वितीयक

उत्तर (d) द्वितीयक

3. खाद्य पदार्थों को अधिक समय तक उपयोग में लाने के लिए अपनाई जाने वाली प्रक्रिया क्या कहलाती है?

(a) खाद्य प्रशीतलन (b) खाद्य पाश्च्युरीकरण
(c) खाद्य प्रसंस्करण (d) इनमें से कोई नहीं

उत्तर (c) खाद्य प्रसंस्करण

4. कृत्रिम रेशे और प्लास्टिक विनिर्माण निम्नलिखित में से किसका उदाहरण है? **CBSE 2023**

(a) खनिज-आधारित उद्योग (b) रसायन-आधारित उद्योग
(c) वन-आधारित उद्योग (d) पशु-आधारित उद्योग

उत्तर (b) रसायन-आधारित उद्योग

5. अधात्विक खनिज पर आधारित उद्योग है

(a) लौह-इस्पात उद्योग (b) सीमेंट उद्योग
(c) ताँबा उद्योग (d) एल्युमीनियम उद्योग

उत्तर (b) सीमेंट उद्योग

6. विनिर्माण कार्यों में संलग्न श्रमिकों को क्या कहा जाता है?

(a) सफेद कॉलर श्रमिक (b) नीले कॉलर श्रमिक
(c) लाल कॉलर श्रमिक (d) हरे कॉलर श्रमिक

उत्तर (b) नीले कॉलर श्रमिक

7. दिए गए कथन को ध्यानपूर्वक पढ़िए और नीचे दिए गए प्रश्न का उत्तर लिखिए *दक्षता आधारित प्रश्न*

'ये उद्योग कच्चे माल की कमी या वृद्धि पर निर्भर नहीं करते तथा इनमें अकुशल श्रमिकों की कम आवश्यकता होती है'

निम्नलिखित में से उद्योगों को कौन-सा वर्ग स्वच्छंद उद्योग के अंतर्गत शामिल है? सबसे उपयुक्त विकल्प का चयन कीजिए।

(a) चमड़ा, पल्प और कागज
(b) लोहा, ताँबा और चीनी
(c) चीनी, पेट्रोरसायन और उर्वरक
(d) हीरे, कंप्यूटरचिप और मोबाइल निर्माण

उत्तर (d) हीरे, कंप्यूटरचिप और मोबाइल निर्माण

8. निम्नलिखित सूचनाओं को ध्यानपूर्वक पढ़िए और सही उद्योग की पहचान कीजिए *दक्षता आधारित प्रश्न*

- **इनमें निर्माण कार्य घर से बाहर कारखानों में होता है।**
- **इन उद्योगों में बड़े स्तर पर रोजगार के अवसर उपलब्ध होते हैं, जिससे स्थानीय क्रयशक्ति में वृद्धि होती है।**
- **भारत, चीन, इंडोनेशिया एवं ब्राजील जैसे देशों में रोजगार उपलब्ध कराने के लिए इस प्रकार के उद्योगों को प्रोत्साहित किया जाता है।**

(a) कुटीर उद्योग (b) बड़े पैमाने के उद्योग
(c) छोटे पैमाने के उद्योग (d) इनमें से कोई नहीं

उत्तर (c) छोटे पैमाने के उद्योग

9. निम्नलिखित कथनों को ध्यानपूर्वक अध्ययन कीजिए और सही विकल्प का चयन कीजिए *दक्षता आधारित प्रश्न*

कथन I आधुनिक विनिर्माण उद्योगों का संकेंद्रण स्थलमंडल के कुल भू-भाग के 10% से भी कम क्षेत्रों में पाया जाता है।

कथन II विनिर्माण स्थल का विस्तार कृषि स्थलों की अपेक्षा कम क्षेत्रों में पाया जाता है, जिसमें रोजगार की सम्भावना कृषि कार्य की अपेक्षा अधिक होती है।

(a) केवल कथन I सही है
(b) केवल कथन II सही है
(c) कथन I और II दोनों गलत हैं
(d) कथन I और II दोनों सही हैं,

उत्तर (d) कथन I और II दोनों सही हैं

10. निम्नलिखित कुटीर उद्योग की विशेषताओं का गठन कीजिए और सही विकल्प का चयन कीजिए **CBSE 2023**

1. **निर्माण स्थल घर से बाहर**
2. **यह निर्माण की सबसे छोटी इकाई है**
3. **स्थानीय कच्चे माल का उपयोग**
4. **साधारण औजारों का उपयोग**

कूट

(a) 1, 2 और 3 (b) 2, 3 और 4
(c) 1, 2 और 4 (d) 1, 3 और 4

उत्तर (b) 2, 3 और 4

11. उद्योगों की अवस्थिति को प्रभावित करने वाले कारक हैं

1. **कच्चे माल की उपलब्धता** 2. **सरकारी नीतियाँ**
3. **परिवहन की सुविधा** 4. **बाजार अभिगम्यता**

कूट

(a) 1, 2 और 4 (b) 2, 3 और 4
(c) 1, 3 और 4 (d) 1, 2, 3 और 4

उत्तर (d) 1, 2, 3 और 4

12. **उच्च प्रौद्योगिकी उद्योग के संदर्भ कौन-सा/ से कथन सही है/हैं?**

दक्षता आधारित प्रश्न

1. **उच्च प्रौद्योगिकी उद्योग में नीले कॉलर श्रमिकों की अपेक्षा सफेद कॉलर श्रमिक अधिक कार्यरत् हैं।**
2. **भारत की सिलिकॉन घाटी (बंगलुरु) प्रौद्योगिकी ध्रुव का उदाहरण है।**
3. **उच्च प्रौद्योगिकी वाले औद्योगिक प्रदेशों में अविकसित यातायात एवं संचार की व्यवस्था होती है।**
4. **अमेरिका का वाशिंगटन उच्च प्रौद्योगिकी उद्योग क्षेत्र है।**

कूट

(a) केवल 3 (b) 1 और 2 दोनों

(c) केवल 4 (d) 1 और 3 दोनों

उत्तर *(b)* 1 और 2 दोनों

13. **निम्नलिखित युग्मों में से कौन-सा युग्म सही है?**

दक्षता आधारित प्रश्न

1. **पशु आधारित उद्योग – डेयरी उद्योग**
2. **कृषि आधारित उद्योग – लाख उद्योग**
3. **रसायन उद्योग – कृत्रिम रेशा निर्माण**
4. **अधात्विक खनिज आधारित उद्योग–फर्नीचर उद्योग**

कूट

(a) 1 और 2 दोनों (b) 2 और 3 दोनों

(c) 3 और 4 दोनों (d) 1 और 3 दोनों

उत्तर *(d)* 1 और 3 दानों

14. **विनिर्माण क्षेत्र के अंतर्गत वस्तुओं के उत्पादन का सही क्रम कौन-सा है?** *दक्षता आधारित प्रश्न*

(a) कच्चा माल, श्रम आपूर्ति, शक्ति साधनों की आपूर्ति, उत्पादन, बाजार तक पहुँच

(b) श्रम आपूर्ति, कच्चा माल, शक्ति साधनों की आपूर्ति, उत्पादन, बाजार तक पहुँच

(c) शक्ति साधनों की आपूर्ति, कच्चा माल, बाजार तक पहुँच, श्रम आपूर्ति, उत्पादन

(d) उत्पादन, कच्चा माल, श्रम आपूर्ति, बाजार तक पहुँच, शक्ति साधनों की आपूर्ति

उत्तर *(a)* कच्चा माल, श्रम आपूर्ति, शक्ति साधनों की आपूर्ति, उत्पादन, बाजार तक पहुँच

15. **शोध एवं विकासमान युक्तियों के द्वारा विनिर्माण की गुणवत्ता को नियंत्रित करने, अपशिष्टों के निस्तारण एवं अदक्षता को समाप्त करने तथा प्रदूषण के विरुद्ध संघर्ष करने का महत्त्वपूर्ण पहलू ……….. कहलाता है।** *दक्षता आधारित प्रश्न*

(a) प्रौद्योगिकीय नवाचार

(b) औद्यागिक नवाचार

(c) सामाजिक नवाचार

(d) अपशिष्ट नवाचार

उत्तर (a) प्रौद्योगिकीय नवाचार

16. **उद्योगों की स्थिति को प्रभावित करने वाले कारकों के संबंध में एक कथन दिया है। दिए गए कथन के संबंध में सही कारक का चयन करें?**

'उद्योगों की अवस्थिति में श्रम एक प्रमुख कारक है। बढ़ते हुए यंत्रीकरण, स्वचलन एवं औद्योगिक प्रक्रिया के लचीलेपन ने उद्योगों में श्रमिकों पर निर्भरता को कम किया है, फिर भी कुछ प्रकार के उद्योगों में अब भी कुशल श्रमिकों की आवश्यकता होती है।'

दक्षता आधारित प्रश्न

(a) शक्ति के साधनों तक अभिगम्यता

(b) श्रम आपूर्ति तक अभिगम्यता

(c) बाजार तक अभिगम्यता

(d) कच्चे माल की प्राप्ति तक अभिगम्यता

उत्तर (b) श्रम आपूर्ति तक अभिगन्यता

17. **विनिर्माण उद्योगों का वर्गीकरण ……….** *दक्षता आधारित प्रश्न*

(a) उनके आकार, कच्चा माल, उत्पाद एवं स्वामित्व के आधार पर किया जाता है।

(b) उनके उत्पाद, स्वामित्व, अवस्थिति के आधार पर किया जाता है।

(c) उनके आकार, कच्चा माल तथा पूँजी के आधार पर किया जाता है।

(d) उनके उत्पाद, स्वामित्व तथा मुनाफे के आधार पर किया जाता है।

उत्तर (a) उनके आकार, कच्चा माल, उत्पाद एवं स्वामित्व के आधार पर किया जाता है।

18. **खनिज आधारित उद्योग के संदर्भ में कौन-सा/से कथन सही नहीं है/हैं?**

दक्षता आधारित प्रश्न

1. **इन उद्योगों में खनिजों को कच्चें माल के रूप में उपयोग किया जाता है।**
2. **कुछ उद्योग लौह अंश वाले अधात्विक खनिजों का उपयोग करते हैं।**
3. **कुछ उद्योग अलौह धात्विक खनिजों का उपयोग करते हैं।**
4. **सीमेंट, मिट्टी के बर्तन आदि उद्योगों में अधात्रिक खनिजों का प्रयोग होता है।**

कूट

(a) 1 और 3 दोनों (b) केवल 2

(c) 2 और 3 दोनों (d) केवल 4

उत्तर *(b)* केवल 2

19. **भारत में स्थापित विभिन्न प्रकारों के उद्योगों को उनके आकार के अनुसार छोटे से बड़े क्रम में लगाएँ।** *दक्षता आधारित प्रश्न*

1. **मध्यम उद्योग** 2. **गृह उद्योग**
3. **छोटे पैमाने के उद्योग** 4. **बड़े पैमाने के उद्योग**

कूट

(a) 3, 4, 1, 2

(b) 2, 3, 1, 4

(c) 1, 2, 3, 4

(d) 3, 1, 2, 4

उत्तर (b) 2, 3, 1, 4

20. **सूची I को सूची II से सुमेलित कीजिए** **CBSE 2024**

सूची I (उद्योग)	सूची II (उदाहरण)
A. कृषि-आधारित	1. साबुन
B. वन-आधारित	2. नमक
C. रसायन-आधारित	3. लाख
D. उत्पाद-आधारित	4. वनस्पति तेल

कूट

	A	B	C	D
(a)	3	4	2	1
(b)	3	4	1	2
(c)	4	3	2	1
(d)	4	3	1	2

उत्तर *(d)* 4 3 1 2

निर्देश (प्र. सं. 21-23) दिए गए कथनों में एक कथन (A) तथा दूसरा कारण (R) है। नीचे दिए गए कूट की सहायता से सही उत्तर का चयन करें।

कूट
(a) A और R दोनों सही हैं तथा R, A की सही व्याख्या है
(b) A और R दोनों सही हैं, परंतु R, A की सही व्याख्या नहीं है
(c) A सही है, किंतु R गलत है
(d) A गलत है, किंतु R सही है

21. **कथन** (A) **अयस्क पर आधारित उद्योग कच्चे माल के स्रोत के समीप स्थित हैं।**

कारण (R) **उद्योग परिवहन लागत घटाकर लाभ को बढ़ाते हैं।** **CBSE 2024**

उत्तर *(a)* अयस्क पर आधारित उद्योग, कच्चे माल के स्रोत के पास होते हैं। ऐसा इसलिए होता है, क्योंकि इन उद्योगों के लिए कच्चा माल भारी और सस्ता होता है। इसके अतिरिक्त कच्चे माल की शीघ्र नष्टशीलता भी एक अहम कारक है। उद्योगों द्वारा परिवहन लागत घटाकर लाभ कमाना इसका उद्देश्य नहीं है।

22. **कथन** (A) **एक क्षेत्र का आर्थिक विकास उसके संसाधनों पर आधारित होता है।**

कारण (R) **आर्थिक विकास के लिए तकनीक के साथ-साथ निवेश की आवश्यकता होती है।** **CBSC 2024**

उत्तर *(c)* किसी क्षेत्र का आर्थिक विकास उसके संसाधनों पर निर्भर करता है। प्राकृतिक संसाधनों की उपलब्धता, मात्रा और गुणवत्ता किसी देश के विकास में अहम भूमिका निभाती है। आर्थिक विकास हेतु पूँजीगत वस्तुओं श्रम-शक्ति, प्रौद्योगिकी उन्नयन और विकास हेतु निवेश की आवश्यकता होती है।

23. **कथन** (A) **स्वच्छंद उद्योग व्यापक विविधता वाले स्थानों में स्थित हो सकते हैं।**

कारण (R) **स्वच्छंद उद्योग की स्थापना में महत्त्वपूर्ण कारक परिवहन के जाल द्वारा अभिगम्यता होती है।** **CBSC 2024**

उत्तर *(a)* स्वच्छंद उद्योग व्यापक विविधता वाले स्थानों में स्थित होते हैं। ये किसी विशिष्ट कच्चे माल जिनके भार में कमी हो रही है अथवा नहीं, पर निर्भर नहीं रहते हैं। ये उद्योग संघटक पुर्जों पर निर्भर रहते हैं। स्वच्छंद उद्योग की स्थापना में महत्त्वपूर्ण कारक परिवहन के जाल द्वारा अभिगम्यता होती है।

लघु उत्तरीय प्रश्न

1. **प्राकृतिक रूप से प्राप्त संसाधनों में कुछ क्रियाएँ करके इसे मानव उपयोगी बनाया जाता है। ये क्रियाएँ किस प्रकार इन संसाधनों के मूल्यों में वृद्धि करती हैं?** **दक्षता आधारित प्रश्न**

उत्तर द्वितीयक क्रियाओं द्वारा प्राकृतिक संसाधनों का मूल्य और उपयोगिता बढ़ जाती है। इसके तीन उदाहरण निम्नलिखित हैं
(i) कपास का साधारण रूप में कम उपयोग है, परंतु कच्चे धागे में परिवर्तित होने के बाद यह और अधिक मूल्यवान बन जाती है।
(ii) खनिज अयस्कों का कोई प्रत्यक्ष उपयोग नहीं होता, परंतु धातुओं के निष्कर्षण के बाद ये उपयोगी और मूल्यवान बन जाते हैं।
(iii) खेतों, वनों और समुद्रों से प्राप्त उत्पादों को भी द्वितीयक क्रियाओं के द्वारा उपयोगी एवं मूल्यवान वस्तु में परिवर्तित किया जाता है।

2. **विनिर्माण उद्योग को परिभाषित कीजिए और उनकी सामान्य विशेषताओं को लिखिए।**

उत्तर प्राथमिक क्रियाओं से प्राप्त उत्पादों के माध्यम से गुणवत्तापूर्ण एवं उपयोगी उत्पादों की रचना एवं निर्माण की क्रिया विनिर्माण कहलाती है तथा इस पर आधारित उद्योग विनिर्माण उद्योग कहलाते हैं। इन उद्योगों में कुछ सामान्य विशेषताएँ निहित होती हैं। ये विशेषताएँ इस प्रकार हैं
- विनिर्माण उद्योग में शक्ति (ऊर्जा) का प्रयोग किया जाता है।
- एक ही प्रकार की वस्तुओं का बड़ी मात्रा में उत्पादन किया जाता है। ऐसे उद्योगों में अधिक उत्पादन के साथ गुणवत्तापूर्ण वस्तुओं का उत्पादन किया जाता है।
- इसमें संलग्न व्यक्ति कुशल एवं विशिष्ट प्रकार से दक्ष होते हैं। इसमें उत्पादन के साधनों के रूप में मशीनों के साथ-साथ पुराने साधनों का भी प्रयोग किया जाता है।

3. **छोटे पैमाने के विनिर्माण उद्योग की किन्हीं पाँच विशेषताओं को स्पष्ट कीजिए।**

उत्तर छोटे पैमाने के विनिर्माण उद्योग की प्रमुख पाँच विशेषताएँ इस प्रकार हैं
(i) इसमें स्थानीय कच्चे माल का उपयोग करके वस्तुओं का उत्पादन किया जाता है। इस उत्पादन कार्य को अर्द्ध-कुशल श्रमिकों के द्वारा किया जाता है।
(ii) इसमें अर्द्ध-कुशल श्रम के साथ कम पूँजी की आवश्यकता होती है।
(iii) इसमें बड़े स्तर पर रोजगार के अवसर उपलब्ध होते हैं।
(iv) इससे स्थानीय लोगों की क्रय क्षमता में वृद्धि होती है।
(v) अतः ऐसे उद्योगों को भारत, चीन व इंडोनेशिया जैसे देशों ने रोजगार उपलब्ध कराने की दृष्टि से प्रोत्साहित किया है।

4. यंत्रीकरण से आप क्या समझते हैं। इसकी किन्हीं दो विशेषताओं का वर्णन कीजिए?

उत्तर किसी कार्य को संपन्न करने के लिए मशीनों का उपयोग करना यंत्रीकरण कहलाता है। आधुनिक विनिर्माण उद्योगों में यंत्रीकरण की प्रमुख विशेषताएँ निम्नलिखित हैं

(i) इसमें स्वचालित यंत्रीकरण की विकसित अवस्था प्रयोग में लाई जाती है तथा निर्माण प्रक्रियाओं के दौरान मानव की सोच को शामिल किए बिना किया जाता है। विनिर्माण उद्योग यंत्रीकरण की विकसित अवस्था को व्यक्त करता है। वर्तमान में नवीन यंत्रों का बड़े स्तर पर प्रयोग किया जा रहा है।

(ii) यंत्रीकरण के द्वारा लोगों की माँग कम समय में पूरी की जा रही है, साथ ही इससे उत्पादन में भी वृद्धि हुई है। यंत्रीकरण की क्रिया द्वारा उत्पादों की गुणवत्ता में भी सुधार हुआ है।

5. कृषि आधारित उद्योग एवं खनिज आधारित उद्योगों के मध्य अंतर स्पष्ट कीजिए।

उत्तर कृषि आधारित उद्योग एवं खनिज आधारित उद्योगों के मध्य अंतर निम्न प्रकार हैं

कृषि आधारित उद्योग	खनिज आधारित उद्योग
कृषि आधारित उद्योगों में कच्चे माल के रूप में पेड़-पौधों एवं जानवरों से प्राप्त उत्पादों का प्रयोग किया जाता है।	इस उद्योग में खनिज अयस्कों का प्रयोग कच्चे माल के रूप में किया जाता है।
इस उद्योग में अधिक निवेश की आवश्यकता नहीं होती।	इस उद्योग में अधिक निवेश की आवश्यकता होती है।
यह उद्योग ग्रामीण क्षेत्रों में रोजगार के अवसर उपलब्ध कराते हैं।	यह उद्योग ग्रामीण एवं नगरीय दोनों क्षेत्रों में रोजगार उपलब्ध कराते हैं।
इस उद्योग का कच्चा माल फल, सब्जियाँ एवं दुग्ध उत्पाद आदि है।	इस उद्योग का कच्चा माल, विभिन्न प्रकार के खनिज; जैसे—लौह-अयस्क, एल्युमीनियम एवं अभ्रक आदि हैं।
इस उद्योग के प्रमुख उदाहरण डेयरी उद्योग, सूती कपड़ा उद्योग, जूट उद्योग एवं खाद्य प्रसंस्करण उद्योग आदि है।	इस उद्योग का प्रमुख उदाहरण लौह-इस्पात उद्योग, मशीनरी उद्योग, जहाज निर्माण, मशीनरी-टूल्स एवं इंजीनियरिंग उद्योग आदि हैं।

6. खनिज आधारित उद्योग एवं रसायन आधारित उद्योग से क्या तात्पर्य है? उल्लेख कीजिए।

उत्तर **खनिज आधारित उद्योग** इन उद्योगों में कच्चे माल के रूप में खनिजों का उपयोग किया जाता है। उद्योगों में खनिज के उपयोग को तीन भागों में वर्गीकृत किया जा सकता है

(i) **लौह अंश वाले धात्विक खनिज पर आधारित उद्योग** इन उद्योगों में लौह-इस्पात उद्योग आदि।

(ii) **अलौह अंश वाले धात्विक खनिज पर आधारित उद्योग** एल्युमीनियम, ताँबा उद्योग आदि।

(iii) **अधात्विक खनिज पर आधारित उद्योग** मिट्टी के बर्तन, सीमेंट उद्योग आदि।

रसायन आधारित उद्योग इन उद्योगों में प्राकृतिक रूप से पाए जाने वाले रासायनिक खनिजों का उपयोग होता है; जैसे—खनिज तेल (पेट्रोलियम) का उपयोग पेट्रो-रसायन उद्योग में तथा नमक, गंधक एवं पोटाश उद्योगों में प्राकृतिक खनिज का प्रयोग किया जाता है। लकड़ी एवं कोयले से प्राप्त कच्चे माल पर भी कुछ रासायनिक उद्योग निर्भर होते हैं। इसके अतिरिक्त कृत्रिम रेशे बनाना, प्लास्टिक निर्माण जैसे कार्य भी रसायन आधारित उद्योग हैं।

7. श्याम ने जब भारत के गाँव का सर्वे किया, तो उसने वहाँ स्थानीय युवाओं को बेरोजगार देखा गाँव में संचालित ऐसे दो उद्योगों की चर्चा कीजिए जिससे गाँव में रोजगार प्राप्त हो सके।

दक्षता आधारित प्रश्न

उत्तर **वन आधारित उद्योग** जिन उद्योगों में वनों से प्राप्त उपज का कच्चे माल के रूप में उपयोग किया जाता है, वे वनों पर आधारित उद्योग कहलाते हैं।

उदाहरणस्वरूप फर्नीचर उद्योग में इमारती लकड़ी का प्रयोग, कागज उद्योग में बाँस, लकड़ी एवं घास का उपयोग, लाख उद्योग में लाख का प्रयोग आदि इन सभी उद्योगों के लिए कच्चे माल की प्राप्ति वनों से ही की जाती है।

पशु आधारित उद्योग ऐसे उद्योग हैं, जिनके लिए कच्चे माल की प्राप्ति पशुओं से की जाती है, जो पशु आधारित उद्योग कहलाते हैं। उदाहरण, चमड़ा एवं ऊन पशुओं से प्राप्त प्रमुख कच्चा माल है।

8. स्वामित्व के आधार पर विश्व के उद्योगों को तीन वर्गों में बाँटिए। प्रत्येक वर्ग की मुख्य विशेषता भी बताइए।

उत्तर स्वामित्व के आधार पर उद्योगों के तीन वर्ग निम्नलिखित हैं

(i) **सार्वजनिक क्षेत्र के उद्योग** ये ऐसे उद्योग होते हैं, जिनका नियंत्रण सरकार के अधीन होता है; जैसे—रेलवे। भारत में ऐसे उद्योगों की अधिकता पाई जाती है।

(ii) **निजी क्षेत्र के उद्योग** ये ऐसे उद्योग होते हैं, जिनका नियंत्रण निजी निवेशकों के अधीन होता है। इस प्रकार के उद्योग पूँजीवादी देशों में अधिक देखे जाते हैं।

(iii) **संयुक्त क्षेत्र के उद्योग** ये ऐसे उद्योग होते हैं, जिन पर सरकार तथा निजी क्षेत्र दोनों का संयुक्त रूप से नियंत्रण पाया जाता है। सार्वजनिक क्षेत्र की कई कंपनियों में भी संयुक्त नियंत्रण देखा जाता है।

9. सार्वजनिक क्षेत्र के उद्योग तथा निजी क्षेत्र के उद्योग में क्या अंतर है?

उत्तर सार्वजनिक क्षेत्र के उद्योग तथा निजी क्षेत्र के उद्योग में पाए जाने वाले मुख्य अंतर निम्नलिखित हैं

सार्वजनिक क्षेत्र के उद्योग	निजी क्षेत्र के उद्योग
इन उद्योगों का स्वामित्व सरकार या सरकार के किसी संगठन के पास होता है।	इन उद्योगों का स्वामित्व व्यक्ति विशेष, कुछ व्यक्तियों या कंपनी के पास होता है।
इसमें बड़े पैमाने के उद्योग; जैसे—लोहा तथा इस्पात संयंत्र, एच एम टी या आधारभूत उद्योग आते हैं।	इसमें छोटे और बड़े सभी प्रकार के उद्योग आते हैं; जैसे—टाटा लोहा तथा इस्पात कंपनी, बाटा शू कंपनी, बी पी एल आदि उद्योग।

सार्वजनिक क्षेत्र के उद्योग	निजी क्षेत्र के उद्योग
इसमें पूँजी प्राय: सार्वजनिक या सरकारी होती है। ऐसे उद्योग भारतीय रेल, भिलाई, राउरकेला, दुर्गापुर में स्थित तथा जलयान निर्माण उद्योग आदि हैं।	ये सरकारी हस्तक्षेप के बिना चलते हैं। इनमें अधिकतर निजी या उधार ली हुई पूँजी होती है।
उत्पादन तथा व्यापार पर सरकार का नियंत्रण होता है।	उत्पादन, व्यापार तथा वितरण पर व्यक्ति विशेष, फर्म या कंपनी का नियंत्रण होता है।

10. स्वच्छंद उद्योगों की किन्हीं तीन विशेषताओं की व्याख्या कीजिए।

अथवा **विश्व में स्वच्छंद उद्योगों की किन्हीं पाँच विशेषताओं का वर्णन कीजिए।**

उत्तर स्वच्छंद उद्योग ऐसे उद्योग हैं, जो विविधता वाले स्थानों पर स्थित होते हैं, साथ ही ये उद्योग पर्यावरण की दृष्टि से भी अनुकूल होते हैं। स्वच्छंद उद्योग की विशेषताएँ निम्नलिखित हैं

- ये उद्योग उपयोग में लाए जाने वाले माल को अलग-अलग कारखानों से प्राप्त करते हैं।
- ये उद्योग कच्चे माल की कमी या वृद्धि पर निर्भर नहीं रहते।
- इन उद्योगों में कम श्रमिकों की आवश्यकता होती है। सड़कों का विकसित जाल इन उद्योगों का महत्त्वपूर्ण घटक है।
- ये उद्योग पर्यावरण की दृष्टि से भी अनुकूल हैं। अतः ये पर्यावरण को प्रदूषित नहीं करते।
- इन उद्योगों का कच्चा माल दूसरे उद्योगों का तैयार माल होता है, जिसके कारण क्षति का स्तर कम रहता है।

11. किसी देश के उद्योग की स्थापना में उस देश का बाजार तथा परिवहन महत्त्वपूर्ण कारक होते हैं। क्या ये कारक उद्योगों की स्थिति का निर्धारण करने में अहम भूमिका निभाते हैं? स्पष्ट करें। *दक्षता आधारित प्रश्न*

उत्तर 'बाजार' निम्नलिखित माध्यमों से उद्योग की अवस्थिति को प्रभावित करता है

- उद्योगों के लिए कल-पुर्जे बाजार से ही प्राप्त होते हैं।
- उद्योग अपने कच्चे माल के लिए बाजार पर निर्भर रहते हैं। औद्योगिक उत्पाद को उपभोक्ता तक बाजार के माध्यम से ही पहुँचाया जाता है।

'परिवहन' निम्नलिखित माध्यमों से उद्योग की अवस्थिति को प्रभावित करता है

- कच्चे माल को औद्योगिक केंद्र तक परिवहन के माध्यम से कम समय में पहुँचाया जाता है। औद्योगिक उत्पादों को उपभोक्ता और बाजार तक पहुँचाने के लिए परिवहन के साधनों का विकास आवश्यक होता है।
- परिवहन तंत्र से विकसित क्षेत्र में औद्योगिक संकेंद्रण बढ़ता है; जैसे—पश्चिमी यूरोप एवं उत्तरी अमेरिका के पूर्वी भाग।

12. उद्योगों की अवस्थिति को सरकारी नीतियाँ किस प्रकार प्रभावित करती हैं?

उत्तर सरकार देश व क्षेत्र के संतुलित आर्थिक विकास हेतु प्रादेशिक नीतियों को अपनाती है। इसके लिए क्षेत्र विशेष का चुनाव कर सरकार पूँजी एवं अन्य प्रोत्साहन प्रदान करती है, जिससे औद्योगिक विकास को बढ़ावा मिलता है। उद्योगों की मजबूती से देश की आर्थिक स्थिति मजबूत होती है। वृहत स्तरीय उद्योग व्यापक स्तर पर रोजगार के अवसर प्रदान करते हैं। इतना ही नहीं इससे उद्योगों के साथ उस क्षेत्र का भी विकास होता है। अतः सरकार नीतियों के माध्यम से उद्योगों की स्थापना को प्रोत्साहित करती है।

13. प्रौद्योगिकी युक्त उद्योगों को किसी एक विशेष स्थान पर स्थापित कर उसका ध्रुवीकरण क्यों किया जाता है। क्या यह करना महत्त्वपूर्ण है? बताइए। *दक्षता आधारित प्रश्न*

उत्तर उच्च प्रौद्योगिकी रूप से केंद्रित व विशेषीकृत और आत्मनिर्भर औद्योगिक क्षेत्र प्रौद्योगिकी ध्रुवीकरण कहलाता है। आज का समय जो भी प्रादेशिक व स्थानीय विकास की योजनाएँ बन रही हैं, उनमें नियोजित व्यवसाय पार्क का निर्माण किया जा रहा है; जैसे– भारत का बंगलुरु और संयुक्त राज्य अमेरिका की सिलिकॉन घाटी प्रमुख प्रौद्योगिकी ध्रुव क्षेत्र हैं। ऐसे क्षेत्र में नवीन तकनीकों का अधिक प्रयोग तथा शोध जैसे कार्य संपन्न किए जाते हैं, जिससे अन्य क्षेत्रों को इससे प्रेरणा मिलती है। लोगों को रोजगार उनकी क्षमता के अनुरूप प्राप्त होता है, जिससे देश के विकास को बढ़ावा मिलता है। अतः ऐसे क्षेत्र का वर्तमान समय में काफी महत्त्व है।

14. "कुटीर उद्योग निर्माण की सबसे छोटी इकाई है।" उदाहरणों सहित इस कथन की पुष्टि कीजिए। **CBSE 2022**

उत्तर कुटीर उद्योग निर्माण की सबसे छोटी इकाई होती है, क्योंकि ये उद्योग सामान्यतः व्यक्तिगत या छोटे पैमाने पर चलाए जाते हैं। इन उद्योगों में सीमित पूँजी और श्रमिकों की आवश्यकता होती है तथा ये घर-परिवार या छोटे समूहों द्वारा संचालित होते हैं। इन उद्योगों का मुख्य उद्देश्य वृहत् पैमाने पर उत्पादन के अतिरिक्त स्थानीय स्तर पर रोजगार सृजन और स्वावलंबन करना होता हैं। इस उद्योग के प्रमुख उदाहरण इस प्रकार है

- हस्तशिल्प उद्योग भी कुटीर उद्योग का एक उदाहरण है। इस उद्योग के अंतर्गत लकड़ी के शिल्प, मूर्तिकला, चादर-बुनाई आदि, जो छोटे पैमाने पर कुटीर उद्योगों के रूप में बनाए जाते हैं।
- खादी उद्योग भी एक कुटीर उद्योग का उदाहरण है, जिसमें कपड़े का उत्पादन छोटे स्तर पर किया जाता है। कुटीर उद्योगों में उत्पादन का पैमाना छोटा होता है और ये स्थानीय संसाधनों पर आधारित होते हैं। अतः इनका संचालन सबसे छोटी इकाई के रूप में होता है, जो घरों या छोटे कारखानों में होता है।

15. छोटे (लघु) पैमाने के उद्योग किस प्रकार घरेलू उद्योग से भिन्न हैं? स्पष्ट कीजिए। **CBSE 2022**

उत्तर छोटे पैमाने के उद्योग और घरेलू उद्योगों में कई अंतर पाए जाते हैं; जो इस प्रकार हैं

- कुटीर उद्योग अधिकतर गाँवों में होते हैं, जबकि छोटे पैमाने के उद्योग अधिकतर शहरों और अर्द्ध-शहरी क्षेत्रों में होते हैं।
- कुटीर उद्योग में तैयार माल का या तो वे स्वयं उपभोग करते हैं या इसे स्थानीय गाँव के बाजार में विक्रय कर देते हैं।
- कुटीर उद्योगों का स्वामित्व और संचालन किसी व्यक्ति या परिवार के पास होता है, जबकि छोटे पैमाने के उद्योग में अधिकतर किराए के मजदूर काम करते हैं और इनका स्वामित्व व्यक्तिगत उद्यमियों द्वारा या साझेदारी के रूप में दो या दो से अधिक लोगों द्वारा किया जाता है।

- कुटीर उद्योगों में कम पूँजी का निवेश होता है और सरल उपकरणों का उपयोग किया जाता है, वहीं छोटे पैमाने के उद्योगों में अधिक पूँजी का निवेश होता है और बिजली से चलने वाली मशीनों का उपयोग किया जाता है।
- कुटीर उद्योग स्थानीय जरूरतों को पूरा करने के लिए माल बनाते हैं, जबकि छोटे पैमाने के उद्योग व्यापक क्षेत्र में रहने वाले लोगों की जरूरतों को पूरा करने के लिए माल बनाते हैं।

दीर्घ उत्तरीय प्रश्न

1. विनिर्माण की परिभाषा दीजिए। आकार के आधार पर विनिर्माण उद्योगों का तीन वर्गों में वर्गीकरण कीजिए। प्रत्येक वर्ग की एक-एक विशेषता को स्पष्ट कीजिए।

उत्तर प्राथमिक उत्पाद या कच्चे माल को मशीनों की सहायता से बड़े पैमाने पर निर्मित वस्तुओं में बदलने की क्रिया को विनिर्माण कहा जाता है। इससे संबंधित उद्योग को विनिर्माण उद्योग कहा जाता है। उद्योगों का आकार उसमें निवेश की पूँजी, श्रमिकों की संख्या तथा उत्पादन की मात्रा पर निर्भर करता है। आकार के आधार पर उद्योगों को घरेलू अथवा कुटीर, छोटे व बड़े उद्योगों में बाँटा जाता है, जिनका वर्णन इस प्रकार है

(i) **कुटीर उद्योग** यह निर्माण की सबसे छोटी इकाई है, जिसमें परिवार के सभी सदस्य मिलकर अपने दैनिक जीवन के उपयोग की वस्तुओं का उत्पादन करते हैं। इसमें कम पूँजी की आवश्यकता होती है तथा उत्पादित माल को स्थानीय बाजारों में बेचा जाता है। इस उद्योग की प्रमुख विशेषता यह है कि इन का व्यापारिक महत्त्व बहुत कम होता है तथा इनमें पूँजी निवेश और परिवहन व्यय भी सीमित होता है।

(ii) **छोटे पैमाने के उद्योग** ये उद्योग कुटीर उद्योग से भिन्न होते हैं, जिनमें स्थानीय स्तर पर कच्चे माल का उपयोग करके, अर्द्ध-कुशल श्रमिक या हल्की मशीन द्वारा कम पूँजी के निवेश से उत्पादन कार्य किए जाते हैं। इस उद्योग की प्रमुख विशेषता है कि इन उद्योगों में कम पूँजी, कम मशीनें व कम श्रमिक आदि की आवश्यकता होती है।

(iii) **बड़े पैमाने के उद्योग** ये ऐसे उद्योग होते हैं, जिनके विकास के लिए विशाल बाजार, अनेक प्रकार का कच्चा माल, सस्ते एवं कुशल श्रम, विकसित प्रौद्योगिकी तथा अधिक पूँजी की आवश्यकता होती है। इस उद्योग की प्रमुख विशेषता है कि इनमें बड़ी संख्या में कुशल व अर्द्ध-कुशल श्रमिक कार्य करते हैं।

2. बड़े पैमाने पर होने वाले विनिर्माण उद्योगों की विशेषताओं का उल्लेख कीजिए। **CBSE 2023**

उत्तर आधुनिक वृहत उद्योगों में अधिक निवेश के द्वारा बड़े पैमाने पर वस्तुओं का उत्पादन किया जाता है, जिनकी विशेषताएँ निम्नवत् हैं

(i) **कौशल विशिष्टीकरण** बड़े उद्योगों में वस्तुओं का उत्पादन शिल्प एवं कौशल विशिष्टीकरण विधि द्वारा किया जाता है, जिसमें कारखानों में सीमित मात्रा में वस्तुओं का उत्पादन किया जाता है। ये वस्तुएँ आदेशानुसार बनाई जाती हैं, क्योंकि इन वस्तुओं को बनाने में लागत अधिक आती है। कौशल विशिष्टीकरण उत्पादन विधि द्वारा वस्तुओं का उत्पादन बड़े स्तर पर किया जाता है। इसमें संलग्न श्रमिक एक ही प्रकार के कार्य को करता है। अतः बड़े पैमाने पर उत्पादन हेतु कौशल का विशेष महत्त्व होता है।

(ii) **यंत्रीकरण** किसी कार्य को संपन्न करने के लिए मशीनों का उपयोग करना यंत्रीकरण कहलाता है, जिसमें सभी कार्य स्वचालित संयंत्रों से किए जाते हैं। वर्तमान में इसे बड़े स्तर पर देखा जा रहा है।

(iii) **प्रौद्योगिकीय नवाचार** शोध एवं विकासमान युक्तियों के माध्यम से विनिर्माण की गुणवत्ता को नियंत्रित करना, अदक्षता को समाप्त करना और प्रदूषण के विरुद्ध संघर्ष करना प्रौद्योगिकीय नवाचार कहलाता है। यह आधुनिक उद्योगों को बड़े स्तर पर प्रभावित कर रहा है।

(iv) **भौगोलिक वितरण** विनिर्माण स्थल का विस्तार कृषि स्थलों की अपेक्षा कम क्षेत्रों में पाया जाता है, जिसमें रोजगार की संभावना कृषि की अपेक्षा अधिक होती है।

(v) **उत्पादन की विधियाँ** उत्पादन में दो विधियों का प्रचलन पाया जाता है, जिसमें प्रथम विधि (शिल्प तरीके) में अधिक लागत आती है, वहीं दूसरी कौशल विशिष्टीकरण विधि में मशीनों द्वारा बड़े स्तर पर विभिन्न प्रकार की वस्तुओं का उत्पादन होता है।

(vi) **संगठनात्मक ढाँचा एवं स्तरीकरण** संगठनात्मक ढाँचे तथा स्तरीकरण में कई विशेषताएँ पाई जाती हैं; जैसे—कंप्यूटर प्रौद्योगिकी पर आधारित संगठन का बड़े स्तर एवं कुशल अधिकारी वर्ग द्वारा कार्य संचालन तथा जटिल प्रौद्योगिकी यंत्र आदि।

3. कुटीर उद्योग तथा बड़े पैमाने के उद्योग में क्या अंतर है?

अथवा **विश्व में कुटीर एवं बड़े पैमाने के उद्योगों में उदाहरण सहित अंतर स्पष्ट कीजिए** **CBSE 2024**

अथवा **बड़े पैमाने के उद्योग किस प्रकार कुटीर उद्योग से भिन्न हैं? स्पष्ट कीजिए।** **CBSE 2022**

उत्तर कुटीर उद्योग तथा बड़े पैमाने के उद्योग में पाए जाने वाले मुख्य अंतर निम्नलिखित हैं

कुटीर उद्योग	बड़े पैमाने के उद्योग
इसमें व्यापार स्थानीय स्तर पर होता है।	इन उद्योगों में बने उत्पादों का व्यापार न केवल उस देश में ही होता है, अपितु इनका विदेशों में भी निर्यात किया जाता है।
कुटीर उद्योग परिवार के सदस्यों द्वारा चलाए जाते हैं, जिनमें कम पूँजी की आवश्यकता होती है।	इन प्रकार के उद्योग बहुत बड़े आकार में अधिक पूँजी लगाकर स्थापित किए जाते हैं।
पूँजी एवं परिवहन इसे प्रभावित नहीं करते हैं।	इन उद्योगों के विकास के लिए अनेक ढाँचागत सुविधाएँ; जैसे—रेल परिवहन की सुविधा, बैंकिंग सुविधा आदि का होना आवश्यक होता है।
इसके उत्पादों से परिवार की आवश्यकता पूरी की जाती है।	इन उद्योगों द्वारा बड़े स्तर की माँग पूरी की जाती है।

कुटीर उद्योग	बड़े पैमाने के उद्योग
रस्सी बनाना, टोकरी बनाना, ऊन काटना, चटाई बनाना आदि कुटीर उद्योगों के प्रमुख उदाहरण हैं।	लोहा तथा इस्पात उद्योग, मोटरकार उद्योग आदि इसके उदाहरण हैं।
इनके उपकरण स्थानीय लोगों द्वारा निर्मित होते हैं।	इनके उपकरण नवीन तकनीक के होते हैं।
इसमें स्थानीय कच्चे माल का प्रयोग किया जाता है।	इसमें स्थानीय एवं बाहरी दोनों स्तर के कच्चे माल का उपयोग होता है।
इसकी कार्यप्रणाली में प्रबंधन का कोई महत्त्व नहीं होता है।	इसमें कार्यप्रणाली का प्रबंधन विशेष रूप में होता है।

4. छोटे पैमाने के उद्योग एवं बड़े पैमाने के उद्योगों में क्या अंतर हैं?

उत्तर छोटे पैमाने के उद्योग एवं बड़े पैमाने के उद्योगों में पाए जाने वाले मुख्य अंतर निम्नलिखित हैं

छोटे पैमाने के उद्योग	बड़े पैमाने के उद्योग
इन उद्योगों में निर्माण कार्य कार्यशाला जैसे छोटे स्तर पर किया जाता है।	बड़े पैमाने पर निर्माण कार्य बड़े स्तर जैसे कारखानों आदि में किया जाता है।
ये उद्योग कम पूँजी निवेश एवं मध्यम स्तर पर स्थापित किए जाते हैं।	ये उद्योग बहुत बड़े आकार में अधिक पूँजी लगाकर स्थापित किए जाते हैं।
इन उद्योगों में स्थानीय कच्चे माल एवं अर्द्ध-कुशल श्रमिकों द्वारा हस्तचालित व शक्ति से चलने वाली मशीनों के प्रयोग द्वारा उत्पादन होता है।	इन उद्योगों में स्थानीय अथवा विभिन्न देशों से आयातित कच्चे माल, भारी मशीन शक्ति के साधन एवं कुशल श्रमिकों द्वारा विकसित प्रौद्योगिकी का प्रयोग किया जाता है।
इन उद्योगों के उत्पादों का व्यापार स्थानीय एवं क्षेत्रीय बाजारों में किया जाता है।	इन उद्योगों में बने उत्पादों का व्यापार न केवल उस देश में अपितु इनका विदेशों में भी नियंत्रित होता है।
कपड़े बनाना, कागज का सामान, मिट्टी के बर्तन एवं मसाला उद्योग आदि इसके प्रमुख उदाहरण हैं।	लोहा तथा इस्पात उद्योग, मोटरकार उद्योग एवं सीमेंट उद्योग आदि इसके प्रमुख उदाहरण हैं।

5. कच्चे माल पर आधारित उद्योगों की विवेचना कीजिए।

अथवा **कच्चे माल पर आधारित उद्योगों के वर्गीकरण का विश्लेषण पाँच शीर्षकों के अंतर्गत कीजिए।** **CBSE 2023**

उत्तर कच्चे माल पर आधारित उद्योगों को पाँच शीर्षकों के अंतर्गत बाँटकर देखा जाता है

(i) **कृषि आधारित उद्योग** ऐसे उद्योगों में कृषि उत्पाद को कच्चे माल के रूप में प्रयोग करते हैं तथा निर्मित माल को ग्रामीण एवं नगरीय बाजारों में बेचा जाता है। शक्कर, पेय पदार्थ, मसाले, रबड़ उद्योग आदि ऐसे प्रमुख उद्योग हैं।

(ii) **खनिज आधारित उद्योग** ऐसे उद्योगों में कच्चे माल के रूप में खनिजों का उपयोग किया जाता है। ये खनिज धात्विक तथा अधात्विक होते हैं। इसमें लौह अंश वाले धात्विक खनिज, अलौह अंश वाले धात्विक खनिज तथा अधात्विक खनिज पर आधारित उद्योग शामिल होते हैं।

(iii) **रसायन पर आधारित उद्योग** ये ऐसे उद्योग हैं, जिनमें रासायनिक खनिजों का उपयोग होता है; जैसे—नमक, गंधक एवं पोटाश उद्योगों में प्राकृतिक रसायन का प्रयोग होता है।

(iv) **वनों पर आधारित उद्योग** जिन उद्योगों में वनों से प्राप्त उत्पादों का प्रत्यक्ष या अप्रत्यक्ष रूप में उपयोग किया जाता है, उन्हें वनों पर आधारित उद्योग कहा जाता है। फर्नीचर, कागज एवं लाख उद्योग ऐसे ही उद्योग हैं, जिनमें बाँस, लकड़ी तथा लाख का उपयोग किया जाता है।

(v) **पशु आधारित उद्योग** पशुओं से प्राप्त उत्पादों पर आधारित उद्योग पशु आधारित उद्योग होते हैं। चमड़ा उद्योग, ऊनी वस्त्र उद्योग व हाथीदाँत उद्योग ऐसे प्रमुख उद्योग हैं, जिनमें कच्चे माल के रूप में चमड़ा, ऊन व हाथीदाँत का प्रयोग किया जाता है।

7. संसार में उद्योगों की अवस्थिति को प्रभावित करने वाले किन्हीं पाँच कारकों की व्याख्या कीजिए। **CBSE 2023**

अथवा **बड़े पैमाने के उद्योग अपनी लागत कम करके ही लाभ को बढ़ा सकते हैं। उन कारकों का वर्णन कीजिए, जो इसके लिए उत्तरदायी हैं।**

उत्तर विनिर्माण उद्योगों के लिए स्थानों का अनुकूल चयन अति महत्त्वपूर्ण होता है, जिससे वस्तु की उत्पादन लागत को घटाने, गुणवत्ता को बनाए रखने तथा अधिक लाभ कमाने में सहायता मिलती है। विनिर्माण उद्योगों की अवस्थिति को प्रभावित करने वाले प्रमुख कारण निम्नलिखित हैं

(i) **बाजार तक पहुँच** (अभिगम्यता) बाजार से तात्पर्य उस क्षेत्र से है, जहाँ उद्योगों में निर्मित वस्तुओं की माँग होती है तथा वहाँ के निवासियों में उन वस्तुओं को खरीदने की क्षमता (क्रय शक्ति) होती है। उत्तरी अमेरिका, जापान एवं ऑस्ट्रेलिया जैसे विकसित देशों के साथ दक्षिण एवं दक्षिण-पूर्वी एशिया के घने बसे क्षेत्र बड़े बाजार के क्षेत्र हैं, जहाँ लोगों की क्रय शक्ति अधिक है।

(ii) **कच्चे माल की प्राप्ति तक पहुँच** सस्ता एवं आसानी से उपलब्ध होने योग्य कच्चा माल उद्योगों के लिए महत्त्वपूर्ण होता है। इसके लिए परिवहन व्यय का कम-से-कम होना आवश्यक होता है। भारी वजन, सस्ते मूल्य एवं ह्रासमान (घटने वाले) पदार्थों पर आधारित उद्योगों को कच्चे माल के स्रोतों के निकट ही स्थापित किया जाता है; जैसे— इस्पात, चीनी एवं सीमेंट उद्योग। कृषि प्रसंस्करण एवं डेयरी उत्पादों को क्रमशः कृषि उत्पादन क्षेत्र तथा दुग्ध आपूर्ति वाले स्रोतों के निकट ही स्थापित किया जाता है।

(iii) **श्रम आपूर्ति तक पहुँच** श्रमिकों की उपलब्धता उद्योगों की स्थापना के लिए महत्त्वपूर्ण कारक है। आधुनिक समय में यंत्रीकरण में वृद्धि, स्वचालन तथा औद्योगिक प्रक्रिया के सरल होने के पश्चात् भी कुशल श्रमिकों की आवश्यकता बड़े स्तर पर होती है।

(iv) **शक्ति के साधनों तक पहुँच** शक्ति (ऊर्जा) के साधनों के बिना उद्योगों का संचालन संभव नहीं है। अतः ऐसे उद्योग, जिन्हें शक्ति की आवश्यकता अधिक होती है, उन्हें ऊर्जा के स्रोत स्थल के निकट ही स्थापित किया जाता है; जैसे—एल्युमीनियम उद्योग।

(v) **सरकारी नीति** संतुलित आर्थिक विकास हेतु सरकार प्रादेशिक नीति अपनाती है, जिसके अंतर्गत विशिष्ट क्षेत्रों में उद्योगों की स्थापना की जाती है, जिससे उद्योगों के साथ औद्योगिक क्षेत्र का विकास होता है।

(vi) **समूहन अर्थव्यवस्था तक पहुँच** मुख्य उद्योगों के समीप स्थित होने से अन्य छोटे उद्योगों को लाभ प्राप्त होता है, जिससे इनके मध्य औद्योगिक शृंखला विकसित हो जाती है। औद्योगिक शृंखला विकसित होने से दोनों उद्योगों की बचत एवं लाभों में वृद्धि होती है, जिसे लाभ समूहन अर्थव्यवस्था कहा जाता है।

स्रोत आधारित प्रश्न

निम्नलिखित स्रोतों को ध्यानपूर्वक पढ़कर उन पर आधारित प्रश्नों के उत्तर दीजिए।

1. **कुटीर उद्योग (Cottage Industry) निर्माण की सबसे छोटी इकाई है, जिसमें परिवार के सभी सदस्य मिलकर अपने दैनिक जीवन के उपभोग की वस्तुओं का उत्पादन करते हैं, कुटीर या घरेलू उद्योग (Cottage or Household Industry) कहलाते हैं। इस उद्योग में स्थानीय कच्चे माल एवं साधारण औजारों का प्रयोग किया जाता है।**

खाद्य पदार्थ, कपड़ा, चटाइयाँ, बर्तन, औजार, फर्नीचर, जूते एवं छोटी मूर्तियों के अतिरिक्त पत्थर एवं मिट्टी के बर्तन, बाँस एवं स्थानीय वनों से प्राप्त उत्पादों से बनी वस्तुओं के साथ-साथ सोने-चाँदी के आभूषण, भी प्रमुख कुटीर उद्योग के उत्पादों के अंतर्गत आते हैं।

पूँजी एवं परिवहन ऐसे उद्योगों को प्रभावित नहीं करते हैं, क्योंकि उनका व्यापारिक महत्त्व कम होता है। इसमें उत्पादों का स्वयं उपभोग कर लिया जाता है या स्थानीय बाजारों में उनको बेच दिया जाता है। अतः उत्पादों का विनिमय भी होता है।

छोटे पैमाने के उद्योग (Small Scale Industry) इन उद्योगों के उत्पादन की तकनीक व निर्माण स्थल कुटीर उद्योगों से भिन्न होते हैं। इसमें निर्माण कार्य घर से बाहर कारखानों में होता है। इसमें स्थानीय कच्चे माल का उपयोग होता है तथा अर्द्ध-कुशल श्रमिकों (Semi-Skilled Labour) द्वारा हस्तचालित व शक्ति से चलने वाली मशीनों के प्रयोग से उत्पादन किया जाता है। इसमें बड़े स्तर पर रोजगार के अवसर उपलब्ध होते हैं, जिससे स्थानीय लोगों की क्रय शक्ति में वृद्धि होती है। भारत, चीन, इंडोनेशिया एवं ब्राजील जैसे देशों ने रोजगार उपलब्ध कराने के लिए इस प्रकार के उद्योगों को प्रोत्साहित किया है।

(i) **किन उद्योगों में निर्माण कार्य घर में किया जाता है?**

उत्तर कुटीर उद्योग निर्माण की सबसे छोटी इकाई है, जिसमें परिवार के सभी सदस्य मिलकर अपने दैनिक जीवन के उपभोग की वस्तुओं का उत्पादन घर में करते हैं, कुटीर या घरेलू उद्योग कहलाते हैं।

(ii) **ऐसे कौन-से उद्योग हैं, जिन्हें पूँजी एवं परिवहन प्रभावित नहीं करते हैं?**

उत्तर कुटीर उद्योग ऐसे उद्योग हैं, जिन्हें पूँजी एवं परिवहन प्रभावित नहीं करते हैं, क्योंकि इनका व्यापारिक महत्त्व कम होता है तथा इनमें उत्पादों का स्वयं उपभोग कर लिया जाता है या स्थानीय बाजारों में उनको बेच दिया जाता है।

(iii) **कौन-से उद्योग स्थानीय लोगों की क्रय शक्ति में वृद्धि करते हैं?**

उत्तर छोटे पैमाने के उद्योग में स्थानीय कच्चे माल का उपयोग होता है तथा अर्द्ध-कुशल श्रमिकों द्वारा हस्तचालित व शक्ति से चलने वाली मशीनों के प्रयोग से उत्पादन किया जाता है। इसमें बड़े स्तर पर रोजगार के अवसर उपलब्ध होते हैं, जिससे स्थानीय लोगों की क्रय शक्ति में वृद्धि होती है।

2. **द्वितीयक गतिविधियों द्वारा प्राकृतिक संसाधनों का मूल्य बढ़ जाता है। प्रकृति में पाए जाने वाले कच्चे माल का रूप बदलकर यह उसे मूल्यवान बना देती है। कपास का सीमित उपयोग है, परंतु तंतु में परिवर्तित होने के बाद यह और अधिक मूल्यवान हो जाता है और इसका उपयोग वस्त्र बनाने में किया जा सकता है।**

खदानों से प्राप्त लौह-अयस्क का हम प्रत्यक्ष उपयोग नहीं कर सकते, परंतु अयस्क से इस्पात बनाने के बाद यह मूल्यवान हो जाता है और इसका उपयोग कई प्रकार की मशीनें एवं औजार बनाने में होता है। खेतों, वनों, खदानों एवं समुद्रों से प्राप्त पदार्थों के विषय में भी यही बात सत्य है। इस प्रकार द्वितीयक क्रियाएँ विनिर्माण, प्रसंस्करण और निर्माण (अवसंरचना) उद्योग से संबंधित हैं।

विनिर्माण से आशय किसी भी वस्तु का उत्पादन है। हस्तशिल्प कार्य से लेकर लोहे व इस्पात को गढ़ना, प्लास्टिक के खिलौने बनाना, कंप्यूटर के अति सूक्ष्म घटकों को जोड़ना एवं अंतरिक्ष यान निर्माण इत्यादि सभी प्रकार के उत्पादन को निर्माण के अंतर्गत ही माना जाता है। विनिर्माण की सभी प्रक्रियाओं में कुछ सामान्य विशेषताएँ होती हैं, जैसे शक्ति का उपयोग, एक ही प्रकार की वस्तुओं का विशाल उत्पादन एवं कारखानों में विशिष्ट श्रमिक जो मानक वस्तुओं का उत्पादन करते हैं।

विनिर्माण आधुनिक शक्ति के साधन एवं मशीनरी के द्वारा या पुराने साधनों द्वारा किया जाता है। तृतीय विश्व के अधिकांश देशों में विनिर्माण को अब भी शाब्दिक अर्थों में प्रयोग किया जाता है। इन देशों में सभी विनिर्माताओं का संपूर्ण रूप से चित्रण करना कठिन है। इनमें औद्योगिक क्रियाओं के उन प्रकारों पर अधिक बल दिया जाता है जिसमें उत्पादन के कम जटिल तंत्र को लिया जाता है।

(i) **कपास का उपयोग किस प्रकार किया जाता है?**

उत्तर कपास का सीमित उपयोग है, परंतु तंतु में परिवर्तित होने के बाद यह और अधिक मूल्यवान हो जाता है और इसका उपयोग वस्त्र बनाने में किया जाता है।

(ii) **विनिर्माण किसके द्वारा किया जाता है?**

उत्तर विनिर्माण आधुनिक शक्ति के साधन एवं मशीनरी के द्वारा या पुराने साधनों द्वारा किया जाता है।

(iii) **तृतीय विश्व के अधिकांश देशों में औद्योगिक क्रियाओं के किन प्रकारों पर बल दिया जाता है?**

उत्तर तृतीय विश्व के अधिकांश देशों में औद्योगिक क्रियाओं के उन प्रकारों पर बल दिया जाता है, जिनमें उत्पादन के कम जटिल तंत्र को लिया जाता है।

3. शिल्प तरीके से कारखाने में थोड़ा ही सामान उत्पादित किया जाता है, जोकि आदेशानुसार बनाया जाता है, अत: इसकी लागत अधिक आती है। जबकि अधिक उत्पादन का संबंध बड़े पैमाने पर बनाए जाने वाले सामान से है, जिसमें प्रत्येक कारीगर निरंतर एक ही प्रकार का कार्य करता है।

यंत्रीकरण से तात्पर्य किसी कार्य को पूर्ण करने के लिए मशीनों का प्रयोग करना है। स्वचालित (निर्माण प्रक्रिया के दौरान मानव की सोच को सम्मिलित किए बिना कार्य) यंत्रीकरण की विकसित अवस्था है। पुनर्निवेशन एवं संवृत्त-पाश कंप्यूटर- नियंत्रण प्रणाली से युक्त स्वचालित कारखाने जिनमें, मशीनों को 'सोचने' के लिए विकसित किया गया है, पूरे विश्व में नज़र आने लगी हैं।

प्रौद्योगिक नवाचार, शोध एवं विकासमान युक्तियों के द्वारा विनिर्माण की गुणवत्ता को नियंत्रित करने, अपशिष्टों के निस्तारण एवं अदक्षता को समाप्त करने तथा प्रदूषण के विरुद्ध संघर्ष करने का महत्त्वपूर्ण पहलू है।

आधुनिक निर्माण की विशेषताएँ हैं कि यह एक जटिल प्रोद्योगिकि यंत्र है और यह अत्यधिक विशिष्टीकरण एवं श्रम विभाजन के द्वारा कम प्रयास एवं अल्प लागत से अधिक माल का उत्पादन करता है। बड़े पैमाने पर विनिर्माण हेतु अधिक पूँजी, बड़े संगठन एवं प्रशासकीय अधिकारी वर्ग की भी आवश्यकता होती है।

(i) **यंत्रीकरण से क्या तात्पर्य है?**

उत्तर यंत्रीकरण से तात्पर्य किसी कार्य को पूर्ण करने के लिए मशीनों का प्रयोग करना है, जो स्वचालित यंत्रीकरण की विकसित अवस्था है।

(ii) **आधुनिक निर्माण की क्या विशेषताएँ हैं?**

उत्तर आधुनिक निर्माण की विशेषताएँ हैं कि यह एक जटिल प्रौद्योगिकी यंत्र है और यह अत्यधिक विशिष्टीकरण एवं श्रम विभाजन के द्वारा कम प्रयास एवं अल्प समय में अधिक माल उत्पादन करता है।

(iii) **बड़े पैमाने पर विनिर्माण हेतु किसकी आवश्यकता होती है?**

उत्तर बड़े पैमाने पर विनिर्माण हेतु अधिक पूँजी, बड़े संगठन एवं प्रशासनिक अधिकारी वर्ग की भी आवश्यकता होती है।

स्वयं को जाँचें

वस्तुनिष्ठ प्रश्न

1. निम्न में से कौन-सी द्वितीयक आर्थिक क्रिया है?

(a) खनन (b) विनिर्माण
(c) खाद्य प्रसंस्करण (d) ये सभी

2. प्रौद्योगिकीय नवाचार के अंतर्गत निम्न में क्या शामिल है?

(a) अपशिष्टों का निस्तारण (b) अदक्षता को समाप्त करना
(c) प्रदूषण के विरुद्ध संघर्ष (d) ये सभी

3. संगठनात्मक स्तरीकरण के अंतर्गत आधुनिक निर्माण उद्योग की विशेषता है

(a) जटिल प्रौद्योगिकी तंत्र
(b) बड़े संगठन का स्तर
(c) अधिकारी वर्ग द्वारा कार्य संचालन
(d) ये सभी

4. निम्न में से कौन-सा कच्चे माल पर आधारित उद्योगों का उदाहरण नहीं है?

(a) रसायन उद्योग (b) उपभोक्ता वस्तु उद्योग
(c) खनिज उद्योग (d) कृषि उद्योग

5. निजी क्षेत्र के उद्योगों के विषय में निम्न में से कौन-सा कथन है?

1. इन उद्योगों का विस्तार अधिकांशतः पूँजीवादी देशों में है।
2. इनका स्वामित्व व्यक्तिगत निवेशकों के पास होता है।
3. मिश्रित अर्थव्यवस्था में केवल निजी क्षेत्र के उद्यम पाए जाते हैं।

कूट

(a) 1 और 3 (b) केवल 2 (c) 1 और 2 (d) 2 और 3

अतिलघु उत्तरीय प्रश्न

5. उद्योगों का वर्गीकरण किस आहार पर किया जाता है?

6. कौशल विशिष्टीकरण विधि में उत्पादन किस प्रकार होता है?

7. घरेलू उद्योग में निर्मित किन्हीं चार उत्पादों के नाम बताइए।

लघु उत्तरीय प्रश्न

8. आधारभूत उद्योग तथा उपभोक्ता वस्तु उद्योग में अंतर स्पष्ट कीजिए।

9. लाभ समूहन अर्थव्यवस्था क्या है? यह विनिर्माण उद्योग की अवस्थिति को किस प्रकार प्रभावित करती है?

10. उद्योगों की स्थिति को प्रभावित करने वाले कारकों की विशेषताओं को समझाइए।

11. स्वामित्व पर आधारित उद्योग को संक्षेप में बताइए।

दीर्घ उत्तरीय प्रश्न

12. वे कौन-कौन-से कारक हैं, जो विनिर्माण उद्योगों की अवस्थिति को प्रभावित करते हैं?

13. आकार के आधार पर आधारित प्रमुख उद्योगों की व्याख्या कीजिए। अधिकतर देशों में उच्च प्रौद्योगिकी उद्योग प्रमुख महानगरों के परिधि क्षेत्रों में ही क्यों विकसित हो रहे हैं? व्याख्या कीजिए।

6

अध्याय

यह अध्याय तृतीयक व चतुर्थ गतिविधियों से संबंधित है। इसके अंतर्गत विपणन केंद्र, संचार, और इनसे संबंधित विषयों पर चर्चा की गई है।

अध्याय एक नजर में

6.1 तृतीयक क्रियाकलाप
6.2 चतुर्थ क्रियाकलाप
6.3 पंचम क्रियाकलाप

अभ्यास के लिए

- बहुविकल्पीय प्रश्न 30, (युग्मित प्रश्न, कथन/कारण, सुमेलित कीजिए)
- वर्णनात्मक प्रकार के प्रश्न (लघु उत्तरीय प्रश्न 10, दीर्घ उत्तरीय प्रश्न 8)
- स्रोत आधारित प्रश्न 4, मानचित्र आधारित 0

तृतीयक और चतुर्थ क्रियाकलाप

आर्थिक विकास की आरंभिक अवस्थाओं में लोगों का एक बड़ा अनुपात प्राथमिक श्रेणी में कार्य करता था। एक विकसित अर्थव्यवस्था में बहुसंख्यक श्रमिक तृतीयक क्रियाकलापों में रोज़गार प्राप्त करते हैं और अपेक्षाकृत कम संख्या में द्वितीयक श्रेणी में कार्यरत् होते हैं।

6.1 तृतीयक क्रियाकलाप

तृतीयक क्रिया वह क्रिया होती है, जिसके द्वारा समाज को विभिन्न प्रकार की सेवाएँ उपलब्ध कराई जाती हैं; जैसे—व्यापार, यातायात, संचार, स्वास्थ्य, शिक्षा, प्रशासन तथा मनोरंजन आदि। इस क्रिया का संबंध सेवा क्षेत्र से है, जिसका क्रियान्वयन कुशल श्रमिक, व्यावसायिक दृष्टि से प्रशिक्षित विशेषज्ञ और परामर्शदाताओं द्वारा किया जाता है। तृतीयक क्रिया की विशेषताएँ निम्नलिखित हैं

- इस क्रिया में उत्पादन और विनिमय दोनों शामिल होते हैं, जिसमें उपयोग होने वाली सेवाओं की उपलब्धता शामिल होती है। इसमें उत्पादन को अप्रत्यक्ष रूप से पारिश्रमिक और वेतन के रूप में मापा जाता है।
- इस क्रिया में विनिमय के अंतर्गत शामिल व्यापार, परिवहन और संचार सेवाएँ दूरी को कम करने के साथ ही अन्य कार्यों में भी सहायक होती हैं। इस क्रिया में वस्तुओं के उत्पादन के अतिरिक्त सेवाओं के व्यावसायिक स्तर पर हो रहे उत्पादन को शामिल किया जाता है।
- इस क्रिया के अंतर्गत एक नलसाज, बिजली मिस्त्री, तकनीशियन, धोबी, नाई, दुकानदार, चालक, कोषपाल, अध्यापक, डॉक्टर, वकील और प्रकाशक इत्यादि आते हैं। द्वितीयक और तृतीयक क्रियाकलापों में मुख्य अंतर यह है कि सेवाओं द्वारा उपलब्ध विशेषज्ञता उत्पादन तकनीकों, मशीनरी और फैक्ट्री प्रक्रियाओं की अपेक्षा कर्मियों की विशिष्टीकृत कुशलताओं, अनुभव और ज्ञान पर अत्यधिक निर्भर करती है।
- एक विकसित अर्थव्यवस्था में; अधिकांश आबादी तृतीयक क्रिया में संलग्न रहती है।
- तृतीय क्रियाकलापों में मूर्त वस्तुओं के उत्पदान के बजाय सेवाओं का व्यावसायिक उत्पादन होता है।

तृतीयक क्रियाकलाप के प्रकार

व्यापार एवं वाणिज्य, परिवहन, संचार तथा सेवाएँ प्रमुख तृतीयक क्रियाकलाप हैं, जिनकी व्याख्या इस प्रकार है

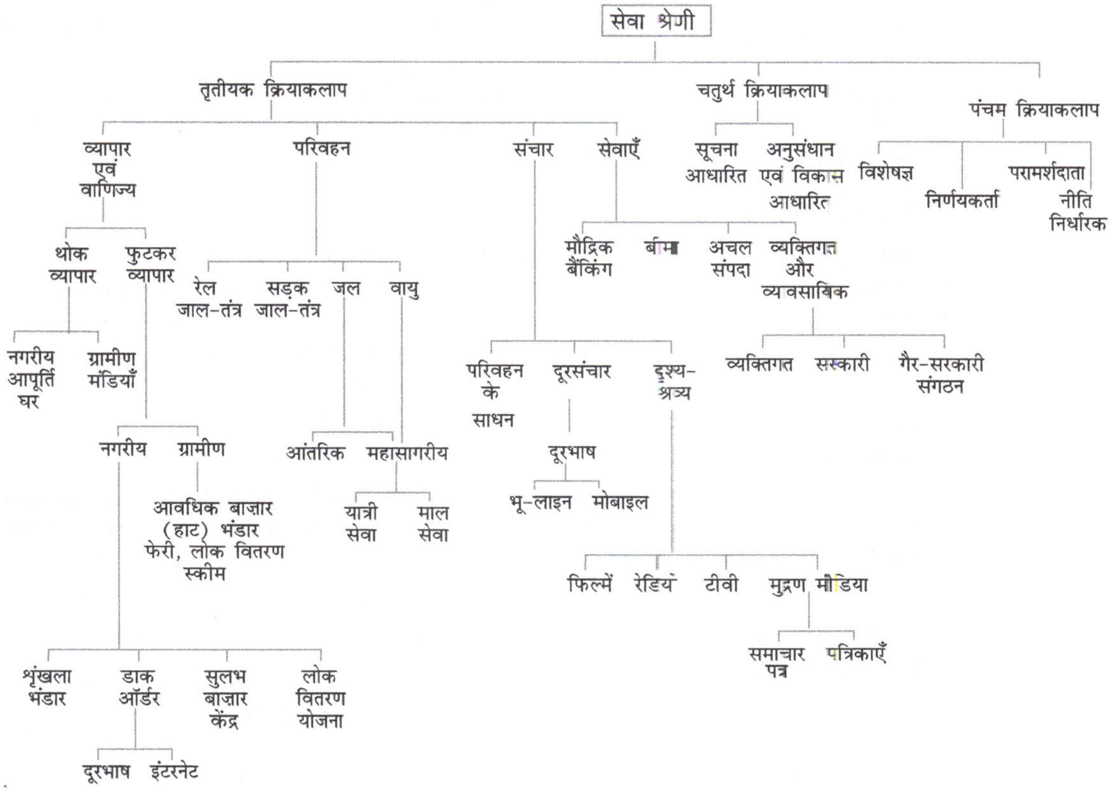

थोक व्यापार

- यह थोक व्यापार का गठन करता है, जो खुदरा दुकानों के माध्यम से नहीं, बल्कि कई मध्यस्थ व्यापारियों और आपूर्ति घरों के माध्यम से होता है।
- कुछ बड़े स्टोर, जिनमें शृंखलाबद्ध स्टोर शामिल हैं, सीधे निर्माताओं से खरीदने में सक्षम होते हैं।

फुटकर व्यापार

- वह व्यापारिक क्रिया, जिसमें उत्पादों को प्रत्यक्ष रूप से उपभोक्ताओं को बेचा जाता है, फुटकर व्यापार (Retail Trading) कहलाती है। इसमें संलग्न व्यापारियों के पास बिक्री हेतु उत्पादों का पर्याप्त भंडार नहीं पाया जाता है।
- सर्वप्रथम फुटकर व्यापार में बड़े स्तर पर नवाचार (Innovation) लाने वाले **उपभोक्ता सहकारी**[1] (Consumer Co-operatives) समुदाय थे। फेरी, रेहड़ी, ट्रक, द्वार-से-द्वार, डाक आदेश, दूरभाष तथा इंटरनेट आदि फुटकर व्यापार सेवा के उदाहरण हैं।

नगरीय विपणन केंद्र

- ये ऐसे बाजार केंद्र हैं, जहाँ साधारण वस्तुओं और सेवाओं के अतिरिक्त विशेष प्रकार की वस्तुएँ तथा सेवाएँ उपलब्ध होती हैं।
- विनिर्मित उत्पादों के साथ विशिष्ट प्रकार की सेवा उपलब्ध होने के कारण इन्हें विशिष्टीकृत बाजार (Specialised Market) भी कहा जाता है। श्रम बाजार, आवासन, अर्द्ध-निर्मित तथा निर्मित उत्पादों के बाजार के अतिरिक्त अध्यापक, वकील, परामर्शदाता, डॉक्टर, चिकित्सक के साथ अन्य शैक्षिक एवं व्यावसायिक सेवाएँ ऐसे केंद्रों में उपलब्ध होती हैं।

---

1 उपभोक्ता सहकारी (Consumer Co-operatives) वे खुदरा प्रतिष्ठान होते हैं, जो उपभोक्ताओं द्वारा स्वयं संगठित और संचलित किए जाते हैं, ताकि वे दैनिक उपयोग की वस्तुओं को उचित कीमतों पर प्राप्त कर सकें।

फुटकर व्यापार के प्रकार

- **उपभोक्ता** सहकारी समितियाँ फुटकर व्यापार में वृहत् स्तर पर सर्वप्रथम नवाचार लाने वाले उपभोक्ता सहकारी समुदाय थे।
- **विभागीय भंडार** इसमें वस्तुओं को खरीदकर भंडारों को विभिन्न अनुभागों में बाँट दिया जाता है तथा बिक्री के सर्वेक्षण हेतु विभागीय प्रमुखों को उत्तरदायित्व दिया जाता है।
- **शृंखला भंडार** यह ऐसे भंडारगृहों का समूह होता है, जिसमें माल (वस्तु) का भंडारण कुशल, अनुभवी तथा भंडारण की योग्यता रखने वाले विशेषज्ञों द्वारा किया जाता है। ऐसा भंडारगृह रखने वाले विक्रेता वस्तु को कम मूल्य पर खरीदने के साथ निर्देश देकर वस्तु का विनिर्माण भी कराते हैं।

व्यापार एवं वाणिज्य

उत्पादित वस्तुओं और सेवाओं के क्रय और विक्रय को व्यापार कहा जाता है। यह कार्य फुटकर और थोक व्यापार अथवा वाणिज्य द्वारा संपन्न किया जाता है, जिसका मुख्य उद्देश्य लाभ कमाना होता है, जो नगर तथा शहर व्यापार और वाणिज्यिक गतिविधियों के केंद्र होते हैं। उन्हें व्यापारिक केंद्र कहा जाता है।

- स्थानीय स्तर पर वस्तु विनिमय से लेकर अंतर्राष्ट्रीय सोपान पर मुद्रा विनियम तक व्यापार के उत्थान ने अनेक केंद्रो और संस्थाओ को जम्न दिया है जेसे व्यापारिक केंद्र या संग्रहण तथा वितरण केन्द्र।
- व्यापारिक केद्रों को ग्रामीण और नगरीय विपणन केद्रों में विभक्त किया जा सकता है।

ग्रामीण विपणन केंद्र

- ऐसे अर्द्ध-नगरीय व्यापारिक केंद्र, जो निकटवर्ती बस्तियों का पोषण करते हैं, ग्रामीण विपणन केंद्र (Rural Marketing Centres) कहलाते हैं। ये केंद्र ऐसे अल्प विकसित प्रकार के व्यापारिक केंद्र के रूप में सेवा करते हैं, जिसमें व्यक्तिगत और **व्यावसायिक सेवाएँ**[2] (Business Services) विकसित नहीं होती हैं।
- ये स्थानीय संग्रहण और वितरण केंद्र भी होते हैं एवं इनके अधिकांश केंद्रों में मंडियाँ और फुटकर व्यापार क्षेत्र होते हैं।
- ये ग्रामीण लोगों की अधिक माँग वाली वस्तुओं और सेवाओं को उपलब्ध कराने वाले महत्त्वपूर्ण केंद्र होते हैं।

ग्रामीण क्षेत्र में आवधिक बाजार

- इस प्रकार के बाजार ग्रामीण क्षेत्रों में पाए जाते हैं, यहाँ नियमित बाजार उपलब्ध नहीं होते हैं, क्योंकि आवधिक बाजार विभिन्न समयांतरालों पर आयोजित किए जाते हैं।
- ये साप्ताहिक या द्विसाप्ताहिक/पाक्षिक हो सकते हैं, जिनसे लोगों की माँग को पूरा किया जा सकता हैं।
- यहाँ दुकानों की कोई स्थायी संरचना नहीं होती है, इसलिए दुकानदार सभी दिनों में व्यस्त रहते हैं तथा एक विस्तृत क्षेत्र को उनकी सेवाएँ प्राप्त होती रहती हैं।

चेक प्वॉइंट 1

1. तृतीयक गतिविधियों का मुख्य घटक क्या है?
2. खुदरा व्यापार और थोक व्यापार के बीच मूलभूत अंतर क्या है?
3. आवधिक बाजार कितने दिनों में लगते हैं?
4. गैर-खुदारा व्यापार के दो प्रकारों के नाम बताइए।

परिवहन

- परिवहन सेवा के अंतर्गत व्यक्तियों, विनिर्मित माल एवं संपत्ति को भौतिक रूप से एक स्थान से दूसरे स्थान तक ले जाया जाता है।
- यह मनुष्य की गतिशीलता की मूलभूत आवश्यकताओं को पूरा करने हेतु एक संगठित उद्योग के स्तर पर सेवा देता है, जिससे इस व्यवस्था के अंतर्गत वस्तुओं का मूल्य बढ़ जाता है।
- मानचित्र पर समान समय में पहुँचने वाले स्थानों को मिलाने वाली काल्पनिक रेखा को समकाल रेखा कहा जाता है; जैसे
  - परिवहन में मार्ग की वास्तविक दूरी अथवा लंबाई को किलोमीटर में मापा जाता है।
  - परिवहन में एक मार्ग पर यात्रा करने में लगने वाले समय को समय दूरी कहा जाता है, जिसे समय में मापा जाता है।
  - किसी मार्ग को तय करने में आने वाली लागत को लागत दूरी कहते हैं। इसमें लागत से दूरी की माप की जाती है।
  - परिवहन के साधन के चयन में समय अथवा लागत के संदर्भ में ये निर्णायक कारक हैं।

---

2 **व्यावसायिक सेवाएँ** (Business Services) जिन सेवाओं का संबंध व्यवसाय से होता है, उन्हें व्यावसायिक सेवाएँ कहते हैं।

परिवहन को प्रभावित करने वाले कारक

परिवहन को प्रभावित करने वाले प्रमुख कारक निम्नलिखित हैं

(i) **परिवहन हेतु माँग** जनसंख्या परिवहन को अत्यधिक प्रभावित करती है, क्योंकि जनसंख्या का आकार जितना बड़ा होता है, परिवहन की माँग उतनी ही अधिक होती है।

(ii) **परिवहन मार्ग** नगरों, कस्बों, गाँवों, औद्योगिक केंद्रों और कच्चे मालों के मध्य व्यापारों का स्वरूप, भू-आकृति तथा जलवायु के प्रकार तथा परिवहन मार्ग को छोटा करने हेतु लगने वाली निधियाँ (मुद्रा) परिवहन को प्रभावित करती हैं।

जाल-तंत्र और पहुँच

- परिवहन व्यवस्था के विकसित होने से स्थानों की एक जाल के रूप में रचना होना जाल तंत्र (Network) कहलाता है।
- दो या दो से अधिक मार्गों का संधि स्थल, एक उद्गम बिंदु, एक गंतव्य बिंदु अथवा मार्ग के सहारे जुड़ा बड़ा कस्बा नोड अथवा शीर्ष कहलाता है तथा दो नोड को जोड़ने वाली प्रत्येक सड़क को योजक अथवा किनारा (Link) कहा जाता है।
- जब किसी नेटवर्क में अधिक लिंक होते हैं, तो इसका तात्पर्य है कि स्थान अच्छे से जुड़े हुए हैं, जिससे एक स्थान से दूसरे स्थान तक यात्रा करना अधिक आसान हो जाता है।
- परिवहन के साधन के चयन में समय अथवा लागत निर्णायक भूमिका निभाते हैं।

संचार

- संचार सेवा के अंतर्गत शब्दों, संदेशों तथ्यों और विचारों का आदान-प्रदान है।
- सूचनाओं को उनके उद्गम स्थान से गंतव्य स्थान तक किसी चैनल के माध्यम से पहुँचाने की प्रक्रिया को संचार कहते हैं, जिसमें शब्दों, संदेशों, तथ्यों तथा विचारों का समावेश होता है।
- लेखन के आविष्कार ने संदेशों को संरक्षण प्रदान किया तथा संचार को परिवहन के साधनों पर निर्भर बनाया। यही कारण है कि संचार के सभी रूपों को संचार पथ कहा जाता है अर्थात् जहाँ परिवहन जाल-तंत्र संचार पथ को आसान बनाता है, वहाँ संचार का फैलाव सरल होता है। उदाहरण के लिए नाव, सड़क, रेल, और हवाई मार्ग।
- मोबाइल दूरभाषा और उपग्रहों जैसे कुछ विकासों ने संचार को परिवहन से मुक्त कर दिया है।
- पुराने संचार यंत्रों के सस्ता होने के कारण संचार के समी रूप पूर्णतः समाप्त नहीं हुआ है, जबकि पूरे विश्व में अभी भी (वर्तमान में) व्यापाक रूप में डाक का निपटारा डाकघरों द्वारा हो रहा है। कुछ संचार सेवाओं का विवरण इस प्राकर है

संचार सेवाओं के स्वरूप

दूरसंचार

- यह आधुनिक प्रौद्योगिकी के विकास से संबंधित है। इसने संदेश भेजने में लगने वाले समय को कम करके संचार प्रणाली में क्रांति ला दी है।
- विश्व के किसी भी स्थान पर सीधे और त्वरित संपर्क प्रदान करने में मोबाइल टेलीफोन ने मुख्य भूमिका निभाई है। फलस्वरूप तार प्रेषण (टेलीग्राफ), सोर्स कोड और टेलेक्स अब लगभग प्राचीन वस्तुएँ बन गई हैं।
- रेडियो एवं दूरदर्शन एवं अन्य माध्य इनके माध्यम से समाचारों, चित्रों आदि को विश्व के सभी भागों में प्रसारित किया जाता है, जिसके कारण इन्हें **जनसंचार**[3] का माध्यम कहा जाता है। ये विज्ञापन एवं मनोरंजन के महत्त्वपूर्ण साधन भी हैं।
- **समाचार-पत्र** एक मुद्रित माध्यम है, जिसके द्वारा विश्व के सभी भागों में दिन-प्रतिदिन की घटनाओं को लोगों तक पहुँचाया जाता है।
- इंटरनेट व उपग्रह संचार इसने संपूर्ण संसार में संचार के क्षेत्र में क्रांति उत्पन्न की है, साथ ही उपग्रह संचार पृथ्वी और अंतरिक्ष से सूचनाओं को एक साथ पृथ्वी के संपूर्ण भागों में पहुँचाने में सक्षम हुआ है।

सेवाएँ

- सेवाएँ भुगतान करने वाले व्यक्ति को उपलब्ध होती हैं, जो अलग-अलग स्तरों पर होती हैं। कुछ सेवाएँ उद्योगों को, कुछ लोगों को तथा कुछ लोगों और उद्योगों दोनों को उपलब्ध होती हैं। जैसे परिवहन प्रणाली सेवाएँ कई रूपों में उपलब्ध होती हैं, जिसमें कुछ सेवाएँ; जैसे—पंसारी की दुकानें, धोबी घाट, नाई की दुकानें आदि निम्नस्तरीय होती हैं।
- इनमें संलग्न व्यक्ति को शारीरिक श्रम करना पड़ता है तथा अध्यापक, वकील, चिकित्सक व संगीतकार की सेवाएँ मानसिक श्रम पर आधारित होती हैं, जो विशिष्ट सेवाएँ या उच्च स्तरीय सेवाएँ होती हैं।
- राज्य और संघीय विधानों ने परिवहन, दूरसंचार, ऊर्जा और जल आपूर्ति सेवाओं के विपणन की निगरानी और नियंत्रण के लिए निगम स्थापित किए हैं; जैसे— स्वास्थ्य देखभाल, अभियांत्रिकी विधि और प्रबंधन व्यावसायिक सेवाएँ आदि।

---

3 जनसंचार (Mass media) यह संचार का ऐसा माध्यम है, जो बड़ी संख्या में लोगों तक पहुँचता है; जैसे- रेडियो, समाचार-पत्र टेलीविजन या इंटरनेट आदि।

- अग्निशमन विभागों का अनुरक्षण, शिक्षा की पूर्ति अथवा पर्यवेक्षण तथा ग्राहक सेवाओं का निष्पादन सरकार या कंपनियों द्वारा किया जाता है। सेवाओं को निम्नलिखित दो रूपों में वर्गीकृत किया जा सकता हैं
  (i) **पेशेवर सेवाएँ** प्राथमिक स्वास्थ्य देखभाल, इंजीनियरिंग, विधि और प्रबंधन जैसी सेवाएँ पेशेवर सेवाओं के उदाहरण हैं।
  (ii) **व्यक्तिगत सेवाएँ** ऐसी सेवाएँ लोगों को उनके दैनिक जीवन के कार्यों को सुविधाजनक बनाने के लिए उपलब्ध कराई जाती हैं।

असंगठित श्रमिक

- ये श्रमिक रोजगार हेतु ग्रामीण क्षेत्रों से शहरी क्षेत्रों में प्रवास करते हैं।
- इनमें अधिकांश श्रमिक अकुशल होते हैं। इन्हें घरेलू सेवाओं; जैसे— गृहकार्य, खाना पकाने और बागवानी आदि कार्यों में नियोजित किया जाता हैं।

पर्यटन: तृतीयक क्रिया का एक उदाहरण

- व्यापार के अतिरिक्त मनोरंजन के उद्देश्य से की गई किसी स्थान की यात्रा को पर्यटन कहा जाता है।
- इसमें आवास, भोजन, परिवहन तथा मनोरंजन जैसी अन्य सेवाएँ उपलब्ध कराई जाती हैं।
- यह विश्व की सबसे बड़ी तृतीयक क्रिया बन गया है, जो कुल पंजीकृत नौकरियों (250 मिलियन) और कुल राजस्व (कुल जीडीपी का 40%) में प्रमुख योगदान देता है। पर्यटन बुनियादी ढाँचे के उद्योगों, खुदरा व्यापार और शिल्प उद्योगों (स्मारिका) के विकास को बढ़ावा देता है।
- कुछ क्षेत्रों में पर्यटन मौसमी होता है, क्योंकि अवकाश का समय अनुकूल मौसम परिस्थितियों पर निर्भर करता है; जैसे- भूमध्यसागरीय तट के चारों ओर का अनुकूलन स्थान, भारत का पश्चिमी तट, पर्वतीय क्षेत्र के शीतकालीन खेल प्रदेश, मनोहारी दृश्य भूमियाँ आदि। लेकिन कई ऐसे क्षेत्र हैं, जो पूरे वर्ष पर्यटकों को आकर्षित करते हैं; जैसे- विरासत स्थल, स्मारक और सांस्कृतिक दृष्टि से महत्त्वपूर्ण ऐतिहासिक नगर आदि।

पर्यटन आकर्षण

- **जलवायु** पर्यटन के लिए जलवायु महत्त्वपूर्ण कारक है, क्योंकि ठंडे प्रदेशों के लोग गर्म व धूपदार जलवायु वाले प्रदेशों में पर्यटन करना पसंद करते हैं। यही कारण है कि लंबी और कड़ी (अधिक) शीत ऋतु में उत्तरी यूरोप के लोग उच्च तापमान, धूप की लंबी अवधि और निम्न वर्षा की दशाओं के कारण भूमध्यसागरीय प्रदेशों में घूमने जाते हैं।
- **भू-दृश्य** पर्वत, झीलें, दर्शनीय समुद्री तट और अन्य प्राकृतिक स्थलों के रूप में पाए जाने वाले भू-दृश्य भी पर्यटन को आकर्षित करते हैं।
- **इतिहास एवं कला** प्राचीन और सुंदर नगर, पुरातत्त्व के स्थान, किलों, राजमहलों तथा गिरिजाघरों जैसे धार्मिक एवं कला से संबंधित स्थल पर्यटक को आकर्षित करते हैं।
- **संस्कृति और अर्थव्यवस्था** ये उन पर्यटकों को आकर्षित करते हैं, जो स्थानीय और पारंपरिक रीति-रिवाजों का अनुंभव करना पसंद करते हैं।
- **यात्रा की लागत** यदि कोई क्षेत्र पर्यटकों की आवश्यकताओं को कम लागत में पूरा करता है तो वह क्षेत्र अत्यधिक लोकप्रिय हो सकता है।
- **घरों में रुकना** एक लाभदायक व्यवसाय के रूप में उभरा है जैसे- गोवा में हैरिटेज हॉम्स तथा कर्नाटक में मैडीकेरी और कूर्ग।

भारत में समुद्रपार रोगियों के लिए स्वास्थ्य सेवाएँ

- जब चिकित्सा उपचार को अंतर्राष्ट्रीय पर्यटन गतिविधि से संबद्ध कर दिया जाता है, तो इसे चिकित्सा पर्यटन (Medical Tourism) कहा जाता है। वर्ष 2005 में लगभग 55,000 अमेरिकी मरीज उपचार के लिए भारत आए।
- भारत चिकित्सा पर्यटन के रूप में अग्रणी देश बनकर उभरा है। यहाँ महानगरों में अवस्थित विश्वस्तरीय अस्पताल संपूर्ण विश्व के रोगियों का उपचार करते हैं। इस प्रकार भारत में समुद्री पार रोगियों के लिए स्वास्थ्य सेवाएँ उपलब्ध हुई हैं। भारत, थाईलैंड, सिंगापुर और मलेशिया जैसे विकासशील देश चिकित्सा पर्यटन से लाभान्वित हुए हैं।
- भारत, ऑस्ट्रेलिया व स्विट्जरलैंड जैसे देश विकिरण बिंबों (Radiology Images) के अध्ययन से लेकर चुंबकीय अनुनाद बिंबों (Magnetic Resonance Images, MRI) के निर्वचन तथा उच्च प्रवृत्ति की तरंगों के परीक्षण के साथ विशेष चिकित्सा सुविधा उपलब्ध करा रहे हैं। इसमें भी बाह्यस्रोतन के प्रति झुकाव पाया जाता है

तृतीयक क्रियाकलापों में संलग्न लोग

- वर्तमान में अधिकांश लोग सेवा क्षेत्र से जुड़े हैं, जिसमें विकसित देशों के अधिकतर लोग तृतीयक कार्यों में संलग्न हैं, जबकि अल्पविकसित देशों में 75% से अधिक लोग इस क्रिया में संलग्न हैं। इस श्रेणी में रोजगार की प्रवृत्ति बढ़ रही है, जबकि प्राथमिक तथा द्वितीयक क्रिया में घट रही है। इनकी संख्या 10% से भी कम पाई जाती है।

चेक प्वॉइंट 2

1. परिवहन गतिविधियों में दूरी को किन-किन मापदंडों में मापा जा सकता है। किसी एक मापदंड का नाम बताइए।
2. परिवहन माँग को प्रभावित करने वाला एक कारक बताइए।
3. संचार पथ क्या है?
4. पर्यटन तृतीयक क्रिया का कोई एक उदाहरण दीजिए।

6.2 चतुर्थ क्रियाकलाप

- चतुर्थ क्रियाकलाप (Quaternary Activities) वे व्यापारिक क्रियाएँ हैं, जो अनुसंधान और विकास पर केंद्रित होती हैं। इसमें सूचना का उत्पादन, संग्रहण, विशिष्ट तकनीकी ज्ञान की कुशलता तथा उच्च प्रशासकीय दक्षता से संबंधित कार्य शामिल होते हैं।
- इसमें संलग्न श्रमिक को **गुलाबी कॉलर**[4] (Pink Collar) कहा जाता है। कार्यालय, विद्यालय, विश्वविद्यालय, अस्पतालों, प्रबंधकों से लेकर परामर्शदाताओं, रंगमंचों, लेखा और ब्रोकरेज फर्मों के कार्यों में कार्यरत् कर्मचारी इस वर्ग की सेवा से संबंधित होते हैं। अत: इस वर्ग के कर्मचारी उच्च ज्ञान वाले होते हैं।

चतुर्थ क्रियाकलाप

- चतुर्थ क्रियाकलापों के कुछ उदाहरणों में जानकारी का संग्रहण उत्पादन और प्रकीर्णन है। यहाँ तक कि जानकारी का निर्माण भी शामिल है।
- चतुर्थ क्रियाकलापों को बाह्यस्रोतों (Outsourcing) के माध्यम से भी पूरा किया जा सकता है। ये सेवाएँ पर्यावरण से प्रभावित तथा बाजार द्वारा स्थानीकृत नहीं हैं। इस क्रिया ने सभी प्राथमिक व द्वितीयक क्षेत्र से रोजगारों को प्रतिस्थापित किया है।
- विकसित अर्थव्यवस्थाओं के अधिकांश श्रमिक 'ज्ञान क्षेत्र' में कार्यरत् होते हैं।

6.3 पंचम क्रियाकलाप

- पंचम क्रियाकलाप (Quinary Activities) ऐसी सेवाएँ हैं, जो नवीन एवं वर्तमान विचारों की रचना, उनके पुनर्गठन एवं व्याख्या, आँकड़ों की व्याख्या के अतिरिक्त अन्य प्रौद्योगिकी एवं उनके प्रयोग के मूल्यांकन पर केंद्रित होती हैं।
- इसमें उच्च स्तर के निर्णय लेने वाले तथा नीतियों का निर्माण करने वाले व्यक्ति अपनी भूमिका निभाते हैं। ऐसी सेवा में संलग्न लोग **स्वर्ण कॉलर**[5] (Gold Collar) कहलाते हैं। इन्हें उच्च वेतन प्राप्त होता है।
- इस कार्य में संलग्न अनुसंधान वैज्ञानिक तथा वित्त एवं विधि परामर्शदाता अर्थव्यवस्था में महत्त्वपूर्ण योगदान करते हैं।
- इस सेवा की नवीन प्रवृत्तियों में ज्ञान प्रक्रमण बाह्यस्रोतन (Knowledge Process Outsourcing, KPO) का व्यवसाय प्रक्रमण बाह्यस्रोतन (Business Process Outsourcing, BPO) से अधिक महत्त्व होता है, क्योंकि इसमें कुशल कर्मी सम्मिलित होते हैं, जो सूचना ज्ञान से संबंधित होते हैं, जिससे व्यावसायिक अवसरों को उत्पन्न करने में सहायता मिलती है; जैसे— ई-लर्निंग अनुसंधान, व्यवसाय, बौद्धिक संपदा, कानूनी व्यवसाय और बैंकिंग सेक्टर आदि।
- पंचम सेवाएँ मुख्य रूप से बाह्यस्रोतन से संबंधित होती हैं, जिसके कारण ही विश्व के विभिन्न भागों में भारी संख्या में कॉल सेंटर खुलने की प्रक्रिया शुरू हुई थी।

बाह्यस्रोतन

सेवा क्षेत्र में दक्षता को सुधारने तथा लागत को कम करने हेतु किसी बाहरी अभिकरण को काम सौंपना बाह्यस्रोतन कहलाता है। जब बाह्यस्रोतन में कार्य को समुद्रपार स्थानांतरित कर दिया जाता है, तब इसे अपतरन (Off Shoring) कहा जाता है। सूचना प्रौद्योगिकी, मानव संसाधन, ग्राहक सहायता, कॉल सेंटर, विनिर्माण तथा अभियांत्रिकी ऐसे कार्य हैं, जिनका अपतरन किया जाता है। इसमें नियुक्त कंपनी विश्व में कहीं भी स्थापित हो सकती है।

---

4 **गुलाबी कॉलर** वे श्रमिक हैं, जो तकनीकी ज्ञान की कुशलता एवं उच्च प्रशासकीय दक्षता से संबंधित कार्यों में शामिल होते हैं. गुलाबी कॉलर श्रमिक कहलाते हैं।
5 **स्वर्ण कॉलर** जो लोग निर्माण क्रियाओं में संलग्न होते हैं।

- बाह्यस्रोतन उन देशों में किया जाता है, जहाँ सस्ते व कुशल श्रमिक उपलब्ध होते हैं तथा इससे देशों में उत्प्रवास कम होता है। बाह्यस्रोतन से कई देशों में रोजगार के अवसर उत्पन्न हुए हैं। वहीं बाह्यस्रोतन करने वाले देश को रोजगार खोज रहे युवाओं का प्रतिरोध भी झेलना पड़ता है। बाह्यस्रोतन के लिए अनेक देशों में BPOs तथा KPOs की भी स्थापना हुई है।
- नॉलेज प्रसंस्करण आउटसोर्सिंग (KPO) और 'होम शोरिंग' पंचम क्रियाकलापों से संबंधित नए क्षेत्र हैं।
- बाह्यस्रोतन के परिणामस्वरूप ही भारत, चीन, यूरोप, इजरायल, फिलीपींस व कोस्तारिका में बड़ी संख्या में कॉल सेंटर खुले हैं।
- केपीओ उद्योग व्यापार प्रक्रिया आउटसोर्सिंग बीपीओ से अलग है, क्योंकि इसमें उच्च कौशल वाले श्रमिक शामिल होते हैं। यह जानकारी आधारित ज्ञान आउटसोर्सिंग है।
- केपीओ KPO कंपनियों को अतिरिक्त व्यापार सृजित करने में सक्षम बनाता है। उदाहरण के लिए, KPO में अनुसंधान और विकास (R&D) गतिविधियाँ, ई-लर्निंग, व्यापार अनुसंधान, बौद्धिक संपदा (IP) अनुसंधान, कानूनी पेशा और बैंकिंग क्षेत्र शामिल हैं।

अंकीय विभाजक

- देशों के मध्य व्यापक आर्थिक, राजनीतिक और सामाजिक भिन्नताएँ हैं। निर्णायक कारक यह है कि कोई देश कितनी शीघ्रता से अपने नागरिकों को सूचना और संचार प्रौद्योगिकी तक पहुँच और उसके लाभ उपलब्ध करा सकता है। सामान्यतः विकसित देश आगे बढ़ चुके हैं, जबकि विकासशील देश पिछड़ गए हैं। इसे डिजिटल विभाजन कहा जाता है।
- इसी तरह, देश के अंदर भी डिजिटल विभाजन होता है। उदाहरण के लिए, भारत या रूस जैसे बडे देशों में यह अवश्यभावी है कि महानगरीय केंद्रों जैसे निश्चित क्षेत्रों में परिधिस्थ ग्रामीण क्षेत्रों की तुलना में डिजिटल दुनिया तक बेहतर संबंध (कनेक्टिविटी) और पहुँच होती है।

चेक प्वॉइंट 3

1. चतुर्थ गतिविधि का एक उदाहरण दीजिए।
2. पंचम क्षेत्र किस प्रकार की गतिविधियों से संबंधित है?
3. बाह्यस्रोतन का कोई एक उदाहरण दीजिए।
4. विकसित और विकासशील देशों में आईटी उद्योग के असमान विकास के लिए किस शब्द का प्रयोग किया जाता है?

Mind Map

तृतीयक और चतुर्थ क्रियाकलाप

1 तृतीयक क्रियाकलाप
इसमें उत्पादन और विनिमय दोनों शामिल हैं।

संचार
संचार सेवाओं में शब्दों और संदेशों, तथ्यों और विचारों का प्रेषण शामिल है।

व्यक्तिगत संचार
- टेलीफोन
- मोबाइल
- मास-मीडिया, समाचार-पत्र
- रेडियो
- टेलीग्राफ
- जन-संचार
- इंटरनेट
- टेलीविजन

परिवहन एक ऐसी सेवा या सुविधा है, जिसमें व्यक्तियों, विनिर्मित माल तथा संपत्ति को भौतिक रूप में एक स्थान से दूसरे स्थान पर ले जाया जाता है।

परिवहन दूरी की माप
- किलोमीटर दूरी (वास्तविक दूरी)
- समय दूरी (यात्रा में लगने वाला समय)
- लागत दूरी (यात्रा का खर्च)

व्यापार और वाणिज्य
- इसमें उत्पादित मदों का क्रय-विक्रय शामिल है।
- कस्बें और शहर जहाँ व्यापार और वाणिज्य होता है, उन्हें व्यापारिक केंद्र कहा जाता है।
- ग्रामीण विपणन केंद्र
- आवधिक बाजार
- नगरीय बाजार केंद्र

थोक व्यापार इसका गठन अनेक मध्यस्थों सौदागरों और आपूर्ति केंद्रों द्वारा होता है।

फुटकर व्यापार उपभोक्ताओं को वस्तुओं के प्रत्यक्ष विक्रय से संबंधित है। यह व्यापार विक्रय से नियत प्रतिष्ठानों और भंडारों में संपन्न होता है, जैसे- रेहड़ी, द्वार से द्वार, डिपार्टमेंटल स्टोर आदि।

सेवाएँ
यह विभिन्न स्तरों पर पाई जाती है।

सेवाओं के प्रकार
- निम्न स्तरीय सेवाएँ; जैसे -पंसारी की दुकानें, धोबी घाट
- उच्चस्तरीय सेवाएँ; जैसे- लेखाकार, परामर्शदाता जैसी अधिक विशिष्टीकृत सेवाएँ हैं
- पेशेवर सेवाएँ, इसमें इंजीनियरिंग कानून/विधि, प्रबंधन आदि शामिल हैं।
- व्यक्तिगत सेवाएँ; जैसे- ग्रामीण क्षेत्रों से रोजगार के लिए पलायन करने वाले श्रमिक

2 पर्यटन तृतीयक क्रियाकलाप का एक उदाहरण
यह व्यवसाय के अतिरिक्त प्रमोद के उद्देश्यों के लिए किया जाता है तथा यह आवास, भोजन, परिवहन जैसी सेवाएँ प्रदान करता है।

3 तृतीयक क्रियाकलापों में संलग्न लोग
इस सेक्टर में रोजगार की प्रवृत्ति बढ़ रही है, जबकि प्राथमिक और द्वितीयक क्रियाकलापों में यह अपरिवर्तित है अथवा घट रही है।

4 चतुर्थ क्रियाकलाप
इसमें सूचना का संग्रहण, उत्पादन और प्रकीर्णन शामिल है।

अंकीय विभाजक
- नागरिकों के सूचना और संचार प्रौद्योगिकी तक पहुँच के संदर्भ में विकसित देश, सामान्य रूप से, इस दिशा में आगे बढ़ गए हैं, जबकि विकासशील देश पिछड़ गए हैं।
- उदाहरण के लिए, भारत और रूस जैसे देशों में महानगरीय केंद्रों जैसे निश्चित क्षेत्रों में परिधिस्थ ग्रामीण क्षेत्रों की तुलना में अंकीय विश्व के साथ बेहतर संबंध तथा पहुँच पाई जाती है।

बाह्य स्रोतन (आउट सोर्सिंग)
इसका अर्थ दक्षता को सुधारने और लागतों को घटाने के लिए किसी बाहरी अभिकरण को काम सौंपना है।

5 पंचम क्रियाकलाप
यह वह सेवाएँ हैं जो नवीन एवं वर्तमान विचारों की रचना, उनके पुनर्गठन और व्याख्या आँकड़ों की व्याख्या और प्रयोग तथा नई प्रौद्योगिकी के मूल्यांकन पर केंद्रित होती है।

शामिल गतिविधियाँ
- उन्नत चिकित्सा अनुसंधान
- सॉफ्टवेयर विकास
- विज्ञानिक अनुसंधान (अनुसंधान और विकास सहित)

NCERT फोल्डर

अध्याय के में मध्य दिए गए प्रश्न

1. प्रत्येक रंग नाम के समक्ष कार्य की प्रवृत्ति का वर्णन कीजिए

कॉलर का रंग	कार्य की प्रवृत्ति
लाल	?
स्वर्ण	?
श्वेत	?
धूसर	?
नीला	?
गुलाबी	?

उत्तर

क्र.सं.	कॉलर का रंग	कार्य की प्रवृत्ति
1.	लाल	कृषि एवं संबंधित गतिविधि, आखेट, भोजन संग्रह, खनन वनों से लकड़ी कटाई
2.	स्वर्ण	अत्यधिक प्रतिष्ठित, उच्च वेतन और विशेष लाभ प्रदान करने वाली नौकरियाँ
3.	सफेद (श्वेत)	इसके अंतर्गत शारीरिक श्रम की अलावा मानसिक श्रम किया जाता है; जैसे प्रशासनिक कार्य, प्रबंधन आदि उच्च प्रौद्योगिकी आधारित उद्योगों में कुशल व्यवसायिक श्रम
4.	धूसर	सफेद कॉलर से कम कौशल के श्रम में योगदान देने वाले, घरेलू, कर्मचारी, प्रशासनिक सहायक, प्राथमिक स्कूल अध्यापक,
5.	नीला	ये ऐसी नौकरियाँ हैं, जिनमें शारीरिक श्रम या तकनीकी कौशल की गहनता होती हैं। इसमें सामान्यतः फैक्ट्रियों, निर्माण स्थलों आदि में संलग्न श्रमिक आते हैं।
6.	गुलाबी	ये नौकरियाँ मुख्य रूप से उन क्षेत्रों से जुडी होती हैं, जहाँ पारंपरिक रूप से महिलाओं की अधिक भागीदारी होती है; जैसे-नर्सिंग और चिकित्सा सेवा, हॉस्पिटैलिटी और कस्टमर सर्विस ब्यूटी और वेलनेस इंडस्ट्री आदि।

नीचे दिए चार विकल्पों में से सही उत्तर चुनिए

1. निम्नलिखित में से कौन-सा एक तृतीयक क्रियाकलाप है?

(a) खेती (b) बुनाई (c) व्यापार (d) आखेट

उत्तर (c) व्यापार

2. निम्नलिखित क्रियाकलापों में से कौन-सा एक द्वितीयक सेक्टर का क्रियाकलाप नहीं है?

(a) इस्पात प्रगलन (b) वस्त्र निर्माण
(c) मछली पकड़ना (d) टोकरी बुनना

उत्तर (c) मछली पकड़ना

3. निम्नलिखित में से कौन-सा एक सेक्टर दिल्ली, मुंबई, चेन्नई और कोलकाता में सर्वाधिक रोजगार प्रदान करता है?

(a) प्राथमिक (b) द्वितीयक (c) पर्यटन (d) सेवा

उत्तर (d) सेवा

4. वे कार्य, जिनमें उच्च परिमाण और स्तर वाले अन्वेषण सम्मिलित होते हैं, कहलाते हैं

(a) द्वितीयक क्रियाकलाप
(b) पंचम क्रियाकलाप
(c) चतुर्थ क्रियाकलाप
(d) प्राथमिक क्रियाकलाप

उत्तर (c) चतुर्थ क्रियाकलाप

5. निम्नलिखित में से कौन-सा क्रियाकलाप चतुर्थ श्रेणी से संबंधित है?

(a) संगणक विनिर्माण
(b) विश्वविद्यालयी अध्यापन
(c) कागज और कच्ची लुग्दी निर्माण
(d) पुस्तकों का मुद्रण

उत्तर (b) विश्वविद्यालयी अध्यापन

6. निम्नलिखित कथनों में से कौन-सा कथन सही नहीं है?

(a) बाह्यस्रोतन दक्षता को बढ़ाता है और लागतों को घटाता है
(b) कभी-कभी अभियांत्रिकी और विनिर्माण कार्यों का भी बाह्यस्रोतन किया जा सकता है
(c) बी.पी.ओ. के पास के.पी.ओ. की तुलना में बेहतर व्यावसायिक अवसर होते हैं
(d) कामों का बाह्यस्रोतन करने वाले देशों में काम की तलाश करने वालों में असंतोष पाया जाता है

उत्तर (c) बी.पी.ओ. के पास के.पी.ओ. की तुलना में बेहतर व्यावसायिक अवसर होते हैं।

निम्नलिखित प्रश्नों के उत्तर लगभग 30 शब्दों में दीजिए

1. फुटकर व्यापार सेवा को स्पष्ट कीजिए।

उत्तर वह व्यापारिक क्रिया, जिसमें उत्पादों को प्रत्यक्ष रूप से उपभोक्ताओं को बेचा जाता है, फुटकर व्यापार कहलाता है। इसमें संलग्न व्यापारियों के पास बिक्री हेतु उत्पादों का पर्याप्त भंडार नहीं पाया जाता है। फेरी, रेहड़ी, डाक आदेश, स्वचालित मशीनें तथा इंटरनेट फुटकर ब्रिकी के भंडार रहित प्रमुख उदाहरण हैं।

2. चतुर्थ सेवाओं का वर्णन कीजिए।

उत्तर चतुर्थ सेवाएँ उन सेवाओं को कहा जाता है, जो अनुसंधान और विकास पर केंद्रित होती हैं। इसमें विशिष्ट तकनीकी ज्ञान की कुशलता तथा उच्च प्रशासकीय दक्षता से संबंधित कार्य शामिल होते हैं।

इस वर्ग के कर्मचारियों का ज्ञान उच्च होता है, जिसके आधार पर वे दो वर्गों—गुलाबी कॉलर एवं स्वर्ण कॉलर में बँटे होते हैं। कार्यालय, विद्यालय तथा विश्वविद्यालय प्रबंधक से लेकर परामर्शदाताओं, लेखा तथा अन्य कर्मचारी चतुर्थ सेवा वर्ग में शामिल होते हैं।

3. विश्व में चिकित्सा पर्यटन के क्षेत्र में तेजी से उभरते हुए देशों के नाम लिखिए।

उत्तर भारत, थाइलैंड, सिंगापुर और मलेशिया जैसे विकासशील देश चिकित्सा पर्यटन से लाभान्वित हुए हैं। साथ ही भारत, ऑस्ट्रेलिया व स्विट्जरलैंड जैसे देश विकिरण अध्ययन से लेकर चुंबकीय अनुनाद बिंबों के निर्वचन तथा उच्च प्रवृत्ति की तरंगों के परीक्षण के साथ विशेष चिकित्सा सुविधा उपलब्ध करा रहे हैं।

4. अंकीय विभाजक क्या है?

उत्तर विकसित और विकासशील देशों में सूचना और संचार प्रौद्योगिकी पर आधारित विकास के अंतर को अंकीय विभाजक कहा जाता है। यह विभाजक देशों के अंदर भी नगरीय तथा ग्रामीण क्षेत्रों में देखा जाता है, जिसमें महानगर प्रौद्योगिकी में संपन्न तथा ग्रामीण पिछड़े होते हैं।

निम्नलिखित प्रश्नों के उत्तर लगभग 150 शब्दों में दीजिए

1. आधुनिक आर्थिक विकास में सेवा सेक्टर की सार्थकता और वृद्धि की चर्चा कीजिए।

उत्तर लोगों को विभिन्न प्रकार की सुविधा उपलब्ध कराना सेवा कहलाता है, जिसके द्वारा व्यापार, यातायात, संचार व मनोरंजन जैसी सेवाएँ उपलब्ध कराई जाती हैं।

आधुनिक समय के आर्थिक विकास में सेवा क्षेत्र की सार्थकता को निम्न रूपों में देखा जाता है

इसमें उत्पादन और विनिमय दोनों शामिल होते हैं, जिसमें रोजगार उपलब्ध कराने की क्षमता अधिक पाई जाती है।

वर्तमान में इस क्षेत्र का योगदान विकसित देशों के अतिरिक्त विकासशील देशों में भी अधिक बढ़ा है, जिससे सकल घरेलू उत्पाद भी बढ़ा है।

इसमें व्यापारिक कार्य भी कम निवेश से शुरू करना संभव है, जिससे ग्रामीण तथा नगरों में सेवाओं की उपलब्धता आसानी से हो पा रही है।

इससे उच्च बौद्धिक क्षमता वाले लोगों के साथ अन्य लोगों को रोजगार दिलाना भी संभव है।

सेवा क्षेत्र में वृद्धि की सार्थकता

वर्तमान में विकसित देशों के अधिकतर लोग सेवा क्षेत्र से जुड़े हैं; जैसे—संयुक्त राज्य अमेरिका के 75% लोग सेवा क्षेत्र से जुड़े हुए हैं।

वर्तमान में अल्प विकसित देशों में भी तृतीयक कार्यों में लोगों की संख्या बढ़ी है, जिससे इस क्षेत्र में रोजगार के अधिक अवसर खुले हैं।

सेवा क्षेत्र में वृद्धि से चिकित्सा पर्यटन को भी बढ़ावा मिला है, जिससे नवीन शोध, जाँच तथा परीक्षण के क्षेत्र में सहायता मिली है। परिणामस्वरूप सेवा क्षेत्र में क्रांतिकारी परिवर्तन भी आए हैं।

2. परिवहन और संचार सेवाओं की सार्थकता को विस्तारपूर्वक स्पष्ट कीजिए।

उत्तर परिवहन सेवा के अंतर्गत व्यक्तियों, निर्मित माल एवं संपत्ति को एक स्थान से दूसरे स्थान पर ले जाया जाता है। यह एक संगठित उद्योग के तौर पर सेवा देता है, जिससे इस व्यवस्था के तहत वस्तुओं का मूल्य बढ़ जाता है वस्तुओं के उत्पादन, वितरण तथा उपभोग में सहायता हेतु सुसंगठित परिवहन व्यवस्था की आवश्यकता होती है। परिवहन की माँग जनसंख्या के आकार से प्रभावित होती है। जनसंख्या का आकार जितना बड़ा होगा, परिवहन की माँग भी उतनी अधिक होगी।

परिवहन सेवाओं की सार्थकता को निम्न बिंदुओं के माध्यम से स्पष्ट किया जा सकता है

यह लोगों और वस्तुओं की सुरक्षित और तीव्र गतिशीलता को संभव बनाना है।

परिवहन उत्पादों के मूल्य को प्रभावित करता है।

यह साक्षर, निरक्षर और उच्च प्रशिक्षित, सभी लोगों को रोजगार उपलब्ध कराता है।

पर्यटन के विकास के लिए यह एक आधारभूत कारक है।

संचार सूचनाओं को उनके उद्गम स्थान से गंतव्य स्थान तक किसी चैनल के माध्यम से पहुँचाने की प्रक्रिया है, जिसमें शब्दों, तथ्यों एवं विचारों का समावेश होता है।

वर्तमान में डाक सेवाएँ, टेलीफोन, तार और फैक्स सेवाओं के साथ अन्य प्रमुख संचार सेवाएँ हैं, जिनकी सार्थकता को निम्न रूपों में देखा जा सकता है

- संचार सेवा के कारण सूचना, आँकड़ें, संदेश आदि को अतिशीघ्र भेजना संभव हुआ है।
- नेटवर्क के जाल से विश्वग्राम की संकल्पना संभव हुई है।
- बेतार संचार सेवाओं ने मानव को समय और स्थान दोनों से स्वतंत्र कर दिया है। संचार में क्रांति आने से देश की आर्थिक व्यवस्था को भी लाभ प्राप्त हुआ है।

अभ्यास प्रश्न

वस्तुनिष्ठ प्रश्न

बहुविकल्पीय प्रश्न

1. विकसित अर्थव्यवस्था में किन क्रियाकलापों में अधिक श्रमिक रोजगार पाते हैं?

(a) द्वितीयक क्रियाकलाप (b) प्राथमिक क्रियाकलाप
(c) तृतीयक क्रियाकलाप (d) इनमें से कोई नहीं

उत्तर (c) तृतीयक क्रियाकलाप

2. सूचना का उत्पादन निम्नलिखित में से किस क्षेत्रक से संबंधित है? **CBSE 2024**

(a) प्राथमिक (b) द्वितीयक
(c) तृतीयक (d) चतुर्थक

उत्तर (c) तृतीयक

3. निम्नलिखित में से कौन तृतीयक क्रियाकलाप है? **CBSE 2020**

(a) कृषि (b) मत्स्यन
(c) खनन (d) पढ़ाना

उत्तर (d) पढ़ाना

4. निम्नलिखित में से कौन वस्तुओं के निर्माताओं से संपर्क करके अपने निर्देशानुसार उत्पादों को बनवाकर अत्यधिक मितव्ययता से व्यापारिक माल खरीद पाते हैं? **CBSE 2024**

(a) व्यापारिक केंद्र (b) उपभोक्ता सहकारी समुदाय
(c) विभागीय भंडार (d) शृंखला भंडार

उत्तर (d) शृंखला भंडार

5. निम्न में से क्या नगरीय विपणन केंद्र की विशेषता नहीं है?

(a) ये विशिष्ट सेवाएँ उपलब्ध कराते हैं
(b) ये समय-समय पर आयोजित होते हैं
(c) ये सामान्य सेवाएँ उपलब्ध कराते हैं
(d) ये विशिष्टीकृत बाजार होते हैं

उत्तर (b) ये समय-समय पर आयोजित होते हैं

6. दिए गए कथन को ध्यानपूर्वक पढ़िए और नीचे दिए गए प्रश्न का उत्तर लिखिए।

'ये ऐसे बाजार केंद्र हैं, जहाँ साधारण, वस्तुओं और सेवाओं के अतिरिक्त विशेष प्रकार की वस्तुएँ तथा सेवाएँ उपलब्ध होती हैं। विनिर्मित उत्पादों के साथ विशिष्ट प्रकार की सेवा उपलब्ध होने के कारण इन्हें विशिष्टीकृत बाजार भी कहते हैं।' सबसे उपयुक्त विकल्प का चयन कीजिए। दक्षता आधारित प्रश्न

(a) व्यावसायिक विपणन केंद्र
(b) नगरीय विपणन केंद्र
(c) ग्रामीण विपणन केंद्र
(d) उपरोक्त में से कोई नहीं

उत्तर (d) उपरोक्त में से कोई नहीं

7. जब चिकित्सा उपचार को अंतर्राष्ट्रीय पर्यटन गतिविधि से संबद्ध कर दिया जाता है, तो इसे सामान्यत: चिकित्सा .... दक्षता आधारित प्रश्न

(a) गतिविधि कहा जाता है।
(b) पर्यटन कहा जाता है।
(c) सुविधा लाभ कहा जाता है।
(d) अवसंरचना विकास कहा जाता है।

उत्तर (b) पर्यटन कहा जाता है।

8. आर्थिक वृद्धि के आधार पर तृतीयक क्षेत्रक के साथ चतुर्थ क्षेत्रक ने सभी प्राथमिक और द्वितीय रोजगारों को प्रतिस्थापित कर दिया है। विकसित अर्थव्यवस्था में आधे से अधिक कर्मी ज्ञान के इस क्षेत्र में कार्यरत् हैं तथा पारंपरिक कोष (म्यूचुअल फंड) प्रबंधकों से लेकर परामर्शदाओं सॉफ्टवेयर सेवाओं की माँग में दक्षता आधारित प्रश्न

(a) आंशिक वृद्धि हुई है
(b) अति उच्च वृद्धि हुई है
(c) नकारात्मक वृद्धि हुई है
(d) विगत वर्षों की तुलना में कोई वृद्धि नहीं हुई है

उत्तर (b) अति उच्च वृद्धि हुई है

9. मानचित्र पर समान समय में पहुँचने वाले स्थानों को मिलाने वाली काल्पनिक रेखा को क्या कहा जाता है?

(a) शीर्ष रेखा (b) योजक रेखा
(c) समकाल रेखा (d) विस्तार रेखा

उत्तर (c) समकाल रेखा

10. परिवहन दूरी का मापक क्या है?

(a) किलोमीटर दूरी (b) समय दूरी
(c) लागत दूरी (d) ये सभी

उत्तर (d) ये सभी

11. निम्न में से कौन-सा जनसंचार का माध्यम नहीं है?

(a) समाचार-पत्र (b) टेलीविजन
(c) रेडियो (d) टेलीफोन

उत्तर (d) टेलीफोन

12. निम्न में से क्या पर्यटन आकर्षण का मुख्य कारक नहीं है?

(a) भू-दृश्य (b) जलवायु
(c) रोजगार (d) कला

उत्तर (c) रोजगार

13. चतुर्थ क्रियाकलाप के अंतर्गत किन कार्यों को सम्मिलित किया गया है? **CBSE 2020**

(a) कानूनी व्यवसाय (b) संचार
(c) सूचना का संग्रहण (d) परिवहन

उत्तर (c) सूचना का संग्रहण

14. चतुर्थ क्रियाकलाप में संलग्न श्रमिकों को क्या कहा जाता है?
(a) सफेद कॉलर श्रमिक
(b) नीला कॉलर श्रमिक
(c) गुलाबी कॉलर श्रमिक
(d) स्वर्ण कॉलर श्रमिक
उत्तर (c) गुलाबी कॉलर श्रमिक

15. पंचम क्रियाकलाप में सम्मिलित गतिविधियाँ हैं
(a) अनुसंधान (b) बैंकिंग सेक्टर
(c) कानूनी व्यवसाय (d) ये सभी
उत्तर (d) ये सभी

16. .... तट के चारों ओर कोष्ण स्थान तथा भारत का पश्चिमी तट विश्व के लोकप्रिय पर्यटक गंतव्य स्थानों में से एक है।
(a) प्रशांत महासागरीय (b) भूमध्य सागरीय
(c) उष्ण कटिबंधीय (d) अरल सागरीय
उत्तर (b) भूमध्य सागरीय

17. निम्नलिखित युग्मों में से कौन-सा युग्म सही सुमेलित नहीं है?
(a) नीति निर्धारण करने वाली विशेषता - चतुर्थ क्षेत्र
(b) व्यापारिक केंद्र (संग्रहण एवं वितरण बिन्दु) - तृतीयक क्षेत्र
(c) महासागरीय तथा आंतरिक परिवहन - सेवा क्षेत्रक
(d) अनुसंधा एवं विकास आधारित क्रियाकलाप - चतुर्थ क्षेत्र
उत्तर (b) व्यापारिक केंद्र (संग्रहण एवं वितरण बिंदु)- तृतीयक क्षेत्र

18. निम्नलिखित सूचनाओं को ध्यानपूर्वक पढ़िए और सही उद्योग की पहचान कीजिए।
- इसमें संलग्न श्रमिक को गुलाबी कॉलर कहा जाता है।
- इस वर्ग के कर्मचारी उच्च ज्ञान वाले होते हैं।
- इन क्रियाकलापों को बाह्यस्रोतों के माध्यम से पूरा किया जाता है।
- ये सेवाएँ पर्यावरण से प्रभावित तथा बाजार द्वारा स्थानीकृत नहीं हैं।

क्षेत्रक
(a) द्वितीयक क्षेत्र (b) तृतीयक क्षेत्र
(c) चतुर्थ क्षेत्र (d) पंचम क्षेत्र
उत्तर (c) चतुर्थ क्षेत्र

19. निम्न में से क्या तृतीयक क्रियाकलापों के संदर्भ में कौन-से कथन सही हैं?
1. इसमें उत्पादन एवं विनिमय दोनों सम्मिलित हैं।
2. इनमें उत्पादन को अप्रत्यक्ष रूप से पारिश्रमिक एवं वेतन के रूप में मापा जाता है।
3. ई-लर्निंग, शोध एवं बौद्धिक संपदा आदि इसकी प्रमुख क्रियाएँ हैं।

कूट
(a) 1 और 2 (b) 2 और 3
(c) 1 और 3 (d) 1, 2 और 3
उत्तर (d) 1, 2 और 3

20. बाह्य स्रोत के संदर्भ में निम्न कथनों पर विचार कीजिए
1. बाह्यस्रोतन के लिए BPOs तथा KPOs की स्थापना की गई है।
2. बाह्यस्रोतन के कार्य से देश में रोजगार सृजन होता है।
3. बाह्यस्रोतन से देशों में उत्प्रवास कम होता है।

कूट
(a) 1 और 2 (b) 2 और 3
(c) 1 और 3 (d) 1, 2 और 3
उत्तर (d) 1, 2 और 3

21. फुटकर व्यापार की निम्नलिखित विशेषताओं को ध्यानपूर्वक पढ़िए और सही विकल्प का चयन कीजिए **CBSE 2024**
1. यह उपभोक्ताओं की वस्तुओं के प्रत्यक्ष विक्रय से संबंधित है।
2. अधिकांश फुटकर व्यापार नियत प्रतिष्ठानों और भंडारों में संपन्न होता है।
3. इसका गठन अनेक बिचौलियों, व्यापारियों और आपूर्तिकर्ताओं द्वारा होता है।
4. फेरी, रेहड़ी, स्वचालित बिक्री मशीनें आदि इसके उदाहरण हैं।

कूट
(a) 1, 2 और 3 (b) 1, 2 और 4
(c) 2, 3 और 4 (d) 1, 3 और 4
उत्तर (d) 1, 3 और 4

22. निम्नलिखित सेवा सेक्टर की गतिविधियों को तृतीयक, चतुर्थ और पंचम क्रियाकलाप के अनुक्रम में व्यवस्थित कीजिए
दक्षता आधारित प्रश्न
1. परामर्शदाता 2. अनुसन्धान एवं विकास
3. बैंकिंग सेवाएँ

कूट
(a) 1, 2, 3 (b) 3, 2, 1
(c) 1, 3, 2 (d) 2, 3, 1
उत्तर (a) 1, 2, 3

23. सूची I को सूची II से सुमेलित कीजिए

सूची I (अर्थव्यवस्था के क्षेत्र)	सूची II (उदाहरण)
A. तृतीयक	1. सूचना का उत्पादन
B. सेवा क्रिया	2. नीति निर्धारक
C. चतुर्थ	3. मौद्रिक बैंकिंग
D. पंचम	4. संचार

कूट
	A	B	C	D
(a)	1	4	3	2
(b)	2	1	4	3
(c)	3	1	4	2
(d)	4	3	1	2

उत्तर (d) 4 3 1 2

24. सूची I को सूची II से सही सुमेलित कीजिए

सूची I	सूची II
A. तृतीयक क्रियाकलाप	1. परामर्शदाता
B. चतुर्थ क्रियाकलाप	2. व्यापार व वाणिज्य
C. पंचम क्रियाकलाप	3. संचार
D. दूरसंचार सेवा	4. अनुसंधान और विकास
E. सेवा संबंधित क्रियाकलाप	5. भू-लाइन सेवा
F. दूरभाष संबंधित क्रियाकलाप	6. डाक ऑर्डर

कूट

	A	B	C	D	E	F
(a)	2	4	3	5	1	6
(b)	4	3	5	6	1	2
(c)	2	4	1	3	5	6
(d)	1	2	3	4	6	5

उत्तर (c) 2 4 1 3 5 6

25. **सूची I को सूची II से सुमेलित कीजिए**

सूची I	सूची II
A. प्रसंस्करण	1. वस्तु निर्माण
B. योजक	2. नोड को जोड़ने वाली सड़क
C. ई-लर्निंग अनुसंधान	3. ऑनलाइन सीखना

कूट

	A	B	C		A	B	C
(a)	2	1	3	(b)	3	2	1
(c)	1	2	3	(d)	3	2	1

उत्तर *(c)* 1 2 3

26. **निम्नलिखित दो कथन I एवं II के रूप में दिए गए हैं। दोनों कथनों को ध्यानपूर्वक पढ़िए और सही विकल्प का चयन कीजिए**

कथन I अधिकांश चतुर्थक क्रियाकलापों का बाह्यस्रोतन किया जा सकता है।

कारण II ये सेवाएँ अनिवार्य रूप से संसाधनों तथा बाज़ार पर आधारित नहीं होती हैं। **CBSE 2024**

कूट

(a) कथन I सही है, किंतु II गलत है
(b) कथन I गलत है, किंतु II सही है
(c) कथन I और II दोनों सही हैं
(d) कथन I और II दोनों गलत हैं

उत्तर *(a)* कथन I सही है, किंतु कथन II गलत है।

निर्देश (प्र. सं. 27-28) नीचे दिए गए कथन (A) तथा कारण (R) को ध्यानपूर्वक पढ़कर कूट की सहायता से सही उत्तर का चयन कीजिए।

कूट

(a) A और R दोनों सही हैं तथा R, A की सही व्याख्या है
(b) A और R दोनों सही हैं, परंतु R, A की सही व्याख्या नहीं है
(c) A सही है, किंतु R गलत है
(d) A गलत है, किंतु R सही है

27. **कथन (A) ग्रामीण क्षेत्रों में सप्ताह या महीने के कुछ निश्चित दिनों के अंतराल पर लगने वाले बाजार को आवधिक बाजार कहते हैं।**

कारण (R) ऐसे बाजारों में विशिष्ट प्रकार की सेवाएँ भी उपलब्ध होती हैं, इसलिए इन्हें विशिष्टीकृत बाजार भी कहा जाता है।

उत्तर *(a)* ग्रामीण क्षेत्रों में सप्ताह या महीने के कुछ निश्चित दिनों के अंतराल पर लगने वाले बाजार को आवधिक बाजार कहते हैं। ये साप्ताहिक, पाक्षिक बाजार होते हैं, जहाँ परिग्रामी क्षेत्रों के लोग आकर समय-समय पर अपनी आवश्यकता की जरूरतों को पूरा करते हैं। ऐसे बाजारों में कोई भी विशिष्ट प्रकार की सेवाएँ उपलब्ध नहीं होती हैं।

28. **कथन (A) राज्य एवं संघ विधान ने परिवहन, दूरसंचार तथा अन्य सेवाओं के पर्यवेक्षण एवं नियंत्रण हेतु निगमों की स्थापना की है।**

कारण (R) चिकित्सा उपचार को अंतर्राष्ट्रीय पर्यटन गतिविधि से संबद्ध कर दिया गया है।

उत्तर *(c)* राज्य एवं संघ विधान ने परिवहन, दूरसंचार तथा अन्य सेवाओं के पर्यवेक्षण एवं नियंत्रण हेतु निगमों की स्थापना की हैं। चिकित्सा उपचार को अंतर्राष्ट्रीय पर्यटन गतिविधि से संबद्ध कर दिया गया है। भारत, स्विट्जरलैंड और ऑस्ट्रेलिया के अस्पताल विकिरण बिंबों के अध्ययन से लेकर चुंबकीय अनुनाद बिंबों के अध्ययन तक चुंबकीय के निर्वचन और पराश्रव्य परीक्षणों की विशिष्ट चिकित्सा सुविधाओं को उपलब्ध करा रहे हैं।

29. **निम्नलिखित तालिका को दिए गए विकल्पों के प्रयोग से पूरा कीजिए**

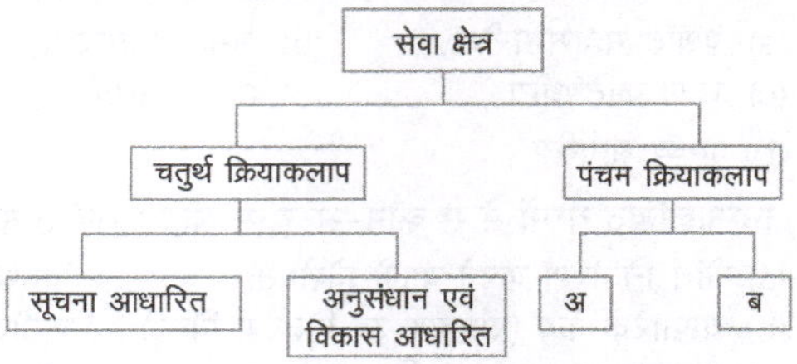

(a) अ- संचार, ब- बीमा
(b) अ- बैंकिंग, ब-परिवहन
(c) अ- परामर्शदाता, ब-विशेषज्ञ, निर्णयकर्ता
(d) अ-नीति निर्धारक, ब-थोक व्यापार

उत्तर *(c)* अ–परामर्शदाता, ब–विशेषज्ञ, निर्णयकर्ता

30. **उपयुक्त उत्तर लिखकर तालिका को पूरा कीजिए।**

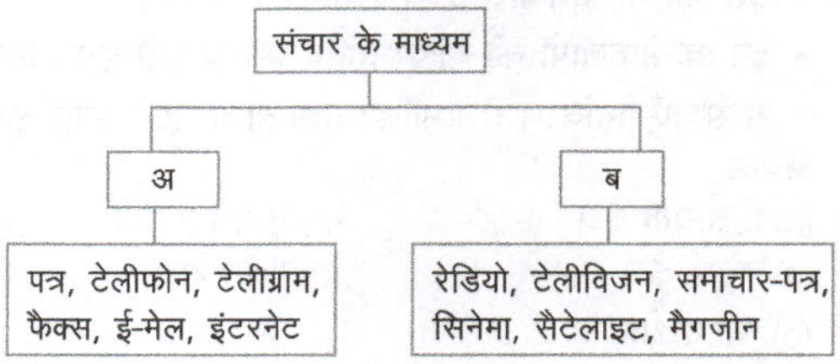

उत्तर (अ) व्यक्तिगत संचार

(ब) जनसंचार

लघु उत्तरीय प्रश्न

1. **तृतीयक क्रियाओं की तीन विशेषताएँ बताइए।**

अथवा **तृतीयक क्षेत्र की क्रियाओं की प्रमुख विशेषताओं का उल्लेख कीजिए।**

दक्षता आधारित प्रश्न

उत्तर तृतीयक क्रिया की प्रमुख विशेषताएँ निम्नलिखित हैं

(i) इस क्रिया में उत्पादन और विनिमय दोनों शामिल होते हैं, जिसमें उपयोग होने वाली सेवाओं की उपलब्धता शामिल होती है।

(ii) इसमें उत्पादन को अप्रत्यक्ष रूप से पारिश्रमिक और वेतन के रूप में मापा जाता है।

(iii) इस क्रिया में विनिमय के अंतर्गत सम्मिलित व्यापार, परिवहन और संचार सेवाएँ दूरी को कम करने के साथ अन्य कार्यों में भी सहायक होती है।

(iv) इस क्रिया में वस्तुओं के उत्पादन की अलावा सेवाओं के व्यावसायिक स्तर पर हो रहे उत्पादन को शामिल किया जाता है।

2. फुटकर व्यापार सेवाओं की किन्हीं तीन विशेषताओं को स्पष्ट कीजिए।

अथवा **फुटकर व्यापार सेवाओं की प्रमुख विशेषताओं की चर्चा कीजिए।**

दक्षता आधारित प्रश्न

उत्तर फुटकर व्यापार सेवाओं की तीन विशेषताएँ निम्नलिखित हैं

(i) फुटकर व्यापार एक स्थानीय व्यापारिक क्रिया है। इसमें अधिकतर व्यापार एक निश्चित स्थान पर होता है।

(ii) फुटकर व्यापार में संलग्न व्यापारियों के पास बिक्री हेतु पर्याप्त उत्पादों का भंडार नहीं पाया जाता है।

(iii) द्वार से द्वार या गली में घूमकर बेचने का कार्य फुटकर व्यापार का उदाहरण है।

3. विश्व के ग्रामीण और नगरीय विपणन केंद्रों के लक्षणों की तुलना तीन बिंदुओं में कीजिए।

उत्तर ग्रामीण विपणन केंद्र और नगरीय विपणन केंद्र में निम्नलिखित अंतर हैं

ग्रामीण विपणन केंद्र	नगरीय विपणन केंद्र
ये ऐसे अर्द्ध-नगरीय केंद्र हैं, जिनसे निकटवर्ती बस्तियों और जनसंख्या की आवश्यकताओं की पूर्ति होती है।	इन केंद्रों में अधिक विशिष्टीकृत वस्तुएँ व सेवाएँ उपलब्ध होती हैं।
व्यक्तिगत और व्यावसायिक सेवाएँ इन केंद्रों में विकसित नहीं होती हैं।	व्यक्तिगत और व्यावसायिक सेवाएँ इन केंद्रों में विकसित होती हैं।
ये केंद्र स्थायी, किंतु अल्पवर्द्धित प्रकार के व्यापारिक केंद्रों के रूप में सेवा प्रदान करते हैं।	साधारण वस्तु और सेवाओं के अतिरिक्त लोगों की माँगों के अनुरूप विशिष्ट वस्तुएँ और सेवा भी नगरीय विपणन केंद्रों में उपलब्ध रहती हैं।

4. विश्व में ग्रामीण क्षेत्रों के आवधिक बाजारों की किन्हीं तीन विशेषताओं को स्पष्ट कीजिए।

अथवा **विश्व के ग्रामीण क्षेत्रों में आवधिक बाजार की मुख्य विशेषताओं की व्याख्या कीजिए।** **CBSE 2024**

उत्तर ग्रामीण क्षेत्रों में सप्ताह या महीने के कुछ निश्चित दिनों के अंतराल पर लगने वाले बाजार को आवधिक बाजार कहते हैं। ग्रामीण क्षेत्रों के आवधिक बाजारों की प्रमुख तीन विशेषताएँ इस प्रकार हैं

(i) इस बाजार में आस-पास के गाँवों और क्षेत्रों से लोग आकर अपनी आवश्यकता की प्रमुख तीन वस्तुएँ खरीदते हैं।

(ii) आवधिक बाजारों का आयोजन प्रत्येक दिन अलग-अलग स्थानों पर होता है और ये एक विस्तृत क्षेत्र को अपनी सेवा प्रदान करते हैं।

(iii) आवधिक बाजार को पैंठ, हाट एवं साप्ताहिक बाजर के नाम से भी जाना जाता है।

5. आधुनिक समय में सेवाओं को किस प्रकार नियमित करने का प्रयास किया गया है? स्पष्ट कीजिए।

उत्तर आधुनिक समय में सेवाओं को नियमित करने के लिए सरकार और प्राधिकरण विभिन्न नियम और नीतियाँ बना रहे हैं। इनमें सेवा मानक निर्धारित करना, गुणवत्ता सुनिश्चित करने के लिए निरीक्षण करना, उपभोक्ताओं को शिकायतों हेतु निपटान तंत्र बनाना और डिजिटल प्लेटफॉर्मों का उपयोग करना शामिल है।

साथ ही तकनीकी उपकरणों और कृत्रिम बुद्धिमत्ता का उपयोग सेवाओं की गति, पारदर्शिता और सटीकता बढ़ाने में किया जा रहा है। इन प्रयासों से सेवाओं में सुधार और उपभोक्ताओं के प्रति जिम्मेदारी सुनिश्चित की जा रही है, जिससे उन्हें संतोषजनक अनुभव प्राप्त हो।

6. "संसार में पर्यटन अत्यधिक श्रम प्रधान एक अनूठी क्रिया है।" इस कथन की उदाहरण सहित पुष्टि कीजिए।

उत्तर विश्व में पर्यटन का बहुत अधिक महत्त्व है। पर्यटन अत्यधिक श्रम प्रधान और एक अनूठा उद्योग है। इस उद्योग में पर्यटकों की आवश्यकता और इच्छाओं के अनुरूप विभिन्न प्रकार की सेवाएँ और सुविधाएँ उस देश के निवासी उपलब्ध कराते हैं, जहाँ पर्यटक घूमने आते हैं। यह कार्य रोजगारमूलक उद्योग भी है। लाखों लोग इस पर्यटन से जुड़े हुए हैं। पर्यटकों द्वारा घूमने वाले देशों में खर्च की गई धनराशि रोजगार को प्रोत्साहन देती है। पर्यटन उद्योग से विभिन्न देशों को विदेशी मुद्रा प्राप्त होती है।

उदाहरणस्वरूप इस उद्योग के कारण होटल उद्योग, परिवहन सेवाएँ और विक्रय केंद्रों का विकास होता है, जिससे लोगों को रोजगार मिलता है। इसलिए इस कथन को उचित कहा जा सकता है कि "संसार में पर्यटन अत्यधिक श्रम प्रधान एक अनूठी क्रिया है।"

7. विश्व में व्यापार एवं पर्यटन के विकास में परिवहन की भूमिका को स्पष्ट कीजिए। **2020-21**

अथवा **परिवहन की बेहतर दशाएँ किसी भी देश के व्यापार एवं पर्यटन को समृद्ध करती हैं, व्याख्या कीजिए।** *दक्षता आधारित प्रश्न*

उत्तर परिवहन एक ऐसी सेवा अथवा सुविधा है, जिससे व्यक्तियों, विनिर्मित माल तथा संपत्ति को भौतिक रूप से एक स्थान से दूसरे स्थान पर ले जाया जाता है। परिवहन मनुष्य की गतिशीलता की मूलभूत आवश्यकता को पूरा करता है। परिवहन सुविधाओं में सुधार के साथ पर्यटन क्षेत्रों का आरंभ हुआ है। बेहतर सड़क प्रणालियों में कार द्वारा यात्रा सुगम होती है। वर्तमान में वायु परिवहन के विस्तार ने आवागमन को और सुलभ बनाया है। जिसने पर्यटन को प्रोत्साहित किया है। उदाहरणतः वायु-यात्रा द्वारा व्यक्ति कुछ ही घंटों में अपने घर से विश्व में कहीं भी जा सकता है।

8. चतुर्थ क्रियाकलापों की किन्हीं तीन विशेषताओं की व्याख्या कीजिए।

अथवा **"चतुर्थ क्रियाकलाप अनुसंधान एवं विकास पर केंद्रित है" इस कथन का परीक्षण कीजिए।**

उत्तर सेवा से संबंधित उस क्रिया को चतुर्थ क्रियाकलाप कहा जाता है, जो अनुसंधान और विकास पर केंद्रित होती है।

इसकी प्रमुख तीन विशेषताएँ निम्नलिखित हैं

(i) यह क्षेत्र बौद्धिक ज्ञान पर आधारित होता है। इसमें अनुसंधान और उसके आधार पर हुए विकास को शामिल किया जाता है।

(ii) इसमें ज्ञान की कुशलता तथा प्रशासकीय दक्षता वाले कार्य महत्त्वपूर्ण योगदान करते हैं।

(iii) चतुर्थ क्रियाकलापों का बाह्यस्रोतन होता है, जिससे रोजगार के अवसर बढ़ते हैं। इसमें उच्च ज्ञान पर आधारित कार्य पंचम तथा चतुर्थ क्रियाकलाप में बँटे होते हैं।

9. स्वर्ण कॉलर की विशेषताओं की व्याख्या कीजिए।

अथवा **अत्यधिक कुशल और उच्च माँग वाले पेशेवरों की नौकरियों की प्रमुख विशेषताओं पर चर्चा कीजिए।** *दक्षता आधारित प्रश्न*

अथवा **पंचम क्रियाकलाप पर संक्षिप्त टिप्पणी लिखिए।**

अथवा **सेवाएँ, जो नवीन और वर्तमान विचारों की रचना, पुनर्गठन, व्याख्या और प्रौद्योगिकी अनुप्रयोग पर आधारित हैं, व्याख्या कीजिए।**

उत्तर पंचम क्रियाकलापों में संलग्न लोगों को स्वर्ण कॉलर कर्मी कहा जाता है। इस प्रकार के क्रियाकलाप को उच्च बौद्धिक ज्ञान से संबंधित उच्चस्तरीय और विशिष्ट सेवा माना जाता है। ये व्यवसाय तृतीयक सेक्टर का एक अन्य उपविभाग है। इसके अंतर्गत निर्णय लेने वाले तथा नीतियाँ बनाने वाले व्यक्तियों को सम्मिलित किया जाता है; जैसे—विशेषज्ञ, निर्णयकर्ता, परामर्शदाता तथा नीति निर्धारक। उन्नत अर्थव्यवस्थाओं की संरचना में उनका महत्व उनकी संख्या से कही अधिक होता है।

इस सेवा की नवीन प्रवृत्तियों में ज्ञान प्रक्रमण बाह्यस्रोतन महत्त्वपूर्ण है, क्योंकि इसमें कुशलकर्मी सम्मिलित होते हैं, जो सूचना ज्ञान से संबंधित होते हैं, जिससे अन्य व्यावसायिक अवसरों को उत्पन्न करने में सहायता मिलती है; जैसे—ई-लर्निंग अनुसंधान, व्यवसाय और बैंकिंग श्रेणी आदि।

10. अधिक विकसित देशों में कर्मियों का अधिकतर प्रतिशत सेवाओं में क्यों संलग्न है? उदाहरणों सहित स्पष्ट कीजिए। **CBSE 2022**

अथवा **अन्य क्षेत्रों से सेवाक्षेत्र में कर्मियों की अधिकांश संलग्नता अधिक विकसित देशों में प्रदर्शित होती है। व्याख्या कीजिए।** *दक्षता आधारित प्रश्न*

उत्तर अधिक विकसित देशों में कर्मियों का अधिकतर प्रतिशत सेवाओं में संलग्न होने का मुख्य कारण उनकी आर्थिक संरचना है। ऐसे देशों में कृषि और विनिर्माण क्षेत्रों में अत्यधिक स्वचालन और मशीनरी का उपयोग होता है, जिससे इन क्षेत्रों में कम लोगों की आवश्यकता होती है। विकसित अर्थव्यवस्थाएँ उच्च तकनीकी, वित्त, स्वास्थ्य, शिक्षा और पर्यटन जैसे सेवा क्षेत्रों पर निर्भर होती हैं, जो अधिक कुशलता और विशेष ज्ञान की माँग करते हैं। उदाहरण के लिए, अमेरिका और जर्मनी जैसे देशों में अधिकांश लोग आईटी, बैंकिंग, स्वास्थ्य सेवाएँ और शिक्षा क्षेत्र में कार्यरत् हैं और उनकी आर्थिक वृद्धि में योगदान करते हैं। इस प्रकार सेवा क्षेत्र में कर्मियों का उच्च प्रतिशत आर्थिक संरचना और आधुनिक तकनीकी विकास का परिणाम है।

दीर्घ उत्तरीय प्रश्न

1. विश्व में उच्च प्रौद्योगिकी उद्योग की मुख्य विशेषताओं की व्याख्या कीजिए। **CBSE 2025**

उत्तर उच्च प्रौद्योगिकी उद्योग, जिन्हें हाइटेक उद्योग भी कहा जाता है, नवीनतम वैज्ञानिक और इंजीनियरिंग नवाचारों पर आधारित होते हैं। इनकी मुख्य विशेषताएँ इस प्रकार हैं

1. **उन्नत वैज्ञानिक अनुसंधान** इन उद्योगों में उत्पादों का विकास गहन वैज्ञानिक शोध और विकास के माध्यम से होता है, जिससे अत्यधिक परिष्कृत और तकनीकी रूप से उन्नत उत्पाद बनते हैं।
2. **कुशल श्रमिक** उच्च प्रौद्योगिकी उद्योगों में सफेद कॉलर (व्यावसायिक) श्रमिकों की संख्या नीले कॉलर (कार्य क्षेत्र) श्रमिकों से अधिक होती है। ये उच्च कौशल वाले पेशेवर होते हैं, जो अनुसंधान, विकास और प्रबंधन में संलग्न रहते हैं।
3. **प्रमुख उत्पाद** इन उद्योगों में रोबोटिक्स, कम्प्युटर सहायता प्राप्त डिजाइन, इलैक्ट्रॉनिक नियंत्रण प्रणाली, नई रासायनिक सामग्री और औषधीय उत्पादों का निर्माण शामिल है।
4. **आधुनिक अवसंरचना** पारंपरिक उद्योगों के विपरीत, उच्च प्रौद्योगिकी उद्योगों में स्वच्छ, सुव्यवस्थित और डिजाइनर भवन होते हैं, जिनमें अनसंधान प्रयोगशालाएँ और कार्यालय शामिल हैं, जो पर्यावरण के अनुकूल होते हैं।
5. **तीव्र उत्पाद जीवन चक्र** बाजार की बदलती माँगों के अनुसार ये उद्योग अपने उत्पादों में तेजी से सुधार व नवाचार करते हैं, जिससे उत्पादों का जीवनचक्र छोटा होता है।

इन विशेषताओं के माध्यम से, उच्च प्रौद्योगिकी उद्योग वैश्विक अर्थव्यवस्था में नवाचार और दक्षता को बढ़ावा देते हैं।

2. ग्रामीण तथा नगरीय विपणन केंद्रों की व्याख्या कीजिए।

अथवा **नगरीय और ग्रामीण जनसंख्या की आवश्यकताओं की पूर्ति में विपणन केंद्रों ने मुख्य भूमिका निभाई है, व्याख्या कीजिए।** *दक्षता आधारित प्रश्न*

उत्तर ग्रामीण तथा नगरीय विपणन केंद्रों की व्याख्या इस प्रकार है

(i) **ग्रामीण विपणन केंद्र** ऐसे अर्द्ध-नगरीय व्यापारिक केंद्र, जिनसे निकट की बस्तियों और जनसंख्या की आवश्यकताओं की पूर्ति होती है, उन्हें ग्रामीण विपणन केंद्र कहते हैं। इसके अधिकांश केंद्रों में थोक और खुदरा दोनों प्रकार का व्यापार होता है, जिसमें ग्रामीण लोगों की मुख्य वस्तुओं और सेवाओं की पूर्ति की जाती है। ये केंद्र स्थायी रूप में होते हैं, जहाँ व्यक्तिगत और व्यावसायिक सेवाएँ विकसित नहीं होती हैं। ये स्थानीय संग्रहण और वितरण केंद्र के रूप में महत्त्वपूर्ण होते हैं।

(ii) **नगरीय विपणन केंद्र** ये ऐसे बाजार केंद्र होते हैं, जहाँ विशेष प्रकार की वस्तुएँ तथा सेवाएँ उपलब्ध होती हैं। यहाँ विनिर्मित उत्पादों के साथ विशिष्ट प्रकार की सेवाएँ उपलब्ध होती हैं। यहाँ श्रम बाजार, अर्द्ध-निर्मित तथा निर्मित उत्पाद बाजार के अतिरिक्त अध्यापक, डॉक्टर के साथ अन्य शैक्षणिक एवं व्यावसायिक सेवाएँ भी उपलब्ध होती हैं।

3. किसी देश के आर्थिक विकास के लिए सेवाएँ बहुत महत्त्वपूर्ण हैं। सेवा क्षेत्र के पाँच घटकों की व्याख्या करते हुए, इस कथन का विश्लेषण कीजिए।

अथवा **किसी भी देश की आर्थिक उन्नति में सेवा क्षेत्र की मुख्य भूमिका रही है। इसके विभिन्न घटकों की व्याख्या कीजिए।** *दक्षता आधारित प्रश्न*

अथवा **विश्व अर्थव्यवस्था के विकास में सेवा क्षेत्रक की वृद्धि एवं महत्त्व का मूल्यांकन कीजिए।** **CBSE 2025**

उत्तर सेवाएँ संगठित और असंगठित क्षेत्रों में हमारे चारों ओर मौजूद हैं। सेवा क्षेत्र में व्यापार, वाणिज्य, परिवहन, संचार व मनोरंजन के साधन आदि को सम्मिलित किया जाता है। सेवा क्षेत्र के विभिन्न घटकों का आर्थिक विकास में निम्नलिखित योगदान है

(i) **व्यापार एवं वाणिज्य** यह किसी देश की अर्थव्यवस्था का आधार होता है। यह अधिक संख्या में रोजगार उपलब्ध कराता है तथा लोगों की आवश्यकताओं की पूर्ति करता है।

(ii) **परिवहन एवं संचार सेवाएँ** ये सेवाएँ वस्तुओं और लोगों को जहाँ गतिशील बनाती हैं, वहीं दूसरी ओर व्यापार, वाणिज्य व पर्यटन आदि को आधार प्रदान करती हैं, जिससे आर्थिक विकास को बढ़ावा मिलता है।

(iii) **मनोरंजन** यह अत्यधिक लाभ कमाने और आर्थिक विकास में योगदान देने वाला महत्त्वपूर्ण स्रोत है। अतः विभिन्न खेलों का राष्ट्रीय और अंतर्राष्ट्रीय स्तर पर आयोजन मनोरंजन का ही एक रूप है, जिससे देश को बहुत अधिक आय प्राप्त होती है।

(iv) **सरकार की नीतिगत सेवाएँ** सरकार सेवा क्षेत्रक और आर्थिक विकास की रूपरेखा निर्धारित करती है, जिससे सेवा क्षेत्र के लिए अनुकूल वातावरण बनता है।

(v) **अन्य सेवाएँ** सेवा क्षेत्र में निम्न तथा विशिष्ट प्रकार की सेवाएँ उपलब्ध होती हैं, जो लोगों के जीवन को सुखमय बनाने की दृष्टि से अन्य सेवाओं में सहायक की भूमिका निभाती हैं, जिससे आर्थिक विकास को बढ़ावा मिलता है। अतः सेवा शारीरिक एवं मानसिक दोनों रूपों में उपलब्ध होती है। देश में धोबी घाट व नाई की दुकान से लेकर वकील व चिकित्सक जैसी सेवाएँ पाई जाती हैं, जिससे देश की अर्थव्यवस्था में कुशल तथा अकुशल श्रम दोनों का योगदान होता है।

4. सेवाओं को परिभाषित करते हुए वर्तमान समाज में उसकी भूमिका को स्पष्ट कीजिए। *दक्षता आधारित प्रश्न*

उत्तर सेवाएँ भुगतान करने वाले व्यक्ति को उपलब्ध होती हैं। ये लोगों और उद्योगों दोनों को उपलब्ध होती हैं, जिसमें कुछ सेवाएँ; जैसे—पंसारी की दुकानें, धोबी घाट, नाई की दुकानें निम्न स्तरीय होती हैं। इनमें संलग्न व्यक्ति को शारीरिक श्रम करना पड़ता है तथा अध्यापक, वकील व चिकित्सक जैसी सेवाएँ मानसिक श्रम पर आधारित होती हैं, जो विशिष्ट सेवाएँ होती हैं। लोग अपने जीवन में काम को आसान या सुखमय बनाने हेतु मोची, गृहपाल व माली जैसी घरेलू सेवाएँ प्राप्त करते हैं, जो कम भुगतान में उपलब्ध होती हैं। ऐसी सेवाएँ प्रदान करने वाले कर्मियों के वर्ग असंगठित रूप में होते हैं।

वर्तमान में सेवाओं को नियमित किया गया है; जैसे—महामार्गों एवं सेतु निर्माण और संरक्षण कार्य, शिक्षा की पूर्ति तथा ग्राहक सेवा जैसी अन्य सेवाओं का पर्यवेक्षण एवं नियंत्रण सरकारों तथा कंपनियों द्वारा किया जाता है।

इसी प्रकार परिवहन, जल आपूर्ति एवं दूरसंचार जैसी अन्य सेवाओं के पर्यवेक्षण और नियंत्रण के लिए निगमों की स्थापना की गई है। मनोरंजन से संबंधित सेवाएँ बाजार की स्थिति पर आश्रित होती हैं। फलस्वरूप मल्टीप्लेक्स और अन्य रेस्टोरेंट तथा आधुनिक प्रचलित सेवाएँ केंद्रीय व्यापार क्षेत्र के केंद्र में खोली जाती हैं। अतः वर्तमान समय में सेवाएँ आवश्यकता के अनुसार भुगतान के आधार पर शीघ्रता से नजदीकी केंद्रों में उपलब्ध कराई जा रही हैं।

5. विश्व में संचार सेवाओं की महत्ता स्पष्ट कीजिए।

अथवा **सूचनाओं को उनके उद्गम स्थान से गंतव्य तक पहुँचाने में संचार क्रांति ने महत्त्वपूर्ण भूमिका निभाई है। व्याख्या कीजिए** *दक्षता आधारित प्रश्न*

उत्तर सूचनाओं को उनके उद्गम स्थान से गंतव्य स्थान तक किसी चैनल के माध्यम से पहुँचाना ही संचार कहलाता है, जिसमें शब्दों, संदेशों, तथ्यों तथा विचारों का समावेश होता है। वर्तमान में डाक सेवाएँ, दूरसंचार, रेडियो और दूरदर्शन, समाचार-पत्र तथा इंटरनेट प्रमुख संचार सेवाएँ हैं, जिनका महत्त्वपूर्ण योगदान है। विश्व में संचार सेवाओं की महत्ता निम्न है

(i) **दूरसंचार** विद्युत शक्ति के विकास से दूरसंचार का प्रयोग संभव हुआ है। संदेशों को अतिशीघ्र (मिनटों में) भेजे जाने से इस क्षेत्र में क्रांति आई है, साथ ही मोबाइल जैसी नवीन तकनीक ने मानव को भूतकाल के परिवहन से स्वतंत्र कर दिया है। फलस्वरूप तार, प्रेषण, मोर्स कूट और टैलेक्स अब प्राचीन वस्तुएँ बन गई हैं।

(ii) **रेडियो और दूरदर्शन** इनके माध्यम से समाचारों, चित्रों आदि को विश्व के सभी भागों में प्रसारित किया जाता है, जिसके कारण इन्हें जनसंचार का माध्यम कहा जाता है। ये विज्ञापन एवं मनोरंजन के लिए महत्त्वपूर्ण साधन हैं।

(iii) **समाचार-पत्र** यह एक मुद्रित माध्यम है, जिसके द्वारा विश्व के सभी भागों में दिन-प्रतिदिन की घटनाओं को लोगों तक पहुँचाया जाता है।

(iv) **इंटरनेट एवं उपग्रह संचार** इंटरनेट ने संपूर्ण संसार में संचार के क्षेत्र में क्रांति ला दी है। साथ ही उपग्रह संचार पृथ्वी और अंतरिक्ष से सूचनाओं को एकसाथ पृथ्वी के संपूर्ण भाग में पहुँचाने में सक्षम हुआ है।

6. पर्यटन शब्द की परिभाषा दीजिए। संसार में पर्यटकों के आकर्षित करने वाले किन्हीं चार कारकों की व्याख्या कीजिए।

अथवा **किसी प्रदेश की जलवायु पर्यटकों को किस प्रकार आकर्षित करती है? संसार के विभिन्न प्रदेशों से उदाहरण देकर स्पष्ट कीजिए।**

अथवा **पर्यटन का क्या अर्थ है? संसार में किन्हीं चार पर्यटन आकर्षणों का विश्लेषण कीजिए।**

उत्तर पर्यटन का अर्थ नए स्थानों की यात्रा करना, प्राकृतिक सौंदर्य, सांस्कृतिक धरोहर और विभिन्न परंपराओं का आनंद लेना तथा अनुभव प्राप्त करना है। भू-दृश्य, सांस्कृतिक रूप से महत्त्वपूर्ण उपलब्धता तथा मौसम की दशाएँ आदि के कारण अनेक पर्यटन केंद्र महत्त्वपूर्ण होते हैं। इस प्रकर पर्यटन के लिए जलवायु का सापेक्षिक महत्त्व है।

संसार में पर्यटकों को आकर्षित करने वाले चार महत्त्वपूर्ण बिंदु इस प्रकार हैं

(i) **जलवायु** पर्यटन के लिए जलवायु महत्त्वपूर्ण कारक है, क्योंकि ठंडे प्रदेशों के लोग गर्म जलवायु वाले प्रदेशों में पर्यटन करना पसंद करते हैं। यही कारण है कि लंबी और कड़ी (अधिक) शीत ऋतु में उत्तरी यूरोप के लोग ऊँचे तापमान, धूप की लंबी अवधि और निम्न वर्षा की दशाओं के कारण भूमध्यसागरीय प्रदेशों में घूमने जाते हैं।

(ii) **भू-दृश्य** पर्वत, झीलें, दर्शनीय समुद्री तट और अन्य प्राकृतिक स्थलों के रूप में पाए जाने वाले भू-दृश्य भी पर्यटन को आकर्षित करते हैं।

(iii) **इतिहास एवं कला** प्राचीन और सुंदर नगर, पुरातत्त्व स्थल, किलों, राजमहलों तथा गिरिजाघरों जैसे धार्मिक एवं कला से संबंधित स्थल पर्यटकों को आकर्षित करते हैं, जो वर्षभर पर्यटन केंद्र के रूप में उपलब्ध होते हैं।

(iv) **संस्कृति एवं अर्थव्यवस्था** मानवजातीय एवं स्थानीय रीति से संबंधित सांस्कृतिक कारक तथा कम कीमत पर उपलब्ध होने वाले मनोरंजन के साधन पर्यटकों को आकर्षित करते हैं; जैसे—गोवा में हेरिटेज होम्स तथा कर्नाटक के कूर्ग आदि।

7. चिकित्सा पर्यटन किसे कहते हैं? भारत में समुद्र पार रोगियों के लिए स्वास्थ्य सेवाओं के अवसरों की व्याख्या कीजिए।

अथवा **चिकित्सा पर्यटन, पर्यटन के एक क्षेत्र के रूप में उभरकर सामने आया है। इस संदर्भ में विभिन्न देश के रोगियों के लिए भारत में स्वास्थ्य सेवा अवसरों की व्याख्या कीजिए।** *दक्षता आधारित प्रश्न*

उत्तर जब अंतर्राष्ट्रीय पर्यटन को स्वास्थ्य उपचार सेवा से जोड़ दिया जाता है, तो उस पर्यटन को चिकित्सा पर्यटन कहा जाता है। भारत में समुद्र पार रोगियों के लिए स्वास्थ्य सेवाओं के अवसरों की व्याख्या को निम्न बिंदुओं द्वारा स्पष्ट किया गया है

(i) स्वास्थ्य सेवाओं के क्षेत्र में चिकित्सा पर्यटन के रूप में भारत विश्व में अग्रणी देश बनकर उभरा है, जिसमें चिकित्सा उपचार को अंतर्राष्ट्रीय गतिविधि से संबद्ध किया गया है। महानगरों में अवस्थित विश्वस्तरीय अस्पताल विश्व के रोगियों को बेहतर सुविधाएँ उपलब्ध करा रहे हैं।

(ii) भारत, थाईलैंड, सिंगापुर और मलेशिया जैसे विकासशील देश चिकित्सा पर्यटन से लाभान्वित हुए हैं। साथ ही भारत, ऑस्ट्रेलिया व स्विट्जरलैंड जैसे देश विकिरण बिंबों के अध्ययन से लेकर चुंबकीय अनुनाद बिंबों के निर्वचन तथा उच्च प्रवृत्ति की तरंगों के परीक्षण के साथ विशेष चिकित्सा सुविधा उपलब्ध करा रहे हैं।

(iii) इसके अतिरिक्त बाह्यस्रोतन से भी रोगियों को गुणवत्तापूर्ण सुविधा प्रदान की जाती है, जिससे स्वास्थ्य सेवा में काफी परिवर्तन आया है।

8. बाह्यस्रोतन की परिभाषा लिखिए। संसार में बाह्यस्रोतन की मुख्य विशेषताओं का वर्णन कीजिए।

अथवा **बाह्यस्रोतम की अवधारणा को स्पष्ट करते हुए, वैश्विक रूप में बाह्य स्रोतन में प्रमुख महत्त्वों पर प्रकाश डालिए।** *दक्षता आधारित प्रश्न*

अथवा **"बाह्यस्रोतन के परिणामस्वरूप कई देशों में बड़ी संख्या में रोजगार के अवसर खुले हैं।" इस कथन का तीन उपयुक्त उदाहरण सहित विश्लेषण कीजिए।**

उत्तर सेवा क्षेत्र में दक्षता को सुधारने तथा लागत को घटाने के लिए किसी बाहरी अभिकरण को काम सौंपना बाह्यस्रोतन कहलाता है। जब कार्य को समुद्र पार के स्थानों पर स्थानांतरित कर दिया जाता है, तब उसे अपतरन (ऑफशोरिंग) कहा जाता है। बाह्यस्रोतन की मुख्य विशेषताएँ निम्नलिखित हैं

- बाह्यस्रोतन का मुख्य कारण तुलनात्मक लाभ है।
- बाह्यस्रोतन में उत्पाद की लागत घटती है, क्योंकि बाह्यस्रोतन में सस्ते मूल्य के श्रमिकों से सेवा ली जाती है, जिससे अधिक लोगों को सेवा पर्याप्त मात्रा में मिलती है।
- जिस देश में बाह्यस्रोतन किया जाता है, वहाँ रोजगार के अवसर उत्पन्न होते हैं।
- ज्ञान प्रक्रमण बाह्यस्रोतन (KPO) अतिरिक्त व्यावसायिक प्रक्रमण अवसरों के सृजन के लिए कंपनियों को सक्षम बनाता है।
- इससे चिकित्सा एवं प्रौद्योगिकी के क्षेत्र को बढ़ावा मिलता है, जिससे नवीन तकनीकी की जानकारी तथा रोजगार दोनों प्राप्त होते हैं।

स्रोत आधारित प्रश्न

निम्नलिखित स्रोतों को ध्यानपूर्वक पढ़कर उन पर आधारित प्रश्नों के उत्तर दीजिए।

1. **सेवा क्षेत्रक**

जब आप बीमार पड़ते हैं आप किसी डॉक्टर को बुलाते हैं अथवा आप पारिवारिक डॉक्टर के पास जाते हैं। कभी-कभी आपके माता-पिता उपचार के लिए आपको अस्पताल ले जाते हैं। विद्यालय में आपको अध्यापक पढ़ाते हैं। किसी भी विवाद की स्थिति में कानूनी राय वकील से ली जाती है। इसी प्रकार अनेक व्यवसायी होते हैं, जो फीस का भुगतान होने पर अपनी सेवाएँ प्रदान करते हैं। अतः सभी प्रकार की सेवाएँ विशिष्ट कौशल होती हैं, जो भुगतान के बदले प्राप्त होती हैं। स्वास्थ्य, शिक्षा, विधि, प्रशासन और मनोरंजन इत्यादि को व्यावसायिक कुशलता की आवश्यकता है। इन सेवाओं को अन्य सैद्धांतिक ज्ञान और क्रियात्मक प्रशिक्षण की आवश्यकता होती है। तृतीयक क्रियाकलाप सेवा सेक्टर से संबंधित है। जनशक्ति सेवा सेक्टर का एक महत्त्वपूर्ण कारक है, क्योंकि अधिकांश तृतीयक क्रियाकलापों का निष्पादन कुशल श्रमिक, व्यावसायिक दृष्टि से प्रशिक्षित विशेषज्ञ और परामर्शदाताओं द्वारा होता है।

आर्थिक विकास की आरंभिक अवस्थाओं में लोगों का एक बड़ा अनुपात प्राथमिक सेक्टर में कार्य करना था। एक विकसित अर्थव्यवस्था में बहुसंख्यक श्रमिक तृतीयक क्रियाकलापों में रोजगार पाते हैं और अपेक्षाकृत कम संख्या में द्वितीयक सेक्टर में कार्यरत् होते हैं।

(i) 'जनशक्ति' सेवा सेक्टर का एक महत्त्वपूर्ण कारक क्यों है? स्पष्ट कीजिए।

उत्तर जनशक्ति सेवा सेक्टर का एक महत्त्वपूर्ण कारक है, क्योंकि अधिकांश तृतीयक क्रियाकलापों का निष्पादन कुशल श्रमिक व्यावसायिक दृष्टि से प्रशिक्षित विशेषज्ञ और परामर्श दाताओं द्वारा होता है।

(ii) द्वितीयक एवं तृतीयक क्षेत्रक के क्रियाकलापों में अंतर को स्पष्ट कीजिए।

उत्तर द्वितीयक एवं तृतीयक क्षेत्रक के क्रियाकलापों में अंतर निम्न प्रकार से है

द्वितीयक क्षेत्रक	तृतीयक क्षेत्रक
इसे विनिर्माण क्षेत्र के रूप में जाना जाता है।	इसे सेवा क्षेत्र के रूप में जाना जाता है।
यह क्षेत्र एक वस्तु से अधिक उपयोगिता पैदा करके उसे दूसरी वस्तु में बदल देता है।	तृतीयक क्षेत्र में प्राथमिक और द्वितीयक क्षेत्रों के लिए उपयोगी सेवाएँ प्रदान करता है।

(iii) 'तृतीयक क्रियाकलापों में उत्पादन और विनिमय दोनों सम्मिलित होते हैं। इस कथन की पुष्टि कीजिए।

उत्तर तृतीयक क्रियाकलापों में उत्पादन और विनिमय दोनों सम्मिलित हैं, क्योंकि इसमें सभी प्रकार की सेवाएँ विशिष्ट कौशल की होती हैं, जो भुगतान के बदले प्राप्त होती हैं।

2. **सेवाएँ विभिन्न स्तरों पर पाई जाती हैं। कुछ सेवाएँ उद्योगों को चलाती हैं. कुछ लोगों को और कुछ उद्योगों और लोगों दोनों को, उदाहरणत, परिवहन तंत्र। सेवाएँ जैसे पंसारी की दुकानें, धोबीघाट, उच्चस्तरीय सेवाओं अथवा लेखाकार, परामर्शदाता और चिकित्सक जैसी अधिक विशिष्टीकृत सेवाओं की अपेक्षा अधिक सामान्य और विस्तृत हैं। सेवाएँ भुगतान कर सकने वाले व्यक्तिगत उपभोक्ताओं को उपलब्ध होती हैं। माली, धोबी और नाई मुख्य रूप से शारीरिक श्रम करते हैं। अध्यापक, वकील, चिकित्सक, संगीतकार और अन्य मानसिक श्रम करते हैं।**

अनेक सेवाएँ अब नियमित हो गई हैं। महामार्गों एवं सेतुओं का निर्माण और अनुरक्षण.. अग्निशमन विभागों का अनुरक्षण और शिक्षा की पूर्ति अथवा पर्यवेक्षण और ग्राहक सेवा महत्त्वपूर्ण सेवाओं में से हैं, जिनका पर्यवेक्षण अथवा निष्पादन प्राय. सरकारों अथवा कंपनियों द्वारा किया जाता है। राज्य और संघ विधान ने परिवहन, दूरसंचार, ऊर्जा और जलापूर्ति जैसी सेवाओं के विपणन के पर्यवेक्षण और नियंत्रण के लिए निगमों की स्थापना की है। स्वास्थ्य की देखभाल, अभियांत्रिकी, विधि और प्रबंधन व्यावसायिक सेवाएँ हैं । मनोरंजनात्मक और प्रमोद सेवाओं की स्थिति बाजार पर निर्भर करती है

(i) सामान्य एवं विस्तृत सेवाओं के किसी एक उदाहरण का उल्लेख कीजिए।

उत्तर सामान्य एवं विस्तृत सेवाओं का प्रमुख उदाहरण चिकित्सक है। चिकित्सक द्वारा मानसिक श्रम किया जाता है। सेवाएँ भुगतान कर सकने वाले व्यक्तिगत उपभोक्ताओं को उपलब्ध होती हैं।

(ii) सेवाओं के विपणन का कौन पर्यवेक्षण एव नियंत्रण करता है?

उत्तर सेवाओं के विपणन का पर्यवेक्षण एवं नियन्त्रण प्रायः सरकारों अथवा कंपनियों द्वारा किया जाता है। राज्य और संघ विधान ने परिवहन दूरसंचार, ऊर्जा और जलापूर्ति जैसी सेवाओं के विपणन के पर्यवेक्षण और नियंत्रण के लिए निगमों की स्थापना की गई है।

(iii) 'सेवाएँ विभिन्न स्तरों पर पाई जाती हैं।' इस कथन की पुष्टि कीजिए।

उत्तर सेवाएँ विभिन्न स्तरों पर पाई जाती हैं। कुछ सेवाएँ उद्योगों को चलाती हैं, कुछ लोगों को और कुछ उद्योग और लोगों दोनों को उदाहरणतः परिवहन तंत्र नेम्न स्तरीय सेवाएँ सेवा विभाजन में उच्चस्तरीय सेवाओं (अधिक विशिष्टीकृत सेवाओं) की अपेक्षा अधिक सामान्य और विस्तृत होती है।

3. **व्यापार वस्तुतः अन्यत्र उत्पादित मदों का क्रय और विक्रय है। फुटकर और थोक व्यापार अथवा वाणिज्य की सभी सेवाओं का विशिष्ट उद्देश्य लाभ कमाना है। यह सारा कार्य कस्बों और नगरों में होता है, जिन्हें व्यापारिक केंद्र कहा जाता है।**

स्थानीय स्तर पर वस्तु विनिमय से लेकर अंतर्राष्ट्रीय सोपान पर मुद्रा विनिमय तक व्यापार के उत्थान ने अनेक केंद्रों और संस्थाओं को जन्म दिया हैं जैसे कि व्यापारिक केंद्र अथवा संग्रहण और वितरण बिंदु। व्यापारिक केंद्रों को ग्रामीण और नगरीय विपणन केंद्रों में विभक्त किया जा सकता है।

ग्रामीण विपणन केंद्र निकटवर्ती बस्तियों का पोषण करते हैं। ये अर्द्ध-नगरीय केंद्र होते हैं। ये अत्यंत अल्पवर्धित प्रकार के व्यापारिक केंद्रों के रूप में सेवा करते हैं। यहाँ व्यक्तिगत और व्यावसायिक सेवाएँ सुविकसित नहीं होतीं। ये स्थानीय संग्रहण और वितरण केंद्र होते हैं। इनमें से अधिकांश केंद्रों में मंडियाँ (थोक बाजार) और फुटकर व्यापार क्षेत्र भी होते हैं। ये स्वयं में नगरीय केंद्र नहीं हैं, किंतु ग्रामीण लोगों की अधिक माँग वाली वस्तुओं और सेवाओं को उपलब्ध कराने वाले महत्त्वपूर्ण केंद्र हैं।

ग्रामीण क्षेत्रों में आवधिक बाजार ग्रामीण क्षेत्रों में जहाँ नियमित बाजार नहीं होते, वहाँ विभिन्न कालिक अंतरालों पर स्थानीय आवधिक बाजार लगाए जाते हैं। ये साप्ताहिक पाक्षिक बाजार होते हैं, जहाँ परिग्रामी क्षेत्रों से लोग आकर समय-समय पर अपनी आवश्यकताओं को पूरा करते हैं। ये बाजार निश्चित तिथि दिन पर लगते हैं और एक स्थान से दूसरे स्थान पर लगते रहते हैं। दुकानदार इस प्रकार सभी दिन व्यस्त रहते हैं और एक विस्तृत क्षेत्र को सेवा प्रदान करते हैं।

नगरीय बाजार केंद्र इन बाजार केंद्रों में और अधिक विशिष्टीकृत नगरीय सेवाएँ मिलती हैं। इनमें न केवल साधारण वस्तुएँ और सेवाएँ बल्कि लोगों द्वारा वांछित अनेक विशिष्ट वस्तुएँ व सेवाएँ भी उपलब्ध होती हैं। नगरीय केंद्र, इसलिए विनिर्मित पदार्थों के साथ-सथ विशिष्टीकृत बाजार भी प्रस्तुत करते हैं; जैसे-श्रम बाजार, आवासन अर्द्ध-निर्मित एवं निर्मित उत्पादों का बाजार। इनमें शैक्षिक संस्थाओं और व्यावसायिकों की सेवाएँ; जैसे-अध्यापक, वकील, परामर्शदाता, चिकित्सक, दाँतों का डॉक्टर और पशु चिकित्सक आदि उपलब्ध होते हैं।

(i) व्यापारिक केंद्रों को किन-किन भागों में विभाजित किया गया है?

उत्तर व्यापारिक केंद्रों को मुख्यतः दो भागों में विभाजित किया गया है, ग्रामीण विषणन केंद्र और नगरीय विपणन केंद्र। ग्रामीण विपणन केंद्र स्थानीय बस्तियों का पोषण करते हैं और इनमें व्यापारिक सेवाएँ सीमित होती हैं। वहीं, नगरीय केंद्रो में अधिक विशिष्टीकृत सेवाएँ और विस्तृत व्यापारिक गतिविधियाँ होती हैं।

(ii) **ग्रामीण विपणन केंद्रों की मुख्य विशेषताएँ क्या हैं?**

उत्तर ग्रामीण विपणन केंद्र अर्द्ध-नगरीय प्रकार के होते हैं, जो निकटवर्ती ग्रामीण क्षेत्रों की आवश्यकताओं को पूरा करते हैं। इनमें व्यक्तिगत और व्यावसायिक सेवाएँ सीमित होती हैं। यहाँ पर मंडियों, थोक बाजार और फुटकर व्यापार क्षेत्र होते हैं, जो स्थानीय संग्रहण और वितरण केंद्र के रूप में कार्य करते हैं।

(iii) **आवधिक बाजार क्या हैं और ये कैसे कार्य करते हैं?**

उत्तर आवधिक बाजार ऐसे बाजार होते हैं, जो ग्रामीण क्षेत्रों में निश्चित अंतराल, जैसे साप्ताहिक या पाक्षिक रूप से लगाए जाते हैं। इन बाजारों में आसपास के ग्रामीण लोग अपनी जरूरतें पूरी करने के लिए आते हैं। ये बाजार निश्चित तिथियों और दिनों में एक स्थान से दूसरे स्थान पर लगते हैं, जिससे दुकानदार पूरे सप्ताह विभिन्न स्थानों पर सेवा दे सकते हैं।

4. **बाह्यस्रोतन अथवा ठेका देना दक्षता को सुधारने और लागतों को घटाने के लिए किसी बाहरी अभिकरण को काम सौंपना है। जब बाह्यस्रोतन में कार्य समुद्रपार के स्थानों पर स्थानांतरित कर दिया जाता है, तो इसको अपतरन (आफशोरिंग) कहा जाता है, यद्यपि दोनों अपतरन और बाह्यस्रोतन का प्रयोग इकट्ठा किया जाता है। जिन व्यापारिक क्रियाकलापों को बाह्यस्रोतन किया जाता है, उनमें सूचना प्रौद्योगिकी, मानव संसाधन, ग्राहक सहायता और कॉलसेंटर सेवाएँ और कई बार विनिर्माण तथा अभियांत्रिकी भी सम्मिलित की जाती हैं।**

आँकड़ा, प्रक्रमण सूचना प्रौद्योगिकी से संबंधित एक सेवा है, जिसे आसानी से एशियाई, पूर्वी यूरोपीय और अफ्रीकी देशों में क्रियान्वित किया जा सकता है। इन देशों में विकसित देशों की अपेक्षा कम पारिश्रमिक पर अंग्रेजी भाषा में अच्छी निपुणता वाले सूचना प्रौद्योगिकी में कुशल कर्मचारी उपलब्ध हो जाते हैं। अतः हैदराबाद अथवा मनीला में स्थापित एक कंपनी भौगोलिक सूचना तंत्र की तकनीक पर आधारित परियोजना पर संयुक्त राज्य अमेरिका अथवा जापान जैसे देशों के लिए काम करती है। श्रम संबंधी कार्यों को समुद्रपार क्रियान्वित करने से, चाहे वह भारत, चीन और यहाँ तक कि अफ्रीका का कम सघन जनसंख्या वाला देश बोत्सवाना हो, ऊपरी लागत बहुत कम होती है, जिससे यह सेवा लाभदायक हो जाती है।

(i) **बाह्यस्रोतन और अपतरण का क्या अर्थ है?**

उत्तर बाह्यस्रोतन का अभिप्राय किसी बाहरी अभिकरण को काम सौंपना, ताकि दक्षता में सुधार हो और लागत घटाई जा सके। जब कार्य विदेश (समुद्रीय देशों में) में स्थानांतरित कर दिया जाता है, तो इसे अपतरण (आफशोरिंग) कहा जाता है।

(ii) **कौन-से कार्य बाह्यस्रोतन के अंतर्गत आते हैं?**

उत्तर निम्नलिखित कार्य बाह्यस्रोतन के अंतर्गत शामिल है, सूचना प्रौद्योगिकी, मानव संसाधन, ग्राहक सहायता, कॉल सेन्टर सेवाएँ विनिर्माण और अभियात्रिकी आदि।

(iii) **कॉल लागत वाली सेवा के लिए बाह्यस्रोतन कैसे लाभदायक है?**

उत्तर एशियाई, पूर्वी यूरोपीय और अफ्रीकी देशों में कम वेतन पर कुशल कर्मचारी मिलने से अमेरिका और जापान जैसे देशों को कम लागत में सेवाएँ उपलब्ध हो जाती हैं, जिससे लाभ बढ़ता है।

स्वयं को जाँचें

वस्तुनिष्ठ प्रश्न

1. **सर्वप्रथम फुटकर व्यापार में बड़े स्तर पर नवाचार लाने वाले थे**
(a) वैश्य वर्ग (b) व्यापारिक समुदाय
(c) उपभोक्ता सहकारी समुदाय (d) मध्यस्थ व्यापारी

2. **निम्न में से क्या ग्रामीण केंद्र के विषय में सत्य नहीं है?**
(a) ये अर्द्ध-नगरीय व्यापारिक केंद्र होते हैं
(b) इनमें व्यक्तिगत एवं व्यावसायिक सेवाएँ विकसित होती हैं
(c) ये ग्रामीण लोगों की माँग की वस्तुएँ उपलब्ध कराते हैं
(d) ये स्थानीय संग्रहण एवं वितरण केंद्र भी होते हैं

3. **संघ एवं राज्यों ने परिवहन, दूरसंचार तथा अन्य सेवाओं के पर्यवेक्षण एवं नियंत्रण हेतु किसकी स्थापना की है?**
(a) कार्यकारी वार्डों की (b) निगमों की
(c) विभागीय कार्यालयों की (d) सेवा संगठनों की

4. **निम्न में तृतीयक क्रियाकलाप के अतंर्गत कौन–सा कथन सही नहीं है?**
(a) इस क्रिया में उत्पादन और विनिमय दोनों शामिल होते हैं
(b) इसका क्रियान्वयन कुशल श्रमिकों द्वारा किया जाता है
(c) ग्रामीण मंडियाँ इसके अतंर्गत शामिल होती हैं
(d) इसमें संलग्न श्रमिकों को गुलाबी कॉलर कहा जाता है

5. **बाह्यस्रोतन के लिए विभिन्न देशों में किसकी स्थापना की गई है?**
(a) ज्ञान प्रक्रमण बाह्यस्रोतन (RPO)
(b) व्यवसाय प्रक्रमण बाह्यस्रोतन (BPO)
(c) 'a' और 'b' दोनों
(d) संचार प्रक्रमण बाह्यस्रोतन (CPO)

अतिलघु उत्तरीय प्रश्न

6. तृतीयक क्रियाकलाप का संबंध किन-किन मानवीय गतिविधियों से होता है?

7. थोक व्यापार को परिभाषित कीजिए।

8. परिवहन को प्रभावित करने वाले कारक कौन–कौन से हैं?

9. ग्रामीण विपणन केंद्रों की स्थिति का संक्षेप में वर्णन कीजिए।

लघु उत्तरीय प्रश्न

10. व्यापार में आने वाले प्रमुख भंडारगृहों की चर्चा कीजिए।

11. संचार तथा दूरसंचार में अंतर स्पष्ट कीजिए।

12. संचार सेवाओं के विविध माध्यम हैं? व्याख्या कीजिए।

13. पंचम क्रियाकलाप के विभिन्न वर्गों की व्याख्या कीजिए।

दीर्घ उत्तरीय प्रश्न

14. तृतीयक क्रियाकलाप क्या होता है? उदाहरण सहित विस्तार से बताइए।

15. बाह्यस्रोतन से क्या लाभ हैं? इससे कौन–से क्षेत्र लाभान्वित हो रहे हैं?

16. अंकीय विभाजन से क्या तात्पर्य है? उदाहरण सहित विस्तार से बताइए।

"चतुर्थ क्रियाकलाप अनुसंधान और विकास पर आधारित होते हैं।" इस कथन के सन्दर्भ में अपनी सहमति या असहमति के पक्ष में तर्क प्रस्तुत कीजिए। *दक्षता आधारित प्रश्न*

7

अध्याय

यह अध्याय, परिवहन एवं संचार प्रणाली से संबंधित है। इसमें परिवहन के स्थलमार्ग व जलमार्ग तथा साइबर स्पेस इंटनेट के विषय में स्रोताधारित चर्चा की गई है।

▼ **अध्ययन एक नजर में**

7.1 परिवहन
7.2 स्थल (सड़क) परिवहन
7.3 जल परिवहन
7.4 वायु परिवहन
7.5 पाइपलाइन
7.6 संचार

▼ **अभ्यास के लिए**

- बहुविकल्पीय प्रश्न 35, (युग्मित प्रश्न आधारित, कथन/कारण, सुमेलित कीजिए)
- वर्णनात्मक प्रकार के प्रश्न (लघु उत्तरीय प्रश्न 18, दीर्घ उत्तरीय प्रश्न 10)
- स्रोत आधारित प्रश्न 5, मानचित्र आधारित 6

परिवहन एवं संचार

परिवहन एवं संचार आधुनिक जीवन की आधारशिला है। परिवहन वस्तुओं और व्यक्तियों को तेजी से गंतव्य तक पहुँचाता है, जबकि संचार जानकारी के आदान-प्रदान को आसान बनाता है। ये दोनों ही प्रगति के महत्त्वपूर्ण साधन हैं।

परिवहन एवं संचार व्यापार के उत्पादन केंद्रों और उपभोग केंद्रों को आपस में जोड़ते हैं। वस्तुओं का व्यापार एवं विनिमय परिवहन और संचार पर निर्भर करता है। इसी प्रकार जीवन का स्तर व जीवन की गुणवत्ता भी दक्ष परिवहन, संचार एवं व्यापार पर निर्भर करते हैं।

7.1 परिवहन

व्यक्ति और वस्तुओं को एक स्थान से दूसरे स्थान तक वहन करने की सेवा या सुविधा को परिवहन कहते हैं। इसके अंतर्गत मनुष्य, पशु एवं विभिन्न प्रकार की गाड़ियों का प्रयोग किया जाता है।

परिवहन एक संगठित सेवा उद्योग (Organised Service Industry) है, जिसमें परिवहन धमनियों[1] मार्गों, लोगों एवं वस्तुओं के वहन हेतु गाड़ियों का रख-रखाव, माल के लदान तथा वितरण का निपटान करने वाली संस्थाओं का समावेश होता है। साथ ही उचित संचार व्यवस्था एवं परिवहन जाल, लोगों के मध्य सहयोग तथा एकता को प्रोत्साहित करते हैं।

एक अच्छी सुसंगठित परिवहन प्रणाली में, परिवहन के विभिन्न माध्यम अथवा साधन एक-दूसरे के पूरक होते हैं, जिनका वर्णन निम्नलिखित है

- प्रत्येक राष्ट्र ने रक्षा के उद्देश्य से विभिन्न प्रकार के परिवहन विकसित किए हैं; जैसे— शिपिंग (जो जलमार्ग परिवहन का एक रूप है) और वायु यान, (जो वायु परिवहन का उदाहरण है) आदि।
- पाइपलाइन पेट्रोलियम और प्राकृतिक गैस तरल रूप में आदि के परिवहन का महत्त्वपूर्ण और सुरक्षित साधन है।

---

1 **परिवहन धमनियाँ** परिवहन धमनियों से आशय -राष्ट्र मार्ग, राज्य मार्ग, जिला मार्ग या रेल मार्ग आदि से है।

परिवहन की विधाएँ

- विश्व परिवहन की प्रमुख विधाएँ स्थल, जल, वायु और पाइपलाइन हैं। इनका प्रयोग अंतर्प्रादेशिक तथा अंतरा-प्रादेशिक परिवहन के लिए किया जाता है और पाइपलाइन को छोड़कर प्रत्येक विधाएँ यात्रियों और माल (वस्तुओं) दोनों का वहन करती हैं।
- वस्तुओं के अंतर्राष्ट्रीय संचालन का निपटान भारवाही जलयानों द्वारा किया जाता है।
- कम दूरी एवं एक घर से दूसरे घर की सेवाएँ प्रदान करने में सड़क परिवहन सस्ता एवं तीव्रगामी परिवहन है।
- देश के भीतर स्थूल पदार्थों के विशाल भंडार को लंबी दूरियों तक ले जाने के लिए, रेल परिवहन सर्वाधिक अनुकूल साधन है।
- वायुमार्गों द्वारा उच्च मूल्यवाली हल्की और नाशवान वस्तुओं का सर्वश्रेष्ठ परिवहन है।

7.2 स्थल (सड़क) परिवहन

- परिवहन के सभी माध्यमों में स्थल परिवहन (Land Transport) सबसे महत्त्वपूर्ण है, क्योंकि अधिकतर वस्तुओं और सेवाओं का संचलन परिवहन स्थल पर ही होता है।
- आरंभिक समय में परिवहन कार्य मानव स्वयं करता था, लेकिन बाद में बोझा ढोने का कार्य पशुओं द्वारा किया जाने लगा। कुछ समय पश्चात् पहिये के आविष्कार से इस कार्य में और अधिक बदलाव आया।
- आधुनिक समय में भी घोड़े, खच्चर व ऊँट जैसे पशुओं का प्रयोग बोझा ढोने के लिए किया जाता है, जिन्हें पैक पशु कहा जाता है। इसमें घोड़ों का प्रयोग पश्चिमी देशों में **भारवाही पशु**[2] (Stuffed Animal) के रूप में तथा कुत्तों एवं रेंडियरों का प्रयोग उत्तरी अमेरिका, उत्तरी यूरोप और साइबेरिया के हिमाच्छादित मैदानों में स्लेज को खींचने में किया जाता है।
- पर्वतीय प्रदेशों में खच्चरों का प्रयोग, जबकि मरुस्थलों में ऊँटों का प्रयोग कारवाओं के संचालन में किया जाता है। भारत में बैलों का प्रयोग बैलगाड़ी को खींचने में किया जाता है। इसके साथ ही भारत तथा चीन के घने बसे स्थानों पर मानव कुली तथा मानव द्वारा खींची जाने वाली गाड़ी आज भी प्रचलन में है।
- सामान्यत: मानव कुली और बोझा ढोने वाली पशु (पैक पशु) गाड़ियाँ अथवा मालडिब्बे (प्रारंभिक रूप में) परिवहन के सर्वाधिक खर्चीले साधन हैं।
- तीव्र ढाल वाले पर्वतों तथा खानों, जहाँ सड़क परिवहन उपयुक्त नहीं होता है, वहाँ रज्जुमार्ग एवं तार गाड़ियों का प्रयोग होता है; जैसे—ऑस्ट्रिया के तारमार्ग एवं रज्जुमार्ग आदि।
- 18वीं सदी में भाप इंजन के आविष्कार के पश्चात् 19वीं शताब्दी में रेलमार्गों के विकास को बढ़ावा मिला तथा पहली सार्वजनिक रेलवे लाइन 1825 ई. में उत्तरी इंग्लैंड में स्टाकटन और डार्लिंग्टन के मध्य चलाई गई थी।
  19वीं शताब्दी तक आते-आते रेलवे सबसे लोकप्रिय परिवहन का साधन बन गया था। बीते समय के साथ **अंतर्दहन इंजन**[3] (Internal Combustion Engine) के आविष्कार से (कार, मोटर, ट्रक आदि के निर्माण से) सड़क परिवहन में क्रांति आई।
- परिवहन के नवीनतम विकास के अंतर्गत राजमार्गों, तारमार्गों तथा पाइपलाइनों को रखा जाता है।
- परिवहनों में रेलमार्ग, समुद्री पोत, नौकाएँ, मोटर, ट्रक तथा पाइप लाइनें बड़े मालवाहक हैं।
- सड़क परिवहन विशाल देशों के आंतरिक भागों में पाए जाने वाले आधुनिक जलमार्गों और वाहकों को संपूरकता प्रदान करने में बहुत महत्त्वपूर्ण भूमिका निभाता है।

सड़कें

- स्थलीय यातायात के साधनों में सड़क मार्ग (Road Transport) सबसे पुराना तथा सबसे अधिक प्रयोग किया जाने वाला साधन है। जिसका मुख्य कारण यह है कि सड़क मार्ग वस्तुओं को घर-घर पहुँचाने के साथ कम दूरी के लिए रेलमार्ग की अपेक्षा आर्थिक रूप से लाभदायक होता है।

निर्माण के आधार पर सड़कें

- कच्ची सड़कों का निर्माण सरल होता है, परंतु ये सड़कें सभी ऋतुओं के लिए अनुकूल नहीं होती हैं। यहाँ तक कि पक्की सड़कें भी बाढ़ तथा अत्यधिक वर्षा के समय खराब हो जाती हैं, जबकि पक्की सड़कों का निर्माण सभी ऋतुओं के लिए किया जाता है।

---

2 भारवाही पशु (Stuffed Animal) जिन पशुओं का उपयोग बोझा ढोने में किया जाता है, उसे भारवाही पशु कहा जाता है।

3 अंतर्दहन इंजन (Internal Combustion Engine) एक इंजन जिसका कार्य हवा के साथ पेट्रोल, तेल या अन्य ईंधन के जलने से प्रेरक शक्ति उत्पन्न करना तथा गर्म पिस्टन चलाना होता है।

- इनके रख-रखाव तथा ऊँचे भराव हेतु अधिक व्यय की आवश्यकता होती है।
- सड़क मार्ग किसी भी देश के व्यापार व वाणिज्य को विकसित करने तथा पर्यटन को बढ़ावा देने में महत्त्वपूर्ण भूमिका का निर्वहन करते हैं।
- विकसित एवं विकासशील देशों में सड़कों की गुणवत्ता में पर्याप्त अंतर पाया जाता है, क्योंकि सड़कों के निर्माण व उनके रख-रखाव हेतु अधिक व्यय की आवश्यकता होती है।
- विकसित देशों में अच्छी गुणवत्ता वाली सड़कें सर्वत्र पाई जाती हैं और तीव्रगामी संचालन के लिए मोटर मार्गों, आटोवाहन (जर्मनी) और अंतर-राज्यीय राजमार्गों के द्वारा लंबी दूरियों को जोड़ती हैं।
- विश्व की कुल मोटर वाहन चलाने योग्य सड़कों की लंबाई मात्र 150 लाख (15 मिलियन) किलोमीटर है, जिसका 33% भाग उत्तरी अमेरिका में पाया जाता है।
- उत्तरी अमेरिका में वाहनों की संख्या **सड़क घनत्व**[4] भी सर्वाधिक है।

यातायात प्रवाह

- जब सड़क तंत्र यातायात की आवश्यकताओं के अनुसार, विकसित नहीं होता है, तो सड़कों पर संकुलन (Congestion) बढ़ जाता है, जो नगरों में दीर्घकालीन रूप में दिखाई देता है।
- यातायात सकुलन के शीर्ष (उच्च) और गर्त (निम्न) बिंदु सड़कों पर दिन के विशेष समय में देखे जा सकते हैं; जैसे—काम के समय से पहले तथा बाद में।
- विश्व के अधिकांश नगर यातायात संकुलता की समस्या का सामना कर रहे हैं।

महामार्ग

- ये ऐसी पक्की सड़कें होती हैं, जो दूरस्थ स्थानों को मिलाती हैं। इन सड़कों का निर्माण इस प्रकार से किया जाता है, जिससे यातायात बिना बाधा के संचालित हो सके। ऐसी सड़कें 80 मी तक चौड़ी होती हैं, जिनमें यातायात के लिए अलग-अलग लेन, पुल, फ्लाई ओवर एवं दोहरे वाहन मार्गों का निर्माण किया जाता है।
- विकसित तथा विकासशील देशों में महामार्गों का वितरण असमान पाया जाता है। विकसित देशों में प्रत्येक शहर और बंदरगाह राजमार्गों के माध्यम से जुड़ा हुआ है। विश्व के प्रमुख महामार्ग निम्नलिखित हैं

(i) **उत्तरी अमेरिका** संयुक्त राज्य अमेरिका में महामार्गों का घनत्व लगभग 0.65 प्रतिवर्ग किमी पाया जाता है, जो विश्व में उच्च है। प्रत्येक स्थान महामार्ग से 20 किमी दूरी पर स्थित है।

- पश्चिमी प्रशांत महासागरीय तट पर स्थित नगर पूर्व में अटलांटिक महासागरीय तट पर स्थित नगरों से जुड़े हुए हैं तथा उत्तर में कनाडा के नगर दक्षिण में मैक्सिको के नगरों से जुड़े हुए हैं।
- ट्रांस-कैनेडियन महामार्ग पश्चिमी तट पर स्थित है, जो ब्रिटिश कोलंबिया प्रांत के बैंकूवर स्थान को न्यूफाउंडलैंड प्रांत के सेंटजॉन नगर से तथा अलास्का राजमार्ग कनाडा के एडमंटन को अलास्का के एंकॉरेज से जोड़ता है।
- इसके साथ ही निर्माणाधीन पान-अमेरिकन महामार्ग के द्वारा दक्षिणी अमेरिका, मध्य अमेरिका के देश और संयुक्त राज्य अमेरिका तथा कनाडा भी आपस में जुड़ जाएँगे।

▲ धर्मावर्म दूनी राष्ट्रीय महामार्ग

(ii) **यूरोप** में महामार्गों की संख्या बहुत अधिक है और यहाँ महामार्गों का जाल अच्छी तरह से बिछा हुआ है, किंतु यहाँ महामार्गों को जलमार्गों तथा रेलमार्गों से कड़ी प्रतिस्पर्द्धा करनी पड़ती है।

(iii) **रूस** में (यूराल के पश्चिमी क्षेत्रों में) महामार्गों का विकास अधिक हुआ है, क्योंकि यह औद्योगिक प्रदेश है, जिसकी धुरी मॉस्को है। इसमें पूर्व में स्थित प्रदेशों की सेवा मास्को-ब्लाडिवोस्टक महामार्ग द्वारा की जाती है। इसका भौगोलिक क्षेत्र बहुत बड़ा है, जिसमें रेलमार्ग अधिक महत्त्वपूर्ण है।

(iv) **चीन** यह एक विस्तृत क्षेत्र वाला देश है, जिसके महत्त्वपूर्ण नगर सड़कों द्वारा जुड़े हैं; जैसे-शांसो (वियतनाम सीमा के निकट), शंघाई (मध्य चीन), ग्वांगजाओ (दक्षिण) और बीजिंग। बीजिंग उत्तर को जोड़ने वाला प्रमुख और नवीन महामार्ग है, जो तिब्बती क्षेत्र के निकट स्थित है। यह चेगडू को ल्हासा से जोड़ता है।

---

4 **सड़क घनत्व** यह किसी देश की सड़कों की कुल लंबाई और उसके भमिक्षेत्र का अनुपात है। इसे प्रति वर्ग किलोमीटर क्षेत्र में सड़क की लम्बाई के रूप में परभाषित किया जाता है।

(v) **भारत** भारत में अनेक महामार्ग हैं, जो महत्त्वपूर्ण नगरों को आपस में जोड़ते हैं। देश का सबसे लंबा राष्ट्रीय महामार्ग नं. 7 है, जो वाराणसी से कन्याकुमारी तक जाता है। वर्तमान में सबसे लंबा राष्ट्रीय राजमार्ग NH44 है। जिसका पुराना न. NH7 है। यह श्रीनगर से कन्याकुमारी तक जाता है। इसके अतिरिक्त दिल्ली, मुंबई, बंगलुरु, हैदराबाद, कोलकाता तथा चेन्नई को स्वर्णिम चतुर्भुज द्वारा जोड़ा गया है।

(vi) **अफ्रीका** अफ्रीका के उत्तर में स्थित अल्जीरिया के नगर अल्जियर्स को एक महामार्ग गुयाना के कोनाक्री नगर से जोड़ता है तथा कैरो (काहिरा) केपटाउन से जुड़ा है।

सीमावर्ती सड़कें

- जिन सड़कों का निर्माण अंतर्राष्ट्रीय सीमाओं के समीप किया जाता है, उन्हें सीमावर्ती सड़कें (Border Roads) कहते हैं अथवा किसी राष्ट्र की राजनीतिक सीमाओं के सहारे बनाई गई सड़कों को सीमावर्ती सड़कें कहा जाता है
- ये सड़कें सुदूर क्षेत्र के लोगों को सुरक्षा प्रदान करने तथा सीमावर्ती प्रदेशों को अंदर के क्षेत्रों से जोड़ने का कार्य करती हैं। अत: दूर के गाँवों एवं सैन्य शिविरों में वस्तुओं की आपूर्ति के लिए ऐसी सड़कों का निर्माण किया जाता है।

चेक प्वॉइंट 1

1. किन्हीं दो परिवहन प्रणालियों के नाम बताइए, जो माल और यात्री दोनों को ले जाने में सक्षम हैं।
2. किसी देश के आंतरिक भागों में भारी माल और सामग्रियों को लंबी दूरी तक ले जाने में कौन-सा परिवहन सबसे उपयुक्त है?
3. विश्व की सर्वाधिक यातायात योग्य सड़कें किस देश में हैं?
4. भारत का सबसे लंबा राष्ट्रीय राजमार्ग कौन-सा है?

रेलमार्ग (परिवहन)

- रेलमार्ग स्थलीय परिवहन का प्रमुख भाग है, विभिन्न वस्तुओं एवं यात्रियों की लंबी दूरी के परिवहन के लिए रेलमार्ग का प्रयोग किया जाता है, जो परिवहन का अच्छा और सस्ता साधन है।
- विश्व में लगभग 13 लाख किमी लंबे रेल यातायात मार्ग हैं।
- रेल लाइनों की चौड़ाई (Gauge) के मानक विश्व के देशों में अलग-अलग पाए जाते हैं, जिन्हें **रेलगेंज**[5] के माध्यम से मापा जाता है, इन्हें बड़ी लाइन (1.5 मी से अधिक), मानक (Standard) (1.44 मी), मीटर लाइन (Metre Gauge) (1 मी) और छोटी लाइन (Small Gauge) में बाँटा जाता है।
- ब्रिटेन में मानक लाइन का प्रयोग किया जाता है। आधुनिक समय में रेलमार्ग करोड़ों यात्रियों को सेवा प्रदान करती है।

▲ वियना में ट्यूब रेल

रेलमार्ग का विश्व वितरण

दैनिक आवागमन की रेलें, ब्रिटेन, संयुक्त राज्य अमेरिका, जापान और भारत में अत्यधिक लोकप्रिय हैं। रेलमार्गो का विश्व में वितरण इस प्रकार है

(i) **यूरोप** यह अपने सघनतम रेलमार्ग के लिए विश्व में प्रसिद्ध है। यहाँ अधिकांश रेलमार्ग दोहरे एवं बहुमार्गी हैं, जिनकी कुल लंबाई लगभग 4 लाख, 40 हजार किमी है। बेल्जियम में रेल घनत्व सर्वाधिक है, जहाँ 1 किमी रेलमार्ग 6.5 प्रतिवर्ग किमी क्षेत्र में पाया जाता है। यूरोप के कुछ प्रसिद्ध औद्योगिक क्षेत्र; जैसे—लंदन, पेरिस, ब्रुसेल्स, मिलान, बर्लिन और वारसा महत्त्वपूर्ण रेल केंद्र हैं तथा इंग्लैंड में स्थित यूरो टनल ग्रुप द्वारा संचालित सुरंग मार्ग लंदन को पेरिस से जोड़ता है।

(ii) **रूस** यूराल के पश्चिम में रूस अपने परिवहन का लगभग 90% भाग रेलमार्ग के द्वारा पूरा करता है। मास्को में भूमिगत रेलमार्ग और दैनिक आवगमन की रेलें इसे महत्त्वपूर्ण स्थान प्रदान करती हैं मास्को रेलवे का महत्त्वपूर्ण मुख्यालय है, जहाँ से रूस के सभी भागों में रेलमार्ग फैले हुए हैं।

(iii) **उत्तरी अमेरिका** विश्व में सर्वाधिक विस्तृत रेलमार्ग का जाल उत्तरी अमेरिका में पाया जाता है, जहाँ कुल रेलमार्ग का 40% है। कई यूरोपीय देशों के विपरीत उत्तरी अमेरिका में रेलवे का उपयोग यात्री परिवहन की अपेक्षा अयस्क, अनाज, इमारती लकड़ी, मशीन आदि के लंबी दूरी के परिवहन में होता है। पूर्वी मध्य संयुक्त राज्य अमेरिका तथा उससे संलग्न कनाडा के उच्च औद्योगिक नगर में सर्वाधिक रेलतंत्र पाया जाता है।

---

5 रेलगेंज यह दोनों पटरियों के मध्य की दूरी को व्यक्त करता है।

कनाडा के संपूर्ण भाग में रेलमार्ग का विस्तार पाया जाता है, जो कम आबादी वाले क्षेत्रों तक विस्तारित है। पार-महाद्वीपीय रेलमार्ग गेहूँ एवं कोयले के परिवहन में महत्त्वपूर्ण भूमिका निभाते हैं।

(iv) **ऑस्ट्रेलिया** में लगभग 40,000 किमी लंबा रेलमार्ग प्रचलन में है, जिसका एक-चौथाई भाग न्यू साउथ वेल्स में पाया जाता है। पश्चिम-पूर्वी ऑस्ट्रेलियाई राष्ट्रीय रेलमार्ग पर्थ से सिडनी को जोड़ता है। न्यूजीलैंड के रेलमार्ग, जो उत्तरी द्वीप में हैं, कृषि क्षेत्र को अपनी महत्त्वपूर्ण सेवाएँ प्रदान करते हैं।

(v) **दक्षिणी अमेरिका** में रेलमार्गों का विस्तार मुख्यत: अर्जेंटाइना के पंपास तथा ब्राजील के कॉफी उत्पादक प्रदेश फजेंडा में पाया जाता है, जो कुल रेलमार्ग का 40% है। इक्वाडोर, कोलंबिया, पेरू, बोलीविया तथा वेनेजुएला में छोटे एकल रेलमार्ग तथा चिली में महत्त्वपूर्ण लंबाई के रेलमार्ग हैं, जो तटीय केंद्रों को आंतरिक प्रदेशों के खनन क्षेत्रों से जोड़ते हैं।

- दक्षिणी अमेरिका के शेष देशों में केवल चिली एकमात्र देश है, जहाँ महत्त्वपूर्ण लंबाई के रेलमार्ग हैं, जो तटीय केंद्रों को आंतरिक क्षेत्रों में स्थित खनन स्थलों से जोड़ते हैं।
- महाद्वीप पारीय रेलमार्ग ब्यूनस आयर्स (अर्जेंटीना) को वालपैराइज़ो (चिली) से जोड़ता है, जो एंडीज पर्वत पर 3900 मी की ऊँचाई पर अवस्थित उसप्लाटा दर्रे से गुजरता है।

(vi) **एशिया** के चीन, भारत तथा जापान में रेलमार्गों का सघन घनत्व पाया जाता है। चीन के शंघाई शहर से लहासा तक जाने वाली चीन-तिब्बत रेल महत्त्वपूर्ण रेल लाइन है, जिसकी लंबाई 1,926 किमी है। यह पहली ट्रेन है, जो तिब्बत के **स्वायत्त प्रांत**[6] (Autonomous Province) को दूसरे देश के प्रांत से जोड़ती है। इस महाद्वीप के विस्तृत मरुस्थलों तथा विरल जनसंख्या वाले क्षेत्रों में रेलमार्गों का विकास कम हुआ है, साथ ही अन्य देशों में भी रेलमार्ग की लंबाई अपेक्षाकृत कम है।

(vii) **अफ्रीका** दूसरा विशाल महाद्वीप होने के बावजूद यहाँ रेलमार्गों की कुल लंबाई 40,000 किमी पाई जाती हैं। इसमें से 18,000 किमी रेलमार्ग दक्षिण अफ्रीका में है, जो खनिजों (सोने, हीरे तथा ताँबा खनन) के परिवहन में मुख्य भूमिका निभाता है। अल्जीरिया, सेनेगल, नाइजीरिया, केन्या और इथियोपिया जैसे देशों में रेलमार्ग आंतरिक केंद्रों से नगरों के पत्तनों (बंदरगाह) को जोड़ने का कार्य करते हैं। अफ्रीका के प्रमुख रेलमार्ग इस प्रकार प्रकार हैं

- **बेंगुएला रेलमार्ग** यह रेलमार्ग अंगोला से कटंगा-जांबिया ताँबे की पेटी से होकर गुजरता है।
- **तंजानिया रेलमार्ग** यह रेलमार्ग जांबिया ताम्र पेटी से तट पर स्थित दार-ए-सलाम तक जाता है।
- **बोत्सवाना और जिंबाब्वे से होकर रेलमार्ग** यह स्थलरुद्ध राज्यों को दक्षिण अफ्रीकी रेलतंत्र से जोड़ता है।
- **दक्षिण अफ्रीका गणतंत्र में केपटाउन से प्रिटोरिया** यह रेलमार्ग केपटाउन से प्रेटोरिया तक जाता है। इस रेलमार्ग पर ब्लू ट्रेन चलती है।

अन्य प्रमुख रेलमार्ग

(i) **पार-महाद्वीपीय रेलमार्ग** महाद्वीप के एक छोर से दूसरे छोर को जोड़ने वाले रेलमार्ग को पार-महाद्वीपीय रेलमार्ग कहते हैं। ऐसे रेलमार्गों का विकास आर्थिक तथा राजनीतिक कारणों से लंबी यात्राओं को सुविधा प्रदान करने के लिए किया गया था।

- ट्रांस-साइबेरियन रेलवे, ट्रांस-कैनेडियन रेलवे, यूनियन और पैसिफिक रेलवे, ऑस्ट्रेलियाई ट्रांस-कॉण्टिनेंटल रेलवे, ये सभी प्रमुख ओरिएंट एक्सप्रेस हैं।
- पार-महाद्वीपीय रेलवे लाइनों ने वर्तमान वायुमार्गों और सड़क मार्ग की तीव्र और अधिक लचीली परिवहन प्रणालियों के कारण अपना महत्त्व खो दिया है।

(ii) **पार-साइबेरियन रेलमार्ग** एशिया का सबसे महत्त्वपूर्ण तथा विश्व का सबसे लंबा रेलमार्ग है, जिसकी लंबाई 9,322 किमी है। यह विद्युत से युक्त दोहरे पथ वाला रेलमार्ग है जो रूस के एशियाई प्रदेश को पश्चिमी यूरोप के बाजारों से जोड़ता है।

- रूस में अवस्थित यह रेलमार्ग पश्चिम में स्थित सेंट पीटर्सबर्ग को पूर्व में प्रशांत महासागर के तट पर स्थित ब्लाडिवोस्टक से जोड़ता है। प्रमुख कृषि केंद्र 'चीता' एवं फर केंद्र 'इरकुस्टस्क' इसी मार्ग में अवस्थित हैं। यह मार्ग यूराल पर्वत तथा ओब व येनीसी नदियों से होकर गुजरता है।

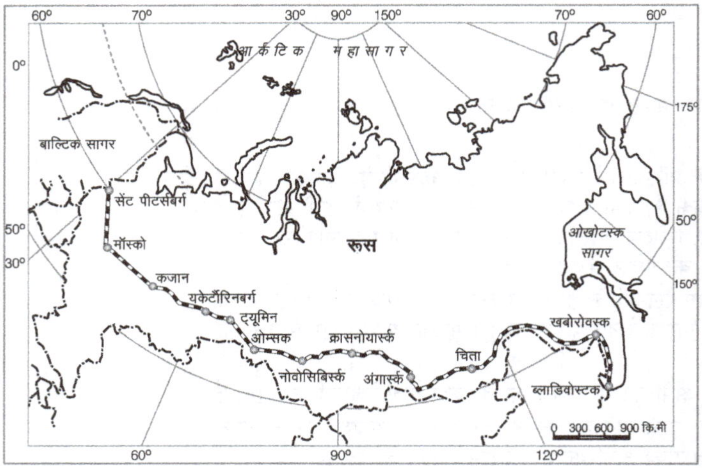

▲ पार-साईबेरियन

6 स्वायत्त प्रांत (Autonomous Province) बाहरी नियंत्रण से मुक्त क्षेत्र स्वायत्त प्रांत कहलाता है।

- इस रेलमार्ग को दक्षिण से जोड़ने वाले योजक मार्ग-ओडेसा (यूक्रेन), कैस्पियन तट पर बालू, ताशकंद (उज्बेकिस्तान), उलन बटोर (मंगोलिया) रोनयांग (मक्देन) और बीजिंग (चीन) है।

(iii) **पार-कैनेडियन रेलमार्ग** कनाडा की आर्थिक धमनी (Economic Artery) के रूप में विकसित यह रेलमार्ग विश्व का दूसरा सबसे लंबा रेलमार्ग है, जिसकी लंबाई 7,050 किमी है।

- इस मार्ग का निर्माण 1886 ई. में एक संधि के तहत पश्चिमी तट पर स्थित ब्रिटिश कोलंबिया को राज्यों के संघ के रूप में शामिल करने के उद्देश्य से किया गया था।
- इस रेलमार्ग का महत्त्व **प्रेयरी प्रदेश**[7] (Prairie Territory) की गेहूँ मेखला तथा उत्तर में शंकुधारी वन प्रदेश को जोड़ने से और भी बढ़ गया।
- यह रेलमार्ग पूर्व में हैलीफैक्स से आरंभ होकर मॉण्ट्रियल, ओटावा, विनिपेग तथा कैलगरी से होता हुआ पश्चिम में प्रशांत महासागर तट पर स्थित बैंकूवर तक जाता है।
- इस प्रकार, यह मार्ग अन्य मार्गों के लिए भी संपूरक बन गया। गेहूँ एवं मांस इस मार्ग द्वारा किए जाने वाले प्रमुख निर्यात हैं।
- विनिपेग से **थंडरखाड़ी**[8] (Thunder Khadi) अथवा सुपीरियर झील तक एक संवृत्त मार्ग इस रेलमार्ग को विश्व के सर्वाधिक महत्त्वपूर्ण जलमार्ग से जोड़ता है।

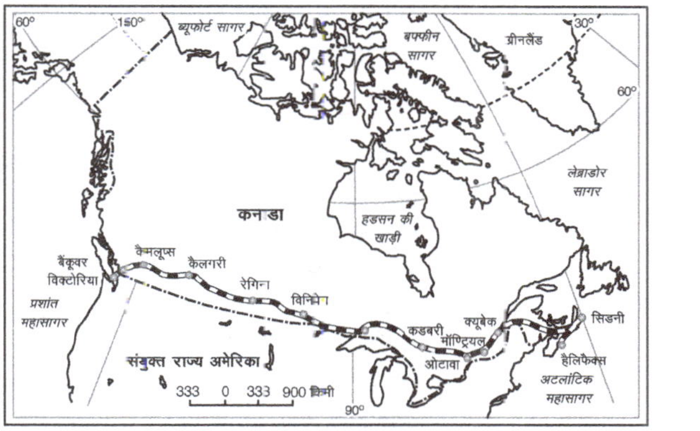

▲ पार-कैनेडियन रेलमार्ग

(iv) **ऑस्ट्रेलियाई पार-महाद्वीपीय रेलमार्ग** यह रेलमार्ग ऑस्ट्रेलिया महाद्वीप के दक्षिणी भाग में पश्चिम से पूर्व की ओर जाता है। यह मार्ग पश्चिमी तट पर स्थित पर्थ से आरंभ होकर कलगुर्ली, ब्रोकन हिल तथा पोर्ट ऑगस्ता से होते हुए सिडनी तक जाता है। यहाँ उत्तर-दक्षिणी लाइन भी है, जो एडीलेड और एलिस के साथ डार्विन-बिरदुम लाइन को जोड़ती है।

(v) **संघ और प्रशांत रेलवे** यह रेललाइन अटलांटिक तट पर स्थित न्यूयॉर्क शहर को प्रशांत तट पर अवस्थित सैन फ्रांसिस्को से जोड़ती है, जो शिकागो, ओमाहा, इवांस, ऑग्डन और सैक्रामेंटो से होकर गुजरती है। इस रेलमार्ग से मूल्यवान खनिजों का परिवहन होता है, जिसमें निर्यात होने वाले अयस्क, कागज़, रसायन एवं मशीनरी हैं।

(iv) **ओरिएंट एक्सप्रेस** यह रेललाइन पेरिस को इस्तांबुल से जोड़ती है, जो स्ट्रेस्बर्ग, म्यूनिख, विएना, बुडापेस्ट तथा बेलग्रेड से होकर जाती है। इस मार्ग द्वारा पनीर, सुअर का मांस, जई, शराब, फल और मशीनरी का निर्यात किया जाता है। इस मार्ग द्वारा लंदन से इस्तांबुल तक जाने में लगने वाला समुद्री यात्रा का समय 10 दिन से मात्र 96 घंटे हो गया है। यह इस्तांबुल को बैंकॉक से जोड़ने के लिए एशियाई रेलवे के विकास की योजना है, जो ईरान, पाकिस्तान, भारत, बांग्लादेश तथा म्यांमार को जोड़ेगा।

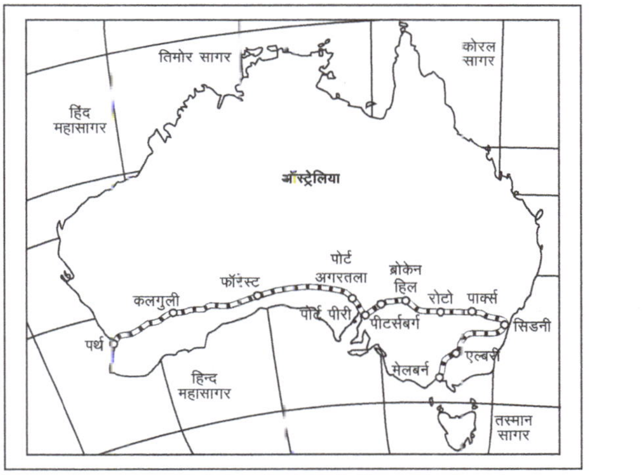

▲ ऑस्ट्रेलियाई पार-महाद्वीपीय रेलमार्ग

(vii) **युवी मेड्रिड रेललाइन** यह रेललाइन चीन के युवी शहर को स्पेन के मेड्रिड शहर से जोड़ती है, जिसकी कुल लंबाई 10,000 किमी है। यह रेल लाइन साइबेरियन रेल-लाइन से 741 किमी अधिक लंबी है। फलतः यह संसार की सबसे बड़ी रेल लाइन हो गई है। यह कजाकिस्तान, ब्रुसेल्स, जर्मनी तथा फ्रांस देशों से होकर गुजरती है। यह इस दूरी को 21 दिनों में पूरा करती है। इस दौरान यह चीन के शहरों तथा यूरोप के 9 शहरों को जोड़ती है।

चेक प्वॉइंट 2

1. किस देश में रेलवे नेटवर्क का घनत्व सर्वाधिक है?
2. लंदन और पेरिस को जोड़ने वाली चैनल सुरंग का संचालन कौन करता है?
3. पूर्व और पश्चिम के कौन-से दो शहर ट्रांस-साइबेरियन रेलवे से जुड़े हैं?
4. पेरिस को इस्तांबुल से जोड़ने वाली रेललाइन किस नाम से जानी जाती है।
5. यूवी मेड्रिड रेललाइन, साइबेरियन रेल लाइन से कितने किमी अधिक है?

---

7 प्रेयरी प्रदेश (Prairie Territary) उत्तरी अमेरिका में स्थित घास के मैदान को प्रेयरी प्रदेश कहा जाता है।

8 थंडरखाड़ी (Thunder Khadi) यह सुपीरियर झील के तटीय भाग पर स्थित झील है।

7.3 जल परिवहन

- परिवहन का वह माध्यम, जिसमें नदियों, नहरों तथा महासागरों का प्रयोग किया जाता है, जल परिवहन कहलाता है। भारी वस्तुओं के अंतर्राष्ट्रीय वितरण को जल परिवहन द्वारा ही पूरा किया जाता है।
- जल परिवहन को समुद्री मार्गों और आंतरिक जल मार्गों में विभक्त किया गया है।

समुद्री मार्ग अथवा महासागरीय मार्ग

- समुद्री मार्ग सागर या महासागर से होने वाले ऐसे परिवहन मार्ग हैं, जिनके रख-रखाव की आवश्यकता नहीं पड़ती। ऐसे मार्गों का प्रयोग मनुष्य की बुद्धिमत्ता तथा पर्यावरण के साथ अनुकूलन को दर्शाता है। आधुनिक तकनीकों से युक्त यात्री जहाज एवं **मालवाहक पोत**[9] (Cargo Vessel) रडार वसयरलेस और अन्य नेविजेशन सहायक उपकरण होते हैं।
- शीघ्र नष्ट होने वाली वस्तुओं के लिए प्रशीतन कोष्ठक (Refrigerated Chambers), टैंकरों व विशेषीकृत जहाजों के प्रयोग के कारण नौभार का परिवहन (Cargo Transport) उन्नत हो गया है। कंटेनरों के प्रयोग ने विश्व के प्रमुख पत्तनों पर नौभार से संबंधित कार्यों को सरल बना दिया है।
- सड़क और हवाई परिवहन की तुलना में समुद्री परिवहन लंबी दूरी पर भारी सामग्री के परिवहन का एक सस्ता साधन है।
- कुछ महत्त्वपूर्ण समुद्री मार्ग निम्नलिखित हैं, जिनसे व्यापार कार्य संपन्न होता है।

(i) **उत्तरी अटलांटिक समुद्री मार्ग** यह विश्व का सबसे व्यस्त व्यापारिक समुद्री मार्ग है, जिससे विश्व का एक-चौथाई विदेशी व्यापार होता है। यह मार्ग औद्योगिक रूप से विश्व के दो मुख्य प्रदेशों (उत्तर-पूर्वी संयुक्त राज्य अमेरिका और उत्तर पश्चिमी यूरोप) को जोड़ता है। इसके दोनों तटों पर **पत्तन**[10] (बंदरगाह) और पोताश्रय (जहाजों के ठहरने की व्यवस्था) की उन्नत सुविधा उपलब्ध है, साथ ही इस मार्ग को वृहत ट्रंक मार्ग भी कहा जाता है। इस मार्ग से होने वाला विदेशी व्यापार विश्व के शेष मार्गों से अधिक है

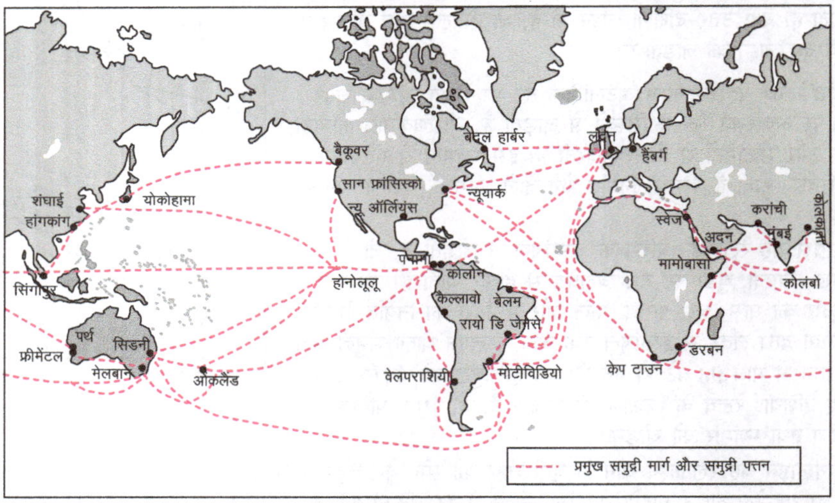

▲ प्रमुख समुद्री मार्ग और समुद्री मार्ग

(ii) **भूमध्य सागर-हिंद महासागर समुद्री मार्ग** यह विश्व में सर्वाधिक लोगों को सेवा प्रदान करने वाला समुद्री मार्ग है, जो भूमध्य सागर को हिंद महासागर से जोड़ता है। यह मार्ग विश्व के हृदय स्थलों से होकर गुजरता है, जिसके मार्ग में मुंबई, कोलंबो, सिंगापुर, अदन तथा पोर्ट सईद पड़ने वाले प्रमुख समुद्री पत्तन हैं। उत्तमशा/अंतरीप से होकर जाने वाले आरंभिक मार्ग की तुलना में स्वेज नहर के निर्माण से इस मार्ग की दूरी और समय में अत्यधिक कमी हो गई है।

(iii) **उत्तमाशा अंतरीय समुद्री मार्ग** यह मार्ग पश्चिमी यूरोप के औद्योगिक रूप से उन्नत देशों को पश्चिमी अफ्रीका, दक्षिणी अफ्रीका, दक्षिण-पूर्वी एशिया, ऑस्ट्रेलिया तथा न्यूजीलैंड की वाणिज्यिक कृषि एवं पशुपालन पर आधारित अर्थव्यवस्थाओं से जोड़ता है। यह मार्ग पहले लिवरपुल तथा कोलंबो को जोड़ता था, जो स्वेज नहर मार्ग से 6,400 किमी लंबा था, किंतु स्वेज नहर के निर्माण से दूरी एवं समय में कमी आने के साथ ही पूर्वी तथा पश्चिमी अफ्रीका के मध्य व्यापार की मात्रा में वृद्धि हुई है, जिसमें सोना, हीरा, ताँबा, टिन, मूँगफली, कहवा तथा अन्य संसाधनों का व्यापार किया जाता है।

---

9 मालवाहक पोत (Cargo Vessel) जिन जहाजों से वस्तुओं का आवागमन होता है, वे मालवाहक पोत कहलाते हैं।

10 पत्तन (Port) समुद्र तट का वह भाग जहाँ से वस्तुओं का आयात निर्यात होता है, पत्तन कहलाता है।

(iv) **दक्षिणी अटलांटिक समुद्री मार्ग** यह मार्ग पश्चिमी यूरोप तथा पश्चिमी अफ्रीका के देशों को दक्षिणी अमेरिका के ब्राजील, अर्जेंटाइना तथा उरुग्वे से जोड़ता है। इस मार्ग पर यातायात उत्तरी अटलांटिक मार्ग की अपेक्षा कम है, जिसका मुख्य कारण दक्षिणी अमेरिका तथा अफ्रीका का सीमित विकास एवं कम जनसंख्या है।

दक्षिणी अमेरिका तथा अफ्रीका में एक जैसे उत्पादन तथा संसाधन पाए जाते हैं, जिससे रियो-डि-जेनेरो तथा केपटाउन के बीच मार्ग पर यातायात कम है

(v) **उत्तरी प्रशांत समुद्री मार्ग** यह समुद्री मार्ग उत्तरी अमेरिका के पश्चिमी तट पर स्थित बंदरगाहों को एशिया के बंदरगाहों से जोड़ता है। उत्तरी प्रशांत महासागर में विभिन्न मार्गों द्वारा व्यापार होता है, जो होनोलूलू में मिलते हैं, साथ ही वृहत स्तर पर वैंकूवर तथा याकोहामा का मार्ग सीधा होने से इनके बीच की दूरी (2,480 किमी) लगभग आधी हो जाती है। यह मार्ग उत्तरी अमेरिका के पश्चिमी तट पर अवस्थित पत्तन बैंकूवर, सीएटल, पोर्टलैंड, सैनफ्रांसिस्को को एशिया में स्थित पत्तन याकोहामा, कोबे शंघाई, हाँगकाँग, मनीला तथा सिंगापुर से जोड़ता है।

(vi) **दक्षिण प्रशांत समुद्री मार्ग** यह मार्ग पनामा नहर से निकलते हुए पश्चिमी यूरोप तथा उत्तरी अमेरिका के न्यूजीलैंड, ऑस्ट्रेलिया तथा प्रशांत महासागर के बिखरे हुए द्वीपों को जोड़ता है। इस मार्ग पर प्रमुख पत्तन **होनोलूलू पत्तन** है, साथ ही हांगकांग, फिलीपींस तथा इंडोनेशिया में जाने के लिए इस मार्ग का प्रयोग किया जाता है। इस मार्ग के तहत पनामा तथा सिडनी के बीच की दूरी 12,000 किमी पाई जाती है।

(vii) **तटीय नौ परिवहन** यह लंबी तट रेखा वाले देशों के लिए एक सुगम साधन है, जो एक सदस्य देश के तट को दूसरे सदस्य देश के तट से जोड़ता है; जैसे— संयुक्त राज्य अमेरिका, भारत तथा चीन। ;जैसे स्थल मार्ग की भीड़ को कम करने की दृष्टि से यह परिवहन मार्ग महत्त्वपूर्ण है। यूरोप में शेनगेन राज्य (29 देश) तटीय नौपरिवहन के लिए सबसे उपयुक्त स्थान है, क्योकि ये तट एक-दूसरे राज्यों से जुड़े हुए हैं। नौवहन परिवहन नहरें स्वेज तथा पनामा दो प्रमुख मानव निर्मित नहरें हैं, जो पूर्वी तथा पश्चिमी विश्व को जोड़ती हैं। इसी कारण इन्हें विश्व का प्रवेश द्वार भी कहा जाता है। स्वेज एवं पनामा नहर का विवरण इस प्रकार है

(a) **स्वेज नहर** यह नहर पश्चिम में भूमध्य सागर को पूर्व में लाल सागर से जोड़ती है। इसका निर्माण 1869 ई. में मिस्र में किया गया था। उत्तर में पोर्ट सईद तथा दक्षिण में पोर्ट स्वेज (स्वेज पत्तन) इसके दो मुख्य सिरे हैं। यह नहर यूरोप को हिंद महासागर में एक नया प्रवेश मार्ग प्रदान करती है।

यह नहर लगभग 160 किमी लंबी तथा 11 से 15 मी गहरी है। इस नहर में प्रतिदिन लगभग 100 जलयान आवागमन करते हैं। इन जलयानों को नहर पार करने में लगभग 10-12 घंटे का समय लगता है। इस नहर से लिवरपुल एवं कोलंबो की दूरी उत्तमाशा अंतरीप मार्ग की तुलना में काफी कम हुई है, साथ ही अन्य देशों के लिए मार्ग खुले हैं, जिससे समय एवं व्यय में कमी आई है। यह नहर समुद्री सतह के बराबर है, जो जलबंधकों से रहित है। इस नहर के साथ एक रेलमार्ग भी है, जो स्वेज तथा इस्लामिया से कैरो तक जाता है।

- नील नदी से एक नौगम्य ताजा पानी की नहर स्वेज नहर से इस्माइलिया में मिलती है, जिससे पोर्ट सईद और स्वेज नहरों को ताजे जल की आपूर्ति होती रहती है।

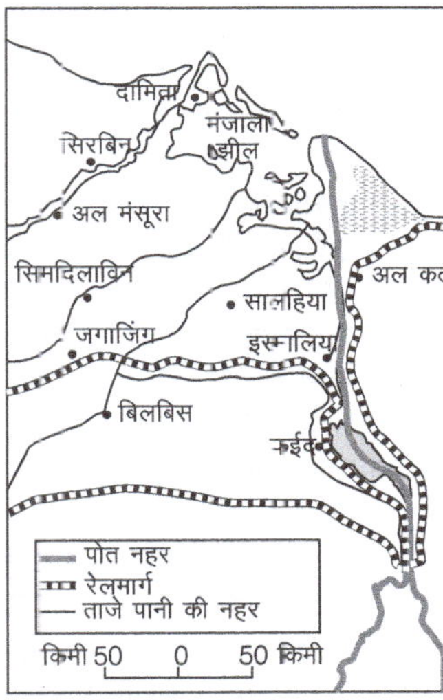

▲ स्वेज नहर

(b) **पनामा नहर** इस नहर का निर्माण पनामा जलडमरूमध्य को काटकर पनामा नगर एवं कोलेन के बीच संयुक्त राज्य अमेरिका द्वारा किया गया है, जो 72 किमी लंबी तथा 12 किमी गहरी कटान से युक्त है। यह नहर अटलांटिक महासागर को पश्चिम में प्रशांत महासागर से जोड़ती है।

- इस नहर के दोनों ओर के 8 किमी के क्षेत्रों को संयुक्त राज्य अमेरिका द्वारा नहर मंडल नाम दिया गया है। इस नहर में जलबंधक तंत्र (Lock System) का प्रयोग किया जाता है, जिनकी संख्या 6 है।
- जलयान को पनामा खाड़ी में प्रवेश करने से पहले इन जलबंधकों से होकर जाना पड़ता है, जिसमें जलयान समुद्री सतह से 26 मी ऊँची तथा नीचे की ऊँचाइयों को पार करते हैं।
- इस नहर के कारण न्यूयॉर्क और सैन फ्रांसिस्को के मध्य लगभग 13,000 किमी की दूरी कम होने के साथ पश्चिमी यूरोप तथा संयुक्त राज्य अमेरिका के पश्चिमी तट, उत्तर-पूर्वी तथा मध्य संयुक्त राज्य अमेरिका और दक्षिण-पूर्वी एशिया के बीच की दूरी भी कम हुई है। इस नहर का दक्षिणी अमेरिका की अर्थव्यवस्था में महत्त्वपूर्ण योगदान है, किंतु स्वेज नहर की अपेक्षा इस नहर का महत्त्व कम है।

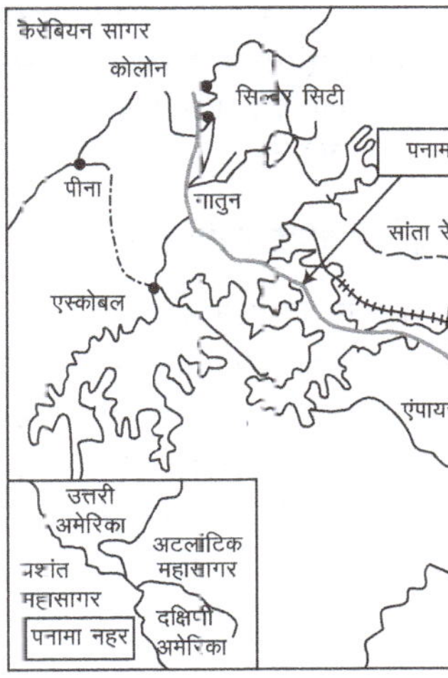

▲ पनामा नहर

आंतरिक जलमार्ग

- नदियों, झीलों और नहरों के जलमार्गों को आंतरिक जलमार्ग कहा जाता है। इस जलमार्ग में नावें तथा स्टीमर क्रमशः यात्रियों व मालवाहन के लिए परिवहन के साधन के रूप में प्रयोग किए जाते हैं।
- इस मार्ग का विकास नहरों की **नौगम्यता**[11] (Navigability) (जल परिवहन योग्य), चौड़ाई, गहराई, जल प्रवाह की सततता तथा परिवहन के लिए प्रयोग में लाई जाने वाली तकनीकी पर निर्भर करता है।
- इमारती लकड़ी, सीमेंट, धात्विक खनिज तथा कोयले का आंतरिक जलमार्ग द्वारा परिवहन संभव है, किंतु सघन वन वाले क्षेत्रों में केवल नदियाँ ही परिवहन का साधन होती हैं।
- वर्तमान में रेलमार्गों के साथ प्रतिस्पर्द्धा होने के कारण तथा जल का अन्य कार्यों में अधिक उपयोग होने से नदी मार्ग की महत्ता कम हो गई है, फिर भी दक्षिणी अमेरिका की अर्थव्यवस्था में इसकी महत्त्वपूर्ण भूमिका है।

वृहद् आंतरिक जलमार्ग

विश्व के महत्त्वपूर्ण वृहद् आंतरिक जलमार्ग निम्नलिखित हैं

(i) **राइन जालमार्ग** यह विश्व का सर्वाधिक प्रयोग में लाया जाने वाला जलमार्ग है। यह नदी उत्तरी सागर के रोटरडम (नीदरलैंड) बंदरगाह से स्विट्जरलैंड के बेसल तक 700 किमी लंबाई में नौकायन योग्य है, जिससे सामुद्रिक पोत द्वारा कोलोन तक पहुँचा जाता है। रूर नदी पूर्व की ओर से राइन नदी में मिलती है। यह नदी संपन्न कोयला क्षेत्र से होकर प्रवाहित होती है, जिसका प्रवाह क्षेत्र (नदी बेसिन) विनिर्माण की दृष्टि से संपन्न पाया जाता है। इस प्रदेश में राइन नदी पर डसलडोर्क पत्तन स्थित है। जर्मनी, फ्रांस, बेल्जियम, स्विट्जरलैंड तथा नीदरलैंड देशों के औद्योगिक प्रदेशों को राइन जलमार्ग उत्तरी अटलांटिक समुद्री मार्ग से जोड़ता है। यह जलमार्ग विश्व का अत्यधिक प्रयोग में लाया जाने वाला जलमार्ग है। प्रतिवर्ष 20000 से अधिक समुद्री जहाज तथा लगभग 2 लाख आंतरिक मालवाहक पोत वस्तुओं एवं सामग्रियों का आदान-प्रदान करते हैं।

(ii) **डेन्यूब जलमार्ग** यह जलमार्ग पूर्वी यूरोप को अपनी सेवाएँ प्रदान करता है। डेन्यूब नदी ब्लैक फॉरेस्ट पर्वत से निकलकर अन्य पूर्वी यूरोपीय देशों को अपनी सेवाएँ प्रदान करती है। यह मार्ग टारना से सेविरिन तक नौकायन योग्य है। इस मार्ग से गेहूँ, मक्का, इमारती लकड़ी तथा मशीनरी का निर्यात किया जाता है।

(iii) **वोल्गा जलमार्ग** यह जलमार्ग रूस में विकसित जलमार्ग के रूप में पाया जाता है। यह जलमार्ग वोल्गा-मॉस्को नहर को मॉस्को प्रदेश से तथा वोल्गा-डोन नहर को काला सागर से जोड़ती है। यह जलमार्ग 11,200 किमी तक नौकायन योग्य है, जो कैस्पियन सागर में मिल जाता है।

(iv) **वृहद् झीलें सेंट लॉरेंस समुद्रीमार्ग** उत्तरी अमेरिका की वृहत झीलों को सेंट लॉरेंस जलमार्ग नदी से जोड़कर एक महत्त्वपूर्ण आंतरिक जलमार्ग का निर्माण किया गया है, जिसमें सुपीरियर, ह्यूरन, इरी ओंटारियो, सू-नहर तथा वलैंड नहर शामिल हैं।

- इस मार्ग पर स्थित डुलुथ और बुफालों पत्तन आधुनिक सुविधाओं से युक्त पत्तन हैं, जिससे विशाल सामुद्रिक जलयान महाद्वीप के आंतरिक भाग में मॉण्ट्रियल तक जा सकते है।
- सेंट लॉरेंस नदी तट पर पाई जाने वाली एश्चुअरी वृहत झीलों के साथ उत्तरी अमेरिका के उत्तरी भाग में वाणिज्यिक जलमार्ग का निर्माण करती है।
- इन नदियों पर पाए जाने वाले छोटे-छोटे जलप्रपातों के कारण सामानों को छोटे मालवाहक पोतों पर ही भेजना पड़ता है। इस समस्या से निपटने के लिए नहरों को 3.5 मी तक गहरा भी बनाया गया है।

(v) **मिसीसिपी जलमार्ग** यह जलमार्ग उत्तरी अमेरिका का सबसे महत्त्वपूर्ण आंतरिक जलमार्ग है। संयुक्त राज्य अमेरिका का आंतरिक भाग इस जलमार्ग द्वारा दक्षिण में मैक्सिको की खाड़ी से जुड़ा हुआ है। इस लंबे स्टीमर के द्वारा मार्ग से मिनियापोलिस तक जाया जाता है।

चेक प्वॉइंट 3

1. अन्य परिवहन साधनों की तुलना में जल परिवहन का एक लाभ बताइए।
2. विदेशी व्यापार के संदर्भ में विश्व का सर्वाधिक व्यस्त समुद्री मार्ग कौन-सा है?
3. दक्षिण प्रशांत समुद्री मार्ग पर स्थित प्रमुख पत्तन का नाम बताइए?
4. स्वेज नहर के उत्तरी एवं दक्षिणी बिंदु पर स्थित पत्तनों का नाम बताइए।
5. डेन्यूब नदी किस पर्वत से निकलती है?

---

11 नौगम्यता (Navigability) जल परिवहन का सुगम्य मार्ग नौगम्यता कहलाता है।

7.4 वायु परिवहन

- यह परिवहन का महँगा, किंतु तीव्र गति का साधन है, जिसमें परिवहन कार्य वायुमार्ग द्वारा संपन्न होता है। इस माध्यम को अधिक वरीयता दी जाती है, क्योंकि इसमें कम समय में लंबी दूरी तय की जाती है।
- इसके द्वारा मूल्यवान समान को पूरे विश्व में भेजा जाता है।
- पर्वतों, हिम क्षेत्रों अथवा विषम मरुस्थलीय भू-भागों में बिना अवरोध के इस परिवहन द्वारा जाना संभव होता है; जैसे—उत्तरी कनाडा के एस्किमो के लिए वस्तुएँ पहुँचाना।
- वायुमार्ग का **सामरिक**[12] (Strategic) अथवा युद्ध के समय भी काफी महत्त्व होता है; जैसे—संयुक्त राज्य अमेरिका एवं ब्रिटिश सेवाओं द्वारा ईरान में किया गया हवाई हमला।
- हिमालयी प्रदेशों में हिमपात, बाढ़, भू-स्खलन व भारी वर्षा से सड़क मार्ग अवरुद्ध हो जाते हैं, तो ऐसी परिस्थिति में वायु परिवहन अत्यंत सहायक सिद्ध होता है। वायुमार्ग के लिए वायुयानों को भूमि पर उतारने, ईंधन तथा रखरखाव की विशेष सुविधाओं की आवश्यकता होती है; जैसे— विमानों के लिए हैंगर, लैंडिंग ईंधन भरने और रख-रखाव की सुविधाएँ। हवाई पत्तनों का निर्माण व विकास उन्हीं देशों में होता है, जहाँ औद्योगीकरण एवं अधिक संख्या में यातायात के साधन उपलब्ध होते हैं।

वायु परिवहन की वर्तमान स्थिति

- वर्तमान समय में विश्व के किसी भी स्थान पर वायुयानों के द्वारा 35 घंटे में पहुँचा जाना संभव हो गया है, जिससे वायुमार्ग की दूरी को मिनटों एवं घंटों में मापा जाता है।
- ब्रिटेन का वाणिज्यिक वायु परिवहन का प्रयोग अनुकरणीय है। संयुक्त राज्य अमेरिका ने मुख्य रूप से युद्धोत्तर अंतर्राष्ट्रीय नागरिक उड्डयन का विकास किया है।
- वर्तमान में 250 से अधिक वाणिज्यिक एयर लाइनें सेवाएँ प्रदान कर रही हैं। वायु परिवहन के विकास से बहुत परिवर्तन आया है; जैसे—**सुपरसोनिक वायुयान**[13] (Supersonic Airways) द्वारा लंदन एवं न्यूयॉर्क के मध्य की दूरी को साढ़े तीन घंटे में तय कर पाना संभव हुआ है।

अंतर-महाद्वीपीय वायुमार्ग

- पूर्वी संयुक्त राज्य अमेरिका, पश्चिमी यूरोप और दक्षिण-पूर्वी एशिया अर्थात् उत्तरी गोलार्द्ध के अंतर-महाद्वीपीय (Inter Continental) देश में वायुमार्गों का एक सुविकसित जाल पाया जाता है, जिसमें संयुक्त राज्य अमेरिका विश्व परिवहन का आधे से अधिक लगभग 60% भाग प्रयोग करता है। न्यूयॉर्क, लंदन, पेरिस, एम्सटर्डम , फ्रैंकफर्ट, रोम, मॉस्को, कराची, नई दिल्ली, मुम्बई, बैंकॉक, सिंगापुर, टोक्यो, सेन फ्रांसिस्को, लॉस एंजिल्स और शिकागो महत्त्वपूर्ण बिंदु हैं, जहाँ वायुमार्ग जाल के रूप में फैले हुए है।

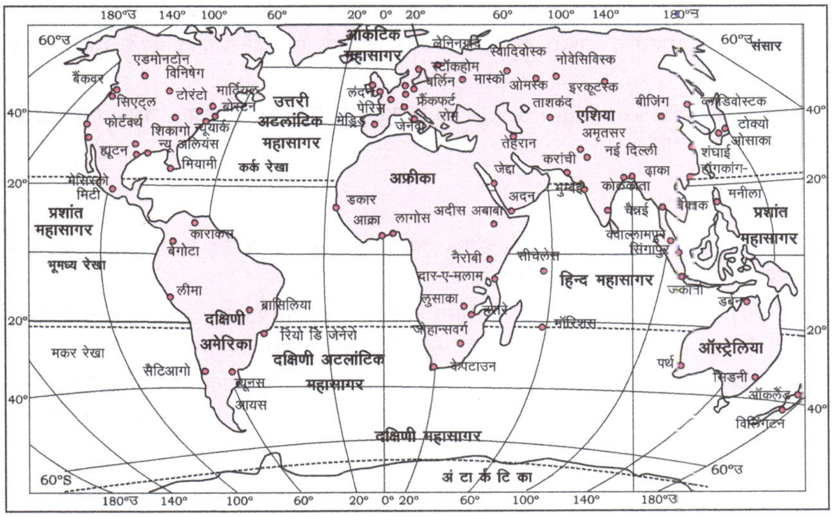

▲ प्रमुख हवाई पत्तन

---

[12] **सामरिक** (Strategic) सैन्य गतिविधियों से संबंधित क्षेत्र सामरिक क्षेत्र कहलाता है।

[13] **सुपरसोनिक वायुयान** (Supersonic Airways) ध्वनि की गति से तेज चलने वाले वायुयान सुपरसोनिक वायुयान कहलाते हैं।

- अफ्रीका, रूस के एशियाई भाग और दक्षिणी अमेरिका के साथ दक्षिणी गोलार्द्ध में 10°-35° अक्षांशों के मध्य वायु सेवाओं की उपलब्धता सीमित है, जिसका मुख्य कारण विरल जनसंख्या, सीमित स्थलखंड तथा आर्थिक विकास का अभाव है।

7.5 पाइप लाइंस

यह परिवहन का एक नवीन साधन है, जिसके द्वारा जल, पेट्रोलियम और प्राकृतिक गैस जैसे तरल पदार्थों का परिवहन किया जाता है। विश्व के देशों में रसोई गैस या एल.पी.जी. के साथ तरलीकृत कोयले का परिवहन पाइपलाइनों के द्वारा किया जाता है।

विश्व के विभिन्न देशों में विभिन्न तरल पदार्थों का परिवहन पाइपलाइनों द्वारा निम्नलिखित रूपों में किया जाता है

- न्यूजीलैंड में दूध को डेयरी फार्म से फैक्ट्री तक पाइपलाइनों द्वारा भेजा जाता है।
- संयुक्त राज्य अमेरिका में तेल उत्पादक तथा उपभोग क्षेत्रों में पाइपलाइनों का प्रयोग किया जाता है। यहाँ की सबसे महत्त्वपूर्ण पाइपलाइन बिग इंच है, जो मैक्सिको की खाड़ी से उत्तर-पूर्वी राज्यों में तेल को पहुँचाती है। इस प्रकार अमेरिका में प्रति टन कुल भार का 17% भाग पाइपलाइनों द्वारा परिवहन किया जाता है।
- भारत, रूस, पश्चिमी एशिया तथा यूरोप में पाइपलाइनों का प्रयोग तेल कुओं से तेल परिशोधनशालाओं, पत्तनों तथा घरेलू बाजारों तक पहुँचाने में किया जाता है।
- मध्य एशिया में स्थित तुर्कमेनिस्तान से पाइपलाइन को ईरान और चीन के भागों तक बढ़ाया गया है, साथ ही भारत-ईरान वाया पाकिस्तान अंतर्राष्ट्रीय तेल तथा प्राकृतिक गैस पाइपलाइन भी प्रस्तावित हैं, जो विश्व की सर्वाधिक लंबी पाइपलाइन है।

7.6 संचार

- संचार (Communication) वह माध्यम है, जिसमें संदेश तथा विचार को एक स्थान से दूसरे स्थान तक पहुँचाया जाता है। मनुष्य ने अधिक दूरियों के लिए संचार की विभिन्न विधियों का प्रयोग किया है, जिनमें टेलीग्राफ व टेलीफोन प्रमुख हैं।
- टेलीग्राफ पश्चिम में अमेरिका के उपनिवेशवाद का साधन बना। बीसवीं सदी के दौरान अमेरिकी टेलीग्राफ और टेलीफोन कंपनी का संयुक्त राज्य अमेरिका के टेलीफोन उद्योग पर एकाधिकार था, जिससे टेलीफोन अमेरिका के नगरीकरण का प्रमुख कारण बना।
- फर्मों ने अपने कार्यों को नगर में स्थित मुख्यालयों पर केंद्रित कर दिया और अपनी शाखा के कार्यालय छोटे-छोटे नगरों में खोल दिए।
- विकासशील देशों के ग्रामीण क्षेत्रों में सेलफोन का अधिक महत्त्व है, जिसे उपग्रहों के माध्यम से संभव बनाया गया है।
- ऑप्टिकल फाइबर केबल्स का उपयोग संचार के क्षेत्र में एक बड़ी क्रांति थी। विश्वभर की टेलीफोन कंपनियों ने ऑप्टिकल फाइबर केबल द्वारा अपने कॉपर केबल सिस्टम को अपग्रेड किया।
- इस क्षेत्र में तीव्र विकास से ऑप्टिकल फाइबर के प्रयोग ने ताँबे के तारों को प्रतिस्थापित करके सुरक्षित एवं त्रुटिहीन संप्रेषण को संभव बनाया है।
- 1990 के दशक में दूरसंचार (Telecommunication) का कंप्यूटर के साथ विलय हुआ, जिससे एक **नेटवर्क** (Network) बना, जो **इंटरनेट** (Internet) कहलाता है।

उपग्रह संचार

- उपग्रह संचार (Satellite Communication) आधुनिक तकनीक पर आधारित वह व्यवस्था है, जिससे पृथ्वी तथा अंतरिक्ष से संबंधित सूचनाओं को पृथ्वी के सभी भागों में पहुँचाया जाता है।
- इसकी शुरुआत वर्ष 1970 में हुई, जब संयुक्त राज्य अमेरिका तथा पूर्व सोवियत संघ द्वारा अंतरिक्ष विज्ञान के क्षेत्र में उपग्रह के माध्यम से संचार की शुरुआत की गई, जिससे एक नवीन युग की शुरुआत हुई।
- **कृत्रिम उपग्रहों**[14] के विकास से ग्लोब पर स्थित दूर के स्थानों को जोड़ने में सफलता मिली है, जिससे संचार में लगने वाले प्रति इकाई मूल्य तथा समय को नियंत्रण कर लिया गया है, जिसका अर्थ है कि 500 किमी की दूरी के संचार में लगने वाली लागत उपग्रह द्वारा 5,000 किमी की दूरी में लगने वाली लागत के बराबर हो गई है।

---

14 कृत्रिम उपग्रह (Artificial Satellite) कृत्रिम उपग्रह मानव द्वारा निर्मित होते हैं। यह अंतरिक्ष में अंतरिक्षयानों के माध्यम से भेजे जाते हैं। ये पृथ्वी और सौरमंडल के अन्य ग्रहों की परिक्रमा करने वाली वस्तुएँ हैं।

भारत में उपग्रह का विकास

- भारत में उपग्रह का विकास महत्त्वपूर्ण रूप से 1980 के दशक में हुआ,
- जिसमें आर्यभट्ट का 19 अप्रैल, 1979 में, भास्कर-I का वर्ष 1979 में तथा रोहिणी का वर्ष 1980 में प्रक्षेपण किया गया।
- 18 जून, 1981 को एप्पल (एरियन पैसेंजर पे लोड एक्सपेरीमेंट) का प्रक्षेपण एरियन रॉकेट द्वारा किया गया। भास्कर, चैलेंजर तथा इनसैट-1 बी ने लम्बी दूरी के संचार, दूरदर्शन तथा रेडियो को अधिक प्रभावी बनाया। वर्तमान मे दूरदर्शन के माध्यम से मौसम की जानकारी भी उपलब्ध हो रही है।

साइबर स्पेस इंटरनेट

- साइबर स्पेस (Cyber Space) कंप्यूटरीकृत स्पेस का संसार है, यह **वर्ल्ड वाइड वेब**[15] (www) जैसे इंटरनेट से जुड़ा होता है जिसमें प्रेषक और प्राप्तकर्ता की शारीरिक गतिविधि के बिना कंप्यूटर नेटवर्क पर संचार या सूचना तक पहुँच होती है। इसे इंटरनेट भी कहा जाता है।
- इंटरनेट पृथ्वी ग्रह पर सबसे बड़ा इलेक्ट्रॉनिक नेटवर्क है, जो 100 से अधिक देशों में लगभग 1000 मिलियन लोगों को जोड़ता है।
- विगत कुछ वर्षों में वैश्विक प्रयोक्ताओं का संयुक्त राज्य अमेरिका से विकासशील देशों में स्थानांतरण हुआ है। अत: इनके प्रयोगकर्ता सबसे अधिक संयुक्त राज्य अमेरिका, ब्रिटेन, जर्मनी, जापान, चीन एवं भारत में हैं।
- साइबर स्पेस इंटरनेट का प्रयोग वाणिज्यिक, शैक्षणिक संस्थाओं एवं सरकारों द्वारा देश के आर्थिक, सामाजिक एवं राजनीतिक विकास के लिए किया जाता है। इसके माध्यम से ई-मेल, ई-वाणिज्य, ई-शिक्षा और ई-प्रशासन के क्षेत्र में विकास हुआ है।
- आधुनिक संचार का प्रयोग नगर नियोजन, प्रदूषण नियंत्रण, वनोन्मूलन से प्रभावित क्षेत्रों को ढूँढने तथा विभिन्न प्रकार के असैनिक क्षेत्रों के विभिन्न प्रतिरूपों को पहचानने में किया जा रहा है।

चेक प्वॉइंट 4

1. एप्पल उपग्रह को लान्च करने के लिए किस रॉकेट का उपयोग किया गया था?
2. किस टेलीफोन कंपनी का कभी अमेरिका के टेलीफोन उद्योग पर एकाधिकार रहा था?
3. इंटरनेट का सर्वाधिक प्रयोग करने वाले विश्व के दो शीर्ष देशों के नाम बताइए।
4. लंबी दूरी का संचार, दूरदर्शन तथा रेडियों का अत्यधिक प्रभावी संचार किस दशक में संपन्न हुआ?
5. वर्तमान में किसके माध्यम से मौसम की जानकारी उपलब्ध हो रहा है?

---

15 वर्ल्ड वाइड वेब (WWW) यह आपस में जुड़े हुए वेब पेजों की एक प्रणाली है, जो इंटरनेट के माध्यम से जनता के लिए सुलभ है।

Mind Map

परिवहन एवं संचार

1 स्थल परिवहन

माल और सेवाओं का आवागमन स्थल मार्ग से होता हैं

सड़कें कम दूरी एवं एक घर से दूसरे घर की सेवाएँ प्रदान करने में सड़क परिवहन सस्ता एवं तीव्रगामी है।

(i) पक्की सड़कें (ii) कच्ची सड़कें

- **हाईवे** यातायात के अबाधित प्रवाह की सुविधा के लिए अलग-अलग यातायात लेन, पुलों, फ्लाई ओवरों और दोहरे वाहन मार्गों से युक्त 80 मीटर चौड़ी सड़कें होती हैं।
- **सीमा सड़कें** ये अंतर्राष्ट्रीय सीमाओं के सहारे बनाई गई सड़कें हैं।

रेलवे यह लंबी दूरी तक स्थूल (भारी) वस्तुओं और यात्रियों के स्थल परिवहन की विधा है।

- पार-महाद्वीपीय रेलमार्ग पूरे महाद्वीप से गुजरते हुए इसके दोनों छोरों को जोड़ता है।
- पार-साइबेरियन रेलमार्ग रूस का प्रमुख रेलमार्ग है, जो सेंट पीटर्सवर्ग को ब्लाडिवोस्टक से जोड़ता है।
- पार-कैनेडियन रेलमार्ग हैलिफैक्स से आरंभ होकर वैंकूवर तक जाती है।
- संघ और प्रशांत रेलमार्ग न्यूयॉर्क को सेनफ्रांसिस्को से जोड़ता है।
- ऑस्ट्रेलियाई पारमहाद्वीपीय रेलमार्ग पर्थ सिड्नी को जोड़ता है।
- ओरिएंट एक्सप्रेस पेरिस को इंस्ताबुल से जोड़ती है।

3 वायु परिवहन

- यह परिवहन का सबसे तीव्र और अत्यंत महँगा साधन है।
- पूर्वी संयुक्त राज्य अमेरिका, पश्चिमी यूरोप और दक्षिण पूर्वी एशिया में वायुमार्गों का सघन जाल पाया जाता है।

4 पाइपलाइन परिवहन

- यह तरल और गैसीय पदार्थों के परिवहन के लिए उपयोग किया जाता है।
- बिगइंच संयुक्त राज्य अमेरिका की एक प्रसिद्ध पाइपलाइन है, जो मैक्सिको की खाड़ी में स्थित तेल के कुओं से उत्तर-पूर्वी राज्यों में तेल का परिवहन करती है।

2 जल परिवहन

वस्तुओं और सेवाओं का आदान-प्रदान जलमार्ग से होता है।

समुद्री मार्ग

- **भूमध्य सागर** हिंद महासागरीय समुद्री मार्ग प्राचीन विश्व के हृदय स्थल कहे जाने वाले क्षेत्रों से गुजरता है।
- **उत्तर-प्रशांत समुद्री मार्ग उत्तरी** अमेरिका के पश्चिमी तट पर स्थित बंदरगाहों को एशिया से जोड़ता है।
- **दक्षिणी अटलांटिक समुद्री मार्ग** पश्चिमी यूरोपीय और पश्चिमी अफ्रीकी देशों को दक्षिण अमेरिका में ब्राजील, अर्जेंटीना और उरुग्वे से जोड़ता है।
- **उत्तमाशा अंतरीय** (केप ऑफ गुड़ होप) अत्यधिक औद्योगिक परिचय यूरोपीय प्रदेशों को पश्चिमी अफ्रीका, दक्षिण अफ्रीका, दक्षिण-पूर्वी एशिया और ऑस्ट्रेलिया एवं न्यूजीलैंड की वाणिज्यिक कृषि तथा पशुपालन आधारित अर्थव्यवस्थाओं से जोड़ता है।
- **दक्षिणी प्रशांत समुद्री मार्ग** पश्चिमी यूरोप और उत्तरी अमेरिका को ऑस्ट्रेलिया न्यूजीलैंड और प्रशांत महासागर में प्रकीर्णित द्वीपों से मिलाता है।

आंतरिक जलमार्ग

- **राइन जलमार्ग** यह जर्मनी और नीदरलैंड से प्रवाहित होने वाली राइन नदी पर है। यह रोटर र्डम (नीदरलैंड) से वेसल (स्विट्जरलैंड) के मध्य 700 किमी तक नौकायन योग्य है।
- डेन्यूब जलमार्ग
- वोल्गा जलमार्ग 11200 किमी तक नौगम्य है।
- वृहद् झीलें सेंट लॉरेंस समुद्रीमार्ग
- मिसीसिपी जलमार्ग

नौपरिवहन नहरें

- स्वेज नहर इसका निर्माण 1869 में किया गया। यह भूमध्य सागर और लाल सागर को जोड़ती है।
- पनामा नहर। यह अटलांटिक महासागर को प्रशांत महासागर से जोड़ती है। इसकी लंबाई 72 किमी तथा गहराई 12 किमी है।

5 संचार

साइबर स्पेस इंटरनेट

- साइबर स्पेस विद्युत द्वार कंप्यूटरीकृत स्पेस का संसार है। यह वर्ल्डवाइड वेबसाइट जैसे इंटरनेट द्वारा आवृत है।
- यह भेजने वाले और प्राप्त करने वाले के शारीरिक संचालन के बिना कंप्यूटर पर सूचनाओं के प्रेषण और प्राप्ति की विद्युतीय अंकीय दुनिया है।
- साइबर स्पेस लोगों के समकालीन सामाजिक, आर्थिक स्पेस का ई-मेल, ई- वाणिज्य, ई-शिक्षा और ई- प्रशासन के माध्यम से विस्तार करता है।

उपग्रह संचार

- वर्ष 1970 से संयुक्त राज्य अमेरिका और पूर्व सोवियत संघ के द्वारा अंतरिक्ष विज्ञान में अग्रणी शोध के पश्चात् संचार तकनीकी के क्षेत्र में एक नवीन युग का आरंभ हुआ।
- पृथ्वी की कक्षा में प्रक्षेपित कृत्रिम उपग्रहों के द्वारा यथास्थान सत्यापन के साथ दुनिया के दूरस्थ मार्गों को जोड़ा गया।
- भारत द्वारा वर्ष 1979 में आर्यभट्ट, भास्कर-I तथा वर्ष 1980 में रोहिणी जैसे उपग्रह प्रक्षेपित किए गए।

NCERT फोल्डर

पाठ के बीच दिए गए प्रश्न

1. परिवहन जाल क्या होता है?

उत्तर परिवहन जाल से तात्पर्य उन विभिन्न मार्गों, साधनों और माध्यमों के समूह से है, जो लोगों, वस्तुओं और सेवाओं को एक स्थान से दूसरे स्थान तक ले जाने में सहायता करते हैं।

- यह जाल सड़क मार्ग, रेलमार्ग, जलमार्ग, वायुमार्ग और पाइपलाइन जैसे विभिन्न परिवहन साधनों का समन्वय है, जिससे विभिन्न स्थानों के बीच संपर्क स्थापित होता है।
- परिवहन जाल का उद्देश्य यह सुनिश्चित करना है कि किसी भी क्षेत्र के लोगों और वस्तुओं को आसानी से सुरक्षित व समय पर एक स्थान से दूसरे स्थान तक पहुँचाया जा सके।
- एक सुव्यवस्थित परिवहन जाल आर्थिक विकास को बढ़ावा देता है, क्योंकि यह बाजारों को जोड़ने, संसाधनों की उपलब्धता सुनिश्चत करने और विकास के नए अवसर पैदा करने में सहायक होता है।
- अंतर्राष्ट्रीय स्तर पर, देशों के बीच व्यापार और संपर्क बढ़ाने के लिए भी परिवहन जाल का महत्त्वपूर्ण योगदान है। इसका विस्तार व गुणवत्ता देश की समृद्धि और विकास की दिशा में महत्त्वपूर्ण भूमिका निभाते हैं।

2. क्या आप निकारागुआ नहर के खुलने के पश्चात् पनामा नहर पर पड़ने वाले प्रभाव की कल्पना कर सकते हैं?

उत्तर निकारागुआ नहर के निर्माण के बाद, पनामा नहर पर इसके कई प्रभाव हो सकते हैं।

- निकारागुआ नहर की लंबाई 280 किमी. है, जो पनामा नहर (80 किमी) से लगभग साढ़े तीन गुना अधिक है, लेकिन इसका अधिकतम जहाज आकार 2,50,000 टन है, जो पनामा नहर के 1,20,000 टन की तुलना में दोगुने से भी अधिक है।
- इससे बड़े जहाज और अधिक मात्रा में माल परिवहन संभव होगा, जो पनामा नहर की प्रासंगिकता को प्रभावित कर सकता है।
- इसके अतिरिक्त निकारागुआ नहर के माध्यम से न्यूयॉर्क से सैन फ्रांसिस्को तक की यात्रा केवल 8,700 किमी की (एक दिन कम) होगी, जिससे यह एक तीव्र गति का विकल्प बन सकता है।

नीचे दिए चार विकल्पों में से सही उत्तर चुनिए

1. पार-महाद्वीपीय स्टुवर्ट महामार्ग किनके मध्य से गुजरता है?

(a) डार्विन और मेलबोर्न
(b) एडमंटन और एंकॉरेज
(c) बैंकूवर और सेंटजॉन नगर
(d) चेगडू और ल्हासा

उत्तर *(a)* डार्विन और मेलबोर्न

2. किस देश में रेलमार्गों के जाल का सघनतम घनत्व पाया जाता है?

(a) ब्राजील (b) कनाडा
(c) संयुक्त राज्य अमेरिका (d) रूस

उत्तर (c) संयुक्त राज्य अमेरिका

3. वृहत ट्रंक मार्ग होकर जाता है

(a) भूमध्य सागर-हिंद महासागर से होकर
(b) उत्तरी अटलांटिक महासागर से होकर
(c) दक्षिणी अटलांटिक महासागर से होकर
(d) उत्तरी प्रशांत महासागर से होकर

उत्तर *(b)* उत्तरी अटलांटिक महासागर से होकर

4. 'बिग इंच' पाइपलाइन के द्वारा परिवहित किया जाता है

(a) दूध
(b) जल
(c) तरल पेट्रोलियम गैस
(d) पेट्रोलियम

उत्तर *(d)* पेट्रोलियम

5. चैनल टनल जोड़ता है

(a) लंदन-बर्लिन (b) बर्लिन-पेरिस
(c) पेरिस-लंदन (d) बार्सीलोना-बर्लिन

उत्तर (c) पेरिस-लंदन

निम्नलिखित प्रश्नों के उत्तर लगभग 30 शब्दों में दीजिए

1. पर्वतों, मरुस्थलों तथा बाढ़ संभावित प्रदेशों में स्थल परिवहन की क्या-क्या समस्याएँ हैं?

उत्तर पर्वतों, मरुस्थलों तथा बाढ़ संभावित प्रदेशों में स्थल परिवहन में आने वाली प्रमुख समस्याएँ निम्नलिखित हैं

(i) **पर्वतीय प्रदेश** इन क्षेत्रों में सड़कों व रेलमार्गों के निर्माण में अत्यधिक व्यय होता है, साथ ही इन क्षेत्रों में भूकंप व भू-स्खलन जैसी आपदाओं के कारण से सड़कों व रेलमार्गों को भारी क्षति पहुँचती है

(ii) **मरुस्थलीय प्रदेश** इन क्षेत्रों में रेतीली भूमि होने के कारण सड़क निर्माण करना कठिन कार्य होता है।

(iii) **बाढ़ संभावित प्रदेश** बाढ़ प्रभावित क्षेत्रों में प्रतिवर्ष आने वाली बाढ़ सड़क तथा पुलों को बहाकर ले जाती है, जिससे काफी क्षति पहुँचती है।

2. पार-महाद्वीपीय रेलमार्ग क्या होता है?

उत्तर महाद्वीप के एक छोर से दूसरे छोर को जोड़ने वाले रेलमार्ग को पार-महाद्वीपीय रेलमार्ग कहते हैं। ऐसे रेलमार्गों का विकास आर्थिक तथा राजनीतिक कारणों से लंबी यात्राओं को सुविधा प्रदान करने के लिए किया गया है।

3. जल परिवहन के क्या लाभ हैं?

उत्तर जल परिवहन के लाभ निम्नलिखित हैं

- जल परिवहन के लिए मार्गों के निर्माण की आवश्यकता नहीं पड़ती है, क्योंकि महासागर एक-दूसरे से जुड़े हुए होते हैं।
- जल में घर्षण कम होने के कारण ऊर्जा की लागत भी कम आती है। इससे भारी सामानों की लंबी दूरी के परिवहन में तथा अंतर्राष्ट्रीय संचलन में आसानी होती है।
- स्थल परिवहन की अपेक्षा जल परिवहन में जहाजों द्वारा अधिक सामान का आयात-निर्यात किया जा सकता है।

C निम्नलिखित प्रश्नों के उत्तर लगभग 150 शब्दों में दीजिए

1. "एक सुप्रबंधित परिवहन प्रणाली में विभिन्न साधन एक-दूसरे के संपूरक होते हैं।" इस कथन को स्पष्ट कीजिए।

उत्तर एक सुप्रबंधित परिवहन प्रणाली में विभिन्न साधन एक-दूसरे के संपूरक होते हैं।

- स्थल, जल, वायु और पाइपलाइन विश्व परिवहन के महत्त्वपूर्ण साधन हैं, जिनका प्रयोग प्रदेश के आंतरिक तथा बाहरी परिवहन के लिए किया जाता है।
- इनमें पाइपलाइन के अतिरिक्त सभी संसाधनों द्वारा यात्री व माल दोनों का आवागमन होता है। परिवहन के माध्यम की सार्थकता वस्तुओं और सेवाओं के प्रकार, परिवहन की लागत तथा परिवहन के लिए उपलब्ध साधनों पर निर्भर करती है; जैसे— कम दूरी तथा एक घर से दूसरे घर की सेवा के लिए सड़क मार्ग सस्ता व तीव्रगामी होता है। अधिक मूल्य, हल्की तथा शीघ्र नष्ट होने वाली वस्तुओं का परिवहन वायुमार्ग द्वारा उपयुक्त होता है।
- देश के अंतर्गत बड़ी मात्रा में वस्तुओं को लंबी दूरी तक पहुँचाने के लिए रेलमार्ग अनुकूल होता है तथा भारी एवं दूर तक सामानों का परिवहन जलमार्ग द्वारा सस्ता पड़ता है।
- अतः एक अच्छी सुसंगठित परिवहन प्रणाली में परिवहन के विनिमय माध्यम अथवा साधन एक-दूसरे के पूरक होते हैं, जिससे परिवहन कार्य सुगम बनता है।

2. विश्व के वे कौन-से प्रमुख प्रदेश हैं, जहाँ वायुमार्ग का सघन तंत्र पाया जाता है?

उत्तर पूर्वी संयुक्त राज्य अमेरिका, पश्चिमी यूरोप और दक्षिण-पूर्वी एशिया अर्थात् उत्तरी गोलार्द्ध के अंतर-महाद्वीपीय देश में वायुमार्गों का सघन तंत्र पाया जाता है, जिसमें संयुक्त राज्य अमेरिका विश्व के 60% वायु परिवहन का उपयोग करता है।

- न्यूयॉर्क, लंदन, पेरिस, एम्सटर्डम और शिकागो ऐसे प्रमुख केंद्र हैं, जहाँ से वायुमार्ग भिन्न देशों को जाते हैं या इन केंद्रों पर आते हैं।
- ऐसे वायुमार्गों का विकास अत्यधिक औद्योगीकरण वाले क्षेत्रों तथा अधिक संख्या में यातायात उपलब्ध होने वाले क्षेत्रों में हुआ है,
- जिनमें ब्रिटेन का वाणिज्य वायु परिवहन अनुकरणीय है। यह भू-स्खलन, बाढ़ तथा हिमपात वाले क्षेत्रों में परिवहन का वैकल्पिक रूप होता है, जिससे विकसित देश इसे महत्त्वपूर्ण स्थान देकर वायुमार्गों का विकास करते हैं।
- इस मार्ग का सामरिक महत्त्व भी होता है। अतः वर्तमान में विश्व के अनेक भागों में वायु सेवाओं का जाल पाया जाता है, जिससे विश्व के किसी भी स्थान की दूरी 35 घंटे में पूरी करना संभव हो गया है।
- इस जाल तंत्र को विकसित करने हेतु विश्व के देशों ने विभिन्न तंत्रों का भी विकास किया है; जैसे— संयुक्त राज्य अमेरिका का अंतर्राष्ट्रीय नागरिक उड्डयन।

3. वे कौन-सी विधाएँ हैं, जिनके द्वारा साइबर स्पेस मनुष्यों के समकालीन आर्थिक और सामाजिक स्पेस की वृद्धि करेगा?

उत्तर मनुष्यों के सामाजिक-आर्थिक स्पेस से तात्पर्य उनके आर्थिक विकास तथा सामाजिक परिवेश के दायरे में विस्तार से है।

- साइबर स्पेस में निहित विधाओं से इन पहलुओं के विकास को बल मिलेगा तथा लोगों तक पहुँच सुनिश्चित करना आसान होगा। साइबर स्पेस इंटरनेट से युक्त प्रमुख विधा है। यह कंप्यूटरीकृत स्पेस का संसार है, जो इंटरनेट के बड़े क्षेत्र से जुड़ा होता है।
- साइबर स्पेस प्रत्येक स्थान पर विद्यमान रहता है; जैसे—कार्यालय, जहाज तथा वायुयान सभी में उपलब्ध होता है।
- वर्तमान में इसके उपयोगकर्ताओं की संख्या बढ़ रही है, क्योंकि यह समकालीन समाज के आर्थिक क्षेत्र में निम्न रूपों में महत्त्वपूर्ण है।

वर्तमान में इसके महत्त्व को इस प्रकार देखा जा सकता है

- साइबर स्पेस इंटरनेट का प्रयोग वाणिज्यिक, शैक्षणिक संस्थाओं एवं सरकार द्वारा देश के आर्थिक, सामाजिक एवं राजनीतिक विकास के लिए किया जाता है।
- इंटरनेट से समय की बचत होती है। इसके माध्यम से गाँवों को वैश्विक स्तर पर जोड़ने का प्रयास किया जा रहा है, साथ ही तकनीकी विकास के होने से निजी स्तर की सभी संस्थाओं में इसका विस्तार बढ़ा है।
- आधुनिक संचार का प्रयोग नगर नियोजन, प्रदूषण नियंत्रण, वनोन्मूलन से प्रभावित क्षेत्रों को ढूँढने तथा विभिन्न प्रकार के असैनिक क्षेत्रों के विभिन्न प्रतिरूपों को पहचानने में किया जा रहा है।

अभ्यास प्रश्न

वस्तुनिष्ठ प्रश्न

बहुविकल्पीय प्रश्न

1. निम्नलिखित में से कौन-सा मानक है, जो परिवहन की कुशलता को शामिल नहीं करता है?

(a) दक्ष संचार व्यवस्था युक्त परिवहन प्रणाली
(b) महँगी किंतु सरल परिवहन प्रणाली
(c) लागत तथा उपलब्धता में सहज परिवहन प्रणाली
(d) सुप्रबंधित परिवहन प्रणाली

उत्तर *(b)* **महँगी किंतु सरल परिवहन प्रणाली**

2. निम्नलिखित में से किसे सामान्य परिवहन नेटवर्क के रूप में वर्णित किया जाता है?

(a) श्वसन तंत्र (b) परिसंचरण की धमनियाँ
(c) रक्त परिसंचरण तंत्र (d) हृदय परिसंचरण

उत्तर *(b)* परिसंचरण की धमनियाँ

3. ये दूरस्थ स्थानों को जोड़ने वाली पक्की सड़कें होती हैं। इनका निर्माण इस प्रकार किया जाता है कि अबाधित रूप से यातायात का आवागमन हो सके।, ये 80 मीटर चौड़ी सड़कें होती हैं, जो यातायात के अबाधित प्रवाह की सुविधा के लिए अलग-अलग यातायात लेन, फ्लाईओवरों तथा दोहरे वाहन मार्गों से युक्त होती हैं और विकसित देशों में प्रत्येक नगर और पत्तन इनके द्वारा जुड़े होते हैं। इन सड़कों को क्या कहा जाता है? *दक्षता आधारित प्रश्न*

(a) राज्य मार्ग (b) महामार्ग
(c) पारद्वीपीय मार्ग (d) जिला मार्ग

उत्तर *(b)* **महामार्ग**

4. निम्नलिखित में से किसे 'बिग इंच' पाइपलाइन द्वारा जाना जाता है?

(a) ईरान - भारत वाया पाकिस्तान
(b) ईरान - चीन वाया अफगानिस्तान
(c) हजीरा - विजयपुर से जगदीशपुर
(d) मैक्सिको की खाड़ी से उत्तर-पूर्वी संयुक्त राज्य अमेरिका

उत्तर *(d)* मैक्सिको की खाड़ी से उत्तर-पूर्वी संयुक्त राज्य अमेरिका

5. परिवहन का सबसे सुलभ एवं सर्वाधिक प्रयोग किए जाने वाला साधन है

(a) रेलमार्ग (b) सड़क मार्ग (c) जलमार्ग (d) ये सभी

उत्तर *(b)* सड़क मार्ग

6. प्रथम सार्वजनिक रेलमार्ग का निर्माण कब हुआ था?

(a) 1789 ई. में (b) 1825 ई. में (c) 1875 ई. में (d) 1724 ई. में

उत्तर *(b)* 1825 ई. में

7. विश्व का सघनतम रेल तंत्र किस महाद्वीप में पाया जाता है?

(a) एशिया (b) उत्तरी अमेरिका (c) यूरोप (d) दक्षिण अमेरिका

उत्तर *(c)* यूरोप

8. विश्व में सर्वाधिक विस्तृत रेलमार्ग के जाल का विस्तार है

(a) कनाडा (b) ऑस्ट्रेलिया
(c) उत्तरी अमेरिका (d) दक्षिण अमेरिका

उत्तर *(c)* उत्तरी अमेरिका

9. स्थलरुद्ध देशों को दक्षिण अफ्रीका रेल तंत्र से जोड़ने वाला रेलमार्ग है

(a) बेंगुएला रेलमार्ग (b) तंजानिया रेलमार्ग
(c) बोत्सवाना एवं जिंबाब्वे रेलमार्ग (d) उपरोक्त में से कोई नहीं

उत्तर *(c)* बोत्सवाना एवं जिंबाब्वे रेलमार्ग

10. ट्रांस कैनेडियन रेलमार्ग निम्नलिखित में से किन दो स्टेशनों के मध्य स्थित है?

(a) हैलीफैक्स और बैंकूवर (b) न्यूयॉर्क सैन फ्रांसिस्को
(c) हैलीफैक्स और मॉण्ट्रियल (d) कैलगेरी-बैंकूवर

उत्तर *(a)* हैलीफैक्स और बैंकूवर

11. निम्न में से कौन-सी रेललाइन चीन के युवी शहर को स्पेन के मैड्रिड शहर से जोड़ती है?

(a) ओरिएंट एक्सप्रेस (b) युवी-मेड्रिड रेललाइन
(c) संघ-प्रशांत रेलमार्ग (d) इनमें से कोई नहीं

उत्तर *(b)* युवी-मेड्रिड रेललाइन

12. कौन-सा समुद्री मार्ग विश्व का सबसे व्यस्ततम जल मार्ग है?

(a) उत्तरी प्रशांत समुद्री मार्ग **CBSE 2023**
(b) दक्षिणी अटलांटिक समुद्री मार्ग
(c) उत्तरी अटलांटिक समुद्री मार्ग
(d) दक्षिणी प्रशांत समुद्री मार्ग

उत्तर *(c)* उत्तरी अटलांटिक समुद्री मार्ग

13. निम्नलिखित में से कौन-सा समुद्री मार्ग वैंकूवर और योकोहामा को जोड़ता है? **CBSE 2024**

(a) दक्षिण अटलांटिक समुद्री मार्ग
(b) उत्तर प्रशांत समुद्री मार्ग
(c) उत्तर अटलांटिक समुद्री मार्ग
(d) भूमध्य सागर- हिंद महासागर समुद्री मार्ग

उत्तर *(b)* उत्तर प्रशांत समुद्री मार्ग

4. पत्तनों के विषय में निम्नलिखित कथनों को ध्यानपूर्वक पढ़िए और सही विकल्प का चयन कीजिए। **CBSE 2025**

(i) पत्तन माल को लादने, उतारने और भंडारण की सुविधाएँ प्रदान करते हैं।
(ii) पत्तनों के महत्त्व का आंकलन उनके पृष्ठ प्रदेश के आकार से किया जाता है।
(iii) किसी पत्तन द्वारा सँभाले जाने वाले माल की मात्रा उसके पृष्ठ प्रदेश के विकास के स्तर को दर्शाती है।
(iv) पत्तन विश्व व्यापार के मुख्य प्रवेश द्वार है।

कूट
(a) 1, 2 और 3 (b) 1, 3 और 4
(c) 1, 2 और 4 (d) 2, 3 और 4

उत्तर (b) 1, 3 और 4

15. पनामा नहर जोड़ती है *दक्षता आधारित प्रश्न*
(a) भूमध्यसागर को लाल सागर से
(b) अटलांटिक महासागर को प्रशांत महासागर से
(c) भूमध्यसागर को प्रशांत महासागर से
(d) लाल सागर को अटलांटिक महासागर से

उत्तर (b) अटलांटिक महासागर को प्रशांत महासागर से

16. विश्व का सर्वाधिक प्रयोग में लाया जाने वाला जलमार्ग है
(a) डेन्यूब जलमार्ग (b) बोल्गा जलमार्ग
(c) राइन जलमार्ग (d) मिसीसिपी जलमार्ग

उत्तर (c) राइन जलमार्ग

17. निम्नलिखित तथ्यों को उनके विकास कालक्रम के अनुसार व्यवस्थित करें। *दक्षता आधारित प्रश्न*
1. भारत द्वारा उपग्रह विकास क्षेत्र के आर्यभट्ट का प्रक्षेपण किया गया।
2. संयुक्त राज्य अमेरिका तथा सोवियत संघ द्वारा अंतरिक्ष विज्ञान में अग्रणी शोध किया गया।
3. साइबर स्पेस इंटरनेट के विकास ने संचार माध्यम में प्रगति की।
4. भारत में लंबी दूरी की संचार प्रणाली रेडियो तथा दूरदर्शन ने इसे और प्रभावी बनाया।

कूट
(a) 2,3,4,1 (b) 2,1,4,3 (c) 1,2,3,4 (d) 4,3,2,1

उत्तर (b) 2,1,4,3

18. निम्नलिखित सूचनाओं को ध्यानपूर्वक पढ़िए और जलमार्ग के लिए सही विकल्प की पहचान कीजिए। *दक्षता आधारित प्रश्न*
- इस मार्ग पर स्थित ड्यूलुथ और बफैलो पत्तन आधुनिक सुविधाओं से युक्त हैं।
- इसमें सुपीरियर, ह्यूरन, दूरी ओटोरियों, सू नहर और क्लैण्ड नगर शामिल हैं।
- उत्तरी अमेरिका का महत्त्वपूर्ण आंतरिक जलमार्ग है।

कूट
(a) मिसीसिपी जलमार्ग (b) सेंट लॉरेंस जलमार्ग
(c) वोल्गा जलमार्ग (d) डेन्यूब जलमार्ग

उत्तर (b) सेंट लॉरेंस जलमार्ग

19. वायु परिवहन के संदर्भ में निम्नलिखित में से कौन-सा कथन सही है? *दक्षता आधारित प्रश्न*
1. विश्व के किसी स्थान पर वायुयान के माध्यम से 25 घंटे में पहुँचना संभव है।
2. सुपरसोनिक वायुयान ध्वनि की गति से तेज चलते हैं।
3. वर्तमान में 250 से अधिक वाणिज्यिक एयर लाइनें सेवाएँ प्रदान कर रही हैं।
4. भू-स्खलन जैसी प्राकृतिक आपदाओं में वायु परिवहन सुरक्षित नहीं होता।

कूट
(a) 1 और 2 (b) 2 और 3 (c) 1,2 और 3 (d) 1, 2 और 4

उत्तर (b) 2 और 3

20. पाइपलाइन के संदर्भ में निम्नलिखित में से कौन-से-कथन सही हैं?
1. पाइपलाइन द्वारा न्यूजीलैंड में दूध को डेयरी फार्म से फैक्ट्रियों में भेजा जाता है।
2. अमेरिका में प्रति टन कुल भार का लगभग 45% भाग पाइपलाइनों द्वारा परिवहन किया जाता है।
3. भारत-ईरान वाया पाकिस्तान अंतर्राष्ट्रीय तेल तथा प्राकृतिक गैस पाइपलाइन प्रस्तावित विश्व की दूसरी सबसे बड़ी पाइपलाइन है।
4. संयुक्त राज्य अमेरिका में उत्पादक क्षेत्रों तक उपभोग के बीच सघन पाइपलाइन जाल पाया जाता है।

कूट
(a) 1 और 4 (b) 2 और 3
(c) 1,2 और 3 (d) 1, 2 और 4

उत्तर (d) 1, 2 और 4

21. निम्नलिखित कथनों में से कौन-से कथन सही हैं? *दक्षता आधारित प्रश्न*
1. जल परिवहन स्थल की अपेक्षा सस्ता है, क्योंकि जल का घर्षण स्थल के घर्षण से कम होता है।
2. महासागर एक-दूसरे से जुड़े होते हैं, जिससे परिवहन में ऊर्जा लागत कम आती है।
3. जल यातायात मनुष्य द्वारा प्रयोग किया जाने वाला सबसे प्राचीन परिवहन है।
4. कंटेनरों के प्रयोग ने विश्व के प्रमुख पत्तनों पर नौभार संबंधित कार्यों को सरल बना दिया है।

कूट
(a) 1, 2 और 3 (b) 2, 3 और 4
(c) 1, 3 और 4 (d) 1, 2, 3 और 4

उत्तर (d) 1, 2, 3 और 4

22. पार-कैनेडियन मार्ग निम्नलिखित में से किन शहरों से होकर नहीं गुजरता है?
1. ओटावा 2. कैलगरी 3. बीजिंग
4. मॉण्ट्रियल 5. उलनबटोर

कूट
(a) 1 और 4 (b) 2 और 5 (c) 3 और 5 (d) 4 और 5

उत्तर (c) 3 और 5

23. पार-साइबेरियन रेलमार्ग, एशिया का सबसे महत्त्वपूर्ण तथा विश्व का सर्वाधिक लंबा दोहरे पथ वाला रेलमार्ग है। इसके मार्ग में कुछ महत्त्वपूर्ण शहर पड़ते हैं, इन्हें पश्चिम से पूर्व की ओर क्रमानुसार व्यवस्थित कीजिए। *दक्षता आधारित प्रश्न*
1. खबरो वस्क 2. कज़ान
3. चिता 4. सेंट पीटरबर्ग

कूट
(a) 4,2,1,3 (b) 4,2,3,1 (c) 2,3,1,4 (d) 1,2,3,4

उत्तर (b) 4,2,3,1

24. निम्नलिखित में से कौन-सा कथन सही नहीं है?
1. विश्व के कुल वायुमार्गों का 60% हिस्सा संयुक्त राज्य अमेरिका द्वारा उपयोग किया जाता है।
2. दक्षिणी गोलार्द्ध में वायु मार्गों की उपलब्धता अत्यधिक है।

3. वायुमार्गों का सघन जाल केवल यूरोप और एशिया में पाया जाता है।
4. प्रथम सार्वजनिक रेलमार्ग 1825 ई. में उत्तरी इंग्लैंड के स्टॉकन और डार्लिंग्टन स्थानों के मध्य प्रारंभ हुआ था।

कूट

(a) 1 और 4 (b) केवल 4
(c) 2 और 3 (d) केवल 3

उत्तर (a) 1 और 4

25. निम्नलिखित युग्मों में से कौन-सा राष्ट्रीय जलमार्ग और उसके विस्तार से सही सुमेलित है?

	जलमार्ग		देश
(a)	राइन	—	नीदरलैंड
(b)	डेन्यूब	—	कनाडा
(c)	वोल्गा	—	रूस
(d)	मिसीसिपी	—	बोलीविया

उत्तर (c) वोल्गा -रूस

26. नीचे दिए गए युग्म उपग्रहों तथा उनके प्रक्षेपित वर्ष से संबंधित हैं। इनमें से उस युग्म की पहचान करें, जो सही सुमेलित नहीं है।

	उपग्रह		प्रक्षेपण वर्ष
(a)	आर्यभट्ट	–	1979
(b)	रोहिणी	–	1980
(c)	भास्कर	–	1978
(d)	एप्पल	–	1981

उत्तर (c) भास्कर-1978

27. फ्लोचार्ट में रिक्त-स्थान की पूर्ति कीजिए और सही विकल्प का चयन कीजिए।

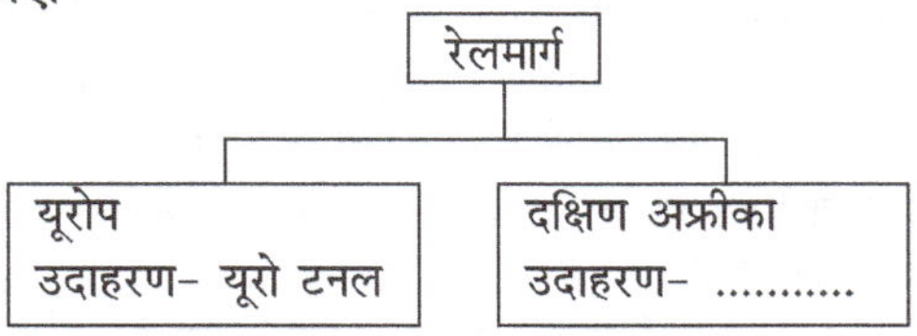

(a) ग्रीन ट्रेन (b) रेड ट्रेन
(c) ब्लू ट्रेन (d) यलो ट्रेन

उत्तर (c) ब्लू ट्रेन

28. स्वेज नहर के निर्माण से पहले यह मार्ग .... और कोलंबो को जोड़ता था। *दक्षता आधारित प्रश्न*

(a) न्यूयॉर्क (b) लंदन
(c) लिवरपुल (d) पेरिस

उत्तर (c) लिवरपुल

29. विश्व के कुल वायुमार्गों के .... प्रतिशत भाग का प्रयोग अकेला संयुक्त राज्य अमेरिका करता है।

(a) 50% (b) 60% (c) 70% (d) 80%

उत्तर (b) 60%

30. सूची I को सूची II से सुमेलित कीजिए

सूची I (जलमार्ग)	सूची II (विशेषता)
A. राइन जलमार्ग	1. उत्तरी अमेरिका का महत्त्वपूर्ण आंतरिक जलमार्ग
B. मिसीसिपी जलमार्ग	2. विश्व का सर्वाधिक प्रयोग में लाया जाने वाला जलमार्ग
C. वोल्गा जलमार्ग	3. रूस का विकसित जलमार्ग
D. डेन्यूब जलमार्ग	4. पूर्वी यूरोप को सेवाएँ प्रदान करने वाला प्रमुख जलमार्ग

कूट

	A	B	C	D
(a)	1	2	3	4
(b)	2	1	3	4
(c)	3	1	4	2
(d)	4	3	1	2

उत्तर (b) 2 1 3 4

31 सूची I को सूची II से सुमेलित कीजिए

सूची I	सूची I
A. बेंगुएला रेलमार्ग	1. कटंगा जांबिया
B. तंजानिया रेलमार्ग	2. जांबिया इथियोपिया
C. ट्रांस साइबेरियन रेलमार्ग	3. स्टालिन गार्ड ब्लाडिवोस्टक
D. ओरिएंट रेलमार्ग	4. रिस इस्तांबुल
E. युवी मेड्रिड रेलमार्ग	5. स्पेन-चीन

कूट

	A	B	C	D	E
(a)	2	4	3	5	1
(b)	1	2	3	4	5
(c)	4	3	2	1	5
(d)	5	1	2	3	4

उत्तर (b) 4 2 5 3 6

32. सूची I को सूची II से सुमेलित कीजिए

सूची I (समुद्री मार्ग)	सूची II (पत्तन)
A. भूमध्य सागर	1. पोर्टसईद
B. उत्तरी प्रशांत समुद्रीमार्ग	2. मनीला
C. दक्षिणी प्रशांत समुद्री मार्ग	3. होनोलूलू
D. उत्तरी अटलांटिक समुद्री मार्ग	4. बाल्टीमोर

कूट

	A	B	C	D
(a)	1	4	3	2
(b)	1	4	2	3
(c)	4	1	2	3
(d)	1	2	3	4

उत्तर (d) 1 2 3 4

33. **कथन I** जब सड़क तंत्र यातायात की आवश्यकताओं के अनुसार विकसित नहीं होता है, तो सड़कों पर संकुलन बढ़ जाता है।

कथन II विश्व के अधिकांश नगर यातायात संकुलता की समस्या का सामना कर रहे हैं।

उत्तर (a) जब सड़क तंत्र यातायात की आवश्यकताओं के अनुसार समुचित रूप से विकसित नहीं होता, तो इसका परिणाम यातायात संकुलता के रूप में सामने आता है, जो अधिकांश नगरों में देखा भी जा रहा है।

निर्देश (प्र. सं. 34 से 35) नीचे दिए गए कथनों में से एक कथन (A) तथा दूसरा कारण (R) है। नीचे दिए गए कूट की सहायता से सही उत्तर का चयन कीजिए।

कूट

(a) A और R दोनों सही हैं तथा R, A की सही व्याख्या है

(b) A और R दोनों सही हैं, परंतु R, A की सही व्याख्या नहीं है

(c) A सही है, किंतु R गलत है

(d) A गलत है, किंतु R सही है

34. कथन (A) लंबी दूरी की यात्रा के लिए रेलमार्ग सस्ता एवं सुलभ परिवहन का साधन है।

कारण (R) विश्व का दूसरा सबसे लंबा रेलमार्ग पार-कैनेडियन रेलमार्ग है।

उत्तर (b) लंबी दूरी की यात्रा करने के लिए रेलमार्ग सस्ता एवं सुलभ परिवहन का साधन है, क्योंकि इसमें अन्य परिवहनों के समान अधिक लागत नहीं लगती। यह कम लागत में तीव्र गति से परिवहन करता है।

विश्व का दूसरा सबसे बड़ा रेलमार्ग पार-कैनेडियन रेलमार्ग है। पार-कैनेडियन रेलमार्ग कनाडा का एक प्रमुख रेलमार्ग है, जो कनाडा के पूर्वी हिस्से को पश्चिमी हिस्से से जोड़ता है और विश्व के सबसे लंबे रेलमार्गों में से एक है।

35. कथन (A) अफ्रीका दूसरा विशाल महाद्वीप होने के कारण यहाँ सड़क एवं रेल परिवहन अन्य महाद्वीपों की अपेक्षा अधिक बड़े तथा विकसित हैं।

कारण (R) यूराल के पश्चिम में रूस अपने परिवहन का लगभग 95% रेलमार्गों के द्वारा पूरा करता है।

उत्तर (d) यहाँ पर कथन और कारण के बीच कोई तर्कसंगत संबंध नहीं है। कथन में अफ्रीका महाद्वीप के विषय में बात की गई है, जबकि कारण में रूस के परिवहन पर ध्यान केंद्रित किया गया है। अफ्रीका में रेल और सड़क परिवहन अन्य महाद्वीपों की तुलना में सीमित और अविकसित साधन हैं न कि अधिक बड़े और विकसित। साथ ही रूस के रेल परिवहन का संबंध अफ्रीका के परिवहन विकास से नहीं है।

लघु उत्तरीय प्रश्न

1. सड़कों का क्या महत्त्व है? विकसित देशों में सड़कों की अच्छी गुणवत्ता होने के किन्हीं तीन कारणों को स्पष्ट कीजिए। *दक्षता आधारित प्रश्न*

उत्तर सड़कें आर्थिक विकास मार्ग की अग्रदूत हैं। छोटी दूरियों के लिए सड़क मार्ग परिवहन का सबसे सस्ता साधन है।

- सड़क मार्ग द्वारा द्वार-से-द्वार तक सेवा प्रदान करने के कारण इनका महत्त्व बढ़ता जा रहा है।
- यातायात के साधनों में से सड़क मार्ग सबसे पुराना तथा सबसे अधिक प्रयोग किया जाने वाला साधन है।

विकसित देशों में सड़कों की उच्च गुणवत्ता के कारण निम्नलिखित हैं

- विकसित देशों में सड़कें अधिक चौड़ी हैं। इन्हें महामार्ग कहा जाता है, जो अनेक नगरों को एकसाथ जोड़ते हैं।
- विकसित देशों में सड़कों को वैज्ञानिक तकनीक द्वारा बनाया जाता है।
- इन देशों की सड़कों के निर्माण में मौसम संबंधी जानकारी का ध्यान निर्माण करते समय रखा जाता है, इसलिए सड़कों पर बड़े मोटरवाहन प्रत्येक प्रकार के मौसम में दौड़ते रहते हैं।

2. भारत में सड़क परिवहन की किन्हीं तीन समस्याओं का वर्णन कीजिए।

उत्तर सड़क परिवहन की तीन समस्याएँ इस प्रकार हैं

(i) सड़क परिवहन बरसात के समय बाधित होता है, जिसके लिए अधिक रख-रखाव की आवश्यकता पड़ती है।

(ii) सड़क मार्ग लंबी दूरी के लिए रेलवे की अपेक्षा महँगा होता है। पर्वतीय तथा मरुस्थलीय भागों में सड़क निर्माण करना कठिन है।

(iii) सड़क परिवहन केवल भौतिक दशाओं को ही बड़ी मात्रा में प्रभावित करता है। सड़क परिवहन में होने वाली समस्याओं की पूर्ति के लिए अधिक धन की आवश्यकता पड़ती है। इसमें समय भी अधिक लगता है।

3. आर्थिक विकास और क्षेत्रीय एकीकरण को बढ़ावा देने में उत्तरी अमेरिका के व्यापक राजमार्ग नेटवर्क की भूमिका पर चर्चा कीजिए। *दक्षता आधारित प्रश्न*

उत्तर उत्तरी अमेरिका महाद्वीप के प्रमुख महामार्ग इस प्रकार हैं

(i) **ट्रांस-कैनेडियन महामार्ग** यह महामार्ग पश्चिमी तट पर अवस्थित ब्रिटिश कोलंबिया प्रांत के बैंकूवर स्थान को पूर्वी तट पर स्थित न्यूफाउंडलैंड प्रांत के सेंटजॉन नगर से जोड़ता है। यह परिवहन के क्षेत्र के लिए काफी महत्त्वपूर्ण है।

(ii) **अलास्का राजमार्ग** यह महामार्ग कनाडा के एडमंटन शहर को अलास्का के एंकॉरेज स्थान से जोड़ता है।

(iii) **पान अमेरिकन महामार्ग** यह महामार्ग निर्माणाधीन है, जिसके अधिकांश भाग तैयार हो चुके हैं। इससे दक्षिणी अमेरिका, उत्तरी अमेरिका तथा मध्य अमेरिका के देश आपस में जुड़ेंगे।

4. उत्तरी अमेरिका के महामार्गों की किन्हीं चार विशेषताओं का वर्णन कीजिए।

उत्तर उत्तरी अमेरिका के महामार्गों की चार विशेषताएँ निम्नलिखित हैं

(i) संयुक्त राज्य अमेरिका में महामार्गों का घनत्व लगभग 0.65 प्रतिवर्ग किमी पाया जाता है, जो विश्व में उच्च है।

(ii) यहाँ देश का कोई स्थान महामार्ग से 20 किमी से अधिक दूरी पर नहीं पाया जाता है।

(iii) यहाँ महामार्ग पश्चिमी प्रशांत महासागर तट पर स्थित नगर को पूर्व में अटलांटिक महासागरीय तट पर स्थित नगरों से जोड़ते हैं।

(iv) यहाँ निर्माण हो रहे पान अमेरिकन महामार्ग से दक्षिणी अमेरिका, मध्य अमेरिका के देश तथा संयुक्त राज्य अमेरिका और कनाडा आपस में जुड़ेंगे।

5. रेल परिवहन के किन्हीं तीन लाभों को बताइए।

उत्तर रेल परिवहन के तीन प्रमुख लाभ इस प्रकार हैं

(i) इससे लंबी दूरी को तय करना सस्ता पड़ता है।

(ii) मालवाही के परिवहन की दृष्टि से काफी महत्त्वपूर्ण है, क्योंकि इससे अन्य साधनों की अपेक्षा समय एवं धन की बचत होती है।

(iii) यह परिवहन अन्य परिवहन के साधनों में सहायक तथा औद्योगिक एवं व्यापारिक क्रियाओं के विकास में सहायक होता है।

6. यूरोप में विश्व का सघनतम रेलतंत्र पाया जाता है। इस संदर्भ में यूरोपीय रेल परिवहन की किन्हीं पाँच विशेषताओं का उल्लेख कीजिए।

उत्तर यूरोपीय रेल परिवहन की पाँच विशेषताएँ निम्नलिखित हैं

(i) यूरोपीय रेल प्रणाली विश्व की सबसे पुरानी रेल प्रणाली है, जो दोहरी एवं बहुमार्गी है।

(ii) यूरोप में यात्री तथा माल परिवहन के लिए सर्वाधिक प्रयोग रेल परिवहन का किया जाता है।

(iii) यहाँ रेलमार्ग पर बनी सुरंग महानगरों या राजधानियों को जोड़ती है; जैसे—पेरिस-लंदन।

(iv) यूरोप के औद्योगिक प्रदेशों में रेलमार्गों का अधिक घनत्व पाया जाता है।

(v) बेल्जियम में रेल घनत्व सर्वाधिक है, जहाँ 1 किमी रेलमार्ग 6.5 प्रतिवर्ग किमी क्षेत्र में पाया जाता है।

7. अफ्रीका महाद्वीप के प्रमुख रेलमार्गों की व्याख्या कीजिए।

उत्तर अफ्रीकी महाद्वीप के प्रमुख रेलमार्ग इस प्रकार हैं

(i) **बेंगुएला रेलमार्ग** यह रेलमार्ग अंगोला से कटंगा तक जाता है, जो जांबिया ताँबे की पेटी से होकर गुजरता है।

(ii) **तंजानिया रेलमार्ग** यह मार्ग जांबिया ताम्र पेटी से तट पर अवस्थित स्थान दार-ए-सलाम तक जाता है।

(iii) **बोत्सवाना और जिंबाब्वे रेलमार्ग** यह रेलमार्ग बोत्सवाना को जिंबाब्वे से जोड़ता है। यह रेलमार्ग स्थलरुद्ध देशों को जोड़ता है।

(iv) **दक्षिण अफ्रीका गणतंत्र में केपटाउन से प्रेटोरिया** यह रेलमार्ग केपटाउन को प्रेटोरिया से जोड़ता है। इस रेलमार्ग पर ब्लू ट्रेन चलती है।

8. विश्व में जल परिवहन के तीन लाभों का वर्णन कीजिए।

अथवा **जल परिवहन की किन्हीं तीन विशेषताओं का उल्लेख कीजिए।**

उत्तर महासागरीय मार्गों के तीन लाभ या विशेषताएँ निम्नलिखित हैं

(i) जल परिवहन के लिए मार्गों के निर्माण की आवश्यकता नहीं पड़ती है, क्योंकि महासागर एक-दूसरे से जुड़े हुए होते हैं।

(ii) परिवहन का यह माध्यम बहुत ही सस्ता है, क्योंकि स्थल की अपेक्षा जल का घर्षण कम होता है।

(iii) संसार का सर्वाधिक व्यापार महासागरीय मार्गों द्वारा होता है, जो लंबी दूरी तथा भारी वजन के लिए अनुकूल होता है।

9. विश्व का व्यस्ततम समुद्री जलमार्ग कौन-सा है? उस मार्ग की चार विशेषताएँ लिखिए।

उत्तर विश्व का व्यस्ततम समुद्री जलमार्ग उत्तरी अटलांटिक समुद्री मार्ग है। इसकी चार विशेषताएँ निम्नलिखित हैं

(i) यह पूर्वी संयुक्त राज्य अमेरिका तथा पश्चिमी यूरोप को जोड़ता है, जो मुख्य औद्योगिक प्रदेश है।

(ii) विश्व का 25% विदेशी व्यापार इस मार्ग द्वारा संचालित होता है।

(iii) यह एक बहुत ही व्यस्त व्यापारिक जलमार्ग है, जिसे वृहत ट्रंक मार्ग के नाम से भी जाना जाता है।

(iv) इन प्रदेशों के दोनों तटों पर पत्तन तथा पोताश्रय की उन्नत व्यवस्था पाई जाती है। जहाजों के ठहरने तथा माल (वस्तु) को रखने की भी उचित व्यवस्था उपलब्ध होती है।

10. स्वेज नहर की कोई छः विशेषताएँ लिखिए।

अथवा **कौन-सी नहर दो महासागरों को जोड़ती है? इस नहर की चार विशेषताओं का उल्लेख कीजिए।**

उत्तर स्वेज नहर का निर्माण 1869 ई. में मिस्र में पोर्टसईद तथा दक्षिण में स्थित पोर्ट स्वेज के मध्य भूमध्य सागर और लाल सागर को जोड़ने हेतु किया गया था स्वेज नहर की छः विशेषताएँ निम्नलिखित हैं

(i) स्वेज नहर पश्चिम में भूमध्य सागर को पूर्व में लाल सागर से जोड़ती है।

(ii) स्वेज नहर के निर्माण से अधिकांश देशों का व्यापार बढ़ा है।

(iii) यह नहर लगभग 160 किमी लंबी तथा 11 से 15 मी गहरी है, जिसके अंदर लगभग 100 जलयान प्रतिदिन आवागमन करते हैं।

(iv) यह यूरोप को हिंद महासागर में एक नवीन प्रदेश मार्ग प्रदान करती है।

(v) यह लिवरपुल एवं कोलंबो के बीच समुद्री मार्ग की दूरी को कम करती है।

(vi) यह यूरोप के औद्योगिक तथा एशिया के विकासशील देशों के मध्य संपर्क स्थापित करती है।

11. पनामा नहर की छः विशेषताएँ लिखिए।

अथवा **पनामा नहर की किन्हीं पाँच विशेषताओं को बताइए।**

अथवा **वैश्विक समुद्री व्यापार में पनामा नहर के रणनीतिक महत्त्व पर चर्चा करें।**

दक्षता आधारित प्रश्न

अथवा **यह अटलांटिक और प्रशांत महासागरों के बीच व्यापार को कैसे सुविधाजनक बनाती है?**

उत्तर पनामा नहर की छः विशेषताएँ निम्नलिखित हैं

(i) यह नहर गहरी कटान से युक्त है। इस नहर में जलबंधक तंत्र का प्रयोग किया जाता है।

(ii) यह नहर समुद्र तल से ऊँचाई पर है। अतः लार्कस के द्वारा जहाजों को ऊपर उठाया जाता है या नीचे लाया जाता है।

(iii) यह नहर अटलांटिक महासागर तथा प्रशांत महासागर को जोड़ती है, जिससे अंतर्राष्ट्रीय व्यापार को बढ़ावा मिला है।

(iv) इस नहर द्वारा न्यूयॉर्क और सैन फ्रांसिस्को के मध्य लगभग 13,000 कि.मी. की दूरी कम हुई है।

(v) इस नहर में कई झीलें हैं, जिनमें गाटुम झील और नीरा फ्लोर्स झील मुख्य हैं।

(vi) पनामा नहर का दक्षिणी अमेरिका की अर्थव्यवस्था में महत्त्वपूर्ण योगदान है।

12. कौन-सी नौपरिवहन नहर अटलांटिक महासागर तथा प्रशांत महासागर को जोड़ती है? इसकी किन्हीं चार विशेषताओं को स्पष्ट कीजिए।

अथवा **मनुष्य निर्मित उस महत्त्वपूर्ण नौपरिवहन नहर का नाम बताइए, जो अटलांटिक महासागर को प्रशांत महासागर से जोड़ती है। इस नहर की चार विशेषताओं को बताइए।**

उत्तर पनामा नौपरिवहन नहर अटलांटिक महासागर तथा प्रशांत महासागर को जोड़ती है। इसकी प्रमुख चार विशेषताएँ निम्नलिखित हैं

(i) यह नहर 72 किमी लंबी है, जो 12 किमी लंबी और अत्यधिक गहरी कटान से युक्त है। यह अंतर्राष्ट्रीय व्यापार को बढ़ाती है।

(ii) इस नहर के दोनों ओर 8 किमी के क्षेत्रों को संयुक्त राज्य अमेरिका द्वारा नहर मंडल नाम दिया गया है।
(iii) इसमें जलबंधकों का प्रयोग किया जाता है। पनामा की खाड़ी में किसी जलयान को प्रवेश करने से पहले इन जलबंधकों से होकर गुजरना पड़ता है।
(iv) दक्षिणी अमेरिका की अर्थव्यवस्था में इसका महत्त्वपूर्ण योगदान है। इस नहर के निर्माण से न्यूयॉर्क और सैन फ्रांसिस्को के मध्य मार्ग का विस्तार भी हुआ है।

13. अंत:स्थलीय जलमार्गों का क्या महत्त्व है? विश्व में अंत:स्थलीय जलमार्ग के विकास के लिए उत्तरदायी तीन कारणों को स्पष्ट कीजिए। *दक्षता आधारित प्रश्न*

उत्तर नदियों, झीलों और नहरों का प्रयोग अंतःस्थलीय जलमार्ग के रूप में किया जाता है, जिसमें नावें तथा स्टीमर यात्रियों व मालवाहन के लिए परिवहन के साधन के रूप में प्रयोग किए जाते हैं।

- इससे बड़ी मात्रा में लकड़ी, सीमेंट तथा धात्विक खनिजों का परिवहन संभव हुआ है।
- वर्तमान में रेलमार्गों के साथ प्रतिस्पर्द्धा होने के कारण तथा जल का अन्य कार्यों में उपयोग होने से नदी मार्ग का महत्त्व कम हुआ है, साथ ही जलमार्गों ने घरेलू एवं अंतर्राष्ट्रीय परिवहन तथा व्यापार के क्षेत्र में महत्त्वपूर्ण स्थान प्राप्त किया है।

अंत:स्थलीय जलमार्गों के उत्तरदायी तीन कारण निम्नलिखित हैं
(i) नौपरिवहन, नदियों की चौड़ाई और गहराई पर निर्भर करता है।
(ii) जल प्रवाह का निरंतर जारी रहना, जलमार्ग के परिवहन के लिए आवश्यक होता है।
(iii) आधुनिक समय में माल परिवहन की क्षमता तथा गति का स्वरूप तकनीकी पर निर्भर करता है।

14. वायु परिवहन का विकास विकसित देशों में अधिक हुआ है, क्यों?

उत्तर वायु परिवहन का विकास विकसित देशों में अधिक हुआ है, इसके प्रमुख कारण इस प्रकार हैं

- वायुयानों के निर्माण तथा उनकी कार्यप्रणाली हेतु विकसित अवसंरचना की आवश्यकता होती है; जैसे–विमानशाला, ईंधन तथा इसका रख-रखाव आदि। इसे विकसित देश पूरा करने में सक्षम होते हैं।
- हवाई पत्तनों का निर्माण अधिक खर्चीला होता है, जिसे विकसित देश सहजतापूर्वक पूरा कर लेते हैं।
- यह परिवहन उन्हीं देशों में अधिक विकसित होता है, जहाँ औद्योगीकरण तथा अन्य यातायात के साधन उपलब्ध होते हैं। अतः विकसित देशों में सड़क एवं रेलमार्गों का विकसित जाल पाया जाता है, जिससे वायु परिवहन को बढ़ावा मिलता है।

15. संयुक्त राज्य अमेरिका की प्रसिद्ध तेल पाइपलाइन का उल्लेख कीजिए। पाइपलाइन परिवहन सबसे अधिक सुविधाजनक माध्यम कैसे है? किन्हीं चार बिंदुओं को स्पष्ट कीजिए।

उत्तर संयुक्त राज्य अमेरिका में सबसे महत्त्वपूर्ण पाइपलाइन बिग इंच है, जो मैक्सिको की खाड़ी से उत्तर-पूर्वी राज्यों में तेल पहुँचाती है। पाइपलाइन परिवहन तरलीय पदार्थों के परिवहन का सर्वाधिक सुविधाजनक माध्यम है।

इसके चार महत्त्वपूर्ण कारण निम्नलिखित हैं
(i) पाइपलाइन परिवहन पर्यावरण हितैषी होता है।
(ii) इसके रख-रखाव में कम खर्च आता है।
(iii) पाइपलाइनों द्वारा पदार्थों की निरंतर आपूर्ति जारी रहती है।
(iv) पाइपलाइनों द्वारा परिवहन में न तो समय नष्ट होता है और न ही किसी प्रकार की हानि होती है।

16. विश्व में उपग्रह संचार की किन्हीं पाँच उपलब्धियों का वर्णन कीजिए।

उत्तर उपग्रह संचार से निम्नलिखित पाँच उपलब्धियाँ प्राप्त हुई हैं
(i) उपग्रह के माध्यम से संदेश भेजने के खर्च में कमी आई है।
(ii) उपग्रह संचार प्रणाली द्वारा दूरदर्शन आदि का प्रयोग कर सकते हैं।
(iii) उपग्रह संचार से मौसम की जानकारी प्राप्त की जाती है। इसके माध्यम से मौसम का पूर्वानुमान लगाना आसान हो जाता है।
(iv) उपग्रह संचार प्रणाली द्वारा पृथ्वी के खनिजों को ज्ञात किया जा सकता है। वर्तमान समय में इनका व्यापक प्रयोग किया जा रहा है।
(v) इस प्रणाली द्वारा सैनिक और असैनिक कार्यों में सहायता मिलती है।

17. साइबर स्पेस किसे कहते हैं? इंटरनेट के किन्हीं दो लाभों का वर्णन कीजिए।

उत्तर साइबर स्पेस विद्युत द्वारा कंप्यूटरीकृत स्पेस का संसार है, जो वर्ल्ड वाइड वेब अथवा इंटरनेट के बड़े क्षेत्र से जुड़ा होता है। साइबर स्पेस प्रत्येक स्थान पर विद्यमान रहता है। यह कार्यालय, स्कूल, सरकारी संस्थान, बैंक, जल में चलते जहाज, उड़ते हुए वायुयान आदि सभी जगहों पर उपलब्ध होता है।

इंटरनेट के दो लाभ निम्नलिखित हैं
(i) ई-मेल, ई-वाणिज्य, ई-शिक्षा तथा ई-प्रशासन के द्वारा लोगों की समकालीन आर्थिक एवं सामाजिक समस्याओं को हल करने में सहायता मिली है तथा दूरस्थ क्षेत्रों में इसके विस्तार से अधिक लोग लाभान्वित हुए हैं।
(ii) इंटरनेट से समय की बचत होती है, क्योंकि इस पर आधारित उपकरण तीव्र गति से कार्य करता है।

18. जीपीएस क्या है? इसके प्रमुख उपयोग बताइए।

उत्तर ग्लोबल पोजीशनिंग सिस्टम (जीपीएस) एक वैश्विक नौ वहन उपग्रह प्रणाली है, जिसका विकास संयुक्त अमेरिका के रक्षा विभाग द्वारा किया गया है। इस तरह के जीपीएस तकनीक का विकास करने वाले देशों में जापान, चीन, रूस, भारत और यूरोपीयन यूनियन प्रमुख हैं।

जीपीएस का उपयोग जीपीएस (GPS) के प्रमुख उपयोग निम्न हैं

- स्थान – स्थिति का निर्धारण।
- नेविगेशन – एक स्थान से दूसरे स्थान तक पहुँचना।
- ट्रेकिंग – वस्तु की निगरानी या पर्सनल मूवमेंण्ट।
- मानचित्रण – विश्व के नक्शे बनाना।
- समय – सही समय का मापन।

दीर्घ उत्तरीय प्रश्न

1. विश्व में सड़क परिवहन के गुणों व अवगुणों की व्याख्या कीजिए।

उत्तर परिवहन की दृष्टि से सड़क सबसे प्राचीन एवं सबसे उत्तम साधन है, जिसमें कुछ गुण निहित हैं। इन्हें इस प्रकार देखा जा सकता है

- स्थलीय यातायात के साधनों में सड़क मार्ग सर्वाधिक प्रयोग किया जाने वाला साधन है।

- सड़क मार्ग द्वारा घर-घर तक वस्तुओं को पहुँचाया जा सकता है।
- कम दूरियों के लिए सड़क मार्ग रेलमार्ग की अपेक्षा आर्थिक रूप से लाभदायक होता है, साथ ही इससे गाँवों व नगरों को जोड़कर दूर तक परिवहन को संभव बनाया जाता है।

परिवहन की दृष्टि से सड़क सबसे प्राचीन एवं सबसे उत्तम साधन है, जिसमें कुछ अवगुण निहित हैं। इन्हें इस प्रकार देखा जा सकता है

- कच्ची सड़कों को निर्मित करना आसान होता है, लेकिन इनका सभी ऋतुओं में उपयोग नहीं किया जाता है। कच्ची सड़कों पर वर्षा ऋतु के दौरान मोटर वाहनों को नहीं चलाया जा सकता है।
- पक्की सड़कें भारी वर्षा तथा बाढ़ के कारण खराब हो जाती हैं, जिससे यातायात बाधित होता है।
- सड़कों के निर्माण तथा उनके रखरखाव पर अत्यधिक खर्च होता है, क्योंकि सड़कों को आधुनिक समय में गाँव, कस्बों, नगरों एवं महानगरों तक जोड़ने का काम किया जा रहा है, जिसमें अधिक लागत आ रही है।

2. महामार्ग किसे कहते हैं? महामार्गों का महत्त्व विभिन्न महाद्वीपों से उदाहरण देते हुए स्पष्ट कीजिए।

अथवा **महामार्ग शब्द को परिभाषित कीजिए। उत्तर अमेरिका में महामार्ग के महत्त्व के किन्हीं चार बिंदुओं को स्पष्ट कीजिए।** **CBSC 2022**

उत्तर महामार्ग ऐसी पक्की सड़कें हैं, जो दूरस्थ स्थानों को मिलाती हैं। विभिन्न महाद्वीपों में महामार्गों का महत्त्व निम्नलिखित हैं

(i) **उत्तरी अमेरिका** इस महाद्वीप में महामार्गों का घनत्व 0.65 प्रतिवर्ग किमी है। अमेरिका के पश्चिमी तट पर स्थित नगर को महामार्ग पूर्वी नगरों पर अवस्थित नगर से जोड़े हुए हैं। इससे समय की बचत हुई है तथा एक सुविकसित परिवहन जाल बना है, जिससे किसी भी स्थान को जोड़ना आसान हुआ है।

इसी तरह उत्तर में कनाडा के नगर दक्षिण में मैक्सिको के नगर से महामार्ग द्वारा जुड़े हैं। यह व्यापार, यातायात, खनन कार्य, उद्योगों की स्थापना एवं अन्य कार्यों में महत्त्वपूर्ण सिद्ध होता है।

(ii) **यूरोप** यूरोप में महामार्गों का विकसित जाल पाया जाता है। रूस में यूराल के पश्चिम में स्थित क्षेत्रों में महामार्गों का अधिक विकास हुआ है, क्योंकि यह एक औद्योगिक प्रदेश है, जिससे परिवहन, खनन, उत्पादन जैसी अन्य आर्थिक क्रियाओं को बढ़ावा मिला है।

(iii) **अफ्रीका** अफ्रीका के उत्तर में स्थित अल्जीरिया के नगर अल्जियर्स को एक महामार्ग गुयाना के कोनाक्री नगर से जोड़ता है। इस महाद्वीप में महामार्ग के विस्तार से क्षेत्रों का जुड़ाव हुआ, साथ ही इसने खनन वाले क्षेत्रों को अन्य मार्गों के साथ जोड़कर आर्थिक क्रिया को करने में सहायक बनाया है।

(iv) **एशिया** एशिया में भी अनेक महामार्ग पाए जाते हैं; जैसे—चीन में महामार्ग शंघाई, शंसो, ग्वांगजाओ तथा बीजिंग जैसे नगरों को आपस में जोड़ते हैं। इस प्रकार इस महाद्वीप में महामार्गों का विशेष महत्त्व महानगरों को जोड़ने में है, जो अन्य मार्गों के लिए सहायक सिद्ध होता है।

3. विश्व अर्थव्यवस्था में परिवहन एवं संचार सेवाओं की वृद्धि एवं महत्त्व का मूल्यांकन कीजिए। **CBSE 2025**

उत्तर परिवहन और संचार सेवाएँ वैश्विक अर्थव्यवस्था की जीवन रेखाएँ हैं, जो विभिन्न क्षेत्रों के विकास में महत्त्वपूर्ण भूमिका निभाती है। परिवहन सेवाएँ माल और लोगों को एक स्थान से दूसरे स्थान तक पहुँचाने में सहायक होती हैं, जिससे उत्पादन और वितरण प्रक्रियाएँ सुचारू रूप से चलती है। उदाहरण के लिए, कच्चे माल को कारखानों तक और तैयार उत्पादों को बाजारों तक पहुँचाने में परिवहन का प्रमुख योगदान होता है।

संचार सेवाएँ विचारों, सूचनाओं और तकनीकी ज्ञान के आदान-प्रदान को संभव बनाती हैं, जिससे व्यापार, शिक्षा, स्वास्थ्य और प्रशासनिक कार्यों में दक्षता बढ़ती है। आधुनिक संचार माध्यम; जैसे इंटरनेट, रेडियो टेलीविजन और समाचार पत्र सूचना के त्वरित प्रसार में सहायक हैं, जो आर्थिक गतिविधियों को गति प्रदान करते हैं।

परिवहन और संचार सेवाएँ बाजारों और उत्पादन केंद्रों को जोड़ती हैं जिससे व्यापार का विस्तार होता है और आर्थिक विकास को प्रोत्साहन मिलता है। ये सेवाएँ विभिन्न क्षेत्रों के बीच सामाजिक-सांस्कृतिक आदान-प्रदान को भी बढ़ावा देती हैं, जिससे राष्ट्रीय एकता और समृद्धि में वृद्धि होती है।

अतः परिवहन और संचार सेवाओं की वृद्धि वैश्विक अर्थव्यवस्था के समग्र विकास और स्थिरता के लिए अनिवार्य है।

4. 'पार-महाद्वीपीय रेलमार्ग' शब्द की परिभाषा दीजिए। पार-साइबेरियन रेलमार्ग तथा पर-कैनेडियन रेलमार्ग की चार-चार विशेषताएँ बताइए।

अथवा **संसार में सबसे लंबा रेलमार्ग कौन-सा है? इस रेलमार्ग के आर्थिक महत्त्व को स्पष्ट कीजिए।**

अथवा **'पार-महाद्वीपीय रेलमार्ग' को परिभाषित कीजिए। पार-कैनेडियन रेलमार्ग की किन्हीं चार विशेषताओं को स्पष्ट कीजिए** **CBSC 2022**

अथवा **"पार-कैनेडियन रेलमार्ग को कनाडा की आर्थिक धमनी कहा जाता है।" इस कथन की उदाहरण सहित पुष्टि कीजिए।** *दक्षता आधारित प्रश्न*

अथवा **पार-कैनेडियन रेलमार्ग के महत्त्व का उल्लेख कीजिए।**

उत्तर विश्व के सबसे लंबे पार-महाद्वीपीय रेलमार्ग का नाम पार-साइबेरियन है। पार-महाद्वीपीय रेलमार्ग ऐसे रेलमार्ग को कहते हैं, जो किसी महाद्वीप के एक छोर को दूसरे छोर से जोड़ता है। पार-साइबेरियन रेलमार्ग की चार विशेषताएँ तथा आर्थिक महत्त्व निम्नलिखित हैं

(i) यह विश्व का सबसे लंबा (9,322 किमी) रेलमार्ग है।

(ii) यह रेलमार्ग पश्चिम में स्थित सेंट पीटर्सबर्ग को पूर्वी तट पर स्थित ब्लाडिवोस्टक से जोड़ता है।

(iii) यह रेलमार्ग मास्को, कजान, ट्यूमिन, नोवोसिबिर्स्क, चीता तथा खबोरोवस्क से होकर गुजरता है।

(iv) रूस ने इस रेलमार्ग द्वारा अपने एशियाई प्रदेश को पश्चिमी यूरोपीय बाजारों से जोड़ा है। इसके मार्ग में चीता एक प्रमुख कृषि तथा इरकुत्स्क फर केंद्र है।

पार-कैनेडियन रेलमार्ग का निर्माण 1886 ई. में एक संधि के तहत पश्चिमी तट पर स्थित ब्रिटिश कोलंबिया को राज्यों के संघ के रूप में शामिल करने के उद्देश्य से किया गया।

पार-कैनेडियन रेलमार्ग की चार विशेषताएँ निम्नलिखित हैं

(i) यह कनाडा का सबसे बड़ा रेलमार्ग है, जिसकी लंबाई 7,050 किमी है।

(ii) यह रेलमार्ग पूर्व में हैलीफैक्स से आरंभ होकर मॉण्ट्रियल, ओटावा, विनिपेग तथा कैलगरी से होता हुआ पश्चिमी तट पर स्थित बैंकूवर तक जाता है।

(iii) यह मॉण्ट्रियल औद्योगिक प्रदेश को प्रेयरी प्रदेश की गेहूँ मेखला तथा वन प्रदेशों को जोड़ता है।

(iv) इस रेलमार्ग को कनाडा की आर्थिक धमनी कहा जाता है।

5. स्वेज नहर और पनामा नहर दो ऐसी महत्त्वपूर्ण मनुष्य निर्मित नौवाहन नहरें हैं, जो पूर्वी और पश्चिमी विश्व दोनों के लिए विश्व का प्रवेश द्वार का काम करती हैं। इस संदर्भ में इन दोनों नहरों का आर्थिक महत्त्व स्पष्ट कीजिए।

उत्तर स्वेज तथा पनामा दो प्रमुख मानव निर्मित नौपरिवहन नहरें हैं, जो पूर्वी तथा पश्चिमी विश्व को जोड़ती हैं। इसी कारण इन्हें विश्व का प्रवेश द्वार कहा जाता है। स्वेज नहर और पनामा नहर के आर्थिक महत्त्व का अध्ययन करने हेतु पृष्ठ संख्या 123 पर 'स्वेज नहर' तथा 'पनामा नहर' का अध्ययन करें।

6. अटलांटिक महासागर और प्रशांत महासागर को जोड़ने वाली नहर का नाम लिखिए। इसकी प्रमुख विशेषताओं का उल्लेख कीजिए। **CBSE- 2024**

उत्तर अटलांटिक महासागर और प्रशांत महासागर को जोड़ने वाली नहर का नाम 'पनामा' नहर है पृष्ठ संख्या 123 पर 'पनाहा नहर' का अध्ययन करें।

7. आंतरिक जलमार्गों के विकास को प्रभावित करने वाले किन्हीं तीन कारकों का विश्लेषण कीजिए। राइन आंतरिक जलमार्ग की महत्ता को स्पष्ट कीजिए।

अथवा **राइन जलमार्ग की प्रमुख विशेषताओं की व्याख्या कीजिए।** **CBSE 2024**

अथवा **"राइन जलमार्ग विश्व का अत्यधिक प्रयोग में लाया जाने वाला आंतरिक जलमार्ग है।" इस कथन के संदर्भ में जलमार्ग के महत्त्व की परख कीजिए।** *दक्षता आधारित प्रश्न*

उत्तर आंतरिक जलमार्गों के विकास को प्रभावित करने वाले कोई तीन कारक निम्नलिखित हैं

(i) **नौगम्यता** इसका आशय चैनल की लंबाई एवं चौड़ाई से है, जो जल परिवहन को संभव बनाते हैं।

(ii) **जल का प्रवाह** यह एक महत्त्वपूर्ण कारक है, क्योंकि जल के निरंतर प्रवाह से जलमार्ग में नाव एवं जहाज आदि आसानी से चल सकते हैं।

(iii) **परिवहन प्रौद्योगिकी** उचित परिवहन प्रौद्योगिकी के विकास द्वारा आंतरिक जलमार्ग अति विकसित एवं सुगम हो गए हैं। नदियों के तल को गहरा करके, तल को स्थिर करके तथा बाँध बनाकर जल के प्रवाह को नियन्त्रित कर जल परिवहन को उन्नत एवं सुगम बनाया गया है।

राइन आंतरिक जलमार्ग की प्रमुख विशेषताएँ निम्नलिखित हैं

(i) यह विश्व का सर्वाधिक प्रयोग में लाया जाने वाला जलमार्ग है जिससे 20,000 से अधिक महासागरीय जहाज एवं लगभग 2,00,000 आंतरिक जलमार्गीय जहाज यात्रा कर अपने माल का आदान-प्रदान करते हैं।

(ii) राइन जलमार्ग से एक साथ कई टनों का सामान एक स्थान से दूसरे स्थान पर पहुँचाया जाता है।

(iii) यह नदी उत्तरी सागर के रोटरडम (नीदरलैंड) बंदरगाह से स्विट्जरलैंड के बेसल तक 700 किमी लंबाई तक नौकायन योग्य है।

(iv) यह नदी संपन्न कोयला क्षेत्र से प्रवाहित होती है, जिसका प्रवाह (नदी बेसिन) विनिर्माण की दृष्टि से संपन्न है।

(v) यह जलमार्ग जर्मनी, फ्रांस, बेल्जियम, स्विट्जरलैंड तथा नीदरलैंड देशों के औद्योगिक प्रदेशों को उत्तरी अटलांटिक समुद्री मार्ग से जोड़ता है।

8. विश्व में 'उपग्रह संचार' के महत्व की उदाहरणों सहित व्याख्या कीजिए।

अथवा **संसार में उपलब्ध परिवहन तथा संचार सेवाओं के महत्त्व को स्पष्ट कीजिए।** **CBSE 2024**

उत्तर उपग्रह संचार एक ऐसी तकनीक है, जिसके माध्यम से पृथ्वी पर स्थित विभिन्न स्थानों के बीच रेडियो या माक्रोवेव सिग्नल्स के माध्यम से जानकारी का आदान-प्रदान किया जाता है। यह संचार उपग्रह के माध्यम से होता है, जो पृथ्वी के ऊपर कक्षा में स्थित होता है। यह संचार प्रणाली लंबी दूरी तक तेजी से जानकारी पहुँचाने में सक्षम होती है और इसका उपयोग दूरसंचार, टेलीविजन प्रसारण, इंटरनेट सेवाएँ, मौसम पूर्वानुमान, सैन्य संचार आदि के लिए किया जाता है।

संचार सेवा संचार वह माध्यम है, जिसमें संदेश तथा विचार को एक स्थान से दूसरे स्थान तक पहुँचाया जाता है। मनुष्य ने अधिक दूरियों के लिए संचार विधियों का प्रयोग किया, जिसमें टेलीग्राम व टेलीफोन प्रमुख थे। 20वीं सदी में इन दोनों विधियों पर संयुक्त राज्य अमेरिका का पूर्णतः नियंत्रण था। वर्तमान समय में टेलीफोन सबसे अधिक प्रयोग किया जाने वाला साधन है, जिसका अमेरिका के नगरीकरण में अधिक योगदान रहा है। विकासशील देशों के ग्रामीण क्षेत्रों में इसका अधिक महत्त्व है, जिसे उपग्रहों के माध्यम से संभव बनाया गया है। 1990 के दशक में दूरसंचार का कंप्यूटर के साथ विलय हुआ, जिससे एक नेटवर्क बना, जो इंटरनेट कहलाता है। इस क्षेत्र में तीव्र विकास से ऑप्टिकल फाइबर के प्रयोग ने ताँबे के तारों को प्रतिस्थापित करके सुरक्षित एवं त्रुटिहीन संप्रेषण को संभव बनाया है।

परिवहन सेवा स्थल, जल, वायु और पाइपलाइन विश्व परिवहन के महत्त्वपूर्ण साधन हैं, जिनका प्रयोग प्रदेश के आंतरिक तथा बाहरी परिवहन कार्य में किया जाता है।

परिवहन के माध्यम की सार्थकता वस्तुओं और सेवाओं के प्रकार, परिवहन की लागत तथा परिवहन के लिए उपलब्ध साधनों पर निर्भर करती है; जैसे—कम दूरी तथा एक घर से दूसरे घर की सेवा के लिए सड़क मार्ग सस्ता तथा तीव्रगामी होता है, अधिक मूल्य, हल्की एवं शीघ्र नष्ट होने वाली वस्तुओं का परिवहन वायुमार्ग द्वारा उपयुक्त होता है, देश के अंदर बड़ी मात्रा में वस्तुओं को लंबी दूरी तक पहुँचाने के लिए रेलमार्ग अनुकूल होता है तथा भारी एवं दूर तक सामानों का परिवहन या अंतर्राष्ट्रीय संचलन में जलमार्ग सस्ता पड़ता है। 18वीं सदी में

भाप इंजन के आविष्कार के पश्चात् रेलमार्गों के विकास को बढ़ावा मिला, साथ ही अंतर्दहन इंजन के आविष्कार से कार, मोटर, ट्रक आदि के निर्माण से सड़क परिवहन में क्रांति आई। इसके नवीनतम विकास के अंतर्गत राजमार्गों, तारमार्गों तथा पाइपलाइनों को भी इसमें रखा गया है।

9. विश्व परिवहन के उस प्रमुख प्रकार का नाम बताइए, जिसका उपयोग केवल तरल और गैसीय पदार्थों के माल परिवहन के लिए किया जाता है। परिवहन के इस प्रकार की चार विशेषताओं का उल्लेख कीजिए।

अथवा **जल, पेट्रोलियम, प्राकृतिक गैस तथा अन्य तरल पदार्थों के परिवहन के लिए किस साधन का उपयोग व्यापक रूप से किया जाता है? संसार में परिवहन के इस साधन के जाल का वर्णन कीजिए।**

अथवा **"विश्व में तरल एवं गैसीय पदार्थों के परिवहन के लिए पाइपलाइनों का व्यापक रूप से प्रयोग किया जाता है।" उपयुक्त तर्कों द्वारा इस कथन की पुष्टि कीजिए।** **CBSE 2023**

अथवा **परिवहन के साधन के रूप में पाइपलाइनों के महत्त्व के किन्हीं पाँच बिन्दुओं का विश्लेषण कीजिए।**

उत्तर पाइपलाइन परिवहन का एक नवीन साधन है, जिसके द्वारा जल, पेट्रोलियम और प्राकृतिक गैस जैसे तरल पदार्थों का परिवहन किया जाता है। विश्व के देशों में रसोई गैस या एल पी जी के साथ तरलीकृत कोयले का भी परिवहन पाइपलाइनों के द्वारा किया जाता है।

पाइपलाइनों के महत्त्व के हम इन पाँच बिंदुओं द्वारा समय सकते हैं

(i) **सुरक्षा** पाइपलाइनों द्वारा खतरनाक और ज्वलनशील पदार्थो का परिवहन सुरक्षित रूप से किया जाता है, क्योंकि इसमें दुर्घटनाओं का जोखिम कम होता है।

(ii) **सतत और निर्बाध परिवहन** एक बार पाइपलाइन स्थायित होने पर यह लगातार काम करती रहती है। बिना बाहरी बाधाओं के जिससे विस्तार आपूर्ति सुनिश्चित होती है।

(iii) **लागत अनुकूल** पाइपलाइन का निर्माण एक बार होने पर, इसके संचालन की लागत बहुत कम होती है, जिससे यह लंबे समय तक के लिए लाभप्रद साबित होती है।

(iv) **विस्तृत नेटवर्क और क्षमता** पाइपलाइनों के जरिए बड़ी मात्रा में तरल और गैसीय पदार्थों का परिवहन किया जाता है और यह दूरदराज के क्षेत्रों तक पहुँच सकता है।

(v) **पर्यावरणीय प्रभाव में कमी** पाइपलाइन से परिवहन करने से प्रदूषण कम होता है, क्योंकि इसमें वाहनों का उपयोग नहीं होता, जिससे पर्यावरण पर कम प्रभाव पड़ता है।

पाइपलाइनों के द्वारा तरल और गैसीय पदार्थों का परिवहन एक सुरक्षित किफायती और पर्यावरण के अनुकूल तरीका है।

10. परिवहन की एक विधा के रूप में जल परिवहन के महत्त्व को स्पष्ट कीजिए। **CBSE 2022**

उत्तर इस प्रश्न के उत्तर के लिए पृष्ठ संख्या 110 पर शीर्षक 'जल परिवहन' देखें

स्रोत आधारित प्रश्न

निम्नलिखित स्रोतों को ध्यानपूर्वक पढ़कर उन पर आधारित प्रश्नों के उत्तर दीजिए

1. आंतरिक जलमार्ग

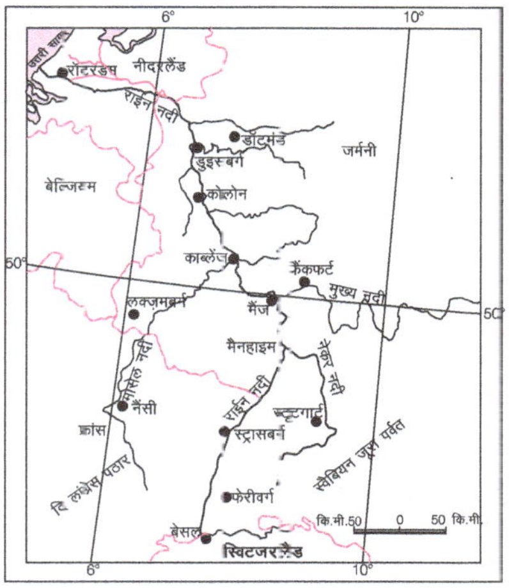

(i) **दिया गया आरेख किस जलमार्ग से संबंधित है?** **CBSE 2024**

उत्तर दिया गया आरेख राइन जलमार्ग से संबंधित है।

(ii) **दिए गए आरेख में अंकित (A) और (B) स्थानों के नामों का उल्लेख कीजिए।**

उत्तर दिए गए आरेख में अंकित (A) 'रॉटरडैम तथा अंकित (B) 'बेसल' को संदर्भित करता है।

(iii) **आरेख में दिए गए जलमार्ग के महत्त्व की व्याख्या कीजिए।**

उत्तर आरेख में राइन जलमार्ग के महत्त्व की व्याख्या को निम्नलिखित बिंदुओं द्वारा स्पष्ट किया गया है

- राइन जलमार्ग द्वारा रूर के दक्षिण में फैली पट्टी से होकर भारी वस्तुओं का आवागमन होता है।
- इस मार्ग से प्रतिवर्ष 20,000 से अधिक समुद्री जलयान तथा लगभग 2 लाख आंतरिक मालवाहक पोत वस्तुओं एवं सामग्रियों का आदान प्रदान होता है।

2. पार-साइबेरियन मार्ग **CBSE 2024**

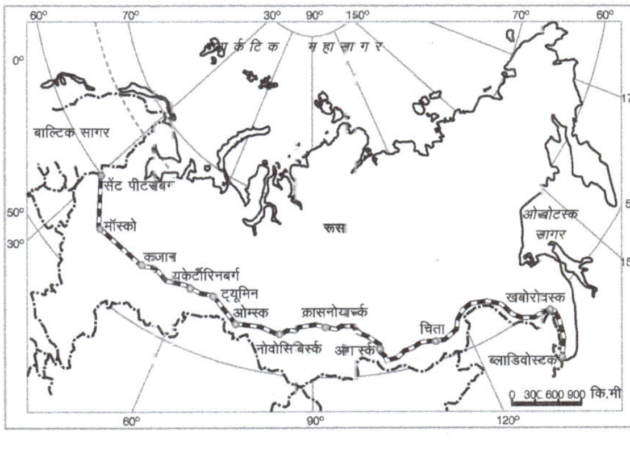

(i) **इस रेलमार्ग के किन्हीं दो स्टेशनों के नाम लिखिए।**

उत्तर मास्को एवं चिता इस रेलमार्ग के दो प्रमुख स्टेशन हैं।

(ii) **उन दो जल खण्डों के नाम लिखिए, जो इस रेलमार्ग से जुड़े हैं।**

उत्तर यह रेलमार्ग बाल्टिक सागर एवं प्रशान्त महासागर (जापान सागर) को जोड़ती है।

(iii) **इस रेलमार्ग के आर्थिक महत्त्व की परख कीजिए।**

उत्तर यह एशिया का सबसे महत्त्वपूर्ण एवं विश्व का सर्वाधिक लम्बा (9322 किमी.) दोहरे पथ से युक्त विद्युतीकृत पार-महाद्वीपीय रेलमार्ग है। खनिजों के ढुलाई में इस रेल मार्ग का विशेष महत्त्व है। यह मार्ग रूस की विभिन्न औद्योगिक इकाइयों को आपस में जोड़ता है। इस रेलमार्ग द्वारा पूर्वी भाग में पाए जाने वाले खनिजों को पश्चिम भाग में स्थित औद्योगिक इकाई तक पहुँचाया जाता है। तत्पश्चात् तैयार माल को इसी रेलमार्ग द्वारा पूर्वी भागों तक पहुँचाया जाता है। अतः रूस में इस रेलमार्ग का विशेष आर्थिक महत्त्व है।

3. **'राईन जलमार्ग' के मानचित्र का अध्ययन कीजिए और उसके नीचे दिए प्रश्नों का उत्तर लिखिए।** **CBSE 2025**

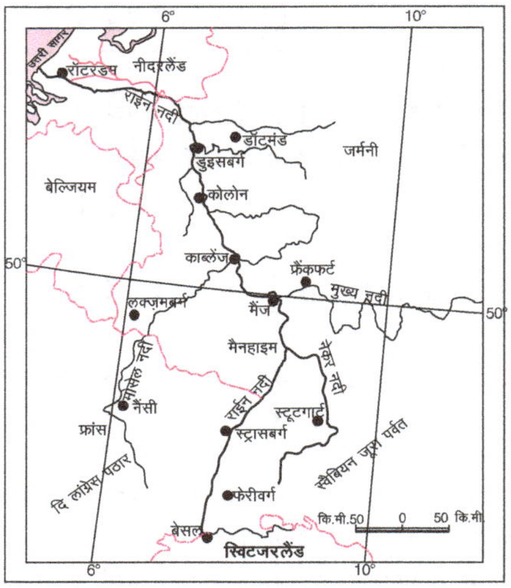

(i) **उस देश का नाम लिखिए, जिसमें राईन नदी का अधिकांश भाग आता है।**

उत्तर जर्मनी

(ii) **उन दो देशों के नाम लिखिए जिनके औद्योगिक क्षेत्रों को राईन नदी जोड़ती है।**

उत्तर जर्मनी और नीदरलैण्ड

(iii) **राईन नदी विश्व का सर्वाधिक उपयोग किया जाने वाला जलमार्ग क्यों है?**

उत्तर यह यूरोप के प्रमुख औद्योगिक क्षेत्रों (रुर घाटी, राइटडैम बंदरगाह) को जोड़ती है। यह जल परिवहन के लिए उपयुक्त गहराई और स्थिर जल प्रवाह प्रदान करती है, जिससे माल दुलाई सुगम होती है, साथ ही यह जर्मनी, फ्रांस, स्विटजरलैंड और नीदरलैंड के बीच व्यापार का महत्त्वपूर्ण मार्ग है जिससे आर्थिक गतिविधियों को बढ़ावा मिलता है।

4. **अधिकांश वस्तुओं एवं सेवाओं का अधिकांश संचलन स्थल पर होता है। आरंभिक दिनों में मानव स्वयं वाहक थे। क्या आपने कभी किसी दुल्हन को डोली/पालकी से चार व्यक्तियों (उत्तरी भारत में कहार) द्वारा ले जाते हुए देखा है? बाद के वर्षों में पशुओं का उपयोग बोझा ढोने के लिए किया जाने लगा। क्या आपने कभी खच्चरों, घोड़ों और ऊँटों को ग्रामीण क्षेत्रों में सामान ढोते हुए देखा है? पहिए के आविष्कार के साथ गाड़ियों और माल डिब्बों का प्रयोग महत्त्वपूर्ण हो गया।**

परिवहन में क्रांति अट्ठारहवीं शताब्दी में भाप के इंजन के आविष्कार के बाद आई। संभवतः प्रथम सार्वजनिक रेलमार्ग 1825 ई. में उत्तरी इंग्लैंड के स्टॉकटन और डर्लिंग्टन स्थानों के मध्य प्रारंभ हुआ और उसके बाद से ही रेलमार्ग 19वीं शताब्दी में परिवहन के सर्वाधिक लोकप्रिय और तीव्रतम प्रकार बन गए। रेलमार्गों ने संयुक्त राज्य अमेरिका के आंतरिक महाद्वीपीय क्षेत्रों को वाणिज्यिक अन्न कृषि, खनन और विनिर्माण के लिए खोल दिया।

अंतर्दहन इंजन के आविष्कार ने सड़कों की गुणवत्ता और उन पर चलने वाले वाहनों (कार, ट्रक इत्यादि) के संदर्भ में सड़क परिवहन में क्रांति ला दी। स्थल परिवहन के अंतर्गत नवीनतम विकास के रूप में पाइपलाइनों, राजमार्गों एवं तारमार्गों को रखा जाता है। तरल पदार्थ; जैसे– खनिज तेल, जल, अवमल और नाली मल का परिवहन पाइपलाइनों द्वारा किया जाता है। रेलमार्ग, समुद्री पोत, बजरे, नौकाएँ, मोटर ट्रक और पाइपलाइनें बड़े मालवाहक हैं।

सामान्यतः मानव कुली, बोझा ढोने वाले पशु, गाड़ियाँ अथवा माल डिब्बे जैसे पुराने और प्रारंभिक रूप परिवहन के सर्वाधिक खर्चीले साधन हैं, जबकि बड़े मालवाही सस्ते पड़ते हैं। विशाल देशों के आंतरिक भागों में पाए जाने वाले आधुनिक जलमार्गों और वाहकों को संपूरकता प्रदान करने में इनका बहुत महत्त्व है। भारत और चीन के साधन बसे जिलों में आज भी मानव कुलियों और मनुष्य द्वारा खींची जाने वाली गाड़ियों से होने वाले स्थल परिवहन का प्रचलन है।

(i) **प्रथम सार्वजनिक रेलमार्ग किन स्थानों के मध्य प्रारंभ हुआ?**

उत्तर संभवतः प्रथम सार्वजनिक रेलमार्ग का प्रारंभ 1825 ई. में उत्तरी इंग्लैंड के स्टॉकटन तथा डार्लिंग्टन के मध्य हुआ था।

(ii) **19वीं सदी में कौन-सा परिवहन सबसे लोकप्रिय साधन था?**

उत्तर 19वीं सदी में परिवहन के लोकप्रिय साधन के रूप में रेल परिवहन का महत्त्वपूर्ण स्थान रहा है। रेल परिवहन सड़क परिवहन का प्रमुख अंग है।

(iii) **स्थल परिवहन के अंतर्गत नवीनतम विकास के रूप में सबसे निचले स्थान पर किसे रखा जाता है?**

उत्तर स्थल परिवहन, परिवहन की व्यापक अवधारणा है, जिसके अंतर्गत प्राचीनकाल से आधुनिक काल तक अनेक विधाओं का विकास हुआ; जैसे-सड़क परिवहन, रेल परिवहन, मेट्रो आदि। वर्तमान में पाइपलाइन, महामार्ग, मेट्रो आदि इसके नवीनतम रूप उभरे हैं।

5. **स्वेज नहर पश्चिम में भूमध्य सागर को पूर्व में लाल सागर से जोड़ती है। इसका निर्माण 1869 ई. में मिस्र में किया गया था। उत्तर में पोर्ट सईद तथा दक्षिण में पोर्ट स्वेज (स्वेज पत्तन) इसके दो मुख्य सिरे हैं। यह नहर यूरोप को हिंद महासागर में एक नया प्रवेश मार्ग प्रदान करती है। यह नहर लगभग 160 किमी लंबी तथा 11 से 15 मी गहरी है। इस नहर में प्रतिदिन लगभग 100 जलयान आवागमन करते हैं। इन जलयानों को नहर पार करने में लगभग 10-12 घण्टे का समय लगता**

है। इस नहर से लिवरपुल एवं कोलंबो की दूरी उत्तमाशा अंतरीप मार्ग की तुलना में काफी कम हुई है, साथ ही अन्य देशों के लिए मार्ग खुले हैं, जिससे समय एवं व्यय में कमी आई है। यह नहर समुद्री सतह के बराबर है, जो जलबंधकों से रहित है। इस नहर के साथ एक रेलमार्ग भी है, जो स्वेज तथा इस्लामिया से कैरो तक जाता है। नील नदी से एक नौगम्य ताजा पानी की नहर स्वेज नहर से इस्माइलिया में मिलती है, जिससे पोर्ट सईद और स्वेज नदी को ताज़े जल की आपूर्ति होती रहती है।

(i) **कौन-सी नदी से स्वेज नहर में ताजे पानी की नहर जुड़ी है?**

उत्तर नील नदी से एक नौगम्य ताजे पानी की नहर स्वेज नहर से इस्माइलिया में मिलती है। यह नहर पोर्ट सईद और स्वेज बंदरगाह को ताजे पानी की आपूर्ति करती है।

(ii) **स्वेज नहर से होते हुए यूरोप किस महासागर में नया प्रवेश मार्ग प्राप्त करता है?**

उत्तर स्वेज नहर से होते हुए यूरोप को हिंद महासागर में एक नया प्रवेश मार्ग प्राप्त होता है, जिससे एशिया और अफ्रीका के साथ व्यापारिक मार्ग की दूरी और समय में कमी आती है।

(iii) **स्वेज नहर के उत्तर और दक्षिण के किनारे के दो प्रमुख बंदरगाह कौन-से हैं?**

उत्तर स्वेज नहर के उत्तर में पोर्ट सईद और दक्षिण में पोर्ट स्वेज (स्वेज पत्तन) स्थित हैं। ये दोनों बंदरगाह नहर के आर-पार यातायात और व्यापार के महत्त्वपूर्ण केंद्र हैं।

मानचित्र आधारित प्रश्न

1. विश्व के राजनीतिक मानचित्र पर निम्नलिखित की पहचान कीजिए।

(i) एक प्रमुख वायु पत्तन **CBSE 2015, 2013**

(ii) एक प्रमुख समुद्री पत्तन

(iii) साउथ अमेरिका के दो प्रमुख वायु पत्तन **CBSE 2015, 2014, 2012**

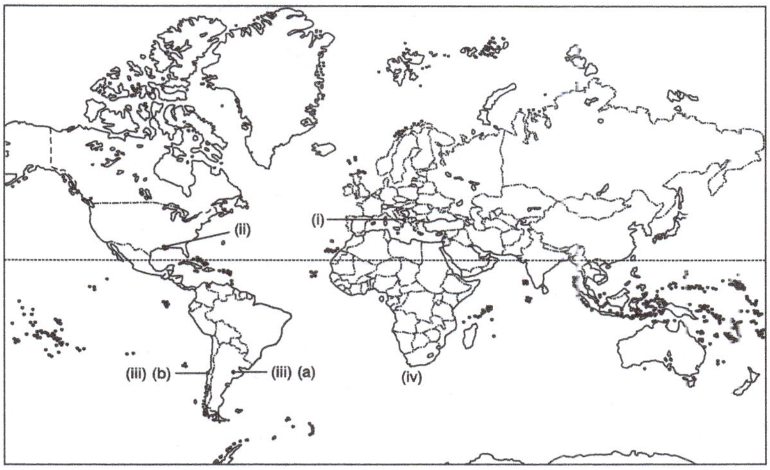

उत्तर

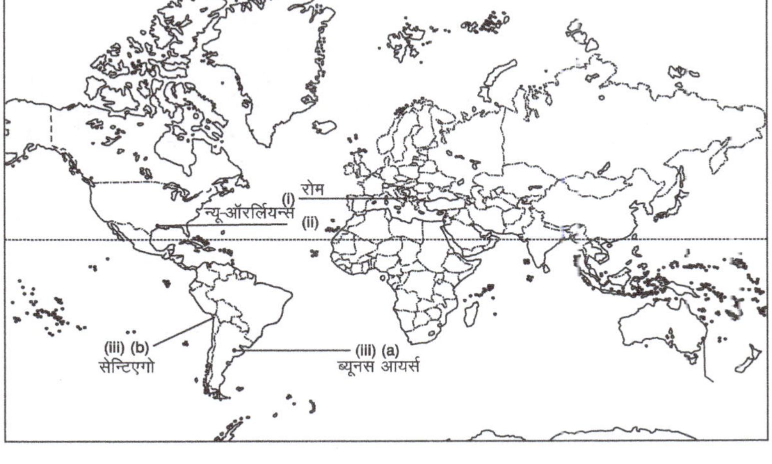

2. विश्व के राजनीतिक मानचित्र पर निम्नलिखित की पहचान कीजिए।

(i) एक प्रमुख वायु पत्तन

(ii) पार-साइबेरियन रेलमार्ग का पूर्व में स्थित रेलवे टर्मिनल **CBSE 2025**

(iii) एक अन्तर्राष्ट्रीय वायु पत्तन **CBSE 2025**

(iv) यूरोप का एक प्रमुख समुद्री पत्तन

(v) उत्तरी अमेरिका के दो प्रमुख वायु पत्तन

(vi) यूरोप का एक प्रमुख समुद्री पत्तन

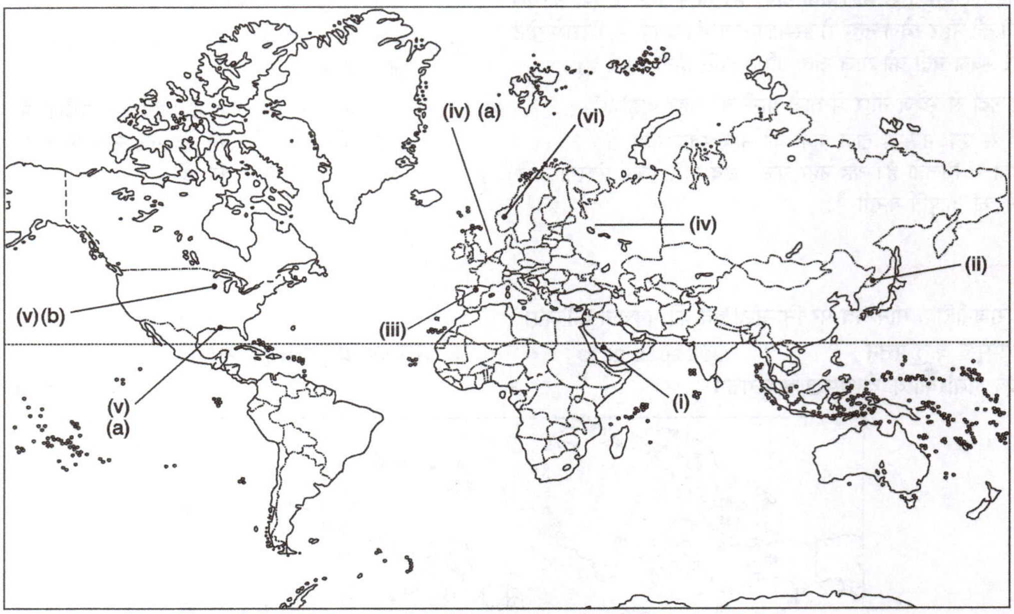

उत्तर

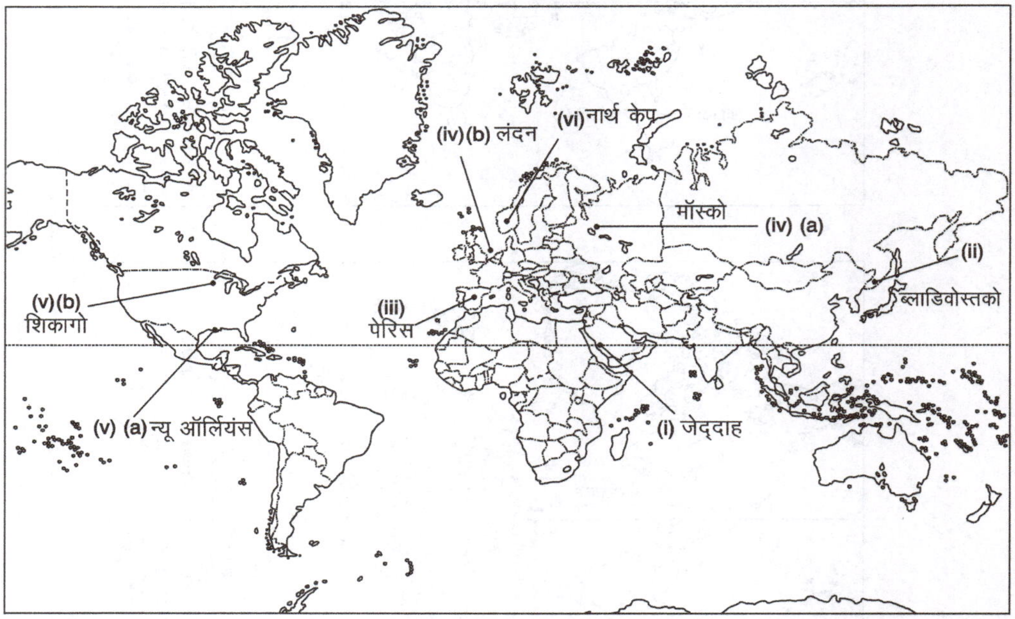

3. विश्व के राजनीतिक मानचित्र में निम्नलिखित की पहचान कीजिए।

(i) एक प्रमुख समुद्री पत्तन **CBSE 2016**

(ii) एशिया का एक प्रमुख समुद्री पत्तन **CBSE 2016**

(iii) उत्तरी अमेरिका का एक प्रमुख समुद्री पत्तन **CBSE 2016, 2013, 2011, 2008**

(iv) उत्तरी अमेरिका का एक प्रमुख समुद्री पत्तन

(v) दक्षिण अमेरिका का एक प्रमुख समुद्री पत्तन **CBSE 2016**

उत्तर

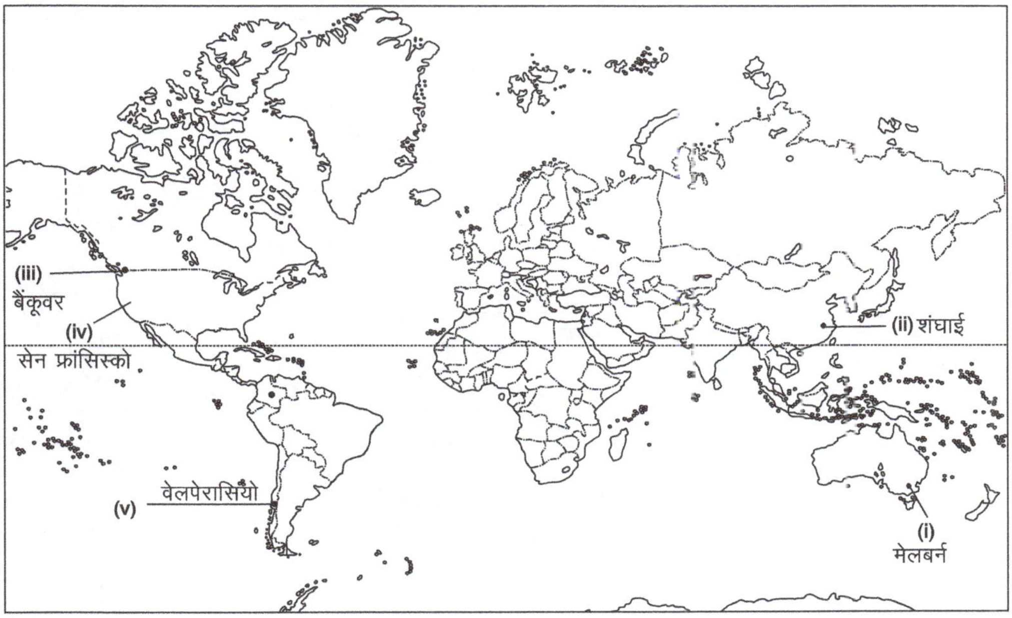

4. विश्व के राजनीतिक मानचित्र पर निम्नलिखित की पहचान कीजिए।

(i) रेलवे टर्मिनल स्टेशन **CBSE 2015**

(ii) पार-कैनेडियन रेलमार्ग का टर्मिनल स्टेशन **CBSE 2014**

(iii) जर्मनी का एक प्रमुख समुद्री पत्तन **CBSE 2025**

(iv) ऑस्ट्रेलियाई पार-महाद्वीपीय रेलमार्ग का टर्मिनल स्टेशन **CBSE 2019**

(v) अफ्रीका महाद्वीप का एक प्रमुख समुद्री पत्तन

(vi) एशिया महाद्वीप का एक प्रमुख समुद्री पत्तन

(vii) ऑस्ट्रेलिया महाद्वीप के दो प्रमुख वायु पत्तन

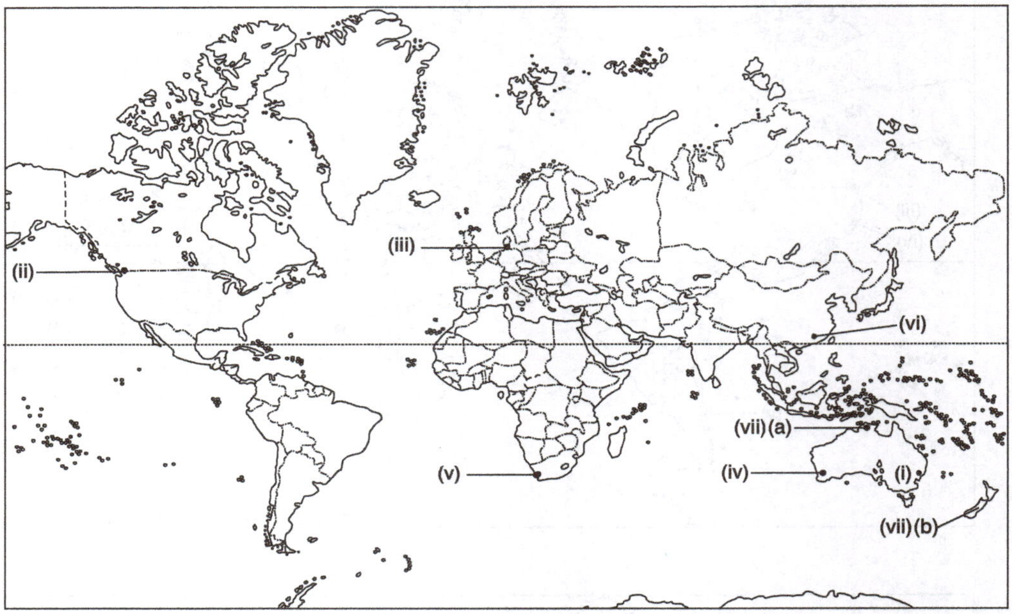

उत्तर

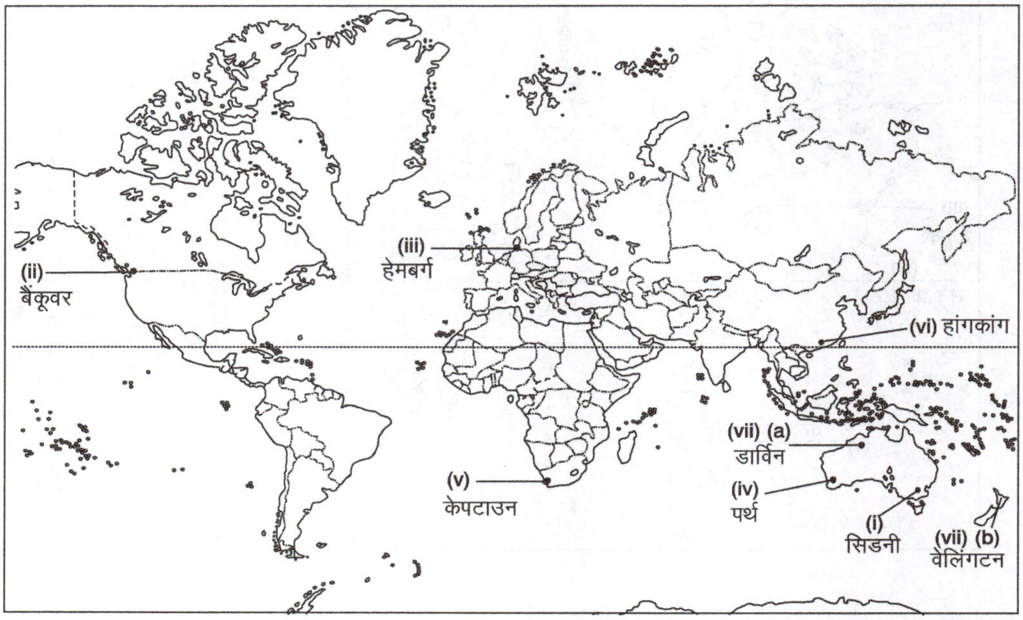

5. विश्व के मानचित्र पर निम्नलिखित का पता लगाए।

(i) यूरोप के दो प्रमुख समुद्री पत्तन

(ii) दक्षिण अमेरिका के दो प्रमुख समुद्री पत्तन

(iii) अफ्रीका के दो प्रमुख पत्तन

(iv) न्यूजीलैंड का प्रमुख समुद्री पत्तन

(v) पार-कैनेडियन रेलमार्ग का टर्मिनल स्टेशन

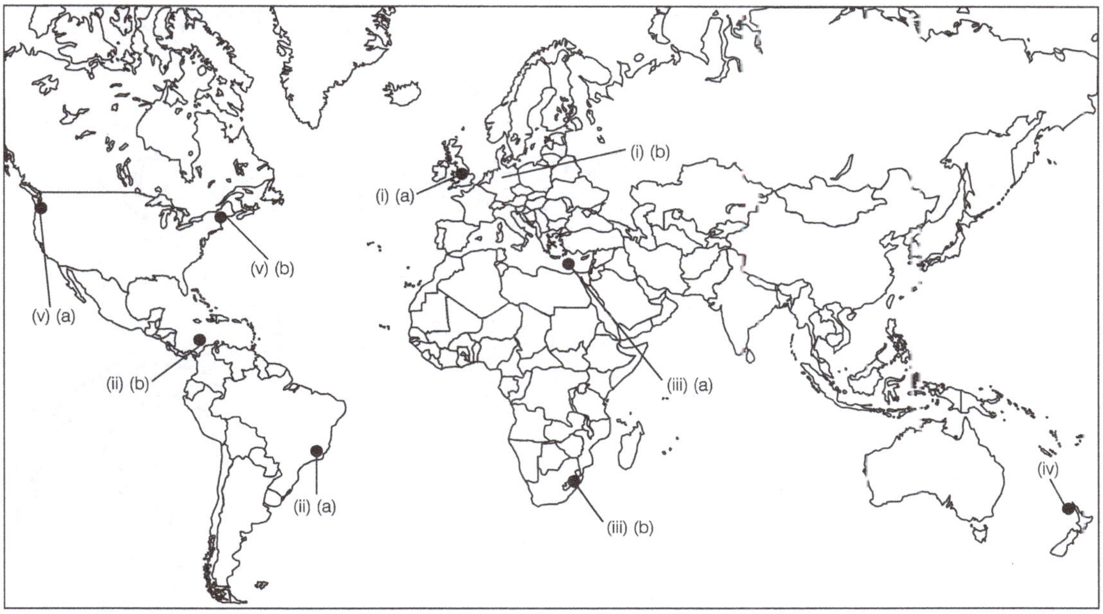

उत्तर

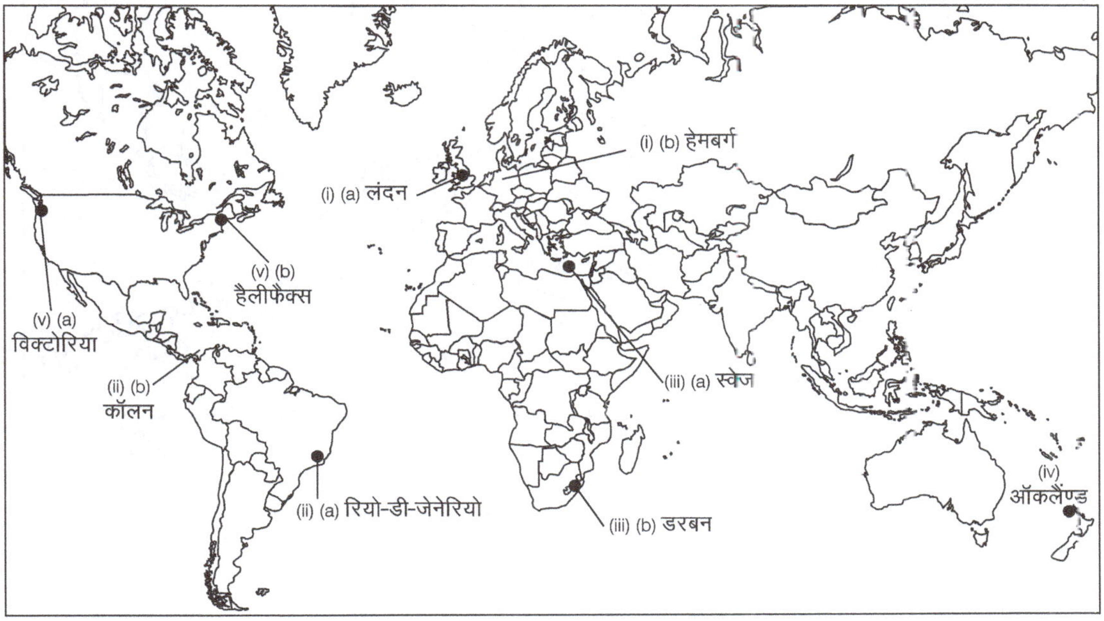

6. विश्व के राजनीतिक मानचित्र में निम्नलिखित की पहचान कीजिए।
(i) रेलवे टर्मिनल स्टेशन
(ii) पार-कैनेडियन रेलवे लाइन का टर्मिनल स्टेशन
(iii) यूरोप का प्रमुख समुद्री पत्तन
(iv) ऑस्ट्रेलियाई पार-महाद्वीपीय रेलमार्ग का टर्मिनल स्टेशन
(v) अफ्रीका महाद्वीप का एक प्रमुख समुद्री पत्तन

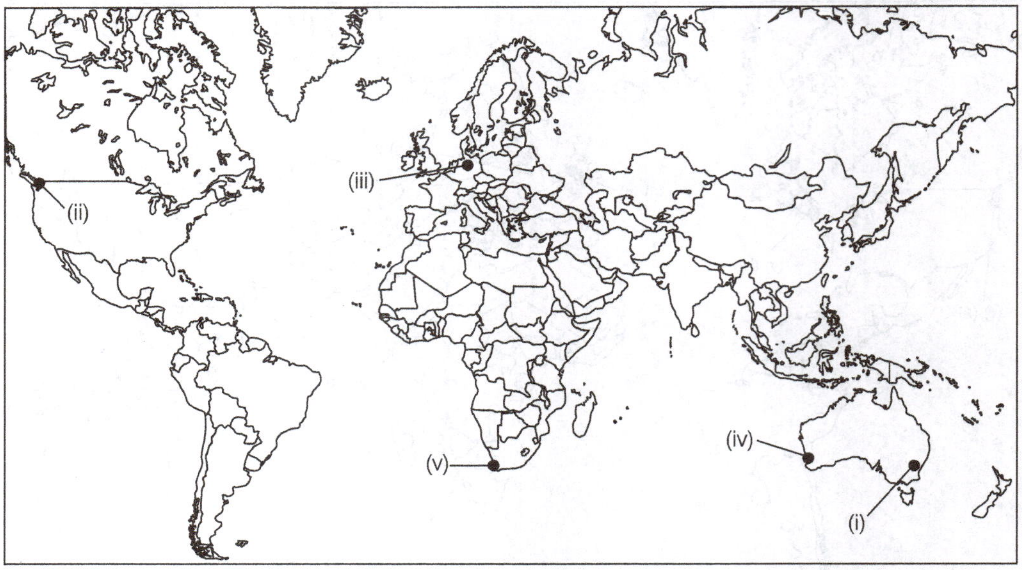

उत्तर

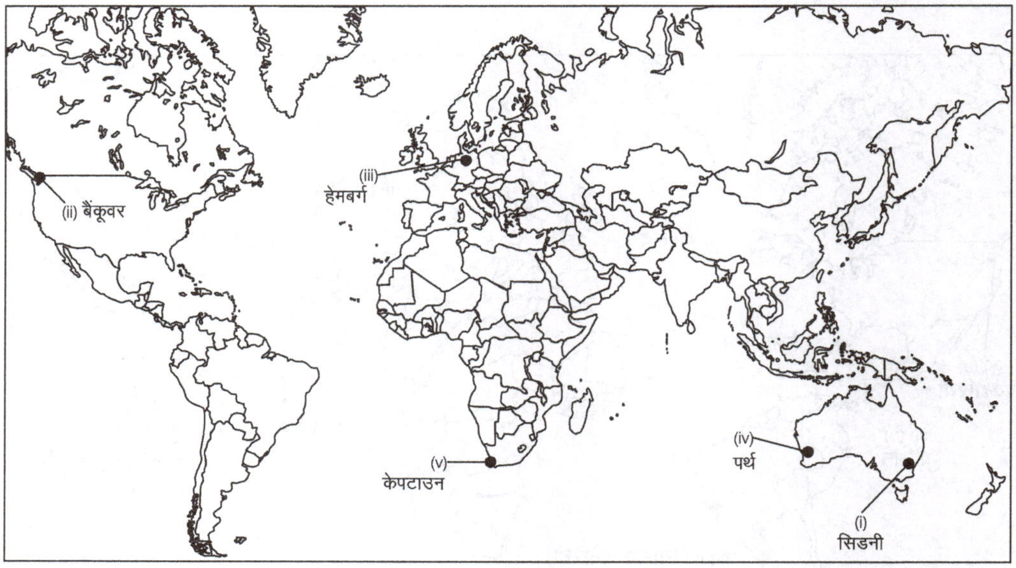

स्वयं को जाँचें

वस्तुनिष्ठ प्रश्न

1. विश्व में सर्वाधिक सड़क घनत्व किस देश का है?

(a) भारत (b) जापान
(c) ब्राजील (d) संयुक्त राज्य अमेरिका

2. किस देश में रेल घनत्व सर्वाधिक है?

(a) यू.एस.ए. (b) जापान
(c) बेल्जियम (d) नीदरलैंड

3. किस देश में मानक रेल लाइन का प्रयोग किया जाता है?

(a) श्रीलंका
(b) पाकिस्तान
(c) ब्रिटेन
(d) ये सभी

4. किस रेलमार्ग को कनाडा की आर्थिक धमनी कहा जाता है?

(a) पार-महाद्वीपीय रेलमाग
(b) पार-साइबेरियन रेलमार्ग
(c) संघ तथा प्रशांत रेलमार्ग
(d) ऑस्ट्रेलियाई पार-महाद्वीपीय रेलमार्ग

5. ग्लोनास किस देश की जीपीएस तकनीक प्रणाली है।

(a) अमेरिका (USA)
(b) जापान
(c) रूस
(d) यूरोपियन यूनियन

अतिलघु उत्तरीय प्रश्न

6. राष्ट्रीय राजमार्ग किसे कहते हैं?

7. विश्व में सबसे व्यस्त समुद्री मार्ग कौन-सा है?

8. वर्तमान में वायु परिवहन के क्षेत्र में क्या बदलाव आया है?

9. साइबर स्पेस इंटरनेट के एक आर्थिक महत्त्व को बताइए।

लघु उत्तरीय प्रश्न

10. परिवहन के खर्चीले साधनों का उल्लेख कीजिए।

11. रेलमार्ग किस प्रकार सड़कों की अपेक्षा अधिक वाणिज्य एवं व्यापार को पोषित करते हैं? स्पष्ट कीजिए।

12. तटीय नौपरिवहन ने किस प्रकार स्थल मार्ग की भीड़ को कम किया है?

13. सेंट लॉरेंस समुद्री मार्ग की प्रमुख विशेषताओं का वर्णन कीजिए।

दीर्घ उत्तरीय प्रश्न

14. विश्व में सड़क मार्गों और महामार्गों का असमान वितरण पाया जाता है। कथन की समीक्षा करें।

15. उत्तरी अमेरिका तथा दक्षिणी अमेरिका में हुए रेलमार्गों के विकास का वर्णन कीजिए।

16. साइबर स्पेस इंटरनेट ने परिवहन पूर्ण रूप से परिवर्तित कर दिया है, चर्चा कीजिए।

8

अध्याय

अंतर्राष्ट्रीय व्यापार

यह अध्याय वैश्विक स्तर पर होने वाले व्यापार से संबंधित है। इसके अंतर्गत अंतर्राष्ट्रीय व्यापार के इतिहास व उसके प्रकार तथा व्यापारिक संतुलन के विषय में बताया गया है और साथ ही व्यापारिक संगठनों व उनके संसाधनों पर चर्चा की गई है।

▼ अध्ययन एक नजर में

8.1 अंतर्राष्ट्रीय व्यापार का इतिहास
8.2 अंतर्राष्ट्रीय व्यापार के प्रकार
8.3 अंतर्राष्ट्रीय व्यापार के आधार
8.4 व्यापार संतुलन
8.5 विश्व व्यापार संगठन
8.6 अंतर्राष्ट्रीय व्यापार के प्रवेश द्वार

▼ अभ्यास के लिए

- बहुविकल्पीय प्रश्न 28, युग्मित प्रश्न, कथन/कारण, सुमेलित कीजिए
- वर्णनात्मक प्रकार के प्रश्न (लघु उत्तरीय प्रश्न 14, दीर्घ उत्तरीय प्रश्न 9)
- स्रोत आधारित प्रश्न 4, मानचित्र आधारित 1

- व्यापार (Trade) से तात्पर्य वस्तुओं तथा सेवाओं के आदान-प्रदान से है। व्यापार करने के लिए दो पक्षों का होना अति आवश्यक है, जिसमें एक व्यक्ति बेचता है और दूसरा व्यक्ति खरीदता है। व्यापार दोनों ही पक्षों के लिए समान रूप से लाभदायक होता है।
- प्राचीन समय में (व्यापार का प्रारंभिक रूप **विनिमय**[1] (Exchange/Barter) प्रणाली प्रचलित थी, जिसमें वस्तुओं का प्रत्यक्ष रूप से आदान-प्रदान होता था अर्थात् वस्तु के बदले में मुद्रा के स्थान पर वस्तु ही दी जाती थी। मुद्रा के परिचय ने ही विनिमय प्रणाली की कठिनाइयों को हल किया।
- मुद्रा के स्थान पर दी जाने वाली वस्तुएँ मूल्यवान होती थीं; जैसे-चकमक पत्थर, आग्नेय काँच (आबसीडियन), काउरी शैल, चीते के पंजे, ह्वेल के दाँत, कुत्ते के दाँत, खाल, बाल (फर), मवेशी, चावल, छोटे यंत्र, पेपरकॉर्न, नमक, ताँबा, चाँदी तथा स्वर्ण आदि। प्राचीन समय में नमक के द्वारा भुगतान प्रचलन में था, क्योंकि उस समय समुद्र से नमक बनाना किसी को ज्ञात नहीं था, इसलिए नमक को केवल खनिज नमक से ही बनाया जाता था। जिसको बनाने की विधि दुर्लभ और मँहगी थी।

8.1 अंतर्राष्ट्रीय व्यापार का इतिहास

- विभिन्न देशों के बीच उनकी भौगोलिक सीमा के बाहर वस्तुओं तथा सेवाओं के आदान-प्रदान को अंतर्राष्ट्रीय व्यापार कहा जाता है। कागजी अथवा धात्विक मुद्रा के प्रचलन में आने से वर्तमान समय में व्यापार राष्ट्रीय तथा अंतर्राष्ट्रीय स्तर पर किया जाने लगा है।
- प्राचीन समय में भी वस्तुओं का व्यापार होता था, परंतु तब यह केवल स्थानीय बाजारों तक ही सीमित था। उस समय लोग संसाधनों का प्रयोग केवल मूलभूत आवश्यकताओं; जैसे— भोजन, वस्त्र आदि के लिए करते थे।
- कुछ धनी एवं संपन्न लोग ही आभूषण एवं महँगे वस्त्रों को खरीदते थे, जिसके कारण विलासिता की वस्तुओं का व्यापार आरंभ हुआ।

1 **विनिमय** इस शब्द से तात्पर्य किसी वस्तु का वस्तु के बदले आदान प्रदान करने से है अर्थात् वस्तुओं का आदान -प्रदान ही विनिमय कहलाता है।

- आभूषण एवं महँगे वस्त्रों का व्यापार रेशम मार्ग द्वारा होता था, जो 6,000 किमी लंबा था। यह मार्ग चीन से रोम को जोड़ता था।
- इस मार्ग से व्यापारी भारत, पर्शिया (ईरान) और मध्य एशिया के स्थानों से चीन में बने रेशम, रोम की ऊन व बहुमूल्य धातुओं के साथ महँगी वस्तुओं का विनिमय या व्यापार करते थे।
- 12वीं तथा 13वीं सदी में रोम साम्राज्य के विखंडन के पश्चात् समुद्रगामी युद्धपोतों के विकास से यूरोप एवं एशिया के बीच व्यापार बढ़ा, जिसके कारण अमेरिका की खोज हुई।
- 15वीं सदी में यूरोपीय उपनिवेशवाद (Colonialism) के विकास के साथ विदेशी व्यापार के एक नए रूप में **दास व्यापार**[2] (Slave Trade) का उदय हुआ।
- पुर्तगाली, डच, स्पेनिश व अंग्रेज अफ्रीका के मूल निवासियों को बलपूर्वक पकड़कर श्रम (मजदूरी) करने के लिए अमेरिका भेजने लगे।
- दास व्यापार दो सौ वर्षों से अधिक समय तक लाभदायक रहा, जिसकी समाप्ति 1792 ई. में डेनमार्क में, 1807 ई. में ग्रेट ब्रिटेन में और 1808 ई. में संयुक्त राज्य अमेरिका में हुई।
- औद्योगिक क्रांति के पश्चात् कच्चे माल (मांस, अनाज, ऊन आदि) की माँग में वृद्धि हुई, साथ ही निर्मित वस्तु की तुलना में उसका मौद्रिक मूल्य भी कम हो गया।
- औद्योगिक राष्ट्रों में विनिर्माण की प्रक्रिया तीव्र होने से प्राथमिक उत्पादों का कच्चे माल के रूप में आयात शुरू हुआ और तैयार माल को गैर-औद्योगिक राष्ट्रों में निर्यात करना प्रारंभ हुआ।
- फलस्वरूप 19वीं सदी के अंत में प्राथमिक वस्तुओं का उत्पादन करने वाले देश और औद्योगिक राष्ट्र एक-दूसरे के ग्राहक बनकर रह गए।
- प्रथम व द्वितीय विश्व युद्ध के पश्चात् व्यापार में कर तथा वस्तुओं की मात्रा पर प्रतिबंध लगाना प्रारंभ हुआ। युद्ध के पश्चात् व्यापार व शुल्क हेतु सामान्य समझौता (General Agreement for Tariffs and Trade, GATT) जैसी संस्थाओं ने कर शुल्क को घटाने में सहायता की।

अंतर्राष्ट्रीय व्यापार

- अंतर्राष्ट्रीय व्यापार से आशय दो या दो से अधिक देशों के मध्य राष्ट्रीय सीमाओं के पार वस्तुओं तथा सेवाओं के आदान-प्रदान से है। यह व्यापार देशों के मध्य उन वस्तुओं को प्राप्त करने के लिए होता है, जिन्हें वे स्वयं उत्पन्न नहीं कर सकते या जिन्हें वे किसी दूसरे स्थान से कम कीमत पर खरीद सकते हैं।
- अंतर्राष्ट्रीय व्यापार इसलिए भी होता है, क्योकि विभिन्न देशों के पास विभिन्न वस्तुओं का उत्पादन करने की विशेषज्ञता होती है। जब कोई देश अपने अनुकूल या स्थानीय जलवायु के अनुकूल अपने कार्य पर ध्यान केंद्रित करता है, तो वह दूसरों के साथ व्यापार कर, सभी को लाभ पहुँचा सकता है। इसे विशेषीकरण कहा जाता है।
- देशों का व्यापार तीन मुख्य विचारों पर आधारित होता है
  (i) **सापेक्ष लाभ** इसका तात्पर्य है, जो वस्तु वे सबसे बेहतर बना सकते है, उसी का निर्माण करना
  (ii) **पूरकता** यह उन वस्तुओं का व्यापर है, जो दूसरे देशों की आवश्यकता के साथ भली-भाँति मेल खाता है।
  (iii) **संवहन क्षमता** यह इस विचार को दर्शाता है कि वस्तुओं और सेवाओं को एक देश से दूसरे देश में कितनी आसानी से स्थानांतरित किया जा सकता है। ये सिद्धांत व्यापार को दोनों पक्षों के लिए लाभदायक बनाते हैं।
- आधुनिक समय में व्यापार, विश्व के आर्थिक संगठन का आधार है और यह राष्ट्रों की विदेश नीति से संबंधित है। सुविकसित परिवहन तथा संचार प्रणाली से युक्त कोई भी देश अंतर्राष्ट्रीय व्यापार में भागीदारी से मिलने वाले लाभों को छोड़ने का इच्छुक नहीं है। यह सभी को उनकी आवश्यकता की वस्तुओं को प्राप्त करनें में मदद करता है और अर्थव्यवस्था को बढ़ावा देता है।

8.2 अंतर्राष्ट्रीय व्यापार के प्रकार

अंतर्राष्ट्रीय व्यापार को निम्नलिखित दो प्रकारों में विभाजित किया जाता है

(i) **द्विपार्श्विक व्यापार अथवा द्विपक्षीय व्यापार** इस प्रकार का व्यापार दो देशों के मध्य होता है तथा यह तभी संभव है, जब दोनों देशों की अर्थव्यवस्थाएँ एक-दूसरे की पूरक हों। इस व्यापार के अंतर्गत दोनों देश समझौते के तहत विभिन्न वस्तुएँ एवं सेवाओं का आयात-निर्यात करते हैं। उदारण के लिए देश A कुछ कच्चे माल का व्यापार करने के लिए सहमत हो सकता है और इसके बदले देश B से कुछ अन्य विशिष्ट वस्तु खरीदने का समझौता कर सकता है या इसके विपरीत।

---

2 **दास व्यापार** (Slave Trade) दास व्यापार का संबंध मानव व्यापार से होता है। यह पूर्व समय में प्रचलन में था, जिसमें मानव को बलपूर्वक एक जगह से दूसरी जगह पर काम करने के लिए भेजा जाता था।

(ii) **बहुपार्श्विक व्यापार या बहुपक्षीय व्यापार** व्यापार के इस प्रकार में वस्तुओं और सेवाओं का विनिमय अनेक व्यापारिक देशों के मध्य होता है एवं कुछ देश आपस में व्यापारिक साझेदारी होने पर किसी भी देश को सर्वाधिक अनुकूल राष्ट्र (Most Favoured Nation, MFN) का दर्जा दे सकते हैं। जिस राष्ट्र को यह दर्जा प्राप्त होता है, उसे इस व्यापार में विशेष छूट प्राप्त होती है।

चेक प्वॉइंट 1

1. अंतर्राष्ट्रीय व्यापार किस सिद्धांत पर आधारित है?
2. किस वर्ष ब्रिटेन में दास व्यापार घटने लगा?
3. किस महाद्वीप के लोगों को पकड़कर गुलाम के रूप में बेचा गया था ?
4. विश्वयुद्ध I और II के दौरान देशों ने व्यापार पर कौन-सी नीतियाँ लागू की थीं?
5. प्राचीन इतिहास में सिल्क रूट की लंबाई कितनी थी?

8.3 अंतर्राष्ट्रीय व्यापार के आधार

अंतर्राष्ट्रीय व्यापार के आधार निम्नलिखित हैं

राष्ट्रीय संसाधनों में भिन्नता

भौतिक संरचना (मृदा, उच्चावच, जलवायु आदि) में भिन्नता के कारण विश्व के राष्ट्रीय संसाधन असमान रूप से भिन्न हैं। राष्ट्रीय संसाधनों में भिन्नता के कारण निम्नलिखित हैं

(i) **भौगोलिक संरचना** यह संरचना खनिज संसाधन के आधार को निर्धारित करती है एवं भौगोलिक संरचना में भिन्नता के कारण ही फसलों तथा पशुओं में विविधता पाई जाती है, साथ ही निम्न भू-भागों में भूमि कृषि के अनुकूल होती है तथा पर्वतीय भाग पर्यटकों को आकर्षित कर पर्यटन को बढ़ावा देते हैं।

(ii) **खनिज संसाधन** ये विश्व में असमान रूप से पाए जाते हैं, जो औद्योगिक विकास के आधार होते हैं। खनिज संसाधनों की उपलब्धता औद्योगिक विकास को आधार प्रदान करती है।

(iii) **जलवायु** जलवायु वनस्पति तथा वन्यजीव को प्रभावित करती है, साथ ही उत्पादों की विविधता को भी जलवायु निर्धारित करती है; जैसे— ऊन का उत्पादन ठंडे प्रदेश में तथा केला, रबड़, चावल एवं कहवा उष्णकटिबंधीय जलवायु प्रदेशों में उत्पादित किए जाते हैं।

जनसंख्या कारक

जनसंख्या से संबंधित कारक निम्नलिखित हैं, जो विश्व व्यापार को प्रभावित करते हैं

(i) **जनसंख्या का आकार** सघन जनसंख्या वाले देशों में आंतरिक व्यापार अधिक, किंतु बाह्य व्यापार कम होता है, क्योंकि अधिक जनसंख्या वाले देशों में कृषि तथा औद्योगिक उत्पादों की माँग स्थानीय बाजारों में अधिक होती है। इसके साथ ही जनसंख्या का जीवन-स्तर बेहतर गुणवत्ता वाले आयातित उत्पादों की माँग को निर्धारित करता है, क्योंकि निम्न जीवन-स्तर वाले कम लोग ही महँगी वस्तुओं की माँग करते हैं।

(ii) **सांस्कृतिक कारक** विश्व के प्रत्येक देश में एक विशेष प्रकार की कला एवं **हस्तशिल्प**[3] (Handicraft) विकसित होते हैं, जिसे संपूर्ण विश्व में सराहा जाता है; जैसे—चीन द्वारा उत्पादित उत्तम कोटि का पोर्सलिन (चीनी मिट्टी के बर्तन) एवं ब्रोकेड (किमखाब-जरीदार या बूटेदार कपड़ा), ईरान के कालीन, उत्तरी अफ्रीका का चमड़े का काम तथा इंडोनेशिया के मूल्यवान वस्त्र व हस्तशिल्प आदि वैश्विक स्तर पर प्रसिद्ध होने के कारण इनकी माँग एवं व्यापार दोनों को बढ़ावा मिलता है, जिससे इनकी माँग बढ़ती है और व्यापार को बढ़ावा मिलता है।

आर्थिक विकास की अवस्था

किसी भी देश के आर्थिक विकास का व्यापार से प्रत्यक्ष संबंध होता है। इसका प्रभाव व्यापारिक क्रिया-कलापों पर अधिक पड़ता है; जैसे—कृषि पर आधारित देश द्वारा कृषि उत्पादों का निर्यात तथा विनिर्माण की वस्तुओं का आयात किया जाता है। दूसरी ओर, औद्योगिक देश मशीनरी व निर्मित वस्तुओं का निर्यात करते हैं और खाद्यान्न व अन्य कच्ची वस्तुओं का आयात करते हैं।

---

3 **हस्तशिल्प** (Handicraft) इसके अंतर्गत वस्तु का निर्माण हाथ से या सरल औजारों से किया जाता है।

विदेशी निवेश की सीमा

विकासशील देशों में पूँजी का अभाव होता है, इसलिए ये विदेशी निवेश पर निर्भर होते हैं। विकासशील देशों में मुख्य रूप से खनन, भारी **अभियांत्रिकी**[4], **काठ-कबाड़**[5] तथा बागवानी कृषि के विकास के लिए पूँजी की आवश्यकता होती है। विकसित देश, विकासशील देशों में पूँजी निवेश करके खाद्य पदार्थों तथा खनिजों का आयात सुनिश्चित करते हैं, साथ ही अपनी निर्मित वस्तुओं के लिए बाजार निर्मित करते हैं। इस प्रक्रिया से भी व्यापार को बढ़ावा मिलता है।

परिवहन

प्राचीन समय में परिवहन के पर्याप्त साधनों के अभाव के कारण व्यापार स्थानीय स्तर पर ही होता था। केवल कुछ मूल्यवान वस्तुओं; जैसे—रेशम, रत्न तथा मसालों का ही लंबी दूरियों तक व्यापार किया जाता था। वर्तमान समय में स्थल, जल तथा वायु परिवहन के विस्तार के साथ-साथ वस्तुओं को अधिक दिनों तक सुरक्षित रखने हेतु **प्रशीतन**[6] तथा परिरक्षण के साधनों से व्यापार को प्रोत्साहन मिला है।

8.4 व्यापार संतुलन

किसी समय अवधि के अंतर्गत किसी देश के निर्यात तथा आयात के अंतर को व्यापार संतुलन (Balance of Trade) कहा जाता है। यह एक देश द्वारा अन्य देशों को आयात एवं निर्यात की गई वस्तुओं एवं सेवाओं की मात्रा के लेखे-जोखे को व्यक्त करता है। व्यापार संतुलन को मुख्यत: तीन भागों में विभाजित किया जाता है, जो निम्नलिखित हैं

(i) **अनुकूल व्यापार संतुलन** (Favourable Balance Trade) जब किसी देश के द्वारा निर्यात की गई वस्तुओं एवं सेवाओं का मूल्य आयात के मूल्य की अपेक्षा अधिक होता है, तब उस देश का व्यापार संतुलन धनात्मक होता है।

(ii) **प्रतिकूल व्यापार संतुलन** (Unfavourable Balance Trade) जब किसी देश के द्वारा निर्यात की गई वस्तुओं एवं सेवाओं का मूल्य आयात मूल्य की तुलना में कम होता है, तब उस देश का व्यापार संतुलन ऋणात्मक होता है।

(iii) जब किसी देश के द्वारा निर्यात की गई वस्तुओं का मूल्य आयात की गई वस्तुओं के मूल्य के बराबर होता है, तब उस देश का व्यापार संतुलन में होता है।

- व्यापार संतुलन और भुगतान संतुलन का एक देश की अर्थव्यवस्था पर व्यापक प्रभाव पड़ता है। नकारात्मक संतुलन (प्रतिकूल संतुलन) का तात्पर्य है कि देश वस्तुओं को खरीदने पर अधिक व्यय करता है, जितना वह अपनी वस्तुओं की बिक्री पर अर्जित कर सकता है। यह वित्तीय भंडार के अधिक उपयोग की स्थिति भी उत्पन्न कर सकता है।

मुक्त व्यापार

व्यापार के लिए अर्थव्यवस्थाओं को खोलने की प्रक्रिया को मुक्त व्यापार या व्यापार **उदारीकरण**[7] कहा जाता है। यह व्यापार बाधाओं (बैरियर) जैसे शुल्क को कम करके किया जा सकता है। इससे देश की अर्थव्यवस्था को निम्न तथ्यों द्वारा बढ़ावा मिलता है।

- इसमें सदस्य राष्ट्रों के मध्य सीमा शुल्क (Custom Duty) को घटा दिया जाता है, जिससे व्यापर को बढ़ावा मिलता है।
- घरेलू उत्पादों तथा सेवाओं से प्रतिस्पर्द्धा करने के लिए सभी स्थानों से वस्तुओं और सेवाओं के लिए अनुमति प्रदान की जाती है। फलस्वरूप परिवहन एवं संचार की व्यवस्था से दूर के देशों तक व्यापार संभव होता है।
- भूमंडलीकरण एवं मुक्त व्यापार विकासशील देशों की अर्थव्यवस्थाओं पर प्रतिकूल प्रभाव डालते है।
- मुक्त व्यापार के अंतर्गत विकासशील देशों को समान अवसर नहीं मिल पाता है। इसके अतिरिक्त **डंप**[8] की गई वस्तुओं के कारण किसी भी राष्ट्र के घरेलू उत्पादों को हानि होती है।

---

4 **अभियांत्रिकी** (Heavy Engineering) इसके अंतर्गत वस्तु को बनाने के लिए विज्ञान और गणित का प्रयोग किया जाता है।
5 **काठ-कबाड़** (Lumbering) लकड़ी काटने के काम को काठ-कबाड़ कहते हैं।
6 **प्रशीतन** (Refrigeration) खाद्य वस्तु को लंबे समय तक सुरक्षित रखने वाली मशीन प्रशीतन कहलाती है।
7 **उदारीकरण** (Liberalisation) आर्थिक विकास को बढ़ावा देने हेतु लाइसेंसिंग प्रणाली को समाप्त कर आर्थिक नीतियों को सरल बनाने की प्रक्रिया उदारीकरण कहलाती है।
8 **डंप** (Dumping) लागत की दृष्टि से नहीं वरन् भिन्न-भिन्न कारणों से अलग-अलग कीमत की किसी वस्तु को दो देशों में विक्रय करने की प्रथा डंप करना कहलाती है।

8.5 विश्व व्यापार संगठन

विश्व व्यापार संगठन में सीमा शुल्क तथा अन्य बाधाओं से मुक्त करने के उद्देश्य से वर्ष 1948 में जनरल एग्रीमेंट ऑन ट्रेड एंड टैरिफ (GATT) का गठन किया गया था।

- इस संगठन के सदस्य देशों द्वारा वर्ष 1994 में मुक्त एवं निष्पक्ष व्यापार की दृष्टि से एक स्थायी संस्था की माँग की गई। तत्पश्चात् वर्ष 1995 से GATT को विश्व व्यापार संगठन (World Trade Organisation, WTO) के रूप में परिवर्तित कर दिया गया। इसका मुख्यालय जेनेवा (स्विट्जरलैंड) में है। भारत इसका संस्थापक सदस्य है। वर्तमान में इसके सदस्यों की संख्या 164 हो गई है।
- विश्व व्यापार संगठन के कार्य निम्नलिखित हैं
  - यह विश्वव्यापी व्यापार तंत्र के लिए नियमों को नियत करता है।
  - यह ऐसा अंतर्राष्ट्रीय संगठन है, जो सदस्य राष्ट्रों के व्यापारिक मतभेदों का निपटारा वैश्विक नियम के अंतर्गत करता है।
  - यह संगठन दूरसंचार और बैंकिंग जैसी सेवाओं के साथ **बौद्धिक संपदा अधिकार**[9] (Intellectual Property Rights) के व्यापार को भी अपने कार्यों में सम्मिलित करता है।
  - यह व्यापारिक समझौते के कार्यान्वयन, प्रशासन एवं परिचालन हेतु सुविधाएँ प्रदान करता है।
  - हालाँकि, विश्व व्यापार संगठन (WTO) की आलोचना भी की जाती है। ऐसे देश, जिनको मुफ्त व्यापार और आर्थिक वैश्वीकरण के प्रभावों की चिंता है, वे WTO का विरोध करते हैं।
  - मुफ्त व्यापार साधारण लोगों का जीवन समृद्ध नहीं बनाता। यह अमीर एवं गरीब के बीच की खाई को बढ़ा रहा है, क्योंकि WTO में प्रभावशाली राष्ट्र अपने वाणिज्यिक हितों पर विशेष ध्यान केंद्रित करते हैं।
  - इसके अतिरिक्त कई विकसित देशों ने विकासशील देशों के उत्पादों के लिए अपने बाजार पूर्ण रूप से नहीं खोले हैं। यह भी तर्क दिया जाता है कि स्वास्थ्य, श्रमिक अधिकार, बाल श्रम और पर्यावरण के मुद्दों की उपेक्षा की जाती है।

क्षेत्रीय व्यापार ब्लॉक

- क्षेत्रीय व्यापार ब्लॉक उन देशों के मध्य व्यापार को बढ़ावा देते हैं, जो भौगोलिक रूप से एक दूसरे के लगभग होते हैं।
- क्षेत्रीय व्यापार ब्लॉक में व्यापारिक वस्तुओं की समानताएँ और परस्पर पूरकता होती है और ये विकासशील देशों में व्यापार पर प्रतिबंधों को कम करते हैं।
- वर्तमान में 120 क्षेत्रीय व्यापार ब्लॉक विश्व व्यापार में 52% संभावनाएँ उत्पन्न करते हैं। ये व्यापार ब्लॉक वैश्विक संगठनों के क्षेत्रीय व्यापार को गति देने में असफलता के जवाब में विकसित किए गए हैं।

अंतर्राष्ट्रीय व्यापार से संबंधित चिंताएँ

- अंतर्राष्ट्रीय व्यापार देशों के लिए हानिकारक हो सकता है। यदि यह अन्य देशों पर निर्भरता और विकास के असमान स्तरों को बढ़ावा देता है।
- अंतर्राष्ट्रीय व्यापार अधिकांशत: शोषण और व्यावसायिक प्रतिद्वंद्विता उत्पन्न करता है, जो युद्ध का कारण बन सकता है।
- वैश्विक व्यापार जीवन के विभिन्न पहलुओं को प्रभावित करता है, यह पर्यावरण के साथ ही दुनिया भर के लोगों के स्वास्थ्य और कल्याण के प्रत्येक क्षेत्र पर प्रभाव डाल सकता है।
- जब विभिन्न देश व्यापक स्तर पर व्यापार करने के लिए प्रतिस्पर्द्धा करते हैं, तो उत्पादन और प्राकृतिक संसाधनों का उपयोग बढ़ जाता है। इससे संसाधनों का अधिक उपयोग होता है। इसके परिणामस्वरूप समुद्री जीवन में कमी , वनों की कटाई और नदी घाटियों को निजी पेयजल, कंपनियों को बेच दिया जाता है।
- तेल, गैस खनन, दवा उद्योग और कृषि व्यवसाय में काम करने वाले बहुराष्ट्रीय कंपनियाँ प्रत्येक कीमत पर अपने संचालन का विस्तार करती रहतीं हैं। उनकी कार्य प्रणाली ऐसी होती है कि वे सतत् विकास के मानदंडों का पालन नहीं करती और अत्यधिक प्रदूषण उत्पन्न करते हैं।
- यदि संगठनों का लक्ष्य केवल लाभ अर्जित करना हो और पर्यावरण और स्वास्थ्य से संबंधित चिंताओं को अनदेखा किया जाए, तो इससे भविष्य में गंभीर परिणाम उत्पन्न हो सकते हैं।

---

9 **बौद्धिक संपदा अधिकार** (Intellectual Property Rights) बौद्धिक संपदा अधिकार किसी व्यक्ति, निगम अथवा कंपनी को वस्तु का डिजाइन, प्रौद्योगिकी खोज, अन्य नवीन खोजों आदि के लिए वैधानिक संरक्षण प्रदान करता है।

चेक प्वॉइंट 2

1. WTO की स्थापना किस समझौते के तहत हुई?
2. कौन-सी कंपनियाँ सतत् विकास के मानदंडों का पालन किए बिना अपने कार्यों में विस्तार करती है?
3. अंतर्राष्ट्रीय व्यापार को निर्धारित करने वाले दो कारक बताइए।
4. वर्तमान में 120 क्षेत्रीय व्यापार ब्लॉक विश्व व्यापार में कितने प्रतिशत संभावनाएँ उत्पन्न करते हैं?

8.6 अंतर्राष्ट्रीय व्यापार के प्रवेश द्वार

पत्तन

पत्तन (Port) एवं पोताश्रय (Harbours) अंतर्राष्ट्रीय व्यापार के मुख्य प्रवेश द्वार कहलाते हैं। इन्हीं पत्तनों द्वारा जहाजों से माल विश्व के एक भाग से दूसरे भाग तक भेजा जाता है।

पत्तन जहाजों के लिए विभिन्न प्रकार की सुविधाएँ; जैसे—माल को लादना या उतारना, माल को सुरक्षित रखना आदि की व्यवस्था करते हैं।

- इन सभी सुविधाओं की पूर्ति हेतु पत्तन अधिकारी श्रमिक, छोटी नौकाएँ, रस्से एवं अन्य प्रबंधकीय सेवाओं की व्यवस्था करते हैं।
- किसी पत्तन का आकलन माल के आकार और संभाले जाने वाले जहाजों की संख्या से किया जाता है। किसी पत्तन द्वारा संभाली गई वस्तु की मात्रा उसके आस-पास के प्रदेश के विकास के स्तर का सूचक होती है।

पत्तन के प्रकार

पत्तनों का वर्गीकरण अनेक आधारों पर किया जाता है, जिनका वर्णन इस प्रकार है

निपटाए गए नौभार के आधार पर पत्तनों के प्रकार

निपटाए गए नौभार के आधार पर पत्तनों के निम्नलिखित हैं

(i) **औद्योगिक पत्तन** ये पत्तन थोक नौभार (Bulk Cargo) के लिए विशेष रूप से बने होते हैं। इनके द्वारा अनाज, चीनी, अयस्क, तेल तथा रसायनों आदि पदार्थों का आयात-निर्यात होता है।

(ii) **वाणिज्यिक पत्तन** इन पत्तनों द्वारा सामान्य नौभार तथा विनिर्मित वस्तुओं का आयात-निर्यात होता है। साथ ही इन पत्तनाँ पर यात्री यातायात का भी प्रबंध होता है।

(iii) **विस्तृत पत्तन** इस प्रकार के पत्तनों द्वारा विशाल मात्रा में नौभार का थोक में प्रबंध किया जाता है। संसार के बड़े पत्तन इसी वर्ग के अंतर्गत आते हैं।

अवस्थिति के आधार पर पत्तनों के प्रकार

अवस्थिति के आधार पर पत्तनों के प्रकार निम्नलिखित हैं

(i) **अंतर्देशीय पत्तन** ये पत्तन समुद्रतट से दूर होते हैं, जो किसी नदी या नगर द्वारा समुद्र से जुड़े होते हैं। ऐसे पत्तन पर समतल तल वाले जहाज या माल लादने की समतल तल वाली नाव ही गतिशील होती हैं। मैनचेस्टर पत्तन मिसीसिपी पर स्थित मेंफिस, राइन नदी पर स्थित मैनहीम व ड्यूसबर्ग तथा हुगली नदी पर स्थित कोलकाता प्रमुख अंतर्देशीय पत्तन हैं।

(ii) **बाह्य पत्तन** ऐसे पत्तन वास्तविक पत्तन से दूर गहरे जल में अवस्थित होते हैं। ये पत्तन उन जहाजों, जो आकार में बड़े होने के कारण वास्तविक पत्तन तक नहीं पहुँच पाते हैं, को ग्रहण करके उनके वास्तविक पत्तन तक की सेवाएँ प्रदान करते हैं। एवनमाउथ तथा पिरेइअस ऐसे प्रमुख पत्तन हैं, जो एथेंस (यूनान) के समीप अवस्थित हैं।

विशिष्टीकृत कार्यकलापों के आधार पर पत्तनों के प्रकार

विशिष्टीकृत कार्यकलापों के आधार पर पत्तन निम्नलिखित प्रकार के हैं

(i) **तेल पत्तन** ऐसे पत्तन तेल का प्रसंस्करण तथा नौपरिवहन का कार्य करते हैं। इनमें कुछ पत्तनों को टैंकर पत्तन (Tanker Ports) तथा कुछ को तेलशोधन पत्तन (Oil Refinery Ports) कहा जाता है। वेनेजुएला में स्थित माराकाइबो, ट्यूनीशिया में स्थित एस्सखीरा तथा लेबनान का त्रिपोली प्रमुख टैंकर पत्तन हैं तथा फारस की खाड़ी (Gulf of Persia) में स्थित अबदान एक तेलशोधन पत्तन है।

(ii) **मार्ग पत्तन** (विश्राम पत्तन) ऐसे पत्तन महत्त्वपूर्ण समुद्री मार्गों पर विश्राम केंद्रों के रूप में विकसित हुए, जहाँ जहाज पुनः ईंधन भरने, जल तथा खाद्य सामग्री लेने के लिए रुकते थे। बाद में ये पत्तन वाणिज्यिक पत्तनों के रूप में विकसित हुए हैं। अदन, होनोलूलू तथा सिंगापुर ऐसे प्रमुख पत्तन हैं।

(iii) **पैकेट स्टेशन** ये ऐसे पत्तन होते हैं, जिनका प्रयोग छोटी दूरियों को तय करने, जलीय क्षेत्रों में डाक पहुँचाने तथा यात्रियों के आवागमन के लिए किया जाता है, इसलिए इन्हें **फेरी पत्तन** के नाम से भी जाना जाता है।

ये पत्तन जलीय क्षेत्र (Water Bodies) के आमने-सामने अवस्थित होते हैं। इंग्लैंड के डोवर तथा फ्रांस के कैलाइस इसके उदाहरण हैं, जो इंग्लिश चैनल के आमने-सामने स्थित हैं।

(iv) **आंत्रपो पत्तन** ऐसे पत्तन एकत्रण केंद्र के रूप में कार्य करते हैं, जहाँ विभिन्न देशों से लाई गई वस्तुओं को एकत्र किया जाता है तथा यहाँ से दूसरे देश को निर्यात किया जाता है।

सिंगापुर, रोटरडम तथा कोपेनहेगेन ऐसे प्रमुख पत्तन हैं, जो क्रमशः एशिया, यूरोप तथा बाल्टिक क्षेत्र के लिए आंत्रपो पत्तन हैं।

(v) **नौसेना पत्तन** ऐसे पत्तन सामाजिक तथा सामरिक महत्त्व वाले होते हैं, जहाँ युद्धक जहाजों को खड़ा करने तथा उनकी मरम्मत के लिए कार्यशालाओं की व्यवस्था होती है। भारत में कोच्चि तथा कारवाड़ प्रमुख नौसेना पत्तन हैं।

चेक प्वॉइंट 3

1. किन्हीं दो बाह्य पत्तन के नाम बताइए।
2. नौसेना पत्तन (Naval Ports) किस उद्देश्य से बनाए जाते हैं?
3. लेबनान का विपोली पत्तन किस प्रकार का पत्तन है?
4. रोटरडम तथा कोपेनहेगेन किस प्रकार के पत्तन हैं?
5. भारत में कोच्चि तथा कारवाड़ प्रमुख ………… है।

Mind Map

अंतर्राष्ट्रीय व्यापार

1 अंतर्राष्ट्रीय व्यापार का इतिहास

- रेशम मार्ग अंतर्राष्ट्रीय व्यापार का एक आरंभिक उदाहरण है।
- प्रथम तथा द्वितीय विश्व युद्ध के दौरान देशों ने व्यापार पर कर तथा मात्रात्मक प्रतिबंध लगाए।
- युद्ध समाप्त होने के पश्चात्, वर्ष 1948 में व्यापार एवं शुल्क हेतु सामान्य समझौता (GATT) का गठन किया गया।

2 अंतर्राष्ट्रीय व्यापार के प्रकार

- द्विपार्श्विक व्यापार दो देशों के द्वारा एक दूसरे के साथ किया जाता है।
- बहु-पार्श्विक व्यापार बहुत -से व्यापारिक देशों के साथ किया जाता है।

3 अंतर्राष्ट्रीय व्यापार के आधार

- **राष्ट्रीय संसाधनों मे भिन्नता** भौतिक संरचना; जैसे -भू-विज्ञान, उच्चावच, मृदा व जलवायु की भिन्नता के कारण असमान रूप से वितरित है।
- **जनसंख्या कारक** विभिन्न देशों में जनसंख्या के आकार तथा उनकी विविधता व्यापार को प्रभावित करती है।
- **आर्थिक विकास की प्रावस्था** देशों के आर्थिक विकास की विभिन्न अवस्थाओं में व्यापार की गई वस्तुओं का स्वभाव (प्रकार) परिवर्तित हो जाता है।
- **विदेशी निवेश की सीमा** विदेशी निवेश से व्यापार को प्रोत्साहन मिलता है।
- **परिवहन-** पर्याप्त तथा समुचित परिवहन व्यापार को प्रभावित करता है।

4 व्यापार संतुलन

- देशों के मध्य आयातित और निर्यातित वस्तुओं तथा सेवाओं की मात्रा का प्रलेखन करता है।
- सकारात्मक जब निर्यात का मूल्य आयात के मूल्य से अधिक हो।
- नकारात्मक जब आयात का मूल्य निर्यात के मूल्य से अधिक हो।

5 मुक्त व्यापार

- व्यापारिक अवरोधों (जैसे-सीमा शुल्क) के बिना व्यापार।
- व्यापार उदारीकरण को प्रोत्साहन देना।

6 व्यापारिक संगठन

- विश्व व्यापार संगठन अंतर्राष्ट्रीय संगठन, जो वैश्विक व्यापार तंत्र के नियमों को नियत करता है।
- क्षेत्रीय व्यापार संगठन घनिष्ठ रूप से जुड़े देशों के मध्य व्यापार को प्रोत्साहित करना।

7 अंतर्राष्ट्रीय व्यापार से संबंधित मामले

- क्षेत्रीय असंतुलन
- व्यापारिक प्रतिद्वंद्विता
- पर्यावरण का ह्रास
- समुद्री जीवन का ह्रास
- संसाधनों का दोहन

8 बंदरगाहों के प्रकार

अवस्थिति के आधार पर

- अंतर्देशीय बंदरगाह समुद्र तट से दूर अवस्थित होते हैं, जैसे-मेंफिस
- बाह्य बंदरगाह वास्तविक बंदरगाहों से दूर बने गहरे जल के बंदरगाह, जैसे-पिरेइअस

उत्पाद तथा सँभाले गए यातायात के आधार पर

- **औद्योगिक बंदरगाह** ये बंदरगाह थोक नौभार के लिए विशेषीकृत होते हैं; जैसे-अनाज, चीनी, अयस्क आदि।
- **वाणिज्यिक बंदरगाह** सामान्य नौभार संवेष्टित उत्पादों तथा विनिर्मित वस्तुओं का निपटान करते हैं।
- **विस्तृत बंदरगाह** बड़े परिमाण में सामान्य नौभार का थोक में प्रबंध करते हैं।

विशिष्टीकृत कार्यकलापों के आधार पर

- **तेल बंदरगाह** ये तेल के प्रक्रमण और नौ-परिवहन का कार्य करते हैं।
- **मार्ग बंदरगाह** (विश्राम बंदरगाह) - ये मूल रूप से मुख्य समुद्री मार्गों पर विश्राम केंद्र के रूप में स्थित है जहाँ जहाज पुन: ईंधन भरने, जल भरने तथा खाद्य सामग्री लेने के लिए लंगर डालते हैं।
- **पैकेट स्टेशन** इन्हें फेरी बंदरगाह के रूप में भी जाना जाता है।
- **आंत्रपों बंदरगाह** ये वे एकत्रण केंद्र हैं, जहाँ विभिन्न देशों से निर्यात हेतु वस्तुएँ लाई जाती हैं।
- **नौ-सेना बंदरगाह** ये युद्धक जहाजों को सेवाएँ देते हैं।

NCERT फोल्डर

अध्याय के मध्य दिए गए प्रश्न

1. डंपिंग व्यापारी देशों के लिए गहरी चिंता का विषय क्यों बनती जा रही है?

उत्तर डंपिग, एक शुल्क है, जो व्यापारी देशों के लिए और इसमें क्या कारण है? गहरी चिंता का विषय बना हुआ है इसके पीछे कई कारण हो सकते हैं

(i) **निर्यात में कमी** अमेरिकी एंटी-डंपिंग शुल्क के कारण भारत और अन्य प्रभावित देशों को निर्यात प्रभावित हो रहा है। यह उनके व्यापारिक लाभ और विदेशी मुद्रा अर्जन पर नकारात्मक प्रभाव डालता है।

(ii) **प्रतिस्पर्द्धा में असमानता** एंटी-डंपिंग शुल्क से प्रभावित देशों के उत्पाद महँगे हो जाते हैं, जिससे उनकी प्रतिस्पर्द्धामकता कम हो जाती है। इससे अन्य देशों को फायदा मिलता है, जो समान उत्पाद बिना किसी अतिरिक्त शुल्क के निर्यात करते हैं।

(iii) **आर्थिक प्रभाव**–समुद्री उत्पाद, विशेषकर झींगा, भारत जैसे देशों के लिए एक महत्त्वपूर्ण निर्यात वस्तु है। इन पर शुल्क बढ़ने से घरेलू उत्पादकों और निर्यात की आय में भारी कमी हो सकती है, जिससे उनके रोजगार और आजीविका पर प्रभाव पड़ेगा।

(iv) WTO के सिद्धांतों का उल्लंघन एंटी-डंपिंग शुल्क को कई बार WTO के मुक्त और निष्पक्ष व्यापार के सिद्धांतों के खिलाफ माना जाता है। इससे अंतर्राष्ट्रीय व्यापारिक संबंधों में मत भेद उत्पन्न हो सकते हैं।

नीचे दिए चार विकल्पों में से सही उत्तर चुनिए

1. संसार के अधिकांश महान पत्तनों को किस पत्तन के रूप में वर्गीकृत किया गया है?

(a) नौसेना पत्तन (b) विस्तृत पत्तन
(c) तेल पत्तन (d) औद्योगिक पत्तन

उत्तर *(b)* विस्तृत पत्तन

2. निम्नलिखित महाद्वीपों में से किस एक से विश्व व्यापार का सर्वाधिक प्रवाह होता है?

(a) एशिया (b) यूरोप
(c) उत्तरी अमेरिका (d) अफ्रीका

उत्तर *(b)* यूरोप

निम्नलिखित प्रश्नों के उत्तर लगभग 30 शब्दों में दीजिए

1. विश्व व्यापार संगठन के आधारभूत कार्य कौन–से हैं?

उत्तर विश्व व्यापार संगठन के आधारभूत कार्य निम्नलिखित हैं

- यह विश्व व्यापार तंत्र के लिए नियमों को नियत करता है।
- यह सदस्य राष्ट्रों की वैश्विक समस्याओं या झगड़ों का समाधान वैश्विक नियम के अनुसार करता है।
- यह दूरसंचार और बैंकिंग जैसी सेवाओं के साथ बौद्धिक संपदा अधिकार को भी अपने कार्यों में शामिल करता है।
- यह व्यापारिक समझौते के कार्यान्वयन, प्रशासन एवं परिचालन हेतु सुविधाएँ प्रदान करता है।

2. ऋणात्मक भुगतान संतुलन का होना किसी देश के लिए क्यों हानिकारक होता है?

उत्तर जब किसी देश के द्वारा निर्यात की गई वस्तुओं एवं सेवाओं का मूल्य आयात के मूल्य की अपेक्षा कम होता है, तो उस देश के व्यापार को ऋणात्मक अथवा प्रतिकूल बाजार कहा जाता है। यह हानिकारक इसलिए होता है, क्योंकि देश को वस्तुओं के क्रय पर अधिक खर्च करना पड़ता है, साथ ही इसका राष्ट्र की अर्थव्यवस्था पर दबाव भी पड़ता है।

3. व्यापारिक समूहों के निर्माण द्वारा राष्ट्रों को क्या लाभ प्राप्त होते हैं?

उत्तर व्यापारिक समूहों के निर्माण द्वारा राष्ट्रों को निम्न लाभ प्राप्त होते हैं

- इससे प्रादेशिक स्तर पर व्यापार को बढ़ावा मिलता है, जिससे राष्ट्र कम खर्च एवं सस्ते दामों पर वस्तुओं को प्राप्त करते हैं।
- इसमें सदस्य राष्ट्रों के व्यापार शुल्क को हटा दिया जाता है, जिससे मुक्त व्यापार को बढ़ावा मिलता है।
- इससे अत्यधिक उत्पादन करने वाले राष्ट्रों को बाजार उपलब्ध होता है, जिससे वे निर्यात द्वारा अधिक आय प्राप्त करते हैं।

निम्नलिखित प्रश्नों के उत्तर लगभग 150 शब्दों में दीजिए

1. पत्तन किस प्रकार व्यापार के लिए सहायक होते हैं? पत्तनों का वर्गीकरण उनकी अवस्थिति के आधार पर कीजिए।

उत्तर पत्तनों को अंतर्राष्ट्रीय व्यापार का प्रवेश द्वार कहा जाता है। पत्तनों के द्वारा अनेक प्रकार की सुविधाएँ प्रदान की जाती हैं; जैसे–गोदी, माल उतारने, लादने तथा श्रम व्यवस्था के साथ प्रबंधकीय सेवाएँ आदि। विश्व के सभी देश इस माध्यम से जुड़कर व्यापार को प्रोत्साहित कर सकते हैं, साथ ही इससे दूर तक व्यापार सुगम होता है। अतः पत्तन अंतर्राष्ट्रीय स्तर के व्यापार में सहायक की भूमिका निभाते हैं। अवस्थिति के आधार पर पत्तनों का वर्गीकरण इस प्रकार है

(i) **अंतर्देशीय पत्तन** ये पत्तन समुद्रतट से दूर होते हैं, जो किसी नदी या नगर द्वारा समुद्र से जुड़े होते हैं। इन पत्तनों पर चौरस तल वाले जहाज या माल लादने की चौरस तल वाली नाव गतिशील होती हैं। मिसीसिपी पर स्थित मेंफिस, राइन नदी पर स्थित मैनहीम व ड्यूसबर्ग, मैनचेस्टर तथा हुगली नदी पर स्थित कोलकाता प्रमुख अंतर्देशीय पत्तन हैं।

(ii) **बाह्य पत्तन** ऐसे पत्तन वास्तविक पत्तन से दूर गहरे जल में अवस्थित होते हैं। ये पत्तन उन जहाजों, जो आकार में बड़े होने के कारण वास्तविक पत्तन तक नहीं पहुँच पाते हैं, को ग्रहण करके उनके वास्तविक पत्तन तक की सेवाएँ प्रदान करते हैं। एवनमाउथ तथा पिरेइअस ऐसे प्रमुख पत्तन हैं, जो एथेंस तथा यूनान में अवस्थित हैं।

2. अंतर्राष्ट्रीय व्यापार से देश कैसे लाभ प्राप्त करते हैं?

अथवा **"अंतर्राष्ट्रीय व्यापार राष्ट्रों के लिए पारस्परिक रूप से लाभकारी हैं।" इस कथन को स्पष्ट कीजिए।**

उत्तर "अंतर्राष्ट्रीय व्यापार राष्ट्रों के लिए पारस्परिक रूप से लाभकारी हैं।" इसे निम्नलिखित बिंदुओं द्वारा समझा जा सकता है

- विश्व के सभी देशों में वस्तुएँ एवं संसाधनों की उपलब्धता समान रूप से नहीं पाई जाती है। परिणामस्वरूप देश अपनी भौगोलिक सीमा के बाहर वस्तुओं का आदान-प्रदान करते हैं, जिससे इनकी आवश्यकता की पूर्ति हो जाती है। इससे देशों को कम मूल्य पर वस्तुएँ प्राप्त होती हैं।
- इसमें विश्व के अलग-अलग राष्ट्रों द्वारा वस्तुओं तथा सेवाओं के श्रम विभाजन एवं विशेषीकरण को प्रयोग में लाया जाता है, जिससे विशिष्टीकरण का व्यापार संभव होता है। यह व्यापार वस्तुओं एवं सेवाओं के तुलनात्मक लाभ तथा आदान-प्रदान एवं पूरकता के सिद्धांत पर आधारित होता है, जिससे देशों को समान लाभ प्राप्त होता है।
- अंतर्राष्ट्रीय व्यापार द्विपक्षीय के साथ बहुपक्षीय होता है, जिसमें कुछ देशों को विशेष दर्जा प्राप्त होता है, जिससे देश को विशेष छूट प्राप्त होती है। इसके अतिरिक्त विश्व के देश प्रादेशिक स्तर पर भी संगठित होकर व्यापार को पूरा करते हैं, जिसमें राष्ट्रों को सीमा तथा अन्य शुल्कों में छूट होती है।
- इस व्यापार में वस्तुओं के साथ श्रमों का प्रवाह भी वैश्विक स्तर पर होता है, जिससे वैश्विक स्तर पर वस्तुओं और सेवाओं की उपलब्धता होती है। अतः इससे सभी देश लाभान्वित होते हैं।

अभ्यास प्रश्न

वस्तुनिष्ठ प्रश्न

बहुविकल्पीय प्रश्न

1. रेशम मार्ग किन देशों को परस्पर जोड़ता था?

(a) भारत एवं चीन (b) चीन एवं अफगानिस्तान
(c) चीन एवं रोम (d) भारत एवं रोम

उत्तर (c) चीन एवं रोम

2. दास व्यापार का उदय कब हुआ? दक्षता आधारित प्रश्न

(a) 12वीं सदी में (b) 13वीं सदी में
(c) 14वीं सदी में (d) 15वीं सदी में

उत्तर (*d*) 15वीं सदी में

3. निम्नलिखित में से कौन-सा कारक देशों के मध्य अंतर्राष्ट्रीय व्यापार को निर्धारित करता है?

(a) जनसंख्या (b) खनिज संसाधन
(c) विदेशी निवेश (d) ये सभी

उत्तर (*d*) ये सभी

4. निम्नलिखित में से कौन-सा विश्व व्यापार संगठन का मुख्यालय है? **CBSE 2024**

(a) न्यूयॉर्क (b) दिल्ली (c) जिनेवा (d) लंदन

उत्तर (c) जिनेवा

5. रिक्त स्थान की पूर्ति के लिए सही विकल्प का चयन कीजिए।
व्यापार के लिए अर्थव्यवस्थाओं को खोलने का कार्य..... के रूप में जाना जाता है। **CBSE 2025**

(a) संतुलित व्यापार (b) एकतरफा व्यापार
(c) मुक्त व्यापार (d) द्विपक्षीय व्यापार

उत्तर (*d*) 164

6. निम्नलिखित संगठनों में से कौन-सा अपने सदस्य देशों के लिए वैश्विक व्यापार का नियमन करता है सबसे उपयुक्त विकल्प का चयन कीजिए। **CBSE 2024**

(a) सयुंक्त राष्ट्र
(b) विश्व व्यापार संगठन
(c) नॉर्थ अमेरिकन फ्री ट्रेड एसोसिएशन
(d) साउथ एशियन फ्री ट्रेड एग्रीमेंट

उत्तर (*b*) विश्व व्यापार संगठन

7. व्यापार संतुलन के उद्देश्य में शामिल है.........

(a) आयात मूल्य को निर्यात की अपेक्षा कम रखना
(b) वस्तुओं के क्रय पर विक्रय से अधिक व्यय करना
(c) वित्तीय संचय को समाप्त करना
(d) वित्तीय संचय को बढ़ाना

उत्तर (*d*) वित्तीय संचय को बढ़ाना

8. एक देश वैश्विक व्यापार प्रक्रिया में भागीदार बनने के वाद निरंतर अन्य विकसित देशों द्वारा नियमित व्यापारिक बाध्यताओं से घिरा हुआ है। इसके खिलाफ उस देश को कहाँ शिकायत करनी चाहिए?

(a) विश्व व्यापार संगठन (b) संयुक्त राष्ट्र संघ
(c) अंतर्राष्ट्रीय मुद्रा कोष (d) विश्व बैंक

उत्तर (*a*) विश्व व्यापार संगठन

9. निम्नलिखित में से कौन-सा तेल पत्तन का उदाहरण है? **CBSE 2024**

(a) अबादान (b) मैनचेस्टर
(c) कोच्चि (d) डोवर

उत्तर (*a*) अबादान

10. निम्नलिखित में से कौन-सा एक 'आंत्रपो पत्तन' का उदाहरण है? **CBSE 2024**

(a) अबादान (b) माराकाइबो (c) सिंगापुर (d) त्रिपोली

उत्तर (c) सिंगापुर

11. व्यापार हेतु अर्थव्यवस्थाओं को खोलने का कार्य मुक्त व्यापार अथवा व्यापार उदारीकरण के रूप में जाना जाता है। मुक्त व्यापार के दौरान ········ वस्तुएँ घरेलू उत्पादकों को नुकसान पहुँचा सकती हैं, जो सस्तें मूल्य पर बेची जाती हैं। *दक्षता आधारित प्रश्न*

(a) डंप की गई (b) उच्च गुणवत्ता वाली
(c) स्थानीय (d) वस्त्र

उत्तर (*a*) डंप की गई

12. विकासशील देशों में व्यापार को बढ़ावा देने के लिए ········ आवश्यक होता है, क्योंकि उनके पास खनन, भारी अभियांत्रिकी और बागवानी कृषि के लिए पूँजी का अभाव होता है। *दक्षता आधारित प्रश्न*

(a) घरेलू निवेश (b) विदेशी निवेश
(c) बाह्य व्यापार (d) अंतरिक व्यापार

उत्तर (*b*) विदेशी निवेश

13. आंत्रपो पत्तन के संदर्भ में कौन-सा कथन सही नहीं है?

(a) ऐसे पत्तन एकत्रण केंद्र के रूप में कार्य करते हैं
(b) यहाँ विभिन्न देशों से लाई गई वस्तुओं को एकत्र कर दूसरे देश को निर्यात किया जाता है
(c) सिंगापुर, रोटरड़म तथा कोपेनहेगेन ऐसे प्रमुख पत्तन हैं
(d) ये पत्तन छोटी दूरियों के लिए अधिक प्रयुक्त किए जाते हैं

उत्तर (*d*) ये पत्तन छोटी दूरियों के लिए अधिक प्रयुक्त किए जाते हैं

14. निम्नलिखित घटनाओं को सही क्रम में व्यवस्थित करें *दक्षता आधारित प्रश्न*

1. रेशम मार्ग रोम को जोड़ने वाली लंबी दूरी के व्यापार का एक प्रारंभिक उदाहरण है।
2. रोमन साम्राज्य के विद्यटन के बाद यूरोपीय वाणिज्य में वृद्धि हुई।
3. 15वीं शताब्दी से ही यूरोपीय उपनिवेशवाद शुरू हुआ और विदेशी वस्तुओं के व्यापार के एक नए स्वरूप का उदय हुआ, जिसे दास व्यापार कहा गया।
4. प्रथम और द्वितीय विश्व युद्धों के दौरान देशों में पहली बार व्यापार कर और मात्रात्मक प्रतिबंध लगाए।

कूट

(a) 1, 2, 3, 4 (b) 4, 2, 3, 1 (c) 2, 1, 4, 3 (d) 3, 2, 4, 1

उत्तर (*a*) 1, 2, 3, 4

15. विश्व व्यापार संगठन के संदर्भ में निम्नलिखित कथनों में से कौन-सा/से कथन सही हैं ? *दक्षता आधारित प्रश्न*

1. वर्ष 1995 में GATT को विश्व व्यापार संगठन के रूप में परिवर्तित कर दिया गया था।
2. भारत विश्व व्यापार संगठन का संस्थापक देश नहीं है।
3. विश्व व्यापार संगठन विश्वव्यापी व्यापार तंत्र के लिए नियमों को नियत करता है।

कूट

(a) 1 और 2 (b) 2 और 3 (c) 1 और 3 (d) 1, 2 और 3

उत्तर (*c*) 1 और 3

16. निम्नलिखित कथनों पर विचार कीजिए

1. पत्तन को अंतर्राष्ट्रीय व्यापार का मुख्य प्रवेश द्वार कहा जाता है।
2. वोल्गा नदी पर स्थित मैनहीम एवं ड्यूसबर्ग पत्तन प्रमुख अंतर्देशीय पत्तन हैं।
3. पैकेट स्टेशन पत्तनों का प्रयोग छोटी दूरियों को तय करने तथा जलीय क्षेत्रों में यात्रियों के आवागमन हेतु किया जाता है।

उपरोक्त में से कौन-सा/ से कथन सही नहीं है

कूट

(a) 1 और 3 (b) 2 और 3 (c) 1 और 2 (d) केवल 2

उत्तर (*d*) केवल 2

17. व्यापार संतुलन के संदर्भ में निम्नलिखित में से कौन-सा कथन सही नहीं है? *दक्षता आधारित प्रश्न*

1. यदि किसी देश का निर्यात उसके आयात से अधिक हो, तो व्यापार संतुलन अनुकूल होता है।
2. ऋणात्मक व्यापार संतुलन का अर्थ है कि देश आयात पर अपने निर्यात से अधिक खर्च कर रहा है।
3. व्यापार संतुलन का देश की अर्थव्यवस्था पर कोई प्रभाव नहीं पड़ता।
4. यदि निर्यात आयात से कम हो, तो व्यापार संतुलन प्रतिकूल होता है।

कूट

(a) कथन 1 और 4 (b) केवल 2
(c) केवल 3 (d) केवल 4

उत्तर (*c*) केवल 3

18. निम्नलिखित कथनों में से कौन-से-कथन सहीं हैं?

1. अंतर्देशीय पत्तन समुद्री तट से दूर स्थित होते हैं और एक नदी अथवा नहर द्वारा समुद्र से जुड़े होते हैं।
2. बाह्य पत्तन गहरे जल के पत्तन होते हैं, जो वास्तविक पत्तन से दूर स्थित होते हैं और बड़े जहाजों को सेवा प्रदान करते हैं।

कूट

(a) केवल 1 (b) केवल 2
(c) 1 और 2 (d) न तो 1 और न ही 2

उत्तर (*c*) 1 और 2

19. निम्नलिखित में से किन वस्तुओं का व्यापार रेशम मार्ग से होता था?

1. आभूषण 2. कीमती वस्त्र
3. बहुमूल्य रत्न 4. अनाज

कूट

(a) 1, 2 और 3 (b) 2, 3 और 4
(c) 1, 3 और 4 (d) इनमें से कोई नहीं

उत्तर (*a*) 1, 2 और 3

20. निम्नलिखित युग्मों में से कौन-सा/से युग्म सही है/हैं?

1. तैल पत्तन- एस्सखीरा 2. पैकेट स्टेशन- डोवर
3. मार्ग पत्तन- कोलम्बो 4. नौसेना पत्तन- हम्बनटोटा

कूट

(a) 1 और 2 (b) 2 और 3 (c) 3 और 4 (d) 2 और 4

उत्तर (*a*) 1 और 2

21. निम्नलिखित युग्मों में से कौन-सा युग्म सुमेलित नहीं है?
दक्षता आधारित प्रश्न

	देश	दास व्यापार की समाप्ति
a.	डेनमार्क	1792 ई.
b.	भारत	1765 ई.
c.	ग्रेट ब्रिटेन	1807 ई.
d.	संयुक्त राज्य	1808 ई.

उत्तर *(b)* भारत- 1765 ई.

22. फ्लोचार्ट में रिक्त स्थान की पूर्ति के लिए सही विकल्प का चयन कीजिए।

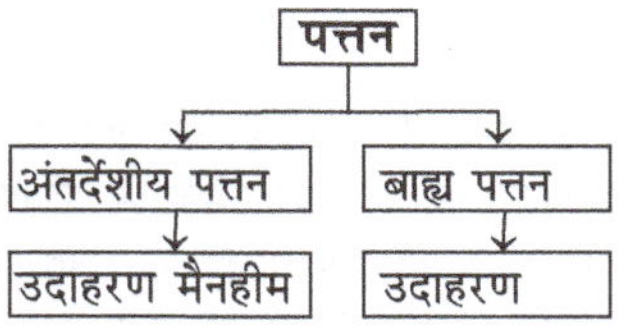

कूट
(a) मेंफिस
(b) ड्यूसबर्ग
(c) कोलकाता
(d) एवनमाउथ

उत्तर *(d)* एवनमाउथ

23. सूची I का सूची II से सुमेलित कीजिए

	सूची I (पत्तन के प्रकार)		सूची II (पत्तन)
A.	अंतर्देशीय पत्तन	1.	मेंफिस
B.	आंत्रपो पत्तन	2.	रोटरडम
C.	मार्ग पत्तन	3.	होनोलूलू
D.	तेल पत्तन	4.	एस्सखीरा

कूट

	A	B	C	D
(a)	1	2	3	4
(b)	2	3	1	4
(c)	3	2	4	1
(d)	4	2	3	1

उत्तर *(a)* 1 2 3 4

24. सूची I को सूची II से सुमेलित कीजिए **CBSE 2024**

	सूची I (पत्तन)		सूची II (देश)
A.	त्रिपोली	1.	लेबनान
B.	कैलाइस	2.	फ्रांस
C.	रोटरडम	3.	नीदरलैंड
D.	कारवाड़	4.	भारत

कूट

	A	B	C	D
(a)	1	4	3	2
(b)	1	2	3	4
(c)	4	3	2	1
(d)	4	1	3	2

उत्तर *(b)* 1 2 3 4

निर्देश (प्र.सं. 25 से 28) नीचे दिए गए कथन (A) तथा कारण (R) को ध्यानपूर्वक पढ़कर, कूट की सहायता से सही उत्तर का चयन कीजिए।

कूट
(a) A और R दोनों सही हैं तथा R, A की सही व्याख्या है
(b) A और R दोनों सही हैं, परंतु R, A की सही व्याख्या नहीं है
(c) A सही है, किंतु R गलत है
(d) A गलत है, किंतु R सही है

25. नीचे दो कथन दिए गए हैं। ये अभिकथन (A) और कारण (R) हैं। दोनों कथनों को ध्यानपूर्वक पढ़िए और सही विकल्प का चयन कीजिए।

कथन (A) 'विश्व व्यापार संगठन (WTO)' अमीर देशों को और अधिक अमीर बनाकर अमीर और गरीब के बीच खाई को चौड़ा कर रहा है।

कारण (R) विश्व व्यापार संगठन (WTO) में प्रभावशाली राष्ट्र अपने स्वयं के वाणिज्यिक हितों पर ध्यान केंद्रित करते हैं। **CBSE 2025**

उत्तर *(a)* A और R दोनों सही हैं तथा R, A की सही व्याख्या है

26. **कथन** (A) "मुक्त अंतर्राष्ट्रीय व्यापार अविकसित देशों के लिए हानिकारक सिद्ध होता है।"

कारण (R) अविकसित देश विकसित देशों के साथ प्रतिस्पर्धा में बराबर नहीं है। **CBSE 2024**

उत्तर *(b)* मुक्त अंतर्राष्ट्रीय व्यापार अविकसित देशों के लिए हानिकारक है, इसका कारण केवल प्रतिस्पर्द्धा की असमानता नहीं हो सकती, बल्कि अन्य भी कई कारण हो सकते हैं; जैसे- अविकसित देशों की कमजोर आर्थिक संरचना, कम शिक्षा स्तर और तकनीकी अवसंरचना की कमी।

27. **कथन** (A) मुक्त व्यापार के अंतर्गत डंप की गई वस्तुओं से देशों को सतर्क रहने की आवश्यकता है।

कारण (R) डंप की गई वस्तुओं से घरेलू उत्पादकों को नुकसान हो सकता है। **CBSE 2024**

उत्तर *(a)* मुक्त व्यापार के अंतर्गत जब अन्य देशों द्वारा डंप की गई वस्तुएँ घरेलू बाजार में आती है; तो इससे स्थानीय उत्पादकों को नुकसान हो सकता है। डंपिंग का तात्पर्य है कि एक देश अपनी वस्तुएँ दूसरे देश में अत्यधिक कम मूल्य पर बेचता है जिससे घरेलू उद्योगों के लिए प्रतिस्पर्द्धा बढ़ जाती है। ऐसे में घरेलू उद्योगों को आर्थिक नुकसान हो सकता है।

28. **कथन** (A) "पोताश्रय तथा पत्तन अंतर्राष्ट्रीय व्यापार के प्रवेश-द्वार होते हैं।"

कारण (R) विश्व में पत्तनों और पोताश्रयों द्वारा केवल भारत में जहाजी माल का परिवहन किया जाता है। **CBSE 2024**

उत्तर *(c)* पत्तन और पोताश्रय अंतर्राष्ट्रीय व्यापार के मुख्य केंद्र होते हैं, ये केवल भारत तक सीमित नहीं हैं, बल्कि विश्व के अधिकांश देशों में पत्तन और पोताश्रय द्वारा जहाजी माल का परिवहन किया जाता है।

लघु उत्तरीय प्रश्न

1. वस्तु विनिमय तथा मुद्रा पर आधारित व्यापार में क्या अंतर है?

उत्तर वस्तु विनिमय तथा मुद्रा पर आधारित व्यापार में निम्नलिखित अंतर हैं

वस्तु विनिमय	मुद्रा पर आधारित व्यापार
वस्तु विनिमय पर आधारित व्यापार प्राचीनकाल में प्रचलित था।	वर्तमान में मुद्रा पर आधारित व्यापार प्रचलित है।
इसमें वस्तुओं का व्यापार विनिमय द्वारा होता है।	इसमें वस्तुओं का आदान-प्रदान मुद्रा के रूप में होता है।
व्यापार की यह पद्धति आज भी जनजातियों में पाई जाती है।	व्यापार की यह पद्धति सभी समाजों में पाई जाती है।

2. अंतर्राष्ट्रीय व्यापार क्या है? अंतर्राष्ट्रीय व्यापार अस्तित्व में क्यों है? स्पष्ट कीजिए।

उत्तर विभिन्न देशों द्वारा उनकी भौगोलिक सीमा के बाहर वस्तुओं तथा सेवाओं के आदान-प्रदान को अंतर्राष्ट्रीय व्यापार कहा जाता है। इसमें राष्ट्र अपनी आवश्यकता की पूर्ति करते हैं।

अंतर्राष्ट्रीय व्यापार निम्नलिखित महत्त्व के कारण अस्तित्व में है

- यह उत्पादन में विशिष्टीकरण का परिणाम होता है, जिससे विश्व की अर्थव्यवस्था लाभान्वित होती है।
- विश्व के अलग-अलग राष्ट्रों द्वारा वस्तुओं तथा सेवाओं के श्रम विभाजन एवं विशेषीकरण को प्रयोग में लाया जाए, तो सभी प्रकार के विशिष्टीकरण का व्यापार संभव हो सकेगा।
- यह व्यापार वस्तुओं एवं सेवाओं के तुलनात्मक लाभ तथा आदान-प्रदान पर निर्भर करता है, जिससे सभी को लाभ होता है। वर्तमान में यह देशों की विदेश नीति में शामिल है।

3. "वैश्विक उत्पादन और उपभोक्ता की प्रवृत्ति में व्यापक भिन्नता पाई जाती है, इसलिए व्यापार प्रक्रिया द्वारा इनकी उपलब्धता प्रत्येक क्षेत्र में सुनिश्चित हो जाती है।" क्या आप इस कथन से सहमत हैं?

दक्षता आधारित प्रश्न

उत्तर व्यापार की आवश्यकता मुख्यतः उत्पादन तथा उत्पादकता में प्रादेशिक भिन्नता के कारण होती है। पृथ्वी के धरातल पर प्राकृतिक संसाधनों के वितरण में भिन्नता पाई जाती है अर्थात् सभी देश प्राकृतिक संसाधनों की दृष्टि से धनी नहीं हैं, साथ ही तकनीक और पूँजी की कमी तथा जनसंख्या के आकार के कारण अपनी आवश्यकताओं को पूरा करने में सक्षम नहीं होते हैं। फलतः आवश्यकताओं की पूर्ति हेतु व्यापार आवश्यक होता है।

4. औद्योगिक क्रांति के पश्चात् अंतर्राष्ट्रीय व्यापार में क्या बदलाव आया?

उत्तर औद्योगिक क्रांति के पश्चात् अंतर्राष्ट्रीय व्यापार में हुए बदलाव निम्नलिखित हैं

- औद्योगिक क्रांति के बाद वस्तु, कपड़ा आदि के उत्पादन में बड़ी मात्रा में वृद्धि हुई तथा मांस, अनाज, ऊन आदि कच्चे माल की माँग बढ़ी, साथ ही पहले निर्मित वस्तु की तुलना में उसका मौद्रिक मूल्य भी कम हो गया।
- औद्योगिक राष्ट्रों में विनिर्माण की प्रक्रिया तीव्र होने से प्राथमिक उत्पादों का कच्चे माल के रूप में आयात और तैयार माल का गैर-औद्योगिक राष्ट्रों में निर्यात शुरू हुआ। 19वीं सदी के अंत में प्राथमिक वस्तुओं का उत्पादन करने वाले देश और औद्योगिक राष्ट्र एक-दूसरे के ग्राहक बनकर रह गए।
- इस प्रवृत्ति से औद्योगिक राष्ट्रों ने व्यापार के मार्ग में मनमानी करना शुरू कर दिया। फलस्वरूप प्रथम व द्वितीय विश्व युद्ध के पश्चात् इस व्यापार में कर तथा वस्तुओं की मात्रा पर प्रतिबंध लगाना शुरू हुआ।

5. "अंतर्राष्ट्रीय व्यापार आयातक एवं निर्यातक दोनों देशों के लिए लाभदायक होता है।" कथन की समीक्षा कीजिए। *दक्षता आधारित प्रश्न*

उत्तर अंतर्राष्ट्रीय व्यापार राष्ट्र के आर्थिक विकास का मापदंड है, जिसमें आयातक देश को वे वस्तुएँ उपभोग के लिए प्राप्त हो जाती हैं, जो वहाँ उत्पन्न नहीं होती हैं और निर्यातक देश को आवश्यकता से अधिक वस्तुओं के लिए बाजार उपलब्ध हो जाता है; जैसे- भारत में तंबाकू, आलू तथा टमाटर की फसलें अंतर्राष्ट्रीय व्यापार की ही देन हैं।

ये शीतोष्ण कटिबंध की फसलें हैं, जो बाहर से लाई गई हैं, साथ ही भारतीय व्यापारियों ने यहाँ की सभ्यता को दक्षिण-पूर्वी एशियाई देशों तथा अन्य क्षेत्रों तक पहुँचाया। इस प्रकार अंतर्राष्ट्रीय व्यापार से दोनों देशों को आर्थिक व सांस्कृतिक लाभ होता है।

6. द्विपार्श्विक व्यापार और बहुपार्श्विक व्यापार में अंतर स्पष्ट कीजिए। पत्तन किस प्रकार व्यापार में सहायक हैं? समझाइए।

उत्तर द्विपार्श्विक व्यापार और बहुपार्श्विक व्यापार में निम्नलिखित अंतर हैं

द्विपार्श्विक व्यापार	बहुपार्श्विक व्यापार
यह व्यापार दो देशों के बीच होता है।	इस प्रकार के व्यापार में बहुत-से व्यापारिक देश सम्मिलित होते हैं।
इस प्रकार का व्यापार तब होता है, जब दो देशों की अर्थव्यवस्थाएँ एक-दूसरे की पूरक होती हैं।	इस प्रकार के व्यापार के अंतर्गत वस्तुओं तथा सेवाओं का कई देशों के बीच विनिमय होता है।

व्यापार में पत्तन निम्नलिखित रूप से सहायक होते हैं

- एक पत्तन के माध्यम से ही दो देशों या विभिन्न देशों के बीच आयात-निर्यात होता है। पत्तन ही विशाल मात्रा में माल को एक स्थान से दूसरे स्थान तक ले जाने में सहायक होता है।
- भंडारण हेतु सुविधाएँ भी पत्तन के माध्यम से प्राप्त की जाती हैं। पत्तन वास्तविक रूप से अंतर्राष्ट्रीय व्यापार को प्रोन्नत करते हैं।
- इसे अंतर्राष्ट्रीय व्यापार का प्रवेश द्वार भी कहा जाता है।
- इस पर जहाजों को रखने, माल उतारने तथा श्रम की विशेष व्यवस्था होती है।

7. आर्थिक विकास की अवस्था और विदेशी निवेश की सीमा किस प्रकार अंतर्राष्ट्रीय व्यापार के आधार हैं? उदाहरण सहित स्पष्ट कीजिए।

उत्तर अंतर्राष्ट्रीय व्यापार के आधार आर्थिक विकास की अवस्था तथा विदेशी निवेश की सीमा को हम इस प्रकार समझ सकते हैं

(i) **आर्थिक विकास की अवस्था** आर्थिक विकास की अवस्था का व्यापार पर गहरा प्रभाव पड़ता है; जैसे—कृषि पर आधारित देश द्वारा कृषि उत्पादों का निर्यात किया जाता है तथा विनिर्माण की वस्तुओं का आयात किया जाता है। दूसरी ओर, औद्योगिक देश

मशीनरी व विनिर्मित वस्तुओं का निर्यात करते हैं तथा खाद्यान्न व कच्ची वस्तुओं का आयात करते हैं, जिससे व्यापार जारी रहता है।

(ii) **विदेशी निवेश की सीमा** विकासशील देशों में पूँजी का अभाव होता है, जिस कारण ये विदेशी निवेश पर निर्भर होते हैं।

विकसित देश विकासशील देशों में पूँजी निवेश करके खाद्य पदार्थों तथा खनिजों का आयात सुनिश्चित करते हैं, साथ ही अपनी निर्मित वस्तुओं के लिए बाजार निर्मित करते हैं, जिससे व्यापार को बढ़ावा मिलता है।

8. अंतर्राष्ट्रीय व्यापार से संबंधित किन्हीं पाँच मुख्य समस्याओं का विश्लेषण कीजिए।

उत्तर अंतर्राष्ट्रीय व्यापार से संबंधित पाँच मुख्य समस्याएँ निम्नलिखित हैं

(i) यह पर्यावरण तथा लोगों का स्वास्थ्य प्रभावित कर सकता है।

(ii) नदी बेसिनों का निजी पेयजल कंपनियों को बेचने से जलीय जीवन प्रभावित हो रहा है, क्योंकि ये सतह पोषणीय विकास के मानकों का अनुसरण नहीं करती हैं।

(iii) तेल व गैस खनन, औषधि विज्ञान और कृषि व्यवसाय में संलग्न बहुराष्ट्रीय निगम प्रदूषण उत्पन्न करते हैं, जिससे पर्यावरण को क्षति पहुँचती है।

(iv) व्यापार में प्राकृतिक संसाधन के उपयोग में वृद्धि होती है। प्राकृतिक संसाधन के नष्ट होने की दर उनके पुनर्भरण से अधिक होती है, जिससे समुद्री जीव एवं वनस्पति प्रभावित होती है।

(v) अंतर्राष्ट्रीय व्यापार के कारण बहुराष्ट्रीय कंपनियों के आधिपत्य में वृद्धि हुई है, जिससे स्थानीय कंपनियों को नुकसान हुआ है।

यदि सभी संगठन इसी प्रकार लाभ कमाने में व्यस्त रहेंगे और पर्यावरण तथा स्वास्थ्य संबंधी विषयों पर ध्यान नहीं देंगे, तो यह व्यापार भविष्य के लिए संकट का विषय हो सकता है।

9. विश्व व्यापार संगठन की होनी वाली आलोचनाओं की व्या CBSE 2024

उत्तर विश्व व्यापार संगठन का अंतर्राष्ट्रीय व्यापार में महत्त्वपूर्ण योगदान रहा है, परन्तु कुछ विकासशील देशों द्वारा इसकी आलोचना निम्न आधारों पर की जाती है

- यह व्यापार धनी देश को और धनी बनाकर अमीर और गरीब के बीच की खाई को बढ़ाता है, क्योंकि इसमें विकसित राष्ट्र केवल अपने वाणिज्यिक हितों पर ही केंद्रित होते हैं।
- मुक्त व्यापार तथा भूमंडलीकरण के बावजूद अनेक विकसित राष्ट्रों ने अपने बाजारों को नहीं खोला है, साथ ही यह व्यापार आम लोगों के जीवन को अधिक संपन्न नहीं बनाता है।
- इसमें श्रमिकों के अधिकार, बालश्रम एवं स्वास्थ्य तथा पर्यावरण से संबंधित मुद्दों पर ध्यान नहीं दिया जाता है।

10. 'व्यापार संतुलन क्या है? व्यापार संतुलन की विशेषताओं की व्याख्या कीजिए? CBSE 2024

अथवा **व्यापार संतुलन के तीनों भागों की चर्चा कीजिए।**

उत्तर यह एक देश द्वारा अन्य देशों को आयात एवं निर्यात की गई वस्तुओं एवं सेवाओं की मात्रा के लेखे-जोखे को व्यक्त करता है।

व्यापार संतुलन को मुख्यतः तीन भागों में विभाजित किया जाता है

(i) **अनुकूल व्यापार संतुलन** जब किसी देश के द्वारा निर्यात की गई वस्तुओं एवं सेवाओं का मूल्य आयात के मूल्य की अपेक्षा अधिक होता है, तब उस देश का व्यापार संतुलन धनात्मक होता है।

(ii) **प्रतिकूल व्यापार संतुलन** जब किसी देश के द्वारा निर्यात की गई वस्तुओं एवं सेवाओं का मूल्य आयात मूल्य की तुलना में कम होता है, तब उस देश का व्यापार संतुलन ऋणात्मक होता है।

(iii) **संतुलित व्यापार संतुलन** जब किसी देश के द्वारा निर्यात की गई वस्तुओं का मूल्य आयात की गई वस्तुओं के मूल्य के बराबर होता है, तब उस देश का व्यापार संतुलन **संतुलित** होता है।

11. मुक्त व्यापार क्या है? मुक्त व्यापार के दो लाभ बताइए।

अथवा **भूमंडलीकरण मुक्त व्यापार के साथ विकासशील देशों की अर्थव्यवस्था पर किस प्रकार प्रतिकूल प्रभाव डाल सकता है? उदाहरण सहित स्पष्ट कीजिए।** *दक्षता आधारित प्रश्न*

उत्तर व्यापार के लिए अर्थव्यवस्थाओं को खोलने की प्रक्रिया मुक्त व्यापार कहलाती है। मुक्त व्यापार के दो लाभ निम्नलिखित हैं

(i) मुक्त व्यापार में सदस्य राष्ट्र के बीच सीमा शुल्क घटाने से आयात-निर्यात में वृद्धि होती है, जिससे देश की अर्थव्यवस्था को बढ़ावा मिलता है।

(ii) मुक्त व्यापार में सभी स्थानों से व्यापार की अनुमति होती है, जिससे वस्तुओं एवं सेवाओं को दूर-दूर तक पहुँचाना संभव होता है।

भूमंडलीकरण मुक्त व्यापार के साथ विकासशील देशों की अर्थव्यवस्था पर पड़ने वाले प्रभावों को निम्न रूपों में देखा जा सकता है

- मुक्त व्यापार से विकासशील देशों को समान अवसर उपलब्ध नहीं हो पाता है।
- भूमंडलीकरण विकासशील देश की अर्थव्यवस्था को प्रभावित करता है, क्योंकि भूमंडलीकरण स्थायी उद्योगों को प्रभावित करता है।
- विकासशील देशों में आयात की मात्रा अधिक होती है। फलतः इससे अर्थव्यवस्था पर इनका दबाव पड़ता है।
- डंपिंग की समस्याओं से विकासशील देशों की घरेलू अर्थव्यवस्था प्रभावित होती है।
- परिवहन एवं संचार तंत्र के विकास से वस्तुओं एवं सेवाओं को नियत स्थान तक पहुँचाना संभव होता है। इसमें भी विकासशील देश संपन्न न होने के कारण भूमंडलीकरण से प्रभावित होते हैं।

12. पत्तनों को अंतर्राष्ट्रीय व्यापार का प्रवेश द्वार क्यों कहते हैं? किन्हीं तीन कारणों की व्याख्या कीजिए।

अथवा **पत्तन 'अंतर्राष्ट्रीय व्यापार का प्रवेश द्वार' के रूप में जाने जाते हैं। उनकी तीन सुविधाओं की व्याख्या कीजिए।** *दक्षता आधारित प्रश्न*

उत्तर पत्तन समुद्रतट पर अवस्थित वह स्थान होता है, जिसके द्वारा किसी देश का व्यापार संपन्न होता है। यह समुद्र से स्थल तथा स्थल से समुद्र तक जाने का द्वार होता है, जिसके माध्यम से वस्तुओं को विश्व में एक स्थान से दूसरे स्थान तक भेजा अथवा मँगाया जाता है। पत्तनों को 'अंतर्राष्ट्रीय व्यापार का प्रवेश द्वार' भी कहा जाता है, जिसके तीन कारण निम्नलिखित हैं

(i) पत्तनों पर जलपोतों के लिए गोदी की सुविधाएँ होती हैं।

(ii) पत्तनों पर मालों को लादने तथा उतारने की विशेष व्यवस्था होती है। इसके अतिरिक्त यहाँ मालों के भंडार तथा विशेष श्रम बल की सुविधा भी होती है।

(iii) पत्तनों पर प्रबंधकीय सेवाओं की उपलब्धता होती है।

13. **बाह्य पत्तन और अंतर्देशीय में उदाहरणों सहित अंतर स्पष्ट कीजिए।** **CBSE 2024**

उत्तर बाह्य पत्तन तथा अंतर्देशीय पत्तन में निम्नलिखित अंतर हैं

बाह्य पत्तन	अंतर्देशीय पत्तन
इस प्रकार के पत्तन वास्तविक पत्तन से दूर गहरे जल में अवस्थित होते हैं।	इस प्रकार के पत्तन समुद्र तट से दूर स्थित होते हैं तथा नदी या नहर द्वारा समुद्र से जुड़े होते हैं।
ये पत्तन ऐसे जहाजों को सुविधा प्रदान करते हैं, जो आकार में बड़े होने के कारण वास्तविक पत्तन तक नहीं पहुँच पाते हैं।	इन पत्तनों पर अपेक्षाकृत छोटे जलपोत द्वारा ही पहुँच पाते हैं।
यूरोप में एवनमाउथ तथा पिरेइअस बाह्य पत्तन के उदाहरण हैं।	मैनचेस्टर पत्तन, मिसीसिपी पर मेंफिस, राइन पर स्थित मैनहीम व ड्यूसबर्ग, हुगली नदी पर स्थित कोलकाता अंतर्देशीय पत्तन के उदाहरण हैं।

14. **भारत और सोवियत संघ की आर्थिक और राजनीतिक विचाारधाराओं की समानताओं की एक सूची बताएँ।**

उत्तर भारत और सोवियत संघ की आर्थिक और राजनीतिक विधाराओं में निम्नलिखित समानताएँ हैं

- दोनों देशों ने आर्थिक विकास के लिए पंचवर्षीय योजनाओं को अपनाया।
- समानता तथा सामाजिक न्याय को प्रोत्साहन देने के लिए दोनों देशो ने समाजवादी विचारधारा को अपनाया।
- सोवियत संघ में एकदलीय शासन था, जबकि भारत लोकतांत्रिक था, लेकिन शुरुआती दौर में सरकार का व्यापक हस्तक्षेप देखा गया।
- दोनों देशों ने आयात पर निर्भरता कम करने और आत्मनिर्भरता बढ़ाने के लिए स्थानीय उत्पादन को प्रोत्साहन दिया।
- शिक्षा और स्वास्थ्य जैसी बुनियादी सेवाओं को समाज के सभी वर्गों के लिए सुलभ बनाने पर ध्यान दिया गया।
- दोनों देशों ने विकासशील देशों के साथ आर्थिक और राजनीतिक सहयोग बढ़ाने की नीति अपनाई।

दीर्घ उत्तरीय प्रश्न

1. **अंतर्राष्ट्रीय व्यापार के इतिहास को संक्षेप में समझाइए।**

अथवा **अंतर्राष्ट्रीय व्यापार के इतिहास को स्पष्ट कीजिए।**

उत्तर अंतर्राष्ट्रीय व्यापार के इतिहास को हम निम्नलिखित बिन्दुओं के माध्यम से समझ सकते हैं

(i) **प्राचीन व्यापार** प्राचीन काल में व्यापार मुख्य रूप से स्थानीय स्तर पर ही होता था, क्योंकि लंबी दूरी तक वस्तुओं का परिवहन जोखिमपूर्ण था। लोग अपनी अधिकांश आय का उपयोग बुनियादी आवश्यकताओं जैसे भोजन और वस्त्र पर करते थे। केवल समृद्ध लोग ही विलासिता की वस्तुएँ; जैसे-आभूषण और महँगे परिधान खरीदते थे।

(ii) **रेशम मार्ग** रेशम मार्ग, जो लगभग 6000 किमी लंबा था, प्राचीन व्यापार का एक प्रमुख उदाहरण है। यह मार्ग रोम से लेकर चीन तक जाता था और इसमें भारत, पर्शिया (ईरान) तथा मध्य एशिया के देशों से व्यापार होता था। यहाँ रेशम, ऊन, बहुमूल्य धातुएँ और अन्य महँगी वस्तुओं का आदान-प्रदान होता था।

(iii) **मध्यकालीन व्यापार** 12वीं और 13वीं शताब्दी में रोमन साम्राज्य के विखंडन के बाद, यूरोपीय वाणिज्य में वृद्धि हुई। समुद्रगामी युद्धपोतों के विकास के साथ यूरोप और एशिया के बीच व्यापार में तेजी आई। इसके साथ ही अमेरिका की खोज भी हुई, जो एक नए व्यापारिक दौर की शुरुआत थी।

(iv) **यूरोपीय उपनिवेशवाद और दास व्यापार** 15वीं शताब्दी से यूरोपीय उपनिवशेवाद शुरू हुआ, जिससे विदेशी वस्तुओं का व्यापार बढ़ा। इस दौरान दास व्यापार भी एक प्रमुख व्यापारिक स्वरूप बन गया। यूरोपीय शक्तियाँ अफ्रीकी लोगों को पकड़कर उन्हें अमेरिकी बागानों में श्रम हेतु भेजती थीं।
यह व्यापार कई शताब्दियों तक चला और अंततः 18वीं और 19वीं शताब्दी में उसे समाप्त कर दिया गया।

(v) **औद्योगिक क्रांति और वैश्विक व्यापार** औद्योगिकी क्रांति के बाद, कच्चे माल की माँग बढ़ी और इसी के साथ विनिर्माण उत्पादों का व्यापार भी बढ़ा। औद्योगिक राष्ट्रों ने कच्चे माल को आयात किया और तैयार माल का निर्यात किया। इस समय व्यापार की संरचना में बड़े बदलाव आए।

विश्व युद्ध और व्यापार पर प्रतिबंध
प्रथम और द्वितीय युद्ध के दौरान देशों ने व्यापार में संख्यात्मक प्रतिबंध लगाकर शुल्क बढ़ाएँ। युद्ध के पश्चात् वर्ष 1948 में "व्यापार व शुल्क हेतु सामान्य समझौता" (GATT) की स्थापना की गई, जिससे वैश्विक व्यापार को बढ़ावा मिला और शुल्कों में कमी आई। बाद में यह संगठन विश्व व्यापार संगठन (WTO) बन गया।

इस प्रकार अंतर्राष्ट्रीय व्यापार का इतिहास विभिन्न चरणों से गुजरा, जिसमें प्राचीन व्यापार, मध्यकालीन वाणिज्य, उपनिवेशवाद, दास व्यापार, औद्योगिक क्रांति और विश्वयुद्धों के बाद की आर्थिक नीतियाँ शामिल हैं।

2. **अंतर्राष्ट्रीय व्यापार के दो प्रकारों की व्याख्या कीजिए।**

अथवा **अंतर्राष्ट्रीय व्यापार के प्रकारों की चर्चा कीजिए।**

अथवा **द्विपार्श्विक व्यापार और बहुपार्श्विक व्यापार की व्याख्या कीजिए।**

अथवा **संसार में वैश्वीकरण के साथ मुक्त व्यापार के किन्हीं तीन संभावित नकारात्मक प्रभावों की परख कीजिए।** *दक्षता आधारित प्रश्न*

उत्तर अंतर्राष्ट्रीय व्यापार को निम्नलिखित दो प्रकारों में विभाजित किया जाता है

(i) **द्विपार्श्विक अथवा विपक्षीय व्यापार** इस प्रकार का व्यापार दो देशों के मध्य होता है। इस तरह का व्यापार तभी होता है, जब दोनों देशों की अर्थव्यवस्थाएँ एक-दूसरे की पूरक हों। इसमें समझौते के तहत देश की वस्तुओं तथा सेवाओं का आयात-निर्यात करते हैं।

(ii) **बहुपार्श्विक अथवा बहुपक्षीय व्यापार** इस प्रकार का व्यापार बहुत-से व्यापारिक देशों के साथ किया जाता है। एक देश अनेक देशों के साथ मिलकर व्यापार करता है, साथ ही इसमें किसी देश को सर्वाधिक अनुकूल राष्ट्र का दर्जा दिया जाता है, जिसे विशेष छूट होती है।

मुक्त व्यापार के तीन नकारात्मक प्रभावों को निम्न रूपों में देखा जा सकता है

(i) भूमंडलीकरण एवं मुक्त व्यापार विकासशील देशों की अर्थव्यवस्थाओं पर प्रतिकूल प्रभाव डालते हैं।

(ii) विकासशील देशों को समान अवसर नहीं मिल पाता है।

(iii) डंप की गई वस्तुओं के कारण किसी भी राष्ट्र के घरेलू उत्पादकों को हानि होती है।

3. विश्व में अंतर्राष्ट्रीय व्यापार के किन्हीं पाँच आधारों का वर्णन कीजिए।

अथवा **अंतर्राष्ट्रीय व्यापार के पाँच आधारों का विश्लेषण कीजिए।** **CBSE 2023**

अथवा **अंतर्राष्ट्रीय व्यापार के विभिन्न आधार कौन-कौन-से हैं? प्रमुख आधारों की विवेचना कीजिए।**

उत्तर अंतर्राष्ट्रीय व्यापार कई बातों पर आधारित होता है, जो निम्नलिखित हैं

(i) **राष्ट्रीय** संसाधनों में भिन्नता अंतर्राष्ट्रीय व्यापार का प्रमुख आधार प्राकृतिक संसाधनों में भिन्नता है। विभिन्न देशों के भू-विज्ञान, उच्चावच, मिट्टी, खनिज तथा जलवायु में भिन्नता पाई जाती है, जिसके कारण विश्व में संसाधनों का वितरण असमान है, जिससे विभिन्न देशों के उत्पाद भी अलग-अलग होते हैं, साथ ही फसलों के उत्पादन तथा वन्य जीवों में विविधता पाई जाती है। फलतः जिस देश में जिस वस्तु की मात्रा अधिक होती है, वह उसका निर्यात करता है तथा जिस वस्तु का अभाव होता है, उसका आयात करता है।

(ii) **जनसंख्या कारक** जनसंख्या संबंधित निम्नलिखित कारक विश्व व्यापार को प्रभावित करते हैं

- **सांस्कृतिक कारक** विश्व के किसी विशिष्ट प्रदेश में विशिष्ट कला तथा हस्तशिल्प विकसित होते हैं; जैसे—चीन में उत्पादित उत्तम कोटि का पोर्सलिन (चीनी मिट्टी का बर्तन) एवं ब्रोकेड (किमखाब-जरीदार या बूटेदार कपड़ा), ईरान के कालीन, उत्तरी अफ्रीका का चमड़े का काम तथा इंडोनेशियाई बुटीक वस्त्र व हस्तशिल्प आदि की माँग वैश्विक स्तर पर होने से व्यापार को बढ़ावा मिलता है।
- **जनसंख्या का आकार** अधिक जनसंख्या वाले देशों में आंतरिक व्यापार अधिक तथा अंतर्राष्ट्रीय व्यापार कम होता है, क्योंकि ऐसे देशों में कृषि आधारित तथा औद्योगिक उत्पादों का अधिकांश भाग स्थानीय बाजारों में ही खप जाता है, जबकि ऐसे देश, जहाँ का जीवन स्तर बेहतर गुणवत्ता वाला होता है, वहाँ पर वस्तुओं की माँग बढ़ती है तथा व्यापार में वृद्धि होती है।

(iii) **आर्थिक विकास की प्रावस्था** कोई भी देश आर्थिक विकास की किस प्रावस्था में है, उसका व्यापार पर गहरा प्रभाव पड़ता है, क्योंकि इस प्रावस्था के अंतर्गत देशों के मध्य आयात-निर्यात जारी रहता है।

(iv) **विदेशी निवेश की सीमा** प्रायः विकासशील देशों में पूँजी का अभाव होता है। इस प्रकार देश, विदेशी निवेश पर निर्भर होते हैं। विकसित देश, विकासशील देशों में पूँजी निवेश करके खाद्य पदार्थों व खनिजों का आयात सुनिश्चित करते हैं तथा अपनी निर्मित वस्तुओं के लिए बाजार निर्मित करते हैं। यह पूरा चक्र विभिन्न राष्ट्रों के मध्य व्यापार के परिमाण को आगे बढ़ाता है।

(v) **परिवहन** प्राचीनकाल में परिवहन के साधनों का अभाव था, जिसके कारण स्थानीय क्षेत्रों में व्यापार संपन्न होता था। वर्तमान समय में स्थल, जल एवं वायु परिवहन के साधनों के विस्तार तथा प्रशीतन एवं परिरक्षण के साधनों से अंतर्राष्ट्रीय व्यापार को प्रोत्साहन मिला है।

4. "राष्ट्रीय संसाधनों में अंतर ही अंतर्राष्ट्रीय व्यापार का आधार है।" इस कथन का विश्लेषण कीजिए।

अथवा **राष्ट्रीय संसाधनों में भिन्नता किस प्रकार अंतर्राष्ट्रीय व्यापार का आधार हैं। तीन उदाहरणों सहित स्पष्ट कीजिए।**

अथवा **राष्ट्रीय संसाधनों में भिन्नता किस प्रकार अंतर्राष्ट्रीय व्यापार के विभिन्न आधारों में से एक है? स्पष्ट कीजिए।**

उत्तर अंतर्राष्ट्रीय व्यापार का प्रमुख आधार प्राकृतिक संसाधनों में भिन्नता है। विभिन्न देशों के भू-विज्ञान, उच्चावच, मिट्टी, खनिज तथा जलवायु भिन्न होते हैं, जिसके कारण विश्व में संसाधनों का वितरण असमान पाया जाता है अतः विभिन्न देशों के उत्पाद भी अलग-अलग होते हैं। राष्ट्रीय संसाधनों में भिन्नता अन्तर्राष्ट्रीय व्यापार का आधार है। इसे निम्न प्रकार समझा जा सकता है

(i) **भौगोलिक संरचना** भौगोलिक संरचना खनिज संसाधनों के आधार को निर्धारित करती है। भौगोलिक संरचना में विभिन्नता के कारण ही फसलों तथा पशुओं में भी विविधता पाई जाती है। साथ ही भू-भागों में भूमि कृषि के अनुकूल होती है तथा पर्वतीय भाग पर्यटकों को आकर्षित करते हैं, जिससे पर्यटन को बढ़ावा मिलता है।

(ii) **खनिज संसाधन** खनिज संसाधन विश्व में असमान रूप से पाए जाते हैं, जोकि औद्योगिक विकास का मुख्य आधार है। खनिज संसाधनों की उपलब्धता औद्योगिक विकास को आधार प्रदान करती है।

(iii) **जलवायु** जलवायु वन्यजीव एवं वनस्पति दोनों को प्रभावित करती है, जिससे भिन्न-भिन्न प्रदेशों में भिन्न-भिन्न प्रकार की वनस्पति एवं जीव पाए जाते हैं। साथ ही इससे उत्पादों में भी विविधता पाई जाती हैं; जैसे– ऊन का उत्पादन ठंडे प्रदेशों में तथा केला, रबड़, चावल एवं कहवा आदि का उत्पादन उष्णकटिबंधीय जलवायु प्रदेशों में होता है। इस प्रकार प्रदेश में जिस वस्तु का अधिक उत्पादन होता है, उसका निर्यात कर दिया जाता है तथा जिनका उत्पादन कम होता है, उनका अन्य देशों से आयात कर लिया जाता है।

5. अंतर्राष्ट्रीय व्यापार से संबंधित मामले कौन-कौन-से हैं? विवेचना कीजिए।

उत्तर इस प्रश्न के उत्तर के लिए पृष्ठ संख्या 148-151 पर शीर्षक '**अंतर्राष्ट्रीय व्यापार**' का अध्ययन करें।

6. विश्व व्यापार संगठन के किन्हीं दो कार्यों की व्याख्या कीजिए। इस संगठन की आलोचना क्यों की जाती रही है? इस संदर्भ में तीन तर्क दीजिए।

अथवा **एक अंतर्राष्ट्रीय संगठन के रूप में विश्व व्यापार संगठन की भूमिका क्या है? कुछ देशों द्वारा विश्व व्यापार संगठन की आलोचना क्यों की गई है? स्पष्ट कीजिए।** दक्षता आधारित प्रश्न

उत्तर विश्व व्यापार में सीमा शुल्क तथा अन्य बाधाओं से मुक्त करने के उद्देश्य से वर्ष 1948 में जनरल एग्रीमेंट ऑन ट्रेड एंड टैरिफ का गठन किया गया था।

इस संगठन के सदस्य देशों द्वारा वर्ष 1994 में मुक्त एवं निष्पक्ष व्यापार की दृष्टि से एक स्थायी संस्था की माँग की गई। तत्पश्चात् वर्ष 1995 से GATT को विश्व व्यापार संगठन के रूप में परिवर्तित कर दिया गया। इसका मुख्यालय जेनेवा (स्विट्जरलैंड) में है। भारत इसका संस्थापक सदस्य है।

विश्व व्यापार संगठन के कार्य

विश्व व्यापार संगठन के कार्य निम्नलिखित हैं

- यह विश्वव्यापी व्यापार तंत्र के लिए नियमों को नियत करता है।
- यह ऐसा अंतर्राष्ट्रीय संगठन है, जो सदस्य राष्ट्रों के व्यापारिक मतभेदों का निपटारा वैश्विक नियम के तहत करता है।
- यह संगठन दूरसंचार और बैंकिंग जैसी सेवाओं के साथ बौद्धिक संपदा अधिकार के व्यापार को भी अपने कार्यों में सम्मिलित करता है।
- यह व्यापारिक समझौते के कार्यान्वयन, प्रशासन एवं परिचालन हेतु सुविधाएँ प्रदान करता है।

विश्व व्यापार संगठन की आलोचना निम्न आधारों पर की जाती है

- यह व्यापार धनी देश को और धनी बनाकर अमीर और गरीब के बीच की खाई को बढ़ाता है। साथ ही इसमें विकसित राष्ट्र केवल अपने वाणिज्यिक हितों पर ही केंद्रित होते हैं।
- मुक्त व्यापार तथा भूमंडलीकरण के बावजूद अनेक विकसित राष्ट्रों ने अपने बाजारों को नहीं खोला है।
- इसमें श्रमिकों के अधिकार, बालश्रम एवं स्वास्थ्य तथा पर्यावरण से संबंधित मुद्दों पर ध्यान नहीं दिया गया है।

7. मुक्त व्यापार की स्थिति क्या है? इसके प्रमुख प्रभावों की चर्चा कीजिए।

उत्तर व्यापार के लिए अर्थव्यवस्थाओं को खोलने की प्रक्रिया को मुक्त व्यापार या व्यापार उदारीकरण कहा जाता है। इससे देश की अर्थव्यवस्था को बढ़ावा मिलता है।

मुक्त व्यापार के प्रभाव वैश्वीकरण के साथ मुक्त व्यापार के प्रभावों को दो भागों में बाँटकर देखा जाता है

(i) **सकारात्मक प्रभाव**

- इसमें सदस्य राष्ट्रों के मध्य सीमा शुल्क को घटा दिया जाता है, जिससे व्यापार को बढ़ावा मिलता है।
- घरेलू उत्पादों तथा सेवाओं से प्रतिस्पर्द्धा के लिए सभी स्थानों से वस्तुओं और सेवाओं के लिए अनुमति प्रदान की जाती है।
- परिवहन एवं संचार की व्यवस्था से दूर के देशों तक व्यापार संभव होता है।

(ii) **नकारात्मक प्रभाव**

- भूमंडलीकरण एवं मुक्त व्यापार विकासशील देशों की अर्थव्यवस्थाओं पर प्रतिकूल प्रभाव डालते हैं।
- विकासशील देशों को समान अवसर नहीं मिल पाता है।
- डंप की गई वस्तुओं के कारण किसी भी राष्ट्र के घरेलू उत्पादों को हानि होती है।

8. पत्तनों को किस प्रकार विभाजित किया जाता है? निपटाए गए नौभार के आधार पर तथा विशिष्ट क्रियाकलाप के आधार पर प्रमुख पत्तनों की चर्चा कीजिए।

अथवा **विशिष्टीकृत कार्य-कलापों के आधार पर विश्व में पत्तनों के किन्हीं पाँच प्रकारों का वर्णन कीजिए?**

उत्तर पत्तनों का विभाजन उनकी अवस्थिति तथा उनके द्वारा संपन्न किए गए यातायात के आधार पर किया जाता है।

निपटाए गए नौभार के आधार पर पत्तनों के प्रकार

निपटाए गए नौभार के आधार पर पत्तन के निम्नलिखित प्रकार हैं

(i) **औद्योगिक पत्तन** ऐसे पत्तनों द्वारा थोक नौभार को निपटाया जाता है, इसमें अनाज, चीनी, अयस्क, तेल तथा रसायन आदि पदार्थों का आयात-निर्यात होता है।

(ii) **वाणिज्यिक पत्तन** ऐसे पत्तनों द्वारा सामान्य नौभार तथा विनिर्मित वस्तुओं का आयात-निर्यात होता है, साथ ही ऐसे पत्तनों पर यात्री यातायात का भी प्रबंध होता है।

(iii) **विस्तृत पत्तन** इस प्रकार के पत्तनों द्वारा विशाल मात्रा में नौभार का थोक में प्रबंध किया जाता है। संसार के बड़े पत्तन इसी वर्ग में आते हैं।

विशिष्ट क्रियाकलापों के आधार पर पत्तनों के प्रकार

विशिष्ट क्रियाकलापों के आधार पर प्रमुख पत्तन निम्न हैं

(i) **तेल पत्तन** ये पत्तन तेल के प्रक्रमण और नौपरिवहन का कार्य करते हैं, जिसमें कुछ टैंकर पत्तन तथा कुछ शोधन पत्तन होते हैं; जैसे—फारस की खाड़ी में अबदान एक तेलशोधन पत्तन है।

(ii) **मार्ग पत्तन** ऐसे पत्तन समुद्री मार्ग पर विश्राम केंद्र के रूप में पाए जाते हैं; जैसे—सिंगापुर पत्तन।

(iii) **पैकेट स्टेशन** ये पत्तन छोटी-छोटी दूरियों को तय करते हैं तथा ये जलीय क्षेत्रों के आर-पार डाक एवं परिवहन सुविधा प्रदान करते हैं; जैसे—इंग्लिश चैनल के आर-पार इंग्लैंड में डोबर तथा फ्रांस में कैलाइस।

(iv) **आंत्रपो पत्तन** ऐसे पत्तन एकत्रण केंद्र के रूप में काम करते हैं, जहाँ विभिन्न देशों से लाई गई वस्तुओं को एकत्र किया जाता है तथा यहाँ से दूसरे देश को निर्यात किया जाता है।

(v) **नौसेना पत्तन** ऐसे पत्तन सामाजिक तथा सामरिक महत्त्व वाले होते हैं, जहाँ युद्धक जहाजों को खड़ा करने तथा उनकी मरम्मत के लिए कार्यशालाओं की व्यवस्था होती है। भारत में कोच्चि तथा कारवाड़ प्रमुख नौसेना पत्तन हैं।

9. व्यापार संतुलन को उदाहरणों सहित स्पष्ट कीजिए और अंतर्राष्ट्रीय व्यापार में विश्व व्यापार संगठन (डब्ल्यू. टी. ओ.) की भूमिका को स्पष्ट कीजिए। **CBSE 2023**

उत्तर इस प्रश्न के उत्तर के लिए पृष्ठ संख्या 151 व 152 पर शीर्षक 'व्यापार संतुलन' व 'विश्व व्यापार संगठन' का अध्ययन करें।

स्रोत आधारित प्रश्न

निम्नलिखित स्रोतों को ध्यानपूर्वक पढ़कर उन पर आधारित प्रश्नों के उत्तर दीजिए।

1. अंतर्राष्ट्रीय व्यापार उत्पादन में विशिष्टीकरण का परिणाम है। यह विश्व की अर्थव्यवस्था को लाभान्वित करता है, यदि विभिन्न राष्ट्र वस्तुओं के उत्पादन या सेवाओं की उपलब्धता में श्रम विभाजन तथा विशेषीकरण को प्रयोग में लाएँ। हर प्रकार का विशिष्टीकरण व्यापार को जन्म दे सकता है। इस प्रकार अंतर्राष्ट्रीय व्यापार वस्तुओं और सेवाओं के तुलनात्मक लाभ, परिपूरकता व हस्तांतरणीयता के सिद्धांतों पर आधारित होता है और सिद्धांततः यह व्यापारिक भागीदारों को समान रूप से लाभदायक होना चाहिए।

आधुनिक समय में व्यापार, विश्व के आर्थिक संगठन का आधार है और यह राष्ट्रों की विदेश नीति से संबंधित है। सुविकसित परिवहन तथा संचार प्रणाली से युक्त कोई भी देश अंतर्राष्ट्रीय व्यापार में भागीदारी से मिलने वाले लाभों को छोड़ने का इच्छुक नहीं है।

(i) **अंतर्राष्ट्रीय व्यापार से क्या तात्पर्य है?**

उत्तर अंतर्राष्ट्रीय व्यापार उत्पादन में विशिष्टीकरण का परिणाम है। यह विश्व की अर्थव्यवस्था को लाभान्वित करता है।

(ii) **आधुनिक समय में व्यापार किसका आधार है?**

उत्तर आधुनिक समय में व्यापार, विश्व के आर्थिक संगठन का आधार है। यह राष्ट्रों की निवेश नीति से संबंधित है।

(iii) **अंतर्राष्ट्रीय व्यापार किन सिद्धांतों पर आधारित होता है?**

उत्तर अंतर्राष्ट्रीय व्यापार वस्तुओं और सेवाओं के तुलनात्मक लाभ, परिपूरकता व हस्तांतरणीयता के सिद्धांत पर आधारित होता है।

2. 15वीं शताब्दी से ही यूरोपीय उपनिवेशवाद शुरू हुआ और विदेशी वस्तुओं के साथ व्यापार के साथ ही व्यापार के एक नए स्वरूप का उदय हुआ, जिसे 'दास व्यापार' कहा गया।

पुर्तगालियों, डचों, स्पेनिश लोगों व अंग्रेजों ने अफ्रीकी मूल निवासियों को पकड़ा और उन्हें बलपूर्वक, बागानों में श्रम हेतु नए खोजे गए अमेरिका में परिवहित किया। दास व्यापार दो सौ वर्षों से भी अधिक समय तक एक लाभदायक व्यापार रहा, जब तक कि यह 1792 ई. में डेनमार्क में, 1807 ई. में ग्रेट ब्रिटेन में और 1808 ई. में संयुक्त राज्य अमेरिका पूर्णरूपेण समाप्त नहीं कर दिया गया।

औद्योगिक क्रांति के पश्चात् कच्चे माल; जैसे–अनाज, मांस, तथा ऊन की माँग बढ़ी, लेकिन विनिर्माण की वस्तुओं की तुलना में उनका मौद्रिक मूल्य घट गया।

औद्योगीकृत राष्ट्रों ने कच्चे माल के रूप में प्राथमिक उत्पादों का आयात किया और मूल्यपरक तैयार माल को वापस अनौद्योगीकृत राष्ट्रों को निर्यात कर दिया।

19वीं शताब्दी के उत्तरार्द्ध में, प्राथमिक वस्तुओं का उत्पादन करने वाले प्रदेश अधिक महत्त्वपूर्ण नहीं रहे और औद्योगिक राष्ट्र एक-दूसरे के मुख्य ग्राहक बन गए।

(i) **अफ्रीकी मूल के लोगों को दास बनाकर उन्हें किस प्रकार के जलवायु प्रदेश में भेजा जाता था?**

उत्तर अफ्रीकी लोगों को दास बनाकर अमेरिका में भेजा जाता था। यहाँ की जलवायु ऊष्ण आर्द्र प्रकार की है। अतः अफ्रीकी दासों को ऊष्ण आर्द्र जलवायु प्रदेशों में भेजा जाता था।

(ii) **दास व्यापार के अंतर्गत दासों को किन उद्योगों में नियोजित किया जाता था?**

उत्तर दास व्यापार के अंतर्गत दासों को बागानों में श्रम हेतु नियोजित किया जाता था।

(iii) **13वीं शताब्दी के दौरान निम्नलिखित में से किसके कारण यूरोपीय व्यापार में वृद्धि हुई ?**

उत्तर 13वीं शताब्दी के दौरान समुद्री युद्धपोतों के विकास के साथ ही, समुद्रीय व्यापार का विस्तार हुआ।

3. वर्ष 1948 में विश्व को उच्च सीमा शुल्क और विभिन्न प्रकार की अन्य बाधाओं से मुक्त कराने हेतु कुछ देशों के द्वारा जनरल एग्रीमेंट ऑन ट्रेड एंड टैरिफ (GATT) का गठन किया गया। वर्ष 1994 में सदस्य देशों के द्वारा राष्ट्रों के बीच मुक्त एवं निष्पक्ष व्यापार को प्रोन्नत करने के लिए एक स्थायी संस्था के निर्माण का निश्चय किया गया था तथा जनवरी, 1995 से (GATT) को विश्व व्यापार संगठन (WTO) में रूपांतरित कर दिया गया।

विश्व व्यापार संगठन एकमात्र ऐसा अंतर्राष्ट्रीय संगठन है, जो राष्ट्रों के मध्य वैश्विक नियमों का व्यवहार करता है। यह विश्वव्यापी व्यापार तंत्र के लिए नियमों को नियत करता है और इसके सदस्य देशों के मध्य विवादों का निपटारा करता है। विश्व व्यापार संगठन दूरसंचार और बैंकिंग जैसी सेवाओं तथा अन्य विषयों जैसे बौद्धिक संपदा अधिकार के व्यापार को भी अपने कार्यों में सम्मिलित करता है। उन लोगों के द्वारा विश्व व्यापार संगठन की आलोचना एवं विरोध किया गया है, जो मुक्त व्यापार और अर्थव्यवस्था के भूमंडलीकरण के प्रभावों से परेशान हैं।

इस पर तर्क किया गया है कि मुक्त व्यापार आम लोगों के जीवन को अधिक संपन्न नहीं बनाता। धनी देशों को और अधिक धनी बनाकर यह वास्तव में गरीब और अमीर के बीच की खाई को बढ़ा रहा है। ऐसा इसलिए है, क्योंकि विश्व व्यापार संगठन में प्रभावशाली राष्ट्र केवल अपने वाणिज्यिक हितों पर ध्यान केंद्रित करते हैं। इसके अतिरिक्त अनेक विकसित देशों ने अपने बाजारों को विकसित देशों के उत्पादों के लिए पूरी तरह से नहीं खोला है। यह भी तर्क दिया जाता है कि स्वास्थ्य, श्रमिकों के अधिकार, बाल श्रम और पर्यावरण जैसे मुद्दों की उपेक्षा की गई है।

(i) **विश्व व्यापर संगठन के प्रमुख कार्य क्या हैं?**

उत्तर विश्व व्यापार संगठन व्यापारिक मतभेदों को समाप्त करने में भूमिका निभाता है। यह व्यापार संबंधित नियमों का निर्धारण करता है।

(ii) **विश्व व्यापार संगठन किस संगठन का पूर्ववर्ती संगटन था?**

उत्तर विश्व व्यापार संगठन, गैट (एग्रीमेंट ऑन ट्रेड एंड टैरिफ) का पूर्ववर्ती संगठन है। वर्ष 1995 में गैट के स्थान पर विश्व व्यापार संगठन की स्थापना की गई थी।

(iii) **वर्तमान समय में विश्व व्यापार संगठन में कुल कितने देश शामिल हैं?**

उत्तर वर्तमान समय में विश्व व्यापार संगठन में कुल 164 देश शामिल हैं। इसके अतिरिक्त इसमें कुल 25 देश पर्यवेक्षक के रूप में शामिल हैं।

4. **आदिम समाज में व्यापार का आरंभिक स्वरूप 'विनिमय व्यवस्था' था, जिसमें वस्तुओं का प्रत्यक्ष आदान-प्रदान होता था अर्थात् वस्तु के बदले में रुपये के स्थान पर वस्तु दी जाती थी। इस व्यवस्था में यदि आपके एक कुम्हार होते और आपको एक नलसाज की आवश्यकता होती, तो आपको एक ऐसा नलसाज ढूँढना पड़ता, जिसे आपके द्वारा बनाए हुए बर्तनों की आवश्यकता होती और आप उसकी नलसाज़ की सेवाओं के बदले अपने बर्तन देकर आदान-प्रदान कर सकते थे।**

रुपये अथवा मुद्रा के आगमन के साथ ही विनिमय व्यवस्था, की कठिनाइयों को दूर कर लिया गया। पुराने समय में कागजी 'व धात्विक मुद्रा के आगमन से पहले उच्च नैजमान मूल्य वाली दुर्लभ, वस्तुओं को मुद्रा के रूप में प्रयुक्त किया जाता था; जैसे- चकमक पत्थर, आब्सीडियन, (आग्नेय काँच), काउरी शेल, चीते के पंजे, हवेल के दाँत, कुत्ते के दाँत, खालें, बाल (फर), मवेशी, चावल, पैपरकार्न, नमक, छोटे यंत्र, ताँबा, चाँदी और स्वर्ण आदि।

(i) **आदिम समाज में व्यापार का आरंभिक स्वरूप किस पर आधारित था?**

(a) विनिमय व्यवस्था (b) रुपये
(c) सोना (d) इनमें से कोई नहीं

उत्तर (*a*) विनिमय व्यवस्था

(ii) **उच्च नैजमान मूल्य वाली दुर्लभ मुद्राओं में निम्न में क्या शामिल था?**

(a) आब्सीडियम
(b) पैपरकार्न
(c) चकमक पत्थर
(d) उपरोक्त ये सभी

उत्तर (*d*) उपरोक्त ये सभी

(iii) **निम्नलिखित कथनों में से कौन-से कथन सही हैं?**

1. **आदिम समाज में वस्तुओं का प्रत्यक्ष आदान-प्रदान होता था।**
2. **रुपये अथवा मुद्रा के आगमन के साथ ही विनिमय व्यवस्था की कठिनाइयों को दूर कर लिया गया।**
3. **पुराने समय में कागजी व धात्विक मुद्रा के आगमन से पहले उच्च नैजमान मूल्य वाली दुर्लभ वस्तुओं को मुद्रा के रूप में प्रयुक्त किया जाता था।**

कूट
(a) 1 और 2
(b) 1 और 3
(c) 2 और 3
(d) 1, 2 और 3

उत्तर (*d*) 1, 2 और 3

मानचित्र आधारित प्रश्न

1. **नीचे दिए गए विश्व मानचित्र में कुछ स्थानों को 1, 2, 3, तथा 4 के रूप में चिह्नित किया गया है। इन स्थानों में दी गई सूचना के आधार पर पहचानिए तथा मानचित्र पर उनका नाम अंकित कीजिए।**

1. **विश्व व्यापार संगठन का मुख्यालय**
2. **पूर्वी भारत में स्थित बंदरगाह**
3. **दक्षिण अमेरिका महाद्वीप का प्रमुख पत्तन**
4. **भारत स्थित प्रमुख नौसेना पत्तन**

उत्तर 1. जिनेवा, स्विट्जरलैंड
2. कोलकाता बंदरगाह
3. मारा काइबो पत्तन
4. कारवाड़ पत्तन

स्वयं को जाँचें

वस्तुनिष्ठ प्रश्न

1. प्राचीन समाज में व्यापार की प्रचलित व्यवस्था थी

(a) मुद्रा (b) वस्तु-विनिमय
(c) धन (d) इनमें से कोई नहीं

2. ग्रेट ब्रिटेन से दास व्यापार कब समाप्त हुआ?

(a) 1762 ई. में (b) 1792 ई. में
(c) 1807 ई. में (d) 1808 ई. में

3. जब किसी देश के द्वारा निर्यात की गई वस्तुओं एवं सेवाओं का मूल्य आयात के मूल्य से अधिक होता है, तो देश का व्यापार संतुलन ………… होता है।

(a) धनात्मक (b) ऋणात्मक
(c) संतुलन (d) सामान्य

4. निम्न में से मार्गपत्तन कौन-सा है?

(a) अदन (b) होनोलूलू
(c) सिंगापुर (d) ये सभी

5. विश्व व्यापार संगठन किन कार्यों को अपने में सम्मिलित करता है?

(a) दूरसंचार (b) बैंकिंग
(म) बौद्धिक संपदा अधिकार (d) ये सभी

अतिलघु उत्तरीय प्रश्न

6. प्राचीन समय में व्यापार किस प्रकार होता था?

7. 13वीं शताब्दी के दौरान निम्नलिखित में से किसके कारण यूरोपीय व्यापार में वृद्धि हुई?

8. फेरी पत्तन को और किस नाम से जाना जाता है?

लघु उत्तरीय प्रश्न

9. विश्व व्यापार संगठन धनी देशों को और धनी बनाकर अमीर एवं गरीब के बीच अंतर को बढ़ाता है। विश्लेषण कीजिए।

10. अंतर्राष्ट्रीय व्यापार क्यों अस्तित्व में है? क्या वर्तमान परिदृश्य में यह अपरिहार्य है?

दीर्घ उत्तरीय प्रश्न

11. तेल पत्तन और मार्ग पत्तन में अंतर स्पष्ट कीजिए। तथा अंतर्राष्ट्रीय व्यापार में इन पत्तनों की भूमिका स्पष्ट कीजिए ।

12. उदारीकरण क्या है? भारत पर इसके क्या प्रभाव दृष्टिगत होंगे? व्याख्या कीजिए।

अध्याय 1

इस अध्याय में भारत की जनसंख्या का वितरण, घनत्व, जनसंख्या वृद्धि और संरचना का अध्ययन किया गया है।

अध्ययन एक नजर में

1.1 जनसंख्या का वितरण
1.2 जनसंख्या का घनत्व
1.3 जनसंख्या वृद्धि
1.4 जनसंख्या संरचना

अभ्यास के लिए

- बहुविकल्पीय प्रश्न 32, (युग्मित प्रश्न आधारित, कथन/कारण, सुमेलित कीजिए)
- वर्णनात्मक प्रकार के प्रश्न (लघु उत्तरीय प्रश्न 12, दीर्घ उत्तरीय प्रश्न 10)
- स्रोत आधारित प्रश्न 4, मानचित्र आधारित 2

जनसंख्या वितरण, घनत्व वृद्धि और संघटन

- भारत की जनगणना के आँकड़े प्रति दस वर्ष पश्चात् होने वाली जनगणना द्वारा एकत्र किए जाते हैं। भारत की पहली जनगणना 1872 ई. में हुई थी, जबकि भारत की पहली संपूर्ण जनगणना 1881 ई. में संपन्न हुई।
- 2001 की जनगणना के अनुसार, भारत की कुल जनसंख्या 102.8 करोड़ थी, जो वर्ष 2011 में बढ़कर 121.08 करोड़ हो गई है।
- इतनी बड़ी जनसंख्या देश के संसाधनों पर दबाव डालती है और कई सामाजिक-आर्थिक समस्याओं के लिए जिम्मेदार होती है।

1.1 जनसंख्या का वितरण

- भारत में जनसंख्या का वितरण असमान है। भारतीय राज्यों में उत्तर प्रदेश सबसे अधिक जनसंख्या वाला राज्य है। इसके बाद महाराष्ट्र, बिहार और पश्चिम बंगाल आते हैं।
- उत्तर प्रदेश, महाराष्ट्र, बिहार, पश्चिम बंगाल, आंध्र प्रदेश, तमिलनाडु, मध्य प्रदेश, राजस्थान, कर्नाटक और गुजरात मिलकर देश की कुल जनसंख्या का लगभग 76% हिस्सा बनाते हैं। दूसरी ओर जम्मू कश्मीर (1.04%), अरुणाचल प्रदेश (0.11%) और उत्तराखंड (0.84%) जैसे राज्यों की जनसंख्या अत्यधिक कम है।
- भारत में जनसंख्या का यह असमान भौगोलिक वितरण भौतिक, सामाजिक-आर्थिक और ऐतिहासिक कारकों के बीच एक घनिष्ठ संबंध को दर्शाता है।
- जनसंख्या वितरण को प्रभावित करने वाले भौतिक कारकों में जलवायु, भू-आकृति और जल की उपलब्धता शामिल हैं। इसलिए उत्तर भारतीय मैदान, डेल्टा और तटीय मैदानों में जनसंख्या अधिक होती है, जबकि दक्षिण व मध्य भारतीय राज्यों के आंतरिक जिले में, हिमालय और कुछ उत्तर-पूर्वी क्षेत्रों में तथा पश्चिमी राज्यों में जनसंख्या अत्यंत विरल पाई जाती है।

- भारत में सिंचाई के विकास, खनिज तथा ऊर्जा संसाधनों की उपलब्धता और परिवहन नेटवर्क के विकास ने उन क्षेत्रों में मध्यम से उच्च जनसंख्या वृद्धि को बढ़ावा दिया है, जो पहले बहुत कम जनसंख्या वाले थे; जैसे— राजस्थान, झारखंड और प्रायद्वीपीय राज्य आदि।
- जनसंख्या वितरण के सामाजिक-आर्थिक और ऐतिहासिक कारकों में स्थायी कृषि का विकास मानव बस्तियों का पैटर्न, परिवहन नेटवर्क का विकास तथा औद्योगिकीकरण व शहरीकरण आदि शामिल हैं। जिसका कारण भारत के नदी मैदानों और तटीय क्षेत्रों में भूमि तथा जल जैसे संसाधनों की कमी के अतिरिक्त जनसंख्या का घनत्व अधिक बना रहता है।
- औद्योगिक विकास और शहरीकरण के कारण बड़ी संख्या में ग्रामीण-शहरी प्रवासियों को आकर्षित किया गया है; जैसे— दिल्ली, मुंबई, कोलकाता, बंगलुरु, पुणे, अहमदाबाद, चेन्नई और जयपुर आदि। जिससे इन क्षेत्रों में जनसंख्या का घनत्व अत्यधिक है।

1.2 जनसंख्या का घनत्व

- जनसंख्या वितरण के कारकों के अतिरिक्त स्थायी कृषि का विकास, मानव बस्ती के प्रतिरूप, परिवहन साधन का विकास, औद्योगीकरण और नगरीकरण के क्षेत्रों में जनसंख्या का उच्च घनत्व पाया जाता है।
- किसी देश, प्रदेश अथवा क्षेत्र की कुल भूमि तथा वहाँ निवास करने वाली जनसंख्या के बीच के अनुपात को जनसंख्या घनत्व (Density of Population) कहते हैं। इसका आकलन प्राय: प्रतिवर्ग किमी क्षेत्रफल में रहने वाले लोगों के रूप में व्यक्त किया जाता है।
- वर्ष 2011 की जनगणना के अनुसार, भारत का जनसंख्या घनत्व 382 व्यक्ति प्रतिवर्ग किमी था, जो एशिया के बांग्लादेश (849 व्यक्ति) तथा जापान (334 व्यक्ति) के पश्चात् तृतीय स्थान पर था।
- भारत में जनसंख्या के घनत्व में निरंतर वृद्धि हुई है। वर्ष 1951 में जनसंख्या घनत्व 117 व्यक्ति प्रतिवर्ग किमी था। पिछले 50 वर्षों में जनसंख्या घनत्व में 200 व्यक्ति प्रतिवर्ग किमी की वृद्धि हुई है। वर्ष 2011 में भारत का जनसंख्या घनत्व 382 व्यक्ति प्रतिवर्ग किमी हो गया था।
- जनसंख्या के घनत्व में भौगोलिक भिन्नताएँ हैं। यह अरुणाचल प्रदेश में 17 व्यक्ति प्रति वर्ग किमी से लेकर राष्ट्रीय राजधानी क्षेत्र में 11297 व्यक्ति प्रति वर्ग किमी तक फैला हुआ है। राज्य के जनसंख्या घनत्व के वितरण को तीन भागों में विभाजित किया गया है
  (i) **उच्च जनसंख्या घनत्व** वर्ष 2011 की जनगणना के अनुसार, राष्ट्रीय राजधानी क्षेत्र दिल्ली में 11297, बिहार में 1,102, पश्चिम बंगाल से 1,029, केरल से 859, उत्तर प्रदेश में 829 तथा तमिलनाडु में 555 व्यक्ति प्रतिवर्ग किमी जनसंख्या घनत्व था। सभी केंद्र शासित प्रदेशों में अंडमान और निकोबार द्वीप समूह को छोड़कर जनसंख्या का उच्च जनघनत्व पाया जाता है।
  (ii) **मध्यम जनसंख्या घनत्व** असम, गुजरात, आंध्र प्रदेश, हरियाणा, झारखंड एवं ओडिशा में मध्यम जनसंख्या घनत्व पाया जाता है।
  (iii) **निम्न जनसंख्या घनत्व** हिमालय क्षेत्र के पहाड़ी राज्य और भारत के उत्तर-पूर्वी राज्यों असम को छोड़कर एवं अंडमान-निकोबार द्वीप समूह में निम्न जनसंख्या घनत्व पाया जाता है।

जनसंख्या घनत्व के प्रकार

भारत जैस कृषि प्रधान देश में शारीरिक और कृषीय घनत्व की गणना की जाती है।

(i) **शारीरिक** (कायिक) **घनत्व**[1] = कुल जनसंख्या ÷ **निवल कृषि क्षेत्र**[2]

(ii) **कृषिय घनत्व**[3] = कुल कृषक जनसंख्या ÷ निवल कृषि क्षेत्र कृषि जनसंख्या में किसान, कृषि श्रमिक और उनके परिवार के सदस्य शामिल होते हैं।

चेक प्वॉइंट 1

1. जनगणना 2011 के अनुसार, भारत की जनसंख्या कितनी है?
2. जनगणना 2011 के अनुसार, भारत के किस राज्य की जनसंख्या सबसे अधिक है?
3. जनगणना 2011 के अनुसार, भारत का जनघनत्व कितना है?
4. अरुणाचल प्रदेश का जनघनत्व कितना है?
5. किस केंद्रशासित राज्य में जनघनत्व सबसे कम है?

---

1 कायिक घनत्व (Physiological Density) कुल जनसंख्या तथा निवल कृषि क्षेत्र के अनुपात को कायिक घनत्व कहते हैं।
2 निवल कृषि क्षेत्र (Net Cultivated Area) जिस भूमि पर कृषि की जाती है, वह निवल कृषि क्षेत्र कहलाता है।
3 कृषि घनत्व (Agricultural Density) कुल कृषि जनसंख्या तथा निवल कृषि क्षेत्र के अनुपात को कृषि घनत्व कहते हैं।

1.3 जनसंख्या वृद्धि

- किसी निश्चित क्षेत्र में निश्चित अवधि के दौरान निवासियों की संख्या में हुए परिवर्तन को जनसंख्या वृद्धि या जनसंख्या परिवर्तन कहते हैं। जनसंख्या वृद्धि दर को प्रतिशत में अभिव्यक्त किया जाता है।
- जनसंख्या वृद्धि के घटकों (Components of Population Growth) को दो वर्गों में विभाजित किया जाता है, जो निम्नलिखित हैं
  (i) **प्राकृतिक जनसंख्या वृद्धि** इसके अंतर्गत अशोधित जन्म और मृत्यु दरों को शामिल किया जाता है। प्राकृतिक जनसंख्या वृद्धि दर का आकलन **अशोधित जन्म दर**[4] से **अशोधित मृत्यु दर**[5] को घटाने पर प्राप्त किया जाता है।
  (ii) **अभिप्रेरित जनसंख्या वृद्धि**[6] अभिप्रेरित जनसंख्या वृद्धि किसी क्षेत्र विशेष के लोगों की इच्छाओं व आकांक्षाओं की प्रबलतावश अंतर्वर्ती (किसी विशेष क्षेत्र में लोगों का आगमन) व बहिर्वर्ती (बाहर जाना) संचलन का आकलन करके ज्ञात की जाती है। अभिप्रेरित जनसंख्या वृद्धि दर किसी क्षेत्र विशेष के लोगों के आगमन की गणना करके प्राप्त की जा सकती है।

भारत में दशकीय वृद्धि दर 1901-2011

जनगणना वर्ष	कुल जनसंख्या	वृद्धि दर *	
		निरपेक्ष संख्या	वृद्धि का %
1901	238396327	----------	--------
1911	252093390	(+) 13697063	(+) 5.75
1921	251321213	(–) 772117	(–) 0.31
1931	278977238	(+) 27656025	(+) 11.60
1941	318660580	(+) 39683342	(+) 14.22
1951	361088090	(+) 42420485	(+) 13.31
1961	439234771	(+) 77682873	(+) 21.51
1971	548159652	(+) 108924881	(+) 24.80
1981	683329097	(+) 135169445	(+) 24.66
1991	846302688	(+) 162973591	(+) 23.85
2001	1028610328	(+) 182307640	(+) 21.54
2011 * *	1210193422	(+) 181583094	(+) 17.64

* दशकीय वृद्धि दर $g = \frac{P_2 - P_1}{P_1} \times 100$

जहाँ P_1 = आधार वर्ष की जनसंख्या, P_2 = वर्तमान वर्ष की जनसंख्या

** **स्रोत** भारत की जनगणना, 2011 (अंतरिम)

जनसंख्या वृद्धि की अवस्था

भारत में जनसंख्या की दशकीय और वार्षिक वृद्धि दर अधिक है तथा यह समय के साथ निरंतर बढ़ती रहती है। वर्ष 2001 की जनगणना के अनुसार, दशकीय वृद्धि दर 21.54% तथा वार्षिक वृद्धि दर 1.97% थी, जो क्रमशः वर्ष 2011 में 17.7% तथा 1.64% हो गई है। वर्ष 1901 से 2001 के मध्य वार्षिक जन्म दर और मृत्यु दर तथा प्रवास की दर के कारण जनसंख्या वृद्धि अधिक हुई है, लेकिन यह वृद्धि विभिन्न प्रतिरूप को प्रदर्शित करती है, जिसे चार अवस्थाओं में विभाजित किया गया है, जो इस प्रकार हैं,

प्रथम अवस्था

- इस अवस्था को रुद्ध अथवा स्थिर अवस्था भी कहा जाता है। वर्ष 1901-21 तक की अवधि में जनसंख्या वृद्धि दर अत्यंत निम्न थी, जबकि वर्ष 1911-21 के दौरान वृद्धि दर में ऋणात्मक वृद्धि देखी गई है। उच्च जन्म दर एवं उच्च मृत्यु दर का कारण खराब स्वास्थ्य और चिकित्सकीय सेवाएँ, लोगों में अज्ञानता व भोजन की कमी ऐसी दशाओं के लिए उत्तरदायी कारक थे।

---

4 अशोधित जन्म दर (Crude Birth Rate) किसी वर्ष विशेष में जन्मे कुल बच्चों की संख्या तथा उस वर्ष की कुल जनसंख्या का अनुपात।
5 अशोधित मृत्यु दर (Crude Death Rate) किसी वर्ष विशेष में मरने वालों की कुल संख्या तथा उस वर्ष की कुल जनसंख्या का अनुपात।
6 अभिप्रेरित जनसंख्या वृद्धि (Induced Growth Population) किसी क्षेत्र में लोगों के आगमन एवं बाहर जाने का अंतर।

द्वितीय अवस्था

- इस अवस्था को निरंतर वृद्धि की अवस्था भी कहा जाता है।
- 1921-51 की अवधि में भारत की जनसंख्या में 47.3% की वृद्धि हुई। यह वृद्धि इस दशक में होने वाले स्वास्थ्य एवं स्वच्छता से संबंधित व्यापक सुधारों का परिणाम थी।
- इन्हीं सुधारों द्वारा मृत्यु दर घटी और जन्म दर का स्तर ऊँचा हुआ, साथ ही परिवहन एवं संचार तंत्र में व्यापक सुधार हुए।
- 1920 के दशक में महान् आर्थिक मंदी और द्वितीय विश्वयुद्ध की पृष्ठभूमि में यह वृद्धि प्रभावशाली रही थी।

तृतीय अवस्था

- इसे तीव्र वृद्धि की अवस्था भी कहा जाता है। वर्ष 1951-81 की अवधि में भारत की जनसंख्या में 89.36% की वृद्धि हुई, जिस कारण इस अवस्था को **जनसंख्या विस्फोट**[7] के नाम से भी जाना जाता है। स्वतंत्रता प्राप्ति के पश्चात् यह ऐसी समय अवधि थी।
- यह देश में मृत्युदर में तीव्र ह्रास और जनसंख्या के उच्च प्रजनन दर के कारण हुआ। औसत वार्षिक वृद्धि दर 2.2 प्रतिशत तक ऊँची रही।
- जिसमें केंद्रीकृत नियोजन प्रक्रिया के माध्यम से विकासात्मक कार्यों को प्रारंभ किया गया, जिस कारण लोगों की जीवन दशाएँ सुधरने लगीं और देश की अर्थव्यवस्था में भी सुधार हुआ।
- इन सबके अतिरिक्त तिब्बतियों, बांग्लादेशियों, नेपालियों एवं पाकिस्तान से आने वाले लोगों के प्रवास ने भी उच्च वृद्धि दर में योगदान दिया। इन सभी कारणों से इस अवस्था में जनसंख्या की प्राकृतिक वृद्धि उच्च और वृद्धि दर उच्चतर हुई।

चतुर्थ अवस्था

- इसे घटती जन्म दर की अवधि भी कहा जाता है। वर्ष 1981 के बाद से लगातार जनसंख्या की वृद्धि दर में कमी देखी जा सकती है।
- वर्ष 1971-81 में यह दर जहाँ 2.22% थी, वहीं वर्ष 1991-2001 की अवधि में घटकर यह 1.93% तथा वर्ष 2001-11 की अवधि में घटकर और भी कम (1.64%) रह गई है।
- यह प्रवृत्ति विवाह की औसत आयु में वृद्धि, जीवन की गुणवत्ता व स्वास्थ्य सेवाओं में सुधार तथा शिक्षा स्तर में सुधार के कारण संभव हुई है।
- विश्व विकास रिपोर्ट के अनुसार, भारत में जनसंख्या वृद्धि दर अभी भी उच्च है तथा वर्ष 2025 तक इसकी जनसंख्या 135 करोड़ हो जाएगी।

जनसंख्या वृद्धि में क्षेत्रीय भिन्नताएँ

- भारत में जनसंख्या वृद्धि दर का विश्लेषण औसत वृद्धि दर प्रदर्शित करता है, लेकिन यह एक क्षेत्र से दूसरे क्षेत्र में असमान है।
- वर्ष 1991-2001 के दौरान भारत के राज्यों और केंद्रशासित प्रदेशों में जनसंख्या की वृद्धि दर सुस्पष्ट प्रतिरूप दर्शाती है।
- निम्न जनसंख्या वृद्धि दर वाले क्षेत्र में केरल, कर्नाटक, तमिलनाडु, आंध्र प्रदेश, ओडिशा, गोवा जैसे राज्य तथा केंद्रशासित प्रदेश पुदुचेरी को शामिल किया गया। इन क्षेत्रों में वर्ष 1991-2001 में जनसंख्या वृद्धि दर 20% से अधिक नहीं हुई। केरल में वृद्धि दर 9.4 % थी, जो संपूर्ण भारत में निम्नतम वृद्धि दर है।
- देश के उत्तर-पश्चिमी, उत्तरी भागों में और उत्तर-मध्य भागों में राज्यों की एक निरंतर पट्टी है, जहाँ दक्षिण राज्यों की तुलना में अधिक जनसंख्या वृद्धि दर रही है।
- वर्ष 2001-11 के दौरान गुजरात, महाराष्ट्र, राजस्थान, पंजाब, हरियाणा, उत्तर प्रदेश, उत्तराखंड, मध्य प्रदेश, सिक्किम, असम, पश्चिम बंगाल, बिहार, छत्तीसगढ़ और झारखंड में औसत वृद्धि दर 20-25% रही।
- वर्ष 2001-2011 के दौरान लगभग सभी राज्यों और केंद्रशासित प्रदेशों ने पिछले दशक (1991-2001) की तुलना में जनसंख्या वृद्धि दर कम दर्ज की गई। आंध्र प्रदेश में सबसे कम 35% तथा महाराष्ट्र में सर्वाधिक 6.7% गिरावट दर्ज की गई।
- वर्ष 2001-2011 के दौरान पिछले दशक की तुलना में तमिलनाडु 3.9 % और पुदुचेरी में 7.1 % की वृद्धि दर्ज को गई।

किशोर एवं जनसंख्या वृद्धि

- किशोरों की वृद्धि भारत में जनसंख्या वृद्धि का एक प्रमुख कारण है। वर्तमान में भारत की जनसंख्या में किशोरों (10 -19) की आयु वर्ग का अंश 20.9% है, जिसमें 52.7% किशोर और 47.3% किशोरियाँ सम्मिलित हैं।
- किशोर जनसंख्या उच्च संभावनाओं से युक्त युवा जनसंख्या समझी जाती है, परंतु यदि उन्हें समुचित वेग से दिशा-निर्देशित न किया जाए, तो वह अत्यधिक सुभेद भी हो सकती है।

---

7 **जनसंख्या विस्फोट** जनसंख्या के आकार में अचानक और बहुत अधिक वृद्धि होती है।

- इन किशोरों से संबंधित समाज में ऐसी निम्न समस्याएँ और चुनौतियाँ इस प्रकार हैं
  - विवाह की कम उम्र
  - अशिक्षा, (विशेष रूप से महिला अशिक्षा) स्कूल से ड्रापआउट
  - पोषक तत्त्वों का कम सेवन
  - किशोर माताओं में उच्च मातृ मृत्यु दर
  - एचआईवी और एड्स संक्रमण की उच्च दर
  - शारीरिक और मानसिक अक्षमता जिससे मस्तिष्क विकास में रुकावट होती है नशीली दवाओं का सेवन और शराब पीना किशोर अपराध और अपराधों का घटित होना।
- इन समस्याओं से निपटने के लिए, भारत सरकार ने किशोरों के समूहों को सही शिक्षा प्रदान करने के लिए कुछ नीतियाँ बनाई हैं, जिससे उनकी क्षमताओं का बेहतर उपयोग और मार्गदर्शन किया जा सके। इनमें से कुछ निम्नलिखित हैं
  (i) **राष्ट्रीय युवा नीति** फरवरी, 2014 में शुरू की गई थी और इसका उद्देश्य भारत के युवाओं को अपनी पूरी क्षमता प्राप्त करने में सक्षम बनाना था, जिससे वे भारत को राष्ट्रों के समुदाय में अपना उचित स्थान दिला सकें। यह नीति भारत के युवाओं के लिए एक समग्र दूरदर्शी प्रस्ताव रखती है और 15-29 वर्ष के आयु समूह के व्यक्ति को युवा के रूप में परिभाषित करती है।
  (ii) **राष्ट्रीय कौशल विकास उद्यम नीति** युवाओं के रोजगार को ध्यान में रखते हुए भारत सरकार ने वर्ष 2015 में कौशल विकास और रोजगार नीति बनाई थी। इस नीति के मुख्य उद्देश्य— निर्णय लेने में युवाओं की प्रभावी सहभागिता, एक सुयोग्य नेतृत्व के उत्तरदायित्वों का निर्वहन, महिलाओं और लड़कियों के सशक्तीकरण पर विशेष बल, पुरुषों और महिलाओं में समानता, युवाओं के स्वास्थ्य, रचनात्मकता, खेल और विज्ञान एवं प्रौद्योगिकी के क्षेत्रों में नए परिवर्तनों के प्रति जागरूकता बढ़ाना आदि थे।

चेक प्वॉइंट 2

1. 2001-11 के दशक में भारत की वार्षिक जनसंख्या वृद्धि दर कितनी थी ?
2. किस दशक के अंतर्गत भारत ने सामान्य जनसंख्या वृद्धि दर दर्ज की थी?
3. किस दशक के अंतर्गत भारत ने नकारात्मक जनसंख्या वृद्धि दर दर्ज की थी ?
4. भारत की जनसंख्या में किशोरों का प्रतिशत क्या है ?
5. भारत सरकार ने कौशल विकास तथा उद्यमिता के लिए कब नीति बनाई थी ?

1.4 जनसंख्या संरचना

- जनसंख्या के विभिन्न पहलुओं को बेहतर ढंग से समझने के लिए जनसंख्या की सामाजिक संरचना पर ध्यान देना आवश्यक है।
- जनसंख्या संरचना, जनसंख्या भूगोल के भीतर अध्ययन का एक विशिष्ट क्षेत्र है। यह आयु, लिंग, निवास स्थान, जातीय विशेषताओं, जनजातियों, भाषा, धर्म, वैवाहिक स्थिति, साक्षरता व शिक्षा तथा व्यावसायिक विशेषता आदि का अध्ययन और विश्लेषण करती है। भारत की जनसंख्या संरचना का अध्ययन निम्नलिखित प्रकारों से किया जा सकता है

ग्रामीण-शहरी संरचना

निवास स्थान के संबंध में जनसंख्या की संरचना सामाजिक-आर्थिक विशेषताओं का एक महत्त्वपूर्ण संकेतक है।

ग्रामीण संरचना

- वर्ष 2011 की जनगणना के अनुसार, भारत की 68.8% आबादी गाँवों में रहती है। भारत में 6,40,867 गाँव हैं, जिनमें से 5,97,608 (93.2%) बसे हुए गाँव हैं। भारत में ग्रामीण आबादी का वितरण एक समान नहीं है।
- बिहार और हिमाचल प्रदेश जैसे राज्यों में ग्रामीण आबादी का प्रतिशत बहुत अधिक है। गोवा और मिजोरम जैसे राज्यों में उनकी कुल आबादी का केवल आधा हिस्सा गाँव में रहता है।
- केंद्रशासित प्रदेशों में दादरा और नागर हवेली (53.38%) को छोड़कर ग्रामीण आबादी का अनुपात कम है। भारत में गाँवों के आकार में भी भिन्नता है।
- पूर्वोत्तर राज्यों तथा राजस्थान के गाँवों में लगभग 200 तक ही जनसंख्या निवास करती है। वहीं केरल और महाराष्ट्र के गाँवों में लगभग 17,000 तक जनसंख्या निवास करती है।

- अंतर्राज्य स्तर और अंत:राज्य दोनों स्तरों पर ग्रामीण आबादी की एकाग्रता शहरीकरण के सापेक्ष परिणाम और ग्रामीण-शहरी प्रवास की सीमा से नियंत्रित होती है।

शहरी संरचना

- भारत में शहरी जनसंख्या का अनुपात 31.16% है। हालाँकि यह बहुत कम है, परंतु यह दशकों से बहुत तेज विकास दर दिखा रही है।
- देशभर में शहरी आबादी के वितरण में व्यापक भिन्नताएँ हैं। आर्थिक विकास में वृद्धि और स्वास्थ्य तथा स्वास्थ्यकर स्थितियों में सुधार के कारण शहरी आबादी की वृद्धि दर तेज हुई है।
- लगभग सभी राज्यों और केंद्रशासित प्रदेशों की शहरी आबादी में अधिक वृद्धि हुई है।
- यह सामाजिक-आर्थिक परिस्थितियों के संदर्भ में, शहरी क्षेत्रों में विकास और ग्रामीण-शहरी प्रवास की बढ़ी हुई दर दोनों को प्रदर्शित करता है।

ग्रामीण-शहरी प्रवासन

- ग्रामीण-शहरी प्रवासन कुछ विशेष क्षेत्रों में देखा जाता है; जैसे-
  - उत्तर भारतीय मैदानों में मुख्य सड़कों ओर रेलवे लाइनों के साथ पूरे शहरी क्षेत्रों में।
  - औद्योगिक क्षेत्र; जैसे- कोलकाता, मुंबई, बंगलुरु, मैसूर, मदुरै, कोयंबटूर, अहमदाबाद, सूरत, दिल्ली आदि में ग्रामीण-शहरी प्रवास स्पष्ट रूप से दिखाई देता है।
- कृषि की दृष्टि से कमजोर क्षेत्र; जैसे- मध्य और निचले गंगा के मैदान, तेलंगाना, गैर-सिंचित पश्चिमी राजस्थान, उत्तर-पूर्व के सुदूरवर्ती पहाड़ी और जनजातीय क्षेत्र, प्रायद्वीपीय भारत के बाद-प्रवण क्षेत्र ओर मध्य प्रदेश के पूर्वी हिस्से।

भाषायी संघटन

- भारत में अनेक भाषायी समूह पाए जाते हैं। भारत का भाषायी सर्वेक्षण वर्ष 1903-28 में ग्रियर्सन ने किया था। इनके अनुसार, भारत में 179 भाषाएँ और लगभग 544 बोलियाँ थीं।
- आधुनिक भारत में 22 अनुसूचित और कई गैर-अनुसूचित भाषाएँ हैं।
- अनुसूचित भाषाओं में हिंदी बोलने वालों का प्रतिशत सबसे अधिक है।
- वर्ष 2011 के अनुसार, संस्कृत, बोडो और मणिपुरी बोलने वाले सबसे छोटे भाषा समूहों में आते हैं।
- भाषा में भाषायी क्षेत्र स्पष्ट और सीमित सीमा रेखाएँ नहीं रखते, बल्कि ये क्षेत्र धीरे-धीरे आपस में घुलते-मिलते और अध्यारोपित होते हैं।

भाषायी वर्गीकरण

भाषायी वर्गीकरण भारत की प्रमुख भाषाओं के बोलने वाले चार भाषायी परिवारों से संबंधित है। इन परिवारों के उप-परिवार और शाखाएँ या समूह भी हैं, जो इस प्रकार हैं

आधुनिक भारतीय भाषाओं का वर्गीकरण

परिवार	उप-परिवार	शाखा/वर्ग	वाक् क्षेत्र
ऑस्ट्रिक (निषाद) 1.38%	ऑस्ट्रो-एशियाई ऑस्ट्रो-नेसियन	मॉन ख्मेर मुंडा	मेघालय, निकोबार द्वीप समूह, पश्चिम बंगाल, बिहार, ओडिशा, असम, मध्य प्रदेश, महाराष्ट्र भारत के बाहर
द्रविड़ 20%		दक्षिणी द्रविड़, मध्य द्रविड़, उत्तरी द्रविड़	तमिलनाडु, कर्नाटक, केरल, आंध्र प्रदेश, मध्य प्रदेश, ओडिशा, महाराष्ट्र, बिहार, उड़ीसा, पश्चिम बंगाल, मध्य प्रदेश
चीनी-तिब्बती (किरात) 0.85%	तिब्बती-म्यांमारी सियामी-चीनी	तिब्बती, हिमालयी, उत्तरी असम असम, म्यांमारी	जम्मू-कश्मीर, हिमाचल प्रदेश, सिक्किम, अरुणाचल प्रदेश, असम, नागालैंड, मणिपुर, मिजोरम, त्रिपुरा, मेघालय
भारतीय-यूरोपीय (आर्य) 73%	इंडो-आर्य	ईरानी (फारसी) दरदी भारतीय आर्य	भारत से बाहर जम्मू-कश्मीर, पंजाब, हिमाचल प्रदेश, उत्तर प्रदेश, राजस्थान, हरियाणा, मध्य प्रदेश, बिहार, ओडिशा, पश्चिम बंगाल, असम, गुजरात, महाराष्ट्र, गोवा

स्रोत ऐजाज़ुद्दीन अहमद (1999), सामाजिक भूगोल, रावत पब्लिकेशन, नई दिल्ली

धार्मिक संघटन (संरचना)

धर्म भारत के अधिकांश लोगों के सांस्कृतिक और राजनीतिक जीवन को प्रभावित करने वाली सबसे प्रमुख शक्तियों में से एक है। भारत में विभिन्न धार्मिक समुदायों के लोग निवास करते हैं, लेकिन धार्मिक समुदायों के विभिन्न राज्यों और जिलों के संकेंद्रण में असमानता पाई जाती है, जो इस प्रकार है

(i) **हिंदू समुदाय** वर्ष 2001 की जनगणना के अनुसार, भारत में 82.76 करोड़ हिंदू थे, जो भारत की कुल जनसंख्या का 80.5% भाग था। वर्ष 2011 की जनगणना के अनुसार, भारत में 79.80% हिंदू हैं। भारत-बांग्लादेश सीमा एवं भारत-पाक सीमा के जिलों, लेकिन वर्तमान में जम्मू-कश्मीर, उत्तर-पूर्व के पर्वतीय राज्यों और दक्कन पठार एवं गंगा के मैदान के प्रकीर्ण क्षेत्रों को छोड़कर लगभग सभी राज्यों में हिंदू समुदाय कुल जनसंख्या का 70% से 90% भाग है।

(ii) **मुस्लिम समुदाय** वर्ष 2001 की जनगणना के अनुसार, मुस्लिम समुदाय कुल जनसंख्या का 13.5% भाग है। वर्ष 2011 की जनगणना के अनुसार, मुस्लिमों की जनसंख्या 14.23% है। मुस्लिम भारत में सबसे बड़ा धार्मिक अल्पसंख्यक समूह है। इसकी प्रमुखता जम्मू-कश्मीर, पश्चिम बंगाल, केरल के कुछ जिलों, दिल्ली के आस-पास और लक्ष्यद्वीप में है। ये कश्मीर घाटी और लक्ष्यद्वीप में बहुसंख्यक हैं।

(iii) **ईसाई समुदाय** वर्ष 2001 की जनगणना के अनुसार, ईसाई समुदाय कुल जनसंख्या का 2.3% भाग था। वर्ष 2011 की जनगणना के अनुसार, ईसाई समुदाय कुल जनसंख्या का 2.30% भाग है। पश्चिमी तट के साथ गोवा, केरल, मेघालय, मिजोरम और नागालैंड के पहाड़ी राज्यों, छोटानागपुर और मणिपुर की पहाड़ियों तथा देश के ग्रामीण क्षेत्रों में ईसाई समुदाय का संकेंद्रण अधिक पाया जाता है।

(iv) **सिख समुदाय** वर्ष 2001 की जनगणना के अनुसार, सिख समुदाय कुल जनसंख्या का 1.9% तथा वर्ष 2011 के अनुसार, 1.72% भाग है। पंजाब, हरियाणा और दिल्ली में सिख समुदाय का संकेंद्रण अधिक पाया जाता है।

(v) **बौद्ध एवं जैन समुदाय** वर्ष 2001 की जनगणना के अनुसार बौद्ध समुदाय कुल जनसंख्या का 0.9% एवं जैन समुदाय 0.4% तथा वर्ष 2011 की जनगणना के अनुसार, बौद्ध समुदाय 0.70% एवं जैन समुदाय 0.37% भाग है। जैन समुदाय का राजस्थान के नगरीय क्षेत्रों तथा बौद्ध समुदाय का महाराष्ट्र, सिक्किम, अरुणाचल प्रदेश, जम्मू-कश्मीर में लद्दाख, त्रिपुरा और हिमाचल प्रदेश में लाहौल-स्पीति में संकेंद्रण अधिक पाया जाता है। जैन भारत के सबसे छोटे धार्मिक समूहों में से एक हैं।

(vi) **अन्य धार्मिक समुदाय** वर्ष 2001 की जनगणना के अनुसार, भारत के अन्य धर्मों में पारसी (जोरास्ट्रियन) जनजातीय एवं अन्य देशज निष्ठाएँ और विश्वास करने वालों की संख्या कुल जनसंख्या का 0.66% भाग है।

भारत के धार्मिक समुदाय-2011

धार्मिक समुदाय	2011	
	जनसंख्या (मिलियन में)	कुल प्रतिशत
हिंदू	966.3	79.8
मुस्लिम	172.2	14.2
ईसाई	27.8	2.3
सिख	20.8	1.7
बौद्ध	8.4	0.7
जैन	4.5	0.4
अन्य धर्म	7.9	0.7
धर्म ज्ञात नहीं	2.9	0.2

स्रोत भारत की जनगणना, 2011

धर्म और भू-दृश्य

- विभिन्न धर्मों की अभिव्यक्ति, पवित्र संरचनाओं, कब्रिस्तान का उपयोग, पौधों और प्राणियों के समुच्चय तथा धार्मिक उद्देश्य के लिए वृक्षों के समुच्चयों के माध्यम से विभिन्न भू-दृश्य प्रदर्शित होते हैं।
- किसी भी क्षेत्र के संपूर्ण भू-दृश्य, मंदिरों, मस्जिदों, गुरुद्वारों, मठों और गिरिजाघरों के आकार-प्रकार, स्थान, प्रयोग और संख्या में भिन्नता पाई जाती है।

श्रमजीवी जनसंख्या का संघटन

- भारत की जनसंख्या को उनकी आर्थिक स्थिति के आधार पर तीन वर्गों में विभाजित किया गया है।
  (i) **मुख्य श्रमिक** जो व्यक्ति वर्ष में 183 दिन या उससे अधिक दिन तक रोजगार पाता है, उसे मुख्य श्रमिक कहते हैं।
  (ii) **सीमांत श्रमिक** जो व्यक्ति वर्ष में 183 दिन से कम दिनों के लिए रोजगार पाता है, वह सीमांत श्रमिक कहलाता है।
  (iii) **अश्रमिक** वह व्यक्ति, जो पूरे वर्ष में अपने जीवन-यापन के लिए कार्य नहीं करता, अश्रमिक कहलाता है।
- जबकि गैर-श्रमिकों का अनुपात 60% है। यह दर्शाता है कि देश में निर्भर जनसंख्या का बड़ा हिस्सा है, जो बेरोजगारी या अल्प-रोजगार की संभावनाओं को इंगित करता है।
- राज्यों और केंद्रशासित प्रदेशों में कार्यशील जनसंख्या का अनुपात भिन्न-भिन्न है। लक्ष्यद्वीप में यह केवल 29.1 प्रतिशत है जबकि हिमाचल प्रदेश में यह 51.9 % तक है। कार्यशील जनसंख्या का बड़ा अनुपात हिमाचल प्रदेश, सिक्किम, छत्तीसगढ़, आंध्रप्रदेश, कर्नाटक, अरुणाचल प्रदेश, नागालैंड, मणिपुर और मेघालय में देखा जाता है। केंद्रशासित प्रदेशों में दादरा और नगर हेवेली तथा दमन और दीव में कार्य भागीदारी दर अधिक है।
- भारत जैसे देश में निम्न आर्थिक विकास वाले क्षेत्रों में कार्य भागीदारी दर अधिक है। इसका कारण यह है कि यहाँ बड़ी संख्या में लोग जीविका आधारित या जीविका के निकट आर्थिक गतिविधियों में संलग्न होते हैं।
- भारत की व्यावसायिक संरचना में प्राथमिक क्षेत्र; जैसे- कृषि और संबंधित गतिविधियों में श्रमिकों का अनुपात माध्यमिक (उद्योग) और तृतीयक (सेवाएँ) क्षेत्रों की तुलना में अधिक है। कार्यशील जनसंख्या का यह वितरण देश में रोजगार के अवसरों की कमी और आर्थिक चुनौतियों को दर्शाता है।
- कुल कार्यशील जनसंख्या में से लगभग 54.6% लोग किसान और कृषि श्रमिक हैं, जबकि केवल 3.8% श्रमिक घरेलू उद्योग में कार्यरत हैं। शेष 41.6 प्रतिशत अन्य कार्यों में लगे हुए हैं, जिनमें गैर-घरेलू उद्योग, व्यापार, वाणिज्य, निर्माण, मरम्मत और अन्य सेवाएँ शामिल हैं।
- पुरुष और महिला कार्यशील जनसंख्या की संरचना के बीच यह देखा गया है कि तीनों क्षेत्रों में पुरुष श्रमिकों की संख्या महिला श्रमिकों से अधिक है।

बेटी बचाओ बेटी पढ़ाओ सामाजिक अभियान के द्वारा जेंडर के प्रति संवेदनशीलता को बढ़ावा

- पुरुष, महिला और ट्रांसजेंडर में विभाजन प्राकृतिक और जैविक माना जाता है, लेकिन वास्तव में समाज में सबकी अलग-अलग भूमिका का निर्धारण सामाजिक संस्थाओं द्वारा किया जाता है।
- प्राकृतिक और जैविक विभाजन ही भेदभाव और बहिष्कार को आधार प्रदान करता है।
- भेदभाव का अर्थ है— शिक्षा, नौकरी, उचित वेतन या राजनीतिक भूमिकाओं के लिए उचित अवसर न देना।
- महिला आबादी का बहिष्कार किसी भी विकासशील और सभ्य समाज के लिए एक गंभीर बाधा बन जाता है। यह एक वैश्विक चुनौती है, जिसे UNDP ने भी स्वीकार किया है।
- UNDP के अनुसार, यदि विकास के अंतर्गत सभी को शामिल नहीं किया गया, तो इस विकास की कोई उपयोगिता नहीं रह जाती है। समाज में समानता स्थापित करने के लिए शिक्षा, रोजगार, राजनीतिक स्तर पर सुधार के प्रयास किए जाने चाहिए।
- एक सभ्य समाज वह है, जो लिंग भेदभाव को स्वीकार न करता हो। भारत सरकार ने लिंग संवेदनशीलता को बढ़ावा देने तथा लड़कियों की शिक्षा और कल्याण का समर्थन करने के लिए ''बेटी बचाओ बेटी पढ़ाओ'' नामक एक राष्ट्रवादी अभियान शुरू किया।

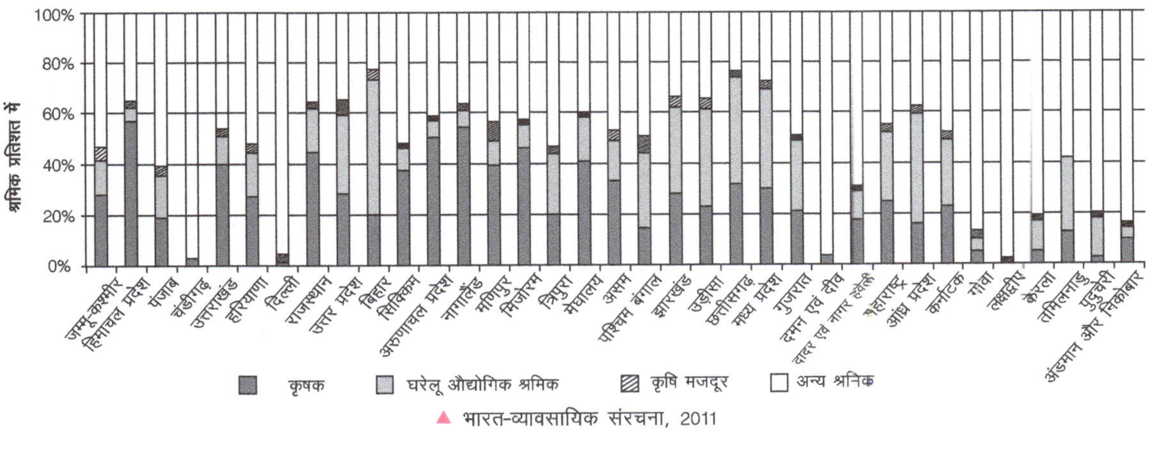

▲ भारत-व्यावसायिक संरचना, 2011

भारत में श्रम-शक्ति का सेक्टर वार संघटन, 2011

संवर्ग	जनसंख्या			
	व्यक्ति	कुल श्रमिकों का %	पुरुष	स्त्री
प्राथमिक	26.30,22,473	54.6	16,54,47,075	9,75,75,398
द्वितीयक	1,83,36,307	3.8	97,75,635	85,60,672
तृतीयक	20,03,84,531	41.6	15,66,43,220	4,37,41,311

श्रमजीवी जनसंख्या का व्यावसायिक संघटन

- वर्ष 2011 की जनगणना के अनुसार, भारत की श्रमजीवी जनसंख्या को चार वर्गों में विभाजित किया गया—(i) कृषक, (ii) कृषि मजदूर, (iii) घरेलू औद्योगिक श्रमिक तथा (iv) अन्य श्रमिक।
- महिला श्रमिकों की संख्या प्राथमिक क्षेत्र में द्वितीयक और तृतीयक क्षेत्रों की तुलना में अधिक है। भारत में कृषि क्षेत्र में कुल श्रमिकों का वर्ष 1991 में 66.85% तथा वर्ष 2011 में 54.6% भाग कार्यरत् था। बिहार, आंध्र प्रदेश, छत्तीसगढ़, ओडिशा, झारखंड, पश्चिम बंगाल और मध्य प्रदेश में कृषि मजदूरों की संख्या अधिक है, जबकि दिल्ली, चंडीगढ़ और पुदुचेरी में कृषक एवं कृषि मजदूरों की संख्या बहुत ही कम है।
- वर्ष 2011 के अनुसार, प्राथमिक क्षेत्र में 54.6% कृषक एवं कृषि श्रमिक, द्वितीयक क्षेत्र में 3.8% श्रमिक घरेलू उद्योग में तथा तृतीयक क्षेत्र में 41.6% श्रमिक गैर-घरेलू उद्योग, व्यापार, वाणिज्य, विनिर्माण, मरम्मत तथा अन्य सेवाओं में कार्यरत् थे।

चेक प्वॉइंट 3

1. भारत में कितनी अनुसूचित भाषाएँ हैं?
2. किस राज्य में ऑस्ट्रिक परिवार की भाषाएँ बोली जाती हैं ?
3. भारत की जनसंख्या का कितने प्रतिशत गाँव में निवास करता है ?
4. उस राज्य का नाम बताइए,जहाँ की 80% जनसंख्या गाँव में निवास करती है ?
5. जो व्यक्ति वर्ष में 183 दिन से कम दिन के लिए रोजगार पाता है, कौन-सी श्रेणी का श्रमिक कहलाता है?

Mind Map

जनसंख्या वितरण, घनत्व, वृद्धि और संघटन

1. जनसंख्या वितरण को प्रभावित करने वाले कारक

सामाजिक-आर्थिक कारक
- कृषि विकास
- औद्योगीकरण
- नगरीकरण

ऐतिहासिक कारक
- परिवहन जाल तंत्र का विकास
- मानव बस्ती के प्रतिरूप

भौतिक कारक
- जलवायु
- स्थलाकृति
- मृदा
- जल उपलब्धता
- समुद्र तल से ऊँचाई

2. जनसंख्या का घनत्व
- प्रति इकाई क्षेत्र में व्यक्तियों की संख्या
- भूमि और जनसंख्या के मध्य संबंध का एक अशोधित माप

$$\text{कायिक घनत्व} = \frac{\text{कुल जनसंख्या}}{\text{निवल कृषित क्षेत्र}}$$

$$\text{कृषिय घनत्व} = \frac{\text{कुल कृषि जनसंख्या}}{\text{निवल कृषित क्षेत्र}}$$

3. जनसंख्या वृद्धि
जनसंख्या वृद्धि दो समय बिंदुओं के बीच किसी क्षेत्र विशेष में रहने वाले लोगों की संख्या में परिवर्तन को कहते हैं।

जनसंख्या वृद्धि के घटक
- **प्राकृतिक वृद्धि** अशोधित जन्म और मृत्युदर का विश्लेषण किया जाता है।
- **अभिप्रेरित वृद्धि** लोगों के अतर्वर्ती और बहिर्वर्ती संचलन की प्रबलता द्वारा स्पष्ट होता है।

जनसंख्या वृद्धि की प्रावस्था
- **प्रावस्था** I (वर्ष 1901-21) यह जनसंख्या वृद्धि की स्थिर प्रावस्था है।
- **प्रावस्था** II (वर्ष1921-51) यह स्थिर लेकिन निरंतर वृद्धि की प्रावस्था है।
- **प्रावस्था** III (वर्ष 1951-81) यह जनसंख्या विस्फोट की अवधि है।
- **प्रावस्था** IV (वर्ष 1981 से वर्तमान तक) इसमें जनसख्या वृद्धि की गति धीमी हो रही है।

4. जनसंख्या वृद्धि में क्षेत्रीय भिन्नताएँ
- **उच्च वृद्धि** गुजरात, महाराष्ट्र, पंजाब
- **निम्न वृद्धि** केरल, कर्नाटक, आंध्र प्रदेश
- **औसत वृद्धि** असम, सिक्किम, पश्चिम बंगाल

5. जनसंख्या संघटन
- इसमें आयु व लिंग का विश्लेषण, निवास का स्थान, मानव जातीय लक्षण, जनजातियाँ, भाषा, धर्म, वैवाहिक स्थिति, साक्षरता और शिक्षा, व्यावसायिक विशेषताएँ आदि का अध्ययन किया जाता है।

6. जनसंख्या संघटन का वर्गीकरण

श्रमजीवी जनसंख्या का संघटन
- **मुख्य श्रमिक** जो एक वर्ष में कम से कम छः महीने काम करता है।
- **सीमांत श्रमिक** जो एक वर्ष में 183 दिनों (छः महीने) से कम कार्य करता है।
- अश्रमिक

धार्मिक संघटन
- हिंदू = 80%
- जैन = 0.4%
- मुस्लिम = 14.2%
- ईसाई = 2-3%
- सिख = 1.7%

भाषाई संघटन
- प्रमुख भारतीय भाषाओं के बोलने वाली चार भाषा परिवारों में ऑस्ट्रिक, द्रविड़, चीनी-तिब्बती और भारतीय-यूरोपीय भाषा सम्मिलित हैं।
- हिंदी बोलने वालों का प्रतिशत सर्वाधिक है।
- लघुतम भाषा वर्ग संस्कृत, बोड़ो तथा मणिपुरी बोलने वालों के हैं।

ग्रामीण नगरीय संघटन
- अपने-अपने निवास के स्थानों के अनुसार जनसंख्या का संघटन
- ग्रामीण = 68.8%
- नगरीय = 31.16%

NCERT फोल्डर

अध्याय के मध्य दिए गए प्रश्न

1. भारत के विचार से आपको क्या अनुभूति होती है?

क्या यह केवल एक क्षेत्र है? क्या यह लोगों के सम्मिश्रण को प्रकट करता है? क्या यह शासन की निश्चित संस्थाओं के नियंत्रण में रह रहे लोगों से बसा हुआ क्षेत्र है?

उत्तर भारत के विचार से हमें यह अनुभूति होती है कि इस देश की भारतीय संस्कृति ने इस देश को बहुआयामी तथा विशिष्ट स्वरूप प्रदान किया है। भारत केवल एक क्षेत्र नहीं बल्कि यह विशिष्ट भारतीय संस्कृति समाहित करने वाला राष्ट्र है। इस राष्ट्र के विभिन्न भागों में हिंदू, मुस्लिम, बौद्ध, सिख तथा जैन धर्मों के लोग आपसी एकजुटता से रहते हैं। अतः यह विभिन्न धर्मों के अनुयायियों के सर्वधर्म-समभाव को प्रकट करते हैं।

भारत का निर्माण गाँवों से होता है। इसकी 68.84% जनसंख्या गाँवों में निवास करती है। यह जनसंख्या कम उत्पादक छोटे पैमाने के कृषि कार्यों में लगी हुई है। कृषि एक सीमा तक ही बढ़ती जनसंख्या का भरण पोषण कर सकती है। सभी गाँवों को सामाजिक सेवाएँ और मूलभूत सुविधाएँ उपलब्ध कराना अत्यंत कठिन कार्य है। जनसंख्या की विलक्षमता व विभिन्न नृजातिय विविधता देश की सामाजिक आर्थिक विकास की प्रक्रिया और गति को मंद कर रहे हैं।

2. क्रियाकलाप भारत के राज्यों और केंद्रशासित प्रदेशों को उनके आकार और जनसंख्या की दृष्टि से व्यवस्थित कीजिए और पता लगाइए

(i) विशाल आकार और विशाल जनसंख्या वाले राज्य और केंद्रशासित प्रदेश।

(ii) विशाल आकार किंतु लघु जनसंख्या वाले राज्य और केंद्रशासित प्रदेश।

(iii) अपेक्षाकृत लघु आकार और विशाल जनसंख्या वाले राज्य और केंद्रशासित प्रदेश।

उत्तर

(i) भारत का विशाल आकार वाला राज्य - राजस्थान (कुल क्षेत्र 342-239 किमी^{2})

- भारत का विशाल जनसंख्या वाला राज्य- उत्तर प्रदेश (19 करोड़ 95 लाख)
- भारत का विशाल आकारवाला केंद्रशासित प्रदेश- दिल्ली (1 करोड़ 67 लाख)

(ii) भारत का विशाल तथा लघु जनसंख्या वाला राज्य आकार (क्षेत्र)- अरुणाचल प्रदेश (13 लाख 83 हजार)

- भारत का विशाल आकार वाला किंतु लघु जनसंख्या वाला केंद्रशासित प्रदेश- अंडमान निकोबार द्वीप समूह (3 लाख 80 हजार)

(iii) भारत का अपेक्षाकृत लघु आकार और विशाल जनसंख्यावाला राज्य- पश्चिम बंगाल (9 करोड़ 13 लाख)

3. एक ओर उत्तर-पूर्वी राज्यों और दूसरी ओर कुछ केंद्रशासित प्रदेशों (पुदुचेरी, लक्षद्वीप, अंडमान और निकोबार द्वीप समूह को छोड़कर) में अति उच्च वृद्धि दरें क्यों पाई जाती हैं?

उत्तर वर्ष 1991-2001 के दौरान भारत के उत्तर-पूर्वी राज्यों विशेष रूप से नागालैंड, मेघालय, मिजोरम तथा मणिपुर में जनसंख्या की दशकीय प्रतिशत वृद्धि दरें क्रमशः 64.53, 30.65, 28.82 और 24.86 रहीं। इन राज्यों में उच्च जनसंख्या वृद्धि दरों में प्राकृतिक जनसंख्या वृद्धि के अतिरिक्त बांग्लादेश से लाखों व्यक्तियों के उक्त राज्यों में अवैध घुसपैठ का सर्वाधिक योगदान रहा। दूसरी ओर दमन और दीव (55.73%) दादरा-नगर हवेली (59.52%), दिल्ली (47.02%) तथा चंडीगढ़ (40.28%) आदि केंद्रशासित प्रदेशों में वृहत स्तर पर होने वाले अंतर्राज्यीय आप्रवास का योगदान सर्वाधिक रहा।

4. श्रम की प्रतिभागिता दर क्या होती है?

उत्तर कुल जनसंख्या में श्रमिकों (मुख्य व सीमांत) की जनसंख्या का प्रतिशत ही श्रम की प्रतिभागिता दर कहलाती है।

5. दस रुपये के नोट पर कितनी भाषाएँ छपी हुई हैं?

उत्तर 17 भाषाएँ दस रुपये के नोट पर छपी हुई हैं। हिन्दी और अंग्रेजी के अतिरिक्त इन भाषाओं में असमी बंगाली, गुजराती, कन्नड, कश्मीरी, कोकणी मलयालम, मराठी, नेपाल, उड़िया, पंजाबी, संस्कृत तमिल, तेलुगू और उर्दू शामिल हैं।

नीचे दिए चार विकल्पों में से सही उत्तर चुनिए

1. वर्ष 2011 की जनगणना के अनुसार भारत की जनसंख्या निम्नलिखित में से कौन-सी है?

(a) 102.8 करोड़ (b) 328.7 करोड़
(c) 318.2 करोड़ (d) 121 करोड़

उत्तर (*d*) 121 करोड़

2. निम्नलिखित राज्यों में से किस एक में जनसंख्या का घनत्व सर्वाधिक है?

(a) पश्चिम बंगाल (b) उत्तर प्रदेश
(c) केरल (d) पंजाब

उत्तर (*a*) पश्चिम बंगाल

3. वर्ष 2011 की जनगणना के अनुसार निम्नलिखित में से किस राज्य में नगरीय जनसंख्या का अनुपात सर्वाधिक है?

(a) तमिलनाडु (b) केरल
(c) महाराष्ट्र (d) गोवा

उत्तर (*c*) महाराष्ट्र

4. निम्नलिखित में से कौन-सा एक समूह भारत में विशालतम भाषायी समूह है?

(a) चीनी-तिब्बती (b) ऑस्ट्रिक
(c) भारतीय-आर्य (d) द्रविड़

उत्तर (*c*) भारतीय-आर्य

निम्नलिखित प्रश्नों के उत्तर लगभग 30 शब्दों में दीजिए

1. "भारत के अत्यंत उष्ण एवं शुष्क तथा अत्यंत शीत एवं आर्द्र प्रदेशों में जनसंख्या का घनत्व निम्न है।" इस कथन के दृष्टिकोण से जनसंख्या वितरण में जलवायु की भूमिका स्पष्ट कीजिए।

उत्तर जनसंख्या के वितरण में जलवायु के घटक—तापमान, वर्षा, अति शीत एवं आर्द्रता आदि की महत्त्वपूर्ण भूमिका होती है।

ये मानव निवास के लिए प्रतिकूल परिस्थितियाँ उत्पन्न करते हैं, इसलिए भारत के राजस्थान के थार क्षेत्र में अत्यंत उष्ण एवं शुष्क, जम्मू-कश्मीर के लेह-लद्दाख क्षेत्र में अत्यंत शीत तथा मेघालय एवं अंडमान-निकोबार द्वीप समूह में अत्यंत आर्द्रता के कारण निम्न जनसंख्या घनत्व पाया जाता है।

2. भारत के किन राज्यों में विशाल ग्रामीण जनसंख्या है? इतनी विशाल ग्रामीण जनसंख्या के लिए एक उत्तरदायी कारण को लिखिए।

उत्तर वर्ष 2011 की जनगणना के अनुसार देश की कुल जनसंख्या का 68% भाग गाँवों में निवास करता है। बिहार और हिमाचल प्रदेश जैसे राज्यों में ग्रामीण जनसंख्या का प्रतिशत बहुत अधिक है। देश में अधिक ग्रामीण जनसंख्या का एक कारण यह है कि भारतीय अर्थव्यवस्था अब भी काफी हद तक कृषि पर आधारित है।

3. भारत के कुछ राज्यों में अन्य राज्यों की अपेक्षा श्रम सहभागिता ऊँची क्यों है?

उत्तर भारत जैसे देश के संदर्भ में ऐसा समझा जाता है कि आर्थिक विकास के निम्न स्तरों वाले क्षेत्रों में श्रम की सहभागिता दर ऊँची है, क्योंकि निर्वाह अथवा निर्वाह की आर्थिक क्रियाओं के निष्पादन के लिए अनेक कामगारों की आवश्यकता पड़ती है।

4. "कृषि सेक्टर में भारतीय श्रमिकों का सर्वाधिक अंश संलग्न है।" स्पष्ट कीजिए।

उत्तर भारत की सर्वाधिक जनसंख्या गाँवों में निवास करती है। गाँवों के सर्वाधिक श्रमिक कृषि क्षेत्र (सेक्टर) में लगे हैं। द्वितीयक और तृतीयक क्षेत्रों की तुलना में प्राथमिक क्षेत्र अर्थात् कृषि क्षेत्र में श्रमिकों का सर्वाधिक अंश संलग्न है। कुल श्रमजीवी जनसंख्या का लगभग 58.2% भाग कृषक और कृषि मजदूरों का है।

निम्नलिखित प्रश्नों के उत्तर लगभग 150 शब्दों में दीजिए

1. भारत में जनसंख्या के घनत्व के स्थानिक वितरण की विवेचना कीजिए।

उत्तर देश के राज्यों में जनसंख्या घनत्व में असमानता पाई जाती है, जिसे निम्नलिखित वर्गों में रखते हैं

(i) **उच्च जनसंख्या घनत्व** इसमें नगरीय क्षेत्र, मैदानी राज्य एवं तटीय राज्यों को शामिल करते हैं। वर्ष 2011 की जनगणना के अनुसार, राष्ट्रीय राजधानी क्षेत्र दिल्ली में 11297, पश्चिम बंगाल में 1029, बिहार में 1102, केरल में 859, उत्तर प्रदेश में 829 तथा तमिलनाडु में 555 व्यक्ति प्रतिवर्ग किमी उच्च घनत्व था।
इसके अतिरिक्त अंडमान-निकोबार द्वीप समूह को छोड़कर सभी केंद्रशासित प्रदेशों में भी उच्च जनसंख्या घनत्व पाया जाता है।

(ii) **मध्यम जनसंख्या घनत्व** असम, गुजरात, आंध्र प्रदेश, हरियाणा, झारखंड एवं ओडिशा में मध्यम जनसंख्या घनत्व पाया जाता है।

(iii) **निम्न जनसंख्या घनत्व** हिमालय प्रदेश के पर्वतीय राज्यों, उत्तर-पूर्वी राज्यों एवं अंडमान-निकोबार द्वीप समूह में निम्न जनसंख्या घनत्व पाया जाता है।

वर्ष 2001 में अरुणाचल प्रदेश में जनसंख्या घनत्व 13 व्यक्ति प्रतिवर्ग किमी था, जबकि वर्ष 2011 में बढ़कर 17 व्यक्ति प्रतिवर्ग किमी हो गया है।

जनसंख्या घनत्व को मापने का एक उचित माध्यम कृषि भूमि पर जनसंख्या घनत्व का मापन है। इसे दो तरह से विभक्त किया जा सकता है

(i) कायिक घनत्व = कुल जनसंख्या ÷ निवल कृषि क्षेत्र

(ii) कृषीय घनत्व = कुल कृषक जनसंख्या ÷ निवल कृषि क्षेत्र

2. भारत की जनसंख्या के व्यावसायिक संघटन का विवरण दीजिए।

उत्तर भारत में द्वितीयक एवं तृतीयक क्षेत्र की अपेक्षा प्राथमिक क्षेत्र में अधिक श्रमिक कार्यरत हैं।

देश की कुल श्रमजीवी जनसंख्या का लगभग 54.6% कृषक और कृषि श्रमिक, 3.8% घरेलू उद्योग श्रमिक व 41.6% गैर-घरेलू उद्योग, व्यापार, वाणिज्य, विनिर्माण, मरम्मत तथा अन्य सेवाओं के श्रमिक हैं। देश में महिला श्रमिकों की संख्या द्वितीयक और तृतीयक क्षेत्रों की तुलना में प्राथमिक क्षेत्र में अधिक है, लेकिन कुल श्रमिकों की संख्या में तीनों क्षेत्रों—प्राथमिक, द्वितीयक एवं तृतीयक में पुरुष श्रमिकों की संख्या अधिक है।

पिछले कुछ वर्षों से द्वितीयक एवं तृतीयक क्षेत्रों में महिला श्रमिकों की भागीदारी बढ़ रही है। भारत में कृषि क्षेत्र में कुल श्रमिकों की भागीदारी कम हो रही है।

उदाहरणस्वरूप, वर्ष 1991 में कृषि क्षेत्र में 66.85% श्रमिक कार्यरत् थे, जो वर्ष 2011 में घटकर 54.6% हो गए हैं। भारत के विभिन्न क्षेत्रों में कार्यरत श्रमिकों में स्थानिक भिन्नता मिलती है।
उदाहरणस्वरूप, आंध्र प्रदेश, छत्तीसगढ़, ओडिशा, झारखंड, पश्चिम बंगाल और मध्य प्रदेश में कृषि श्रमिकों की संख्या अधिक है, जबकि दिल्ली, चंडीगढ़ और पुदुचेरी में कृषि श्रमिकों की संख्या अत्यंत कम है।

अभ्यास प्रश्न

वस्तुनिष्ठ प्रश्न

बहुविकल्पीय प्रश्न

1. भारत में प्रथम जनगणना किस वर्ष की गई थी?

(a) वर्ष 1901 (b) 1872 ई.
(c) 1857 ई. (d) वर्ष 1906

उत्तर (b) 1872 ई.

2. भारत में जनसंख्या घनत्व में वर्ष 1951 के 117 व्यक्ति/वर्ग किमी से वर्ष 2011 ········ में वृद्धि हुई है।

(a) 361 (b) 203 (c) 382 (d) 403

उत्तर (c) 382

3. निम्नलिखित में से किस राज्य की नगरीय जनसंख्या का प्रतिशत सर्वाधिक है? **CBSE 2024**

(a) महाराष्ट्र (b) गोवा (c) केरल (d) गुजरात

उत्तर (a) महाराष्ट्र

4. वर्ष 2011 की जनगणना के अनुसार भारत के निम्नलिखित राज्यों में से किसमें नगरीकरण का सबसे कम स्तर है? **CBSE 2020**

(a) झारखंड (b) हिमाचल प्रदेश
(c) बिहार (d) असम

उत्तर (b) हिमाचल प्रदेश

5. भारत में नगरीय जनसंख्या की तीव्र वृद्धि दर से निम्नलिखित में से कौन-सा कारण सही नहीं है? **CBSE 2024**

(a) नगरों में उच्च आर्थिक विकास
(b) नगरों में स्वास्थ्य संबंधी दशाओं में सुधार
(c) नगरीय क्षेत्रों का तेज़ी से विस्तार
(d) नगरों में रोज़गार के अवसरों की उपलब्धता

उत्तर (c) नगरीय क्षेत्रों का तेज़ी से विस्तार

5. बेटी बचाओ बेटी पढ़ाओ योजना का उद्देश्य ········।

(a) गिरते बाल लिंगानुपात का समाधान एवं बालिकाओं का सशक्तीकरण
(b) अंतर्राष्ट्रीय स्तर पर महिलाओं की स्थिति बेहतर बनाना
(c) भारत में सभी बालिकाओं के लिए अनिवार्य प्राथमिक शिक्षा की व्यवस्था करना
(d) अनिवार्य शिक्षा प्रदान करके बाल विवाह रोकना

उत्तर (a) गिरते बाल लिंगानुपात का समाधान एवं बालिकाओं का सशक्तीकरण

6. भारत के किस राज्य/केंद्रशासित प्रदेश का जनसंख्या घनत्व सबसे कम है?

(a) असम (b) हिमाचल प्रदेश
(c) अरुणाचल प्रदेश (d) जम्मू-कश्मीर

उत्तर (c) अरुणाचल प्रदेश

7. जनसंख्या वृद्धि के किस चरण में जन्म तथा मृत्यु दर सर्वाधिक होती है?

(a) चरण IV (b) चरण I (c) चरण II (d) चरण III

उत्तर (b) चरण I

8. निम्नलिखित राज्यों में से किसकी जनसंख्या सर्वाधिक है? **CBSE 2023**

(a) बिहार (b) उत्तर-प्रदेश (c) महाराष्ट्र (d) पश्चिम बंगाल

उत्तर (b) उत्तर-प्रदेश

9. राष्ट्रीय युवा नीति के अनुसार, इसका लक्ष्य देश के युवाओं को अपनी पूरी क्षमता का उपयोग करने के लिए सक्षम बनाना और उनके द्वारा भारत को राष्ट्रों के समूह में अपना उचित स्थान प्राप्त करने में सक्षम बनाना है। राष्ट्रीय युवा नीति 2014 के अनुसार किस आयु वर्ग को युवा माना गया है

(a) 15-29 वर्ष के आयु वर्ग को (b) 29-39 वर्ष के आयु वर्ग को
(c) 15-39 वर्ष के आयु वर्ग को (d) 18-39 वर्ष के आयु वर्ग को

उत्तर (a) 15-29 वर्ष के आयु वर्ग को

10. निम्नलिखित राष्ट्रीय कौशल विकास तथा उद्यमिता नीति (2015) के उद्देश्यों को ध्यानपूर्वक पढ़िए और सही उत्तर चयन कीजिए **CBSE 2024**

1. भारत में विभिन्न आयु वर्गों की साक्षरता दर में सुधार करना।
2. सभी कौशल से संबंधित गतिविधियों के लिए रूपरेखा प्रदान करना।
3. सभी कौशल गतिविधियों को एक मानक के साथ बाँधे रखना।
4. कौशल गतिविधियों को इनके माँग केंद्रों से जोड़ना।

कूट

(a) 1, 2 और 3 (b) 2, 3 और 4
(c) 1, 3 और 4 (d) 1, 2 और 4

उत्तर (b) 2, 3 और 4

11. निम्नलिखित में से कौन-सा कथन जनसंख्या घनत्व के संदर्भ में सही है? **दक्षता आधारित प्रश्न**

1. जनसंख्या घनत्व को प्रति इकाई क्षेत्र में व्यक्तियों की संख्या द्वारा अभिव्यक्त किया जाता है।
2. भारत का जनसंख्या घनत्व 2011 की जनगणना के अनुसार, 382 व्यक्ति प्रति वर्ग किमी है।
3. वर्ष 1951 में जनसंख्या का घनत्व 117 व्यक्ति/किमी^{2} से बढ़कर 2011 में 382 व्यक्ति/किमी^{2} होने से विगत 50 वर्षों में 200 व्यक्ति प्रतिवर्ग किमी से अधिक की उत्तरोत्तर वृद्धि हुई है।
4. दिल्ली के राष्ट्रीय राजधानी क्षेत्र में जनसंख्या घनत्व 1129 व्यक्ति/किमी^{2} है।

कूट

(a) 1, 2 और 3 (b) 2, 3 और 4
(c) 2, 1 और 4 (d) 1, 2 और 4

उत्तर (a) 1, 2 और 3

12. भारत में निम्नलिखित में से कौन-सा लघुत्तम भाषा का वर्ग है?
(a) ऑस्ट्रिक (b) द्रविड़
(c) भारतीय-यूरोपीय (d) चीनी-तिब्बती

उत्तर (d) चीनी-तिब्बती

13. निम्नलिखित में से कौन-सा भाषा वर्ग भारत में सबसे छोटा है? **CBSE 2024**
(a) संस्कृत, बोडो और मणिपुरी
(b) कन्नड़, तमिल और तेलुगू
(c) डोगरी, पंजाबी और कोंकणी
(d) मैथिली, गुजराती और बांग्ला

उत्तर (a) संस्कृत, बोडो और मणिपुरी

14. जनगणना 2011 के अनुसार, कितने प्रतिशत श्रमिक कृषि कार्यों में संलग्न हैं?
(a) 58.2% (b) 56.8% (c) 54.6% (d) 52.4%

उत्तर (c) 54.6%

15. पिछले एक सदी में भारत में जनसंख्या वृद्धि के चार अलग-अलग चरण पहचाने गए हैं। दिए गए विवरण से उस चरण को पहचानें। इस अवधि के दौरान जनसंख्या 25.1 करोड़ से बढ़कर 36.1 करोड़ हो गई, जो 11 करोड़ की वृद्धि या 1.22% की सी.ए.जी.आर (CAGR) थी, जिसे मध्यम वृद्धि दर माना जाता है। इस चरण में भारतीय जनसांख्यिकी का एक नए युग में संक्रमण देखा गया, जो देश में हो रहे सामाजिक राजनीतिक परिवर्तनों का परिणाम था।
(a) चरण I 1901-1921
(b) चरण II 1921-1951
(c) चरण III 1951-1981
(d) चरण IV 1981 से वर्तमान तक

उत्तर (b) चरण II 1921-1951

16. निम्नलिखित में से कौन-सा जनसंख्या की वास्तविक वृद्धि दर्शाता है? **CBSE 2020**
(a) किसी क्षेत्र विशेष में दो समयों के बीच जनसंख्या में परिवर्तन
(b) जन्म और मृत्यु के अंतर से बढ़ने वाली जनसंख्या
(c) जन्म और मृत्यु के अंतर से बढ़ने वाली जनसंख्या + अप्रवास – उत्प्रवास
(d) जन्म + अप्रवास से जनसंख्या में वृद्धि

उत्तर (c) जन्म और मृत्यु के अंतर से बढ़ने वाली जनसंख्या + अप्रवास – उत्प्रवास

17. परिवार नियोजन के उद्देश्यों से संबंधित निम्नलिखित कथनों को पढ़िए और सही विकल्प का चयन कीजिए **CBSE 2023**
1. जन्म दर को नियंत्रित करना
2. बच्चों के जन्म के बीच अंतराल रखना
3. महिलाओं के स्वास्थ्य को बेहतर करना
4. बच्चों की मृत्यु दर को कम करना।

कूट
(a) 1, 2 और 4 (b) 1, 2 और 3
(c) 2, 3 और 4 (d) 1, 3 और 4

उत्तर (b) 1, 2 और 3

18. निम्नलिखित में से कौन-से कारण झारखंड में जनसंख्या घनत्व में वृद्धि के लिए उत्तरदायी हैं, जो पहले बहुत कम था?
1. खनिज संसाधनों की उपलब्धता
2. उत्तम परिवहन सुविधा
3. सिंचाई प्रणाली

कूट
(a) केवल 1 (b) केवल 2
(c) 1 और 2 (d) 1 और 3

उत्तर (a) केवल 1

19. निम्नलिखित में से कौन-सा राज्य समूह शहरी जनसंख्या के अवरोही क्रम में व्यवस्थित है?
(a) दिल्ली, महाराष्ट्र, केरल, असम
(b) दिल्ली, केरल, महाराष्ट्र, असम
(c) महाराष्ट्र, दिल्ली, केरल, असम
(d) असम, दिल्ली, महाराष्ट्र, केरल

उत्तर (b) दिल्ली, केरल, महाराष्ट्र, असम

20. आधुनिक भारतीय भाषाओं को बोलने वालों की संख्या के अनुसार अधिकतम से न्यूनतम के सही क्रम वाले विकल्प को चुनिए **CBSE 2023**
(a) भारतीय-यूरोपीय, द्रविड़, ऑस्ट्रिक एवं चीनी-तिब्बती
(b) भारतीय-यूरोपीय, ऑस्ट्रिक, द्रविड़ एवं चिनी-तिब्बती
(c) द्रविड़, भारतीय-यूरोपीय, चीनी-तिब्बत एवं ऑस्ट्रिक
(d) द्रविड़, ऑस्ट्रिक, भारतीय-यूरोपीय एवं चीनी-तिब्बती

उत्तर (a) भारतीय-यूरोपीय, द्रविड़, ऑस्ट्रिक एवं चीनी-तिब्बनी

21. निम्नलिखित में से कौन-सा एक युग्म सही सुमेलित नहीं है?
(a) स्थिर जनसंख्या वृद्धि – चरण II
(b) जनसंख्या विस्फोट – चरण III
(c) घटती दर की अवस्था – चरण IV
(d) रुद्ध अवस्था – चरण I

उत्तर (a) स्थिर जनसंख्या वृद्धि — चरण II

22. निम्नलिखित को ध्यानपूर्वक पढ़िए और जनसंख्या वृद्धि की अवस्था के लिए सही विकल्प का चयन कीजिए।
- इसे तीव्र वृद्धि की अवस्था भी कहा जाता है।
- इस अवस्था में जनसंख्या की प्राकृतिक वृद्धि उच्च और वृद्धि दर उच्चतर हुई।
- इसके केंद्रीकृत नियोजन की प्रक्रिया के माध्यम से विकासात्मक कार्यों को प्रारंभ किया गया।

कूट
(a) प्रथम अवस्था (b) द्वितीय अवस्था
(c) तृतीय अवस्था (d) चतुर्थ अवस्था

उत्तर (c) तृतीय अवस्था

23. भारतीय जनसंख्या के संबंध में निम्नलिखित कथनों को क्रमानुसार क्रम से व्यवस्थित कीजिए।
1. भारत की पहली जनगणना 1872 ई. में हुई थी, किंतु पहली संपूर्ण जनगणना 1881 ई. में संपन्न हुई थी।
2. जनगणना में हुई दशकोय वृद्धि दर सर्वाधिक थी।

3. देश में जनसंख्या की वृद्धि दर वर्तमान में उच्च है और विश्व विकास रिपोर्ट द्वारा प्रक्षेपण किया गया है कि वर्ष 2025 तक भारत की जनसंख्या 135 करोड़ हो जाएगी।
4. इस अवधि को भारत की जनसंख्या की वृद्धि की रुद्ध अथवा स्थिर प्रावस्था कहा जाता है, क्योंकि इस अवधि में वृद्धि दर अत्यंत निम्न थी, इसलिए इस दौरान ऋणात्मक वृद्धि दर दर्ज की गई।

कूट

(a) 1, 4, 2, 3 (b) 4, 1, 2, 3
(c) 1, 2, 3, 4 (d) 1, 3, 2, 4

उत्तर (a) 1, 4, 2,

24. सूची I को सूची II से सुमेलित कीजिए

सूची I (धार्मिक समूह)		सूची II (प्रतिशत)
A. हिंदू	1.	14.2%
B. मुस्लिम	2.	79.8%
C. ईसाई	3.	2.3%
D. सिख	4.	1.7%
E. बौद्ध	5.	0.4%
F. जैन	6.	0.7%

कूट

	A	B	C	D		A	B	C	D
(a)	1	2	3	4	(b)	2	1	3	4
(c)	1	2	5	6	(d)	4	3	2	1

उत्तर (b) 2 1 3 4

25. सूची I को सूची II सुमेलित कीजिए

सूची I (राज्य)		सूची II (जनसांख्यिकीय विशेषताएँ)
(a) केरल	1	उच्चतम लिंगानुपात
(b) हरियाणा	2	निम्नतम लिंगानुपात
(c) गोवा	3	शहरी जनसंख्या का उच्चतम प्रतिशत हिस्सा
(d) नागालैंड	4	नकारात्मक जनसंख्या वृद्धि दर

कूट

	A	B	C	D		A	B	C	D
(a)	1	2	3	4	(b)	2	1	3	4
(c)	1	3	2	4	(d)	3	2	1	4

उत्तर (a) 1 2 3 4

निर्देश (प्र. सं. 26-28) नीचे दिए गए कथन एवं कारणों को ध्यानपूर्वक पढ़कर कूट की सहायता से सही उत्तर दीजिए

कूट

(a) A और R दोनों सही हैं, तथा R, A की सही व्याख्या करता है
(b) A और R दोनों सही हैं, परंतु R, A की सही व्याख्या नहीं करता है
(c) A सही है, परंतु R गलत है
(d) A गलत है, परंतु R सही है

26. **कथन (A) राजनीतिक स्थिरता, शैक्षिक और स्वास्थ्य देखभाल सुविधाओं की उपलब्धता और उद्योगों एवं रोजगार के अवसरों की मौजूदगी कुछ ऐसी स्थितियाँ हैं, जो लोगों को किसी क्षेत्र में बसने के लिए प्रोत्साहित करती है।**

कारण (R) खनिज भंडार वाले स्थान प्राकृतिक रूप से अधिक आबादी वाले हैं।

उत्तर (a) राजनीतिक स्थिरता, शैक्षिक और स्वास्थ्य देखभाल सुविधाओं की उपलब्धता और उद्योगों एवं रोजगार के अवसरों की मौजूदगी कुछ ऐसी स्थितियाँ हैं, जो लोगों को किसी क्षेत्र में बसने के लिए प्रोत्साहित करती हैं। इसके अतिरिक्त सामाजिक आर्थिक व सांस्कृतिक कारक जनसंख्या के वितरण को प्रभावित करते हैं। खनिज भंडार वाले स्थान प्राकृतिक रूप से अधिक आबादी वाले हैं।

27. **कथन (A) भारत में आर्थिक विकास के निचले स्तरों के क्षेत्रों में कार्य भागीदारी दर अधिक होती है।**

कारण (R) निर्वाह गतिविधियों को करने के लिए बड़ी संख्या में हाथों से कार्य करने वाले श्रमिकों की आवश्यकता होती है।

उत्तर (a) भारत में आर्थिक विकास के निचले स्तरों के क्षेत्रों में कार्य भागीदारी दर अधिक है। इसका प्रमुख कारण बढ़ती कौशलयुक्त बेरोजगारी दर है। निर्वाह गतिविधियों को करने के लिए बड़ी संख्या में हाथों से कार्य करने वाले श्रमिकों की आवश्यकता होती है। असंगठित क्षेत्रों में श्रमिकों को पर्याप्त श्रम सुरक्षा नहीं मिल पाती व इनमें वेतन कम व नौकरियाँ अनियमित होती हैं।

28. **कथन (A) भारत की जनसंख्या उत्तरी अमेरिका, दक्षिणी अमेरिका और ऑस्ट्रेलिया की कुल जनसंख्या से भी अधिक है।**

कारण (R) पिछले 50 वर्षों में जनसंख्या घनत्व में 200 व्यक्ति प्रतिवर्ग किमी की वृद्धि हुई है।

उत्तर (b) भारत की जनसंख्या उत्तरी अमेरिका, दक्षिणी अमेरिका और ऑस्ट्रेलिया की कुल जनसंख्या से अधिक है, लेकिन पिछले 50 वर्षों में जनसंख्या घनत्व में 200 व्यक्ति प्रतिवर्ग किमी की वृद्धि नहीं हुई है। भारत की जनसंख्या वृद्धि का कारण मृत्यु दर में तेजी से गिरावट है, वर्ष 1980 तक जन्म दर ज्यादा थी, लेकिन मृत्यु दर लगातार कम होती गई।

29. फ्लो चार्ट में रिक्त स्थान की पूर्ति कीजिए

जनसंख्या घनत्व

उच्च जनसंख्या घनत्व	मध्यम जनसंख्या घनत्व	निम्न जनसंख्या घनत्व
राज्य बिहार	राज्य असम	राज्य

(a) लक्षद्वीप
(b) हरियाणा
(c) ओडिशा
(d) उत्तराखंड

उत्तर (d) उत्तराखंड

निर्देश (प्र. स. 30-32) नीचे दी गई टेबल को ध्यानपूर्वक पढ़कर निम्नलिखित प्रश्नों के उत्तर दीजिए।

भारत में दशकीय वृद्धि दर 1901-2011

जनगणना वर्ष	कुल जनसंख्या	वृद्धि दर *	
		निरपेक्ष संख्या	वृद्धि का %
1901	238396327	----------	--------
1911	252093390	(+) 13697063	(+) 5.75
1921	251321213	(–) 772117	(–) 0.31
1931	278977238	(+) 27656025	(+) 11.60
1941	318660580	(+) 39683342	(+) 14.22
1951	361088090	(+) 42420485	(+) 13.31
1961	439234771	(+) 77682873	(+) 21.51
1971	548159652	(+) 108924881	(+) 24.80
1981	683329097	(+) 135169445	(+) 24.66
1991	846302688	(+) 162973591	(+) 23.85
2001	1028610328	(+) 182307640	(+) 21.54
2011 * *	1210193422	(+) 181583094	(+) 17.64

30. 1911 से लेकर 2011 तक की दशकीय वृद्धि दर में सर्वाधिक वृद्धि दर वाला वर्ष है।

(a) वर्ष 1981 (b) वर्ष 1951 (c) वर्ष 2011 (d) वर्ष 1991

उत्तर (a) वर्ष 1981

31. वर्ष 1911 से लेकर अब तक (नवीनतम जनगणना तक) किस वर्ष दशकीय वृद्धि दर ऋणात्मक रही है?

(a) वर्ष 1901 (b) वर्ष 1911 (c) वर्ष 1921 (d) वर्ष 1931

उत्तर (c) वर्ष 1921

32. वर्ष 1961 की तुलना में वर्ष 1971 में दशकीय वृद्धि दर कितना अधिक है?

(a) 3.29 (b) 3.41 (c) 3.51 (d) 3.61

उत्तर (a) 3.29

लघु उत्तरीय प्रश्न

1. वर्ष 1901 से 1921 की अवधि को भारत की जनसंख्या की वृद्धि की रुद्ध अथवा स्थिर प्रावस्था क्यों कहा जाता है?

उत्तर वर्ष 1901 से 1921 के दौरान देश की जनसंख्या वृद्धि दर अत्यंत निम्न थी। जन्म दर तथा मृत्यु दर दोनों उच्च थीं, जिससे वृद्धि दर निम्न बनी रही। वर्ष 1911 से 1921 के दौरान ऋणात्मक वृद्धि दर्ज की गई, क्योंकि भोजन, स्वास्थ्य, शिक्षा जैसी आधारभूत आवश्यकताओं का असमान वितरण इस अवधि में उच्च जन्म दर और मृत्यु दर के लिए उत्तरदायी था। 1911-21 का दशक अब तक का एकमात्र ऐसा दशक रहा है, जिसमें जनसंख्या में 0.31% की दशकीय गिरावट देखी गई। भारत में वर्ष 1921 की जनगणना के पश्चात् भारत में जनसंख्या वृद्धि जारी है। इसलिए वर्ष 1901 से 1921 की अवधि को भारत की जनसंख्या की वृद्धि की रुद्ध एवं स्थिर प्रावस्था कहा जाता है।

2. वर्ष 1921-51 के बीच की समयावधि को भारत की जनसंख्या की स्थिर वृद्धि के रूप में जाना जाता है। इसके क्या कारण हैं? **CBSE 2023**

अथवा भारत की जनसंख्या वृद्धि वर्ष 1921-51 के मध्य स्थिर क्यों रही? कोई तीन कारण स्पष्ट करें।

उत्तर वर्ष 1921-51 की समयावधि को जनसंख्या की स्थिर वृद्धि का काल माना जाता है। इसके निम्नलिखित कारण थे

- इस समयावधि में स्वास्थ्य सेवाओं में व्यापक सुधार हुए, जिससे मृत्यु दर में कमी आई।
- शिक्षा के स्तर में वृद्धि का भी जनसंख्या वृद्धि दर को नियंत्रित करने में योगदान रहा।
- परिवहन एवं संचार साधनों के विकास ने खाद्यान्नों के वितरण को सुगम बना दिया है।
- इस काल में अशोधित जन्म दर ऊँची बनी रही, जिससे पिछली प्रावस्था की तुलना में वृद्धि दर उच्चतर हुई।
- इस काल में भारत के खाद्यान्न स्तर में सुधार हुआ, जिसने भारत की जनसंख्या वृद्धि को प्रोत्साहित किया था।

3. भारत में जंनसख्या वृद्धि की 'प्रावस्था ख' की किहीं तीन विशेषताओं की व्याख्या कोजिए? **CBSE 2024**

उत्तर भारत में जनसंख्या की दशकीय और वार्षिक वृद्धि दर अधिक है तथा यह समय के साथ निरंतर बढ़ती रहती है। वर्ष 1901 से 2001 के मध्य वार्षिक जन्मदर और मृत्युदर तथा प्रवास के कारण जनसंख्या वृद्धि हुई, लेकिन यह वृद्धि विभिन्न प्रतिरूपों को प्रदर्शित करती है। जनसंख्या वृद्धि की अवस्था 'ख' की तीन प्रमुख विशेष्ताएँ निम्नलिखित हैं

(i) वर्ष 1921-51 की अवधि में भारत की जनसंख्या में 47.3% की वृद्धि हुई। यह वृद्धि इस दशक में होने वाले स्वास्थ्य एवं स्वच्छता से संबंधित व्यापक सुधारों का परिणाम थी।

(ii) इस अवधि में मृत्यु दर घटी और जन्म दर का स्तर ऊँचा हुआ।

(iii) परिवहन एवं संचार तंत्र में व्यापक सुधार हुआ।

4. वर्ष 1951-81 का काल भारत में जनसंख्या विस्फोट के रूप में क्यों जाना जाता है?

उत्तर वर्ष 1951-81 का काल भारत में जनसंख्या विस्फोट के रूप में जाना जाता है, क्योंकि

– इस काल में उच्च प्रजनन दर तथा मृत्यु दर में अत्यधिक कमी जनसंख्या विस्फोट का प्रमुख कारण रही।

– अर्थव्यवस्था में सुधार होने के परिणामस्वरूप जनसंख्या की प्राकृतिक वृद्धि दर उच्च रही।

– इस अवधि में केंद्रीकृत नियोजन प्रक्रिया के माध्यम से विकासात्मक कार्यों को प्रारंभ किया गया, जिसके कारण आर्थिक विकास में वृद्धि हुई और लोगों का भारत की ओर प्रवास हुआ।

– इसके अनिरिक्त इस काल में तिब्बतियों व बांग्लादेशी जैसे अंतर्राष्ट्रीय प्रवासों के कारण भी भारत की जनसंख्या में वृद्धि हुई।

वर्ष 1971 के बाद, शिक्षा के प्रचार-प्रसार के प्रभाव तथा चिकित्सा सुविधाओं के विस्तार से जनसंख्या की वृद्धि दर में कनी आई।

5. भारत की जनसंख्या के धार्मिक संघटन का संक्षिप्त विवरण दीजिए।

उत्तर धर्म अधिकतर भारतीयों के सांस्कृतिक और राजनीतिक जीवन को प्रभावित करने वाले प्रमुख बलों में से एक है, क्योंकि धर्म लोगों के परिवार और सामुदायिक जीवन के लगभग सभी पक्षों में बहु आयामी रूप से व्याप्त होता है। देश में धार्मिक समुदायों का स्थापित वितरण दर्शाता है कि कुछ निश्चित राज्यों और जिलों में एक धर्म की संख्यात्मय प्रबलता विशाल है, जबकि उसी का दूसरे राज्यों में प्रतिनिधित्व नगण्य है। भारत एक धर्मनिरपेक्ष देश है, जहाँ लगभग सभी धर्म के लोग निवास करते हैं। इसमें हिंदू, मुस्लिम, सिख, ईसाई, बौद्ध, जैन एवं पारसी प्रमुख हैं। इन धर्म एवं संप्रदाय के लोगों का वितरण बहुत ही अनियमित है। भारत में विभिन्न धार्मिक समुदाय के अनुयायियों का निम्न आँकड़ों द्वारा अध्ययन कर सकते हैं; जैसे–हिंदू – 80.5%, मुस्लिम – 13.5%, जैन – 0.4%, सिख – 1.9%, ईसाई – 2.30%, बौद्ध – 0.9%, अन्य – 0.6% आदि।

6. भारत में धार्मिक जनसंख्या का वितरण किस प्रकार है? समझाइए।

उत्तर भारत में धार्मिक जनसंख्या का वितरण निम्नलिखित प्रकार से है

- भारत के जम्मू और कश्मीर, उत्तरी-पूर्व के पर्वतीय राज्यों और दक्कन पठार व गंगा के मैदान के प्रकीर्ण क्षेत्रों को छोड़कर हिंदू अनेक राज्यों में एक प्रमुख समूह के रूप में सकेंद्रित हैं।
- भारत में मुस्लिम जम्मू और कश्मीर, पश्चिम बंगाल और केरल के कुछ जिलों, उत्तर प्रदेश के अनेक जिलों, दिल्ली में व उसके आस-पास और लक्षद्वीप में संकेंद्रित हैं।
- भारत में ईसाइयों को पश्चिमी तट के साथ गोवा एवं केरल और मेघालय, मिजोरम और नागालैंड के पहाड़ी राज्यों, छोटानागपुर क्षेत्र और मणिपुर की पहाड़ियों में देखा जा सकता है।
- भारत में सिख पंजाब, हरियाणा और दिल्ली में संकेंद्रित हैं।
- भारत में जैन राजस्थान, गुजरात, महाराष्ट्र में तथा बौद्ध महाराष्ट्र, अरुणाचल प्रदेश, जम्मू और कश्मीर, लद्दाख तथा हिमाचल प्रदेश में लाहौल में संकेंद्रित हैं।

7. राष्ट्रीय युवा नीति–2014 के अंतर्गत युवाओं के लिए क्या प्रावधान किए गए हैं?

उत्तर राष्ट्रीय युवा नीति-2014 भारत में युवाओं के लिए एक समग्र दूरदर्शी प्रस्ताव रखती है। देश के युवाओं को अपनी क्षमता का उपयोग करने के लिए सक्षम बनाना और उनके द्वारा भारत को राष्ट्रों के समूह में अपना उचित स्थान प्राप्त करने में सक्षम बनाना है। राष्ट्रीय युवा नीति-2014 में 15-29 वर्ष के आयु समूह के व्यक्ति को 'युवा' के रूप में परिभाषित करती है। राष्ट्रीय युवा नीति के लिए पाँच मुख्य क्षेत्रों को तय किया गया है, इनमें शिक्षा, रोजगार, युवा नेतृत्व, स्वास्थ्य और सामाजिक न्याय शामिल हैं। इस नीति को ही ध्यान में रखते हुए वर्ष 2015 में कौशल विकास उद्यमिता नीति बनाई गई, जिसका मुख्य उद्देश्य देशभर में हो रह कौशल से संबंधित गतिविधियों के लिए एक स्पष्ट रूपरेखा प्रदान करना है, साथ-ही-साथ इन सभी गतिविधियों को एक मानक में साथ बाँधना तथा विभिन्न कौशलों को इनके एक कार्यक्रम के साथ जोड़ना है।

8. भारत में किशोर जनसंख्या की प्रमुख समस्याओं का विश्लेषण कीजिए। समस्याओं के समाधान के लिए दो उपाय सुझाइए। **CBSE 2024**

उत्तर भारत की जनसंख्या में किशोरों (10-19) की आयु वर्ग का अंश 20.9% है, जिसमें 52.7% किशोर और 47.3% किशोरियाँ सम्मिलित हैं। किशोर जनसंख्या उच्च संभावनाओं से युक्त युवा जनसंख्या समझी जाती है, परंतु यदि उन्हें समुचित वेग से दिशा-निर्देश न दिए जाएँ तो वे काफी सुभेद होते हैं।

भारत में किशोर जनसंख्या की प्रमुख समस्याएँ निम्नलिखित हैं–स्त्री निरक्षरता, विद्यालय विरत छात्र, पोषक तत्त्वों की निम्न ग्राहाता, किशोरी माताओं में उच्च मातृ मृत्यु दर, एच. आई. वी./एड्स की उच्च दरें, शारीरिक मानसिक अपंगता, मदिरा सेवन एवं अपराध करना।

समस्याओं के समाधान के लिए निम्न सुझाव दिए गए हैं

- महिलाओं और लड़कियों के सशक्तीकरण पर विशेष बल देना
- पुरुषों और महिलाओं में समानता

9. भारत की जनसंख्या में श्रमजीवी जनसंख्या के संघटन का संक्षिप्त विवरण दीजिए।

अथवा **आर्थिक स्तर की दृष्टि से भारतीय जनसंख्या के तीन वर्ग कौन–से हैं? प्रत्येक वर्ग की विशेषता बताइए।**

उत्तर भारत की जनसंख्या को आर्थिक स्तर की दृष्टि से तीन वर्गों में बाँटा जाता है

(i) **मुख्य श्रमिक** जो व्यक्ति वर्ष में 183 दिन या इससे अधिक दिन तक रोजगार पाता है, उसे मुख्य श्रमिक कहते हैं।

(ii) **सीमांत श्रमिक** जो व्यक्ति वर्ष में 183 दिन से कम दिनों के लिए रोजगार पाता है, उसे सीमांत श्रमिक कहते हैं।

(iii) **अश्रमिक** वह व्यक्ति, जो पूरे वर्ष में अपने जीवन-यापन के लिए कार्य नहीं करता है, उसे अश्रमिक कहते हैं। वर्ष 2011 में भारत में अश्रमिकों का अनुपात 60% था।

कुल श्रमजीवी जनसंख्या का लगभग 54.6% भाग कृषक और कृषि श्रमिकों का है, जबकि 3.8% श्रमिक घरेलू उद्योग और 41.6% श्रमिक गैर-घरेलू उद्योग, व्यापार, वाणिज्य, विनिर्माण, मरम्मत तथा अन्य सेवाओं में कार्यरत् हैं।

10. भारतीय भाषाई संघटन किस प्रकार विशिष्ट है? स्पष्ट कीजिए।

अथवा **'भारत भाषाई विविधतापूर्ण देश है' इस कथन की पुष्टि कीजिए।**

उत्तर भारत एक भाषाई विविधता की भूमि है। ग्रियर्सन के अनुसार, देश में 179 भाषाएँ और 544 के लगभग बोलियाँ थीं। आधुनिक भारत के संदर्भ में 22 भाषाएँ अनुसूचित हैं और अनेक भाषाएँ गैर-अनुसूचित हैं। अनुसूचित भाषाओं में हिंदी बोलने वालों का प्रतिशत सर्वाधिक है। लघुतम भाषा वर्ग संस्कृत, बोडो तथा मणिपुरी बोलने वालों की है।

यह देखा गया है कि देश में भाषाई प्रदेशों की सीमाएँ सुनिश्चित और स्पष्ट नहीं हैं, बल्कि उनका अपने-अपने सीमांत प्रदेशों में क्रमिक विलय और अध्यारोपण हो जाता है।

प्रमुख भारतीय भाषाओं में बोलने वाली चार भाषा परिवारों से जुड़े हुए हैं। जिनमें उपपरिवार शाखाएँ अथवा वर्ग हैं, जो निम्नलिखित हैं

क्र.सं.	परिवार	उपपरिवार
1.	ऑस्ट्रिक	ऑस्ट्रो-एशियाई ऑस्ट्रो-नेस्पिन
2.	द्रविड़	—
3.	चीनी-तिब्बत	तिब्बती-म्यांमारी सियासी-चीनी
4.	भारतीय-यूरोपीय	इंडो–आर्य

11. अंतर स्पष्ट कीजिए

(i) जनसंख्या का अंकगणितीय घनत्व तथा कायिक घनत्व

(ii) मुख्य कामगार तथा सीमांत कामगार

उत्तर (i) जनसंख्या के अंकगणितीय घनत्व एवं कायिक घनत्व में निम्नलिखित अंतर हैं

अंकगणितीय घनत्व	कायिक घनत्व
कुल जनसंख्या तथा कुल क्षेत्रफल के अनुपात को अंकगणितीय घनत्व कहते हैं।	कुल कृषि क्षेत्र और कुल जनसंख्या के अनुपात को कायिक घनत्व कहते हैं।
इसे प्रति इकाई क्षेत्रफल में रहने वाले व्यक्तियों की संख्या द्वारा व्यक्त किया जाता है।	देश के लिए यह सूचकांक बहुत उपयोगी है।
यह एक अपरिष्कृत माप है।	इससे प्रति हेक्टेयर भूमि के वितरण को ज्ञात किया जा सकता है।
यह निम्न सूत्र से ज्ञात किया जाता है अंकगणितीय घनत्व $= \frac{\text{कुल जनसंख्या}}{\text{कुल क्षेत्रफल}}$	यह निम्न सूत्र से ज्ञात किया जा सकता है कायिक घनत्व $= \frac{\text{कुल जनसंख्या}}{\text{कुल कृषि क्षेत्रफल}}$

(ii) मुख्य कामगार एवं सीमांत कामगार में निम्नलिखित अंतर हैं

मुख्य कामगार	सीमांत कामगार
कोई भी व्यक्ति, जो 183 दिन तक आर्थिक दृष्टि से लाभकारी कार्य में लगा रहा है, उसे मुख्य कामगार कहते हैं।	कोई भी व्यक्ति, जो 183 से कम दिनों तक रोजगार पाता है, उसे सीमांत कामगार कहते हैं।
इनकी आर्थिक स्थिति अपेक्षाकृत अधिक अच्छी होती है।	इनकी आर्थिक स्थिति अधिक अच्छी नहीं होती है।
मुख्य कामगार अधिकतर नगरों में मिलते हैं।	सीमांत कामगार ग्रामीण क्षेत्रों में मिलते हैं।

12. जेंडर के आधार पर भेदभाव किस प्रकार मानवता के प्रति अपराध है? समस्या के समाधान के लिए दो उपाय सुझाइए। **CBSE 2024**

उत्तर पुरुष, महिला और ट्रांसजेंडर में विभाजन प्राकृतिक और जैविक माना जाता है, लेकिन वास्तव में समाज में सबकी अलग-अलग भूमिका का निर्धारण समाजिक संस्थाओं द्वारा किया जाता है। प्राकृतिक और जैविक विभाजन ही भेदभाव और बहिष्कार को आधार प्रदान करता है।

लिंग के आधार पर भेदभाव को मानवता के विरूद्ध अपराध माना जाना चाहिए, लिंग भेदभाव, मानवाधिकारों का हनन है और यह प्रणालीगत वैश्विक समस्या है।

लिंग भेदभाव, अक्सर पूर्वाग्रह, गलत धारणाओं और सामाजिक विचारों पर आधारित होता है।

लिंग भेदभाव से लोगों के स्वयं को अभिव्यक्त करने और पहचानने के तरीके सीमित हो जाते हैं।

लिंग भेदभाव से महिलाओं और लड़कियों के स्वास्थ्य, शिक्षा, आय और सुरक्षा पर घातक असर पड़ता है।

लिंग आधारित भेदभाव की समस्या के समाधान के लिए दो मुख्य उपाय निम्नलिखित हैं

- समाज में समानता स्थापित करने के लिए शिक्षा, रोजगार, राजनीतिक स्तर पर सुधार के प्रयास किए जाने चाहिए।
- लिंग संवेदनशीलता को बढ़ावा देने के लिए विभिन्न सराहनीय अभियान की शुरू किया; अतः जैसे–बेटी बचाओ, बेटी पढ़ाओ।

दीर्घ उत्तरीय प्रश्न

1. भारत में जनसंख्या के आँकड़ों का कौन-सा स्रोत है? भारत में जनसंख्या के वितरण को समझाइए।

अथवा **भारत में जनसंख्या के असमान वितरण को प्रभावित करने वाले किन्हीं पाँच कारकों की व्याख्या कोजिए** **CBSE 2024**

अथवा **भारत में जनसंख्या के असमान वितरण के लिए भौतिक और आर्थिक कारक किस प्रकार उत्तरदायी हैं? उदाहरण सहित परिभाषित कीजिए।**

उत्तर भारत में जनसंख्या के आँकड़ों का स्रोत प्रति दस वर्ष बाद होने वाली जनगणना है। भारत में जनसंख्या का वितरण बहुत ही असमान है। उत्तर प्रदेश की जनसंख्या सर्वाधिक है, जो भारत की कुल जनसंख्या का 16.17% भाग है, जबकि अरुणाचल प्रदेश में केवल 0.11% जनसंख्या है। उत्तर प्रदेश के बाद महाराष्ट्र में 9.42%, बिहार में 8.07%, पश्चिम बंगाल में 7.81% तथा आंध्र प्रदेश में 7.37% जनसंख्या निवास करती है। वहीं जम्मू और कश्मीर में 0.98% तथा उत्तराखंड में 0.83% जनसंख्या निवास करती है। तमिलनाडु, मध्य प्रदेश, राजस्थान, कर्नाटक, गुजरात, उत्तर प्रदेश, महाराष्ट्र, बिहार, पश्चिम बंगाल और आंध्र प्रदेश की जनसंख्या का योग देश की कुल जनसंख्या का 76% है।

भारत में जनसंख्या के असमान वितरण को प्रभावित करने वाले कारक निम्न हैं

(i) **भूमि विन्यास** भारत के मैदानों, डेल्टाओं तथा तटीय मैदानों में जनसंख्या का उच्च अनुपात है, जिसका मुख्य कारण इन क्षेत्रों में भूमि का उर्वर होना है।

(ii) **औद्योगीकरण तथा नगरीकरण** औद्योगिक विकास और नगरीकरण के कारण बड़ी संख्या में दिल्ली, मुंबई, कोलकाता, बंगलुरु, पुणे, अहमदाबाद तथा जयपुर नगरीय क्षेत्र ग्रामीण-नगरीय प्रवासियों को आकर्षित कर रहे हैं। परिणामस्वरूप इन क्षेत्रों में जनसंख्या का उच्च संकेंद्रण पाया जाता है।

(iii) **जल की उपलब्धता** देश के मैदानों एवं तटीय क्षेत्रों में स्थित प्रदेश हमेशा ही विशाल जनसंख्या संकेंद्रण वाले प्रदेश रहे हैं। इसका प्रमुख कारण इस क्षेत्र में जल की उपलब्धता है।

(iv) **खनिज एवं ऊर्जा संसाधनों की उपलब्धता** खनिज एवं ऊर्जा संसाधनों की उपलब्धता के कारण ही झारखंड अब जनसंख्या के उच्च संकेंद्रण का क्षेत्र हो गया है।

(v) **परिवहन का विकास** परिवहन के विकास के कारण प्रायद्वीपीय राज्यों में पहले विरल जनसंख्या थी, जो अब जनसंख्या के माध्यम से उच्च संकेंद्रण के क्षेत्र हो गए हैं।

2. भारत में श्रमजीवी जनसंख्या संघटन की मुख्य विशेषताओं का विश्लेषण कीजिए। **CBSE 2025**

उत्तर भारत की श्रमजीवी जनसंख्या का संघटन आर्थिक गतिविधियों के आधार पर विविधतापूर्ण है। वर्ष 2011 की जनगणना के अनुसार, श्रमिकों को तीन प्रमुख श्रेणियों में विभाजित किया गया।

1. **मुख्य श्रमिक** वे व्यक्ति जो वर्ष में कम-से-कम 183 दिन छह महीने या उससे अधिक कार्यरत रहते हैं।
2. **सीमांत श्रमिक** वे व्यक्ति, जो वर्ष में 183 दिनों से कम अवधि के लिए कार्यरत रहते हैं।
3. **अश्रमिक** वे व्यक्ति जो किसी भी आर्थिक गतिविधि में संलग्न नहीं होते हैं।

वर्ष 2011 में, भारत की कुल जनसंख्या का लगभग 39.8% श्रमजीवी (मुख्य और सीमांत) था, जबकि 60% जनसंख्या अश्रमिक थी।

व्यावसायिक संघटन

- **कृषक और कृषि मजदूर** कुल श्रमजीवी जनसंख्या का लगभग 54.6% हिस्सा कृषक और कृषि मजदूरों का था, जो प्राथमिक क्षेत्र में संलग्न थे।
- **घरेलू औद्योगिक श्रमिक** लगभग 3.8% श्रमिक घरेलू उद्योगों में कार्यरत थे।
- **अन्य श्रमिक** 41.6% श्रमिक गैर-घरेलू उद्योगों, व्यापार, वाणिज्य, विनिर्माण, मरम्मत और अन्य सेवाओं में संलग्न थे।

लिंग आधारित विभाजन

पुरुष श्रमिकों की संख्या सभी क्षेत्रों में महिला श्रमिकों से अधिक थी। हालाँकि प्राथमिक क्षेत्र (कृषि) में महिला श्रमिकों की सहभागिता अपेक्षाकृत अधिक थी, जबकि द्वितीयक और तृतीयक क्षेत्रों में उनकी सहभागिता में वृद्धि देखी गई।

इन आँकड़ों से स्पष्ट होता है, कि भारत की श्रमजीवी जनसंख्या संघटन लिंग आधारित, क्षेत्रीय और आर्थिक गतिविधियों के आधार पर विविध है, जो देश की आर्थिक संरचना और सामाजिक ताने-बाने को प्रतिम्बिबित करता है।

3. जनसंख्या वृद्धि क्या है? इसके घटकों को कितने वर्गों में विभाजित किया गया? इसकी तृतीय प्रावस्था का वर्णन करें।

उत्तर किसी निश्चित क्षेत्र में निश्चित अवधि के दौरान निवासियों की संख्या में हुए परिवर्तन को जनसंख्या वृद्धि या जनसंख्या परिवर्तन या वृद्धि कहते हैं। जनसंख्या वृद्धि दर को प्रतिशत में अभिव्यक्त किया जाता है। जनसंख्या वृद्धि के घटक को दो वर्गों में विभाजित किया जाता है, जो निम्नलिखित हैं

(i) **प्राकृतिक जनसंख्या वृद्धि** इसके अंतर्गत अशोधित जन्म और मृत्यु दरों को शामिल किया जाता है। प्राकृतिक जनसंख्या वृद्धि दर का आकलन अशोधित जन्म दर से मृत्यु दर को घटाने पर प्राप्त किया जाता है।

(ii) **अभिप्रेरित जनसंख्या वृद्धि** अभिप्रेरित जनसंख्या वृद्धि किसी क्षेत्र विशेष के लोगों की इच्छाओं व आकांक्षाओं की प्रबलतावश अंतर्वर्ती (किसी विशेष क्षेत्र में लोगों का आगमन) व बहिर्वर्ती (बाहर जाना) संचलन का आकलन करके ज्ञात की जाती है। अभिप्रेरित जनसंख्या वृद्धि दर किसी क्षेत्र विशेष के लोगों के आगमन की गणना करके प्राप्त की जा सकती है।

(iii) **तृतीय अवस्था** इसे तीव्र वृद्धि की अवस्था भी कहा जाता है। वर्ष 1951-81 की अवधि में भारत की जनसंख्या में 89.36% की वृद्धि हुई, जिस कारण इस अवस्था को जनसंख्या विस्फोट के नाम से भी जाना जाता है। स्वतंत्रता प्राप्ति के पश्चात् यह ऐसी समय अवधि थी, जिसमें केंद्रीकृत नियोजन प्रक्रिया के माध्यम से विकासात्मक कार्यों को प्रारंभ किया गया, जिस कारण लोगों की जीवन दशाएँ सुधरने लगीं और देश की अर्थव्यवस्था में भी सुधार हुआ।

इन सबके अतिरिक्त तिब्बतियों, बांग्लादेशियों, नेपालियों एवं पाकिस्तान से आने वाले लोगों के प्रवास ने भी उच्च वृद्धि दर में योगदान दिया। इन सभी कारणों से इस अवस्था में जनसंख्या की प्राकृतिक वृद्धि उच्च और वृद्धि दर उच्चतर हुई।

4. भारत में जनसंख्या के असमान स्थानिक वितरण के कारणों का विश्लेषण कीजिए।

अथवा **भारत के विभिन्न क्षेत्रों में जनसंख्या अधिवास में भिन्नता पाई जाती है इस विभिन्नता के कारणों का परीक्षण कीजिए।** **CBSE 2020**

उत्तर भारत में जनसंख्या का असम स्थानिक वितरण देश की जनसंख्या और भौतिक, सामाजिक, आर्थिक तथा ऐतिहासिक कारकों के बीच घनिष्ठ संबंध प्रकट करता है। जहाँ तक भौतिक कारकों का संबंध है, यह स्पष्ट है कि भू-विन्यास और जल की उपलब्धता के साथ जलवायु प्रमुख रूप से वितरण के प्रतिरूपों का निर्धारण करती है।

परिणामस्वरूप हम देखते हैं कि उत्तर भारत के मैदानों, डेल्टाओं और तटीय मैदानों में जनसंख्या का अनुपात दक्षिणी और मध्य भारत के राज्यों के आंतरिक जिलों, हिमालय, उत्तर-पूर्वी और पश्चिमी कुछ राज्यों की अपेक्षा उच्चतर है। फिर भी सिंचाई के विकास (राजस्थान), खनिज एवं ऊर्जा संसाधनों की उपलब्धता (झारखंड) और परिवहन जाल के विकास (प्रायद्वीपीय राज्यों) के परिणामस्वरूप उन क्षेत्रों में जो पहले विरल जनसंख्या क्षेत्र थे वे अब जनसंख्या के मध्यम से उच्च संकेंद्रण के क्षेत्र हो गए हैं।

जनसंख्या वितरण के सामाजिक, आर्थिक और ऐतिहासिक कारकों में से महत्त्वपूर्ण कारक स्थायी कृषि का उद्भव और कृषि विकास, मानव बस्ती के प्रतिरूप, परिवहन जाल-तंत्र का विकास, औद्योगीकरण और नगरीकरण हैं। ऐसा देखा गया है कि भारत के नदीय मैदानों और तटीय क्षेत्रों में स्थित प्रदेश सदैव ही विशाल जनसंख्या साद्रण वाले प्रदेश रहे हैं। यद्यपि इन प्रदेशों में ज़मीन और जल जैसे प्राकृतिक संसाधनों में उपयोग के कारण निम्नीकरण हुआ है, फिर भी मानव बस्ती के आरंभिक इतिहास और परिवहन जाल-तंत्र के विकास के कारण जनसंख्या का सांद्रण उच्च बना हुआ है। दूसरी ओर दिल्ली, मुंबई, कोलकाता, बंगलुरु, पुणे, अहमदाबाद, चेन्नई और जयपुर के नगरीय क्षेत्र औद्योगिक विकास और नगरीकरण के कारण बड़ी संख्या में ग्रामीण-नगरीय प्रवासियों को आकर्षित कर रहे हैं। इसलिए इन क्षेत्रों में जनसंख्या का उच्च सांद्रण पाया जाता है।

5. भारत में जनसंख्या वृद्धि की अवस्थाओं का संक्षेप में वर्णन कीजिए।

अथवा **भारत में जनसंख्या वृद्धि की प्रथम 'ग'** (1951-81) **कि प्रमुख विशेषताओं की व्यक्ष्या कीजिए।**

उत्तर इस प्रश्न के उत्तर के लिए पृष्ठ संख्या 170-172 पर शीर्षक 'जनसंख्या वृद्धि की अवस्था' का अध्ययन करें।

6. भारत में वर्ष 1921-51 के दशकों को जनसंख्या की स्थिर वृद्धि की अवधि के रूप में जाना जाता है, जबकि 1951-81 के दशकों को जनसंख्या विस्फोट की अवधि के रूप में जाना जाता है। कारण देते हुए स्पष्ट कीजिए।

उत्तर भारत में 1921-51 के दशकों को जनसंख्या की स्थिर वृद्धि की अवधि के रूप में जाना जाता है। इस दौरान भारत की जनसंख्या 25.13 करोड़ से बढ़कर 36.10 करोड़ हो गई। इस प्रकार 30 वर्ष की अवधि में भारत की जनसंख्या में 47.3% की वृद्धि हुई। इस अवधि में जनसंख्या वृद्धि के कारण निम्नलिखित हैं

- स्वास्थ्य सेवाओं के विकास से प्लेग, हैजा, मलेरिया आदि महामारियों के कारण होने वाली मृत्यु में कमी आई।
- अकाल के कारण होने वाली मृत्यु में कमी हो गई। परिवहन के विकास से खाद्यान्नों की कमी से उत्पन्न संकट कम हो गए। कृषि में सुधार से खाद्यान्नों का उत्पादन बढ़ गया। स्वच्छता और चिकित्सा सुविधाएँ बेहतर हो गईं।

1951-81 के दशकों को जनसंख्या विस्फोट की अवधि के रूप में जाना जाता है। इस दौरान भारत की जनसंख्या 36.10 करोड़ से बढ़कर 68.33 करोड़ हो गई। इस प्रकार 30 वर्ष की अवधि में भारत की जनसंख्या लगभग दोगुना हो गई। इस अवधि में जनसंख्या वृद्धि के कारण निम्नलिखित हैं

- विकास कार्यों में तीव्र गति से वृद्धि।
- चिकित्सा सुविधाओं में और अधिक सुधार। पाकिस्तान, बांग्लादेश एवं नेपाल से आने वाले प्रवासी।
- जन्म दर की तुलना में मृत्यु दर में तीव्र गिरावट।

7. भारतीय जनसंख्या की ग्रामीण एवं शहरी विशेषताओं का विश्लेषण कीजिए। **CBSE 2025**

उत्तर भारत की जनसंख्या में ग्रामीण और शहरी क्षेत्रों की विशिष्ट विशेषताएँ परिलक्षित होती हैं।

ग्रामीण जनसंख्या की विशेषताएँ

संख्या और वितरण : वर्ष 2011 की जनगणना के अनुसार, भारत की कुल जनसंख्या का लगभग 68.84% ग्रामीण क्षेत्रों में निवास करता था। कुछ राज्यों में यह प्रतिशत और भी अधिक है। उदाहरण के लिए, हिमाचल प्रदेश, असम, बिहार और ओडिशा में 80% से अधिक जनसंख्या गाँवों में निवास करती है।

- **सामाजिक संरचना** ग्रामीण समाज में संयुक्त परिवार प्रणाली प्रचलित है जहाँ तीन या अधिक पीढीयाँ एक साथ निवास करती हैं। जाति प्रथा यहाँ सामाजिक संगठन का मूलभूत आधार है, जो सामाजिक स्तरीकरण और श्रम विभाजन को निर्धारित करती है।
- **आर्थिक गतिविधियाँ** ग्रामीण क्षेत्रों में अधिकांश लोग कृषि और संबंधित गतिविधियों में संलग्न हैं, जिससे उनकी आजीविका चलती है।

शहरी जनसंख्या की विशेषताएँ

- **संख्या और वितरण** वर्ष 2011 की जनगणना के अनुसार, भारत की कुल जनसंख्या का लगभग 31.16% शहरी क्षेत्रों में निवास करता था दिल्ली और चंडीगढ़ जैसे केंद्र शासित प्रदेशों में शहरीकरण का स्तर अत्यंत उच्च है, जहाँ क्रमशः 97-5% और 97-28% जनसंख्या शहरी क्षेत्रों में रहती है।
- **सामाजिक संरचना** शहरी समाज में एकल परिवारों की प्रधानता है, जहाँ लोग व्यक्तिगत स्वतंत्रता और निजी जीवन को महत्त्व देते हैं। जाति आधारित पहचान की तुलना में आर्थिक स्थिति और पेशेवर पहचान अधिक महत्त्वपूर्ण होती है।
- **आर्थिक गतिविधि** शहरी क्षेत्रों में लोग विविध आर्थिक गतिविधियों में संलग्न होते हैं, जैसे-उद्योग, सेवा क्षेत्र, व्यापार और प्रौद्योगिकी।
- इन विशेषताओं के माध्यम से भारतीय जनसंख्या की ग्रामीण और शहरी विभाजन स्पष्ट होता है, जो सामाजिक, आर्थिक और सांस्कृतिक विविधताओं को प्रतिबिंबित करता है।

8. भारत में नगरीय जनसंख्या के वितरण में व्यापक भिन्नता पाई जाती है।" इस कथन को स्पष्ट कीजिए। **CBSE 2024**

उत्तर शहरीकरण का तात्पर्य ग्रामीण क्षेत्रों से शहरी क्षेत्रों में जनसंख्या की आवाजाही से है। भारत की जनगणना 2011 के अनुसार, वर्तमान में भारत की जनसंख्या 31.1% के शहरीकरण स्तर के साथ वर्ष 2011 में 1210 मिलियन थी। देश की 75% से अधिक शहरी आबादी 10 राज्यों में है : महाराष्ट्र, उत्तर-प्रदेश, मध्य प्रदेश, तमिलनाडु, पश्चिम बंगाल, आंध्र प्रदेश, गुजरात, कर्नाटक, राजस्थान और केरल। महाराष्ट्र 50.8 मिलियन व्यक्तियों (देश की कुल शहरी आबादी का 13.5%) के साथ सबसे आगे है। 62.2% शहरी आबादी के साथ गोवा सबसे अधिक शहरीकृत राज्य है। देश भर में शहरी आबादी के वितरण में व्यापक भिन्नताएँ हैं। आर्थिक विकास में वृद्धि और स्वास्थ्य तथा स्वास्थ्यकर स्थितियों में सुधार के कारण शहरी आबादी की वृद्धिदर तेज हुई है। उत्तरी भारत के मैदानों तथा रेलमार्गों से जुड़े स्थानों; जैसे-कोलकाता, मुंबई,बंगलुरु, मैसूर , मदुैर, कोयबंटूर, अहमदाबाद सूरत, दिल्ली आदि में ग्रामीण-शहरी प्रवास स्पष्टत रूप से दिखाई देता है। मध्य और निचले गंगा मैदानों तेलंगाना असिंचित पश्चिमी राजस्थान सुदूर (पहाड़ी क्षेत्र) प्रायद्वीपयी भारत के बाढ़ प्रवण क्षेत्रों में शहरीकरण बहुत कन देखने को मिलता है।

9. भारत के भाषायी संघटन का तार्किक विश्लेषण कीजिए।

उत्तर इस प्रश्न के उत्तर के लिए पृष्ठ संख्या 173 पर शीर्षक 'भाषायी संघटन' का अध्ययन करें।

10. यदि विकास में कभी जेंडर शामिल नहीं है, तो ऐसा विकास –लुप्तप्राय हैं। समावेशी विकास के संदर्भ में इस कथन को स्पष्ट कीजिए। **CBSE 2024**

उत्तर यह कथन यह इंगित करता है कि यदि विकास की प्रक्रिया में जेडर (लिंग) के पहलू को नजरअंदाज किया जाता है, तो यह विकास टिकाऊ और समावेशी नहीं हो सकता। समावेशी विकास से तात्पर्य है कि समुदायों लिंगों जातियों और सामाजिक वर्गों के लोगों को विकास का लाभ समान रूप से मिले। अगर जेंडर को विकास की प्रक्रिया मे शामिल नहीं किया जाता, तो समाज में लिंग आधारित असमानताएँ और भेदभाव बचे रह सकते हैं। उदाहरण के लिए महिलाओं और लड़कियों को शिक्षा, स्वास्थ्य और रोजगार के समान अवसर नहीं मिल सकते, जो समाज की समग्र प्रगति में बाधक बनने हैं।

समावेशी विकास में जेंडर समानता महत्त्वपूर्ण है, क्योंकि यह न केवल महिलाओं और पुरूषों के लिए समान अवसर सुनिश्चित करता है, बल्कि समाज के सभी वर्गों और समुदायों के लिए समग्र

उन्नति की दिशा में काम करता है। इसलिए, जब विकास के सभी पहलुओं में जेंडर शामिल किया जाता है, तो यह विकास दीर्घकालिक संतुलित और सभी के लिए लाभदायक होता है।

स्रोत आधारित प्रश्न

नीचे दिए गए स्रोत का ध्यानपूर्वक अध्ययन कर प्रश्नों के उत्तर दीजिए।

1. **समाज का विभाजन पुरुष, महिला और ट्रांसजेंडर में प्राकृतिक और जैविक रूप से माना जाता है, लेकिन वास्तव में समाज सबके लिए अलग-अलग भूमिका निर्धारित करता है और ये भूमिकाएँ फिर से सामाजिक संस्थाओं द्वारा सुदृढ़ कर दी जाती हैं, जिसके फलस्वरूप ये जैविक विभिन्नताएँ सामाजिक भेदभाव, अलगाव तथा बहिष्कार का आधार बन जाती हैं। आधी से अधिक जनसंख्या का बहिष्करण किसी भी विकासशील और सभ्य समाज के लिए एक गंभीर समस्या है। यह एक वैश्विक चुनौती है, जिसको संयुक्त राष्ट्र विकास कार्यक्रम (UNDP) ने संज्ञान में लिया है। यू. एन. डी. पी. के अनुसार "यदि विकास में सभी जेंडर सम्मिलित नहीं हैं, तो ऐसा विकास लुप्तप्राय है (HDR UNDP 1995)।" सामान्य जन में किसी भी प्रकार का भेदभाव और विशेष रूप से जेंडर के आधार पर भेदभाव, मानवता के प्रति एक अपराध है। इसलिए सभी के लिए शिक्षा, रोजगार, राजनीतिक प्रतिनिधित्व में समान अवसर, समान कार्य के लिए समान वेतन, स्वाभिमान के साथ जीवन जीने का अवसर सभी को मिले, इसके लिए विशेष प्रयास किए जाने की आवश्यकता है, जो समाज इन सभी भेदभाव तथा बुराइयों को दूर करने के लिए प्रभावी कदम नहीं उठाता है, वह एक सभ्य समाज नहीं कहा जा सकता। भारत सरकार ने इन सभी को संज्ञान में लेते हुए तथा भेदभाव से होने वाले दुष्प्रभावों को ध्यान में रखते हुए राष्ट्रीय स्तर पर "बेटी बचाओ बेटी पढ़ाओ" सामाजिक अभियान चलाया है।**

(i) **समाज के विभाजन की प्रकृति क्या है?**

उत्तर समाज का विभाजन पुरुष, महिला और ट्रांसजेंडर में प्राकृतिक और जैविक रूप से माना जाता है, लेकिन सामाजिक रूप से सबकी भूमिका अलग-अलग है।

(ii) **भारत सरकार ने "बेटी बचाओ, बेटी पढ़ाओ" योजना की शुरुआत किस उद्देश्य से की थी?**

उत्तर भारत सरकार ने 'बेटी बचाओ, बेटी पढ़ाओ' योजना की शुरुआत लिंग असमानता के उद्देश्य के समाप्त करने के लिए की थी।

(iii) **कौन-से कारक लैंगिक भेदभाव को प्रदर्शित करते हैं?**

उत्तर महिलाओं के लिए कम वेतन, कम राजनीतिक प्रतिनिधित्व व शिक्षा से इंकार जैसे कारक लैंगिक भेदभाव को प्रदर्शित करते हैं।

2. नीचे दिए गए ग्राफ का ध्यानपूर्वक अध्ययन कीजिए और निम्नलिखित प्रश्नों का उत्तर दीजिए।

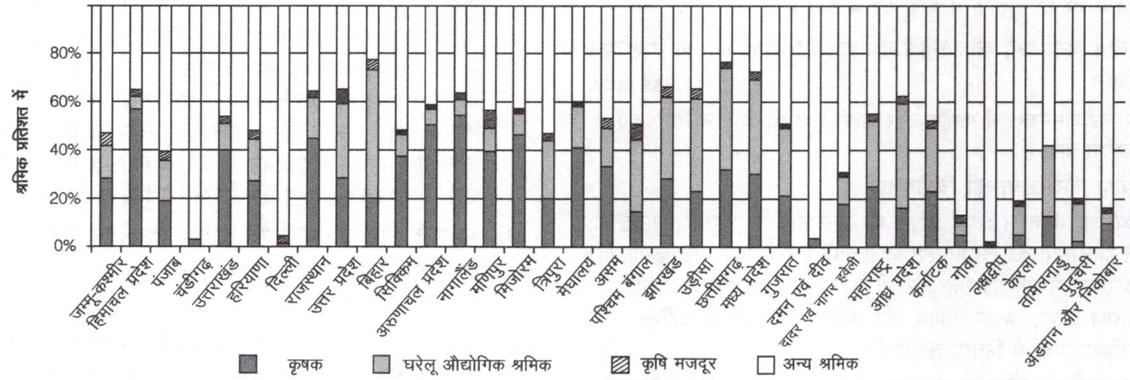

भारत-व्यापारिक संरचना-2011

(i) **ग्राफ के अनसार किस राष्ट्र में कृषि मजदूरों की जनसंख्या सर्वाधिक है?**

उत्तर बिहार में कृषि मजदूरों की संख्या सर्वाधिक है। कृषि का पिछड़ा होना तथा सहायक उद्योगों का अभाव इसका प्रमुख कारण है।

(ii) **भारत की सर्वाधिक जनसंख्या किस क्षेत्र में संलग्न है?**

उत्तर भारत की सर्वाधिक जनसंख्या कृषि क्षेत्र में संलग्न है। 2011 की जनगणना के अनुसार, भारत में कुल कार्यबल का 54.6% हिस्सा कृषि गतिविधियों में शामिल है। भारत में कृषि उत्पादन संपूर्ण विश्व में दूसरे नंबर पर है।

(iii) **ग्राफ के अनुसार किस राज्य में कृषकों की जनसंख्या अन्य राज्यों की तुलना में अधिक है?**

उत्तर राजस्थान में कृषकों की जनसंख्या अन्य राज्यों राज्यों की तुलना में अधिक है। भारत में कृषि क्षेत्र में 42.3% आबादी को आजीविका प्राप्त होती है। देश की जीडीपी में कृषि क्षेत्र की हिस्सेदारी 18.2% है।

3. नीचे दी गई तालिका का अध्ययन कीजिए और उसके नीचे दिए गए प्रश्नों के उत्तर लिखिए।

जनगणना वर्ष	कुल जनसंख्या	वृद्धि दर *	
		निरपेक्ष संख्या	वृद्धि का %
1901	238396327	----------	--------
1911	252093390	(+) 13697063	(+) 5.75
1921	251321213	(–) 772117	(–) 0.31
1931	278977238	(+) 27656025	(+) 11.60
1941	318660580	(+) 39683342	(+) 14.22
1951	361088090	(+) 42420485	(+) 13.31
1961	439234771	(+) 77682873	(+) 21.51
1971	548159652	(+) 108924881	(+) 24.80
1981	683329097	(+) 135169445	(+) 24.66
1991	846302688	(+) 162973591	(+) 23.85
2001	1028610328	(+) 182307640	(+) 21.54
2011	1210193422	(+) 181583094	(+) 17.64

(i) कौन-सा दशक जनसंख्या की वृद्धि दर की नकारात्मक प्रवृत्ति को दिखाता है?

उत्तर 1911 से 1921 का दशक जनसंख्या की वृद्धि दर की नकारात्मक प्रवृत्ति को दिखाता है।

(ii) किन्हीं दो दशकों का उल्लेख कीजिए, जिनमें दशकीय वृद्धि की दर को लगातार गिरती प्रवृत्ति के रूप में दिखाया गया है।

उत्तर 1981 और 1991 का दशक दशकीय वृद्धि की दर को लगातार गिरती प्रवृत्ति के रूप में दिखाता है।

(iii) जनसंख्या वृद्धि दर की घटती प्रवृत्ति के किन्हीं दो कारणों की व्याख्या करें।

उत्तर 1981 के दशक के पश्चात् कम जन्म दर तथा कम मृत्यु दर के कारण जनसंख्या वृद्धि को कम चिह्नित किया गया था। जनसंख्या वृद्धि के निम्नलिखित कारण हैं

- प्रगतिशील सामाजिक विकास और विवाह की औसत आयु में वृद्धि देश में जन्म दर को कम करती है।
- जीवन की बेहतर गुणवत्ता और बढ़ती आर्थिक प्रगति ने विशेष रूप से महिलाओं की शिक्षा जनसंख्या की वृद्धि दर को कम करने में सहायता की।
- परिवार नियोजन के कारण अपरिष्कृत जन्म दर में गिरावट आई, जिसके कारण भी जनसंख्या की घटती प्रवृत्ति को देखा गया।

4. जनांकिकीय संक्रमण सिद्धांत

प्रथम अवस्था में उच्च प्रजननशील व उच्च मर्त्यता होती है, क्योकि लोग महामारियों और भोजन की अनिश्चित आपूर्ति से होने वाली मृत्युओं की क्षतिपूर्ति अधिक पुनरुत्पादन से करते हैं। जनसंख्या वृद्धि धीमी होती है और अधीकांश लोग खेती में कार्यरत् होते हैं। जहाँ बड़े परिवारों को परिसंपत्ति माना जाता है। जीवन-प्रत्याशा निम्न होती है, अधिकांश लोग अशिक्षित होते हैं और उनके प्रौद्योगिकी स्तर निम्न होते हैं। 200 वर्ष पूर्व विश्व के सभी देश इसी अवस्था में थे।

द्वितीय अवस्था के प्रारंभ में प्रजननशीलता ऊँची बनी रहती है, किंतु यह समय के साथ घटती जाती है। यह अवस्था घटी हुई मृत्यु दर के साथ आती है। स्वास्थ्य संबंधी दशाओं व स्वच्छता में सुधार के साथ मर्त्यता में कमी आती है। इस अंतर के कारण जनसंख्या में होने वाला शुद्ध योग उच्च होता है।

तृतीय या अंतिम अवस्था में प्रजननशीलता और मर्त्यता दोनों अधिक घट जाती हैं। जनसंख्या नगरीय और शिक्षित हो जाती है तथा उसके पास तकनीकी ज्ञान होता है। ऐसी जनसंख्या विचारपूर्वक परिवार के आकार को नियंत्रित करती है।

इससे प्रदर्शित होता है कि मनुष्य जाति अत्यधिक नम्य है और अपनी प्रजननीलता को समायोजित करने की योग्यता रखती है।

(i) कौन-सा देश द्वितीय अवस्था का उदाहरण है?

उत्तर बांग्लादेश द्वितीय अवस्था का उदाहरण है। इस अवस्था को जनसंख्या विस्फोट या संक्रमण की अवस्था भी कहा जाता है।

(ii) जनसंख्या परिवर्तन के प्रमुख घटक कौन-से हैं? **CBSE 2024**

उत्तर जनसंख्या परिवर्तन के प्रमुख घटक-जन्म, मृत्यु और प्रवास हैं। इसके अतिरिक्त परिवारिक व्यवस्था का प्रकार विवाह की सार्वभौतिमकता और पर्यावण संबंधी विचार भी इसे प्रभावित करते हैं।

(iii) किस/किन अवस्था / अवस्थाओं में जनसंख्या वृद्धि उच्च है?

उत्तर केवल द्वितीय अवस्था में जनसंख्या वृद्धि उच्च है। इस अवस्था में जन्म पर अधिक और मृत्यु दर कम होती है। इसमें जन्म दर सामान्यतः 40 से प्रति हजार और मृत्यु दर 15 से 20 प्रति हजार के मध्य होती है।

मानचित्र आधारित प्रश्न

1. नीचे दिए गए भारत के मान चित्र का अवलोकन कीजिए इस पर कुछ राज्यों को A,B,C और D के रूप में चिह्नित किया गया है। इन चिह्नित राज्यों की प्रश्नानुसार पहचान कीजिए

(i) सबसे कम जनसंख्या घनत्व वाला राज्य। (जनगणना 2011)

(ii) कम क्षेत्रफल वाला राज्य। **CBSE 2012**

(iii) सर्वाधिक जनसंख्या घनत्व वाला राज्य। (जनगणना 2011)

(iv) सर्वाधिक क्षेत्रफल वाला राज्य। **CBSE 2015**

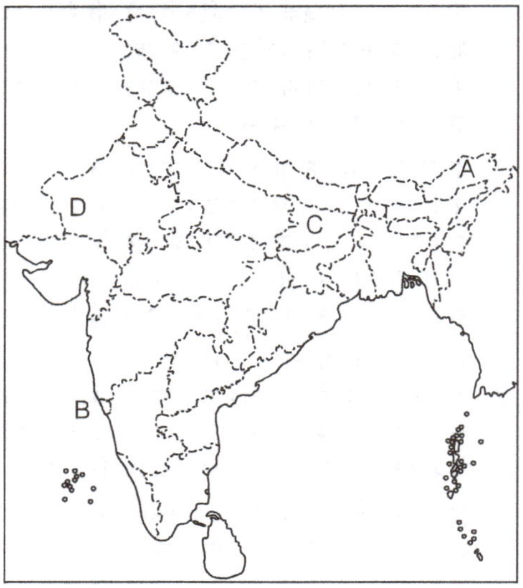

उत्तर (i) अरुणाचल प्रदेश (ii) गोवा
(iii) बिहार (iv) राजस्थान

2. नीचे दिए गए भारत के मान चित्र का अवलोकन कीजिए इस पर कुछ राज्यों को A,B,C और के रूप में चिह्नित किया गया है। इन चिह्नित राज्यों की प्रश्नानुसार पहचान कीजिए

(i) भारत में सबसे कम साक्षरता दर वाला राज्य। (जनगणना 2001) **CBSE 2008**

(ii) भारत में अधिक जनसंख्या घनत्व वाला राज्य। (जनगणना 2001)

(iii) भारत में सबसे अधिक लिंगानुपात वाला राज्य। (जनगणना 2001)

(iv) भारत में सबसे कम जनसंख्या घनत्व वाला राज्य। (जनगणना 2001)

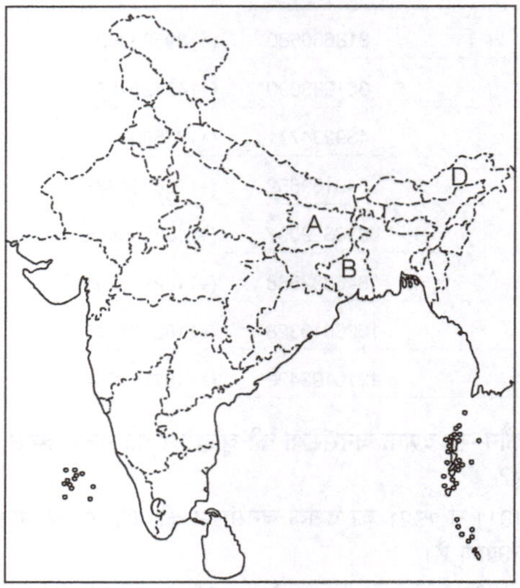

उत्तर (i) बिहार (ii) पश्चिम बंगाल (iii) केरल (iv) अरुणाचल प्रदेश

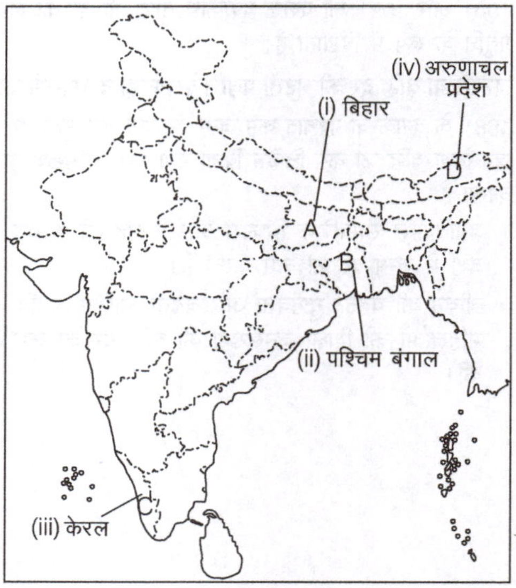

स्वयं को जाँचें

वस्तुनिष्ठ प्रश्न

1. वर्ष 2011 की जनगणना के अनुसार, भारत का जनघनत्व कितना है?

(a) 395 व्यक्ति प्रति वर्ग किमी (b) 382 व्यक्ति प्रति वर्ग किमी
(c) 422 व्यक्ति प्रति वर्ग किमी (d) उपरोक्त में से कोई नहीं

2. वर्तमान में भारत की वार्षिक जनसंख्या वृद्धि कितनी है?

(a) 19.1% (b) 17.7% (c) 20.2% (d) 18.0%

3. निम्नलिखित में से कौन-सा धर्म जनसंख्या के बढ़ते स्वरूप में सही है?

(a) हिंदू, जैन, सिख, मुस्लिम (b) सिख, जैन, हिंदू, मुस्लिम
(c) हिंदू, जैन, मुस्लिम, सिख (d) जैन, सिख, मुस्लिम, हिंदू

4. निम्नलिखित में से कौन-सा कथन सीमांत कृषकों को सही रूप में प्रदर्शित करता है?

(a) एक व्यक्ति जो वर्ष में 183 दिन काम करता है
(b) एक व्यक्ति जो बर्ष में 266 दिन काम करता है
(c) एक व्यक्ति जो वर्ष में 183 दिनों से कम दिनों में काम करता है
(d) एक व्यक्ति जो वर्ष में 92 दिनों में कम दिनों तक काम करता है

5. वर्ष 2001-2011 के दौरान सभी राज्यों और केंद्रशासित प्रदेशों में पिछले दशक (1991-2001) की तुलना में जंनसख्या वृद्धि दर रही है

(a) धीमी (b) तेज
(c) अपरिवर्तित (d) आकलन नहीं किया जा सकता

अति लघु उत्तरीय प्रश्न

6. भारत के किस राज्य में जनसंख्या घनत्व सबसे अधिक कितना है?

अथवा भारत के विभिन्न राजयों में जनसंख्या घनत्व की भिन्नता में भूगोल क्या भूमिका निभाता है ?

7. किशोरों के समक्ष कौन-सी चुनौतियाँ होती हैं?

8. भारत का सबसे बड़ा भाषा परिवार कौन-सा है?

9. भारत में लिंगानुपात ज्ञात करने का सूत्र बताइए?

लघु उत्तरीय प्रश्न

10. जनसंख्या वितरण को प्रभावित करने वाले भौतिक कारकों को स्पष्ट कीजिए।

अथवा भौतिक वातावरण, जैसे कि रेगिस्तान, टुंड्रा या उच्च ऊँचाई वाले क्षेत्र, किस तरह से जनसंख्या वितरण को प्रभावित करते हैं और प्राकृतिक चुनौतियों के विपरीत मानव अनुकूलन ने ऐसे क्षेत्रों में बस्तियों को कैसे अनुमति दी है?

11. प्राकृतिक जनसंख्या वृद्धि एवं अभिप्रेरित जनसंख्या वृद्धि में अंतर स्पष्ट कीजिए।

दीर्घ उत्तरीय प्रश्न

12. भारत में जनसंख्या वृद्धि की क्षेत्रीय भिन्नता वाले क्षेत्र एवं उसके कारणों की विवेचना कीजिए।

13. भारत में विभिन्न धर्मिक मान्यताओं के लोग, सहिष्णुता पूर्वक निवास करते हैं" इस कथन की पुष्टि में अपने तर्क प्रस्तुत कीजिए

14. लिंग-विभेद पर टिप्पणी कीजिए?

अथवा व्यक्तियों पर लिंग भेदभाव के मनोवैज्ञानिक और सामाजिक प्रभाव क्या हैं? समुदाय लैंगिक समानता को बढ़ावा देने और रूढ़िवादियों को चुनौती देने के लिए क्या प्रयास कर सकते हैं?

2

अध्याय

मानव बस्तियाँ

यह अध्याय, मानव बस्तियों तथा वहाँ के भौतिक व सांस्कृतिक कारकों से संबंधित है। इसमें प्रारंभिक नगरों के विकास व उसके वर्गीकरण का विवरण स्रोत के आधार पर दिया गया है।

▼ अध्ययन एक नजर में

2.1 ग्रामीण बस्तियाँ
2.2 नगरीय बस्तियाँ
2.3 भारत में नगरों का विकास

▼ अभ्यास के लिए

- बहुविकल्पीय प्रश्न 28, (युग्मित प्रश्न, कथन/कारण, सुमेलित कीजिए)
- वर्णनात्मक प्रकार के प्रश्न (लघु उत्तरीय प्रश्न 12, दीर्घ उत्तरीय प्रश्न 2)
- स्रोत आधारित प्रश्न 3, मानचित्र आधारित प्रश्न 1

- बसावट की प्रक्रिया में लोगों का एक संकुल एक साथ रहता है और अपने आर्थिक-पोषण के आधार पर कुछ क्षेत्र पर स्वायित्व रखते हैं।
- मानव बस्ती ऐसे स्थानों को कहा जाता है, जहाँ मानव संगठित रूप से अथवा समूह में स्थायी आवास बनाकर निवास करते हैं। बस्ती की सबसे छोटी इकाई मकान है। गाँव, कस्बा, नगर आदि मानव बस्तियों के उदाहरण हैं।
- आकार और प्रकार की दृष्टि से मानव बस्तियाँ भिन्न-भिन्न प्रकार की होती हैं। इनका विस्तार एक छोटे से गाँव अर्थात् पल्ली से लेकर महानगर तक होता है। बस्तियों के आकार में परिवर्तन के साथ ही उनके आर्थिक क्रियाकलाप, सामाजिक संरचना, **पारिस्थितिकी**[1] (Ecology) एवं प्रौद्योगिकी में परिवर्तन हो जाता है। आकार की दृष्टि से बस्तियाँ ग्रामीण बस्तियाँ और नगरीय बस्तियाँ दो प्रकार की होती हैं।

2.1. ग्रामीण बस्तियाँ

- छोटे आकार एवं विरल रूप से अवस्थित बस्तियों को ग्रामीण बस्ती या गाँव कहते हैं। ग्रामीण बस्तियों में प्राथमिक क्रियाकलाप अर्थात् कृषि, पशुपालन, मत्स्यपालन एवं बागवानी आदि कार्य होते हैं। ग्रामीण क्षेत्र में आवास का निर्धारण कई कारक करते हैं।
- इन कारकों को निम्नलिखित दृष्टिकोण के आधार पर दर्शाया गया है
  (i) **भौतिक कारक** इनमें भू-भाग की प्रकृति, ऊँचाई, अपवाह, जल स्तर, जलवायु, मिट्टी और आवास के प्रकार आदि प्रमुख हैं।
  (ii) **सांस्कृतिक और मानवजातीय कारक** इसके अंतर्गत सामाजिक संरचना, धर्म तथा जातिगत पहचान की भूमिका महत्त्वपूर्ण होती है।
  (iii) **सुरक्षा संबंधी कारक** ऐसे क्षेत्र, जहाँ अकसर चोरियाँ और डकैतियाँ होती रहती हैं, वहाँ लोग सघन आवासीय स्थानों में ही रहना अधिक सुरक्षित समझते हैं।

---

1 **पारिस्थितिकी** किसी क्षेत्र के मौलिक पर्यावरण, वनस्पति एवं जीव-जंतु।

ग्रामीण बस्तियों के प्रकार

निर्मित क्षेत्र के विस्तार और निवास स्थल की दूरी द्वारा बस्तियों के प्रकार का निर्धारण होता है। विशेष रूप से भारत की ग्रामीण बस्तियों को चार भागों में विभाजित किया जाता है, जिनका संक्षिप्त विवरण इस प्रकार है

(i) गुच्छित बस्तियाँ

- इन बस्तियों को संकुलित या आकेंद्रित बस्तियाँ भी कहते हैं। ये बस्तियाँ ग्रामीण बस्तियों का एक संकुलित प्रारूप होता है। इस प्रारूप में ज्यामितीय आकृतियाँ प्रस्तुत करती गलियाँ व मुख्य मार्ग होते हैं; जैसे—आयताकार, अरीय, रैखिक इत्यादि।
- गुच्छित बस्तियों में घर एक-दूसरे से सटे हुए एवं गलियाँ बहुत ही सँकरी (कम चौड़ी) होती हैं। गुच्छित बस्तियों के रहन-सहन का सामान्य क्षेत्र स्पष्ट तथा खेत और चरागाहों से अलग होता है।
- ये बस्तियाँ मुख्यत: उपजाऊ जलोढ़ मैदानों एवं उत्तर-पूर्वी राज्यों में पाई जाती हैं। मध्य भारत के बुंदेलखंड प्रदेश और नागालैंड आदि राज्यों में लोग सुरक्षा अथवा प्रतिरक्षा कारणों से इन बस्तियों की ओर प्रवास करते हैं।

▲ उत्तर-पूर्वी राज्यों में गुच्छित बस्तियाँ

- राजस्थान में जल के अभाव के कारण यहाँ के लोगों को जल संसाधनों के अधिकतम उपयोग के लिए छोटी-छोटी (गुच्छित) बस्तियों में रहना पड़ता है।

(ii) अर्द्ध गुच्छित बस्तियाँ

- ये बस्तियाँ सामान्यत: सीमित भूमि संसाधन वाले क्षेत्रों में पाई जाती हैं। इनका निर्माण किसी बड़ी गुच्छित बस्ती के विखंडन या किसी बस्ती के अलग होने से होता है।
- इसमें ग्रामीण समाज के एक या अधिक वर्ग अपनी इच्छा से या बलपूर्वक मुख्य गाँव से थोड़ी दूरी पर रहने लगते हैं।
- मुख्य गाँव के केंद्रीय भाग पर प्राय: जमींदार एवं अन्य प्रमुख समुदाय अधिकार कर लेते हैं, जबकि समाज के निचले वर्ग के लोग और निम्न कार्यों में कार्यरत् लोग गाँव के बाहरी हिस्सों में निवास करते हैं।
- अर्द्ध-गुच्छित बस्तियाँ गुजरात के मैदान और राजस्थान के कुछ भागों में अधिक पाई जाती हैं।

▲ अर्द्ध-गुच्छित बस्तियाँ

(iii) पल्ली कृत बस्तियाँ

- ये बस्तियाँ एक बड़े गाँव का भाग होती हैं, जो कुछ घरों के छोटे समूहों में विभाजित कर दी गई हैं, हालाँकि यह समूह एक-दूसरे से पृथक् है।
- इन्हें देश के विभिन्न भागों में स्थानीय स्तर पर पान्ना, पाड़ा, पाली, नगला, ढाँणी इत्यादि नामों से भी जाना जाता है।
- पल्ली बस्तियों का निर्माण किसी विशाल गाँव के प्राय: सामाजिक एवं मानवजातीय कारकों से विखंडन के परिणामस्वरूप होता है।
- पल्ली बस्तियाँ मध्य और निम्न गंगा के मैदान, छत्तीसगढ़ और हिमालय की निचली घाटियों में अधिक पाई जाती हैं।

(iv) परिक्षिप्त बस्तियाँ

- इन बस्तियों को एकाकी बस्ती भी कहते हैं। ये भारत में सुदूर जंगलों में एकाकी झोंपड़ियों, कुछ झोंपड़ियों की पल्ली तथा छोटी पहाड़ियों के ढालों पर खेतों या चरागाहों के रूप में पाई जाती हैं।
- इनमें घर एक-दूसरे से अलग-अलग होते हैं, जिसका मुख्य कारण भू-भाग और निवास योग्य क्षेत्रों के भूमि संसाधन का विखंडन होता है।
- ये बस्तियाँ मेघालय, उत्तराखंड, हिमाचल प्रदेश और केरल के अनेक भागों में पाई जाती हैं।

▲ नागालैंड में परिक्षिप्त बस्तियाँ

2.2 नगरीय बस्तियाँ

- वर्ष 1991 की भारतीय जनगणना के अनुसार, नगरीय बस्ती को इस प्रकार परिभाषित किया गया है कि सभी स्थान जहाँ नगरपालिका, निगम, छावनी बोर्ड (कैटोनमेंट बोर्ड) या अधिसूचित नगरीय क्षेत्र समिति (नोटीफाइड टाउन एरिया कमेटी) हों, कम से कम 5000 व्यक्ति वहाँ निवास करते हों, 75% पुरुष श्रमिक गैर कृषि कार्यों में संलग्न हों, जहाँ जनसंख्या घनत्व 400 व्यक्ति प्रतिवर्ग किलोमीटर हो आदि ऐसे स्थान क्षेत्र को नगरीय बस्ती कहेगें।
- बड़े आकार एवं सघन रूप से अवस्थित बस्तियों को नगरीय बस्ती कहते हैं। नगरीय बस्तियों के अधिकतर लोग द्वितीयक और तृतीयक क्रियाकलापों में संलग्न पाए जाते हैं।
- नगरीय बस्तियाँ कच्चे माल के प्रसंस्करण और तैयार उत्पाद तथा विभिन्न प्रकार की सेवाओं पर निर्भर होती हैं। जबकि, नगरीय बस्तियों की अधिकांश जनसंख्या उद्योग, व्यापार, वाणिज्य, प्रशासन आदि में कार्यरत होती है।
- नगर अपने चारों ओर के क्षेत्रों से विभिन्न प्रकार के कार्यों द्वारा जुड़ा रहता है, जिससे वस्तुओं एवं सेवाओं का विनिमय (आदान-प्रदान) कई बार प्रत्यक्ष तथा कई बार मंडी शहरों और नगरों की श्रृंखला के माध्यम से संपन्न होता है।
- नगर एवं गाँव एक-दूसरे से प्रत्यक्ष या अप्रत्यक्ष रूप से परस्पर जुड़े हुए होते हैं।

ग्रामीण और नगरीय बस्तियों के मध्य बुनियादी अंतर

- ग्रामीण बस्तियों के लोग प्राथमिक क्रियाकलापों में संलग्न होते हैं, जबकि नगरीय बस्तियों के लोग द्वितीयक, तृतीयक और चतुर्थक क्रियाओं में संलग्न होते हैं।
- नगर न केवल नगरीय क्षेत्रों में रहने वाले लोगों को बल्कि अपने आस-पास के ग्रामीण क्षेत्रों के लोगों को भी उत्पाद और सेवाएँ प्रदान करते हैं। नगरीय और ग्रामीण बस्तियों के मध्य यह कार्यात्मक संबंध परिवहन और संचार नेटवर्क के माध्यम से होता है।
- ग्रामीण और नगरीय बस्तियों के मध्य सामाजिक संबंध अभिवृत्ति और दृष्टिकोण के संदर्भ में भिन्न होते हैं। दूसरी ओर नगरीय क्षेत्रों में जीवन शैली जटिल और तीव्र होती है तथा सामाजिक संबंध औपचारिक होते हैं।

चेक प्वॉइंट 1

1. ग्रामीण बस्तियों के स्थान को प्रभावित करने वाले दो भौतिक कारकों के नाम बताइए।
2. भारत के किन क्षेत्रों में गुच्छित बस्तियाँ पाई जाती हैं?
3. भारत के किन क्षेत्रों में पल्लीकृत बस्तियाँ पाई जाती हैं?
4. नगर एवं गाँव एक-दूसरे से किस प्रकार जुड़े होते हैं?
5. ग्रामीण और नगरीय बस्तियों के मध्य बुनियादी अंतर क्या है ?

2.3 भारत में नगरों का विकास

- भारत में नगरों का उद्‌भव प्रागैतिहासिक काल से हुआ है। उदाहरणस्वरूप, सिंधु घाटी सभ्यता में भी हड़प्पा और मोहनजोदड़ो जैसे नगरों का अस्तित्व था। 18वीं शताब्दी में यूरोपियों के भारत आगमन के पश्चात् नगरों के विकास को एक नई दिशा मिली।
- इसके पश्चात् चंडीगढ़, भुवनेश्वर, गाँधीनगर, दिसपुर इत्यादि नगरों का विकास प्रशासनिक केंद्रों के रूप में तथा दुर्गापुर, भिलाई, सिंदरी, बरौनी इत्यादि नगरों का विकास औद्योगिक केंद्रों के रूप में हुआ है।

  विभिन्न युगों में नगरों के विकास के आधार पर नगरों को तीन वर्गों में विभाजित किया जाता है

  (i) **प्राचीन नगर** कुछ प्राचीन नगरों को जो महानगरीय नगरों के आप-पास थे को सैटेलाइट नगरों के रूप में विकसित किया गया। जैसे दिल्ली के आसपास गाजियाबाद, रोहतक, गुरुग्राम आदि। भारत में 2,000 से अधिक वर्षों से ऐतिहासिक पृष्ठभूमि वाले नगरों को प्राचीन नगर वर्ग में रखा जाता है। इन नगरों में से अधिकांश नगरों का विकास धार्मिक एवं सांस्कृतिक केंद्रों के रूप में हुआ है। वाराणसी (काशी) इनमें सबसे महत्त्वपूर्ण नगर है। प्रयाग (इलाहाबाद), पाटलिपुत्र (पटना) व मदुरई प्राचीन नगरों के उदाहरण हैं।

  (ii) **मध्यकालीन नगर** भारत के लगभग 100 नगरों का इतिहास मध्य काल से जुड़ा है, जिनका विकास रजवाड़ों और राज्यों के मुख्यालय के रूप में हुआ है। मध्यकालीन नगर किला नगर है, जिनका निर्माण प्राचीन नगरों के खंडहरों पर हुआ है। दिल्ली, हैदराबाद, जयपुर, लखनऊ, आगरा और नागपुर आदि मध्यकालीन नगर के उदाहरण हैं।

  (iii) **आधुनिक नगर** भारत में आधुनिक नगरों का विकास अंग्रेजों और अन्य यूरोपियों ने किया। इन्होंने तटीय स्थानों पर पैर जमाते हुए सर्वप्रथम सूरत, दमन, गोवा, पांडिचेरी (पुदुचेरी), कोलकाता, चेन्नई इत्यादि व्यापारिक पत्तनों को विकसित किया है। अंग्रेजों ने तीन प्रमुख केंद्रों—मुंबई (बंबई), चेन्नई (मद्रास) और कोलकाता (कलकत्ता) की स्थापना की तथा इनका अंग्रेजी शैली में

निर्माण किया गया। अंग्रेजों ने प्रशासनिक केंद्रों, ग्रीष्मकालीन विश्राम स्थलों के रूप में पर्वतीय नगरों की स्थापना की तथा उन्हें सैन्य, प्रशासनिक एवं सिविल क्षेत्रों के साथ जोड़ दिया। 1850 ई. के पश्चात् आधुनिक उद्योगों पर आधारित नगरों का विकास हुआ, जिसका जमशेदपुर एक महत्त्वपूर्ण उदाहरण है।

नगरों का प्रकार्यात्मक वर्गीकरण

विश्व के प्रत्येक नगर को विशिष्ट क्रियाओं, उत्पादनों अथवा सेवाओं के लिए जाना जाता है। प्रमुख प्रकार्यों के आधार पर भारतीय नगरों को निम्नलिखित वर्गों में विभाजित किया जा सकता है

(i) **प्रशासन शहर और नगर** प्रशासनिक मुख्यालयों वाले शहरों को प्रशासन शहर कहते हैं; जैसे—नई दिल्ली, चंडीगढ़, भोपाल, शिलांग, गुवाहाटी, इंफाल, श्रीनगर, गाँधीनगर, जयपुर, चेन्नई इत्यादि।

(ii) **औद्योगिक नगर**[2] इन नगरों में विभिन्न प्रकार के उद्योग अवस्थित हैं। मुंबई, सेलम, कोयंबटूर, मोदीनगर, जमशेदपुर, हुगली, भिलाई आदि के विकास में उद्योगों का महत्त्वपूर्ण योगदान रहा है।

(iii) **परिवहन नगर** ये समुद्रतट पर स्थित पत्तन नगर हैं, जो मुख्यत: आयात एवं निर्यात कार्यों में कार्यरत् हैं; जैसे—कांडला, कोच्चि, कोझीकोड, विशाखापत्तनम इत्यादि। इसके अतिरिक्त आंतरिक परिवहन नगर की दृष्टि से धुलिया, मुगलसराय, इटारसी, कटनी इत्यादि प्रमुख नगर हैं।

(iv) **वाणिज्यिक नगर** व्यापार और वाणिज्य की विशिष्टता प्राप्त नगर को वाणिज्यिक नगर कहते हैं; जैसे—कोलकाता, सहारनपुर, सतना इत्यादि।

(v) **खनन नगर** इन नगरों का विकास खनिज समृद्ध क्षेत्रों में हुआ है; जैसे—रानीगंज, झरिया, डिगबोई, अंकलेश्वर, सिंगरौली इत्यादि।

(vi) **गैरिसन छावनी नगर** इन नगरों का विकास ब्रिटिश शासनकाल में छावनी नगरों के रूप में हुआ है; जैसे—अंबाला, जालंधर, महू, बबीना, ऊधमपुर आदि।

(vii) **धार्मिक और सांस्कृतिक नगर** इन नगरों का महत्त्व धार्मिक और सांस्कृतिक कार्यों के लिए है; जैसे—वाराणसी, मथुरा, अमृतसर, मदुरई, पुरी, अजमेर, पुष्कर, तिरुपति, कुरुक्षेत्र, हरिद्वार, उज्जैन आदि।

(viii) **शैक्षिक नगर** इनका विकास शिक्षा केंद्रों के रूप में हुआ है; जैसे—रुड़की, वाराणसी, अलीगढ़, पिलानी, इलाहाबाद आदि।

(ix) **पर्यटन नगर** इन नगरों का विकास पर्यटन नगरों के रूप में हुआ है; जैसे—नैनीताल, मसूरी, शिमला, पंचमढ़ी, जोधपुर, जैसलमेर, उडगमंडलम (ऊटी) माउंटआबू आदि।

भारत में नगरीकरण

- वर्ष 2001 में भारत की कुल जनसंख्या में नगरीय जनसंख्या 27.8% थी, जो वर्ष 2011 में बढ़कर 31.16% हो गई। भारत में 20वीं शताब्दी के दौरान नगरीय जनसंख्या 11 गुना बढ़ी है।
- नगरीकरण के स्तर को कुल आबादी में शहरी आबादी के प्रतिशत के रूप में मापा जाता है।
- नगरी केंद्रों के विस्तार और नए कस्बों के उद्भव ने देश में नगरी आबादी और नगरीकरण की वृद्धि में महत्त्वपूर्ण भूमिका निभाई है। हालाँकि विगत दो दशकों के दौरान नगरीकरण की वृद्धि धीमी रही है।

स्मार्ट सिटी मिशन

- भारत में शहरी क्षेत्रों में आधारभूत सुविधाओं, स्वच्छ पर्यावरण एवं नागरिकों को बेहतर जीवन जीने की दशाएँ प्रदान करने के उद्देश्य से वर्ष 2015 में स्मार्ट सिटी मिशन चलाया जा रहा है।
- इस मिशन के तहत प्रकृति आपदा के जोखिम को कम करना, न्यूनतम संसाधनों का प्रयोग एवं सस्ती व सुलभ सुविधाएँ उपलब्ध कराई जाएगी।
- यह मिशन ऐसे सघन क्षेत्रों के विकास पर केंद्रित है, जो सतत एवं समग्र विकास कर अन्य शहरों के समक्ष एक आदर्श प्रस्तुत करें।

चेक प्वॉइंट 2

1. भारत के किन्हीं दो खनन नगरों के नाम बताइए।
2. वर्ष 2011 में भारत का नगरीकरण बढ़कर कितना हो गया है ?
3. भारत में 20वीं शताब्दी के दौरान नगरीय जनसंख्या कितने गुना बढ़ी है।
4. स्मार्ट सिटी मिशन को किस वर्ष प्रारंभ किया गया था?

---

2 **औद्योगिक नगर** ऐसे नगर, जहाँ उद्योगों का संकेंद्रण हो, औद्योगिक नगर कहलाते हैं।

Mind Map

मानव बस्तियाँ

1 अर्थ

किसी भी प्रकार और आकार के घरों का संकुल, जिनमें मनुष्य रहते हैं।

2 ग्रामीण बस्तियाँ

विरल रूप से अवस्थित छोटी बस्तियाँ, जो कृषि अथवा अन्य प्राथमिक क्रियाकलापों में विशिष्टता प्राप्त कर लेती हैं।

ग्रामीण बस्ती हेतु आवश्यक कारक और परिस्थितियाँ

- **भौतिक कारक** स्थलाकृति, जलवायु, समुद्र तल से ऊँचाई
- **सांस्कृतिक** और जातीय कारक सामाजिक संरचना, जाति, धर्म
- **सुरक्षा कारक** चोरी और डकैतियों से सुरक्षा।

ग्रामीण बस्तियों के प्रकार

- **गुच्छित, संकुलित अथवा आकेंद्रित** ये बस्तियाँ घनी और आपस में संकुलित होती हैं और सामान्यतः उपजाऊ जलोढ़ मैदानों में पाई जाती हैं।
- **अर्द्ध-गुच्छित बस्तियाँ** ये बस्तियाँ बड़ी गुच्छित बस्तियों के विखंडन के कारण निर्मित होती हैं और गुजरात के मैदानों में देखी जाती हैं।
- **पल्ली बस्तियाँ** ये बस्तियाँ कई छोटे-छोटे हिस्सों में बँटी होती हैं, जिन्हें स्थानीय रूप से पाड़ा, पल्ली, नगला आदि नामों से जानते हैं।
- **परिक्षिप्त अथवा एकांकी बस्तियाँ** ये बस्तियाँ बहुत दूर-दूर स्थित झोपड़ियों के रूप में होती हैं और मुख्य रूप से उत्तराखंड एवं मेघालय जैसे राज्यों में पाई जाती हैं।

बिखरी हुई बस्ती

3 नगरीय बस्तियाँ

- ग्रामीण बस्तियों के विपरीत नगरीय बस्तियाँ सामान्यतः संहत और विशाल आकार की होती हैं।
- ये बस्तियाँ अनेक प्रकार के गैर कृषि, आर्थिक और प्रशासकीय प्रकार्यों में संलग्न होती है।

नगरों का प्रकार्यात्मक वर्गीकरण

- **प्रशासन शहर और नगर** नई दिल्ली और चेन्नई इत्यादि।
- **औद्योगिक नगर** मुंबई, भिलाई इत्यादि।
- **परिवहन नगर** आगरा, मुगलसराय इत्यादि।
- **वाणिज्यिक नगर** सतना, सहारनपुर इत्यादि।
- **खनन नगर** डिग्बोई, झरिया इत्यादि।
- **गैरिसन (छावनी) नगर** अम्बाला, महू इत्यादि।
- **शैक्षिक नगर** अलीगढ़, पिलानी इत्यादि
- **धार्मिक और सांस्कृतिक नगर** वाराणसी और तिरूपति इत्यादि।
- **पर्यटन नगर** मसूरी, नैनीताल और जोधपुर इत्यादि।

भारत में नगरों का विकास

- भारत में नगरों का अभ्युदय प्रागैतिहासिक काल से हुआ है।
- उदाहरण के रूप में, इसमें सिंधु घाटी सभ्यता के युग में हड़प्पा और मोहनजोदड़ो जैसे नगर शामिल हैं।

विभिन्न युगों में विकास के आधार पर नगरों का वर्गीकरण

- **प्राचीन नगर** 2000 से अधिक वर्षों की ऐतिहासिक पृष्ठभूमि वाले नगर; जैसे- वाराणसी, इलाहाबाद (प्रयागराज), मदुरै
- **मध्यकालीन नगर** इनका निर्माण प्राचीन नगरों की खंडहरों पर हुआ है। इनमें जयपुर, लखनऊ और आगरा जैसे शहर शामिल हैं।
- **आधुनिक नगर** इसका विकास अंग्रेजों और यूरोपियों ने किया। इसमें गोवा, पांडिचेरी और मुंबई जैसे शहर शामिल है।

प्राचीन शहर (वाराणसी)

NCERT फोल्डर

नीचे दिए चार विकल्पों में से सही उत्तर चुनिए

1. निम्नलिखित में से कौन-सा नगर नदी तट पर अवस्थित नहीं है?

(a) आगरा (b) पटना

(c) भोपाल (d) कोलकाता

उत्तर (c) भोपाल

2. भारत की जनगणना के अनुसार निम्नलिखित में से कौन-सी एक विशेषता नगर की परिभाषा का अंग नहीं है?

(a) जनसंख्या घनत्व 400 व्यक्ति प्रतिवर्ग किमी

(b) नगरपालिका या नगर निगम का होना

(c) 75% से अधिक जनसंख्या का प्राथमिक खंड में संलग्न होना

(d) जनसंख्या आकार 5,000 व्यक्तियों से अधिक

उत्तर (c) 75% से अधिक जनसंख्या का प्राथमिक खंड में संलग्न होना

3. निम्नलिखित में से किस पर्यावरण में परिक्षिप्त ग्रामीण बस्तियों की अपेक्षा नहीं की जा सकती?

(a) गंगा का जलोढ़ मैदान

(b) हिमालय की निचली घाटियाँ

(c) राजस्थान के शुष्क और अर्द्ध-शुष्क प्रदेश

(d) उत्तर-पूर्व के वन और पहाड़ियाँ

उत्तर (a) गंगा का जलोढ़ मैदान

निम्नलिखित प्रश्नों के उत्तर लगभग 30 शब्दों में दीजिए

1. गैरिसन नगर क्या होते हैं? उनका क्या प्रकार्य होता है?

अथवा **भारत के किन्हीं दो गैरिसन (छावनी) नगरों के नाम बताइए।**

उत्तर छावनी नगरों को गैरिसन नगर कहते हैं। इन नगरों का उदय मुख्य रूप से ब्रिटिश शासनकाल में हुआ था। इनका प्रकार्य सैन्य छावनी से संबंधित होता है। अंबाला, महू एवं जालंधर आदि गैरिसन नगरों के उदाहरण हैं।

2. किसी नगरीय संकुल की पहचान किस प्रकार की जा सकती है?

उत्तर किसी नगरीय संकुल की पहचान निम्न प्रकार की जा सकती है

- यदि 5 लाख से अधिक जनसंख्या हो।
- उच्च जनसंख्या घनत्व हो। जनसंख्या का अधिकतर भाग द्वितीयक एवं तृतीयक क्रियाओं में संलग्न हो।
- इन सभी कारकों द्वारा नगरीय संकुल की पहचान आसानी से की जा सकती है। अधिक जनसंख्या घनत्व तथा द्वितीयक एवं तृतीयक क्रियाओं में लोगों का संलग्न होना नगरीय संकुलों की मुख्य विशेषता है।

3. मरुस्थलीय प्रदेशों में गाँवों की अवस्थिति के मुख्य कारक कौन-से हैं?

उत्तर मरुस्थलीय प्रदेशों में गाँवों की अवस्थिति का मुख्य कारक जल की उपलब्धता है। इसके अतिरिक्त अनुकूल जलवायु एवं भोजन की उपलब्धता भी गाँवों की उपस्थिति के महत्त्वपूर्ण कारक हैं।

4. महानगर क्या होते हैं? ये नगरीय संकुलों से किस प्रकार भिन्न होते हैं?

उत्तर 10 से 50 लाख जनसंख्या वाले नगरों को महानगर कहते हैं। ये नगरीय संकुलों से भिन्न हैं, क्योंकि अधिकांश मेगानगर व महानगर नगरीय संकुल हैं।

निम्नलिखित प्रश्नों के उत्तर लगभग 150 शब्दों में दीजिए

1. विभिन्न प्रकार की ग्रामीण बस्तियों के लक्षणों की विवेचना कीजिए। विभिन्न भौतिक पर्यावरणों में बस्तियों के प्रारूपों के लिए उत्तरदायी कारक कौन-से हैं?

अथवा **ग्रामीण बस्तियों के विभिन्न प्रतिरूपों की विवेचना कीजिए।**

अथवा **भारत में ग्रामीण बस्तियों के विभिन्न प्रकारों के विकास के लिए उत्तरदायी किन्हीं तीन कारकों का वर्णन कीजिए।** **CBSE 2024**

उत्तर ग्रामीण बस्तियों के प्रकार का निर्धारण निर्मित क्षेत्र के विस्तार और विभिन्न आवासों के मध्य दूरी द्वारा होता है। भारत में ग्रामीण बस्तियों को चार भागों में विभाजित किया जाता है, जो निम्न प्रकार हैं

(i) **गुच्छित बस्तियाँ** इस प्रकार की बस्तियों में घर सघन रूप से पास-पास बने होते हैं एवं गलियाँ भी सँकरी होती हैं। गुच्छित बस्तियाँ मुख्य रूप से उपजाऊ जलोढ़ मैदानों एवं उत्तर-पूर्वी राज्यों में पाई जाती हैं। ये बस्तियाँ खेतों एवं चरागाहों से अलग बसी होती हैं।

(ii) **अर्द्ध-गुच्छित** बस्तियाँ इन बस्तियों का निर्माण किसी बड़ी गुच्छित बस्ती के विखंडन या किसी बस्ती के अलग होने से होता है। इसमें ग्रामीण समाज के एक या अधिक वर्ग अपनी इच्छा से या बलपूर्वक मुख्य गाँव से थोड़ी दूरी पर रहने लगते हैं। मुख्य गाँव के केंद्रीय भाग पर प्रायः जमींदार एवं अन्य प्रमुख समुदाय अधिकार कर लेते हैं, जबकि समाज के निचले वर्ग के लोग और निम्न कार्यों में कार्यरत लोग गाँव के बाहरी हिस्सों में निवास करते हैं।

अर्द्ध-गुच्छित बस्तियाँ गुजरात के मैदान और राजस्थान के कुछ भागों में अधिक पाई जाती हैं।

(iii) **पल्ली बस्तियाँ** ये बस्तियाँ छोटे-छोटे गाँवों का एक समूह हैं, जहाँ एक गाँव के आस-पास अनेक गाँव बसे होते हैं। इसे देश के विभिन्न भागों में स्थानीय स्तर पर पान्ना, पाड़ा, पाली, नगला, ढाँणी इत्यादि नामों से भी जाना जाता है।

पल्ली बस्तियाँ मध्य और निम्न गंगा के मैदान, छत्तीसगढ़ और हिमालय की निचली घाटियों में अधिक पाई जाती हैं।

(iv) **परिक्षिप्त बस्तियाँ** ये बस्तियाँ सुदूर जंगलों में एकाकी झोंपड़ियों या पहाडी के ढालों पर विकसित होती हैं। इन बस्तियों के विकास को प्रभावित करने वाले भौतिक पर्यावरणीय कारकों में भू-भाग की प्रकृति, ऊँचाई, जल की उपलब्धता आदि प्रमुख हैं। ये बस्तियाँ मुख्य रूप से उत्तराखंड, हिमाचल प्रदेश और केरल के अनेक भागों में पाई जाती हैं।

ग्रामीण बस्तियों के विभिन्न प्रकारों के लिए अनेक दशाएँ एवं कारक उत्तरदायी हैं, जो निम्न प्रकार हैं

(i) **भौतिक कारक** इसके अंतर्गत जलवायु, भू-भाग की प्रकृति, ऊँचाई, जल की उपलब्धता जैसे कारक आते हैं।

(ii) **सांस्कृतिक कारक** इसके अंतर्गत जाति, धर्म, सामाजिक संरचना आदि कारक आते हैं।

(iii) **सुरक्षा संबंधी कारक** बस्तियों के बसाव के लिए सुरक्षा के महत्त्वपूर्ण कारण; जैसे-चोरी एवं डकैतियाँ आदि है।

2. क्या एक प्रकार्य वाले नगर की कल्पना की जा सकती है? नगर बहुप्रकार्यात्मक क्यों हो जाते हैं?

उत्तर नगर केंद्रीय स्थान के रूप में आस-पास के क्षेत्रों को उत्पाद व सेवाएँ उपलब्ध कराते हैं, परंतु प्रत्येक नगर को कुछ निश्चित प्रकार्यों अथवा कार्यों में विशिष्टता प्राप्त होती है। प्रकार्यों की इसी विशिष्टता के आधार पर भारतीय नगरों को विभिन्न भागों में वर्गीकृत किया गया है; जैसे—प्रशासनिक शहर और पर्यटन शहर, परिवहन नगर आदि, परंतु इसके पश्चात् भी कोई भी नगर एक ही कार्य नहीं करता।

यद्यपि किसी नगर का विकास विशिष्ट प्रकार्य के कारण हो सकता है, लेकिन कालांतर में विभिन्न प्रकार्य नगरों से जुड़ते जाते हैं; जैसे- वाराणसी का विकास यद्यपि धार्मिक-सांस्कृतिक नगर के रूप में हुआ, परंतु वर्तमान में वाराणसी शैक्षिक नगर के रूप में भी जाना जाता है। अंततः यह कहा जा सकता है कि एक प्रकार्य वाले नगरों का विकास कठिन है। किसी नगर को एक प्रकार्य में विशिष्टता प्राप्त हो सकती है। नगरों के बहुप्रकार्यात्मक होने का मुख्य कारण उत्पाद व सेवाएँ हैं।

अभ्यास प्रश्न

वस्तुनिष्ठ प्रश्न

बहुविकल्पीय प्रश्न

1. भारत में पन्ना, पाड़ा, नगला, ढाँणी आदि स्थानीय नाम निम्नलिखित में से किस प्रकार की ग्रामीण बस्तियों के उदाहण हैं? **CBSE 2025**

(a) गुच्छित बस्ती (b) अर्द्ध -गुच्छित-बस्ती
(c) पल्ली बस्ती (d) परिक्षिप्त बस्ती

उत्तर *(c)* पल्ली बस्ता

2. निम्नलिखित में से क्या गुच्छित बस्तियों की विशेषता है? **CBSE 2021**

(a) मुख्यतः हिमाचल प्रदेश में पाई जाती है
(b) मुख्यतः हिमालय क्षेत्रों में निम्न भागों में पाई जाती है
(c) मुख्यतः राजस्थान में पाई जाती है
(d) मुख्यतः उपजाऊ जलोढ़ में पाई जाती है

उत्तर *(d)* मुख्यतः उपजाऊ जलोढ़ में पाई जाती है

3. निम्नलिखित में से कौन-सा राजस्थान में गुच्छित बस्ती के उद्भव का एक कारण है? सबसे उपयुक्त विकल्प का चयन कीजिए। **CBSE 2024**

(a) भू-संसाधनों के अधिकतम उपयोग के लिए
(b) बाह्य रक्षा एवं सुरक्षा के लिए
(c) उपलब्ध जल स्रोतों का अधिकतम उपयोग करने के लिए
(d) आंतरिक रक्षा एवं सुरक्षा के लिए

उत्तर *(c)*उपलब्ध जल स्रोतों का अधिकतम उपयोग करने के लिए

4. किस प्रकार की ग्रामीण बस्तियाँ, गुजरात के मैदान और राजस्थान के कुछ भागों में व्यापक रूप से पाई जाती हैं? **CBSE 2020**

(a) गुच्छित बस्तियाँ (b) अर्द्ध-गुच्छित बस्तियाँ
(c) पल्ली बस्तियाँ (d) परिक्षिप्त बस्तियाँ

उत्तर *(b)* अर्द्ध-गुच्छित बस्तियाँ

5. वर्ष 1991 की भारतीय जनगणना में नगरीय बस्ती को इस प्रकार परिभाषित किया है। सभी स्थान जहाँ नगरपालिका निगम, छावनी बोर्ड (कैंटोनमेंट बोर्ड) या अधिसूचित नगरीय क्षेत्र सीमित हों एवं कम-से-कम ········ व्यक्ति वहाँ निवास करते हों।

दक्षता आधारित प्रश्न

(a) 3000
(b) 4000
(c) 5000
(d) 6000

उत्तर *(c)* 5000

6. किस प्रकार की ग्रामीण बस्तियाँ, गंगा के मध्य और निम्न मैदानों में व्यापक रूप से पाई जाती हैं? **CBSE 2020**

(a) गुच्छित बस्तियाँ
(b) अर्द्ध-गुच्छित बस्तियाँ
(c) पल्ली बस्तियाँ
(d) परिक्षिप्त बस्तियाँ

उत्तर *(c)* पल्ली बस्तियाँ

7. निम्नलिखित में से कौन-सी गुच्छित बस्तियों की विशेषता है? **CBSE 2023**

(a) ये विखंडित बस्तियाँ हैं
(b) एकांकी बस्ती प्रारूप
(c) वर्ग का संकुलित रूप से निर्मित क्षेत्र
(d) इसकी इकाइयों को पात्रा, पाड़ा, पाली आदि नामों से जाना जाता है।

उत्तर *(c)* वर्ग का संकुलित रूप से निर्मित क्षेत्र

8. मानव बस्तियों को विभिन्न प्रकारों में वर्गीकृत किया गया है। नीचे दिए गए व्याख्यान से बस्तियो सही प्रकार का चयन करें?

दक्षता आधारित प्रश्न

'यह बस्ती घरों का एक संहत अथवा संकुलित रूप से निर्मित क्षेत्र होता है। इस प्रकार के गाँव में रहन-सहन का सामान्य क्षेत्र स्पष्ट और चारों ओर फैले खेतों, खलिहानों और चरागाहों से पृथक् होता है। संकुलित निर्मित क्षेत्र और इसकी मध्यवर्ती गलियाँ कुछ जाने-पहचाने प्रारूप अथवा ज्यामितीय आकृतियाँ प्रस्तुत करते हैं।'

(a) गुच्छित बस्तियाँ (b) अर्द्ध-गुच्छित बस्तियाँ
(c) पल्ली बस्तियाँ (d) परिक्षिप्त बस्तियाँ

उत्तर *(a)* गुच्छित बस्तियाँ

9. निम्नलिखित में से कौन आधुनिक नगर का प्रमुख उदाहरण है? **CBSE 2021**

(a) सूरत (b) जयपुर (c) लखनऊ (d) आगरा

उत्तर *(a)* सूरत

10. निम्नलिलिखित में किस शहर को स्टैलाइट शहर के रूप में विकसित किया गया है? **CBSE 2021**

(a) पानीपत (b) रोहतक (c) मथुरा (d) मेरठ

उत्तर *(a)* पानीपत

11. ऐसे स्थान को नगरीय बस्ती कहेंगे, जहाँ, ... ।

(a) जनसंख्या का घनत्व 300 व्यक्ति प्रति वर्ग किमी हो
(b) जनसंख्या का घनत्व 350 व्यक्ति प्रति वर्ग किमी हो
(c) जनसंख्या का घनत्व 400 व्यक्ति प्रति वर्ग किमी हो
(d) जनसंख्या का घनत्व 450 व्यक्ति प्रति वर्ग किमी हो

उत्तर (c) जनसंख्या का घनत्व 400 व्यक्ति प्रति वर्ग किमी हो

12. भारत के खनन नगरों से संबंधित सही विकल्प का चयन कीजिए। **CBSE 2024**

(a) काँडला, कोच्चि और कोझीकोड
(b) अंकलेश्वर, सिंरोली और डिगबोई
(c) मुंबई, सेलम और मोदीनगर
(d) वाराणसी, रुड़की और अलीगढ़

उत्तर *(b)* अंकलेश्वर, सिंरोली और डिगबोई

13. निम्नलिखित में से कौन 'स्मार्ट सिटी' मिशन का सबसे महत्त्वपूर्ण उद्देश्य है? **CBSE 2021**

(a) सड़क नेटवर्क विकसित करने के लिए
(b) शहर का विस्तार करने के लिए
(c) टिकाऊ पर्यावरण प्रदान करने के लिए
(d) रोजगार के अवसर प्रदान करने के लिए

उत्तर *(c)* टिकाऊ पर्यावरण प्रदान करने के लिए

14. भारत में गैरिसन नगर से संबंधित सही विकल्प का चयन कीजिए **CBSE 2024**

(a) रानीगंज, डिगबोई और झरिया
(b) महू, बबीना और उधमपुर
(c) इटारसी, कटनी और कांडला
(d) मोदीनगर, जमशेदपुर और भिलाई

उत्तर *(b)* महू, बबीना और उधमपुर

15. ऐसा क्यों है कि झुग्गी बस्तियाँ (slums) सबसे कम विकल्प वाला निवास क्षेत्र है? सही विकल्प का चयन कीजिए **CBSE 2025**

1. इनमें खराब वेंटिलेशन वाले जर्जर घर हैं।
2. रोशनी और शौचालय जैसी बुनियादी सुविधाएँ मिलना मुश्किल है।
3. स्वास्थ्यकर परिस्थितियाँ और पेयजल अव्यवस्थित हैं।
4. बेहतर जल-निकासी सुविधाएँ उपलब्ध हैं।

कूट

(a) 1, 2 और 3 (b) 2, 3 और 4
(c) 1, 3 और 4 (d) 1, 2 और 4

उत्तर *(a)* 1, 2 और 3

16. निम्न में से कौन-सा युग्म सही है? दक्षता आधारित प्रश्न

(a) छावनी शहर – अंबाला
(b) पर्यटन शहर – सहारनपुर
(c) खनन शहर – कोलकाता
(d) प्रशासनिक शहर – सिंगरौली

उत्तर *(a)* छावनी शहर – अंबाला

17. भारत के निम्नलिखित नगरों को उनके ऐतिहासिक विकास के अनुसार प्राचीनतम से नवीनतम के क्रम में व्यावस्थित कीजिए और सही विकल्प का चयन कीजिए। **CBSE 2025**

1. जयपुर 2. चंडीगढ़
3. मदुरै 4. जमशेदपुर

कूट

(a) 3, 1, 2, 4 (b) 3, 1, 4, 2
(c) 1, 3, 4, 2 (d) 1, 3, 2, 4

उत्तर (b) 3, 1, 4, 2

18. वर्तमान के लगभग 100 नगरों का इतिहास मध्यकाल से जुड़ा है। इनमें से अधिकांश का विकास रजवाड़ों और राज्यों के मुख्यालयों के रूप में हुआ है। ऐसे भारतीय नगरों के संबंध में सही विकल्प का चयन करें

1. हैदराबाद 2. प्रयागराज
3. लखनऊ 4. सूरत

कूट

(a) केवल 1 (b) केवल 4
(c) 1 और 3 दोनों (d) 2 और 3 दोनों

उत्तर *(c)* 1 और 3 दोनों

19. बस्ती के निम्नलिखित लक्षणों को ध्यानपूर्वक पढ़िए और बस्ती के प्रकार की पहचान कीजिए **CBSE 2024**

- यह जंगलों में एकांकी झोपड़ियों के रूप में दिखाई पड़ती है।
- यह छोटी पहाड़ियों की ढालों पर दिखाई पड़ती है।
- मेघालय, उत्तराखंड और हिमाचल प्रदेश के अनेक भागों में इस प्रकार की बस्तियाँ पाई जाती हैं।

बस्ती का प्रकार है

(a) आकेंद्रित (b) विखंडित
(c) पल्लीकृत (d) परिक्षिप्त

उत्तर *(d)* परिक्षिप्त

20. ग्रामीण बस्तियों के संदर्भ में कौन-से कथन सही हैं? *दक्षता आधारित प्रश्न*

1. ग्रामीण बस्तियाँ छोटी एवं विरल होती हैं।
2. ग्रामीण बस्तियों की जनसंख्या द्वितीयक क्रियाकलापों में संलग्न होती हैं।
3. ग्रामीण बस्तियाँ नगरीय बस्तियों में व्यवसायों के लिए कच्चा माल उपलब्ध कराती हैं।
4. ग्रामीण बस्तियों के लोगों में सामाजिक संबंध घनिष्ठ होते हैं।

कूट

(a) 1, 2 और 4 (b) 2, 3 और 4
(c) 1, 3 और 4 (d) 1, 2 और 3

उत्तर *(c)* 1, 3 और 4

21. स्मार्ट सिटी मिशन के उद्देश्यों से संबंधित निम्नलिखित कथनों को ध्यानपूर्वक पढ़िए और सही विकल्प का चयन कीजिए **CBSE 2025**

1. साफ ओर सतत पर्यावरण के साथ शहर को बढ़ावा देना।
2. अपने नागरिकों को गुणवत्ता पूर्ण बेहतर जीवन प्रदान करना।
3. नौकरी तलाश करने वालों को रोजगार प्रदान करना।
4. शहर को आपदाओं के पति जोखिम कम करने वाला बनाना।

कूट

(a) 2, 3 और 4 (b) 1, 2 और 4
(c) 1, 2 और 3 (d) 1, 2 और 4

उत्तर *(d)* 1, 2 और 3

22. निम्न में से क्या अर्द्ध-गुच्छित (विखंडित) बस्तियों की विशेषता नहीं है? *दक्षता आधारित प्रश्न*

1. यह बस्तियाँ मुख्यतः सुदूर जंगलों एवं विच्छन्न क्षेत्रों में पाई जाती हैं।
2. इन बस्तियों का निर्माण किसी बड़ी गुच्छित बस्तियों के विखंडन से होता है।
3. ये बस्तियाँ मुख्यत: हिमालय की निचली घाटियों में पाई जाती हैं
4. अर्द्ध-गुच्छित परिक्षिप्त बस्ती के किसी सीमित क्षेत्र में गुच्छित होने की प्रवृत्ति का परिणाम है।

कूट

(a) केवल 2 (b) केवल 3
(c) केवल 4 (d) 1 और 3

उत्तर *(d)* 1 और 3

23. सूची I को सूची II से सुमेलित कीजिए **CBSE 2023**

सूची I (प्रकार)	सूची II (नगर)
A. परिवहन नगर	1. जयपुर
B. खनन नगर	2. अंबाला
C. गैरिनन नगर	3. इटारसी
D. प्रशासनिक नगर	4. सिंगरौली

कूट

	A	B	C	D
(a)	4	3	2	1
(b)	1	2	3	4
(c)	3	4	2	1
(d)	2	1	4	3

उत्तर *(c)* 3 4 2 1

24. सूची I को सूची II से सुमेलित कीजिए *दक्षता आधारित प्रश्न*

सूची I	सूची II
A. प्राचीन नगर	1. कोलकाता
B. मध्यकालीन नगर	2. मोदीनगर
C. आधुनिक नगर	3. सहारनपुर
D. औद्योगिक नगर	4. इलाहाबाद (प्रयागराज)
E. वाणिज्यिक नगर	5. पाटलिपुत्र (पटना)
F. शैक्षिक नगर	6. लखनऊ

कूट

	A	B	C	D	E	F
(a)	1	2	3	4	5	6
(b)	3	4	5	6	1	2
(c)	4	3	6	5	1	2
(d)	5	6	1	2	3	4

उत्तर *(d)* 5 6 1 2 3 4

25. **कथन** (A) 18वीं शताब्दी में यूरोपियन के आगमन के पश्चात् भारत में नगरों के विकास को एक नई दिशा मिली थी।

कारण (R) अंग्रेजों ने तीन प्रमुख केंद्रों मुंबई (बंबई), चेन्नई (मद्रास) एवं कोलकाता (कलकत्ता) की स्थापना की थी। *दक्षता आधारित प्रश्न*

कूट

(a) A और R दोनों सही हैं तथा R, A की सही व्याख्या करता है
(b) A और R दोनों सही हैं, परंतु R, A की सही व्याख्या नहीं है
(c) कथन A सही है, किंतु R गलत है
(d) कथन A गलत है, किंतु R सही है

उत्तर (a) A और R दोनों सही हैं तथा R, A की सही व्याख्या करता है
अंग्रेजों और अन्य यूरोपियों ने भारत में अनेक नगरों का विकास किया। तटीय स्थानों पर अपने पैर जमाते हुए इन्होंने सर्वप्रथम सूरत, दमन, गोआ, पांडिचेरी इत्यादि जैसे व्यापारिक पत्तन विकसित किए। अंग्रेजों ने बाद में तीन मुख्य नगर मुंबई, चेन्नई और कलकत्ता का अंग्रेजी शैली में निर्माण किया। 1850 के बाद आधुनिक उद्योगों पर आधारित नगरों का भी जन्म हुआ। जमशेदपुर इसका एक उदाहरण है।

26. निम्नलिखित कथनों को ध्यानपूर्वक अध्ययन कीजिए और सही विकल्प का चयन कीजिए **CBSE 2024**

कथन I भारत में स्वतंत्रता प्राप्ति के पश्चात् महानगरों के चारों ओर कुछ पुराने नगर अनुषंगी नगरों के रूप में विकसित हुए।

कथन II दिल्ली इस प्रकार के महानगरों का अच्छा उदाहरण है।

विकल्प

(a) केवल कथन I सही है
(b) केवल कथन II सही है
(c) कथन I और II दोनों सही हैं तथा कथन II, कथन I का सही उदाहरण है
(d) कथन I और II दोनों सही हैं, परंतु कथन II, कथन I का सही उदाहरण नहीं है

उत्तर *(c)* कथन I और II दोनों सही हैं तथा कथन II, कथन I का सही उदाहरण है

भारत में स्वतंत्रता प्राप्ति के बाद महानगरों के चारों ओर कुछ पुराने नगर अनुषंगी नगरों के रूप में विकसित हुए जैसे- दिल्ली के चारों ओर गाजियाबाद, रोहतक और गुरुग्राम इत्यादि। ग्रामीण क्षेत्रों में बढ़ते निवेश के साथ ही पूरे देश में बड़ी संख्या में मध्यम और छोटे नगरों का विकास हुआ है।

27. निम्न चार्ट को पूरा कीजिए *दक्षता आधारित प्रश्न*

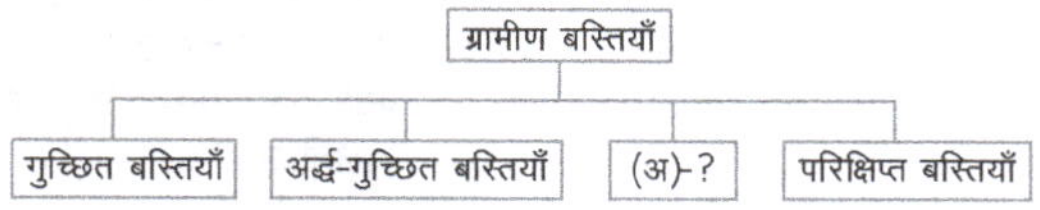

(a) एकाकी बस्तियाँ (b) अकेंद्रित बस्तियाँ
(c) संकुलित बस्तियाँ (d) पल्ली बस्तियाँ

उत्तर (d) पल्ली बस्तियाँ

28. निम्नलिखित ग्राफ का अध्ययन कीजिए और सही उत्तर का चयन कीजिए।

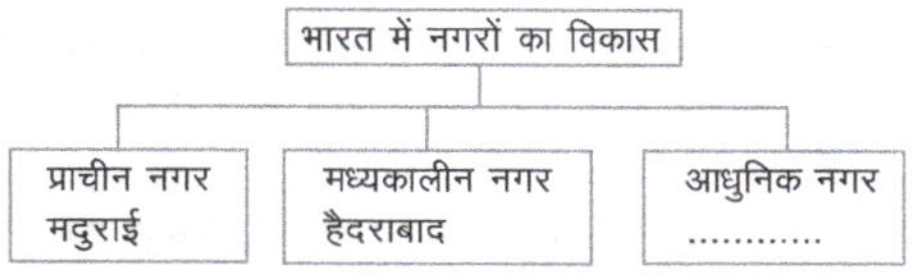

(a) पाटलिपुत्र (b) लखनऊ
(c) नागपुर (d) कोलकाता

उत्तर (d) कोलकाता

लघु उत्तरीय प्रश्न

1. भारत के विभिन्न भागों में स्थित ग्रामीण बस्तियों की बनावट में विविधताएँ पाई जाती हैं। ऐसे में कौन-से भौतिक कारक हैं, जो इन विविधताओं के लिए उत्तरदायी हैं? *दक्षता आधारित प्रश्न*

उत्तर भारत में ग्रामीण बस्तियों के विभिन्न प्रकार के लिए उत्तरदायी भौतिक कारक निम्न हैं—

(i) **भू-भाग की प्रकृति** ग्रामीण बस्तियों का आकार और निवास स्थल की दूरी भू-भाग की प्रकृति से नियंत्रित होती है। मैदानी भागों में गुच्छित या संहत तथा बड़े आकार की ग्रामीण बस्तियाँ पाई जाती हैं, जबकि पहाड़ी और पर्वतीय क्षेत्रों में परिक्षिप्त या एकाकी और छोटे आकार की ग्रामीण बस्तियाँ पाई जाती हैं।

(ii) **जलवायु** अति शीत एवं उष्ण जलवायु ग्रामीण बस्तियों के प्रतिकूल होती हैं। ऐसे कठोर जलवायु क्षेत्रों में परिक्षिप्त अथवा एकाकी ग्रामीण बस्तियाँ पाई जाती हैं, जबकि अनुकूल जलवायु वाले क्षेत्रों; जैसे—भारतीय मैदान एवं डेल्टाई प्रदेश तथा तटीय भाग में गुच्छित या संहत ग्रामीण बस्तियाँ पाई जाती हैं।

(iii) **जल की उपलब्धता** जल के अभाव वाले उष्ण एवं गर्म मरुस्थलीय क्षेत्र; जैसे—थार में परिक्षिप्त या एकाकी बस्तियाँ पाई जाती हैं, जबकि गंगा के मैदान, तटीय एवं डेल्टाई जैसे भागों में जल की उपलब्धता के कारण गुच्छित एवं संहत बस्तियों का निर्माण हुआ है।

2. भारत की ग्रामीण एवं नगरीय बस्तियों में तीन अंतर स्पष्ट कीजिए।

अथवा **भारत में ग्रामीण बस्तियाँ किस प्रकार नगरीय बस्तियों से भिन्न हैं? स्पष्ट कीजिए।** *दक्षता आधारित प्रश्न*

अथवा **भारत में ग्रामीण और नगरीय बस्तियों के बीच किन्हीं तीन आधारभूत अंतरों को स्पष्ट कीजिए।**

उत्तर ग्रामीण और नगरीय बस्तियों में निम्नलिखित अंतर इस प्रकार हैं

ग्रामीण बस्तियाँ	नगरीय बस्तियाँ
छोटे आकार एवं विरल रूप से अवस्थित बस्तियों को ग्रामीण बस्ती या गाँव कहते हैं।	बड़े आकार एवं सघन रूप से अवस्थित बस्तियों को नगरीय बस्ती कहते हैं।
ग्रामीण बस्तियों के लोग प्रथमिक क्रियाकलापों में संलग्न होते हैं।	नगरीय बस्तियों के लोग द्वितीयक, तृतीयक और चतुर्थक क्रियाओं में संलग्न होते हैं।
ग्रामीण बस्तियों के लोगों का जीवन स्तर और आर्थिक स्थिति निम्न होती है।	नगरीय बस्तियों के लोगों का जीवन स्तर और आर्थिक स्थिति अपेक्षाकृत उच्च होती है।
ग्रामीण बस्ती के लोगों का सामाजिक जुड़ाव होता है।	नगरीय बस्ती के लोग अधिक गतिशील होते हैं।

3. एक ही भूखंड में स्थित बस्तियों के आकार और प्रकार में भिन्नता क्यों पाई जाती है? स्पष्ट कीजिए। *दक्षता आधारित प्रश्न*

उत्तर बस्तियों के आकार और प्रकार में सामान्यतः भिन्नता पाई जाती है। बस्तियों का परिसर एक पल्ली से लेकर महानगर तक हो सकता है, परंतु बस्तियों के आकार में परिवर्तन के साथ ही बस्तियों की सामाजिक और आर्थिक संरचनाओं में भी परिवर्तन हो जाता है। यह परिवर्तन पारिस्थितिकी और प्रौद्योगिकी के संदर्भ में भी होता है। बस्तियाँ छोटे आकार और विरल से लेकर बड़ी और संकुलित अवस्थित हो सकती हैं।

ऐसी बस्तियाँ, जो छोटी और विरल रूप से अवस्थित होती हैं एवं कृषि और अन्य प्राथमिक क्रियाकलापों में विशिष्टता धारण कर लेती हैं, उन बस्तियों को गाँव कहा जाता है। इसके विपरीत बड़े अधिवास द्वितीयक और तृतीयक क्रियाओं में विशिष्टता प्राप्त कर लेते हैं। इन्हें नगरीय बस्तियाँ कहा जाता है।

4. भारत में गुच्छित अथवा संहत ग्रामीण बस्तियों को कौन-से कारक निर्धारित करते हैं। बताइए *दक्षता आधारित प्रश्न*

उत्तर गुच्छित अथवा संहत ग्रामीण बस्तियों को निर्धारित करने वाले तीन कारक निम्नलिखित हैं

(i) **उपजाऊ जलोढ़ मैदान** इन मैदानों की उत्पादक क्षमता अधिक होने के कारण यहाँ सघन जनसंख्या निवास करती है, जिस कारण गुच्छित बस्तियों का निर्माण होता है।

(ii) **सुरक्षा** बस्तियों के विकास के लिए सुरक्षा महत्त्वपूर्ण होती है। इस कारण लोग समूह में रहना पसंद करते हैं, जिससे गुच्छित बस्तियों के निर्माण को बढ़ावा मिलता है।

(iii) **जल संसाधनों की कमी** जिन क्षेत्रों में जल संसाधनों की कमी होती है, वहाँ उपलब्ध जल संसाधन स्रोतों के पास गुच्छित बस्तियों का विकास होता है।

5. भारत के उपजाऊ जलोढ़ मैदानों में सामान्यत: किस प्रकार की ग्रामीण बस्तियाँ पाई जाती हैं?
इस प्रकार की बस्तियों की किन्हीं दो विशेषताओं का उल्लेख कीजिए।

दक्षता आधारित प्रश्न

उत्तर भारत के उपजाऊ जलोढ़ मैदानों में गुच्छित ग्रामीण बस्तियाँ पाई जाती हैं। इसकी विशेषताएँ निम्न हैं

- इस प्रकार की बस्तियों में ग्रामीण घरों के संहत खंड पाए जाते हैं। इसमें घरों के समूह आड़ी-तिरछी, सँकरी और घुमावदार गलियों द्वारा अलग होते हैं। इसमें विभिन्न जातियों के मध्य सामाजिक अलगाव पाया जाता है।
- गुच्छित ग्रामीण बस्तियों में सामान्य आवासीय क्षेत्र स्पष्ट रूप से निकटवर्ती खेत-खलिहानों और चरागाहों से अलग होते हैं। ये विभिन्न ज्यामितीय आकृति की होती हैं; जैसे—आयताकार, अरीय, रैखिक आदि।
- मध्य भारत के बुदेलखंड प्रदेश और नागालैंड आदि राज्यों में लोग सुरक्षा अथवा प्रतिरक्षा कारणों से गुच्छित बस्तियों की ओर प्रवास करते हैं।

6. भारत में पल्ली और परिक्षिप्त ग्रामीण बस्तियों की किन्हीं तीन-तीन विशेषताओं को स्पष्ट कीजिए।

अथवा **भारत की पल्ली और परिक्षिप्त ग्रामीण बस्तियों में अंतर स्पष्ट कीजिए।**

अथवा **भारत में परिक्षिप्त बस्तियों की प्रमुख विशेषताओं की व्याख CBSE 2024**

अथवा **भारत में पल्ली बस्तियों की किन्हीं तीन विशेषताओं का वर्णन कीजिए।**

उत्तर पल्ली बस्तियों की तीन विशेषताएँ निम्न हैं

(i) ये भौतिक रूप से एक-दूसरे से अलग रहती हैं तथा अनेक इकाइयों में बँटी रहती हैं, किंतु सबका नाम एक ही रहता है।
(ii) इन इकाइयों को देश के विभिन्न भागों में पान्ना, पाड़ा, पाली, ढाँणी आदि कहा जाता है।
(iii) ऐसे गाँव मध्य और निम्न गंगा के मैदानों में पाए जाते हैं।

परिक्षिप्त बस्तियों की तीन विशेषताएँ निम्न हैं

(i) भारत में ये बस्तियाँ एकाकी रूप से मिलती हैं।
(ii) ये बस्तियाँ छोटी पहाड़ियों के ढालों पर खेतों अथवा चरागाहों के रूप में पाई जाती हैं।
(iii) मेघालय, हिमाचल प्रदेश, केरल और उत्तराखंड के अनेक भागों में इस प्रकार की बस्तियाँ पाई जाती हैं।

7. भारत की गुच्छित और परिक्षिप्त ग्रामीण बस्तियों में अंतर स्पष्ट कीजिए।

उत्तर भारत की गुच्छित और परिक्षिप्त ग्रामीण बस्तियों में तीन अंतर निम्नलिखित हैं

गुच्छित ग्रामीण बस्तियाँ	परिक्षिप्त ग्रामीण बस्तियाँ
ये बस्तियाँ सघन होती हैं। इनमें मकानों के समूह आड़ी-तिरछी, सँकरी और घुमावदार गलियों द्वारा अलग किए जाते हैं। इनमें विभिन्न जातियों के मध्य सामाजिक अलगाव पाया जाता है।	ये बस्तियाँ एकाकी झोंपड़ियों के रूप में होती हैं। इनमें मकान एक-दूसरे से दूर-दूर संपूर्ण ग्राम में बिखरे होते हैं, जिनके बीच में खेत, बाग-बगीचा, ऊसर भूमि आदि गैर-आवासित क्षेत्र पाए जाते हैं।
ये बस्तियाँ उपजाऊ जलोढ़ मैदानों में पाई जाती हैं।	ये बस्तियाँ सुदूर जंगलों और छोटी-छोटी पहाड़ियों पर मिलती हैं।
सुरक्षा कारणों से भी इस प्रकार की बस्तियों का विकास होता है।	भूमि संसाधनों के अनुर्वर होने से इनका विकास होता है।
इस प्रकार की बस्तियाँ बुदेलखंड प्रदेश, नागालैंड, राजस्थान आदि राज्यों में देखने को मिलती हैं।	इस प्रकार की बस्तियाँ, सामान्यत: मेघालय, उत्तराखंड, हिमाचल प्रदेश और केरल में देखने को मिलती हैं।

8. भारत की नगरीय बस्तियों की किन्हीं तीन विशेषताओं का वर्णन कीजिए।

उत्तर नगरीय बस्तियाँ सघन रूप से बसी हुईं तथा आकार में बड़ी होती हैं। ये ग्रामीण बस्तियों से भिन्न होती हैं। इनकी तीन प्रमुख विशेषताएँ निम्नलिखित हैं

(i) नगरीय बस्तियाँ बड़े आकार एवं सघन रूप से विकसित होती हैं। इन बस्तियों की स्थापना विभिन्न कार्यों जैसे—औद्योगिक नगर, प्रशासनिक नगर एवं पर्यटन नगर आदि के आधार पर की जाती हैं।
(ii) नगरीय बस्तियों के अधिकतर लोग द्वितीयक एवं तृतीयक क्रियाकलापों में संलग्न रहते हैं। इन बस्तियों की अधिकांश जनसंख्या उद्योग, व्यापार, वाणिज्य, प्रशासन आदि में कार्यरत रहती है।
(iii) शहरी बस्तियों का प्रौद्योगिक एवं मानव निर्मित संसाधनों से घनिष्ठ संबंध होता है। शहरी बस्तियों में लोगों में सामाजिक संबंध औपचारिक होते हैं एवं जीवन जीने का तरीका तेज एवं जटिल होता है।

9. मुगलकाल के दौरान भारत में मध्यकालीन नगरों के विकास का वर्णन कीजिए।

उत्तर मुगल काल के दौरान मध्यकालीन शहरों को रियासतों एवं राज्यों के मुख्यालयों के रूप में विकसित किया गया था। वर्तमान में भारत के लगभग 100 नगर मध्यकाल से संबंधित हैं। नगरों का विकास 16वीं-17वीं शताब्दी में तीव्र गति से हुआ, जो 18वीं शताब्दी के मध्य तक जारी रहा। नगरों को किला नगर के रूप में विकसित किया था, जिनका निर्माण प्राचीन नगरों के खंडहरों पर हुआ था।

मध्यकाल में नगरों तथा कस्बों को बाजारों की उपस्थिति के कारण विशिष्ट माना जाता है। कस्बों को सामान्यतः नगरों वाले शहर के रूप में परिभाषित किया जाता था। दिल्ली, हैदराबाद, जयपुर, लखनऊ एवं आगरा आदि मध्यकालीन नगरों के उदाहरण हैं।

10. स्वतंत्रता के पश्चात् भारत में नगरीकरण के स्तर का परीक्षण कीजिए?

उत्तर किसी देश की कुल जनसंख्या में नगरीय जनसंख्या का प्रतिशत नगरीकरण को प्रदर्शित करता है। इसे कुल जनसंख्या में नगरीय जनसंख्या के प्रतिशत के रूप में मापा जाता है।

भारत की स्वतंत्रता के समय देश की कुल जनसंख्या का केवल 17.29% भाग शहरी क्षेत्रों में रहता था। वर्ष 2001 में इसका विस्तार 27.78% हुआ जो कि वर्ष 2011 में बढ़कर 31.16% हो गया।

भारत में 20वीं सदी के दौरान नगरीय आबादी में 11 गुना वृद्धि हुई है। स्वतंत्रता के बाद से ही नगरीय केंद्रों के विस्तार एवं नए नगरों के उद्भव ने शहरीकरण में महत्त्वपूर्ण भूमिका निभाई है, किंतु फिर भी विकसित देशों की तुलना में भारत में नगरीकरण का स्तर अपेक्षाकृत कम है।

11. "भारत में आधुनिक नगरों में से कई नगर अंग्रेजी शासन में विकसित हुए थे।" इस कथन को प्रमाणित कीजिए।

दक्षता आधारित प्रश्न

उत्तर भारत में अंग्रेजों ने सबसे पहले तटीय क्षेत्रों पर अधिकार करने के बाद सूरत, दमन, गोवा, पांडिचेरी आदि व्यापारिक पत्तनों का विकास किया। ये धीरे-धीरे नगर के रूप में परिवर्तित हो गए। इसके बाद इन्होंने मुंबई, चेन्नई एवं कोलकाता का विकास प्रशासनिक केंद्र के रूप में किया।

यहाँ से अंग्रेज अपने शासन का संचालन करने लगे। अंग्रेजों ने प्रत्यक्ष रूप से नियंत्रण के लिए प्रशासनिक केंद्रों, ग्रीष्मकालीन विश्राम स्थलों एवं पर्वतीय नगरों; जैसे—शिमला व मसूरी की स्थापना की। इन सभी तथ्यों के आधार पर यह कहा जा सकता है कि भारत के आधुनिक नगरों में से कई नगर अंग्रेजी शासनकाल में विकसित हुए थे।

12. भारत में 'स्मार्ट सिटी मिशन के मुख्य उद्देश्यों की व्याख्या कीजिए'?

CBSE 2024

उत्तर 'स्मार्ट सिटी मिशन' योजना केंद्र प्रयोजित योजना है, जिसे जून, 2015 में 'स्मार्ट सॉल्यूशंस' के अनुप्रयोग के माध्यम से नागरिकों की जीवन की गुणवत्ता एवं स्वच्छ तथा संवहनीय वातावरण प्रदान करने के लिए, 100 शहरों के आवश्यक बुनियादी ढाँचे को बदलने के लिए प्रारंभ किया गया था। इसके प्रमुख उद्देश्य निम्नलिखित हैं

- मुख्य बुनियादी ढाँचा और जीवन की गुणवत्ता प्रदान करना।
- स्वच्छ एवं टिकाऊ पर्यावरण
- सतत् एवं समावेशी विकास
- सघन क्षेत्र
- प्राकृतिक आपदा के जोखिम को कम करना
- अनुकरणीय मॉडल

दीर्घ उत्तरीय प्रश्न

1. भारत में नगरों का अस्तित्व 2500 वर्ष पूर्व से है। वर्तमान नगरों के परिपेक्षय में इनके क्रमिक विकास की चर्चा कीजिए?

दक्षता आधारित प्रश्न

उत्तर भारत में नगरों का उद्भव प्रागैतिहासिक काल से हुआ है। उदाहरणस्वरूप; सिंधु घाटी सभ्यता में भी हड़प्पा और मोहनजोदड़ो जैसे नगरों का अस्तित्व था। 18वीं शताब्दी में यूरोपियों के भारत आगमन के पश्चात् नगरों के विकास को एक नई दिशा मिली। स्वतंत्रता के पश्चात् चंडीगढ़, भुवनेश्वर, गाँधीनगर, दिसपुर इत्यादि नगरों का विकास प्रशासनिक केंद्रों के रूप में तथा दुर्गापुर, भिलाई, सिंदरी, बरौनी इत्यादि नगरों का विकास औद्योगिक केंद्रों के रूप में हुआ है। विभिन्न युगों में नगरों के विकास के आधार पर नगरों को तीन वर्गों में विभाजित किया जाता है

(i) **प्राचीन नगर** भारत में 2,000 से अधिक वर्षों से ऐतिहासिक पृष्ठभूमि वाले नगरों को प्राचीन नगर वर्ग में रखा जाता है। इन नगरों में से अधिकांश नगरों का विकास धार्मिक एवं सांस्कृतिक केंद्रों के रूप में हुआ है। वाराणसी (काशी) इनमें सबसे महत्त्वपूर्ण नगर है। प्रयागराज (इलाहाबाद), पाटलिपुत्र (पटना) व मदुरई जैसे नगर प्राचीन नगरों के उदाहरण हैं।

(ii) **मध्यकालीन नगर** भारत के लगभग 100 नगरों का इतिहास मध्यकाल से जुड़ा है, जिनका विकास रजवाड़ों और राज्यों के मुख्यालय के रूप में हुआ है।

मध्यकालीन नगर किला नगर हैं, जिनका निर्माण प्राचीन नगरों के खंडहरों पर हुआ है। दिल्ली, हैदराबाद, जयपुर, लखनऊ, आगरा और नागपुर आदि मध्यकालीन नगर के उदाहरण हैं।

(iii) **आधुनिक नगर** भारत में आधुनिक नगरों का विकास अंग्रेजों और अन्य यूरोपियों ने किया। इन्होंने तटीय स्थानों पर सूरत, दमन, गोवा, पांडिचेरी, कोलकाता, चेन्नई इत्यादि व्यापारिक केंद्रों को विकसित किया है।

अंग्रेजों ने तीन प्रमुख केंद्रों—मुंबई (बंबई), चेन्नई (मद्रास) और कोलकाता (कलकत्ता) की स्थापना की तथा इनका अंग्रेजी शैली में निर्माण किया। 1850 ई. के बाद आधुनिक उद्योगों पर आधारित नगरों का विकास हुआ, जमशेदपुर इसका एक उदाहरण है।

2. कार्यों के आधार पर नगरों के वर्गीकरण को स्पष्ट कीजिए।

उत्तर प्रत्येक नगर को किसी कार्य में विशिष्टता प्राप्त होती है। प्रमुख या विशिष्ट प्रकार्यों के आधार पर भारत के नगरों और कस्बों को निम्नलिखित वर्गों में बाँटा जा सकता है

(i) **प्रशासन कस्बे और नगर** प्रशासनिक मुख्यालय के रूप में विकसित नगरों को प्रशासन नगर कहा जाता है। उदाहरण के लिए; दिसपुर, गाँधीनगर आदि।

(ii) **परिवहन नगर** ये पत्तन नगर हैं, जो मुख्यतः आयात और निर्यात के कार्यों को करते हैं; जैसे—कांडला, मुगलसराय, इटारसी आदि।

(iii) **औद्योगिक नगर** इन नगरों का विकास उद्योगों के कारण होता है; जैसे—मुंबई, मोदीनगर, भिलाई आदि।

(iv) **वाणिज्यिक नगर** इस वर्ग में व्यापार और वाणिज्य में विशिष्टता प्राप्त नगर आते हैं; जैसे—कोलकाता, सहारनपुर आदि।

(v) **खनन नगर** इन नगरों का विकास खनन गतिविधियों के कारण होता है; जैसे—झरिया, रानीगंज, डिगबोई आदि।

(vi) **गैरिसन** (छावनी) **नगर** इन नगरों का विकास छावनी नगरों के रूप में होता है; जैसे—अंबाला, महू आदि।

(vii) **धार्मिक और सांस्कृतिक नगर** इन नगरों के अंतर्गत कुरुक्षेत्र, अजमेर, पुरी आदि नगर आते हैं।

(viii) **शैक्षिक नगर** इन नगरों का विकास शिक्षा के केंद्र के रूप में हुआ है; जैसे—अलीगढ़, रुड़की आदि।

स्रोत आधारित प्रश्न

निम्नलिखित स्रोतों को ध्यानपूर्वक पढ़कर उन पर आधारित प्रश्नों के उत्तर दीजिए।

1. मानव बस्ती का अर्थ है किसी भी प्रकार और आकार के घरों का संकुल जिनमें मनुष्य रहते हैं। इस उद्देश्य के लिए लोग मकानों और अन्य इमारतों का निर्माण करते हैं और अपने आर्थिक पोषण-आधार के लिए कुछ क्षेत्र पर स्वामित्व रखते हैं। अतः बस्ती की प्रक्रिया में मूल रूप से लोगों के समूहन और उनके संसाधन आधार के रूप में क्षेत्र का आवंटन सम्मिलित होते हैं।

बस्तियाँ आकार और प्रकार में भिन्न होती हैं। उनका परिसर एक पल्ली से लेकर महानगर तक होता है। आकार के साथ बस्तियों के आर्थिक अभिलक्षण और सामाजिक संरचना बदल जाती है और इसके साथ ही भी बदल जाते हैं पारिस्थितिकी और प्रौद्योगिकी।

बस्तियाँ छोटी और विरल रूप से लेकर बड़ी और संकुलित अवस्थित हो सकती हैं। विरल रूप से अवस्थित छोटी बस्तियाँ, जो कृषि अथवा अन्य प्राथमिक क्रियाकलापों में विशिष्टता प्राप्त कर लेती है, गाँव कहलाती हैं।

दूसरी ओर कम, किंतु बड़े अधिवास द्वितीयक और तृतीयक क्रियाकलापों में विशेषीकृत होते हैं, जो इन्हें नगरीय बस्तियाँ कहा जाता है। ग्रामीण और नगरीय बस्तियों में आधारभूत अंतर निम्नलिखित है।

पल्ली बस्तियाँ वे होती हैं, जो कई बार भौतिक रूप से एक-दूसरे से पृथक् अनेक इकाइयों में बँट जाती हैं, किंतु उन सबका नाम एक रहता है। इन इकाइयों को देश के विभिन्न भागों में स्थानीय स्तर पर पान्ना, पाड़ा, पाली, नगला, ढाँणी इत्यादि कहा जाता है। किसी विशाल गाँव का ऐसा खंडीभवन प्रायः सामाजिक एवं मानवजातीय कारकों द्वारा अभिप्रेरित होता है। ऐसे गाँव मध्य और निम्न गंगा के मैदान, छत्तीसगढ़ और हिमालय की निचली घाटियों में बहुतायत में पाए जाते हैं।

(i) **मानव बस्ती का क्या अर्थ है?**

उत्तर किसी भी प्रकार और आकार के घरों का संकुल जिनमें मनुष्य रहते हैं, मानव बस्ती कहलाती हैं। लोग मकानों और अन्य इमारतों का निर्माण करते हैं एवं अपने आर्थिक पोषण-आधार के लिए कुछ क्षेत्रों पर स्वामित्व रखते हैं।

(ii) **बस्ती की प्रक्रिया में कौन शामिल रहता है?**

उत्तर बस्ती की प्रक्रिया में मूल रूप से लोगों के समूहन और उनके संसाधन आधार के रूप में क्षेत्र का आवंटन सम्मिलित रहता है।

(iii) **पल्ली बस्तियों से आप क्या समझते हैं?**

उत्तर वे बस्तियाँ जो कई बार भौतिक रूप से एक-दूसरे से पृथक् अनेक इकाइयों में बँट जाती हैं, किंतु उन सबका नाम एक रहता है। पल्ली बस्तियाँ कहलाती हैं। इन इकाइयों को देश के विभिन्न भागों में स्थानीय स्तर पर पान्ना, पाड़ा, पाली, नंगला, ढाँणी इत्यादि कहा जाता है।

2. अपनी केंद्रीय अथवा नोडीय स्थान की भूमिका के अतिरिक्त अनेक शहर और नगर विशेषीकृत सेवाओं का निष्पादन करते हैं। कुछ शहरों और नगरों को कुछ निश्चित प्रकार्यों में विशिष्टता प्राप्त होती है और उन्हें कुछ विशिष्ट क्रियाओं, उत्पादनों अथवा सेवाओं के लिए जाना जाता है। प्रमुख अथवा विशेषीकृत प्रकार्यों के आधार पर भारतीय नगरों को वर्गीकृत किया गया है; जैसे- उच्चतर क्रम के प्रशासनिक मुख्यालयों वाले शहरों के प्रशासन को नगर कहते हैं, जैसे- चंडीगढ़, नई दिल्ली, भोपाल, शिलांग, गुवाहाटी, इंफाल, श्रीनगर, गाँधीनगर, जयपुर, चेन्नई इत्यादि। इसके अतिरिक्त औद्योगिक नगर में मुंबई, सेलम, कोयंबटूर, मोदीनगर, जमशेदपुर, हुगली, भिलाई इत्यादि के विकस का प्रमुख अभिप्रेरक बल उद्योगों का विकास रहा है।

कुछ परिवहन नगर भी हैं। ये मुख्य रूप से पत्तन नगर होते हैं, जो मुख्यतः आयात और निर्यात कार्यों में संलग्न रहते हैं; जैसे-कांडला, कोच्चि, कोझीकोड, विशाखापत्तनम इत्यादि अथवा आंतरिक परिवहन की धुरियाँ; जैसे-धुलिया, मुगलसराय, इटारसी, कटनी इत्यादि हो सकते हैं। इसके अतिरिक्त व्यापार और वाणिज्य में विशिष्टता प्राप्त शहरों और नगरों को वाणिज्य नगर कहा जाता है। कोलकाता, सहारनपुर, सतना इत्यादि कुछ उदाहरण हैं।

खनन नगर खनिज समृद्ध क्षेत्रों में विकसित हुए हैं; जैसे-रानीगंज, झरिया, डिगबोई, अंकलेश्वर सिंगरौली इत्यादि। गैरिसन (छावनी) नगरों का उदय गैरियन नगरों के रूप में हुआ है; जैसे-अंबाला, जालंधर, महू, बबीना, उधमपुर इत्यादि।

(i) **किन आधारों पर नगरों का प्रकार्यात्मक किया जाता है?**

उत्तर वाणिज्यिक नगर, औद्योगिक नगर तथा परिवहन नगर आदि आधारों पर नगरों का प्रकार्यात्मक किया जाता है।

(ii) **प्रशासन नगर क्या है?**

उत्तर उच्चतर क्रम के प्रशासनिक मुख्यालयों वाले शहरों को प्रशासन नगर कहते हैं; जैसे- चंडीगढ़, नई दिल्ली, भोपाल, शिलांग आदि।

(iii) **छावनी नगर कौन-से हैं?**

उत्तर गैरिसन नगरों का उदय छावनी नगरों के रूप में हुआ है; जैसे- अंबाला, जालंधर, महू, बबीना आदि।

3. भारत में नगरों का उद्भव प्रागैतिहासिक काल से हुआ है। उदाहरणस्वरूप, सिंधु घाटी सभ्यता में भी हड़प्पा और मोहनजोदड़ों जैसे नगरों का अस्तित्व था। 18वीं शताब्दी में यूरोपियों के भारत आगमन के पश्चात् नगरों के विकास को एक नई दिशा मिली।

आधुनिक नगर भारत में आधुनिक नगरों (Modern Towns) का विकास अंग्रेजों और अन्य यूरोपियों ने किया। इन्होंने तटीय स्थानों पर सूरत, दमन, गोवा, पांडिचेरी (पुदुचेरी), कोलकाता, चेन्नई इत्यादि व्यापारिक पत्तनों को विकसित किया है। अंग्रेजों ने तीन प्रमुख केंद्रों-मुंबई (बंबई), चेन्नई (मद्रास) और कोलकाता (कलकत्ता) की स्थापना की तथा इनका अंग्रेजी शैली में निर्माण किया। अंग्रेजों ने प्रशासनिक केंद्रों, ग्रीष्मकालीन विश्राम स्थलों के रूप में पर्वतीय नगरों की स्थापना की तथा उन्हें सैन्य, प्रशासनिक एवं सिविल क्षेत्रों के साथ जोड़ दिया। 1850 ई. के बाद आधुनिक उद्योगों पर आधारित नगरों का विकास हुआ, जिसका जमशेदपुर एक महत्त्वपूर्ण उदाहरण है।

(i) **आधुनिक नगर के प्रमुख उदाहरण कौन-से हैं?**

उत्तर आधुनिक नगर के प्रमुख उदाहरण सूरत, दमन, गोवा, पांडिचेरी (पुदुचेरी), कोलकाता एवं चेन्नई हैं ।

(ii) **भारत में नगरों का उद्भव किस काल में हुआ?**

उत्तर भारत में नगरों का उद्भव प्रागैतिहासिक काल में हुआ था। सिंधुघाटी सभ्यता में भी हड़प्पा और मोहनजोदड़ो जैसे नगरों का अस्तित्व था।

(iii) **अंग्रेजों ने प्रशासनिक केंद्रों, ग्रीष्मकालीन विश्राम स्थलों के रूप में किसकी स्थापना की?**

उत्तर अंग्रेजों ने प्रशासनिक केंद्रों, ग्रीष्मकालीन विश्राम स्थलों के रूप में पर्वतीय नगरों की स्थापना की तथा उन्हें सैन्य, प्रशासनिक एवं सिविल क्षत्रों के साथ जोड़ दिया गया।

मानचित्र आधारित प्रश्न

1. **निम्नलिखित दिए गए प्रश्न मानचित्र पर आधारित हैं। जिनमें दो भाग दिए गए हैं प्रत्येक भाग में 5-5उप-भाग हैं।**

(i) **दिए गए भारतीय मानचित्र में 7 बिंदु A, B, C, D, E, F और G के रूप में नगरों को चिह्नित किया गया है। इनमें से किहीं पाँच नगरों के नाम लिखिए।**

A. पश्चिमी प्रतिरक्षा केंद्र नगर
B. उत्तरी प्रशासनिक नगर
C. पूर्वी औद्योगिक नगर
D. पूर्वी व्यापारिक नगर
E. दक्षिणी खनन नगर
F. ब्रिटिश कालीन प्रमुख शिक्षा नगर
G. उत्तरी धार्मिक नगर

(ii) **भारत के राजनैतिक मानचित्र पर निम्न भौगोलिक विशेषताओं में से किन्हीं पाँच को उचित प्रतीकों के साथ चिह्नित करें**

1.राजस्थान में स्थित प्रशासनिक नगर
2. गुजरात में स्थित औद्योगिक नगर
3. महाराष्ट्र में स्थित व्यापारिक नगर
4. पश्चिम बंगाल में स्थित खनन नगर
5. उत्तर प्रदेश में स्थित धार्मिक नगर
6. केरल में स्थित पत्तन नगर
7. जम्मू-कश्मीर में स्थित स्वास्थ्य नगर

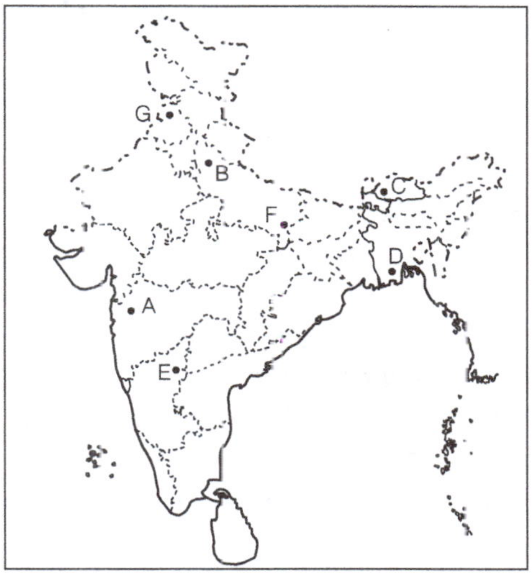

उत्तर

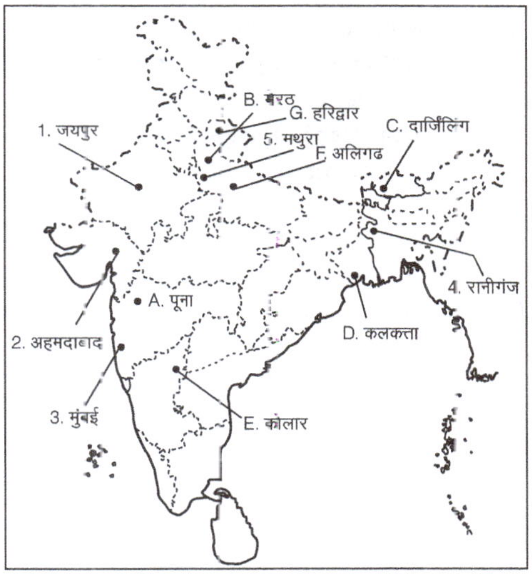

स्वयं को जाँचें

वस्तुनिष्ठ प्रश्न

1. भारत में नगरों का उद्भव ………… में हुआ है।

(a) आद्य ऐतिहासिक काल (b) प्रागैतिहासिक काल
(c) ऐतिहासिक काल (d) इनमें से कोई नहीं

2. जिन नगरों का विकास ब्रिटिश शासनकाल में छावनी नगरों के रूप में हुआ था, उन्हें क्या कहा जाता था?

(a) परिवहन नगर (b) प्रशासनिक नगर
(c) गैरिसन नगर (d) खनन नगर

3. जोधपुर, शिमला एवं मसूरी किस प्रकार के नगर के उदाहरण हैं?

(a) शैक्षिक नगर (b) पर्यटन नगर
(c) प्रशासनिक नगर (d) सांस्कृतिक नगर

4. परिक्षिप्त बस्तियों के बारे में निम्न में क्या सही है?

1. ये बस्तियाँ मुख्यतः मेघालय, उत्तराखंण्ड, हिमाचल प्रदेश और केरल के अनेक भागों में पाई जाती हैं।
2. इनको एकाकी बस्ती भी कहते हैं।
3. इनमें घर एक-दूसरे से अलग होते हैं।

कूट

(a) केवल 3
(b) 1 और 2
(c) 2 और 3
(d) 1, 2 और 3

अतिलघु उत्तरीय प्रश्न

5. नगरों के विकास को एक नई दिशा किस शताब्दी में और किसके आगमन पर मिली?

6. मध्यकालीन नगरों का विकास किस रूप में हुआ है?

7. वर्ष 1991 में भारतीय जनगणना में नगरीय बस्ती के लिए निर्धारित मापदंडों को समझाइए।

लघु उत्तरीय प्रश्न

8. ग्रामीण एवं नगरीय बस्तियों की विशेषताएँ बताइए।

9. गुच्छित बस्तियों के विकास में सुरक्षा कारणों एवं जल की उपलब्धता की भूमिका को स्पष्ट कीजिए।

10. ग्रामीण व नगरीय बस्तियाँ प्रतिस्पर्द्धी नहीं बल्कि पूरक हैं स्पष्ट कीजिए।

दीर्घ उत्तरीय प्रश्न

11. गुच्छित, अर्द्ध-गुच्छित, पल्ली तथा परिक्षिप्त बस्तियों के विकास में भौतिक कारणों तथा क्षेत्र की व्याख्या कीजिए।

12. नगरों के प्राकार्यात्मक वर्गीकरण की उदाहरण सहित व्याख्या कीजिए।

13. मानव बस्तियों के निर्माण के उद्देश्य एवं उत्पत्ति के इतिहास की व्याख्या कीजिए।

3

अध्याय

भू-संसाधन तथा कृषि

भूमि मानवीय गतिविधियों के संचालन के लिए आवश्यक प्राकृतिक संसाधन है जिसका कुशलतम अयोग इस संसाधन के दीर्घकालिक स्थायित्व के लिए महत्त्वपूर्ण है। यह अध्याय संसाधन के रूप में भूमि उपयोग वर्गीकृत साझा समपत्ति के रूप में भूमि संसाधन की प्रवृत्ति के अध्ययन को शामिल किया गया। इसके अतिरिक्त कृषि तथा इसकी समस्याओं का अध्ययन भी किया गया है।

▼ अध्ययन एक नजर में

3.1 भू-उपयोग का वर्गीकरण
3.2 भारत में भू-उपयोग परिवर्तन
3.3 साझा संपत्ति संसाधन
3.4 भारत में कृषि भूमि का उपयोग
3.5 भारत में फसल ऋतुएँ
3.6 भारत में कृषि विकास
3.7 भारतीय कृषि की समस्याएँ

▼ अभ्यास के लिए

- बहुविकल्पीय प्रश्न 34 (चित्र आधारित, कथन/कारण, सुमेलित कीजिए)
- वर्णनात्मक प्रकार के प्रश्न (लघु उत्तरीय प्रश्न 13, दीर्घ उत्तरीय प्रश्न 9)
- स्रोत आधारित प्रश्न 5, मानचित्र आधारित 2

मनुष्य अपनी आवश्यकताओं की पूर्ति के लिए भूमि का उपयोग भिन्न-भिन्न रूपों में करता है; जैसे- कृषि, चरागाह, इमारतें, सड़कें, खेल का मैदान, औद्योगिक इकाई आदि। भारत में भू-उपयोग संबंधी अभिलेख 'भू-राजस्व विभाग' द्वारा तैयार किया जाता है। जबकि भारत की प्रशासकीय इकाइयों के अधीन आने वाले भौगोलिक क्षेत्रों की जानकारी 'भारतीय सर्वेक्षण विभाग' द्वारा दी जाती है, किंतु भू-राजस्व विभाग तथा भारतीय सर्वेक्षण विभाग के आँकड़ों में अंतर पाया जाता है।

3.1 भू-उपयोग का वर्गीकरण

भू-राजस्व विभाग द्वारा तैयार क्षेत्रफल संबंधी आँकड़े कम या अधिक हो सकते हैं, लेकिन भारतीय सर्वेक्षण विभाग का सर्वेक्षण कुल भौगोलिक क्षेत्र पर आधारित एवं स्थायी होता है।

भू-उपयोग का वर्गीकरण भू-राजस्व अभिलेख द्वारा निम्नलिखित प्रकार से किया जाता है

(i) **वनों के अधीन क्षेत्र** जिस भूमि क्षेत्र पर वास्तविक रूप से वन हों अथवा वहाँ वनों के विकसित होने को संभावना होती हो, उस क्षेत्र को वनों के अंतर्गत शामिल किया जाता है। यह वह क्षेत्र है, जिसे सरकार ने वन वृद्धि हेतु चिह्नित और सीमांकित इस प्रकार किया है। भूमि राजस्व अभिलेख सरकार द्वारा दी गई परिभाषा के अनुसार निर्धारित जहाँ वन विकसित हो सकते हैं। वर्गीकृत वन क्षेत्र तथा वनों के अधीन वास्तविक क्षेत्र दोनों अलग-अलग होते हैं और वनों के अधीन क्षेत्रों के क्षेत्रफल में वृद्धि संभव है।

(ii) **बंजर एवं व्यर्थ भूमि**[1] वह भूमि, जो प्रचलित प्रौद्योगिकी की सहायता से कृषि कार्यों के लिए योग्य नहीं बनाई जा सकती है, बंजर एवं व्यर्थ भूमि कहलाती है; जैसे—बंजर पहाड़ी भूमि, मरुस्थल, खड्ड आदि को कृषि आयोग्य व्यर्थ-भूमि के वगीकृत किया गया है।

(iii) **गैर-कृषि कार्यों में प्रयुक्त भूमि** जब भूमि का उपयोग कृषि एवं उससे संबंधित गतिविधियों में न करके ग्रामीण एवं शहरी बस्तियों, सड़कों, नहरों, उद्योगों एवं दुकानों आदि में किया जाता है, उस भूमि को गैर-कृषि कार्यों में प्रयुक्त भूमि कहते हैं। द्वितीयक एवं तृतीयक कार्यकलाप में वृद्धि से गैर-कृषि कार्यों में प्रयुक्त भूमि में बढ़ोतरी होती है।

(iv) **स्थायी चरागाह क्षेत्र** ग्राम पंचायत या सरकार के स्वामित्व वाली भूमि को स्थायी चरागाह भूमि कहते हैं। इस भूमि के केवल एक छोटे भाग पर निजी स्वामित्व होता है। ग्राम पंचायत के अधीन आने वाली भूमि को **साझा संपत्ति संसाधन**[2] भी कहते हैं।

(v) **विविध तरु-फसलों एवं उपवनों के अंतर्गत क्षेत्र** उद्यान एवं फलदार वृक्ष वाली भूमि को विविध तरु फसलों एवं उपवनों के अंतर्गत शामिल किया जाता है। इस प्रकार की अधिकतर भूमि पर निजी स्वामित्व होता है।

(vi) **कृषि योग्य व्यर्थ भूमि** यदि कोई भूमि पाँच वर्ष से अधिक समय तक खाली रहती है, तो उस भूमि को कृषि योग्य व्यर्थ भूमि वर्ग में सम्मिलित कर दिया जाता है। इसे **नवीनतम कृषि तकनीक**[3] द्वारा कृषि योग्य बनाया जा सकता है।

(vii) **वर्तमान परती भूमि** वह भूमि, जो एक कृषि वर्ष या उससे कम समय तक कृषि रहित रहती है, वर्तमान परती भूमि कहलाती है। भूमि की गुणवत्ता बनाए रखने तथा प्राकृतिक रूप से भूमि की क्षीण उर्वरकता को वापस लाने के लिए भूमि को परती रखा जाता है।

(viii) **पुरातन परती भूमि** वह भूमि, जो एक वर्ष से अधिक, लेकिन पाँच वर्ष से कम समय तक कृषि रहित रहती है, पुरातन परती भूमि कहलाती है। अगर कोई भू-भाग पाँच वर्ष से अधिक समय तक कृषि रहित रहता है। तो इसे कृषि योग्य व्यर्थ संवर्ग में सम्मिलित किया जाता है

(ix) **निवल बोया गया क्षेत्र** वह भूमि, जिस पर फसलें उगाई एवं काटी जाती हैं, निवल बोया गया क्षेत्र या निवल भूमि कहलाती है।

3.2 भारत में भू-उपयोग परिवर्तन

भूमि का उपयोग किसी क्षेत्र की आर्थिक क्रियाओं की प्रकृति पर निर्भर करता है, क्योंकि समय के साथ-साथ आर्थिक क्रियाओं में परिवर्तन होता रहता है, लेकिन भूमि अन्य बहुत-से संसाधनों की भाँति, क्षेत्रफल की दृष्टि से स्थायी होती है। भू-उपयोग को प्रभावित करने वाले अर्थव्यवस्था के तीन परिवर्तन हैं, जो निम्नलिखित हैं

(i) **अर्थव्यवस्था का आकार** इसका आकार उत्पादित वस्तुओं तथा सेवाओं के मूल्यों के परिप्रेक्ष्य में समय के साथ परिवर्तनशील होता है, क्योंकि यह बढ़ती जनसंख्या, परिवर्तित आय स्तर तथा उपलब्ध प्रौद्योगिकी आदि कारकों पर निर्भर करता है। समय के साथ भूमि पर दबाव बढ़ने से सीमांत भूमि का भी प्रयोग होने लगता है।

(ii) **अर्थव्यवस्था की संरचना** प्राथमिक क्षेत्र की अपेक्षा द्वितीयक एवं तृतीयक क्षेत्रों में परिवर्तन तीव्र गति से होता है। इस प्रकार का बदलाव भारत जैसे विकासशील देशों में सामान्य है। इस प्रक्रिया में कृषि भूमि का धीरे-धीरे उपयोग गैर-कृषि संबंधित कार्यों में होने लगता है। उदाहरणस्वरूप, शहरों के चारों ओर की कृषि भूमि को इमारतों के लिए उपयोग किया जा रहा है।

(iii) **अर्थव्यवस्था में कृषि क्रियाकलाप का योगदान** समय के साथ भारतीय अर्थव्यवस्था में कृषि क्रियाकलापों का योगदान कम हो गया है, लेकिन भूमि पर कृषि क्रियाकलापों का दबाव कम नहीं हुआ है। इसके दो मुख्य कारण हैं—

(a) विकासशील देशों में कृषि पर निर्भर व्यक्तियों का अनुपात धीरे-धीरे कम होता है, जबकि कृषि का सकल घरेलू उत्पाद में योगदान तीव्र गति से कम होता है।

(b) कृषि क्षेत्र पर निर्भर जनसंख्या में प्रतिदिन वृद्धि हो रही है। वर्ष 1950-51 तथा वर्ष 2014-15 के दौरान वन क्षेत्र, गैर-कृषि कार्यों में प्रयुक्त भूमि, वर्तमान परती भूमि, निवल बोया गया क्षेत्र तथा स्थायी चरागाह में वृद्धि हुई है, जबकि बंजर एवं व्यर्थ भूमि, फसल वृक्षों के अधीन क्षेत्र, कृषि योग्य व्यर्थ भूमि तथा वर्तमान परती भूमि में कमी हुई है।

भू-उपयोग संवर्ग में परिवर्तन

- वन क्षेत्रों, गैर-कृषि कार्यों में प्रयुक्त भूमि, वर्तमान परती भूमि तथा निवल बोया क्षेत्र के अनुपात में वृद्धि के निम्नलिखित कारण हैं; जैसे—
  - गैर-कृषि कार्यों के प्रयुक्त क्षेत्र में वृद्धि का प्रमुख कारण भारतीय अर्थव्यवस्था की परिवर्तित संरचना है, जो औद्योगिक एवं सेवा क्षेत्र, **अवसंरचना** संबंधी विस्तार तथा गाँवों एवं शहरों की बस्तियों के अंतर्गत क्षेत्रफल में विस्तार पर निर्भर करता है। गैर-कृषि कार्यों की प्रयुक्त भूमि में वृद्धि, कृषि योग्य भूमि तथा कृषि योग्य व्यर्थ भूमि की कमी से हुई है।

---

1 बंजर एवं व्यर्थ भूमि भूमि तल का वह ऊबड़-खाबड़ पथरीला भाग, जो भौतिक दृष्टि से कृषि के अयोग्य है, बंजर भूमि कहलाता है।
2 साझा संपत्ति संसाधन इस शब्द का तात्पर्य ग्राम पंचायत के अधीन आने वाली भूमि से है।
3 नवीनतम कृषि तकनीक कृषि में नवीन प्रौद्योगिकी का उपयोग नवीनतम कृषि तकनीक कहलाता है।

– वन क्षेत्रों में वृद्धि का मुख्य कारण सीमांकन है। वास्तविक वन आच्छादन में वृद्धि नहीं हुई है। वर्तमान परती भूमि में वृद्धि के दो प्रमुख कारण वर्षा की अनियमितता तथा फसल चक्र हैं।
– निवल बोया गया क्षेत्र में वृद्धि का प्रमुख कारण कृषि योग्य व्यर्थ भूमि का कृषि के लिए उपयोग होना है।
– वर्तमान में परती भूमि में वृद्धि के दो प्रमुख कारण समझा जाता है— वर्तमान परती क्षेत्र के सम्यानुसार काफी उतार चढ़ाव की प्रवृत्ति रही है, जो वर्षा की अनियमितता तथा फसल-चक्र पर निर्भर करता है।

भू-उपयोग सवंर्ग में कमी

- भू-उपयोग संवर्ग, जिनमें समय के साथ क्षेत्रीय अनुपात में कमी या गिरवट आई है, वे हैं— बंजर व व्यर्थ भूमि, कृषि योग्य व्यर्थ भूमि तथा फसल वृक्ष के अंतर्गत क्षेत्र तथा परती भूमि आदि।
- समय के साथ-साथ कृषि तथा गैर-कृषि कार्यों के लिए भूमि पर दबाव बढ़ने से व्यर्थ एवं कृषि योग्य व्यर्थ भूमि में कमी हुई है।
- चरागाहों पर गैर-कानूनी तरीकों से कृषि विस्तार तथा कृषि भूमि पर बढ़ते दबाव के कारण चरागाह भूमि में कमी हुई है।

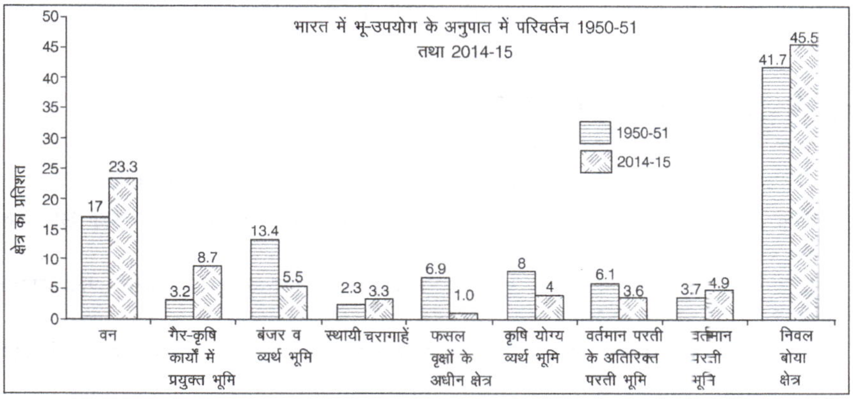

महत्त्वपूर्ण तथ्य

- वास्तविक वृद्धि की गणना के लिए भू-उपयोग संवर्ग के मध्य के अंतर को दो अवधियों के आधार पर ज्ञात करना चाहिए।
- वृद्धि की दर प्राप्त करने के लिए, साधारण वृद्धि दर का उपयोग करना चाहिए, जो दो समय बिंदुओं के मूल्यों के मध्य का अंतर होता है अर्थात् अंतिम वर्ष के मूल्य में से आधार वर्ष के मूल्य को घटाकर, फिर उसे आधार वर्ष (जैसे 1960-61) के मूल्य से विभाजित किया जाता है; जैसे–
- $$\frac{\text{निवल बोया गया क्षेत्र (वर्ष 2014-15)- निवल बोया गया क्षेत्र वर्ष (1950-51)}}{\text{निवल बोया गया क्षेत्र (वर्ष 1950-51)}} \times 100$$

3.3 साझा संपत्ति संसाधन

- स्वामित्व के आधार पर भूमि को दो वर्गों में बाँटा जाता है- निजी भू-संपत्ति तथा साझा संपत्ति संसाधन (CPRs)।
- पहले वर्ग की भूमि पर व्यक्तियों का निजी स्वामित्व होता है, जबकि दूसरे वर्ग की भूमियाँ सामुदायिक उपयोग हेतु राज्यों के स्वामित्व में होती हैं।
- साझा संपत्ति संसाधन किसी समुदाय के प्राकृतिक संसाधन के रूप में परिभाषित किए जा सकते हैं, जहाँ प्रत्येक सदस्य को निर्दिष्ट प्रतिबंधों के साथ पहुँच व उपयोग का अधिकार होता है और इन पर किसी की निजी संपत्ति का अधिकार नहीं होता। सामुदायिक वन, चरागाहों, ग्रामीण जलीय क्षेत्र तथा अन्य सार्वजनिक स्थान साझा संपत्ति संसाधन के ऐसे उदाहरण हैं, जिनका उपयोग एक परिवार से बड़ी इकाई करती है तथा यही उसके प्रबंधन के दायित्वों का निर्वहन करती है।

- CPRs अर्थात् साझा संपत्ति संसाधन पशुओं के लिए चारा और अन्य घरेलू उपयोग के लिए ईंधन उपलब्ध कराते हैं। ये अन्य वन उत्पाद, जैसे- फल, रेशे, गिरी, औषधीय पौधे आदि भी उपलब्ध कराते हैं। ग्रामीण क्षेत्रों में भूमिहीन छोटे कृषक तथा अन्य आर्थिक रूप से कमजोर वर्ग के व्यक्तियों के जीवन-यापन में इन भूमियों का विशेष महत्त्व है, क्योंकि इनमें अधिकांशतः लोग भूमिहीन होने के कारण पशुपालन से प्राप्त आजीविका पर निर्भर हैं।
- महिलाओं के लिए भी इनका विशेष महत्त्व है, क्योंकि ग्रामीण इलाकों में चारा व ईंधन लकड़ी के एकत्रीकरण की जिम्मेदारी महिलाओं की ही होती है। इन भूमियों में कमी से उन्हें चारे व ईंधन की तलाश में दूर तक भटकना पड़ता है।

चेक प्वॉइंट 1

1. भारत में भौगोलिक क्षेत्रों को कैसे मापा जाता है?
2. स्थायी चरागाहों के तहत अधिकांश भूमि का स्वामित्व किसके पास होता है?
3. भूमि उपयोग के दो संवर्गों के नाम बताइए, जिनके क्षेत्रफल में कमी दर्ज की गई है?
4. साझा संपत्ति संसाधन को भूमि के स्वामित्व के आधार पर कितने भागों में बाँटा गया है?

3.4 भारत में कृषि भूमि का उपयोग

- भू-संसाधनों का महत्त्व उन लोगों के लिए अधिक है, जिनकी आजीविका कृषि पर निर्धारित है।
- द्वितीयक एवं तृतीयक आर्थिक क्रियाओं की तुलना में कृषि पूर्ण रूप से भूमि पर आधारित है। अन्य क्षेत्रों की अपेक्षा भूमि का योगदान कृषि में अधिक है।
- ग्रामीण क्षेत्रों में गरीबी प्रत्यक्ष रूप से भूमिहीनता से जुड़ी हुई है। भूमि की गुणवत्ता **कृषि उत्पादकता**[4] को प्रभावित करती है, जबकि द्वितीयक एवं तृतीयक कार्यों पर इसका प्रभाव नहीं पड़ता है।
- ग्रामीण क्षेत्रों में भू-स्वामित्व का आर्थिक मूल्य के साथ सामाजिक मूल्य भी है, क्योंकि इससे समाज में प्रतिष्ठा बढ़ती है। यह प्राकृतिक आपदाओं या निजी विपत्ति में सुरक्षा भी प्रदान करती है।
- कुल कृषि भूमि संसाधन का अनुमान निवल बोया गया क्षेत्र, सभी प्रकार की परती भूमि तथा कृषि योग्य व्यर्थ भूमियों के योग से लगाया जा सकता है।
- भारत में निवल रूप से बोए गए क्षेत्र में वृद्धि की संभावनाएँ सीमित हैं। अतः भूमि बचत प्रौद्योगिकी विकसित करना आज भी आवश्यकता है। भूमि बचत प्रौद्योगिकी को निम्नलिखित दो भागों में विभाजित किया जा सकता है
  (i) वह प्रौद्योगिकी, जो प्रति इकाई भूमि में फसल विशेष के उत्पादन में वृद्धि करे।
  (ii) वह प्रौद्योगिकी, जो एक कृषि वर्ष में गहन भू-उपयोग से सभी फसलों के उत्पादन में वृद्धि करे। इससे सीमित भूमि में भी कुल उत्पादन बढ़ने के साथ ही श्रमिकों की माँग में भी वृद्धि होती है।
- भारत में भूमि की कमी तथा श्रम की अधिकता है, इसलिए भू-उपयोग के लिए फसल सघनता अति आवश्यक है। यह ग्रामीण क्षेत्रों में बेरोजगारी की समस्या को कम करने के लिए भी अनिवार्य है। फसल गहनता की गणना हम इस प्रकार कर सकते हैं

$$\text{कृषि गहनता} = \frac{\text{सकल बोया गया क्षेत्र}}{\text{निवल बोया गया क्षेत्र}} \times 100$$

समस्त कृषि योग्य भूमि की संरचना

कृषि योग्य भू-उपयोग	रिपोर्टिंग क्षेत्रफल का प्रतिशत		समस्त कृषि योग्य भूमि का प्रतिशत	
वर्ग	1950-51	2014-15	1950-51	2014-15
कृषि योग्य बंजर भूमि	8.0	4.0	13.4	6.8
पुरातन परती भूमि	6.1	3.6	10.2	6.2
वर्तमान परती भूमि	3.7	4.9	6.2	8.4
निवल बोया गया क्षेत्र	41.7	45.5	70.0	78.4
सकल कृषि योग्य भूमि	**59.5**	**58.0**	**100.00**	**100.00**

4 कृषि उत्पादकता (Agricultural Productivity) प्रति हेक्टेयर फसलों का उत्पादक।

3.5 भारत में फसल ऋतुएँ

भारत के उत्तरी एवं आंतरिक भागों में ऋतुओं के अनुसार प्रमुख रूप से तीन प्रकार की फसलें उगाई जाती हैं, जो निम्नलिखित हैं

(i) **खरीफ फसलें** ये फसलें जून से सितंबर माह में दक्षिण-पश्चिमी मानसून के साथ बोई जाती हैं. इसमें उष्णकटिबंधीय फसलें शामिल होती हैं। उदाहरण के लिए; चावल, कपास, जूट, ज्वार, बाजरा एवं अरहर आदि।

(ii) **रबी फसलें** ये फसलें अक्टूबर-नवंबर में बोई जाती हैं तथा मार्च-अप्रैल में काटी जाती हैं। इसमें कम तापमान वाली शीतोष्ण तथा उपोष्ण कटिबंधीय फसलों; जैसे-गेहूँ, चना, जौ तथा सरसों आदि को शामिल किया जाता है।

(iii) **जायद फसलें** ये एक अल्पकालिक ग्रीष्मकालीन फसलें हैं, जो रबी फसल की कटाई के बाद बोई जाती हैं। इसमें तरबूज, खीरा, ककड़ी, सब्जियाँ एवं चारे की फसलों की कृषि सिंचाई के आधार पर की जाती है। भारत के दक्षिणी भागों में पृथक् खरीफ, रबी एवं जायद फसल ऋतुएँ नहीं पाई जाती हैं। इस भाग में वर्षभर उच्च तापमान पाया जाता है, जो उष्णकटिबंधीय फसल की बुआई में सहायक होता है, लेकिन इसके लिए पर्याप्त आर्द्रता उपलब्ध होनी चाहिए। इस भाग में सिंचाई के विकास के कारण एक कृषि वर्ष में एक ही फसल तीन बार उगाई जाती है।

भारतीय कृषि ऋतु

कृषि ऋतु	प्रमुख फसलें	
	उत्तरी राज्य	दक्षिणी राज्य
खरीफ़ (जून से सितंबर)	चावल, कपास, बाजरा, मक्का, ज्वार, अरहर (तुर)	चावल, मक्का, रागी, ज्वार, मूँगफली
रबी (अक्टूबर से मार्च)	गेहूँ, चना, तोरई, सरसों, जौ	चावल, मक्का, रागी, मूँगफली
जायद (अप्रैल से जून)	वनस्पति, सब्जियाँ, फल, चारा फसलें	चावल, सब्जियाँ, चारा फसलें

कृषि के प्रकार

आर्द्रता के प्रमुख उपलब्ध स्रोत के आधार पर कृषि को निम्नलिखित दो वर्गों में विभाजित किया जाता है

1. सिंचित कृषि

सिंचाई के उद्देश्य के आधार पर सिंचित कृषि के भी दो वर्ग पाए जाते हैं, जो निम्नलिखित हैं

(i) **रक्षित सिंचाई कृषि** रक्षित सिंचाई कृषि का मुख्य उद्देश्य आर्द्रता की कमी के कारण फसलों को नष्ट नहीं होने देना है। इसमें वर्षा के अतिरिक्त जल की कमी को सिंचाई द्वारा पूरा किया जाता है।

(ii) **उत्पादक सिंचाई कृषि** उत्पादक सिंचाई कृषि का मुख्य उद्देश्य फसलों को जल उपलब्ध कराकर अधिकतम उत्पादकता प्राप्त करना है। उत्पादक सिंचाई में जल की मात्रा रक्षित सिंचाई की तुलना में अधिक होती है।

2. वर्षा पर निर्भर (बारानी) कृषि

कृषि ऋतु में उपलब्ध आर्द्रता की मात्रा के आधार पर वर्षा निर्भर कृषि को निम्न दो वर्गों में विभाजित किया जाता हैं

(i) **शुष्क भूमि कृषि**[5] 75 सेमी से कम वार्षिक वर्षा वाले क्षेत्रों को भारत में शुष्क भूमि कृषि के अंतर्गत शामिल करते हैं। इन क्षेत्रों में आर्द्रता संरक्षण तथा वर्षा जल के प्रयोग की अनेक विधियाँ अपनाई जाती हैं। शुष्क भूमि कृषि के अंतर्गत शुष्कता को सहने में सक्षम फसलें; जैसे—रागी, बाजरा, मूँग, चना तथा ज्वार अर्थात् चारा फसलें आदि उगाई जाती हैं। इसे बारानी कृषि भी कहते हैं।

(ii) **आर्द्र भूमि कृषि** आर्द्र भूमि कृषि से संबंधित क्षेत्र बाढ़ तथा मृदा अपरदन से प्रभावित होते हैं। इनमें वर्षा ऋतु के अंतर्गत पौधों को अधिक वर्षा जल की आवश्यकता होती है। इन क्षेत्रों में अधिक जल वाली फसलें; जैसे—चावल, जूट, गन्ना आदि की खेती की जाती है।

---

5 **शुष्क भूमि कृषि** (Dry Land Farming) फसलों के लिए जब नमी का एकमात्र स्रोत वर्षा जल होता है, तो इसे वर्षा पोषित कृषि या शुष्क भूमि कृषि कहते हैं।

भारत में उगाई जाने वाली खाद्यान्न फसलें

- भारत में मुख्य रूप से खाद्य फसलों (अनाज एवं दाल) की कृषि की जाती है, साथ ही तिलहन, रेशेदार, गन्ना, चाय आदि की फसलें भी बोई जाती हैं।
- भारत में कुल बोए गए क्षेत्र के दो-तिहाई भाग पर खाद्यान्न फसलें उगाई जाती हैं। देश की जीविका निर्वाह अर्थव्यवस्था या व्यापारिक कृषि अर्थव्यवस्था के सभी भागों में खाद्यान्न फसलें प्रमुख हैं।
- खाद्यान्नों को संरचना के आधार पर अनाज तथा दालों में वर्गीकृत किया जाता हैं।

अनाज

- भारत में कुल बोए गए क्षेत्र के लगभग 54% भाग पर अनाज का उत्पादन होता है।
- भारत विश्व का लगभग 11% अनाज उत्पन्न करता है। भारत विश्व में अनाज उत्पादन में अमेरिका एवं चीन के बाद तीसरे स्थान पर है।
- भारत में विविध प्रकार के अनाजों का उत्पादन होता है, जिन्हें उत्तम अनाज (चावल, गेहूँ आदि) और मोटे अनाज (ज्वार, बाजरा, मक्का, रागी आदि) में वर्गीकृत किया जाता है।

चावल

- भारत की अधिकांश जनसंख्या का प्रमुख भोजन चावल है।
- यह एक उष्ण आर्द्र कटिबंधीय फसल है। इसकी 3000 से भी अधिक किस्में हैं, जो विभिन्न कृषि जलवायु प्रदेशों में उगाई जाती हैं।

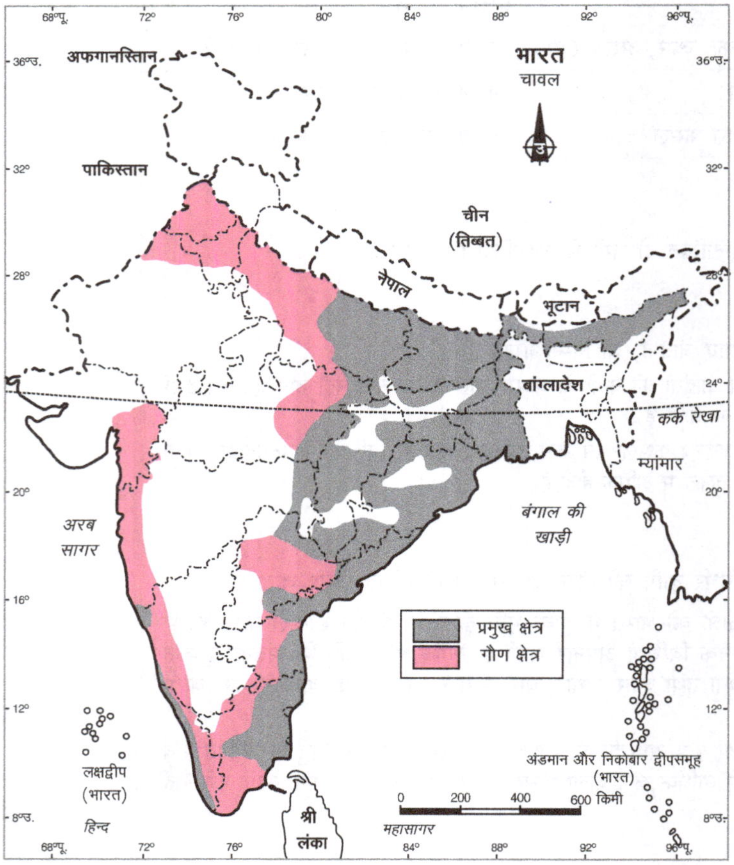

▲ भारत चावल का वितरण

- चावल की कृषि समुद्रतल से 2000 मीटर तक की ऊँचाई में सफलता पूर्वक की जाती है।
- भारत में चावल की खेती पूर्वी आर्द्र भागों से लेकर उत्तर-पश्चिमी भाग के शुष्क, लेकिन सिंचित क्षेत्र पंजाब, हरियाणा, पश्चिमी उत्तर प्रदेश एवं उत्तरी राजस्थान में की जाती है।
- दक्षिणी राज्यों एवं पश्चिम बंगाल में जलवायु की अनुकूलता के कारण एक कृषि वर्ष में दो या तीन बार चावल की फसलें बोई जाती हैं। औस, अमन तथा बोरो नामक चावल की तीन फसलें पश्चिम बंगाल के कृषकों द्वारा बोई जाती हैं।
- दक्षिण-पश्चिमी मानसून ऋतु में चावल खरीफ फसल के रूप में हिमालय तथा उत्तर-पश्चिमी भागों में उगाया जाता है। भारत विश्व का लगभग 22.07% चावल का उत्पादन करने के साथ चीन के बाद विश्व में दूसरे स्थान पर (2018) है। देश के कुल बोए गए क्षेत्र के एक-चौथाई भाग पर चावल बोया जाता है।
- पंजाब, तमिलनाडु, हरियाणा, आंध्र प्रदेश, पश्चिम बंगाल तथा केरल राज्यों में चावल की प्रति हेक्टेयर पैदावार अधिक है। इनमें प्रथम चार राज्यों में लगभग संपूर्ण चावल की खेती सिंचित है।
- पंजाब एवं हरियाणा पारंपरिक रूप से चावल उत्पादक राज्य नहीं हैं। हरियाणा तथा पंजाब के सिंचित क्षेत्रों में हरित क्रांति के अंतर्गत वर्ष 1970 में चावल की कृषि प्रारंभ की गई। मध्य प्रदेश, छत्तीसगढ़ तथा ओडिशा के वर्षा पर निर्भर क्षेत्रों में चावल की प्रति हेक्टेयर पैदावार कम है।
- पंजाब और हरियाणा में, चावल की अधिक उपज का कारण आनुवंशिक रूप से उन्नत बीजों का उपयोग, उर्वरकों और कीटनाशकों का उपेक्षाकृत अधिक उपयोग व शुष्क जलवायु परिस्थिति तथा कीटों की कमी है।
- हिमालय और देश के उत्तर-पश्चिमी क्षेत्रों में चावल को दक्षिण-पश्चिम मानसून के दौरान खरीफ फसल के रूप में उगाया जाता है।

गेहूँ

- चावल के बाद गेहूँ भारत की दूसरी प्रमुख अनाज फसल है।
- भारत विश्व का कुल गेहूँ उत्पादन का 12.8% उत्पादित करता है।
- यह शीतोष्ण कटिबंधीय फसल है, जो शरद अर्थात् रबी की ऋतु में बोई जाती है।
- भारत में गेहूँ का 85% भाग उत्तरी मध्य भाग अर्थात् उत्तरी गंगा का मैदान, मालवा का पठार तथा हिमालय पर्वतीय श्रेणी में 2,700 मी की ऊँचाई तक के क्षेत्र में केंद्रित है।
- रबी की फसल होने के कारण गेहूँ सिंचाई की सुविधा वाले क्षेत्रों में ही उगाया जाता है, लेकिन कुछ क्षेत्रों में यह वर्षा पर भी निर्भर है; जैसे—हिमालय का उच्च भाग तथा मध्य प्रदेश के मालवा का पठारी भाग।
- भारत के कुल बोए गए क्षेत्र के लगभग 14% भाग पर गेहूँ की खेती की जाती है। प्रमुख पाँच गेहूँ उत्पादक राज्य—उत्तर प्रदेश, मध्य प्रदेश, पंजाब, हरियाणा तथा राजस्थान हैं।
- पंजाब एवं हरियाणा में गेहूँ की प्रति हेक्टेयर पैदावार (4,000 किग्रा प्रति हेक्टेयर) अधिक है, जबकि उत्तर प्रदेश, राजस्थान एवं बिहार में प्रति हेक्टेयर पैदावार मध्यम स्तर की तथा वर्षा आधारित कृषि क्षेत्र मध्य प्रदेश, हिमाचल प्रदेश एवं जम्मू-कश्मीर में प्रति हेक्टेयर पैदावार कम है।

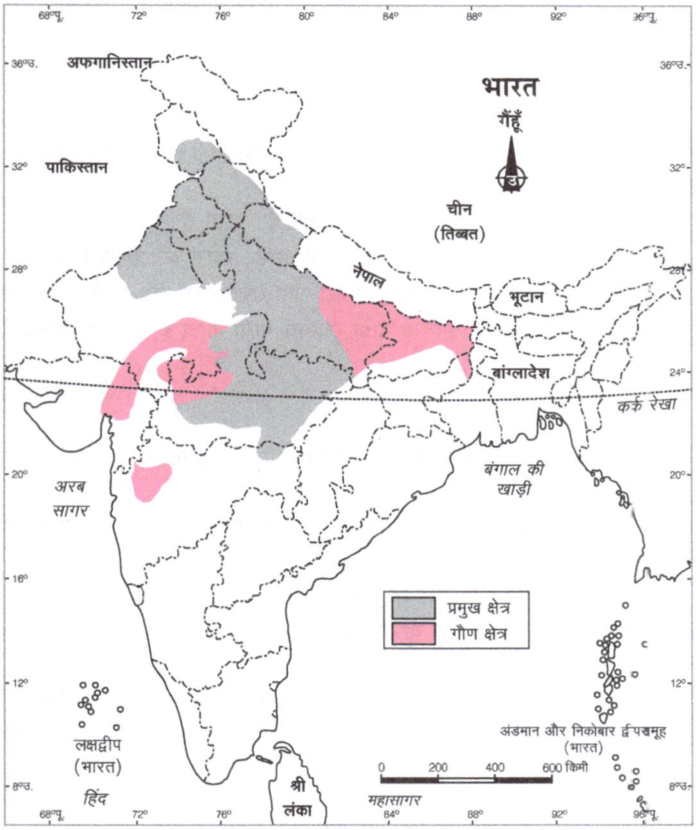

▲ **भारत** गेहूँ का वितरण

ज्वार

- भारत में कुल बोए गए क्षेत्र के 16.5% भाग पर मोटे अनाज बोए जाते हैं, जिसमें से 5.3% भाग पर ज्वार बोया जाता है।
- यह दक्षिण एवं मध्य भारत के अर्द्ध-शुष्क क्षेत्रों की मुख्य खाद्यान्न फसल है। महाराष्ट्र में देश का आधे से अधिक ज्वार उत्पादन होता है तथा अन्य प्रमुख ज्वार उत्पादक राज्य—कर्नाटक, मध्य प्रदेश, आंध्र प्रदेश तथा तेलंगाना हैं।
- दक्षिण के राज्यों में ज्वार खरीफ तथा रबी दोनों ऋतुओं में बोया जाता है, जबकि उत्तरी भारत में यह खरीफ की फसल है, जो मुख्य रूप से चारे के लिए उगाई जाती है।
- विंध्याचल के दक्षिण में ज्वार की उत्पादकता कम है तथा इन क्षेत्रों में यह वर्षा आधारित फसल है।

बाजरा

- भारत के पश्चिम तथा उत्तर-पश्चिमी भागों में (गर्म तथा शुष्क जलवायु में) बाजरे की खेती की जाती है, क्योंकि यह फसल शुष्क अवधि तथा सूखा सहन करने में सक्षम होती है।
- देश के कुल बोए गए क्षेत्र के लगभग 5.2% भाग पर बाजरा एकल तथा मिश्रित फसल के रूप में बोया जाता है।
- प्रमुख बाजरा उत्पादक राज्य—महाराष्ट्र, गुजरात, उत्तर प्रदेश, राजस्थान एवं हरियाणा हैं। राजस्थान में इसकी उत्पादकता कम है, क्योंकि यहाँ पर यह वर्षा निर्भर फसल है।
- गुजरात एवं हरियाणा में सिंचाई सुविधाओं के विस्तार तथा सूखा प्रतिरोधक किस्मों के आगमन से बाजरा फसल की उत्पादकता में वृद्धि हुई है।

मक्का

- भारत के कुल बोए गए क्षेत्र के 3.6% भाग पर मक्का की खेती की जाती है। यह एक खाद्य तथा चारा फसल है, जो निम्न कोटि की मिट्टी तथा अर्द्ध-शुष्क जलवायु वाले क्षेत्रों में उगाई जाती है।
- भारत में मक्का की खेती पंजाब पूर्वी तथा उत्तर-पूर्वी भाग को छोड़कर लगभग सभी भागों में की जाती है।
- मक्का के प्रमुख उत्पादक राज्य— कर्नाटक, मध्य प्रदेश, बिहार, आंध्र प्रदेश, तेलंगाना, राजस्थान एवं उत्तर प्रदेश हैं।
- अन्य मोटे अनाजों की तुलना में मक्का की उत्पादकता अधिक है। भारत के दक्षिणी राज्यों में मक्का की उत्पादकता अधिक, जबकि मध्य भागों की ओर कम होती जाती है।

दालें

- शाकाहारी भोजन के लिए दालें प्रोटीन का मुख्य स्रोत हैं। यह फलीदार फसल होती है, जो नाइट्रोजन के योगीकरण द्वारा मिट्टी की प्राकृतिक उर्वरकता में वृद्धि करती है। भारत प्रमुख दाल उत्पादक देश है।
- भारत के कुल बोए गए क्षेत्र के लगभग 11% भाग पर दालों की खेती की जाती है।
- भारत विश्व की लगभग 20% दालों का उत्पादन करता है। चना तथा अरहर भारत की प्रमुख दालें हैं।
- भारत में दालों की खेती अधिकांशत: दक्कन के पठार, मध्य पठारी भाग तथा उत्तर-पश्चिम के शुष्क भागों में की जाती है।
- भारत में दालों की उत्पादकता कम है तथा इसमें वार्षिक उतार-चढ़ाव पाया जाता है, क्योंकि शुष्क क्षेत्र में दालें वर्षा आधारित फसल है।

चना

- यह एक उपोष्ण कटिबंधीय फसल है, जिसकी खेती भारत में मध्य, पश्चिमी तथा उत्तर-पश्चिमी भागों में रबी की ऋतु में की जाती है।
- चना मुख्यत: वर्षा आधारित फसल है, लेकिन इसकी सफलतापूर्वक कृषि के लिए वर्षा की एक अथवा दो हल्की बौछार अथवा एक या दो बार सिंचाई अनिवार्य होती है।
- भारत के कुल बोए गए क्षेत्र के केवल 2.8% भाग पर चने की खेती की जाती है।
- हरियाणा, पंजाब तथा उत्तरी राजस्थान में हरित क्रांति के कारण चने की फसल में कमी आई है, क्योंकि इसके स्थान पर गेहूँ की खेती की जाती है।
- चने के प्रमुख उत्पादक राज्य—मध्य प्रदेश, उत्तर प्रदेश, महाराष्ट्र, आंध्र प्रदेश, तेलंगाना तथा राजस्थान हैं।
- चने की उत्पादकता कम है तथा सिंचित क्षेत्रों में भी इसकी उत्पादकता में एक से दूसरे वर्ष के मध्य उतार-चढ़ाव होता रहता है।

अरहर

- इसे तुर, लाल चना तथा पिजन पी के नाम से भी जानते हैं। भारत के कुल बोए गए क्षेत्र के लगभग 2% भाग पर अरहर की खेती की जाती है।
- भारत में अरहर की खेती मध्य तथा दक्षिणी राज्यों के शुष्क भागों में वर्षा आधारित क्षेत्रों तथा सीमांत भू-क्षेत्रों में की जाती है। भारत की अरहर के कुल उत्पादन का लगभग एक-तिहाई भाग महाराष्ट्र में होता है।
- अरहर के अन्य उत्पादक राज्य—उत्तर प्रदेश, कर्नाटक, गुजरात तथा मध्य प्रदेश हैं। इसकी उत्पादकता कम तथा अनियमित है।

तिलहन खाद्य

- तेल प्राप्त करने के लिए तिलहन (Oil Seeds) की कृषि की जाती है। भारत के कुल बोए गए क्षेत्र के लगभग 14% भाग पर तिलहन की कृषि की जाती है।
- भारत के प्रमुख तिलहन उत्पादक क्षेत्र—मालवा का पठार, मराठावाड़, गुजरात, राजस्थान के शुष्क क्षेत्र तथा आंध्र प्रदेश व तेलंगाना के रॉयल सीमा क्षेत्र हैं।
- मूँगफली, तोरिया, सरसों, सोयाबीन तथा सूरजमुखी भारत की प्रमुख तिलहन फसलें हैं, जिनका वितरण इस प्रकार है

मूँगफली

- भारत विश्व के कुल मूँगफली (Groundnut) उत्पादन का 18.8% भाग उत्पादित करता है।
- भारत में मूँगफली मुख्यत: शुष्क प्रदेशों की वर्षा आधारित खरीफ फसल है, लेकिन दक्षिणी भारत में रबी ऋतु में बोई जाती है।
- भारत के कुल बोए गए क्षेत्र के 3.6% भाग पर मूँगफली की खेती की जाती है।
- इसके प्रमुख उत्पादक राज्य—गुजरात, राजस्थान, तमिलनाडु, आंध्र प्रदेश, कर्नाटक तथा महाराष्ट्र हैं।
- तमिलनाडु में मूँगफली की फसल आंशिक सिंचित है, इसलिए इसकी उत्पादकता अधिक है, लेकिन आंध्र प्रदेश तथा कर्नाटक में कम है।

तोरिया एवं सरसों

- तोरिया एवं सरसों के अंतर्गत राई, सरसों, तोरिया एवं तारामीरा आदि तिलहन को सम्मिलित करते हैं।
- तोरिया एवं सरसों आदि एक उपोष्ण कटिबंधीय फसल है, जो भारत के मध्य एवं उत्तर-पश्चिमी भाग में रबी ऋतु में बोई जाती है।
- भारत के कुल बोए गए क्षेत्र के 2.5% भाग पर इसकी खेती होती है।
- तोरिया एवं सरसों की फसलें पाला सहन करने में सक्षम नहीं होती हैं तथा इनके उत्पादन में वार्षिक उतार-चढ़ाव पाया जाता है, लेकिन सिंचाई के विस्तार, बीज सुधार तथा प्रौद्योगिकी ने इनके उत्पादन में वृद्धि की है।
- इसके कुल उत्पादन का एक-तिहाई भाग राजस्थान में उत्पादित होता है। इसके अन्य प्रमुख उत्पादक राज्य— हरियाणा तथा मध्य प्रदेश और राजस्थान हैं। इसकी उत्पादकता हरियाणा तथा पंजाब में अधिक है।

अन्य तिलहन

- भारत के अन्य प्रमुख तिलहन सोयाबीन (Soybeen) एवं सूरजमुखी (Sunflower) हैं।
- भारत के कुल सोयाबीन उत्पादन का लगभग 90% उत्पादन मध्य प्रदेश एवं महाराष्ट्र में होता है।
- सूरजमुखी की खेती मुख्य रूप से राजस्थान कर्नाटक, आंध्र प्रदेश तेलगांना तथा महाराष्ट्र में की जाती है, जबकि देश के उत्तरी भागों में यह गौण है। सिंचित क्षेत्रों में सूरजमुखी का उत्पादन अधिक होता है।

चेक प्वॉइंट 2

1. फसल गहनता की गणना का सूत्र क्या है?
2. भारत में तीन प्रमुख फसल ऋतुएँ कौन-कौन सी हैं?
3. भारत चावल उत्पादन में विश्व में कौन-सा स्थान रखता है?
4. सरसों और राई की खेती किस मौसम में होती है?
5. भारत में मूँगफली की खेती मुख्यतः किस मौसम में की जाती है?

रेशेदार फसलें

इन फसलों से प्राप्त रेशे का प्रयोग कर कपड़ा, थैला, बोरा आदि बनाए जाते हैं। कपास तथा जूट भारत की दो प्रमुख रेशेदार फसलें हैं।

कपास

- कपास एक उष्णकटिबंधीय फसल है, जिसकी खेती भारत के अर्द्ध-शुष्क भागों में खरीफ ऋतु में की जाती है।
- स्वतंत्रता के पश्चात् भारत का अधिकतम कपास उत्पादक क्षेत्र पाकिस्तान में चला गया था, जिसके पश्चात् भी भारत ने पिछले 50 वर्षों में कपास उत्पादक क्षेत्र में लगातार वृद्धि की है।

- भारत के समस्त बोए गए क्षेत्र के लगभग 4.7% भाग पर कपास की खेती की जाती है।
- भारत में छोटे रेशे वाली भारतीय कपास एवं लंबे रेशे वाली अमेरिकन कपास का उत्पादन किया जाता है। अमेरिकन कपास को भारत के उत्तर-पश्चिमी भाग में 'नरमा' कहते हैं।
- भारत का कपास के उत्पादन में विश्व में चीन के बाद दूसरा स्थान है।
- भारत में कपास के तीन मुख्य उत्पादक क्षेत्र निम्न हैं
  (i) उत्तर-पश्चिमी भारत में पंजाब, हरियाणा तथा उत्तरी राजस्थान
  (ii) पश्चिम में गुजरात तथा महाराष्ट्र
  (iii) दक्षिण में आंध्र प्रदेश, कर्नाटक तथा तमिलनाडु का पठारी क्षेत्र
- कपास के प्रमुख उत्पादक राज्य—गुजरात, महाराष्ट्र, तेलंगाना, आंध्र प्रदेश, पंजाब तथा हरियाणा हैं।
- भारत के उत्तर-पश्चिमी सिंचाई सुविधा वाले क्षेत्रों की उत्पादकता अधिक, जबकि वर्षा निर्भर महाराष्ट्र की उत्पादकता बहुत कम है।

जूट

- जूट पश्चिम बंगाल तथा इसके समीपवर्ती पूर्वी भागों में एक व्यापारिक फसल है, जिसका प्रयोग मोटे वस्त्र, थैला, बोरे एवं अन्य सजावटी सामान बनाने में किया जाता है।
- स्वतंत्रता के पश्चात् भारत का बहुत बड़ा जूट उत्पादक क्षेत्र पूर्वी पाकिस्तान (वर्तमान बांग्लादेश) में चला गया।
- भारत में विश्व का लगभग 60% जूट उत्पादन होता है। भारत के कुल बोए गए क्षेत्र के केवल 0.5% भाग पर जूट की खेती की जाती है। पश्चिम बंगाल भारत के कुल जूट उत्पादन का तीन-चौथाई भाग उत्पादित करता है। अन्य जूट उत्पादक क्षेत्र—बिहार एवं असम हैं।

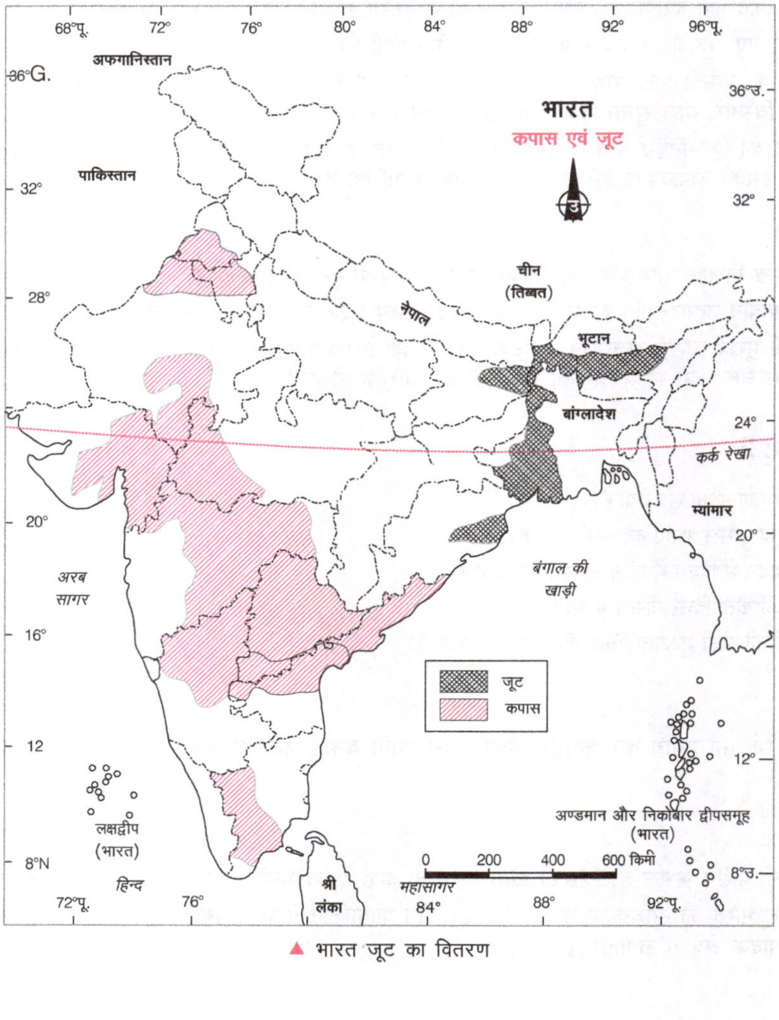

▲ भारत जूट का वितरण

अन्य फसलें

- भारत में गन्ना, चाय तथा कॉफी का उत्पादन भी महत्त्वपूर्ण स्थान रखता है, जिसका वर्णन इस प्रकार है

गन्ना

- गन्ना (Sugarcane) एक उष्णकटिबंधीय फसल है, जो वर्षा आधारित क्षेत्रों में आर्द्र एवं उपार्द्र जलवायु वाले क्षेत्रों में बोई जाती है, लेकिन भारत में इसकी खेती अधिकांश सिंचित क्षेत्रों में की जाती है।
- गन्ने की खेती गंगा-सिंधु के मैदानी भाग में (अधिकांश उत्तर प्रदेश में), पश्चिमी भारत में (महाराष्ट्र एवं गुजरात) तथा दक्षिणी भारत में (कर्नाटक, तमिलनाडु एवं आंध्र प्रदेश के सिंचाई वाले क्षेत्रों में) की जाती है।
- भारत में विश्व के कुल गन्ना उत्पादन का 19.76% उत्पादित होता है तथा भारत का विश्व में गन्ना उत्पादन में ब्राजील के बाद दूसरा स्थान है।
- भारत के कुल बोए गए क्षेत्र के 2.4% भाग पर गन्ने की खेती की जाती है।
- भारत के कुल गन्ना उत्पादन का लगभग 40% उत्पादन उत्तर प्रदेश में होता है।
- इसके अन्य उत्पादक राज्य—महाराष्ट्र, कर्नाटक, तमिलनाडु तथा आंध्र प्रदेश हैं। दक्षिणी भारत में गन्ने का उत्पादन अधिक है, जबकि उत्तरी भारत में इसका उत्पादन कम है।

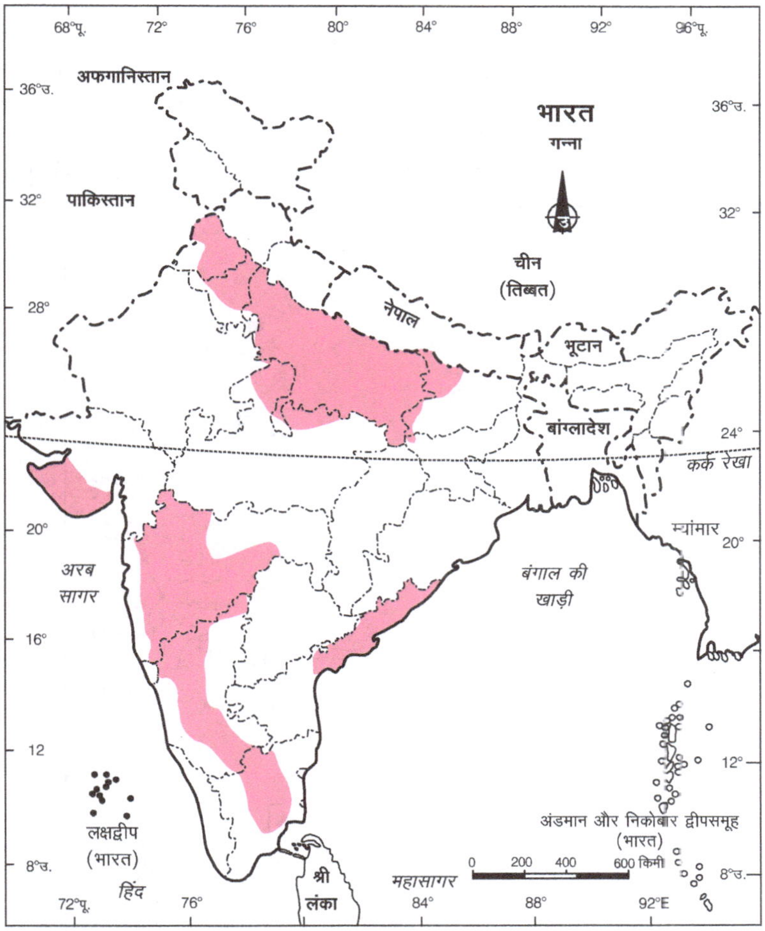

▲ **भारत** गन्ने का वितरण

चाय

- चाय एक रोपण फसल है, जो पेय पदार्थ के रूप में प्रयोग की जाती है। इसकी खेती उष्ण आर्द्र तथा उपोष्ण आर्द्र कटिबंधीय जलवायु वाले तरंगित भागों में अच्छे अपवाह वाली मिट्टी में की जाती है।
- चाय की पत्तियों में कैफीन तथा टैनिन पाया जाता है। काली चाय की पत्तियाँ किण्वित होती हैं, जबकि चाय की हरी पत्तियाँ अकिण्वित होती हैं।
- चाय का जन्म स्थान उत्तरी चीन के पहाड़ी क्षेत्रों में है। भारत में चाय की खेती 1840 ई. में असम की ब्रह्मपुत्र घाटी में शुरू की गई, जो वर्तमान में भी महत्त्वपूर्ण चाय उत्पादक क्षेत्र बना हुआ है। पश्चिम बंगाल के उप-हिमालयी भागों—दार्जिलिंग, जलपाईगुड़ी एवं कूचबिहार जिलों में, पश्चिमी घाट की नीलगिरि तथा इलायची की पहाड़ियों पर चाय की खेती की जाती है। भारत विश्व का लगभग 21.22% चाय उत्पादित करता है। अंतर्राष्ट्रीय बाजार में भारतीय चाय का उत्पादन कम हुआ है तथा चाय निर्यातक देशों में भारत का स्थान चीन के बाद विश्व में दूसरा (2018) है।
- असम के कुल शस्य क्षेत्र के 53.2% भाग पर चाय की खेती की जाती है तथा देश में कुल चाय उत्पादन का आधे से अधिक हिस्सा असम में उत्पादित होता है। चाय के अन्य प्रमुख उत्पादक राज्य पश्चिम बंगाल एवं तमिलनाडु हैं।

कॉफी

- कॉफी एक उष्ण कटिबंधीय रोपण कृषि है।
- इसकी तीन किस्में—अरेबिका, रोबस्ता एवं लिबेरिका हैं। इसके बीजों को भूनकर पीसा जाता है तथा एक पेय पदार्थ के रूप में प्रयोग किया जाता है। भारत में अधिकांशतः अरेबिका कॉफी का उत्पादन होता है, जिसकी अंतर्राष्ट्रीय बाजार में बहुत माँग है।
- भारत में विश्व के कुल कॉफी उत्पादन का 3.17% उत्पादित होता है तथा ब्राजील, वियतनाम, कोलंबिया, इंडोनेशिया, इथियोपिया तथा होंडुरास के बाद भारत का विश्व में आठवाँ स्थान (2018) है।
- कर्नाटक में देश के कुल कॉफी उत्पादन का दो-तिहाई भाग उत्पादित होता है। भारत में कॉफी की कृषि कर्नाटक, केरल एवं तमिलनाडु में पश्चिमी घाट की उच्च भूमि पर की जाती है।

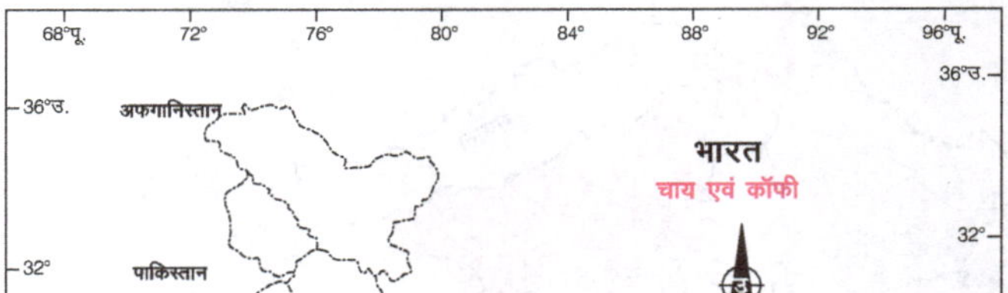

चेक प्वॉइंट 3

1. कपास की फसल किस मौसम में उगाई जाती है?
2. भारत में प्रमुख कॉफी उत्पादक राज्य कौन-से हैं?
3. भारत में चीनी उत्पादन के क्षेत्र में उत्तर प्रदेश का कितना प्रतिशत योगदान है?
4. भारत में किस प्रकार की कॉफी मुख्य रूप से उत्पादित की जाती है?
5. चाय की खेती हेतू कौन-सी भौगोलिक परिस्थितियाँ आवश्यक हैं?

3.6 भारत में कृषि विकास

- भारतीय अर्थव्यवस्था में कृषि का महत्त्वपूर्ण स्थान है। स्वतंत्रता के पूर्व भारतीय कृषि जीवन निर्वाहक अर्थव्यवस्था थी। बीसवीं शताब्दी के मध्य तक बार-बार अकाल और सूखे के कारण भारतीय कृषि की स्थिति दयनीय थी।
- देश विभाजन के कारण लगभग एक-तिहाई सिंचित भूमि पाकिस्तान में चली गई, जिससे भारत में सिंचित क्षेत्र का अनुपात कम हो गया। स्वतंत्रता के पश्चात् सरकार ने खाद्यान्नों का उत्पादन बढ़ाने के लिए निम्नलिखित प्रयास किए हैं
  - व्यापारिक फसलों के स्थान पर खाद्यान्न फसलों के उत्पादन पर बल दिया।
  - कृषि गहनता को बढ़ावा दिया।
  - परती भूमि तथा कृषि योग्य बंजर भूमि को कृषि भूमि में बदला गया।
- प्रारंभ में इस नीति से खाद्यान्न उत्पादन में वृद्धि हुई, लेकिन 1950 के दशक के अंत तक कृषि उत्पादन स्थिर हो गया। कृषि उत्पादन की स्थिर अवस्था की समस्या के समाधान के लिए गहन कृषि जिला कार्यक्रम (Intensive Agricultural District Programme, IADP) तथा गहन कृषि क्षेत्र कार्यक्रम (Intensive Agricultural Area Programme, IAAP) प्रारंभ किए गए।
- 1960 के दशक के मध्य में लगातार दो अकालों के कारण देश में खाद्यान्न संकट उत्पन्न हो गया, जिसके समाधान के लिए दूसरे देशों से खाद्यान्नों का आयात करना पड़ा।

हरित क्रांति

- कृषि के क्षेत्र में शोध, विकास एवं तकनीकी परिवर्तन; जैसे—उत्तम किस्म के बीज, रासायनिक खाद का प्रयोग, सिंचाई की व्यवस्था आदि के परिणामस्वरूप कृषि उत्पादन में अत्यधिक वृद्धि हुई, जिसे हरित क्रांति के नाम से जाना जाता है।
- 1960 के दशक के मध्य में मैक्सिको में गेहूँ तथा फिलीपींस में चावल का अधिक उत्पादन देने वाली नई किस्मों का विकास किया गया।
- भारत में पंजाब, हरियाणा, पश्चिमी उत्तर प्रदेश, आंध्र प्रदेश तथा गुजरात के सिंचाई सुविधा वाले क्षेत्रों में रासायनिक उर्वरक के साथ अधिक उत्पादन देने वाली नई किस्मों को अपनाया गया।
- हरित क्रांति ने कृषि में प्रयोग होने वाले निवेश; जैसे—उर्वरक, कीटनाशक, कृषि मशीन आदि कृषि आधारित उद्योगों तथा छोटे पैमाने के उद्योगों के विकास को बढ़ावा दिया।
- हरित क्रांति ने देश को खाद्यान्नों के उत्पादन में आत्मनिर्भर बना दिया, लेकिन यह देश के सिंचित भागों तक सीमित रहा। परिणामस्वरूप कृषि विकास में प्रादेशिक विषमता बढ़ी, जो 1970 के दशक के अंत तक रही। वर्ष 1980 के बाद इसका विस्तार मध्य भारत तथा पूर्वी भारत में हुआ।
- 1980 के दशक में भारतीय योजना आयोग ने वर्षा आधारित क्षेत्रों की समस्याओं पर ध्यान दिया। योजना आयोग ने वर्ष 1988 में कृषि विकास में प्रादेशिक संतुलन को प्रोत्साहित करने हेतु कृषि जलवायु नियोजन प्रारंभ किया।
- इसने कृषि के विविधीकरण और डेयरी फार्मिंग, पोल्ट्री, बागवानी, पशुपालन तथा मत्स्यपालन के विकास की आवश्यकता पर वर्ष 1988 में बल दिया।
- 1990 के दशक में उदारीकरण और मुक्त बाजार अर्थव्यवस्था की नीति ने भारतीय कृषि के विकास को प्रभावित किया।

कृषि उत्पादन में वृद्धि तथा प्रौद्योगिकी का विकास

विगत 50 वर्षों में कृषि उत्पादन एवं प्रौद्योगिकी में महत्त्वपूर्ण वृद्धि हुई है।

- चावल तथा गेहूँ के उत्पादन एवं उत्पादकता दोनों में सबसे अधिक वृद्धि हुई है, जबकि गन्ना, तिलहन तथा कपास के उत्पादन में कम वृद्धि हुई है। भारत का विश्व में दालों तथा जूट उत्पादन में प्रथम स्थान है, जबकि चावल, गेहूँ, मूँगफली, गन्ना तथा सब्जियों के उत्पादन में दूसरा स्थान है।

- सिंचाई सुविधा की उपलब्धता ने कृषि उत्पादन को बढ़ा दिया है। इसने आधुनिक कृषि प्रौद्योगिकी; जैसे—बीजों की उत्तम किस्में, रासायनिक खादों, कीटनाशकों तथा मशीनरी के प्रयोग को बढ़ावा दिया है।
- देश के विभिन्न क्षेत्रों में आधुनिक कृषि प्रौद्योगिकी का तीव्र गति से प्रसार हुआ है। विगत 40 वर्षों में रासायनिक उर्वरकों की खपत में 15 गुना वृद्धि हुई है।
- उत्तम बीज की किस्मों में कीट प्रतिरोधक क्षमता कम होती है, इसलिए देश में 1960 के दशक से कीटनाशकों की खपत में तीव्र गति से वृद्धि हुई है। साथ ही देश में शुद्ध (निवल) सिंचित क्षेत्र में भी वृद्धि हुई है।

सतत कृषि राष्ट्रीय मिशन (NMSA)

- सतत कृषि राष्ट्रीय मिशन (NMSA, National Mission for Sustainable Agriculture) का उद्देश्य कृषि को विशिष्ट एवं जलवायु के अनुकूल बनाने हेतु स्थान विशिष्ट एकीकृत/समग्र कृषि प्रणालियों को बढ़ावा देकर नमी संरक्षण एवं उपयुक्त मिट्टी के माध्यम से प्राकृतिक संसाधनों का संरक्षण करना है।
- साथ ही भारत सरकार जैविक कृषि को परंपरागत कृषि विकास योजना (PKVY) एवं राष्ट्रीय कृषि विकास योजना (RKVY) आदि के माध्यम से बढ़ावा दे रही है।

3.7 भारतीय कृषि की समस्याएँ

भारत में अधिकांश कृषि समस्याएँ प्रादेशिक हैं, लेकिन कुछ समस्याएँ सभी क्षेत्रों में पाई जाती हैं। इन समस्याओं में भौतिक तथा संस्थागत दोनों शामिल हैं। कृषि पारिस्थितिकी तथा विविध प्रदेशों के ऐतिहासिक अनुभव के आधार पर कृषि समस्याओं को विभिन्न प्रकार से वर्गीकृत किया जा सकता है, जो निम्नलिखित हैं

अनियमित मानसून पर निर्भरता

- भारत के कुल कृषि क्षेत्र का एक-तिहाई भाग सिंचित है तथा शेष भाग में फसलों का उत्पादन वर्षा पर निर्भर है।
- दक्षिण-पश्चिमी मानसून की अनियमितता एवं अनिश्चितता के कारण सिंचाई के लिए नहर जल आपूर्ति भी प्रभावित होती है। अधिक वर्षा वाले क्षेत्रों में वर्षा के उतार-चढ़ाव के परिणामस्वरूप सुरक्षा एवं बाढ़ की समस्या उत्पन्न होती है। राजस्थान तथा अन्य क्षेत्रों में वर्षा बहुत कम तथा अत्यधिक परिवर्तनशील है।
- इन क्षेत्रों में सूखा एक सामान्य घटना है, लेकिन यहाँ कभी-कभी बाढ़ भी आती है। उदाहरण के लिए, वर्ष 2006 और 2017 में महाराष्ट्र, गुजरात एवं राजस्थान के शुष्क क्षेत्रों में आकस्मिक बाढ़ आ गई थी।
- सुखा तथा बाढ़ भारतीय कृषि के जुडवाँ संकट बने हुए हैं।

निम्न उत्पादकता

- भारत में अधिकांश फसलों; जैसे—चावल, गेहूँ, कपास एवं तिलहन की प्रति हेक्टेयर उत्पादकता अमेरिका, रूस तथा जापान से कम है।
- भारत में वर्षा पर निर्भर शुष्क क्षेत्रों में अधिकांशतः मोटे अनाज, दालें तथा तिलहन की कृषि की जाती है, जिनकी उत्पादकता बहुत कम है।
- भारत में भू-संसाधनों पर अधिक जनसंख्या दबाव के कारण अंतर्राष्ट्रीय स्तर पर श्रम उत्पादकता भी बहुत कम है।

वित्तीय संसाधनों की बाध्यताएँ तथा ऋणग्रस्तता

- आधुनिक कृषि में बहुत अधिक पूँजी की आवश्यकता होती है। सीमांत एवं छोटे किसानों की कृषि बचत बहुत कम या न के बराबर है, जिससे वे कृषि में निवेश में असमर्थ होते हैं।
- कृषि में निवेश के लिए किसान विविध संस्थाओं तथा **महाजनों**[6] (Mahajan) से ऋण लेते हैं।
- फसल खराब होने और कृषि से कम आय प्राप्त होने के कारण किसान ऋण के जाल में फँस जाते हैं।

भूमि सुधारों की कमी

- भूमि के असमान वितरण के कारण भारतीय किसान का लंबे समय से शोषण हो रहा है। महालवाड़ी, रैयतवाड़ी तथा जमींदारी ब्रिटिश काल की तीन भू-राजस्व प्रणालियाँ हैं, जिनमें से जमींदारी प्रथा में किसानों का सबसे अधिक शोषण हुआ है।
- स्वतंत्रता के पश्चात् भूमि सुधारों की शुरुआत की गई, लेकिन कमजोर राजनीतिक इच्छाशक्ति के कारण ये विफल रहे।
- अधिकांश राज्य सरकारों ने शक्तिशाली जमींदारों के विरुद्ध भूमि सुधारों को लागू नहीं किया।

6 **महाजन** (Mahajan) भारत के प्राचीन वर्ग/वर्ण विभाजन के आधार पर 'वैश्य' वाणिज्य या व्यवसाय की आय से जीविकोपार्जन करने वाली भारतीय वैश्य जाति है।

छोटे खेत तथा विखंडित जोत

- भारत में छोटे एवं सीमांत किसानों की संख्या सर्वाधिक है। 60% से अधिक किसानों के पास एक हेक्टेयर से भी कम भू-जोत है तथा लगभग 40% किसानों के पास तो 0.5 हेक्टेयर से भी कम भू-जोत है। तीव्र गति से बढ़ती जनसंख्या भू-जोतों के औसत आकार को और कम कर रही है।
- भूमि के छोटे-छोटे खंड आर्थिक रूप से अनुपयोगी हो जाते हैं, क्योंकि परिवार की अगली पीढ़ी के लिए भूमि जोतों का विभाजन होता है, जिससे उसकी उत्पादकता समाप्त हो जाती है।
- भाारत में अधिकतर भू-जोत विखरे हुए हैं। कई राज्यों में अभी तक एब बार भी चकबंदी नहीं हुई और जिस राज्य में चकबंदी हुई है वह पुन: चकबंदी की आवश्यकता है। विखंडित व छोटे भूजोत आर्थिक रूप से अलाभकारी है।

वाणिज्यीकरण का अभाव

- अधिकांश किसान अपनी आवश्यकता या स्वयं उपभोग के लिए कृषि करते हैं। इन किसानों के पास इतने अधिक भू-संसाधन नहीं हैं कि वे अपनी आवश्यकता से अधिक खाद्यान्न का उत्पादन करें।
- अधिकांश सीमांत एवं छोटे किसान खाद्यान्नों की ही कृषि करते हैं, क्योंकि वह उनकी पारिवारिक आवश्यकता होती है। वर्तमान में सिंचाई सुविधा वाले क्षेत्रों में कृषि का वाणिज्यीकरण (Commercialisation) तथा आधुनिकीकरण शुरू हो गया है।

व्यापक अल्प रोजगारी

- भारत में वर्षा निर्भर क्षेत्रों में व्यापक पैमाने पर अल्प रोजगारी मिलती है।
- इन क्षेत्रों में मौसमी बेरोजगारी है, जिसकी अवधि 4 से 8 महीने तक है। फसल ऋतु में वर्षभर रोजगार नहीं मिलता है, क्योंकि कृषि कार्य सदैव श्रम वाला नहीं होता है। परिणामस्वरूप कृषि में कार्यरत् श्रमिकों को वर्षभर कार्य नहीं मिलता है।

कृषि योग्य भूमि का निम्नीकरण

- कृषि विकास की दोषपूर्ण नीतियों और सिंचाई क्षेत्रों में भूमि संसाधनों के ह्रास की समस्या उत्पन्न हो गई है।
- इस समस्या से मृदा की उर्वरता समाप्त हो सकती है। **जलाक्रांतता**[7] (Water Logging), लवणता (Alkalisation) तथा मृदा क्षारता (Salinisation of Soil) के कारण लगभग 80 लाख हेक्टेयर भूमि बंजर हो चुकी है। इसके अतिरिक्त 70 लाख हेक्टेयर भूमि की जलाक्रांतता के कारण उर्वरता समाप्त हो चुकी है।
- कीटनाशकों व रसायनों के अत्यधिक प्रयोग से मृदा में जहरीले तत्त्वों का जमाव हो गया है।
- सिंचित सुविधा वाले क्षेत्रों के फसल प्रतिरूप में दलहन विस्थापित हो गया है तथा बहु-फसलीकरण में वृद्धि से परती भूमि के क्षेत्रफल में कमी आई है। इससे प्राकृतिक रूप से उर्वरता समाप्त हो गई है; जैसे—नाइट्रोजन योगीकरण।
- उष्ण कटिबंधीय आर्द्र व अर्ध शुष्क क्षेत्र भी कई प्रकार के भूमि निम्नीकरण से प्रभावित हुए हैं; जैसे— जल द्वारा अपरदन तथा वायु अपरदन, जो प्राय: मानवकृत हैं।

भारत का किसान पोर्टल

- कृषि से संबंधित किसी भी जानकारी की खोज हेतु किसान पोर्टल भारतीय किसानों के लिए एक मंच है।
- इसके द्वारा कृषकों के बीमा, कृषि, भंडारण, फसलों, विस्तार गतिविधियों, बीजों, कीटनाशकों, कृषि मशीनरी आदि पर विस्तृत जानकारी उपलब्ध की जाती हैं।
- इसके माध्यम से उर्वरकों, बाजार मूल्य, पैकेज और प्रथाओं, विभिन्न कार्यक्रमों तथा कल्याणकारी योजनाओं के विवरण भी उपलब्ध होते हैं।
- मिट्टी की उर्वरता, भंडारण, बीमा से संबंधित ब्लॉक स्तर का विवरण, प्रशिक्षण आदि इसके एक इण्टरेक्टिव मानचित्र में उपलब्ध हैं।
- इसके द्वारा उपयोगकर्ता फार्म, फ्रैंडली हैंडबुक, योजना, दिशा-निर्देश आदि भी डाउनलोड किए जा सकते हैं।

चेक प्वॉइंट 4

1. हरित क्रांति के दौरान भारत में कौन फसलों की उच्च उपज वाली किस्में (HYVs) उपयोग की गईं?
2. 1980 के दशक में योजना आयोग ने वर्षा आधारित कृषि क्षेत्रों के लिए कौन-सी पहल प्रारंभ की?
3. ऐसे दो राज्यों के नाम बताइए, जहाँ रासायनिक उर्वरकों की खपत बहुत अधिक है।
4. भारतीय कृषि को प्रभावित करने वाली दो समस्याओं का उल्लेख करें।

---

7 जलाक्रांतता (Water Logging) जल जमाव या जलाक्रांतता एक ऐसी प्रक्रिया है, जो भूमि की उत्पादकता के उच्च जल स्तर को प्रभावित करती है, जिससे मिट्टी की जड़ प्रभावित होती है तथा मिट्टी की जड़ को हवा का आदान-प्रदान होता है।

Mind Map

भू-संसाधन तथा कृषि

1 भू-संसाधन

भूमि का स्वामित्व के आधार पर वर्गीकरण
- **निजी भूमि** उदाहरण भूमि का एक टुकड़ा, एक मकान।
- **साझा संपत्ति संसाधन** उदाहरण सामुदायिक वन, ग्रामीण जलीय क्षेत्र

भू-उपयोग में परिवर्तन
किसी क्षेत्र में भू-उपयोग अधिकतर वहाँ की आर्थिक क्रियाओं की प्रवृत्ति पर निर्भर है।
भूमि उपयोग में परिवर्तन के कारण
- अर्थव्यवस्था का आकार यह अर्थव्यवस्था में उत्पादित सभी वस्तुओं और सेवाओं के मूल्य में मापा जाता है।
- अर्थव्यवस्था की संरचना इसमें समय के साथ परिवर्तन होता है। बड़े शहरों में यह स्पष्ट दिखाई देता है, जहाँ कृषि भूमि का उपयोग भवन निर्माण के लिए किया जाता है।
- कृषि भूमि पर दबाव

संवर्ग भू -उपयोग (वर्ष 1950-51 और 2014-15 के मध्य)
भू-उपयोग संवर्ग में वृद्धि
- वनों के अधीन क्षेत्र
- गैर कृषि कार्यों में प्रयुक्त भूमि
- वर्तमान परती भूमि
- स्थायी चरागाह क्षेत्र
- निवल बोया क्षेत्र

भू-उपयोग संवर्ग में कमी
- बंजर व व्यर्थ-भूमि
- विविध तरू फसलों व उपवनों के अंतर्गत क्षेत्र
- परती भूमि

भू-उपयोग वर्गीकरण
- वनों के अधीन क्षेत्र
- बंजर व व्यर्थ-भूमि
- गैर-कृषि कार्यों में प्रयुक्त भूमि
- स्थायी चरागाह क्षेत्र
- विविध तरू फसलों व उपवनों के अंतर्गत क्षेत्र
- कृषि योग्य व्यर्थ भूमि
- वर्तमान परती भूमि
- पुरातन परती भूमि
- निवल बोया क्षेत्र

2 कृषि

कृषि विकास
स्वतंत्रता पूर्व कृषि मुख्य रूप से आत्मनिर्भर थी अर्थात् कृषक अपनी आवश्यकतानुरूप फसल उगाते थे।
स्वतंत्रता पश्चात् कृषि
- नकदी फसलों की ओर लोगों का रूझान
- फसल उत्पादन प्रणाली गहन हुई।
- कृषि भूमि में उपयोगी क्षेत्र में वृद्धि हुई।
- हरित क्रांति के कारण कृषि उत्पादन और तकनीक में वृद्धि हुई।

भारतीय कृषि की समस्याएँ
- मानसून पर निर्भरता
- वित्तीय संसाधनों की कमी और ऋणगस्तता
- भूमि सुधार में कमी
- निम्न उत्पादकता
- लघु कृषि क्षेत्र और भूमि का विखंडन
- वाणिज्यीकरण का अभाव
- व्यापक अल्प रोजगारी
- कृषि योग्य भूमि का निम्नीकरण

कृषि के प्रकार
सिंचित कृषि
- **रक्षित सिंचाई** कृषि आर्द्रता की कमी के कारण फसलों को नष्ट होने से बचाता है।
- **उत्पादक सिंचाई** फसलों को पर्याप्त मात्रा में पानी उपलब्ध कराना तथा इसके द्वारा अधिकतम उत्पादकता प्राप्त करना उद्देश्य है।

वर्षा निर्भर कृषि
- **शुष्क भूमि कृषि** यह उन प्रदेशों तक सीमित है जहाँ वार्षिक वर्षा 75 सेंमी से कम है।
- **आर्द्रभूमि कृषि** ये क्षेत्र वर्षा की अधिकता के कारण बाढ़ तथा मृदा अपरदन का सामना करते हैं।

कृषि भू-उपयोग
यह कृषि उद्देश्यों हेतु भूमि के वितरण को दर्शाता है।
- कृषि योग्य व्यर्थ भूमि
- वर्तमान परती भूमि
- पुरातन परती भूमि
- निवल बोया क्षेत्र

फसल ऋतुएँ
- खरीफ जून से सितंबर फसलें-चावल, कपास, बाजरा
- **रबी** अक्टूबर से मार्च फसलें-गेहूँ, चना, तोरई, जौ
- **जायद** अप्रैल से जून फसलें वनस्पति, चारा फसलें

खाद्यान्न फसल
- अनाज
- चावल
- गेहूँ
- ज्वार
- बाजरा
- मक्का
- दालें
- चना
- अरहर (तुर)

तिलहन
- मूँगफली
- तोरिया व सरसों
- अन्य तिलहन

रेशेदार फसलें
- कपास
- जूट

अन्य फसलें
- गन्ना
- चाय
- कॉफी

NCERT फोल्डर

अध्याय के मध्य दिए गए प्रश्न

1. शुष्क क्षेत्रों में फसल उत्पादकता कम क्यों है?

उत्तर शुष्क क्षेत्रों में फसल उत्पादकता में कमी के मुख्य कारणों में जल की कमी एवं वर्षा पर निर्भरता है। शुष्क क्षेत्रों में बारिश बहुत कम होती है। अतः सिंचाई हेतु पर्याप्त पानी उपलब्ध नहीं हो पाता, जिस कारण इन क्षेत्रों में मोटे अनाजों के साथ दालों और तिलहन की कृषि की जाती है। असिंचितता व वर्षा पर निर्भरता की स्थिति ने भी उत्पादन को प्रभावित किया है, जिस कारण इन क्षेत्रों में फसल उत्पादकता कम रहती है।

2. अत्यधिक ऋणग्रस्तता के गंभीर परिणाम कौन-से हैं? क्या आप मानते हैं कि देश के विभिन्न राज्यों में किसानों द्वारा आत्महत्या ऋणा-ग्रस्तता का परिणाम है?

उत्तर भारतीय कृषि की मानसून पर निर्भरता व पर्याप्त सिंचाई संसाधनों के अभाव ने उत्पादन के साथ ही इस क्षेत्र में पर्याप्त निवेश को प्रतिकूल रूप से प्रभावित किया है। कृषि क्षेत्र में कम आय व लागत की अधिकता ने कृषकों को ऋण जाल में डाल दिया है, जिस कारण प्रतिवर्ष हजारों किसान (विभिन्न राज्यों में) आत्महत्या कर लेते हैं। हमारे विचारों में किसानों की आत्महत्या का मूल कारण ऋणग्रस्तता ही है।

3. वास्तविक वृद्धि और वृद्धि दर में क्या अंतर है?

उत्तर वास्तविक वृद्धि दर दो समय कालों के मध्य किसी क्षेत्र विशेष या भू-उपयोग संवर्ग में आने वाला अंतर है, जबकि वृद्धि दर भू-उपयोग संवर्ग के (डाटा) आकलनों के मध्य दो समय-कालों में आया अंतर तथा आधार वर्ष का अनुपात होता है।

नीचे दिए चार विकल्पों में से सही उत्तर चुनिए

1. निम्न में से कौन-सा भू-उपयोग संवर्ग नहीं है?

(a) परती भूमि
(b) निवल बोया गया क्षेत्र
(c) सीमांत भूमि
(d) कृषि योग्य व्यर्थ भूमि

उत्तर (c) सीमांत भूमि

2. पिछले 40 वर्षों में वनों का अनुपात बढ़ने का निम्न में से कौन-सा कारण है?

(a) वनीकरण के विस्तृत व सक्षम प्रयास
(b) सामुदायिक वनों के अधीन क्षेत्र में वृद्धि
(c) वन बढ़ोतरी हेतु निर्धारित अधिसूचित क्षेत्र में वृद्धि
(d) वन क्षेत्र प्रबंधन में लोगों की बेहतर भागीदारी

उत्तर (c) वन बढ़ोतरी हेतु निर्धारित अधिसूचित क्षेत्र में वृद्धि

3. निम्न में से कौन-सा सिंचित क्षेत्रों में भू-निम्नीकरण का मुख्य प्रकार है?

(a) अवनालिका अपरदन
(b) मृदा लवणता
(c) वायु अपरदन
(d) भूमि पर सिल्ट का जमाव

उत्तर (b) मृदा लवणता

4. शुष्क कृषि में निम्न में से कौन-सी फसल नहीं बोई जाती?

(a) रागी
(b) मूँगफली
(c) ज्वार
(d) गन्ना

उत्तर (d) गन्ना

5. निम्न में से कौन-से देशों में गेहूँ व चावल की अधिक उत्पादकता की किस्में विकसित की गई थीं?

(a) जापान तथा ऑस्ट्रेलिया
(b) मैक्सिको तथा फिलीपींस
(c) संयुक्त राज्य अमेरिका तथा जापान
(d) मैक्सिको तथा सिंगापुर

उत्तर (b) मैक्सिको तथा फिलीपींस

निम्नलिखित प्रश्नों के उत्तर लगभग 30 शब्दों में दीजिए

1. बंजर भूमि तथा कृषि योग्य व्यर्थ भूमि में अंतर स्पष्ट कीजिए।

उत्तर बंजर भूमि तथा कृषि योग्य व्यर्थ भूमि में अंतर निम्नलिखित हैं

बंजर भूमि	कृषि योग्य व्यर्थ भूमि
यह भूमि अनुपजाऊ होती है एवं इसमें कृषि नहीं की जा सकती। इस भूमि को प्रचलित प्रौद्योगिकी की सहायता से उपजाऊ या कृषि योग्य नहीं बनाया जा सकता।	इस भूमि को प्रचलित प्रौद्योगिकी की सहायता से कृषि योग्य बनाया जा सकता है।
इस वर्ग में बंजर पहाड़ी भू-भाग, मरुस्थल, खड्ड आदि को शामिल किया जाता है।	इस वर्ग में ऐसी भूमि सम्मिलित की जाती है, जो पिछले पाँच वर्षों से अधिक समय से परती या कृषि रहित हो।

2. निवल बोया गया क्षेत्र तथा सकल बोया गया क्षेत्र में अंतर बताइए।

उत्तर निवल बोया गया क्षेत्र तथा सकल बोया गया क्षेत्र में निम्न अंतर हैं

निवल बोया गया क्षेत्र	सकल बोया गया क्षेत्र
ऐसी भूमि, जिसमें फसल उगाई तथा काटी जाती है, उसे निवल बोया गया क्षेत्र कहते हैं।	निवल बोया गया क्षेत्र तथा एक से अधिक बार बोया गया क्षेत्र का योग सकल बोया गया क्षेत्र होता है।

3. भारत जैसे देश में गहन कृषि नीति अपनाने की आवश्यकता क्यों है?

उत्तर गहन कृषि नीति वह प्रौद्योगिकी है, जिसमें एक कृषि वर्ष में गहन भू-उपयोग से समस्त फसलों के उत्पादन में वृद्धि की जा सके। भारत जैसे देश में भूमि कम है तथा श्रम की अधिकता होने के कारण इस स्थिति में फसल सघनता की आवश्यकता केवल भूमि उपयोग हेतु वांछित है। भारत में इस नीति को बढ़ावा देकर सीमित भूमि से कुल उत्पादन में वृद्धि करने के साथ इससे श्रमिकों की माँग में भी पर्याप्त बढ़ोतरी होती है।

4. शुष्क कृषि तथा आर्द्र कृषि में क्या अंतर है?

उत्तर शुष्क कृषि तथा आर्द्र कृषि में निम्न अंतर हैं

शुष्क कृषि	आर्द्र कृषि
75 सेमी से कम वर्षा वाले क्षेत्रों में की गई कृषि शुष्क कृषि कहलाती है।	150 से 200 सेमी वर्षा वाले क्षेत्रों में की गई कृषि आर्द्र कृषि कहलाती है।
सिंचाई सुविधाओं की कमी के कारण कम पानी की आवश्यकता वाली फसलें बोई जाती हैं।	ऐसी फसलें बोई जाती हैं, जिनके लिए अधिक वर्षा की आवश्यकता होती है; जैसे—चावल, रबड़, चाय आदि।
महाराष्ट्र, गुजरात व राजस्थान में शुष्क कृषि की जाती है।	असम व केरल में आर्द्र कृषि की जाती है।

C निम्नलिखित प्रश्नों के उत्तर लगभग 150 शब्दों में दीजिए

1. भारत में भू-संसाधनों की विभिन्न प्रकार की पर्यावरणीय समस्याएँ कौन-सी हैं? उनका निदान कैसे किया जाए?

उत्तर भारत में भू-संसाधनों की विभिन्न प्रकार की पर्यावरणीय समस्याओं का सामना करना पड़ता है, जो निम्नलिखित हैं

(i) **अपरदन की समस्या** दक्षिण-पश्चिमी मानसून की मूसलाधार वर्षा से उत्पन्न बाढ़ वाले क्षेत्रों में भूमि का अपरदन एक गंभीर समस्या बन गई है। इससे मृदा की उर्वरता का ह्रास होता है।

(ii) **जलाक्रांतता की समस्या** अधिक सिंचाई वाले क्षेत्रों में कृषि भूमि जलाक्रांतता अर्थात् जल जमाव की समस्या उत्पन्न हो गई है। अभी तक 70 लाख हेक्टेयर भूमि जल जमाव के कारण अपनी उर्वरता खो चुकी है।

(iii) **लवणता एवं क्षारता की समस्या** सिंचित क्षेत्रों में लवणता एवं क्षारता की समस्या उत्पन्न हो गई है। अभी तक लवणता एवं क्षारता से लगभग 80 लाख हेक्टेयर भूमि प्रभावित हो चुकी है, जिसके कारण भूमि बंजर हो चुकी है।

(iv) **मृदा परिच्छेदिका में जहरीले तत्त्वों के जमाव की समस्या** कीटनाशक रसायनों के अत्यधिक प्रयोग से मृदा परिच्छेदिका में जहरीले तत्त्वों के जमाव की समस्या उत्पन्न हो गई है।

(v) **प्राकृतिक उर्वरता के ह्रास की समस्या** सिंचाई की सुविधा वाले क्षेत्रों में फसल प्रतिरूप में परिवर्तन हो गया है तथा बहु-फसलीकरण में वृद्धि से परती भूमि के क्षेत्रफल में कमी आई है। इससे प्राकृतिक रूप से उर्वरकता पाने की प्रक्रिया में अवरोध उत्पन्न हो गया है।

उपरोक्त समस्याओं के समाधान के लिए उपयुक्त प्रौद्योगिकी एवं तकनीकी का विकास करना होगा; जैसे— जैविक उर्वरकों एवं जैविक कीटनाशकों का प्रयोग, सिंचाई में उचित एवं कम पानी का प्रयोग तथा बाढ़ग्रस्त क्षेत्रों में वृक्षारोपण एवं तटबंधों का निर्माण आदि।

2. भारत में स्वतंत्रता प्राप्ति के पश्चात् कृषि विकास की महत्त्वपूर्ण नीतियों का वर्णन करें।

उत्तर स्वतंत्रता प्राप्ति के पश्चात् सरकार ने खाद्यान्नों के उत्पादन में वृद्धि के लिए व्यापारिक फसलों के स्थान पर खाद्यान्न फसलों को उगाया जाना। कृषि योग्य बंजर तथा परती भूमि को कृषि भूमि में परिवर्तित किया है तथा कृषि गहनता को बढ़ाया है।

आरंभ में इस नीति के कारण खाद्यान्नों के उत्पादन में वृद्धि हुई, लेकिन 1950 के दशक के अंत तक कृषि का उत्पादन स्थिर हो गया। इस समस्या से निपटने के लिए सरकार ने दो कार्यक्रम प्रारंभ किए—प्रथम, गहन कृषि जिला कार्यक्रम तथा दूसरा, गहन कृषि क्षेत्र कार्यक्रम, लेकिन 1960 के दशक के मध्य में लगातार दो अकाल पड़े, जिसके परिणामस्वरूप देश में अन्न संकट उत्पन्न हो गया तथा भारत को विदेशों से खाद्यान्नों का आयात करना पड़ा। इसके अतिरिक्त हरित क्रांति एवं कृषि जलवायु नियोजन द्वारा भी कृषि विकास में महत्त्वपूर्ण योगदान दिया गया है।

हरित क्रांति 1960 के दशक के मध्य में मैक्सिको तथा फिलीपींस से अधिक उत्पादन देने वाली फसल क्रमशः गेहूँ व चावल की नई किस्मों का आयात किया गया। भारत ने पैकेज प्रौद्योगिकी के रूप में पंजाब, हरियाणा, पश्चिमी उत्तर प्रदेश, आंध्र प्रदेश तथा गुजरात के सिंचाई सुविधा वाले क्षेत्रों में रासायनिक खाद के साथ उच्च उत्पादकता की किस्मों को अपनाया।

इस नई कृषि प्रौद्योगिकी की सफलता के लिए सिंचाई आवश्यक थी। कृषि विकास की इस नीति से खाद्यान्नों के उत्पादन में अभूतपूर्व वृद्धि हुई, जिसे हरित क्रांति कहते हैं। हरित क्रांति ने उर्वरक, कीटनाशक, कृषि यंत्र व कृषि आधारित उद्योगों तथा छोटे पैमाने के उद्योगों को प्रोत्साहित किया। वर्ष 1980 के आरंभ में हरित क्रांति प्रौद्योगिकी मध्य भारत और पूर्वी भारत के क्षेत्रों में फैली।

कृषि जलवायु नियोजन भारतीय योजना आयोग द्वारा 1980 के दशक में वर्षा आधारित क्षेत्रों की कृषि समस्याओं पर ध्यान दिया गया। वर्ष 1988 में कृषि विकास प्रादेशिक संतुलन को प्रोत्साहित करने के लिए योजना आयोग ने कृषि जलवायु नियोजन कार्यक्रम प्रारंभ किया। इसके अंतर्गत कृषि, पशुपालन तथा जलकृषि के विकास के लिए संसाधनों के विकास पर बल दिया गया।

अभ्यास प्रश्न

वस्तुनिष्ठ प्रश्न

बहुविकल्पीय प्रश्न

1. निम्नलिखित में से कौन-सी मुख्य भूमि कृषि की विशेषता नहीं है? **CBSE 2023**

(a) यह इन प्रदेशों में की जाती है, जहाँ वार्षिक वर्षा 75 सेंटीमीटर से कम होती है।
(b) काली मृदा वाले क्षेत्रों में की जाती है।
(c) शुष्कता का सहन कम वाली फसलें उगाई जाती हैं।
(d) मृदा में संरक्षण की विधियाँ अपनाई जाती हैं।

उत्तर *(b)* काली मृदा वाले क्षेत्रों में की जाती है।

2. निम्नलिखित में से क्या बंजर एवं व्यर्थ भूमि के संदर्भ में सत्य है?

(a) वह भूमि जो तीन वर्ष से अधिक समय तक अनुउपजाऊ रहे
(b) वह भूमि जो प्रचलित प्रौद्योगिकी की सहायता से भी कृषि योग्य नहीं बनाई जा सकती
(c) ग्राम पंचायतों के अधीनस्थ भूमि
(d) फलों एवं मोटे अनाज की कृषि हेतु योग्य भूमि

उत्तर *(b)* वह भूमि जो प्रचलित प्रौद्योगिकी की सहायता से भी कृषि योग्य नहीं बनाई जा सकती

3. परती भूमि में वृद्धि का क्या कारण है?

(a) फसल चक्र (b) वर्षा की अनियमितता
(c) 'a' और 'b' दोनों (d) चकबंदी

उत्तर (c) 'a' और 'b' दोनों

4. कृषि गहनता ज्ञात की जाती है

(a) $\frac{\text{सकल बोया गया क्षेत्र}}{\text{निवल बोया गया क्षेत्र}} \times 100$

(b) $\frac{\text{निवल बोया गया क्षेत्र}}{\text{सकल बोया गया क्षेत्र}} \times 100$

(c) $\frac{\text{आनुपातिक बोया गया क्षेत्र}}{\text{निवल बोया गया क्षेत्र}} \times 100$

(d) $\frac{\text{निवल बोया गया क्षेत्र}}{\text{आनुपातिक बोया गया क्षेत्र}} \times 100$

उत्तर *(a)* $\frac{\text{सकल बोया गया क्षेत्र}}{\text{निवल बोया गया क्षेत्र}} \times 100$

5. 'वर्षा निर्भर कृषि' का दूसरा नाम क्या है? **CBSE 2024**

(a) उत्पादक कृषि (b) संरक्षित कृषि (c) बारानी (d) ज़ायद

उत्तर (c) बारानी

6. भारत के कुल बोए गए क्षेत्र के ········· भाग पर अनाज का उत्पादन किया जाता है, भारत विश्व का लगभग 11% अनाज उत्पादित करता है। दक्षता आधारित प्रश्न

(a) 30% (b) 40% (c) 54% (d) 50%

उत्तर (c) 54%

7. कपास के संदर्भ में नीचे दिए गए विवरण को ध्यान से पढ़कर उत्तर दीजिए।

कपास एक उष्ण कटिबंधीय फसल है, जो देश के अर्द्ध-शुष्क भागों में खरीफ ऋतु में बोई जाती है। देश के विभाजन के समय भारत का बहुत बड़ा कपास उत्पादन क्षेत्र पाकिस्तान में चला गया। यद्यपि पिछले 50 वर्षों में इसके क्षेत्रफल में लगातार वृद्धि हुई है। भारत, छोटे रेशे वाली (भारतीय) व लंबे रेशे वाली (अमेरिकन) दोनों प्रकार की कपास का उत्पादन करता है। अमेरिकन कपास को उत्तर-पश्चिमी भाग में जाना जाता है

(a) नरमा (b) गरमा
(c) दक्कनी (d) सफेदा

उत्तर *(a)* नरमा

8. भारत के पश्चिम तथा उत्तर-पश्चिम भागों में गर्म तथा शुष्क जलवायु में बाजरा बोने का कारण ·········· है।

(a) इसकी शुष्क दौर तथा सूखा सहन करने की सक्षमता
(b) इसकी केवल शुष्क दौर सहन करने की सक्षमता
(c) इसकी केवल सूखा सहन करने की सक्षमता
(d) उपरोक्त में से कोई नहीं

उत्तर *(a)* इसकी शुष्क दौर तथा सूखा सहन करने की सक्षमता

9. भारत में एक कृषि फसल को विशेषताएँ नीचे दी गई हैं। इनको ध्यान से पढ़िए और फसल की पहचान कीजिए। **CBSE 2024**

- **यह उष्ण आर्द्र कटिबंधीय क्षेत्र की एक फसल है।**
- **पश्चिम बंगाल के किसान एक वर्ष में इसकी तीन फसलें उगाते हैं।**
- **उत्तर-पश्चिमी भागों में यह खरीफ फसल के रूप में उगाई जाती है।**
- **इसके प्रमुख उत्पादक राज्य पश्चिम बंगाल, उत्तर प्रदेश और पंजाब हैं।**

विकल्प

(a) गेहूँ (b) चना (c) बाजरा (d) चावल

उत्तर (d) चावल

10. पश्चिम बंगाल में चावल की प्रमुख फसल है

(a) औस (b) अमन
(c) बोरी (d) ये सभी

उत्तर *(d)* ये सभी

11. भारत सरकार द्वारा शुरू की गई परंपरागत कृषि विकास योजना और राष्ट्रीय कृषि विकास योजना का लक्ष्य क्या हासिल करना है?

(a) जैविक कृषि को बढ़ावा देना
(b) रासायनिक खादों को बढ़ावा देना
(c) कपास की खेती को बढ़ावा देना
(d) जेनेटिक मोडीफाई बीजों को बढ़ावा देना

उत्तर *(a)* जैविक कृषि को बढ़ावा देना

12. विश्व के कुल दाल उत्पादन का लगभग कितना प्रतिशत भाग भारत में उत्पादित होता है?

(a) 11% (b) 18%
(c) 20% (d) 22%

उत्तर (c) 20%

13. भारत में वैश्विक कॉफी उत्पादन का मात्र 3.7% ही उत्पादित होता है। भारतीय कॉफी का स्वाद अच्छा होने के कारण वैश्विक बाजारों में इसका मूल्य अधिक रहता है। भारतीय कॉफी को ……… कहा जाता है *दक्षता आधारित प्रश्न*

(a) मधुर कॉफी (b) कटुक कॉफी
(c) आर्ची कॉफी (d) टाटा कॉफी

उत्तर (a) मधुर कॉफी

14. निम्नलिखित सूचनाओं को ध्यानपूर्वक पढ़िए और फसल के लिए सही विकल्प का चयन कीजिए **CBSE 2024**

- यह फसल खरीफ ऋतु में बोई जाती है।
- यह प्रमुख रूप से भारत के अर्द्ध-शुष्क भागों में बोई जाती है।
- गुजरात और महाराष्ट्र अग्रणी उत्पादक राज्य हैं।

विकल्प **CBSE 2024**

(a) कपास (b) चाय
(c) जूट (d) गन्ना

उत्तर (a) कपास

15. भारत में जूट की खेती के लिए निम्नलिखित में से कौन-सा कथन सही है? **CBSE 2024**

(a) पश्चिम बंगाल जूट उत्पादन में अग्रणी है
(b) पंजाब और हरियाणा में जूट नकदी फसल है
(c) मध्य प्रदेश और महाराष्ट्र अन्य अग्रणी जूट उत्पादक राज्य हैं
(d) विश्व के जूट उत्पादन का लगभग 30% भारत उत्पादित करता है

उत्तर (a) पश्चिम बंगाल जूट उत्पादन में अग्रणी है।

16. जूट उत्पादन के संबंध में कौन-सा कथन सही नहीं है?

1. भारत विश्व का लगभग 60% जूट उत्पादित करता है।
2. बिहार का जूट उत्पादन में शीर्ष स्थान है।
3. जूट की खेती भारत के कुल बोए गए क्षेत्रफल के लगभग 2% भाग पर की जाती है।
4. विभाजन के पश्चात् जूट उत्पादन का अधिकांश क्षेत्र पश्चिमी पाकिस्तान में चला गया।

कूट

(a) केवल 1 (b) केवल 2
(c) 1, 2 और 3 (d) 2, 3 और 4

उत्तर (d) 2, 3 और 4

17. तिलहन फसलों के उत्पादन के विषय में कौन-सा कथन सही है?

1. भारत के कुल बोए गए क्षेत्र के लगभग 14% भाग पर तिलहन की कृषि की जाती है।
2. भारत के कुल बोए गए क्षेत्र के 3.6% भाग पर मूँगफली की खेती की जाती है।
3. भारत के कुल बोए गए क्षेत्र के 2.5% भाग पर तोरिया एवं सरसों की खेती की जाती है।
4. भारत के कुल सोयाबीन उत्पादन का लगभग 90% उत्पादन मध्यप्रदेश और महाराष्ट्र में होता है।

कूट

(a) 1 और 2 (b) 2 और 3
(c) 1, 2 और 3 (d) 1, 2, 3 और 4

उत्तर (c) 1, 2, 3 और 4

18. निम्न में से कौन-सी उत्तरी भारत के राज्यों की रबी की फसलें हैं?

1. चावल 2. गेहूँ
3. चना 4. कपास

कूट

(a) 2 और 3 (b) 1 और 2
(c) 3 और 4 (d) 1 और 3

उत्तर (a) 2 और 3

19. निम्नलिखित में से किन क्षेत्रों में मुख्य रूप से चावल की खेती की जाती है?

1. राजस्थान 2. तमिलनाडु
3. पश्चिम बंगाल 4. उत्तर प्रदेश

कूट

(a) 1, 3 और 4 (b) 1, 2 और 4
(c) 2, 3 और 4 (d) 1, 2, 3 और 4

उत्तर (c) 2, 3 और 4

20. दिए गए संसाधनों को पढ़िए और 'सामुदायिक संसाधनों' से संबंधित सही विकल्प का चयन कीजिए। **CBSE 2023**

1. ग्रामीण जलाशयों 2. ग्रामीण कृषि भूमि
3. ग्रामीण रिहायशी भूमि 4. चरागाह भूमि

कूट

(a) 1 और 2 (b) 2 और 3 (c) 3 और 4 (d) 1 और 4

उत्तर (d) 1 और 4

21. भारत के निम्नलिखित राज्यों को गेहूँ उत्पादन के आधार पर (उच्च से निम्न) क्रमानुसार व्यवस्थित कीजिए। **CBSE 2023**

1. पंजाब 2. मध्य प्रदेश
3. उत्तर प्रदेश 4. हरियाणा

कूट

(a) 1, 3, 4, 2 (b) 2, 1, 3, 4
(c) 3, 2, 1, 4 (d) 4, 1, 3, 2

उत्तर (c) 3, 2, 1, 4

22. निम्न खाद्यान्न फसलों को भारत के कुल बोए गए क्षेत्र के अनुसार (निम्न से उच्च) क्रमानुसार व्यवस्थित कीजिए।

1. चावल 2. गेहूँ
3. दाल 4. ज्वार

कूट

(a) 3, 2, 4, 1 (b) 2, 1, 3, 4
(c) 4, 1, 3, 2 (d) 2, 1, 4, 3

उत्तर (a) 3, 2, 4, 1

23. निम्नलिखित में कौन-सा युग्म सही सुमेलित नहीं है?

सूची I (फसल)		सूची II (शीर्ष उत्पादक राज्य)
(a) ज्वार	–	महाराष्ट्र
(b) जूट	–	पश्चिम बंगाल
(c) कपास	–	गुजरात
(d) गेहूँ	–	ओडिशा

उत्तर (*d*) गेहूँ-ओडिशा

24. सूची I को सूची II से सुमेलित कीजिए दक्षता आधारित प्रश्न

सूची I (भूमि का प्रकार)	सूची II (विशेषता)
A. निवल बोया गया क्षेत्र	1. वह भूमि, जिस पर फसल बोई व काटी जाती है।
B. कृषि योग्य व्यर्थ भूमि	2. पिछले पाँच वर्ष या इससे अधिक समय तक कृषि रहित भूमि
C. वर्तमान परती भूमि	3. एक कृषि वर्ष या उससे कम समय तक कृषि रहित भूमि
D. पुरातन परती भूमि	4. एक वर्ष से अधिक तथा पाँच वर्ष से कम समय तक कृषि रहित भूमि

कूट

	A	B	C	D
(a)	1	2	3	4
(b)	2	3	1	4
(c)	3	1	4	2
(d)	4	2	1	3

उत्तर (*a*) 1 2 3 4

25. सूची I को सूची II से सुमेलित कीजिए

सूची -I (प्रावधान)	सूची-II (योजना)
A. जैविक कृषि को बढ़ावा	1. किसान पोर्टल
B. बीमा, भंडारण संबंधित सूचना	2. कृषि जलवायु नियोजन
C. उच्च उत्पादक वाली किस्मों का विकास	3. सतत कृषि के लिए राष्ट्रीय मिशन
D. कृषि विकास में प्रादेशिक संतुलन	4. हरित क्रांति

कूट

	A	B	C	D
(a)	1	2	3	4
(b)	4	3	2	1
(c)	3	1	4	2
(d)	1	2	4	3

उत्तर (*c*) 3 1 4 2

26. सूची I को सूची II से सुमेलित कीजिए

सूची I (अनाज)	सूची II (प्रमुख उत्पादक क्षेत्र)
A. मूँगफली	1. उत्तरी कर्नाटक
B. तिलहन	2. मध्य महाराष्ट्र
C. मक्का	3. पश्चिमी उत्तर प्रदेश
D. बाजरा	4. मध्य गुजरात
E. गन्ना	5. पश्चिमी राजस्थान
F. कपास	6. उत्तरी गुजरात

कूट

	A	B	C	D	E	F
(a)	3	4	5	2	1	6
(b)	4	5	6	1	2	3
(c)	4	5	1	6	3	2
(d)	1	2	4	6	5	3

उत्तर (*c*) 4 5 1 6 3 2

27. भूमि और कृषि विकास के संदर्भ में निम्नलिखित घटनाओं को क्रमानुसार बढ़ते क्रम में व्यवस्थित कीजिए।

1. जमींदारी उन्मूलन
2. गहन कृषि जिला कार्यक्रम
3. उच्च उपज देने वाले गेहूँ के बीजों का भारत आगमन
4. गेहूँ उत्पादन में वृद्धि

कूट

(a) 1, 2, 3, 4 (b) 3, 2, 1, 4
(c) 2, 1, 3, 4 (d) 1, 3, 2, 4

उत्तर (a) 1, 2, 3, 4

निर्देश (प्र. सं. 28-30) दिए गए कथनों (A) तथा कारण (R) है। नीचे दिए गए कूट की सहायता से सही उत्तर का चयन करें।

कूट

(a) A और R दोनों सही हैं तथा R, A की सही व्याख्या हैं
(b) A और R दोनों सही हैं, परंतु R, A की सही व्याख्या नही है
(c) A सही है, किंतु R गलत हैं
(d) A गलत है, किंतु R सही हैं

28. **कथन** (A) साझा संपत्ति संसाधन को सामुदायिक प्राकृतिक संसाधन कहते हैं।

कारण (R) साझा संपत्ति संसाधन के उपयोग का केवल कुछ विशिष्ट लोगों एवं संस्थाओं को ही अधिकार होता है।

उत्तर (*d*) साझा संपत्ति संसाधन वे संसाधन हैं, जो किसी समुदाय द्वारा सामूहिक रूप से उपयोग किए जाते हैं। उदाहरण के लिए, गाँव की चारागाह भूमि, जलाशय आदि। अतः साझा संपत्ति संसाधन को सामुदायिक प्राकृतिक संसाधन कहते हैं। साझा संपत्ति संसाधनों पर सामुदायिक स्वामित्व होता है और इसका उपयोग किसी विशिष्ट व्यक्तियों या संस्थाओं तक सीमित नहीं होता है।

29. **कथन** (A) भारत के दक्षिणी भागों में पृथक् खरीफ, रबी एवं जायद की फसल ऋतुएँ नहीं पाई जातीं।

कारण (R) दक्षिणी भाग मुख्यतः उष्ण कटिबंधीय फसलों की बुआई के लिए श्रेष्ठ है, क्योंकि यहाँ वर्षभर उच्च तापमान पाया जाता है।

उत्तर *(a)* भारत के दक्षिणी भागों में पृथक् खरीफ, रबी एवं जायद की फसल ऋतुएँ पाई जाती है, क्योंकि दक्षिण भारत की जलवायु उष्ण कटिबंधीय है, जहाँ वर्षभर अपेक्षाकृत उच्च तापमान और स्थिर मौसम होता है। साथ ही दक्षिणी भाग मुख्यतः उष्ण कटिबंधीय फसलों की बुआई के लिए श्रेष्ठ है, क्योंकि यहाँ वर्षभर उच्च तापमान पाया जाता है तथा अनुकूल वर्षा के कारण उष्ण कटिबंधीय फसलें आसानी से उगाई जा सकती हैं।

30. **कथन A भारत के कुल बोए गए क्षेत्र के लगभग 14% भाग पर गेहूँ की खेती की जाती है।** *दक्षता आधारित प्रश्न*

कथन R भारत में गेहूँ का 85% भाग उत्तरी मध्य भार अर्थात् उत्तरी गंगा का मैदान, मालवा का पठार तथा हिमालय पर्वत श्रेणी में 2700 मी. की ऊँचाई तक के क्षेत्र में केंद्रित है।

उत्तर *(b)* देश में गेहूँ की खेती देश के कुल बोए गए क्षेत्र के 14% भाग पर की जाती है। गेहूँ के प्रमुख उत्पादक राज्य उत्तर-प्रदेश, मध्य प्रदेश, पंजाब, बिहार, हरियाणा तथा राजस्थान हैं। इस प्रकार कुल गेहूँ उत्पादन का 85% भाग भारत के उत्तरी मध्य भाग में केंद्रित हैं अर्थात् गंगा का मैदान, मालवा का पठार तथा हिमालय पर्वतीय क्षेत्र में 2700 मी ऊँचाई तक विस्तृत है। हिमाचल तथा जम्मू में गेहूँ की कृषि वर्षा पर आधारित है, इसलिए यहाँ इसकी उत्पादकता कम है।

नीचे दिए गए चित्र (टेबिल) को ध्यानपूर्वक पढ़िए और निम्नलिखित प्रश्नों के उत्तर दीजिए।

समस्त कृषि योग्य भूमि की संरचना

कृषि योग्य भू-उपयोग	रिपोर्टिंग क्षेत्रफल का प्रतिश		समस्त कृषि योग्य भूमि का प्रतिशत	
वर्ग	1950-51	2014-15	1950-51	2014-15
कृषि योग्य बंजर भूमि	8.0	4.0	13.4	6.8
पुरातन परती भूमि	6.1	3.6	10.2	6.2
वर्तमान परती भूमि	3.7	4.9	6.2	8.4
निवल बोया गया क्षेत्र	41.7	45.5	70.0	78.4
सकल कृषि योग्य भूमि	59.5	58.0	100.00	100.00

31. **समस्त कृषि योग्य भूमि के प्रतिशत में से कृषि योग्य बंजर भूमि का प्रतिशत वर्ष 1950-51 के सापेक्ष वर्ष 2014-15 में**

(a) बढ़ा है।
(b) घटा है।
(c) आकलन नहीं किया जा सकता।
(d) समान है।

उत्तर (b) घटा है

32. **समस्त कृषि योग भूमि के प्रतिशत में से पुरातन परती भूमि का प्रतिशत वर्ष 1950-51 के सापेक्ष वर्ष 2014-15 में था।**

(a) घटा हुआ
(b) बढ़ा हुआ
(c) न बढ़ा और न ही घटा
(d) आकलन नहीं किया जा सकता

उत्तर (b) घटा हुआ।

33. **निवल बोया गया क्षेत्र समस्त कृषि योग्य भूमि के प्रतिशत के सापेक्ष वर्ष 1950-51 से वर्ष 2014-15 में है।**

(a) बढ़ा हुआ
(b) घटा हुआ
(c) न बढ़ा और न ही घटा
(d) आकलन नहीं किया जा सकता

उत्तर (a) बढ़ा हुआ।

34. **नीचे दिए गए चार्ट को पूरा कीजिए।** **CBSE 2021**

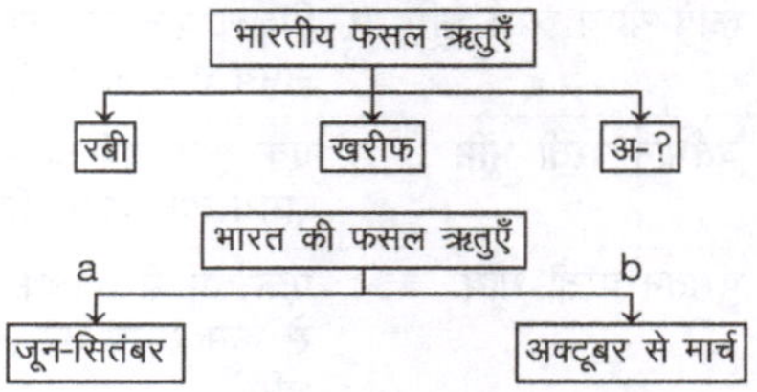

a. जायद b.रबी

उत्तर (a) जायद

लघु उत्तरीय प्रश्न

1. **भारत में भूमि उपयोग को प्रभावित करने वाले तीन प्रकार के परिवर्तनों को स्पष्ट करें।**

उत्तर भारत में भूमि उपयोग को प्रभावित करने वाले तीन परिवर्तन निम्नलिखित हैं

(i) **वनों के अधीन क्षेत्र** जिस भूमि क्षेत्र पर वास्तविक रूप से वन हों अथवा वहाँ वनों के विकसित होने की संभावना होती हो, उस क्षेत्र को वनों के अंतर्गत शामिल करते हैं। वर्गीकृत वन क्षेत्र तथा वनों के अधीन वास्तविक क्षेत्र दोनों अलग-अलग होते हैं।

(ii) **गैर-कृषि कार्यों में प्रयुक्त भूमि** जब भूमि का उपयोग कृषि एवं उससे संबंधित गतिविधियों में न करके ग्रामीण एवं शहरी बस्तियों, सड़कों, नहरों, उद्योगों एवं दुकानों आदि में किया जाता है, तो उस भूमि को गैर-कृषि कार्यों में प्रयुक्त भूमि कहते हैं। द्वितीयक एवं तृतीयक कार्यकलाप में वृद्धि से गैर-कृषि कार्यों में प्रयुक्त भूमि में बढ़ोतरी होती है।

(iii) **बंजर एवं व्यर्थ भूमि** वह भूमि, जो प्रचलित प्रौद्योगिकी की सहायता से कृषि कार्यों के लिए नहीं बनाई जा सकती है, उसे बंजर एवं व्यर्थ भूमि कहते हैं; जैसे—बंजर पहाड़ी भूमि, मरुस्थल, खड्ड आदि।

2. भारत की अधिकांश जनसंख्या का कृषि क्षेत्र पर निर्भर होना इसके कृषि भू-उपयोग को दर्शाता है। स्पष्ट कीजिए। *दक्षता आधारित प्रश्न*

उत्तर भारत की अधिकतर जनसंख्या कृषि कार्यों से अपना जीवन-यापन करती है। अतः इन लोगों के लिए भू-संसाधनों का महत्त्व बहुत अधिक है, जोकि निम्नलिखित है

(i) कृषि क्रियाविधियों में भूमि का योगदान अन्य क्षेत्रों में इसके योगदान से अधिक है अर्थात् द्वितीयक तथा तृतीयक क्षेत्र में आर्थिक क्रियाओं की तुलना में कृषि पूर्ण रूप से भूमि पर आधारित है।

अतः ग्रामीण क्षेत्रों में जिन लोगों के पास भूमि नहीं है, वे प्रत्यक्ष रूप से वहाँ की गरीबी से संबंधित हैं।

(ii) कृषि उत्पादकता को प्रभावित करने में भूमि की गुणवत्ता का विशेष महत्त्व है, जोकि अन्य कार्यों में नहीं होता है।

(iii) भूमि स्वामित्व का ग्रामीण क्षेत्रों में आर्थिक मूल्य के साथ-साथ सामाजिक मूल्य भी है तथा प्राकृतिक विपदाओं या निजी संकट में सुरक्षा की भावना उत्पन्न करता है एवं सामाजिक प्रतिष्ठा में वृद्धि करता है।

3. फसलों के लिए आर्द्रता के प्रमुख स्रोत के आधार पर भारतीय कृषि को समूहों में वर्गीकृत कीजिए। प्रत्येक वर्ग की दो-दो विशेषताएँ लिखिए।

अथवा **भारत में वर्षा पर निर्भर कृषि को मृदा की आर्द्रता की उपलब्धता के आधार पर दो वर्गों में वर्गीकृत कीजिए। प्रत्येक की मुख्य विशेषताएँ स्पष्ट कीजिए।**

उत्तर फसलों के लिए आर्द्रता के प्रमुख स्रोत के आधार पर भारतीय कृषि समूह को निम्न भागों में वर्गीकृत किया जा सकता है

(i) **सिंचित कृषि** सिंचित कृषि को सिंचाई के उद्देश्य के आधार पर निम्न दो भागों में बाँटा जाता है

(a) **रक्षित सिंचाई कृषि** इसमें आर्द्रता की कमी के कारण फसलों को नष्ट होने से बचाया जाता है तथा वर्षा के अतिरिक्त जल की कमी को सिंचाई से पूरा किया जाता है।

(b) **उत्पादक सिंचाई कृषि** इसमें फसलों को पर्याप्त मात्रा में जल उपलब्ध कराकर अधिकतम उत्पादकता प्राप्त की जाती है।

(ii) **वर्षा निर्भर** (बरानी) **कृषि** वर्षा निर्भर कृषि भी कृषि ऋतु में उपलब्ध आर्द्रता की मात्रा के आधार पर निम्न दो वर्गों में विभाजित की जाती है

(a) **आर्द्र भूमि कृषि** आर्द्र भूमि कृषि से संबंधित क्षेत्र बाढ़ एवं मृदा अपरदन से प्रभावित होते हैं। वर्षा ऋतु के समय पौधों को अधिक वर्षा जल की आवश्यकता होती है। इन क्षेत्रों में अधिक जल वाली फसलें; जैसे—चावल, जूट, गन्ना आदि की खेती की जाती है।

(b) **शुष्क भूमि कृषि** शुष्क भूमि कृषि क्षेत्रों में वार्षिक वर्षा 75 सेमी से कम होती है। इस कृषि में वर्षा जल को प्रयोग में लाने के लिए विभिन्न विधियाँ अपनाई जाती हैं। इन क्षेत्रों में शुष्कता को सहने में सक्षम फसलें; जैसे- राबी, बाजरा, मूंग, चना तथा ज्वार (चारा फसलें) आदि उगाई जाती हैं।

4. रक्षित सिंचाई और उत्पादक सिंचाई में अंतर स्पष्ट कीजिए।

उत्तर रक्षित सिंचाई तथा उत्पादक सिंचाई में निम्नलिखित अंतर हैं

रक्षित सिंचाई	उत्पादक सिंचाई
यह सिंचाई आर्द्रता की कमी होने के कारण फसलों को नष्ट होने से बचाती है।	यह सिंचाई अधिकतम उत्पादकता प्राप्त करने के लिए फसलों को पर्याप्त मात्रा में जल उपलब्ध कराती है।
सिंचाई के द्वारा वर्षा के अतिरिक्त जल की कमी को पूरा किया जाता है।	रक्षित सिंचाई की तुलना में उत्पादक सिंचाई में जल निवेश की मात्रा अधिक होती है।
इस प्रकार की सिंचाई का उद्देश्य अधिकतम क्षेत्र को पर्याप्त आर्द्रता उपलब्ध कराना है।	इस प्रकार की सिंचाई का उद्देश्य सीमित क्षेत्र को जल उपलब्ध कराना है।

5. भारत की तीनों भिन्न फसल ऋतुओं की किन्हीं दो-दो विशेषताओं का उल्लेख कीजिए।

अथवा **भारत की तीनों फसल ऋतुओं के नाम बताइए और प्रत्येक ऋतु की एक-एक फसल का नाम भी दीजिए।**

अथवा **'फसल गहनता' शब्द की व्याख्या कीजिए। भारत में तीनों फसल ऋतुओं का वर्णन कीजिए।**

उत्तर भारत की प्रमुख तीन फसल ऋतुएँ और उनकी विशेषताएँ निम्नलिखित हैं

'फसल गहनता' से आशय यह है कि एक खेत में एक कृषि वर्ष में कितनी फसलें बोई जाती हैं। यह सकल फसलगत क्षेत्र तथा शुद्ध बोए गए क्षेत्र का अनुपात होता है। सिंचाई, उर्वरक, उन्नत बीज, कीटनाशक दवाइयाँ आदि इसे प्रभावित करने वाले कारक हैं।

भारतीय कृषि वर्ष में तीन मौसम पाए जाते हैं, जो निम्नलिखित हैं

खरीफ की फसल ऋतु की विशेषताएँ

खरीफ का मौसम मानसून के आरंभ होते ही (जून से सितंबर) शुरू हो जाता है। इस मौसम की मुख्य फसलें—चावल, मक्का, बाजरा, कपास, तिल, मूँगफली आदि हैं। इन फसलों को अधिक तापमान तथा अपेक्षाकृत अधिक आर्द्रता की आवश्यकता होती है।

रबी की फसल ऋतु की विशेषताएँ

रबी की ऋतु अक्टूबर-नवंबर से शरद ऋतु से प्रारंभ होकर मार्च-अप्रैल में समाप्त होती है। इस समय कम तापमान शीतोष्ण तथा उपोष्ण कटिबंधीय फसलों जैसे- गेहूँ, चना तथा सरसों आदि फसलों की बुवाई में सहायक हैं।

इस मौसम की प्रमुख फसलें—गेहूँ, जौ, ज्वार, चना तथा तिलहन आदि हैं।

जायद की फसल ऋतु की विशेषताएँ

जायद ग्रीष्मकालीन शस्य मौसम है। इसमें अल्प अवधि की फसलें उगाई जाती हैं जैसे—तरबूज व खरबूजा। यह रबी फसल की कटाई के बाद शुरू होता है।

6. चावल के उत्पादन की आवश्यक दशाएँ कौन-सी हैं? भारत के प्रमुख चावल उत्पादक राज्यों के नाम बताइए।

उत्तर यह फसल उष्ण कटिबंधीय क्षेत्रों में उगाई जाती है। इसकी किस्में 3,000 से भी अधिक हैं, जो विविध कृषि जलवायु प्रदेशों में उगाई जाती हैं। इसकी कृषि पूर्वी भारत के नमी युक्त क्षेत्रों से लेकर उत्तर-पश्चिमी भारत के शुष्क, लेकिन सिंचित क्षेत्र—पंजाब, हरियाणा, पश्चिमी उत्तर प्रदेश व उत्तरी राजस्थान में तथा समुद्रतल से 2,000 मी तक की ऊँचाई पर की जाती है। जलवायु की अनुकूलता के कारण एक कृषि वर्ष में चावल की दो या तीन फसलें दक्षिणी राज्यों तथा पश्चिम बंगाल में बोई जाती हैं। औस, अमन तथा बोरो नामक चावल की तीन फसलें पश्चिम बंगाल के कृषकों द्वारा उत्पन्न की जाती हैं। खरीफ फसल के रूप में हिमालय तथा देश के उत्तर-पश्चिमी क्षेत्रों में यह दक्षिण-पश्चिमी मानसून ऋतु में उगाई जाती है। देश के प्रमुख चावल उत्पादन करने वाले राज्य—पश्चिम बंगाल, पंजाब व उत्तर प्रदेश थे। पंजाब, तमिलनाडु, हरियाणा, आंध्र प्रदेश, पश्चिम बंगाल तथा केरल राज्यों में चावल की प्रति हेक्टेयर पैदावार अधिक है।

7. भारत में गेहूँ का उत्पादन किस फसल ऋतु में होता है? इसके उत्पादन के लिए अनुकूल दशाओं और उत्पादक राज्यों का वर्णन कीजिए।
दक्षता आधारित प्रश्न

उत्तर भारत में गेहूँ का उत्पादन शरद अथवा रबी की ऋतु में होता है। अतः यह फसल शीतोष्ण कटिबंधीय क्षेत्रों में उगाई जाती है। उत्तरी गंगा का मैदान, मालवा का पठार तथा हिमालय पर्वतीय श्रेणी में 2,700 मी की ऊँचाई तक गेहूँ का 85% तक का क्षेत्र आता है। रबी की फसल होने के कारण इसे सिंचाई की सुविधा वाले क्षेत्रों में ही उगाया जाता है। कुछ क्षेत्रों में यह फसल वर्षा पर भी निर्भर होती है; जैसे— हिमालय का उच्च भाग तथा मालवा का पठारी क्षेत्र (मध्य प्रदेश)। गेहूँ के पाँच प्रमुख उत्पादक राज्य—उत्तर प्रदेश, पंजाब, हरियाणा, राजस्थान तथा मध्य प्रदेश हैं। अन्य राज्यों की अपेक्षा पंजाब व हरियाणा में गेहूँ की उत्पादकता प्रति हेक्टेयर अधिक है, जबकि मध्यम स्तर की प्रति हेक्टेयर पैदावार उत्तर प्रदेश, राजस्थान व बिहार में है। मध्य प्रदेश, हिमाचल प्रदेश तथा जम्मू-कश्मीर में गेहूँ की कृषि वर्षा पर निर्भर होने के कारण यहाँ उत्पादन कम होता है।

8. भारत की वृहत् जनसंख्या के लिए दालें किस प्रकार अपनी भूमिका निभाती हैं? प्रमुख दलहन फसलों का उल्लेख भी कीजिए।
दक्षता आधारित प्रश्न

उत्तर अधिक मात्रा में प्रोटीन की उपलब्धता होने के कारण दालें शाकाहारी भोजन के संघटक हैं। ये फलीदार फसलें हैं, जो मिट्टी की प्राकृतिक उर्वरता को नाइट्रोजन यौगीकरण के द्वारा बढ़ाती हैं। भारत में दक्कन का पठार, मध्य पठारी भागों तथा उत्तर-पश्चिम के शुष्क भागों में दालों की अधिकतर कृषि की जाती है। देश के कुल बोए गए क्षेत्र के लगभग 11% भाग पर दालों को उगाया जाता है। शुष्क भागों में यह वर्षा पर निर्भर होती है। इस कारण इसके उत्पादन में कमी भी आती है तथा इसमें वार्षिक उतार-चढ़ाव भी आता रहता है। भारत की मुख्य दालें चना तथा अरहर हैं। हालाँकि कुछ अन्य दालों; जैसे—मूँग, उड़द, मसूर आदि की कृषि कुछ भागों में की जाती है।

9. रेशेदार फसल कपास पर संक्षिप्त टिप्पणी लिखिए।

अथवा भारत में कपास की खेती किस फसल ऋतु में की जाती है? इसके उत्पादन के प्रमुख क्षेत्रों व राज्यों का विवरण दीजिए।

उत्तर रेशेदार फसल कपास की खेती उष्णकटिबंधीय क्षेत्रों में की जाती है। यह भारत के अर्द्ध-शुष्क भागों में खरीफ के मौसम में उगाई जाती है। देश में छोटे रेशे वाली (भारतीय) व लंबे रेशे वाली (अमेरिकन) दोनों प्रकार की कपास की खेती की जाती है। भारत के उत्तर-पश्चिमी भाग में अमेरिकन कपास को 'नरमा' कहा जाता है। कपास पर फूलों के आते समय आकाश साफ होना चाहिए। कपास के मुख्य रूप से तीन उत्पादक क्षेत्र हैं—पहला, उत्तर-पश्चिमी भारत में पंजाब, हरियाणा व उत्तरी राजस्थान; दूसरा, पश्चिम में गुजरात व महाराष्ट्र तथा तीसरा, दक्षिण में आंध्र प्रदेश, कर्नाटक व तमिलनाडु के पठारी भाग शामिल हैं। महाराष्ट्र, गुजरात, आंध्र प्रदेश, पंजाब तथा हरियाणा कपास के अग्रणी उत्पादक राज्य हैं। देश के सिंचाई सुविधा वाले उत्तर-पश्चिमी भागों में कपास का प्रति हेक्टेयर उत्पादन अधिक होता है। महाराष्ट्र में वर्षा पर निर्भर रहने वाले क्षेत्रों में इसका उत्पादन बहुत कम है।

10. भारत में चाय तथा कॉफी के वितरण का वर्णन कीजिए।

अथवा चाय और कॉफी का उत्पादन भारत के किन क्षेत्रों में किया जाता है? व्याख्या कीजिए।

उत्तर **चाय का वितरण** भारत में चाय की कृषि 1840 ई. में असम की ब्रह्मपुत्र घाटी में आरंभ हुई, जो वर्तमान में भी देश का प्रमुख चाय उत्पादक क्षेत्र है। इसके पश्चात् इसकी कृषि पश्चिम बंगाल के उप-हिमालयी क्षेत्रों—दार्जिलिंग, जलपाईगुड़ी एवं कूच बिहार जिलों में आरंभ की गई। दक्षिणी भारत में चाय की कृषि पश्चिमी घाट की नीलगिरि तथा इलायची की पहाड़ियों पर की जाती है। असम की कुल कृषि योग्य भूमि के 53.2% भाग पर चाय की खेती की जाती है।

कॉफी का वितरण भारत में मुख्यतः अरेबिका कॉफी का उत्पादन किया जाता है। कर्नाटक, केरल तथा तमिलनाडु इसके महत्वपूर्ण उत्पादक राज्य हैं। देश के कुल कॉफी उत्पादन का दो-तिहाई से अधिक भाग अकेले कर्नाटक द्वारा उत्पादित किया जाता है।

11. अनियमित मानसून किस प्रकार भारतीय कृषि की समस्या प्रस्तुत करता है? तीन उदाहरण सहित समझाइए। *दक्षता आधारित प्रश्न*

उत्तर भारत में अधिकांश वर्षा दक्षिण-पश्चिमी मानसूनी पवनों द्वारा होती है, जिसमें अत्यधिक स्थानिक तथा कालिक अनिश्चितता पाई जाती है। इसके तीन उदाहरण निम्नलिखित हैं

(i) देश में कृषि क्षेत्र का केवल एक-तिहाई भाग ही सिंचित है, शेष कृषि क्षेत्रों में फसलों का उत्पादन प्रत्यक्ष रूप से वर्षा पर निर्भर है।
(ii) राजस्थान तथा अन्य क्षेत्रों में वर्षा बहुत कम और अत्यधिक परिवर्तनशील है। निम्न वर्षा वाले क्षेत्रों में सूखे की स्थिति पाई जाती है तथा कभी-कभी इन क्षेत्रों में बाढ़ भी आ जाती है।
(iii) अधिक वार्षिक वर्षा वाले प्रदेशों में भी बहुत उतार-चढ़ाव पाया जाता है। ऐसे क्षेत्रों में बाढ़ तथा सूखा दोनों की स्थिति पाई जाती है।

12. भू-निम्नीकरण क्या है? भारत में भू-निम्नीकरण के लिए उत्तरदायी किन्हीं चार कारणों का उल्लेख कीजिए।

उत्तर कृषि योग्य भूमि का अनुपजाऊ तथा अनुपयुक्त होना भू-निम्नीकरण कहलाता है। भू-निम्नीकरण के कई कारण हैं,

जो निम्न हैं

(i) **जलाक्रांतता** इसे जल भराव भी कहते हैं। सिंचाई से निम्न क्षेत्रों में जल भराव हो जाता है, जिससे भूमि का उपयोग नहीं किया जा सकता।

(ii) **निक्षालन** अत्यधिक वर्षा के कारण भूमि पर निक्षालन की स्थिति बन जाती है, जिससे भूमि उपयोग में नहीं लाई जा सकती।

(iii) **मृदा अपरदन** मृदा अपरदन भी एक समस्या है, कृषि योग्य भूमि की मृदा पवन तथा जल द्वारा बह जाती है और भूमि अनुपयोगी हो जाती है।

(iv) **रासायनिक पदार्थों का प्रयोग** कृषि में प्रयोग में लाए गए रासायनिक पदार्थ तथा अन्य तत्त्व भूमि निम्नीकरण में सहायक हैं।

13. भारत में कृषि योग्य भूमि का निम्नीकरण किस प्रकार गंभीर समस्याओं में से एक है? किन्हीं तीन बिंदुओं में स्पष्ट कीजिए।

अथवा **"भारत में कृषि योग्य भूमि का निम्नीकरण गंभीर समस्या है।" उदाहरण सहित स्पष्ट कीजिए।** *दक्षता आधारित प्रश्न*

अथवा **"भारत में कृषि योग्य भूमि का निम्नीकरण सिंचाई और कृषि विकास की दोषपूर्ण नीतियों से उत्पन्न समस्याओं में से एक सर्वाधिक गंभीर समस्या है।" तीन बिंदु देते हुए इस कथन की पुष्टि कीजिए।**

उत्तर कृषि की दोषपूर्ण नीतियों से कृषि योग्य भूमि के निम्नीकरण जैसी समस्याएँ उत्पन्न हो जाती हैं। यह समस्या विशेषकर सिंचित क्षेत्रों में अधिक है, जो निम्न प्रकार हैं

(i) अति सिंचाई के कारण कृषि भूमि का एक बड़ा हिस्सा जलाक्रांतता, लवणता तथा मृदा क्षरण से बंजर हो चुका है।

(ii) कीटनाशकों के अति प्रयोग से मृदा परिच्छेदिका में जहरीले तत्त्वों का जमाव हो जाता है तथा मृदा पर प्रतिकूल प्रभाव पड़ता है।

(iii) सिंचित क्षेत्रों के फसल प्रतिरूप के अंतर्गत दलहन फसलों के स्थान पर बहु-फसलीकरण में वृद्धि हुई है तथा परती भूमि में कमी आई है। दलहन फसलों की कमी के कारण मृदा में पुनः उर्वरकता प्राप्त करने की प्राकृतिक प्रक्रिया बाधित हुई है; जैसे—नाइट्रोजन योगीकरण आदि।

दीर्घ उत्तरीय प्रश्न

1. भारत में भू-राजस्व विभाग द्वारा अपनाए गए भू-उपयोग का वर्गीकरण कीजिए।

अथवा **भारत में भूमि उपयोग के किन्हीं छः वर्गों का उल्लेख कीजिए।**

उत्तर भारत में भू-उपयोग संबंधी अभिलेख भू-राजस्व विभाग द्वारा तैयार किया जाता है।

भू-राजस्व विभाग द्वारा भू-उपयोग का वर्गीकरण निम्नलिखित प्रकार से किया गया है

(i) **वनों के अधीन क्षेत्र** वर्गीकृत वन क्षेत्र तथा वनों के अधीन वास्तविक क्षेत्र दोनों अलग-अलग हैं। जहाँ वनों के विकसित होने की संभावना होती हो, उस क्षेत्र को सरकार द्वारा वर्गीकृत वन क्षेत्र में शामिल कर लिया जाता है।

इस प्रकार ऐसे वर्ग के क्षेत्रफल में बढ़ोतरी हो सकती है, किंतु यह आवश्यक नहीं कि वहाँ निश्चित रूप से वन पाए जाएँगे।

(ii) **गैर-कृषि कार्यों में प्रयुक्त भूमि** इस प्रकार की भूमि का उपयोग ग्रामीण व शहरी बस्तियों, अवसंरचना; जैसे—सड़कों, नहरों, उद्योगों, दुकानों आदि के लिए किया जाता है। जैसे-जैसे द्वितीयक व तृतीयक क्षेत्रों की कार्यविधियों में वृद्धि होती जाती है, वैसे-वैसे गैर-कृषि कार्यों में प्रयुक्त भूमि के उपयोग में भी वृद्धि होती जाती है।

(iii) **बंजर व व्यर्थ भूमि** पृथ्वी के धरातल का वह भाग, जो प्रौद्योगिकी की सहायता से कृषि कार्यों के लिए उपजाऊ नहीं बनाया जा सकता, बंजर भूमि कहलाता है। इसके अंतर्गत बंजर पहाड़ी भूमि, रेगिस्तान, खड्ड भूमि आदि आती हैं।

(iv) **स्थायी चरागाह क्षेत्र** ग्राम पंचायत या सरकार के स्वामित्व में आने वाली भूमि स्थायी चरागाह भूमि कहलाती है। ग्राम पंचायत के अधीन आने वाली भूमि को 'साझा संपत्ति संसाधन' भी कहा जाता है।

(v) **विविध तरु फसलों व उपवनों के अंतर्गत क्षेत्र** इस प्रकार की भूमि में वह भूमि शामिल की जाती है, जिस पर उद्यान तथा फलदार वृक्ष होते हैं।

(vi) **कृषि योग्य व्यर्थ भूमि** जिस भूमि पर पिछले पाँच वर्षों से या इससे अधिक समय से कृषि कार्य न किया गया हो या परती रही हो, उसे कृषि योग्य व्यर्थ भूमि कहते हैं। भूमि उद्धार तकनीक द्वारा इसे कृषि कार्यविधि के प्रयोग हेतु बनाया जा सकता है।

(vii) **वर्तमान परती भूमि** वह भूमि, जिस पर एक कृषि वर्ष या उससे कम समय तक कृषि कार्यविधि न की गई हो, वर्तमान परती भूमि कहलाती है।

(viii) **पुरातन परती भूमि** वह भूमि, जिस पर एक वर्ष से अधिक, किंतु पाँच वर्षों से कम समय तक कृषि कार्यविधियाँ न की गई हों, पुरातन परती भूमि कहलाती है।

2. भारतीय कृषि अर्थव्यवस्था में खाद्यान्नों के महत्त्व को स्पष्ट कीजिए। चावल की कृषि की किन्हीं तीन विशेषताओं का वर्णन कीजिए।

उत्तर भारतीय कृषि अर्थव्यवस्था में खाद्यान्नों का महत्त्व इस बात से ही लगाया जा सकता है कि देश के संपूर्ण बोए गए क्षेत्र के दो-तिहाई भाग पर खाद्यान्न फसलें उगाई जाती हैं। देश के संपूर्ण भागों में खाद्य फसलें प्रमुख हैं, भले ही वहाँ जीविका निर्वाह अर्थव्यवस्था या व्यापारिक कृषि की अर्थव्यवस्था हो। खाद्यान्नों को अनाज की संरचना के आधार पर अनाज तथा दालों में विभाजित किया जाता है।

भारत विश्व में अनाज उत्पन्न करने में चीन के बाद दूसरे नंबर पर है। अनाज फसलों में चावल, गेहूँ, ज्वार, बाजरा, मक्का, रागी आदि शामिल हैं। भारत विश्व में दालों के उत्पादन का 20% उत्पन्न करता है। देश की प्रमुख दालें चना एवं अरहर हैं। चावल की कृषि की विशेषताओं के लिए पृष्ठ संख्या 187 पर शीर्षक 'अनाज' के अंतर्गत 'चावल' का अध्ययन करें।

3. भारत की दो प्रमुख रेशेदार फसलों के नाम बताइए। प्रत्येक वर्ग की चार-चार विशेषताएँ लिखिए।

अथवा **कपास एवं जूट उत्पादन की प्रमुख विशेषताओं का उल्लेख कीजिए।**

उत्तर भारत की दो महत्त्वपूर्ण रेशेदार फसल कपास एवं जूट हैं, जिनका विवरण निम्नलिखित हैं

कपास की निम्नलिखित विशेषताएँ हैं

(i) कपास एक उष्णकटिबंधीय फसल है, जिसकी खेती भारत के अर्द्ध-शुष्क भागों में खरीफ ऋतु में की जाती है।

(ii) स्वतंत्रता के पश्चात् भारत का अधिकतम कपास उत्पादक क्षेत्र पाकिस्तान में चला गया था, जिसके पश्चात् भी भारत ने पिछले 50 वर्षों में कपास उत्पादक क्षेत्र में लगातार वृद्धि की है।

(iii) भारत में छोटे रेशे वाली भारतीय कपास एवं लंबे रेशे वाली अमेरिकन कपास का उत्पादन किया जाता है। अमेरिकन कपास को भारत के उत्तर-पश्चिमी भाग में नरमा कहते हैं।

(iv) भारत का कपास उत्पादन में विश्व में चीन के बाद दूसरा स्थान है।

जूट जूट की निम्नलिखित विशेषताएँ हैं

(i) जूट पश्चिम बंगाल तथा इसके समीपवर्ती पूर्वी भागों में एक व्यापारिक फसल है, जिसका प्रयोग मोटे वस्त्र, थैला, बोरे एवं अन्य सजावटी सामान बनाने में किया जाता है। स्वतंत्रता के पश्चात् भारत का बहुत बड़ा जूट उत्पादक क्षेत्र पूर्वी पाकिस्तान (वर्तमान बांग्लादेश) में चला गया।

(ii) भारत में विश्व का लगभग 60% जूट उत्पादन होता है।

(iii) भारत के कुल बोए गए क्षेत्र के केवल 0.5% भाग पर जूट की खेती की जाती है।

(iv) पश्चिम बंगाल भारत के कुल जूट उत्पादन का तीन-चौथाई भाग उत्पादित करता है। अन्य जूट उत्पादक क्षेत्र—बिहार एवं असम हैं।

4. रोपण कृषि के अंतर्गत उगाई जाने वाली फसलें कौन-सी हैं? इनके उत्पादन की दशाओं का वर्णन करें।

उत्तर रोपण कृषि के अंतर्गत उगाई जाने वाली प्रमुख फसलें चाय एवं कॉफी हैं। चाय एवं कॉफी की उत्पादन दशाओं के लिए पृष्ठ संख्या 218 पर शीर्षक 'चाय' व 'कॉफी' का अध्ययन करें।

5. भारतीय कृषि की किन्हीं पाँच मुख्य समस्याओं का वर्णन कीजिए।

अथवा भारतीय कृषि की किन्हीं पाँच समस्याओं का विश्लेषण कीजिए।

CBSE 2024

उत्तर भारतीय कृषि की समस्याएँ निम्नलिखित हैं

(i) **अनियमित मानसून पर निर्भरता** भारत में अधिकांश वर्षा दक्षिण-पश्चिमी मानसूनी पवनों द्वारा होती है, जिसमें अत्यधिक स्थानिक तथा कालिक अनिश्चितता पाई जाती है। देश में कृषि क्षेत्र का केवल एक-तिहाई भाग ही सिंचित है, शेष कृषि क्षेत्र में फसलों का उत्पादन प्रत्यक्ष रूप से वर्षा पर निर्भर है।

(ii) **निम्न उत्पादकता** भारत में अधिकतर फसलों की उत्पादकता अमेरिका, रूस तथा जापान से कम है। प्रायः देश के विस्तृत वर्षा निर्भर क्षेत्रों अथवा शुष्क क्षेत्रों में मोटे अनाज, दालें तथा तिलहन की कृषि की जाती है, जहाँ इनकी उत्पादकता काफी कम है।

(iii) **वित्तीय संसाधनों की बाध्यताएँ तथा ऋणग्रस्तता** आधुनिक प्रौद्योगिकी पर आधारित वर्तमान कृषि में भारी पूँजी निवेश की आवश्यकता है, जबकि सीमांत तथा छोटे किसानों की कृषि बचत कम या न के बराबर है।

बचत के अभाव में किसान सघन संसाधन दृष्टिकोण से की जाने वाली कृषि में निवेश कर पाते हैं।

(iv) **भूमि सुधारों की कमी** भारत में भू-संसाधनों का असमान वितरण पाया जाता है, जिसके कारण भारतीय कृषक लंबे समय से शोषित हो रहे हैं। स्वतंत्रता प्राप्ति के बाद भूमि सुधार कार्यक्रम चलाए गए, लेकिन ये कार्यक्रम राजनीतिक इच्छाशक्ति के अभाव में सफल नहीं हुए। अधिकांश राज्य सरकारें राजनीतिक रूप से शक्तिशाली जमींदारों के विरुद्ध कोई कठोर राजनीतिक निर्णय नहीं ले सकीं। भूमि सुधारों के अभाव में कृषि योग्य भूमि का असमान वितरण जारी रहा, जिसके फलस्वरूप भारतीय कृषि विकास में समस्या बनी हुई है।

(v) **छोटे खेत तथा विखंडित जोत** भारत में अधिकतर सीमांत तथा छोटे कृषकों की संख्या है। 60% से अधिक किसानों के पास एक हेक्टेयर से भी कम भू-जोत है तथा लगभग 40% किसानों की जोतों का आकार तो 0.5 हेक्टेयर से भी कम है। भारत की जनसंख्या तीव्र गति से बढ़ रही है, जिसके कारण जोतों का आकार और भी छोटा होता जा रहा है।

6. भारतीय कृषि की समस्याओं के समाधान के लिए किए गए किन्हीं पाँच उपायों की समीक्षा कीजिए।

उत्तर भारतीय कृषि भारतीय अर्थव्यवस्था का आधार है, फिर भी यह पिछड़ी हुई अवस्था है तथा अनेक समस्याओं से ग्रसित है। भारतीय कृषि की समस्याओं के समाधान के लिए निम्नलिखित उपाय किए जा सकते हैं

- भारत में तीव्र दर से जनसंख्या वृद्धि के कारण भूमि संसाधनों की कमी हो रही है। 60% से अधिक किसानों के पास एक हेक्टेयर से भी कम भू-जोत है और लगभग 40% किसानों की भू-जोत का आकार तो 0.5 हेक्टेयर से भी कम है। इसके अतिरिक्त भारत की अधिकतर भू-जोत बिखरी हुई हैं। छोटे तथा बिखरे हुए खेतों में आधुनिक कृषि यंत्रों तथा मशीनों का प्रयोग कठिन होता है।
- भारतीय निर्धन किसान उत्तम बीज नहीं खरीद पाते हैं तथा घटिया एवं सस्ते बीजों का प्रयोग करते हैं, जिससे उत्पादन कम होता है। इस समस्या के समाधान के लिए वर्ष 1963 में राष्ट्रीय बीज निगम की स्थापना की गई।

7. 'अनियमित मानसून' तथा 'ऋणग्रस्तता' भारतीय कृषि की प्रमुख समस्याएँ हैं। टिप्पणी कीजिए।

अथवा **"भारतीय कृषि, मानसून पर जुआ है और किसानों की ऋणग्रस्तता एक अभिशाप" पुष्टि कीजिए।** *दक्षता आधारित प्रश्न*

उत्तर भारत में कुल कृषि क्षेत्र के दो-तिहाई भाग पर फसलों का उत्पादन वर्षा पर निर्भर है, जबकि केवल एक-तिहाई भाग ही सिंचित है। दक्षिण-पश्चिमी मानसून अनियमित एवं अनिश्चित है। मानसून वर्षा शुरू होने तथा समाप्त होने का कोई निश्चित समय नहीं है, साथ ही इससे वर्षा नियमित रूप से प्राप्त नहीं होती है। वर्षाकाल में लंबी अवधि तक विराम आने से जलाभाव के कारण फसलें सूखने लगती हैं तथा सिंचाई के लिए नहर जल की आपूर्ति भी बाधित हो जाती है। परिणामस्वरूप, सिंचाई के अभाव एवं वर्षा की कमी के कारण फसल उत्पादन कम हो जाता है।

आधुनिक कृषि निवेश में बहुत अधिक पूँजी की आवश्यकता होती है। भारत में सीमांत एवं छोटे किसानों की कृषि बचत बहुत कम या न के बराबर होती है। उनके पास इतनी बचत नहीं होती है कि वे उन्नत किस्म के बीज, उर्वरक, कीटनाशक एवं सिंचाई सुविधा की व्यवस्था करें। ग्रामीण क्षेत्रों में किसान उपरोक्त निवेश के लिए विविध संस्थाओं एवं महाजनों से ऋण लेते हैं, लेकिन किसानों को कृषि से आय कम होती है या फसल के खराब हो जाने से वे ऋण चुका नहीं पाते हैं तथा वे ऋण के जाल में फँसते जाते हैं।

8. **'निम्न उत्पादकता' और 'विखंडित जोतें' भारतीय कृषि की प्रमुख समस्याएँ हैं। इन समस्याओं के हल के लिए उपाय सुझाइए और उनकी व्याख्या कीजिए।**

अथवा **भारतीय कृषि की अनेक समस्याएँ हैं, परंतु कम उत्पादकता और छोटे आकार के जोतों ने उस पर गंभीर प्रभाव डाले हैं, इसकी पुष्टि करते हुए समाधान प्रस्तुत कीजिए।**

उत्तर निम्न उत्पादकता को कम करने के उपाय निम्न हैं

- सिंचाई की सुविधाओं में व्यापक स्तर पर विस्तार करके।
- समय पर उत्तम किस्म के बीजों, उर्वरकों एवं कीटनाशकों की उपलब्धता।
- कृषकों को कृषि विकास के लिए किए गए अद्यतन उपायों की जानकारी उपलब्ध कराना।
- मृदा की जाँच हेतु प्रयोगशालाओं की गाँव-गाँव तक पहुँच।
  विखंडित जोतों की समस्या के हल के लिए सुझाव निम्न हैं
- चकबंदी की व्यवस्था प्रभावी तरीके से लागू की जाए।

सहकारी कृषि को बढ़ावा दिया जाए।

- संयुक्त परिवारों की आवश्यकता एवं महत्त्व का पाठ पढ़ाया व सिखाया जाए एवं व्यवहृत करने के लिए प्रेरित किया जाए।
- उच्च वेतनभोगी, व्यवसायी, संपन्न लोगों को वंशानुगत भूमि पर से हिस्सा न लेने के लिए प्रेरित करना एवं अभियान चलाना।
- स्वतंत्रता के पश्चात् भारत में भूमि सुधार हेतु अनेक कार्यक्रम प्रारंभ किए गए। सर्वप्रथम जमींदारी व्यवस्था को समाप्त किया गया, ताकि भू-माफिया गतिविधियों को रोका जा सके।

9. **'छोटी कृषि जोत' और 'कृषि योग्य भूमि का निम्नीकरण' भारतीय कृषि की दो प्रमुख समस्याएँ किस प्रकार हैं? इन दोनों समस्याएँ को उदाहरणों सहित स्पष्ट कीजिए।**

अथवा **"विखंडित जोतें तथा कृषि योग्य भूमि का निम्नीकरण भारतीय कृषि की समस्याएँ हैं।" इन समस्याओं के हल के लिए उपाय सुझाइए और उनकी व्याख्या कीजिए।**

अथवा **"भूमि सुधारों में कमी' और 'खेती योग्य भूमि का क्षरण' भारतीय कृषि की प्रमुख समस्याएँ हैं।" कथन की पुष्टि कीजिए।**

उत्तर भूमि सुधारों में कमी, छोटी कृषि जोत एवं कृषि योग्य भूमि का निम्नीकरण भारतीय कृषि की प्रमुख समस्याएँ हैं, जिनका वर्णन निम्न प्रकार है

(i) **भूमि सुधारों में कमी** भूमि के असमान वितरण के कारण भारतीय किसान का लंबे समय से शोषण हो रहा है। महालवाड़ी, रैयतवाड़ी तथा जमींदारी ब्रिटिश काल की तीन भू-राजस्व प्रणालियाँ हैं, जिनमें से जमींदारी प्रथा में किसानों का सबसे अधिक शोषण हुआ है। स्वतंत्रता के पश्चात् भूमि सुधारों की शुरुआत की गई, लेकिन कमजोर राजनीतिक इच्छाशक्ति के कारण ये विफल रहे। अधिकांश राज्य सरकारों ने शक्तिशाली जमींदारों के विरुद्ध भूमि सुधारों को लागू नहीं किया।

परिणामस्वरूप, कृषि योग्य भूमि के असमान वितरण में कोई सुधार नहीं हुआ, जो कृषि विकास में समस्या बना हुआ है।

(ii) **छोटी कृषि जोत की समस्याएँ** भारत में अधिकांश सीमांत तथा छोटे कृषकों की संख्या है। 60% से अधिक किसानों के पास एक हेक्टेयर से भी कम भू-जोत है तथा लगभग 40% किसानों की जोतों का आकार तो 0.5 हेक्टेयर से भी कम है।

भारत की जनसंख्या तीव्र गति से बढ़ रही है, जिसके कारण जोतों का आकार और भी छोटा होता जा रहा है।

देश में कई ऐसे राज्य हैं, जहाँ एक बार भी चकबंदी नहीं हुई है तथा जिन राज्यों में एक बार चकबंदी हो चुकी है, वहाँ पुनः चकबंदी की आवश्यकता है, क्योंकि अगली पीढ़ी नें भूमि बँटवारे के कारण भू-जोतों का आकार छोटा हो गया है। अतः छोटी भू-जोत आर्थिक रूप से लाभकारी नहीं होती है।

(iii) **कृषि योग्य भूमि का निम्नीकरण** कृषि की दोषपूर्ण नीतियों से कृषि योग्य भूमि के निम्नीकरण जैसी समस्याएँ उत्पन्न हो जाती हैं। अति सिंचाई के कारण कृषि भूमि का एक बड़ा हिस्सा जलाक्रांतता, लवणता तथा मृदा क्षरण से बंजर हो चुका है। लवणता एवं क्षारता से लगभग 80 लाख हेक्टेयर भूमि तथा जलाक्रांतता से 70 लाख हेक्टेयर भूमि अपनी उर्वरकता खो चुकी है। कीटनाशकों के अति प्रयोग से मृदा परिच्छेदिका में जहरीले तत्त्वों का सांद्रण हो जाता है तथा मृदा पर प्रतिकूल प्रभाव पड़ता है।

सिंचित क्षेत्रों के फसल प्रतिरूप के अंतर्गत दलहन फसलों के स्थान पर बहु-फसलीकरण में वृद्धि हुई है। परिणामस्वरूप परती भूमि में कमी आई है। इससे मृदा में पुनः उर्वरकता प्राप्त करने की प्राकृतिक प्रक्रिया बाधित हुई है।

स्रोत/ग्राफ आधारित प्रश्न

निम्नलिखित स्रोतों/ग्राफों को ध्यानपूर्वक पढ़कर उन पर आधारित प्रश्नों के उत्तर दीजिए।

1. **भूमि के स्वामित्व के आधार पर इसे मोटे तौर पर दो वर्गों में बाँटा जाता है-निजी भू-संपत्ति तथा साझा संपत्ति संसाधन। पहले वर्ग की भूमि पर व्यक्तियों का निजी स्वामित्व अथवा कुछ व्यक्तियों का सम्मिलित निजी स्वामित्व होता है। दूसरे वर्ग की भूमियाँ सामुदायिक उपयोग हेतु राज्यों के स्वामित्व में होती हैं।**

साझा संपत्ति संसाधन पशुओं के लिए चारा, घरेलू उपयोग हेतु ईंधन, लकड़ी तथा साथ ही अन्य वन उत्पाद; जैसे- फल, रेशे, गिरी, औषधीय पौधे आदि उपलब्ध कराती हैं। ग्रामीण क्षेत्रों में भूमिहीन छोटे कृषकों तथा अन्य आर्थिक रूप से कमजोर वर्ग के व्यक्तियों के जीवन-यापन में इन भूमियों का विशेष महत्त्व है क्योंकि इनमें से अधिकतर भूमिहीन होने के कारण पशुपालन से प्राप्त आजीविका पर निर्भर हैं। महिलाओं के लिए भी इन भूमियों का विशेष महत्त्व है, क्योंकि ग्रामीण क्षेत्रों में चारा व ईंधन लकड़ी के एकत्रीकरण की जिम्मेदारी उन्हीं की होती है। इन भूमियों में कमी से उन्हें चारे तथा ईंधन की तलाश में दूर तक भटकना पड़ता है।

साझा संपत्ति संसाधनों को सामुदायिक प्राकृतिक संसाधन भी कहा जा सकता है, जहाँ सभी सदस्यों को इसके उपयोग का अधिकार होता है तथा किसी विशेष के संपत्ति अधिकार न होकर सभी सदस्यों के कुछ

विशेष कर्त्तव्य भी हैं। सामुदायिक वन, चरागाहों, ग्रामीण जलीय क्षेत्र तथा अन्य सार्वजनिक स्थान साझा संपत्ति संसाधन के ऐसे उदाहरण हैं जिसका उपयोग एक परिवार से बड़ी इकाई करती है तथा यही उसके प्रबंधन के दायित्वों का निर्वहन करती है।

(i) **निजी भू-संपत्ति और साझा संपत्ति संसाधन में क्या अंतर है?**

उत्तर निजी भू-संपत्ति का स्वामित्व व्यक्तिगत या कुछ व्यक्तियों के पास होता है, जबकि साझा संपत्ति, संसाधन, सामुदायिक उपयोग के लिए होते हैं और राज्य के स्वामित्व में रहते हैं। साझा संपत्ति संसाधन सभी सदस्यों को उपयोग का अधिकार देते हैं।

(ii) **साझा संपत्ति संसाधन का ग्रामीण क्षेत्रों में क्या महत्त्व है?**

उत्तर ये संसाधन ग्रामीण, गरीब और भूमिहीन किसानों के लिए चारा, ईंधन, लकड़ी, फूल, रेशे, गिरी औषधीय पौधे आदि उपलब्ध कराते हैं, जिस कारण यह ग्रामीण क्षेत्रों में भूमिहीन किसानों और गरीबों के जीवन-यापन में महत्त्वपूर्ण भूमिका निभाते हैं।

(iii) **सामुदायिक प्राकृतिक संसाधनों के कुछ उदाहरण दीजिए।**

उत्तर सामुदायिक प्राकृतिक संसाधनों में सामुदायिक वन, चरागाह, ग्रामीण जलीय क्षेत्र और अन्य सार्वजनिक स्थल शामिल हैं। इनका उपयोग परिवार से बड़ी इकाई द्वारा किया जाता है और इसके प्रबंधन की जिम्मेदारी समुदाय की होती है।

2. **भारत की अधिकतर जनसंख्या का प्रमुख भोजन चावल है। यद्यपि यह एक उष्ण आर्द्र कटिबंधीय फसल है। इसकी 3000 से भी अधिक किस्में हैं, जो विभिन्न कृषि जलवायु प्रदेशों में उगाई जाती हैं। इसकी कृषि समुद्रतल से 2000 मीटर तक की ऊँचाई तक एवं पूर्वी भारत के आर्द्र भागों से लेकर उत्तर-पश्चिमी भारत के शुष्क, परंतु सिंचित क्षेत्र पंजाब, हरियाणा, पश्चिमी उत्तर प्रदेश व उत्तरी राजस्थान में सफलतापूर्वक की जाती है। दक्षिणी राज्यों तथा पश्चिम बंगाल में जलवायु अनुकूलता के कारण एक कृषि वर्ष में चावल की दो या तीन फसलें बोई जाती हैं। पश्चिम बंगाल के किसान चावल की तीन फसलें लेते हैं, जिन्हें-औस, अमन तथा बोरो कहा जाता है, परंतु हिमालय तथा देश के उत्तर-पश्चिम भागों में यह फसल दक्षिण-पश्चिम मानसून ऋतु में खरीफ फसल के रूप में उगाई जाती हैं।**

भारत विश्व का 22.07% चावल उत्पादन करता है तथा चीन के बाद भारत का विश्व में दूसरा स्थान है (2018)

देश के कुल बोए गए क्षेत्र के एक-चौथाई भाग पर चावल बोया जाता है। देश के प्रमुख चावल उत्पादक राज्य पश्चिम बंगाल, उत्तर प्रदेश, पंजाब हैं। चावल की प्रति हेक्टेयर पैदावार पंजाब, तमिलनाडु, हरियाणा, आंध्र प्रदेश, तेलंगाना, पश्चिम बंगाल तथा केरल राज्यों में अधिक है। इसमें से पहले चार राज्यों में लगभग संपूर्ण चावल क्षेत्र सिंचित है। पंजाब व हरियाणा पारंपरिक रूप से चावल उत्पादक राज्य नहीं है। हरित क्रांति के अंतर्गत हरियाणा, पंजाब के सिंचित क्षेत्रों में चावल की कृषि वर्ष 1970 से प्रारंभ की गई। उत्तम किस्म के बीजों, अपेक्षाकृत अधिक खाद तथा कीटनाशकों का प्रयोग एवं शुष्क जलवायु के कारण फसलों में रोग प्रतिरोधकता आदि कारक इस प्रदेश में चावल की अधिक पैदावार के उत्तरदायी हैं। इसकी प्रति हेक्टेयर पैदावार मध्य प्रदेश, छत्तीसगढ़ व ओडिशा के वर्षा पर निर्भर क्षेत्रों में बहुत कम है।

(i) **भारत में चावल की खेती किन क्षेत्रों में की जाती है?**

उत्तर चावल की खेती समुद्रतल से 2000 मी तक की ऊँचाई पर पूर्वी भारत के आर्द्र भागों से लेकर पंजाब, हरियाणा, पश्चिमी उत्तरप्रदेश और पश्चिमी राजस्थान के शुष्क सिंचित क्षेत्रों की जाती है।

(ii) **चावल उत्पादन में भारत का विश्व में क्या स्थान है?**

उत्तर भारत विश्व का 22.07% चावल का उत्पादन करता है और विश्व में चीन के बाद चावल उत्पादन में भारत का दूसरा स्थान है।

(iii) **चावल की प्रति हेक्टेयर पैदावार किन राज्यों में अधिक हैं?**

उत्तर चावल की प्रति हेक्टेयर पैदावार पंजाब, तमिलनाडु, हरियाणा, आंध्र प्रदेश, तेलंगाना, पश्चिम बंगाल और केरल में होती है।

3. **चाय एक रोपण कृषि है, जो पेय पदार्थ के रूप में प्रयोग की जाती है। काली चाय की पत्तियाँ किण्वित होती हैं, जबकि चाय की हरी पत्तियाँ अकिण्वित होती हैं। चाय की पत्तियों में कैफ़िन तथा टैनिन की प्रचुरता पाई जाती है। यह उत्तरी चीन के पहाड़ी क्षेत्रों की देशज फ़सल है। यह उष्ण आर्द्र तथा उपोष्ण आर्द्र कटिबंधीय जलवायु वाले तरंगित भागों पर अच्छे अपवाह वाली मिट्टी में बोई जाती है। भारत में चाय की खेती 1840 में असम की ब्रह्मपुत्र घाटी में प्रारंभ हुई, जो आज भी देश का प्रमुख चाय उत्पादन क्षेत्र है। बाद में इसकी कृषि पश्चिमी बंगाल के उपहिमालयी भागों (दार्जिलिंग, जलपाईगुड़ी तथा कूचबिहार जिलों) में प्रारंभ की गई। दक्षिण में चाय की खेती पश्चिमी घाट की नीलगिरि तथा इलायची की पहाड़ियों के निचले ढालों पर की जाती है। भारत चाय का अग्रणी उत्पादक देश है तथा विश्व का लगभग 21.22 प्रतिशत चाय का उत्पादन करता है। अंतर्राष्ट्रीय बाजार में भारतीय चाय का भाग घटा है। चाय-निर्यातक देशों में भारत का चीन के पश्चात् विश्व में दूसरा स्थान है (2018)। असम के कुल शस्य क्षेत्र के 53.2 प्रतिशत भाग पर चाय की कृषि की जाती है तथा देश के कुल उत्पादन में आधे से अधिक भाग असम में पैदा होता है। चाय के अन्य महत्त्वपूर्ण उत्पादक राज्य-पश्चिम बंगाल व तमिलनाडु हैं।**

(i) **चाय की खेती के लिए किस प्रकार की जलवायु और मिट्टी उपयुक्त होती है?**

उत्तर चाय की खेती उष्ण आर्द्र और उपोष्ण आर्द्र कटिबंधीय जलवायु वाले तरंगित भागों पर अच्छे अपवाह वाली मिट्टी में की जाती है। चाय, रोपण कृषि का एक उदाहरण है।

(ii) **भारत में चाय की खेती कब और कहाँ प्रारंभ की गई थी?**

उत्तर भारत में चाय की खेती 1840 ई. में असम की ब्रह्मपुत्र घाटी में प्रारंभ की गई थी, जो वर्तमान में देश का प्रमुख चाय उत्पादक क्षेत्र है। बाद के वर्षों में इसकी खेती पश्चिमी बंगाल के उप-हिमालयी भागों तथा दक्षिण भारत में पश्चिमी घाट की नीलगिरि और इलायची की पहाड़ियों की निचले ढालों पर की गई।

(iii) **भारत में चाय का प्रमुख उत्पादक क्षेत्र कौन-सा है?**

उत्तर भारत में चाय का प्रमुख उत्पादक क्षेत्र असम है, जहाँ कुछ शस्य क्षेत्र के 53.2% भाग पर चाय की खेती होती है।

4. **स्वतंत्रता प्राप्ति से पहले भारतीय कृषि एक जीविकोपार्जी अर्थव्यवस्था जैसी थी। बीसवीं शताब्दी के मध्य तक इसका प्रदर्शन बड़ा दयनीय था। यह समय भयंकर अकाल व सूखे का साक्षी है। देश विभाजन के दौरान लगभग एक-तिहाई सिंचित क्षेत्र का अनुपात कम रह गया।**

स्वतंत्रता प्राप्ति के बाद सरकार का तात्कालिक उद्देश्य खाद्यान्नों का उत्पादन बढ़ाना था, जिसमें निम्न उपाय अपनाए गए–

(i) व्यापारिक फसलों की जगह खाद्यान्नों का उगाया जाना। (ii) कृषि गहनता को बढ़ाना तथा (iii) कृषि योग्य बंजर तथा परती भूमि को कृषि भूमि में परिवर्तित करना। प्रारंभ में इस नीति से खाद्यान्नों का उत्पादन बढ़ा, लेकिन 1950 के दशक के अंत तक कृषि उत्पादन स्थिर हो गया। इस समस्या से उभरने के लिए गहन कृषि जिला कार्यक्रम तथा गहन कृषि क्षेत्र कार्यक्रम प्रारंभ किए गए, परंतु 1960 के दशक के मध्य में लगातार दो अकालों से देश में अन्न संकट उत्पन्न हो गया। परिणामस्वरूप दूसरे देशों से खाद्यान्नों का आयात करना पड़ा।

1960 के दशक के मध्य में गेहूँ (मैक्सिको) तथा चावल (फिलीपींस) की किस्में–जो अधिक उत्पादन देने वाली नई किस्में थीं, कृषि के लिए उपलब्ध हुईं। भारत ने इसका लाभ उठाया तथा पैकेज प्रौद्योगिकी के रूप में पंजाब, हरियाणा, पश्चिम उत्तर प्रदेश, आंध्र प्रदेश तथा गुजरात के सिंचाई सुविधा वाले क्षेत्रों में, रासायनिक खाद के साथ इन उच्च उत्पादकता की किस्मों (HYV) को अपनाया। नई कृषि प्रौद्योगिकी की सफलता हेतु सिंचाई से निश्चित जल आपूर्ति पूर्व आपेक्षित थी। कृषि विकास की इस नीति से खाद्यान्नों के उत्पादन में अभूतपर्वू वृद्धि 'हरित क्रांति' के नाम से जानी जाती है। हरित क्रांति ने कृषि में प्रयुक्त कृषि निवेश; जैसे–उर्वरक, कीटनाशक, कृषि यंत्र आदि कृषि आधारित उद्योगों तथा छोटे पैमाने के उद्योगों के विकास को प्रोत्साहन दिया। कृषि विकास की इस नीति से देश खाद्यान्नों के उत्पादन में आत्म-निर्भर हुआ, लेकिन प्रारंभ में हरित क्रांति देश के सिंचित भागों तक ही सीमित थी। परिणामस्वरूप कृषि विकास में प्रादेशिक असमानता बढ़ी। ऐसा 1970 के दशक के अंत तक रहा तथा वर्ष 1980 के आरंभ में इसके पश्चात् यह प्रौद्योगिकी मध्य भारत तथा पूर्वी भारत के भागों में फैली।

(i) **चावल की नई किस्में किस देश से सबसे अधिक लाई जाती हैं?**

उत्तर चावल की अधिक उत्पादन करने वाली नई किस्में सबसे अधिक फिलीपींस से लाई जाती हैं। फिलीपींस की राजधानी मनीला में अंतर्राष्ट्रीय चावल अनुसंधान केंद्र स्थित है। जहाँ चावल के अलग-अलग किस्मों की खोज की जाती है। चावल उत्पादन के लिए फिलीपींस एक महत्त्वपूर्ण देश माना जाता है।

(ii) **1960 के दशक के मध्य में भारत में खाद्यान्न संकट उत्पन्न होने का मुख्य कारण क्या था?**

उत्तर 1960 दशक के मध्य में भारत में खाद्यान्न संकट उत्पन्न होने का मुख्य कारण अकाल का पड़ना था।

इस दशक के मध्य में लगातार दो अकाल पड़े, जिसके परिणामस्वरूप देश में अन्न संकट उत्पन्न हो गया तथा भारत को विदेशों से खाद्यान्नों का आयात करना पड़ा।

(iii) **देश की आबादी के पश्चात् खाद्यान्नों का उत्पादन बढ़ाने के लिए क्या उपाय किए गए?**

उत्तर देश की आबादी के पश्चात् खाद्यान्नों का उत्पादन बढ़ाने के लिए कृषि गहनता, व्यापारिक फसलों के स्थान पर खाद्यान्न फसलों को उगाने की प्राथमिकता देना तथा परती भूमि को कृषि भूमि में परिवर्तित करने पर बल दिया गया, जिसके परिणामस्वरूप खाद्यान्न के उत्पादन बढ़ाने हेतु व्यापक प्रयास किया गया।

5. निम्नलिखित तालिका का ध्यानपूर्वक अध्ययन कीजिए और उसके नीचे दिए गए प्रश्नों का उत्तर दीजिए

समस्त कृषि योग्य भूमि की संरचना **CBSE 2025**

कृषि योग्य भू-उपयोग वर्ग	रिपोर्टिंग क्षेत्रफल का प्रतिशत		समस्त कृषि योग्य भूमि का प्रतिशत	
	1950-51	2014-15	1950-51	2014-15
कृषि योग्य बंजर भूमि	8.0	4.0	13.4	6.8
पुरातन परती भूमि	6.1	3.6	10.2	6.2
वर्तमान परती भूमि	3.7	4.9	6.2	8.4
निवल बोया गया क्षेत्र	41.7	45.5	70.0	8.4
सकल कृषि योग्य भूमि	59.5	58.0	100.00	100.

(i) **वर्ष 1950-51 की तुलना में वर्ष 2014-15 में कृषि योग्य भूमि में कमी के कारण का उल्लेख कीजिए।**

उत्तर 1950-51 की तुलना में वर्ष 2014-15 के दौरान वर्तमान परती भूमि में कमी के कारण शहरी करण और औद्योगीकरण, मृदा क्षरण और प्रदूषण, बढ़ती आबादी और आवासीय विस्तार जलवायु परिवर्तन और सूखा।

(ii) **वर्ष 1950-51 की तुलना में वर्ष 2014-15 के दौरान वर्तमान परती भूमि में वृद्धि के कारण का उल्लेख कीजिए।**

उत्तर 1950-51 की तुलना में वर्ष 2014-15 के दौरान वर्तमान परती भूमि में वृद्धि के कारण अत्यधिक दोहन और कम उपज, जल संकट और सिंचाई की कमी मशीनी करण और कृषि प्रणाली में बदलाव, भूमि अधिग्रहण और नीति परिवर्तन।

(iii) **निवल बोए गए क्षेत्र में निरंतर वृद्धि के कारण की व्याख्या कीजिए।**

उत्तर निवल बोए गए क्षेत्र में निरंतर वृद्धि के कारण सिंचाई सुविधाओं का विकास, हरित क्रांति और कृषि तकनीक का विकास, कृषि नीति और सरकारी योजनाएँ, बंजर भूमि का सुधार।

मानचित्र आधारित प्रश्न

1. नीचे दिए गए भारतीय मानचित्र में 6 बिंदु विभिन्न फसलों के उत्पादन क्षेत्र A,B,C,D,E,F के रूप में मानचित्र पर प्रदर्शित किए गए हैं। इनमें से किन्हीं 5 उत्पादक राज्यों के सही नाम लिखिए।

(i) ज्वार का सबसे बड़ा उत्पादक राज्य

(ii) जूट का सबसे बड़ा उत्पादक राज्य **CBSE 2025**

(iii) चावल का सिंचाई आधारित उत्पादक एक राज्य

(iv) मूँगफली का अधिक उत्पादकता वाला राज्य

(v) कपास का सबसे बड़ा उत्पादक राज्य

(vi) चावल उत्पादक अग्रणी राज्य **CBSE 2024**

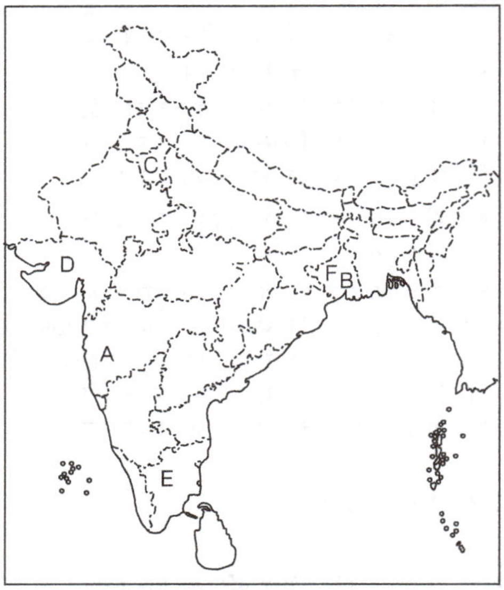

उत्तर (i) महाराष्ट्र (ii) पश्चिम बंगाल (iii) हरियाणा
(iv) गुजरात (v) तमिलनाडु (vi) पश्चिम बंगाल

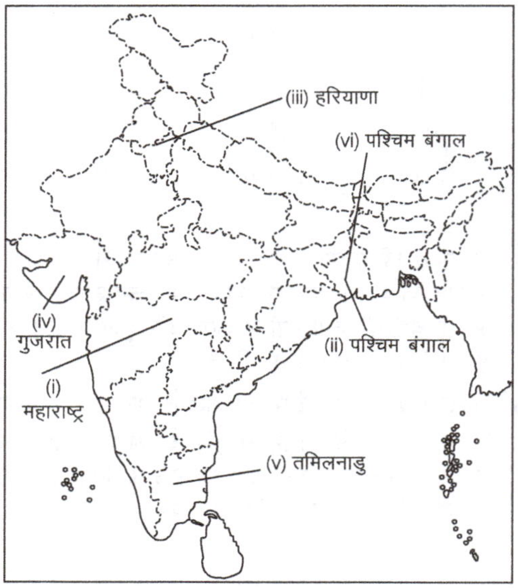

2. भारत के दिए गए राजनीतिक रेखा मानचित्र में निम्नलिखित की स्थिति उपयुक्त चिह्नों से दिखाइए और उनके नाम लिखिए

(i) गेहूँ का सबसे अधिक उत्पादकता वाला राज्य

(ii) चाय का सबसे बड़ा उत्पादक राज्य

(iii) कॉफी का सबसे बड़ा उत्पादक राज्य

(iv) गन्ने का अग्रणी उत्पादक राज्य

(v) चावल का अग्रणी उत्पादक राज्य

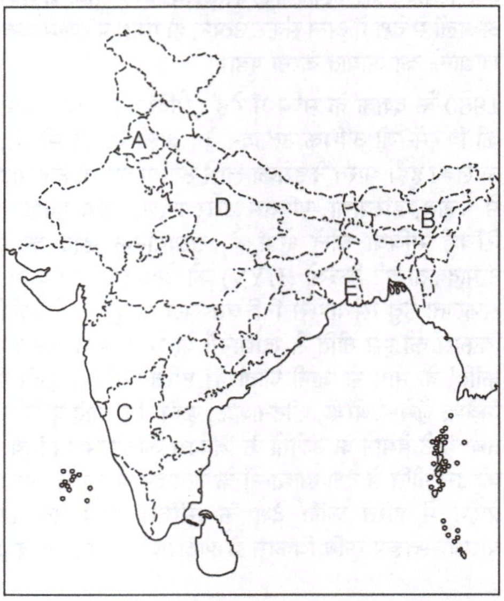

उत्तर (i) पंजाब (ii) असम
(iii) कर्नाटक (iv) उत्तर प्रदेश
(v) पश्चिम बंगाल

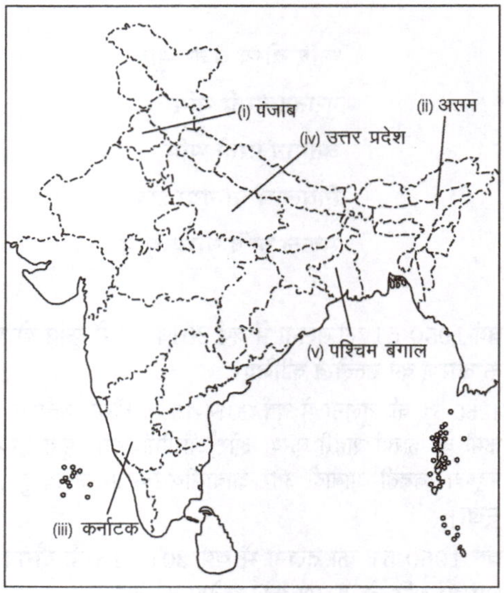

स्वयं को जाँचें

वस्तुनिष्ठ प्रश्न

1. **एक कृषि वर्ष या उससे कम समय तक कृषि रहित भूमि ………… कहलाती है।**

(a) वर्तमान परती भूमि (b) कृषि योग्य व्यर्थ भूमि
(c) पुरातन परती भूमि (d) बंजर व व्यर्थ भूमि

2. **कृषि विकास में प्रादेशिक संतुलन स्थापित करने के उद्देश्य से कृषि जलवायु नियोजन कब प्रारंभ किया गया था?**

(a) वर्ष 1972 (b) वर्ष 1988
(c) वर्ष 1994 (d) वर्ष 1990

3. **किसान पोर्टल का मुख्य उद्देश्य है**

(a) कृषि संबंधित जानकारी प्रदान करना
(b) संचार प्रौद्योगिकी को बढ़ावा देना
(c) शिक्षण कार्यक्रमों का प्रस्तुतीकरण
(d) ग्रामीण पर्यटन को बढ़ावा देना

4. **भारत में वर्षा निर्भर क्षेत्रों में मौसमी बेरोजगारी की अवधि कितनी होती है?**

(a) 4 से 8 महीने
(b) 6 से 9 महीने
(c) 7 से 10 महीने
(d) 8 से 10 महीने

5. **निम्न में से किस भू-उपयोग वर्ग में क्षेत्रफल के अनुसार वृद्धि दर्ज की गई है?**

(a) वन क्षेत्र (b) वर्तमान परती भूमि
(c) निवल बोया गया क्षेत्र (d) कृषि योग्य व्यर्थ भूमि

कूट

(a) 1, 2 और 3 (b) 2, 3 और 4
(c) 1, 3 और 4 (d) 2, 1 और 4

अतिलघु उत्तरीय प्रश्न

6. शस्य गहनता से आप क्या समझते हैं?

7. दक्षिणी भारत में पृथक् खरीफ, रबी एवं जायद फसल ऋतुएँ क्यों नहीं पाई जाती हैं?

8. स्वतंत्रता प्राप्ति के पश्चात् सरकार ने खाद्यान्नों का उत्पादन बढ़ाने के लिए कौन-कौन से प्रयास किए गए?

9. हरित क्रांति के नकारात्मक प्रभाव क्या हैं?

लघु उत्तरीय प्रश्न

10. शुष्क भूमि तथा आर्द्र कृषि में प्रमुख अंतर स्पष्ट करते हुए इनके महत्त्व की व्याख्या कीजिए।

11. भारत में गन्ने के वितरण तथा उसकी आवश्यक दशाओं का वर्णन कीजिए। क्या दक्षिण भारत, इस संदर्भ में उत्तर भारत की अपेक्षा बेहतर स्थिति में है?

दीर्घ उत्तरीय प्रश्न

12. भारत में कपास की खेती तथा गेहूँ की खेती का तुलनात्मक अध्ययन प्रस्तुत करते हुए दोनों खेती की दशाओं एवं क्षेत्रों का वर्णन कीजिए।

13. भारतीय कृषि की प्रमुख समस्याओं को संक्षेप में बताते हुए उनके समाधान हेतु अपने सुझाव प्रस्तुत कीजिए।

4
अध्याय

इस अध्याय में, भारत के जल संसाधन, जल की माँग और उपयोग, जल के गुणों का ह्रास, राष्ट्रीय जल नीति, 2012 तथा जल क्रांति (2015-16) का अध्ययन किया गया है।

▼ **अध्ययन एक नजर में**

4.1 भारत के जल संसाधन
4.2 जल के गुणों का ह्रास

▼ **अभ्यास के लिए**

- बहुविकल्पीय प्रश्न 36, (युग्मित प्रश्न, कथन/कारण, सुमेलित कीजिए)
- वर्णनात्मक प्रकार के प्रश्न (लघु उत्तरीय प्रश्न 16, दीर्घ उत्तरीय प्रश्न 5)
- स्रोत आधारित प्रश्न 5, मानचित्र आधारित 1

जल संसाधन

जल एक **चक्रीय संसाधन**[1] है, जो पृथ्वी पर प्रचुर मात्रा में पाया जाता है। पृथ्वी का लगभग 71% धरातल पानी से आच्छादित है, जिसमें से लगभग 3% जल ही स्वच्छ जल के रूप में उपस्थित है। स्वच्छ जल का एक बहुत छोटा भाग ही मानव उपयोग के लिए उपलब्ध है।

4.1 भारत के जल संसाधन

- भारत में विश्व के धरातलीय क्षेत्र का लगभग 2.45%, जनसंख्या का लगभग 17% तथा जल संसाधन का 4% भाग पाया जाता है।
- भारत में एक वर्ष में **वर्षण**[2] (Precipitation) द्वारा लगभग 4,000 घन किमी जल प्राप्त होता है, जिसमें से 1,869 घन किमी जल धरातलीय जल और पुनः पूर्ति योग्य जल भौम जल के रूप में उपलब्ध है। इसके 60% जल का उपयोग किया जा सकता है।
- भारत में कुल उपयोगी जल संसाधन 1,122 घन किमी है। यह भारत में जल संसाधन निम्न रूपों में उपलब्ध है, जिसका वर्णन इस प्रकार किया गया है

धरातलीय जल संसाधन

- नदियाँ, झीलें, ताल और तालाब धरातलीय जल के चार मुख्य स्रोत हैं।
- भारत में 1.6 किमी से अधिक लंबी नदियों की संख्या 10,360 है।
- देश के कुल नदी बेसिनों में औसत वार्षिक प्रवाह 1,869 घन किमी है, लेकिन स्थलाकृतिक, जलीय और अन्य दबावों के कारण प्राप्त धरातलीय जल का केवल 32% अर्थात् 690 घन किमी जल का ही उपयोग किया जा सकता है।
- नदी में जल प्रवाह इसके **जल ग्रहण क्षेत्र**[3] एवं होने वाली वर्षा पर निर्भर करता है। भारत में वर्षा का स्थानीय वितरण असमान है तथा वर्षा मुख्य रूप से मानसूनी मौसम में होती है।

---

1 **चक्रीय संसाधन** (Cyclic Resource) ये ऐसे संसाधन हैं, जिनका पुनउपयोग किया जा सकता है।

2 **वर्षण** (Precipitation) वायुमंडलीय जल से संघनित होकर किसी भी रूप में पृथ्वी की सतह पर वापस आने को वर्षण कहते हैं।

3 **जल ग्रहण क्षेत्र** (Catchment Area) वह क्षेत्र, जहाँ से किसी नदी को वर्षा या अन्य स्रोतों से पानी प्राप्त होता है।

- गंगा, ब्रह्मपुत्र एवं सिंध नदी का जल ग्रहण क्षेत्र बहुत बड़ा है तथा गंगा, ब्रह्मपुत्र एवं बराक नदियों के जल ग्रहण क्षेत्र में वर्षा अपेक्षाकृत अधिक होती है। ये नदियाँ देश के कुल क्षेत्र के लगभग एक-तिहाई भाग पर विस्तृत हैं तथा इनमें कुल धरातलीय जल संसाधनों का 60% जल पाया जाता है।
- दक्षिण भारतीय नदियाँ गोदावरी, कृष्णा और कावेरी नदियों के अधिकांश जल प्रवाह का प्रयोग कर लिया जाता है, जबकि ब्रह्मपुत्र और गंगा नदियों के जल प्रवाह का बहुत कम ही प्रयोग किया जाता है।

भौम जल संसाधन

- भारत में कुल पुनः पूर्ति योग्य भौम (Replenishable) जल संसाधन 432 घन किमी है, जिसका लगभग 46% भाग गंगा एवं ब्रह्मपुत्र बेसिनों में पाया जाता है।
- उत्तर-पश्चिमी प्रदेश तथा दक्षिणी भारत के नदी बेसिनों में भौम जल का उपयोग अपेक्षाकृत अधिक हुआ है।
- पंजाब, हरियाणा, राजस्थान, तमिलनाडु राज्यों मे भौम जल का उपयोग अधिक है जबकि छत्तीसगढ़, ओडिशा, केरल राज्यों में भौम जल का उपयोग कम है।
- गुजरात, उत्तर प्रदेश, बिहार, त्रिपुरा, महाराष्ट्र राज्यों में भौम जल उपयोग मध्यम स्तर का है।

लैगून और पश्च जल

- भारत की समुद्र तट रेखा बहुत विशाल है, जो कुछ राज्यों में बहुत दंतुरित (Indented) अर्थात् दाँतेदार बनी हुई है, जिसके परिणामस्वरूप बहुत-सी **लैगून**[4] (Lagoon) और झीलें बन गई हैं।
- केरल, ओडिशा और पश्चिम बंगाल में बड़े धरातलीय जल संसाधन इन्हीं लैगूनों एवं झीलों में उपलब्ध हैं। इन जलाशयों का जल खारा होता है, जिसका उपयोग मछलीपालन, चावल की कुछ निश्चित किस्में एवं नारियल आदि की सिंचाई में किया जाता है।

जल की माँग और उपयोग

- भारत एक कृषि प्रधान देश है तथा इसकी लगभग दो-तिहाई जनसंख्या कृषि पर निर्भर है, इसलिए पंचवर्षीय योजनाओं में कृषि उत्पादन को बढ़ाने के लिए सिंचाई के विकास को प्राथमिकता दी गई।
- बहुउद्देशीय नदी घाटी परियोजनाएँ; जैसे—भाखड़ा-नाँगल, हीराकुंड, दामोदर घाटी, नागार्जुन सागर, इंदिरा गाँधी नहर परियोजना आदि की शुरुआत की गई है। वर्तमान में भारत में जल का सबसे अधिक उपयोग सिंचाई अर्थात् कृषि श्रेणी में होता है।
- धरातलीय जल का 89% तथा भौम जल का 92% उपयोग कृषि में होता है।
- धरातलीय जल का 2% तथा भौम जल का 5% उपयोग औद्योगिक क्षेत्र में होता है। वहीं धरातलीय जल का 9% उपयोग घरेलू क्षेत्र में होता है।
- कुल जल उपयोग में कृषि सेक्टर का भाग, दूसरे सेक्टरों से अधिक है, परंतु भविष्य में विकस के साथ-साथ अन्य क्षेत्रों (औद्योगिक और घरेलू) जल का उपयोग बढ़ने की संभावना है।

सिंचाई के लिए जल की माँग

- कृषि में जल का उपयोग मुख्य रूप से सिंचाई के लिए किया जाता है। भारत में वर्षा का स्थानिक एवं सामयिक वितरण बहुत ही असमान है। देश के अधिकांश भाग में पर्याप्त वर्षा नहीं होती है, जिसके कारण वे क्षेत्र सूखाग्रस्त रहते हैं। इसके अंतर्गत उत्तर-पश्चिमी भारत और दक्कन के पठार को शामिल किया जाता है।
- देश के अधिकांश भागों में शीत तथा ग्रीष्म ऋतुओं में वर्षा बहुत कम होती है, जिसके कारण शुष्कता पाई जाती है। फलस्वरूप इन शुष्क ऋतुओं में बिना सिंचाई के कृषि कार्य करना कठिन होता है।
- मानसून मौसम में पश्चिम बंगाल एवं बिहार में वर्षा के नहीं होने के कारण सूखाग्रस्त हो जाता है तथा फसलें सूख जाती हैं। इसके लिए सिंचाई आवश्यक हो जाती है।
- चावल, जूट एवं गन्ने की फसलें अधिक जल का उपयोग करती हैं, जो केवल सिंचाई द्वारा संभव है।
- बहु-फसलीकरण के लिए सिंचाई अनिवार्य होती है। सिंचाई की सुविधा वाले क्षेत्र में ही फसलों की अधिक उपज देने वाली किस्मों का प्रयोग संभव है, क्योंकि उन्हें नियमित रूप से जल की आवश्यकता होती है, इसलिए पंजाब, हरियाणा एवं पश्चिमी उत्तर प्रदेश में कृषि विकास की **हरित क्रांति** की रणनीति सफल हुई है।
- पंजाब, हरियाणा और पश्चिमी उत्तर प्रदेश में निवल (शुद्ध) बोए गए क्षेत्र के 85% भाग पर सिंचाई की सुविधा उपलब्ध है तथा यहाँ चावल एवं गेहूँ का उत्पादन सिंचाई की सहायता से किया जाता है।

---

4 लैगून (Lagoon) स्थलखंड से घिरा समुद्री जलक्षेत्र जो उथला होता है तथा एक संकीर्ण मार्ग से समुद्र तक जुड़ा रहता है।

- पंजाब में निवल सिंचित क्षेत्र के 76.1% भाग तथा हरियाणा में 51.3% भाग की कुओं एवं नलकूपों द्वारा सिंचाई की जाती है। इससे स्पष्ट है कि ये राज्य अपने भौम जल का अधिक उपयोग करते हैं।
- कुल सिंचित क्षेत्र का गुजरात में 86.6%, राजस्थान में 77.2%, मध्य प्रदेश में 66.5%, महाराष्ट्र में 65.0%, उत्तर प्रदेश में 58.21%, पश्चिम बंगाल में 57.6% तथा तमिलनाडु में 54.7% भाग कुओं और नलकूपों द्वारा सिंचित है।
- इन राज्यों में भौम जल के अत्यधिक दोहन से भौम जल स्तर नीचे चला गया है।
- राजस्थान और महाराष्ट्र में अधिक भौम जल प्रयोग के कारण भौम जल में फ्लुओराइड तथा पश्चिम बंगाल एवं बिहार के कुछ भागों के भौम जल में संखिया (Arsenic) का जमाव बढ़ गया है।

प्रधानमंत्री कृषि सिंचाई योजना (PMKSY)

प्रधानमंत्री कृषि सिंचाई योजना राष्ट्र के सभी कृषि फार्मों हेतु सुरक्षात्मक सिंचाई के कुछ साधनों तक पहुँच सुनिश्चित करने की व्यापक दृष्टिकोण के साथ वर्ष 2015-16 के दौरान केंद्र सरकार द्वारा शुरू की गई है, जिससे वांछित ग्रामीण संवृद्धि निर्मित होगी। इस कार्यक्रम के उद्देश्य निम्न हैं

- खेतों में पानी की उपलब्धता बढ़ाना और सुनिश्चित सिंचाई के तहत खेती योग्य क्षेत्र का विस्तार करना।
- जल स्रोत, जल वितरण और इसके कुशल उपयोग का एकीकरण करना।
- जल उपयोग दक्षता में सुधार करना जिससे अपव्यय को कम किया जा सके व उपलब्धता को बढ़ाया जा सके।
- टिकाऊ (स्थायी) जल प्रणाली लागू करना।
- वर्षा आधारित क्षेत्रों का समग्र विकास सुनिश्चित करना, जिसमें मृदा व जल संरक्षण, भू-जल पुनर्जनन, अपवाह रोकने और आजीविका के विकल्प प्रदान करने आदि शामिल हैं।

चेक प्वॉइंट 1

1. उन राज्यों के नाम बताइए, जहाँ हरित क्रांति सफल रही।
2. कम भू-जल उपयोग करने वाले किन्हीं दो राज्यों के नाम बताइए?
3. भारत में भौम जल संसाधनों का कितना प्रतिशत भाग गंगा एवं ब्रह्मपुत्र बेसिनों में पाया जाता है?
4. प्रति व्यक्ति जल उपलब्धता दिन-प्रतिदिन क्यों कम हो रही है?
5. भारत में वार्षिक वर्षा द्वारा कितना जल प्राप्त होता है?

4.2 जल के गुणों का ह्रास

- जल की गुणवत्ता से आशय जल की शुद्धता या अनावश्यक बाह्य पदार्थों से रहित जल से है। जल बाह्य पदार्थों; जैसे—सूक्ष्म जीवों, रासायनिक पदार्थों, औद्योगिक और अन्य अपशिष्ट पदार्थों के मिलने से जल की गुणवत्ता में ह्रास (Deterioration of Water Quality) होता है तथा वह मानव उपयोग के योग्य नहीं हैं।
- झीलों, सरिताओं, नदियों, समुद्रों और अन्य जलाशयों में विषैले पदार्थों के घुलने या विलंबित हो जाने से जल प्रदूषण बढ़ता है तथा जल के गुणों में कमी आने से जलीय तंत्र (Aquatic System) पर नकारात्मक प्रभाव पड़ता है।
- प्रदूषित पदार्थ धरातल के नीचे पहुँचकर भौम जल को भी प्रदूषित करते हैं। भारत में गंगा एवं यमुना सबसे अधिक प्रदूषित नदियाँ हैं।

जल संरक्षण और प्रबंधन

- **सतत् पोषणीय विकास**[5] (Sustainable Development) के लिए जल संसाधन का संरक्षण और प्रबंधन आवश्यक है, क्योंकि इससे अलवणीय जल की घटती हुई उपलब्धता और बढ़ती माँग को पूरा किया जा सकता है।
- महासागरीय जल के विलवणीकरण (Desalinisation) द्वारा जल प्राप्ति की आर्थिक लागत बहुत अधिक होती है, जिससे यह नगण्य हो गई है। **जल संभर**[6] (Watershed), **वर्षा जल संग्रहण**[7] (Rain Water Harvesting), जल का पुनःचक्रण (Water Recycling) और पुनः उपयोग तथा लंबे समय तक जल की आपूर्ति के लिए जल का संयुक्त उपयोग आवश्यक है।

---

5 सतत् पोषणीय विकास (Sustainable Development) सतत् पोषणीय विकास से अभिप्राय संसाधनों का उपयोग इस प्रकार करने से है कि जिससे हमारी आवश्यकताओं के साथ-साथ आने वाली पीढ़ियों को भी लाभ पहुँचे।

6 जल संभर (Watershed) जल संभर प्राकृतिक दृष्टि से एक सुनिश्चित क्षेत्र होता है, जिसका जल एक ही बिंदु की ओर प्रवाहित होता है।

7 वर्षा जल संग्रहण (Rain Water Harvesting) वर्षा के जल को भविष्य में उपयोग के लिए एकत्र करना ही वर्षा जल संग्रहण कहलाता है।

- जल के प्रदूषण से बचाव हेतु जल बचाव तकनीकी तथा अन्य विधियों का प्रयोग किया जाना चाहिए। तटीय क्षेत्रों में जल के विलवणीकरण और शुष्क तथा अर्द्ध-शुष्क क्षेत्रों में खारे पानी की समस्या के निदान हेतु नदियों को जोड़कर अधिक जल के क्षेत्र से कम जल वाले क्षेत्रों में स्थानांतरित किया जा सकता है।

जल प्रदूषण का निवारण

- उपलब्ध जल संसाधनों की गुणवत्ता में तीव्र गति से ह्रास हो रहा है। पहाड़ी क्षेत्रों के ऊपरी भागों तथा कम बसे क्षेत्र की नदियों के जल की गुणवत्ता अच्छी है। मैदानी भागों में नदी जल का उपयोग कृषि, पीने, घरेलू और औद्योगिक क्षेत्र में किया जाता है। अपवाहिकाओं से होकर उर्वरक, कीटनाशक, घरेलू ठोस अपशिष्ट पदार्थ तथा औद्योगिक उत्सर्जन नदी में मिल जाते हैं। ग्रीष्म ऋतु में नदी जल प्रवाह कम हो जाने के कारण प्रदूषकों का जमाव अधिक होता है।
- केंद्रीय प्रदूषण नियंत्रण बोर्ड (सी.पी.सी.बी.) तथा राज्य प्रदूषण नियंत्रण बोर्ड (एस.पी.सी.) संयुक्त रूप से 507 स्टेशनों की राष्ट्रीय जल संसाधनों की गुणवत्ता की निगरानी करते हैं। इनके आँकड़ों के अनुसार, जैव और जीवाण्विक प्रदूषक नदियों के जल प्रदूषण का मुख्य स्रोत है।
- दिल्ली और इटावा के बीच यमुना नदी भारत में सबसे अधिक प्रदूषित है। इसके अतिरिक्त अहमदाबाद में साबरमती, लखनऊ में गोमती, मदुरई में काली, अडयार, कूअम, वैगई, हैदराबाद में मूसी तथा कानपुर और वाराणसी मे गंगा नदी प्रदूषित है। भारत के विभिन्न क्षेत्रों में विषैली धातुओं, फ्लुओराइड और नाइट्रेट्स के जमाव से भी भौम जल का प्रदूषण बढ़ता है।
- जल अधिनियम, 1974 (प्रदूषण का निवारण और नियंत्रण) और पर्यावरण सुरक्षा अधिनियम, 1986 का उचित कार्यान्वयन नहीं होने के कारण वर्ष 1997 में प्रदूषण फैलाने वाले 251 उद्योग, नदियों एवं झीलों के किनारे स्थापित किए गए थे। प्रदूषण कम करने वाला जल उपकर अधिनियम, 1977 का भी सीमित प्रभाव पाया गया।
- जन-जागरूकता और जन-भागीदारी से कृषि, घरेलू और औद्योगिक उत्सर्जन से होने वाले प्रदूषकों में कमी लाई जा सकती है।

जल का पुनः चक्रण और पुनः उपयोग

- पुनः चक्रण और पुनः उपयोग द्वारा अलवणीय जल की उपलब्धता में सुधार किया जा सकता है।
- उद्योगों में कम गुणवत्ता के जल; जैसे—शोधित अपशिष्ट जल का उपयोग शीतलन एवं अग्निशमन के करने से जल पर होने वाली लागत कम होती है।
- नगरीय क्षेत्रों में स्नान, बर्तन एवं वाहनों के धोने में प्रयोग होने वाले जल का उपयोग बागवानी में करने से अच्छी गुणवत्ता वाले जल का उपयोग पीने के लिए संरक्षण होगा। वर्तमान में पानी का पुनः चक्रण का प्रयोग सीमित रूप में हो रहा है, किंतु पुनः चक्रण द्वारा पुनः पूर्ति योग्य जल की उपादेयता व्यापक है।

जल संभर प्रबंधन

- मुख्य रूप से धरातलीय और भौम जल संसाधनों के प्रबंधन को जल संभर प्रबंधन कहते हैं। इसके अंतर्गत बहते जल को रोकना और विभिन्न विधियों; जैसे—अंत:स्रवण तालाब, पुनर्भरण, कुओं आदि के द्वारा भौम जल का संचयन और पुनर्भरण को शामिल किया जाता है।
- व्यापक अर्थ में जल संभर प्रबंधन के अंतर्गत भूमि, जल, पौधे, प्राणियों और जल संभर के साथ मानवीय संसाधनों के संरक्षण, पुनरुत्पादन और विवेकपूर्ण उपयोग को शामिल किया जाता है।
- जल संभर प्रबंधन का उद्देश्य प्राकृतिक संसाधनों और समाज के मध्य संतुलन स्थापित करना है। इसकी सफलता मुख्य रूप से लोगों के सहयोग पर निर्भर करती है।
- केंद्रीय और राज्य सरकारों के अतिरिक्त गैर-सरकारी संगठनों ने देश में अनेक जल संभर विकास और प्रबंधन कार्यक्रम शुरू किए हैं, जो निम्नलिखित हैं
  - (i) **हरियाली** यह केंद्र सरकार द्वारा प्रवर्तित जल संभर विकास परियोजना है, जिसका उद्देश्य ग्रामीण जनसंख्या को पीने, सिंचाई, मत्स्यपालन और वनारोपण के लिए जल उपलब्ध कराना है। इस परियोजना को लोगों के सहयोग से ग्राम पंचायतों द्वारा चलाया जा रहा है।
  - (ii) **नीरू-मीरू** इसे 'जल और आप' भी कहते हैं। यह कार्यक्रम आंध्र प्रदेश में चलाया जा रहा है, जिसके अंतर्गत लोगों के सहयोग से विभिन्न जल संग्रहण संरचनाएँ; जैसे—अंत:स्रवण तालाब व ताल (जोहड़) की खुदाई की गई है और रोक बाँध बनाए गए हैं।
  - (iii) **अरवारी पानी संसद** यह कार्यक्रम राजस्थान के अलवर जिले में चलाया जा रहा है। वहीं तमिलनाडु में प्रत्येक घर में जल संग्रहण संरचना का निर्माण करना अनिवार्य कर दिया गया है।

अटल भू-जल योजना

- अटल भू-जल योजना (अटल जल) सात राज्यों, (गुजरात, हरियाणा, कर्नाटक, मध्य प्रदेश, महाराष्ट्र, राजस्थान और उत्तर प्रदेश) के 80 जिलों के 229 प्रशासनिक ब्लॉकों/ तालुकाओं की 8220 जल की कमी के संकट से जूझने वाले ग्राम पंचायतों में कार्यान्वित की जा रही है।
- ये राज्य भारत के कुल जल संकटग्रस्त (अत्यधिक दोहन, गंभीर और अर्ध-गंभीर) ब्लॉकों का लगभग 37% हिस्सा है।
- अटल जल के मुख्य पहलुओं में से एक जन-समुदाय में व्यावहारिक बदलाव लाना है, जिससे लोगों की सोच उपभोग से संरक्षण और स्मार्ट जल प्रबंधन की ओर परिवर्तित हो।

रॉलेगैन सिद्धि, अहमदनगर, महाराष्ट्र में जल संभर विकास : एक वस्तुस्थिति अध्ययन

- रॉलेगॉन सिद्धि महाराष्ट्र के अहमदनगर जिले का एक छोटा-सा गाँव है। वर्ष 1975 में यह गाँव गरीबी और शराब के अवैध कारोबार में फँसा हुआ था। एक सेवानिवृत्त सैनिक ने गाँव में बसकर जल संभर विकास का कार्य शुरू किया। इन्होंने ग्रामीणों को परिवार नियोजन, स्वैच्छिक श्रम, खुले चराई पर रोक व वनों की कटाई रोकने और शराबबंदी के महत्त्व को समझाया।

गाँव द्वारा उठाए गए कदम

- स्वैच्छिक श्रम को प्रोत्साहित किया गया, जिससे सरकारी वित्तीय सहायता पर निर्भरता न्यूनतम हो गई।
- क्षतिग्रस्त तटबंध की ग्रामीणों द्वारा स्वच्छता से मरम्मत की गई।
- दहेज प्रथा, जातीय भेदभाव और अस्पृश्यता जैसे मुद्दों पर काम करने के लिए **तरुण मंडल** नामक युवा समूह का गठन किया गया।
- शराब की भट्टियों को हटाया गया और शराबबंदी लागू की गई।
- पानी की अधिक खपत वाली फसलों अर्थात गन्ने की खेती पर रोक लगाई गई। इसके लिए दालें, तिलहन और कम पानी वाली नकदी फसलों को बढ़ावा दिया गया।
- सभी स्थानीय निकाय चुनाव सर्वसम्मति के आधार पर किए जाने लगे। न्याय पंचायत की भी स्थापना की गई।
- गाँव के संसाधनों का उपयोग करके ₹ 22 लाख की लागत से एक स्कूल का निर्माण किया गया।

वर्षा जल संग्रहण

- वर्षा के जल को रोकने और एकत्रित करने की विधि को वर्षा जल संग्रहण कहते हैं। इसका उपयोग भूमिगत जलभृतों (Aquifers) के पुनर्भरण के लिए भी किया जाता है।

सर्विस कूप द्वारा जल संरक्षण पुनर्भरण कूप द्वारा जल संरक्षण

▲ वर्षा जल संग्रहण की विभिन्न विधियाँ

- यह पारिस्थितिकी अनुकूल और कम आर्थिक लागत वाली विधि है। इसके द्वारा पानी की प्रत्येक बूँद को संरक्षित करने के लिए वर्षा जल को नलकूपों, गड्ढों और कुओं में एकत्रित किया जाता है।
- वर्षा जल संग्रहण विधि पानी की उपलब्धता में वृद्धि, भौम जल स्तर की गिरावट को रोकना, फ्लुओराइड और नाइट्रेट्स जैसे प्रदूषकों को कम करके भूमिगत जल की गुणवत्ता में वृद्धि, मृदा अपरदन और बाढ़ को रोकना, जलभृतों के पुनर्भरण के उपयोग से तटीय क्षेत्रों में लवणीय जल के प्रवेश को रोकने आदि में महत्त्वपूर्ण भूमिका निभाती है।
- ग्रामीण क्षेत्रों में वर्षा जल संग्रहण झीलों, तालाबों एवं कुओं आदि में किया जाता है।
- राजस्थान में वर्षा जल संग्रहण कुंड या टाँका में किया जाता है, जो एक ढकी हुई भूमिगत टंकी होती है, जिसका निर्माण घर या गाँव के पास में किया जाता है।
- वर्षा जल संग्रहण घर की छतों और खुले स्थानों में भी किया जा सकता है। इसके घरेलू उपयोग से भूमिगत जल पर निर्भरता कम होती है। परिणामस्वरूप भौम जल निकालने में ऊर्जा की बचत होती है तथा पुनर्भरण से भौम जल स्तर में वृद्धि हो जाती है। इससे नगरीय क्षेत्रों को अधिक लाभ प्राप्त होगा, क्योंकि जल की माँग नगरों, महानगरों में पूर्व की अपेक्षा अधिक बढ़ गई है।

वर्षा जल संग्रहण के लाभ

- यह जल की उपलब्धता में वृद्धि करता है।
- यह घटते भू-जल स्तर को रोकता है।
- यह फ्लुओराइड और नाइट्रेट्स जैसे प्रदूषकों को कम करके भू-जल की गुणवत्ता में सुधार करता है।
- यह मृदा अपरदन और बाढ़ को रोकता है।
- यदि इसका उपयोग जलभृतों को रिचार्ज करने के लिए किया जाए, तो यह तटीय क्षेत्रों में खारे पानी के अतिक्रमण को रोकता है।
- घरेलू उपयोग के लिए भू-जल पर निर्भरता को बढ़ाता है।
- भू-जल स्तर बढ़ने के कारण इसे पंप करने में ऊर्जा की बचत होती है।

जल संकट के समाधान के अन्य तरीके

- विशेष रूप से तटीय क्षेत्रों में और शुष्क व अर्द्ध-शुष्क क्षेत्रों में खारे पानी का उपयोग उसे **विलवणीकरण**[8] करने के बाद किया जा सकता है।
- नदियों को आपस में जोड़कर जल को अधिशेष क्षेत्रों से जल अभाव वाले क्षेत्रों में स्थानांतरित क्रिया जा सकता है।

भारत की राष्ट्रीय जल नीति, 2012

- राष्ट्रीय जल नीति, 2012 का उद्देश्य वर्तमान स्थिति का आकलन करना और एकीकृत राष्ट्रीय दृष्टिकोण के साथ कार्य योजना के लिए एक रूपरेखा प्रस्तावित करना है। इस नीति की कुछ मुख्य विशेषताएँ निम्नलिखित हैं
- राष्ट्रीय जल रूपरेखा कानून और अंतर-राज्यीय नदियों व नदी घाटियों के समुचित विकास के लिए व्यापक कानून की आवश्यकता पर बल देता है।
- जल का संरक्षण और कुशल उपयोग बढ़ाने के लिए, आवश्यक आवश्यकताओं को पूरा करने के पश्चात् जल को आर्थिक संपत्ति के रूप में मानने का सुझाव देना।
- जल संसाधनों पर जलवायु परिवर्तन के प्रभाव को कम करने के लिए अनुकूलन रणनीति की आवश्यकता पर बल देना।
- जल उपयोग और जल लेखा परीक्षा हेतु मापदंडों की एक प्रणाली का विकास करना।
- शहरी और ग्रामीण क्षेत्रों में जल आपूर्ति हेतु उपबंधित प्रावधानों में बड़े अंतर को समाप्त करना।
- समुदाय की भागीदारी के साथ जल संसाधनों और सेवाओं का प्रबंधन करना।

जल क्रांति अभियान (वर्ष 2015-16)

जल क्रांति अभियान की शुरुआत भारत सरकार द्वारा वर्ष 2015-16 में प्रति व्यक्ति जल की उपलब्धता सुनिश्चित करने के लिए की गई थी। इस अभियान का लक्ष्य सरकारी संगठन, स्थानीय निकाय एवं नागरिकों को सम्मिलित कर इस अभियान के विषय में जागरूकता फैलाना है।

उद्देश्य

- देश के 672 जिलों में से प्रत्येक जिले के जल की कमी वाले गाँव को 'जल ग्राम' बनाने के लिए चुनना।
- भारत के विभिन्न भागों में 1000 हेक्टेयर मॉडल कमांड क्षेत्र की पहचान करना; जैसे—हरियाणा, उत्तर प्रदेश (उत्तर), गुजरात, राजस्थान (पश्चिम), तेलंगाना, तमिलनाडु, कर्नाटक (दक्षिण), ओडिशा (पूर्व) एवं मेघालय (उत्तर—पूर्व)।
- जल संरक्षण और कृत्रिम पुनर्भरण।
- भूमिगत जल प्रदूषण को कम करना।
- देश के चयनित क्षेत्रों में आर्सेनिक मुक्त कुओं का निर्माण करना।
- जनसंचार माध्यम; जैसे—रेडियो, टी.वी., प्रिंट, निबंध प्रतियोगिता एवं पोस्टर प्रतिस्पर्द्धा आदि के द्वारा जन जागरूकता का प्रसार करना

चेक प्वॉइंट 2

1. राष्ट्रीय जल नीति, 2012 का उद्देश्य क्या है?
2. जल की अधिक खपतवाली फसल का एक उदाहरण बताइए।
3. 'तरुण मंडल' किस सामाजिक समस्या पर कार्य करता था?
4. नीरु-मीरु कार्यक्रम किस राज्य में चलाया जा रहा है?
5. जल क्रांति अभियान की शुरुआत कब की गई थी?

8 विलवणीकरण (Desalinisation) यह एक प्रक्रिया है, जो खारे पानी से खनिज घटकों को अलग करती है।

Mind Map

जल संसाधन

1 जल संसाधनों का वर्गीकरण

लैगून और पश्च जल
- लैगून पानी का एक उथला क्षेत्र है, जो पानी के एक बड़े पिंड से एक संकीर्ण भू-आकृति द्वारा अलग होता है।
- भारत के कुछ राज्यों में समुद्र तट बहुत दंतुरित है, इसी कारण बहुत-सी लैगून और झीलें बन गई हैं।

लैगून और पश्च जल
- लैगून पानी का एक उथला क्षेत्र है, जो पानी के एक बड़े पिंड से एक संकीर्ण भू-आकृति द्वारा अलग होता है।
- भारत के कुछ राज्यों में समुद्र तट बहुत दंतुरित है, इसी कारण बहुत-सी लैगून और झीलें बन गई हैं।

भौम जल संसाधन
- इसमें कुएँ एवं झरनें शामिल होते हैं।
- देश में कुल पुनः पूर्ति योग्य भौम जल संसाधन लगभग 432 घन किमी है

भौम जल उपयोग
- **अत्याधिक उपयोग** पंजाब, हरियाणा, राजस्थान, तमिलनाडु
- **मध्यम उपयोग** गुजरात, उत्तर प्रदेश, बिहार, त्रिपुरा, महाराष्ट्र
- **कम उपयोग** छत्तीसगढ़, ओडिशा, केरल

2 जल की माँग और उपयोग

घरेलू सेक्टर
धरातलीय जल का उपयोग भौम जल की तुलना में 9% अधिक है।

औद्योगिक सेक्टर
सतह जल का 2% और भौम जल का 5% उपयोग होता है।

कृषि सेक्टर
- 89% धरातलीय जल का उपयोग
- 92% भौम जल का उपयोग

सिंचाई के लिए जल की माँग
उत्तर-पश्चिमी भाग और दक्कन का पठार सिंचाई का उपयोग करते हैं, क्योंकि इन क्षेत्रों में वर्षा नहीं होती है।

3 संभावित जल समस्या

जल के गुणों का ह्रास
- जल बाह्य पदार्थों; जैसे-सूक्ष्म जीवों, रासायनिक पदार्थों, औद्योगिक और अन्य अपशिष्ट पदार्थों से प्रदूषित होता है।

4 जल संरक्षण और प्रबंधन

जल का पुनःचक्र और पुनःउपयोग
- अलवणीय जल की उपलब्धता को पुनर्चक्रण और पुनः उपयोग के माध्यम से बढ़ाया जा सकता है।
- औद्योगिक कार्यों, बागवानी और घरेलू कार्यों के लिए खराब गुणवत्ता वाले पानी का पुनः उपयोग किया जा सकता है।

जल संभर प्रबंधन
मुख्य रूप से धरातलीय और भौम जल संसाधनों के दक्ष प्रबंधन से संबंधित है।
- **हरियाली** इसका उद्देश्य ग्रामीण जनसंख्या को पीने, सिंचाई, मत्स्य पालन और वन रोपण के लिए जल संरक्षण करना है।
- **नीरू-मीरू और अरवारी पानी संसद** इस योजना के अन्तर्गत विभिन्न जल संचयन संरचनाओं का निर्माण किया गया, जैसे अंतः स्रवण तालाब ताल (जोहड़), परकोलेशन टैंक और बाँध इत्यादि।

वर्षा जल संग्रहण
- वर्षा जल संग्रहण विभिन्न उपयोगों के लिए वर्षा के जल को रोकने और एकत्र करने की विधि है।
- यह एक कम मूल्य और पारिस्थितिकी अनुकूल विधि है, जिसके द्वारा पानी की प्रत्येक बूँद को संरक्षित करने के लिए वर्षा जल को नलकूपों, गढ्ढों और कुँओं में एकत्र किया जाता है।

छत पर वर्षा जल संग्रहण

सर्विस कूप द्वारा जल संरक्षण

जल प्रदूषण का निवारण
- नदियों की स्वच्छता के लिए निगरानी की जाती है, जिसे राज्य और केंद्रीय बोर्ड द्वारा संचालित किया जाता है
- जल उपकर अधिनियम, 1977 प्रदूषण को कम करने पर कार्य करता है।

Rivers of conflict...but also of peace

Rich countries poor in supply of water: WWF

Climate change? Barmer grapples with floods

NCERT फोल्डर

अध्याय के मध्य में दिए गए प्रश्न

1. पंजाब, हरियाणा और पश्चिमी उत्तर प्रदेश में गहन सिंचाई से मृदा में लवणता बढ़ रही है और भौम जल सिंचाई में कमी आ रही है। इसके कृषि पर संभावित प्रभाव की चर्चा कीजिए।

उत्तर पंजाब, हरियाणा और पश्चिमी उत्तर प्रदेश में गहन सिंचाई से मृदा में लवणता बढ़ने और भौम जल की कमी के कारण कृषि पर गंभीर प्रभाव पड़ रहा है। इसके संभावित प्रभावों को निम्नलिखित बिंदुओं द्वारा समझा जा सकता है

(i) **मृदा की उर्वरता** में कमी गहन सिंचाई से मिट्टी में पानी के वाष्पीकरण के कारण लवणता बढ़ती है। यह मिट्टी की संरचना को कठोर बनाकर पोषक तत्त्वों के अवशोषण को बाधित करता है, जिससे मृदा की उर्वरता घट जाती है।

(ii) **फसल उत्पादन में गिरावट** लवणीय मिट्टी में फसलों की जड़े पानी और पोषक तत्त्वों को ठीक से अवशोषित नहीं कर पातीं। इससे गेहूँ, धान, गन्ना और अन्य फसलों का उत्पादन कम हो जाता है।

(iii) **भौम जल संकट** गहन सिंचाई के अत्यधिक भू-जल उपयोग के कारण भू-जल स्तर तेजी से गिर रहा है। इससे सिंचाई के लिए उपलब्ध पानी में कमी हो रही है, जिस कारण फसल चक्र प्रभावित होता है।

(iv) **फसल विविधता पर प्रभाव** सिंचाई जल की कमी और मिट्टी की गुणवत्ता में गिरावट के कारण किसान सीमित और कम जल गहन फसलों की ओर जाने को मजबूर हो सकते हैं। यह क्षेत्र में फसल विविधता को प्रभावित करता है।

(v) **पर्यावरणीय क्षति** लवणीयता और जल संकट से क्षेत्र में बंजर भूमि का विस्तार होता है जिस कारण दीर्घकालीन पर्यावरणीय असंतुलन उत्पन्न हो सकता है।

समाधान भौम जल सिंचाई के प्रमुख समाधान इस प्रकार हैं
जल प्रबंधन और ड्रिप सिंचाई तकनीकों का उपयोग।

- लवणता सहिष्णु फसलों की खेती।
- पुनर्भरण तकनीकों से भू-जल स्तर को बनाए रखना।
- फसल चक्र और जल-जागरूकता कार्यक्रम।

इन समस्याओं का समाधान करके कृषि की स्थिरता सुनिश्चित की जा सकती है।

2. गंगा और इसकी सहायक नदियों पर बसे हुए शहरों/नगरों और उनके मुख्य उद्योगों को ढूँढिए और बताइए।

उत्तर गंगा नदी और उसकी सहायक नदियों के किनारे बसे मुख्य शहरों और उनके उद्योग निम्नलिखित हैं-

शहर/नगर	गंगा नदी/गंगा की सहायक नदी	मुख्य उद्योग
कानपुर (उत्तर प्रदेश)	गंगा नदी	चमड़ा उद्योग, सूती वस्त्र उद्योग, रसायन उद्योग, शक्कर उद्योग
कोलकाता (पश्चिम बंगाल)	हुगली नदी	जूट उद्योग, काँच, रासायनिक उद्योग
भागलपुर (बिहार)	गंगा नदी	चीनी, मिट्टी उद्योग, अभ्रक उद्योग, सूती वस्त्र उद्योग
वाराणसी (उत्तर प्रदेश)	गंगा नदी	सूती वस्त्र उद्योग, रेशम वस्त्र उद्योग
गोरखपुर (उत्तर प्रदेश)	घाघरा नदी	शक्कर उद्योग, फर्टिलाइजर कॉर्पोरेशन ऑफ इंडिया, चीनी मिलें
आगरा (उत्तर प्रदेश)	यमुना नदी	चमड़ा उद्योग, सूती वस्त्र उद्योग
नई दिल्ली	यमुना नदी	वस्त्र, इलेक्ट्रॉनिक, हल्के इंजीनियरिंग व रसायन उद्योग

3. अपने घर में विभिन्न कार्यों के लिए उपयोग में लाए गए जल की मात्रा को देखिए और वे तरीके बताइए जिनसे विभिन्न कार्यों के लिए इस जल का पुनः उपयोग और पुनः चक्रण किया जा सकता हो।

उत्तर घर में विभिन्न कार्यों में उपयोग किए गए जल की मात्रा और उसके पुनः उपयोग व पुनः चक्रण के तरीकों का विश्लेषण करना जल संरक्षण के लिए महत्त्वपूर्ण है।

अपने घर में विभिन्न कार्यों; जैसे-पेयजल, खाना पकाने के लिए, स्नान के लिए, शौचालय फ्लशिंग के लिए, कपड़े धोने के लिए, साफ-सफाई और बागवानी के लिए नियमित रूप से जल की आवश्यकता पड़ती है। इसके पुन उपयोग और पुनः चक्रण के तरीके निम्नलिखित हैं

(i) **रसोई का पानी** सब्जी धोने के पानी को बगीचों में पौधों की सींचने के लिए उपयोग करें। चावल या दाल धोने का पानी पौधों के लिए उर्वरक का काम कर सकता है। पानी को फिल्टर करके फर्श की सफाई के लिए उपयोग करें।

(ii) **स्नान और कपड़े धोने का पानी** स्नान का पानी शौचालय फ्लशिंग या बगीचे की सिंचाई में पुनः उपयोग किया जा सकता है। पानी को ग्रे वाटर सिस्टम के जरिए साफ करके घरेलू सफाई में उपयोग करें।

(iii) **शौचालय और बाथरूम का पानी** वाश बेसिन का पानी फिल्टर करके शौचालय फ्लेशिंग के लिए उपयोग किया जा सकता है। बाथरूम में उपयोग किए गए ग्रे-वाटर को छानकर बगीचे या सफाई में उपयोग करें।

(iv) **वर्षा जल संचयन** छत से बहने वाले वर्षा जल को टैंक में संगृहित करके घरेलू कार्यों (सफाई, शौचालय और सिंचाई) के लिए उपयोग करें।

जल संरक्षण के लिए पानी की बचत, जल सभी संकट से निपटने में सहायता, पर्यावरणीय संतुलन में योगदान ये सभी रणनीतियाँ न केवल व्यक्तिगत उपयोग में सुधार लाती हैं, बल्कि सामूहिक रूप से जलवायु संकट के समाधान में भी सहायक होती हैं।

नीचे दिए गए प्रश्नों के उत्तर संक्षेप में दीजिए

1. निम्नलिखित में से जल किस प्रकार का संसाधन है?

(a) अजैव संसाधन (b) अनवीकरणीय संसाधन
(c) जैव संसाधन (d) अचक्रीय संसाधन

उत्तर (a) अजैव संसाधन

2. निम्नलिखित दक्षिणी भारतीय राज्यों में से किस राज्य का भौम जल उपयोग (प्रतिशत में) इसके कुल भौम जल संभाव्य से ज्यादा है?

(a) तमिलनाडु (b) आंध्र प्रदेश
(c) कर्नाटक (d) केरल

उत्तर (a) तमिलनाडु

3. देश में प्रयुक्त कुल जल का सबसे अधिक समानुपात निम्नलिखित क्षेत्रों में से किस क्षेत्र में है?

(a) सिंचाई (b) घरेलू उपयोग
(c) उद्योग (d) इनमें से कोई नहीं

उत्तर (a) सिंचाई

निम्नलिखित प्रश्नों के उत्तर लगभग 30 शब्दों में दीजिए

1. यह कहा जाता है कि भारत में जल संसाधनों में तेजी से कमी आ रही है। जल संसाधनों की कमी के लिए उत्तरदायी कारकों की विवेचना कीजिए।

उत्तर भारत में तेजी से बढ़ती जनसंख्या के कारण जल की प्रतिव्यक्ति उपलब्धता में दिन-प्रतिदिन कमी होती जा रही है, साथ ही उपलब्ध जल संसाधन औद्योगिक क्षेत्रों, कृषि और घरेलू प्रदूषकों से प्रदूषित होते जा रहे हैं। बढ़ती जनसंख्या एवं प्रदूषण जल संसाधनों की कमी के लिए उत्तरदायी कारक हैं।

2. पंजाब, हरियाणा और तमिलनाडु राज्यों में सबसे अधिक भौम जल विकास के लिए कौन-से कारक उत्तरदायी हैं?

उत्तर पंजाब, हरियाणा तथा तमिलनाडु राज्यों में भौम जल विकास सबसे अधिक इसलिए संभव हुआ है, क्योंकि इन प्रदेशों में कृषि के अंतर्गत उगाई जाने वाली फसलों को सिंचाई की आवश्यकता होती है। हरित क्रांति का शुभारंभ भी इन्हीं राज्यों से हुआ था, साथ ही भौम जल की मात्रा भी इन राज्यों में सर्वाधिक है।

3. देश में कुल उपयोग किए गए जल में कृषि क्षेत्र का हिस्सा कम होने की संभावना क्यों है?

उत्तर देश में कुल उपयोग किए गए जल में कृषि क्षेत्र का हिस्सा कम होने की बड़ी संभावना है, क्योंकि उद्योग तथा अन्य आर्थिक क्रियाएँ कृषि की अपेक्षा अधिक तेजी से उन्नति कर रही हैं और उनमें अधिकाधिक जल प्रयोग होने की संभावना है।

4. लोगों पर 'संदूषित जल'/गंदे पानी के उपयोग के क्या संभव प्रभाव हो सकते हैं?

उत्तर दूषित जल के उपयोग से मनुष्य में जलजनित अनेक बीमारियाँ; जैसे–डायरिया, हैजा, पीलिया आदि होने का खतरा बना रहता है, साथ ही इनसे उनकी असामयिक मृत्यु होने की भी संभावना अधिक होती है।

निम्नलिखित प्रश्नों के उत्तर लगभग 150 शब्दों में दीजिए

1. देश में जल संसाधनों की उपलब्धता की विवेचना कीजिए और इसके स्थानिक वितरण के लिए उत्तरदायी निर्धारित करने वाले कारक बताइए।

उत्तर भारत में जल संसाधनों का 4% भाग पाया जाता है। देश में एक वर्ष में वर्षण से प्राप्त कुल जल की मात्रा लगभग 4,000 घन किमी है। धरातलीय जल और पुनः पूर्ति योग्य भौम जल से 1,869 घन किमी जल उपलब्ध होता है। इसमें से केवल 60% जल का लाभदायक उपयोग किया जा सकता है। इस प्रकार देश में कुल उपयोगी जल संसाधन 1,122 घन किमी है।

इसके स्थानिक वितरण के लिए उत्तरदायी कारक निम्न हैं

(i) **धरातलीय जल संसाधन** भारत में सभी नदी बेसिनों में औसत वार्षिक प्रवाह 1,869 घन किमी होने का अनुमान लगाया गया है, परंतु इसका केवल 32% भाग ही (लगभग 690 घन किमी) उपयोग में लाया जा सकता है। देश में कुल धरातलीय जल संसाधनों का लगभग 60% जल सिंधु, गंगा और ब्रह्मपुत्र नदियों से होकर बहता है।

(ii) **भौम जल संसाधन** देश में कुल पुनः पूर्ति योग्य भौम जल संसाधन लगभग 432 घन किमी है। कुल पुनः पूर्ति योग्य भौम जल संसाधन का लगभग 46% गंगा और ब्रह्मपुत्र बेसिनों में पाया जाता है।

2. जल संसाधनों का ह्रास सामाजिक द्वंद्वों और विवादों को जन्म देता है। इसे उपयुक्त उदाहरणों सहित समझाइए।

उत्तर जल संसाधनों का दुरुपयोग समाज में अनेक रूप से लोगों के बीच विवाद का कारण बनता है। देश में जल संसाधन का स्थानिक वितरण असमान रूप में है, जिसके कारण किसी क्षेत्र के लोग जल का भरपूर दोहन करते हैं, तो किसी क्षेत्र के लोगों के लिए पेयजल की आपूर्ति भी नहीं हो पाती। जल वितरण को लेकर अंतर्राज्यीय एवं अंतर्राष्ट्रीय विवाद काफी बढ़ते जा रहे हैं। जल संसाधन को लेकर बढ़ते विवाद जल के दुरुपयोग एवं जल के व्यापक रूप से घरेलू एवं औद्योगिक अपशिष्टों से प्रदूषित होने के कारण बढ़ते जा रहे हैं। सिंचाई के लिए जल आपूर्ति में स्थानिक विषमताएँ हैं, जो विवाद को जन्म देती हैं।

उदाहरण कावेरी जल विवाद तमिलनाडु और कर्नाटक राज्य के मध्य गंभीर मुद्दा बना हुआ है। कावेरी नदी के जल बँटवारे को लेकर इन राज्यों के बीच गहराता विवाद उच्चतम न्यायालय के लिए भी चुनौती बन गया है। इसके अतिरिक्त हरियाणा एवं पंजाब के बीच भी जल बँटवारे को लेकर विवाद बना हुआ है। इस प्रकार के विवाद विकट समस्या का रूप ले चुके हैं।

ये विवाद अंतर्राज्यीय ही नहीं, बल्कि अंतर्राष्ट्रीय स्तर पर भी गंभीर रूप से बने हुए हैं। भारत का पाकिस्तान, नेपाल व बांग्लादेश जैसे पड़ोसी देशों से जल बँटवारे को लेकर विवाद बना हुआ है। जल बँटवारे के विवाद के कारण अनेक प्रकार की समस्याएँ उत्पन्न होती हैं।

ये समस्याएँ निम्नलिखित हैं

- काफी मात्रा में जल की बर्बादी, जो बिना उपयोग किए समुद्र में बह जाता है।
- विभिन्न क्षेत्रों में सिंचाई के साथ-साथ पेयजल आपूर्ति में कमी।
- अंतर्राष्ट्रीय एवं अंतर्राज्यीय विवाद सामाजिक, आर्थिक, राजनीतिक एवं सांस्कृतिक रूप से भी प्रभावित होते हैं। इस प्रकार कहा जा सकता है कि जल संसाधनों का ह्रास सामाजिक द्वंद्वों और विवादों को जन्म देता है। इसे कम करने के लिए जल के दुरुपयोग को रोकना, प्रदूषण में कमी करने के साथ-साथ जल बँटवारे को लेकर आपसी सहमति की आवश्यकता है।

3. जल संभर प्रबंधन क्या है? क्या आप सोचते हैं कि यह सतत् पोषणीय विकास में एक महत्त्वपूर्ण भूमिका अदा कर सकता है?

उत्तर धरातलीय और भौम जल संसाधनों का उचित प्रबंधन और संरक्षण जल संभर प्रबंधन के अंतर्गत आता है। जल संभर प्रबंधन जल संभर की एक महत्त्वपूर्ण विधि है, जिससे कृषि उत्पादन बढ़ाया जा सकता है, साथ ही पारितंत्रीय ह्रास को रोका जा सकता है। जल संभर प्रबंधन के अंतर्गत अंतः स्रवण तालाब, पुनर्भरण, कुओं आदि विभिन्न विधियों के द्वारा भौम जल का संचयन और पुनर्भरण किया जाता है।

सतत् पोषणीय विकास में भूमिका जल संभर प्रबंधन व्यापक रूप से प्राकृतिक और मानवीय संसाधनों के संरक्षण तथा उसके विवेकपूर्ण उपयोग और पुनरुत्पादन में आता है। समाज तथा प्राकृतिक संसाधनों के बीच संतुलन बनाना इस प्रबंधन का उद्देश्य है, जो प्रत्येक वर्ग के सहयोग से पूरा किया जा सकता है।

जल संभर विकास परियोजना पर्यावरण और अर्थव्यवस्था के दृष्टिकोण से देश के कुछ भागों में सफल रही है, परंतु यह अपनी प्रारंभिक अवस्था में है। अतः इसे और व्यापक रूप से सफल बनाने के लिए लोगों में जागरुकता उत्पन्न कर सतत् पोषणीय विकास किया जा सकता है।

अभ्यास प्रश्न

वस्तुनिष्ठ प्रश्न

बहुविकल्पीय प्रश्न

1. पृथ्वी का लगभग कितने प्रतिशत भाग जल से आच्छादित है?

(a) 75% (b) 71% (c) 21% (d) 3%

उत्तर *(b)* 71%

2. भारत में एक वर्ष में वर्षण द्वारा लगभग कितने घन किमी जल प्राप्त होता है?

(a) 2589 घन किमी (b) 3500 घन किमी
(c) 4000 घन किमी (d) 4900 घन किमी

उत्तर *(c)* 4000 घन किमी

3. भारत में कुल पुनः पूर्ति योग्य भौम जल संसाधन का 46% भाग पाया जाता है

(a) गोदावरी बेसिन में
(b) कृष्णा-ब्रह्मपुत्र बेसिनों में
(c) कृष्णा-गोदावरी बेसिन में
(d) गंगा-ब्रह्मपुत्र बेसिनों में

उत्तर *(d)* गंगा-ब्रह्मपुत्र बेसिनों में

4. निम्न में से किन राज्यों में भौम जल का उपयोग मध्यम है?

(a) तमिलनाडु (b) केरल
(c) गुजरात (d) राजस्थान

उत्तर (c) गुजरात

5. निम्नलिखित में से किस राज्य में कुओं और नलकूपों के माध्यम से सिंचित क्षेत्र का प्रतिशत सबसे अधिक है? **CBSE 2021**

(a) पंजाब (b) हरियाणा
(c) उत्तर प्रदेश (d) मध्य प्रदेश

उत्तर *(a)* पंजाब

6. भारत में जल का सर्वाधिक उपयोग किस क्षेत्र में किया जा रहा है?

(a) कृषि क्षेत्र (b) औद्योगिक क्षेत्र
(c) घरेलू क्षेत्र (d) विनिर्माण क्षेत्र

उत्तर *(a)* कृषि क्षेत्र

7. राष्ट्रीय जल नीति, 2012 का उद्देश्य मौजूदा स्थिति का .... करना और एकीकृत राष्ट्रीय परिप्रेक्ष्य के साथ कार्य योजना के लिए रूपरेखा प्रस्तावित करना है। दक्षता आधारित प्रश्न

(a) विश्लेषण (b) आकलन
(c) सुधार (d) क्रियान्वयन

उत्तर *(b)* आकलन

8. धरातलीय जल का कितने प्रतिशत उपयोग घरेलू क्षेत्र में किया जाता है?

(a) 2% (b) 5%
(c) 7% (d) 9%

उत्तर *(a)* 2%

9. **निम्न में से किन कारणों से भारत के कुछ क्षेत्रों में सिंचाई अनिवार्य है?** *दक्षता आधारित प्रश्न*

(a) वर्षा की अनिश्चितता
(b) वर्षा के स्थानिक वितरण में विषमता
(c) शीत एवं ग्रीष्म ऋतुओं में शुष्कता
(d) उपरोक्त सभी

उत्तर *(d)* उपरोक्त सभी

10. **निम्नलिखित में से किस राज्य में कुंड या टंका का उपयोग मुख्य रूप से वर्षा जल संचयन के लिए किया जाता है?** **CBSE 2021**

(a) राजस्थान (b) महाराष्ट्र
(c) आंध्र प्रदेश (d) गुजरात

उत्तर *(a)* राजस्थान

11. **निम्नलिखित में से कौन-सा 'जल संरक्षण के लिए जागरूकता फैलाने वाला जनसंचार माध्यम है?** **CBSE 2024**

(a) लोगों को पत्र लिखना
(b) दूरभाष द्वारा वार्तालाप
(c) टी.वी. और प्रिंट मीडिया द्वारा
(d) लोगों के साथ व्यक्तिगत संपर्क

उत्तर *(c)* टी.वी. और प्रिंट मीडिया द्वारा

12. **अरवारी पानी संसद कार्यक्रम चलाया जा रहा है**

(a) अलवर (राजस्थान) (b) थाणे (महाराष्ट्र)
(c) भिवानी (उत्तर प्रदेश) (d) मण्डला (मध्य प्रदेश)

उत्तर *(a)* अलवर (राजस्थान)

13. **निम्नलिखित में से कौन राष्ट्रीय जल नीति की विशेषता है?** **CBSE 2021**

(a) पानी का कम से कम उपयोग करना चाहिए
(b) स्वच्छ नदियाँ होनी चाहिए
(c) प्रत्येक घर में जल संरक्षण करना चाहिए
(d) एक दुर्लभ संसाधन के रूप में जागरूकता को बढ़ावा दिया जाना चाहिए

उत्तर *(d)* एक दुर्लभ संसाधन के रूप में जागरूकता को बढ़ावा दिया जाना चाहिए

14. **हरियाली वाटरशेड डेवलपमेंट प्रोजेक्ट निम्नलिखित में से किसके द्वारा चलाया जाता है?** **CBSE 2021**

(a) गैर-सरकारी संगठन (b) स्थानीय स्वशासन
(c) राज्य सरकार (d) केंद्र सरकार

उत्तर *(d)* केंद्र सरकार

15. **नीरु-मीरु जल-संभर प्रबंधन कार्यक्रम निम्नलिखित में से किस राज्य से संबंधित है?** **CBSE 2024**

(a) राजस्थान (b) तमिलनाडु
(c) आंध्र प्रदेश (d) कर्नाटक

उत्तर *(c)* आंध्र प्रदेश

16. **निम्न में से किस राज्य ने प्रत्येक घर में जल संग्रहण संरचना का निर्माण अनिवार्य कर दिया है?**

(a) महाराष्ट्र (b) राजस्थान
(c) केरल (d) तमिलनाडु

उत्तर *(d)* तमिलनाडु

17. **जल संसाधन संरचनाओं के डिजाइन और प्रबंधन के लिए ...... के मद्देनजर अनुकूलन रणनीतियों पर जोर दिया गया है।** *दक्षता आधारित प्रश्न*

(a) शहरीकरण (b) जलवायु परिवर्तन
(c) जनसंख्या वृद्धि (d) औद्योगिकीकरण

उत्तर *(b)* जलवायु परिवर्तन

18. **'जल क्रांति अभियान' का निम्नलिखित में से कौन-सा प्रमुख उद्देश्य है?** **CBSE 2024**

(a) प्रति व्यक्ति जल की उपलब्धता को सुनिश्चित करना
(b) वर्षा-जल संग्रहण
(c) जल संसाधन का संरक्षण
(d) कृषि के लिए पर्याप्त जल उपलब्ध कराना

उत्तर *(c)* जल संसाधन का संरक्षण

19. **जल संभर प्रबंधन हेतु चलाए गए कार्यक्रम हैं** *दक्षता आधारित प्रश्न*

1. **नीरु-मीरु कार्यक्रम**
2. **जल सुरक्षा परियोजना**
3. **अरवारी पानी संसद**
4. **हरियाली परियोजना**
5. **पुनः चक्रण परियोजना**

कूट

(a) 1, 3 और 4 (b) 2, 4 और 5
(c) 1, 3 और 5 (d) 1, 2, 4 और 5

उत्तर *(a)* 1, 3 और 4

20. **निम्न में से कौन-से राज्यों में भौम जल का उपयोग कम है?**

1. **छत्तीसगढ़**
2. **पंजाब**
3. **महाराष्ट्र**
4. **केरल**
5. **ओडिशा**

कूट

(a) 1, 3 और 4 (b) 2, 4 और 5
(c) 3, 4 और 5 (d) 1, 4 और 5

उत्तर *(d)* 1, 4 और 5

21. **जल संरक्षण एवं प्रबंधन के अंतर्गत सम्मिलित हैं**

1. **जल संभर विकास**
2. **वर्षा जल संग्रहण**
3. **जल पुनः चक्रण**
4. **जल पुनः उपयोग**

कूट

(a) 1, 2 और 3 (b) 2, 3 और 4
(c) 1, 3 और 4 (d) ये सभी

उत्तर *(d)* ये सभी

22. **जल क्रांति अभियान के तहत कौन-सी गतिविधियाँ प्रस्तावित नहीं हैं?** *दक्षता आधारित प्रश्न*

1. **जल संरक्षण और कृत्रिम पुनर्भरण तकनीकों को लागू करके जल स्तर सुधारने का प्रयास।**
2. **जल प्रदूषण में वृद्धि करने और औद्योगिक कचरे के लिए जल निकासी को बढ़ावा देना।**
3. **आर्सेनिक मुक्त कुओं का निर्माण और भूमिगत जल प्रदूषण को कम करने के उपाय।**
4. **जल को औद्योगिक उत्पादन का प्राथमिक स्रोत मानकर केवल आर्थिक लाभ के लिए इसका उपयोग बढ़ाना।**

कूट

(a) केवल 1 (b) केवल 3 (c) केवल 4 (d) 2 और 4

उत्तर *(a)* 2 और 4

23. निम्नलिखित राज्यों को इनके कुल सिंचित क्षेत्र के आधार पर (निम्न से उच्च) क्रमानुसार लगाइए

1. उत्तर प्रदेश 2. गुजरात
3. तमिलनाडु 4. पश्चिम बंगाल

कूट

(a) 1, 2, 4, 3 (b) 2, 3, 4, 1 (c) 3, 4, 1, 2 (d) 4, 1, 3, 2

उत्तर *(c)* 3, 4, 1, 2

24. प्रधानमंत्री कृषि सिंचाई योजना (PMKSY) से संबंधित निम्नलिखित में से कौन-से कथन सही हैं? *दक्षता आधारित प्रश्न*

1. प्रधानमंत्री कृषि सिंचाई योजना स्थानीय जल संरक्षण प्रणालियों को अपनाती है।
2. प्रधानमंत्री कृषि सिंचाई योजना की शुरुआत केंद्र सरकार द्वारा वर्ष 2014-15 में की गई थी।
3. PMKSY का उद्देश्य खेत में पानी की पहुँच बढ़ाना और सुनिश्चित सिंचाई के तहत खेती योग्य क्षेत्र का विस्तार करना है।
4. उचित प्रौद्योगिकियों और प्रथाओं के माध्यम से पानी का सर्वोत्तम उपयोग करने के लिए जल स्रोत, वितरण और इसके कुशल उपयोग के एकीकरण को बढ़ावा देना।

कूट

(a) 1, 2, और 3 (b) 1, 3, और 4
(c) 2, 3, और 4 (d) 1, 2, और 4

उत्तर *(b)* 1, 3, और 4

25. जल संसाधन की उपयोगिता से संबंधित निम्नलिखित कथनों को क्रमानुसार में व्यवस्थित कीजिए

1. प्रधानमंत्री कृषि सिंचाई योजना देश के सभी कृषि फार्मों के लिए सुरक्षात्मक सिंचाई के कुछ साधनों तक पहुँच सुनिश्चित करने की दृष्टि से केंद्र सरकार द्वारा शुरू की गई।
2. जल उपकर अधिनियम 1977 जिसका उद्देश्य प्रदूषण कम करना है।
3. राष्ट्रीय जल नीति का उद्देश्य मौजूदा स्थिति का आकलन करना और एकीकृत राष्ट्रीय परिप्रेक्ष्य के साथ कार्य योजना के लिए एक रूपरेखा प्रस्तावित करना है।
4. महाराष्ट्र में, अहमदनगर जिले में रालेगॉन सिद्धि एक छोटा-सा गाँव है। यह पूरे देश में जल-संभर विकास का उदाहरण है। यह गाँव गरीबी और शराब के गैर-कानूनी व्यापार जाल में पूर्ण रूप से शामिल था।

कूट

(a) 1, 2, 3, 4 (b) 4, 2, 3, 1 (c) 4, 3, 2, 1 (d) 3, 4, 1, 2

उत्तर *(b)* 4, 2, 3, 1

26. भू-जल उपयोग (उच्च से निम्न) के संदर्भ में निम्न में से कौन-से राज्य सही क्रमानुसार व्यवस्थित हैं?

(a) पंजाब, गुजरात, केरल (b) गुजरात, केरल, पंजाब
(c) गुजरात, पंजाब, केरल (d) केरल, गुजरात, पंजाब

उत्तर *(a)* पंजाब, गुजरात, केरल

27. नीचे दो कथन दिए गए हैं। कथन (A) और कारण (R) इन दोनों कथनों को ध्यानपूर्वक पढ़िए और सही विकल्प का चयन कीजिए।

कथन (A) 'कृषि में समृद्ध राज्य पंजाब, हरियाणा और पश्चिमी उत्तर प्रदेश भूजल की कमी के संकट का सामना कर रहे हैं।

कारण (R) **:** जल स्तर पुनर्भरण की तुलना में सिंचाई के लिए अधिक भूजल का उपयोग किया जाता है

कूट

(a) A तथा R दोनों सही हैं और R, A की सही व्याख्या है
(b) A तथा R दोनों सही हैं, लेकिन R, A की सही व्याख्या नहीं हैं
(c) A सही नहीं है, लेकिन R सही है
(d) A सही है, लेकिन R सही नहीं है

उत्तर *(a)* A तथा R दोनों सही हैं और R, A की सही व्याख्या है

28. निम्नलिखित कथनों का ध्यानपूर्वक अध्ययन कीजिए और कूट की सहायता से सही विकल्प का चयन कीजिए

कथन I मुख्य रूप से धरातलीय और भौम जल, संसाधनों के प्रबंधन को जल संभर प्रबंधन कहते हैं।

कथन II जल संभर प्रबंधन का उद्देश्य प्राकृतिक संसाधनों और समाज के मध्य संतुलन स्थापित करना है। *दक्षता आधारित प्रश्न*

विकल्प

(a) केवल कथन I सही है
(b) केवल कथन II सही हैं
(c) कथन I और II दोनों सही हैं
(d) कथन I और II दोनों गलत हैं

उत्तर *(d)* कथन I और II दोनों सही हैं

29. सूची I का सूची II से सही सुमेलित कीजिए

सूची I (क्षेत्र)	सूची II (धरातलीय जल का उपयोग)	
A. कृषि क्षेत्र	1	9%
B. घरेलू क्षेत्र	2.	89%
C. औद्योगिक क्षेत्र	3.	2%

कूट

	A	B	C		A	B	C
(a)	1	2	3	(b)	2	1	3
(c)	3	1	2	(d)	1	3	2

उत्तर *(b)* 2 1 3

30. सूची I का सूची II से सही सुमेलित कीजिए

सूची I	सूची II	
A. जल (प्रदूषण निवारण एवं नियंत्रण) अधिनियम	1.	1974
B. पर्यावरण सुरक्षा अधिनियम	2.	1986
C. जल उपकरण अधिनियम	3.	1977
D. राष्ट्रीय जल नीति	4.	2002
E. जल क्रांति अभियान	5.	2015
F. नीरु-मीरु योजना	6.	2000

कूट

	A	B	C	D	E	F
(a)	1	2	3	4	5	6
(b)	4	2	1	3	6	5
(c)	6	5	4	3	2	1
(d)	2	1	4	3	5	6

उत्तर *(a)* 1 2 3 4 5 6

31. निम्नलिखित में से कौन-सा युग्म सही नहीं है?

(a) आर्सेनिक मुक्त कुएँ — प्रदूषित क्षेत्रों में स्वास्थ्य सुधार का प्रयास

(b) पारंपरिक जल संरक्षण — आधुनिक तकनीकों को पूरी तरह अस्वीकार करना

(c) जागरूकता अभियान — टीवी, रेडियो और पोस्टर प्रतियोगिता के माध्यम से

(d) जल सुरक्षा का लक्ष्य — खाद्य सुरक्षा और आजीविका प्रदान करना

उत्तर *(b)* पारंपरिक जल संरक्षण -आधुनिक तकनीकों को पूरी तरह अस्वीकार करना

निर्देश (प्र. सं. 32-33) नीचे दिए गए कथन (A) तथा कारण (R) को ध्यानपूर्वक पढ़कर कुट की सहायता से सही उत्तर का चयन कीजिए।

कूट

(a) A और R दोनों सही हैं तथा R, A की सही व्याख्या है
(b) A और R दोनों सही हैं, परंतु R, A की सही व्याख्या नहीं है।
(c) A सही है, किंतु R गलत है
(d) A गलत है, किंतु R सही है

32. कथन (A) पंजाब, हरियाणा एवं पश्चिमी उत्तर प्रदेश में निवल (शुद्ध) बोए गए क्षेत्र के लगभग 85% भाग पर सिंचाई सुविधा उपलब्ध है।
कारण (R) राजस्थान एवं महाराष्ट्र में अधिक भौम जल के प्रयोग से भौम जल में फ्लुओराइड तथा संखिया का जमाव बढ़ गया है।

दक्षता आधारित प्रश्न

उत्तर *(b)* पंजाब, हरियाणा और पश्चिमी उत्तर प्रदेश में निवल (शुद्ध) बोए गए क्षेत्र के लगभग 85% भाग पर सिंचाई सुविधा उपलब्ध है। यहाँ सिंचाई की बेहतर व्यवस्था मुख्यतः नहरें, नलकूप आदि के कारण संभव हुई है, जिस कारण इस क्षेत्र में कृषि उत्पादन बढ़ा है। राजस्थान एवं महाराष्ट्र क्षेत्रों में अधिक भौम जल के दोहन से भू-जल में आर्सेनिक संखिया की मात्रा में वृद्धि हुई है, जो जल की गुणवत्ता को प्रभावित करती है और स्वास्थ्य के लिए हानिकारक हो सकती हैं।

33. कथन (A) केंद्रीय प्रदूषण बोर्ड तथा राज्य प्रदूषण नियंत्रण बोर्ड संयुक्त रूप से 567 स्टेशनों की राष्ट्रीय जल संसाधनों की गुणवत्ता की निगरानी करते हैं।

कारण (R) इनके आँकड़ों के अनुसार, जैव और जीवाण्विक प्रदूषक नदियों के जल प्रदूषण का मुख्य स्रोत हैं।

उत्तर *(a)* केंद्रीय प्रदूषण बोर्ड और राज्य प्रदूषण नियंत्रण बोर्ड दोनों जल गुणवत्ता की निगरानी करने के लिए संयुक्त रूप से 567 स्टेशनों पर काम करते हैं। इनके द्वारा एकत्र किए गए आँकड़ों के अनुसार, जैविक और जीवाण्विक प्रदूषण जैसे नलों और अपशिष्ट जल से आने वाले मल और बैक्टीरिया, नदियों के जल प्रदूषण का मुख्य कारण हैं। ये प्रदूषक जल की गुणवत्ता को नकारात्मक रूप से प्रभावित करते हैं और जल को पीने के लिए अनुपयुक्त बना सकते हैं। जल की गुणवत्ता की निगरानी करते हुए इन प्रदूषकों के स्तर को रिकॉर्ड किया जाता है।

34. नीचे दिए गए चार्ट/ग्राफ को दिए गए विकल्पों में से उपयुक्त उत्तर का चुनाव कर पूरा कीजिए।

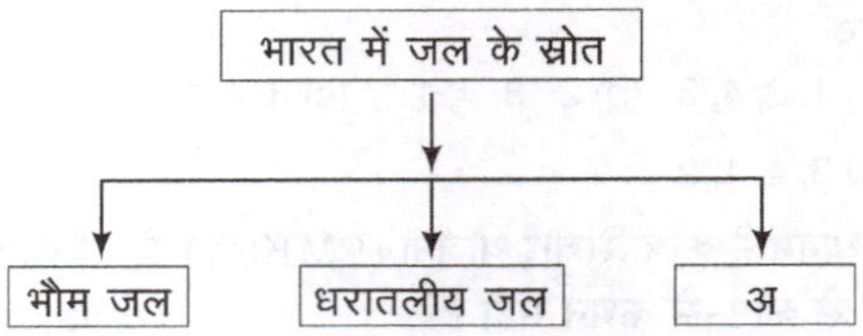

(a) महासागर (b) झील
(c) लैगून और पश्च जल (d) धाराएँ

उत्तर *(c)* लैगून और पश्च जल

35. रिक्त स्थान की पूर्ति के लिए सही विकल्प का चयन कीजिए। **CBSE 2024**

.... में भौम जल का उपयोग अत्यधिक है। अगर वर्तमान प्रवृत्ति की तरह भौमजल का उपयोग जारी रहता है, तो जल की आवश्यकता को पूरा करना बहुत मुश्किल हो जाएगा।

(a) पंजाब (b) ओडिशा (c) केरल (d) छत्तीसगढ़

उत्तर *(a)* पंजाब

36. दिए गए मैप/चित्र को ध्यान से पढ़िए और नीचे दिए गए प्रश्नों के उत्तर दीजिए।

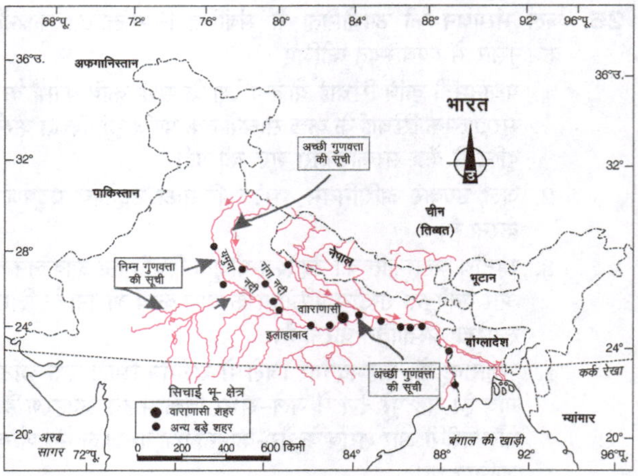

(i) गंगा नदी किस खाड़ी में गिरती है?

उत्तर गंगा नदी बंगाल की खाड़ी में गिरती है

(ii) गंगा नदी का प्रवाह मुख्यतः किस दिशा में है?

उत्तर गंगा नदी का प्रवाह पश्चिम से पूर्व दिशा की ओर है।

(iii) गंगा नदी किन-किन राज्यों से प्रवाहित होती है?

उत्तर गंगा नदी, गंगोत्री से निकलकर उत्तराखण्ड, उत्तर प्रदेश, बिहार, झारखंड और पश्चिम बंगाल में प्रवाहित होती है। अंततः बंगाल की खाड़ी में समाहित हो जाती है।

लघु उत्तरीय प्रश्न

1. जल संसाधनों का संरक्षण और प्रबंधन क्यों आवश्यक है? कोई तीन कारण स्पष्ट कीजिए।

अथवा **सतत् विकास को दृष्टिगत रखते हुए जल संसाधन के संरक्षण और कुशल प्रबंधन पर बल देना एक दूरदर्शी कदम है। पुष्टि कीजिए।**

उत्तर जल संसाधनों का संरक्षण और प्रबंधन के निम्न तीन कारण इस प्रकार हैं

(i) अलवणीय जल की घटती हुई उपलब्धता और बढ़ती हुई माँग से सतत् पोषणीय विकास के लिए संसाधन के संरक्षण और प्रबंधन की आवश्यकता बढ़ गई है।

(ii) विलवणीकरण द्वारा सागर और महासागर से प्राप्त जल की उपलब्धता उसकी अधिक लागत के कारण शून्य हो गई है।

(iii) जल की गुणवत्ता को बनाए रखने के लिए जल संरक्षण आवश्यक है। जल संभर विकास, वर्षा जल संग्रहण, जल के पुनः चक्रण और पुनः उपयोग और लंबे समय तक जल की आपूर्ति के लिए जल के संयुक्त उपयोग को प्रोत्साहित करने की आवश्यकता है।

2. जल की गुणवत्ता क्या है? भारत में जल की गुणवत्ता में निम्नीकरण के क्या कारण हैं?

अथवा **भारत में 'जल की गुणवत्ता' के ह्रास के किन्हीं तीन कारणों को स्पष्ट कीजिए।**

अथवा **अपशिष्टों के अकुशल प्रबंधन ने जल की गुणवत्ता को नकारात्मक रूप प्रभावित किया है, जो कई पर्यावरणीय और स्वास्थ्य समस्याओं को जन्म देती है। अपने विचार प्रस्तुत कीजिए।**

उत्तर जल गुणवत्ता से तात्पर्य जल की शुद्धता तथा अवांछनीय बाहरी पदार्थों से रहित जल से है।

भारत में 'जल की गुणवत्ता' के ह्रास के तीन कारण निम्नलिखित हैं

(i) घरेलू एवं औद्योगिक क्षेत्रों से बड़े पैमाने पर अपशिष्टों का उत्सर्जन किया जाता है, जो व्यापक रूप से जल की गुणवत्ता में कमी लाते हैं।

(ii) कृषि से संबंधित निःसरणों से भी बड़े पैमाने पर जल की गुणवत्ता में कमी आती है।

(iii) सघन आबादी वाले क्षेत्रों में बड़े पैमाने पर अपशिष्टों का नदियों में बहाया जाना जल की गुणवत्ता के ह्रास का प्रमुख कारण है।

3. भारत में जल से संबंधित किन्हीं तीन प्रमुख समस्याओं को स्पष्ट कीजिए।

उत्तर भारत में जल से संबंधित तीन प्रमुख समस्याएँ निम्नलिखित हैं

(i) **जल संसाधनों की माँग में वृद्धि** तीव्र गति से बढ़ती जनसंख्या के कारण पेयजल, घरेलू कार्यों तथा औद्योगिक इकाइयों में जल संसाधन की माँग में तीव्र वृद्धि हुई है।

(ii) **जल संसाधन का व्यापक रूप से प्रदूषित होना** भारत में जल संसाधन घरेलू अपशिष्टों, औद्योगिक इकाइयों तथा अन्य मानवीय क्रियाकलापों से व्यापक रूप से प्रदूषित हो रहे हैं, जो एक गंभीर समस्या है।

(iii) **जल संरक्षण एवं प्रबंधन में कमी** भारत में जल संरक्षण एवं प्रबंधन के लिए ठोस उपाय नहीं किए गए हैं, जो समस्या का एक प्रमुख कारण है।

4. भारत में भौम जल संसाधन की विशेषताएँ बताइए।

उत्तर भारत में भौम जल संसाधन की निम्नलिखित विशेषताएँ हैं

- देश में कुल पुनः पूर्ति योग्य भौम जल संसाधन लगभग 432 घन किमी है।
- कुल पुनः पूर्ति योग्य भौम जल संसाधन का लगभग 46% गंगा और ब्रह्मपुत्र बेसिनों में पाया जाता है।
- उत्तरी जलोढ़ मैदान एवं तटीय मैदानों में भौम जल की उपस्थिति अधिक है।
- जबकि उत्तर-पश्चिमी शुष्क प्रदेश तथा दक्कन के पठारी भाग के आंतरिक भाग में भौम जल कम पाया जाता है।
- उत्तर-पश्चिमी प्रदेश और दक्षिणी भारत के कुछ भागों के नदी बेसिनों में भौम जल का उपयोग अपेक्षाकृत अधिक है।

5. धरातलीय जल एवं भौम जल में अंतर स्पष्ट कीजिए।

उत्तर धरातलीय जल एवं भौम जल में निम्नलिखित अंतर हैं

धरातलीय जल	भौम जल
गंगा, ब्रह्मपुत्र और सिंधु नदी के कुल धरातलीय जल में संसाधनों का 60% जल पाया जाता है।	भौम जल संसाधन का लगभग 46% गंगा और ब्रह्मपुत्र बेसिनों में पाया जाता है।
धरातलीय जल का प्रमुख स्रोत नदियाँ, झीलें, तलैया और तालाब हैं।	वर्षा जल का कुछ भाग भूमि द्वारा सोख लिया जाता है, जिसे भौम जल कहते हैं।
हिमालयी और प्रायद्वीपीय क्षेत्रों में धरातलीय जल प्रचुर मात्रा में उपलब्ध है।	भारत के उत्तरी मैदान से लेकर ब्रह्मपुत्र घाटी तक भौम जल के विशाल भंडार हैं।

6. जल संभर प्रबंधन शब्द की परिभाषा दीजिए। देश में चलाए गए जल संभर प्रबंधन कार्यक्रमों की किन्हीं चार विशेषताओं को स्पष्ट कीजिए।

उत्तर जल संभर प्रबंधन से तात्पर्य मुख्य रूप से धरातलीय और भौम जल संसाधनों के दक्ष प्रबंधन से है। देश में चलाए गए जल संभर प्रबंधन के प्रमुख कार्यक्रम हरियाली, नीरु-मीरु तथा अरवारी पानी संसद हैं।

जल संभर प्रबंधन कार्यक्रमों की प्रमुख चार विशेषताएँ इस प्रकार हैं

(i) जल संभर एक भू-आकृतिक इकाई है और इसका उपयोग सुविधानुसार छोटे प्राकृतिक कार्यों के विकास के लिए किया जाता है।

(ii) इससे मृदा अपरदन की रोकथाम होती है।

(iii) इससे कृषि योग्य तथा गैर-कृषि भूमि का विकास हुआ है।

(iv) जल संभर प्रबंधन जल के पुनर्भरण में सहायक है तथा प्राकृतिक संसाधनों और समाज के बीच संतुलन लाना है। जल संभर व्यवस्था की सफलता मुख्य रूप से संप्रदाय के सहयोग पर निर्भर करती है।

7. भारत में सिंचाई क्यों आवश्यक है? कोई तीन कारण स्पष्ट कीजिए।

अथवा **भारत में सिंचाई के लिए जल की माँग क्यों बढ़ रही है? कोई तीन कारण स्पष्ट कीजिए।**

उत्तर भारत एक कृषि प्रधान देश है। यहाँ वर्षा में स्थानिक भिन्नता पाई जाती है और वर्षा मुख्य रूप से मानसूनी होती है, जिसके कारण सिंचाई आवश्यक है। भारत में सिंचाई के मुख्य कारण निम्नलिखित हैं

(i) **वर्षा का असमान वितरण** देश में वर्षा का असमान वितरण है। अधिकांश वर्षा, वर्षा ऋतु में ही होती है, इसलिए सिंचाई के लिए जल की माँग बढ़ रही है।

(ii) **मानसूनी जलवायु** भारत की जलवायु मानसूनी है। वर्षा केवल तीन से चार माह में होती है। शेष समय शुष्क रहता है, इसलिए सिंचाई के लिए जल की माँग रहती है।

(iii) **वर्षा की अनिश्चितता** वर्षा की अनिश्चितता के कारण सिंचाई के लिए जल की माँग बढ़ती है।

8. भारत में कृषि के लिए सिंचाई की महत्ता स्पष्ट कीजिए।

उत्तर उष्ण जलवायु तथा मौसमी एवं अनियमित वर्षा के कारण भारत में कृषि के लिए सिंचाई आवश्यक है। कृषि के लिए सिंचाई का निम्नलिखित महत्त्व है

- वर्षा के स्थानिक वितरण एवं सामयिक परिवर्तिता के कारण सिंचाई आवश्यक है।
- भारत में 90% वर्षा ग्रीष्म ऋतु के उत्तरार्द्ध में प्राप्त होती है। वर्षा रहित महीनों में कृषि के लिए सिंचाई ही एकमात्र माध्यम है।
- शुष्क क्षेत्रों के कृषि विस्तार एवं कृषि उत्पादन में वृद्धि के लिए सिंचाई आवश्यक है।
- हरित क्रांति के निवेशों का प्रयोग सिंचाई पर ही आधारित है।
- सिंचाई की सुविधा की उपलब्धता ने बहु-फसलीकरण को संभव बनाया है।

9. देश में सिंचाई के वितरण पर संक्षिप्त विवरण प्रस्तुत कीजिए।

उत्तर भारत में सिंचाई के वितरण में असमानता पाई जाती है। पंजाब, हरियाणा और पश्चिमी उत्तर प्रदेश में निवल बोए गए क्षेत्र के 85% भाग पर सिंचाई सुविधा उपलब्ध है, जबकि उत्तर-पूर्वी राज्यों, पश्चिमी मरुस्थलीय भाग तथा दक्कन के पठार के आंतरिक भाग पर कम सिंचाई सुविधा उपलब्ध है। भारत में तालाब, नहर, कुओं एवं नलकूपों से सिंचाई की जाती है। पंजाब में कुल सिंचित क्षेत्र के 76.1% तथा हरियाणा में 51.3% भाग पर कुओं एवं नलकूपों द्वारा सिंचाई की जाती है। उत्तरी भारत के मैदानी भागों में नहर से सिंचाई की जाती है, जबकि दक्षिणी भारत में तालाबों से सिंचाई महत्त्वपूर्ण है।

10. भारत के जलाशयों को उद्योग किस प्रकार प्रदूषित करते हैं? उदाहरणों सहित स्पष्ट कीजिए।

उत्तर औद्योगीकरण के पश्चात् जल का उपयोग अविवेकपूर्ण तरीके से किया जाने लगा। उद्योगों से निकलने वाले कचरे में सूक्ष्म जीवों, रासायनिक पदार्थों तथा अपशिष्ट पदार्थों के कारण जल में प्रदूषण होता है, जिस कारण यह जल मानव उपयोग के लिए लाभदायक नहीं रहता है। उद्योगों से निकलने वाले विषैले पदार्थ जब झीलों, सरिताओं, नदियों, समुद्रों तथा अन्य जलाशयों में प्रवेश करते हैं, परिणामतः वे जल में घुल जाते हैं। इससे जल की गुणवत्ता में ह्रास होने से जलीय तंत्र प्रभावित होता है तथा जल का प्रदूषण बढ़ता है। विषैले पदार्थ रिसकर भूमिगत जल को भी प्रदूषित करते हैं।

11. भारत की 'राष्ट्रीय जल नीति, 2002' की किन्हीं तीन मुख्य विशेषताओं का वर्णन कीजिए। **CBSE 2024**

उत्तर 'राष्ट्रीय जल नीति, 2002' की मुख्य तीन विशेषताएँ निम्नलिखित हैं

(i) सिंचाई और बहुउद्देशीय परियोजनाओं में पीने का जल घटक में सम्मिलित करना चाहिए, जहाँ पेयजल के स्रोत का कोई विकल्प नहीं है।

(ii) पेयजल सभी मानव जाति और प्राणियों को उपलब्ध कराना प्राथमिकता में होना चाहिए। दुर्लभ संसाधन के रूप में जल के लिए जागरुकता विकसित की जानी चाहिए।

(iii) धरातलीय और भौम जल दोनों की गुणवत्ता की जाँच होनी चाहिए।

12. वर्षा जल संग्रहण किस प्रकार किया जाता है?

उत्तर वर्षा जल संग्रहण भूमिगत जलभृतों के पुनर्भरण के लिए किया जाता है। यह एक कम मूल्य और पारिस्थितिकी अनुकूल विधि है, जिसके द्वारा वर्षा के जल को नलकूपों, कुओं और गड्ढों में जमा किया जाता है। देश में वर्षा जल संग्रहण अनेक विधियों से किया जाता है; जैसे-

- ग्रामीण क्षेत्रों में वर्षा जल संग्रहण झीलों, तालाबों एवं कुओं आदि में किया जाता है। राजस्थान में वर्षा जल संग्रहण कुंड या टाँका में किया जाता है, जो एक ढकी हुई भूमिगत टंकी होती है, जिसका निर्माण घर या गाँव के पास किया जाता है।
- वर्षा जल संग्रहण घर की छतों और खुले स्थानों में भी किया जा सकता है। इसके घरेलू उपयोग से भूमिगत जल पर निर्भरता कम होती है। परिणामस्वरूप भौम जल निकालने में ऊर्जा की बचत होती है तथा पुनर्भरण से भौम जल स्तर में वृद्धि हो जाती है।

13. भारतीय अर्थव्यवस्था में जल संसाधन का क्या महत्त्व है?

उत्तर भारत एक कृषि प्रधान देश है। यहाँ की लगभग दो-तिहाई जनसंख्या कृषि पर निर्भर है। कृषि उत्पादन को बढ़ाने के लिए सिंचाई का विकास करना आवश्यक है, इसलिए पंचवर्षीय योजनाओं में सिंचाई के विकास को उच्च प्राथमिकता दी गई है।

इसके अंतर्गत भाखड़ा-नाँगल, हीराकुड, दामोदर घाटी, नागार्जुन सागर, इंदिरा गाँधी नहर जैसी अनेक बहुउद्देशीय नदी घाटी परियोजनाओं की शुरुआत की गई है। जल की माँग वर्तमान में सिंचाई की आवश्यकता के लिए सर्वाधिक है। कृषि में सर्वाधिक भौम जल तथा धरातलीय जल का उपयोग होता है। 89% धरातलीय जल का तथा 92% भौम जल का उपयोग कृषि कार्यों में किया जाता है, जबकि सतही जल का 2% और भौम जल का 5% भाग औद्योगिक क्षेत्रों में प्रयुक्त किया जाता है।

14. केंद्रीय और राज्य सरकारों द्वारा भारत में चलाए जा रहे जल संभर विकास और प्रबंधन कार्यक्रमों का वर्णन कीजिए।

उत्तर केंद्रीय और राज्य सरकारों द्वारा भारत में जल संभर विकास और प्रबंधन दिशा में निम्नलिखित कार्यक्रम चलाए जा रहे हैं

(i) **हरियाली** केंद्र सरकार द्वारा प्रवर्तित जल संभर विकास परियोजना है, जिसका उद्देश्य ग्रामीण जनसंख्या को पीने योग्य पानी, सिंचाई, मत्स्यपालन और वनारोपण के लिए जल उपलब्ध कराना है।

(ii) **नीरु-मीरु** इसे 'जल और आप' भी कहते हैं। यह कार्यक्रम आंध्र प्रदेश में चलाया जा रहा है, जिसके अंतर्गत लोगों के सहयोग से विभिन्न जल संग्रहण संरचनाएँ; जैसे—अंतःस्रवण तालाब व ताल (जोहड़) की खुदाई की गई है और रोक बाँध बनाए गए हैं।

(iii) **अरवारी पानी संसद** यह कार्यक्रम राजस्थान के अलवर जिले में चलाया जा रहा है। तमिलनाडु में प्रत्येक घर में जल संग्रहण संरचना का निर्माण करना अनिवार्य कर दिया गया है। किसी भी मकान का निर्माण बिना जल संग्रहण संरचना के नहीं किया जा सकता।

15. "भारत में बढ़ती हुई जनसंख्या और औद्योगिक विस्तार के द्वारा जल के अंधाधुंध उपयोग ने जल की गुणवत्ता को बहुत घटाया है।" जल की गुणवत्ता को बनाए रखने में सहायता कर सकने वाले मूल्यों की व्याख्या कीजिए।

अथवा **"बढ़ती जनसंख्या एवं औद्योगिक विस्तार के द्वारा जल के अंधाधुंध उपयोग से जल की गुणवत्ता में काफी गिरावट आई है।" कथन का मूल्यांकन कीजिए।**

उत्तर जल की गुणवत्ता को बनाए रखने में सहायता करने वाले मूल्य निम्नलिखित हैं

- औद्योगिक अपशिष्टों का उचित निपटारा कर अर्थात् इनके जल में प्रवाह को रोककर।
- कृषि कार्यों में रासायनिक उर्वरकों के अतिरिक्त जैविक उर्वरकों का प्रयोग करके।
- घरेलू अपशिष्टों एवं कचरे का उचित प्रबंधन करके।
- जन-सहभागिता के साथ पुनःचक्रण और पुनःउपयोग को अपनाकर।

16. भारत में 'जलक्रांति अभियान' के किन्हीं तीन उद्देश्यों का विश्लेषण कीजिए। **CBSE 2024**

उत्तर भारत में 'जल क्रान्ति' अभियान के तीन प्रमुख उद्देश्यों का विश्लेषण इस प्रकार है

(i) **जल संरक्षण और कृत्रिम पुनर्भरण** इसका उद्देश्य जल संरक्षण को बढ़ावा देना और भू-जल स्तर को बनाए रखने के लिए कृत्रिम पुनर्भरण तकनीकों को अपनाना है। यह पारंपरिक जल संरक्षण उपायों को पुनर्जीवित करने और नई तकनीकों को लागू करने पर जोर देता है।

(ii) **भूमिगत जल प्रदूषण को कम करना** यह अभियान भूमिगत जल स्रोतों को प्रदूषण मुक्त बनाने पर केंद्रित है। उदाहरण के लिए, आर्सेनिक मुक्त कुओं का निर्माण और प्रदूषण नियंत्रण के उपायों को लागू करना।

(iii) **स्थानीय भागीदारी और जागरूकता** जल संरक्षण के प्रति जागरूकता बढ़ाने के लिए स्थानीय निकायों और नागरिकों को शामिल किया जाता है। जनसंचार माध्यमों; जैसे-रेडियो, टीवी और प्रतियोगिताओं का उपयोग इस उद्देश्य को पूरा करने के लिए किया जाता है।

दीर्घ उत्तरीय प्रश्न

1. भारत में 'धरातलीय जल संसाधनों' और 'भौम जल संसाधनों' की पाँच-पाँच विशेषताओं का उल्लेख कीजिए।

उत्तर भारत में 'धरातलीय जल संसाधनों' की पाँच विशेषताएँ निम्नलिखित हैं

(i) धरातलीय जल तालाबों, नदियों, झरनों तथा जलाशयों में पाया जाता है।

(ii) भारत में नदियाँ जल का प्रमुख स्रोत हैं। भारत में 1.6 किमी से अधिक लंबी नदियों की संख्या 10,360 है।

(iii) औसत वार्षिक अनुमानित प्रवाह 1,869 घन किमी है।

(iv) उपलब्ध धरातलीय जल का केवल 690 घन किमी (32%) का ही उपयोग किया जा सकता है।

(v) कुल धरातलीय जल का लगभग 60% सिंधु, गंगा तथा ब्रह्मपुत्र नदियों में प्रवाहित होता है।

भारत में 'भू-जल संसाधनों' की पाँच विशेषताएँ निम्नलिखित हैं

(i) भारत में पुनर्भरणीय भू-जल संसाधन क्षमता लगभग 432 घन किमी है।

(ii) जलोढ़ मिट्टी में जल आसानी से रिसता है। अतएव इन मैदानों में भू-जल की उच्च संभावना है।

(iii) केवल उत्तर प्रदेश ही 19% भू-जल की संभावना को प्रस्तुत करता है।

(iv) भू-जल के लगभग 42% भाग की संभावना पंजाब, हरियाणा, बिहार तथा पश्चिम बंगाल में ही की जाती है।

(v) प्रायद्वीपीय भारत में पथरीली भू-सतह के कारण भू-जल की संभावना बहुत ही कम पाई जाती है।

2. जल संसाधनों के कम होने के उत्तरदायी किन्हीं तीन कारकों की व्याख्या कीजिए। भारत में जल प्रदूषण को नियंत्रित करने के लिए किन्हीं दो वैधानिक उपायों की जाँच कीजिए।

अथवा **भारत में जल संरक्षण के पारंपरिक और आधुनिक उपायों का तुलनात्मक विश्लेषण कीजिए। साथ ही यह भी स्पष्ट कीजिए कि जल संरक्षण के क्षेत्र में सामुदायिक भागीदारी क्यों आवश्यक है।**

उत्तर जल संसाधनों के कम होने के उत्तरदायी कारक निम्नलिखित हैं

(i) **बड़े पैमाने पर जल की खपत में वृद्धि** जल संसाधनों की बड़े पैमाने पर खपत बढ़ती जा रही है। घरेलू कार्यों, औद्योगिक इकाइयों एवं कृषि क्षेत्र में बड़े पैमाने पर जल की खपत में वृद्धि हुई है।

(ii) **जल का तीव्रता से बढ़ता प्रदूषण** जल संसाधनों का प्रदूषण तीव्र रूप से बढ़ता जा रहा है, जो अन्य कार्यों में उपयोग करने योग्य नहीं रह जाता। अतः जल संसाधनों के कम होने का यह उत्तरदायी कारक है।

(iii) **तीव्र गति से बढ़ती जनसंख्या** जल संसाधनों के कम होने के प्रमुख कारणों में से एक तीव्र गति से बढ़ती जनसंख्या है, जिससे प्रतिव्यक्ति जल उपयोग में कमी आई है।

जल प्रदूषण को नियंत्रित करने के लिए दो वैधानिक उपाय निम्नलिखित हैं

(i) जल अधिनियम, 1974 (प्रदूषण का निवारण एवं नियंत्रण)

(ii) पर्यावरण सुरक्षा अधिनियम, 1986

जल अधिनियम, 1974 (प्रदूषण का निवारण एवं नियंत्रण) और पर्यावरण सुरक्षा अधिनियम, 1986 का उचित कार्यान्वयन नहीं होने के कारण वर्ष 1997 में प्रदूषण फैलाने वाले 251 उद्योग नदियों एवं झीलों के किनारे स्थापित किए गए थे।

3. भारत में जल की दो समस्याएँ कौन-सी हैं? उपयुक्त उदाहरणों सहित स्पष्ट कीजिए।

अथवा **भारत में जल संकट के मुख्य कारणों की व्याख्या कीजिए। साथ ही जल संरक्षण के लिए स्थानीय स्तर पर उठाए गए किसी एक सफल प्रयास का वर्णन कीजिए।**

उत्तर भारत में जल की दो प्रमुख समस्याएँ निम्न हैं

(i) **जल की गुणवत्ता में कमी** भारत में जल की गुणवत्ता में तीव्र गति से कमी आ रही है। रासायनिक पदार्थ, औद्योगिक अपशिष्ट, घरेलू अपशिष्ट एवं अन्य अपशिष्टों से जल तीव्र गति से प्रदूषित हो रहा है।

भारत की अधिकांश नदियों में प्रदूषित जल प्रवाहित हो रहा है। अतः भारत में 14 नदी बेसिनों का जल सीवेज से प्रभावित है, जिससे धरातलीय तथा भौम दोनों प्रकार के जल की गुणवत्ता पर प्रतिकूल प्रभाव पड़ता है।

(ii) **प्रतिव्यक्ति जल उपलब्धता में कमी** भारत में तीव्र गति से बढ़ती जनसंख्या के कारण प्रतिव्यक्ति जल उपलब्धता में भी काफी कमी आई है।

इस पर ठोस कदम न उठाए गए, तो भविष्य में यह समस्या और बढ़ेगी तथा विवादों को उत्पन्न करेगी। जल उपलब्धता में कमी केवल मानवीय उपयोग के लिए ही नहीं, बल्कि सिंचाई में भी कमी आ रही है, साथ ही जल उपलब्धता में स्थानिक विषमता भी बहुत बढ़ गई है। किसी क्षेत्र में जल की बर्बादी होती है, तो किसी क्षेत्र के लोगों को पेयजल के लिए मीलों दूर पैदल जाना पड़ता है। उदाहरणस्वरूप; पश्चिमी राजस्थान में जल उपलब्धता की व्यापक कमी है, जिससे उस क्षेत्र के लोगों को काफी कठिनाइयों का सामना करना पड़ता है।

4. भारतीय कृषि के लिए सिंचाई क्यों आवश्यक है? चर्चा कीजिए।

अथवा **भारत में सिंचाई के लिए जल की माँग क्यों बढ़ रही है? उदाहरण सहित स्पष्ट कीजिए।**

उत्तर भारत में कृषि के लिए सिंचाई आवश्यक है, चूँकि भारत में कृषि मुख्य रूप से वर्षा पर निर्भर रहती है, जो मुख्यत: मानसूनी होती है। वर्तमान में भारत में जल का सर्वाधिक उपयोग सिंचाई अर्थात् कृषि क्षेत्र में किया जाता है। धरातलीय जल का 89% तथा भौम जल का 92% जल का उपयोग कृषि में किया जाता है।

भारत में सिंचाई की आवश्यकता तथा सिंचाई हेतु जल की माँग बढ़ने के निम्नलिखित कारण हैं

(i) **वर्षा की अनिश्चितता** यहाँ हमेशा वर्षा की अनिश्चितता बनी रहती है। वर्षा मुख्य रूप से दक्षिण-पश्चिमी मानसून से होती है, जिससे वर्षभर सिंचाई नहीं की जा सकती।

(ii) **वर्षा के स्थानिक वितरण में विषमता** भारत में वर्षा के स्थानिक वितरण में भी विषमता पाई जाती है। यहाँ कोई क्षेत्र बाढ़ग्रस्त है, तो कोई क्षेत्र सूखा प्रभावित है। सामान्य या कम वर्षा क्षेत्र में सिंचाई के बिना कृषि संभव नहीं है।

(iii) **रबी की फसलों के लिए सिंचाई आवश्यक** भारत में रबी की फसलों के लिए सिंचाई आवश्यक है, चूँकि सामान्यतः ये फसलें शीतकाल के महीनों में बोई जाती हैं और इन महीनों में भारत के अधिकतर क्षेत्र में वर्षा नगण्य होती है। अतः ऐसी फसलों के लिए सिंचाई आवश्यक है।

(iv) **अत्यधिक उत्पादन के लिए** पैदावार में वृद्धि के लिए सिंचाई आवश्यक है, क्योंकि पर्याप्त सिंचाई के बिना अधिकतर फसलों की पैदावार में वृद्धि नहीं की जा सकती है।

उपरोक्त कारणों से भारत में कृषि के लिए सिंचाई अत्यंत आवश्यक है। अतः सिंचाई हेतु जल की माँग निरंतर बढ़ रही है।

5. वर्षा जल संग्रहण से ऊर्जा बचत और माँग-आपूर्ति अंतर को कैसे संतुलित किया जा सकता है?

अथवा **वर्षा जल संग्रहण के माध्यम से जल की माँग और आपूर्ति के बीच के अंतर को कम करने में सहायक उपायों की व्याख्या कीजिए।**

उत्तर वर्षा जल संग्रहण ऊर्जा की बचत और जल की माँग-आपूर्ति अंतर को संतुलित करने में महत्त्वपूर्ण भूमिका निभाता है, जो इस प्रकार है

(i) **ऊर्जा बचत में योगदान** जब वर्षा जल संग्रहित करके पुनर्भरण किया जाता है, तो भू-जल स्तर में वृद्धि होती है। इससे पानी की उपलब्धता सतह के लगभग हो जाती है। जिससे नलकूपों या पंपों के माध्यम से जल खींचने में कम ऊर्जा की आवश्यकता होती है। गहरे बोरवेल से जल निकालने में अधिक ऊर्जा लगती है, लेकिन भू-जल स्तर ऊँचा होने से यह आवश्यकता कम हो जाती है।

(ii) **माँग-आपूर्ति के अंतर को संतुलित करना** वर्षा जल संग्रहण से पानी का एक वैकल्पिक स्रोत तैयार होता है, जो घरेलू, कृषि और औद्योगिक उपयोग के लिए उपलब्ध रहता है। मानसून के दौरान एकत्र किया गया जल सूखे या जल संकट के समय में उपयोगी हो सकता है, जिससे माँग और आपूर्ति के बीच संतुलन बना रहता है। शहरी क्षेत्रों में छतों द्वारा संग्रहित जल का उपयोग गैर-पीने योग्य जरूरतों जैसे-शौचालय, बागवानी और सफाई के लिए किया जा सकता है, जिससे अन्य स्रोतों पर दबाव कम होता है।

(iii) **दीर्घकालिक लाभ** भूमिगत जल के अधिक पुनर्भरण से जल स्रोतों की स्थिरता बढ़ती है। तटीय क्षेत्रों में खारे पानी के प्रवेश को रोककर सुरक्षित जल आपूर्ति सुनिश्चित की जा सकती है। जल संकट वाले क्षेत्रों में वर्षा जल संग्रहण जल वितरण प्रणाली का दबाव कम कर सकता है।

इस प्रकार, वर्षा जल संग्रहण केवल ऊर्जा की बचत ही नहीं करता, बल्कि जल संकट से निपटने के लिए एक प्रभावी समाधान भी प्रस्तुत करता है।

स्रोत आधारित प्रश्न

निम्नलिखित स्रोतों को ध्यानपूर्वक पढ़कर उन पर आधारित प्रश्नों के उत्तर दीजिए।

1. महाराष्ट्र में, अहमदनगर जिले में रालेगन सिद्धि एक छोटा-सा गाँव है। यह पूरे देश में जल संभर विकास का एक उदाहरण है। वर्ष 1975 में, यह गाँव गरीबी और शराब के गैर-कानूनी व्यापार जाल में जकड़ा हुआ था। उस समय गाँव में परिवर्तन आया जब सेना का एक सेवानिवृत्त कर्मचारी उस गाँव में बस गया और जल संभर विकास का कार्य आरंभ किया। उसने गाँव वालों को परिवार नियोजन और ऐच्छिक श्रम, खुली चराई, वृक्षों की कटाई रोकने और मद्य निषेध के लिए तैयार किया।

"ऐच्छिक श्रम आर्थिक सहायता के लिए सरकार पर कम से कम निर्भर रहने के लिए आवश्यक था। उस स्वयंसेवी के कथनानुसार, "इसने परियोजनाओं की लागत का समाजीकरण कर दिया।" जो व्यक्ति गाँव के बाहर काम कर रहे थे, उन्होंने भी प्रतिवर्ष एक महीने का वेतन देकर विकास में सहयोग दिया।

गाँव में अंत:स्रावी तालाब के निर्माण के साथ कार्य शुरू हुआ। वर्ष 1975 में तालाब में पानी नहीं रुक सका। तटबंध की दीवारें रिस रही थीं। तटबंध को स्वैच्छिक रूप से मरम्मत करने के लिए लोगों को एकत्र किया गया। लोगों की याद में पहली बार गर्मी में इसके नीचे सात कुओं में जल भर गया। लोगों ने अपने नेता और उसके विचारों में अपना विश्वास दिखाया। नौजवानों का एक समूह बनाया गया, जिसे 'तरुण मंडल' कहा गया। समूह ने दहेज प्रथा, जातिवाद और छुआछूत पर प्रतिबंध लगाने का काम किया। शराब आसवन इकाई समाप्त कर दी गई और मद्य निषेध लागू कर दिया गया।

थान पर चारा देने पर जोर देकर खुली चराई पर पूरी तरह प्रतिबंध लगा दिया गया। गहन जल फसल; जैसे-गन्ने की खेती पर प्रतिबंध लगा दिया गया। कम पानी की आवश्यकता वाली फसलों; जैसे-दालें, तिलहन और कुछ नगदी फसलों को प्रोत्साहित किया गया।

स्थानिक संस्थाओं के सारे चुनाव सर्वसम्मति के आधार पर शुरू कर दिए गए। "इसने संप्रदाय के नेताओं को लोगों का पूर्ण प्रतिनिधि बना दिया।" न्याय पंचायत प्रणाली स्थापित की गई। तब से कोई भी मुकदमा पुलिस को नहीं दिया जाता।

₹ 22 लाख की लागत से एक विद्यालय की इमारत का निर्माण केवल गाँवों के संसाधनों के उपयोग से किया गया। उसके लिए कोई भी दान नहीं लिया गया आवश्यकता पड़ने पर धन को कर्ज लेकर बाद में वापस कर दिया गया। गाँव वालों को इस आत्मनिर्भरता से गर्व महसूस हुआ। गर्व की अनुप्रेरणा और ऐच्छिक भावना की इस अनुप्रेरणा से श्रम की हिस्सेदारी की एक नई प्रणाली का विकास हुआ। लोग कृषि कार्य में स्वेच्छा से एक-दूसरे की सहायता करने लगे। भूमिहीन श्रमिकों को रोजगार मिल गया।

(i) रालेगन सिद्धि गाँव में वर्ष 1975 में कौन-कौन-सी प्रमुख समस्याएँ थीं?

उत्तर वर्ष 1975 में रालेगन सिद्धि गाँव गंभीर समस्याओं से जूझ रहा था। गाँव में गरीबी व्याप्त थी और लोग जीवन-यापन के लिए संघर्ष कर रहे थे। शराब के गैर-कानूनी व्यापार ने समाज को और अधिक नुकसान पहुँचाया। जल संकट के कारण खेती और जीवन कठिन हो गया था। साथ ही गाँव में सामाजिक कुरीतियाँ; जैसे- दहेज प्रथा, जातिवाद और छुआछूत भी गहराई से मौजूद थीं।

(ii) गाँव में परिवर्तन का आरंभ कैसे हुआ?

उत्तर रालेगन सिद्धि गाँव में परिवर्तन तब आरंभ हुआ, जब सेना के एक सेवानिवृत्त कर्मचारी इस गाँव में आकर बस गए। इन्होंने गाँव के लोगों को एक नई दिशा दिखाई तथा जल संभर विकास योजना शुरू की और लोगों को अपने विकास के लिए स्वयं पहल करने के लिए प्रेरित किया। इन्होंने ग्रामीणों को परिवार नियोजन अपनाने, ऐच्छिक श्रम का उपयोग करने, खुली चराई रोकने और वृक्षों की कटाई पर रोक लगाने के लिए प्रेरित किया। इसके अतिरिक्त, इन्होंने शराबबंदी लागू करने में भी मुख्य भूमिका निभाई। इनका नेतृत्व गाँव के विकास और सामूहिकता की भावना का आधार बना।

(iii) तरुण मंडल का मुख्य कार्य क्या था?

उत्तर तरुण मंडल, रालेगन सिद्धि गाँव के नौजवानों का एक संगठन था। इस समूह का मुख्य उद्देश्य गाँव में सामाजिक सुधार लाना और परंपरागत कुरीतियों को समाप्त करना था। इन्होंने दहेज प्रथा को समाप्त करने जातिवाद और छुआछूत जैसी बुराइयों को समाप्त करने, और महिलाओं के अधिकारों की रक्षा करने में मुख्य भूमिका निभाई। इसके अतिरिक्त इन्होंने गाँव में शराब आसवन इकाई को समाप्त किया और मद्य निषेध लागू किया। यह समूह गाँव के युवाओं को समाज सुधार के कार्यों में सक्रिय रूप से शामिल करने का महत्त्वपूर्ण प्रयास था।

2. जल संभर प्रबंधन से तात्पर्य मुख्य रूप से धरातलीय और भौम जल संसाधनों के दक्ष प्रबंधन से है। इसके अंतर्गत बहते जल को रोकना और विभिन्न विधियों; जैसे-अंत: स्रवण तालाब, पुनर्भरण, कुओं आदि के द्वारा भौम जल का संचयन और पुनर्भरण शामिल हैं। तथापि विस्तृत अर्थ में जल संभर प्रबंधन के अंतर्गत सभी संसाधनों-प्राकृतिक (जैसे-भूमि, जल, पौधे और प्राणियों) और जल संभर सहित मानवीय संसाधनों के संरक्षण, पुनरुत्पादन और विवेकपूर्ण उपयोग को सम्मिलित किया जाता है। जल संभर प्रबंधन का उद्देश्य प्राकृतिक संसाधनों और समाज के बीच संतुलन लाना है। जलसंभर व्यवस्था की सफलता मुख्य रूप से संप्रदाय के सहयोग पर निर्भर करती है।

केंद्रीय और राज्य सरकारों ने देश में बहुत-से जल संभर विकास और प्रबंधन कार्यक्रम चलाए हैं। इनमें से कुछ गैर सरकारी संगठनों द्वारा भी चलाए जा रहे हैं। 'हरियाली' केंद्र सरकार द्वारा प्रवर्तित जल संभर विकास परियोजना है, जिसका उद्देश्य ग्रामीण जनसंख्या को पीने, सिंचाई, मत्स्यपालन और वन रोपण व जल संरक्षण के लिए योग्य बनाना है। परियोजना लोगों के सहयोग से ग्राम पंचायतों द्वारा निष्पादित की जा रही है।

नीरु-मीरु (जल और आप) कार्यक्रम (आंध्र प्रदेश में) और अरवारी पानी संसद (अलवर, राजस्थान में) के अंतर्गत लोगों के सहयोग से विभिन्न जल संग्रहण संरचनाएँ जैसे-अंत:स्रवण तालाब, ताल (जोहड़) की खुदाई की गई और रोक बाँध बनाए गए हैं। तमिलनाडु में घरों में जल संग्रहण संरचना को बनाना आवश्यक कर दिया गया है। किसी भी इमारत का निर्माण बिना जल संग्रहण संरचना बनाए नहीं किया जा सकता है।

कुछ क्षेत्रों में जल संभर विकास परियोजनाएँ पर्यावरण और अर्थव्यवस्था का कायाकल्प करने में सफल हुई हैं। फिर भी सफलता कुछ की ही कहानियाँ हैं। अधिकांश घटनाओं में कार्यक्रम अपनी उदीयमान अवस्था पर ही हैं। देश में लोगों के बीच जल संभर विकास और प्रबंधन के लाभों को बताकर जागरूकता उत्पन्न करने की आवश्यकता है और इस एकीकृत जल संसाधन प्रबंधन उपागम द्वारा जल उपलब्धता सतत् पोषणीय आधार पर निश्चित रूप से की जा सकती है।

(i) **जल संभर प्रबंधन से क्या तात्पर्य है?**

उत्तर जल संभर प्रबंधन का तात्पर्य प्राकृतिक और भौम जल संसाधनों के दक्ष उपयोग और संरक्षण से है। इसमें मुख्य रूप से बहते हुए जल को रोकने और संरक्षित करने के विभिन्न उपायों, जैसे अंतः स्रवण तालाब, पुनर्भरण कुएँ और अन्य संरचनाओं का निर्माण शामिल है। यह प्राकृतिक संसाधनों के सतत् उपयोग को सुनिश्चित करता है, जिससे पर्यावरणीय संतुलन बना रहे और भविष्य में जल की उपलब्धता में कमी न हो।

(ii) **'हरियाली' परियोजना का उद्देश्य क्या है?**

उत्तर 'हरियाली' परियोजना केंद्र सरकार द्वारा प्रवर्तित एक जल संभर विकास योजना है। इसका उद्देश्य ग्रामीण क्षेत्रों में रहने वाले लोगों को जल संग्रहण, सिंचाई, मत्स्य पालन और वन रोपण जैसी गतिविधियों के लिए सक्षम बनाना है। यह परियोजना ग्राम पंचायतों द्वारा लोगों के सहयोग से लागू की जाती है और इसका मुख्य उद्देश्य ग्रामीण क्षेत्रों में जल संरक्षण और सतत् विकास को बढ़ावा देना है।

(iii) **'नीरु-मीरु' कार्यक्रम किस राज्य में संचालित किया गया है?**

उत्तर 'नीरु-मीरु' कार्यक्रम आंध्र प्रदेश राज्य में संचालित किया गया है। इस कार्यक्रम के अंतर्गत जल संरक्षण को बढ़ावा देने के लिए समुदाय के सहयोग से विभिन्न जल संग्रहण संरचनाएँ जैसे अतः स्रवण तालाब और रोक बाँध बनाए गए। इसका उद्देश्य जल संकट को कम करना और स्थानीय समुदायों को जल प्रबंधन में शामिल करना है।

3. **पारंपरिक रूप से भारत एक कृषि प्रधान अर्थव्यवस्था है और इसकी जनसंख्या का लगभग दो-तिहाई भाग कृषि पर निर्भर है। इसलिए पंचवर्षीय योजनाओं में, कृषि उत्पादन को बढ़ाने के लिए सिंचाई के विकास को एक अति उच्च प्राथमिकता प्रदान की गई है और बहुउद्देशीय नदी घाटी परियोजनाएँ; जैसे-भाखड़ा नाँगल, हीराकुड, दामोदर घाटी, नागार्जुन सागर, इंदिरा गाँधी नगर परियोजना आदि शुरू की गई हैं। वास्तव में, भारत की वर्तमान में जल की माँग, सिंचाई की आवश्यकताओं के लिए अधिक है।**

धरातलीय और भौम जल का सबसे अधिक उपयोग कृषि में होता है। इसमें धरातलीय जल का 89% और भौम जल का 92% जल उपयोग किया जाता है। जबकि औद्योगिक सेक्टर में, सतह जल का केवल 2% और भौम जल का 5% भाग ही उपयोग में लाया जाता है। घरेलू सेक्टर में धरातलीय जल का उपयोग भौम जल की तुलना में अधिक 9% है। कुल जल में कृषि सेक्टर का भाग दूसरे सेक्टरों से अधिक है। फिर भी, भविष्य में विकास के साथ-साथ देश में औद्योगिक और घरेलू सेक्टरों में जल का उपयोग बढ़ने की संभावना है।

कृषि में, जल का उपयोग मुख्य रूप से सिंचाई के लिए होता है। देश में वर्षा के स्थानिक सामयिक परिवर्तिता के कारण सिंचाई की आवश्यकता होती है। देश के अधिकांश भाग वर्षा विहीन और सूखाग्रस्त हैं। उत्तर-पश्चिमी भारत और दक्कन का पठार इसके अंतर्गत आते हैं। देश के अधिकांश भागों में शीत और ग्रीष्म ऋतुओं में न्यूनाधिक शुष्कता पाई जाती है, इसलिए शुष्क ऋतुओं में बिना सिंचाई के खेती करना कठिन होता है। पर्याप्त मात्रा में वर्षा वाले क्षेत्र; जैसे-पश्चिम बंगाल और बिहार में भी मानसून के मौसम में अवर्षा अथवा इसकी असफलता सूखा जैसी स्थिति उत्पन्न कर देती है, जो कृषि के लिए हानिकारक होती है। कुछ फसलों के लिए जल की कमी सिंचाई को आवश्यक बनाती है। उदाहरण के लिए चावल, गन्ना, जूट आदि के लिए अत्यधिक जल की आवश्यकता होती है, जो केवल सिंचाई द्वारा संभव है। सिंचाई की व्यवस्था बहुफसलीकरण को संभव बनाती है। ऐसा पाया गया है कि सिंचित भूमि की कृषि उत्पादकता असिंचित भूमि की अपेक्षा अधिक होती है।

दूसरे, फसलों की अधिक उपज देने वाली किस्मों के लिए आर्द्रता आपूर्ति नियमित रूप से आवश्यक है, जो केवल विकसित सिंचाई तंत्र से ही संभव होती है। वास्तव में ऐसा इसलिए है कि देश में कृषि विकास की हरित क्रांति की रणनीति पंजाब, हरियाणा और पश्चिमी उत्तर प्रदेश में अधिक सफल हुई है।

(i) **धरातलीय जल का सबसे अधिक उपयोग किस कार्य के लिए होता है?**

उत्तर धरातलीय और भौम जल का सबसे अधिक उपयोग कृषि कार्य में होता है। इसमें धरातलीय जल का 89% और भौम जल का 92% जल उपयोग किया जाता है।

(ii) **सिंचाई की आवश्यकता क्यों होती है?**

उत्तर देश में वर्षा के स्थानिक सामयिक परिवर्तिता के कारण सिंचाई की आवश्यकता होती है। देश के अधिकांश भाग वर्षा विहीन और सूखाग्रस्त हैं।

(iii) **किन राज्यों में हरित क्रांति अधिक सफल रही?**

उत्तर देश में कृषि विकास की हरित क्रांति की रणनीति पंजाब, हरियाणा और पश्चिमी उत्तर प्रदेश में अधिक सफल हुई।

4. **निम्नलिखित तालिका का सावधानीपूर्वक अध्ययन कीजिए और उसके नीचे दिए गए प्रश्नों के उत्तर लिखिए।** **CBSE 2020**

राज्य	प्रतिशत
गुजरात	86.6
राजस्थान	77.2
मध्य प्रदेश	66.5
उत्तर प्रदेश	65.0
पश्चिम बंगाल	58.21
तमिलनाडु	54.7

(i) **उस राज्य का नाम लिखिए जो सिंचाई के लिए भौम जल का सर्वाधिक प्रतिशत उपयोग करता है।**

उत्तर गुजरात राज्य सिंचाई के लिए भौम जल का सर्वाधिक प्रतिशत उपयोग करता है।

(ii) **सिंचाई के लिए भौम जल के अत्यधिक उपयोग के प्रभाव क्या होंगे?**

उत्तर सिंचाई के लिए भौम जल के अत्यधिक उपयोग से जल की कमी की समस्या उत्पन्न हो जाएगी, जिसके कारण पीने योग्य पानी का अभाव होने लगेगा।

(iii) **भारत में दिन-प्रतिदिन जल की प्रति व्यक्ति उपलब्धता क्यों घट रही है? स्पष्ट कीजिए।**

उत्तर जनसंख्या में वृद्धि से जल की प्रतिव्यक्ति उपलब्धता दिन-प्रतिदिन कम हो रही है। इसके साथ ही जल संसाधन औद्योगिक, कृषि एवं घरेलू अपशिष्टों से प्रदूषित हो रहे हैं।

5. **उपलब्ध जल संसाधनों की गुणवत्ता में तीव्र गति से ह्रास हो रहा है। पहाड़ी क्षेत्रों के ऊपरी भागों तथा कम बसे क्षेत्र की नदियों के जल की गुणवत्ता अच्छी है। मैदानी भागों में नदी जल का उपयोग कृषि, पीने, घरेलू और औद्योगिक क्षेत्र में किया जाता है। अपवाहिकाओं से होकर उर्वरक, कीटनाशक, घरेलू ठोस अपशिष्ट पदार्थ तथा औद्योगिक उत्सर्जन नदी के में मिल जाते हैं। ग्रीष्म ऋतु में नदी जल प्रवाह कम हो जाने के कारण प्रदूषकों का जमाव अधिक होता है।**

केंद्रीय प्रदूषण बोर्ड तथा राज्य प्रदूषण नियंत्रण बोर्ड संयुक्त रूप से 507 स्टेशनों की राष्ट्रीय जल संसाधनों की गुणवत्ता की निगरानी करते हैं। इनके आँकड़ों के अनुसार, जैव और जीवाण्विक प्रदूषक नदियों के जल प्रदूषण का मुख्य स्रोत है। दिल्ली और इटावा के बीच यमुना नदी भारत में सबसे अधिक प्रदूषित है। इसके अतिरिक्त अहमदाबाद में साबरमती, लखनऊ में गोमती, मदुरई में काली, अड्यार, कुभम, वैगई, हैदराबाद में मूसी तथा कानपुर और वाराणसी में गंगा नदी प्रदूषित है। भारत के विभिन्न क्षेत्रों में विषैली धातुओं, फ्लुओराइड और नाइट्रेट्स के जमाव से भी भौम जल का प्रदूषण बढ़ता है।

जल अधिनियम, 1974 (प्रदूषण का निवारण और नियंत्रण) और पर्यावरण सुरक्षा अधिनियम, 1986 का उचित कार्यान्वयन नहीं होने के कारण वर्ष 1997 में प्रदुषण फैलाने वाले 251 उद्योग नदियों एवं झीलों के किनारे स्थापित किए गए थे। प्रदूषण कम करने वाला जल उपकर अधिनियम, 1977 का भी सीमित प्रभाव पाया गया। जन-जागरूकता और जन-भागीदारी से कृषि, घरेलू और औद्योगिक उत्सर्जन से होने वाले प्रदूषकों में कमी लाई जा सकती है।

(i) **भारत में जल संसाधनों की गुणवत्ता पर क्या प्रभाव पड़ रहा है?**

उत्तर भारत में जल संसाधनों की गुणवत्ता में तीव्र गति से गिरावट हो रही है। पहाड़ी क्षेत्रों और कम आबादी वाले स्थानों की नदियों का जल अपेक्षाकृत साफ होता है, लेकिन मैदानी क्षेत्रों की नदियों का जल प्रदूषित हो रहा है। इसका मुख्य कारण इन नदियों का कृषि, घरेलू और औद्योगिक उपयोग है। अपवाहिकाओं से उर्वरक, कीटनाशक, ठोस अपशिष्ट और औद्योगिक उत्सर्जन नदियों में मिल जाते हैं। ग्रीष्म ऋतु में जब नदियों का प्रवाह कम हो जाता है, तो प्रदूषकों का जमाव बढ़ जाता है, जिससे जल की गुणवत्ता और खराब हो जाती है।

(ii) **राष्ट्रीय जल संसाधनों की गुणवत्ता की निगरानी कौन करता है?**

उत्तर भारत में राष्ट्रीय जल संसाधनों की गुणवत्ता की निगरानी केंद्रीय प्रदूषण नियंत्रण बोर्ड और राज्य प्रदूषण नियंत्रण बोर्ड द्वारा की जाती है। ये बोर्ड संयुक्त रूप से 507 निगरानी स्टेशनों के माध्यम से जल गुणवत्ता का आकलन करते हैं। यह व्यवस्था नदियों, झीलों और अन्य जल स्रोतों की गुणवत्ता पर निगरानी रखने के लिए स्थापित की गई है।

(iii) **भौम जल प्रदूषण के मुख्य कारण क्या हैं?**

उत्तर भौम जल प्रदूषण के मुख्य कारण विषैली धातुएँ, फ्लुओराइड और नाइट्रेट्स का जमाव है। ये कृषि में अत्याधिक रासायनिक उर्वरकों और कीटनाशकों के उपयोग तथा औद्योगिक कचरे के कारण भू-जल में मिलते हैं। इससे न केवल पानी की गुणवत्ता खराब होती है, बल्कि यह स्वास्थ्य के लिए भी हानिकारक सिद्ध होता है।

मानचित्र आधारित प्रश्न

1. **भारत में दिए गए मानचित्र पर तीन भौगोलिक विशेषताओं A, B और C के रूप में चिह्नित किया गया है। निम्नलिखित जानकारी की सहायता से इन्हें पहचानिए और प्रत्येक विशेषता के पास खींची गई रेखाओं पर उनके सही नाम लिखिए।**

(i) उत्तर भारत में स्थित बेसिन का नाम बताइए।

(ii) दक्षिण भारत में स्थित बेसिन का नाम बताइए।

(iii) पूर्वी भारत में स्थित बेसिन का नाम बताइए।

उत्तर

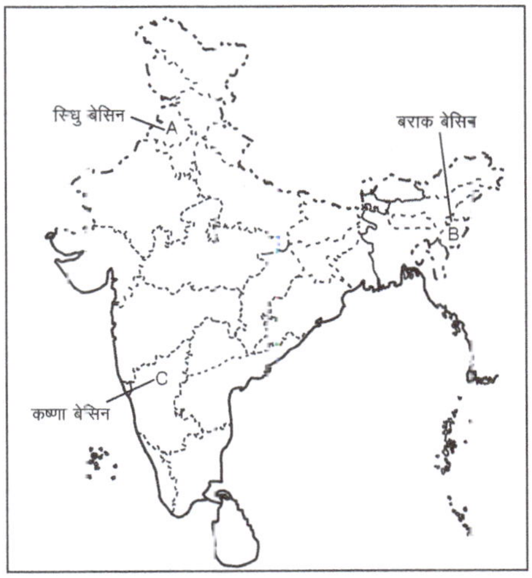

(i) सिंधु बेसिन- A (ii) कृष्णा बेसिन- C

(iii) बराक बेसिन- B

स्वयं को जाँचें

वस्तुनिष्ठ प्रश्न

1. भारत में कुल पुनः पूर्ति योग्य भौम जल संसाधन ········ घन किमी है।

(a) 432 (b) 4000
(c) 1869 (d) 525

2. धरातलीय जल का कितना प्रतिशत उपयोग घरेलू क्षेत्र में होता है?

(a) 7% (b) 8%
(c) 9% (d) 10%

3. पंजाब, हरियाणा एवं पश्चिमी उत्तर प्रदेश में निवल (शुद्ध) बोए गए क्षेत्र के ········ भाग पर सिंचाई की सुविधा उपलब्ध है।

(a) 76.1% (b) 85%
(c) 65% (d) 54.7%

4. निम्न में कौन-से कथन सही हैं?

1. जनसंख्या में वृद्धि से जल की प्रतिव्यक्ति उपलब्धता दिन-प्रतिदिन कम हो रही है।
2. भारत एक कृषि प्रधान देश है तथा इसकी दो-तिहाई जनसंख्या कृषि पर निर्भर है।

कूट

(a) केवल 1
(b) केवल 2
(c) 1 और 2 दोनों
(d) न तो 1 और न ही 2

5. जल क्रांति अभियान के संदर्भ में कौन -सा कथन सही है?

(a) इसे 'जल और आप' कार्यक्रम भी कहा जाता है
(b) इसके तहत प्रत्येक जिले के एक गाँव को 'जल ग्राम' बनाने के लिए चुना गया है
(c) इसकी शुरुआत राजस्थान के अलवर जिले से की गई थी
(d) उपरोक्त सभी

अतिलघु उत्तरीय प्रश्न

6. भारत में सिंचाई के लिए धरातलीय एवं भौम जल का कितना प्रतिशत उपयोग होता है?

7. राष्ट्रीय जल संसाधन की गुणवत्ता का मॉनीटरन किसके द्वारा किया जाता है?

8. वर्ष जल संग्रहण जल संचयन की एक पारिस्थतिकी अनुकूत विधि है। पुष्टि कीजिए

9. किन वैधानिक व्यवस्थाओं के द्वारा जल प्रदूषण को नियंत्रित करने के प्रयास किए गए हैं?

लघु उत्तरीय प्रश्न

10. ब्रह्मपुत्र और गंगा नदियों के जल प्रवाह की अपेक्षा गोदावरी, कृष्णा और कावेरी नदियों के जल प्रवाह का अधिक प्रयोग होने के तीन कारणों का उल्लेख कीजिए। क्या यह नदियाँ भौम जल के पुनर्भरण में सहायक हैं? इस संदर्भ में अपने तर्क प्रस्तुत कीजिए।

11. जल का पुनःचक्रण और पुनःउपयोग क्यों आवश्यक है?

दीर्घ उत्तरीय प्रश्न

12. "अलवणीय जल की घटती हुई उपलब्धता और बढ़ती माँग से सतत् पोषणीय विकास के लिए इस महत्त्वपूर्ण जीवनदायी संसाधन के संरक्षण और प्रबंधन की आवश्यकता और बढ़ी है" इसकी पुष्टि के संदर्भ में अपने विचार प्रस्तुत कीजिए।'

13. अनेक प्राकृतिक संसाधनों की भाँति जल का अभी तक कोई विकल्प उत्पन्न नहीं हुआ। इस दुर्लभ और बहुमूल्य संसाधन के वितरण और नियंत्रण पर होने वाले तनाव समुदायों, क्षेत्रों, प्रदेशों और राष्ट्रों के मध्य संघर्ष का विषय बन गया है। अपने विचार प्रस्तुत कीजिए।

5

अध्याय

यह अध्याय भारत में खनिजों के वितरण से संबंधित है। जिसमें उर्जा संसाधन तथा खनिज संसाधनों के संरक्षण आदि के स्रोतों पर चर्चा की गई है

▼ अध्ययन एक नजर में

5.1 खनिज
5.2 भारत में खनिजों का वितरण
5.3 लौह धात्विक खनिज
5.4 अलौह धात्विक खनिज
5.5 अधात्विक खनिज
5.6 ऊर्जा संसाधन
5.7 खनिज संसाधनों का संरक्षण

▼ अभ्यास के लिए

- बहुविकल्पीय प्रश्न 35 (युग्मित प्रश्न, कथन/कारण, सुमेलित कीजिए)
- वर्णनात्मक प्रकार के प्रश्न (लघु उत्तरीय प्रश्न 16, दीर्घ उत्तरीय प्रश्न 6)
- स्रोत आधारित प्रश्न 4, मानचित्र आधारित 4

खनिज तथा ऊर्जा संसाधन

भारत अपनी विविधतापूर्ण भू-गर्भिक संरचना के कारण विविध प्रकार के खनिज एवं ऊर्जा संसाधनों से संपन्न है। भारी मात्रा में बहुमूल्य खनिज पूर्व-पुराजीवी काल (Pre-palaeozoic Age) में उद्भित हैं।

5.1 खनिज

खनिज कार्बनिक या अकार्बनिक मूल का एक प्राकृतिक पदार्थ है, जिसमें निश्चित रासायनिक और भौतिक गुण होते हैं।

प्रायद्वीपीय भारत का निर्माण **पूर्व-पुराजीवी काल**[1] (Pre-Palaeozoic Age) में हुआ है, यहाँ अधिक मात्रा में बहुमूल्य खनिज पाए जाते हैं, इनका संबंध **आग्नेय चट्टान**[2] (Igneous Rocks) तथा कायांतरित चट्टान (Metamorphic Rocks) से है।

किसी भी देश के औद्योगिक विकास में खनिज संसाधन की भूमिका महत्त्वपूर्ण होती है। उत्तरी भारत के **जलोढ़ मैदान**[3] (Alluvial Plains) में खनिज संसाधन नहीं पाए जाते हैं।

खनिज संसाधनों के प्रकार

खनिज एक प्राकृतिक पदार्थ है, जिसके निश्चित रासायनिक एवं भौतिक गुण होते हैं। इनकी उत्पत्ति कार्बनिक या अकार्बनिक रूप में होती है।

---

1 पूर्व-पुराजीवी काल (Pre-Palaeozcic Age) 70 करोड़ वर्ष पूर्व प्रारंभ होकर 60 करोड़ वर्ष पूर्व तक का काल।

2 आग्नेय चट्टान (Igneous Rocks) पृथ्वी के तरल मैग्मा तथा लावा के ठंडा होने से निर्मित चट्टान।

3 जलोढ़ मैदान (Alluvial Plains) नदियों के निक्षेप से निर्मित मैदान जलोढ़ मैदान कहलाते हैं।

खनिज संसाधनों को भौतिक तथा रासायनिक गुणों के आधार पर दो वर्गों में विभाजित किया जाता है

- **खनिज**
  - धात्विक खनिज
    - लौह–लोहा, मैंगनीज आदि
    - अलौह–ताँबा, बॉक्साइट आदि
  - अधात्विक खनिज
    - ईंधन खनिज कोयला, पेट्रोलियम, प्राकृतिक गैस इत्यादि
    - अन्य अधात्विक खनिज माइका, चूना-पत्थर, ग्रेफाइट इत्यादि

(i) **धात्विक खनिज** धातुओं के स्रोत होते हैं। उदाहरण के लिए लोहा, ताँबा और सोना के अयस्क धातु उत्पन्न करते हैं। धात्विक खनिजों को लौह और गैर-लौह धात्विक खनिजों में विभाजित किया जाता है। लौह का अर्थ है, वे सभी खनिज जिनमें लोहा होता है, लौह खनिज कहलाते हैं; जैसे-लौह अयस्क। जो खनिज लोहे से मुक्त होते हैं, वे गैर-लौह खनिज कहलाते हैं; जैसे-ताँबा, बॉक्साइट आदि।

(ii) **अधात्विक खनिज** मूल रूप से कार्बनिक होते हैं और दबे हुए पौधों तथा जानवरों से उत्पन्न होते हैं जैसे- जीवाम ईंधन (खनिज ईंधन) कोयला और पेट्रोलियम। इसके अतिरिक्त वे खनिज, जिनकी उत्पत्ति अकार्बनिक घटक के रूप में होती है; जैसे- अभ्रक, चूना पत्थर, ग्रेफाइट आदि।

खनिजों की विशेषताएँ

खनिजों की कुछ निश्चित विशेषताएँ पाई जाती हैं, जो निम्नलिखित हैं

- भारत में अधिकांश खनिज प्रायद्वीपीय पठार पर पाए जाते हैं तथा इनका क्षेत्रीय वितरण असमान होता है।
- खनिजों की गुणवत्ता और मात्रा के मध्य प्रतिलोमी संबंध हैं अर्थात् अधिक गुणवत्ता वाले खनिज कम मात्रा में तथा कम गुणवत्ता वाले खनिज अधिक मात्रा में प्राप्त हैं।
- सभी खनिज समय के साथ समाप्त हो जाते हैं तथा आवश्यकता पड़ने पर इनका पुनर्भरण नहीं किया जा सकता। भारत के वृहत आकार और विभिन्न भू-वैज्ञानिक संरचनाओं के कारण अनेक प्रकार की किस्में पाई जाती हैं।

5.2 भारत में खनिजों का वितरण

- कोयले का लगभग 97 प्रतिशत भाग दामोदर, सोन, महानदी और गोदावरी नदियों की घाटियों में पाया जाता है।
- पेट्रोलियम के आरक्षित भंडार गुजरात तथा मुंबई अर्थात् अरब सागर के अपतटीय क्षेत्र में असम में पाए जाते हैं।
- भारत में अधिकांश धात्विक खनिज प्रायद्वीप पठार क्षेत्र की प्राचीन धात्विक चट्टानों में पाए जाते हैं।
- भारत में खनिज मुख्यत: निम्न पट्टियों में केंद्रित हैं, जो इस प्रकार हैं

उत्तर–पूर्वी पठारी क्षेत्र

- इस प्रदेश के अंतर्गत झारखंड का छोटानागपुर, ओडिशा, पश्चिम बंगाल तथा छत्तीसगढ़ के कुछ क्षेत्र शामिल हैं।
- इस पट्टी में अनेक प्रकार के खनिज भंडार हैं; जैसे—लौह-अयस्क, कोयला, मैंगनीज, बॉक्साइट एवं अभ्रक आदि। इस क्षेत्र में प्रमुख रूप से लोहा एवं इस्पात उद्योग स्थित हैं।

दक्षिण–पश्चिमी पठारी प्रदेश

- इस प्रदेश के अंतर्गत कर्नाटक, गोवा, तमिलनाडु उच्च भूमि और केरल के क्षेत्र शामिल हैं। इस पट्टी में लौह धातुओं एवं बॉक्साइट की अधिकता है तथा इसमें उच्चकोटि का लौह–अयस्क, मैंगनीज एवं चूना–पत्थर पाया जाता है।
- इस पट्टी में (केरल में) मोनाजाइट, थोरियम, बॉक्साइट क्ले तथा (गोवा में) लौह–अयस्क का निक्षेप पाया जाता है तथा इस पट्टी में नेवेली लिग्नाइट को छोड़कर कोयला भंडार का अभाव है।
- यह पट्टी उत्तर–पूर्वी पट्टी की तरह विविध खनिजों से समृद्ध नहीं है।

उत्तर पश्चिमी प्रदेश

इस प्रदेश के अंतर्गत राजस्थान में अरावली एवं गुजरात के कुछ भाग सम्मिलित हैं। इस पट्टी का खनिज **धारवाड़ चट्टानों**[4] से संबंधित है, जिसमें ताँबा एवं जिंक प्रमुख हैं।

- यहाँ डोलोमाइट और चूना पत्थर सीमेंट उद्योग के कच्चे माल के रूप में उपयोग किए जाते हैं।
- यहाँ राजस्थान भवन निर्माण के पत्थरों में समृद्ध है; जैसे- बलुआ पत्थर, ग्रेनाइट और संगमरमर। यहाँ जिप्सम और मुल्तानी मिट्टी के भंडार भी पाए जाते हैं।
- इस पट्टी में गुजरात क्षेत्र अपने पेट्रोलियम भंडार के लिए जाना जाता है। गुजरात और राजस्थान में नमक के समृद्ध स्रोत भी उपलब्ध हैं।

हिमालय और असम घाटी पट्टी

- हिमालयी पट्टी एक और खनिज पट्टी है जहाँ ताँबा, सीसा, जस्ता, कोबाल्ट, और रंगरत्न पाए जाते हैं।
- ये खनिज हिमालय के पूर्वी और पश्चिमी दोनों भागों में पाए जाते हैं।
- असम घाटी में खनिज तेल के भंडार भी उपलब्ध हैं।

चेक प्वॉइंट 1

1. भारत के किन्हीं दो खनन नगरों के नाम बताइए।
2. भारत का सर्वाधक मैंगनीज उत्पादक राज्य कौन-सा हैं?
3. भारत में पाए जाने वाले किन्हीं दो लौह धात्विक खनिजों के नाम बताइए
4. भारत के एक अपतटीय क्षेत्र का नाम बताइए, जहाँ खनिज तेल के निक्षेप पाए जाते हैं।

5.3 लौह धात्विक खनिज

- लौह खनिज **धातुकर्म उद्योगों**[5] के विकास के लिए एक मजबूत आधार प्रदान करते हैं।
- भारत, में लौह खनिजों के भंडार और उत्पादन दोनों में समृद्ध हैं।
- ऐसे खनिज, जिनमें लौह अंश पाया जाता है, लौह धात्विक खनिज (Ferrous Mineral) कहलाते है; जैसे—लौह-अयस्क, मैंगनीज, निकेल, टंगस्टन आदि। इनका वर्णन इस प्रकार किया गया है

लौह-अयस्क

- भारत में एशिया के विशालतम लौह-अयस्क का संचित भंडार है।
- भारत में मुख्य रूप से लौह-अयस्क के दो प्रकार हेमेटाइट तथा मैग्नेटाइट पाए जाते हैं। इनकी उच्च गुणवत्ता अंतर्राष्ट्रीय बाजार में अधिक माँग है।
- इसकी खदानें उत्तर-पूर्वी पठारी प्रदेश में कोयला क्षेत्रों के निकट स्थित हैं, जो एक लाभप्रद स्थिति है।
- लौह-अयस्क के कुल आरक्षित भंडारों का लगभग 95% भाग ओडिशा, झारखंड, छत्तीसगढ़, कर्नाटक, गोवा, आंध्र प्रदेश और तमिलनाडु में स्थित है।
- ओडिशा में लौह-अयस्क सुंदरगढ़, मयूरभंज तथा केंदुझार स्थित पहाड़ी शृंखलाओं में पाया जाता है। यहाँ लौह अयस्क की महत्त्वपूर्ण खदानें-गुरुमहिसानी, सुलाएपत, बादामपहाड़ (मयूरभंज), किरूबुरू (केंदुझार) तथा बोनाई (सुंदरगढ़) हैं।
- झारखंड में लौह-अयस्क की कुछ खदानें सबसे पुरानी हैं। यहाँ की प्रमुख खदानें पूर्वी और पश्चिमी सिंहभूम जिलों में नोआमुंडी और गुआ खदाने स्थित हैं। यह पट्टी दुर्ग, दंतेवाडा और बैलाडीला तक विस्तृत है। डल्ली और दुर्ग की खदानें राजहरा की महत्त्वपूर्ण लौह अयस्क खदानें हैं। अधिकांश लौह एवं इस्पात सयंत्र इसके आस-पास ही स्थित हैं।
- **धातुकर्म उद्योग** ये उद्योग कच्चे माल को निकालने शुद्ध करने, प्रसंस्करण करने तथा मिश्रधातु का उत्पादन करते हैं।
- कर्नाटक में लौह-अयस्क बेल्लारी जिले के संदूर-हॉस्पेटे क्षेत्र, चिकमंगलूर जिले की बाबा-बूदन पहाड़ियों और कुद्रेमुख, शिमोगा, चित्रदुर्ग तथा तुमकुरू जिलों में पाया जाता है।

---

4 धारवाड़ चट्टान (Dharwar Rocks) आद्य आर्कियन नीस और शिस्ट चट्टानों के अनाच्छादन से प्राप्त अवसादों से निर्मित चट्टानें धारवाड़ चट्टानें होती हैं।

5 धातुकर्म उद्योग ये उद्योग कच्चे माल को निकालने, शुद्ध करने और प्रसंस्करण करने तथा मिश्रधातु (एलाय) का उत्पादन करते हैं।

- महाराष्ट्र में चंद्रपुर, भंडारा और रत्नागिरि जिले, में लौह-अयस्क का उत्पदन होता है। इसके अतिरिक्त तेलंगाना में करीम नगर, वारांगल, आंध्र प्रदेश के कुरुनूल, कडप्पा और अनंतपुर जिले, तमिलनाडु में सेलम और नीलगिरि तथा गोवा में भी लौह-अयस्क का उत्पादन होता है।

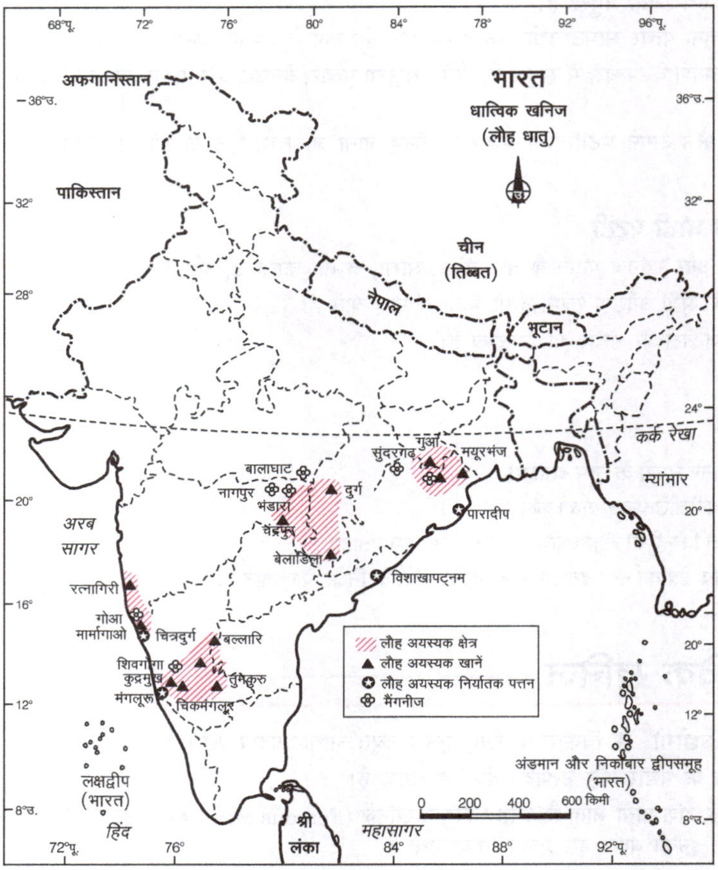

▲ **भारत** धात्विक खनिज (लौह धातु)

मैंगनीज

- मैगनीज का निक्षेप लगभग सभी भू-गर्भिक संरचनाओं में पाया जाता है, लेकिन ये मुख्य रूप से धारवाड़ प्रणाली से संबंधित है।
- इसका उपयोग लौह मिश्र धातु एवं विनिर्माण के अतिरिक्त लौह-अयस्क के प्रगलन के लिए कच्चे माल के रूप में होता है।
- मध्य प्रदेश और ओडिशा मैंगनीज के प्रमुख उत्पादक राज्य हैं।
- मैंगनीज का सबसे बड़ा उत्पादक राज्य ओडिशा है। ओडिशा में इसकी खदानें बोनाई, केंदुझर, सुंदरगढ़, गंगपुर, कोरापुट, कालाहांडी तथा बोलनगीर में स्थित हैं।
- मध्य प्रदेश की मैंगनीज पट्टी बालाघाट, छिंदवाडा, निमाड़, मांडला और झाबुआ जिलों तक विस्तृत हुई है।
- कर्नाटक में मैंगनीज की खदानें धारवाड़, बेल्लारी, बेलगाम, उत्तरी कनारा, चिकमंगलूर, शिमोग्गा, चित्रदुर्ग तथा तुमकुरु में स्थित हैं।
- महाराष्ट्र में मैंगनीज की खदानें नागपुर, भंडारा, रत्नागिरि, जिलों में स्थित हैं इन खदानों के अलाभ यह हैं कि ये इस्पात संयंत्रों से अत्यधिक दूर हैं।
- तेलंगाना, गोवा और झारखंड मैंगनीज के अन्य छोटे उत्पादक राज्य हैं।

5.4 अलौह धात्विक खनिज

अलौह धात्विक खनिज, लौह धात्विक खनिज के विपरीत होते हैं। इन खनिजों में लौह अंश नहीं पाया जाता है; जैसे—ताँबा, बॉक्साइट, सीसा, सोना, चाँदी, टिन आदि। बॉक्साइट को छोड़कर अलौह धातु खनिजों के मामलों में भारत अत्यंत निम्न स्थिति में हैं।

बॉक्साइट

- बॉक्साइट अयस्क मुख्यत: **तृतीयक निक्षेपों**[6] (Tertiary Deposits) में पाया जाता है तथा इसका संबंध लैटेराइट चट्टानों से है। इसका प्रयोग एल्युमीनियम उत्पादन में किया जाता है।
- बॉक्साइट प्रायद्वीपीय भारत के पठारी क्षेत्रों अथवा पर्वत श्रेणियों के साथ-साथ तटीय भागों में भी पाया जाता है।
- इसके अतिरिक्त महाराष्ट्र के कोलाबा, थाणे, रत्नागिरि, सतारा, पुणे और कोल्हापुर जिले बॉक्साइट के प्रमुख उत्पादक क्षेत्र हैं। वहीं तमिलनाडु, कर्नाटक और गोवा बॉक्साइट के छोटे उत्पादक राज्य हैं।
- बॉक्साइट के प्रमुख भंडार गुजरात के भावनगर और जामनगर में छत्तीसगढ़ के अमरकंटक पठार में. मध्य प्रदेश के कटनी-जबलपुर क्षेत्र और बालाघाट में पाए जाते हैं।
- ओडिशा बॉक्साइट का सबसे बड़ा उत्पादक राज्य है। यहाँ कालाहांडी और संभलपुर, प्रमुख उत्पादक क्षेत्र हैं। वहीं बोलनगीर व कोरापुट यहाँ के अन्य उत्पादन क्षेत्र हैं।
- झारखंड में लोहारदगा जिले की पैटभूमि में बॉक्साइट का उत्पादन किया जाता है। पैट स्थानीय भाषा का शब्द है, जो छोटा नागपुर पठार के कुछ क्षेत्रों के लिए प्रयुक्त किया जाता है।

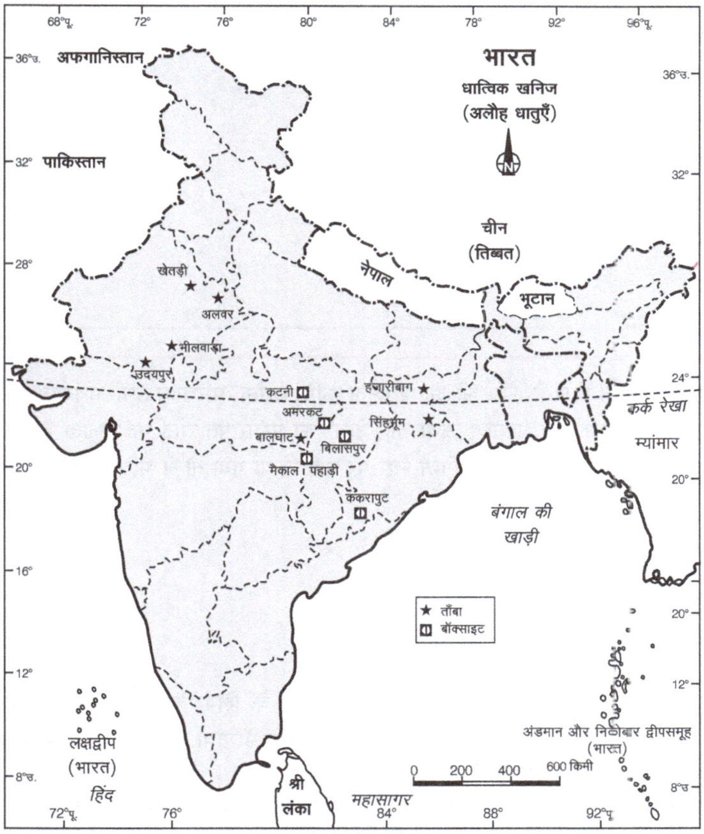

▲ भारत धात्विक खनिज (अलौह धातुएँ)

6 **तृतीयक निक्षेपों** यह अवसादी और ज्वालामुखी जमाव होते है,जो लगभग 55 मिलियन वर्ष पुराने हैं।

ताँबा

- ताँबे का उपयोग बिजली की मोटर, ट्रांसफॉर्मर तथा जेनरेटर्स आदि बनाने में किया जाता है।
- यह एक मिश्र धातु योग्य, आघातवर्ध्यता[7] एवं तन्य धातु है। इसे स्वर्ण के साथ मिलाकर आभूषणों को सुदृढ़ता प्रदान की जाती है।
- झारखंड के सिंहभूम जिले में, मध्य प्रदेश के बालाघाट में तथा राजस्थान के झुंझुनुं एवं अलवर जिलों में ताँबे का निक्षेप पाया जाता है।
- आंध्र प्रदेश में गुंटूर जिले के अग्निकुंडल में कर्नाटक के चित्रदुर्ग एवं हासन जिले में तथा तमिलनाडु के दक्षिणी आरकाट जिले में ताँबे का गौण उत्पादन होता है।

5.5 अधात्विक खनिज

- कोयला, पेट्रोलियम, अभ्रक, चूना-पत्थर इत्यादि अधातुओं को अधात्विक खनिज कहते हैं।
- अकार्बनिक खनिजों में अभ्रक (Mica) सबसे महत्त्वपूर्ण खनिज है। अभ्रक को पतली चादरों में बाँटा जा सकता है तथा इसका उपयोग विद्युत एवं इलेक्ट्रॉनिक्स उद्योगों में किया जाता है।
- झारखंड, आंध्र प्रदेश, राजस्थान, तमिलनाडु, पश्चिम बंगाल और मध्य प्रदेश में अभ्रक का उत्पादन किया जाता है।
- झारखंड में उच्च गुणवत्ता वाला अभ्रक हजारीबाग पठार की 150 किमी लंबी व 22 किमी चौड़ी पट्टी में पाया जाता है।
- आंध्र प्रदेश के नेल्लोर जिले में सर्वोत्तम प्रकार के अभ्रक का उत्पादन किया जाता है। राजस्थान में जयपुर से भीलवाड़ा और उदयपुर के आस-पास लगभग 320 किमी में अभ्रक की पट्टी विस्तृत है।
- कर्नाटक के मैसूर एवं हासन में, तमिलनाडु में कोयंबटूर, तिरुचिरापल्ली; मदुरई एवं कन्याकुमारी में महाराष्ट्र में रत्नागिरि में तथा पश्चिम बंगाल के पुरुलिया एवं बाँकुरा जिलों में अभ्रक का निक्षेप पाया जाता है।

चेक प्वॉइंट 2

1. लौह अयस्क की बेलाडिला और दुर्ग खदानें किस राज्य में स्थित हैं?
2. अभ्रक का प्रमुख उत्पादक राज्य कौन-सा है?
3. भारत में ताँबा कहाँ उत्पादित होता है?
4. अभ्रक के दो उपयोग बताइए।

5.6 ऊर्जा संसाधन

- खनिज ईंधन से ऊर्जा का उत्पादन होता है, जिसकी आवश्यकता कृषि, उद्योग, परिवहन तथा अर्थव्यवस्था के अन्य क्षेत्रों में होती है।
- कोयला, पेट्रोलियम, प्राकृतिक गैस और परमाणु ऊर्जा को, ऊर्जा का परंपरागत स्रोत कहा जाता है।
- ये ऐसे पारंपरिक ऊर्जा स्रोत हैं, जिनका प्रोग यदि निम्न स्तर पर नहीं किया गया तो ये भविष्य में समाप्त हो जाएँगे। उर्जा संसाधनों के दो (परंपरागत तथा अपरंपरागत) स्रोत इस प्रकार हैं

परंपरागत ऊर्जा स्रोत

परंपरागत उर्जा स्रोतों का वर्णन इस प्रकार है

कोयला

- इसका मुख्य उपयोग ताप विद्युत उत्पादन एवं लौह-अयस्क के प्रगलन के लिए किया जाता है।
- यह मुख्य रूप से दो भू-गर्भिक कालों—गोंडवाना एवं टर्शियरी शैलक्रमों में पाया जाता है। भारत में कुल कोयला निक्षेपों का लगभग 80% भाग बिटुमिनस प्रकार तथा गैर कोककारी श्रेणी का है।
- भारत में सबसे महत्त्वपूर्ण गोंडवाना कोयला क्षेत्र दामोदर घाटी में स्थित है। यह झारखंड-बंगाल कोयला पट्टी में आता है। यहाँ के प्रमुख कोयला क्षेत्र रानीगंज, झारिया, बोकारों, गिरिडीह और करनपुरा हैं। इसमें झारिया सबसे बड़ा कोयला क्षेत्र हैं, इसके बाद रानीगंज का स्थान आता है।

7 आघातवर्ध्यता यह धातु की वह विशेषता होती है, जिसके द्वारा इसे हथोड़ से पीटकर या रोलर के दबाव से पुनः आकार में बदला जा सकता है।

- मध्य प्रदेश में सिंगरौली, छत्तीसगढ़ में कोरबा, ओडिशा में तलचर एवं रामपुर, महाराष्ट्र में चाँदा-वर्धा, कांपटी और बाँदेर, आंध्र प्रदेश में सिंगरेनी और पांडुर में महत्त्वपूर्ण कोयला खनन क्षेत्र हैं। सिंगरौली कोयला क्षेत्र का कुछ भाग उत्तर प्रदेश में भी अवस्थित है।
- टर्शियरी कोयला असम, अरुणाचल प्रदेश, मेघालय तथा नागालैंड में पाया जाता है। इसका निष्कासन या खनन मेघालय में दरानगिरि, चेरापूँजी, मेवलांग तथा लैंग्रिन, असम में माकुम, जयपुर तथा ऊपरी असम, अरुणाचल प्रदेश में नजीरा, नामचिक-नाम्फुक तथा जम्मू-कश्मीर के कालाकोट में किया जाता है।
- लिग्नाइट या भूरे कोयले का निक्षेप तमिलनाडु के तटीय भाग, पुदुचेरी, गुजरात एवं जम्मू-कश्मीर में पाया जाता है।

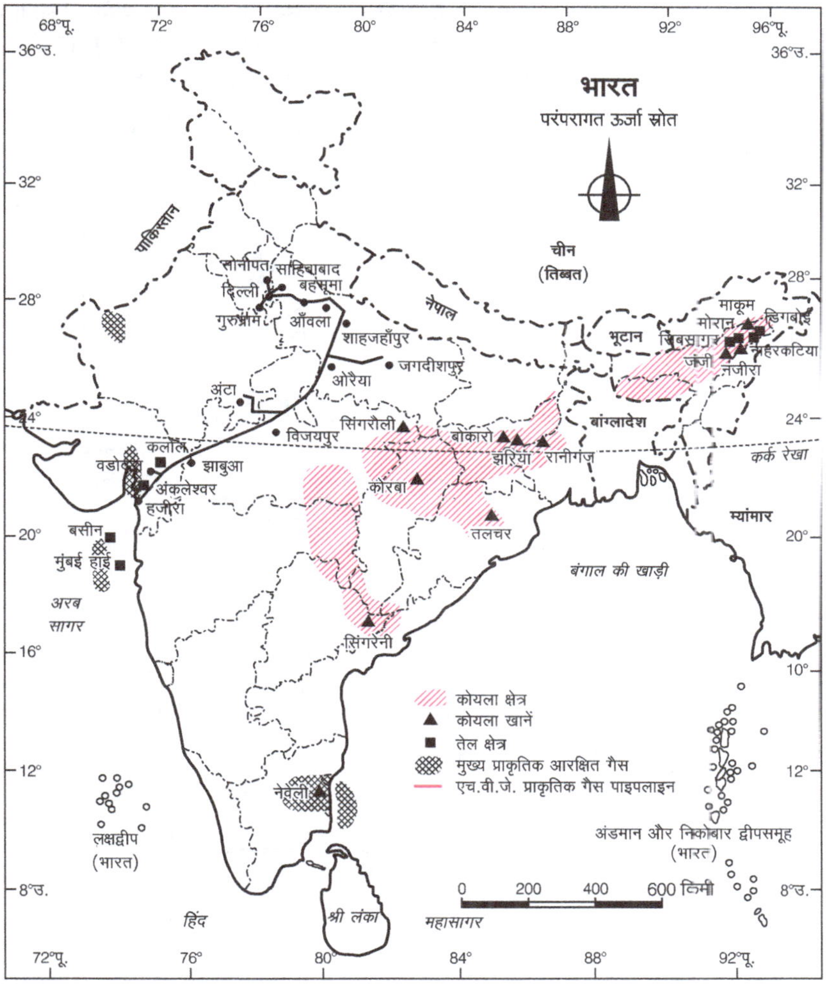

▲ भारत परंपरागत ऊर्जा स्रोत

पेट्रोलियम

- कच्चे पेट्रोलियम में तरल और गैसीय अवस्था के हाइड्रोकार्बन होते हैं। जिनकी रासायनिक संरचना रंग और विशिष्ट घनत्व भिन्न होते हैं।
- पेट्रोलियम को इसकी दुलर्भता और विविध उपयोगों के कारण तरल सोना कहा जाता है।
- इसका उपयोग मोटर वाहन, रेलवे तथा वायुयानों के अंतर-दहन ईंधन के रूप में होता है।
- पेट्रोलियम के अनेक सह-उत्पादों का पेट्रो-रसायन उद्योगों; जैसे—उर्वरक, कृत्रिम रबर, कृत्रिम रेशे, दवाइयाँ, वैसलीन, स्नेहकों, मोम, साबुन तथा अन्य सौंदर्य सामग्री में परिष्कृत किया जाता है।
- अपरिष्कृत पेट्रोलियम टर्थियरी युग की अवसादी शैलों में पाया जाता है।
- वर्ष 1956 में तेल एवं प्राकृतिक गैस आयोग की स्थापना के बाद व्यवस्थित ढंग से तेल अन्वेषण और उत्पादन की शुरुआत हुई।

- वर्ष 1956 के पूर्व असम में डिगबोई एकमात्र तेल उत्पादक क्षेत्र था
- असम में डिगबोई, नहरकटिया तथा मोरान, गुजरात में अंकलेश्वर, कालोल, मेहसाणा, नवागाम, कोसांबा तथा लुनेज महत्त्वपूर्ण तेल उत्पादक क्षेत्र हैं। वर्ष 1973 में मुंबई हाई तेल क्षेत्र खोजा गया, जो मुंबई नगर से 160 किमी दूर अपतटीय क्षेत्र में स्थित है। यहाँ पर तेल का उत्पादन वर्ष 1976 में शुरू हुआ था ।
- पूर्वी तट पर कृष्णा, गोदावरी एवं कावेरी नदी के बेसिनों में (विशेष प्रकार के कुओं में) तेल एवं प्राकृतिक गैस पाई जाती है। इन कुओं को 'अन्वेषणात्मक कूप' (Exploratory wells) कहा जाता है।
- इन कुओं से निकाला गया तेल अनेक अशुद्धियों से पूर्ण होता है, जिसे शोधित करने के पश्चात् ही प्रयोग में लाया जाता है। इस प्रकार के तेलों को शोधित करने के लिए भारत में क्षेत्र आधारित एवं शोध आधारित कारखाने स्थापित किए गए हैं।
- डिगबोई तेलशोधन कारखाना क्षेत्र आधारित तथा बरौनी तेलशोधन कारखाना बाजार आधारित है।

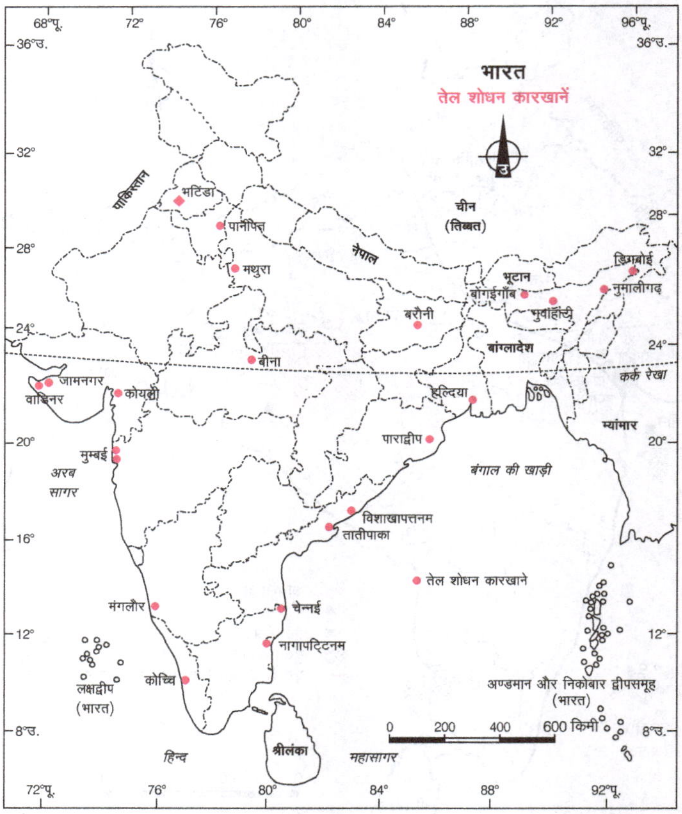

प्राकृतिक गैस

- प्राकृतिक गैस पेट्रोलियम भंडारों में पाई जाती है, जब कच्चे तेल को सतह पर निकाला जाता है, तब यह मुक्त होती है।
- प्राकृतिक, गैस का परिष्कृत भंडार तमिलनाडु के पूर्वी तट, ओडिशा, आंध्र प्रदेश, त्रिपुरा, राजस्थान तथा गुजरात एवं महाराष्ट्र के अपतटीय कुओं में पाया जाता है।
- प्राकृतिक गैस का उपयोग घरेलू और औद्योगिक ईंधन के रूप में, किया जाता है।
- यह गैस अवसंरचना और स्थानीय शहर गैर-वितरण (City Gass Distribution , GD) नेटवर्क के विस्तार के साथ, परिवहन ईंधन (CNG) और घरों में खाना पकाने के ईंधन (PNG) के रूप में भी लोकप्रिय हो रही है।
- भारत में प्राकृतिक गैस के परिवहन एवं विपणन के लिए वर्ष 1984 में गैस अथॉरिटी ऑफ इंडिया लिमिटेड (GAIL) की स्थापना सार्वजनिक क्षेत्र के उद्यम के रूप में की गई थी।

अपरंपरागत ऊर्जा स्रोत

- सौर, पवन, जल, भू-तापीय ऊर्जा एवं जैवभार (बायोमास) ऊर्जा के अपरंपरागत स्रोत कहलाते हैं। नाभिकीय ऊर्जा भी ऊर्जा का स्वच्छ स्रोत है।
- अपरंपरागत ऊर्जा के स्रोत कम खर्चीले एवं अधिक समय तक टिकाऊ होते हैं, साथ ही ये पर्यावरण को किसी भी प्रकार की हानि नहीं पहुँचाते हैं।
- अपरंपरागत ऊर्जा स्रोत सतत पोषणीय ऊर्जा के स्रोत हैं। अपरंपरागत ऊर्जा के कई प्रकार रूप होते है, जो निम्नलिखित प्रकार हैं

नाभिकीय ऊर्जा

- इसके उत्पादन के लिए यूरेनियम तथा थोरियम का प्रयोग किया जाता है और यूरेनियम का निक्षेप **धारवाड़ चट्टानों** में पाया जाता है। यूरेनियम अयस्क झारखंड की सिंहभूम ताँबा पट्टी के साथ अनेक स्थानों पर; जैसे- राजस्थान के उदयपुर, अलवर तथा झुंझुनं जिलों में मध्य प्रदेश के दुर्ग जिले, महाराष्ट्र के मंडारा जिले में तथा हिमाचल प्रदेश के कुल्लू जिले में पाया जाता है
- थोरियम केरल के तटीय क्षेत्र के पुलिन बीच (Beach) की बालू के मोनाजाइट एवं इल्मेनाइट से प्राप्त किया जाता है।
- विश्व के सबसे समृद्ध मोनोजाइट भंडार केरल के पालाक्काड एवं कोलाम जिलों में आंध्र प्रदेश के विशाखापत्तनम में तथा ओडिशा में महानदी के नदी डेल्टा में पाए जाते हैं।
- वर्ष 1948 में परमाणु ऊर्जा आयोग तथा वर्ष 1954 में ट्रांबे परमाणु ऊर्जा संस्थान की स्थापना की गई। वर्ष 1967 में ट्रांबे परमाणु ऊर्जा संस्थान का नाम बदलकर भाभा परमाणु अनुसंधान केंद्र कर दिया गया।
- महाराष्ट्र में तारापुर, राजस्थान में कोटा के पास रावतभाटा, तमिलनाडु में कलपक्कम, उत्तर प्रदेश में नरौरा, कर्नाटक में कैगा तथा गुजरात में काकरापाड़ा में नाभिकीय ऊर्जा परियोजनाएँ अवस्थित हैं।

सौर ऊर्जा

- फोटोवोल्टाइक सेलों में सूर्य की किरणों को ऊर्जा में परिवर्तित किया जा सकता है, जिसे सौर ऊर्जा (Solar Energy) कहते हैं।
- सौर ऊर्जा फोटोवोल्टाइक और सौर-तापीय प्रौद्योगिकी द्वारा प्राप्त की जाती है।
- सौर ऊर्जा कोयला या तेल आधारित संयंत्रों की अपेक्षा 7% तथा नाभिकीय ऊर्जा से 10% अधिक प्रभावी है साथ ही यह पर्यावरण अनुकूल तथा निर्माण में सुलभ है।
- सौर ऊर्जा का प्रयोग हीटरों, फसल शुष्ककों (Crop Dryer), सोलर कुकर्स (Solar Cookers) आदि उपकरणों में अधिक किया जाता है। गुजरात एवं राजस्थान में सौर ऊर्जा के विकास की अधिक संभावनाएँ हैं।

पवन ऊर्जा

- यह पूर्णत: प्रदूषण मुक्त तथा समाप्त नहीं होने वाला साधन है।
- प्रवाहित पवन से ऊर्जा को परिवर्तित करने की अभियांत्रिकी सरल है। पवन की गतिज ऊर्जा को टरबाइन के द्वारा विद्युत ऊर्जा में परिवर्तित किया जाता है।
- सम्मार्गी पवनों, **पछुवा पवनों**[8] मानसूनी पवनों, स्थानीय पवनों, स्थलीय और जलीय पवनों को ऊर्जा के स्रोत के रूप में प्रयोग किया जाता है। इसके अतिरिक्त स्थानीय पवन, जैसे-भूमि और समुद्री हवा से भी बिजली उत्पन्न की जा सकती है।
- भारत में पवन ऊर्जा के लिए राजस्थान, गुजरात, महाराष्ट्र तथा कर्नाटक में अनुकूल परिस्थितियाँ पाई जाती हैं।

ज्वारीय तथा तरंग ऊर्जा

- महासागरीय धाराओं में ऊर्जा की असीमित क्षमता है। 17वीं एवं 18वीं शताब्दी के प्रारंभ से ही निरंतर ज्वारीय तरंगों एवं महासागरीय धाराओं से ऊर्जा प्राप्त करने का प्रयास जारी है।
- भारत के पश्चिमी तट पर ज्वारीय तरंगें उत्पन्न होती हैं। अत: परिणामस्वरूप भविष्य में ज्वारीय ऊर्जा विकसित करने की संभावना है,

भू-तापीय ऊर्जा

- पृथ्वी के आंतरिक भाग से निकलने वाले मैग्मा के साथ ऊष्मा भी निकलती है, जिसे सरलता से विद्युत ऊर्जा में परिवर्तित कर प्रयोग में लाया जा सकता है। इसके अतिरिक्त गीजर स्रोतों से निकलने वाले गर्म पानी से ताप ऊर्जा पैदा की जा सकती है। इस प्रकार प्राप्त ऊर्जा को भूतापीय ऊर्जा कहते हैं।

---

8 पछुवा पवनें (Western Winds) यह व्यापारिक पवनों के विपरीत दिशा में पश्चिम से पूर्व की दिशा में चलती है।

- मध्य काल से ही गर्म झरनों एवं गीजरों का उपयोग हो रहा है। भारत में भू-तापीय ऊर्जा संयंत्र हिमाचल प्रदेश के मनीकरण में है। 1890 ई. में सर्वप्रथम संयुक्त राज्य अमेरिका के इडाहो प्रांत के बोयजे शहर के भवनों को ताप देने के लिए भू-तापीय ऊर्जा का प्रयोग किया गया।

जैव-ऊर्जा

- जैविक उत्पादकों से प्राप्त ऊर्जा को जैव-ऊर्जा कहते हैं, जिसमें ईंधन के रूप में कृषि अवशेष, नगरपालिका औद्योगिक तथा अन्य अपशिष्ट का उपयोग किया जाता है।
- जैव ऊर्जा को विद्युत ऊर्जा, ताप ऊर्जा अथवा खाना पकाने वाली गैस में परिवर्तित किया जा सकता है।
- अपशिष्ट एवं कूड़ा-कचरा को प्रसंस्करण करके भी जैव ऊर्जा का उत्पादन किया जाता है। इससे विकासशील देशों के ग्रामीण क्षेत्रों का आर्थिक जीवन बेहतर होगा, पर्यावरणीय प्रदूषण घटेगा, व्यक्ति की आत्मनिर्भरता बढ़ेगी तथा ईंधन लकड़ी पर दबाव कम होगा।
- नई दिल्ली के ओखला में, नगरपालिका के कचरे को ऊर्जा में परिवर्तित करने वाली परियोजना इकाई स्थापित की गई है।

5.7 खनिज संसाधनों का संरक्षण

- सतत पोषणीय विकास के लिए खनिज संसाधनों का संरक्षण अनिवार्य है। संसाधनों के परंपरागत तरीके से उपयोग के कारण अधिक मात्रा में अपशिष्टों के साथ-साथ पर्यावरणीय समस्याएँ उत्पन्न होती हैं।
- सतत् विकास के लिए आर्थिक विकास को पर्यावरण संरक्षण के साथ जोड़ने की आवश्यकता है।
- संसाधनों के संरक्षण के लिए ऊर्जा के वैकल्पिक स्रोतों—सौर ऊर्जा, पवन, तरंग, भूतापीय आदि का प्रयोग, छाजन या स्क्रैप धातुओं का उपयोग तथा धातुओं का पुनर्चक्रण (Recycle of Metal) आवश्यक है। भारत में ताँबा, सीसा और जस्ते आदि का भंडार सीमित है।
- दुर्लभ धातुओं के लिए विकल्पों का उपयोग करके उनके उपभोग को भी कम किया जा सकता है।
- इसके लिए स्क्रैप के प्रयोग तथा अत्यल्प धातुओं के प्रतिस्थापन से इनकी खपत को कम किया जा सकता है।
- इसके साथ ही सामरिक में सीमित खनिजों के निर्यात को कम कर उपलब्ध आरक्षित भंडारों को दीर्घकालीन रूप में प्रयोग किया जा सकता है।

चेक प्वॉइंट 3

1. किन्हीं दो जीवाश्म ईंधनों के नाम बताइए।
2. भारत में किस प्रकार के कोयले के निक्षेप अधिक पाए गए हैं?
3. ट्रांबे परमाणु ऊर्जा संस्थान की स्थापना कब की गई थी?
4. रावतभाटा परमाणु ऊर्जा स्टेशन किस राज्य में है?
5. भारत का भूतापीय ऊर्जा संयंत्र कहाँ स्थापित किया गया है?

Mind Map

खनिज तथा ऊर्जा संसाधन

1 खनिज संसाधनों के प्रकार

धात्विक खनिज ये धातुओं के स्रोत होते हैं।

(i) **लौह खनिज** में लौहे की मात्रा होती है

लौह अयस्क

- इसके सबसे बड़े भंडार एशिया में पाए जाते हैं।
- भारत में मुख्यतः दो प्रकार के लौह-अयस्क पाए जाते हैं, हेमेटाइट और मैग्नेटाइट

मैंगनीज

- लौह-अयस्क के प्रगलन के लिए मैंगनीज एक महत्त्वपूर्ण कच्चा माल है।
- मैंगनीज के भंडार भू-गर्भिक संरचनाओं में मिलते हैं। ये मुख्य रूप से धारवाड़ क्रम में चट्टानों से संबद्ध है।
- मध्य प्रदेश और ओड़िशा भारत में मैंगनीज के प्रमुख उत्पादक राज्य हैं।

(ii) **अलौह खनिज** इनमें लोहे की मात्रा नहीं होती।

बॉक्साइट

- इसका उपयोग एल्युमिनियम के निर्माण में किया जाता है।
- बॉक्साइट मुख्यतः टरशयरी निक्षेपों में पाया जाता है।।
- ओड़िशा भारत में बॉक्साइट का सबसे बड़ा उत्पादक राज्य है।

ताँबा

- इसका उपयोग विद्युत उद्योगों में किया जाता है।
- यह एक मिश्रधातु योग्य, आघातवर्ध्य तथा तन्य धातु है।
- भारत में ताँबे के भंडार मुख्य रूप से झारखंड के सिंहभूम जिले, मध्य प्रदेश और राजस्थान में पाए जाते है।

अधात्विक खनिज

ये कार्बनिक स्रोतों से उत्पन्न होते हैं जैसे कि जीवाश्म ईंधन।

अभ्रक

- इसका उपयोग विद्युत और इलेक्ट्रॉनिक उद्योगों में किया जाता है।

2 भारत में खनिजों का वितरण

- **उत्तर-पूर्वी पठारी प्रदेश** इसमें झारखंड, ओडिशा और पश्चिम बंगाल शामिल हैं। इस क्षेत्र में लौह- अयस्क, मैंगनीज और बॉक्साइट पाए जाते हैं।
- **दक्षिण-पश्चिमी पठारी प्रदेश** इसमें कर्नाटक, गोवा, और तमिलनाडु शामिल हैं। इस क्षेत्र में मोनाजाइट, लौह-अयस्क, बॉक्साइट और मिट्टी पाई जाती है।
- **उत्तर-पश्चिमी प्रदेश** इसमें अरावली पर्वत शृंखला और गुजरात शामिल हैं। यहाँ ताँबा, जस्ता और जिप्सम पाए जाते हैं।
- **हिमालयी पट्टी** इस प्रदेश में ताँबा, सीसा, जस्ता और कोबाल्ट के भंडार मिलते हैं।

3 खनिज संसाधनों का संरक्षण

- समाप्त होने वाले ऊर्जा संसाधनों को वैकल्पिक संसाधनों से बदला जाना चाहिए।
- खनिज संसाधनों के संरक्षण के लिए छाजन (स्क्रैप) धातुओं का पुनः उपयोग किया जाना चाहिए।
- दुर्लभ धातुओं की कमी को पूरा करने के लिए उनके विकल्पों का उपयोग किया जाना चाहिए।
- सामरिक और अत्यन्त खनिजों के निर्यात को भी घटाना चाहिए।

4 परंपरागत ऊर्जा स्रोत

कोयला

- इसका उपयोग ताप विद्युत उत्पादन और लौह-अयस्क के प्रगलन के लिए किया जाता है।
- कोयला मुख्य रूप से दो भू-गार्भिक कालों गौंडवाना और टर्शियरी निक्षेप शैल संरचनाओं में पाया जाता है।
- भारत में कोयला निक्षेपों का लगभग 80 प्रतिशत भाग बिटुमिनियस प्रकार का है।

पेट्रोलियम

- इसका उपयोग ऑटोमोबाइल ईंधन के रूप में किया जाता है।
- पेट्रो-रसायन उद्योगों में पेट्रोलियम के सह-उत्पादों का उपयोग किया जाता है, जिनमें उर्वरक, कृत्रिम रबर, कृत्रिम रेशे, दवाईयाँ, मोम व साबुन आदि शामिल हैं।

प्राकृतिक गैस

- इसका उपयोग विद्युत उत्पादन और तापीय ऊर्जा के लिए किया जाता है।
- यह मुख्य रूप से पेट्रोलियम भंडारों में पाई जाती है।
- भारत में प्राकृतिक गैस के प्रमुख भंडार मुंबई हाई क्षेत्र में स्थित हैं।

5 अपंरपरागत ऊर्जा स्रोत

- **नाभिकीय ऊर्जा** इसके उत्पादन में प्रयुक्त होने वाले महत्त्वपूर्ण खनिज यूरेनियम और थोरियम हैं।
- **सौर ऊर्जा** इसमें सूर्य की किरणों को ऊर्जा में परिवर्तित किया जाता है।
- **पवन ऊर्जा** इसमें प्रवाहित पवन को ऊर्जा में परिवर्तित किया जाता है
- **ज्वारीय तथा तरंग** ऊर्जा इसमें महासागरीय धाराओं को ऊर्जा में परिवर्तित किया जाता है।
- **भू-तापीय ऊर्जा** इसमें पृथ्वी की आंतरिक ऊष्मा को विद्युत ऊर्जा में बदला जाता है।
- **जैव ऊर्जा** इनमें जैविक उत्पादों से प्राप्त ऊर्जा को जैव-ऊर्जा कहा जाता है।

NCERT फोल्डर

अध्याय के मध्य दिए गए प्रश्न

1. भारत में गैर-परंपरागत ऊर्जा संसाधनों का उपयोग कैसे करते हैं? चर्चा कीजिए।

अथवा **भारत के संदर्भ में सौर उर्जा के महत्त्व की व्याख्या कीजिए।** **CBSE**

अथवा **ऊर्जा के अपारंपारिक स्रोत कौन-से है?**

उत्तर भारत में गैर-परंपरागत ऊर्जा संसाधनों का उपयोग बढ़ते ऊर्जा संकट और पर्यावरणीय समस्याओं के समाधान के रूप में किया जा रहा है। भारत में गैर-परंपरागत ऊर्जा संसाधनों का उपयोग निम्नलिखित तरीकों से किया जाता है

(i) **सौर ऊर्जा** यह फोटोवोल्टाइक और सौर-तापीय प्रौद्योगिकी द्वारा प्राप्त की जाती है। यह ऊर्जा कोयला या तेल आधारित संयंत्रों की अपेक्षा 7% तथा नाभिकीय ऊर्जा से 10% अधिक प्रभावी है साथ ही यह पर्यावरण अनुकूल तथा निर्माण में आसान है।

इस ऊर्जा का प्रयोग हीटरों, फसल शुष्ककों, सोलर कुकर्स आदि उपकरणों में अधिक किया जाता है। गुजरात एवं राजस्थान में सौर ऊर्जा के विकास की अधिक संभावनाएँ हैं। सरकार ने राष्ट्रीय सौर मिशन के तहत् सौर ऊर्जा के उपयोग को बढ़ावा देने के लिए कई योजनाएँ लागू की है।

(ii) **पवन ऊर्जा** इस ऊर्जा का उपयोग विद्युत उत्पादन के लिए किया जा रहा हैं। जबकि पवन टरबाइन का उपयोग समुद्र तटीय क्षेत्रों में ऊर्जा उत्पादन के लिए किया जाता है।

(iii) **जैवमास ऊर्जा** इसका निर्माण का निर्माण कृषि अपशिष्ट, गोबर और ऊर्जा का उत्पादन अन्य जैविक सामग्री से किया जाता है। यह ऊर्जा ग्रामीण क्षेत्रों में खाना पकाने और बिजली उत्पादन के लिए उपयोग की जाती है।

(iv) **भूतापीय ऊर्जा** इस ऊर्जा का उपयोग गर्म पानी और बिजली उत्पादन के लिए किया जाता है।

(v) **ज्वारीय ऊर्जा** महासागर की ज्वारीय लहरों से विद्युत उत्पादन किया जाता हैं। जबकि भारत के पश्चिमी तटीय क्षेत्र और बंगाल की खाड़ी में ज्वारीय ऊर्जा उत्पादन की संभावनाएँ हैं।

2. गेल (इंडिया) द्वारा 'एक राष्ट्र एक ग्रिड' के अंतर्गत बिछाई गई क्रॉस कंट्री गैस पाइपलाइन के बारे में जानकारी एकत्रित करें।

उत्तर गेल (इंडिया) लिमिटेड भारत में 'वन नेशन, वन ग्रिड' के तहत् प्राकृतिक गैस के उपयोग को बढ़ावा देने के लिए क्रॉस-कंट्री गैस पाइपलाइन नेटवर्क विकसित कर रही है। इस पहल का उद्देश्य प्राकृतिक गैस आधारित अर्थव्यवस्था को प्रोत्साहित करना, ऊर्जा की स्थिर आपूर्ति सुनिश्चित करना और पर्यावरण प्रदूषण को कम करना है।

एचवीजे पाइलाइन (हजीरा-विजयपुर जगदीशपुर) यह भारत की पहली क्रॉस कंट्री गैस पाइपलाइन है, जिसकी लम्बाई अब 6707 किमी. हो गई है। यह मुम्बई हाई और गुजरात बेसिन को उत्तर भारत के ओद्योगिक केद्रों से जोड़ती है।

नीचे दिए चार विकल्पों में से सही उत्तर चुनिए

1. निम्नलिखित में से किस राज्य में प्रमुख तेल क्षेत्र स्थित हैं?

(a) असम (b) बिहार (c) राजस्थान (d) तमिलनाडु

उत्तर (a) असम

2. निम्नलिखित में से किस स्थान पर पहला परमाणु ऊर्जा स्टेशन स्थापित किया गया था?

(a) कलपक्कम (b) नरौरा (c) राणाप्रताप सागर (d) तारापुर

उत्तर (d) तारापुर

3. निम्नलिखित में कौन-सा ऊर्जा का अनवीकरणीय स्रोत है?

(a) जल (b) सौर (c) ताप (d) पवन

उत्तर (c) ताप

निम्नलिखित प्रश्नों के उत्तर लगभग 30 शब्दों में दीजिए

1. भारत में अभ्रक के वितरण का विवरण दीजिए।

उत्तर भारत में अभ्रक सबसे अधिक झारखंड, बिहार, आंध्र प्रदेश, राजस्थान एवं कर्नाटक में पाया जाता है। इसके अतिरिक्त तमिलनाडु, पश्चिम बंगाल और मध्य प्रदेश में भी पाया जाता है।

(i) **झारखंड और बिहार** झारखंड में उच्चकोटि का अभ्रक पाया जाता है। यहाँ अभ्रक की पेटी 150 किमी लंबी तथा 32 किमी चौड़ी है। देश के कुल उत्पादन का 50% इस क्षेत्र में पाया जाता है।

(ii) **आंध्र प्रदेश** नेल्लोर जिले में उच्चकोटि के अभ्रक का उत्पादन होता है। यहाँ देश का 30% अभ्रक पाया जाता है।

(iii) **राजस्थान** में अभ्रक का उत्पादन अजमेर, जयपुर, भीलवाड़ा और डूँगरपुर जिलों में होता है।

(iv) **कर्नाटक** में मैसूर तथा हासन जिलों में अभ्रक पाया जाता है। इसके अतिरिक्त तमिलनाडु में कोयंबटूर, त्रिचनापल्ली, मदुरई में भी अभ्रक पाया जाता है।

2. नाभिकीय ऊर्जा क्या है? भारत के प्रमुख नाभिकीय ऊर्जा केंद्रों के नाम लिखिए।

उत्तर ऊर्जा का वह स्वरूप, जिसमें परमाणु विखंडन की प्रक्रिया द्वारा ऊर्जा को प्राप्त किया जाता है, नाभिकीय अथवा परमाणु ऊर्जा कहलाती है। भारत के प्रमुख नाभिकीय ऊर्जा केंद्र निम्नलिखित हैं

- तारापुर (महाराष्ट्र)
- रावतभाटा (राजस्थान)
- कलपक्कम (तमिलनाडु)
- नरौरा (उत्तर प्रदेश)
- कैगा (कर्नाटक)
- काकरापाड़ा (गुजरात)

3. अलौह धातुओं के नाम बताइए तथा उनके स्थानिक वितरण की विवेचना कीजिए।

उत्तर भारत में प्राप्त अलौह धातु निम्नलिखित हैं, जो इस प्रकार हैं

(i) **बॉक्साइट** कालाहांडी एवं संभलपुर (ओडिशा), लोहरदगा (झारखंड), कोल्हापुर (महाराष्ट्र)

(ii) **ताँबा** सिंहभूमि (झारखंड), झुंझुनू (राजस्थान), बालाघाट (मध्य प्रदेश) तथा दुर्ग (छत्तीसगढ़) आदि स्थनों पर ताँबे के भंडार स्थित हैं।

(iii) **सोना** कोलार और हट्टी (कर्नाटक), रामगिरि (आंध्र प्रदेश)

(iv) **चाँदी** जावर (राजस्थान), सिंहभूमि (झारखंड)

निम्नलिखित प्रश्नों के उत्तर लगभग 150 शब्दों में दीजिए

1. भारत के पेट्रोलियम संसाधनों पर विस्तृत टिप्पणी लिखिए।

उत्तर पेट्रोलियम मोटर वाहन, रेलवे तथा वायुयान के अंतर-दहन ईंधन के लिए ऊर्जा का एक अनिवार्य स्रोत है। यह दवाइयाँ, वैसलीन, स्नेहक, मोम, साबुन आदि बनाने में भी प्रयुक्त किया जाता है। कच्चा पेट्रोलियम हाइड्रोकार्बन से युक्त होता है, जो द्रव और गैसीय दोनों अवस्था में पाया जाता है।

अपरिष्कृत पेट्रोलियम टर्शियरी युग की अवसादी शैलों में पाया जाता है। भारत में वर्ष 1956 में तेल एवं प्राकृतिक गैस आयोग की स्थापना के बाद व्यवस्थित रूप से तेल अन्वेषण और उत्पादन कार्य प्रारंभ हुआ।

वर्तमान में देश के तेल के निक्षेप पश्चिमी एवं पूर्वी तटों पर पाए गए हैं। गुजरात के अंकलेश्वर व मेहसाणा, असम के डिग्बोई व नहरकटिया तथा महाराष्ट्र के अपतटीय क्षेत्र मुंबई हाई, जो मुंबई नगर से 160 किमी दूर अवस्थित है, में तेल के निक्षेप हैं तथा यहाँ वर्ष 1976 में उत्पादन प्रारंभ हुआ।

कृष्णा, गोदावरी एवं कावेरी नदी बेसिन में भी तेल एवं प्राकृतिक गैस के अन्वेषणात्मक कूप पाए गए हैं। इन कूपों से निकाले गए पेट्रोलियम का प्रयोग सीधे नहीं किया जाता, बल्कि शोधित करने के पश्चात् किया जाता है। भारत में क्षेत्र आधारित एवं बाजार आधारित दो प्रकार के तेलशोधन कारखाने हैं। डिग्बोई तेलशोधन कारखाना क्षेत्र आधारित है, जबकि बरौनी बाजार आधारित तेलशोधन कारखाना है।

2. भारत में जल-विद्युत पर एक निबंध लिखिए।

उत्तर गिरते हुए या बहते हुए जल की ऊर्जा से जो विद्युत उत्पन्न की जाती है, उसे जल-विद्युत कहते हैं। विद्युत शक्ति के जनन को विधियों में जल-विद्युत बहुत महत्त्वपूर्ण है। विश्व की संपूर्ण विद्युत शक्ति का एक तिहाई भाग जल-विद्युत के रूप में प्राप्त होता है। भारत में जल-विद्युत की क्षमता लगभग 1,48,700 मेगावाट की है, जिसमें से लगभग 21% क्षमता का विकास कर लिया गया है। भारत में इसके विकास के लिए निम्नलिखित दशाएँ उपलब्ध हैं

(i) जल-विद्युत उत्पादन के लिए यहाँ वर्षभर प्रवाहित होने वाली नदियाँ हैं।

(ii) हिमालय से निकलने वाली नदियों पर अनेक जलप्रपात अवस्थित हैं, जहाँ विद्युत उत्पन्न करने के लिए प्राकृतिक दशाएँ उपस्थित हैं।

(iii) दक्षिणी भारत की नदियाँ भी अपने प्रवाह के पठारी भागों में जल-विद्युत उत्पादन की अनुकूल परिस्थितियाँ प्रदान करती हैं।

भारत में जल-विद्युत क्षमता का 36.5% भाग उत्तरी, 26.5% भाग उत्तर-पूर्वी, 17.2% दक्षिणी, 10% पश्चिमी और 9.8% पूर्वी क्षेत्रों में विद्यमान है। अरुणाचल प्रदेश, हिमाचल प्रदेश, जम्मू-कश्मीर, केरल, मेघालय एवं सिक्किम में जल-विद्युत से 90% और हरियाणा, कर्नाटक, ओडिशा, पंजाब एवं राजस्थान में 50% से अधिक बिजली की माँग पूरी की जाती है।

जल-विद्युत से होने वाले लाभ निम्न हैं

(i) जल-विद्युत ऊर्जा का एक नवीकरण स्रोत है।

(ii) प्रदूषण रहित और पर्यावरण अनुकूल होता है।

(iii) ऊर्जा के अन्य स्रोतों की तुलना में पूर्ण की गई पहली जल-विद्युत परियोजना अभी तक प्रचलनस्त् है।

अभ्यास प्रश्न

वस्तुनिष्ठ प्रश्न

बहुविकल्पीय प्रश्न

1. निम्न में से कौन-सा लौह-धात्विक खनिज है?

(a) मैंगनीज (b) बॉक्साइट
(c) अभ्रक (d) ग्रेफाइट

उत्तर (a) मैंगनीज

2. निम्नलिखित में से भारत का कौन-सा राज्य मैंगनीज़ उत्पादन में अग्रणी है? **CBSE 2024**

(a) झारखंड (b) मध्य प्रदेश
(c) ओडिशा (d) बिहार

उत्तर (c) ओडिशा

3. नोआमंडी एवं गुआ खदानें किस राज्य में स्थित है?

(a) राजस्थान (b) झारखंड
(c) ओडिशा (d) आंध्र प्रदेश

उत्तर (b) झारखंड

4. निम्नलिखित लौह-अयस्क के क्षेत्रों में से कौन-सा कर्नाटक में स्थित है? **CBSE 2020**

(a) बैलाडिला (b) चित्रदुर्ग
(c) मयूरभंज (d) रत्नागिरि

उत्तर (b) चित्रदुर्ग

5. **मध्य प्रदेश की बालाघाट-छिंदवाड़ा-निमाड़-मांडला-झाबुआ पट्टी किस खनिज के उत्पादन के लिए प्रसिद्ध है?**

(a) लौह-अयस्क (b) ताँबा (c) मैंगनीज (d) अभ्रक

उत्तर (c) मैंगनीज

6. **भारत में निम्नलिखित राज्यों में से कौन-सा बॉक्साइट का सबसे बड़ा उत्पादक राज्य है?** **CBSE 2020**

(a) महाराष्ट्र (b) राजस्थान (c) ओडिशा (d) आंध्र प्रदेश

उत्तर (c) ओडिशा

7. **भारत में निम्नलिखित राज्यों में से कौन-सा अभ्रक का सबसे बड़ा उत्पादक राज्य है?** **CBSE 2020**

(a) गुजरात (b) छत्तीसगढ़ (c) बिहार (d) झारखंड

उत्तर (d) झारखंड

8. **निम्नलिखित कोयला क्षेत्रों में से कौन-सा ओडिशा राज्य में स्थित है?** **CBSE 2020**

(a) कोरबा (b) रानीगंज (c) तालचर (d) नेवेली

उत्तर (c) तालचर

9. **निम्नलिखित में से कौन-सा भारत का विशालतम कोयला क्षेत्र है?** **CBSE 2024**

(a) झरिया (b) रानीगंज (c) नेवेली (d) बोकारो

उत्तर (a) झरिया

10. **तेल एवं प्राकृतिक गैस आयोग की स्थापना कब हुई थी?**

(a) वर्ष 1951 में (b) वर्ष 1954 में
(c) वर्ष 1956 में (d) वर्ष 1958 में

उत्तर (c) वर्ष 1956 में

11. **निम्न में से कौन-सा बाजार आधारित तेलशोधन कारखाना है?**

(a) डिग्बोई (b) कोयली
(c) तटीपका (d) बरौनी

उत्तर (d) बरौनी

12. **भारत में कोयला निक्षेपों का लगभग 80% भाग बिटुमिनिस प्रकार तथा गैर कोककारी श्रेणी का है। भारत में सर्वाधिक महत्त्वपूर्ण गोंडवाना कोयला क्षेत्र .... है।**

(a) महानदी घाटी में स्थित (b) दामोदर घाटी में स्थित
(c) नर्मदा घाटी में स्थित (d) गोदावरी घाटी में स्थित

उत्तर (b) दामोदर घाटी में स्थित

13. **निम्नलिखित में से किस प्राधिकरण की स्थापना प्राकृतिक गैस के विपणन व परिवहन के लिए की गई थी?**

(a) गैस अथॉरिटी ऑफ इंडिया लिमिटेड
(b) भू-सर्वेक्षण संस्थान, भारत
(c) इंडियन ब्यूरो ऑफ ऑयल
(d) ऑयल एंड नेचुरल गैस कॉर्पोरेशन लिमिटेड

उत्तर (a) गैस अथॉरिटी ऑफ इंडिया लिमिटेड

14. **नाभिकीय ऊर्जा के उत्पादन के लिए प्रयोग किया जाता है**

(a) यूरेनियम (b) थोरियम
(c) 'a' और 'b' दोनों (d) मोनाजाइट

उत्तर (c) 'a' और 'b' दोनों

15. **निम्न में से किस राज्य में सौर ऊर्जा के विकास की उच्च संभावनाएँ हैं?**

(a) उत्तर प्रदेश (b) गुजरात (c) महाराष्ट्र (d) हरियाणा

उत्तर (b) गुजरात

16. **1890 ई. में सर्वप्रथम किस देश में भू-तापीय ऊर्जा का प्रयोग किया गया था?**

(a) भारत (b) ब्रिटेन
(c) चीन (d) संयुक्त राज्य अमेरिका

उत्तर (d) संयुक्त राज्य अमेरिका

17. **भारत में कचरे को ऊर्जा में परिवर्तित करने वाली इकाई की स्थापना की गई है**

(a) ओखला (नई दिल्ली) (b) झुंझुनूं (राजस्थान)
(c) मधुवनी (बिहार) (d) इटावा (उत्तर प्रदेश)

उत्तर (a) ओखला (नई दिल्ली)

18. **मैंगनीज खनिज का प्रयोग किया जाता है**

1. लौह-अयस्क के प्रगलन में
2. लौह मिश्र धातु के निर्माण में
3. एल्युमीनियम उत्पादन में

कूट

(a) 1 और 2 (b) 2 और 3
(c) 1 और 3 (d) 1, 2 और 3

उत्तर (a) 1 और 2

19. **अधात्विक खनिज 'अभ्रक' के संबंध में कौन-सा/से कथन सही नहीं है/हैं?**

1. अभ्रक का उपयोग विद्युत एवं इलेक्ट्रॉनिक्स उद्योगों में किया जाता है।
2. भारत में अभ्रक मुख्यतः हिमाचल प्रदेश, पंजाब तथा हरियाणा में पाया जाता है।
3. आंध्र प्रदेश के नेल्लोर जिले में सर्वोच्च प्रकार के अभ्रक का उत्पादन किया जाता है।
4. अभ्रक को पतली चादरों में विघटित किया जा सकता है।

कूट

(a) केवल 2 (b) केवल 3
(c) केवल 4 (d) कथन 1 और 4

उत्तर (a) केवल 2

20. **अलौह खनिज बॉक्साइट के संदर्भ में निम्नलिखित कथनों पर विचार करें और सही कूट का चयन करें?**

1. बॉक्साइट एक अयस्क है, जिसका प्रयोग ऐल्युमीनियम के विनिर्माण में किया जाता है।
2. बॉक्साइट मुख्यतः टरश्यरी निक्षेपों में पाया जाता है।
3. झारखंड बॉक्साइट का सबसे बड़ा उत्पादक है।
4. कालाहांडी तथा संभलपुर बॉक्साइट उत्पादक स्थान कर्नाटक में स्थित है।

कूट

(a) 1 और 2 (b) 1, 2 और 3
(c) 2, 3 और 4 (d) ये सभी

उत्तर (a) 1 और 2

21. कोयला महत्त्वपूर्ण खनिजों में से एक है, जिसका मुख्य प्रयोग ताप विद्युत उत्पादन तथा लौह-अयस्क के प्रगलन के लिए किया जाता है। भारत में कोयले की महत्त्वपूर्ण खानों के संदर्भ में सही विकल्प चुनें।
1. रानीगंज खदान पश्चिम बंगाल राज्य में स्थित है।
2. झरिया खदान ओडिशा राज्य में स्थित है।
3. सिंगरौली कोयला खदान मध्य प्रदेश में स्थित है।
4. छत्तीसगढ़ की कोरबा खदान कोयले की प्रसिद्ध खदान है।

कूट
(a) 1 और 2 (b) 1, 3 और 4 (c) 2, 3 और 4 (d) 1, 2 और 3

उत्तर (c) 1, 3 और 4

22. उत्तर-पूर्वी पठारी प्रदेश में निम्न में से कौन-से खनिज मुख्य रूप से पाए जाते हैं?
1. लौह-अयस्क 2. जिप्सम
3. मैंगनीज 4. ग्रेनाइट 5. अभ्रक

कूट
(a) 1, 3 और 5 (b) 2, 3 और 5
(c) 3, 4 और 5 (d) 1, 2 और 5

उत्तर (c) 3, 4 और 5

23. निम्नलिखित संस्थान/आयोग को इनके स्थापना वर्ष के कालक्रमानुसार व्यवस्थित कीजिए
1. परमाणु ऊर्जा आयोग
2. ट्रांबे परमाणु ऊर्जा संस्थान
3. तेल एवं प्राकृतिक गैस आयोग
4. गैस अथॉरिटी ऑफ इंडिया लिमिटेड

कूट
(a) 1, 2, 3, 4 (b) 2, 3, 1, 4
(c) 3, 2, 4, 1 (d) 4, 2, 3, 1

उत्तर (a) 1, 2, 3, 4

24. निम्नलिखित लौह-अयस्क खदानों को पश्चिम से पूर्व की ओर क्रम में व्यवस्थित कीजिए। दक्षता आधारित प्रश्न
1. गुरुमहिसानी 2. नोआमंडी
3. बैलाडिला 4. कुद्रेमुख

कूट
(a) 1 2 3 4 (b) 4 3 2 1
(c) 4 3 1 2 (d) 2 3 4 1

उत्तर (b) 4 3 2 1

25. निम्नलिखित कथनों को ध्यानपूर्वक अध्ययन कीजिए और सही विकल्प का चयन कीजिए:

कथन I कच्चा पेट्रोलियम एक हाइड्रोकार्बन है, दो द्रव और गैसीय अवस्था में पाया जाता है।

कथन II पूर्वी तट पर कृष्णा, गोदावरी एवं कोवरी नदी बेसिनों में विशेष प्रकार के कुओं में तेल एवं प्राकृतिक गैस पाई जाती है। इन कुओं को अन्वेषण कूप कहते हैं।

विकल्प
(a) केवल कथन I सही है (b) केवल कथन II सही है
(c) कथन I और II दोनों सही हैं (d) कथन I और II दोनों गलत हैं

उत्तर (c) कथन I और II दोनों सही हैं

26. सूची I का सूची II से सही सुमेलन कीजिए

सूची I (तेलशोधन कारखाने)	सूची II (राज्य)
A. डिग्बोई	1. ओडिशा
B. पारादीप	2. असम
C. कोच्चि	3. कर्नाटक
D. मंगलौर	4. केरल

कूट

	A	B	C	D
(a)	1	4	3	2
(b)	2	1	4	3
(c)	3	2	4	1
(d)	2	1	3	4

उत्तर (b) 2 1 4 3

27. सूची I का सूची II से सही सुमेलन कीजिए

सूची I (राज्य)	सूची II (ताँबा उत्पादक क्षेत्र)
A. झारखंड	1. अग्निगुंडाला
B. मध्य प्रदेश	2. बालाघाट
C. राजस्थान	3. सिंहभूम
D. आंध्र प्रदेश	4 झुंझुनूं

कूट

	A	B	C	D
(a)	1	2	3	4
(b)	2	3	1	4
(c)	3	2	4	1
(d)	4	3	2	1

उत्तर (c) 3 2 4 1

28. सूची I का सूची II से सही सुमेलन कीजिए

सूची I	सूची II
A. कर्णपुरा	1. पेट्रोलियम
B. कलोल	2. जैव-ऊर्जा
C. ओखला	3. वायु ऊर्जा
D. राजस्थान	4. कोयला

कूट

	A	B	C	D
(a)	4	1	2	3
(b)	1	2	4	3
(c)	4	1	3	2
(d)	1	3	2	4

उत्तर (a) 4 1 2 3

29. सूची I का सूची II से सही सुमेलन कीजिए।

सूची I	सूची II
A. नाभिकीय ऊर्जा	1. पूगाघाटी (कश्मीर)
B. सौर ऊर्जा	2. कच्छ की खाड़ी प्रदेश
C. पवन ऊर्जा	3. ओखला (नई दिल्ली)
D. ज्वारीय ऊर्जा	4. रावतभाटा
E. भू-तापीय ऊर्जा	5. दक्षिण तमिलनाडु
F. जैव ऊर्जा	6. पश्चिमी राजस्थान

कूट

	A	B	C	D	E	F
(a)	2	1	3	4	5	6
(b)	4	5	2	3	1	6
(c)	4	6	5	2	1	3
(d)	5	4	6	3	2	1

उत्तर (c) 4 6 5 2 1 3

30. निम्नलिखित में से कौन-सा युग्म सही सुमेलित नहीं है?

राज्य का नाम		मैंगनीज खनन केन्द्र
(a) ओडिशा	–	कोरापुट, कालाहांडी
(b) छत्तीसगढ़	–	बालाघाट, छिंदावाड़ा
(c) कर्नाटक	–	धारवाड़, बल्लारी
(d) महाराष्ट्र	–	नागपुर, भंडार

उत्तर *(b)* छत्तीसगढ़- बालाघाट, छिन्दावाड़ा

निर्देश (प्र. स. 31-32) दिए गए कथन (A) और कारण (R) को ध्यानपूर्वक पढ़कर कूट की सहायता से सही उत्तर का चयन कीजिए।

कूट

(a) A और R दोनों सही हैं तथा R, A की सही व्याख्या है
(b) A और R दोनों सही हैं परंतु R, A की सही व्याख्या नहीं है
(c) A सही है, लेकिन R गलत है
(d) A गलत हैं, किंतु R सही है

31. **कथन** (A) कच्चा पेट्रोलियम एक हाइड्रोकार्बन है, जो द्रव एवं गैसीय अवस्था में पाया जाता है।

कारण (R) अपरिष्कृत पेट्रोलियम टर्शियरी युग की अवसादी शैलों में पाया जाता है।

उत्तर *(a)* कच्चा पेट्रोलियम एक जटिल हाइड्रोकार्बन मिश्रण है, जो द्रव और गैसीय अवस्था में उपस्थित रहता है। यह मुख्य रूप से कार्बन और हाइड्रोजन से बना होता है। इसके अतिरिक्त पेट्रोलियम मुख्यतः अवसादी शैलों में पाया जाता है, जो टर्शियरी युग के दौरान बने थे। ये शैलें जैविक पदार्थों के विघटन और संपीडन से बनी होती हैं, जो लाखों वर्षों में उच्च दबाव और तापमान के कारण पेट्रोलियम में परिवर्तित हो जाती हैं।

32. **कथन** (A) भारत के कुल कोयला निक्षेपों का लगभग 55% भाग बिटुमिनस प्रकार तथा गैर-कोकारी श्रेणी का है।

कारण (R) भारत में सबसे बड़ा कोयला क्षेत्र रानीगंज तथा दूसरा सबसे बड़ा झरिया हैं।

उत्तर *(c)* क्योंकि भारत के कुल कोयला निक्षेपों का 80% भाग बिटुमिनस प्रकार तथा गैर-कोकारी श्रेणी का है और भारत में सबसे बड़ा कोयला क्षेत्र रानीगंज न होकर झरिया है जबकि रानीगंज दूसरा सबसे बड़ा कोयला क्षेत्र है।

33. नीचे दिए गए चार्ट को ध्यानपूर्वक पढ़कर निम्नलिखित विकल्पों का प्रयोग करके पूरा कीजिए।

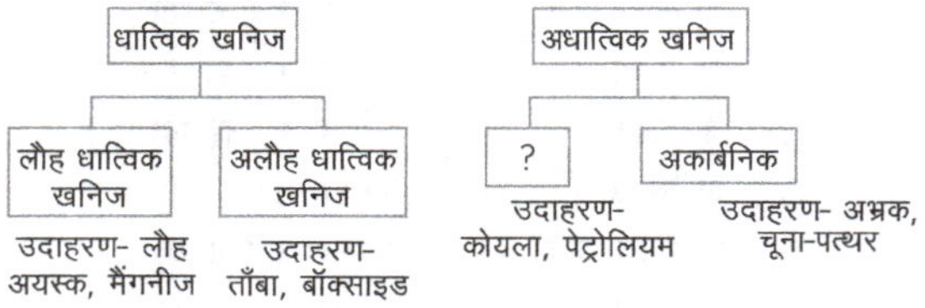

(a) परंपरागत खनिज
(b) ईंधन खनिज
(c) कार्बनिक खनिज
(d) अपरंपरागत खनिज

उत्तर *(c)* कार्बनिक खनिज

34. नीचे दिए गए चार्ट को ध्यानपूर्वक पढ़कर निम्नलिखित विकल्पों का प्रयोग करके पूरा कीजिए।

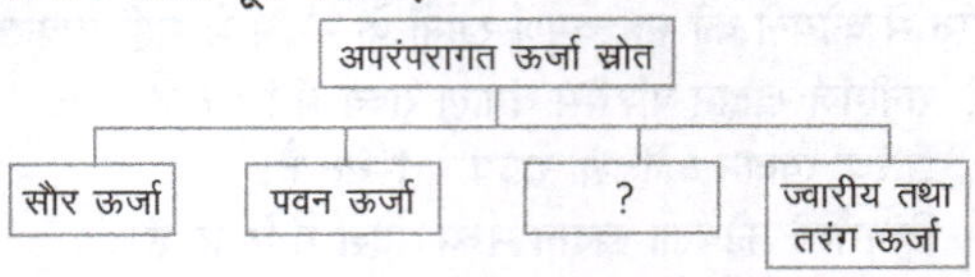

(a) कोयला
(b) पेट्रोलियम
(c) भू-तापीय ऊर्जा
(d) प्राकृतिक गैस

उत्तर (c) भू-तापीय ऊर्जा

35. फ्लो चार्ट में रिक्त स्थान की पूर्ति के लिए सही विकल्प का चयन कीजिए **CBSE 2024**

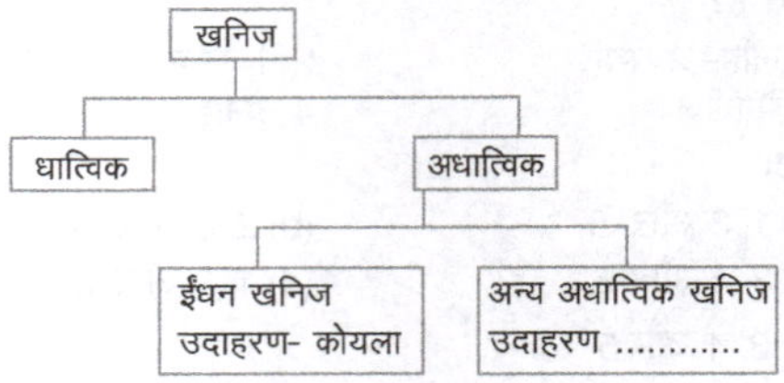

विकल्प

(a) सोना
(b) बॉक्साइट
(c) ग्रेफाइट
(d) मैंगनीज

उत्तर (c) ग्रेफाइट

लघु उत्तरीय प्रश्न

1. **भारत के खनिज संसाधनों की किन्हीं तीन मुख्य विशेषताओं की व्याख्या कीजिए।**

उत्तर भारत के खनिज संसाधनों की तीन मुख्य विशेषताएँ इस प्रकार हैं

(i) भारत में अधिकांश खनिज प्रायद्वीपीय पठार पर पाए जाते हैं तथा इनका क्षेत्रीय वितरण असमान होता है।
(ii) भारत में विभिन्न प्रकार के खनिज पाए जाते हैं, परंतु सोना, सीसा, ताँबा तथा कोबाल्ट जैसे खनिजों की मात्रा भारत में अत्यधिक कम है।
(iii) भारत के वृहत आकार और विभिन्न भू-वैज्ञानिक संरचनाओं के कारण यहाँ अनेक प्रकार की किस्में पाई जाती हैं।

2. **भारत में लौह-अयस्क के स्थानिक वितरण को स्पष्ट कीजिए।**

उत्तर लोहा उत्पादन में झारखंड एवं ओडिशा राज्य देश में अग्रणी हैं। भारत के लौह-अयस्क भंडार पाँच पेटियों में केंद्रित हैं जिनका संक्षिप्त विवरण इस प्रकार है

(i) **झारखंड-ओडिशा पेटी** इसमें गुरुमहिसानी, बादामपहाड़ और नोआमंडी की खानें प्रमुख हैं।
(ii) **छत्तीसगढ़-महाराष्ट्र पेटी** इसमें दंतेवाड़ा की बैलाडीला, दुर्ग की डल्ली-राजहरा और पूर्वी महाराष्ट्र के सूरजगढ़ और लौहारा-पीपल की खानें महत्त्वपूर्ण हैं।
(iii) **कर्नाटक पेटी** इसमें बेल्लारी, चित्रदुर्ग, तुमकुरू जिले की प्रमुख खानें सम्मिलित हैं।
(iv) **तमिलनाडु पेटी** इसमें सेलम, उत्तरी आरकाट तथा तिरुचिरापल्ली जिले के निक्षेप शामिल हैं।

(v) **गोवा-रत्नागिरि पेटी** इसमें गोवा तथा महाराष्ट्र के रत्नागिरि जिले के निक्षेप शामिल हैं।

इनके अतिरिक्त केरल के कोझीकोड जिले और कर्नाटक के कुद्रेमुख में लौह-अयस्क के निक्षेप पाए जाते हैं।

3. ताँबे के दो लाभ बताइए। भारत के चार प्रमुख ताँबा खनन क्षेत्रों का उल्लेख कीजिए। *दक्षता आधारित प्रश्न*

उत्तर ताँबा एक अलौह धातु है। यह एक मिश्रधातु योग्य, आघातवर्ध्य तथा तुन्य धातु है। प्रकृति में ताँबा अयस्क कई क्षेत्रों में शुद्ध कणों के रूप में और कई स्थानों में अन्य चट्टानों के साथ पाया जाता है। यह अधिकतर आग्नेय और कायान्तरित शैलों की चट्टानों से प्राप्त होता है। इसके दो लाभ निम्नलिखित हैं

(i) ताँबे का प्रयोग बिजली की मोटरें, ट्रांसफॉर्मर तथा जेनरेटर्स बनाने में किया जाता है।

(ii) आभूषणों को मजबूती प्रदान करने के लिए सोने के साथ ताँबे को मिलाया जाता है।

भारत के चार प्रमुख ताँबा खनन क्षेत्र निम्न हैं

(i) झारखंड का सिंहभूम (ii) मध्य प्रदेश का बालाघाट
(iii) राजस्थान का झुंझुनूं (iv) राजस्थान का अलवर

4. लोहा, कोयला, मैंगनीज, बॉक्साइट एवं अभ्रक का दोहन करने वाले विशिष्ट प्रदेशों के बारे में बताइए।

उत्तर खनिजों का दोहन करने वाले विशिष्ट प्रदेश निम्नलिखित हैं

(i) **लोहा** ओडिशा के गुरुमहिसानी, बादामपहाड़ एवं सुलाएपत में झारखंड के नोआमंडी एवं गुआ में और कर्नाटक की बाबाबूदन पहाड़ियों एवं कुद्रेमुख में हैं।

(ii) **कोयला** झारखंड के झरिया, बोकारो, गिरीडीह में, पश्चिम बंगाल के रानीगंज और मध्य प्रदेश के सिंगरौली में है।

(iii) **मैंगनीज** ओडिशा के बोनाई, केंदुझार, सुंदरगढ़ एवं कालाहांडी, कर्नाटक के धारवाड़, बेल्लारी, बेलगाम एवं शिमोगा और महाराष्ट्र के नागपुर, भंडारा एवं रत्नागिरि में हैं।

(iv) **बॉक्साइट** गुजरात के भावनगर और जामनगर, झारखंड के लोहारदगा तथा ओडिशा के बोलनगीर और कोरापुट में हैं।

(v) **अभ्रक** झारखंड के हजारीबाग, आंध्र प्रदेश के नेल्लोर, राजस्थान के जयपुर तथा भीलवाड़ा में हैं।

5. पेट्रोलियम से आप क्या समझते हैं? उसके किन्हीं तीन व्यापारिक उत्पादन क्षेत्रों का वर्णन कीजिए।

उत्तर पेट्रोलियम एक हाइड्रोकार्बन है, जो द्रव एवं गैसीय अवस्था में पाया जाता है। इसका उपयोग मोटर वाहन, रेलवे तथा वायुयानों के अंतर-दहन ईंधन के रूप में होता है।

पेट्रोलियम के अनेक सह-उत्पादों को पेट्रो-रसायन उद्योगों; जैसे—उर्वरक, कृत्रिम रबर, कृत्रिम रेशे, दवाइयाँ, वैसलीन, स्नेहकों, मोम, साबुन तथा अन्य सौंदर्य सामग्री में परिष्कृत किया जाता है। भारत में पेट्रोलियम के महत्त्वपूर्ण तेल उत्पादक क्षेत्र निम्नलिखित हैं

(i) **उत्तर-पूर्वी प्रदेश** इस प्रदेश में असम में डिगबोई, नहरकटिया तथा मोरान हैं।

(ii) **गुजरात** यहाँ अंकलेश्वर, कालोल, मेहसाणा, नवागाम, कोसांबा तथा लुनेज आदि क्षेत्रों से पेट्रोलियम का उत्पादन किया जाता है। ये सभी क्षेत्र अरब सागर के समीप हैं।

(iii) **मुंबई हाई** इसकी खोज वर्ष 1973 में की गई थी। यह अरब सागर में स्थित है। यहाँ से देश के उत्पादन का दो-तिहाई तेल निकाला जाता है।

6. भारत में खनिज और ऊर्जा संसाधनों के असमान वितरण का वर्णन उपयुक्त उदाहरण देकर कीजिए।

उत्तर भारत में खनिज और ऊर्जा संसाधनों का वितरण असमान है। उदाहरणस्वरूप, कोयला और लौह-अयस्क जैसे खनिज संसाधन मुख्य रूप से झारखंड, ओडिशा, छत्तीसगढ़ और मध्यप्रदेश में पाए जाते हैं, जबकि कच्चे तेल और प्राकृतिक गैस की अधिकांश अपस्थिति गुजरात, महाराष्ट्र और असम में है। दूसरी ओर भारत के दक्षिणी और पश्चिमी क्षेत्र जैसे तमिलनाडु और राजस्थान में खनिज संसाधनों की कमी है। इसी प्रकार ऊर्जा के क्षेत्र में भी नवीकरणीय स्रोत जैसे सौर ऊर्जा का उत्पादन राजस्थान और गुजरात में अधिक है, जबकि अन्य राज्यों में इसका विकास सीमित है। इस प्रकार भारत के विभिन्न हिस्सों में खनिज और ऊर्जा संसाधनों का वितरण असमान होने के कारण वहाँ की अर्थव्यवस्था और विकास में अंतर दिखाई देता है।

7. भारत में खनिज संसाधनों के संरक्षण के किन्हीं पाँच उपायों की व्याख्या कीजिए। **CBSE 2024**

उत्तर भारत में खनिज संसाधनों के संरक्षण के पाँच उपाय निम्नलिखित हैं

(i) **निर्यात में कमी लाकर** सामरिक दृष्टि से महत्त्वपूर्ण, दुर्लभ अथवा सीमित मात्रा में उपलब्ध खनिजों के निर्यात को घटाना चाहिए, जिससे वर्तमान में अरक्षित भंडारों का लंबे समय तक प्रयोग किया जा सके।

(ii) **धातुओं का पुनर्चक्रण एवं प्रतिस्थापन** ताँबा, सीसा और जस्ते जैसी धातुओं, जिनमें भारत के भंडार अपर्याप्त हैं, में छाजन, धातुओं का उपयोग विशेष रूप से सार्थक है। इससे धातुओं का पुनर्चक्रण संभव होगा। अत्यल्प धातुओं के लिए प्रतिस्थापनों का उपयोग भी उनकी खपत को घटाने में उपयोगी हो सकता है।

(iii) **ऊर्जा के वैकल्पिक स्रोतों का विकास** खनिज संसाधनों के संरक्षण के लिए सौर ऊर्जा, पवन ऊर्जा, भू-तापीय ऊर्जा जैसे ऊर्जा के वैकल्पिक असमाप्य स्रोतों का विकास किया जाना चाहिए।

(iv) **उचित तकनीकी का उपयोग** खनिज प्राप्त करने के लिए उचित तकनीकी का उपयोग किया जाना चाहिए।

(v) **स्थायी विकास** पर्यावरण की गुणवत्ता बनाए रखकर भविष्य की पीढ़ी को शुद्ध पर्यावरण देना, प्रदूषण मुक्त पर्यावरण के प्रयत्न करना

8. भारत में खनिज संसाधनों के संरक्षण और सतत पोषणीय विकास के संबंध का विश्लेषण कीजिए। **CBSE 2024**

उत्तर भारत में खनिज संसाधनों का संरक्षण और सतत पोषणीय विकास एक महत्त्वपूर्ण तथा चुनौतीपूर्ण मुद्दा है। खनिज संसाधन देश के विकास के लिए आवश्यक होते हैं, लेकिन इनके अत्यधिक उपयोग से पर्यावरणीय समस्याएँ भी उत्पन्न हो सकती हैं।

खनिज संसाधनों का संरक्षण खनिज संसाधनों का संरक्षण उस प्रक्रिया को कहा जाता है, जिसमें प्राकृतिक संसाधनों का विवेकपूर्ण और जिम्मेदारी से उपयोग किया जाता है, ताकि उनकी उपलब्धता आने वाली पीढ़ियों के लिए बनी रहे। खनिजों के उत्खनन के दौरान

नवीनतम प्रौद्योगिकीयों का उपयोग किया जाना चाहिए, जो पर्यावरण पर कम-से-कम प्रभाव डाले तथा खनिज खनन के दौरान जैव-विविधता और पारिस्थितिकी तंत्र को संरक्षित करना चाहिए, जिससे पारिस्थितिकी तंत्र का संतुलन बना रहे।

सतत पोषणीय विकास का आशय, वर्तमान पीढ़ी की आवश्यकताओं को पूरा करने के साथ-साथ भविष्य की पीढ़ियों के लिए भी संसाधनों की उपलब्धता सुनिश्चित करना है। खनिजों का उपयोग उस तरीके से किया जाना चाहिए, जिससे उनकी उपलब्धता भविष्य में बनी रहे, साथ ही खनिजों पर निर्भरता को कम करने के लिए वैकल्पिक ऊर्जा स्रोतों और संसाधनों का विकास किया जाना चाहिए।

अतः भारत में खनिज संसाधनों के संरक्षण और सतत् पोषणीय विकास पर ध्यान देना अत्यंत महत्त्वपूर्ण है। इसका मुख्य लक्ष्य यह होना चाहिए कि वर्तमान में जो खनिज संसाधन उपयोग में लाए जा रहे हैं, वे आने वाली पीढ़ियों के लिए भी उपलब्ध रहें। इसके लिए सही नीति, तकनीकी सुधार और समुदाय की भागीदारी की आवश्यकता है।

9. भारत में कोयले के स्थानिक वितरण का संक्षिप्त विवरण दीजिए।

उत्तर भारत में कोयला निक्षेपों का लगभग 80% भाग बिटुमिनियस प्रकार का तथा गैर कोककारी श्रेणी का है। कोयला मुख्य रूप से गोंडवाना और टर्शियरी निक्षेप में पाया जाता है।

भारत में कोयला प्रमुख रूप से गोंडवाना क्षेत्र में पाया जाता है, जो मुख्यतः दामोदर घाटी में स्थित है। झारखंड-बंगाल कोयला पट्टी में यह क्षेत्र अवस्थित है, जहाँ रानीगंज, झरिया, बोकारो एवं करनपुरा में प्रमुख खदानें हैं। मध्य प्रदेश में कोयला सिंगरौली, छत्तीसगढ़ में कोरबा, ओडिशा में तलचर तथा रामपुर एवं महाराष्ट्र में चाँदा-वर्धा में पाया जाता है। देश के कुछ भागों में टर्शियरी कोयला असम, अरुणाचल प्रदेश, मेघालय एवं नागालैंड में पाया जाता है।

10. भारत में अपरंपरागत ऊर्जा के पाँच स्रोतों के नाम बताइए तथा प्रत्येक स्रोत का एक संभावित क्षेत्र भी बताइए।

अथवा **भारत में सौर ऊर्जा का उदाहरण देकर ऊर्जा के अपरंपरागत स्रोतों के लाभों का विश्लेषण कीजिए?** **CBSE 2024**

उत्तर भारत में अपरंपरागत ऊर्जा के पाँच स्रोत और उनके संभावित क्षेत्र निम्नलिखित हैं

(i) **नाभिकीय ऊर्जा** (Nuclear Energy) इसके अंतर्गत संभावित क्षेत्र तारापुर (महाराष्ट्र), रावतभाटा (राजस्थान), कलपक्कम (तमिलनाडु), नरोरा (उत्तर प्रदेश), कैगा कर्नाटक तथा काकरापाड़ा (गुजरात) आदि आते हैं।

(ii) **सौर ऊर्जा** (Solar Energy)
- **सम्भावित क्षेत्र** गुजरात, राजस्थान (भारत के पश्चिमी भाग में अधिक संभावनाएँ)

(iii) **पवन ऊर्जा** (Wind Energy)
- **संभावित क्षेत्र** राजस्थान, गुजरात, महाराष्ट्र, कर्नाटक

(iv) **ज्वारीय ऊर्जा** (Tidal Energy)
- **संभावित क्षेत्र** भारत के पश्चिमी तट पर स्थित क्षेत्र, जैसे- गुजरात और महाराष्ट्र

(v) **तरंग ऊर्जा** (Wave Energy)
- **संभावित क्षेत्र** पश्चिमी तट पर स्थित महासागरीय क्षेत्रः जैसे- केरल, कर्नाटक, महाराष्ट्र।

सौर ऊर्जा के उदाहरण से अपरंपरागत ऊर्जा स्रोतों के लाभों का विश्लेषण सौर ऊर्जा एक प्रमुख अपरंपरागत ऊर्जा स्रोत है, जो प्राकृतिक रूप से उपलब्ध सूर्य की किरणों को ऊर्जा में परिवर्तित करता है, इसके निम्नलिखित लाभ हैं।

(i) **पर्यावरण अनुकूल** सौर ऊर्जा में कोई प्रदूषण नहीं होता, जिससे यह पारिस्थितिकी तंत्र के लिए सुरक्षित है।

(ii) **नवीकरणीय स्रोत** सूर्य की किरणों का कोई अंत नहीं है, जिससे यह अनंत ऊर्जा स्रोत है।

(iii) **स्थानीय उत्पादन** सौर ऊर्जा का उत्पादन स्थल के पास ही किया जा सकता है, जिससे ऊर्जा के वितरण में कोई परेशानी नहीं होती।

(iv) **सामाजिक लाभ** यह ग्रामीण और दूरदराज के क्षेत्रों में ऊर्जा की उपलब्धता को बढ़ाता है, जहाँ अन्य स्रोतों की पहुँच नहीं हो पाती है।

11. जैव ऊर्जा से आप क्या समझते हैं? उसके महत्त्व बताइए।

उत्तर जैविक उत्पादकों से प्राप्त ऊर्जा को जैव ऊर्जा कहते हैं, जिसमें ईंधन के रूप में कृषि अवशेष, नगरपालिका औद्योगिक तथा अन्य अपशिष्ट का उपयोग किया जाता है। जैव ऊर्जा को विद्युत ऊर्जा, ताप ऊर्जा अथवा खाना पकाने वाली गैस में परिवर्तित किया जा सकता है।

जैव ऊर्जा का महत्त्व निम्नलिखित हैं

(i) यह ऊर्जा परिवर्तन का एक संभावित स्रोत है।

(ii) इस ऊर्जा को विद्युत ऊर्जा, ताप ऊर्जा अथवा खाना पकाने की गैस में परिवर्तित किया जाता है।

(iii) यह प्रदूषण को कम करने में भी सहायक होती है।

(iv) जैव ऊर्जा सबसे सस्ता साधन है।

(v) यह विकासशील देशों के ग्रामीण क्षेत्रों के आर्थिक जीवन को बेहतर बनाती है

(vi) इस ऊर्जा को स्थानीय स्तर पर उत्पादित किया जा सकता है।

13. लौह खनिज और अलौह खनिज में अंतर स्पष्ट कीजिए।

उत्तर लौह खनिज और अलौह खनिज में निम्नलिखित अंतर हैं

लौह खनिज	अलौह खनिज
जिन खनिजों में लोहे का अंश पाया जाता है, उन्हें लौह खनिज कहते हैं; जैसे—लौह-अयस्क, मैंगनीज इत्यादि।	जिन खनिजों में लोहे का अंश नहीं पाया जाता, उन्हें अलौह खनिज कहते हैं; जैसे—ताँबा, सोना, मैग्नीशियम इत्यादि।
लौह-खनिज सामान्यतः स्लेटी; धूसर रंग के होते हैं।	अलौह खनिज विभिन्न रंगों में होते हैं।
लौह खनिज रवेदार चट्टानों में पाए जाते हैं।	अलौह खनिज सामान्यतः सभी प्रकार के खनिजों में पाए जाते हैं।

14. पारंपरिक ऊर्जा स्रोत एवं अपारंपरिक ऊर्जा स्रोत में भिन्नता बताइए।

उत्तर पारंपरिक ऊर्जा स्रोत एवं अपारंपरिक ऊर्जा स्रोत में निम्न अंतर हैं

पारंपरिक ऊर्जा स्रोत	अपारंपरिक ऊर्जा स्रोत
पारंपरिक ऊर्जा संसाधन ऊर्जा के समाप्त होने वाले स्रोत हैं।	अपारंपरिक ऊर्जा स्रोत समाप्त न होने वाले संसाधन हैं।
कोयला, पेट्रोलियम, प्राकृतिक गैस इत्यादि पारंपरिक ऊर्जा स्रोत हैं।	सूर्य, पवन, भू-तापीय एवं ज्वारीय ऊर्जा अपारंपरिक ऊर्जा स्रोत हैं।

पारंपरिक ऊर्जा स्रोत	अपारंपरिक ऊर्जा स्रोत
ये पर्यावरण के प्रतिकूल ऊर्जा स्रोत हैं।	ये पर्यावरण के अनुकूल ऊर्जा स्रोत हैं।
इन स्रोतों से प्रदूषण होता है। ये वाणिज्यिक ऊर्जा के स्रोत है, जो विभिन्न कार्यों में उपयोगी होते हैं।	इन स्रोतों से प्रदूषण नहीं होता है। वर्तमान में इनका उपयोग वाणिज्यिक ऊर्जा के रूप में शुरू नहीं हो पाया है।

15. गोंडवाना कोयला एवं टर्शियरी कोयला में अंतर बताइए।

उत्तर गोंडवाना कोयला एवं टर्शियरी कोयला में निम्नलिखित अंतर हैं

गोंडवाना कोयला	टर्शियरी कोयला
गोंडवाना कोयला दामोदर घाटी के अतिरिक्त, गोदावरी, महानदी एवं सोन नदी घाटियों में पाया जाता है।	टर्शियरी कोयला ब्रह्मपुत्र बेसिनों में प्रमुख रूप से पाया जाता है।
पश्चिम बंगाल, झारखंड, ओडिशा, छत्तीसगढ़, मध्य प्रदेश, महाराष्ट्र और आंध्र प्रदेश में गोंडवाना कोयला का क्षेत्र है।	टर्शियरी कोयला असम, अरुणाचल प्रदेश, मेघालय तथा नागालैंड में पाया जाता है।
इसका महत्त्वपूर्ण क्षेत्र दामोदर घाटी में स्थित है, जो झारखंड- बंगाल कोयला पट्टी में स्थित है। इस प्रदेश में रानीगंज, झरिया, बोकारो, गिरीडीह तथा करनपुरा महत्त्वपूर्ण कोयला क्षेत्र हैं। सबसे बड़ा कोयला क्षेत्र झरिया तथा दूसरा क्षेत्र रानीगंज है।	इसका निष्कासन या खनन मेघालय में दरानगिरि, चेरापूँजी, मेवलांग तथा लैंग्रिन, असम में माकुम, जयपुर तथा ऊपरी असम, अरुणाचल प्रदेश में नजीरा, नामचिक-नाम्फुक तथा जम्मू-कश्मीर के कालाकोट में किया जाता है।

16. "लोहा-इस्पात उद्योग को आधारभूत उद्योग कहा जाता है।" इस कथन की उदाहरणों सहित पुष्टि कीजिए। **CBSE 2022**

उत्तर भारत में एशिया के विशालतम लौह-अयस्क का संचित भंडार है। भारत में मुख्य रूप से लौह-अयस्क के दो प्रकार हेमेटाइट तथा मैग्नेटाइट पाए जाते हैं। इसकी खदानें उत्तर-पूर्वी पठारी प्रदेश में कोयला क्षेत्रों के निकट स्थित हैं, जो एक लाभप्रद स्थिति है।

लौह-अयस्क के कुल आरक्षित भण्डारों का लगभग 95इ भाग ओडिशा, झारखंड, छत्तीसगढ़, कर्नाटक, गोवा, आंध्र प्रदेश और तमिलनाडु में स्थित है। ओडिशा में लौह-अयस्क सुंदरगढ़, मयूरभंज तथा केंदुझार स्थित पहाड़ी शृंखलाओं में पाया जाता है। ओडिशा में लौह अयस्क की महत्त्वपूर्ण खदानें गुरुमहिसानी, सुलाएपत, बादाम पहाड़ (मयूरभंज), किरूबुरू (केंदुझार) तथा बोनाई (सुंदरगढ़) हैं। झारखंड में लौह-अयस्क की पूर्वी और पश्चिमी सिंहभूमि जिलों में नोआमंडी एवं गुवा खदानें स्थित हैं। यह पट्टी दुर्ग, दंतेवाड़ा और बैलाडीला तक विस्तृत है।

डल्ली तथा दुर्ग की राजहरा की खदानें महत्त्वपूर्ण हैं। अधिकांश लौह एवं इस्पात संयंत्र इसके आस-पास ही स्थित हैं। कर्नाटक में लौह-अयस्क बेल्लारी जिले के संदूर-हॉस्पेट क्षेत्र, चिकमंगलूर जिले की बाबाबूदन पहाड़ियों और कुद्रेमुख, शिमोगा, चित्रदुर्ग तथा तुमकुरू जिलों में पाया जाता है।

महाराष्ट्र में चंद्रपुर, भंडारा और रत्नागिरि जिले, तेलंगाना में करीम नगर, वारांगल, आंध्र प्रदेश के कुरुनूल, कडप्पा और अनंतपुर जिले, तमिलनाडु में सेलम और नीलगिरि तथा गोवा में लौह-अयस्क का उत्पादन होता है।

दीर्घ उत्तरीय प्रश्न

1. रासायनिक और भौतिक गुणों के आधार पर खनिजों को दो वर्गों में वर्गीकृत कीजिए तथा प्रत्येक वर्ग के खनिज का एक उदाहरण दीजिए। भारत की तीनों खनिज पट्टियों की किन्हीं दो-दो विशेषताओं का उल्लेख कीजिए दक्षता आधारित प्रश्न

उत्तर रासायनिक और भौतिक गुणों के आधार पर खनिजों को दो वर्गों में विभाजित किया जाता है

(i) **धात्विक खनिज** धात्विक खनिज को पुनः दो वर्गों में रखा जाता है—लौह तथा अलौह। लोहा, मैंगनीज आदि लौह खनिज, जबकि ताँबा, बॉक्साइट आदि अलौह खनिज होते हैं।

(ii) **अधात्विक खनिज** अधात्विक खनिज को भी दो वर्गों में रखा गया है–ईंधन खनिज तथा अन्य अधात्विक खनिज। ईंधन खनिज में कोयला, पेट्रोलियम आदि एवं अन्य अधात्विक खनिज माइका, चूना, ग्रेफाइट इत्यादि आते हैं। भारत की खनिज पट्टियों की विशेषताएँ निम्नलिखित हैं

उत्तर-पूर्वी पठारी प्रदेश

- इस पट्टी के अंतर्गत छोटानागपुर पठार, ओडिशा पठार, पश्चिम बंगाल तथा छत्तीसगढ़ के भाग आते हैं।
- लौह-अयस्क, कोयला, मैंगनीज, बॉक्साइट व अभ्रक जैसे खनिजों का इन क्षेत्रों में संकेंद्रण है।

दक्षिण-पश्चिमी पठारी प्रदेश

- कर्नाटक, गोवा तथा संस्पर्शी तमिलनाडु उच्च भूमि के अतिरिक्त केरल इस क्षेत्र के अंतर्गत आता है।
- इन क्षेत्रों की विशेषता यह है कि यहाँ लौह धातुएँ तथा बॉक्साइट प्रचुर मात्रा में पाए जाते हैं। इसके अतिरिक्त लौह-अयस्क, मैंगनीज एवं चूना-पत्थर भी पाए जाते हैं।

उत्तर-पश्चिमी प्रदेश

- यह पट्टी राजस्थान के अरावली और गुजरात में विस्तृत है। यहाँ के खनिज धारवाड़ क्रम की शैलों से संबद्ध हैं।
- बलुआ पत्थर, ग्रेनाइट, संगमरमर, जिप्सम आदि में यह क्षेत्र समृद्ध है।

2. "पेट्रोलियम ऊर्जा का एक आवश्यक स्रोत है और इसके शोधन से कई उप-उत्पाद जुड़े हुए है।" उदाहरणों सहित इस कथन की व्याख्या कीजिए। **CBSE 2025**

उत्तर पेट्रोलियम ऊर्जा का एक आवश्यक स्रोत है, जिसका शोधन (रिफाइनिंग) प्रक्रिया से कई उप-उत्पाद प्राप्त होते हैं। कच्चे तेल (क्रूड ऑयल) में विभिन्न हाइड्रोकार्बन होते हैं, जिन्हें प्रभाजी आसवन द्वारा अलग किया जाता है। इस प्रक्रिया में कच्चे तेल को गर्म करके विभिन्न अवयवों को उनके क्वथनांक के अनुसार पृथक् किया जाता है। प्रमुख उप-उत्पादों में शामिल हैं

1. **पेट्रोलियम गैस** 25°सेमी से 30°सेमी पर प्राप्त एलपीजी के रूप में रसोई गैस में उपयोग होती है।
2. **पेट्रोल** (गैसोलीन) 38° सेमी से 120° सेमी पर प्राप्त, वाहनों के ईंधन के रूप में प्रयोग किया जाता है।
3. **नैफ्था** 120°सेमी से 180°सेमी पर प्राप्त : रासायनिक उद्योगों में कच्चे माल के रूप में उपयोग होता है।
4. **केरोसिन** (मिट्टी का तेल) 180°सेमी से 260°सेमी पर प्राप्त घरेलू ईंधन और जेट इंजन में उपयोग होता है।

5. **डामर** 600° सेमी पर प्राप्त, सड़क निर्माण में उपयोग होता है।

इन उप-उत्पादों का विविध उपयोग आधुनिक जीवन के विभिन्न क्षेत्रों में होता है, जो पेट्रोलियम को एक बहुमूल्य संसाधन बनाते हैं।

3. मैंगनीज का क्या उपयोग है? भारत में मैंगनीज के राज्यवार वितरण का वर्णन कीजिए। *दक्षता आधारित प्रश्न*

अथवा **मैंगनीज के कोई दो लाभ बताइए। भारत के मुख्य चार मैंगनीज उत्पादक राज्यों का उल्लेख कीजिए।**

उत्तर मैंगनीज का उपयोग मुख्य रूप से लौह-अयस्क के प्रगलन में किया जाता है। मिश्र धातु विनिर्माण में भी मैंगनीज का उपयोग किया जाता है।

मैंगनीज का राज्यवार वितरण निम्नलिखित है

- मैंगनीज का निक्षेप लगभग सभी भू-गर्भिक संरचनाओं में पाया जाता है, परंतु मुख्य रूप से यह धारवाड़ क्रम की शैलों में पाया जाता है।
- ओडिशा मैंगनीज का अग्रणी उत्पादक है। ओडिशा में इसकी खदानें लौह-अयस्क पट्टी के मध्य भाग में विशेष रूप से बोनाई, केंदुझार, सुंदरगढ़, गंगपुर, कालाहांडी तथा बोलनगीर में स्थित हैं।
- कर्नाटक की मुख्य खदानें धारवाड़, बेल्लारी, बेलगाम, उत्तरी कनारा, चिकमंगलूर, शिमोगा, चित्रदुर्ग तथा तुमकुरू में स्थित हैं।
- महाराष्ट्र में नागपुर, भंडारा तथा रत्नागिरि जिलों में मैंगनीज का उत्पादन होता है।
- मध्य प्रदेश में बालाघाट, छिंदवाड़ा, निमाड़, मांडला और झाबुआ जिलों में मैंगनीज की पट्टी फैली हुई है। इसके अतिरिक्त आंध्र प्रदेश, गोवा तथा झारखंड मैंगनीज के अन्य गौण उत्पादक राज्य हैं।

4. भारत में मैंगनीज अयस्क और बॉक्साइट के उपयोग और वितरण का वर्णन कीजिए। *दक्षता आधारित प्रश्न*

उत्तर **बॉक्साइट का उपयोग** एल्युमीनियम धातु बनाने के लिए कच्चे माल के रूप में उपयोग किया जाता है। वायुयान निर्माण, बिजली के उपकरण तथा तार एवं भवन निर्माण में भी उपयोग में आता है।

वितरण ओडिशा के कालाहांडी, संभलपुर, रायगढ़ और कोरापुट में बॉक्साइट के भंडार पाए जाते हैं।

आंध्र प्रदेश के विशाखापत्तनम, विजयनगर तथा श्रीकाकुलम जिले में बॉक्साइट के निक्षेप हैं। इसके अतिरिक्त छत्तीसगढ़ का बस्तर और बिलासपुर जिला, अमरकरक के पठार में बॉक्साइट के निक्षेप पाए जाते हैं।

गुजरात के भावनगर और जामनगर में भी बौक्साइट के निक्षेप हैं।

मैंगनीज का उपयोग मैंगनीज का सबसे अधिक इस्पात की चादर बनाने के लिए किया जाता है, जो युद्ध के टैंक निर्माण में प्रयोग की जाती है।

इसके अतिरिक्त चीनी मिट्टी के बर्तन, बिजली का सामान, काँच, ब्लीचिंग पाउडर, दवाएँ, शुष्क बैटरी, सोने के आभूषणों पर मीना करने के लिए, वार्निश तथा रसायन उद्योगों में मैंगनीज का उपयोग होता है। इसे बहुउपयोगी खनिज भी कहते हैं।

वितरण ओडिशा में बोनाई, केंदुझार, सुंदरगढ़, गंगपुर, कोरापुट, कालाहांडी एवं बोलनगीर, कर्नाटक में धारवाड़, बेल्लारी, बेलगाम, चित्रदुर्ग एवं शिमोगा, महाराष्ट्र में नागपुर, भंडारा एवं रत्नागिरि तथा मध्य प्रदेश में बालाघाट, छिंदवाड़ा, मंडला एवं झाबुआ में मैंगनीज का निक्षेप पाया जाता है।

5. 'भारत में ऊर्जा के अपरंपरागत स्रोत अधिक स्थायी एवं पर्यावरण के अनुकूल ऊर्जा प्रदान करेंगे'? कथन की समीक्षा कीजिए।

अथवा **'यदि प्रारंभिक लागत का ध्यान रखा जाए तो ऊर्जा के गैर-परंपरागत स्रोत अधिक स्थायी, पर्यावरण के अनुकूल एवं सस्ती ऊर्जा प्रदान करेंगे'? कथन का परीक्षण कीजिए।** *दक्षता आधारित प्रश्न*

उत्तर गैर-परंपरागत (अपरंपरागत) ऊर्जा संसाधनों में बड़े संयंत्र एवं उपकरण जैसे—बड़ी पवन चक्की, सौर पैनल, परमाणु संयंत्र, जनरेटर एवं भंडारण उपकरण स्थापित करने के लिए उच्च लागत की आवश्यकता होती है। यदि सब्सिडी, छूट एवं मौद्रिक सहायता प्रदान करके इस लागत का ध्यान रखा जाए तो गैर-पारंपरिक ऊर्जा संसाधन अधिक स्थायी, पर्यावरण के अनुकूल एवं लंबे समय तक सस्ती ऊर्जा प्रदान करेंगे। यह निम्न प्रकार संभव है

(i) ऊर्जा के पारंपरिक स्रोतों के विपरीत गैर-पारंपरिक ऊर्जा स्रोत सस्ते एवं नवीकरणीय होते हैं। वर्तमान में जीवाश्म ईंधन की निर्धारित समग्र सीमा एवं कमी ने वैकल्पिक ऊर्जा स्रोतों के दोहन की आवश्यकता को उत्पन्न किया है।

(ii) कोयला आधारित बिजली संयंत्रों के कार्बन डाइ-ऑक्साइड (CO_2) उत्सर्जन को कम करने के लिए नवीकरणीय ऊर्जा स्रोतों से बिजली आपूर्ति, आवश्यक है, क्योंकि गैर-पारंपरिक स्रोत प्रकृति में सम्पूर्ण एवं पर्यावरण के अनुकूल हैं।

(iii) स्थानीय रूप से उपलब्ध गैर-पारंपरिक एवं नवीकरणीय ऊर्जा संसाधन न्यूनतम परिवहन लागत के साथ स्थानीय ग्रामीण ऊर्जा आवश्यकता को पूरा कर सकते हैं।

(iv) गैर-पारंपरिक ऊर्जा स्रोत–सौर ऊर्जा, पवन ऊर्जा, भू-तापीय ऊर्जा, जैव ऊर्जा आदि है। ये देश में सरलता से उपलब्ध हैं तथा आधुनिक तकनीक की सहायता से इनका उपयोग सरलता से किया जा सकता है।

(v) इन ऊर्जा स्रोतों का पुनः प्रयोग संभव है। इनका उपभोग के साथ-साथ नवीनीकरण भी किया जा सकता है। इसलिए ये ऊर्जा संसाधन हमारे लिए सदैव उपलब्ध हैं।

6. 'हाल के वर्षों में नाभिकीय ऊर्जा एक व्यवहार्थ स्रोत के रूप में उभरी है।' भारत के संदर्भ में उपयुक्त तर्कों द्वारा इस कथन को स्पष्ट कीजिए। **CBSE 2024**

उत्तर जलवायु परिवर्तन से उत्पन्न हो रही चुनौतियों तथा बढ़ती जनसंख्या के ऊर्जा उपलब्धता सुनिश्चित कराने के उद्देश्य से नाभिकीय ऊर्जा एक बेहतर विकल्प है। नाभिकीय ऊर्जा का प्रयोग कर वायुमंडल में बढ़ रहे ग्रीन हाउस गैंस के प्रभाव को कम किया जा सकता है। समय के साथ-साथ जैसे-जैसे ऊर्जा की आवश्यकताएँ बढ़ रहीं हैं, इस बढ़ती माँग को पूरा करने के लिए विशेषकर स्वच्छ ऊर्जा के लिए नाभिकीय ऊर्जा के क्षेत्र का व्यापक स्तर पर विस्तार हुआ है। विशेषकर भारत के संदर्भ में नाभिकीय ऊर्जा का प्रयोग इसकी जनसंख्या की ऊर्जा आवश्यकता के लिए कारगार है। इसके अतिरिक्त भारत में नाभिकीय ऊर्जा के उत्पादन के अनुकूल कच्चा माल यूरेनियम तथा थोरियम भी उपलब्ध है।

धारवाड़ चट्टानों में यूरेनियम का निक्षेप पाया जाता है। यूरेनियम अयस्क झारखंड की सिंहभूमि ताँबा पट्टी के साथ अनेक स्थानों पर, राजस्थान के उदयपुर, अलवर तथा झुंझुनूं जिलों, मध्य प्रदेश के दुर्ग जिले, महाराष्ट्र के मंडारा जिले तथा हिमाचल प्रदेश के कुल्लू जिले में पाया जाता है। थोरियम केरल के तटीय क्षेत्र के पुलिन बीच (Beach) की बालू के मोनाजाइट एवं इल्मेनाइट से प्राप्त किया जाता है। केरल के पालाक्काड़ एवं कोलाम जिलों, आंध्र प्रदेश के विशाखापत्तनम तथा ओडिशा में महानदी के नदी डेल्टा में मोनाजाइट का निक्षेप पाया जाता है।

भारत के परिपेक्ष्य में नाभिकीय ऊर्जा की अनुकूलता

नाभिकीय ऊर्जा शून्य कार्बन उत्सर्जन पर आधारित है, इसलिए यह जनस्वास्थ्य के दृष्टिकोण से महत्त्वपूर्ण है। भारत जैसे विशाल जनसंख्या वाले देश में जनस्वास्थ्य का मुद्दा भी महत्त्वपूर्ण है।

नाभिकीय ऊर्जा से चलने वाले संयंत्रों में रख-रखाव की आवश्यकता कम होती है, जो भारत जैसे विकासशील अर्थव्यवस्था वाले देश के लिए महत्त्वपूर्ण है।

नाभिकीय ऊर्जा से चलने वाले संयन्त्रों से अपशिष्ट पदार्थों का उत्सर्जन कम होता है, जिससे पर्यावरणीय ह्रास कम होता है।

स्रोत आधारित प्रश्न

निम्नलिखित स्रोतों को ध्यानपूर्वक पढ़कर उन पर आधारित प्रश्नों के उत्तर दीजिए।

1. धातु के स्रोत धात्विक खनिज हैं। लौह अयस्क ताँबा एवं सोना (स्वर्ण) आदि से धातु उपलब्ध होते हैं और इन्हें धात्विक खनिज श्रेणी में रखा गया है। धात्विक खनिजों को लौह एवं अलौह धात्विक श्रेणी में भी बाँटा गया है। लौह, जैसा कि आप जानते हैं लोहा है। वे सभी प्रकार के खनिज, जिनमें लौह अंश समाहित होता है जैसे कि लौह अयस्क वे लौह धात्विक होते हैं और जिनमें लौह अंश नहीं होता है, वे अलौह धात्विक खनिज में आते हैं जैसे कि ताँबा, बॉक्साइट आदि।

अधात्विक खनिज या तो कार्बनिक उत्पत्ति के होते हैं। जैसे कि जीवाश्म ईंधन, जिन्हें खनिज ईंधन के नाम से जानते हैं या वे पृथ्वी में दबे प्राणी एवं पादप जीवों से प्राप्त होते हैं। जैसे कि कोयला और पेट्रोलियम आदि। अन्य प्रकार के अधात्विक खनिज अकार्बनिक उत्पत्ति के होते हैं; जैसे- अभ्रक, चूना-पत्थर तथा ग्रेफाइट आदि।

खनिजों की कुछ निश्चित विशेषताएँ होती हैं। यह क्षेत्र में असमान रूप से वितरित होते हैं। खनिजों की गुणवत्ता और मात्रा के बीच प्रतिलोमी संबंध पाया जाता है अर्थात् अधिक गुणवत्ता वाले खनिज, कम गुणवत्ता वाले खनिजों की तुलना में कम मात्रा में पाए जाते हैं। तीसरी प्रमुख विशेषता यह है कि ये सभी खनिज समय के साथ समाप्त हो जाते हैं। भू-गर्भिक दृष्टि से इन्हें बनने में लंबा समय लगता है और आवश्यकता के समय इनका तुरंत पुनर्भरण नहीं किया जा सकता। अतः इन्हें संरक्षित किया जाना चाहिए और इनका दुरुपयोग नहीं होना चाहिए, क्योंकि इन्हें दोबारा उत्पन्न नहीं किया जा सकता।

भारत में अधिकांश धात्विक खनिज प्रायद्वीपीय पठारी क्षेत्र की प्राचीन क्रिस्टलीय शैलों में पाए जाते हैं। कोयले का लगभग 97% भाग दामोदर, सोन, महानदी और गोदावरी नदियों की घाटियों में पाया जाता है। पेट्रोलियम के आरक्षित भंडार असम, गुजरात तथा मुंबई हाई अर्थात् अरब सागर के अपतटीय क्षेत्र में पाए जाते हैं। नए आरक्षित क्षेत्र कृष्णा-गोदावरी तथा कावेरी बेसिनों में पाए गए हैं। अधिकांश प्रमुख खनिज मंगलौर से कानपुर को जोड़ने वाली (कल्पित) रेखा के पूर्व में पाए जाते हैं।

(i) **भारत में कोयले का प्रमुख भंडार कहाँ पाया जाता है?**

उत्तर भारत में कोयले का अधिकांश भंडार दामोदर, सोन, महानदी और गोदावरी नदियों की घाटियों में पाया जाता है।

(ii) **खनिजों की गुणवत्ता और मात्रा के बीच कैसा संबंध होता है?**

उत्तर खनिजों की गुणवत्ता और मात्रा के बीच प्रतिलोम संबंध पाया जाता है, अर्थात् उच्च गुणवत्ता वाले खनिज कम मात्रा में पाए जाते हैं।

(iii) **भारत में पेट्रोलियम के आरक्षित भंडार कहाँ स्थित हैं?**

उत्तर भारत में पेट्रोलियम के आरक्षित भंडार असम, गुजरात और मुंबई हाई (अरब सागर के अपतटीय क्षेत्र) में स्थित हैं।

2. हाल के वर्षों में नाभिकीय ऊर्जा एक व्यवहार्य स्रोत के रूप में उभरा है। नाभिकीय ऊर्जा के उत्पादन में प्रयुक्त होने वाले महत्त्वपूर्ण खनिज यूरेनियम और थोरियम हैं। यूरेनियम निक्षेप धारवाड़ शैलों में पाए जाते हैं।

भौगोलिक रूप से यूरेनियम अयस्क सिंहभूम ताँबा पट्टी के साथ अनेक स्थानों पर मिलते हैं। यह राजस्थान के उदयपुर, अलवर, झुंझुनूं, जिलों, मध्य प्रदेश के दुर्ग जिले, महाराष्ट्र के भंडारा जिले तथा हिमाचल प्रदेश के कुल्लू जिले में भी पाया जाता है। थोरियम मुख्यतः केरल के तटीय क्षेत्र की पुलिन बीच (Beach) की बालू में मोनाजाइट एवं इल्मेनाइट से प्राप्त किया जाता है। विश्व के सबसे समृद्ध मोनाजाइट निक्षेप केरल के पलक्कड तथा कोलाम जिलों, आंध्र प्रदेश के विशाखापत्तनम तथा ओडिशा में महानदी के नदी डेल्टा में पाए जाते हैं।

परमाणु ऊर्जा आयोग की स्थापना वर्ष 1948 में की गई थी और इस दिशा में प्रगति 1954 में ट्रांबे परमाणु ऊर्जा संस्थान की स्थापना के बाद हुई जिसे बाद में, वर्ष 1967 में, भाभा परमाणु अनुसंधान केंद्र के रूप में पुनः नामित किया गया। महत्त्वपूर्ण नाभिकीय ऊर्जा परियोजनाएँ-तारापुर (महाराष्ट्र), कोटा के पास रावतभाटा (राजस्थान) कलपक्कम (तमिलनाडु), नरोरा (उत्तर प्रदेश) कैगा (कर्नाटक) तथा काकरापाड़ा (गुजरात) हैं।

जब पृथ्वी के गर्भ से मैग्मा निकलता है, तो अत्यधिक ऊष्मा निर्मुक्त होती है। इस ताप ऊर्जा को सफलतापूर्वक काम में लाया जा सकता है और इसे विद्युत ऊर्जा में परिवर्तित किया जा सकता है। इसके अतिरिक्त गीजर कूपों से निकलते गर्म पानी से ताप ऊर्जा उत्पन्न की जा सकती है। इसे लोकप्रिय रूप में भूतापी ऊर्जा के नाम से जानते हैं। इस ऊर्जा को अब एक प्रमुख ऊर्जा स्रोत के रूप में माना जा रहा है, जिसे एक वैकल्पिक स्रोत के रूप में विकसित किया जा सकता है।

मध्यकाल से ही गर्म स्रोतों (झरनों) एवं गीजरों का उपयोग होता आ रहा है। भारत में, भूतापीय ऊर्जा संयंत्र हिमाचल प्रदेश के मनीकरण में अधिकृत किया जा चुका है।

(i) नाभिकीय ऊर्जा के उत्पादन में प्रयुक्त होने वाले प्रमुख खनिज कौन-से हैं?

उत्तर नाभिकीय ऊर्जा के उत्पादन में प्रयुक्त प्रमुख खनिज यूरेनियम और थोरियम हैं।

(ii) **भारत में थोरियम किस क्षेत्र में पाया जाता है?**

उत्तर भारत में थोरियम मुख्यतः केरल के तटीय क्षेत्र के पुलिन बीच के बालू में मोनाजाइट और इल्मेनाइट से प्राप्त किया जाता है।

(iii) **भारत में प्रमुख नाभिकीय ऊर्जा परियोजनाएँ कौन-सी हैं?**

उत्तर भारत में प्रमुख नाभिकीय ऊर्जा परियोजनाएँ तारापुर (महाराष्ट्र), रावतभाटा (राजस्थान), कलपक्कम (तमिलनाडु), नरौरा (उत्तर प्रदेश), काकरापाड़ा (गुजरात) और कैगा (कर्नाटक) हैं।

3. भारत में लौह-अयस्क के प्रचुर संसाधन हैं। यहाँ एशिया के विशालतम लौह-अयस्क आरक्षित हैं। हमारे देश में इस अयस्क के दो प्रमुख प्रकार-हेमेटाइट तथा मैग्नेटाइट पाए जाते हैं। इसकी सर्वोत्तम गुणवत्ता के कारण इसकी विश्व भर में भारी माँग है। लौह-अयस्क की खदानें देश के उत्तर-पूर्वी पठार प्रदेश में कोयला क्षेत्रों के निकट स्थित हैं जो इसके लिए लाभप्रद हैं। लौह-अयस्क के कुल आरक्षित भंडारों का लगभग 95% भाग ओडिशा, झारखंड, छत्तीसगढ़, कर्नाटक, गोवा, आंध्र प्रदेश तथा तमिलनाडु राज्यों में स्थित है।

ओडिशा में लौह-अयस्क सुंदरगढ़, मयूरभंज, झार में स्थित पहाड़ी शृंखलाओं में पाया जाता है। यहाँ की महत्त्वपूर्ण खदानें- गुरुमहिसानी, सुलाएपत, बादामपहाड़ (मयूरभंज) किरुबुरू (केंदुझार) तथा बोनाई (सुंदरगढ़) हैं। झारखंड की ऐसी ही पहाड़ी शृंखलाओं में कुछ सबसे पुरानी लौह-अयस्क की खदानें हैं तथा अधिकतर लौह एवं इस्पात संयंत्र इनके आस-पास ही स्थित हैं।

नोआमंडी और गोआ जैसी अधिकतर महत्त्वपूर्ण खदानें पूर्वी और पश्चिमी सिंहभूमि जिलों में स्थित हैं। यह पट्टी और आगे दुर्ग, दांतेवाड़ा और बेलाडीला तक विस्तृत हैं। डल्ली तथा दुर्ग में राजहरा की खदानें देश की लौह-अयस्क की महत्त्वपूर्ण खदानें हैं।

कर्नाटक में, लौह अयस्क के निक्षेप बल्लारि जिले के संदूर होसपेटे क्षेत्र में तथा चिकमगलूरु जिले की बाबा बूदन पहाड़ियों और कुद्रेमुख तथा शिवमोगा, चित्रदुर्ग तथा तुमकुरु जिलों के कुछ हिस्सों में पाए जाते हैं।

महाराष्ट्र के चंद्रपुर-भंडारा और रत्नागिरि जिले, तेलंगाना के करीम नगर, वारांगल जिले, आंध्र प्रदेश के कुरुनूल, कड़प्पा तथा अनंतपुर जिले और तमिलनाडु राज्य के सेलम तथा नीलगिरि जिले लौह-अयस्क खनन के अन्य प्रदेश हैं। गोवा भी लौह-अयस्क के महत्त्वपूर्ण उत्पादक के रूप में उभरा है। लौह-अयस्क के प्रगलन के लिए मैंगनीज एक महत्त्वपूर्ण कच्चा माल है और इसका उपयोग लौह-मिश्रातु, विनिर्माण में भी किया जाता है। मैंगनीज निक्षेप लगभग सभी भू-गर्भिक संरचनाओं में पाया जाता है। हालाँकि, मुख्य रूप से यह धारवाड़ क्रम से संबद्ध है। ओडिशा मैंगनीज का अग्रणी उत्पादक है। ओडिशा की मुख्य खदानें भारत की लौह-अयस्क पट्टी के मध्य भाग में विशेष रूप से बोनाई, केंदुझर, सुंदरगढ़, गंगपुर, कोरापुट, कालाहांडी तथा बोलनगीर में स्थित हैं।

(i) **मयूरभंज की पहाड़ियाँ किस खनिज उत्पादन के लिए प्रसिद्ध हैं?**

उत्तर मयूरभंज की पहाड़ियाँ लौह अयस्क उत्पादन के लिए प्रसिद्ध हैं। इस क्षेत्र में धारवाड़ क्रम के शैलों का निक्षेप पाया जाता है। इस पहाड़ी क्षेत्र में मुख्यतः मैग्नेटाइट किस्म का लौह-अयस्क पाया जाता है।

(ii) **मैग्नीशियम खनिज सामान्यतः किस प्रकार के शैलों में पाया जाता है?**

उत्तर मैग्नीशियम खनिज सामान्यतः धारवाड़ क्रम के शैलों में पाया जाता है। धारवाड़ क्रम के शैलों को खनिजीय शैल भी कहा जाता है। धारवाड़ क्रम के शैलों में लौह धातु युक्त खनिज पर्याप्त मात्रा में पाए जाते हैं। इसे लौह मिश्रधातु कहा जाता है।

(iii) **बाबाबूदन की पहाड़ी किस राज्य में स्थित है?**

उत्तर बाबाबूदन की पहाड़ी कर्नाटक के चिकमंगलूर जिले में स्थित है। इस पहाड़ी क्षेत्र में मैग्नेटाइट एवं हेमेटाइट किस्म का लौह-अयस्क पाया जाता है। इस क्षेत्र में भी धारवाड़ क्रम के शैल पाए जाते हैं। इस क्षेत्र में कहवा का उत्पादन भी व्यापक पैमाने पर होता है।

4. कच्चा पेट्रोलियम एक हाइड्रोकार्बन है, जो द्रव एवं गैसीय अवस्था में पाया जाता है। इसका उपयोग मोटर वाहन, रेलवे तथा वायुयानों के अतः दहन ईंधन के रूप में होता है। पेट्रोलियम के अनेक सह-उत्पादों का पेट्रो रसायन उद्योगों; जैसे-उर्वरक, कृत्रिम रबर, कृत्रिम रेशे, दवाइयों, वैसलीन, स्नेहकों, मोम, साबुन तथा अन्य सौंदर्य सामग्री में परिष्कृत किया जाता है। अपरिष्कृत पेट्रोलियम तृतीयक युग की अवसादी शैलों में पाया जाता है। वर्ष 1956 में तेल एवं प्राकृतिक गैस आयोग की स्थापना के चाद व्यवस्थित ढंग से तेल अन्वेषण और उत्पादन की शुरुआत हुई। वर्ष 1956 के पूर्व असम में डिगबोई एकमात्र तेल उत्पादक क्षेत्र था। हाल ही के वर्षों में पश्चिमी एवं पूर्वी तटों पर नए तेल निक्षेपों की खोज की गई हैं।

असम में डिगबोई, नहरकटिया तथा मोरान, गुजरात में अंकलेश्वर, कालोल, मेहसाणा, नवागाम, कोसांबा तथा लुनेज महत्त्वपूर्ण तेल उत्पादक क्षेत्र हैं। वर्ष 1973 में मुंबई हाई तेल क्षेत्र खोजा गया, जो मुंबई नगर से 160 किमी दूर अपतटीय क्षेत्र में स्थित है। यहाँ वर्ष 1976 में उत्पादन शुरू हुआ।

पूर्वी तट पर कृष्णा, गोदावरी एवं कावेरी नदी के बेसिनों में विशेष प्रकार के कुओं में तेल एवं प्राकृतिक गैस पाई जाती है। इन कुओं, को 'अन्वेषणात्मक कूप' (Exploratory wells) कहा जाता है। इन कुओं से निकाला गया तेल अनेक अशुद्धियों से पूर्ण होता है, जिसे शोधित करने के पश्चात् ही प्रयोग में लाया जाता है। इस प्रकार के तेलों को शोधित करने के लिए भारत में क्षेत्र आधारित शोध आधारित कारखाने स्थापित किए गए हैं।

डिग्बोई तेलशोधन कारखाना क्षेत्र आधारित तथा बरौनी बाजार, आधारित तेलशोधन कारखाना है।

(i) **कच्चा पेट्रोलियम किस अवस्था में पाया जाता है?**

उत्तर कच्चा पेट्रोलियम एक हाइड्रोकार्बन है, जो द्रव एवं गैसीय अवस्था में पाया जाता है। इसका उपयोग मोटर वाहन, रेलवे तथा वायुयानों के अंतः दहन ईंधन के रूप में किया जाता है।

(ii) **अपरिष्कृत पेट्रोलियम किस युग की शैलों में पाया जाता है?**

उत्तर अपरिष्कृत पेट्रोलियम तृतीयक युग की अवसादी शैलों में पाया जाता है।

(iii) **क्षेत्र आधारित तेल शोधन कारखाना कौन-सा है?**

उत्तर क्षेत्र आधारित तेल शोधन कारखाना डिगबोई है तथा बरौनी बाज़ार आधारित तेल शोधन कारखाना है।

मानचित्र आधारित प्रश्न

1. दिए गए मानचित्र में निम्नलिखित को दर्शाइए।
   (i) ओडिशा लौह-अयस्क खनन क्षेत्र। **CBSE 2025**
   (ii) दक्षिणी झारखण्ड का ताँबा खनन क्षेत्र।
   (iii) महाराष्ट्र का लौह अयस्क खनन क्षेत्र। **CBSE 2022**
   (iv) गुजरात में स्थिति तेल शोधक वाले स्थान का नाम बताइए। **CBSE 2022**
   (v) शिमोगा मैंगनीज खदान।

उत्तर

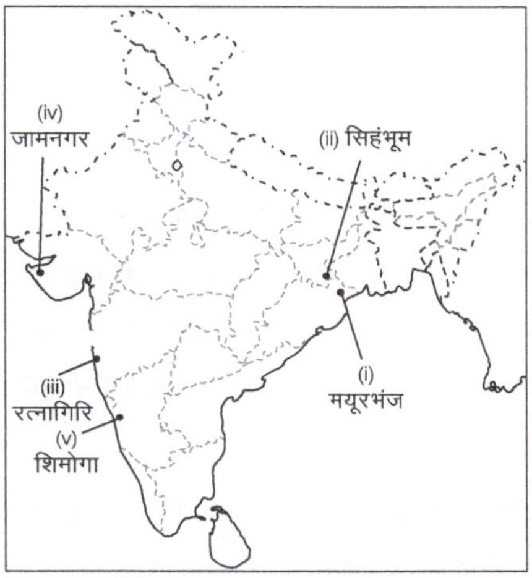

2. दिए गए मानचित्र में निम्नलिखित को दर्शाइए।
   (i) कर्नाटक में लौह अयस्क खनन क्षेत्र।
   (ii) बिहार में स्थित तेलशोधक।
   (iii) रानीगंज कोयला खदान। **CBSE 2022**
   (iv) राजस्थान में ताँबा खदान। **CBSE 2025, 22**
   (v) बोकोरो कोयला खदान।

उत्तर

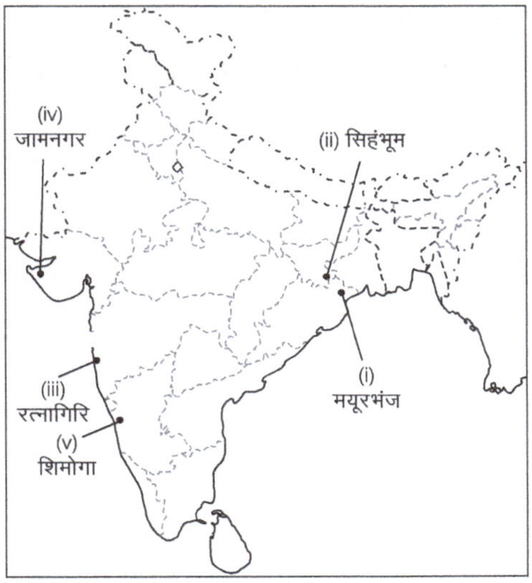

3. दिए गए मानचित्र में निम्नलिखित को दर्शाइए।
   (i) छत्तीसगढ़ में लौह-अयस्क खनन क्षेत्र।
   (ii) छत्तीसगढ़ में बॉक्साइट खनन क्षेत्र।
   (iii) मध्य प्रदेश में मैंगनीज खदान। **CBSE 2022**
   (iv) उड़ीसा में प्रमुख बॉक्साइट खदान। **CBSE 2022**
   (v) झारखण्ड में कोयला खदान।

उत्तर

4. दिए गए मानचित्र में निम्नलिखित को दर्शाइए।
   (i) झारखंड में हजारीबाग ताँबा खदान। **CBSE 2022**
   (ii) मध्य प्रदेश में बॉक्साइट खदान।
   (iii) नेवेली लिग्नाइट कोयला क्षेत्र। **CBSE 2022**
   (iv) उत्तर प्रदेश में तेल शोधक। **CBSE 2022**
   (v) बिहार में तेलशोधन कारखाना। **CBSE 2025**

उत्तर

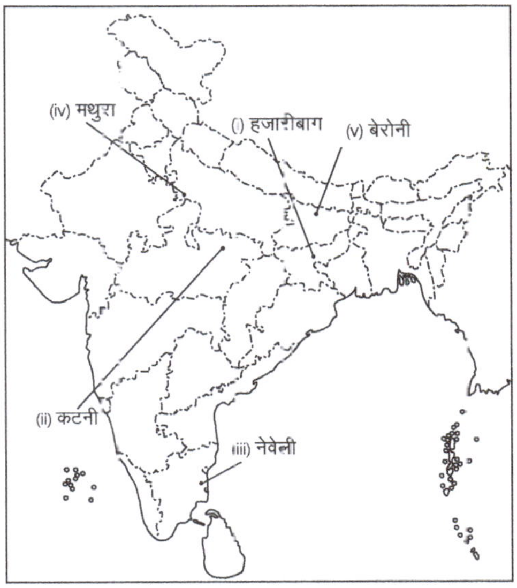

स्वयं को जाँचें

वस्तुनिष्ठ प्रश्न

1. निम्न में से कौन-सा अकार्बनिक खनिज है?

(a) अभ्रक (b) कोयला
(c) पेट्रोलियम (d) ये सभी

2. उच्च गुणवत्ता वाले अभ्रक के निक्षेप राजस्थान के 320 किमी विस्तृत पट्टी ………… से ………… और उदयपुर में पाए जाते हैं।

(a) जयपुर, भीलवाड़ा
(b) भीलवाड़ा, झुंझनु
(c) जोधपुर, भीलवाड़ा
(d) बीकानेर, जयपुर

3. दक्षिण-पश्चिमी पठारी क्षेत्र निम्न में से किस खनिज से समृद्ध हैं?

(a) लौह-अयस्क, बॉक्साइट, मैग्नेशियम
(b) ताँबा, थोरियम, अभ्रक
(c) ग्रेनाइट, बलुआ-पत्थर, संगमरमर
(d) कोयला, पेट्रोलियम, प्राकृतिक गैस

4. निम्न से कौन-सा/से कथन सही है/हैं?

1. **कोयला मुख्य रूप से दो भू-गर्भिक कालों गोड़वाना एवं टर्शियरी शैलक्रमों में पाया जाता है।**
2. **कोयले का 97% भाग दामोदर, सोन, महानदी और गोदावरी की घाटियों में पाया जाता है।**

कूट

(a) केवल 1
(b) केवल 2
(c) 1 और 2 दोनों
(d) न तो 1 और न ही 2

5. पेट्रोलियम को 'द्रवित सोना' क्यों कहा जाता है?

(a) इसके सुनहरे काले रंग के कारण
(b) क्योंकि यह एक हाइड्रोकार्बन है
(c) इसके बहुउपयोग एवं कमी के कारण
(d) इसकी विशिष्ट रासायनिक संरचना के कारण

अतिलघु उत्तरीय प्रश्न

6. खनिज संसाधनों के वर्गीकरण का क्या आधार है?

7. खनिज संसाधन किस प्रकार की चट्टानों में पाए जाते हैं?

8. भारत में परमाणु ऊर्जा आयोग की स्थापना कब की गई थी?

9. भारत के ज्वारीय ऊर्जा के विकास की क्या संभावनाएँ हैं?

लघु उत्तरीय प्रश्न

10. कार्बनिक खनिज और अकार्बनिक खनिज में अंतर स्पष्ट कीजिए।

11. भारत के दक्षिण-पश्चिमी पठारी प्रदेश के खनिजों के वितरण का वर्णन कीजिए।

12. कोयले का उपयोग बताइए। भारत में कोयले के उत्पादन का वर्णन कीजिए।

13. अपरंपरागत ऊर्जा स्रोत सतत पोषणीय ऊर्जा के स्रोत हैं, वर्णन कीजिए।

दीर्घ उत्तरीय प्रश्न

14. खनिज संसाधनों के वर्गीकरण का वर्णन कीजिए।

15. अभ्रक के उपयोग तथा वितरण का संक्षिप्त वर्णन कीजिए।

6

अध्याय

भारत के संदर्भ में नियोजन और सतत पोषणीय विकास

यह अध्याय सतत पोषणीय विकास तथा नियोजन से संबंधित है। इसके अंतर्गत सोच-विचार की प्रक्रिया, कार्यक्रम की रूपरेखा तथा उद्देश्यों को प्राप्त करने के लिए की गई गतिविधियों के क्रियान्वयन को शामिल किया जाता है।

▼ अध्ययन एक नजर में

6.1 नियोजन के प्रकार

6.2 भरमौर क्षेत्र में समन्वित जनजातीय विकास कार्यक्रम-एक केस अध्ययन

6.3 सतत पोषणीय विकास

6.4 सतत पोषणीय विकास को बढ़ावा देने वाले उपाय

▼ अभ्यास के लिए

- बहुविकल्पीय प्रश्न 26, (युग्मित प्रश्न, कथन/कारण, सुमेलित कीजिए)
- वर्णनात्मक प्रकार के प्रश्न (लघु उत्तरीय प्रश्न 16, दीर्घ उत्तरीय प्रश्न 4)
- स्रोत आधारित प्रश्न 5, मानचित्र आधारित 1

- स्वतंत्रता के पश्चात् भारत में एक मजबूत अर्थव्यवस्था की नींव स्थापित करने हेतु केंद्रीकृत योजना को अपनाया गया। कालांतर में बहुस्तरीय योजनाओं को अपनाने हेतु बहुकेंद्रीकृत योजनाओं को स्वीकार किया गया।
- केंद्रीय, राज्य तथा जिला स्तर पर योजनाओं को संचालित करने हेतु योजना आयोग का गठन (1950) किया गया। 1 जनवरी, 2015 को योजना आयोग का स्थान नीति आयोग ने ले लिया। केंद्रीय तथा राज्य सरकारों के युक्तिगत तथा तकनीकी सलाह देने के लिए भारत के आर्थिक नीति निर्माण में राज्यों की भागीदारी सुनिश्चित करने के उद्देश्य से नीति आयोग की स्थापना की गई है।

6.1 नियोजन के प्रकार

नियोजन को मुख्यतः दो वर्गों में विभाजित किया जाता है

(i) **खंडीय नियोजन** अर्थव्यवस्था के विभिन्न क्षेत्रों; जैसे—कृषि, सिंचाई, विनिर्माण, ऊर्जा, निर्माण, परिवहन, संचार, सामाजिक **अवसंरचना**[1] (Infrastructure) और सेवाओं के विकास के लिए कार्यक्रम बनाना तथा उनको लागू करने की प्रक्रिया को खंडीय नियोजन कहते हैं।

(ii) **प्रादेशिक नियोजन** आर्थिक विकास में **प्रादेशिक असंतुलन**[2] (Regional Imbalance) कम करने के लिए बनाए गए नियोजन को प्रादेशिक नियोजन कहते हैं। किसी भी देश के सभी क्षेत्रों में समान रूप से आर्थिक विकास नहीं हुआ है, जिसके कारण कुछ क्षेत्र अधिक विकसित, तो कुछ क्षेत्र पिछड़े रह गए हैं। असमान विकास का अंतर कम करने के लिए स्थानिक स्तर पर विकास की योजना को अपनाया जाता है।

1 अवसंरचना (Infrastructure) अधारभूत संरचना; जैसे– सड़क, आवास, बाजार, विद्युत, पेयजल, संचार आदि।

2 प्रादेशिक असंतुलन (Regional Imbalance) किसी देश के एक प्रदेश का अधिक विकास, जबकि दूसरे प्रदेश का कम विकास या अल्प विकसित रह जाना।

लक्ष्य क्षेत्र नियोजन

- किसी क्षेत्र में आर्थिक विकास के लिए संसाधनों के साथ-साथ पूँजी निवेश एवं तकनीकी की आवश्यकता होती है। पिछले डेढ़ दशक के नियोजन से आर्थिक विकास में प्रादेशिक असंतुलन अनुभव किया गया है।
- योजना आयोग ने क्षेत्रीय एवं सामाजिक असंतुलन को कम करने के लिए दो योजनाओं को क्रियान्वित किया, जिनका विवरण निम्न प्रकार है
  (i) **लक्ष्य क्षेत्र योजना** 'लक्ष्य क्षेत्र' योजना के अंतर्गत नियंत्रित क्षेत्र विकास कार्यक्रम, सूखाग्रस्त क्षेत्र विकास कार्यक्रम सूखाग्रस्त क्षेत्र विकास कार्यक्रम तथा पर्वतीय क्षेत्र विकास कार्यक्रम को शामिल किया जाता है।
  (ii) **लक्ष्य समूह योजना** 'लक्ष्य समूह' योजना के अंतर्गत लघु कृषक विकास संस्था (SFDA) तथा सीमांत किसान विकास संस्था (MFDA) आदि को शामिल किया जाता है।

भारत में क्षेत्रीय विकास कार्यक्रम

भारत में क्षेत्रीय आर्थिक विकास असंतुलन को कम करने के लिए पर्वतीय क्षेत्र विकास कार्यक्रम तथा सूखा संभावी क्षेत्र विकास कार्यक्रम आदि के अतिरिक्त आठवीं पंचवर्षीय योजना (Five Year Plan) में पर्वतीय क्षेत्रों, उत्तर-पूर्वी राज्यों, जनजातीय एवं पिछड़े क्षेत्रों में अवसंरचना के विकास के लिए विशिष्ट क्षेत्र योजना को प्रारंभ किया गया, जिनका वर्णन निम्न प्रकार है

सूखा संभावी क्षेत्र विकास कार्यक्रम

- चौथी पंचवर्षीय योजना में सूखा संभावी क्षेत्रों में सूखे के प्रभाव को कम करके उत्पादन के साधनों का विकास तथा लोगों को रोजगार उपलब्ध कराने के लिए सूखा संभावी क्षेत्र विकास कार्यक्रम प्रारंभ किया गया।
- प्रारंभ में इस कार्यक्रम में अधिक श्रमिकों की आवश्यकता वाले सिविल निर्माण कार्यों को प्राथमिकता दी जाती थी, लेकिन पाँचवीं पंचवर्षीय योजना में इस कार्यक्रम का विस्तार करके सिंचाई परियोजनाओं, भूमि विकास कार्यक्रमों, वनीकरण, चरागाह विकास और आधारभूत ग्रामीण अवसंरचना; जैसे—विद्युत, सड़कें, बाजार, ऋण सुविधाओं और सेवाओं को शामिल कर लिया गया।
- पिछड़े क्षेत्रों के विकास की राष्ट्रीय समिति की समीक्षा के अनुसार, इस कार्यक्रम का क्रियान्वयन मुख्यत: कृषि तथा इससे संबद्ध सेक्टरों के विकास तक सीमित है और पर्यावरणीय संतुलन के पुन:स्थापन को प्राथमिकता मिली है।
- जनसंख्या वृद्धि के कारण कृषि के लिए सीमांत भूमि का भी उपयोग होने लगा है। परिणामस्वरूप पारिस्थितिकीय ह्रास प्रारंभ हो गया है, इसलिए सूखा संभावी क्षेत्रों में वैकल्पिक रोजगार के अवसर उत्पन्न करना अनिवार्य है। समिति ने सूखा संभावी क्षेत्रों के विकास के लिए सूक्ष्म-स्तर पर समन्वित जल-संभर विकास कार्यक्रम, जल, मिट्टी, पौधों, मानव तथा पशु जनसंख्या के मध्य पारिस्थितिकीय संतुलन एवं पुन:स्थापन पर मुख्य रूप से ध्यान दिए जाने की योजना बनाई है
- वर्ष 1967 में योजना आयोग ने देश के 67 जिलों को पूर्ण या आंशिक सूखा संभावी जिलों के रूप में चिह्नित किया।
- भारत में सूखा संभावी क्षेत्र का विस्तार मुख्यत: राजस्थान, गुजरात, पश्चिमी मध्य प्रदेश, महाराष्ट्र के मराठवाड़ा क्षेत्र, आंध्र प्रदेश के रायलसीमा और तेलंगाना पठार, कर्नाटक पठार, तमिलनाडु की उच्च भूमि तथा आंतरिक भाग के शुष्क और अर्द्ध-शुष्क भागों पर है।
- बढ़ती जनसंख्या के कारण सीमांत भूमि का उपयोग कृषि हेतु किया जा रहा है। इससे पारिस्थितिकी तंत्र का क्षरण हो रहा है। इससे सूखाग्रस्त क्षेत्रों में वैकल्पिक रोजगार के अवसर उत्पन्न करने की आवश्यकता पर बल दिया गया।
- सूखा प्रवण क्षेत्रों के विकास के लिए अन्य रणनीतियों में लघु-स्तरीय एकीकृत जलग्रहण क्षेत्र विकास योजना शामिल है।
- वर्ष 1972 में सिंचाई आयोग ने 30% सिंचित क्षेत्र को आधार मानकर सूखा संभावी क्षेत्रों का परिसीमन किया।
- पंजाब, हरियाणा और उत्तरी राजस्थान में सिंचाई सुविधा के प्रसार के कारण सूखा प्रभावित क्षेत्रों में सूखे का प्रभाव नहीं पड़ता है।

पर्वतीय क्षेत्र विकास कार्यक्रम

- पाँचवीं पंचवर्षीय योजना में उत्तर प्रदेश के सभी पर्वतीय जिले (वर्तमान उत्तराखंड), मिकिर पहाड़ी और असम के उत्तरी कछार की पहाड़ियाँ, पश्चिम बंगाल का दार्जिलिंग जिला और तमिलनाडु के नीलगिरि आदि को मिलाकर कुल 15 जिलों में पर्वतीय क्षेत्र विकास कार्यक्रम प्रारंभ किया गया।
- वर्ष 1981 में पिछड़े क्षेत्रों पर राष्ट्रीय समिति ने सिफारिश किया कि उन सभी पर्वतीय क्षेत्रों को पिछड़े पर्वतीय क्षेत्रों में शामिल किया जाए, जिनकी ऊँचाई 600 मी से अधिक है और जिनमें जनजातीय उप-योजना क्रियान्वित न हो

- पिछड़े क्षेत्रों के विकास के लिए बनी राष्ट्रीय समिति ने पहाड़ी क्षेत्रों में विकास के लिए निम्नलिखित सिफारिशें भी कीं; जैसे—
  - सभी लोग लाभांवित हों, केवल प्रभावशाली व्यक्ति ही नहीं।
  - स्थानीय संसाधनों और प्रतिभाओं का विकास हो।
  - जीविका निर्वाह अर्थव्यवस्था को निवेश-उन्मुखी बनाया जाए।
  - अंत:प्रादेशिक व्यापार में पिछड़े क्षेत्रों को शोषण से बचाया जाए।
  - पिछड़े क्षेत्रों की बाजार व्यवस्था में सुधार हो और श्रमिकों को लाभ पहुँचे।
  - पारिस्थितिकीय संतुलन बनाए रखा जाए।
- पहाड़ी क्षेत्र की स्थलाकृतिक, पारिस्थितिकीय, सामाजिक तथा आर्थिक दशाओं के आधार पर इनके विकास की व्यापक योजनाओं का निर्माण किया गया है।
- इस कार्यक्रम के अंतर्गत पहाड़ी क्षेत्रों के स्थानीय संसाधनों का समुचित उपयोग के उद्देश्य से बागवानी का विकास, रोपण कृषि, पशुपालन, मुर्गीपालन, **वानिकी**[3] (Forestry), लघु तथा ग्रामीण उद्योगों का विकास आदि को शामिल किया गया

चेक प्वॉइंट 1

1. योजना आयोग को नीति आयोग द्वारा कब प्रतिस्थापित किया गया?
2. खंडीय नियोजन में अर्थव्यवस्था के अंतर्गत आने वाले दो क्षेत्रों का नाम बताइए।
3. प्रादेशिक नियोजन का मुख्य उद्देश्य क्या होता है?
4. भारत में क्षेत्रीय विकास कार्यक्रम किस पंचवर्षीय योजना में प्रारंभ किया गया?
5. राजस्थान का कौन -सा क्षेत्र सूखे से प्रभावित नहीं हैं?

6.2 भरमौर क्षेत्र में समन्वित जनजातीय विकास कार्यक्रम-एक केस अध्ययन

- **भरमौर**[4] क्षेत्र को 21 नवंबर, 1975 से अधिसूचित जनजातीय क्षेत्र घोषित किया गया।
- यह क्षेत्र 'गद्दी' जनजातीय समुदाय का निवास स्थान है, जिसकी हिमालय क्षेत्र में अपनी एक अलग पहचान है।
- गद्दी जनजाति के लोग ऋतु-प्रवास करते हैं और गद्दीयाली भाषा बोलते हैं। भरमौर जाति की कुछ विशेषताएँ हैं, जो निम्न प्रकार हैं

भरमौर की भौगोलिक अवस्थिति एवं जलवायु

- भरमौर जनजातीय क्षेत्र हिमाचल प्रदेश के चंबा जिले की दो तहसीलों—भरमौर और होली में 32°11′ से 32°41′ उत्तरी अक्षांशों तथा 76°22′ से 76°53′ पूर्वी देशांतरों के मध्य फैला है।
- इस क्षेत्र का कुल क्षेत्रफल लगभग 1,818 वर्ग किमी तथा अधिकतर भाग समुद्र तल से 1,500 से 3,700 मी की औसत ऊँचाई के मध्य स्थित है।
- यह चारों दिशाओं में ऊँचे पर्वतों से घिरा हुआ है। इसके उत्तर में पीरपंजाल, दक्षिण में धौलाधर पर्वत तथा पूर्व में धौलाधर श्रेणी का फैलाव रोहतांग दर्रे के पास पीरपंजाल से मिलता है।
- इस क्षेत्र में रावी और इसकी सहायक नदियाँ बुढ़ील और टुंडेन प्रवाहित होती हैं तथा गहरे महाखड्डों का निर्माण करती हैं। ये नदियाँ इस पहाड़ी क्षेत्र को चार भू-भागों—होली, खणी, कुगती और दुण्डाह में विभाजित करती है।
- भरमौर जनजातीय क्षेत्र में जलवायु कठोर है। शरद ऋतु में जमा देने वाली कड़ाके की सर्दी और बर्फ पड़ती है। जनवरी में औसत मासिक तापमान 4° से. और जुलाई में 26° से. रहता है।
- वर्ष 2011 की जनगणना के अनुसार, भरमौर उप-मंडल की कुल जनसंख्या 39113 तथा जनघनत्व 21 व्यक्ति प्रतिवर्ग किमी था।

भरमौर का जनजातीय क्षेत्र

- भरमौर का जनजातीय क्षेत्र हिमाचल प्रदेश के चंबा जिले के भरमौर और होली तहसीलों को शामिल करता है।
- यह क्षेत्र कठोर जलवायु, सीमित संसाधन और कमजोर पर्यावरणीय स्थिति का सामना करता है।

---

3 वानिकी (Forestry) चारे एवं ईंधन की प्राप्ति, अपरदन एवं बाढ़ नियंत्रण तथा पर्यावरण संतुलन के लिए वृक्षारोपण।
4 भरमौर (Bharmour) यह हिमाचल प्रदेश का एक जनजातीय क्षेत्र है, जहाँ गद्दी जनजाति निवास करती है।

- 'गद्दी' एक जनजातीय समुदाय है, जो **ऋतु प्रवास**[5] का पालन करता है और अपनी विशिष्ट गद्दियाली बोलियों के लिए जाना जाती है, यह भरमौर क्षेत्र में रहती है।
- यह हिमाचल प्रदेश के आर्थिक और सामाजिक रूप से सबसे पिछड़े क्षेत्रों में से एक है।
- ऐतिहासिक रूप से गद्दियों ने भौगोलिक और राजनीतिक अलगाव और सामाजिक-आर्थिक अभाव का अनुभव किया है।
- इस क्षेत्र की अर्थव्यवस्था मुख्य रूप से कृषि और उससे संबंधित गतिविधियों जैसे भेड़ और बकरियों के पालन पर निर्भर है।
- **भरमौर** जनजातीय क्षेत्र के विकास की प्रक्रिया 1970 के दशक से शुरू हुई, जब गद्दी समुदाय को 'अनुसूचित जनजातियों' में शामिल किया गया।

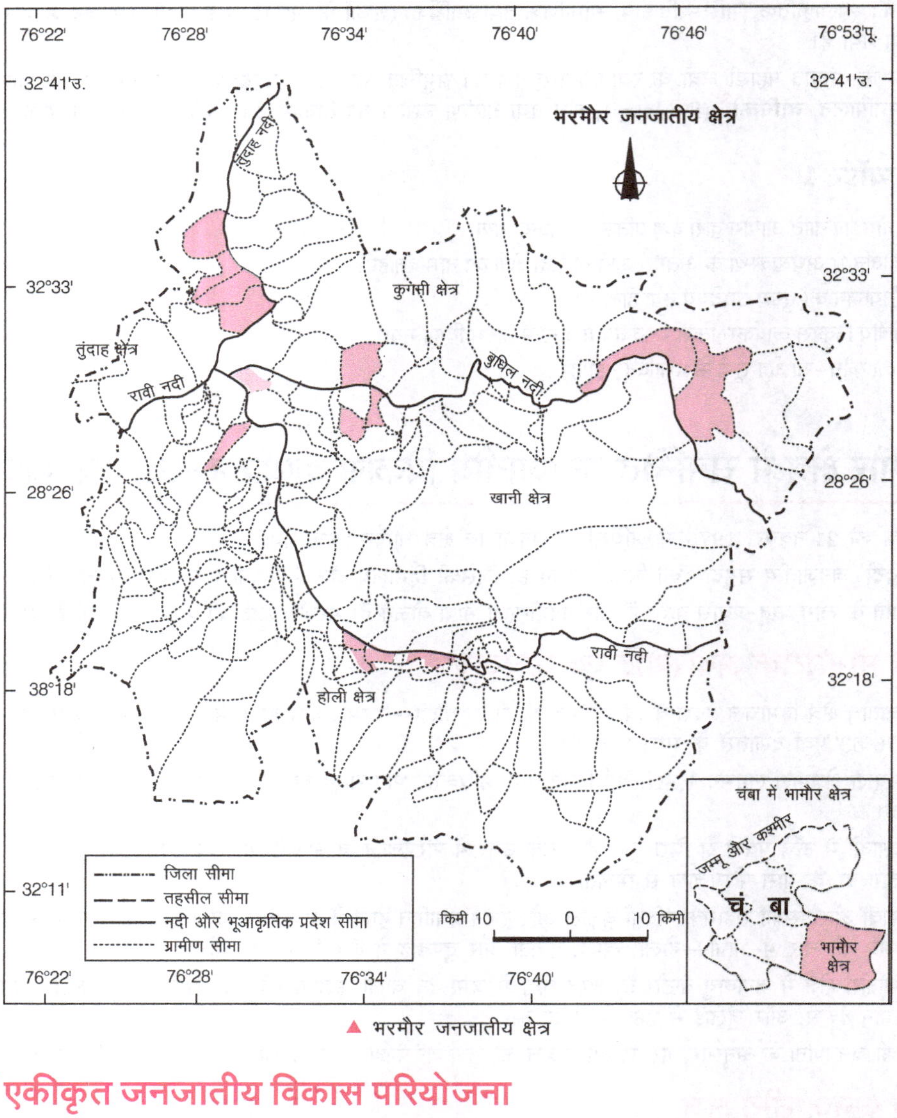

▲ भरमौर जनजातीय क्षेत्र

भरमौर में एकीकृत जनजातीय विकास परियोजना

- 1970 के दशक में गद्दी लोगों को अनुसूचित जनजातियों में शामिल करने के पश्चात् भरमौर जनजातीय क्षेत्र में विकास की प्रक्रिया प्रारंभ हुई। वर्ष 1974 में पाँचवीं पंचवर्षीय योजना में जनजातीय उप-योजना प्रारंभ हुई तथा भरमौर को हिमाचल प्रदेश में पाँच में से एक समन्वित जनजातीय विकास परियोजना (Integrated Tribal Development Project) का दर्जा मिला।
- इस परियोजना का मुख्य उद्देश्य गद्दियों के जीवन स्तर में सुधार करना और भरमौर तथा हिमाचल प्रदेश के अन्य भागों के मध्य विकास के अंतर को कम करना है।

5 **ऋतु प्रवास** यह एक प्रकार की घुमंतू शैली है, जिसमें मवेशियों को नियत ग्रीष्मकालीन और शीतकालीन स्थानों के बीच मौसमी रूप से स्थानांतरित किया जाता है।

जनजातीय विकास परियोजना की उपलब्धियाँ

- भरमौर क्षेत्र में जनजातीय उप-योजना का सबसे महत्त्वपूर्ण योगदान प्राथमिक ढाँचे का विकास है। जिसमें स्कूल विद्यालयों, जन -स्वास्थ्य सुविधाओं, पेयजल, सड़कों, और विद्युत के रूप में अवसंरचना विकास में सबसे अधिक योगदान दिया।
- होली और खणी क्षेत्रों में रावी नदी के किनारे बसे गाँव अवसंरचना विकास से सबसे अधिक लाभांवित हुए, जबकि दुंडाह और कुगती क्षेत्रों के दूरदराज के गाँव विकास से वंचित रह गए।
- समन्वित जनजातीय विकास उप-योजना से सामाजिक क्षेत्र में साक्षरता दर में तेजी से वृद्धि, लिंग अनुपात में सुधार और बाल विवाह में कमी आई है।
- स्त्री साक्षरता दर वर्ष 1971 में 1.88% से बढ़कर वर्ष 2011 में 65% हो गई तथा स्त्री एवं पुरुष साक्षरता में लिग असमानता कम हुई।
- गद्दियों की परंपरागत अर्थव्यवस्था कृषि एवं पशुचारण पर आधारित थी, जिसमें खाद्यान्नों एवं पशुओं के उत्पादन पर बल दिया गया।
- वर्तमान में भी गद्दी जनजाति बहुत गतिशील है, क्योंकि यह बड़ी संख्या में शरद ऋतु में कृषि और मजदूरी करके आजीविका कमाने के लिए काँगड़ा और आस-पास के क्षेत्रों में प्रवाह करती है।
- 20वीं शताब्दी के अंतिम तीन दशकों के दौरान भरमौर क्षेत्र में दालों और अन्य नकदी फसलों की खेती में वृद्धि हुई, लेकिन खेती परंपरागत तकनीकों पर आधारित थी। वर्तमान में इस क्षेत्र की अर्थव्यवस्था में पशुचारण का महत्त्व घट गया है, क्योंकि कुल पारिवारिक इकाइयों का दसवाँ भाग ही ऋतु प्रवास करता है।

जनजातीय विकास परियोजना की सीमाएँ

- फसल उत्पादन आज भी पारंपरिक तरीके से किया जाता है।
- दुंडाह और कुगती क्षेत्रों के दूरदराज के गाँवों में आज भी पर्याप्त बुनियादी ढाँचे की कमी है।
- गद्दी समुदाय के कुछ लोग आज भी मौसमी प्रवास करते हैं।
- सर्दियों के दौरान, समुदाय का एक छोटा हिस्सा काँगड़ा और आस-पास के क्षेत्रों में जाकर मजदूरी कर जीविका अर्जित करता है।

चेक प्वॉइंट 2

1. कौन-सा पर्वत उत्तर में भरमौर क्षेत्र को घेरता है?
2. भरमौर क्षेत्र में कौन-सा जनजातीय समुदाय रहता है?
3. एकीकृत जनजातीय विकास कार्यक्रम की एक सीमा का उल्लेख करें?
4. भरमौर में जनजातीय विकास कार्यक्रम किस पंचवर्षीय योजना के दौरान शुरू किया गया था?

6.3 सतत पोषणीय विकास

- द्वितीय विश्वयुद्ध के पश्चात् विकास की अवधारणा का अर्थ आर्थिक वृद्धि से था, जिसे सकल राष्ट्रीय उत्पाद (GNP) और प्रति व्यक्ति आय/प्रति व्यक्ति उपभोग के समयानुसार वृद्धि के आधार पर मापा जाता था, लेकिन उच्च आर्थिक वृद्धि वाले देशों ने भी संसाधनों के असमान वितरण के कारण गरीबी में वृद्धि का अनुभव किया।
- 1960 के दशक के अंत में पश्चिमी दुनिया में पर्यावरण से संबंधित मुद्दों पर बढ़ती जागरूकता की सामान्य वृद्धि के परिणामस्वरूप सतत पोषणीय विकास (Sustainable Development) की संकल्पना का का विकास हुआ।
- 1970 के दशक में विकास के अंतर्गत 'पुनर्वितरण के साथ वृद्धि' (Redistribution with Growth) तथा 'वृद्धि और समानता' (Growth and Equity) को शामिल किया गया। विकास की संकल्पना को केवल आर्थिक क्षेत्र तक ही सीमित नहीं रखा जा सकता है, बल्कि इसमें लोगों का कल्याण और रहने का स्तर, जन-स्वास्थ्य, शिक्षा, समान अवसर और राजनीतिक तथा नागरिक अधिकारों से संबंधित मुद्दे भी शामिल हैं।
- वर्ष 1968 में एहरलिच की पुस्तक द पॉपुलेशन बम और वर्ष 1972 में मीडोस और अन्य द्वारा लिखी गई पुस्तक द लिमिट टू ग्रोथ के प्रकाशन ने इस विषय पर लोगों ने विशेषकर पर्यावरणविदों की चिंता और बढ़ा दी। इस घटनाक्रम के परिणामस्वरूप विकास के एक नए मॉडल 'सतत पोषणीय विकास' की शुरुआत हुई।
- 1980 के दशक तक विकास का अर्थ बदल गया और इसमें समाज के सभा व्यक्ति वृहद् स्तर पर सामाजिक और भौतिक कल्याण,में व्यापक सुधार शामिल हो गए।

- संयुक्त राष्ट्र संघ ने 'विश्व पर्यावरण और विकास आयोग' (World Commission on Environment and Development, WCED) का गठन पर्यावरण मुद्दों को लेकर विश्व समुदाय की बढ़ती चिंता के कारण किया। इस संगठन की प्रमुख नॉर्वे की प्रधानमंत्री गरो हरलेम ब्रंटलैंड थीं।
- वर्ष 1987 में आयोग ने अपनी रिपोर्ट 'अवर कॉमन फ्यूचर' (Our Common Future) जारी की, जिसे ब्रंटलैंड रिपोर्ट (Bruntland Report) भी कहते हैं।
- इस रिपोर्ट में आयोग ने सतत पोषणीय विकास की परिभाषा सीधी-सरल एवं वृहत स्तर पर प्रस्तुत की। आयोग की रिपोर्ट के अनुसार, "सतत पोषणीय विकास एक ऐसा विकास है, जिसमें भविष्य में आने वाली पीढ़ियों की आवश्यकता की पूर्ति को प्रभावित किए बिना वर्तमान पीढ़ी द्वारा अपनी आवश्यकता की पूर्ति की जाती है।"
- सतत् विकास वर्तमान समय में विकास के पारिस्थितिकी, सामाजिक और आर्थिक पहलुओं पर ध्यान केंद्रित करता है और भविष्य की पीढ़ियों के लिए संसाधनों का संरक्षण करता है। यह संपूर्ण मानव जाति के विकास को ध्यान में रखता है, जिसका भविष्य एक समान है।

इंदिरा गाँधी नहर

- इंदिरा गाँधी नहर को पहले 'राजस्थान नहर' के नाम से जाना जाता था, जो भारत के सबसे बड़े नहर तंत्रों में से एक है। वर्ष 1948 में कँवर सेन ने इसे बनाने की एक विस्तृत रिपोर्ट प्रस्तुत की, जिसके पश्चात् यह नहर परियोजना 31 मार्च, 1958 को प्रारंभ हुई।
- यह नहर पंजाब में हरिके बाँध से निकलकर राजस्थान के थार मरुस्थल पाकिस्तान सीमा के समानांतर 40 किमी की औसत दूरी पर प्रवाहित होती है,
- इस नहर की कुल नियोजित लंबाई 9,060 किमी है, जो 19.63 लाख हेक्टेयर कृषि योग्य कमान क्षेत्र में सिंचाई की सुविधा उपलब्ध कराती है।
- इसके कुल क्षेत्र में से 70% क्षेत्र प्रवाह नहर तंत्रों और शेष लिफ्ट तंत्र द्वारा किया जाता है।
- इस नहर का निर्माण कार्य निम्न दो चरणों में पूरा किया गया है
  (i) **चरण I** के कमान क्षेत्र का भू-तल थोड़ा ऊबड़-खाबड़ है, जिसका विस्तार गंगानगर, हनुमानगढ़ और बीकानेर जिले के उत्तरी भाग पर है, जिसमें कृषि योग्य कमान क्षेत्र 5.53 लाख हेक्टेयर है।
  (ii) **चरण II** के कमान क्षेत्र में स्थानांतरित बालू टिब्बों वाला मरुस्थल तथा ग्रीष्म ऋतु में तापमान 50° से. पाया जाता है, जिसका विस्तार बीकानेर, जैसलमेर, बाड़मेर, जोधपुर, नागौर और चुरु जिलों में है, जिसमें कृषि योग्य कमान क्षेत्र 14.10 लाख हेक्टेयर है।

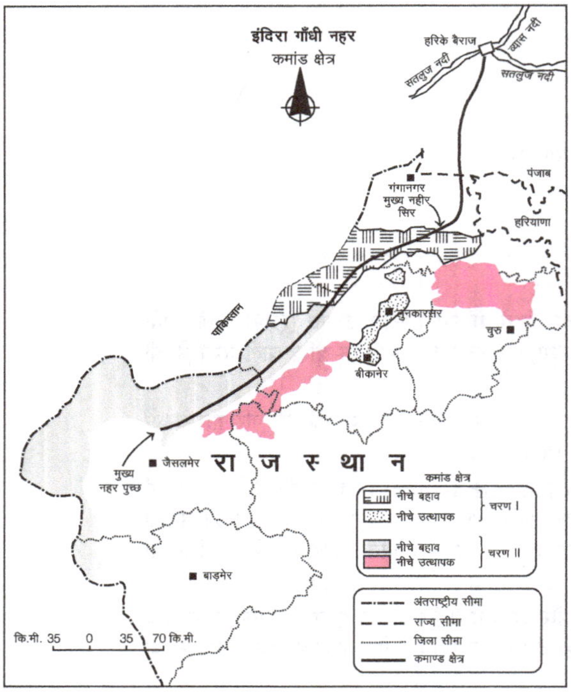

▲ इंदिरा गाँधी नहर

- **लिफ्ट नहर**[6] में ढाल के विपरीत प्रवाह के लिए जल को बार-बार मशीनों से ऊपर उठाया जाता है। इंदिरा नहर तंत्र की सभी लिफ्ट नहरें मुख्य नहर के बाएँ किनारे से निकलती हैं, जबकि मुख्य नहर के दाएँ किनारे की सभी नहरें प्रवाह प्रणाली की हैं।
- 1960 के दशक के आरंभ में चरण-I कमान क्षेत्र में सिंचाई की शुरुआत हुई, जबकि 1980 के दशक के मध्य से चरण-II में सिंचाई की शुरुआत हुई।
- नहर सिंचाई के प्रसार ने इस शुष्क क्षेत्र की अर्थव्यवस्था, समाज और पारिस्थितिकी को रूपांतरित कर दिया तथा पर्यावरणीय पारिस्थितिकी पर सकारात्मक और नकारात्मक दोनों प्रभाव पड़े।
- कमान क्षेत्र विकास के अंतर्गत वनीकरण एवं चरागाह विकास कार्यक्रमों ने इस क्षेत्र को हरा-भरा कर दिया, जिससे वायु अपरदन और बालू निक्षेप की प्रक्रियाएँ कम हो गईं, लेकिन सघन सिंचाई और जल के अत्यधिक प्रयोग से जल भराव और मृदा लवणता की पर्यावरणीय समस्याएँ उत्पन्न हो गईं।
- इस क्षेत्र में नहरों द्वारा सिंचित क्षेत्र के विस्तार से बोए गए क्षेत्र का विस्तार हुआ तथा फसलों की सघनता में वृद्धि हुई। पारंपरिक फसलों—चना, बाजरा और ज्वार के स्थान पर गेहूँ, कपास, मूँगफली और चावल की खेती होने लगी।
- सघन सिंचाई के आरंभ से कृषि और पशुधन उत्पादकता में तीव्र गति से वृद्धि हुई, लेकिन जल भराव और मृदा लवणता की समस्याएँ उत्पन्न होने से कृषि की सतत पोषणता पर ही प्रश्न खड़ा हो गया।

---

6 **लिफ्ट नहर** (Lift Canal) मुख्य नहर से ऊँचाई पर स्थित नहर, जिसमें प्रवाह के लिए मशीन द्वारा पानी को ऊपर उठाया जाता है।

6.4 सतत पोषणीय विकास को बढ़ावा देने वाले उपाय

- इंदिरा गाँधी नहर परियोजना की पारिस्थितिकीय पोषणता पर अनेक पर्यावरणविदों द्वारा प्रश्न उठाए गए हैं। विगत 40 वर्षों से जिस प्रकार इन क्षेत्रों में विकास हुआ और पर्यावरण में गिरावट आई है, ने पर्यावरणविदों के इस दृष्टिकोण को उचित ठहराया है।
- सतत पोषणीय विकास का लक्ष्य प्राप्त करने के लिए इस कमान क्षेत्र में पारिस्थितिकीय सतत पोषणता पर विशेष बल देने की आवश्यकता है। इस कमान क्षेत्र में सतत पोषणीयता विकास को बढ़ावा देने वाले निम्न सात उपायों में से पाँच उपाय पारिस्थितिकीय संतुलन की पुनर्स्थापना पर जोर देते हैं, जो इस प्रकार हैं

(i) **जल प्रबंधन नीति** इस प्रबंधन नीति का कठोरता से क्रियान्वयन करना पहली आवश्यकता है। फसल रक्षण सिंचाई इस नहर परियोजना के पहले चरण में तथा फसल उगाने और चरागाह विकसित करने के लिए दूसरे चरण में सिंचाई को विस्तारित करने का प्रावधान है।

(ii) **विभिन्न फसलों का समायोजन** जल सघन फसलों के स्थान पर बागवानी कृषि को प्रोत्साहन दिया जाना चाहिए। इसके अंतर्गत किसान को खट्टे फलों की खेती करनी चाहिए।

(iii) **कमान क्षेत्र विकास कार्यक्रम** बहते हुए जल की क्षति कम करने के लिए कमान क्षेत्र विकास कार्यक्रम; जैसे—नालों को पक्का करना, भूमि विकास तथा समतलन और बारबंदी (ओसरा) पद्धति (निकास के कमान क्षेत्र में नहर के जल का समान वितरण) को प्रभावी रूप से क्रियान्वित किया जाना चाहिए।

(iv) **प्रभावित क्षेत्रों का पुनर्ग्रहण** जलभराव तथा मृदा लवणता से ग्रस्त भूमि (Soil Salinity) के पुनरुद्धार (Reclaimed) के लिए प्रयास किए जाने चाहिए।

(v) **पारिस्थितिकी विकास पहल** इस प्रदेश के पारिस्थितिकीय तंत्र के विकास के लिए वनीकरण, वृक्षों की रक्षण मेखला का निर्माण तथा चरागाह का विकास आवश्यक है।

(vi) **किसानों के लिए सामाजिक समर्थन** कमजोर आर्थिक स्थिति वाले भू-आवंटियों को कृषि के लिए पर्याप्त मात्रा में वित्तीय तथा संस्थागत सहायता प्राप्त करवाकर इस प्रदेश में सामाजिक सतत पोषणीयता का लक्ष्य हासिल किया जा सकता है।

(vii) **आर्थिक विविधीकरण सतत** पोषणीय विकास प्राप्त करने के लिए कृषि तथा इससे संबंधित क्रियाकलापों के अतिरिक्त अन्य क्षेत्रों का भी विकास करना होगा। इससे अर्थव्यवस्था का विविधीकरण होगा और गाँवों, कृषि सेवा केंद्रों (सुविधा गाँवों) एवं विपणन केंद्रों (मंडी कस्बों) के बीच प्रकार्यात्मक संबंध स्थापित होंगे।

चेक प्वॉइंट 3

1. द पॉपुलेशन बम नामक पुस्तक की रचना किसने की थी?
2. विश्व पर्यावरण और विकास आयोग की पहली रिपोर्ट कब प्रकाशित हुई?
3. इंदिरा गाँधी नहर परियोजना चरण-I के कमान क्षेत्र से कौन-सा जिला लाभान्वित हुआ।
4. हरिके बैराज किस राज्य में स्थित है जहाँ से इंदिरा गाँधी नहर नहीं निकाली गई है?
5. इंदिरा गाँधी नहर परियोजना के बनने से मृदा संबंधित किस प्रकार की समस्या उत्पन्न हो गई?

Mind Map

भारत के संदर्भ में नियोजन और सतत पोषणीय विकास

1 नियोजन
इसमें सोच-विचार की प्रक्रिया, कार्यक्रम की रूपरेखा तैयार करना तथा उद्देश्यों को प्राप्त करने हेतु गतिविधियों का क्रियान्वयन सम्मिलित है।

2 खंडीय नियोजन
यह किसी विशिष्ट आर्थिक क्षेत्र (जैसे कृषि, विनिर्माण, परिवहन आदि) पर केंद्रित होता है।

3 प्रादेशिक नियोजन
- यह किसी विशेष क्षेत्र में योजनाओं के कार्यान्वयन को संदर्भित करता है।
- यह क्षेत्रीय विकास असंतुलन को कम करता है।

4 लक्ष्य क्षेत्र नियोजन
यह उन विशेष क्षेत्रों पर केंद्रित होता है, जो आर्थिक रूप से पिछड़े हैं।

समन्वित जनजातीय विकास कार्यक्रम
- स्वास्थ्य सेवा, शिक्षा और बुनियादी ढाँचे में सुधार।
- इस कार्यक्रम से भरमौर जनजाति को लाभ मिला है।

कमान क्षेत्र विकास

सिंचाई क्षमता के उपयोग में सुधार और कृषि उत्पादकता को बढ़ावा।
- उदाहरण- इंदिरा गाँधी नगर

पर्वतीय क्षेत्र विकास कार्यक्रम
- यह पाँचवीं पंचवर्षीय योजना के दौरान शुरू किया गया था।
- यह पहाड़ी क्षेत्र के समग्र विकास पर केंद्रित है।

सूखा सम्भावी क्षेत्र
- इसे चौथी विकास कार्यक्रम पंचवर्षीय योजना के दौरान शुरू किया गया था।
- यह सिंचाई परियोजना, भूमि विकास कार्यक्रमों और वनीकरण पर केंद्रित है।
- यह सूखा संभावी क्षेत्रों में वैकल्पिक रोजगार के अवसर प्रदान करता है।

5 सतत् पोषणीय विकास
ऐसा विकास जो वर्तमान समय में पोषण की जरूरतों को पूरा करते हुए भविष्य में आने वाली पीढ़ियों के लिए भी पोषण संबंधी संसाधनों की उपलब्धता सुनिश्चित करता है।

सतत् पोषणीय विकास को बढ़ावा देने वाले उपाय
- जल प्रबंधन नीतियों में सुधार
- सीमित जल उपयोग करने वाली फसलों की ओर रूख
- वनीकरण और पारिस्थितिकी पुनर्वास को बढ़ावा देना।
- आर्थिक गतिविधियों में विविधता
- किसानों के लिए सामाजिक समर्थन

सतत् पोषणीय विकास के घटक
- पारिस्थितिकी संतुलन
- आर्थिक विकास
- सामाजिक समावेशन

NCERT फोल्डर

नीचे दिए चार विकल्पों में से सही उत्तर चुनिए

1. प्रदेशीय नियोजन का संबंध है

(a) आर्थिक व्यस्था के विभिन्न सेक्टरों का विकास
(b) क्षेत्र विशेष के विकास का उपागम
(c) परिवहन जल तंत्र में क्षेत्रीय अंतर
(d) ग्रामीण क्षेत्रों का विकास

उत्तर *(b)* क्षेत्र विशेष के विकास का उपागम

2. आई.टी.डी.पी. निम्नलिखित में से किस संदर्भ में वर्णित है?

(a) समन्वित पर्यटन विकास प्रोग्राम
(b) समन्वित यात्रा विकास प्रोग्राम
(c) समन्वित जनजातीय विकास प्रोग्राम
(d) समन्वित परिवहन विकास प्रोग्राम

उत्तर (c) समन्वित जनजातीय विकास प्रोग्राम

3. इंदिरा गाँधी नहर कमान क्षेत्र में सतत पोषणीय विकास के लिए इनमें से कौन-सा सबसे महत्त्वपूर्ण कारक है?

(a) कृषि विकास (b) पारितंत्र विकास
(c) परिवहन विकास (d) भूमि उपनिवेशन

उत्तर *(b)* पारितंत्र विकास

निम्नलिखित प्रश्नों के उत्तर लगभग 30 शब्दों में दीजिए

1. भरमौर जनजातीय क्षेत्र में समन्वित जनजातीय विकास कार्यक्रम के सामाजिक लाभ क्या हैं?

उत्तर समन्वित जनजातीय विकास कार्यक्रम से भरमौर जनजातीय क्षेत्र में लोगों की मूलभूत आवश्यकताओं; जैसे-शिक्षा, स्वास्थ्य, पेयजल, परिवहन एवं संचार आदि का विकास हुआ है।

2. सतत पोषणीय विकास की संकल्पना को परिभाषित कीजिए।

उत्तर यह एक ऐसा विकास है, जिसमें भविष्य में आने वाली पीढ़ियों की आवश्यकता की पूर्ति को प्रभावित किए बिना वर्तमान पीढ़ी द्वारा अपनी आवश्यकता की पूर्ति की जाती है।

3. इंदिरा गाँधी नहर कमान क्षेत्र का सिंचाई पर क्या सकारात्मक प्रभाव पड़ा?

उत्तर इंदिरा गाँधी नहर कमान क्षेत्र में सिंचाई की सुविधा उपलब्ध होने से कृषि क्षेत्र का विस्तार हुआ है तथा चरागाह विकास कार्यक्रमों से यहाँ भूमि हरी-भरी हो गई। इससे वायु उपरदन और नहरी तंत्र में बालू निक्षेप की प्रक्रियाएँ धीमी पड़ गईं।

निम्नलिखित प्रश्नों के उत्तर लगभग 150 शब्दों में दीजिए

1. सूखा संभावी क्षेत्र कार्यक्रम पर संक्षिप्त टिप्पणी लिखें। यह कार्यक्रम देश में शुष्क भूमि कृषि विकास में कैसे सहायक है?

उत्तर सूखा संभावी क्षेत्र कार्यक्रम चौथी पंचवर्षीय योजना में प्रारंभ किया गया था। इस कार्यक्रम का उद्देश्य सूखा संभावी क्षेत्रों में लोगों को रोजगार उपलब्ध करवाना और उत्पादन के साधनों का विकास करना था।

इसके कार्यक्षेत्र का विस्तार पाँचवीं पंचवर्षीय योजना में किया गया। शुरुआती दौर में इस कार्यक्रम में सिविल निर्माण कार्य पर बल दिया गया, परंतु बाद में सिंचाई, वनीकरण, चरागाह आदि एवं सड़क, विद्युत जैसी आधारभूत अवसंरचनाओं पर जोर दिया गया।

सूखा संभावी क्षेत्र कार्यक्रम का प्रभाव मुख्यतः कृषि एवं कृषि से संबद्ध क्षेत्रों तक सीमित है, साथ ही इसने पर्यावरण को संतुलित करने पर भी बल दिया गया।

शुष्क भूमि कृषि विकास में योगदान भारत में सूखा संभावी क्षेत्र मुख्यतः राजस्थान, गुजरात, पश्चिमी मध्य प्रदेश, महाराष्ट्र के मराठवाड़ा क्षेत्र, आंध्र प्रदेश के रायलसीमा और तेलंगाना पठार, कर्नाटक पठार, तमिलनाडु की उच्च भूमि तथा आंतरिक भाग के शुष्क और अर्द्ध-शुष्क भाग में विस्तृत हुआ है।

सिंचाई के प्रसार के कारण पंजाब, हरियाणा और उत्तरी राजस्थान के सूखा प्रभावित क्षेत्र पर सूखे का प्रभाव नहीं होता है।

2. इंदिरा गाँधी नहर कमान क्षेत्र में सतत पोषणीय विकास को बढ़ावा देने के लिए निम्न उपायों को स्पष्ट कीजिए।

उत्तर इंदिरा गाँधी नहर कमान क्षेत्र में सतत पोषणीय विकास को बढ़ावा देने वाले विभिन्न उपाय निम्नलिखित हैं

(i) इस नहर कमान क्षेत्र में जल प्रबंधन नीति को सही रूप में लागू करना चाहिए।
(ii) भूमि विकास, नालों को पक्का करना जैसे कमान क्षेत्र विकास कार्यक्रमों को क्रियान्वित रूप में लागू करने की आवश्यकता है, जिससे बहते जल के मार्ग में क्षति कम-से-कम हो।
(iii) कमजोर आर्थिक स्थिति वाले भू-आवंटियों को सामाजिक सतत पोषणता के लिए पर्याप्त वित्तीय सहायता देने की आवश्यकता है।
(iv) जल सघन फसलों के स्थान पर बागवानी कृषि को प्रोत्साहन देकर खट्टे फलों की खेती करनी चाहिए।
(v) जलाक्रांत तथा लवणताग्रस्त भूमि के पुनरुद्धार के लिए प्रयास किए जाने चाहिए।
(vi) पारिस्थितिकी तंत्र के विकास के लिए वनीकरण, वृक्षों की रक्षण मेखला का निर्माण तथा चरागाह का विकास करना चाहिए।
(vii) सतत पोषणीय विकास के लिए कृषि तथा इससे संबद्ध क्षेत्रों पर ध्यान देना चाहिए।
(viii) इंदिरा नहर तंत्र की सभी लिफ्ट नहरें मुख्य नहर के बाएँ किनारे से निकलती हैं, जबकि मुख्य नहर के दाएँ किनारे की सभी नहरें प्रवाह प्रणाली की हैं।
(ix) नहर सिंचाई के प्रसार ने इस शुष्क क्षेत्र की अर्थव्यवस्था, समाज और पारिस्थितिकी को रूपांतरित कर दिया तथा पर्यावरणीय पारिस्थितिकी पर सकारात्मक और नकारात्मक दोनों प्रभाव पड़े।
(x) रासायनिक उर्वरकों और कीटनाशकों के स्थान पर जैविक खाद और प्राकृतिक कीटनाशक का उपयोग करें।

अतः इन उपायों के माध्यम से इंदिरा गाँधी नहर ने प्रत्येक कमान क्षेत्र में सतत पोषणीय विकास को बढ़ावा दिया है।

अभ्यास प्रश्न

वस्तुनिष्ठ प्रश्न

बहुविकल्पीय प्रश्न

1. **अर्थव्यवस्था में प्रभावी सुधार लाने के लिए विकास कार्यक्रमों को लागू करने हेतु किस प्रकार के नियोजन का उपयोग किया जाता है?**

(a) क्षेत्रीय नियोजन (b) खंड नियोजन
(c) प्रादेशिक नियोजन (d) प्रखंड नियोजन

उत्तर (b) खंड नियोजन

2. **लक्ष्य क्षेत्र नियोजन प्रक्रिया के अंतर्गत किस प्रकार के लक्षित क्षेत्र को शामिल किया जाता है?**

(a) नियंत्रित क्षेत्र विकास
(b) सूखा ग्रस्त क्षेत्र विकास कार्यक्रम
(c) पर्वतीय क्षेत्र विकास कार्यक्रम
(d) उपरोक्त सभी

उत्तर (d) उपरोक्त सभी

3. **पर्वतीय क्षेत्र विकास कार्यक्रम किस पंचवर्षीय योजना के अंतर्गत प्रारंभ किया गया था?**

(a) तृतीय पंचवर्षीय योजना के तहत
(b) चतुर्थ पंचवर्षीय योजना के तहत
(c) पाँचवीं पंचवर्षीय योजना के तहत
(d) छठी पंचवर्षीय योजना के तहत

उत्तर (c) पाँचवीं पंचवर्षीय योजना के तहत

4. **वर्ष 1972 में सिंचाई विभाग ने कितने प्रतिशत सिंचित क्षेत्र को आधार बनाकर सूखा संभावित क्षेत्र परिसीमित किया?**

(a) 20% (b) 30% (c) 40% (d) 55%

उत्तर (b) 30%

5. **पंजाब, हरियाणा एवं उत्तरी राजस्थान के क्षेत्र सूखे में प्रभावित नहीं होते हैं, क्योंकि**

(a) वर्षा अधिक होती है
(b) भूमिगत जल का स्तर उच्च है
(c) सिंचाई के पर्याप्त साधन विद्यमान हैं
(d) उपरोक्त सभी

उत्तर (c) सिंचाई के पर्याप्त साधन विद्यमान हैं

6. **हिमाचल प्रदेश के भरमौर जिले में कौन-सी ऋतु प्रवासी जनजाति निवास करती है?**

(a) राजी (b) बकरवाल (c) भूटिया (d) गद्दी

उत्तर (d) गद्दी

7. **इंदिरा गाँधी नहर निर्माण की संकल्पना सर्वप्रथम किसने प्रस्तुत की थी?**

(a) इंदिरा गाँधी (b) कंवर सेन
(c) जी. के. जायसवाल (d) पी. के. बनर्जी

उत्तर (b) कंवर सेन

8. **राजस्थान के कौन-से जिले इंदिरा गाँधी नहर से सबसे अधिक लाभांवित हैं?**

(a) जैसलमेर, बीकानेर, हनुमानगढ़, गंगानगर
(b) अलवर, कोटा, जयपुर, जोधपुर, गंगानगर
(c) बूँदी, बाराँ, करौली, दौसा, चुरु
(d) नागौर, हनुमानगढ़, कोटा, बीकानेर

उत्तर (a) जैसलमेर, बीकानेर, हनुमानगढ़, गंगानगर

9. **निम्नलिखित युग्मों में से कौन-सा युग्म सही सुमेलित है?** **CBSE 2024**

लक्ष्य क्षेत्र नियोजन	क्षेत्र
(a) पर्वतीय क्षेत्र विकास कार्यक्रम	भारत के शुष्क और अर्द्ध शुष्क क्षेत्र
(b) सूखा संभावी क्षेत्र कार्यक्रम	15 पर्वतीय जिले
(c) इंदिरा गाँधी नहर कमान क्षेत्र	गंगानहर, हनुमानगढ़
(d) समन्वित जनजातीय विकास कार्यक्रम	राजस्थान और गुजरात

उत्तर (c) इंदिरा गाँधी नहर कमान क्षेत्र –गंगानहर, हनुमानगढ़

10. **निम्नलिखित में से कौन-सा युग्म सही सुमेलित नहीं है?**

योजना	वर्ष
(a) जनजातीय उप-योजना	– 1977
(b) कँवरसेन द्वारा संकल्पित नहर परियोजना	– 1958
(c) योजना आयोग ने सूखा संभावी जिलों की पहचान	– 1967
(d) सूखा संभावी जिलों का परिसीमन	– 1971

उत्तर (a) जनजातीय उप-योजना-1977

11. **इंदिरा गाँधी नहर निर्माण के बाद पारंपरिक फसलों के स्थान पर किस प्रकार की फसलों की बुआई की जाने लगी है?**

(a) गेहूँ (b) कपास (c) चावल (d) ये सभी

उत्तर (d) ये सभी

12. **इंदिरा गाँधी नहर कमान क्षेत्र परियोजना के संदर्भ में दिए गए विवरण के संदर्भ में सही चरण की पहचान कीजिए।** *दक्षता आधारित प्रश्न*

इंदिरा गाँधी नहर, जिसे पहले राजस्थान नहर के नाम से जाना जाता था, भारत के सबसे बड़े नहर तंत्रों में से एक है। वर्ष 1948 में कँवरसेन द्वारा संकल्पित यह नहर परियोजना 31 मार्च, 1958 को प्रारंभ हुई। यह नहर पंजाब में हरिके बाँध से निकलती है और राजस्थान के थार मरुस्थल (मरुस्थली) पाकिस्तान सीमा के समांतर 40 किमी की औसत दूरी तक बहती है। यह चरण कमान क्षेत्र गंगानगर, हनुमानगढ़ और बीकानेर के

उत्तरी भाग में पड़ता है। इस चरण के कमान क्षेत्र का भू-तल बहुत ऊबड़-खाबड़ है और इसका कृषि योग्य कमान क्षेत्र 5.53 लाख हेक्टेयर है।

(a) चरण- II (b) चरण- III
(c) चरण- I (d) चरण- IV

उत्तर (c) चरण- I

13. निम्नलिखित को ध्यानपूर्वक अध्ययन कीजिए और सही विकल्प का चयन करें *दक्षता आधारित प्रश्न*

- इसे पाँचवीं पंचवर्षीय योजना में शुरू किया गया।
- इसका उद्देश्य जीविका निर्वाह अर्थव्यवस्था को निवेश उन्मुखी बनाना था।
- इस योजना के अंतर्गत स्थानीय संसाधनों का उपयोग कर कृषि संबंधित अन्य गतिविधियों को संचालित किया गया।

विकल्प

(a) सूखा संभावी विकास कार्यक्रम
(b) नियंत्रित क्षेत्र विकास कार्यक्रम
(c) पर्वतीय क्षेत्र विकास कार्यक्रम
(d) इंदिरा गाँधी नहर

उत्तर (a) सूखा संभावी विकास कार्यक्रम

14. भारत में सूखा संभावी क्षेत्रों का विस्तार पाया जाता है। इसके संबंध में सही विकल्प का चयन करें

1. तेलंगाना पठार 2. हिसार
3. कर्नाटक पठार 4. गंगानगर

कूट

(a) 1 और 3 (b) केवल 1
(c) 2 और 3 (d) केवल 4

उत्तर (a) 1 और 3

15. इंदिरा गाँधी नहर परियोजना से संबंधित निम्नलिखित कथनों को ध्यानपूर्वक पढ़िए और सही विकल्प का चयन कीजिए। **CBSE 2025**

1. इंदिरा गांधी नहर परियोजना को वर्ष 1950 में कँवर सेन द्वारा संकल्पित किया गया था और इसको वर्ष 1961 में प्रारंभ किया गया था।
2. नहर सिंचाई की शुरुआत से कमांड क्षेत्र की कृपि अर्थव्यवस्था में उल्लेखनीय परिवर्तन आया है।
3. नहर सिंचाई के प्रसार से खेती के क्षेत्र और फसल सघनता में वृद्धि हुई है।
4. ज्वार -बाजरे की परंपरागत फसलों को गेहूँ और चावल आदि ने प्रतिस्थापित कर दिया है।

कूट

(a) 1, 2 और 4 (b) 1, 2 और 3
(c) 1, 3 और 4 (d) 2, 3 और 4

उत्तर (b) 1, 2 और 3

16. सतत पोषणीय विकास के संदर्भ में दिए गए कथनों पर विचार कीजिए *दक्षता आधारित प्रश्न*

1. पर्यावरणीय समस्याओं के कारण सतत पोषणीय विकास की संकल्पना मजबूत हुई।
2. ब्रंटलैंड रिपोर्ट का संबंध ऑवर कॉमन फ्यूचर से माना जाता है।

उपरोक्त कथनों में से कौन-सा/से कथन सही है/हैं?

(a) केवल 1 (b) केवल 2
(c) 1 और 2 दोनों (d) न तो 1 और न ही 2

उत्तर (c) 1 और 2 दोनों

17. निम्नलिखित को ध्यानपूर्वक पढ़िए और तथ्यों को क्रम में व्यवस्थित कीजिए।

1. पिछड़े क्षेत्रों पर राष्ट्रीय समिति ने उन सभी पर्वतीय क्षेत्रों को पिछड़े पर्वतीय क्षेत्रों में शामिल करने की सिफारिश की, जिनकी ऊँचाई 600 मीटर से अधिक है और जिनमें जनजातीय उप-योजना लागू नहीं है।
2. योजना आयोग ने देश में 67 जिलों की पहचान सूखा संभावी जिलों के रूप में की।
3. पाँचवी पंचवर्षीय योजना के अंतर्गत जनजातीय उप-योजना प्रारंभ हुई।
4. सिंचाई आयोग ने 30% सिंचित क्षेत्र का मापदंड लेकर सूखा संभावी क्षेत्र का परिसीमन किया।

कूट

(a) 4, 3, 2, 1 (b) 1, 2, 3, 4
(c) 3, 2, 4, 1 (d) 2, 4, 3, 1

उत्तर (d) 2, 4, 3, 1

18. सूची I का सूची II से सही सुमेलित कीजिए

सूची I (रिपोर्ट/प्रकाशन)	**सूची II** (रचनाकार)
A. आवर कॉमन फ्यूचर	1. ब्रंटलैंड
B. लिमिट टू ग्रोथ	2. पी. एहरलिच
C. द पॉपुलेशन बम	3. मिडोस
D. राजस्थान नहर रिपोर्ट	4. कँवरसेन

कूट

	A	B	C	D
(a)	1	2	3	4
(b)	1	3	2	4
(c)	3	2	1	4
(d)	3	1	2	4

उत्तर (b) 1 3 2 4

19. सूची I को सूची II से सही सही सुमेलित कीजिए

सूची I	**सूची II**
A. खंडीय नियोजन	1. सूखा ग्रस्त क्षेत्र का विकास
B. प्रादेशिक नियोजन	2. पंचवर्षीय योजना में प्रारंभ
C. लक्ष्य क्षेत्र नियोजन	3. सामाजिक अवसंरचना
D. लक्ष्य समूह नियोजन	4. शुष्क एवं अर्द्ध शुष्क क्षेत्रों में
E. पर्वतीय क्षेत्र विकास नियोजन	5. सीमांत किसान का विकास
F. सूखा संभावी क्षेत्र नियोजन	6. स्थानिक विकास पर बल

कूट

	A	B	C	D	E	F
(a)	2	4	5	6	1	3
(b)	4	5	2	3	6	1
(c)	3	6	1	5	2	4
(d)	3	1	6	2	5	4

उत्तर (c) 3 6 1 5 2 4

निर्देश (प्र. सं. 20-21) नीचे दिए गए कथन (A) तथा कारण (R) को ध्यानपूर्वक पढ़कर कुट की सहायता से सही उत्तर का चयन करें।

कूट

(a) A और R दोनों सही हैं तथा R, A की सही व्याख्या है
(b) A और R दोनों सही हैं, परंतु R, A की सही व्याख्या नहीं है
(c) A सही है, किंतु R गलत है
(d) A गलत है, किंतु R सही है

20. **कथन** (A) प्रादेशिक नियोजन का मुख्य उद्देश्य प्रादेशिक स्तर पर आर्थिक असंतुलन को दूर करना है।

कारण (R) असमान विकास के अंतर को कम करने के लिए स्थानिक स्तर पर विकास की योजना को अपनाया जाता है। *दक्षता आधारित प्रश्न*

उत्तर *(a)* प्रादेशिक नियोजन का मुख्य उद्देश्य प्रादेशिक स्तर पर आर्थिक असंतुलन को दूर करना है। असमान विकास के अंतर को कम करने के लिए स्थानिक स्तर पर विकास योजनाओं को अपनाया जाता है। नियोजन में सोच-विचार की प्रक्रिया, कार्यक्रम की रूप रेखा तैयार करना तथा उद्देश्यों को प्राप्त करने हेतु गतिविधियों का क्रियान्वयन सम्मिलित है।

21. **कथन** (A) 1960 के दशक में पर्यावरण से संबंधित बढ़ती समस्याओं के कारण पर्यावरणविदों का ध्यान सर्वप्रथम सतत पोषणीय विकास की ओर गया।

कारण (R) सतत विकास की संकल्पना सर्वप्रथम रियो सम्मेलन (1992) के दौरान की गई थी, जब 5 जून को वैश्विक स्तर पर पृथ्वी सम्मेलन का आयोजन किया गया था। *दक्षता आधारित प्रश्न*

उत्तर *(b)* 1960 के दशक में पर्यावरण से संबंधित बढ़ती समस्याओं के कारण पर्यावरणविदों का ध्यान सर्वप्रथम सततपोषणीय विकास की ओर गया। सतत विकास की सर्वाधिक व्यापक रूप से स्वीकृत परिभाषा 'ब्रंटलैंड' आयोग द्वारा अपनी रिपोर्ट 'हमारा साझा भविष्य' वर्ष 1987 में दी गई थी। सतत विकास की संकल्पना सर्वप्रथम रियो सम्मेलन (वर्ष 1992) के दौरान की गई थी, जब 5 जून को वैश्विक स्तर पर पृथ्वी सम्मेलन का आयोजन किया गया था।

22. **निम्नलिखित कथनों को ध्यानपूर्वक पढ़कर निम्न विकल्पों की सहायता से सही उत्तर का का चयन करें** *दक्षता आधारित प्रश्न*

कथन I सूखा संभावी क्षेत्र विकास कार्यक्रम का उद्देश्यक सूखा संभावी क्षेत्रों में लोगों को रोजगार उपलबध कखाना और सूखे के प्रभाव को कम करने के लिए उत्पादन के साधनों को विकसित करना था।

कथन II सूखा संभावी क्षेत्र विकास कार्यक्रम का उद्देश्य सूखा संभावी क्षेत्रों में लोगों को रोजगार उपलब्ध करवाना और सूखे के प्रभाव को कम करने के लिए उत्पादन के साधनों को विकसित करना था।

विकल्प

(a) केवल कथन I सही है
(b) केवल कथन II सही है
(c) कथन I और II दोनों सही हैं तथा कथन II, कथन I का सही उदाहरण है
(d) कथन I और II दोनों सही हैं, परंतु कथन II, कथन I का सही उदाहरण नहीं है

उत्तर *(d)* कथन I और II दोनों सही हैं, परंतु कथन II, कथन I का सही उदाहरण नहीं है।

23. **सूखा संभावी क्षेत्र विकास कार्यक्रम का प्रारंभ हुआ। ....**

(a) पाँचवीं पंचवर्षीय योजना में
(b) तृतीय पंचवर्षीय योजना में
(c) चौथी पंचवर्षीय योजना में
(d) छठी पंचवर्षीय योजना में

उत्तर (c) चौथी पंचवर्षीय योजना में

24. **.......... में कमान नियंत्रित क्षेत्र विकास कार्यक्रम, पर्वतीय क्षेत्र विकास कार्यक्रम तथा सूखा संभावी क्षेत्र विकास कार्यक्रम आदि किए गए हैं।**

(a) लक्ष्य समूह
(b) लक्ष्य क्षेत्र
(c) बहु-स्तरीय नियोजन
(d) क्रमिक प्रक्रिया

उत्तर (b) लक्ष्य क्षेत्र

25. **नीचे दिए गए विकल्पों का प्रयोग करते हुए चार्ट को पूर्ण करें**

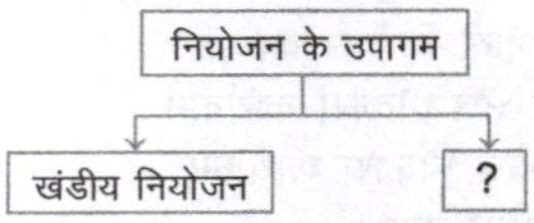

(a) लक्ष्यित नियोजन
(b) दीर्घकालीन नियोजन
(c) प्रादेशिक नियोजन
(d) क्षेत्रीय नियोजन

उत्तर *(c)* प्रादेशिक नियोजन

26.

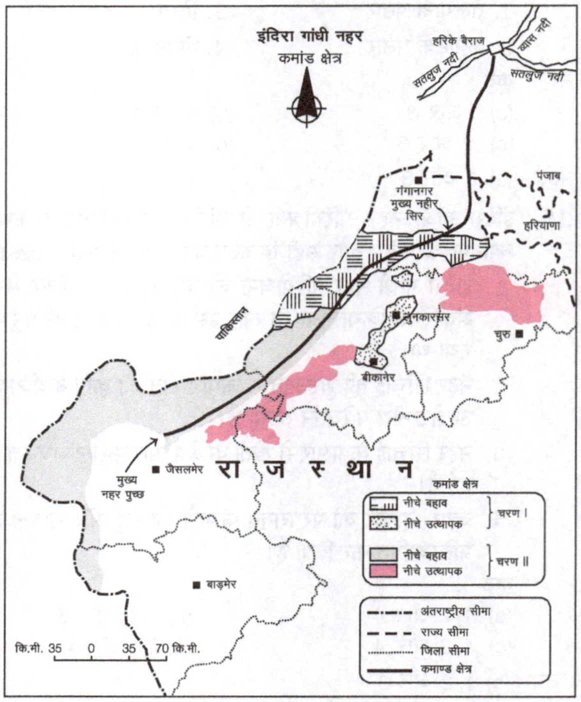

(i) **इंदिरा गाँधी नहर का प्रवाह क्षेत्र किस जिले से होकर नहीं गुजरता है?**

(a) चुरु
(b) जैसलमेर
(c) बाड़मेर
(d) जयपुर

उत्तर *(d)* जयपुर

(ii) **इंदिरा गाँधी नहर के पहले चरण के विकास में कौन-सा जिला शामिल है?**

(a) हनुमानगढ़ (b) जोधपुर
(c) श्रीगंगानगर (d) 'a' और 'c'

उत्तर (d) 'a' और 'c'

(iii) **इंदिरा गाँधी नहर की कुल नियोजित लंबाई कितनी है?**

(a) 9010 किमी (b) 9051 किमी
(c) 9060 किमी (d) 9070 किमी

उत्तर (c) 9060 किमी

(iv) **निम्नलिखित कथनों में से कौन-सा कथन सही नहीं है?**

(a) इंदिरा गाँधी नहर राजस्थान के आठ जिलों से होकर गुजरती है
(b) इसे 31 मार्च, 1958 में प्रारंभ किया गया था
(c) नहर का निर्माण तीन चरणों में पूरा किया गया
(d) यह नहर पंजाब से निकलती है

उत्तर (c) नहर का निर्माण तीन चरणों में पूरा किया गया।

लघु उत्तरीय प्रश्न

1. "नियोजन भविष्य की समस्याओं को ध्यान में रखकर विकास करने की एक प्रक्रिया है।" इस कथन का विश्लेषण कीजिए?

दक्षता आधारित प्रश्न

उत्तर 'नियोजन' भविष्य की समस्याओं को ध्यान में रखकर विकास करने की एक प्रक्रिया है।

नियोजन का प्रयोग सामान्यतः आर्थिक विकास की प्रक्रिया के संदर्भ में किया जाता है। सभी प्रकार के नियोजन में एक क्रमिक प्रक्रिया होती है, साथ ही इसके प्रकार और स्तर में अंतर पाए जाते हैं। नियोजन तीर और तुक्का विधि से भिन्न है, जिसमें सुधार और पुनर्निर्माण का कार्य किया जाता है। नियोजन को मुख्यतः दो वर्गों, खंडीय नियोजन तथा प्रादेशिक नियोजन में विभक्त किया गया है। कृषि, सिंचाई विनिर्माण ऊर्जा निर्माण परिवहन संचार के लिए कार्यक्रम बनाना तथा लागू करने की प्रक्रिया खंडीय नियोजन कहलाती है। आर्थिक विकास में प्रादेशिक असंतुलन कम करने के लिए बनाए गए नियोजन को प्रादेशिक नियोजन कहते हैं।,

अतः नियोजन केवल वर्तमान समस्याओं के समाधान तक सीमित नहीं है, बल्कि भविष्य की आवश्यकताओं और संभावित जोखिम को ध्यान में रखते हुए समग्र विकास की प्रक्रिया है। इसका और प्रभावी क्रियान्वयन समाज व देश के सर्वांगीण विकास को संभव बनाता है।

2. किसी क्षेत्र के विकास के लिए नियोजन को कितना महत्त्व है?

उत्तर 'नियोजन' किसी क्षेत्र के विकास के लिए निम्नलिखित रूप में महत्त्वपूर्ण है

- कृषि, उद्योग, शिक्षा व स्वास्थ्य जैसे आधारभूत एवं बहुमुखी विकास के उद्देश्य से नियोजन महत्त्वपूर्ण है।
- प्रादेशिक तथा सामाजिक विषमताओं को नियोजन के माध्यम से कम किया जाता है।
- विकास के लिए आवश्यक नीतियों का निर्धारण तथा उनके क्रियान्वयन के लिए भी कार्य करता है। नियोजन के माध्यम से विकास की प्रक्रिया नियमित रूप से एक विशेष कार्यक्रम के अंतर्गत तैयार की जाती है। संसाधनों के सीमित होने से नियोजन अधिक प्रभावी माना जाता है।

3. प्रादेशिक विकास के संदर्भ में विकास से आपका क्या तात्पर्य है?

उत्तर किसी भी क्षेत्र के प्रादेशिक असंतुलन को कम करने के लिए उस दिशा में योजना बनाकर क्रियान्वयन करना प्रादेशिक विकास के अंतर्गत आता है विशेषकर पिछड़े एवं पर्वतीय प्रदेशों, सूखा क्षेत्र, तटीय क्षेत्र, बाढ़ग्रस्त क्षेत्र आदि के लिए उनके अनुकूल योजना बनाकर उनका विकास करना प्रादेशिक विकास कहलाता है। इसमें असमान विकास का अंतर कम करने के लिए स्थानिक स्तर पर विकास की योजना को अपनाया जाता है।

4. 'नीचे के नियोजन' अथवा 'बहुस्तरीय नियोजन' से आप क्या समझते हैं?

उत्तर राष्ट्रीय स्तर पर केंद्रीकृत नियोजन का क्रियान्वयन किया जाता है, जिसका मुख्य उद्देश्य आर्थिक विकास करना होता है। आर्थिक एवं सामाजिक विकास के लिए नियोजन निचले स्तर से अर्थात् ग्रामीण विकास विशेषकर पिछड़े क्षेत्रों के विकास की प्राथमिकता होनी चाहिए, इसलिए ग्राम, प्रखंड, जिला एवं राज्य स्तर के लिए नियोजन को क्रियान्वित किया जाना चाहिए। नीचे के नियोजन को विकेंद्रीकृत या बहुस्तरीय नियोजन भी कहते हैं।

5. 'लक्ष्य क्षेत्र' तथा 'लक्ष्य समूह' नियोजन को स्पष्ट कीजिए।

उत्तर योजना आयोग ने लगभग डेढ़ दशक के नियोजन के पश्चात् यह अनुभव किया कि आर्थिक विकास में क्षेत्रीय असंतुलन तीव्रगति से बढ़ रहा था।

क्षेत्रीय एवं सामाजिक असंतुलन को दूर करने के लिए योजना आयोग ने 'लक्ष्य क्षेत्र' तथा 'लक्ष्य समूह' योजना उपागम प्रस्तुत किया।

लक्ष्य क्षेत्र इसमें कमान नियंत्रित क्षेत्र विकास कार्यक्रम, पर्वतीय क्षेत्र विकास कार्यक्रम तथा सूखा संभावी क्षेत्र विकास कार्यक्रम आदि शामिल किए गए हैं।

लक्ष्य समूह इसके अंतर्गत लघु कृषक विकास संस्था, सीमांत किसान विकास संस्था आदि कार्यक्रम शामिल किए गए हैं।

6. "पर्वतीय क्षेत्र विकास कार्यक्रम स्थलाकृति, पारिस्थितिकीय के साथ-साथ उस क्षेत्र की सामाजिक-आर्थिक स्थितियों को ध्यान में रखकर बनाया गया है।" इस कथन की पुष्टि कीजिए।

दक्षता आधारित प्रश्न

उत्तर भारत में पर्वतीय क्षेत्र विकास कार्यक्रम उनकी स्थलाकृति, पारिस्थितिकीय के साथ-साथ उस क्षेत्र की सामाजिक-आर्थिक दशाओं को भी ध्यान में रखकर बनाया गया है, जिसमें उस क्षेत्र की आधारभूत एवं बुनियादी संरचनाओं; जैसे—शिक्षा, स्वास्थ्य, पेयजल, सिंचाई, खाद्यान्न की व्यवस्था के अतिरिक्त परिवहन, संचार आदि के विकास को प्राथमिकता दी गई है।

पर्वतीय क्षेत्र कार्यक्रम के अंतर्गत पहाड़ी क्षेत्रों के स्थानीय संसाधनों का समुचित उपयोग के उद्देश्य से बागवानी का विकास रोपण कृषि पशुपालन, मुर्गीपालन, वानिकी लघु तथा ग्रामीण उद्योगों का विकास आदि को शामिल किया गया। इस कार्यक्रम को पाँचवीं पंचवर्षीय योजना के अंतर्गत प्रारंभ किया गया था। इसे पर्वतीय क्षेत्र में प्रारंभ किया गया था।

7. पिछड़े क्षेत्रों के विकास के लिए किस प्रकार के कार्यों का निर्धारण करना चाहिए?

उत्तर पिछड़े क्षेत्रों के विकास के लिए निम्नलिखित रूप में कार्य करने चाहिए

(i) संसाधनों का समान वितरण होना चाहिए एवं लोगों को समान अवसर मिलने चाहिए। इससे क्षेत्रीय विकास तीव्र होता है।

(ii) सरकार द्वारा इन क्षेत्रों के विकास के लिए विशेष पैकेज एवं विशेष ध्यान देना चाहिए।

(iii) इन क्षेत्रों में आधारभूत एवं बुनियादी संरचना एवं परिवहन, संचार आदि के विकास पर विशेष ध्यान देना चाहिए।

8. सतत पोषणीय विकास की अवधारणा का उदय कैसे हुआ?

अथवा **मानव विकास के एक महत्त्वपूर्ण स्तंभ के रूप में सतत पोषणीयता की संकल्पना को स्पष्ट कीजिए।** **CBSE 2021**

उत्तर सतत पोषणीय विकास की धारणा का विकास 1960 के दशक के अंत में पश्चिमी देशों में शुरू हुआ, जब पर्यावरण संबंधी मुद्‌दों पर जागरूकता में वृद्धि हुई। पर्यावरण पर औद्योगिक विकास के कारण पड़ने वाले प्रभावों ने लोगों की चिंताएँ बढ़ा दीं। 'द पॉपुलेशन बम' नामक पुस्तक वर्ष 1968 में एहरलिच द्वारा तथा 'द लिमिल टू ग्रोथ' पुस्तक मीडोस द्वारा लिखी गई। इन पुस्तकों के प्रकाशन के बाद लोगों तथा पर्यावरणविदों की चिंता बढ़ गई थी। इन सभी स्थितियों को ध्यान में रखते हुए 'सतत पोषणीय विकास' के रूप में विकास की नई अवधारणा प्रस्तुत की गई।

9. खंडीय नियोजन एवं प्रादेशिक नियोजन में अंतर स्पष्ट कीजिए।

उत्तर खंडीय नियोजन एवं प्रादेशिक नियोजन में निम्नलिखित अंतर हैं

खंडीय नियोजन	प्रादेशिक नियोजन
अर्थव्यवस्था के विभिन्न क्षेत्रों के लिए योजना बनाई जाती है।	स्थानिक स्तर पर विकास की योजना बनाई जाती है।
कृषि, सिंचाई, विनिर्माण, ऊर्जा, निर्माण, परिवहन, संचार, सामाजिक अवसंरचना और सेवाओं के लिए कार्यक्रम बनाया जाता है।	प्रदेश के असमान विकास के अंतर को कम करने के लिए समग्र रूप से कार्यक्रम बनाए जाते हैं।
इसमें किसी विशेष खंड का विकास महत्त्वपूर्ण होता है।	इसमें प्रादेशिक असंतुलन कम करना महत्त्वपूर्ण होता है।

अतः दोनों प्रकार के नियोजन का उद्देश्य विकास करना है, लेकिन उनके दृष्टिकोण, स्तर और कार्यप्रणाली में भिन्नता है।

10. 'पिछड़े क्षेत्रों पर राष्ट्रीय समिति' का गठन क्यों किया गया था तथा पहाड़ी क्षेत्रों में विकास के लिए राष्ट्रीय समिति ने क्या सुझाव दिए थे?

उत्तर पर्वतीय क्षेत्रों को पिछड़े पर्वतीय क्षेत्रों में शामिल करने की सिफारिश वर्ष 1981 में 'पिछड़े क्षेत्रों पर राष्ट्रीय समिति' ने की थी। इसमें वे क्षेत्र शामिल किए गए, जिनकी ऊँचाई 600 मी से अधिक है और जिनमें जनजातीय उप-योजना लागू नहीं की गई है। पिछड़े क्षेत्रों के विकास के लिए बनाई गई राष्ट्रीय समिति ने पहाड़ी क्षेत्रों में विकास के लिए निम्नलिखित सुझाव दिए, जैसे–

(i) लाभ अंतिम व्यक्तियों तक पहुँचे न कि प्रभावशाली व्यक्तियों तक।

(ii) स्थानीय संसाधनों और प्रतिभाओं का विकास हो।

(iii) जीविका स्रोत में वृद्धि कर आधारभूत आवश्यकताओं की पूर्ति के साथ उन्हें निवेश उन्मुखी बनाया जाए।

(iv) पिछड़े क्षेत्रों के श्रमिकों को लाभ पहुँचाने के लिए बाजार प्रणाली में पर्याप्त सुधार किए जाएँ।

(v) प्रादेशिक व्यापार का लाभ पिछड़े क्षेत्रों को भी मिले तथा उनका शोषण न हो।

(vi) पारिस्थितिकीय संतुलन बनाए रखने के लिए उचित प्रयास किए जाएँ।

11. संयुक्त राष्ट्र संघ ने विश्व पर्यावरण और विकास आयोग की स्थापना क्यों की तथा इस संस्था ने सतत पोषणीय विकास को किस तरह परिभाषित किया? **दक्षता आधारित प्रश्न**

उत्तर संयुक्त राष्ट्र संघ द्वारा 'विश्व पर्यावरण और विकास आयोग' का गठन पर्यावरण मुद्‌दों को लेकर विश्व समुदाय की बढ़ती चिंता के कारण किया गया। नॉर्वे की प्रधानमंत्री गरो हरलेम ब्रंटलैंड इसकी प्रमुख थीं। वर्ष 1987 में 'अवर कॉमन फ्यूचर' नाम की एक रिपोर्ट इस आयोग ने प्रस्तुत की थी, जिसे ब्रंटलैंड रिपोर्ट के नाम से भी जाना जाता है।

इस आयोग ने सतत पोषणीय विकास की परिभाषा वृहत स्तर पर सरल रूप में प्रस्तुत की। इस रिपोर्ट के अनुसार, सतत पोषणीय विकास एक ऐसा विकास है, जिसमें भविष्य में आने वाली पीढ़ियों की आवश्यकता की पूर्ति को प्रभावित किए बिना वर्तमान पीढ़ी द्वारा अपनी आवश्यकता की पूर्ति की जाती है।

12. 'विकास' एवं 'सतत पोषणीय विकास' में अंतर स्पष्ट कीजिए।

उत्तर विकास एवं सतत पोषणीय विकास में निम्नलिखित अंतर हैं

विकास	सतत पोषणीय विकास
विकास की संकल्पना प्राचीन संकल्पना है।	सतत पोषणीय विकास की संकल्पना विकास की नई संकल्पना है।
इसमें संसाधनों के तकनीकी विकास पर विशेष बल नहीं दिया जाता है।	सतत पोषणीय विकास में तकनीकी विकास पर विशेष बल दिया जाता है।
विकास के अंतर्गत वर्तमान पीढ़ी की आवश्यकताओं को पूरा करने पर ध्यान दिया जाता है।	सतत पोषणीय विकास के अंतर्गत वर्तमान के साथ-साथ भावी पीढ़ी की आवश्यकताओं का भी ध्यान रखा जाता है।

13. "संसाधनों में से किसी एक का भी दुरुपयोग आने वाली पीढ़ियों के लिए अवसरों को कम करेगा।" सतत पोषणीय विकास के संदर्भ में उदाहरणों सहित इस कथन की व्याख्या कीजिए। **CBSE 2024**

उत्तर संसाधनों में से किसी एक का भी दुरुपयोग आने वाली पीढ़ियों के लिए अवसरों को कम करेगा, सतत पोषणीय विकास के संदर्भ में यह कथन इस बात पर जोर देता है कि हमारे पास जो प्राकृतिक और मानव निर्मित संसाधन हैं, इनका सही और सतत उपयोग करना महत्त्वपूर्ण है। यदि हम इनमें से किसी भी संसाधन का अंधाधुंध दोहन या दुरुपयोग करते हैं, तो इसका प्रभाव केवल वर्तमान पीढ़ी पर ही नहीं, बल्कि भविष्य की पीढ़ियों पर भी पड़ेगा।

सतत पोषणीय विकास उदाहरण के रूप में इस प्रकार है

(i) **जल संसाधन** यदि हम पानी का अनुचित और अत्यधिक दोहन करते हैं या जल स्रोतों को प्रदूषित करते हैं, तो इससे जल की कमी हो सकती है और इसका प्रभाव भविष्य की पीढ़ियों पर पड़ेगा।

(ii) **वन और जैव-विविधता** यदि हम जंगलों को तेजी से काटते हैं और उनके संरक्षण पर ध्यान नहीं देंगे तो इससे न केवल पर्यावरण असंतुलित होगा, बल्कि भविष्य में लकड़ी औषधि और अन्य संसाधनों की कमी हो सकती है। इसके अतिरिक्त जैव-विविधता में कमी से पारिस्थितिकी तंत्र में असंतुलन उत्पन्न हो सकता है।

अतः सतत् पोषणीय विकास का मुख्य उद्देश्य यही है कि हम संसाधनों का उपयोग इस तरीके से करें, जिससे वर्तमान और भविष्य दोनों पीढ़ियों के लिए समान रूप से अवसर और लाभ उपलब्ध हों।

15. पारिस्थितिकीय संतुलन के पुनःस्थापन पर क्यों ध्यान देने की आवश्यकता है?

उत्तर पारिस्थितिक संतुलन के पुनःस्थापन के लिए सूखा संभावी क्षेत्र के विकास के लिए वनस्पति के साथ-साथ जल, मिट्टी, मानव एवं पशु जनसंख्या के मध्य ध्यान देने की आवश्यकता है। इन क्षेत्रों में सिंचाई के साथ-साथ भूमि सुधार, वनीकरण आदि पर ध्यान देने की आवश्यकता है, जिससे इन क्षेत्रों की पारिस्थितिकी के साथ-साथ सामाजिक और आर्थिक सुधार भी किया जा सके। इसके अतिरिक्त पारिस्थितिकीय संतुलन के माध्यम से पर्यावरण के संरक्षण के साथ-साथ विकास प्रक्रिया को भी आगे बढ़ाया जा सकता है। जबकि सीमांत भूमि को उपयोग से बचाना आवश्यक है।

16. राजस्थान की शुष्क भूमियों में इंदिरा गाँधी नहर सिंचाई परियोजना के शुरू होने से, इस प्रदेश की पर्यावरणीय दशाओं पर किस प्रकार सकारात्मक प्रभाव पड़े हैं? किन्हीं तीन बिंदुओं में स्पष्ट कीजिए।

दक्षता आधारित प्रश्न

उत्तर राजस्थान की शुष्क क्षेत्र की पारिस्थितिकी अर्थव्यवस्था और समाज को इंदिरा गाँधी नहर सिंचाई के प्रसार ने काफी प्रभावित किया है। इंदिरा गाँधी नहर सिंचाई के सकारात्मक प्रभावों को निम्न बिंदुओं द्वारा दर्शाया गया है

(i) इस क्षेत्र की मृदा में नमी बनी रहती है, जो फसलें उगाने के लिए महत्त्वपूर्ण है।

(ii) इस नहर कमान क्षेत्र विकास के अंतर्गत शुरू किए गए वनीकरण और चरागाह विकास कार्यक्रम से हरियाली आई है, जो पर्यावरण के दृष्टिकोण से भी सही है।

(iii) इस नहरी तंत्र में बालू निक्षेप और वायु अपरदन में भी कमी आई है।

दीर्घ उत्तरीय प्रश्न

1. भरमौर जनजातीय क्षेत्र की भौगोलिक अवस्थिति, जलवायु, अर्थव्यवस्था एवं जनसंख्या की व्याख्या कीजिए।

अथवा **हिमाचल प्रदेश के भरमौर क्षेत्र में शुरू की गई जनजातीय विकास परियोजना के लाभों को स्पष्ट कीजिए।** **CBSE 2020**

अथवा **भरमौर जनजातीय क्षेत्र की भौगोलिक अवस्थिति, जलवायु, अर्थव्यवस्था एवं जनसंख्या की व्याख्या कीजिए।**

अथवा **हिमाचल प्रदेश के भरमौर क्षेत्र में शुरू की गई जनजातीय विकास परियोजना के लाभों की पहचान कीजिए।**

उत्तर भरमौर जनजातीय क्षेत्र की भौगोलिक अवस्थिति, जलवायु, अर्थव्यवस्था एवं जनसंख्या का विवरण इस प्रकार है

(i) **भौगोलिक अवस्थिति** भरमौर हिमाचल प्रदेश के चंबा जिले में स्थित है। यह क्षेत्र समुद्र तल से 1500 से 3700 मीटर की औसत ऊँचाई पर स्थित है। इसका अक्षांशीय विस्तार 32°11′ से 32°41′ उत्तरी अक्षांशों तक है तथा देशांतर विस्तार 76°22′ से 76°53 तक है। यह प्रदेश लगभग 1818 वर्ग किमी क्षेत्र में विस्तृत है।
इस क्षेत्र के उत्तर में पीरपंजाल, दक्षिण में धौलाधार पर्वत तथा पूर्व में धौलाधार श्रेणी का फैलाव रोहतांग दर्रे के पास पोरपंजाल से मिलता है। इस क्षेत्र में रावी और उसकी सहायक नदियाँ बुढ़ील और टुंडेन प्रवाहित होती हैं।

(ii) **जलवायु** भरमौर क्षेत्र में कठोर जलवायु पाई जाती है। यहाँ गर्मियों में तापमान 15 से 26 डिग्री सेल्सियस के बीच रहता है। जबकि सर्दियों में यह बर्फबारी के साथ –2 से 10 डिग्री सेल्सियस तक गिर सकता है, जनवरी में यहाँ का औसत तापमान 4° सेल्सियस और जुलाई में 26° सेल्सियस रहता है। यहाँ मानसून का प्रभाव भी होता है, जिसमें जुलाई से सितंबर तक बारिश होती है।

(iii) **भरमौर की अर्थव्यवस्था** मुख्य रूप से कृषि और पशुपालन पर आधारित है, जिसमें खाद्यान्नों और पशुओं के उत्पादन पर बल दिया जाता था। परंतु 20वीं शताब्दी के अंतिम तीन दशकों के दौरान भरमौर क्षेत्र में दालों और अन्य नकदी फसलों की खेती में वृद्धि होने लगी, परंतु यहाँ खेती अभी भी परंपरागत तकनीकों से की जाती है। इस क्षेत्र की अर्थव्यवस्था में पशुचारण के घटते महत्त्व की तुलना इस बात से की जा सकती है कि आज कुल पारिवारिक इकाइयों का दसवाँ भाग ही ऋतु-प्रवास करता है।

(iv) **जनसंख्या** भरमौर क्षेत्र की जनसंख्या विभिन्न जनजातियों से मिलकर बनी हैं, जिनमें मुख्य रूप से गद्दी, कुली आदि जनजातियाँ शामिल हैं। वर्ष 2011 की जनगणना के अनुसार, भरमौर उप-मडल की जनसंख्या 39,113 थी। एवं यहाँ का जनसंख्या घनत्व 21 व्यक्ति प्रति वर्ग किलोमीटर है। यह हिमाचल प्रदेश के आर्थिक और सामाजिक रूप से सबसे पिछड़े क्षेत्रों में से एक है।

अतः इस प्रकार भरमौर जनजातीय क्षेत्र की भौगोलिक अवस्थिति, जलवायु, अर्थव्यवस्था और जनसंख्या इसे एक अनोखा और सांस्कृतिक धरोहर से भरा क्षेत्र बनाती हैं।

भरमौर क्षेत्र में जनजातीय विकास परियोजना के लाभों को निम्नलिखित प्रकार से स्पष्ट किया गया है

- भरमौर जनजातीय क्षेत्र में विकास की प्रक्रिया 1970 के दशक में प्रारंभ हुई जब गद्दी लोगों को अनुसूचित जनजातियों में शामिल किया गया।
- वर्ष 1974 में पंचवर्षीय योजना के अंतर्गत जनजातीय उप-योजना प्रारंभ हुई और भरमौर को हिमाचल प्रदेश में पाँच में से एक समन्वित जनजातीय विकास परियोजना का दर्जा मिला।
- इस क्षेत्र में विकास योजना का मुख्य उद्देश्य गद्दी जनजातियों के जीवन स्तर में सुधार करना था।

- इस योजना के अंतर्गत परिवहन, संचार और कृषि को सर्वाधिक प्राथमिकता दी गई और साथ ही इस क्षेत्र में विद्यालयों, जन स्वास्थ्य सुविधाओं, पेयजल, सड़कों और विद्युत के रूप में लोगों को सभी सुविधाओं का लाभ पहुँचाया।
- जनजातीय समन्वित विकास उपयोजना लागू होने से साक्षरता दर में तेजी से वृद्धि हुई, लिंग अनुपात में सुधार हुआ तथा बाल-विवाह में कमी आई, उदाहरण के रूप में देखें, तो इस क्षेत्र में स्त्री साक्षरता दर वर्ष 1971 में 1.88% से बढ़कर 2011 में 65% हो गई।
- अतः भरमौर क्षेत्र में शुरू की गई जनजातीय विकास परियोजना ने स्थानीय समुदाय के समग्र विकास में महत्त्वपूर्ण योगदान दिया है। इस योजना ने लोगों की आर्थिक, सामाजिक और सांस्कृतिक स्थिति में सुधार किया।

2. "सतत् पोषणीय विकास के लिए गैर -परंपरागत स्रोतों से ऊर्जा का उत्पादन समय की माँग है।" उदाहरणों सहित इस कथन की व्याख्या कीजिए। **CBSE 2025**

उत्तर सतत् पोषणीय विकास के लिए गैर -परंपरागत ऊर्जा स्रोतों का उपयोग समय की महत्त्वपूर्ण माँग है, क्योंकि ये स्रोत पर्यावरण मित्र है और पारंपरिक जीवाश्म ईंधनों पर निर्भरता कम करते हैं। प्रमुख गैर परंपरागत ऊर्जा स्रोतों में शामिल है।

1. **सौर ऊर्जा** सूर्य की किरणों से ऊर्जा उत्पादन। भारत में राजस्थान के जोधपुर जिले में मथानिया गाँव में 140 मेगावाट की एक समन्वित सौर संयुक्त चक्र बिजली सहित 35 मेगावाट की पहली सौर ताप ऊर्जा प्रणाली स्थापित की गई है।
2. **पवन ऊर्जा** वायु की गति से विद्युत उत्पादन। भारत में, तमिलनाडु के कन्याकुमारी के निकट 425 मेगावाट क्षमता वाला पवन ऊर्जा संयंत्र स्थापित है, जो विश्व का दूसरा सबसे बड़ा संयंत्र है।
3. **बायोगैस** गोबर और जैविक अवशेषों से मीथेन गैस का उत्पादन होता है। यह ग्रामीण क्षेत्रों में खाना पकाने और प्रकाश के लिए उपयोगी है। भारत में गोबर गैस संयंत्रों से प्रति वर्ष 22.425 मिलियन घन मीटर बायोगैस उत्पन्न भी जा सकती है।, जिससे 33,904 मिलियन लीटर मिट्टी के तेल की बचत होती है।

इन गैर-परंपरागत ऊर्जा स्रोतों का व्यापक उपयोग न केवल पर्यावरण संरक्षण में सहायक है, बल्कि ऊर्जा सुरक्षा और आर्थिक विकास को भी प्रोत्साहित करता है।

3. इंदिरा गाँधी नहर कमान क्षेत्र में पारिस्थितिकीय सतत पोषणीयता प्राप्त करने के लिए उठाए गए उपायों को स्पष्ट कीजिए। **CBSE 2020**

उत्तर सतत पोषणीय विकास एक ऐसा विकास है, जिसमें भविष्य में आने वाली पीढ़ियों की आवश्यकता की पूर्ति को प्रभावित किए बिना वर्तमान पीढ़ी द्वारा अपनी आवश्यकता की पूर्ति की जाती है। इंदिरा गाँधी नहर राजस्थान के उत्तर-पश्चिमी भाग में बहती है। यह भारत के सबसे बड़े नहर तंत्रों में से एक है। इस नहर कमान क्षेत्र में सतत पोषणीय विकास को बढ़ावा देने के लिए निम्न उपायों को इस प्रकार दर्शाया गया है

- यह नहर पंजाब में हरिके बाँध से निकलकर राजस्थान के थार मरुस्थल पाकिस्तान सीमा के समानांतर 40 किमी की औसत दूरी पर प्रवाहित होती है।
- जिसकी कुल नियोजित लंबाई 9,060 किमी है, जो 19.63 लाख हेक्टेयर कृषि योग्य कमान क्षेत्र में सिंचाई की सुविधा उपलब्ध कराती है।
- कुल क्षेत्र में से 70% क्षेत्र प्रवाह नहर तंत्रों और शेष लिफ्ट तंत्र द्वारा किया जाता है। नहर का निर्माण कार्य निम्न दो चरणों में पूरा किया गया है

  चरण-I के कमान क्षेत्र का भू-तल थोड़ा ऊबड़-खाबड़ है, जिसका विस्तार गंगानगर, हनुमानगढ़ और बीकानेर जिले के उत्तरी भाग पर है, जिसमें कृषि योग्य कमान क्षेत्र 5.53 लाख हेक्टेयर है।

  चरण-II के कमान क्षेत्र में स्थानांतरित बालू टिब्बों वाला मरुस्थल तथा ग्रीष्म ऋतु में तापमान 50° से. पाया जाता है, जिसका विस्तार बीकानेर, जैसलमेर, बाड़मेर, जोधपुर, नागौर और चुरु जिलों में है, जिसमें कृषि योग्य कमान क्षेत्र 14.10 लाख हेक्टेयर है।
- लिफ्ट नहर में ढाल के विपरीत प्रवाह के लिए जल को बार-बार मशीनों से ऊपर उठाया जाता है।
- 1960 के दशक के आरंभ में चरण-I कमान क्षेत्र में सिंचाई की शुरुआत हुई, जबकि 1980 के दशक के मध्य से चरण-II कमान क्षेत्र में सिंचाई की शुरुआत हुई।
- कमान क्षेत्र विकास के अंतर्गत वनीकरण एवं चरागाह विकास कार्यक्रमों ने इस क्षेत्र को हरा-भरा कर दिया, जिससे वायु अपरदन और बालू निक्षेप की प्रक्रियाएँ कम हो गईं, लेकिन सघन सिंचाई और जल के अत्यधिक प्रयोग से जल भराव और मृदा लवणता की पर्यावरणीय समस्याएँ उत्पन्न हुई।
- राजस्थान में नहरों द्वारा सिंचाई की सुविधा ने कृषि अर्थव्यवस्था में महत्त्वपूर्ण परिवर्तन किए हैं। नहरों के माध्यम से जल की उपलब्धता बढ़ने से कृषि उत्पादन में वृद्धि हुई है।
- इस क्षेत्र में नहरों द्वारा सिंचित क्षेत्र के विस्तार से बोए गए क्षेत्र का विस्तार हुआ तथा फसलों की सघनता में वृद्धि हुई। पारंपरिक फसलों—चना, बाजरा और ज्वार के स्थान पर गेहूँ, कपास, मूँगफली और चावल की खेती होने लगी।
- सघन सिंचाई के आरंभ से कृषि और पशुधन उत्पादकता में तीव्र गति से वृद्धि हुई, लेकिन जल भराव और मृदा लवणता की समस्याएँ उत्पन्न होने से कृषि की सतत पोषणता पर ही प्रश्न खड़ा हो गया।

4. 'इंदिरा गाँधी नहर कमान क्षेत्र' में पारिस्थितिकी संतुलन स्थापित करने के लिए किन्हीं पाँच उपायों का विश्लेषण कीजिए। (2024)

उत्तर इंदिरा गाँधी नहर कमान क्षेत्र में की पारिस्थिति की संतुलन स्थापित करने के लिए पाँच उपाय निम्नलिखित हैं

(i) **जल प्रबंधन नीति** इस नीति का कठोरता से क्रियान्वयन करना पहली आवश्यकता है। फसल रक्षण सिंचाई इस नहर परियोजना के पहले चरण में तथा फसल उगाने और चारागाह विकसित करने के लिए दूसरे चरण में सिंचाई को विस्तारित करने का प्रावधान है।

(ii) **वृक्षारोपण कार्यक्रम** इस कार्यक्रम के माध्यम से क्षेत्र में हरित आवरण को बढ़ाना पारिस्थितिकी संतुलन के लिए महत्त्वपूर्ण है। वृक्ष न केवल वायुमंडल में ऑक्सीजन का संचार करते हैं, बल्कि मृदा क्षरण को भी रोकते हैं और जीवों के आवास का संरक्षण करते हैं।

(iii) **जल संघन** फसलों के स्थान पर बागवानी कृषि को प्रोत्साहन दिया जाना चाहिए, इसके अंतर्गत किसानों को खट्टे फलों की खेती करनी चाहिए और साथ ही परंपरागत कृषि पद्धतियों के स्थान पर जैविक खेती को अपनाना चाहिए और जल नियोजन जैसी तकनीकों का समावेश किया जा सकता है।

(iv) **नहरों में जलीय** जीव इन जीवों के संरक्षण के लिए प्रदूषण नियंत्रण उपायों को लागू किया जाना चाहिए। अव्यवस्थित जल निकासी, औद्योगिक कचरे का निपटान और रासायनिक कीटनाशकों का प्रयोग सीमित किया जाना चाहिए, इसके लिए जागरूकता अभियान चलाकर स्थानीय समुदाय को शामिल किया जा सकता है।

(v) **जलाक्रांत तथा लवणता** से ग्रस्त भूमि के पुनरुद्धार के लिए प्रयास किए जाने चाहिए और साथ ही क्षेत्र के स्थानीय निवासियों को पारिस्थितिकी संतुलन के महत्त्व के बारे में जागरूक करना और उनके सहयोग से योजनाओं का निर्माण करना आवश्यक है। ग्रामीण विकास रोजगार के अवसर और पारिस्थितिकी संरक्षण में उनकी सक्रिय भागीदारी सुनिश्चित करनी चाहिए।

अतः इन उपायों को लागू करने से इंदिरा गाँधी नहर कमान क्षेत्र में पारिस्थितिकी संतुलन को स्थापित करने में सहायता मिलेगी। यह उपाय न केवल पर्यावरण संरक्षण के लिए महत्त्वपूर्ण हैं, बल्कि क्षेत्र में सामाजिक-आर्थिक विकास में भी योगदान देंगे।

स्रोत आधारित प्रश्न

निम्नलिखित स्रोतों को ध्यानपूर्वक पढ़ कर उनपर आधारित प्रश्नों के उत्तर दीजिए।

1. भरमौर क्षेत्र में एकीकृत जनजाति विकास परियोजना

यह क्षेत्र 30°11′ उत्तर से 32°41′ उत्तर अक्षांशों तथा 76°22′ पूर्व से 76°53′ पूर्व देशांतरों के मध्य स्थित है। यह प्रदेश लगभग 1,818 वर्ग किमी क्षेत्र में फैला हुआ है और इसका अधिकतर भाग समुद्र तल से 1,500 मी से 3,700 मी की औसत ऊँचाई के मध्य स्थित है। गद्दियों की आवास भूमि कहलाया जाने वाला यह क्षेत्र चारों दिशाओं में ऊँचे पर्वतों से घिरा हुआ है। इसके उत्तर में पीर पंजाल तथा दक्षिण में धौलाधार पर्वत श्रेणियाँ हैं। पूर्व में धौलाधार श्रेणी का फैलाव रोहतांग दर्रे के पास पीर पंजाल श्रेणी से मिलता है। इस क्षेत्र में रावी और इसकी सहायक नदियाँ बुढ़ील और टुंडेन बहती हैं और गहरे महाखड्डों का निर्माण करती हैं। ये नदियाँ इस पहाड़ी प्रदेश को चार भू-खंडों, होली, खणी, कुगती और दुंडाह, में विभाजित करती हैं। शरद् ऋतु में भरमौर में जमा देने वाली कड़ाके की सर्दी और बर्फ पड़ती है तथा जनवरी में यहाँ औसत मासिक तापमान 4° सेल्सियस और जुलाई में 26° सेल्सियस रहता है।

(i) **भरमौर क्षेत्र की अवस्थिति का वर्णन कीजिए**

उत्तर भरमौर जनजातीय क्षेत्र का अक्षांशीय विस्तार 32°11′ उत्तरी से 32°41′ उत्तरी तक है तथा देशांतरीय विस्तार 76°21′ पूर्वी से 76°53′ पूर्वी तक विस्तृत है। इस क्षेत्र का कुल क्षेत्रफल 1818 वर्ग किमी है।

(ii) **यह क्षेत्र कठोर जलवायु की दशाओं का अनुभव क्यों करता है? कोई एक कारण दीजिए।**

उत्तर भरमौर जनजातीय क्षेत्र कठोर जलवायु की दशाओं का अनुभव करता है, क्योंकि यह समुद्र तल से 1500 मी से 3700 मी की औसत ऊँचाई पर स्थित है अर्थात् उच्च पहाड़ी क्षेत्रों में स्थित है, जहाँ सर्दियों में बर्फबारी और गर्मियों में वर्षा अधिक होती है और इसके उत्तर के पीरपंजाल तथा दक्षिण में धौलाधार पर्वत श्रेणियाँ हैं। इसका एक मुख्य कारण इसका भौगोलिक स्थान और ऊँचाई है, जो मौसम की चरम स्थितियों को उत्पन्न करती है।

(iii) **यह क्षेत्र आर्थिक रूप में पिछड़ा क्यों है? किसी एक कारण की व्याख्या कीजिए।**

उत्तर भरमौर जनजातीय क्षेत्र आर्थिक रूप से पिछड़ा हुआ क्षेत्र है। इसका एक मुख्य कारण है–

भौगोलिक दुर्गमता यह क्षेत्र पर्वतों और कठिन भौगोलिक परिस्थितियों के मध्य स्थित है, जो सड़क, बिजली, स्वास्थ्य और शिक्षा जैसी बुनियादी सुविधाओं से वंचित है।

2. भरमौर जनजातीय क्षेत्र में विकास की प्रक्रिया 1970 के दशक में शुरू हुई जब गद्दी लोगों को अनुसूचित जनजातियों में शामिल किया गया। वर्ष 1974 में पाँचवीं पंचवर्षीय योजना के अंतर्गत जनजातीय उप-योजना प्रारंभ हुई और भरमौर को हिमाचल प्रदेश में पाँच में से एक समन्वित जनजातीय विकास परियोजना (आई. टी. डी. पी.) का दर्जा मिला। इस क्षेत्र में विकास योजना का उद्देश्य गद्दियों के जीवन स्तर में सुधार करना और भरमौर तथा हिमाचल प्रदेश के अन्य भागों के बीच में विकास के स्तर में अंतर को कम करना है। इसके अंतर्गत परिवहन संचार, कृषि और इससे संबंधित क्रियाओं तथा व सामुदायिक सेवाओं के विकास को सर्वाधिक प्राथमिकता दी गई।

उस क्षेत्र में जनजातीय समन्वित विकास उप-योजना का सबसे महत्त्वपूर्ण योगदान विद्यालयों, जन स्वास्थ्य सुविधाओं, पेयजल, सड़कों, संचार और विद्युत के रूप में अवसंरचना विकास है, परंतु होली और खणी क्षेत्रों में रावी नदी के साथ बसे गाँव अवसंरचना विकास से सबसे अधिक लाभान्वित हुए हैं। दुंदाह और कुगती क्षेत्रों के दूरदराज के गाँव अभी भी इस विकास की परिधि से बाहर हैं।

CBSE 2022

(i) **किसी क्षेत्र के समन्वित विकास के लिए अवसंरचनात्मक सुविधाओं को विकसित करना क्यों आवश्यक है? स्पष्ट कीजिए।**

उत्तर किसी क्षेत्र के समन्वित विकास के लिए अवसंरचनात्मक सुविधाओं: जैसे-विद्यालयों, जन स्वास्थ्य सुविधाओं, पेयजल, सड़कों, संचार, विद्युत इत्यादि को विकसित करना आवश्यक है, क्योंकि इससे ही वहाँ के लोगों और क्षेत्र का विकास संभव है।

(ii) **भरमौर क्षेत्र में 'समन्वित जनजातीय विकास परियोजना' के प्रमुख उद्देश्य का उल्लेख कीजिए।**

उत्तर भरमौर क्षेत्र में 'समन्वित जनजातीय विकास परियोजना' का प्रमुख उद्देश्य गद्दियों के जीवन स्तर में सुधार करना और भरमौर तथा हिमालय प्रदेश के अन्य भागों के बीच विकास के स्तर में अंतर को कम करना है।

(iii) **इस क्षेत्र में जनजातीय विकास उप-योजना के परिणाम को स्पष्ट कीजिए।**

उत्तर इस क्षेत्र में जनजातीय विकास उप-योजना से होली और खणी क्षेत्रों में रावी नदी के साथ बसे गाँव अवसंरचना विकास से सबसे अधिक लाभान्वित हुए हैं। तुंदाह और कुगती क्षेत्रों के दूरदराज के गाँव अभी भी इस विकास की परिधि से बाहर हैं।

3. **समन्वित जनजातीय विकास परियोजना (आई.टी.डी.पी.) लागू होने से हुए सामाजिक लाभों में साक्षरता दर में तेज़ी से वृद्धि, लिंग अनुपात में सुधार और बाल-विवाह में कमी शामिल हैं। इस क्षेत्र में स्त्री साक्षरता दर 1971 में 1.88 प्रतिशत से बढ़कर 2011 में 65 प्रतिशत हो गई। पुरुष और स्त्री साक्षरता दर में अंतर अर्थात् साक्षरता में लिंग असमानता भी कम हुई है। गद्दियों की परंपरागत अर्थव्यवस्था जीवन निर्वाह कृषि व पशुचारण पर आधारित थी, जिसमें खाद्यान्नों और पशुओं के उत्पादन पर बल दिया जाता था, परंतु 20वीं शताब्दी के अंतिम तीन दशकों के दौरान, भरमौर क्षेत्र में दालों और अन्य नकदी फसलों की खेती में बढ़ोतरी हुई है, परंतु यहाँ खेती अभी भी परंपरागत तकनीकों से की जाती है। इस क्षेत्र की अर्थव्यवस्था में पशुचारण के घटते महत्त्व को इस बात से आँका जा सकता है कि आज कुल पारिवारिक इकाइयों का दसवाँ भाग ही ऋतु प्रवास करता है, परंतु गद्दी जनजाति आज भी बहुत गतिशील है, क्योंकि इनकी एक बड़ी संख्या शरद् ऋतु में कृषि और मजदूरी करके आजीविका कमाने के लिए काँगड़ा और आस-पास के क्षेत्रों में प्रवास करती है।** CBSE 2022

(i) **समन्वित जनजातीय विकास परियोजना के लागू हो जाने पर भरमौर क्षेत्र में कौन-से सकारात्मक बदलाव आएँगे?**

उत्तर समवित जनजातीय विकास परियोजना के लागू हो जाने पर भरमौर क्षेत्र में सामाजिक लाभों द्वारा साक्षरता दर में तेजी से वृद्धि, लिंग, अनुपात में सुधार तथा बाल-विवाह में कमी शामिल है। इस क्षेत्र में स्त्री साक्षरता दर वर्ष 1971 में 1.88% से बढ़कर वर्ष 2011 में 65 वर्ष हो गई।

(ii) **गद्दियों की परंपरागत अर्थव्यवस्था किस पर आधारित थी?**

उत्तर गद्दियों की परंपरागत अर्थव्यवस्था जीवन-निर्वाह कृषि व पशुचारण पर आधारित थी, इसमें खाद्यान्नों तथा पशुओं के उत्पादन पर बल दिया जाता था।

(iii) **20वीं शताब्दी के अंतिम तीन दशकों के दौरान भरमौर क्षेत्र में किस प्रकार की फसलों में वृद्धि देखने को मिली?**

उत्तर 20वीं शताब्दी के अंतिम तीन दशकों के दौरान भरमौर क्षेत्र में दालों एवं अन्य नकदी फसलों में वृद्धि देखने को मिली। अभी भी खेती यहाँ परंपरागत तरीके से की जाती है। इस क्षेत्र में पशुचारण के घटते महत्त्व को इस बात से आँका जाता है कि आज कुल पारिवारिक इकाइयों का दसवाँ भाग ऋतु प्रवास करता है।

4. **सूखा संभावी क्षेत्र विकास कार्यक्रम की शुरुआत चौथी पंचवर्षीय योजना में हुई। इसका उद्देश्य सूखा संभावी क्षेत्रों में लोगों को रोजगार उपलब्ध करवाना और सूखे के प्रभाव को कम करने के लिए उत्पादन के साधनों को विकसित करना था। पाँचवीं पंचवर्षीय योजना में इसके कार्यक्षेत्र को और विस्तृत किया गया। प्रारंभ में इस कार्यक्रम के अंतर्गत ऐसे सिविल निर्माण कार्यों पर बल दिया गया, जिनमें अधिक श्रमिकों की आवश्यकता होती है, परंतु बाद में इसमें सिंचाई परियोजनाओं, भूमि विकास कार्यक्रमों, वनीकरण, चरागाह विकास और आधारभूत ग्रामीण अवसंरचना जैसे विद्युत, सड़कों, बाजार, ऋण सुविधाओं और सेवाओं पर जोर दिया। पिछड़े क्षेत्रों के विकास की राष्ट्रीय समिति ने इस कार्यक्रम के क्रियान्वयन की समीक्षा की जिसमें यह पाया गया कि यह कार्यक्रम मुख्यत: कृषि तथा इससे संबद्ध क्षेत्रों के विकास तक ही सीमित है और पर्यावरणीय संतुलन पुनः स्थापन पर इसमें बल दिया। जनसंख्या वृद्धि के कारण लोग कृषि के लिए सीमांत भूमि का उपयोग करने के लिए बाध्य हैं, जिससे पारिस्थितिकीय निम्नीकरण हो रहा है।**

(i) **सूखा संभावी क्षेत्र विकास कार्यक्रम के अंतर्गत किन सुविधाओं को सम्मिलित किया गया?**

उत्तर सूखा संभावी क्षेत्र विकास कार्यक्रम के अंतर्गत भूमि विकास कार्यक्रम, वनीकरण, चारागाह, ग्रामीण अवसरंचना तथा ऋण सुविधाओं आदि के विकास को सम्मिलित किया गया।

(ii) **पिछड़े क्षेत्र विकास पर बनी राष्ट्रीय समिति ने क्या आकलन प्रस्तुत किया?**

उत्तर इस विकास कार्यक्रम की समीक्षा के अंतर्गत राष्ट्रीय समिति ने समीक्षा के दौरान पाया कि कृषि भूमि का व्यापक उपयोग बढ़ा है। जिससे भू-निम्नीकरण जैसी समस्या उभरी है, इसलिए इसमें पर्यावरणीय पुनर्स्थापना पर भी बल दिया है।

(iii) **सूखा संभावी क्षेत्र विकास कार्यक्रम के लाभ क्या हैं?**

उत्तर इस कार्यक्रम द्वारा कृषि का विस्तार उन क्षेत्रों तक किया गया, जो सूखे से प्रभावित रहे। इसके कृषि उत्पादकता में वृद्धि हुई। जिससे रोजगार तथा आर्थिक विकास के लिए एक विकल्प प्रदान किया।

5. **विकास की संकल्पना एक गतिक संकल्पना है, जिसका उद्भव 20वीं शताब्दी के उत्तरार्द्ध में हुआ। द्वितीय विश्व युद्ध के बाद विकास की संकल्पना का अर्थ केवल आर्थिक बुद्धि था, जिसे सकल राष्ट्रीय उत्पाद, प्रतिव्यक्ति उपयोग में समय के साथ वृद्धि के रूप में मापा जाता है। हालाँकि अधिक आर्थिक वृद्धि वाले देशों में असमान वितरण से गरीबी का स्तर तीव्र गति से बढ़ा है।**

1970 के दशक में विकास के अंतर्गत पुनर्वितरण के साथ वृद्धि तथा वृद्धि और समानता को शामिल किया गया। विकास की

संकल्पना को केवल आर्थिक क्षेत्र तक ही सीमित नहीं रखा जाता, बल्कि इसमें लोगों का कल्याण, रहने का स्तर और, स्वास्थ्य भी शामिल हैं। 1980 के दशक तक विकास एक बहु-आयामी संकल्पना हो गई।

(i) विकास की संकल्पना का मुख्य उद्देश्य क्या है?

उत्तर विकास की संकल्पना का मुख्य उद्देश्य समाज के सभी वर्गों के लोगों का सर्वांगीण विकास है। विकास की संकल्पना एक गतिक संकल्पना है, जिसका उद्‌भव 20वीं शताब्दी के उत्तरार्द्ध में हुआ।

(iii) किस दशक तक विकास एक बहु-आयामी संकल्पना हो गई थी?

उत्तर 1980 के दशक तक विकास एक बहुआयामी संकल्पना हो गई थी। द्वितीय विश्वयुद्ध के बाद विकास की संकल्पना का अर्थ केवल आर्थिक वृद्धि था, जिसे सकल राष्ट्रीय उत्पाद, प्रतिव्यक्ति उपयोग में समय के साथ वृद्धि के रूप में मापा जाता था।

(ii) किस दशक में विकास के अंतर्गत पुनर्वितरण के साथ वृद्धि और समानता को शामिल किया गया था?

उत्तर 1970 के दशक में विकास के अंतर्गत पुनर्वितरण के साथ वृद्धि और समानता को शामिल किया गया था। विकास की संकल्पना को केवल आर्थिक क्षेत्र तक ही सीमित नहीं रखा जाता था, बल्कि इसमें लोगों का कल्याण, जीवन स्तर और स्वास्थ्य भी शामिल हैं।

मानचित्र आधारित प्रश्न

1. रेखा मानचित्र पर दो स्थल 'A' 'B' और 'C' दिए गए हैं। इन्हें पहचानिए तथा उनके पास खींची गई रेखाओं पर उनके नाम लिखिए।

उत्तर A- हरिके बाँध (पंजाब) B-भरमौर जनजातीय क्षेत्र (हिमाचल प्रदेश)
C- जैसलमेर

स्वयं को जाँचें

वस्तुनिष्ठ प्रश्न

1. SFDA का तात्पर्य है

(a) लघु कृषक विकास संस्था
(b) सीमांत कृषक विकास संस्था
(c) मध्यम कृषक विकास संस्था
(d) इनमें से कोई नहीं

2. ब्रंटलैंड रिपोर्ट हरलेम ब्रंटलैंड द्वारा तैयार की गई थीं। वे किस देश की प्रधानमंत्री थीं?

(a) फिनलैंड (b) स्वीडन
(c) नॉर्वे (d) आइसलैंड

3. 20वीं सदी के उत्तरार्द्ध में गरीबी का स्तर तेजी से बढ़ने का क्या कारण था?

(a) बेरोजगारी (b) अशिक्षा
(c) सूखा (d) असमानता

4. योजना आयोग के स्थान पर किस आयोग का गठन किया गया?

(a) विधि आयोग
(b) वित्त आयोग
(c) नीति आयोग
(d) विनियोग आयोग

5. भारत में नियोजन का मुख्य आधार है

(a) क्षेत्रीय विकास
(b) प्रादेशिक असंतुलन की समाप्ति
(c) पिछड़े क्षेत्रों का विकास
(d) उपरोक्त सभी

6. सूची I को सूची II से सुमेलित कीजिए

सूची I	सूची II
A. इंदिरा गाँधी नहर चरण-। कमान क्षेत्र	1. बीकानेर, जैसलमेर
B. चरण-II कमान क्षेत्र	2. गंगानगर, हनुमानगढ़
C. चरण-। का कमान क्षेत्र में सिंचाई की शुरुआत	3. 1960 के दशक
D. चरण-II का कमान क्षेत्र में सिंचाई की शुरुआत	4. 1980 के दशक में

कूट

	A	B	C	D
(a)	2	1	3	4
(b)	1	2	3	4
(c)	3	4	2	1
(d)	4	3	2	1

7. निम्न में से कौन-सा युग्म सही सुमेलित है?

(a) पर्वतीय क्षेत्र विकास कार्यक्रम – पाँचवीं पंचवर्षीय योजना
(b) सूखा संभावी क्षेत्र विकास कार्यक्रम – दूसरी पंचवर्षीय योजना
(c) भरमौर क्षेत्र में विकास कार्यक्रम की शुरुआत – 1950 के दशक में
(d) भरमौर जनजातीय क्षेत्र घोषित किया गया – 1965 में

अतिलघु उत्तरीय प्रश्न

8. पर्वतीय क्षेत्र विकास कार्यक्रम कितने जिलों में प्रारंभ किया गया है?

9. सतत पोषणीय विकास क्या है?

10. इंदिरा गाँधी नहर परियोजना से कौन-सा राज्य अधिक लाभान्वित हुआ है?

लघु उत्तरीय प्रश्न

11. भारत में नियोजन क्यों आवश्यक है?

12. सूखा संभावी क्षेत्र का विवरण दें।

13. "भारत की कायापलट के लिए भारत सरकार ने योजना आयोग के स्थान पर नीति आयोग की स्थापना की है।" इस कथन की पुष्टि कीजिए।

14. भरमौर क्षेत्र में समन्वित जनजातीय विकास कार्यक्रम के लाभ का उल्लेख कीजिए।

15. सतत पोषणीय विकास की संकल्पना को परिभाषित करते हुए सतत पोषणीय विकास को बढ़ावा देने वाले कार्यक्रमों की चर्चा करें।

दीर्घ उत्तरीय प्रश्न

16. "भारत में सूखा संभावी क्षेत्र विकास कार्यक्रम की आवश्यकता ने भारत की सामाजिक स्थिति में परिवर्तन कर दिया है।" इस कथन की पुष्टि उदाहरण सहित कीजिए।

17. इंदिरा गाँधी नहर कमान क्षेत्र में पारिस्थितिकी संतुलन स्थापित करने के लिए किन्हीं चार उपायों का विश्लेषण कीजिए।

18. सतत पोषणीय विकास के पारिस्थितिकीय और आर्थिक दृष्टिकोण की व्याख्या कीजिए।

7

अध्याय

परिवहन एवं संचार का उपयोग इस बात पर निर्भर करता है कि हमें वस्तुओं को उनकी उपलब्धता के स्थान से उनके उपयोग के स्थान तक ले जाने की कितनी आवश्यकता है। मानव विभिन्न माध्यमों का उपयोग करता है, ताकि वस्तुओं, सामानों और विचारों को एक स्थान से दूसरे स्थान तक पहुँचाया जा सके।

▼ **अध्ययन एक नजर में**

7.1 परिवहन
7.2 रेल परिवहन
7.3 तेल एवं गैस पाइपलाइन
7.4 जल परिवहन
7.5 वायु परिवहन
7.6 संचार जाल

▼ **अभ्यास के लिए**

- बहुविकल्पीय प्रश्न 39, (युग्मित प्रश्न, कथन/कारण, सुमेलित कीजिए)
- वर्णनात्मक प्रकार के प्रश्न (लघु उत्तरीय प्रश्न 13, दीर्घ उत्तरीय प्रश्न 10)
- स्रोत आधारित प्रश्न 5, मानचित्र आधारित 2

परिवहन एवं संचार

7.1 परिवहन

परिवहन किसी भी देश की अर्थव्यवस्था का एक महत्त्वपूर्ण भाग है। परिवहन व्यापार और वाणिज्य हेतु आवश्यक है। यह लोगों को काम, शिक्षा और आपातकालीन परिस्थितियों के लिए यात्रा करने की सुविधा प्रदान करता है।

- परिवहन के विभिन्न साधन होते हैं और प्रत्येक साधन का अपना महत्त्व होता है। विभिन्न सेवाओं हेतु विभिन्न प्रकार के परिवहन का उपयोग किया जता है।
- परिवहन के प्रमुख साधन इस प्रकार हैं

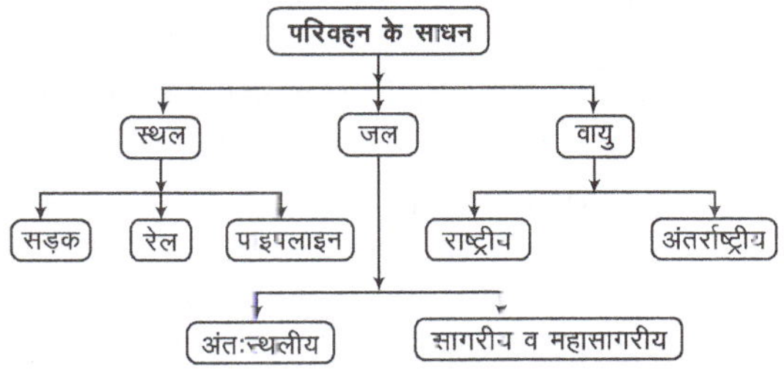

परिवहन

- प्राचीनकाल से भारत में मार्गों एवं कच्ची सड़कों का उपयोग परिवहन के लिए किया जाता रहा है। आर्थिक व प्रौद्योगिकी विकास के साथ-साथ व्यापक मात्रा में वस्तुओं तथा व्यक्तियों के एक स्थान से दूसरे स्थान तक परिवहन के लिए सड़क व रेलमार्ग के विकास पर भी ध्यान दिया जाने लगा।
- **रज्जु मार्गों**[1], **केबिल मार्गों**[2] तथा पाइपलाइनों जैसे परिवहन साधनों का प्रयोग विशिष्ट वस्तुओं को विशेष परिस्थितियों में लाने-ले जाने में किया जाने लगा। स्थल परिवहन (Land Transport) के अंतर्गत निम्नलिखित को शामिल किया जाता है

---

1 **रज्जु मार्ग** (Ropeway) पहाड़ी क्षेत्रों की घाटियों के दोनों किनारों को जोड़ने के लिए रस्सी की सहायता से मार्ग उपलब्ध कराना।

2 **केबिल मार्ग** (Cable Path) पहाड़ी क्षेत्रों एवं विषम क्षेत्रों में केबिल तारों की सहायता से मार्ग उपलब्ध कराना।

सड़क परिवहन

- भारत की सड़क प्रणाली विश्व की विशालतम सड़क प्रणालियों में से एक है। संयुक्त राज्य अमेरिका (65.8 लाख किमी) के पश्चात् भारत का सड़क जाल विश्व का दूसरा सबसे बड़ा सड़क जाल है। इसकी कुल लंबाई 62.16 लाख किमी (वर्ष 2020-21 में) है।
- भारत में आधुनिक सड़क निर्माण का पहला प्रयास वर्ष 1943 में 'नागपुर योजना' के अंतर्गत किया गया, परंतु ब्रिटिश प्रांत तथा रजवाड़ों के बीच समन्वय के अभाव के कारण यह योजना विफल हो गई।
- हर वर्ष लगभग 85% यात्री और 70% माल यातायात सड़कों के माध्यम से होता है।
- स्वतंत्रता के पश्चात् , भारत में सड़कों की स्थिति सुधारने हेतु 20 वर्षीय सड़क योजना (1961) प्रस्तुत की गई। हालाँकि, सड़क निर्माण मुख्यत: शहरी क्षेत्रों तक सीमित रहा। ग्रामीण और दूरदराज के क्षेत्रों में सड़क संपर्क सबसे कम था।
- निर्माण और रख-रखाव के उद्देश्यों के लिए सड़कों को राष्ट्रीय राजमार्ग (एनएच), राज्य राजमार्ग (एसएच), मुख्य जिला सड़कें और ग्रामीण सड़कों के रूप में वर्गीकृत किया गया हैं।

राष्ट्रीय राजमार्ग

- शेरशाह सूरी ने अपने साम्राज्य को सुदृढ़ और एकजुट करने के लिए सिंधु घाटी से बंगाल की सोनार घाटी तक शाही (राजकीय) सड़क का निर्माण करवाया।
- इस सड़क का नाम ब्रिटिश काल के दौरान ग्रांड ट्रंक (जी टी) रोड रखा गया। यह सड़क कोलकाता और पेशावर को जोड़ती थी। वर्तमान में यह अमृतसर से कोलकाता तक विस्तृत है।

राष्ट्रीय महामार्ग

- राष्ट्रीय महामार्ग से आशय उन सड़क मार्गों से है, जिनका निर्माण एवं रखरखाव केंद्र सरकार द्वारा किया जाता है। ये महामार्ग राज्यों की राजधानियों, प्रमुख नगरों, महत्त्वपूर्ण पत्तनों व रेलवे जंक्शनों को जोड़ने का काम करते हैं।
- अंतर्राज्यीय परिवहन, सामरिक क्षेत्रों तक रक्षा सामग्री व सेना के आवागमन के लिए राष्ट्रीय महामार्ग का प्रयोग किया जाता है।
- वर्ष 1951 में राष्ट्रीय महामार्ग की लंबाई 19,700 किमी थी, जो वर्ष 2020 में बढ़कर 1,36,440 किमी हो गई।
- यह भारत की कुल सड़क लंबाई का 2% है, जो सड़क यातायात के 40% भाग का वहन करता है।
- राष्ट्रीय महामार्गों या राजमार्गों के निर्माण, विकास और प्रबंधन के लिए भारत सरकार द्वारा भारतीय राष्ट्रीय राजमार्ग प्राधिकरण (National Highway Authority of India) का गठन वर्ष 1995 में किया गया। यह सड़कों की गुणवत्ता सुधार के लिए एक शीर्ष संस्था है।

राष्ट्रीय महामार्ग विकास की परियोजनाएँ

भारतीय राष्ट्रीय राजमार्ग प्राधिकरण ने देश में विभिन्न चरणों के तहत कुछ प्रमुख परियोजनाएँ इस प्रकार हैं

(i) **स्वर्णिम चतुर्भुज परियोजना** देश के चार बड़े महानगरों– दिल्ली, मुंबई, कोलकाता व चेन्नई को जोड़ने वाली परियोजना स्वर्णिम चतुर्भुज परियोजना है। इस परियोजना के अंतर्गत कुल 5,846 किमी के 4/6 लेन के राष्ट्रीय राजमार्गों के द्वारा उपरोक्त महानगरों के बीच की दूरी, लागत व समय को कम करने की योजना है।

(ii) **उत्तर-दक्षिण तथा पूर्व-पश्चिम गलियारा** जम्मू कश्मीर के श्रीनगर को तमिलनाडु के कन्याकुमारी (कोच्चि-सेलम पर्वत सहित) से जोड़ने के लिए 4016 किमी लंबी सड़क का निर्माण किया गया है।

(iii) **पूर्व-पश्चिम गलियारा** असम के सिलचर को गुजरात के पोरबंदर के बंदरगाह नगर से जोड़ने के लिए 3640 किमी लंबी सड़क का निर्माण किया गया है।

राज्य महामार्ग

- इनका निर्माण और रख-रखाव राज्य सरकार द्वारा किया जाता है।
- ये राज्य की राजधानियों को जिला मुख्यालयों और अन्य महत्त्वपूर्ण नगरों से जोड़ते हैं।
- ये सड़कें राष्ट्रीय महामार्गों से जुड़ी होती हैं।
- वर्ष 2020 के अनुसार, भारत में इन राजमार्गों की कुल लंबाई 1,76,818 किमी है।

जिला एवं ग्रामीण सड़कें

- जिला सड़कें, मुख्य सड़क और ग्रामीण सड़कों को जोड़ने का कार्य करती हैं अर्थात् ये जिले के अन्य महत्त्वपूर्ण स्थलों को जोड़ने का कार्य करती हैं।
- ग्रामीण सड़कें ग्रामीण क्षेत्रों को आपस में जोड़ने का कार्य करती हैं। इसके अंतर्गत भारत की कुल सड़क लंबाई का 80% भाग आता है।
- ग्रामीण सड़कों के घनत्व में प्रादेशिक विषमता पाई जाती है, क्योंकि इस भू-भाग (Terrain) की प्रकृति प्रमाणित होती है।

भारतमाला परियोजना

भारतमाला एक प्रस्तावित परियोजना है, जिसका मुख्या उद्देश्य तटीय सीमा क्षेत्रों के साथ राज्य सड़कों का विकास करना, जिसमें गैर-प्रमुख बंदरगाहों को जोड़ने की व्यवस्था शामिल है।
- यह पिछड़े क्षेत्रों, धार्मिक और पर्यटन स्थलों को जोड़ने के लिए एक संपर्क कार्यक्रम योजना है।
- **सेतु भारतम परियोजना** में लगभग 1500 बड़े पुलों और 200 सड़क ओवर ब्रिज/सड़क अंडर ब्रिज का निर्माण शामिल है।
- यह लगभग 9000 किमी नई घोषित राष्ट्रीय महामार्गों के विकास पर भी ध्यान केंद्रित करती है।

अन्य सड़कें

- अन्य सड़कों के अंतर्गत **सीमांत सड़कें**[3] (Marginal Road) एवं अंतर्राष्ट्रीय महामार्ग आते हैं, जिनका निर्माण एवं रखरखाव सीमा सड़क संगठन (Border Road Organisation) द्वारा किया जाता है। भारत की उत्तरी व उत्तर-पूर्वी सीमा, जोकि सामरिक दृष्टि से अति महत्त्वपूर्ण है, की सड़कों के तीव्र एवं समन्वित सुधार व निर्माण के लिए मई, 1960 में सीमा सड़क संगठन की स्थापना की गई।
- सीमा सड़क संगठन के द्वारा ही अति ऊँचाई वाले पर्वतीय क्षेत्रों में चंडीगढ़ को मनाली (हिमाचल प्रदेश) और लेह (लद्दाख) से जोड़ने वाली सड़क बनाई गई है, जो समुद्र तल से औसतन 4,270 मी की ऊँचाई पर स्थित है।
- बीआरओ (BRO) उच्च ऊँचाई वाले क्षेत्रों में बर्फ हटाने का कार्य भी करता है।
- अंतर्राष्ट्रीय महामार्गों का उद्देश्य भारत के पड़ोसी देशों के साथ मैत्रीपूर्ण संबंधों को बढ़ावा देना है, जिससे भारत के साथ प्रभावी संपर्क स्थापित हो सकें।

भारत का सड़क जाल (2020)

क्रम सं.	सड़क वर्ग	लंबाई कि.मी में
1.	राष्ट्रीय महामार्ग	1,36,400
2.	राज्य महामार्ग	1,76,818
3.	अन्य	59,20 539
	कुल	62,15 797

स्रोत सड़क परिवहन मंत्रलय वार्षिक रिपोर्ट 2020-22

अटल सुरंग

- यह विश्व की सबसे लंबी (9.02 किमी) महामार्ग सुरंग है। जिसे सीमा सड़क संगठन (BRO) द्वारा निर्मित किया गया है।
- यह सुरंग वर्ष भर मनाली को लाहौल-स्पीति घाटी से जोड़ती है। पहले भारी बर्फबारी के कारण इस घाटी का वर्ष में लगभग 6 माह तक शेष क्षेत्रों से संपर्क टूट जाता था।
- यह सुरंग हिमाचल की पीर पंजाल श्रेणी में औसत समुद्रतल (MSL) से 3000 मी की ऊँचाई तक अत्याधुनिक सुविधाओं के साथ निर्मित की गई है।

चेक प्वॉइंट 1

1. बीस वर्षीय सड़क निर्माण योजना किस वर्ष प्रारंभ की गई थी?
2. पूर्व-पश्चिम गलियारे की कुल लंबाई कितनी है?
3. राज्य महामार्ग का रख-रखाव कौन करता है?
4. सीमा सड़क संगठन की स्थापना किस वर्ष हुई थी?
5. अटल सुरंग किस राज्य में स्थित है

3 **सीमांत सड़क** (Marginal Road) देश की अंतर्राष्ट्रीय सीमाओं के पास वाला सड़क मार्ग।

7.2 रेल परिवहन

- भारतीय रेलवे नेटवर्क विश्व के सबसे लंबे नेटवर्कों में से एक है। यह माल और यात्री परिवहन की सुविधा प्रदान करता है।
- भारत में रेलवे की शुरुआत 1853 ई. में मुंबई (बंबई) से थाणे (ठाणे) के बीच (34 किमी) हुई। रेलवे भारत सरकार का विशालतम उद्यम है। वर्ष 2020 तक इसकी कुल लंबाई 67,956 किमी है। भारतीय रेलवे को 17 मंडलों में बाँटा गया है।
- भाप इंजन को डीजल और इलेक्ट्रिक इंजनों में बदलने से न केवल गति बढ़ी है, बल्कि माल ढुलाई की क्षमता भी बढ़ी है। इस बदलाव ने स्टेशनों पर पर्यावरण को भी बेहतर किया है।
- मैट्रो रेल ने भारत में नगरीय परिवहन व्यवस्था में क्रांति ला दी है। डीजल बसों के स्थान पर सीएनजी चालित वाहनों का उपयोग और मैट्रो का प्रचालन शहरी क्षेत्रों में वायु प्रदूषण को नियंत्रित करने की दिशा में मुख्य कदम है।
- रेलवे, नगरों के आस-पास के क्षेत्रों, कच्चे माल के उत्पादकों, बागान, पहाड़ी स्टेशनों, छावनी क्षेत्रों और वाणिज्यिक फसलों के क्षेत्रों को जोड़ती हैं।
- रेलवे नेटवर्क, पहाड़ी राज्यों, उत्तर-पूर्वी राज्यों, भारत के केंद्रीय भागों और राजस्थान में अपेक्षाकृत कम सघन है।

रेल गेज

रेल पटरियों के बीच इनकी चौड़ाई के आधार पर इन्हें तीन वर्गों में बाँटा गया है जो इस प्रकार है

(i) **बड़ी लाइन** बड़ी लाइन की रेल पटरियों के बीच की दूरी 1.676 मी होती है। वर्ष 2019-20 तक इस लाइन की कुल लंबाई 63950 किमी थी।

(ii) **मीटर लाइन** मीटर लाइन की रेल पटरियों के बीच की दूरी 1 मी होती है। वर्ष 2019-20 तक इस लाइन की लंबाई 2402 किमी थी।

(iii) **छोटी लाइन** छोटी लाइन की रेल पटरियों के बीच की दूरी 0.762 मी या 0.610 मी होती है। वर्ष 2019-20 तक इस लाइन की लंबाई 1,604 किमी थी। इस प्रकार की लाइनें पर्वतीय क्षेत्रों में देखने को मिलती हैं।

(iv) भारतीय रेलवे नेटवर्क विश्व के सबसे लंबे नेटवर्कों में से एक है। यह माल और यात्री परिवहन की सुविधा प्रदान करता है।

भारतीय रेलवे:रेल मंडल तथा मुख्यालय

रेल-मंडल	मुख्यालय	रेल-मंडल	मुख्यालय
सेंट्रल	मुंबई (सी.एस.टी.)	सदर्न	चेन्नई
ईस्टर्न	कोलकाता	साउथ सेंट्रल	सिकंदराबाद
ईस्ट सेंट्रल	हाजीपुर	साउथ ईस्टर्न	कोलकाता
ईस्ट कोस्ट	भुवनेश्वर	साउथ ईस्ट सेंट्रल	बिलासपुर
नार्दन	नई दिल्ली	साउथ वेस्टर्न	हुबली
नार्थ सेंट्रल	प्रयागराज	वेस्टर्न	मुंबई (चर्च गेट)
नार्थ इस्टर्न	गोरखपुर	वेस्ट सेंट्रल	जबलपुर
नार्थ ईस्ट फ्रंटियर	मालीगाँव (गुवाहाटी)	मेट्रो रेलवे	कोलकाता
नार्थ वेस्टर्न	जयपुर		

नोट वर्तमान में 18 रेलमंडल जोन हैं।

कोंकण रेलवे

- 1998 में कोंकण रेलवे का निर्माण भारतीय रेल की एक महत्त्वपूर्ण उपलब्धि है।
- यह 760 किमी लंबा रेलमार्ग महाराष्ट्र में रोहा को कर्नाटक के मंगलौर से जोड़ता है। इस अभियांत्रिकी का एक अनूठा चमत्कार माना जाता है।
- यह रेलमार्ग 146 नदियों व धाराओं तथा 2000 पुलों एवं 91 सुरंगों को पार करता है। इस मार्ग पर एशिया की सबसे लंबी 6.5 किमी की सुरंग भी है। इस उद्यम में कर्नाटक, गोवा तथा महाराष्ट्र राज्य भागीदार हैं।

7.3 तेल एवं गैस पाइपलाइन

- पाइपलाइन परिवहन से तात्पर्य पाइपलाइनों के माध्यम से गैस एवं तरल पदार्थों के परिवहन से है। इसके द्वारा विशिष्ट सामग्रियों; जैसे—पेट्रोल, गैस तथा ठोस पदार्थ को घोल में बदलकर सरलतापूर्वक सुरक्षित रूप से एक जगह से दूसरी जगह तक पहुँचाया जाता है।
- भारत में पेट्रोलियम एवं प्राकृतिक गैस मंत्रालय के अधीन स्थापित 'ऑयल इंडिया लिमिटेड' (OIL) द्वारा कच्चे तेल एवं प्राकृतिक गैस के अन्वेषण, उत्पादन तथा परिवहन का कार्य किया जाता है। वर्ष 1959 में ऑयल इंडिया लिमिटेड को कंपनी का दर्जा दिया गया।
- असम के नहरकटिया तेल क्षेत्र से बरौनी तेलशोधन कारखाने तक एशिया की पहली 1,157 किमी लंबी देशपरीय पाइपलाइन का निर्माण किया गया, जिसे वर्ष 1966 में कानपुर तक विस्तारित किया गया।
- गेल (इंडिया) लिमिटेड की स्थापना 1984 में एक सार्वजनिक क्षेत्र के उपक्रम के रूप में प्राकृतिक गैस के परिवहन, प्रसंस्करण और उसके आर्थिक उपयोग के लिए उसका विपणन करने के लिए की गई थी।
- गेल द्वारा निर्मित पहली 1,700 किमी लंबी **हजारा-विजयपुर-जगदीशपुर** (एचवीजे) क्रॉस कंट्री गैस पाइपलाइन ने मुंबई हाई और बसीन गैस क्षेत्रों को पश्चिमी और उत्तरी भारत में विभिन्न उर्वरक, बिजली और औद्योगिक परिसरों से जोड़ा है। इन गैस पाइपलाइनों ने भारतीय गैस बाजार के विकास को गति प्रदान की।
- भारत के गैस बुनियादी ढाँचे का विस्तार क्रॉस-कंट्री पाइपलाइनों के 1700 किमी से बढ़कर 18500 किमी तक, दस गुना से अधिक हो गया है और पूर्वोत्तर राज्यों सहित देश भर में सभी गैस स्रोतों और उपभोक्ता बाजारों को जोड़कर गैस ग्रिड के रूप में जल्द ही 34000 किमी से अधिक तक पहुँचाने की संभावना है।

चेक प्वॉइंट 2

1. भारत में सर्वप्रथम रेलवे का परिचालन किस वर्ष प्रारंभ हुआ?
2. साउथ वेस्टर्न जोन का मुख्यालय कहाँ है?
3. ऑयल इंडिया लिमिटेड (OIL) का मुख्य कार्य क्या है?
4. गेल (इंडिया) द्वारा निर्मित पहली क्रास कंट्री गैस पाइपलाइन की लंबाई कितनी है?

7.4 जल परिवहन

- जल परिवहन भारत में यात्री और माल परिवहन के लिए एक महत्त्वपूर्ण साधन है। यह भारी सामग्री परिवहन का सबसे उपयुक्त माध्यम है। यह सबसे सस्ता परिवहन साधन है।
- यह एक ईंधन-दक्ष और पारिस्थितिकी अनुकूल परिवहन का साधन है।
- जल परिवहन दो प्रकार के होते हैं, अंत:स्थलीय जलमार्ग और सागरीय जलमार्ग।

अंत:स्थलीय जलमार्ग

- रेलमार्गों के आगमन के पूर्व यह परिवहन का प्रमुख साधन था।
- नदियों के जल को सिंचाई हेतु बाँट देने के कारण इनके मार्गों के अधिकांश भाग नौ-संचालन के योग्य नहीं रहे।
- अंत:स्थलीय जलमार्ग के अंतर्गत नदियाँ, नहरें, **पश्च जल**[4] एवं **सँकरी खाड़ियाँ**[5] आदि पर नौगन्य जलमार्ग को सम्मिलित किया जाता है। भारत में 14,500 किमी लंबा जलमार्ग नौकायन योग्य है, जो देश के परिवहन में लगभग एक प्रतिशत योगदान करता है।
- वर्ष 1986 में अंत:स्थलीय जलमार्ग प्राधिकरण की स्थापना की गई, जिसका मुख्य कार्य देश के राष्ट्रीय जलमार्गों का विकास, रख-रखाव तथा नियमन है। प्राधिकरण द्वारा तीन अंत:स्थलीय जलमार्गों को राष्ट्रीय जलमार्ग घोषित किया गया है और 10 अन्य जलमार्गों को राष्ट्रीय जलमार्ग के रूप में चिह्नित किया गया है।
- वर्तमान समय में 5685 किमी प्रमुख नदी जलमार्ग चपटे तल वाले व्यापारिक जलपोतों द्वारा नौकायन योग्य हैं।

---

4 **पश्च जल** (Back waters) जलप्रपात या नदी का वह हिस्सा जो समुद्र की धाराओं द्वारा पीछे धकेला जाता है और जो बड़े भू-भाग द्वारा समुद्र से पृथक् होता है। उसे पश्च जल कहा जाता है।

5 **सँकरी खाड़ियाँ** (Creeks) पानी का संकुचित क्षेत्र जो समुद्र झील आदि से भूमि में प्रभावित होता है।

- नीचे उल्लेखित जलमार्गों को सरकार द्वारा राष्ट्रीय जलमार्ग के रूप में घोषित किया गया है।

राष्ट्रीय जलमार्ग	विस्तार	विशिष्टता
रा.ज. मा. 1	इलाहाबाद-हल्दिया विस्तार (1.620 किमी)	यह भारत के सर्वाधिक महत्त्वपूर्ण जलमार्गों में से एक है, जो यंत्रीकृत नौकाओं द्वारा पटना तक साधारण नौकाओं द्वारा हरिद्वार एक नौकायन योग्य है। यह विकासात्मक उद्देश्य के लिए तीन भागों में विभाजित है (i) हल्दिया-फरक्का (560 किमी),(ii) फरक्का -पटना (460 किमी) (iii) पटना-इलाहाबाद (600 किमी)
रा.ज. मा. 2	सदिया -धुबरी विस्तार (891 किमी)	ब्रह्मपुत्र नदी स्टीमर क्षरा डिब्रूगढ़ (1384 कि.मी.) तक नौकायान योग्य है, जिसका भारत व बांग्लादेश साझेदारी में प्रयोग करते हैं।
रा.ज. मा. 3	कोट्टापुरम -कोलम विस्तार (168 किमी)	इसके अंतर्गत पश्चिमी तट नहर (168 कि.मी.) के साथ चंपाकारा (14 किमी) तथा उद्योग मंडल (23 किमी) नहरें आती हैं।
रा.ज. मा. 4	—	कोकोनाडा तथ पुदुचेरी नहर स्ट्रेच के साथ-साथ गोदावरी और कृष्णा नदी का विशेष विस्तार (1078 किमी)
रा.ज. मा. 5	—	मातई नदी महानदी के डेल्टा चैनल, ब्राह्मणी नदी और पूर्वी तटीय नहर के साथ ब्राह्मणी नदी का विशेष विस्तार (588 किमी) हुआ।

- जल का अंत:स्थलीय जलमार्गों (कडल) में अपना एक विशिष्ट महत्त्व है। ये परिवहन सस्ता साधन उपलब्ध कराने के साथ-साथ केरल में भारी संख्या में पर्यटकों को भी आकर्षित करते हैं। यहाँ की प्रसिद्ध नेहरू ट्रॉफी नौकादौड़ (वल्लामकाली) भी इसी पश्चजल में आयोजित होती है।

महासागरीय जलमार्ग

- भारत में भार के अनुसार, लगभग 95% तथा मूल्य के अनुसार 70% विदेशी व्यापार महासागरीय जलमार्ग द्वारा होता है।
- भारत के पास द्वीपों सहित लगभग 7517 किमी लंबी विस्तृत समुद्री तटरेखा है। जहाँ 12 प्रमुख तथा 200 गौण पत्तन इन मार्गों को संरचनात्मक आधार प्रदान करते हैं।
- अंतर्राष्ट्रीय व्यापार के साथ-साथ इन मार्गों का उपयोग देश की मुख्य भूमि तथा द्वीपों के बीच परिवहन के लिए भी होता है।

7.5 वायु परिवहन

- वायु परिवहन एक स्थान से दूसरे स्थान तक यात्रा का सबसे तीव्रतम साधन है। इसने यात्रा समय को कम करके दूरियों को भी कम कर दिया है।
- भारत जैसे विशाल देश के लिए यह आवश्यक है कि जहाँ लंबी दूरियाँ और भू-भाग तथा जलवायु की विविधता पाई जाती है।
- वर्ष 1911 में भारत में वायु परिवहन (Air Transport) की शुरुआत प्रयागराज से नैनी (10 किमी) तक विमान डाक सेवा के परिवहन से की गई।
- भारतीय वायुक्षेत्र में सुरक्षित व सक्षम वायु यातायात तथा वैमानिकी संचार सेवाएँ उपलब्ध कराने के उद्देश्य से भारतीय वायु प्राधिकरण (Air Authority of India) की स्थापना की गई।
- भारत में एयर इंडिया और इंडियन एयरलाइंस कंपनियों के द्वारा वायु परिवहन उपलब्ध कराया जाता है। एयर इंडिया यात्रियों तथा नौभार यातायात दोनों के लिए अंतर्राष्ट्रीय वायु सेवाएँ उपलब्ध कराती है। यह अपनी सेवाओं द्वारा विश्व के सभी महाद्वीपों को जोड़ती है।
- पवनहंस एक हेलीकॉप्टर सेवा है, जो पर्वतीय क्षेत्रों (उत्तर-पूर्वी सेक्टर) में पर्यटन की सुविधा उपलब्ध कराती है। पर्यटन के अतिरिक्त पवनहंस पेट्रोलियम सेक्टर में हेलीकॉप्टर सेवाएँ देती है। भारत सरकार ने अप्रैल, 1992 को 'मुक्त आकाश नीति' की शुरुआत की, जिसका मुख्य उद्देश्य भारतीय निर्यातकों को सहायता पहुँचाना तथा उनके निर्यात को प्रतियोगितापूर्ण बनाने के लिए अवसर उपलब्ध कराना है। इसके अनुसार यह व्यवस्था की गई कि विदेशी एयरलाइंस या निर्यातकों का संगठन कोई भी मालवाहक वायुयान देश में ला सकता है।

उड़ान (उड़े देश का आम नागरिक)

- क्षेत्रीय संपर्क को बढ़ावा देने के लिए आम नागरिकों हेतु उड़ान को लाभदायक बनाने के उद्देश्य से भारत सरकार के नागरिक उड्डयन मंत्रालय (MoCA) द्वारा क्षेत्रीय संपर्क योजना (RCS) उड़ान की शुरुआत की गई।
- इस योजना का केंद्रीय विचार क्षेत्रीय और दूरस्थ मार्गों पर उड़ानों के संचालन हेतु एअरलाइंस को प्रोत्साहित करना है, जो अनुकूल नीतियों और प्रोत्साहन के माध्यम से संभव बनाया गया है।

चेक प्वॉइंट 3

1. जल परिवहन के कौन-कौन से प्रकार होते हैं?
2. केरल के पश्चजल (Kadal) का क्या महत्त्व है?
3. भारत के विदेशी व्यापार का कितना प्रतिशत व्यापार समुद्री मार्गों से होता है?
4. भारत में वायु परिवहन की शुरुआत कब हुई?
5. 'मुक्त आकाश नीति' की शुरुआत कब की गई?

7.6 संचार जाल

- मानव ने कालांतर में संचार के विभिन्न माध्यम विकसित किए हैं। आरंभिक समय में ढोल या पेड़ के खोखले तने को बजाकर आग या धुएँ के संकेतों द्वारा अथवा तीव्र धावकों की सहायता से संदेश पहुँचाए जाते थे। उस समय घोड़, ऊँट, कुत्ते पक्षी तथा अन्य पशुओं को भी संदेश पहुँचाने के लिए प्रयोग किया जाता था।
- आरंभ में संचार के साधन ही परिवहन के साधन होते थे डाकघर, तार, प्रिंटिंग प्रेस, दूरभाष तथा उपग्रहों की खोज ने संचार को बहुत त्वरित एवं आसान बना दिया।
- विज्ञान एवं प्रौद्योगिकी के क्षेत्र में विकास ने संचार के क्षेत्र में क्रांति लाने में महत्त्वपूर्ण योगदान दिया है। संदेश पहुँचाने के लिए लोग संचार की विभिन्न विधाओं का उपयोग करते हैं।
- मापदंड एवं गुणवत्ता के आधार पर संचार साधनों को निम्नलिखित दो श्रेणियों में विभाजित किया जा सकता है

वैयक्तिक संचार तंत्र

- इंटरनेट सबसे प्रभावी और उन्नत संचार प्रणाली है। शहरी क्षेत्रों में इसका व्यापक रूप से उपयोग किया जाता है।
- यह उपयोगकर्ता को ई-मेल के माध्यम से सीधे संपर्क स्थापित करने और ज्ञान एवं जानकारी की दुनिया तक पहुँच प्रदान करता है। यह ई-कॉमर्स और धन के लेन-देन हेतु तेजी से उपयोग में लाया जा रहा है।
- इंटरनेट और ई-मेल तुलनात्मक रूप से कम लागत पर सूचानाओं तक सुलभ पहुँच प्रदान करता है।

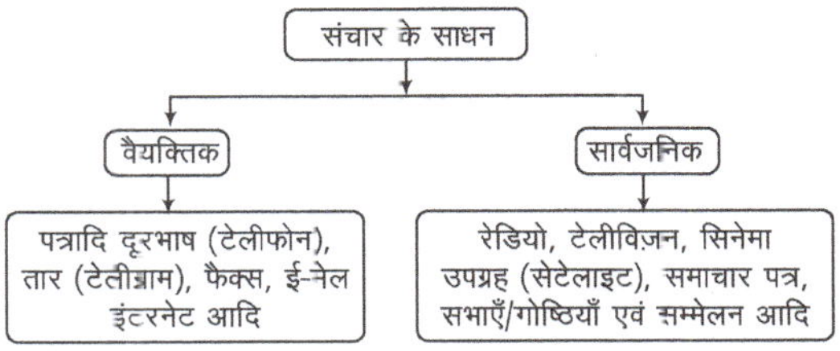

जनसंचार तंत्र

जनसंचार तंत्र का प्रमुख उल्लेख इस प्रकार किया गया है

रेडियो

- भारत में रेडियो का पहला प्रसारण वर्ष 1923 में क्लब ऑफ बॉम्बे द्वारा किया गया, जो उस समय मे काफी लोकप्रिय हुआ था।
- तत्कालीन सरकार ने वर्ष 1930 में इंडियन ब्रॉडकास्टिंग सिस्टम के अंतर्गत इसे अपने नियंत्रण में ले लिया था।
- वर्ष 1936 में इसे ऑल इंडिया रेडियो और वर्ष 1957 में आकाशवाणी के रूप में परिवर्तित किया गया।
- ऑल इंडिया रेडियो द्वारा सूचना, शिक्षा व मनोरंजन से जुड़े विभिन्न प्रकार के कार्यक्रमों का प्रसारण किया जाता है। इसके अतिरिक्त संसद एवं राज्य विधानसभाओं के विशेष सत्रों का भी प्रसारण किया जाता है।

दूरदर्शन, (टी.वी.)

- टेलीविजन प्रसारण सूचना के प्रसार और आम लोगों को शिक्षित करने में एक अत्यधिक प्रभावी दृश्य-श्रव्य माध्यम के रूप में उभरा है।
- भारत में दूरदर्शन प्रसारण की शुरुआत वर्ष 1959 में दिल्ली में हुई थी। वर्ष 1972 में इसके और भी केंद्र चालू किए गए। वर्ष 1976 में टेलीविजन को ऑल इंडिया रेडियो से अलग करते हुए दूरदर्शन (डी डी) की स्थापना की गई व राष्ट्रीय टेलीविजन डी डी-1 की स्थापना इनसैट (INSAT) 1A के चालू होने के बाद समस्त नेटवर्क के लिए एक साझा राष्ट्रीय कार्यक्रम शुरू किया गया, जिसका देश के पिछड़े व सुदूर ग्रामीण क्षेत्रों तक विस्तार किया गया।

उपग्रह संचार

- उपग्रह संचार का एक महत्त्वपूर्ण साधन है, जो संचार के अन्य साधनों का भी नियमन करता है।
- देश के लिए उपग्रह संचार आर्थिक और रणनीतिक कारणों से महत्त्वपूर्ण है।
- उपग्रह से प्राप्त चित्रों को **मौसम के पूर्वानुमान**[6], प्राकृतिक आपदाओं की निगरानी, सीमा क्षेत्रों की निगरानी आदि में प्रयोग किया जाता है।
- भारतीय उपग्रह प्रणाली को समाकृति और उद्देश्यों के आधार पर
- इंडियन नेशनल सैटेलाइट सिस्टम (INSAT) तथा इंडियन रिमोट सेसिंग (IRS) में विभाजित किया गया है।
- इनसैट (INSAT) एक बहुउद्देशीय उपग्रह प्रणाली है, जिसकी स्थापना वर्ष 1983 में हुई। इनसैट के द्वारा दूरसंचार, मौसम विज्ञान संबंधी अवलोकन तथा अन्य विभिन्न आँकड़ों या कार्यक्रमों का सफलतापूर्वक प्रतिपादन किया जाता है।
- इंडियन रिमोट सेंसिंग (IRS) उपग्रह प्रणाली मार्च, 1988 में रूस के बैंकानूर से IRS-1A के प्रक्षेपण के साथ सक्रिय हुई। भारत ने अपना प्रक्षेपण यान PSLV (पोलर सैटेलाइट लॉन्च व्हीकल) भी विकसित किया है।
- ये उपग्रह कई वर्णक्रमीयर **स्पेक्ट्रल बैंड**[7] समूह में डेटा एकत्र करते हैं और इसे विभिन्न उपयोग के लिए भू-स्टेशनों को संप्रेषित करते हैं।
- हैदराबाद में स्थिति नेशनल रिमोट सेंसिंग सेंटर (NRSC) आँकड़ों के अधिग्रहण एवं प्रक्रमण की सुविधा उपलब्ध कराती है। प्राकृतिक संसाधनों के प्रबंधन के लिए ये बहुत ही उपयोगी होते हैं।

चेक प्वॉइंट 4

1. प्रारंभिक समय में संदेश भेजने हेतु प्रयुक्त दो माध्यमों के नाम बताइए?
2. सार्वजनिक संचार के दो उदाहरण बताइए?
3. भारत में रेडियो प्रसारण की शुरुआत कब और किसके द्वारा की गई?
4. नेशनल रिमोट सेंसिंग सेंटर (HRSC) किस स्थान पर स्थित है?

6 **मौसम का पूर्वनुमान** (Weather for ecrsting) यह वह प्रक्रिया है, जिसमें वैज्ञानिक ज्ञान और प्रौद्योगिकी का उपयोग करके किसी विशेष स्थान पर मौसम का अनुमान लगाया जाता है।

7 **स्पेक्ट्रलबैंड** (Spectrul Bord) ये वे क्षेत्र हैं, जो किसी विशिष्ट स्पेक्ट्रम के अंदर एक विशिष्ट तंरगदैर्ध्य या आवृत्तियों की सीमा दर्शाते हैं।

Mind Map

परिवहन एवं संचार

1 स्थल परिवहन

सड़क परिवहन

भारत का सड़क जाल विश्व का दूसरा सबसे बड़ा जाल है

- **राष्ट्रीय महामार्ग** वे सड़के जिन्हें केंद्र सरकार द्वारा निर्मित एवं अनुरक्षित किया जाता है। ये राज्यों की राजधानियों, प्रमुख नगरों, महत्त्वपूर्ण पत्तनों तथा रेलवे जंक्शनों आदि को जोड़ती हैं। यह कुल सड़क लंबाई का केवल 2% है।
- **राज्य महामार्ग** इन मार्गों का निर्माण एवं अनुरक्षण राज्य सरकारों द्वारा किया जाता है। ये राज्य की राजधानियों को जिला मुख्यालयों और अन्य महत्त्वपूर्ण शहरों से जोड़ती हैं। ये सड़कें राष्ट्रीय राजमार्गों से जुड़ी होती हैं।
- **जिला सड़कें** जिला मुख्यालयों तथा जिले के अन्य महत्त्वपूर्ण स्थलों के बीच संपर्क मार्ग का कार्य करती है।
- **ग्रामीण सड़कें** ग्रामीण क्षेत्रों को जोड़ने के लिए अत्यंत महत्त्वपूर्ण हैं।
- **अन्य सड़कें** सीमांत सड़कें और अंतर्राष्ट्रीय महामार्ग आते हैं।

पोषणीय सतत् विकास परिवहन

- भारतीय रेल जाल विश्व के सर्वाधिक लंबे रेल जालों में से एक है।
- इसकी स्थापना 1853 में हुई
- पहली रेल लाइन मुंबई (बंबई) से थाणे के बीच निर्मित की गई थी।

रेल पटरियों को चौड़ाई के आधार पर विभाजित किया जाता है।

बड़ी लाइन ब्रांड गेज में रेल पटरियों के बीच की दूरी 1.676 मी होती है।

मीटर लाइन दो रेल पटरियों के बीच की दूरी 1 मीटर होती है।

छोटी लाइन दो रेल पटरियों के बीच की दूरी 0.762 मीटर होती है। यह प्रायः पर्वतीय क्षेत्रों तक सीमित है।

2 जल परिवहन

- यह परिवहन का सबसे सस्ता साधन है।
- भारी एवं स्थूल सामग्री के परिवहन के लिए सर्वाधिक उपयुक्त है।

अंतः स्थलीय जलमार्ग

भारत में 14,500 किमी लंबा जलमार्ग नौकायन हेतु उपलब्ध है। उदाहरण के लिए, नदियाँ, नहरे, पश्च जल तथा संकरी खाड़ियाँ।

महासागरीय मार्ग

- भारत के पास द्वीपों सहित लगभग 7517 किमी लंबा समुद्री तट है।
- 12 प्रमुख तथा 200 गौण पत्तन इन मार्गों को संरचनात्मक आधार प्रदान करते हैं।

3 वायु परिवहन

- एक स्थान से दूसरे स्थान तक गमनागमन का तीव्रतम साधन है।
- भारत में वायु परिवहन की शुरुआत वर्ष 1911 में हुई।
- भारत सरकार के वायु प्राधिकरण (एयर ऑथारिटी ऑफ इंडिया) द्वारा इसका संचालन किया जाता है।

4 तेल एवं गैस पाइप लाइन

- पाइप लाइनें, गैसों एवं तरल पदार्थों की लंबी दूरी तक परिवहन हेतु अत्यधिक सुविधाजनक एवं सक्षम परिवहन प्रणाली है।
- इनके द्वारा ठोस पदार्थों को भी घोल या गारा में बदलकर परिवहित किया जा सकता है।

प्राधिकरण गैस अथॉरिटी ऑफ इंडिया लिमिटेड GAIL- इसे वर्ष 1984 में स्थापित किया गया था। GAIL द्वारा पहली 17000 किमी लंबी हजीरा-विजयपुर-जगदीशपुर पाइपलाइन बनाई गई थी।

ऑयल इंडिया लिमिटेड (OIL) एशिया की पहली देशपारीय पाइपलाइन है, जिसकी लंबाई 1157 किमी है। यह OIL द्वारा असम के नहरकटिया तेल क्षेत्र से बिहार के बरौनी तेल शोधन कारखाने तक बनाई गई थी।

5 वैयक्तिक संचार तंत्र

- दो व्यक्तियों के बीच संचार
- उदाहरण- इंटरनेट, ई-मेल, फैक्स

6 जनसंचार तंत्र

- एक ही समय में विस्तृत दर्शकों तक संचार पहुँच।

उदाहरण

- **रेडियो** भारत में रेडियो का प्रसारण वर्ष 1923 में रेडियो 'क्लब ऑफ बाम्बे' द्वारा प्रारंभ किया गया था। वर्ष 1936 में इसे ऑल इंडिया रेडियो और वर्ष 1957 में आकाशवाणी में बदल दिया गया।
- **टेलीविजन** (टीवी) जानकारी साझा करने और जनजागरूकता बढ़ाने के लिए अत्यधिक प्रभावी दृश्य-श्राव्य माध्य।

उपग्रह मौसम पूर्वानुमान, प्राकृतिक आपदाओं की निगरानी सीमा क्षेत्रों की निगरानी आदि के लिए उपयोग किए जाते हैं।

NCERT फोल्डर

अध्याय के मध्य में दिए गए प्रश्न

1. ग्रामीण सड़कों का घनत्व पर्वतीय, पठारी एवं वनीय क्षेत्रों में बहुत कम क्यों होता है? नगरीय केंद्रों से दूर ग्रामीण सड़कों की गुणवत्ता क्यों घटती चली जाती है?

उत्तर भारत की कुल सड़कों की लंबाई का लगभग 80% भाग ग्रामीण सड़कों के रूप में वर्गीकृत है। भारत में ग्रामीण सड़कों का वितरण एक समान नहीं है। ग्रामीण सड़कों का घनत्व भूमि की प्रकृति जैसे उच्चावच से अत्यधिक प्रभावित होता है। मैदानी क्षेत्र में सड़कों का घनत्व अधिक होता है, क्योंकि यहाँ सड़कों का निर्माण करना आसान होता है। इसके विपरीत, पहाड़ी, पठारी और वन क्षेत्रों में ग्रामीण सड़कों का घनत्व बहुत कम है, क्योंकि इन क्षेत्रों में सड़कों का निर्माण करना अत्यधिक कठिन तथा निर्माण और मरम्मत की लागत भी अधिक होती है।

पंचायत पंचवर्षीय योजना के तहत राज्य सरकार द्वारा ग्रामीण सड़कों का निर्माण और रखरखाव किया जाता है। ग्रामीण सड़क का बजट कम होता है , जिसके कारण इसके निर्माण में निम्न तकनीकी और निम्न गुणवत्ता की निर्माण सामग्री का उपयोग किया जाता है। साथ ही इसके निर्माण में अनुभवहीन लोग शामिल होते हैं और भ्रष्टाचार के कारण ग्रामीण सड़कों की गुणवत्ता उतनी अच्छी नहीं होती है, जितनी गुणवत्ता नगरीय केंद्रों की सड़कों की होती है।

नीचे दिए चार विकल्पों में से सही उत्तर चुनिए

1. भारतीय रेल प्रणाली को कितने मंडलों में विभाजित किया गया है?

(a) 9 (b) 12 (c) 17 (d) 14

उत्तर (c) 17

2. राष्ट्रीय जलमार्ग संख्या-1 किस नदी पर तथा किन दो स्थानों के बीच पड़ता है?

(a) ब्रह्मपुत्र—सदिया-धुबरी
(b) गंगा—हल्दिया-प्रयागराज
(c) पश्चिमी तट नहर—कोट्टापुरम-कोल्लाम
(d) उपरोक्त में से कोई नहीं

उत्तर *(b)* गंगा—हल्दिया—प्रयागराज

3. निम्नलिखित में से किस वर्ष में पहला रेडियो कार्यक्रम प्रसारित हुआ था?

(a) वर्ष 1911 (b) वर्ष 1927
(c) वर्ष 1936 (d) वर्ष 1923

उत्तर *(d)* वर्ष 1923

निम्नलिखित प्रश्नों के उत्तर लगभग 30 शब्दों में दीजिए

1. परिवहन किन क्रियाकलापों को अभिव्यक्त करता है? परिवहन के तीनों प्रकारों के नाम बताइए।

उत्तर परिवहन आर्थिक क्रियाकलाप के तृतीयक वर्ग की सेवाओं के अंतर्गत आता है। परिवहन मानवीय आवागमन तथा वस्तुओं को एक स्थान से दूसरे स्थान तक ले जाने की व्यवस्था है। इसके अतिरिक्त परिवहन से विचारों का आदान-प्रदान भी होता है। परिवहन के तीन प्रमुख प्रकार स्थल परिवहन, जल परिवहन एवं वायु परिवहन हैं।

2. 'संचार' से आपका क्या तात्पर्य है?

उत्तर संचार एक ऐसी मानवीय प्रक्रिया है, जिसके द्वारा सूचना एवं संदेश एक व्यक्ति से दूसरे व्यक्ति तक पहुँचाया जाता है। इस प्रक्रिया में संदेश भेजने वाले को प्रेषक और संदेश प्राप्त करने वाले को प्राप्तकर्ता कहा जाता है।

निम्नलिखित प्रश्नों के उत्तर लगभग 150 शब्दों में दीजिए

1. भारत में परिवहन के प्रमुख साधन कौन-कौन-से हैं? इसके विकास को प्रभावित करने वाले कारकों की विवेचना कीजिए।

उत्तर भारत में परिवहन के प्रमुख साधन निम्नलिखित हैं

(i) **सड़क परिवहन** सड़क परिवहन सबसे आम और सुलभ साधन है। भारत में ग्रामीण और शहरी क्षेत्रों में सड़कें देश के विकास में अहम भूमिका निभाती हैं। भारत का सड़क जाल विश्व का दूसरा सबसे बड़ा सड़क जाल है।

(ii) **रेल परिवहन** भारतीय रेल दुनिया का चौथा सबसे बड़ा रेल नेटवर्क है। वह देश के एक बड़े हिस्से को जोड़ता है और माल और यात्री दोनों का परिवहन करता है। भारतीय रेलवे को 17 मंडलों में बाँटा गया है।

(iii) **वायु परिवहन** वायु परिवहन भारत में तेजी से विकसित हो रहा है। यह लंबी दूरी की यात्रा को कम समय में तय करने में सहायता करता है। भारत में वायु परिवहन की शुरुआत वर्ष 1911 में हुई थीं। भारत में एयर इंडिया और इंडियन एयरलाइंस कंपनियों के द्वारा वायु परिवहन उपलब्ध कराया जाता है।

(iv) **जल परिवहन** समुद्री और अंतर्देशीय जलमार्गों का भी उपयोग किया जाता है, विशेष रूप से व्यापारिक माल के परिवहन के लिए मानव के प्रमुख बंदरगाह; जैसे-मुंबई, चेन्नई-कोलकाता आदि समुद्री परिवहन में अपनी भूमिका निभाते हैं।

परिवहन के विकास को प्रभावित करने वाले कारक परिवहन के इन तीनों माध्यमों को निम्नलिखित कारक प्रभावित करते हैं

(i) **आर्थिक कारक** परिवहन के साधनों के विकास में आर्थिक कारकों का महत्त्वपूर्ण योगदान है। आर्थिक तथा प्रौद्योगिकी विकास ने सड़कों तथा रेलमार्गों के विकास में योगदान दिया है। मैदानी क्षेत्रों में सड़कों का निर्माण करना आसान तथा कम खर्चीला होता है, जबकि पहाड़ी व पठारी प्रदेशों में सड़कों का निर्माण करना कठिन एवं अधिक खर्चीला होता है। गुणवत्ता की दृष्टि से भी मैदानी क्षेत्रों की सड़कें अपेक्षाकृत अच्छी होती हैं।

(ii) **भौगोलिक कारक** अधिकांश उत्तरी भारतीय राज्यों तथा प्रमुख दक्षिणी भारतीय राज्यों में सड़कों का घनत्व अधिक है। इसके विपरीत हिमालयी पर्वतीय क्षेत्रों, उत्तर-पूर्वी क्षेत्रों, मध्य प्रदेश तथा राजस्थान में घनत्व निम्न है। इसका महत्त्वपूर्ण कारण इन क्षेत्रों के भू-भाग की प्रकृति है।

(iii) **जनसंख्या** जनसंख्या वृद्धि परिवहन पर दबाव डालती है। अधिक जनसंख्या वाले क्षेत्रों में परिवहन अवसरंचना की अधिक आवश्यकता होती है।

(iv) **पर्यावरण और सुरक्षा** पर्यावरण संरक्षण और परिवहन साधनों की सुरक्षा भी विकास को प्रभावित करता है। कम प्रदूषण वाले और सुरक्षित साधनों का विकास जैसे– इलेक्ट्रिक वाहन और सौर ऊर्जा आधारित परिवहन अब प्राथमिकता में है।

2. पाइपलाइन परिवहन के लाभ तथा हानि की विवेचना कीजिए।

अथवा **भारत में पाइपलाइन के परिवहन के साधन के रूप में किन्हीं तीन लाभों का वर्णन कीजिए।**

उत्तर पाइपलाइन परिवहन के निम्नलिखित लाभ हैं

- तरल पदार्थों तथा गैस की लंबी दूरियों के परिवहन के लिए पाइपलाइन परिवहन का सर्वाधिक सुविधाजनक एवं सक्षम साधन है।
- पाइपलाइन को एक बार बनाने के बाद इसके संचालन में बहुत कम व्यय होता है।
- दुर्गम तथा ऊबड़-खाबड़ धरातल पर भी पाइपलाइन बनाना संभव है।
- पाइपलाइन परिवहन में ऊर्जा की बचत होती है।
- समुद्री जल में भी पाइपलाइन बिछाना संभव है।
- इसमें समय की बचत होती है तथा इससे प्रदूषण भी नहीं होता है।

पाइपलाइन परिवहन की निम्नलिखित हानियाँ हैं

- इसमें लोच का अभाव होता है, एक बार बिछाने के बाद इसकी क्षमता में वृद्धि नहीं की जा सकती।
- पाइपलाइन की सुरक्षा करना कठिन है तथा भूमिगत पाइपलाइन की मरम्मत में कठिनाई आती है।
- पाइपलाइन के टूट जाने के बाद अधिक हानि की संभावना होती है, जिससे भूमि प्रदूषित हो जाती है।
- पाइपलाइन परिवहन की संरचना में लागत व्यय अधिक होता है।
- पाइपलाइन बिछाने के दौरान भूमि का अधिग्रहण और निर्माण कार्य पर्यावरण पर नकारात्मक प्रभाव डाल सकता है, जैसे-पेड़ों की कटाई और स्थानीय पारिस्थितिकी तंत्र का नुकसान।
- इसे निश्चित स्थानों के लिए ही प्रयोग किया जा सकता है।

3. भारत के आर्थिक विकास में सड़कों की भूमिका का वर्णन कीजिए।

उत्तर भारत में प्राचीनकाल से वर्तमान समय तक परिवहन के साधनों में सबसे अधिक उपयोग सड़क परिवहन का हुआ है। वर्तमान में भारत में सड़कों की कुल लंबाई लगभग 62.16 लाख किमी है, जो विश्व के सबसे बड़े सड़क जाल में से एक है। भारत के आर्थिक विकास में सड़कों की महत्त्वपूर्ण भूमिका है, जिसे निम्न बिंदुओं द्वारा स्पष्ट किया जा सकता है

- भारत के कुल यात्री परिवहन का लगभग 85% सड़क परिवहन पर निर्भर है।
- कुल माल परिवहन का 70% से अधिक सड़क परिवहन पर निर्भर हैं।
- भारत में छोटी दूरियों के यातायात के लिए सड़क परिवहन सर्वाधिक उपयुक्त साधन है
- गाँवों को शहर से जोड़ने का बारहमासी परिवहन तंत्र है, जिससे कृषि उपकरण एवं खाद आदि को गाँव तक पहुँचाया जाता है।
- सड़क परिवहन द्वारा कृषिगत उत्पादों को बाजार तक पहुँचाया जाता है, जिससे उन्हें खराब होने से पहले बेचा जा सके।
- सड़क परिवहन द्वारा भारत अपने पड़ोसी देशों के साथ अंतर्राष्ट्रीय व्यापार को बढ़ावा देता है।
- सड़क परिवहन भारतीय सीमा पर सुरक्षा की दृष्टि से निगरानी एवं दुर्गम क्षेत्रों के आर्थिक विकास का कार्य भी करता है।

अभ्यास प्रश्न

वस्तुनिष्ठ प्रश्न

बहुविकल्पीय प्रश्न

1. स्वतंत्रता प्राप्ति के पश्चात् भारत में सड़क निर्माण हेतु कौन-सी योजना प्रारंभ की गई थी?

(a) बीस वर्षीय सड़क निर्माण योजना
(b) प्रधानमंत्री सड़क निर्माण योजना
(c) स्वर्णिम सड़क निर्माण योजना
(d) तीव्र सड़क विकास मार्ग योजना

उत्तर (a) बीस वर्षीय सड़क निर्माण योजना

2. राष्ट्रीय राजमार्गों के निर्माण, विकास एवं उचित प्रबंधन हेतु राष्ट्रीय राजमार्ग प्राधिकरण की स्थापना की गई थी

(a) वर्ष 1992 (b) वर्ष 1993
(c) वर्ष 1994 (d) वर्ष 1995

उत्तर (d) वर्ष 1995

3. निम्नलिखित में से कौन-सा महानगर स्वर्णिम चतुर्भुज परियोजना से जुड़ा हुआ नहीं है? **CBSE 2024**

(a) मुंबई (b) चेन्नई
(c) हैदराबाद (d) दिल्ली

उत्तर (c) हैदराबाद

4. स्वर्णिम चतुर्भुज परियोजना का संबंध निम्नलिखित में से किससे है? *दक्षता आधारित प्रश्न*

(a) प्रमुख बंदरगाहों को सड़क मार्ग से जोड़ना
(b) दिल्ली, मुंबई, चेन्नई, एवं कोलकाता को आपस में जोड़ना
(c) उत्तर से दक्षिण व पूरब से पश्चिम को जोड़ना
(d) स्वर्ण उत्पादक क्षेत्रों को आपस में जोड़ना

उत्तर (b) दिल्ली, मुंबई, चेन्नई, एवं कोलकाता को आपस में जोड़ना

5. निम्नलिखित में से कौन-सा पूर्व-पश्चिम गलियारे का सबसे पूर्वी स्टेशन है? **CBSE 2024, 2023**

(a) गुवाहाटी (b) भोपाल
(c) कोलकाता (d) सिलचर

उत्तर (d) सिलचर

6. निम्नलिखित में से 'पूर्व-पश्चिम गलियारा' के अंतिम सिरों के स्टेशन कौन-से हैं? **CBSE 2020**

(a) मुंबई और कोलकाता
(b) पुणे और गुवाहाटी
(c) सिलचर और पोरबंदर
(d) सूरत और सिल्चर

उत्तर (c) सिलचर और पोरबंदर

7. निम्नलिखित में कौन-सा 'उत्तर-दक्षिण गलियारे' का सबसे उत्तरी बिंदु है? **CBSE 2020**

(a) दिल्ली (b) चंडीगढ़
(c) श्रीनगर (d) लेह

उत्तर (c) श्रीनगर

8. 'उत्तर-दक्षिण गलियारे' के अंतिम छोर (टर्मिनल) के दो सही स्थान निम्नलिखित में से कौन-से हैं? **CBSE 2024**

(a) श्रीनगर और कन्याकुमारी (b) दिल्ली और कन्याकुमारी
(c) अमृतसर और चेन्नई (d) श्रीनगर और चेन्नई

उत्तर (a) श्रीनगर और कन्याकुमारी

9. भारतीय रेलवे की स्थापना 1853 ई. में हुई तथा …… से …… के बीच 34 किमी लंबी रेलवे लाइन निर्मित की गई।

(a) मुंबई (बंबई), थाणे
(b) कोलकाता (कलकत्ता), हुगली
(c) चेन्नई (मद्रास), मदुरै
(d) बंगलुरु (बैंगलोर), कालीकट

उत्तर (a) मुंबई (बंबई), थाणे

10. निम्नलिखित में से किस समूह में 'स्वर्णिम चतुर्भुज' के सबसे उत्तरी और सबसे पूर्वी बिंदु हैं? **CBSE 2020**

(a) दिल्ली और मुंबई
(b) वाराणसी और चेन्नई
(c) अमृतसर और इलाहाबाद
(d) दिल्ली और कोलकाता

उत्तर (d) दिल्ली और कोलकाता

11. निम्नलिखित स्टेशनों का कौन-सा समूह राष्ट्रीय महामार्ग संख्या-1 के साथ जुड़ा है? **CBSE 2020**

(a) दिल्ली और कोलकाता (b) दिल्ली और मुंबई
(c) दिल्ली और अमृतसर (d) दिल्ली और चेन्नई

उत्तर (c) दिल्ली और अमृतसर

12. अधिक दुर्गम एवं उच्च पहाड़ी क्षेत्रों में सड़क निर्माण के लिए सीमा सड़क संगठन की स्थापना किस वर्ष की गई थी? **CBSE 2020**

(a) वर्ष 1958 (b) वर्ष 1960
(c) वर्ष 1964 (d) वर्ष 1968

उत्तर (b) वर्ष 1960

13. राष्ट्रीय जलमार्ग संख्या-1 किन दो स्टेशनों के मध्य स्थित है?

(a) प्रयागराज-पटना (b) प्रयागराज-फरक्का
(c) फरक्का-हल्दिया (d) प्रयागराज-हल्दिया

उत्तर (d) प्रयागराज-हल्दिया

14. राष्ट्रीय जलमार्ग संख्या-2 निम्नलिखित में से किस नदी पर निर्मित जलमार्ग है?

(a) गंगा (b) सतलज (c) ब्रह्मपुत्र (d) गोदावरी

उत्तर (c) ब्रह्मपुत्र

15. राष्ट्रीय जलमार्ग-4 के अंतर्गत किन दो नदियों के जल का उपयोग नहर में जल प्रवाह के रूप में किया जाता है? *दक्षता आधारित प्रश्न*

(a) गोदावरी-कृष्णा (b) कृष्णा-तुंगभद्रा
(c) गोदावरी-वेनगंगा (d) भीमा-घाटप्रभा

उत्तर (a) गोदावरी-कृष्णा

16. इसने अपने साम्राज्य को सिंधु घाटी (पाकिस्तान) से लेकर बंगाल की सोनार घाटी तक सुदृढ़ एवं समेकित रखने के लिए शाही राजमार्ग का निर्माण कराया था। यह शासक ...... था। *दक्षता आधारित प्रश्न*

(a) अकबर (b) फिरोजशाह तुगलक
(c) शेरशाह सूरी (d) अलाउद्दीन खिलजी

उत्तर (c) शेरशाह सूरी

17. राष्ट्रीय जलमार्ग संख्या.-1 के विस्तार से संबंधित सही युग्म का चयन कीजिए **CBSE 2024**

(a) इलाहाबाद/प्रयागराज - हल्दिया
(b) सदिया - धुवरी
(c) कोट्टापुरम - कोल्लम
(d) काकीनाड़ा - पुदुच्चेरी

उत्तर (a) इलाहाबाद/प्रयागराज - हल्दिया

18. निम्नलिखित युग्मों में से कौन-सा युग्म सही सुमेलित नहीं है?

(a) भारत में वायु परिवहन की शुरुआत - वर्ष 1911
(b) गेल इंडिया लिमिटेड की स्थापना - वर्ष 1984
(c) भारत में रेडियो का प्रसारण - वर्ष 1923
(d) इनसैट (INSAT) की स्थापना - वर्ष 1993

उत्तर (d) इनसैट (INSAT) की स्थापना- वर्ष 1993

19. वर्तमान समय में भारत में वायु परिवहन का प्रबंधन .... करता है?

(a) एयर इंडिया (b) इंडियन एयरलाइंस
(c) भारतीय वायु प्राधिकरण (d) ये सभी

उत्तर (c) भारतीय वायु प्राधिकरण

20. निम्नलिखित में से कौन-सा सीमांत सड़कों के विकास के संदर्भ में सही नहीं है? **CBSE 2023**

(a) दुर्गम क्षेत्रों के लोगों को बड़े नगरों के साथ समन्वित करना
(b) रक्षा की तैयारी को मजबूती प्रदान करना
(c) सीमावर्ती गाँवों के लिए सामान पहुँचाने में सहायता करना
(d) बड़े पैमाने के उद्योगों के विकास में सहायता करना

उत्तर (d) बड़े पैमाने के उद्योगों के विकास में मदद करना

21. नीचे भारत के राष्ट्रीय जलमार्ग से संबंधित कथन दिए गए हैं। इसके संदर्भ में सही विकल्प का चयन करें।

यह भारत के सर्वाधिक महत्त्वपूर्ण जलमार्गों में से एक है, जो यंत्रीकृत नौकाओं द्वारा पटना तक, और साधारण नौकाओं द्वारा हरिद्वार तक योग्य है। इसे विकासात्मक उद्देश्यों के लिए हल्दिया-फरक्का, फरक्का-पटना और पटना-इलाहाबाद (प्रयागराज) में विभाजित किया गया है। *दक्षता आधारित प्रश्न*

(a) राष्ट्रीय जलमार्ग -1 (b) राष्ट्रीय जलमार्ग -2
(c) राष्ट्रीय जलमार्ग -3 (d) राष्ट्रीय जलमार्ग -4

उत्तर (b) राष्ट्रीय जलमार्ग -1

22. भारत में दूरदर्शन सेवा की शुरुआत कब हुई थी?

(a) वर्ष 1936 (b) वर्ष 1944
(c) वर्ष 1954 (d) वर्ष 1959

उत्तर (d) वर्ष 1959

23. नेशनल रिमोट सेंसिंग एजेंसी (NRSA) का मुख्यालय कहाँ स्थित है?

(a) नई दिल्ली (b) देहरादून
(c) हैदराबाद (d) कोलकाता

उत्तर (c) हैदराबाद

24. कोंकण रेलवे का परिचालन किन राज्यों में होता है? *दक्षता आधारित प्रश्न*

1. महाराष्ट्र 2. गोवा
3. आंध्र प्रदेश 4. कर्नाटक

कूट

(a) 1, 2 और 3 (b) 1, 2 और 4
(c) 2, 3 और 4 (d) 1, 3 और 4

उत्तर (c) 1, 2 और 4

25. राष्ट्रीय जलमार्ग संख्या-3 के अंतर्गत किन नहरों को शामिल किया जाता हैं? *दक्षता आधारित प्रश्न*

1. पश्चिमी तट नहर 2. राजघाट नहर
3. उद्योगमंडल नहर 4. चंपाकारा नहर

कूट

(a) 1, 2 और 3 (b) 2, 3 और 4
(c) 1, 2 और 4 (d) 1, 3 और 4

उत्तर (d) 1, 3 और 4

26. निम्नलिखित में से कौन-सा युग्म राष्ट्रीय जलमार्ग उसके विस्तार से सही सुमेलित हैं? **CBSE 2024**

	राष्ट्रीय जलमार्ग	विस्तार
(a)	राष्ट्रीय जलमार्ग संख्या -1	गोदावरी-कृष्णा
(b)	राष्ट्रीय जलमार्ग संख्या -2	सदिया-धुबरी
(c)	राष्ट्रीय जलमार्ग संख्या -3	इलाहाबाद - हल्दिया
(d)	राष्ट्रीय जलमार्ग संख्या -4	कोट्टापुरम - कोलम

उत्तर (b) राष्ट्रीय जलमार्ग संख्या- 2 – सदिया-धुबरी

27. भारत में परिवहन से संबंधित निम्न तथ्यों को कालक्रमानुसार व्यवस्थित करें। *दक्षता आधारित प्रश्न*

1. बीस वर्षीय सड़क योजना
2. सीमा सड़क संगठन की स्थापना
3. भारतीय रेल की स्थापना
4. कोंकण रेलवे का निर्माण

कूट

(a) 3, 2, 1, 4 (b) 3, 2, 4, 1
(c) 4, 3, 2, 1 (d) 2, 4, 3, 1

उत्तर (a) 3, 2, 1, 4

28. भारतीय रेलवे के संदर्भ में दिए गए कथनों में से कौन-सा/से कथन सही नहीं है/हैं? दक्षता आधारित प्रश्न

1. भारत में रेलवे का परिचालन 1853 ई. में प्रारंभ हुआ था।
2. भारतीय रेलवे को 17 मंडलों में विभाजित किया जाता है।
3. बड़ी लाइन की रेल पटरियों के बीच की दूरी 1.67 मीटर होती है।
4. छोटी लाइनें मुख्यत: मैदानी भागों में पाई जाती हैं।

कूट

(a) 1 और 2 (b) केवल 3
(c) 2 और 4 (d) केवल 4

उत्तर (c) 2 और 4

29. प्रस्तावित भारतमाला वृहद् योजना से संबंधित कार्यक्रमों को ध्यानपूर्वक पढ़िए और कूट की सहायता से सही उत्तर का चयन कीजिए **CBSE 2024**

1. पिछड़े क्षेत्रों, धार्मिक एवं पर्यटन स्थलों को जोड़ने की योजना
2. देश के चार महानगरों को परस्पर जोड़ना
3. तटवर्ती भागों से लगे हुए राज्यों की सड़कों का विकास करना
4. सीमावर्ती भागों तथा छोटे बंदरगाहों को जोड़ना

कूट

(a) 1, 2 और 3 (b) 2, 3 और 4
(c) 1, 3 और 4 (d) 1, 2 और 4

उत्तर (c) 1, 3 और 4

30. सूची I का सूची II से सही सुमेलित कीजिए **CBSE 2023**

सूची I (रेल मंडल)	सूची II (मुख्यालय)
A. नॉर्थ सेंट्रल	1. सिकंदराबाद
B. ईस्ट सेंट्रल	2. इलाहाबाद/प्रयागराज
C. वेस्ट सेंट्रल	3. हाजीपुर
D. साउथ सेंट्रल	4. जबलपुर

कूट

	A	B	C	D
(a)	1	2	3	4
(b)	4	3	2	1
(c)	3	4	1	2
(d)	2	3	4	1

उत्तर *(d)* 2 3 4 1

31. सूची I का सूची II से सही कीजिए **CBSE 2024**

सूची I (रेल मंडल)	सूची II (मुख्यालय)
A. नॉर्थ ईस्टर्न	1. जबलपुर
B. वेस्ट सेंट्रल	2. हाजीपुर
C. ईस्ट सेंट्रल	3. सिकंदराबाद
D. साउथ सेंट्रल	4. गोरखपुर

कूट

	A	B	C	D
(a)	1,	4,	3,	2
(b)	1,	4,	2,	3
(c)	4,	1,	2,	3
(d)	4,	1,	3,	4

उत्तर (c) 4, 1, 2, 3

32. सूची-I का सूची-II से सही सुमेलन कीजिए **CBSE 2024**

सूची I (रेलवे-मंडल)	सूची II (मुख्यालय)
A. नादर्न	1. हाजीपुर
B. साउथ सेंट्रल	2. चेन्नई
C. सदर्न	3. नई दिल्ली
D. ईस्ट सेंट्रल	4. सिकंदराबाद

	A	B	C	D
(a)	4,	3,	2,	1
(b)	3,	4,	2,	1
(c)	1,	2,	3,	4
(d)	2,	3,	4,	1

उत्तर (b) 3 4 2 1

33. सूची I का सूची II से सही सुमेलित कीजिए

सूची I (जलमार्ग)	सूची II (स्टेशन)
A. राष्ट्रीय जलमार्ग-I	1. सदिया-धुबरी
B. राष्ट्रीय जलमार्ग-II	2. काकीनाडा-पुदुचेरी
C. राष्ट्रीय जलमार्ग-III	3. प्रयागराज-हल्दिया
D. राष्ट्रीय जलमार्ग-IV	4. कोट्टापुरम-कोल्लम
E. राष्ट्रीय जलमार्ग-V	5. तलचर से घमरा
F. राष्ट्रीय जलमार्ग-IV	6. लखीपुर से भंगा

कूट

	A	B	C	D	E	F
(a)	1	2	3	4	5	6
(b)	3	1	4	2	5	6
(c)	4	2	1	3	6	5
(d)	2	1	4	3	5	6

उत्तर *(b)* 3 1 4 2 5 6

34. सूची I का सूची II से सही सुमेलन कीजिए **CBSE 2024**

कॉलम I (राष्ट्रीय मार्ग)	कॉलम II (नदी)
A. राष्ट्रीय जलमार्ग संख्या -1	1. मातई
B. राष्ट्रीय जलमार्ग संख्या -2	2. गोदावरी
C. राष्ट्रीय जलमार्ग संख्या -4	3. गंगा
D. राष्ट्रीय जलमार्ग संख्या -5	4. ब्रह्मपुत्र

कूट

	A	B	C	D
(a)	4,	3,	2,	1
(b)	4,	3,	1,	2
(c)	3,	4,	1,	2
(d)	3,	4,	2,	1

उत्तर (d) 3421

निर्देश (प्र. सं. 35-37) दिए गए कथनों (A) तथा दूसरा कारण (R) है। को ध्यानपूर्वक पढ़िए और नीचे दिए गए कुट की सहायता से सही उत्तर का चयन करें। *दक्षता आधारित प्रश्न*

कूट

(a) A और R दोनों सही हैं तथा R, A की सही व्याख्या है
(b) A और R दोनों सही हैं, परंतु R, A की सही व्याख्या नहीं है
(c) A सही है, किंतु R गलत है
(d) A गलत है, किंतु R सही है

35. कथन (A) भारत में जलमार्ग यात्री तथा माल वहन, दोनों के लिए परिवहन की एक महत्त्वपूर्ण विधा है। **CBSE 2024**

कारण (R) यह ईंधन-दक्ष तथा पारिस्थितिकी अनुकूल परिवहन प्रणाली है।

उत्तर (a) भारत में जलमार्ग यात्री तथा माल वहन दोनों के लिए परिवहन को एक महत्त्वपूर्ण साधन माना जाता है। यह परिवहन का सबसे सस्ता साधन है तथा भारी व स्थूल सामग्री के परिवहन के लिए सर्वाधिक उपयुक्त है। यह ईंधन दक्ष तथा पारिस्थितिकी अनुकूल परिवहन प्रणाली है।

36. कथन (A) सूचनाओं के अंकीकरण के साथ दूरसंचार का धीरे-धीरे कंप्यूटर के साथ विलय हो गया।

कारण (R) परिणामस्वरूप एक समन्वित नेटवर्क बना जिसे इंटरनेट के नाम से जाना जाता है। **CBSE 2023**

उत्तर (a) सूचनाओं के अंकीकरण के साथ दूरसंचार धीरे-धीरे कंप्यूटर के साथ विलय हो गया। यह प्रक्रिया तकनीकी प्रगति और डिजीटल तकनीक के विकास के कारण संभव हुई। दूरसंचार और कंप्यूटर के विलय के परिणामस्वरूप एक समन्वित नेटवर्क का निर्माण हुआ, जिसे इंटरनेट के नाम से जाना जाता है। इंटरनेट वास्तव में इन प्रौद्योगिकियों के एकीकरण का परिणाम है।

37. कथन (A) नेशनल रिमोट सेंसिंग एजेंसी (NRSA) आँकड़ों का अधिग्रहण एवं प्रक्रमण करती है।

कारण (R) इससे प्राकृतिक संसाधनों के प्रबंधन में सहायता मिलती है। *दक्षता आधारित प्रश्न*

उत्तर (a) नेशनल रिमोट सेंसिग एजेंसी सैटेलाइट के माध्यम से आँकड़े प्राप्त करती है और इसका प्रक्रमण करती है यह भारत में रिमोट सेंसिंग तकनीक से संबंधित प्रभुत्व संस्था है। NRSA द्वारा प्राप्त एवं प्रक्रमित आँकड़ों का उपयोग प्राकृतिक संसाधनों; जैसे- भूमि, जल, वन, कृषि आदि के प्रबंधन एवं निगरानी में सहायता करता है।

38. नीचे दिए गए कथन I व कथन II का ध्यानपूर्वक अध्ययन कीजिए तथा सही विकल्प का चयन कीजिए

कथन I दूरदर्शन भारत का सबसे पुराना टेलीविजन नेटवर्क है, जिसकी स्थापना वर्ष 1959 में हुई थी।

कथन II दूरदर्शन ने भारत के विभिन्न सांस्कृतिक और सामाजिक पहलुओं को बढ़ावा देने में महत्त्वपूर्ण भूमिका निभाई है।

कूट

(a) केवल कथन I सही है (b) केवल कथन II सही है
(c) कथन I और II दोनों सही हैं (d) कथन I और II दोनों नहीं

उत्तर (c) कथन I और II दोनों सही हैं

39. नीचे दिए गए विकल्पों का प्रयोग करते हुए चार्ट को पूर्ण कीजिए

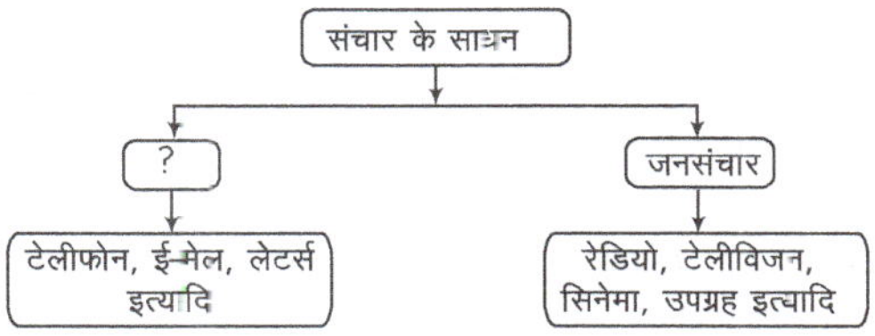

(a) आधुनिक संचार
(b) मीडिया संचार
(c) व्यक्तिगत संचार
(d) सूचना प्रौद्योगिकी

उत्तर (c) व्यक्तिगत संचार

लघु उत्तरीय प्रश्न

1. वाहक के रूप में मानव से लेकर तार मार्गों तक के स्थल परिवहन के विकास की यात्रा का वर्णन कीजिए।

उत्तर यात्री आवागमन एवं वस्तुओं के परिवहन के लिए प्राचीनकाल से सबसे अधिक स्थलीय परिवहन का प्रयोग किया जाता है।

प्रारंभिक दौर में मनुष्य स्वयं वाहक था। बाद में उसने पशुओं एवं पालकी का प्रयोग किया। विज्ञान एवं प्रौद्योगिकी के विकास के कारण परिवहन के साधनों में क्रांति आई। पहिये के आविष्कार के पश्चात् परिवहन के नए-नए साधनों का प्रयोग किया जाने लगा।

भाप इंजन के आविष्कार ने दूरियों को कम कर दिया और रेल परिवहन जैसी सुविधा मानव को प्राप्त हुई। तरल पदार्थों; जैसे—पेट्रोल, डीजल, गैस आदि के लिए पाइपलाइन परिवहन को प्रयोग में लाया जाने लगा। तरल पदार्थों को एक स्थान से दूसरे स्थान तक पहुँचाने का यह सुगम माध्यम बना। इसके अतिरिक्त स्थलीय परिवहन के रूप में तार मार्ग, रज्जु मार्ग जैसी परिवहन सेवाएँ वर्तमान में प्रासंगिक हैं।

2. भारत में अन्य सड़कों की श्रेणी के अंतर्गत कौन-सी दो प्रकार की सड़कें शामिल हैं? प्रत्येक की दो-दो विशेषताएँ बताइए।

उत्तर भारत में अन्य सड़कों की श्रेणी के अंतर्गत सीमांत सड़कें व अंतर्राष्ट्रीय महामार्ग शामिल हैं। इनकी दो-दो विशेषताएँ इस प्रकार हैं

सीमांत सड़कें

(i) भारत के दुर्गम एवं सीमा क्षेत्र पर बनी सड़कें सीमांत सड़कें कहलाती हैं।इनका निर्माण व रखरखाव सीमा सड़क संगठन द्वारा किया जाता है।
(ii) भारत की उत्तरी व उत्तर-पूर्वी सीमा, जोकि सामरिक दृष्टि से अति महत्त्वपूर्ण है, की सड़कों के तीव्र एवं समन्वित सुधार के लिए मई, 1960 में सीमा सड़क संगठन की स्थापना की गई।

अंतर्राष्ट्रीय महामार्ग

(i) महामार्ग भारत को अपने पड़ोसी देशों से स्थलीय मार्ग से जोड़े रखते हैं। जबकि महामार्ग अंतर्राष्ट्रीय व्यापार में परिवहन के प्रमुख साधन हैं।
(ii) जम्मू और कश्मीर में खारदुंग ला पास तथा वाघा वार्डर अंतराष्ट्रीय महामार्ग के उदाहरण हैं।

3. भारत में ग्रामीण सड़कों की मुख्य विशेषताओं को स्पष्ट कीजिए। **CBSE 2025**

उत्तर भारत में ग्रामीण सड़के ग्रामीण क्षेत्रों को शहरी और अर्ध-शहरी क्षेत्रों से जोड़ने में महत्त्वपूर्ण भूमिका निभाती हैं। इनकी प्रमुख विशेषताएँ निम्नलिखित हैं।

संबंधता ग्रामीण सड़कें गाँवों को कस्बों, बाजारों और प्रमुख सड़कों से जोड़ती हैं, जिससे सामाजिक और आर्थिक विकास को बढ़ावा मिलता है।

प्रधानमंत्री ग्राम सड़क योजना सरकार ने ग्रामीण सड़कों के विकास के लिए वर्ष 2000 में योजना की शुरुआत की, जिससे गाँवों को पक्की सड़कों से जोड़ा जा रहा है।

कम घनत्व ग्रामीण क्षेत्रों में सड़कों का घनत्व शहरी क्षेत्रों की तुलना में कम होता है।

जलवायु प्रभाव बरसात में कई ग्रामीण सड़कें खराब हो जाती हैं, जिससे आवागमन बाधित होता है।

कृषि और बाजार संपर्क - ये सड़के किसानों को उनके उत्पाद बाजार तक पहुँचाने में सहायता करती हैं, जिससे ग्रामीण अर्थव्यवस्था सशक्त होती है।

सुधार और विस्तार सरकार और स्थानीय निकाय लगातार ग्रामीण सड़कों के सुधार और विस्तार के लिए काम कर रहे हैं। ग्रामीण सड़कों का विकास भारत के समग्र विकास के लिए आवश्यक है, जिससे रोजगार, शिक्षा और स्वास्थ्य सेवाओं की पहुँच बेहतर होती है।

4. राष्ट्रीय महामार्ग और राज्य महामार्ग में अंतर स्पष्ट कीजिए।

उत्तर राष्ट्रीय महामार्ग और राज्य महामार्ग में अंतर निम्नलिखित हैं

राष्ट्रीय महामार्ग	राज्य महामार्ग
राष्ट्रीय महामार्ग राष्ट्रीय महत्त्व की सड़कें हैं।	राज्य महामार्ग राज्य स्तर की महत्त्वपूर्ण सड़कें हैं।
राष्ट्रीय महामार्ग देश के विभिन्न राज्यों को आपस में जोड़ते हैं।	राज्य महामार्ग एक राज्य के जिलों तथा प्रमुख नगरों को आपस में जोड़ते हैं।
राष्ट्रीय महामार्ग की देखभाल, रख-रखाव तथा निर्माण कार्य केंद्रीय लोक निर्माण विभाग करता है।	इनका निर्माण तथा रख-रखाव राज्य सरकार करती है।
इनका देश के आर्थिक और सांस्कृतिक विकास में महत्त्वपूर्ण योगदान होता है।	राज्य के आर्थिक विकास और प्रगति पर इन मार्गों का प्रभाव पड़ता है।
राष्ट्रीय महामार्ग देश के विभिन्न राज्यों के प्रमुख नगरों को निकट लाते हैं और व्यापार को गति प्रदान करते हैं।	ये राज्य के नगरों को एक सूत्र में बाँधने तथा निकट लाने में लाभकारी होते हैं।

5. जिला सड़कों तथा ग्रामीण सड़कों में अंतर स्पष्ट कीजिए।

उत्तर जिला सड़कों और ग्रामीण सड़कों में निम्नलिखित अंतर इस प्रकार हैं

जिला सड़कें	ग्रामीण सड़कें
(i) ये वे सड़कें हैं, जो एक जिले के मुख्य स्थानों, कस्बों और अन्य महत्त्वपूर्ण क्षेत्रों को आपस में जोड़ती हैं।	(i) ये सड़कें ग्रामीण क्षेत्रों, गाँवों और छोटे समुदायों को आपस में जोड़ती हैं।
(ii) इन सड़कों के अंतर्गत कुल सड़क की लंबाई का 14% है।	(ii) इसके अंतर्गत भारत की कुल सड़क लंबाई का 80% हैं।
(iii) इनका मुख्य उद्देश्य जिले के प्रशासनिक और व्यापारिक केंद्रों को जोड़ना होता है।	(iii) इनका उद्देश्य ग्रमीण क्षेत्रों को प्रमुख सड़कों या शहरों से जोड़ना होता है।
(iv) इन सड़कों का निर्माण और रख-रखाव आमतौर पर राज्य सरकार या जिला प्रशासन द्वारा किया जाता है।	(iv) इनका निर्माण और रख-रखाव स्थानीय पंचायत, ग्राम विकास विभाग या ग्रामीण विकास योजनाओं के अंतर्गत होता है।
(v) ये सड़कें बाढ़, भूकंप तथा सूखे की समस्याएँ सहायता पहुँचाने में निर्णायक भूमिका निभाती है।	(v) ये सड़कें ग्रामीण अर्थव्यवस्था को मजबूत करती हैं, क्योंकि ग्रामीण इन मार्गों की सहायता से अपनी वस्तु को जिला तथा कस्बा स्तर तक पहुँचाते हैं।

6. "भारत में सड़कों का वितरण प्रत्येक क्षेत्र में समान नहीं है।" तीन कारण देते हुए इस कथन की पुष्टि कीजिए। *दक्षता आधारित प्रश्न*

उत्तर भारत में सड़कों का वितरण प्रत्येक क्षेत्र में समान नहीं है, जिसके प्रमुख तीन कारण इस प्रकार हैं

(i) **भू-स्थलाकृति** भारत की भू-स्थलाकृति असमान है, जिसके परिणामस्वरूप समतल भाग पर सड़कों का घनत्व घाटी प्रदेशों से अधिक है।

(ii) **राज्यों की आर्थिक स्थिति** प्रत्येक राज्य की आर्थिक स्थिति अलग-अलग है; जैसे—उत्तर प्रदेश एवं महाराष्ट्र आर्थिक रूप से सुदृढ़ प्रदेश हैं, जिससे वहाँ का सड़क घनत्व अधिक है। मध्य प्रदेश में सड़क घनत्व के कम होने का प्रमुख कारण वित्तीय समस्या है।

(iii) **पर्वतीय प्रदेश का उच्चावच** पर्वतीय क्षेत्रों में सड़क निर्माण महँगा एवं जोखिम भरा है। मैदानी क्षेत्रों का पर्वतीय क्षेत्रों की अपेक्षा न केवल सड़क घनत्व अधिक है, अपितु गुणवत्ता भी अधिक है।

7. भारतीय रेलों की पटरियों के तीन वर्ग कौन-से हैं? प्रत्येक वर्ग की दो-दो विशेषताएँ लिखिए।

उत्तर भारतीय रेलों की पटरियों के मध्य चौड़ाई के आधार पर भारतीय रेल पटरियों को बड़ी लाइन, मीटर लाइन और छोटी लाइन तीन वर्गों में वर्गीकृत किया गया है। इनकी दो-दो विशेषताएँ इस प्रकार हैं

बड़ी लाइन

(i) इसमें दो रेल पटरियों के बीच की दूरी 1.67 मी होती है।

(ii) इस लाइन की भारी मात्रा में माल परिवहन की क्षमता अधिक है।

मीटर लाइन

(i) इसमें दो रेल पटरियों के बीच की दूरी 1 मी होती है।

(ii) बड़ी लाइन की तुलना में इसकी परिवहन क्षमता कम है।

छोटी लाइन

(i) इसमें दो रेल पटरियों के बीच की दूरी 0.762 या 0.610 मी होती है।

(ii) यह रेलमार्ग पर्वतीय क्षेत्रों तक ही सीमित है।

8. जल परिवहन का क्या महत्त्व है? भारत की जल परिवहन प्रणाली का संक्षेप में वर्णन कीजिए।

उत्तर जल परिवहन किसी भी देश में सबसे सस्ता यातायात प्रदान करता है। भारत में जलमार्ग, यात्री एवं माल वहन दोनों के लिए परिवहन का एक महत्त्वपूर्ण साधन है। यह भारी सामग्री के परिवहन के लिए सर्वाधिक उचित माध्यम है। ईंधन की कम खपत एवं पर्यावरण अनुकूलन आदि के माध्यम से भी यह सबसे लाभप्रद परिवहन साधन है। भारत में अंतःस्थलीय एवं महासागरीय दोनों प्रकार की जल परिवहन प्रणाली उपलब्ध है।

अंतःस्थलीय जलमार्ग के अंतर्गत नदियाँ, नहरें व अप्रवाही जल पर नौपरिवहन सम्मिलित हैं। अंतःस्थलीय जलमार्ग के अंतर्गत राष्ट्रीय जलमार्ग-1, 2 व 3 को विशेष स्थान प्राप्त है। महासागरीय जलमार्ग के अंतर्गत समुद्र पर नौपरिवहन सम्मिलित होता है। भारत के समुद्री जलमार्ग को 12 प्रमुख और 200 अन्य बंदरगाह संरचनात्मक आधार प्रदान करते हैं।

9. व्यक्तिगत संचार तथा जनसंचार में अंतर स्पष्ट कीजिए।

उत्तर व्यक्तिगत संचार तथा जनसंचार में अंतर निम्नलिखित हैं

व्यक्तिगत संचार	जनसंचार
व्यक्तिगत संचार डाक सेवा द्वारा कंप्यूटर समर्पित दूरसंचार द्वारा संपन्न होता है।	जनसंचार के लिए मुद्रण माध्यम (अखबार और पत्रिकाएँ), रेडियो और दूरदर्शन का उपयोग किया जाता है।
यह आधुनिक संचार प्रौद्योगिकी भारतीय अर्थव्यवस्था और समाज के तीव्र विकास के लिए अत्यंत महत्त्वपूर्ण है।	जनसंचार तंत्र सूचना और शिक्षा प्रदान करने में सहायक होता है।
इस तंत्र के द्वारा इंटरनेट और ई-मेल द्वारा सूचनाएँ एकत्र की जा सकती हैं।	ये राष्ट्रीय नीति और कार्यक्रम के विषयों में जागरूकता पैदा करने में सहायक हैं।
कंप्यूटर द्वारा दस्तावेजों को तीव्र गति और सस्ते में भेजा जा सकता है।	इनके द्वारा विचारों का आदान-प्रदान एवं सामरिक महत्त्व की घटनाओं का ज्ञान होता है।

10. भारत में उपग्रह संचार के किन्हीं तीन लाभों का वर्णन कीजिए।

उत्तर भारत में उपग्रह संचार के तीन लाभ निम्नलिखित हैं

(i) उपग्रह, संचार का नवीनतम तथा सबसे अधिक सक्षम माध्यम है, जिसकी सहायता से दूरसंचार एवं टेलीविजन के कार्यक्रमों को प्रसारित किया जाता है।

(ii) भारत की उपग्रह प्रणाली दूरसंचार, मौसम विज्ञान संबंधी अवलोकन तथा अन्य विविध आँकड़ों एवं कार्यक्रमों के लिए एक बहुउद्देशीय उपग्रह प्रणाली है।

(iii) उपग्रहों के माध्यम से प्राकृतिक संसाधनों के प्रबंधन एवं प्राकृतिक आपदाओं की निगरानी में सहायता मिलती है।

10. व्यक्तिगत संचार एवं सार्वजनिक संचार को स्पष्ट करते हुए व्यक्तिगत तथा सार्वजनिक संचार के माध्यमों के दो-दो उदाहरण दीजिए।

उत्तर व्यक्तिगत संचार से आशय निजी संदेशों के आदान-प्रदान से है। व्यक्तिगत संचार के माध्यमों में इंटरनेट सबसे व्यापक संचार तंत्र है, जो सर्वाधिक लोकप्रिय भी है। व्यक्तिगत संचार के प्रमुख माध्यम पत्र, टेलीफोन, ई-मेल एवं फैक्स आदि हैं। जब व्यापक स्तर पर सूचना पहुँचाई जाती है अथवा किसी जन-समूह को सूचना या संदेश प्रेषित किया जाता है, तो इसे सार्वजनिक संचार कहते हैं। इसके प्रमुख माध्यम समाचार-पत्र, पत्रिकएँ, आकाशवाणी एवं दूरदर्शन हैं।

12. भारत की उपग्रह प्रणाली को समाकृति एवं उद्देश्यों के आधार पर दो वर्गों में बाँटिए तथा प्रत्येक वर्ग की मुख्य विशेषताएँ स्पष्ट कीजिए।

उत्तर **भारत की उपग्रह प्रणाली का समाकृति एवं उद्देश्यों के आधार पर दो भागों में बाँटा गया है**

(i) इंडियन नेशनल सैटेलाइट सिस्टम भारत की उपग्रह प्रणानी का मुख्य उद्देश्य है इसकी विशेषताएँ इस प्रकार है

- इनसैट एक बहुउद्देशीय उपग्रह प्रणाली है, जिसकी स्थापना वर्ष 1983 में हुई थी।
- यह दूरसंचार मौसम विज्ञान संबंधी अवलोकन तथा अन्य कार्यक्रम के लिए उपयोगी बहुउद्देशीय प्रणाली है।

(ii) इंडियन रिमोट सेंसिंग सैटेलाइट सिस्टम भारत की उपग्रह का मुख्य उद्देश्य है इसकी प्रमुख विशेषताएँ इस प्रकार है

- आई आर एस उपग्रह प्रणाली मार्च, 1988 में रूस के वैकानूर प्रक्षेपण के साथ प्रारंभ हुई।
- नेशनल रिमोट सेंसिंग एजेंसी आँकड़ों को प्राप्त करने और निर्माण करने का काम करती है।

13. परिवहन एवं संचार में अंतर स्पष्ट कीजिए।

उत्तर परिवहन एवं संचार में निम्नलिखित अंतर हैं

परिवहन	संचार
परिवहन मानवीय आवागमन एवं वस्तुओं को एक स्थान से दूसरे स्थान पर ले जाने की व्यवस्था है।	एक व्यक्ति से दूसरे व्यक्ति तक संदेशों एवं सूचनाओं को पहुँचाने की व्यवस्था संचार कहलाती है।
इसके अंतर्गत स्थल परिवहन, जल परिवहन एवं वायु परिवहन सम्मिलित है।	इसके अंतर्गत व्यक्तिगत संचार एवं सार्वजनिक संचार सम्मिलित है।
इसके द्वारा देश के एक भाग को दूसरे भाग से जोड़ना सामाजिक व आर्थिक रूप से महत्त्वपूर्ण होता है।	इसके द्वारा विचारों का आदान-प्रदान एवं सामरिक महत्त्व की घटनाओं का ज्ञान होता है।
परिवहन में एक स्थान से दूसरे स्थान पर जाने में, माध्यम के अनुसार समय लगता है।	संचार के कुछ साधन सूचना देने के लिए अथवा संदेशों के आदान-प्रदान में कुछ सेकंडों का समय लेते हैं।
परिवहन के साधन पेट्रोल, डीजल, प्राकृतिक गैस एवं विद्युत ऊर्जा से संचालित होते हैं।	संचार के अधुनातन साधन विद्युत तरंगों एवं रेडियो तरंगों से चालित होते हैं।

दीर्घ उत्तरीय प्रश्न

1. भारत में राष्ट्रीय महामार्गों की गुणवत्ता के सुधार के लिए कौन-सी शीर्ष संस्था है? राष्ट्रीय महामार्गों के महत्त्व की पुष्टि कीजिए।

उत्तर भारत में राष्ट्रीय महामार्गों की गुणवत्ता में सुधार के लिए भारतीय राष्ट्रीय राजमार्ग प्राधिकरण शीर्ष संस्था है, जिसका गठन भारत सरकार ने वर्ष 1995 में किया था। राष्ट्रीय महामार्ग से आशय उन सड़कों से है, जिनका निर्माण एवं रखरखाव केंद्र सरकार द्वारा किया जाता है। इन्हें राष्ट्रीय राजमार्ग भी कहते हैं। राष्ट्रीय महामार्गों के महत्त्व को निम्न बिंदुओं द्वारा समझ सकते हैं

- राष्ट्रीय राजमार्ग हमारे देश के सभी राज्यों की राजधानियों एवं प्रमुख नगरों को जोड़ने का कार्य करते हैं।
- राष्ट्रीय राजमार्ग का उपयोग सामरिक उद्देश्यों की पूर्ति, रक्षा संबंधी सामग्री के परिवहन, सुरक्षा की दृष्टि से निगरानी आदि क्षेत्रों में भी किया जाता है।
- राष्ट्रीय राजमार्ग भारत के चारों अंतिम बिंदुओं को सड़क मार्ग से जोड़े हुए हैं, जिसके परिणामस्वरूप विभिन्न संस्कृति के लोगों के मध्य एकता सृजित हुई है।
- राष्ट्रीय राजमार्ग देश के प्रमुख रेलवे स्टेशनों,रेलमंडल एवं बंदरगाह को भी जोड़ने का कार्य करते हैं।
- राष्ट्रीय महामार्गों की गुणवत्ता को विकसित करने के लिए भारतीय राष्ट्रीय राजमार्ग प्राधिकरण द्वारा स्वर्णिम चतुर्भुज परियोजना एवं उत्तर-दक्षिण तथा पूर्व-पश्चिम गलियारा जैसी परियोजनाएँ प्रारंभ की गईं।

2. भारत के राष्ट्रीय महामार्ग के विषय में संक्षिप्त परिचय दीजिए, साथ ही भारत सरकार द्वारा संचालित विभिन्न राष्ट्रीय महामार्ग विकास परियोजनाओं का वर्णन कीजिए।

उत्तर इस प्रश्न के उत्तर के लिए पृष्ठ संख्या 261 पर शीर्षक 'राष्ट्रीय महामार्ग' तथा राष्ट्रीय महामार्ग विकास की परियोजनाएँ का अध्ययन करें।

3. भारत के अंत:स्थलीय जलमार्ग प्राधिकरण की भूमिका की परख कीजिए। अंत:स्थलीय जल परिवहन, परिवहन की एक महत्त्वपूर्ण विधा क्यों है? स्पष्ट कीजिए। *दक्षता आधारित प्रश्न*

उत्तर अंत:स्थलीय जलमार्ग प्राधिकारण की स्थापना वर्ष 1986 में की गई, जिसका मुख्य कार्य देश के राष्ट्रीय जलमार्गों का विकास, रखरखाव तथा नियमन करना है। इसी प्राधिकरण के द्वारा तीन अंत:स्थलीय जलमार्गों को राष्ट्रीय जलमार्ग घोषित किया गया। बाद की कालावधियों में 10 अन्य जलमार्गों को राष्ट्रीय जलमार्ग के रूप में चिह्नित किया गया है। अंत:स्थलीय जल परिवहन, परिवहन की एक महत्त्वपूर्ण विधा के रूप में जाना जाता है। जल परिवहन का न केवल राष्ट्रीय स्तर पर लाभ होता है, बल्कि अंतर्राष्ट्रीय स्तर पर यह किसी देश की आर्थिक स्थिति को सुदृढ़ करता है। जल परिवहन के निम्नलिखित लाभ हैं

- जल परिवहन अन्य परिवहन प्रणाली से सस्ता यातायात प्रदान करता है।
- जल परिवहन भारी एवं स्थूल सामग्री के लिए सर्वाधिक अच्छी परिवहन व्यवस्था है।
- ईंधन की कम खपत एवं प्रभावी लागत इसे अन्य परिवहन से प्रतिस्पर्द्धी बनाने के साथ पर्यावरण के प्रति अनुकूल भी बनाती है।

4. भारत में पाइपलाइन परिवहन के क्षेत्र में एक नया प्रयोग है। इसके विकास तथा उपयोगिता की व्याख्या कीजिए *दक्षता आधारित प्रश्न*

उत्तर भारत में पेट्रोलियम एवं प्राकृतिक गैस मंत्रालय के अधीन स्थापित 'ऑयल इंडिया लिमिटेड' द्वारा कच्चे तेल एवं प्राकृतिक गैस के अन्वेषण, उत्पादन तथा परिवहन का कार्य किया जाता है।

वर्ष 1959 में ऑयल इंडिया लिमिटेड को कंपनी का दर्जा दिया गया। असम के नहरकटिया तेल क्षेत्र से बरौनी तेलशोधन कारखाने तक एशिया की पहली 1,157 किमी लंबी देशपारीय पाइपलाइन का निर्माण किया गया, जिसे वर्ष 1966 में कानपुर तक विस्तारित किया गया। भारत में पाइपलाइनों के माध्यम से गैस एवं तरल पदार्थों का एक स्थान से दूसरे स्थान तक सरलतापूर्वक परिवहन किया जाता है। पाइपलाइनों की सहायता से कई प्रकार की गैस, पेट्रोलियम पदार्थ तथा ठोस पदार्थों को घोल या गारा में बदलकर सुदूर क्षेत्रों में पहुँचाया जाता है। पाइपलाइन प्रणाली की सबसे अधिक महत्ता इस बात से है कि यह गैस व तेल परिवहन का सबसे सुरक्षित साधन है, साथ ही किसी क्षेत्र में एक बार पाइपलाइन स्थापना के पश्चात् कई वर्षों तक उससे परिवहन सुगमतापूर्वक हो सकता है, जिससे परिवहन के व्यय में भी कमी होती है।

5. जनसंचार तंत्र में रेडियो व टी.वी. की भूमिका का वर्णन कीजिए।

उत्तर **जनसंचार तंत्र में रेडियो की भूमिका** भारत में रेडियो का पहला प्रसारण वर्ष 1923 में रेडियो क्लब ऑफ बॉम्बे द्वारा प्रारंभ किया गया था। तब से इसने असीमित लोकप्रियता पाई है तथा लोगों के सामाजिक-सांस्कृतिक जीवन में महत्त्वपूर्ण बदलाव किए हैं।

वर्ष 1930 में भारत सरकार ने इंडियन ब्रॉडकास्टिंग सिस्टम के अंतर्गत इस लोकप्रिय संचार माध्यम को अपने नियंत्रण में ले लिया। वर्ष 1936 में इसको ऑल इंडिया रेडियो तथा वर्ष 1957 में आकाशवाणी कहा जाने लगा। ऑल इंडिया रेडियो सूचना, समाचार बुलेटिनों, शिक्षा एवं मनोरंजन से जुड़े विभिन्न प्रकार के कार्यक्रमों का प्रसारण करता है। जनसंचार तंत्र में टेलीविजन (टी.वी.) की भूमिका सूचना एवं मनोरंजन के साथ-साथ आम लोगों को शिक्षित करने में भी टेलीविजन प्रसारण अति महत्त्वपूर्ण भूमिका निभा रहा है। यह दृश्य-श्रव्य प्रसारण का सशक्त माध्यम है। वर्ष 1959 में इसकी स्थापना के आरंभिक दौर में टी वी सेवाएँ केवल राष्ट्रीय राजधानी तक ही सीमित थीं, किंतु वर्ष 1972 के बाद इसके कई केंद्र देश के अन्य भागों में भी चालू किए गए। वर्ष 1976 में टी वी को ऑल इंडिया रेडियो से अलग कर दिया गया और इसे दूरदर्शन (डी.डी.) के रूप में एक अलग पहचान मिली।

अब देश के लगभग सभी हिस्सों में इसका प्रसारण हो रहा है। यह सब इनसैट-1A के कारण संभव हो पाया है।

6. मापदंड और गुणवत्ता के आधार पर संचार के साधनों को दो वर्गों में वर्गीकृत कीजिए। प्रत्येक वर्ग की किन्हीं दो विशेषताओं की व्याख्या कीजिए।

उत्तर मापदंड और गुणवत्ता के आधार पर संचार के साधनों को दो वर्गों में विभाजित किया जाता है

(i) **वैयक्तिक संचार तंत्र की विशेषताएँ**

- इसके अंतर्गत टेलीफोन, टेलीग्राफ, फैक्स, ई-मेल, इंटरनेट आदि को शामिल किया जाता है।
- इन सभी वैयक्तिक संचार तंत्रों में इंटरनेट सर्वाधिक प्रभावी एवं अधुनातन है। नगरीय क्षेत्रों में व्यापक स्तर पर इसका प्रयोग किया जाता है। यह उपयोगकर्ता को ई-मेल माध्यम से ज्ञान एवं सूचना की दुनिया में सीधे पहुँच बनाने में सहायक होता है।
- वैयक्तिक संचार ई-कॉमर्स तथा मौद्रिक लेन-देन के लिए अधिक प्रयोग किया जाता है।

(ii) **सार्वजनिक संचार तंत्र की विशेषताएँ**

- इसके अंतर्गत रेडियो, टेलीविजन, सिनेमा, उपग्रह, समाचार पत्र, पत्रिकाएँ एवं पुस्तकें, जनसभाएँ एवं सम्मेलन आदि को शामिल करते हैं।
- ऑल इंडिया रेडियो सूचना शिक्षा एवं मनोरंजन से जुड़े विभिन्न प्रकार के कार्यक्रमों को प्रसारित करता है। विशिष्ट अवसरों, जैसे संसद तथा राज्य विधानसभाओं के सत्रों के दौरान विशेष समाचार बुलेटिनों को भी प्रसारित किया जाता है।
- सूचना के प्रसार और आम लोगों को शिक्षित करने में टेलीविजन प्रसारण एवं अत्यधिक प्रभावी दृश्य श्रव्य माध्यम के रूप से उभरा है।
- सार्वजनिक संचार तंत्र में उपग्रह संचार सबसे महत्त्वपूर्ण होता है, क्योंकि यह अन्य संचार साधनों का नियमन करता है।
- उपग्रह से प्राप्त चित्रों का मौसम के पूर्वानुमान, प्राकृतिक आपदाओं की निगरानी, सीमा क्षेत्रों की निगरानी आदि में प्रयोग किया जाता है।

7. भारत में सार्वजनिक संचार तंत्र की विस्तृत व्याख्या कीजिए।

उत्तर इस प्रश्न के उत्तर के लिए पृष्ठ संख्या 266 पर शीर्षक 'संचार जाल' का अध्ययन करें।

8. "भारत में पाइपलाइनें अत्यधिक सुविधाजनक एवं सक्षम परिवहन प्रणाली है।" उदाहरण सहित इस कथन को स्पष्ट कीजिए। **CBSE 2024, 22**

उत्तर पाइपलाइन परिवहन से आशय पाइपलाइनों के माध्यम से गैस एवं तरल पदार्थों के परिवहन से है। पाइपलाइन प्रणाली की सबसे अधिक महत्ता इस बात से है कि यह गैस व तेल परिवहन का सबसे सुरक्षित साधन है, साथ ही किसी क्षेत्र में एक बार पाइपलाइन स्थापना के पश्चात् कई वर्षों तक उससे परिवहन सुगमतापूर्वक हो सकता है, जिससे परिवहन के व्यय में भी कमी होती है। इसके द्वारा विशिष्ट सामग्रियों; जैसे-पेट्रोल, गैस तथा ठोस पदार्थ को तरल में बदलकर सरलतापूर्वक एक जगह से दूसरी जगह तक पहुँचाया जाता है।

भारत मे पेट्रोलियम एवं प्राकृतिक गैस मंत्रालय के अधीन स्थापित 'ऑयल इंडिया लिमिटेड' (OIL) द्वारा कच्चे तेल एवं प्राकृतिक गैस के अन्वेषण, उत्पादन तथा परिवहन का कार्य किया जाता है। वर्ष 1959 में ऑयल इंडिया लिमिटेड को कंपनी का दर्जा दिया गया। असम के नहरकटिया तेल क्षेत्र से बरौनी तेलशोधन कारखाने तक एशिया की पहली 1,157 किमी लंबी देशपारीय पाइपलाइन का निर्माण किया गया, जिसे वर्ष 1966 में कानपुर तक विस्तारित किया गया।

पश्चिमी भारत में एक दूसरी पाइप्लाइन अंकलेश्वर-कोयली, मुंबई हाई-कोयली तथा हजीरा विजयपुर-जगदीशपुर (HVJ) का निर्माण किया गया। सलाया (गुजरात) से मथुरा (उत्तर प्रदेश) तक 1,256 किमी लंबी एक पाइप्लाइन का निर्माण किया गया है, जो गुजरात से पंजाब होते हुए मथुरा तक कच्चे तेल की आपूर्ति करती है। नुमालीगढ़ से सिलीगुड़ी तक 660 किमी लंबी पाइपलाइन अभी निर्माणाधीन है। इन सभी पाइपलाइन परियोजनाओं का निर्माण व संचालन ओ आई. एल. द्वारा किया जा रहा है।

इस प्रकार, पाइपलाइन परिवहन प्रणाली भारत में एक अत्यधिक सुविधाजनक और सक्षम विकल्प है, जो न केवल सामग्री के सुरक्षित और प्रभावी परिवहन में सहायता करती है, बल्कि पर्यावरण संरक्षण में भी सहायक है

9. विश्व में सबसे बड़े सड़क जाल के रूप में भारत का दूसरा स्थान है।" इस कथन को उदाहरण सहित व्याख्या कीजिए। **CBSE 2024**

अथवा **"भारत का सड़क जाल विश्व के विशालतम सड़क जालों में से एक है।" इस कथन की पुष्टि कीजिए।** **CBSE 24, 23, 22**

उत्तर संयुक्त राज्य अमेरिका (65.8 लाख किमी) के पश्चात् भारत का सड़क जाल विश्व का दूसरा सबसे बड़ा सड़क जाल है। इसकी कुल लंबाई 62.16 लाख किमी (वर्ष 2020-21 में) है। भारत में आधुनिक सड़क निर्माण का पहला प्रयास वर्ष 1943 में नागपुर योजना' के अंतर्गत किया गया, परन्तु ब्रिटिश प्रांत तथा रजवाड़ों के बीच समन्वय के अभाव के कारण यह योजना विफल हो गई।

भारत में प्रतिवर्ष लगभग 85% यात्री तथा 70% भार यातायात का परिवहन सड़क द्वारा किया जाता है। छोटी दूरियों की यात्रा के लिए सड़क परिवहन अधिक अनुकूल होता है। स्वतंत्रता प्राप्ति के पश्चात् वर्ष 1961 में सड़कों की दशा सुधारने के लिए 'बीस वर्षीय सड़क योजना' प्रारंभ की गई। शेरशाह सूरी के द्वारा पेशावर (पाकिस्तान) से बंगाल की सोनार घाटी तक एक शाही राजमार्ग का निर्माण कराया गया, जिसे ब्रिटेश काल में ग्रांड ट्रक (जी टी) रोड के नाम से जाना गया। वर्तमान समय में यह रोड अमृतसर से कोलकाता तक विस्तृत है, जिसे दो भागों में बाँटा गया है

(i) अमृतसर से दिल्ली (राष्ट्रीय महामार्ग-1)

(ii) दिल्ली से कोलकाता (राष्ट्रीय महामार्ग-2)

सड़कों के निर्माण व रखरखाव के उद्देश्य से सड़कों को राष्ट्रीय महामार्ग (NH), राज्य महामार्ग (SH), प्रमुख जिला सड़क तथा ग्रामीण सड़क में बाँटा गया है।

वर्ष 1951 में राष्ट्रीय महामार्ग की लंबाई 19,700 किमी थी, जो वर्ष 2020 में बढ़कर 1.36,440 किमी हो गई। यह भारत की कुल सड़क लंबाई का 2% है, जो सड़क यातायात के 40% भाग का वहन करता है। राष्ट्रीय महामार्गों या राजमार्गों के निर्माण, विकास और प्रबंधन के लिए भारत सरकार द्वारा भारतीय राष्ट्रीय राजमार्ग प्राधिकरण (National Highways Authority of India) का गठन वर्ष 1995 में किया गया। यह सड़कों की गुणवत्ता सुधार के लिए एक शीर्ष संस्था है।

इस प्रकार, भारत का विशाल सड़क जाल न केवल आर्थिक दृष्टिकोण से महत्त्वपूर्ण है, बल्कि यह सामाजिक और सांस्कृतिक एकता को भी बढ़ावा देता है। इस कारण से इसे "दुनिया का दूसरा सबसे बड़ा सड़क जाल" कहा जाता है, जो भारत के बुनियादी ढाँचे की क्षमता और विकास के लिए एक महत्त्वपूर्ण संकेतक है।

10. भारत में रेल परिवहन के महत्त्व की व्याख्या कीजिए। **CBSE 2024**

उत्तर भारतीय रेल जाल विश्व के सर्वाधिक लंबे रेल जालों में से एक है। यह माल एवं यात्री परिवहन को सुगम बनाने के साथ-साथ आर्थिक वृद्धि में भी योगदान देता है। ब्रिटिश काल में रेलवे का विस्तार शहरी क्षेत्र, कच्चा माल या सामग्री उत्पादन क्षेत्र, बागान व अन्य व्यावसायिक क्षेत्र, पहाड़ी स्थल तथा छावनी क्षेत्र तक था, लेकिन स्वतंत्रता प्राप्ति के पश्चात् रेलवे का विकास इन क्षेत्रों के अतिरिक्त अन्य क्षेत्रों में भी किया गया। भारत में रेलवे की शुरुआत 1853 ई. में मुंबई से थाणे के बीच (34 किमी) हुई। रेलवे भारत सरकार का विशालतम उद्यम है। वर्ष 2020 तक इसकी कुल लंबाई 67956 किमी है। भारतीय रेलवे को 18 मंडलों में बाँटा गया है।

भारतीय रेल परिवहन का महत्त्व अनेक दृष्टिकोणों से है यहाँ कुछ मुख्य बिंदु दिए गए हैं

(i) **आर्थिक विकास** रेलवे देश की अर्थव्यवस्था में महत्त्वपूर्ण भूमिका निभाता है। यह वस्तुओं और सेवाओं की गति को तेज करता है, जिससे व्यापार और उद्योग को लाभ होता है।

(ii) **सामाजिक संपर्क** रेल परिवहन ने विभिन्न क्षेत्रों के लोगों को आपस में जोड़ने में मदद की है। यह विभिन्न सामाजिक और सांस्कृतिक गतिविधियों को बढ़ावा देता है और यात्रा को सस्ता और सुविधाजनक बनाता है।

(iii) **सुरक्षा** रेलवे एक सुरक्षित यात्रा विकल्प है। सड़क परिवहन की तुलना में रेल यात्रा में दुर्घटनाओं की संभावना कम होती है, जिससे यह यात्रियों के लिए एक सुरक्षित विकल्प बनता है।

(iv) **पर्यावरणीय लाभ** रेल परिवहन अपेक्षाकृत कम ईंधन का उपयोग करता है और कार्बन उत्सर्जन को कम करता है। यह जलवायु परिवर्तन के विरुद्ध एक उचित विकल्प है।

(v) **रोजगार के अवसर** रेलवे क्षेत्र में अनेक प्रकार के रोजगार के अवसर उपलब्ध होते हैं, जिससे बेरोजगारी में कमी आती है और आर्थिक स्थिरता बढ़ती है।

(vi) **सामाजिक समानता** रेलवे ने विभिन्न वर्गों के लोगों को एक समान यात्रा के अवसर प्रदान किए है। यह सभी सामाजिक और आर्थिक वर्गों के लोगों के लिए सस्ती यात्रा के साधन उपलब्ध कराता है।

अतः इन बिंदुओं के माध्यम से यह स्पष्ट होता है कि भारत में रेल परिवहन न केवल यात्रा का एक साधन है, बल्कि यह देश के सामाजिक, आर्थिक और पर्यावरणीय विकास में एक महत्त्वपूर्ण भूमिका निभाता है।

स्रोत आधारित प्रश्न

निम्नलिखित स्रोतों को ध्यानपूर्वक पढ़कर उनपर आधारित प्रश्नों के उत्तर दीजिए।

1.

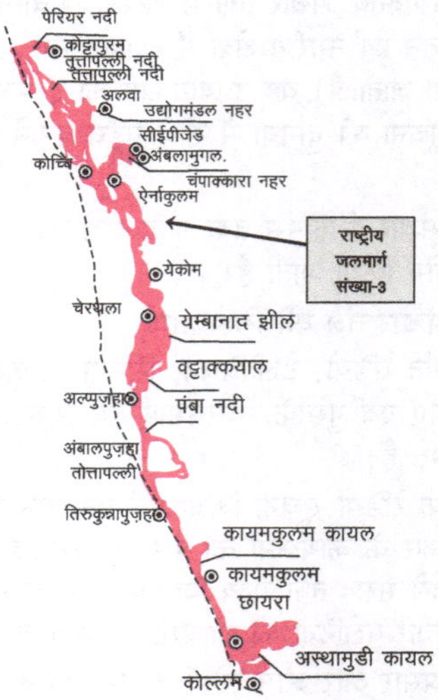

(i) **राष्ट्रीय जलमार्ग-3 के अंतर्गत कौन-सी नहरें आती हैं?**

उत्तर राष्ट्रीय जलमार्ग-3 के अंतर्गत पश्चिमी तट नहर के साथ चंपाकारा तथा उद्योग मंडल नहरें आती हैं।

(ii) **राष्ट्रीय जलमार्ग-3 किन-किन स्थानों को जोड़ता है?**

उत्तर यह जलमार्ग कोट्टापुरम को कोलम से जोड़ता है। इस जलमार्ग पर पूरे मार्ग में 24 घंटे नौवहन की सुविधा उपलब्ध है।

(iii) **राष्ट्रीय जलमार्ग-3 की पर्यटन में क्या भूमिका है?**

उत्तर यह केरल के पर्यटन उद्योग में एक महत्त्वपूर्ण भूमिका निभाता है। यह जलमार्ग प्रसिद्ध केरल बैकवाटर के प्रमुख हिस्सों को जोड़ता है, जिससे वेंबनाड झील और आस-पास के बैकवाटर में हाउसबोट पर्यटन की लोकप्रियता बढ़ी है।

2. भारतीय रेल जाल विश्व के सर्वाधिक लंबे रेल जालों में से एक है। यह माल एवं यात्री परिवहन को सुगम बनाने के साथ-साथ आर्थिक वृद्धि में भी योगदान देता है। महात्मा गाँधी ने कहा था-"भारतीय रेलवे ने विविध संस्कृति के लोगों को एक साथ लाकर भारत के स्वतंत्रता संग्राम में योगदान दिया है।" भारतीय रेल की स्थापना 1853 ई. में हुई तथा मुंबई (बंबई) के थाणे के बीच 34 किमी लंबी रेल लाइन निर्मित की गई।

देश में भारतीय रेल सरकार का विशालतम उद्यम है। भारतीय रेल जाल की कुल लंबाई 67956 किमी है (रेलवे ईयर बुक 2019-20)। इसका अति विशाल आकार केंद्रीकृत रेल प्रबंधन तंत्र पर अत्यधिक दबाव डालता है। अतएव भारतीय रेल को 18 मंडलों में विभाजित किया गया है।

भारतीय रेल ने मीटर तथा नैरो गेज रेलमार्गों को ब्रॉड गेज में बदलने के लिए व्यापक कार्यक्रम शुरु किया है। इसके अतिरिक्त वाष्पचालित इंजनों के स्थान पर डीजल और विद्युत इंजनों को लाया गया है। इस कदम से रेलों की गति बढ़ने के साथ-साथ उनकी ढुलाई क्षमता भी बढ़ गई है। कोयले द्वारा चालित वाष्प इंजनों के प्रतिस्थापन से रेलवे स्टेशनों के पर्यावरण में भी सुधार हुआ है।

(i) महात्मा गाँधी ने भारतीय रेल के संदर्भ में क्या कहा था?

उत्तर महात्मा गाँधी ने कहा था- भारतीय रेलवे ने विविध संस्कृति के लोगों को एक साथ लाकर भारत के स्वतंत्रता संग्राम में योगदान दिया है।

(ii) रेलवे पटरी की चौड़ाई के आधार भारतीय रेल के कितने वर्ग बनाए गए हैं?

उत्तर रेलवे पटरी की चौड़ाई के आधार पर भारतीय रेल के तीन वर्ग बनाए गए हैं, जैसे बड़ी लाइन (ब्रॉड गेज) मीटर लाइन एवं छोटी लाइन आदि।

(iii) भारत में रेल परिवहन का क्या महत्त्व है?

उत्तर भारतीय रेल जाल विश्व के सर्वाधिक लंबे रेल जालों में से एक है। यह माल तथा यात्री परिवहन को सुगम बनाने के साथ-साथ आर्थिक वृद्धि में भी योगदान देता है।

3. भारत का सड़क जाल विश्व का दूसरा सबसे बड़ा सड़क-जाल है। इसकी कुल लंबाई लगभग 62.16 लाख किमी (वार्षिक रिपोर्ट 2020-21, morth.nic.in) है।

भारत में, द्वितीय विश्व युद्ध से पहले तक आधुनिक प्रकार का सड़क परिवहन अत्यंत सीमित था। पहला गंभीर प्रयास वर्ष 1943 में 'नागपुर योजना' बनाकर किया गया। रजवाड़ों और ब्रिटिश भारत के बीच समन्वय के अभाव के कारण यह योजना क्रियान्वित नहीं हो पाई। स्वतंत्रता प्राप्ति के पश्चात् भारत में सड़कों की दशा सुधारने के लिए एक बीस वर्षीय सड़क योजना (1961) आरंभ की गई। हालाँकि, सड़कों का संकेंद्रण नगरों एवं उनके आसपास के क्षेत्रों में ही रहा। ग्रामीण एवं सुदूर क्षेत्रों से सड़कों द्वारा संपर्क लगभग नहीं के बराबर था।

वे प्रमुख सड़कें, जिन्हें केंद्र सरकार द्वारा निर्मित एवं अनुरक्षित किया जाता है, राष्ट्रीय महामार्ग के नाम से जानी जाती है। इन सड़कों का उपयोग अंतर्राज्यीय परिवहन तथा सामरिक क्षेत्रों तक रक्षा सामग्री एवं सेना के आवागमन के लिए होता है। ये महामार्ग राज्यों की राजधानियों, प्रमुख नगरों, महत्त्वपूर्ण पत्तनों तथा रेलवे जंक्शनों को भी जोड़ते हैं। राष्ट्रीय महामार्गों की लंबाई वर्ष 1951 में 19,700 किमी से बढ़कर वर्ष 2020 में 1,36,440 किमी हो गई है। राष्ट्रीय महामार्गों की लंबाई पूरे देश की कुल सड़कों की लंबाई की मात्र 2% है; किंतु ये सड़क यातायात के 40% भाग का वहन करते हैं। भारतीय राष्ट्रीय महामार्ग प्राधिकरण (एन.एच.ए.आई.) का प्रचालन वर्ष 1995 में हुआ था। यह भूतल परिवहन मंत्रालय के अधीन एक स्वायत्तशासी निकाय है। इसे राष्ट्रीय महामार्गों के विकास, रख-रखाव तथा प्रचालन की जिम्मेदारी सौंपी गई है। इसके साथ ही यह राष्ट्रीय महामार्गों के रूप में निर्दिष्ट सड़कों की गुणवत्ता सुधार के लिए एक शीर्ष संस्था है।

(i) द्वितीय विश्वयुद्ध से पूर्व तक, भारत में आधुनिक सड़क परिवहन व्यवस्था के अत्यंत सीमित होने के पीछे मुख्य कारण क्या था?

उत्तर द्वितीय विश्वयुद्ध से पूर्व तक, भारत में आधुनिक सड़क परिवहन व्यवस्था के अत्यंत सीमित होने के पीछे मुख्य कारण था कि उपनिवेशवाद के कारण ब्रिटिश सरकार ने अपनी आवश्यकताओं के हिसाब से सड़कों का निर्माण किया।

(ii) भारतीय राष्ट्रीय महामार्ग प्राधिकरण किस मंत्रालय के अधीन एक स्वायत्तशासी निकाय है?

उत्तर भारतीय राष्ट्रीय महामार्ग प्राधिकरण का प्रचलन वर्ष 1995 में हुआ था। यह भूतल परिवहन मंत्रालय के अधीन एक स्वायत्तशासी निकाय है।

(iii) राष्ट्रीय महामार्ग का प्रयोग किनके लिए होता है?

उत्तर राष्ट्रीय महामार्ग का उपयोग अंतर्राज्यीय परिवहन तथा सामारिक क्षेत्रों तक रक्षा सामग्री एवं सेना के आवागमन के लिए होता है।

4. वर्ष 1911 में भारत में वायु परिवहन की शुरुआत प्रयागराज से नैनी (10 किमी) तक विमान डाक सेवा के परिवहन से की गई स्वतंत्रता प्राप्ति के पश्चात् भारतीय वायुक्षेत्र में सुरक्षित एवं सक्षम वायु यातायात तथा वैमानिकी संचार सेवाएँ उपलब्ध कराने के उद्देश्य से भारतीय वायु प्राधिकरण की स्थापना की गई। भारत में एयर इंडिया और इंडियन एयरलाइंस कंपनियों के द्वारा वायु परिवहन उपलब्ध कराया जाता है।

पवनहंस एक हेलीकॉप्टर सेवा है, जो पर्वततीय क्षेत्रों (उत्तर-पूर्वी सेक्टर) में पर्यटन की सुविधा उपलब्ध कराती है। पर्यटन के अतिरिक्त पवनहंस पेट्रोलियम सेक्टर में हेलीकॉप्टर सेवाएँ देती है। भारत सरकार ने वर्ष 1992 में मुक्त आकाश नीति की शुरुआत की, जिसका मुख्य उद्देश्य भारतीय निर्यातकों को सहायता पहुँचाना तथा उनके निर्यात को प्रतियोगितापूर्ण बनाने के लिए अवसर उपलब्ध कराना है।

(i) भारतीय विमानपत्तनम प्राधिकरण की मुख्य जिम्मेदारी क्या है?

उत्तर भारतीय विमानपत्तनम प्राधिकरण की मुख्य जिम्मेदारी भारत में हवाई अड्डों का प्रबंधन और संचालन करना है।

(ii) पवनहंस हेलीकॉप्टर सेवा किन क्षेत्रों में सहायता प्रदान करती है?

उत्तर पवनहंस हेलीकॉप्टर सेवा पर्यटन, तेल और गैस क्षेत्रों आपातकालीन चिकित्सा, सेवाओं सहित विभिन्न पर्वतीय क्षेत्रों में भी सेवाएँ प्रदान करती है।

(iii) भारत सरकार ने मुक्त आकाश नीति की शुरुआत कब और क्यों की?

उत्तर वर्ष 1992 में मुक्त आकाश नीति की शुरुआत की, जिसका मुख्य उद्देश्य भारतीय निर्यातकों को सहायता पहुँचाना तथा उनके निर्यात को प्रतियोगितापूर्ण बनाने के लिए अवसर उपलब्ध कराना है।

5. पाइपलाइन परिवहन से आशय पाइपलाइनों के माध्यम से गैस एवं तरल पदार्थों के परिवहन से है। इसके द्वारा विशिष्ट सामग्रियों; जैसे-पेट्रोल तथा ठोस पदार्थों को घोल में बदलकर सरलतापूर्वक सुरक्षित रूप से एक जगह से दूसरी जगह तक पहुँचाया जाता है। भारत में पेट्रोलियम एवं प्राकृतिक गैस मंत्रालय के अधीन स्थापित ऑयल इंडिया लिमिटेड द्वारा कच्चे तेल एवं प्राकृतिक गैस के अन्वेषण, उत्पादन तथा परिवहन

का कार्य किया जाता है। वर्ष 1959 में ऑयल इंडिया लिमिटेड को कंपनी का दर्जा दिया गया। असम के नहरकटिया तेल क्षेत्र से बरौनी तेल शोधन कारखाने तक एशिया की पहली 1157 किमी लंबा देशपारीय पाइपलाइन का निर्माण किया गया, जिसे वर्ष 1966 में कानपुर तक विस्तारित किया गया।

गेल (इंडिया) लिमिटेड की स्थापना वर्ष 1984 में एक सार्वजनिक क्षेत्र के उपक्रम के रूप में की गई थी। गेल द्वारा निर्मित पहली 1700 किमी लंबा हजीरा-विजयपुर-जगदीशपुर क्रॉस कंट्री गैस पाइलाइन ने मुंबई हाई और वसीन गैस गैस क्षेत्रों को पश्चिमी और उत्तरी भारत में विभिन्न उर्वरक, बिजली और औद्योगिक परिसरों से जोड़ा है।

(i) ऑयल इंडिया लिमिटेड किस मंत्रालय के अंतर्गत आता है?

(a) पेट्रोलियम और प्राकृतिक गैस मंत्रालय
(b) ग्रह मंत्रालय
(c) सड़क परिवहन और राजमार्ग मंत्रालय
(d) सूचना प्रौद्योगिकी मंत्रायल

उत्तर (a) पेट्रोलियम और प्राकृतिक गैस मंत्रालय

(ii) बरौनी तेल शोधन कारखाना कहाँ स्थित है?

(a) पं. बंगाल
(b) झारखंड
(c) बिहार
(d) मध्य प्रदेश

उत्तर (c) बिहार

(iii) हजीरा-विजयपुर-जगदीशपुर गैस पाइपलाइन का संचालन किस कंपनी द्वारा किया जाता है?

(a) इंडियन ऑयल कॉर्पोरेशन
(b) गेल इंडिया लिमिटेड
(c) ओएनपीसी
(d) रिलायंस इंडस्ट्रीज

उत्तर (b) गेल इंडिया लिमिटेड

मानचित्र आधारित प्रश्न

1. भारत के दिए गए राजनीतिक मानचित्र में A, B, C, D तथा E के रूप में चिह्नित कुछ स्थानों के नाम दिए गए हैं। निम्नलिखित जानकारी की सहायता से इन्हें पहचानिए तथा इनके नाम लिखिए।

A. नार्दन रेलवे मुख्यालय
B. नार्थ वेस्ट रेलवे का मुख्यालय
C. मेट्रो रेलवे मंडल का मुख्यालय
D. स्वर्णिम चतुर्भुज का एक महानगर
E. उत्तर-दक्षिण गलियारे का दक्षिण बिंदु

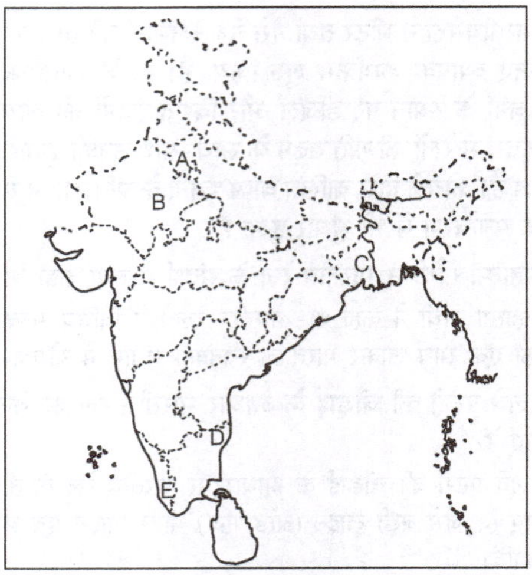

उत्तर A. दिल्ली B. जयपुर C. कोलकाता D. चेन्नई E. कन्याकुमारी

2. भारत के राजनीतिक मानचित्र में निम्नलिखित को इंगित कीजिए।

(i) नेशनल रिमोट सेंसिंग एजेंसी का मुख्यालय
(ii) राष्ट्रीय जल -मार्ग- 1 का प्रारंभिक बिंदु
(iii) पश्चिम में स्थित रेल का मुख्यालय
(iv) कोंकण रेलवे का वह दूसरा बिंदु, जो महाराष्ट्र के रोहा को जोड़ता है।
(v) पंजाब में एक अंतराष्ट्रीय वायु -पत्तन **CBSE 2025**
(vi) केरल का एक महत्त्वपूर्ण समुद्री -पत्तन **CBSE 2025**

उत्तर

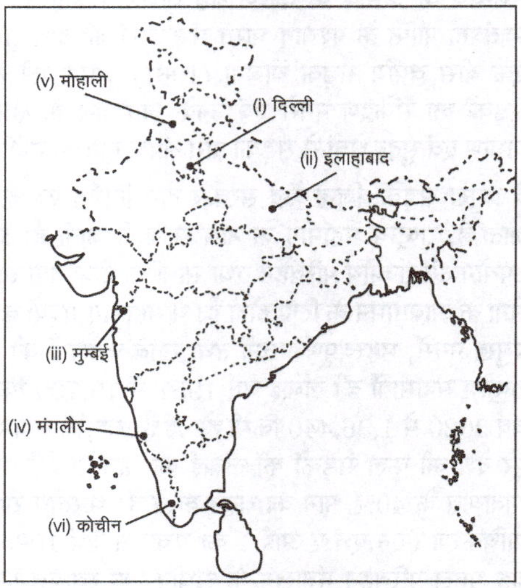

स्वयं को जाँचें

वस्तुनिष्ठ प्रश्न

1. सामरिक रूप से महत्त्वपूर्ण सीमा क्षेत्रों में सड़कों का निर्माण कौन करता है?

(a) सीमा सुरक्षा बल
(b) सीमा सड़क संगठन
(c) भारतीय-तिब्बत सीमा सुरक्षा बल
(d) केंद्रीय औद्योगिक सुरक्षा बल

2. दक्षिण मध्य रेलवे जोन का मुख्यालय कहाँ स्थित है?

(a) हैदराबाद
(b) सिकंदराबाद
(c) हुबली
(d) विशाखापत्तनम

3. भारतीय रेलवे द्वारा वर्तमान में किस प्रकार के इंजन का उपयोग किया जाता है?

(a) वाल्व आधारित इंजन
(b) इलेक्ट्रॉनिक आधारित इंजन
(c) कोयला आधारित इंजन
(d) चुंबकीय आधारित इंजन

4. राष्ट्रीय जलमार्ग संख्या I किस नदी पर निर्मित है?

(a) गंगा (b) यमुना
(c) ब्रह्मपुत्र (d) सतलज

5. निम्न में से कौन-सा युग्म सही सुमेलित नहीं है?

(a) नॉर्थ ईस्टर्न - गोरखपुर
(b) साउथ ईस्टर्न - कोलकाता
(c) वेस्ट सेंट्रल - जबलपुर
(d) नॉर्थ वेस्टर्न - अजमेर

6. राष्ट्रीय महामार्ग के संदर्भ में निम्नलिखित में से कौन-सा कथन सही नहीं है

1. इनका निर्माण व रखरखाव केंद्र सरकार करती है।
2. वर्ष 1951 में राष्ट्रीय महामार्गों की लंबाई 19,700 किमी थी।
3. ये महामार्ग राज्य की राजधानियों, प्रमुख नगरों व रेलवे जंक्शनों को जोड़ने का कार्य करते हैं।
4. वर्ष 2020 में राष्ट्रीय महामार्गों की लंबाई 1,72,440 किमी हो गई है।

कूट

(a) 1 और 2 (b) केवल 4
(c) केवल 3 (d) केवल 1

अतिलघु उत्तरीय प्रश्न

7. सभी वैयक्तिक संचार तंत्रों में इंटरनेट सर्वाधिक प्रभावी तंत्र क्यों है?

8. रेडियो और टेलीविजन भारत में किस तरह अलग हुए?

9. प्राचीन काल में संचार के माध्यम के लिए किन साधनों का प्रयोग किया जाता था?

लघु उत्तरीय प्रश्न

10. जिला सड़कों एवं ग्रामीण सड़कों के महत्त्व को स्पष्ट कीजिए।

11. रेल परिवहन के विकास का वर्णन कीजिए।

12. स्वर्णिम चतुर्भुज परियोजना की व्याख्या कीजिए?

13. भारत के पर्वतीय क्षेत्रों में ग्रामीण सड़कों का घनत्व बहुत कम क्यों है?

दीर्घ उत्तरीय प्रश्न

14. भारतीय अर्थव्यवस्था के विकास में स्थलीय परिवहन के योगदान का वर्णन कीजिए।

15. रेल परिवहन के महत्त्व की विस्तृत व्याख्या कीजिए?

16. भारत में पाइपलाइनें गैस एवं तरल पदार्थों की लंबी दूरी तक परिवहन के लिए अत्यधिक सुविधाजनक एवं सक्षम परिवहन प्रणाली है, व्याख्या कीजिए।

17. भारत के किन शहरों में मेट्रो रेल सुविधा उपलब्ध है? इनके बारे में जानकारी एकत्रित करें और कक्षा में चर्चा करें।

8 अध्याय

अंतर्राष्ट्रीय व्यापार

यह अध्याय अंतर्राष्ट्रीय व्यापार की अवधारणा और वैश्विक रूप में वस्तुओं के आयात और निर्यात के तरीकों से संबंधित है।

▼ अध्ययन एक नजर में

8.1 भारत के निर्यात संघटन के बदलते प्रारूप
8.2 भारत के आयात संघटन के बदलते प्रारूप
8.3 व्यापार की दिशा
8.4 समुद्री पत्तन अंतर्राष्ट्रीय व्यापार के प्रवेश द्वार के रूप में

▼ अभ्यास के लिए

- बहुविकल्पीय प्रश्न 30, (युग्मित प्रश्न, कथन/कारण, सुमेलित कीजिए)
- वर्णनात्मक प्रकार के प्रश्न (लघु उत्तरीय प्रश्न 13, दीर्घ उत्तरीय प्रश्न 5)
- स्रोत आधारित प्रश्न 4, मानचित्र आधारित 3

अंतर्राष्ट्रीय व्यापार को उस गतिविधि के रूप में परिभाषित किया जाता है, जिसमें वैश्विक स्तर पर देशों के मध्य वस्तुओं और सेवाओं का आदान-प्रदान किया जाता है। अंतर्राष्ट्रीय व्यापार सभी देशों के लिए लाभदायक है, क्योंकि कोई भी देश आत्मनिर्भर नहीं है। हाल के वर्षों में भारत के अंतर्राष्ट्रीय व्यापार में मात्रा एवं संघटन के साथ-साथ व्यापार की दिशा में भी परिवर्तन आया है। इसके अतिरिक्त भारत के विदेशी व्यापार का स्वरूप कई वर्षों के पश्चात् बदला है। जबकि **आयात**[1] और **निर्यात**[2] की कुल मात्रा में वृद्धि हुई है, लेकिन आयात का मूल्य निर्यात से अधिक है।

8.1 भारत के निर्यात संघटन के बदलते प्रारूप

- भारत के अंतर्राष्ट्रीय व्यापार में वस्तुओं के संघटकों में कृषि एवं समवर्गी उत्पादों का निर्यात घटा है, जबकि पेट्रोलियम तथा अपरिष्कृत उत्पादों एवं अन्य वस्तुओं का निर्यात बढ़ा है। वर्ष 2009-10 से 2011-12 तथा वर्ष 2015-16 से 2016-17 तक अयस्क खनिजों तथा निर्मित सामानों का निर्यात स्थिर रहा है।
- कृषि उत्पादों में काजू जैसी पारंपरिक वस्तुओं के निर्यात में गिरावट आई है, लेकिन फूलों की खेती से जुड़े उत्पाद, ताजे फल, समुद्री उत्पाद और चीनी आदि के निर्यात में वृद्धि हुई है। इसके अतिरिक्त अंतर्राष्ट्रीय प्रतिस्पर्द्धा के कारण पारंपरिक वस्तुओं में भी गिरावट आई है।
- इस क्षेत्र में चीन तथा अन्य पूर्वी एशियाई देश भारत के विदेश व्यापार में प्रमुख प्रतिस्पर्द्धी हैं।
- विनिर्माण क्षेत्र में 2021-22 में भारत के कुल निर्यात मूल्य का 67.8% हिस्सा रहा, जिसमें रत्न और आभूषण भारत के विदेशी व्यापार में बड़ा योगदान देते हैं।

---

1 **आयात** किसी दूसरे देश से वस्तुओं को खरीदना आयात कहलाता है।

2 **निर्यात** किसी दूसरे देश में वस्तुओं को बेचना निर्यात कहलाता है।

- इसी के साथ इंजीनियरिंग उत्पादों में भी उल्लेखनीय वृद्धि हुई है।
- वर्ष 1950-51में भारत का विदेशी व्यापार का मूल्य ₹ 1214 करोड़ था, जो बर्ष 2021-22 में बढ़कर ₹ 77,19,796 करोड़ हो गया।

भारत का निर्यात संघटन, 2015-2022 (निर्यात में प्रतिशत हिस्सेदारी)

वस्तुएँ/माल	2015-16	2016-17	2020-21	2021-22
कृषि एवं समवर्गी उत्पाद	12.6	12.3	14.3	11.9
अयस्क एवं खनिज	1.6	1.9	3.2	2.0
विनिर्मित वस्तुएँ	72.9	73.6	71.2	67.8
पेट्रोलियम व अपरिष्कृत उत्पाद	11.9	11.7	9.2	16.4
अन्य वस्तुएँ	1.1	0.5	2.1	1.9

स्रोत : आर्थिक सर्वेक्षण 2016-17, 2022-23

8.2 भारत के आयात संघटन के बदलते प्रारूप

- भारत में 1950 एवं 1960 के दशक में खाद्यान्नों की कमी थी। इस अवधि में खाद्यान्न, पूँजीगत माल, मशीनरी एवं उपस्कर आदि आयात की प्रमुख वस्तुएँ थीं तथा **भुगतान संतुलन**[3] विपरीत था। इन वस्तुओं का आयात प्रतिस्थापन के सभी प्रयत्नों के पश्चात् भी निर्यात से अधिक था।
- **हरित क्रांति**[4] (Green Revolution) में सफलता मिलने पर 1970 के दशक के पश्चात् खाद्यान्नों का आयात रोक दिया गया। लेकिन वर्ष 1973 के ऊर्जा संकट से पेट्रोलियम के मूल्य में वृद्धि से आयात बजट में वृद्धि की गई।
- खाद्यान्नों के आयात का स्थान उर्वरकों एवं पेट्रोलियम ने ले लिया। भारतीय आयात की प्रमुख वस्तुएँ मशीन एवं इससे संबंधी उपकरण विशेषकर स्टील, खाद्य तेल तथा रसायन हैं।
- पेट्रोलियम तथा इसके उत्पादों के आयात में तीव्र वृद्धि का मुख्य कारण ईंधन के रूप में प्रयोग, उद्योगों में कच्चे माल के रूप में प्रयोग तथा अंतर्राष्ट्रीय बाजारों में मूल्य वृद्धि है। पेट्रोलियम पदार्थों की तीव्र आयात वृद्धि बढ़ते हुए **औद्योगीकरण**[5] और बेहतर जीवन-स्तर को भी इंगित करती है।
- भारत में पूँजीगत वस्तुओं के आयात में कमी आई है तथा खाद्य और संबंध उत्पादों के आयात में भी कमी देखी गई है।
- भारत के आयात की अन्य मुख्य वस्तुएँ-मोती एवं उपरत्न, स्वर्ण एवं चाँदी, धातुमय अयस्क एवं धातु स्क्रैप, अलौह धातुएँ तथा इलेक्ट्रॉनिक वस्तुएँ आदि हैं।

भारत का आयात संघटन, 2015-2022 (प्रतिशत में)

उपयोगी वस्तुएँ	2015-16	2016-17	2020-21	2021-22
खाद्य एवं संबंधित वस्तुएँ	5.1	5.6	4.5	4.4
ईंधन (कोयला, पीओएल)	25.4	26.7	25.1	31.6
उर्वरक	2.1	1.3	1.9	2.3
पेपरबोर्ड विनिर्मित और अखबारी कागज	0.8	0.9	0.8	0.7
पूँजीगत वस्तुएँ	13.0	13.6	12.7	10.1
अन्य वस्तुएँ	38.1	37.0	41.6	38.5

स्रोत : आर्थिक सर्वेक्षण 2016-17, 2022-23

3 **भुगतान संतुलन** एक देश की विदेशी आर्थिक गतिविधियों का रिकार्ड है। जिसमें चालू खाता पूँजी खाता और भंडार शामिल होते हैं।
4 **हरित क्रांति** कृषि क्षेत्र में फसलों के उत्पादन में तेजी एवं आत्मनिर्भरता तथा गुणात्मक सुधार हरित क्रांति को इंगित करते हैं।
5 **औद्योगीकरण** यह वह प्रक्रिया है, जिसमें किसी देश की अर्थव्यवस्था कृषि से विनिर्माण और स्थानांतरित होती है।

8.3 व्यापार की दिशा

भारत के आयात व्यापार की दिशा (करोड़ रुपये में)

क्षेत्र	आयात	
	2016-17	2021-22
यूरोप	4.03, 972	6,40,577
अफ्रीका	1.93, 327	3,68,156
उत्तरी अमेरिका	1,95.332	3,78,041
लैटिन अमेरिका	1, 15.762	1,61,995
एशिया एवं आसियान	15.44,520	29,18,577

स्रोत : आर्थिक सर्वेक्षण 2016-17, 2022-23

- विश्व के अधिकांश देशों और प्रमुख व्यापारी गुटों के साथ भारत के व्यापारिक संबंध हैं।
- भारत अपने अंतर्राष्ट्रीय व्यापार को पाँच वर्षों में दोगुना करने के लिए आयात **उदारीकरण**[6], आयात करों में कमी, डि-लाइसेंसिंग तथा प्रक्रिया से उत्पाद के **पेटेंट**[7] में परिवर्तन कर आदि अनुकूल उपाय अपना रहा है।
- वर्ष 2010-11 से वर्ष 2016-17 में यूरोप, अफ्रीका, उत्तरी अमेरिका, दक्षिण अमेरिका एशिया एवं आसियानके साथ व्यापार में वृद्धि हुई, जबकि अधिकतम आयात एशिया एवं आसियान से किया जाता है।
- भारत के अधिकांश विदेशी व्यापार का संचालन समुद्री और हवाई मार्गों के माध्यम से किया जाता है। हालाँकि, एक छोटा भाग भूमि मार्गों से नेपाल, भूटान, बांग्लादेश और पाकिस्तान जैसे पड़ोसी देशों को भी निर्यात किया जाता है।

चेक प्वॉइंट 1

1. भारत द्वारा निर्यात किए जाने वाले तीन पारंपरिक उत्पादों के नाम बताइए?
2. वर्ष 2021-22 में भारत के कुल निर्यात मूल्य में विनिर्माण क्षेत्र का कितना प्रतिशत योगदान था?
3. खाद्यान्न के आयात को किसने प्रतिस्थापित किया है?
4. वर्ष 1970 के पश्चात् भारत ने अनाज के आयात को क्यों बंद कर दिया?
5. भारत द्वारा आयतित तीन वस्तुओं के नाम बताइए?

8.4 समुद्री पत्तन–अंतर्राष्ट्रीय व्यापार के प्रवेश द्वार के रूप में

- तीन ओर से समुद्र से घिरा होने के कारण भारत को एक लंबी तट रेखा तथा सस्ते जल परिवहन के लिए एक सपाट तल प्राप्त है।
- समुद्री यात्राओं की भारत में एक लंबी परंपरा रही है तथा कई स्थानों के साथ पत्तन उपनाम जुड़ा हुआ है।
- भारत में पूर्वी तट की अपेक्षा पश्चिमी तट पर अधिक पत्तन हैं। इन पत्तनों का उपयोग प्राचीन काल से हो रहा है, लेकिन यूरोपीय व्यापारियों का आगमन तथा अंग्रेजों द्वारा भारत के उपनिवेशीकरण के बाद अंतर्राष्ट्रीय व्यापार के प्रवेश द्वार के रूप में भारतीय पत्तन स्थापित हुए तथा उनके आकार और गुणवत्ता में विविधता आई है।
- पृष्ठ प्रदेशों में रेलवे के विस्तार ने स्थानीय बाजारों को क्षेत्रीय बाजारों और क्षेत्रीय बाजारों को राष्ट्रीय बाजारों तथा राष्ट्रीय बाजारों को अंतर्राष्ट्रीय बाजारों से बंदरगाहों के माध्यम से जोड़ा।
- वर्ष 1947 में देश के विभाजन के कारण दो महत्त्वपूर्ण बंदरगाह, कराची पत्तन पाकिस्तान में तथा चिटगाँव पत्तन बांग्लादेश में चला गया। इसके पश्चात् पश्चिम में कांडला और पूर्व में कोलकाता के पास हुगली नदी पर डायमंड हार्बर जैसे कई नए बंदरगाहों को विकसित किया गया।
- वर्तमान में भारत में 12 प्रमुख बंदरगाह और 200 छोटे या मध्यवर्ती बंदरगाह हैं। केंद्र सरकार प्रमुख बंदरगाहों का प्रबंधन और नियंत्रण करती है और राज्य सरकारें छोटे बंदरगाहों का भी प्रबंधन और नियंत्रण करती हैं।
- वर्तमान में, भारतीय पत्तन विशाल मात्रा में घरेलू के साथ-साथ विदेशी व्यापार का संचालन कर रहे हैं। अधिकांश पत्तन आधुनिक अवसंरचना से सुसज्जित हैं।
- पहले पत्तनों के आधुनिकीकरण एवं विकास की जिम्मेदारी सरकारी अभिकरणों पर थी। बाद में निजी उद्यमियों ने भारत में बंदरगाहों के आधुनिकीकरण और बुनियादी ढाँचे, सुविधाओं और सेवाओं को बेहतर बनाने के लिए कार्य किए, जिससे मार्गों का बेहतर तरीके से निपटान किया जा सके।
- वर्तमान में भारतीय पत्तनों की नौभार निपटान क्षमता वर्ष 1951 में 20 मिलियन टन से वर्ष 2016 में 837 मिलियन टन से अधिक बढ़ गई थी।

---

6 उदारीकरण यह वह प्रक्रिया या साधन है जिसके माध्यम से आर्थिक गतिविधियाँ पर राज्य का नियंत्रण कम किया है।
7 पटेंट किसी वस्तु के निर्माण के लिए किसी संस्थान या कंपनी का अधिकार होना।

भरत के प्रमुख समुद्री पत्तन

भारत के प्रमुख समुद्री पत्तन निम्नलिखित हैं

(i) **कांडला पत्तन** यह पत्तन कच्छ की खाड़ी (Gulf of Kuchchh) के शीर्ष पर अवस्थित है। देश के पश्चिमी एवं उत्तर-पश्चिमी भाग की आवश्यकताओं को पूरा करने तथा मुंबई पत्तन का दबाव कम करने के लिए इसका विकास किया गया। इस पत्तन से भारी मात्रा में पेट्रोलियम, पेट्रोलियम उत्पादों एवं उर्वरकों को प्राप्त किया जाता है। कांडला पत्तन के दबाव को कम करने के लिए वाडीनार में एक अपतटीय टर्मिनल विकसित किया गया है। पत्तन के पृष्ठ प्रदेश (Hinter Land) की सीमाओं का चिह्नांकन मुश्किल होता है, क्योंकि यह क्षेत्र स्थिर नहीं होता है। अधिकतर मामलों में एक पत्तन का पृष्ठ प्रदेश दूसरे पत्तन के पृष्ठ प्रदेश का अतिक्रमण करता है।

(ii) **मुंबई पत्तन** यह एक **प्राकृतिक पत्तन**[8] और देश का सबसे बड़ा पत्तन है। यह पत्तन मध्य पूर्व भूमध्य सागरीय देशों, उत्तरी अफ्रीका, उत्तर अमेरिका और यूरोप के देशों के सामान्य मार्गों के निकट स्थित है। यह पत्तन 20 किमी लंबा और 6-10 किमी चौड़ा है, जिसमें 54 गोदियाँ और यह देश का सबसे बड़ा तेल टर्मिनल है। मध्य प्रदेश, महाराष्ट्र, गुजरात, उत्तर प्रदेश व राजस्थान के भग मुंबई पत्तन की **पृष्ठभूमि क्षेत्र**[9] का निर्माण करते हैं।

(iii) **जवाहरलाल नेहरू पत्तन** मुंबई पत्तन के दबाव को कम करने के लिए न्हावा-शेवा में एक अनुषंगी पत्तन के रूप में जवाहरलाल नेहरू पत्तन का विकास किया गया है। यह भारत का विशालतम कंटेनर पत्तन है।

(iv) **मार्मागाओं पत्तन** यह पत्तन गोवा में जुआरी **नदमुख**[10] के शीर्ष पर अवस्थित एक प्राकृतिक पत्तन है। वर्ष 1961 में जापान को लौह-अयस्क निर्यात करने के लिए इसका विस्तार किया गया। कोंकण रेलवे ने इस पत्तन के पृष्ठ प्रदेश का विस्तार किया है तथा कर्नाटक, गोवा और दक्षिणी महाराष्ट्र इसकी पृष्ठभूमि की रचना करते हैं।

(v) **न्यू मंगलौर पत्तन** यह पत्तन कर्नाटक में स्थित है और लौह-अयस्क और लौह-सांद्र की नियांत आवश्यकताओं को पूर्ण करता है। यह पत्तन भी उर्वरकों, पेट्रोलियम उत्पादों, खाद्य तेलों, कॉफी, चाय, लुगदी, सूत, ग्रेनाइट पत्थर, शीरा आदि का निपटान करता है। कर्नाटक इस पत्तन के पृष्ठ प्रदेश का निर्माण करता है।

(vi) **कोच्चि पत्तन** यह पत्तन एक प्राकृतिक पत्तन है, जो बेंवानद कायाल मुहाने पर अवस्थित है, जिसे 'अरब सागर की रानी' के नाम से जानते हैं। यह स्वेज-कोलंबो समुद्री मार्ग के पास अवस्थित है। केरल, दक्षिणी कर्नाटक एवं दक्षिण-पश्चिमी तमिलनाडु इसके पृष्ठ प्रदेश की रचना करते हैं तथा यह पत्तन इनकी आवश्यकताओं की पूर्ति करता है।

(vii) **कोलकाता पत्तन** यह पत्तन बंगाल की खाड़ी से 128 किमी स्थल में अंदर हुगली नदी पर अवस्थित है। मुंबई पत्तन की तरह इसका भी विकास ब्रिटिश शासन द्वारा किया गया था। विशाखापत्तनम, पाराद्वीप और कोलकाता पत्तन के अनुषंगी पत्तन हल्दिया के विकास से निर्यात के दिशा परिवर्तन से कोलकाता पत्तन का महत्त्व कम हो गया है।यह पत्तन हुगली नदी द्वारा लाई गई गाद की समस्याओं से भी जूझता रहता है। हुगली नदी कोलकाता पत्तन को समुद्र से जुड़ने का मार्ग प्रदान करती है। उत्तर प्रदेश, बिहार, झारखंड, पश्चिम बंगाल, सिक्किम और उत्तर-पूर्वी राज्य कोलकाता पत्तन के पृष्ठ प्रदेश का निर्माण करते हैं। यह पत्तन भूटान और नेपाल जैसे स्थलबद्ध पड़ोसी देशों को पत्तन की सुविधा उपलब्ध कराता है।

(vii) **हल्दिया पत्तन** इस पत्तन का निर्माण कोलकाता पत्तन के दबाव को कम करने के लिए कोलकाता से 105 किमी अंदर अनुप्रवाह पर किया गया। इस पत्तन से लौह-अयस्क, कोयला, पेट्रोलियम तथा पेट्रोलियम उत्पाद, उर्वरक, जूट एवं जूट उत्पाद, कपास तथा सूती धागा आदि का निपटान किया जाता है।

(ix) **पाराद्वीप पत्तन** यह पत्तन कटक से 100 किमी दूर महानदी डेल्टा पर अवस्थित है। इसका **पोताश्रय**[11] (Harbour) सबसे अधिक गहरा होने के कारण भारी पोतों के लिए सर्वाधिक अनुकूल है। इस पत्तन का मुख्य रूप से बड़े पैमाने पर लौह-अयस्क निर्यात करने के लिए विकास किया गया है। ओडिशा, झारखंड एवं छत्तीसगढ़ इसके पृष्ठ प्रदेश का निर्माण करते हैं।

(x) **विशाखापत्तनम पत्तन** यह पत्तन आंध्र प्रदेश का एक स्थलबद्ध अर्थात् चारों ओर से स्थल से घिरा पत्तन है, जिसे ठोस चट्टान एवं बालू को काटकर एक नहर द्वारा समुद्र से जोड़ा गया है। लौह-अयस्क, पेट्रोलियम तथा सामान्य नौभार के निपटान के लिए एक बाह्य पत्तन के रूप में इसे विकसित किया गया। आंध्र प्रदेश एवं तेलगांना इसके पृष्ठ प्रदेश का निर्माण करता है।

(xi) **चेन्नई पत्तन** यह पत्तन पूर्वी तट पर अवस्थित सबसे पुराने पत्तनों में से एक कृत्रिम पत्तन है, जिसे 1859 ई. बनाया गया था। यह पत्तन विशाल पोतों के लिए अनुकूल नहीं है, क्योंकि तट के निकट उथला जल है। तमिलनाडु और पांडिचेरी इसके पृष्ठ प्रदेश का निर्माण करते हैं।

(xii) **एन्नौर पत्तन** तमिलनाडु में विकसित यह एक नया पत्तन है। चेन्नई पत्तन के दबाव को कम करने के लिए चेन्नई से 25 किमी उत्तर में एन्नौर पत्तन का निर्माण किया गया है।

(xii) **तूतीकोरिन पत्तन** चेन्नई पत्तन के दबाव को कम करने के लिए तूतीकोरिन पत्तन का विकास किया गया है। इस पत्तन से कोयला, नमक, खाद्यान्न, खाद्य तेल, चीनी, रसायन तथा पेट्रोलियम उत्पादन का निपटान किया जाता है। पारादीप पत्तन पोताश्रम (Harbour) पत्तन का वह स्थान जहाँ जहाजों एवं कंटेनरों को सुरक्षा की दृष्टि से रखा जाता है।

---

8 **प्राकृतिक पत्तन** यह पत्तन पानी का ऐसा क्षेत्र होता है, जहाँ जहाज, नावें और बेडे तूफानी मौसम से सुरक्षा के लिए आते हैं व भविष्य में उपयोग हेतु खड़े किए जाते हैं।

9 **पृष्ठभूमि क्षेत्र** वह क्षेत्र है, जो पत्तन के पीछे स्थित होता है और उस तटीय राज्य के अंतर्गत आता है, जिसका उस पत्तन पर अधिकार होता है।

10 **नदमुख** यह वह क्षेत्र होता है, जहाँ मीठे पानी का नदी समुद्र से मिलती है। यहाँ लवणीय समुद्री पानी और मीठे पानी का मिश्रण होता है।

11 **पोताश्रय** पत्तन का वह स्थान, जहाँ जहाजों एवं कंटेनरों को सुरक्षा की दृष्टि से रखा जाता है।

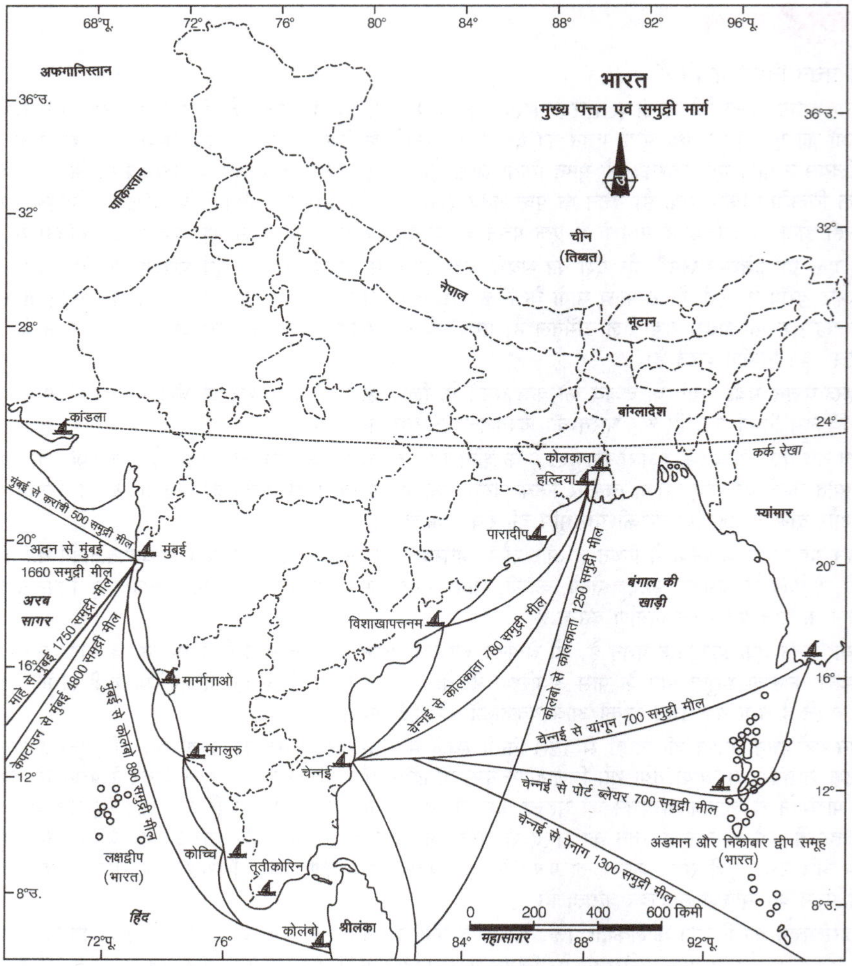

▲ भारत मुख्य पत्तन एवं समुद्री मार्ग

हवाई अड्डे

- अंतर्राष्ट्रीय व्यापार में लंबी दूरी वाले, उच्च मूल्य वाले या शीघ्र नष्ट होने वाले सामानों को कम-से-कम समय में ले जाने एवं निपटाने के लिए वायु परिवहन की महत्त्वपूर्ण भूमिका है।
- भारी और स्थूल वस्तुओं के परिवहन के लिए वायु परिवहन बहुत महँगा और अनुपयुक्त होता है, इसलिए अंतर्राष्ट्रीय व्यापार में महासागरीय परिवहन की तुलना में इसकी हिस्सेदारी कम है।
- देश में 25 अंतर्राष्ट्रीय हवाई अड्डे (वार्षिकी रिपोर्ट 2016-17) तथा 112 घरेलू हवाई अड्डे हैं। इनमें अहमदाबाद, बंगलुरु, चेन्नई, दिल्ली, गोवा, गुवाहाटी, हैदाबाद, कोलकाता, मुंबई, तिरुवनंतपुरम, श्रीनगर, जयपुर, कालीकट शामिल हैं।
- वर्ष 2017 के बाद से, उड़ान योजना के अंतर्गत 9 हेलीपोर्ट और 2 जल हवाई अड्डों सहित कुल 73 असेवित/कम सेवा वाले हवाई अड्डों को शुरू किया गया है।

चेक प्वॉइंट 2

1. देश के विभाजन के समय कौन-कौन से महत्त्वपूर्ण पत्तन भारत से अलग हो गए थे?
2. भारत के मुख्य पत्तनों का प्रबंधन कौन करता है?
3. भारत में कौन-सा एक पत्तन स्थल बद्ध पत्तन है।
4. वायु परिवहन का उपयोग किस प्रकार के सामान के लिए अधिक उपयुक्त है?
5. उड़ान योजना की शुरुआत किस वर्ष की गई थी?

Mind Map

अंतर्राष्ट्रीय व्यापार

1 परिभाषा और महत्त्व

- अंतर्राष्ट्रीय व्यापार में अंतर्राष्ट्रीय सीमाओं के पार वस्तुओं और सेवाओं का आदान-प्रदान होता है।
- भारत वैश्विक अर्थव्यवस्था में महत्त्वपूर्ण भूमिका निभाता है, हालाँकि यह विश्व व्यापार में केवल 1% योगदान करता है।

2 भारत के निर्यात-संघटन के बदलते प्रारूप

वर्ष 2015-16 से 2021-22
- कृषि एवं समवर्गी उत्पाद और विनिर्माण वस्तुओं की हिस्सेदारी में कमी आई है।
- पेट्रोलियम एवं अपरिष्कृत उत्पाद और अन्य वस्तुओं की हिस्सेदारी में वृद्धि हुई है।

3 भारत के आयात-संघटक के बदलते प्रारूप

वर्ष 2015-16 से 2021-22
- प्रमुख आयतित वस्तुएँ खाद्यान्न, पूँजीगत माल, मशीनरी एवं उपस्कर हैं।, किन्तु 1970 के दशक में हरित क्रांति के पश्चात् खाद्यान्न आयात को रोक दिया गया तथा वर्ष 1973 तेल संकट से उर्वरक और पेट्रोलियम आयात बढ़ा।

4 व्यापार की दिशा

- आयात उदारीकरण, आयात करों में कमी, डि-लाइसेंसिंग (विअनुज्ञाकरण) कुछ महत्त्वपूर्ण पहल हैं।

अंतर्राष्ट्रीय व्यापार के लक्ष्य में शामिल हैं
- बंदरगाहों का आधुनिकीकरण
- अगले पाँच वर्षों में व्यापार हिस्से को दोगुना करना।

5 समुद्री पत्तन अंतर्राष्ट्रीय व्यापार के प्रवेश द्वार के रूप में

- **दीनदयाल पत्तन** (कांडला पत्तन) यह कच्छ की खाड़ी के मुहाने पर स्थित है। यह विशेष रूप से भारी मात्रा में पेट्रोलियम, पेट्रोलियम उत्पादों एव उर्वरकों की बड़ी मात्रा को ग्रहण करने के लिए बनाया गया है।
- **मुंबई** यह एक प्राकृतिक पत्तन और देश का सबसे बडा पत्तन है। इसकी लंबाई 20 किमी और चौड़ाई 6 से 10 किमी है, जिसमें 54 गोदियाँ और देश का विशालतम टर्मिनल है।
- **जवाहरलाल नेहरू पत्तन** यह-हावा-शेवा में मुंबई पत्तन के दबाव को कम करने के लिए एक अनुषंगी पत्तन के रूप में विकसित किया गया था। यह भारत का विशालतम कंटेनर पत्तन है।
- **मार्मागाओ पत्तन** यह जुआरी नदमुख के मुहाने पर अवस्थित है। यह गोवा का एक प्राकृतिक बंदरगाह है।
- **न्यू मंगलौर पत्तन** यह कर्नाटक राज्य में स्थित है यह लौह-अयस्क और लौह-सांद्र के निर्यात की जरूरतों को पूरा करता है।
- **कोच्चि पत्तन** यह वेंबनाद कयल (अरब सागर की रानी) के मुहाने पर स्थित है। यह केरल, दक्षिण कर्नाटक और दक्षिण-पश्चिम तमिलनाडु की आवश्यकताओं को पूरा करता है।
- **कोलकात्ता पत्तन** यह हुगली नदी पर स्थित है, बंगाल की खाड़ी से 128 किमी अंदर है। इसे ब्रिटिशों द्वारा विकसित किया गया था।
- **पारादीप पत्तन** यह महानदी डेल्टा पर स्थित है। इसे मुख्य रूप से लौह-अयस्क के बड़े पैमाने पर निर्यात को संभालने के लिए विकसित किया गया है।
- **विशाखापत्तनम** यह आंध्र प्रदेश में स्थित है।
- **चेन्नई पत्तन** पूर्वी तट पर स्थित यह सबसे पुराने पत्तनों में से एक है।
- **एन्नौर पत्तन** चेन्नई के उत्तर में 25 किमी दूर चेन्नई पत्तन के दबाव को कम करने के लिए बनाया गया।
- **तूतीकोरिन पत्तन** यह कोयला, नमक, खाद्यान्न, खाद्य, तेल, चीनी, आदि जैसे विभिन्न प्रकार के नौभार का निपटान करता है।

6 हवाई अड्डे

- यह लंबी दूरी वाले तथा उच्च मूल्य वाले या नाशवान वस्तुओं को कम-से-कम समय में ले जाने व निपटाने के लिए उपयुक्त है।
- यह भारी और स्थूल वस्तुओं के वहन करने के लिए बहुत महँगा और अनुपयुक्त होता है।
- देश में 25 मुख्य हवाई अड्डे कार्य कर रहे हैं (वार्षिक रिपोर्ट 2016-17) उड़ान योजना के तहत, कुल 73 असेवित/अल्प सेवित हवाई अड्डों को चालू किया गया है। इसमें 9 हेलीपोर्ट और 2 जल हवाई अड्डे शामिल हैं।

NCERT फोल्डर

अध्याय के मध्य में दिए गए प्रश्न

1. भारत में पूर्वी तटों की तुलना में पश्चिमी तटों पर पत्तनों की अवस्थिति की विभिन्नता के कारणों का पता लगाएँ।

उत्तर भारत के पूर्वी और पश्चिमी तटों पर पत्तनों (बंदरगाह) की अवस्थिति की भिन्नता भौगोलिक, भौतिक और आर्थिक कारणों से होती है। पश्चिमी तटों पर गहरे पानी वाले प्राकृतिक बंदरगाह अधिक हैं, जो बड़े जहाजों के अनुकूल हैं। वहीं पूर्वी तटों पर और उथलें तटों पर गाद जमा होने के कारण प्राकृतिक बंदरगाहों का अभाव है, इसलिए यहाँ कृत्रिम बंदरगाह विकसित किए गए हैं। इसी कारण से पश्चिमी और पूर्वी तटों पर पत्तनों की अवस्थिति में भिन्नता पाई जाती है।

2. देश में सबसे अधिक घरेलू हवाई पत्तन वाले राज्य की पहचान कीजिए।

उत्तर भारत में सर्वाधिक घरेलू और अंतर्राष्ट्रीय हवाई अड्डों वाला राज्य उत्तर प्रदेश है।

3. उन चार नगरों कीजिए पहचान कीजिए, जहाँ सबसे अधिक हवाई मार्ग अभिसारित होते हैं और इसके कारण भी बताए।

उत्तर दिल्ली, मुंबई, बंगलुरु और कोलकाता में सबसे अधिक हवाई मार्ग अभिसारित होते हैं। ये आर्थिक, वाणिज्यिक और पर्यटन केंद्र होने के कारण प्रमुख हवाई मार्गों के केंद्र हैं।

नीचे दिए गए चार विकल्पों में से सही उत्तर चुनिए

1. दो देशों के मध्य व्यापार कहलाता है

(a) अंतर्देशीय व्यापार (b) अंतर्राष्ट्रीय व्यापार
(c) बाह्य व्यापार (d) स्थानीय व्यापार

उत्तर *(b)* अंतर्राष्ट्रीय व्यापार

2. निम्नलिखित में से कौन-सा एक स्थलबद्ध पोताश्रय है?

(a) विशाखापत्तनम (b) एन्नौर
(c) मुंबई (d) हल्दिया

उत्तर *(a)* विशाखापत्तनम

3. भारत का अधिकांश विदेशी व्यापार वहन होता है

(a) स्थल और समुद्र द्वारा (b) समुद्र और वायु द्वारा
(c) स्थल और वायु द्वारा (d) समुद्र द्वारा

उत्तर *(b)* समुद्र और वायु द्वारा

निम्नलिखित प्रश्नों के उत्तर लगभग 30 शब्दों में दीजिए

1. भारत के विदेशी व्यापार की प्रमुख विशेषताओं का उल्लेख कीजिए।

उत्तर भारत के विदेशी व्यापार की प्रमुख विशेषताएँ निम्नलिखित हैं

- अंतर्राष्ट्रीय प्रतिस्पर्द्धा के कारण परंपरागत वस्तुओं के व्यापार में गिरावट दर्ज की गई है।
- भारत के निर्यात की तुलना में आयात का मूल्य अधिक होने से व्यापार घाटे में लगातार वृद्धि हो रही है।

2. पत्तन और पोताश्रय में अंतर बताइए।

उत्तर पत्तन और पोताश्रय में अंतर निम्नलिखित हैं

पत्तन	पोताश्रय
समुद्र तट पर एक आर्थिक केंद्र, जहाँ जहाजों पर सामान लादने व उतारने के लिए गोदी (docs) तथा घाट आदि बने होते हैं।	पोताश्रय प्राकृतिक रूप में पाए जाते हैं या इनका निर्माण किया जाता है। ये वे स्थान हैं, जहाँ जहाजों को सुरक्षित रखा जाता है।
पत्तन पर जहाजों का मुख्य कार्य माल तथा यात्रियों को चढ़ाना-उतारना है।	पोताश्रय जहाजों को सुरक्षित स्थान प्रदान करते हैं। यहाँ जहाज मरम्मत आदि के लिए कई दिनों तक खड़े रहते हैं।
पत्तन समुद्र मार्ग से होने वाले आयात तथा निर्यात व्यापार का प्रबंध करते हैं और सँभालते हैं।	पोताश्रय में जल की गहराई अधिक होती है।

3. पृष्ठ प्रदेश के अर्थ को स्पष्ट कीजिए।

उत्तर पृष्ठ प्रदेश पत्तन का प्रभावित क्षेत्र होता है। समुद्री मार्ग से आयातित सामान पत्तन से स्थल के भीतरी भागों में जिस क्षेत्र तक पहुँचाया जाता है तथा जिस क्षेत्र का सामान पत्तन द्वारा बाहर भेजा जाता है, वह उस पत्तन का पृष्ठ प्रदेश कहलाता है; जैसे— तमिलनाडु, अरब सागर क्षेत्र में स्थित प्रमुख पृष्ठ प्रदेश हैं।

4. उन महत्त्वपूर्ण मदों के नाम बताइए, जिन्हें भारत विभिन्न देशों से आयात करता है।

उत्तर भारत विभिन्न देशों से पेट्रोलियम, ऑयल, लुब्रिकेंट्स, कोयला, पूँजीगत वस्तुएँ, उर्वरक, खाद्य उत्पाद एवं पेपरबोर्ड आदि वस्तुओं का आयात करता है।

5. भारत के पूर्वी तट पर अवस्थित प्रमुख पत्तनों के नाम बताइए।

उत्तर भारत के पूर्वी तट पर स्थित प्रमुख समुद्री पत्तन; जैसे- कोलकाता, हल्दिया, पारादीप, विशाखापत्तनम, चेन्नई व तूतीकोरिन हैं।

निम्नलिखित प्रश्नों के उत्तर लगभग 150 शब्दों में दीजिए

1. भारत के निर्यात-आयात व्यापार के संयोजन का वर्णन कीजिए।

उत्तर भारत के विदेशी व्यापार में अनेक वस्तुओं का निर्यात व आयात किया जाता है। भारत से निर्यात की वस्तुएँ है; जैसे—कृषि एवं समवर्गी उत्पाद, अयस्क एवं खनिज, विनिर्मित वस्तुएँ, मणि-रत्न एवं आभूषण, इंजीनियरिंग सामान, इलेक्ट्रॉनिक सामान, वस्त्र, हस्तशिल्प, कालीन, चमड़े से बने उत्पाद तथा पेट्रोलियम उत्पाद आदि हैं। जबकि प्रमुख आयातित वस्तुएँ है—पेट्रोलियम एवं अपरिष्कृत उत्पाद, व्यावसायिक उपस्कर, स्वर्ण एवं चाँदी, मशीनरी, मोती, बहुमूल्य एवं अल्प मूल्य रत्न, गैर-धात्विक खनिज विनिर्माण, लोहा एवं स्टील, खाद्य तेल, धातुमयी अयस्क एवं छीजन, चिकित्सीय एवं फार्मा उत्पाद, अलौह धातुएँ, उर्वरक, लुग्दी, अन्य वस्त्र धागे, कपड़े, रासायनिक उत्पाद, कोयला, कोक तथा इष्टिका आदि हैं।

भारत के विदेशी व्यापार में निर्यात का मूल्य वर्ष 2016-17 के अनुसार, ₹18,52,340 करोड़ है, जबकि आयात मूल्य ₹ 25,77,422 करोड़ है, जिसमें यह पाया जाता है कि भारत के आयात व्यापार के संयोजन में असंतुलन है अर्थात् देश को निर्यात बढ़ाने हेतु कदम उठाने की आवश्यकता है।

अतः भारत के निर्यात व्यापार का संयोजन एक जटिल प्रक्रिया है, जिसमें कई आर्थिक राजनीतिक और सामाजिक कारक शामिल हैं इसे बेहतर बनाने के लिए उचित नीतियों और वैश्विक बाजार में प्रतिस्पर्द्धा के साथ-साथ नए अवसरों का उपयोग करना आवश्यक है।

2. भारत के अंतर्राष्ट्रीय व्यापार की बदलती प्रकृति पर एक टिप्पणी कीजिए।

उत्तर भारत ने अपने अंतर्राष्ट्रीय व्यापार की मात्रा व संघटन में परिवर्तन करते हुए भारतीय अंतर्राष्ट्रीय व्यापार की दिशा को ही परिवर्तित कर दिया है, जिसे निम्न बिंदुओं द्वारा स्पष्ट किया जा सकता है

(i) **अंतर्राष्ट्रीय व्यापार में वृद्धि** वर्ष 2004-05 में भारत के वैदेशिक व्यापार का मूल्य ₹ 8,76,405 करोड़ था, जो वर्ष 2021-22 में बढ़कर ₹ 77,197,96 करोड़ हो गया।

(ii) **भारत के निर्यात संघटन का बदलता स्वरूप** भारत की पारंपरिक निर्यातित वस्तुएँ; जैसे— कृषिगत उत्पाद आदि का निर्यात कम हुआ है, जबकि पेट्रोलियम परिष्कृत उत्पादों का निर्यात बढ़ा है।

(iii) **भारत के आयात संघटन का बदलता स्वरूप** वर्ष 1960 के बाद से खाद्य वस्तुओं के आयात में गिरावट आई है तथा पेट्रोलियम, उर्वरक एवं पूँजीगत वस्तुओं के आयात में वृद्धि हुई है। यद्यपि भारत के कुल विदेशी व्यापार में वृद्धि हुई है, लेकिन यह वृद्धि निर्यात की तुलना में आयात में अधिक हुई है, जिसके कारण भारत को व्यापार में घाटा हुआ एवं भुगतान संतुलन में अस्थिरता का सामना करना पड़ा। व्यापार घाटे का प्रमुख कारण पेट्रोलियम के आयात में वृद्धि है, क्योंकि यह भारत की आयात सूची में प्रथम स्थान पर है।

(iv) **विपणन में परिवर्तन** भारत के व्यापारिक संबंध अब केवल पश्चिमी देशों तक सीमित नहीं रह गए हैं, क्योंकि भारत अब एशिया, अफ्रीका और लैटिन अमेरिका के साथ भी अपने व्यापारिक संबंध मजबूत कर रहा है, जो विकासशील देशों के लिए एक महत्त्वपूर्ण अवसर है।

इस प्रकार भारत के अंतर्राष्ट्रीय व्यापार की बदलती प्रकृति न केवल अर्थव्यवस्था के लिए बल्कि सामाजिक और पर्यावरणीय दृष्टिकोण से भी महत्त्वपूर्ण है। भविष्य में इसे और अधिक सशक्त और स्थायी बनाने के लिए निरंतर प्रयास आवश्यक हैं।

अभ्यास प्रश्न

वस्तुनिष्ठ प्रश्न

बहुविकल्पीय प्रश्न

1. पिछले दशक में निम्न में से किस क्षेत्र की निर्यात संरचना में कमी आई है?

(a) समुद्री उत्पाद (b) पेट्रोलियम
(c) कृषि उत्पाद (d) खनिज अयस्क

उत्तर *(c)* कृषि उत्पाद

2. किस पत्तन का विकास और मुंबई पत्तन के दबाव को कम करने के लिए किया गया थ?

(a) कांडला पत्तन (b) जवाहरलाल नेहरू पत्तन
(c) 'a' और 'b' दोनों (d) न्यू मंगलौर पत्तन

उत्तर *(c)* 'a' और 'b' दोनों

3. भारत में पेट्रोलियम एवं उर्वरकों के आयात करने के लिए निम्नलिखित में से किस समुद्री पत्तन को विशेष रूप से विकसित किया गया है? **CBSE 2024, 23**

(a) मुंबई (b) मार्मागाओ (c) कांडला (d) कोच्चि

उत्तर *(c)* कांडला

4. मार्मागाओं पत्तन के पृष्ठ प्रदेश का विस्तार किया है?

(a) मध्य रेलवे (b) कोंकण रेलवे
(c) पश्चिम रेलवे (d) इनमें से कोई नहीं

उत्तर *(b)* कोंकण रेलवे

5. निम्न में से कौन-सा पत्तन पूर्वी-तट पर अवस्थित नहीं है?

(a) हल्दिया पत्तन
(b) चेन्नाई पत्तन
(c) एन्नौर पत्तन
(d) कोच्चि पत्तन

उत्तर *(d)* कोच्चि पत्तन

6. भारत के आयात-संघटन के बदलते प्रतिरूप के संदर्भ में कौन-से कथन सही हैं?

1. भारत ने 1950 एवं 1960 के दशक में खाद्यानों की गंभीर कमी का अनुभव किया है।
2. 1960 के दशक में आयात की प्रमुख वस्तुएँ खाद्यान्न, पूँजीगत माल, मशीनरी एवं उपस्कर आदि थे।
3. 1960 के दशक में भुगतान संतुलन भारत के पक्ष में था।
4. 1970 के दशक के बाद हरित क्रांति में सफलता मिलने पर खाद्यानों का आयात रोक दिया गया।

कूट

(a) 1, 2, 4 (b) 1, 2, 3
(c) 2, 3, 4 (d) 1, 3, 4

उत्तर (a) 1, 2, 4

7. **हिंटरलैड शब्द का तात्पर्य है ······ । यह जर्मन भाषा का शब्द है। इसका उपयोग किसी महासागर या नदी के किनारे से पीछे स्थित भूमि के लिए किस्सा जाता है। इस शब्द का उपयोग सबसे पहले भूगोलवेत्ता जार्ज चिशेल्म ने अपनी पुस्तक हैंडबुक ऑफ कमर्शियल ज्योग्राफी में किया गया था।**

(a) पीछे की भूमि
(b) अग्र प्रदेश
(c) बाह्य प्रदेश
(d) राष्ट्रीय उद्यान क्षेत्र

उत्तर *(a)* पीछे की भूमि

8. **भारत के अंतर्राष्ट्रीय व्यापार में वस्तुओं के संघटकों में समय के साथ आए बदलावों के अंतर्गत निर्यात में कृषि एवं समवर्गी उत्पाद और विनिर्माण वस्तुओं की हिस्सेदारी में कमी आई है, जबकि**

(a) पेट्रोलियम एवं अपरिष्कृत उत्पाद और अन्य वस्तुओं की हिस्सेदारी बराबर है
(b) पेट्रोलियम एवं अपरिष्कृत उत्पाद और अन्य वस्तुओं की हिस्सेदारी में वृद्धि हुई है
(c) पेट्रोलियम एवं अपरिष्कृत उत्पाद और अन्य वस्तुओं की हिस्सेदारी में भी कमी हुई है
(d) पेट्रोलियम एवं अपरिष्कृत उत्पाद और अन्य वस्तुओं की हिस्सेदारी काफी हद तक स्थिर रही है

उत्तर *(b)* पेट्रोलियम एवं अपरिष्कृत उत्पाद और अन्य वस्तुओं की हिस्सेदारी में वृद्धि हुई है

9. **निम्न तथ्यों को उनके महत्त्व के अनुसार ऐतिहासिक विकास के क्रम में व्यवस्थित कीजिए।**

1. **रेशम मार्ग भूमि और समुद्री मार्गों का एक नेटवर्क था, जो एशिया को यूरोप और मध्य पूर्व से जोड़ता था। यह मार्ग लगभग 6437 किमी लंबा था।**
2. **सिल्क रोड के कुछ हिस्सों को यूनेस्को की विश्व धरोहर सूची में शामिल किया गया है।**
3. **प्रथम विश्व युद्ध यूरोप में होने वाला एक वैश्विक युद्ध था, जिसे 'सभी युद्धों को समाप्त करने वाले युद्ध' के रूप में जाना जाता था।**
4. **द्वितीय विश्व युद्ध के दौरान अंतर्राष्ट्रीय व्यापार में गिरावट देखी गई, जिसके कारण क्षेत्रीय व्यापार क्षेत्रों का निर्माण हुआ और क्षेत्रीय विस्तार हुआ।**

कूट

(a) 1, 3, 4, 2
(b) 1, 4, 3, 2
(c) 1, 3, 2, 4
(d) 4, 1, 3, 2

उत्तर *(d)* 4, 1, 3, 2

10. **निम्न में से कौन-से पत्तन उत्तर से दक्षिण की ओर उचित क्रम में व्यवस्थित किए गए हैं?**

(a) कोलकाता, पाराद्वीप, विशाखापत्तनम, चेन्नई
(b) चेन्नई, कोलकाता, पाराद्वीप, विशाखापत्तनम
(c) कोलकाता, चेन्नई, पाराद्वीप, विशाखापत्तनम
(d) कोलकाता, विशाखापत्तनम्, पाराद्वीप, चेन्नई

उत्तर *(a)* कोलकाता, पाराद्वीप, विशाखापत्तनम, चेन्नई

12. **भारत के अंतराष्ट्रीय व्यापार से संबंधित निम्नलिखित कथनों को ध्यानपूर्वक पढ़िए और सही विकल्प का चयन कीजिए** **CBSE 2025**

1. **भारत की एक लंबी तट रेखा है, जो तीन तरफ से समुद्र से घिरी हुई है।**
2. **भारत के तट पर बड़ी संख्या में सुविकसित पत्तन हैं।**
3. **कांडला पत्तन बड़ी मात्रा में लौह-अयस्क का निर्यात करता है।**
4. **भारी-भरकम वस्तुओं का जलमार्ग द्वारा परिवहन खर्च बहुत सस्ता है।**

विकल्प

(a) 1, 2 और 4 सही हैं।
(b) 1, 2 और 3 सही है।
(c) 1, 3 और 4 सही हैं।
(d) 2, 3 और 4 सही हैं।

उत्तर *(a)* 1, 2 और 4 सही हैं।

12. **अंतर्राष्ट्रीय व्यापार के संदर्भ में कोई देश अपने व्यापार संतुलन का आकलन किस आधार पर करता हैं?**

(a) उत्पादन से लागत को घटाकर
(b) आयात और निर्यात के अंतर से
(c) उत्पादन में से निर्यात को घटाकर
(d) उत्पादन में आयात को जोड़कर

उत्तर *(b)* आयात और निर्यात के अंतर से

13. **भारत की आजादी के पश्चात् के आयात-संघटन के बदलते प्रारूप के अलग-अलग चरण पहचाने गए हैं। दिए गए विवरण से उस चरण की पहचान कीजिए।**

इस काल में खाद्यान्नों की गंभीर कमी का अनुभव किया है। उस समय आयात की प्रमुख वस्तुएँ, खाद्यान्न, पूँजीगत माल, मशीनरी एवं उपस्कर आदि थे। उस समय भुगतान संतुलन बिल्कुल विपरीत था, जबकि आयात प्रतिस्थापन के सभी प्रयासों के बावजूद आयात, निर्यात से अधिक थे।

(a) 1950-60 का दशक
(b) 1970 के बाद का दशक
(c) 1973 में आया ऊर्जा संकट का काल
(d) उपरोक्त में से कोई नहीं

उत्तर *(a)* 1950-60 का दशक

14. **एन्नौर पत्तन के विकास का उद्देश्य था**

(a) हल्दिया पत्तन के भार/दबाव को कम करने के लिए
(b) कोलकाता पत्तन के भार/दबाव को कम करने के लिए
(c) कांडला पत्तन के भार/दबाव को कम करने के लिए
(d) चेन्नई पत्तन के भार/दबाव को कम करने के लिए

उत्तर *(d)* चेन्नई पत्तन के भार/दबाव को कम करने के लिए

15. **निम्नलिखित युग्मों में से कौन-सा सही सुमेलित नहीं है**

(बंदरगाह)	(आयात/निर्यात)
(a) मार्मागाओ	– अमेरिका को लौह-अयस्क का निर्यात
(b) न्यू मंगलौर	– उर्वरक, पेट्रोलियम उत्पाद
(c) विशाखापत्तनम	– लौह-अयस्क
(d) पारादीप	– लौह-अयस्क

उत्तर *(c)* विशाखापत्तनम – लौह-अयस्क

16. **भारत के अंतर्राष्ट्रीय व्यापार के संदर्भ में निम्न में से कौन-सा कथन सही है?**

1. **पिछले कुछ वर्षों में भारत के आयात एवं निर्यात में वृद्धि दर्ज की गई है।**
2. **भारत को किया जाने वाला आयात, निर्यात की अपेक्षा अधिक है।**

कूट

(a) केवल 1
(b) केवल 2
(c) 1 और 2 दोनों
(d) न तो 1 और न ही 2

उत्तर *(c)* 1 और 2 दोनों

17. निम्न में से कौन-सी भारतीय आयात की मुख्य मददें है/हैं?
1. पेट्रोलियम उत्पाद 2. मशीनरी
3. इलेक्ट्रॉनिक उत्पाद

कूट
(a) 1 और 3 (b) 1 और 2
(c) 2 और 3 (d) 1, 2 और 3

उत्तर (d) 1, 2 और 3

18. कोलकाता पत्तन के संदर्भ में निम्न में से कौन-सा/से कथन सही नहीं है
1. हल्दिया पत्तन के विकास से निर्यात की दिशा परिवर्तन द्वारा कोलकाता पत्तन का महत्त्व अधिक बढ़ गया है।
2. हुगली नदी कोलकाता पत्तन को समुद्र से जुड़ने का मार्ग प्रदान करती है।
3. इस पत्तन का विकास ब्रिटिश शासन द्वारा किया गया था।

कूट
(a) केवल 1 (b) 1 और 2
(c) 1 और 3 (d) 1, 2 और 3

उत्तर (a) केवल 1

19. 2016-17 में भारत द्वारा निम्नलिखित निर्यात की गई वस्तुओं/माल को उनके प्रतिशत के घटते हुए क्रम में व्यवस्थित कीजिए
1. अपरिष्कृत और पेट्रोलियम उत्पाद
2. विनिर्मित वस्तुएँ
3. कृषि और समवर्गी उत्पाद
4. अयस्क एवं खनिज

कूट
(a) 1, 2, 3, 4 (b) 2, 1, 4, 3
(c) 3, 2, 1, 4 (d) 2, 3, 1, 4

उत्तर (b) 2, 3, 1, 4

20. निम्नलिखित को ध्यानपूर्वक पढ़िए और विशाखापत्तनम पत्तन के संदर्भ में कौन-से कथन सही हैं?
1. यह पत्तन एक स्थल पत्तन है।
2. आंध्र प्रदेश एवं तमिलनाडु इसके पृष्ठ का निर्माण करते हैं।
3. इसे एक नहर के द्वारा समुद्र से जोड़ा गया है।
4. यह पत्तन भारत का सबसे गहरा पत्तन है

कूट
(a) 1, 2 और 3 (b) 2 और 3
(c) 1, 2 और 4 (d) 1, 3 और 4

उत्तर (c) 1, 3 और 4

21. सूची I का सूची II से सही सुमेलन कीजिए

सूची I (पत्तन)	सूची II (राज्य)
A. विशाखापत्तनम पत्तन	1. कर्नाटक
B. न्यू मंगलौर पत्तन	2. गोवा
C. मार्मागाओ पत्तन	3. तमिलनाडु
D. एन्नौर पत्तन	4. आंध्र प्रदेश

कूट

	A	B	C	D
(a)	1	2	3	4
(b)	4	1	2	3
(c)	6	5	4	3
(d)	2	1	4	3

उत्तर (b) 4 1 2 3

निर्देश (प्र. सं. 22-24) नीचे दिए गए कथन (A) तथा कारण (R) को ध्यानपूर्वक पढ़कर गए कुट की सहायता से सही उत्तर का चयन करें

दक्षता आधारित प्रश्न

कूट
(a) A और R दोनों सही हैं तथा R, A की सही व्याख्या है
(b) A और R दोनों सही हैं, परंतु R, A की सही व्याख्या नहीं है
(c) A सही है, किंतु R गलत है
(d) A गलत है, किंतु R सही है

22. **कथन** (A) भारत के पूर्वी तट की अपेक्षा पश्चिमी तट पर अधिक पत्तन अवस्थित हैं।

कारण (R) चेन्नई पत्तन पश्चिमी तट पर अवस्थित भारत का सबसे पुराना कृषि पत्तन है।

उत्तर (c) भारत के पूर्वी घाट की अपेक्षा पश्चिमी ताट पर अधिक पत्तन अवस्थित हैं, क्योंकि पश्चिमी तट प्राकृतिक भौगोलिक स्थितियों, ऐतिहासिक महत्त्व, व्यापार की सुविधा तथा तटीय रेखा की गहराई के कारण प्राकृतिक बंदरगाहों के लिए अनुकूल है। चेन्नई पत्तन भारत के पूर्वीतट पर स्थित है न कि पश्चिमी तट पर, क्योंकि चेन्नई पत्तन एक प्रमुख व्यापारिक पत्तन है। इसे भारत का कृषि पत्तन नहीं कहा जाता है।

23. **कथन** (A) अंतर्राष्ट्रीय व्यापार में उच्च मूल्य वाले एवं शीघ्र खराब हो जाने वाले उत्पादों का परिवहन वायुमार्ग द्वारा किया जाता है।

कारण (R) अंतर्राष्ट्रीय व्यापार में वायु परिवहन की महासागरीय परिवहन की तुलना में हिस्सेदारी अधिक है।

उत्तर (c) अंतर्राष्ट्रीय व्यापार में उच्च मूल्य वाले और शीघ्र खराब हो जाने वाले उत्पादों आदि का परिवहन वायुमार्ग द्वारा किया जाता है, क्योंकि वायुमार्ग तीव्र और सुरक्षित होता है, जो इन उत्पादों की शीघ्र डिलीवरी की आवश्यकताओं को पूरा करता है, जबकि महासागरीय परिवहन सस्ता और बड़े पैमाने पर भारी माल के परिवहन हेतु उपयुक्त है, इसलिए अंतर्राष्ट्रीय परिवहन में वायु परिवहन की तुलना में महासागरीय परिवहन की हिस्सेदारी अधिक है।

24. निम्नलिखित कथनों को ध्यानपूर्वक अध्ययन कीजिए और सही विकल्प का चयन कीजिए।

कथन I कोलकाता बंदरगाह (पत्तन) भारत का एकमात्र नदी-आधारित पत्तन है।

कथन II भारत के पश्चिमी तट पर स्थित बंदरगाह मुख्य रूप से व्यापार और निर्यात-आधारित होते हैं।

विकल्प
(a) केवल कथन I सही है (b) केवल कथन II सही है
(c) I और II दोनों कथन सही हैं (d) I और II दोनों कथन गलत हैं

उत्तर (c) I और II दोनों कथन सही हैं।

25. **भारत की आयात सूची का सबसे बड़ा घटक ········ है।**

(a) कोयला (b) लोहा (c) पेट्रोलियम (d) सोना

उत्तर पेट्रोलियम

26. **भारत का अधिकार विदेशी व्यापार समुद्री एवं वायु मार्गों द्वारा संचलित होता है, हालाँकि, विदेशी व्यापार का छोटा-सा भाग सड़क मार्ग द्वारा ········ ।**

(a) नेपाल, श्रीलंका, मालदीव द्वारा किया जाता है
(b) नेपाल, भूटान, बांग्लादेश एवं पाकिस्तान द्वारा किया जाता है
(c) नेपाल, अफगानिस्तान, बांग्लादेश द्वारा किया जाता है
(d) अफगानिस्तान, श्रीलंका, मालदीव द्वारा किया जाता है

उत्तर (b) नेपाल, भूटान, बांग्लादेश एवं पाकिस्तान द्वारा किया जाता है।

27. **नीचे दी गई तालिका को पूरा कीजिए।**

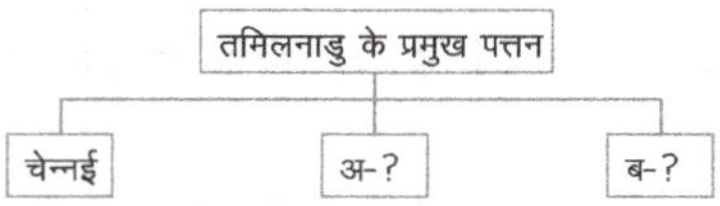

उत्तर अ- एन्नौर पत्तन, ब - तूतीकोरिन पत्तन

28. **नीचे दी गई तालिका को पूरा कीजिए।**

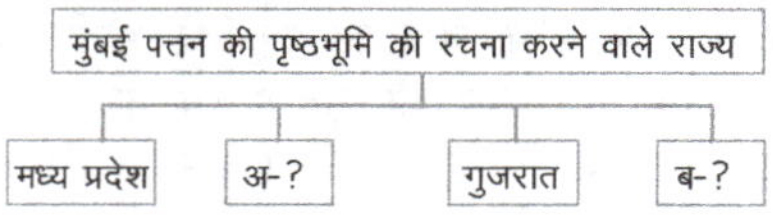

उत्तर अ - महाराष्ट्र, ब - उत्तर प्रदेश

29. **फ्लोचार्ट में रिक्त स्थान की पूर्ती कीजिए**

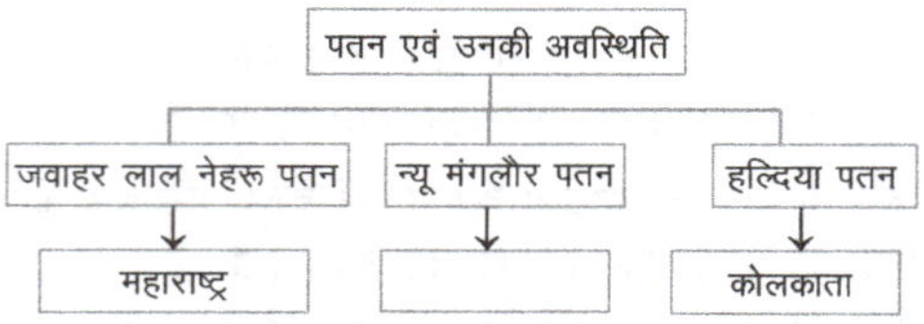

(a) केरल (b) कर्नाटक (c) महाराष्ट्र (d) चेन्नई

उत्तर *(b)* कर्नाटक

30. **निम्नलिखित तालिका का ध्यानपूर्वक अध्ययन कीजिए और प्रश्न सं** 15 से 17 **तक के उत्तर लिखिए** **CBSE 2025**

भारत का निर्यात संघटन 2009-2017

वस्तुएँ/माल	2009-10	2010-11	2015-16	2016-17
कृषि का समवर्गी उत्पाद	10.0	9.9	12.6	12..3
अयस्क एवं खनिज	4.9	4.0	1.6	1.9
विनिमित वस्तुएँ	67.4	08.0	72.6	73.6
पेट्रोलियम व अपरिष्कृत उत्पाद	16.2	16.8	11.9	11.7
अन्य वस्तुएँ	1.5	1.2	1.1	0.5

(i) **निम्नलिखित में से किस श्रेणी की वस्तुओं के निर्यात में निरंतर वृद्धि दिखाई देती है?**

(a) कृषि एवं समवर्गी उत्पाद (b) अयस्क और खनिज
(c) विनिर्मित वस्तुएँ (d) अन्य वस्तुएँ

उत्तर *(b)* अयस्क और खनिज

(ii) **निम्नलिखित में से किस श्रेणी की वस्तुओं के निर्यात में वर्ष 2015-16 से वर्ष 2016-17 तक अधिकतम गिरावट दर्ज की गई है?**

(a) कृषि एवं समवर्गी उत्पाद
(b) अयस्क एवं खनिज
(c) पेट्रोलियम व अपरिष्कृत उत्पाद
(d) अन्य वस्तुएँ

उत्तर *(d)* अन्य वस्तुएँ

(iii) **निम्नलिखित में से किस श्रेणी की वस्तुओं के अंतर्गत वर्ष 2010-11 से वर्ष 2016-17 तक निर्यात में वृद्धि देखी गई है?**

(a) कृषि एवं समवर्गी उत्पाद
(b) अयस्क और खनिज
(c) पेट्रोलियम व अपरिष्कृत उत्पाद
(d) अन्य वस्तुएँ

उत्तर *(d)* अयस्क और खनिज

लघु उत्तरीय प्रश्न

1. **अंतर्राष्ट्रीय व्यापार क्या है? अंतर्राष्ट्रीय व्यापार अस्तित्व में क्यों है? स्पष्ट कीजिए।**

उत्तर किसी देश की भौगोलिक सीमा के बाहर से होने वाला व्यापार अंतर्राष्ट्रीय व्यापार कहलाता है अर्थात् दो या दो से अधिक राष्ट्रों या समूहों के मध्य होने वाला व्यापार अंतर्राष्ट्रीय व्यापार कहलाता है।

अंतर्राष्ट्रीय व्यापार सभी देशों के लिए परस्पर लाभदायक है, चूँकि कोई भी देश आत्मनिर्भर नहीं है। वर्तमान में भारत के अंतर्राष्ट्रीय व्यापार ने यात्रा संघटन के साथ-साथ व्यापार की दिशा के संबंध में आमूल परिवर्तन का अनुभव किया है। अंतर्राष्ट्रीय व्यापार के अस्तित्व में होने के निम्न कारण हैं

- राष्ट्रीय संसाधनों में भिन्नता का पाया जाना।
- राष्ट्रों की आर्थिक विकास की प्रावस्थाएँ अलग-अलग होना।
- सभी संलग्न पक्षों या देशों को लाभ प्राप्त होना।

2. **अंतर्राष्ट्रीय व्यापार से देश किस तरह लाभान्वित होता है? स्पष्ट कीजिए।**

अथवा **अंतर्राष्ट्रीय व्यापार का होना राष्ट्रों के लिए किस प्रकार पारस्परिक लाभदायक होता है? व्याख्या कीजिए।** **CBSE 2020**

अथवा **किसी राष्ट्र के उत्पादन में वृद्धि अधिक होने पर राष्ट्र उत्पादन का निर्यात कर विदेशी मुद्रा प्राप्त कर सकते हैं। इस कथन की न्यायसंगत व्याख्या कीजिए।** दक्षता आधारित प्रश्न

उत्तर अंतर्राष्ट्रीय व्यापार से देशों को निम्न प्रकार से लाभ होता है

- अंतर्राष्ट्रीय व्यापार से देशों के बीच आपसी सहयोग की वृद्धि होती है।
- जिन उत्पादों का उत्पादन कम होता है, राष्ट्र उन उत्पादों को आयात करते हैं तथा उनका मूल्य भी कम होता है।
- जिन उत्पादों का उत्पादन अधिक होता है, राष्ट्र उन्हें उचित मूल्य पर अन्य देशों को निर्यात कर विदेशी मुद्रा प्राप्त करते हैं।
- अंतर्राष्ट्रीय व्यापार से देशों के संबंधों में भी सुधार होता है।
- अंतर्राष्ट्रीय व्यापार प्रतिस्पर्द्धा में वृद्धि करती है, जिससे व्यक्ति को उत्तम वस्तु को चुनने में सहायता मिलती है।

3. **राष्ट्रीय संसाधनों में भिन्नता किस प्रकार अंतर्राष्ट्रीय व्यापार का आधार बनती है? उदाहरणों सहित व्याख्या कीजिए।** **CBSE 2024**

अथवा **प्राकृतिक संसाधन किसी देश के अंतर्राष्टीय व्यापार में तुलनात्मक लाभ को कैसे प्रभावित करते हैं? उदाहरण के साथ स्पष्ट करें।**

दक्षता आधारित प्रश्न

उत्तर अंतर्राष्ट्रीय व्यापार का प्रमुख आधार प्राकृतिक संसाधनों में भिन्नता है। विभिन्न देशों के भूविज्ञान, उच्चावच मिट्टी, खनिज तथा जलवायु भिन्न होते है, जिसके कारण विश्व में संसाधनों का वितरण असमान पाया जाता है। अतः विभिन्न देशों के उत्पाद भी अलग-अलग होते हैं जैसे-भारत के पास मसालों और चाय का उत्पादन करने की अच्छी क्षमता है, जबकि उसके पास पेट्रोलियम जैसे प्राकृतिक संसाधनों की कमी है। वहीं खाड़ी देशों के पास पेट्रोलियम के विशाल भंडार हैं; राष्ट्रीय भिन्नता अंतर्राष्ट्रीय व्यापार का आधार है। इसे निम्न प्रकार समझा जा सकता है

(i) **भौगोलिक संरचना** भौगोलिक संरचना खनिज संसाधनों के आधार को निर्धारित करती है। भौगोलिक संरचना में विभिन्नता के कारण ही फसलों तथा पशुओं में भी विविधता पाई जाती है। साथ ही भू-भागों में भूमि कृषि के अनुकूल होती है तथा पर्वतीय भाग पर्यटकों को आकर्षित करते है जिससे पर्यटन को बढ़ावा मिलता है।

(ii) **खनिज संसाधन** खनिज संसाधन विश्व में असमान रूप से पाए जाते हैं, जो औद्योगिक विकास का मुख्य आधार है। खनिज संसाधनों की उपलब्धता औद्योगिक विकास को आधार प्रदान करती है।

(iii) **जलवायु** यह वन्यजीव एवं वनस्पति दोनों को प्रभावित करती है, जिससे भिन्न-भिन्न प्रदेशों में भिन्न-भिन्न प्रकार की वनस्पति एवं जीव पाए जाते हैं। साथ ही इससे उत्पादों में भी विविधता पाई जाती है; जैसे ऊन का उत्पादन ठंडे प्रदेशों में तथा केला, रबड़, चावल, कहवा आदि का उत्पादन उष्णकटिबंधीय जलवायु प्रदेशों में होता है। इस प्रकार प्रदेश में जिस वस्तु का उत्पादन अधिक होता है, उसका निर्यात कर दिया जाता है तथा जिनका उत्पादन कम होता है, उनका अन्य देशों से आयात कर लिया जाता है।

4. **आर्थिक विकास की प्रावस्था और विदेशी निवेश किस प्रकार अंतर्राष्ट्रीय व्यापार के आधार हैं? उदाहरण सहित स्पष्ट कीजिए।**

उत्तर **आर्थिक विकास की प्रावस्था**, जब कोई देश आर्थिक विकास के उच्च स्तर पर पहुँचता है, तो उसके पास अधिक संसाधन, उन्नत प्रौद्योगिकी और उचित बुनियादी ढाँचा होता है। इसके परिणामस्वरूप, यह देश अधिक उत्पादकता और प्रतिस्पर्द्धा में सक्षम होता है, जिससे वह अंतर्राष्ट्रीय व्यापार में अपनी स्थिति को मजबूत करता है। उदाहरण स्वरूप चीन का आर्थिक विकास, विशेष रूप से 1980 के दशक के पश्चात् चीन वैश्विक व्यापार में एक प्रमुख खिलाड़ी बन गया है। चीन ने न केवल अपनी घरेलू माँग को बढ़ाया, बल्कि अंतर्राष्टीय बाजार में अपनी वस्तुओं की आपूर्ति को भी बढ़ाया।

विदेशी निवेश विदशी निवेश, विशेष रूप से प्रत्यक्ष निवेश (FDI) देशों को नई प्रौद्योगिकी, उन्नत प्रबंधकीय कौशल और वित्तीय संसाधन प्राप्त करने में सहायता करता है। यह निवेश उत्पादन क्षमता को बढ़ाता है। जिससे देशों के लिए अंतर्राष्ट्रीय व्यापार में भागीदारी आसान हो जाती है। उदाहरणस्वरूप भारत में विदेशी निवेशी ने सूचना प्रौद्योगिकी क्षेत्र को ऊँचाइयों तक पँहुचाया, जिससे भारत वैश्विक बाजार में सॉफ्टवेयर और सेवा क्षेत्र का प्रमुख निर्यातक बन गया।

5. **भारत के निर्यात संघटन के बदलते प्रारूप को स्पष्ट कीजिए।**

अथवा **भारत का निर्यात संघटक अब एक अधिक विविधतापूर्ण और उच्च मूल्यवर्धित संरचना में परिवर्तित हो रहा है। टिप्पणी कीजिए।**

उत्तर भारत के अंतर्राष्ट्रीय व्यापार के निर्यात संघटन में निम्नलिखित परिवर्तन हुए हैं

- कृषि तथा समवर्गी उत्पादों के निर्यात घटा है, जबकि पेट्रोलियम एवं अपरिष्कृत उत्पादों तथा अन्य वस्तुओं का निर्यात बढ़ा है।
- 2015-16 से 2021-22 तक अयस्क खनिजों तथा इनसे निर्मित सामानों का निर्यात में हिस्सा स्थिर रहा है।
- कॉफी, मसाले, चाय एवं दालों के निर्यात में गिरावट आई है, जबकि पुष्पकृति उत्पादों, ताजे फलों, समुद्री उत्पादों और चीनी आदि के निर्यात में वृद्धि हुई है।
- वर्ष 2021-22 के दौरान विनिर्माण क्षेत्र में भारत के कुल निर्यात मूल्य में 67.8% की भागीदारी रही है।

6. **भारत के आयात संघटन के बदलते प्रारूप को स्पष्ट कीजिए।**

अथवा **भारत द्वारा आयात की जाने वाली वस्तुओं के प्रकार और मात्रा में परिवर्तन ने इसके समग्र व्यापार घाटे या अधिशेष को कैसे प्रभावित किया है? स्पष्ट कीजिए।** दक्षता आधारित प्रश्न

उत्तर भारत के अंतर्राष्ट्रीय व्यापार के आयात संघटन में निम्नलिखित परिवर्तन हुए हैं

(i) 1970 के दशक में हरित क्रांति के कारण खाद्यान्नों का आयात रोक दिया गया, जबकि 1950-1960 के दशकों में आयात की मुख्य मदें खाद्यान्न थीं।

(ii) वर्ष 1973 के ऊर्जा संकट से पेट्रोलियम के मूल्य में वृद्धि से आयात बजट में वृद्धि हुई तथा खाद्यान्नों के स्थान पर उर्वरकों एवं पेट्रोलियम का आयात किया गया। भारत द्वारा आयात की गई वस्तुओं में प्रमुख वस्तुएँ मोती, स्वर्ण एवं चाँदी हैं।

(iii) पूँजीगत वस्तुओं के आयात में भी वृद्धि हुई, जिसका मुख्य कारण निर्यात अभिमुख उद्योगों एवं घरेलू क्षेत्रों की बढ़ती हुई माँग है।

7. **विदेशी व्यापार तथा घरेलू व्यापार में अंतर स्पष्ट कीजिए**

उत्तर विदेशी व्यापार तथा घरेलू व्यापार में निम्नलिखित अंतर हैं

विदेशी व्यापार	घरेलू व्यापार
विभिन्न देशों के मध्य उनकी आवश्यकतानुसार विविध प्रकार की वस्तुओं के पारस्परिक आयात-निर्यात को विदेशी व्यापार या अंतर्राष्ट्रीय व्यापार कहा जाता है।	देश के अंदर ही आवश्यकतानुसार विविध प्रकार की वस्तुओं के पारस्परिक आयात-निर्यात को घरेलू व्यापार कहते हैं।
राष्ट्रों के आर्थिक विकास और विदेश व्यापार में घनिष्ठ संबंध होता है।	राज्यों के आर्थिक विकास में एक राज्य से दूसरे राज्य में वस्तुओं का मँगाना तथा भेजना देश की आर्थिक स्थिति में सुधार लाता है।
विदेशी व्यापार वैश्वीकरण का उदाहरण है	घरेलू व्यापार विकेंद्रीकरण का उदाहरण है।

8. **आयात और निर्यात में अंतर स्पष्ट कीजिए**

अथवा **भारत जैसी विकासशील अर्थव्यवस्था में आयात के आर्थिक प्रभाव निर्यात के प्रभाव से किस प्रकार भिन्न हैं? स्पष्ट कीजिए।**

उत्तर आयात और निर्यात में निम्नलिखित अंतर हैं

आयात	निर्यात
किसी देश में दूसरे देश से वस्तुओं को मँगवाना आयात कहलाता है।	किसी देश का दूसरे देश में वस्तुओं को भेजना (बेचना) निर्यात कहलाता है।
आयात करने वाले देश में वस्तुओं की कमी पाई जाती है।	निर्यात करने वाले देश में वस्तुओं की अधिकता पाई जाती है।
आयात करने वाले देश को वस्तुओं की खरीद पर पूँजी खर्च करनी पड़ती है।	निर्यात करने वाले देश को वस्तुओं के विक्रय में विदेशी पूँजी की प्राप्ति होती है।
आयात से विदेशी मुद्रा की हानि होती है।	निर्यात से विदेशी मुद्रा को लाभ होता है।

9. **"भारत का अधिकतर विदेशी व्यापार समुद्री मार्गों से संचालित होता है।" तीन कारण देकर इस कथन की व्याख्या कीजिए।**

उत्तर भारत का अधिकतर विदेशी व्यापार समुद्री मार्गों से संचालित होता है, इसके संबंध में तीन कारण इस प्रकार हैं

(i) भारत तीनों ओर समुद्र से घिरा हुआ है, जो लंबी तटरेखा प्रदान करता है, जिसका लाभ बंदरगाहों द्वारा अंतर्राष्ट्रीय व्यापार में प्राप्त होता है।

(ii) भारत जैसे विकासशील देश के लिए महँगी वायु परिवहन प्रणाली की अपेक्षा समुद्री मार्ग बेहतर विकल्प है, जो सस्ता एवं सुगम परिवहन माध्यम है। भारत के पत्तनों का सभी मौसमों के अनुकूल होना अंतर्राष्ट्रीय व्यापार में नियमित सेवा प्रदान करता है।

- समुद्री आवागमन की भारत में एक लंबी परंपरा रही है। यहाँ तक कि भारत में कई स्थानों के साथ उपनाम पत्तन जुड़ा हुआ है।

10. **भारत के पूर्वी तट पर आधारित बंदरगाहों के नाम एवं स्थान (अवस्थिति) का उल्लेख कीजिए।**

उत्तर

पूर्वी तट के बंदरगाह	स्थान (प्रदेश)
कोलकाता बंदरगाह	कोलकाता (पश्चिम बंगाल)
हल्दिया बंदरगाह	मेदनीपुर (पश्चिम बंगाल)
पाराद्वीप बंदरगाह	जगतसिंहपुर (ओडिशा)
विशाखापतनम बंदरगाह	विशाखापतनम (आंध्र प्रदेश)
चेन्नई बंदरगाह	चेन्नई (तमिलनाडु)
तूतीकोरिन बंदरगाह	तूतीकोरिन (तमिलनाडु)

11. **कोलकाता समुद्री पत्तन काफी हद तक अपनी सार्थकता क्यों खो चुका है? तीन कारण दीजिए।**

अथवा **भारत में एक प्रमुख समुद्री केंद्र के रूप में कोलकाता बंदरगाह के महत्त्व में गिरावट में किन कारकों ने योगदान दिया?**

उत्तर कोलकाता समुद्री पत्तन ने अपना महत्त्व निम्नलिखित कारणों से खो दिया है इसके संबंध में निम्न कारक इस प्रकार हैं

- निर्यात का विशाखापत्तनम तथा पाराद्वीप समुद्री पत्तनों की ओर मुड़ना है।
- इसे गंगा नदी द्वारा लाई गई भारी गाद का भी सामना करना पड़ता है।
- यह ज्वारीय पत्तन है और इसे बार-बार हुगली नदी के छतराव की भी आवश्यकता होती है, ताकि जल का न्यूनतम स्तर बना रहे और नौकायन आश्वस्त रहे।
- भारी जलवाहन पोत के आवागमन से इस पोत को काफी समस्या का समाधान करना पड़ता है, जो इसके व्यापारिक परिदृश्य से उचित नहीं है।

12. **अंतर्देशीय और बाह्य पत्तन में उदाहरण सहित अंतर कीजिए।**

उत्तर बाह्य पत्तन तथा अंतर्देशीय पत्तन में निम्नलिखित अंतर हैं

बाह्य पत्तन	अंतर्देशीय पत्तन
इस प्रकार के पत्तन वास्तविक पत्तन से दूर गहरे जल में अवस्थित होते हैं।	इस प्रकार के पत्तन समुद्र तट से दूर स्थित होते हैं तथा नदी या नहर द्वारा समुद्र से जुड़े होते हैं।
ये पत्तन ऐसे जहाजों को सुविधा प्रदान करते हैं, जो आकार में बड़े होने के कारण वास्तविक पत्तन तक नहीं पहुँच पाते हैं।	इन पत्तनों पर अपेक्षाकृत छोटे जलपोत द्वारा ही पहुँच पाते हैं।
यूरोप में स्थित एवनमाउथ तथा पिरेइअस बाह्य पत्तन के उदाहरण है।	मैनचेस्टर पत्तन, मिसीसिपी पर मेंफिस, राइन पर स्थित मैनहीम व ड्यूसबर्ग, हुगली नदी पर स्थित कोलकाता अंतर्देशीय पत्तन के उदाहरण हैं।

13. **पत्तन अंतर्राष्ट्रीय व्यापार के 'प्रवेश द्वार' के रूप में क्यों जाने जाते हैं? अंतर्देशीय पत्तनों की किन्हीं तीन विशेषताओं की व्याख्या कीजिए।**

उत्तर पत्तन अंतर्राष्ट्रीय व्यापार का सबसे सुगम व सस्ता माध्यम है। विश्व का अधिकांश व्यापार पत्तनों के माध्यम से किया जाता है। पत्तनों के द्वारा ही माल को चढ़ाने-उतारने एवं जहाजों को आश्रय प्रदान करने का कार्य किया जाता है। इसके द्वारा भारी एवं स्थूल सामग्री का यातायात आसानी से किया जाता है, इसलिए पत्तन को अंतर्राष्ट्रीय व्यापार का 'प्रवेश द्वार' कहते हैं।

अंतर्देशीय पत्तन की विशेषताएँ निम्नलिखित हैं

- अंतर्देशीय पत्तन समुद्री तट से दूर अवस्थित होते हैं।
- ये समुद्री पत्तन से नदी व नहर द्वारा जुड़े रहते हैं।
- इन पत्तनों का प्रबंधन एवं प्रशासन सामान्यतः राज्य सरकार द्वारा किया जाता है।

दीर्घ उत्तरीय प्रश्न

1. भारत के अंतर्राष्ट्रीय व्यापार में बदलते स्वरूप का विस्तृत विवरण दीजिए।

अथवा **पहले भारत का निर्यात मुख्यरूप से कृषि उत्पादों और कच्चे माल तक सीमित था; जैसे-चाय, मसालें, रत्न और खनिज, लेकिन अब भारत ने अपनी निर्यात संरचना में बदलाव/विविधता लाते हुए उच्च तकनीकी और औद्योगिक उत्पादों को भी शामिल किया है। कथन की न्यायपूर्ण व्याख्या कीजिए।**

अथवा **बदलते समय में भारत के अंतर्राष्ट्रीय व्यापार की दिशा का विश्लेषण कीजिए।**

उत्तर भारत की विश्व व्यापार की कुल मात्रा में केवल 1% ही भागीदारी है। हाल के वर्षों में भारत के अंतर्राष्ट्रीय व्यापार में मात्रा व संघटन के साथ-साथ व्यापार की दिशा में आमूल परिवर्तन हुए हैं। समय के साथ-साथ भारत के विदेशी व्यापार में आयात एवं निर्यात दोनों की मात्रा में वृद्धि हुई, लेकिन निर्यात की तुलना में आयात के मूल्य में अधिक वृद्धि हुई।

इसमें सबसे अधिक योगदान अपरिष्कृत पेट्रोलियम का है। विश्व के अधिकांश देशों एवं प्रमुख व्यापारी गुटों के साथ भारत के व्यापारिक संबंध हैं। संयुक्त अरब अमीरात (UAE) पहले स्थान पर तथा चीन दूसरे स्थान पर रहा। इस प्रकार से भारत के साझेदार देश तथा व्यापार की दिशा आदि में समय के साथ परिवर्तन हुए हैं।

बदलते समय में भारत का अधिकांश व्यापार समुद्री एवं वायु मार्ग से होता है, लेकिन नेपाल, भूटान, बांग्लादेश एवं पाकिस्तान आदि देशों के साथ विदेशी व्यापार का छोटा-सा भाग सड़क मार्ग द्वारा होता है।

विश्व के अधिकांश देशों एवं प्रमुख व्यापारी गुटों के साथ भारत के व्यापारिक संबंध हैं। भारत ने आगामी पाँच वर्षों में अंतर्राष्ट्रीय व्यापार में अपनी हिस्सेदारी दोगुना करने के लिए आयात उदारीकरण, आयात करों में कमी, डि-लाइसेंसिंग तथा प्रक्रिया से उत्पाद के पेटेंट में परिवर्तन आदि अनुकूल उपाय किए हैं। इन परिवर्तन की नीतियों को विविधता की नीति भी कहा जाता है।

इन नीतियों में बदलाव से व्यापार की दिशा में बदलाव के साथ साझेदार की संख्या में भी वृद्धि हुई तथा नए-नए साझेदार बढ़े। इनके साथ व्यापारिक समूहों की संख्या भी बढ़ी है। इससे पड़ोसी एवं अन्य देशों की संख्या में वृद्धि हुई तथा प्रवाह में बदलाव आया है, जिससे व्यापार और सरल तथा सुगम हुआ है, साथ ही इससे विश्व के देशों का संपर्क भारत से बढ़ा है।

2. भारत के पत्तनों के विकास को संक्षेप में समझाइए।

अथवा **पिछले कुछ दशकों में भारत के प्रमुख बंदरगाहों के विकास ने भारत की आर्थिक वृद्धि और वैश्विक समुद्री व्यापार में इसकी स्थिति में कैसे योगदान दिया है। टिप्पणी कीजिए।** *दक्षता आधारित प्रश्न*

उत्तर भारत में पत्तनों का विकास औपनिवेशक काल तथा स्वतंत्रता के बाद हुआ है। अतः इसके विकास को दो खंडों में बाँटा गया है

(i) **ब्रिटिश द्वारा भारतीय पत्तनों का विकास** अंग्रेजों ने पत्तनों का उपयोग उनके पृष्ठ प्रदेशों के संसाधनों के अवशोषण केंद्र के रूप में किया। आंतरिक प्रदेशों में रेलवे के विस्तार ने स्थानीय बाजारों को क्षेत्रीय बाजारों और क्षेत्रीय बाजारों को राष्ट्रीय बाजारों से जोड़ा, जबकि राष्ट्रीय बाजारों को अंतर्राष्ट्रीय बाजारों से जोड़ने का काम पत्तनों ने किया। इस प्रकार से पत्तनों का विकास हुआ।

(ii) **स्वतंत्रता के बाद पत्तनों का विकास** देश विभाजन से भारत के दो महत्त्वपूर्ण पत्तन—कराची पत्तन पाकिस्तान में तथा चटगाँव पत्तन तत्कालीन पूर्वी पाकिस्तान (वर्तमान में बांग्लादेश) में चला गया। इस क्षतिपूर्ति के लिए अनेक नए पत्तनों को विकसित किया गया; जैसे—पश्चिम में कांडला तथा पूर्व में हुगली नदी पर कोलकाता के पास डायमंड हार्बर।

देश की स्वतंत्रता के पश्चात भारतीय पत्तन में निरंतर वृद्धि हो रही है। भारतीय पत्तन घरेलू के साथ-साथ विदेशी व्यापार का संचालन कर रहे हैं। अधिकांश पत्तन आधुनिक अवसंरचना से युक्त हैं। पहले पत्तनों का विकास तथा आधुनिकीकरण की जिम्मेदारी सरकारी अभिकरणों की थी, लेकिन अब पत्तनों को अंतर्राष्ट्रीय स्तर का बनाने के लिए निजी क्षेत्र के लिए भी खोल दिया गया है।

वर्ष 1951 में भारतीय पत्तनों की नौभार निपटान की क्षमता 20 मिलियन टन थी, जो वर्ष 2016 में बढ़कर 837 मिलियन टन से अधिक हो गई। इस तरह से वर्तमान परिप्रेक्ष्य में भी पत्तनों का विकास उनकी सुविधाओं को बढ़ाकर किया जा रहा है, जो अंतर्राष्ट्रीय समुद्री व्यापार में महत्त्वपूर्ण भूमिका निभाते हैं।

3. भारत के पूर्वी तट पर अवस्थित पाँच प्रमुख पत्तनों का उल्लेख कीजिए।

अथवा **भारत के पूर्वी तट पर स्थित प्रमुख बंदरगाह कौन-से हैं और वे देश के समुद्री व्यापार में कैसे योगदान करते हैं? इस कथन के उत्तर को न्यायसंगत रूप से स्पष्ट कीजिए।** *दक्षता आधारित प्रश्न*

उत्तर भारत के पूर्वी तट पर अवस्थित पाँच प्रमुख पत्तन निम्नलिखित हैं

(i) **कोलकाता पत्तन** यह पत्तन बंगाल की खाड़ी से 128 किमी स्थल में अंदर हुगली नदी पर अवस्थित है। मुंबई पत्तन की तरह इसका भी विकास ब्रिटिश शासन द्वारा किया गया था। विशाखापत्तनम, पारादीप और कोलकाता पत्तन के अनुषंगी (सहायक) पत्तन हल्दिया के विकास से निर्यात के दिशा परिवर्तन से कोलकाता पत्तन का महत्त्व कम हो गया है। हुगली नदी कोलकाता पत्तन को समुद्र से जुड़ने का मार्ग प्रदान करती है। उत्तर प्रदेश, बिहार, झारखंड, पश्चिम बंगाल, सिक्किम और उत्तर-पूर्वी राज्य कोलकाता पत्तन के पृष्ठ प्रदेश का निर्माण करते हैं। यह पत्तन भूटान और नेपाल जैसे स्थलबद्ध पड़ोसी देशों को पत्तन की सुविधा उपलब्ध कराता है।

(ii) **हल्दिया पत्तन** इस पत्तन का निर्माण कोलकाता पत्तन के दबाव को कम करने के लिए कोलकाता से 105 किमी अंदर अनुप्रवाह पर किया गया। इस पत्तन से लौह-अयस्क, कोयला, पेट्रोलियम एवं पेट्रोलियम उत्पाद, उर्वरक, जूट एवं जूट उत्पाद, कपास तथा सूती धागा आदि का निपटान किया जाता है।

(iii) **पारादीप पत्तन** यह पत्तन कटक से 100 किमी दूर महानदी डेल्टा पर अवस्थित है। इसका पोताश्रय सबसे अधिक गहरा होने के कारण भारी पोतों के लिए सर्वाधिक अनुकूल है। इस पत्तन का मुख्य रूप से बड़े पैमाने पर लौह-अयस्क निर्यात करने के लिए विकास किया गया है। ओडिशा, झारखंड एवं छत्तीसगढ़ इसके पृष्ठ प्रदेश का निर्माण करते हैं।

(iv) **विशाखापत्तनम पत्तन** यह पत्तन आंध्र प्रदेश का एक स्थलबद्ध अर्थात् चारों ओर से स्थल से घिरा पत्तन है, जिसे ठोस चट्टान एवं बालू को काटकर एक नहर द्वारा समुद्र से जोड़ा गया है।

लौह-अयस्क, पेट्रोलियम तथा सामान्य नौभार के निपटान के लिए एक बाह्य पत्तन के रूप में इसे विकसित किया गया। आंध्र प्रदेश एवं तेलगांना इसके पृष्ठ प्रदेश का निर्माण करता है।

(v) **चेन्नई पत्तन** यह पत्तन पूर्वी तट पर अवस्थित सबसे पुराने पत्तनों में से एक है इसे कृत्रिम पत्तन के नाम से भी जाना जाता है, जिसे 1859 ई. में बनाया गया था। यह पत्तन विशाल पोतों के लिए अनुकूल नहीं है, क्योंकि तट के निकट उथला जल है। तमिलनाडु और पांडिचेरी इसके पृष्ठ प्रदेश का निर्माण करते हैं।

4. अंतर्राष्ट्रीय व्यापार में समुद्री पत्तन तथा हवाई अड्डे के महत्त्वों पर प्रकाश डालिए।

अथवा **बंदरगाह और हवाई अड्डे देशों और क्षेत्रों को जोड़कर माल की आवाजाही को सुविधाजनक बनाकर व वैश्विक आपूर्ति शृंखलाओं तक पहुँच प्रदान करके अंतर्राष्ट्रीय व्यापार में महत्त्वपूर्ण भूमिका निभाते हैं। उपयुक्त तर्कों द्वारा कथन की पुष्टि कीजिए।** *दक्षता आधारित प्रश्न*

उत्तर **अंतर्राष्ट्रीय व्यापार में समुद्री पत्तन का महत्त्व** अंतर्राष्ट्रीय व्यापार में समुद्री पत्तन के महत्त्व को निम्न बिंदुओं द्वारा समझाया गया है

- यह अंतर्राष्ट्रीय व्यापार को सुगम बनाता है।
- यह जहाजों के माल एवं यात्रियों को चढ़ाने-उतारने का कार्य करता है, जहाँ अनुकूल सुविधाएँ होती हैं।
- यह स्थल भागों को जोड़कर वस्तुओं की उपलब्धता में सहायक होता है।
- यह घरेलू तथा विदेशी दोनों प्रकार के व्यापार का संचालन करता है। प्राकृतिक पत्तन कम खर्च में जहाजों को आश्रय प्रदान करता है।
- भारत के संदर्भ में यह अंतर्राष्ट्रीय व्यापार का 71% व्यापार में योगदान करता है।
- यह पृष्ठीय प्रदेश की रचना करता है तथा इनकी आवश्यकताओं की पूर्ति में भी सहायक होता है।
- यह अंतर्राष्ट्रीय व्यापार की दिशा में नए मार्गों की खोज में सहायक सिद्ध होता है।
- यह कोलकाता पत्तन भूटान तथा नेपाल जैसे स्थलबद्ध पड़ोसी देशों को पत्तन की सुविधा उपलब्ध कराता है।

अंतर्राष्ट्रीय व्यापार में हवाई अड्डे का महत्त्व

अंतर्राष्ट्रीय व्यापार में हवाई अड्डे के महत्त्व को निम्न बिंदुओं द्वारा समझाया गया है

- यह हल्की एवं कीमती तथा जल्दी खराब होने वाली वस्तुओं के व्यापार में सहायक होता है।
- यह अंतर्राष्ट्रीय व्यापार का उन्नत माध्यम है, जो समय की बचत करता है।
- यह घरेलू तथा विदेशी व्यापार की दृष्टि से अनुकूल होता है, किंतु महासागरीय परिवहन की तुलना में इसका महत्त्व कम पाया जाता है।
- यह स्थलीय व्यापार को बढ़ाने में सहायता करता है।
- यह आयातित तथा निर्यातित वस्तुओं के रख-रखाव का कुशल प्रबंध करता है, जिससे व्यापारिक वस्तुओं को सुरक्षा प्राप्त होती है।

5. भारत में अंतर्राष्ट्रीय व्यापार के प्रवेश द्वार के रूप में समुद्री पत्तन की व्याख्या कीजिए। **CBSE 2024**

अथवा **'समुद्री बंदरगाहों को अंतर्राष्ट्रीय व्यापार का प्रवेश द्वार कहा जाता है, क्योंकि इनके जरिए ही माल और यात्री एक देश से दूसरे देश जाते हैं।' तर्कपूर्ण तथ्यों से कथन को स्पष्ट करें।** *दक्षता आधारित प्रश्न*

उत्तर समुद्री पत्तन किसी भी देश के अंतर्राष्ट्रीय व्यापार के लिए महत्त्वपूर्ण होते हैं। भारत, जो कि एक विशाल समुद्र तट वाला देश है, के पास कई महत्त्वपूर्ण समुद्री पत्तन हैं, जो वैश्विक व्यापार में महत्त्वपूर्ण भूमिका निभाते हैं, वर्तमान में भारत में 12 प्रमुख और 200 छोटे या मझोले पत्तन हैं। प्रमुख पत्तनों के लिए केंद्र सरकार नीतियाँ बनाती हैं, जबकि मझोले पत्तनों के लिए राज्य सरकार नीतियाँ बनाती हैं। समुद्री पत्तन केवल माल परिवहन का माध्यम नहीं होते, बल्कि ये आर्थिक विकास, व्यापार और वैश्विक संबंधों को बढ़ावा देने में भी महत्त्वपूर्ण होते हैं।

भारत के प्रमुख समुद्री पत्तनों का महत्त्व इस प्रकार है

(i) **आर्थिक विकास** समुद्री पत्तन व्यापार के लिए मुख्य प्रवेश द्वार होते हैं। इन पत्तनों के माध्यम से भारत का निर्यात और आयात होता है। जिससे देश की आर्थिक स्थिति में सुधार होता है। ये पत्तन स्थानीय स्तर पर रोजगार के अवसर उत्पन्न करते हैं।

(ii) **वाणिज्यिक संबंध** अंतर्राष्ट्रीय पत्तनों के माध्यम से भारत विभिन्न देशों के साथ वाणिज्यिक संबंध स्थापित कर सकता है, जिससे विदेश में निवेश और व्यापार के अवसर बढ़ते हैं।

भारत के प्रमुख समुद्री पत्तन

भारत के प्रमुख समुद्री पत्तनों का उल्लेख इस प्रकार किया गया है

(i) **मुम्बई पत्तन** यह भारत का सबसे बड़ा और प्राकृतिक पत्तन है। यह पत्तन मध्यपूर्व, भूमध्यसागरीय देशों, उत्तरी अफ्रीका, उत्तर अमेरिका तथा यूरोप के देशों के सामान्य मार्ग के निकट स्थित है, जहाँ से देश के विदेशी व्यापार का अधिकांश भाग संचालित किया जाता है।

(ii) **कांडला पत्तन** (दीनदयाल पत्तन) यह पत्तन कच्छ की खाड़ी के मुहाने पर स्थित है, जो देश के पश्चिमी एवं उत्तर-पश्चिमी भागों की आवश्यकताओं को पूरा करने और मुंबई पत्तन पर दबाव को कम करने के लिए विकसित किया गया था।

(iii) **चेन्नई पत्तन** यह दक्षिण भारत का एक प्रमुख पत्तन है, जो आयात और निर्यात के लिए महत्त्वपूर्ण है। यह एक कृत्रिम पत्तन है जिसे 1859 ई. में बनाया गया था।

(iv) **कोलकाता पत्तन** यह हुगली नदी पर स्थित है, जो बंगाल की खाड़ी से 128 किमी स्थल में स्थित है। मुंबई की भाँति इसका विकास भी अंग्रेजों द्वारा किया गया था।

अतः भारत में समुद्री पत्तन अंतर्राष्ट्रीय व्यापार के लिए एक महत्त्वपूर्ण प्रवेश द्वार है। ये न केवल आर्थिक विकास में सहायक होते हैं, बल्कि रोजगार के अवसर भी प्रदान करते हैं, लेकिन उचित नीतियों तथा योजनाओं के माध्यम से इनका समाधान किया जा सकता है। भविष्य में भारत के समुद्री पत्तनों की क्षमता को ओर अधिक बढ़ाया जा सकता है, जिससे वैश्विक व्यापार में भारत की भूमिका और भी महत्त्वपूर्ण बन जाएगी।

स्रोत आधारित प्रश्न

निम्नलिखित स्रोतों/ग्राफों को ध्यानपूर्वक पढ़कर उन पर आधारित प्रश्नों के उत्तर दीजिए।

1. कच्छ की खाड़ी के मुहाने पर अवस्थित कांडला पत्तन को देश के पश्चिमी एवं उत्तर-पश्चिमी भाग की आवश्यकताओं को पूरा करने और मुंबई पत्तन पर दबाव को घटाने के लिए एक प्रमुख पत्तन के रूप में विकसित किया गया है।

इस पत्तन को विशेष रूप से भारी मात्रा में पेट्रोलियम, उत्पादों एवं उर्वरकों को ग्रहण करने के लिए बनाया गया है। वाडीनार में एक अपतटीय टर्मिनल विकसित किया गया है, ताकि कांडला पत्तन के दबाव को घटाया जा सके।

पृष्ठ प्रदेश (Hitner land) की सीमाओं का चिह्नांकन कठिन होता है, क्योंकि यह क्षेत्र पर सुस्थिर नहीं होता। अधिकतर मामलों में एक पत्तन का पृष्ठ प्रदेश दूसरे पत्तन के पृष्ठ प्रदेश का अतिव्यापन कर सकता है।

मुंबई एक प्राकृतिक पत्तन और देश का सबसे बड़ा पत्तन है। यह पत्तन मध्यपूर्व, भूमध्य सागरीय देशों, उत्तरी अफ्रीका, उत्तर अमेरिका तथा यूरोप के देशों के सामान्य मार्ग के निकट स्थित है, जहाँ से देश के विदेशी व्यापार का अधिकांश भाग संचालित किया जाता है। यह पत्तन 20 किमी लंबा तथा 6-10 किमी चौड़ा हैं, जिसमें 54 गोदियाँ और देश का विशालतम टर्मिनल है। मध्य प्रदेश, महाराष्ट्र, गुजरात, उत्तर प्रदेश व राजस्थान के भाग मुंबई पत्तन की पृष्ठभूमि की रचना करते हैं।

(i) **किस पत्तन का निर्माण कराची पत्तन के विकल्प के रूप में किया गया?**

उत्तर कांडला पत्तन का निर्माण कराची पत्तन के विकल्प के रूप में किया गया। यह गुजरात के कच्छ जिले में स्थित है। इसे दीनदयाल बंदरगाह के नाम से भी जाना जाता है।

(ii) **भारत का सबसे बड़ा बंरगाह कौन-सा है?**

उत्तर मुंबई पत्तन भारत का सबसे बड़ा बंदरगाह है। यह एक प्राकृतिक पत्तन है। यह पत्तन मध्यपूर्व, भूमध्य सागरीय देशों, उत्तरी अफ्रीका, उत्तरी अमेरिका तथा यूरोप के देशों के सामान्य मार्ग के निकट स्थित है।

(iii) **कांडला पत्तन से किन उत्पादों का मुख्यतः आयात किया जाता है तथा इसके भार को कम करने हेतु किस पत्तन का विकास किया जा रहा है?**

उत्तर कांडला पत्तन से पेट्रोलियम उत्पाद का मुख्यतः आयात किया जाता है। वाडीनार में एक अपतटीय टर्मिनल विकसित किया गया है, ताकि कांडला पत्तन के दबाव को घटाया जा सके।

2. भारत ने 1950 एवं 1960 के दशक में खाद्यान्नों की गंभीर कमी का अनुभव किया है। उस समय आयात की प्रमुख वस्तुएँ खाद्यान्न, पूँजीगत माल, मशीनरी एवं उपस्कर आदि थे। उस समय भुगतान संतुलन बिल्कुल विपरीत था: चूँकि आयात प्रतिस्थापन के सभी प्रयासों के बावजूद आयात निर्यातों से अधिक था।

1970 के दशक के बाद हरित क्रांति में सफलता मिलने पर खाद्यान्नों का आयात रोक दिया गया, लेकिन वर्ष 1973 में आए ऊर्जा संकट से पेट्रोलियम पदार्थों) के मूल्य में उछाल आया, फलतः आयात बजट भी बढ़ गया। खाद्यान्नों के आयात का स्थान उर्वरकों एवं पेट्रोलियम ने ले लिया।

मशीन एवं उपस्कर, विशेष स्टील, खाद्य तेल तथा रसायन मुख्य रूप से आयात व्यापार की रचना करते हैं। आयात के बदलते प्रारूप का परीक्षण करें तथा उसमें हुए परिवर्तन को समझने का प्रयास करें।

पेट्रोलियम तथा इसके उत्पादों के आयात में तीव्र वृद्धि हुई है। इसे न केवल ईंधन के रूप में प्रयुक्त किया जाता है, बल्कि इसका प्रयोग उद्योगों में एक कच्चे माल के रूप में भी होता है। इससे बढ़ते हुए औद्योगीकरण और बेहतर जीवन-स्तर का संकेत मिलता है।

अंतर्राष्ट्रीय बाजारों में भी इसकी कदाचनिक मूल्यवृद्धि भी एक अन्य कारण रही है। निर्यात-भिमुख उद्योगों एवं घरेलू क्षेत्र की बढ़ती हुई माँग के कारण पूँजीगत वस्तुओं के आयात में एक स्थिर वृद्धि होती रही है। गैर-वैद्युतिक मशीनरी परिवहन उपस्कर, धातुओं के विनिर्मितियाँ तथा मशीनी औज़ार आदि पूँजीगत वस्तुओं की मुख्य मदें होती थी।

खाद्य तेलों के आयात में आई गिरावट के साथ खाद्य तथा समवर्गी उत्पादों के आयात में भी कमी आई है। भारत के आयात में अन्य प्रमुख वस्तुओं में मोती तथा उपरत्नों, स्वर्ण एवं चाँदी, धातुमय अयस्क तथा धातु स्क्रैप, अलौह-धातुएँ यथा इलेक्ट्रॉनिक वस्तुएँ आदि आते हैं।

(i) **पेट्रोलियम तथा इसके उत्पादों के आयात में तीव्र वृद्धि क्यों हुई?**

उत्तर पेट्रोलियम तथा इसके उत्पादों के आयात में तीव्र वृद्धि हुई, क्योकि इसे न केवल ईंधन के रूप में प्रयुक्त किया जाता है, बल्कि इसका प्रयोग उद्योगों में एक कच्चे माल के रूप में प्रयोग किया जाता है।

(ii) **पूँजीगत वस्तुओं की मुख्य मदें क्या थीं?**

उत्तर गैर-वैद्युतिक मशीनरी परिवहन उपस्कर धातुओं की विनिर्मितियाँ तथा मशीनी औज़ार आदि पूँजीगत वस्तुओं की मुख्य मदें होती थीं।

(iii) **किसी उपाय द्वारा भारत के भुगतान संतुलन को कम किया जा सकता है?**

उत्तर आयात प्रतिस्थापन उपाय द्वारा भारत के भुगतान संतुलन को कम किया जा सकता है।

3. अंतर्राष्ट्रीय व्यापार में वायु परिवहन एक महत्त्वपूर्ण भूमिका निभाता है। हवाई अडडों में अक्सर विमान पार्क करने और रख-रखाव की सुविधा होती है। एक अंतर्राष्ट्रीय हवाई अड्डे में सीमा शुल्क और पासपोर्ट नियंत्रण के तत्त्वों को शामिल किया जाता है। यह अधिकतम व्यावसायिक रूप में प्रयोग में लाए जाते हैं। अंतर्राष्ट्रीय व्यापार में लंबी दूरी वाले, उच्च मूल्य वाले या शीघ्र नष्ट होने वाले सामानों को कम-से-कम समय में ले जाने एवं निपटान के लिए वायु परिवहन की महत्त्वपूर्ण भूमिका होती है। भारी और स्थूल वस्तुओं के परिवहन के लिए वायु परिवहन बहुत महँगा और अनुपयुक्त होता है, इसलिए अंतर्राष्ट्रीय व्यापार के महासागरीय परिवहन की तुलना में इसकी हिस्सेदारी कम है। देश में 25 अंतर्राष्ट्रीय हवाई अड्डे (वार्षिकी रिपोर्ट

2016-17) तथा 112 घरेलू हवाई अड्डे हैं। अहमदाबाद, बंगलुरु, चेन्नई, दिल्ली, गोवा, गुवाहाटी, कोच्चि, श्रीनगर, कालीकट, इंदौर भुवनेश्वर आदि अंतर्राष्ट्रीय हवाई अड्डे हैं।

(i) **अंतर्राष्ट्रीय व्यापार में वायु परिवहन के किसी एक लाभ की व्याख्या कीजिए।**

उत्तर कम भार वाली कीमती वस्तुओं को लंबी दूरी तक ले जाने के लिए वायु परिवहन सर्वाधिक बेहतर माध्यम है।

(ii) **इंदौर में स्थित अंतर्राष्ट्रीय हवाई अड्डे का नाम लिखिए।**

उत्तर देवी अहिल्याबाई होल्कर हवाई अड्डा मध्य प्रदेश डाके इंदौर शहर में स्थित है। यह एक अंतर्राष्ट्रीय हवाई अड्डे है।

(iii) **वार्षिक रिपोर्ट 2016-17 के अनुसार, भारत में कुल कितने अंतर्राष्ट्रीय हवाई अड्डे एवं घरेलू हवाई अड्डे हैं?**

उत्तर रिपोर्ट 2016-17 के अनुसार भारत में 25 अंतर्राष्ट्रिय हवाई अड्डे तथा 112 घरेलू हवाई अड्डे है?

4. दिए गए ग्राफ को ध्यान से पढ़े और उस पर आधारित प्रश्नों ...... के उत्तर दीजिए।

वर्ष 2012-13 से 2016-17 के दौरान भारत के विदेश व्यापार में निर्यात एवं आयात के बीच अंतर

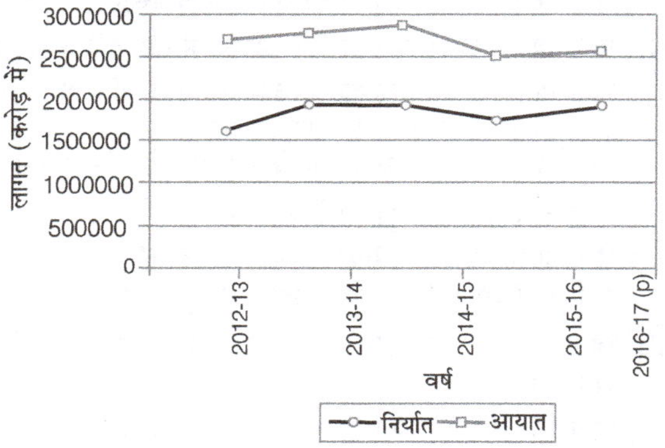

(i) **किन वर्षों के दौरान आयात और निर्यात के मध्य सबसे बड़ा अंतर देखा गया है?**

उत्तर ग्राफ के अनुसार, वर्ष 2021-22 के दौरान आयात और निर्यात के बीच का अंतर सर्वाधिक है।

(ii) **भारत के निर्यात और आयात में किस वर्ष तीव्र वृद्धि की प्रवृत्ति देखने को मिलती है।**

उत्तर ग्राफ के अनुसार, भारत के निर्यात और आयात में वर्ष 2016-17 से वर्ष 2021-22 में तीव्र वृद्धि की प्रवृत्ति दिखाई देती है।

(iii) **भारत के व्यापार संतुलन को सुधारने के लिए कोई दो सुझाव दीजिए।**

उत्तर भारत के व्यापार संतुलन को सुधारने हेतु सुझाव निम्नलिखित हैं

(i) निर्यात को प्रोत्साहन देना

(ii) आयात पर निर्भरता कम करना

मानचित्र आधारित प्रश्न

1. प्रश्न संख्या 1 और 2 मानचित्र आधारित प्रश्न हैं, जिनमें प्रत्येक में 5 बिंदु दर्शाए गए हैं।

भारत के दिए राजनीतिक मानचित्र पर 5 भौगोलिक विशेषताओं को A,B,C,D,E के रूप में चिह्नित किया गया है। निम्नलिखित जानकारी की सहायता से खींची गई रेखाओं पर उनके सही नाम लिखें। नीचे दिए गए मानचित्र पर निम्नलिखित को दर्शाइए।

A. गोवा में स्थित प्रमुख पत्तन

B. गुजरात का प्रमुख समुद्री पत्तन

C. ओडिशा में स्थित प्रमुख समुद्री पत्तन **CBSE 2024**

D. भारत का दक्षिणतम समुद्री पत्तन **CBSE 2024**

E. केरल का प्रमुख समुद्री पत्तन

उत्तर A. मार्मागाओ पोर्ट गोवा

B. दीनदयाल पोर्ट ट्रस्ट या कांडला पोर्ट (गुजरात)

C. पाराद्वीप पोर्ट (ओडिशा)

D. तूतीकोरिन पोर्ट (तमिलनाडु)

E. कोच्चि-पोर्ट (केरल)

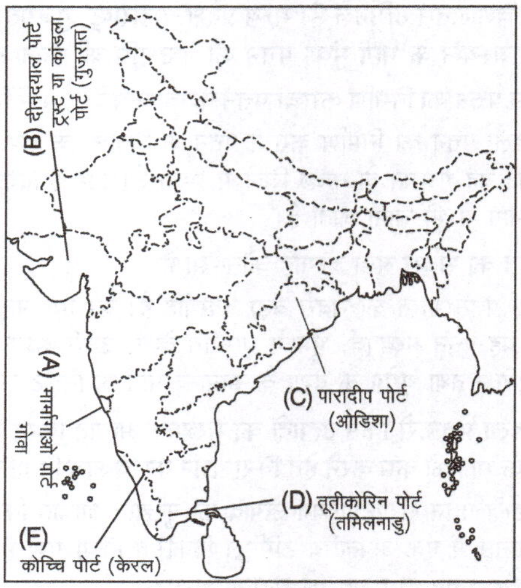

2. नीचे दिए गए भारत के राजनीतिक मानचित्र पर निम्नलिखित को दर्शाइए।

A. तमिलनाडु में प्रमुख समुद्री पत्तन।

B. कर्नाटका में समुद्री पत्तन। **CBSE 2024**

C. भारत का सबसे बड़ा पत्तन।

D. पश्चिमी बंगाल का समुद्री पत्तन

E. आंध्र प्रदेश का स्थलबद्ध पत्तन।

उत्तर (A) चेन्नई (B) मंगलौर (C) मुंबई
(D) हल्दिया (E) विशाखापत्तनम

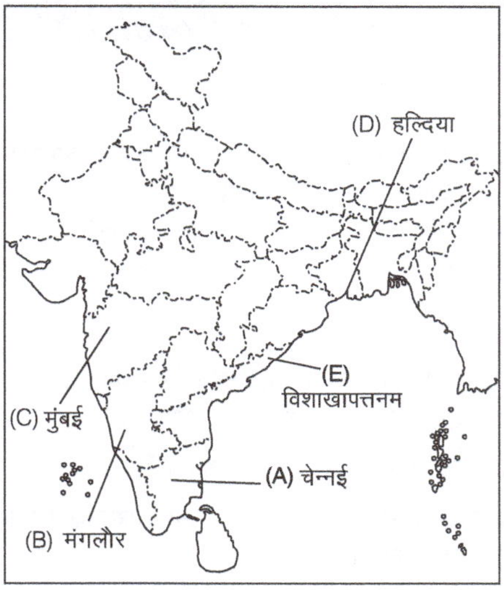

3. नीचे दिए गए भारत के राजनीतिक मानचित्र पर सात स्थलों को A,B,C,D,E,F और G रूप में चिह्नित किया गया है। निम्नलिखित की सहायता से किन्हीं 5 को पहचानिए

A. असम में स्थित अंतर्राष्ट्रीय हवाई अड्डा
B. मार्मागाओ बंदरगाह
C. भारत का प्राकृतिक व सबसे बड़ा पत्तन
D. पश्चिम बंगाल का प्रमुख बंदरगाह
E. लद्दाख में स्थित हवाई अड्डा
F. महानदी डेल्टा पर स्थित पत्तन
G. चौधरी चरण सिंह हवाई अड्डा

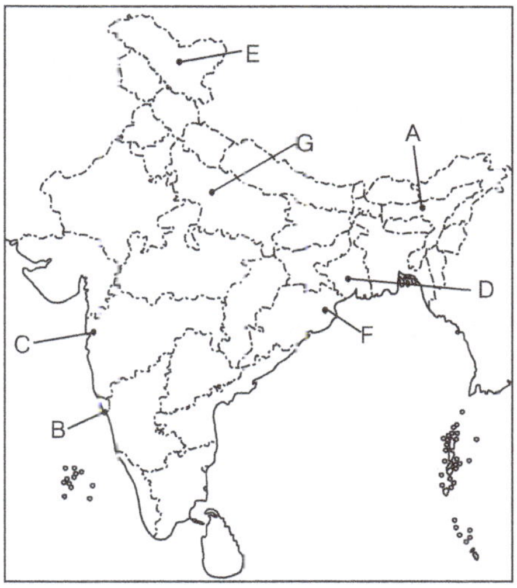

उत्तर

स्वयं को जाँचें

वस्तुनिष्ठ प्रश्न

1. किसी देश में निर्यात से अधिक होने वाला आयात व्यापार संतुलन में ………… दर्शाता है।

(a) लाभ (b) घाटे
(c) निम्नता (d) समानता

2. भारत ने अंतर्राष्ट्रीय व्यापार में अपनी भागीदारी बढ़ाने के लिए क्या उपाय किए है?

(a) डि-लाइसेंसिंग (b) उदारीकरण (c) आयात करों में कमी (d) ये सभी

3. निम्न में से कौन-सा भारतीय पत्तन अब बांग्लादेश का भाग है?

(a) चिटगाँव पत्तन (b) कराची पत्तन
(c) डायमंड हार्बर पत्तन (d) कांडला पत्तन

4. किस पत्तन का विकास मुंबई पत्तन के दबाव को कम करने के लिए किया गया था?

(a) कांडला पत्तन
(b) जवाहरलाल नेहरू पत्तन
(d) 'a' एवं 'b' दोनों
(d) न्यू मंगलौर पत्तन

5. किस पत्तन के दबाव को कम करने के लिये वाडीनार में एक अपतटीय टर्मिनल विकसित किया गया है?

(a) हल्दिया पत्तन (b) एन्नौर पत्तन
(c) कांडला पत्तन (d) कोच्चि पत्तन

6. निम्नलिखित में से कौन-सा युग्म सुमेलित नहीं है

(a) काँची पत्तन - पाकिस्तान
(b) चिटगाँव पत्तन - म्यांमार
(c) कोच्चि पत्तन - भारत
(d) न्हावा शेवा - भारत

7. निम्नलिखित कथनों में से कौन-से कथन सही नहीं हैं?

1. 1950-51 में भारत के विदेशी व्यापार का मूल्य ₹ 1214 करोड़ था।
2. 2021-22 में भारत के विदेशी व्यापार का मूल्य ₹ 44,29,762 करोड़ था।
3. भारत में 1950 और 1960 के दशक में खाद्यान्नों का आयात अधिक होता था।
4. वर्ष 1970 के बाद खाद्यान्नों के आपात का स्थान उर्वरकों एवं पेट्रोलियम ने ले लिया था।

(a) 1 और 2 (b) 2 और 3
(c) 1 और 4 (d) ये सभी

अतिलघु उत्तरीय प्रश्न

8. अंतर्राष्ट्रीय व्यापार क्यों आवश्यक है? समकालीन मुद्दों को ध्यान में रखते हुए इसके महत्त्व को स्पष्ट कीजिए।

9. भारत के व्यापार घाटे का क्या कारण है?

10. भारत ने अंतर्राष्ट्रीय व्यापार में अपनी हिस्सेदारी दोगुना करने के लिए क्या कदम उठाया है?

लघु उत्तरीय प्रश्न

11. भारत में आयात एवं निर्यात दोनों की ही मात्रा में वृद्धि हुई है, परंतु निर्यात की तुलना में आयात का मूल्य अधिक है। तर्क सहित इस कथन को स्पष्ट कीजिए।

12. भारत का निर्यात सुघटक विविधतापूर्ण और उच्च्व मूल्यवर्धित संरचना में परिवर्तित हुआ है। इस कथन को सही तथ्यों के साथ पुष्टि कीजिए।

13. अंग्रेजों ने पत्तनों का विकास किस उद्देश्य से किया था संक्षेप में समझाइए। क्या यह आज भी उतने ही प्रासंगिक है? इस कथन की पुष्टि कीजिए।

14. हल्दिया पत्तन के विकास से कोलकाता पत्तन का महत्त्व कम हो गया, समझाइए। इस कथन की पुष्टि कीजिए।

दीर्घ उत्तरीय प्रश्न

15. अंतर्राष्ट्रीय व्यापार सभी देशों के लिए परस्पर लाभदायक हैं, चूँकि कोई भी देश आत्मनिर्भर नहीं है। हाल के वर्षों में भारत के अंतर्राष्ट्रीय व्यापार ने मात्रा, संघटन के साथ-साथ व्यापार की दिशा के संबंध में आमूल्य परिवर्तन का अनुभव किया है। इस संदर्भ में अपने विचारों को तर्कों के साथ सिद्ध कीजिए।

16. वर्तमान में भारतीय पत्तन निरंतर वृद्धि कर रहे हैं। आज भारतीय पत्तन अधिकांश मात्रा में घरेलू के साथ-साथ विदेशी व्यापार का भी निपटान करने में सक्षम हैं। आप क्यों इस विचार से सहमत हैं? इस कथन की पुष्टि कीजिए।

9

अध्याय

यह अध्याय पर्यावरण प्रदूषण से उत्पन्न होने वाली गतिविधियों से संबंधित है। इस अध्याय में लोगों पर पर्यावरण प्रदूषण के पड़ने वाले प्रभावों को कम करने तथा इससे संबंधित भौगोलिक मुद्दे से निपटने पर चर्चा की गई है।

▼ अध्ययन एक नजर में

9.1 पर्यावरण प्रदूषण
9.2 भू-निम्नीकरण
9.3 नगरीय अपशिष्ट निपटान
9.4 ग्रामीण-शहरी प्रवासें
9.5 गंदी बस्तियों की समस्याएँ

▼ अभ्यास के लिए

– बहुविकल्पीय प्रश्न 26, (युग्मित प्रश्न कथन/कारण, सुमेलित कीजिए)
– वर्णनात्मक प्रकार के प्रश्न (लघु उत्तरीय प्रश्न 8, दीर्घ उत्तरीय प्रश्न 6)
– स्रोत आधारित प्रश्न 4, मानचित्र आधारित 0

भौगोलिक परिप्रेक्ष्य में चयनित कुछ मुद्दे एवं समस्याएँ

9.1 पर्यावरण प्रदूषण

मानवीय क्रियाकलापों व उपभोग की गई वस्तुओं से उत्पन्न अपशिष्टों से पर्यावरण के मूल घटकों का निम्नीकरण पर्यावरण प्रदूषण कहलाता है। **पर्यावरण**[1] प्रदूषण मानवीय क्रियाकलापों के अपशिष्ट उत्पादों से मुक्त द्रव्य एवं ऊर्जा का परिणाम है।

पर्यावरण प्रदूषण के प्रकार

- पर्यावरण प्रदूषण कई प्रकार के होते हैं। जिसे उस माध्यम के आधार पर वर्गीकृत किया जाता है। जिसके द्वारा प्रदूषक परिवहित एवं विसरित होता है।
- प्रदूषणों से प्रभावित पर्यावरण के मूल घटकों के आधार पर प्रदूषण को निम्न चार भागों में विभाजित किया गया है

जल प्रदूषण

- औद्योगिक विस्तार एवं बढ़ती हुई जनसंख्या के कारण जल के अनुचित उपयोग से जल की गुणवत्ता में ह्रास हुआ है तथा नदियों, नहरों, झीलों एवं तालाबों आदि में उपलब्ध जल अशुद्ध हो गया है। जल में निलंबित कण, **कार्बनिक**[2] एवं **अकार्बनिक**[3] पदार्थों की सांद्रता बढ़ने से जल प्रदूषित हो जाता है, जिससे वह उपयोग के योग्य नहीं रहता, साथ ही जल में **स्वतः शुद्धीकरण**[4] की क्षमता भी समाप्त हो जाती है।

---

1 पर्यावरण भूमि जल, वायु, जीव जंतु व सूक्ष्य जीवों का समूह पर्यावरण कहलाता है।

2 कार्बनिक जिनकी संरचना में कार्बन तत्त्व उपस्थित होते हैं, कार्बनिक प्रदूषक कहलाते हैं।

3 अकार्बनिक जिनकी संरचना में कार्बन तत्त्व उपस्थित नहीं होते हैं, अकार्बनिक प्रदूषक कहलाते हैं।

4 स्वतः शुद्धीकरण यह एक प्राकृतिक प्रक्रिया है, जिसमें जल निकाय; जैसे नदी झील या समुंद्र स्वयं को प्रदूषकों से मुक्त करने की क्षमता रखते हैं।

- जल प्रदूषण प्राकृतिक स्रोतों से भी उत्पन्न होते हैं, जैसे— भूमि एवं चट्टानों का अपरदन तथा भू-स्खलन, जीव जंतुओं का मल-मूत्र, पेड़-पौधों तथा मृत पशुओं का सड़ना आदि।
- मानव, जल को उद्योगों, कृषि एवं सांस्कृतिक गतिविधियों के द्वारा प्रदूषित करता है। जल को प्रदूषित करने में सबसे अधिक योगदान उद्योगों का है। उद्योगों में उत्पादन प्रक्रिया के दौरान अनेक अवांछित उत्पाद; जैसे—औद्योगिक कचरा, प्रदूषित अपशिष्ट जल, जहरीली गैसें, रासायनिक अवशेष, अनेक भारी धातुएँ, धूल एवं धुआँ आदि उत्पन्न होते हैं। इस औद्योगिक कचरे को बहते जल में अथवा झीलों आदि में बहा देने से जल प्रदूषित होता है।

जल प्रदूषण उत्पन्न करने वाली गतिविधियाँ

जल प्रदूषण उत्पन्न करने वाली गतिविधियाँ निम्नलिखित हैं

औद्योगिक गतिविधियाँ

- उद्योग अनेक अवांछनीय उत्पाद उत्पन्न करते हैं, जिनमें औद्योगिक अपशिष्ट, प्रदूषित अपशिष्ट जल, जहरीली गैसें, रासायनिक अवशेष, भारी धातुएँ, धूल, धुआँ आदि शामिल हैं।
- अधिकांश औद्योगिक अपशिष्ट बहते जल या झीलों में फेंक दिए जाते हैं। इससे जहरीले तत्त्व जलाशयों, नदियों और अन्य जल निकायों तक पहुच जाते हैं, जो इन जलाशय की जैव-प्रणाली को नष्ट कर देते हैं।
- प्रमुख जल-प्रदूषणकारी उद्योगों में चमड़ा, कागज तथा लुगदी, वस्त्र और रसायन उद्योग शामिल हैं।

कृषि और सांस्कृतिक गतिविधियाँ

- आधुनिक कृषि में विभिन्न प्रकार के रसायनों का उपयोग किया जाता है, जैसे अकार्बनिक उर्वरक, कीटनाशक और शाकनाशी जो जल प्रदूषण तत्त्व उत्पन्न करते हैं।
- ये रसायन नदियों, झीलों और टैंकों में बहते हैं, जो मिट्टी के छिद्रों में समाकर भू-जल तक भी पहुँच जाते हैं।
- तीर्थयात्रा, धार्मिक मेले, पर्यटन आदि जैसी सांस्कृतिक गतिविधियाँ भी जल प्रदूषण का कारण बनती हैं।

नमामि गंगे कार्यक्रम

- भारत में गंगा नदी का विशेष राष्ट्रीय तथा धार्मिक महत्त्व है। गंगा नदी में प्रदूषण को नियंत्रित करने के लिए केंद्र सरकार ने नमामि गंगे कार्यक्रम प्रारंभ किया है।
- इस कार्यक्रम के प्रमुख उद्देश्य निम्नलिखित हैं
  - नदियों का विकास करना
  - नदियों के किनारे बसे शहरों में सीवर ट्रीटमेंट की व्यवस्था करना
  - औद्योगिक प्रवाह की निगरानी करना
  - नदियों के तल की सफाई करना
  - नदी के किनारे जैव-विविधता में वृद्धि हेतु वनीकरण की व्यवस्था करना।
  - नदी में किसी भी पदार्थ को न डालना, चाहे वह अनुष्ठान से संबंधित ही क्यों न हो।
  - नदियों को स्वच्छ एवं प्रदूषण मुक्त बनाए रखने के लिए लोगों में जागरूकता उत्पन्न करना।
  - उत्तर प्रदेश, उत्तराखंड, बिहार, झारखंड और पश्चिम बंगाल राज्यों में गंगा ग्राम का विकास करना। जिनके माध्यम से स्वच्छता जिनके माध्यम से का मापदंड स्थापित किया जाएगा।

जल प्रदूषण के प्रभाव

जल प्रदूषण के प्रमुख प्रभाव इस प्रकार हैं

- कृषि में उपयोग होने वाले रसायन, जल के द्वारा जमीन में स्रावित होकर भूमिगत जल में पहुँचते हैं, जिसके कारण उर्वरक धरातलीय जल में नाइट्रेट की मात्रा को बढ़ा देते हैं।
- जल प्रदूषण के द्वारा विभिन्न प्रकार की जलजनित बीमारियाँ; जैसे—दस्त (डायरिया), आँतों के कृमि, हेपेटाइटिस आदि होती हैं।
- विश्व स्वास्थ्य संगठन (World Health Organisation, WHO) की रिपोर्ट के अनुसार, भारत में लगभग एक-चौथाई संक्रमण रोग दूषित जल के द्वारा होते हैं।

गंगा एवं यमुना नदियों में प्रदूषण के स्रोत

नदी एवं राज्य	प्रदूषित पटरियाँ	प्रदूषण की प्रकृति	मुख्य प्रदूषक
गंगा (उत्तर प्रदेश, बिहार व पश्चिम बंगाल)	कानपुर का अनुप्रवाह वाराणसी का अनुप्रवाह फरक्का बाँध	कानपुर जैसे नगरों से औद्योगिक प्रदूषण। नगरीय केंद्रों का घरेलू अपशिष्ट, नदी में लाशों शवों का विसर्जन।	कानपुर, प्रयागराज, वाराणसी, पटना तथा कोलकाता जैसे नगर घरेलू कचरे को नदी में निर्मुक्त करते हैं।
यमुना (दिल्ली एवं उत्तर प्रदेश)	दिल्ली से चंबल के मिलन तक मथुरा व आगरा	हरियाणा व उत्तर प्रदेश द्वारा पानी का सिंचाई हेतु निर्गमन। कृषि गतिविधियों के कारण यमुना जल में उच्च स्तर पर सूक्ष्म प्रदूषकों का प्रवाह। दिल्ली का घरेलू एवं औद्योगिक कचरा नदी में प्रवाहित करना।	दिल्ली का अपने घरेलू अपशिष्ट को नदी में डालना।

वायु प्रदूषण

- धूल, धुआँ, गैसें, कुहासा, दुर्गंध और वाष्प जैसे संदूषकों की वायु में अभिवृद्धि से वायु प्रदूषण (Air Pollution) होता है, जो मनुष्यों, जंतुओं और संपत्ति के लिए हानिकारक है।
- ऊर्जा प्राप्त करने के लिए विभिन्न प्रकार के ईंधनों के प्रयोग से पर्यावरण में विषाक्त धुएँ वाली गैसों के उत्सर्जन से वायु प्रदूषण होता है। जीवाश्म ईंधन का दहन, खनन और उद्योग वायु में सल्फर, नाइट्रोजन के ऑक्साइड, हाइड्रोकार्बन, कार्बन डाइ-ऑक्साइड, कार्बन मोनोऑक्साइड, सीसा तथा एस्बेस्टस को निर्मुक्त कर वायु प्रदूषण करते हैं।
- वायु प्रदूषण के कारण तंत्रिका तंत्रीय, श्वसन तंत्रीय तथा रक्त संचारतंत्र स्बंधी विभिन्न बीमारियाँ उत्पन्न होती हैं।
- वायुमंडलीय प्रदूषण के कारण नगरों में कुहरे का निर्माण होता है, जिसे शहरी धूम्र कुहरा कहते हैं। यह मानव स्वास्थ्य के लिए हानिकारक होता है।

शहरी धुँध और अम्ल वर्षा

- शहरी धुँध, धुएँ और कोहरे की वह परत है, जो शहरों में वायुमंडलीय प्रदूषण के कारण बनती है। यह मानव स्वास्थ्य के लिए अधिक हानिकारक है।
- वायु प्रदूषण अम्ल वर्षा का कारण बन सकती है। शहरी क्षेत्रों में वर्षा जल के विश्लेषण से पता चला है कि गर्मियों के प्श्चात होने वाली पहली वर्षा का पी. एच. मान हमेशा बाद की वर्षाओं की तुलना में कम होता है अर्थात् वर्षा का जल अम्लीय हाता है

ध्वनि प्रदूषण

- विभिन्न स्रोतों से उत्पन्न ध्वनि जब मानव की सहनीय सीमा से अधिक एवं असहज हो जाती है, तो उसे ध्वनि प्रदूषण (Noise Pollution) कहते हैं।
- स्थिर ध्वनि का स्तर **डेसिबल**[5] (dB) में मापा जाता हैं। पिछले कुछ वर्षों में विभिन्न प्रकार के प्रौद्योगिकीय अन्वेषकों के कारण ध्वनि प्रदूषण एक गंभीर समस्या बन गई है।
- उद्योग, मशीनीकृत निर्माण तथा तोड़-फोड़ कार्य, तीव्र चालित मोटर और वायुयान आदि से उत्पन्न तीव्र ध्वनि, ध्वनि प्रदूषण के महत्त्वपूर्ण कारण हैं।
- सायरन, लाउडस्पीकर, फेरी वाले तथा सामुदायिक गतिविधियों से जुड़े विभिन्न उत्सवों से होने वाला शोर भी ध्वनि प्रदूषण के अंतर्गत आता है।
- ध्वनि प्रदूषण के सभी स्रोतों में यातायात द्वारा उत्पन्न शोर सबसे अधिक योगदान देता है। इसकी तीव्रता और प्रकृति वायुयान/सड़क वाहन/रेलगाड़ी के प्रकार, सड़कों की दशा तथा वाहन की स्थिति पर निर्भर करती है।
- समुद्री यातायात में ध्वनि प्रदूषण मुख्य रूप से बंदरगाह तक ही सीमित रहता है, जहाँ माल के जहाजों पर चढ़ाया या उतारा जाता है। उद्योग भी ध्वनि प्रदूषण का कारण बनते हैं, लेकिन इसकी तीव्रता उद्योग के प्रकार पर निर्भर करती है।
- ध्वनि प्रदूषण का स्थान-विशिष्ट होता है और प्रदूषण स्रोत (जैसे- औद्योगिक क्षेत्र, परिवहन मार्ग, हवाई अड्डे आदि) से दूरी बढ़ने के साथ इसकी तीव्रता कम हो जाती है।
- तीव्र ध्वनि के कारण श्रवण शक्ति में कमी के साथ मानसिक तनाव, चिड़चिड़ापन, हृदय रोग में वृद्धि एवं सोचने की क्षमता में भी कमी आ जाती है। भारत के कई बड़े शहरों एवं महानगरों में ध्वनि प्रदूषण की गंभीर समस्याएँ उत्पन्न हो गई हैं।

---

5 **डेसिबल** यह एक ध्वनि की तीव्रता संकेत के शक्ति स्तर को मापने की इकाई है।

महासागरीय ध्वनि प्रदूषण 40 वर्ष पूर्व की तुलना में आज 10 गुना अधिक है

- स्क्रिप्स इंस्टीट्यूट ऑफ ओशनोग्राफी द्वारा किए गए अध्ययन के अनुसार 1960 के दशक से महासागरों में ध्वनि प्रदूषण 10 गुना बढ़ गया है।
- कई समुद्र विज्ञानियों ने अमेरिकी नौसेना के अवर्गीकृत दस्तावेजों का अध्ययन कर यह निष्कर्ष निकाला है कि वर्ष 2003-04 में महासागरीय ध्वनि प्रदूषण का स्तर वर्ष 1964-66 की तुलना में लगभग 10 से 12 डेसिबल अधिक था। महासागरीय ध्वनि प्रदूषण बढ़ने के मुख्य कारण हो सकते हैं
  - वैश्विक स्तर पर जनसंख्या वृद्धि
  - वैश्विक शिपिग व्यापार में वृद्धि
  - जहाजों की उच्च गति
  - महासागरों में चलने वाले जहाजों की संख्या में वृद्धि

9.2 भू-निम्नीकरण

- भू-निम्नीकरण के कारण स्थायी या अस्थायी तौर पर भूमि की उत्पादकता में कमी आती है। जब भूमि का लंबे समय तक उपयोग नहीं किया जाता, तो वह बंजर भूमि में बदल जाती है।
- मृदा अपरदन, लवणता (जलाक्रांतता) तथा भू-क्षारता **भू-निम्नीकरण**[6] (Land Degradation) के प्रमुख कारण हैं।
- कृषि योग्य भूमि पर दबाव इसकी सीमित उपलब्धता तथा गुणवत्ता में कमी लाता है।
- सभी निम्न कोटि की भूमियाँ **व्यर्थ भूमि**[7] नहीं होती हैं, लेकिन अनियंत्रित प्रक्रियाएँ इसे व्यर्थ भूमि में परिवर्तित कर देती हैं।
- प्राकृतिक एवं मानवजनित प्रक्रियाएँ भू-निम्नीकरण की प्रक्रिया को तीव्र करती हैं।
- भारतीय दूरसंवेदन संस्थान ने दूरसंवेदन तकनीक की सहायता से व्यर्थ भूमि को सीमांकित किया है। भारतीय दूरसंवेदन संस्थान ने दूरसंवेदन तकनीक के आधार पर व्यर्थ भूमि को दो वर्गों में विभाजित किया है
  (i) **प्राकृति जनित व्यर्थ भूमि** गर्तीय भूमि खड्ड, मरुस्थलीय या तटीय रेतीली भूमि, बंजर चट्टानी क्षेत्र, तीव्र ढाल वाली भूमि तथा हिमानी क्षेत्र को प्रकृति जनित व्यर्थ भूमि के रूप में वर्गीकृत किया जा सकता है। ये बंजर भूमि मुख्य रूप से प्राकृतिक गतिविधियों के कारण बनती है।
  (ii) **मानवजनित व्यर्थ भूमि** स्थानांतरित कृषि जनित क्षेत्र, रोपण कृषिजनित क्षेत्र, क्षरित वन, क्षरित चरागाह तथा खनन एवं औद्योगिक व्यर्थ क्षेत्र को मानव जनित व्यर्थ भूमि के रूप में वर्गीकृत किया गया है। यहाँ की बंजर भूमि मुख्य रूप से मानव गतिविधियों के कारण बनती है।
- अन्य प्रकार की क्षतिग्रस्त भूमि जैसे जलभराव और दलदली क्षेत्र, लवणीयता और क्षारीयता से प्रभावित भूमि तथा झाड़ियों और बिना झाड़ियों वाली भूमि प्राकृतिक एवं मानव दोनों कारणों से प्रभावित होती है।

केस अध्ययन-झबुआ

- झबुआ जिला मध्य प्रदेश के पश्चिमी कृषि- जलवायु क्षेत्र में स्थित है, जो भारत के पाच सबसे अविकसित जिलों में से एक है।

▲ झबुआ में साझी संपदा संसाधन की भूमि समतलीकरण में सामुदायिका प्रतिभागिता (ए एस ए 2024)

- यहाँ भील जनजाति की अधिक जनसंख्या है, जो गरीबी और भूमि व वनों के क्षरण जैसी समस्याओं का सामना करती है।
- भारत सरकार के ग्रामीण विकास और कृषि मंत्रालयों ने झबुआ में जलग्रहण प्रबंधन कार्यक्रम शुरू किए। इन कार्यक्रमों का मुख्य उद्देश्य भूमि, जल और समुदाय की भागीदारी के माध्यम से लोगों की आजीविका को मजबूत करना है
- पिछले पाँच वर्षों में इन कार्यक्रमों ने झबुआ की 20% भूमि का उपचार किया है, जिससे मिट्टी की गुणवत्ता में सुधार हुआ और भूमि क्षरण को रोका गया।
- झबुआ जिले का पटेलवाड विकास खंड, जिले के सर्वाधिक उत्तरी छोर पर स्थित है। जिसमें सरकार, गैर-सरकारी संगठनों (NGOs) और भील समुदाय के बीच जलग्रहण प्रबंधन के लिए एक सकल साझेदारी बनी है।
- पटेलवाड विकास खंड के भील (करावट गाव के संतरूडी बस्ती) के प्रत्येक परिवार ने साझा भूमि पर एक पेड़ लगाया और उसकी देखभाल की।

---

6 **भू-निम्नीकरण** (Land Degradation) भूमि की उत्पादकता में कमी भू-निम्नीकरण कहलाती है।
7 **व्यर्थ भूमि** लंबे समय से कृषि के लिए अनुपयोगी किंतु प्रौद्योगिकी की सहायता से इसे कृषि योग्य बनाया जा सकता है।

- ग्रामीणों ने चारागाह भूमि पर चारा घास भी उगाई। इन्होंने इन क्षेत्रों की सुरक्षा के लिए खुली चराई को रोक दिया, ताकि भूमि पुनः उपजाऊ हो सके।
- गाँव में भूमि से जुड़े विवाद को इस प्रकार सुलझाया गया कि बेहतर चारागाह से प्राप्त लाभ को उस व्यक्ति के साथ साझा किया गया, जिसने उनकी भूमि को बलपूर्वक ले लिया था।
- इस साझेदारी ने साझा भूमि की रक्षा करने, पशुओं के लिए स्थायी चारा व्यवस्था बनाने और समुदाय को एकजुट करने में सहायता की।

प्रदूषण के प्रकार एवं स्रोत

प्रदूषण के प्रकार	सन्निहित प्रदूषण	प्रदूषण के स्रोत
वायु प्रदूषण	सल्फर के ऑक्साइड (SO_2, SO_3), नाइट्रोजन ऑक्साइड, कार्बन मोनोऑक्साइड, हाइड्रो कार्बन, अमोनिया, सीसा, एल्डेहाइड्स, एस्बेस्टस एवं बेरिलियम	कोयला, पेट्रोल व डीजल का दहन (जलना), औद्योगिक प्रक्रम, ठोस कचरा निपटान, वाहित मल (जल-मल) निपटान आदि
जल प्रदूषण	घुलित एवं निलंबित ठोस कण, अमोनिया एवं यूरिया, नाइट्रेट एवं नाइट्राइट्स, क्लोराइड्स, फ्लोराइड्स, कार्बोनेट्स, तेल एवं ग्रीस (चिकनाई), कीटनाशकों एवं पीड़कनाशी के अवशेष, टैनिन, कोलीफार्म एम पी एम (जीवाणु गणना), सल्फेट्स एवं सल्फाइड्स, भारी धातुएँ; जैसे कि सीसा, आर्सेनिक, पारा, मैंगनीज आदि, रेडियोधर्मी पदार्थ तत्त्व है	वाहित मल निपटान, नगरीय वाही जल, उद्योगों के विषाक्त, कृषित भूमि के ऊपर से बहता जल, बहिःस्राव तथा नाभिकीय ऊर्जा संयंत्र
ध्वनि प्रदूषण	सहन क्षमता से अधिक ऊँची ध्वनि का स्तर	वायुयान, मोटरवाहन, रेलगाड़ियाँ, औद्योगिक प्रक्रम तथा विज्ञापन मीडिया
भू-प्रदूषण	मानव एवं पशु मलादि, विषाणु, जीवाणु एवं रोगवाहक विरलन, कीटनाशक एवं उर्वरक अपशिष्ट क्षारीयता, फ्लोराइड्स, रेडियोधर्मी पदार्थ	अनुचित मानव क्रियाकलाप, अनुपचारित औद्योगिक अपशिष्ट का निपटान, पीड़कनाशी एवं उर्वरकों का उपयोग

चेक प्वॉइंट 1

1. जल प्रदूषण के लिए उत्तरदायी कोई दो मानवीय कारण बताइए।
2. किन्हीं तीन वायु प्रदूषकों के नाम बताइए।
3. वायु प्रदूषण से होने वाले किन्हीं दो रोगों के नाम बताइए।
4. ध्वनि की तीव्रता को मापने की इकाई क्या है?
5. भूमि प्रदूषण के किन्हीं दो स्रोतों का उल्लेख कीजिए।

9.3 नगरीय अपशिष्ट निपटान

- भारत में नगरीय अपशिष्ट निपटान एक गंभीर समस्या बन गई है। मुंबई, कोलकाता, चेन्नई एवं बंगलुरु आदि महानगरों में ठोस अपशिष्ट के 90% भाग को एकत्रित करके उसका निपटान कर दिया जाता है।
- देश के अधिकांश शहरों में ठोस अपशिष्ट का 30% से 50% कचरा बिना एकत्रित किए छोड़ दिया जाता है और यह सड़कों घरों के बीच खुले स्थानों तथा बंजर भूमि पर इकट्ठा हो जाता है, जिससे गंभीर स्वास्थ्य समस्याएँ उत्पन्न होती हैं।
- शहरी क्षेत्र आमतौर पर अधिक आबादी वाले और संकरे होते हैं, जहाँ तेजी से बढ़ती जनसंख्या के लिए पर्याप्त सुविधाएँ नहीं होती हैं। इसके परिणामस्वरूप स्वच्छता की कमी और वायु प्रदूषण होता है।
- ठोस कचरे के अंतर्गत विभिन्न प्रकार की पुरानी एवं प्रयुक्त सामग्रियाँ; जैसे—जंग लगी पिनें, काँच के टूटे सामान, प्लास्टिक के डिब्बे, पॉलिथीन की थैलियाँ, रद्दी कागज, राख, फ्लॉपियाँ, सीडी आदि को शामिल किया जाता है। ठोस अपशिष्टों का निपटान दो स्रोतों से किया जाता है
  (i) **घरेलू प्रतिष्ठान** घरेलू कचरे का सार्वजनिक भूमि या निजी ठेकेदारों के स्थलों पर निपटान किया जाता है।
  (ii) **व्यावसायिक प्रतिष्ठान** औद्योगिक एवं व्यावसायिक इकाइयों के कचरे का संग्रहण कर नगरपालिकाओं द्वारा निचली सार्वजनिक जमीन अर्थात् गड्ढों पर निपटान किया जाता है।

नगरीय ठोस अपशिष्टों के प्रभाव

- ठोस अपशिष्टों के कारण असहनीय बदबू, मक्खियों एवं चूहे आदि से संबंधी स्वास्थ्य समस्याएँ उत्पन्न होती हैं; जैसे— टायफाइड (मियादी बुखार), गलघोंटू (डिफ्थीरिया), दस्त तथा हैजा (Cholera) आदि।
- औद्योगिक कचरे को नदियों में प्रवाहित करने से जल प्रदूषण की समस्या उत्पन्न हो जाती है तथा नगर आधारित उद्योगों एवं अनुपचारित वाहित मल के कारण नदियों के प्रदूषित जल से नदी अनुप्रवाह क्षेत्र में स्वास्थ्य संबंधी समस्यएँ उत्पन्न होती हैं।
- नगरीय क्षेत्रों की गलियों में, घरों के पीछे खुली जगहों पर तथा परती जमीनों पर एकत्रित कचरा स्वास्थ्य संबंधी गंभीर समस्या उत्पन्न करता है। अनुपचारित कचरे के धीरे-धीरे सड़ने से पर्यावरण में विषाक्त गैसें; जैसे—मीथेन गैस आदि निर्मुक्त होती हैं।
- ठोस अपशिष्टों को संसाधन के रूप में उपचारित कर ऊर्जा उत्पन्न करने एवं खाद (कंपोस्ट) बनाने में प्रयोग करना चाहिए।

दौराला में पारिस्थितिकी के पुनर्भरण और मानव स्वास्थ्य के सुरक्षण का एक अनुकरणीय उदाहरणः केस अध्ययन

- मेरठ के पास दौराला में पर्यावरण को पुनर्स्थापित करने और मानव स्वास्थ्य की रक्षा के लिए तथा 'प्रदूषण से निपटने के लिए वैश्विक नियम पर आधारित एक परियोजना शुरू की गई थी।
- यह परियोजना दौराला उद्योगों, गैर-सरकारी संगठनों (NGOs), सरकारी अधिकारियों और स्थानीय निवासियों के सहयोग से बेहतर जीवन-यापन की स्थितियाँ बनाने के लिए शुरू की गई।
- वर्ष 2003 के अनुसार, दौराला के भू-जल में भारी धातुओं का प्रदूषण हो रहा था, जिसका मुख्य कारण बिना उपचारित औद्योगिक अपशिष्ट जल था। एक NGO ने वहाँ के निवासियों के स्वास्थ्य का सर्वेक्षण किया और ज्ञात हुआ कि यहाँ दूषित पानी से गंभीर स्वास्थ्य समस्याएँ उत्पन्न हो रही थीं। इन समस्याओं से निजात पाने के लिए सरकार द्वारा उठाए गए प्रमुख कदम निम्नलिखित हैं
  - गाँव की टंकियों (Over head tank) की क्षमता बढ़ाई गई।
  - निवासियों को साफ पानी उपलब्ध कराने के 900 मी अतिरिक्त पाइपलाइन बिछाई गईं।
  - गाँव के तालाब को साफ कर और पुन: गहरीकरण किया गया, ताकि भूजल को रिचार्ज किया जा सके।
  - वर्षा जल संग्रहण प्रणाली (रेन वाटर हार्वेस्टिंग) बनाई गई, ताकि बारिश के बाद भू-जल में प्रदूषकों को कम किया जा सके।
  - पर्यावरण और वायु गुणवत्ता सुधारने के लिए 1000 पेड़ लगाए गए।
  - तीन वर्षों के पश्चात् इन प्रयासों से गाँव की पारिस्थितिकी और स्वास्थ्य में उल्लेखनीय सुधार हुआ।

9.4 ग्रामीण-शहरी प्रवास

- नगरीय क्षेत्रों में मजदूरों की अधिक माग, ग्रामीण क्षेत्रों में रोजगार के निम्न अवसर तथा नगरीय एवं ग्रामीण क्षेत्रों के मध्य असंतुलित विकास के कारण ग्रामीण क्षेत्रों से शहरों की ओर जनसंख्या का प्रवाह होता है।
- भारत में छोटे एवं मध्यम नगरों में रोजगार के कम अवसर उपलब्ध होते हैं, इसलिए गरीब लोग अपनी आजीविका के लिए सीधे महानगरों में प्रवास करते हैं। परिणामस्वरूप भारत में नगरों की जनसंख्या तीव्र गति से बढ़ रही है।
- वर्तमान समय में विश्व की 6 अरब जनसंख्या में से 47% जनसंख्या शहरों में रहती है तथा समय के अनुसार निरंतर वृद्धि होती जा रही है। इस अनुपात का वर्ष 2008 तक 50% तक पहुँचने का अनुमान है। आगामी वर्ष 2050 तक विश्व की अनुमानित दो-तिहाई जनसंख्या नगरों में निवास करेगी, जिससे नगरीय क्षेत्रों की अवसंरचना एवं संसाधनों पर अधिक दबाव पड़ेगा।
- यह दबाव स्वास्थ्य, स्वच्छता, आपराधिक प्रवृत्तियों एवं नगरीय गरीबी के रूप में अभिलक्षित होगा। नगरीय जनसंख्या में वृद्धि होने का कारण प्राकृतिक वृद्धि (मृत्यु दर की अपेक्षा वृद्धि दर अधिक), निवल अप्रवास (बाहर जाने वालों की अपेक्षा आने वाले अधिक) तथा क्षेत्रों का पुन: वर्गीकरण (आस-पास की ग्रामीण जनसंख्या को सम्मिलित) है।
- एक अनुमान के अनुसार भारत में वर्ष 1961 के बाद शहरी क्षेत्रों की जनसंख्या में 60% की वृद्धि हुई है तथा इसमें 29% जनसंख्या ने ग्रामीण क्षेत्रों से शहरी क्षेत्रों की ओर प्रवास किया है।

9.5 गंदी बस्तियों की समस्याएँ

- ग्रामीण क्षेत्र से शहरों की ओर अनियंत्रित प्रवास के कारण शहरों में गंदी बस्तियों को विकास हुआ, क्योंकि शहरी क्षेत्रों में भू-भाग के विस्तार की एक सीमा है। इसलिए सीमित भू-भाग में अनियंत्रित जनसंख्या की बसावट से गंदी बस्तियों का निर्माण होता है।
- गंदी बस्तियाँ केवल भारत के लिए एक समस्या नहीं है अपितु वह एक वैश्विक समस्या है। भारत के लगभग सभी औद्योगिक केंद्रों में श्रमिकों की गंदीबस्तियों का विस्तार पाया जाता है।

गंदी बस्तियों से निम्नलिखित समस्याएँ उत्पन्न होती हैं, जिसका विवरण इस प्रकार है

- न्यूनतम वांछित आवासीय क्षेत्र, जहाँ निम्न स्थिति के मकान, स्वास्थ्य हेतु निम्न सुविधाएँ, खुली हवा का अभाव तथा पेयजल, प्रकाश एवं शौच आदि सुविधाओं जैसी आधारभूत आवश्यक वस्तुओं का अभाव पाया जाता है।
- झुग्गी बस्तियाँ शहरों के ऐसे क्षेत्र हैं, जहा रहने की स्थिति खराब और जगह बहुत भीड़भाड़ वाली होती है।
- झुग्गियों में रहने वाले लोग अकसर काम की तलाश में गाँवों से आते हैं, लेकिन उचित आवास का खर्च वहन नहो कर पाते हैं। झुग्गियों के मकान पुराने और जर्जर होते हैं।
- यहाँ सड़कें संकरी होती हैं और अक्सर कचरे से भरी रहती हैं, जिससे स्वास्थ्य के लिए समस्याएँ उत्पन्न होती हैं।
- शौचालय की सुविधाओं की कमी के कारण कई लोग खुले में शौच करने को मजबूर होते हैं।
- जल निकासी प्रणाली अव्यवस्थित होती है, जिससे गंदा पानी इकट्ठा होकर बीमारियाँ फैलाता है।
- झुग्गियों में रहने वाले अधिकतर लोग कम वेतन वाले, जोखिम भरे और असुरक्षित कार्य करते हैं।
- वे कुपोषण और उचित स्वास्थ्य देखभाल की कमी का सामना करते हैं।
- गरीबी के कारण वे अपने बच्चों को हमेशा स्कूल नहीं भेज पाते।
- ऐसी कठोर परिस्थितियाँ नशीली दवाओं के दुरुपयोग, अपराध और **सामाजिक अलगाव**[8] जैसी समस्याओं को जन्म दे सकती है।

स्वच्छ भारत मिशन

स्वच्छ भारत मिशन शहरी मलिन बस्तियों में जीवन की गुणवत्ता में सुधार लाने के लिए भारत सरकार द्वारा शुरू किए गए शहरी नवीकरणीय मिशन का हिस्सा है। इसे देश में स्वच्छता की स्थिति में सुधार करने के उद्देश्य से वर्ष 2014 में शुरू किया गया था।

धारावी–एशिया की विशालतम गंदी बस्ती

- धारावी मुंबई के मध्य में स्थित एक बड़ा झुग्गी क्षेत्र है।
- पहले धारावी एक तटीय क्षेत्र था। समय के साथ यह कचरे से भर गया और अब यह कई वंचित समुदायों, जिनमें अनुसूचित और गरीब मुस्लिम शामिल हैं, का घर बन चुका है।
- यह एक मुख्य सड़क जिसे 'नांइटीफुट रोड' कहा जाता है, लेकिन यह सड़क असल में बहुत संकरी है।
- यहाँ अधिकतर इमारतें अस्थायी है, जो दो या तीन मंजिला ऊँची हैं। इनमें जंग लगी सीढ़ियाँ छोटे-छोटे कमरे की ओर जाती हैं, जिन्हें अकसर दस से बारह लोगों तक के बड़े परिवार साझा करते हैं।
- धारावी का क्षेत्र गरीब और भीड़-भाड़ वाला है तथा यहाँ हरियाली बहुत कम है।
- इन कठिन परिस्थितियों के अतिरिक्त धारावी भारत के कुछ सबसे मूल्यवान सामानों का उत्पादन करता है, जैसे- चीनी मिट्टी के बर्तन और मिट्टी का उत्पाद, कढ़ाई और जरी का काम, चमड़े के सामान, फैशनेबल कपड़े, धातु के उपकरण, आभूषण, लकड़ी की नक्काशी और फर्नीचर।

▲ धारावी-एशिया की विशालतम गंदी बस्ती

चेक प्वॉइंट 2

1. ठोस अपशिष्ट के कारण होने वाले प्रमुख रोग के नाम बताइए।
2. किन्हीं दो भारतीय शहरों के नाम बताइए, जिसके 90% ठोस अपशिष्ट का निपटान किया जाता है।
3. भारत की लगभग कितनी प्रतिशत जनसंख्या ग्रामीण क्षेत्रों में निवास करती है।
4. भारत में गंदी बस्तियों की कोई एक समस्या बताइए।

---

8 **सामाजिक अलगाव** यह ऐसी स्थिति है, जब कोई व्यक्ति दूसरे के साथ संपर्क नहीं रखता है और इसके पास बहुत कम या बिलकुल भी सामाजिक समर्थन नहीं होता है, तो उसे अलगाव की स्थिति में रखा जाता है।

Mind Map

भौगोलिक परिप्रेक्ष्य में चयनित कुछ मुद्दे एवं समस्याएँ

1 पर्यावरण प्रदूषण

यह मानवीय क्रियाकलापों के अपशिष्ट उत्पादों से मुक्त द्रव्य एवं ऊर्जा का परिणाम है।

जल प्रदूषण

- **कारण** घरेलू और औद्योगिक गतिविधियों द्वारा जल निकायों में अवांछित पदार्थों का उत्सर्जन।
- **प्रभाव** जल जनित रोग; जैसे- दस्त (डायरिया), आंतों के कृमि और हेपेटाइटिस

ध्वनि प्रदूषण

कारण कारखानों मशीनीकृत निर्माण तथा तोड़ -फोड़ के कार्य तीव्र चलित मोटर-वाहन और वायुयान से उत्पन्न शोर।

प्रभाव अनिद्रा की समस्या एवं उच्च रक्तचाप और तनाव

वायु प्रदूषण

कारण विभिन्न स्रोतों जैसे ईंधन दहन, खनन उद्योगों द्वारा वायु में धूल, गैसें, दुर्गंध और वाष्प जैसे प्रदूषकों का वायु में अभिवृद्धि।

प्रभाव श्वसन, तंत्रीय, तंत्रिका तंत्रीय तथा रक्त संचार तन्त्र संबंधी बीमारियाँ होती हैं।

भू-निम्नीकरण

भूमि की उत्पादकता में अस्थायी या स्थायी गिरावट।

प्राकृतिक कारण प्राकृतिक कारणों द्वारा बंजर भूमि बनती है।

उदाहरण प्राकृतिक खड्ड, मरुस्थलीय या तटीय रेतीली भूमि, बंजर चट्टानी क्षेत्र, तीव्रढाल वाली भूमि तथा हिमानी क्षेत्र

मानवजनित कारण मानव गतिविधियों के कारण बंजर भूमि उत्पन्न होती है।

उदाहरण- लवणता व क्षारता से प्रभावित भूमियाँ, झाड़ी सहित व झाड़ियों रहित भूमियाँ।

2 नगरीय अपशिष्ट निपटान

आवासीय और औद्योगिक क्षेत्रों से एकत्रित कचरें के प्रबन्धन की प्रक्रिया।

ठोस अपशिष्टों का निपटान

ठोस अपशिष्टों का निपटान दो स्रोतों से किया जाता है

(i) **घरेलू प्रतिष्ठान** घरेलू कचरे का सार्वजनिक प्रतिष्ठान घरेलू कचरे का सार्वजनिक भूमि या निजी ठेकेदारों के स्थलों पर निपटान किया जाता है।

(ii) **व्यावसायिक प्रतिष्ठान** औद्योगिक एवं व्यावसायिक इकाइयों के कचरे का संग्रहण कर नगरपालिकाओं द्वारा निचली सावग्जनिक जमीन यानि गड्ढों पर निपटान किया जाता है।

औद्योगिक अपशिष्ट

औद्योगिक गतिविधियों से उत्पन्न कचरा।

प्रभाव जल प्रदूषण, गल घोंटू (डिप्थीरिया) जैसी स्वास्थ्य समस्याएँ।

3 ग्रामीण-शहरी प्रवास

जनसंख्या का ग्रामीण क्षेत्रों से शहरी क्षेत्रों की ओर प्रवाह

कारण शहरी क्षेत्रों में श्रमिकों की अधिक माँग। ग्रामीण क्षेत्रों में रोजगार के कम अवसर। एवं असंतुलित विकास।

प्रभाव जनसंख्या घनत्व में परिवर्तन संसाधनों पर दबाव में वृद्धि प्रतिकूल पर्यावरणीय प्रभाव

4 झुग्गी बस्तियों की समस्याएँ

झुग्गी एक घनी आबादी वाला क्षेत्र होता है, जहाँ निम्न गुणवत्ता वाले आवास और बुनियादी ढाँचे की कमी होती है।

कारण गरीबी और बेरोजगारी तेजी से शहरीकरण कमजोर योजनाबद्ध विकास

प्रभाव नशीली दवाओं का सेवन। शराब अपराध में वृद्धि सामाजिक बहिष्कार

NCERT फोल्डर

अध्याय के मध्य में दिए गए प्रश्न

1. गंदी बस्तियों के निवासियों के बच्चे स्कूली शिक्षा से वंचित क्यों रह जाते हैं?

उत्तर गंदी बस्तियों के बच्चों का स्कूली शिक्षा से वंचित रहने का मुख्य कारण गरीबी, अशिक्षा और संसाधनों की कमी है। ये परिवार की आर्थिक स्थिति ठीक न होने के कारण बच्चों को पढ़ाने के बजाय कार्य पर भेजते हैं। शिक्षा के प्रति जागरूकता की कमी और सरकारी योजनाओं की सही जानकारी न होना भी बाधक है। इसके अतिरिक्त इन क्षेत्रों में असुरक्षा, स्वास्थ्य समस्याएँ और बुनियादी सुविधाओं की कमी बच्चों के लिए नियमित रूप से स्कूल जाना कठिन बना देती हैं।

2. हम क्या फेंकते हैं और क्यों?

उत्तर हम अपने घरों का कूड़ा-कचरा अनुपयोगी वस्तुएँ जैसे प्लास्टिक, घरेलू अपशिष्ट, कागज, पुराना सामान आदि फेंकते हैं, क्योंकि वे हमारे लिए व्यर्थ और अनुपयोगी हो गए हैं।

3. हमारा कचरा (अपशिष्ट) कहाँ जाकर समाप्त होता है?

उत्तर हमारा कचरा लैंडफिल, नदियों, समुद्रों में पहुँचकर पर्यावरण को प्रभावित करता है। इसलिए कचरे के सही निस्तारण के लिए इसे अपशिष्ट निस्तारण केंद्रों पर ले जाना चाहिए।

4. रद्दी बीनने वाले बच्चे, कचरे को क्यों खंगालते हैं?

उत्तर रद्दी बीनने वाले बच्चे, कचरे में उपयोगी पदार्थों को ढूँढने के लिए उसे खंगालते हैं, जैसे- धातु, कागज, प्लास्टिक आदि। जिसे बेचकर उन्हें पैसे मिल जाते हैं;

5. क्या हमारा नगरीय अपशिष्ट उपयोगी है?

उत्तर हाँ, हमारा नगरीय अपशिष्ट उपयोगी होता है, क्योंकि नगरों से निकलने वाला जैविक कचरा ऊर्जा और खाद बनाने में संसाधन के रूप में प्रयुक्त होता है तथा अजैविक उपयोग हेतु सामग्री कचरे से पुनः प्रक्रिया द्वारा का निर्माण किया जा सकता है।

नीचे दिए चार विकल्पों में से सही उत्तर चुनिए

1. निम्नलिखित में से सर्वाधिक प्रदूषित नदी कौन-सी है?

(a) ब्रह्मपुत्र (b) सतलज
(c) यमुना (d) गोदावरी

उत्तर (c) यमुना

2. निम्नलिखित में से कौन-सा रोग जल जन्य है?

(a) नेत्रश्लेष्मला शोध (b) अतिसार
(c) श्वसन संक्रमण (d) श्वासनली शोध

उत्तर (b) अतिसार

3. निम्नलिखित में से कौन-सा अम्ल वर्षा का एक कारण है?

(a) जल प्रदूषण (b) भूमि प्रदूषण
(c) ध्वनि प्रदूषण (d) वायु प्रदूषण

उत्तर (d) वायु प्रदूषण

4. प्रतिकर्ष और अपकर्ष कारक उत्तरदायी हैं

(a) प्रवास के लिए (b) भू-निम्नीकरण के लिए
(c) गंदी बस्तियों के लिए (d) वायु प्रदूषण के लिए

उत्तर (a) प्रवास के लिए

निम्नलिखित प्रश्नों के उत्तर लगभग 30 शब्दों में दीजिए

1. प्रदूषण और प्रदूषकों में क्या अंतर है?

उत्तर प्रदूषण और प्रदूषकों में निम्नलिखित अंतर हैं

प्रदूषण	प्रदूषक
प्रदूषण को अंग्रेजी में Pollution कहते हैं, जो लैटिन के *Pollutionem* से लिया गया है, जिसका अर्थ 'गंदा करना' है।	पारितंत्र में उपस्थित प्राकृतिक संतुलन में कमी और प्रदूषण उत्पन्न करने वाली ऊर्जा या द्रव्य प्रदूषक कहलाता है।
मानव के क्रियाकलापों से उत्पन्न अपशिष्ट उत्पादों से जो पदार्थ और ऊर्जा निर्मुक्त होती है, तथा प्राकृतिक पर्यावरण में परिवर्तन करती है, वह हानिकारक होती है।	ये गैस, द्रव या ठोस तीनों रूप में हो सकते हैं। जैसे नाइट्रस-ऑक्साइड, कार्बन-डाई-ऑक्साइड, पॉलिथीन उर्वरक कारखानों के निकलने वाले जल

2. वायु प्रदूषण के प्रमुख स्रोतों का वर्णन कीजिए।

उत्तर वायु प्रदूषण के प्रमुख स्रोत निम्नलिखित हैं

(i) **मोटरवाहन** बड़े नगरों में वायु प्रदूषण का 50% से 60% सड़क पर चलने वाले वाहनों से होता है।

(ii) **उद्योग** उद्योगों से निकलने वाला धुआँ वायु प्रदूषण का प्रमुख कारण है। जहरीली गैस, राख आदि वायुमंडल में मिल जाते हैं।

(iii) **शहरी कचरा** नगरों और महानगरों से प्रतिदिन लाखों टन अपशिष्ट या कचरा निकलता है। परिणामस्वरूप प्रदूषण फैलता है।

(iv) **खदानों से निकली धूल** पत्थर की खानों अथवा अन्य खानों से भारी मात्रा में धूल निकलकर वायुमंडल में फैलकर वायु को प्रदूषित करती है।

(v) ताप बिजली घर इनसे बहुत धुआँ और राख निकलती है। उदाहरण के लिए; 500 मेगावाट के ताप बिजली घर से प्रतिदिन धुएँ के साथ-साथ 2,000 टन राख निकलती है।

3. भारत में नगरीय अपशिष्ट निपटान से जुड़ी प्रमुख समस्याओं का उल्लेख कीजिए।

अथवा **भारत में नगरीय अपशिष्ट निपटान से जुड़ी किन्हीं तीन प्रमुख समस्याओं को उदाहरण सहित स्पष्ट कीजिए।**

उत्तर नगर की पर्यावरणीय समस्याओं में जल, वायु और ध्वनि प्रदूषण तथा विषैले और खतरनाक अपशिष्टों का निपटान शामिल है। इसके कारण निम्नलिखित हैं

- नगरों में ठोस अपशिष्ट के संग्रहण में असमर्थता एक गंभीर समस्या है।

- कूड़ा-कचरा संग्रहण की सेवाओं की अपर्याप्त व्यवस्था जल को प्रदूषित करती है।

  उदाहरण के लिए, दिल्ली में सड़कों पर पड़े कचरे से न केवल प्रदूषण बढ़ता है, बल्कि इससे रोग फैलने का खतरा भी रहता है।
- नगर आधारित उद्योगों के अपशिष्ट तथा जल और अनुपचारित मल-जल से उत्पन्न प्रदूषित जल नगरों में स्वास्थ्य की गंभीर समस्याएँ उत्पन्न करते हैं।
- मानव मल के सुरक्षित निपटान के लिए सीवर अथवा अन्य माध्यमों की कमी से वाहित मल के जल में प्रवाह से स्वास्थ्य संबंधी समस्याएँ उत्पन्न होती हैं।

4. मानव स्वास्थ्य पर वायु प्रदूषण के क्या प्रभाव पड़ते हैं?

उत्तर वायु प्रदूषण का मानव स्वास्थ्य तथा पेड़-पौधों के जीवन पर निम्न दुष्प्रभाव पड़ता है

- गैसों के कारण धूम्र कुहरा छा जाता है, जो मानव स्वास्थ्य के लिए हानिकारक होता है।
- वायु प्रदूषण से साँस की बीमारियाँ हो जाती हैं।
- वायु प्रदूषण से फेफड़े, हृदय, स्नायु तंत्र और परिसंचरण के रोग होते हैं।
- इसके परिणामस्वरूप सूर्य की पराबैंगनी किरणें पृथ्वी पर पहुँच जाती हैं, जो मनुष्य की त्वचा पर प्रभाव डालती हैं।
- वायु प्रदूषण से वाष्पशील एवं विषैली गैस संबंधी समस्याएँ उत्पन्न होती हैं।

निम्नलिखित प्रश्नों के उत्तर लगभग 150 शब्दों में दीजिए

1. भारत में जल प्रदूषण की प्रकृति का वर्णन कीजिए।

उत्तर बढ़ती हुई जनसंख्या और औद्योगिक विस्तार के कारण जल के अविवेकपूर्ण उपयोग से जल की गुणवत्ता का व्यापक रूप से निम्नीकरण हुआ है। भारत की नदियों, नहरों, झीलों व तालाबों आदि का जल अनेक कारणों से उपयोग हेतु शुद्ध नहीं रह गया है।

इसमें अल्पमात्रा में निलंबित कण, कार्बनिक व अकार्बनिक पदार्थ समाहित होते हैं। जल में जब इन पदार्थों की मात्रा तय सीमा से अधिक हो जाती है, तो जल प्रदूषित हो जाता है और जल में स्वतः शुद्धीकरण की क्षमता इसे शुद्ध नहीं कर पाती। ऐसा जल मानव व जीवों के उपयोग के योग्य नहीं रह जाता है।

उत्पादन प्रक्रिया में लगे उद्योग अनेक अवांछित उत्पाद पैदा करते हैं। इनमें औद्योगिक कचरा, प्रदूषित अपशिष्ट जल, जहरीली गैसें, रासायनिक अवशेष, अनेक भारी धातुएँ, धूल-कण व धुआँ शामिल हैं। इस तरह विषाक्त रासायनिक तत्त्व जलाशयों, नदियों व अन्य जल भंडारों तक पहुँच जाते हैं, जो इन जल स्रोतों में पनपने वाली जैव प्रणाली को नष्ट कर देते हैं।

सर्वाधिक जल प्रदूषक उद्योगों में चमड़ा, लुगदी व कागज, वस्त्र तथा रसायन उद्योग हैं। आधुनिक कृषि में विभिन्न प्रकार के रासायनिक पदार्थों का उपयोग होता है, जिनमें अकार्बनिक उर्वरक, कीटनाशक, खरपतवारनाशक आदि भी प्रदूषण उत्पन्न करने वाले घटक हैं। ये रसायन वर्षा जल के साथ अथवा सिंचाई जल के साथ बहकर नदियों, झीलों व तालाबों में चले जाते हैं तथा धीरे-धीरे जमीन में स्रावित होकर भू-जल तक पहुँच जाते हैं।

भारत में तीर्थ यात्राओं, धार्मिक क्रियाकलापों, पर्यटन व सांस्कृतिक गतिविधियों से भी जल प्रदूषित होता है। भारत में धरातलीय जल के लगभग सभी स्रोत संदूषित हो चुके हैं, जो मानव उपयोग के योग्य नहीं रह गए हैं।

इस प्रकार, प्रदूषण एक जटिल समस्या है, जिसके समाधान के लिए सामूहिक प्रयास की आवश्यकता है।

2. भारत में गंदी बस्तियों की समस्याओं का वर्णन कीजिए।

अथवा **भारत के महानगरों की गंदी बस्तियों से संबंधित समस्याओं का उल्लेख कीजिए।**

अथवा **भारत में गंदी बस्तियों में रहने वालों की समस्याओं को स्पष्ट कीजिए।** **CBSE 2020**

अथवा **भारत में मलिन बस्तियों की किन्हीं तीन समस्याओं की व्याख्या कीजिए।** **CBSE 2024**

उत्तर नगरों में जनसंख्या की वृद्धि तीव्रगति से हो रही है, जिसमें गाँव से नगरों की ओर लोगों का प्रवास मुख्य कारण है। नगरीकरण तथा औद्योगीकरण से नगरों में गंदी बस्तियों का विस्तार हो रहा है। छोटे और मध्यम शहरों में रोजगार के अवसर कम होते हैं, जिससे गरीब लोग अधिकतर रोजगार और आजीविका के लिए इन शहरों को छोड़कर महानगरों में प्रवास करते हैं।

गंदी बस्तियों की समस्याएँ निम्न हैं

- गंदी बस्ती के लोग पर्यावरण की दृष्टि से बेमेल और निम्नीकृत क्षेत्रों पर अनधिकृत अधिकार कर लेते हैं।

  गंदी बस्तियाँ न्यूनतम वांछित आवासीय क्षेत्र होते हैं, जहाँ टूटे-गिरे हुए मकान, स्वास्थ्य संबंधी सुविधाओं का अभाव होता है।
- स्वच्छ वायु, शुद्ध पेयजल, प्रकाश तथा शौच सुविधाओं जैसी आधारभूत सुविधाओं का अभाव होता है।
- ये स्थान बहुत ही भीड़-भाड़, पतली-संकरी गलियों तथा आग जैसे गंभीर खतरों से युक्त होते हैं।
- गंदी बस्तियों के निवासी नगरीय अर्थव्यवस्था की तुलना में कम वेतन पर और अधिक खतरे से युक्त कार्य करते हैं।
- गंदी बस्तियों में निवास करने वाले लोग अल्प पोषित होते हैं तथा इन्हें कई रोग और बीमारियाँ होने की संभावना होती है। ऐसे लोग अपने बच्चों को उचित शिक्षा देने में असमर्थ होते हैं। गरीबी उन्हें नशीली दवाओं, शराब, अपराध, गुंडागर्दी, पलायन, उदासीनता और अंततः सामाजिक बहिष्कार के प्रति उन्मुख करती है।

3. भू-निम्नीकरण को कम करने के उपाय सुझाए।

अथवा **देश में भूमि प्रदूषण को कम करने के दो उपाय बताइए।**

उत्तर भू-निम्नीकरण मृदा अपरदन, रासायनिक तत्त्वों का प्रयोग, नगरीय तथा औद्योगिक गंदगी, वनों में लगने वाली आग, जलाक्रांति आदि द्वारा होता है।

भूमि प्रदूषण के नियंत्रण के निम्न उपाय हैं

- गंदी बस्तियों में रहने वाले लोगों को 'सुलभ शौचालय' की सुविधा उपलब्ध कराने से प्रदूषण को काफी हद तक नियंत्रित किया जा सकता है।
- प्लास्टिक के बने पदार्थों को जल के प्रवाह में न जाने दिया जाए। सड़ी-गली सब्जियों और फलों तथा पशुओं के मलमूत्र को उचित प्रौद्योगिकी द्वारा बहुमूल्य खाद में परिवर्तित किया जाए।
- नगरीय तथा औद्योगिक गंदे पानी को साफ करके सिंचाई के लिए प्रयोग किया जा सकता है तथा गंदे पानी से होने वाले प्रदूषण को कम किया जा सकता है।
- किसानों को रासायनिक पदार्थों का उचित प्रयोग करने के लिए प्रशिक्षण देना चाहिए।
- औद्योगिक अपशिष्ट का निपटारा करके भूमि प्रदूषण से बचा जा सकता है।
- प्रदूषण के प्रभावों तथा तकनीकी प्रयोगों द्वारा प्रादूषण की रोकथाम के प्रति लोगों को जागरूक कर भूमि प्रदूषण को कम किया जा सकता है।
- इसके लिए सरकारी नीतियों के माध्यम से प्रोत्साहन दिया जाना चाहिए।

अभ्यास प्रश्न

वस्तुनिष्ठ प्रश्न

बहुविकल्पीय प्रश्न

1. संघीय सरकार द्वारा गंगा की सफाई के लिए कौन-सी योजना प्रारंभ की गई है? **2020, 21**

(a) गंगा एक्शन प्लान (b) नमामि गंगे
(c) गंगा नमामि एक्शन प्लान (d) गंगा क्लीनिंग मिशन

उत्तर (b) नमामि गंगे

2. निम्नलिखित में से कौन-सी बीमारी जल प्रदूषण से होती है?

(a) हेपेटाइटिस (b) दमा (c) न्यूमोनिया (d) बहरापन

उत्तर (a) हेपेटाइटिस

3. अवशिष्ट प्रबंधन का उद्देश्य ………… है।

(a) शहर/नगर आदि के कचरे का समुचित निस्तारण
(b) स्वच्छता पर बल देना
(c) वातावरण को विषाक्त होने से बचाना
(d) उपरोक्त सभी

उत्तर (d) उपरोक्त सभी

4. नगरीय क्षेत्रों के आस-पास औद्योगिक इकाइयों के संकेंद्रण से भी औद्योगिक अपशिष्टों में वृद्धि होती है। इसके कचरे को नदियों में डालने से जल प्रदूषण की समस्या होती है। नदियों में ……… अनुप्रवाह से स्वास्थ्य संबंधी गंभीर समस्याएँ जन्म लेती हैं।

(a) औद्योगिक कचरा और अनुपचारित मल
(b) अपचारित मल और औद्योगिक कचरा
(c) औद्योगिक कचरा
(d) उपरोक्त में से कोई नहीं

उत्तर (a) औद्योगिक कचरा और अनुपचारित मल

5. स्वच्छ भारत मिशन का उद्देश्य क्या हासिल करना है?

(a) शहरी गंदी बस्तियों में जीवन की गुणवत्ता में सुधार लाना है
(b) शहरों में पर्यावरण प्रदूषण को कम करना
(c) शहरी अवशिष्ट को दूसरे निकटवर्ती क्षेत्रों में डालना
(d) टीकाकरण को बढ़ावा देना

उत्तर (a) शहरी गंदी बस्तियों में जीवन की गुणवत्ता में सुधार लाना है

6. वर्तमान समय में विश्व की 6 अरब जनसंख्या में से 47% जनसंख्या नगरों में रहती है निकट भविष्य में इसमें और ज्यादा जुड़ जाएँगें, जिससे इसका अनुपात 50% तक पहुँचने का अनुमान है। ये सरकारों पर दबाव बनाएँगी कि वे जीवन की वांछित गुणवत्ता के लिए ईष्ट तक अवसंरचना के साथ नगरीय क्षेत्रों को जीने के लिए बेहतर स्थान बनाएँ। जब विश्व की अनुमानित जनसंख्या का दो तिहाई नगरों में रह रही होगी वह क्षेत्र की अवसंरचना और नगरों के संसाधन पर और अधिक दबाव डालेगी। वह अनुमानित वर्ष कौन-सा है, जब जनसंख्या का दो-तिहाई नगरों में अधिवास करेगा?

(a) वर्ष 2040 (b) वर्ष 2050
(c) वर्ष 2070 (d) वर्ष 2075

उत्तर (b) वर्ष 2050

7. जल प्रदूषण से निम्नलिखित में से मानव शरीर का कौन-सा तंत्र सर्वाधिक प्रभवित होता है? **CBSE 2024**

(a) तंत्रिका तंत्र (b) रक्त संचार
(c) श्वसन तंत्र (d) पाचन तंत्र

उत्तर (a) तंत्रिका तंत्र

8. निम्नलिखित में से कौन-सा अम्ल वर्षा का कारण है? **CBSE 2020**

(a) सल्फर डाइ-ऑक्साइड
(b) कार्बन मोनोऑक्साइड
(c) अमोनिया
(d) पारा

उत्तर (a) सल्फर डाइ- ऑक्साइड

9. मध्य प्रदेश के झाबुआ जिले में जल संभर प्रबंधन कार्यक्रम निम्नलिखित में से किस मंत्रालय द्वारा वित्तपोषित है? **CBSE 2025**

(a) ग्रामीण विकास
(b) पर्यावरण
(c) परिवहन
(d) सिंचाई

उत्तर (a) ग्रामीण विकास

10. निम्नलिखित में से कौन-सा नमामि गंगे कार्यक्रम का उद्देश्य नहीं है? **CBSE 2024**

(a) शहरों में सीवर ट्रीटमेंट की व्यवस्था करना
(b) औद्योगिक प्रवाह की निगरानी करना
(c) नदी के किनारों पर वनीकरण करना
(d) शहरों से नदी के बहाव को मोड़ना

उत्तर (d) शहरों से नदी के बहाव को मोड़ना

11. निम्नलिखित में से कौन-सा ठोस कचरे का उदाहरण है? **CBSE 2024**

(a) रसोईघर के बेकार पदार्थ (b) पॉलिथीन की थैलियाँ
(c) पौधों की पत्तियाँ और शाखाएँ (d) पुराने समाचार-पत्र

उत्तर (b) पॉलिथीन की थैलियाँ

12. प्रकृति जनित व्यर्थ भूमि के अंतर्गत सम्मिलित है

1. बंजर चट्टानी क्षेत्र
2. दलदली क्षेत्र
3. रेतीली भूमि
4. क्षरित वन
5. हिमानी क्षेत्र

कूट

(a) 1, 3 और 5 (b) 2, 4 और 5
(c) 3, 4 और 5 (d) 2, 3 और 4

उत्तर (a) 1, 3 और 5

13. निम्न कथनों पर विचार कीजिए

1. सांस्कृतिक गतिविधियों के कारण जल प्रदूषण की समस्या बढ़ती है।
2. वायु प्रदूषण के कारण श्वसन तंत्रीय संबंधी बीमारियाँ उत्पन्न होती हैं।
3. अम्लीय वर्षा का संबंध वायु प्रदूषण से है।

उपरोक्त कथनों में से कौन-से कथन सही हैं?

(a) 1 और 2 (b) 2 और 3 (c) 1 और 3 (d) 1, 2 और 3

उत्तर (d) 1, 2 और 3

14. भू-प्रदूषण के निम्नलिखित स्रोतों पर विचार कीजिए **CBSE 2024**

1. अनुचित मानव क्रियाकलाप
2. अनुपचारित औद्योगिक अपशिष्ट
3. आदिकालीन निर्वाह कृषि कार्य
4. पीड़कनाशियों एवं उर्वरकों का उपयोग

उपरोक्त कथनों में से कौन-से कथन सही हैं?

(a) 1, 2 और 3 (b) 2, 3 और 4
(c) 1, 2 और 4 (d) 1, 3 और 4

उत्तर (c) 1, 2 और 4

15. छात्रों का एक समूह दिल्ली में जल प्रदूषण के स्तर पर शोध कर रहा था, जल गुणवत्ता के संदर्भ में जानकारी जुटाने के लिए छात्रों को किस संगठन के पास जाना होगा?

(a) दिल्ली प्रदूषण नियंत्रण समिति (DPCC)
(b) भारतीय पर्यावरण अनुसंधान परिषद् (ICER)
(c) राष्ट्रीय जल विकास एजेंसी (NWDA)
(d) केंद्रीय प्रदूषण नियंत्रण बोर्ड (CPCB)

उत्तर (a) दिल्ली प्रदूषण नियंत्रण समिति (DPCC)

16. निम्न कथनों पर विचार कीजिए

1. भारत में नगरीय अपशिष्ट निपटान के लिए प्रबंधकीय विधि का उपयोग व्यापक स्तर पर किया जाता है।
2. मृदा अपरदन, लवणता (जलाक्रांतता) तथा भू-क्षारता, भू-निम्नीकरण के प्रमुख कारण हैं।

उपरोक्त कथनों में से कौन-सा/से कथन सही नहीं है/हैं?

(a) केवल 1 (b) केवल 2
(c) 1 और 2 दोनों (d) न तो 1 और न ही 2

उत्तर (a) केवल 1

17. निम्नलिखित कथनों को ध्यानपूर्वक पढ़कर बताइए कि 'नमामि गंगे कार्यक्रम' के संदर्भ में कौन-से कथन सही हैं?

1. नमामि गंगे कार्यक्रम की शुरुआत वर्ष 2014 में हुई थी।
2. इसका मुख्य उद्देश्य गंगा नदी में प्रदूषण को कम करना था।
3. नमामि गंगे कार्यक्रम केंद्र सरकार द्वारा शुरू किया गया था।
4. इसके अंतर्गत उत्तर प्रदेश, उत्तराखंड, बिहार, झारखंड राज्यों में गंगा ग्राम, का विकास करना था।

कूट

(a) 1 और 2 (b) 1 और 3 (c) 2, 3 और 4 (d) 1, 2, 3 और 4

उत्तर (c) 1, 2, 3 और 4

18. दिए गए कथन को ध्यानपूर्वक पढ़िए और नीचे दिए गए प्रश्न का उत्तर लिखिए

"अधिकांश औद्योगिक अपशिष्ट बहते हुए जल या झीलों में डाल दिया जाता है।" निम्नलिखित में से उद्योगों का कौन-सा वर्ग जल प्रदूषण का प्रमुख स्रोत है? सबसे उपयुक्त विकल्प का चयन कीजिए। **CBSE 2024**

(a) चमड़ा, पल्प और कागज
(b) लोहा, तांबा और चीनी
(c) चीनी, पेट्रोरसायन और उर्वरक
(d) सूती कपड़ा, रसायन और ऊर्जा संयंत्र

उत्तर (a) चमड़ा, पल्प और कागज

19. भू-निम्नीकरण भूस्खलन के संदर्भ में निम्न तथ्यों पर ध्यान दें

1. असंगठित मृदा
2. गुरुत्वाकर्षण
3. चरागाह
4. भूस्खलन

उपरोक्त तथ्यों के आधार पर भूस्खलन घटनाओं के अंतर्गत होने वाली गतिविधियों में से कौन-सा क्रम सही है?

(a) 2, 3, 1, 4 (b) 4, 3, 1, 2 (c) 1, 2, 4, 3 (d) 1, 4, 3, 2

उत्तर (b) 4, 3, 1, 2,

20. नीचे गंदी बस्तियों के विकास का चरण दिया गया है, इसे सही क्रम में व्यवस्थित कीजिए

1. भूमि की सीमित उपलब्धता के कारण मानवीय आवास के समुचित विकास में समस्या उभरती है।
2. ग्रामीण क्षेत्रों में रोजगार के सीमित अवसरों के कारण शहरी क्षेत्रों में जनसख्या का तीव्र प्रवाह हुआ।
3. अधिकतर गंदी बस्तियों को विकास औद्योगिक केंद्रों के ईद-गिर्द होता है, क्योंकि श्रमिकों को कारखानों में आवागमन में सुविधा रहती है

4. मलिन बस्तियों में संरचनागत सुविधाओं के न्यूनतम विकास से स्वास्थ्य संबंधी बीमारियों की समस्या होती है।

कूट

(a) 1, 2, 3, 4 (b) 2, 1, 3, 4 (c) 2, 1, 4, 3 (d) 4, 1, 2, 3

उत्तर *(b)* 4, 3, 1, 2,

21. सूची I का सूची II के साथ सही सुमेलन कीजिए

सूची I (प्रदूषण)	सूची II (प्रभाव)
A. वायु प्रदूषण	1. धुआँ
B. जल प्रदूषण	2. डायरिया
C. ध्वनि प्रदूषण	3. क्षारीयता
D. भू- प्रदूषण	4. मानसिक तनाव

कूट

	A	B	C	D
(a)	1	2	3	4
(b)	1	2	4	3
(c)	2	1	4	3
(d)	2	1	4	3

उत्तर *(b)* 1 2 4 3

22. सूची I का सूची II के साथ सही सुमेलन कीजिए

सूची I (प्रदूषण के प्रकार)	सूची II (सन्निहित प्रदूषण)
A. वायु प्रदूषण	1. फ्लोराइड्स
B. जल प्रदूषण	2. सहन क्षमता से अधिक प्रवण
C. भू-प्रदूषण	3. जलाक्रांतता
D. ध्वनि प्रदूषण	4. अवनालिका अपरदन
E. भूमि निम्नीकरण	5. एस्बेस्टॉस
F. मृदा प्रदूषण	6. आर्सेनिक

कूट

	A	B	C	D	E	F
(a)	2	3	4	5	6	1
(b)	1	2	3	6	5	4
(c)	5	6	1	2	4	3
(d)	5	6	2	1	4	3

उत्तर *(c)* 5 6 1 2 4 3

23. निम्नलिखित में से कौन-सा युग्म सही सुमेलित नहीं है?

प्रभाव		कारण
(a) धूम कुहरा	–	वायुमंडलीय प्रदूषण
(b) हेपेटाइटिस	–	संदूषित जल जनित
(c) टाइफाइड	–	अनुपचारित अपशिष्ट
(d) पत्तियों की सरसराहट	–	ध्वनि प्रदूषण

उत्तर *(d)* पत्तियों की सरसराहट – ध्वनि प्रदूषण

निर्देश (प्र. सं. 23-24) नीचे दिए गए कथन (A) तथा कारण (R) को ध्यानपूर्वक पढ़कर कूट की सहायता से सही उत्तर का चयन करें।

कूट

(a) A और R दोनों सही हैं तथा R, A की सही व्याख्या है

(b) A और R दोनों सही हैं, परंतु R, A की सही व्याख्या नही है

(c) A सही है, किंतु R गलत है

(d) A गलत है, किंतु R सही है

23. **कथन** (A) भारत के महानगरों जैसे मुंबई, कोलकाता, चेन्नई एवं बंगलुरु आदि में ठोस अपशिष्ट के 90% भाग का एकत्रीकरण निपटान कर दिया जाता है।

कारण (R) ठोस अपशिष्टों को संसाधन के रूप में उपचारित कर ऊर्जा उत्पन्न करने एवं खाद (कंपोस्ट) बनाने में प्रयोग करना चाहिए।

उत्तर *(b)* भारत में नगरीय अपशिष्ट निपटान एक गंभीर समस्या है, मुंबई, कोलकाता, चेन्नई व बंगलुरु आदि महानगरों में ठोस अपशिष्ट के 90 प्रतिशत भाग को एकत्रित करके उसका निपटान कर दिया जाता है। क्योंकि इन शहरों में ठोस अपशिष्ट प्रबंधन की प्रणाली काफी उन्नत है, हालाँकि इनके निपटान के तरीकों में सुधार की आवश्यकता है। साथ ही ठोस अपशिष्टों को संसाधन के रूप में उपचारित कर ऊर्जा तथा खाद आदि निर्मित की जाती है

24. **कथन** (A) भारतीय दूरसंवेदन संस्थान ने दूरसंवेदन तकनीक की सहायता से व्यर्थ भूमि को सीमांकित किया है।

कारण (R) प्रकृतिजनित व्यर्थ भूमि के अंतर्गत जलाक्रांत एवं दलदली क्षेत्र, लवणता एवं क्षारता वाली भूमि क्षेत्रों को शामिल किया गया है।

उत्तर *(c)* भारतीय दूर संवेदन संस्थान ने उपग्रह आधारित दूरसंवेदन तकनीकों का उपयोग करके भारत में व्यर्थ भूमि का मानचित्रण किया है। वह तकनीकी भूमि उपयोग और भूमि कवर का सटीक विश्लेषण प्रदान करती है। प्रकृति जनित व्यर्थ भूमि में वे क्षेत्र शामिल हैं, जो प्राकृतिक कारणों से उत्पादकता में कमी का सामना करते हैं; जैसे-जलाक्रांत एवं दलदली क्षेत्र, लवणता और क्षारता वाली भूमि।

25. फ्लोचार्ट में रिक्त स्थान की पूर्ति कीजिए

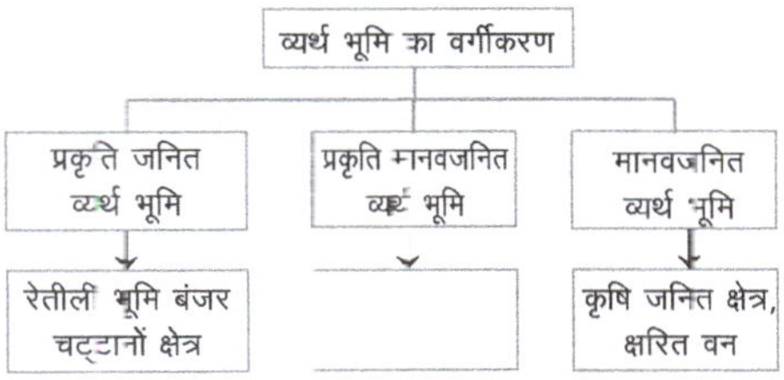

(a) दलदली क्षेत्र (b) चारागाह

(c) हिमानी क्षेत्र (d) खनन क्षेत्र

उत्तर दलदली क्षेत्र

26. नीचे दिए गए चित्र को ध्यान से पढ़कर निम्न प्रश्नों के उत्तर दीजिए।

(i) कचरें का ढेर किस स्तर तक पहुँच गया है ?

(a) पहली मंजिल तक (b) दूसरी मंजिलतक
(c) छत तक (d) खिड़की तक

उत्तर *(b)* दूसरी मंजिलतक

(ii) इस चित्र का मुख्य संदेश क्या है?

(a) पर्यावरण संरक्षण की आवश्यकता
(b) इमारतों का सही डिजाइनीकरण
(c) शहरी करण का महत्व
(d) समुद्र का आनंद लेना

उत्तर (a) पर्यावरण संरक्षण की आवश्यकता

(iii) व्यक्ति ने दूसरो मंजिल में क्यों शिफ्ट किया?

(a) ज्यादा जगह की आवश्यकता थी (b) समुद्र का नजारा देखने हेतु
(c) किराया कम था (d) शांत वातावरण के लिए

उत्तर (b) समुद्र का नजारा देखने हेतु

लघु उत्तरीय प्रश्न

1. भारत में वायु प्रदूषण के किन्हीं दो स्रोतों के नाम बताइए। मानव स्वास्थ्य के लिए वायु प्रदूषण किस प्रकार हानिकारक है? स्पष्ट कीजिए।

उत्तर वायु प्रदूषण के दो प्रमुख स्रोत निम्नलिखित हैं

(i) **मोटरवाहन** बड़े नगरों में वायु प्रदूषण का 50% से 60% सड़क पर चलने वाले वाहनों से होता है।

(ii) **खदानों से निकली धूल** पत्थर की खानों अथवा अन्य खानों से भारी मात्रा में धूल निकलकर वायुमंडल में फैलकर वायु को प्रदूषित करती है।

मानव स्वास्थ्य पर वायु प्रदूषण के प्रभाव

मानव स्वास्थ्य पर वायु प्रदूषण के पड़ने वाले प्रभाव निम्नलिखित हैं

- वायु प्रदूषण के कारण तंत्रिका तंत्रीय, श्वसन तंत्रीय तथा रक्त संचारतंत्र संबंधी विभिन्न बीमारियाँ होती हैं।
- वायुमंडलीय प्रदूषण के कारण नगरों में कुहरे का निर्माण होता है, जिसे शहरी धूम्र कुहरा कहते हैं। यह मानव स्वास्थ्य के लिए हानिकारक होता है।
- वायु प्रदूषण के कारण अम्ल वर्षा (Acid Rain) भी होती है। इससे जल भंडार दूषित हो जाते हैं तथा इसका सेवन स्वास्थ्य के लिए हानिकारक होता है। इससे मानव की त्वचा को हानि पहुँचती है

2. भारत के कई बड़े नगरों में 'ध्वनि प्रदूषण' किस प्रकार खतरनाक हो गया है? उदाहरणों सहित स्पष्ट कीजिए।

अथवा **भारत में ध्वनि प्रदूषण के तीन प्रमुख स्रोतों का वर्णन कीजिए।**

उत्तर भारत में ध्वनि प्रदूषण के तीन प्रमुख स्रोत निम्न हैं

(i) ध्वनि प्रदूषण सायरन, लाउडस्पीकर, विभिन्न प्रकार के सांस्कृतिक उत्सव एवं सामुदायिक गतिविधियों द्वारा होता है।

(ii) यातायात के साधनों द्वारा ध्वनि प्रदूषण सर्वाधिक फैलता है।

(iii) समुद्री यातायात में ध्वनि प्रदूषण की तीव्रता माल को चढ़ाने व उतारने के निपटान करने वाले पत्तनों तक अधिक सीमित होती है।

पिछले कुछ दिनों में विभिन्न प्रकार के प्रौद्योगिकीय अन्वेषकों के कारण ध्वनि प्रदूषण एक गंभीर समस्या बन गई है। ध्वनि के स्तर को डेसीबल में मापा जाता है। ध्वनि प्रदूषण के कारण मानसिक तनाव, चिड़चिड़ापन, हृदय रोग में वृद्धि एवं सोचने की क्षमता में भी कमी आ जाती है।

3. भारत में 'जल की गुणवत्ता' के ह्रास के किन्हीं तीन कारणों को स्पष्ट कीजिए।

उत्तर भारत में जल की गुणवत्ता के ह्रास के तीन कारण निम्न हैं

(i) विषैले पदार्थ झीलों, तालाबों, सरिताओं, नदियों और सागरों में प्रवेश करते हैं, जिससे वे जल में घुलकर जल को प्रदुषित कर देते हैं।

(ii) कीटनाशक, अकार्बनिक उर्वरक, खरपतवारनाशी आदि प्रदूषण उत्पन्न करने वाले घटक हैं, जो तालाबों, झीलों, नदियों आदि द्वारा भूमि में मिल जाते हैं तथा भौम जल प्रदूषित करते हैं।

(iii) जल बाह्य पदार्थों; जैसे—सूक्ष्म जीवों, रसायनों, औद्योगिक और अन्य अपशिष्ट पदार्थों से प्रदूषित होता है।

4. नदीय प्रदूषण के विरुद्ध नमामि गंगे कार्यक्रम भारत की महत्त्वाकांक्षी परियोजना रही है

अथवा **नमामि गंगे कार्यक्रम ने किस प्रकार प्रदूषण को कम करने में महत्त्वपूर्ण भूमिका निभाई थी?** *दक्षता आधारित प्रश्न*

अथवा **'नमामि गंगे कार्यक्रम' के उद्देश्यों को प्राप्त करने के लिए उपाय सुझाइए।** **CBSE 2025**

उत्तर एक नदी के रूप में गंगा का राष्ट्रीय महत्त्व है, लेकिन प्रदूषण को नियंत्रित करन के लिए नदी को संपूर्ण मार्ग की सफाई की आवश्यकता है। केंद्र सरकार ने निम्नलिखित उद्देश्यों के साथ नमामि गंगे कार्यक्रम आरंभ किया है

- शहरों में सीवर ट्रीटमेंट की व्यवस्था कराना।
- औद्योगिक प्रवाह की निगरानी।
- नदियों का विकास।
- नदी के किनारों पर वनीकरण जिससे जैवविविधता में वृद्धि हो। उत्तराखंड, उत्तर प्रदेश, बिहार तथा झारखंड में गंगा ग्राम का विकास करना।
- नदियों के तल की सफाई।
- नदी में किसी भी प्रकार के पदार्थों को न डालना, भले ही वे किसी अनुष्ठान से संबंधित हों, इससे प्रदूषण को बढ़ावा मिलता है।

5. ठोस अपशिष्ट क्या है? इनका किस स्तर पर निपटान किया जाता है?

उत्तर ठोस अपशिष्ट घरेलू तथा औद्योगिक स्तर पर निकलने वाला कचरा है, जो विभिन्न क्रियाओं के द्वारा उत्पन्न होता है। ठोस अपशिष्ट के द्वारा होने वाला प्रदूषण वर्तमान में काफी गंभीर हो चुका है। ठोस कचरे के अंतर्गत विभिन्न प्रकार के पुरानी एवं प्रयुक्त सामग्रिया शामिल की जाती हैं, जैसे कि जंग लगी पिनें, टूटे कांच के समान, प्लास्टिक के डिब्बे, पोलीथिन की थैलिया, रद्दी कागज, राख, सीडी आदि। ठोस अपशिष्ट का निम्न दो स्रोतों से निपटान किया जाता है

(i) घरेलू प्रतिष्ठान (ii) व्यावसायिक प्रतिष्ठान

घरेलू कचरे को या वो सार्वजनिक भूमि पर या निजी ठेकेदारों के स्थानों पर डालकर विस्तारित किया जाता है। जबकि औद्योगिक-व्यावसायिक इकाइयों में कचरे का संग्रहण एवं निपटान जन-सुविधाओं के द्वारा निचली सतह की सार्वजनिक जमीन पर निस्तारित किया जाता है।

6. भू-निम्नीकरण से आप क्या समझते हो तथा यह किन प्रक्रियाओं द्वारा तीव्रता से होता है?

उत्तर भू-निम्नीकरण का अभिप्राय स्थायी या अस्थायी तौर पर भूमि की उत्पादकता में कमी है। मृदा अपरदन, लवणता तथा भू-क्षारता से भू-निम्नीकरण होता है। भ-निम्नीकरण दो प्रक्रियाओं द्वारा तीव्रता से होता है। ये प्रक्रियाएँ प्राकृतिक तथा मानवजनित हैं। भारतीय दूर-संवेदन संसाधन ने व्यर्थ भूमि को दूर संवेदन तकनीक की सहायता से सीमांकित किया है और इन प्रक्रियाओं के आधार पर इनका वर्गीकरण किया जा सकता है; जैसे-प्राकृतिक खड़ा मरुस्थलीय या तटीय रेतीली भूमि बंजर, चट्टानी क्षेत्र, तीव्र ढाल वाली भूमि तथा हिमानी क्षेत्र। ये मुख्यतः प्राकृतिक कारकों द्वारा घटित हुई हैं। प्राकृतिक मानजनित प्रक्रियाओं से निम्नकोटि भूमियों में जलाक्रांत व दलदली क्षेत्र लवणता व क्षारता से प्रभावित भूमियाँ, झाड़ी सहित व झाड़ियों रहित भूमियाँ आदि सम्मिलित हैं।

7. उद्योगों के कौन-से उत्पाद तथा अपशिष्ट पदार्थ जल प्रदूषण करते हैं?

उत्तर उद्योग, उत्पाद के अतिरिक्त विभिन्न अपशिष्ट जैसे अवांछनीय उत्पादों का उत्पादन करते हैं। ये अपशिष्ट उत्पाद औद्योगिक अपशिष्ट, प्रदूषित अपशिष्ट, जहरीली गैसें, अनेक भारी धातुएँ, रासायनिक अवशेष, धुआँ आदि हैं।

मुख्यतः इन अपशिष्ट पदार्थों को प्रवाहित जल में बहा दिया जाता है स्वस्थ्य संबंधी चिताएँ उत्पन्न करता है तथा इससे अनेक प्रकार के रोग उत्पन्न होते हैं। विषैले रासायनिक तत्त्व जैवतंत्र को नष्ट कर देते हैं। इस प्रकार जल को प्रदूषित करने वाले मुख्य उद्योग चमड़ा, लुग्दी व कागज, वस्त्र तथा रसायन उद्योग हैं।

8. भारत में 'नगरीय अपशिष्ट निपटान' की समस्या के समाधान हेतु कोई तीन उपाय सुझाइए और उनकी व्याख्या कीजिए। **CBSE 2020**

अथवा **भारत में 'नगरीय अपशिष्ट निपटान' किस प्रकार एक गंभीर समस्या है? इस समस्या के समाधान के लिए उपाय सुझाइए।** **CBSE 2022**

अथवा **शहरी कचरे के पहाड़ों में शहरी कचरा प्रबंधन की कमियों को उजागर किया है। आपके हिसाब से शहरी कचरा प्रबंधन निपटान हेतु क्या उपाय किए जाने चाहिए।** *दक्षता आधारित प्रश्न*

उत्तर भारत में 'नगरीय अपशिष्ट निपटान की समस्या के समाधान हेतु तीन उपाय निम्नलिखित हैं

(i) **लैंडफिल** इस विधि में शहरों के आस-पास के खाली स्थानों में अपशिष्ट को एकत्रित किया जाता है और एकत्रित अपशिष्ट को मिट्टी से ढका जाता है, ताकि संदूषण (Contamination) से बचाव किया जा सके।

(ii) **इंसीनरेशन** इस विधि से अपशिष्ट को उच्च तापमान पर तब तक जलाया जाता है, जब तक कि वह राख में न बदल जाए।
इस विधि की सबसे अच्छी बात यह है कि यह अपशिष्टों की मात्रा को (20-30) तक कम कर देता है। अपशिष्ट प्रबंधन की विधि को व्यक्तिगत, नगरपालिका और सस्थानों के स्तर पर किया जा सकता है। हालाँकि यह विधि अपेक्षाकृत काफी महँगी मानी जाती है।

(iii) **यूरोलिसिस** अपशिष्ट प्रबंधन की इस विधि के अंतर्गत ठोस अपशिष्ट को ऑक्सीजन की उपस्थिति के बिना रासायनिक रूप से विघटित किया जाता है। अपशिष्ट प्रबंधन प्रणाली को सुदृढ़ करने के लिए अनुसंधान और विकास को प्रोत्साहित करने की आवश्यकता है। नीति-निर्माण के समय हमारा ध्यान और अधिक लैंडफिल के निर्माण के अतिरिक्त पुनर्चक्रण तथा पुनर्प्राप्ति पर होना चाहिए।

दीर्घ उत्तरीय प्रश्न

1. भारत में जल की दो समस्याएँ कौन-सी हैं? उपर्युक्त उदाहरणों सहित स्पष्ट कीजिए।

उत्तर इस प्रश्न के उत्तर के लिए पृष्ठ संख्या 294 पर शीर्षक 'जल प्रदूषण' का अध्ययन करें।

2. भारत में वायु प्रदूषण हवा मे हानिकारक गैसों, धूल, धुओं और रासायनिक कणों की उपस्थिति है, जो स्वास्थ्य और पर्यावरण को क्षति पहुँचाती है। भारत में वायु प्रदूषण के किन्हीं दो स्रोतों का वर्णन कीजिए और वायु प्रदूषण के समाधान के लिए कोई तीन उपाय सुझाइए। **CBSE 2024**

अथवा **स्वच्छ पर्यावरण एक मानवीय अधिकार है, परंतु वर्तमान में यह अतिशय प्रदूषण के कारण चिंताजनक है। पर्यावरण की सुरक्षा हेतु वायु प्रदूषण के समाधान हेतु उपाय सुझाइए तथा साथ ही अपनी कोई दो गतिविधियों का उल्लेख कीजिए जिसके कारण आपने वायु प्रदूषण को कम करने का प्रयास किया है।** *दक्षता आधारित प्रश्न*

उत्तर भारत में वायु प्रदूषण के दो स्रोत इस प्रकार हैं

(i) **वाहन उत्सर्जन** वाहनों से निकलने वाला धुएँ और अन्य हानिकारक गैसें वायु प्रदूषण का प्रमख स्रोत है। विशेष रूप से पेट्रोल और डीजल चालित वाहनों से उत्सर्जित कार्बनमोनो ऑक्साइड, नाइट्रोजन ऑक्साइड आदि विषैले तत्त्व वायु प्रदूषण के प्रमुख स्रोत हैं।

(ii) **औद्योगिक प्रदूषण** फैक्ट्रियों और उद्योगों से निकलने वाला धुआ और रसायनों का उत्सर्जन भी वायु प्रदूषण का एक महत्त्वपूर्ण कारण है। यह औद्योगिक गतिविधियाँ; जैसे कि कोयला जलाना, रासायनिक प्रक्रिया और निर्माण गतिविधियों से होतो है।

वायु प्रदूषण के समाधान

वायु प्रदूषण के निम्न तीन उपाय इस प्रकार हैं

(i) **स्वच्छ ऊर्जा का उपयोग** हमें नवीकरणीय ऊर्जा स्रोतों जैसे– सौर ऊर्जा, पवन ऊर्जा और जल ऊर्जा का अधिक उपयोग करना चाहिए इससे कोयले और अन्य जीवाश्म ईधनों पर निर्भरता कम होगी, जिससे प्रदूषण में कमी आएगी।

(ii) **वाहनों की सीमित संख्या** शहरों में सार्वजनिक परिवहन को बढ़ावा देना और व्यक्तिगत वाहनों के उपयोग को कम करना चाहिए। साइकिल और पैदल चलने के लिए सुरक्षित राष्ट्रों का निर्माण करना भी एक अच्छा उपाय है।

(iii) **वृक्षारोपण** अधिक-से-अधिक वृक्षारोपण करना आवश्यक है। पेड़ कार्बन डाई ऑक्साइड को अवशोषित करते है ऑक्सीजन छोड़ते हैं और जिससे वायु गुणवत्ता में सुधार होता है।

अतः इन उपायों को अपनाकर, हम भारत में वायु प्रदूषण की समस्या को काफी हद तक कम कर सकते हैं और एक स्वस्थ्य जीवन के लिए वातावरण तैयार कर सकते हैं।

3. स्वास्थ्य पर होने वाले वायु प्रदूषण के प्रभावों का विवरण दीजिए तथा वायु प्रदूषण को नियंत्रित करने के उपाय बताइए।

उत्तर वायु सभी प्रकार के जीव के लिए आवश्यक है। वायु को प्रदूषित करने वाले कारक धूल, धुआँ, गैसें, कुहासा, दुर्गंध और वाष्प हैं। वायु प्रदूषण से साँस (दमा) की बीमारी होती है, क्योंकि जब हम साँस लेते हैं, तो हमारी साँस प्रणाली में ऑक्सीजन के साथ सल्फर डाइ-ऑक्साइड, सल्फाइड, कार्बन मोनोऑक्साइड तथा अन्य गैस प्रवेश कर जाती हैं। क्लोरोक्लोरो कार्बन (CFC)- गैसों से ओजोन परत की क्षति होती है, जिससे सूर्य की हानिकारक किरणें पृथ्वीवासियों को हानि पहुँचाती हैं तथा त्वचा कैंसर हो जाता है। वायु प्रदूषण से फेफड़े, आँख और गले के रोग फैलते हैं।

वायु प्रदूषण के नियंत्रण के उपाय

वायु प्रदूषण के नियंत्रण के प्रमुख उपाय निम्नलिखित हैं।

(i) **उचित ईंधन का प्रयोग** धुआँ रहित ईंधन का प्रयोग करना चाहिए। कोयले को ईंधन के रूप में प्रयोग करने से पहले उसकी धुलाई कर लेनी चाहिए, जिससे वायुमंडलीय प्रदूषण कम होगा और अम्ल वर्षा से मुक्ति मिल जाएगी। भारत के प्रमुख महानगरों में वाहनों को सीसा रहित पेट्रोल उपलब्ध कराया जाना चाहिए, जिससे वायु प्रदूषण की कमी में सहायता मिलेगी।

(ii) **प्रदूषण संबंधी कानून** भारत में वर्ष 1981 में 'वायु प्रदूषण निवारण नियंत्रण' कानून लागू किया गया है, जो इस दिशा में एक महत्त्वपूर्ण कदम था। वर्ष 1984 में महाराष्ट्र सरकार द्वारा भी वायु प्रदूषण से संबंधित कानून पास किया गया, जिसमें सीमा से अधिक धुआँ निष्कासित करने वाले वाहनों के लिए दंड की व्यवस्था की गई।

(iii) **धुएँ का उचित निकास** ताप विद्युत घरों की चिमनियाँ ऊँची होनी चाहिए, जिससे वायु के प्रदूषण का प्रभाव काफी हद तक कम किया जा सके है।

(iv) **प्रदूषण नियंत्रण के संयंत्रों की व्यवस्था** सभी उद्योगों में प्रदूषण नियंत्रण के संयंत्रों; जैसे—थैला फिल्टर, गैस स्क्रबर, स्थिरीकरण कक्ष, आर्द्र एकत्रक आदि का अनिवार्य रूप से प्रयोग होना चाहिए।

4. भारत में जल प्रदूषण के किन्हीं दो स्रोतों का वर्णन कीजिए।

अथवा **जल प्रदूषण के समाधान के लिए कोई तीन उपाय सुझाइए।**

CBSE 2024

उत्तर जल में हानिकारक तत्त्वों का मिलना, जिससे उसका उपयोग और जलीय जीवन प्रभावित होता है, जल प्रदूषण कहलाता है।

भारत में जल प्रदूषण के प्रमुख स्रोत निम्नलिखित हैं

(i) **औद्योगिक अपशिष्ट** भारत में अनेक उद्योगों से निकलने वाले प्रदूषक जल स्रोतों में मिल जाते हैं। फैक्ट्रियों में निकलने वाले रासायनिक अपशिष्ट और अवशिष्ट पानी सीधे नदियों और तालाबों में छोड़े जाते हैं, जिससे जल प्रदूषण की समस्या बढ़ती है। ये रसायन न केवल जल की गुणवत्ता को खराब करते हैं, बल्कि जलीय जीवों और मानव स्वास्थ्य पर भी प्रतिकूल प्रभाव डालते हैं।

(ii) **कृषि रसायन** कृषि में उपयोग होने वाले कीटनाशक, उर्वरक और अन्य रसायनों का जल स्रोतों में बहाव जल प्रदूषण का एक बढ़ा कारण है। वर्षा के दौरान ये रसायन मिट्टी से बहकर नदियों, झीलों और तालाबों में पहुँच जाते हैं, जिससे जल की गुणवत्ता खराब हो जाती है और जलीय पारिस्थितिकी तंत्र प्रभावित होता है।

जल प्रदूषण के समाधान हेतु उपाय

जल प्रदूषण के समाधान हेतु उपाय निम्न लिखित हैं

(i) **कृषि में रासायनिक उपयोग में कमी** किसानों को जैविक खेती की ओर बढ़ने के लिए प्रोत्साहित किया जाना चाहिए। कीटनाशकों और उर्वरकों के स्थान पर प्राकृतिक विकल्पों का उपयोग करने से जल स्रोतों में रसायनों का प्रवाह कम होगा। सरकार को किसानों को प्रशिक्षण और सब्सिडी देकर जैविक खेती को बढ़ावा देना चाहिए।

(ii) **संवर्धित अपशिष्ट जल प्रबंधन** जल प्रदूषण को नियंत्रित करने के लिए, औद्योगिक क्षेत्रों और नगरपालिकाओं को अपने अपशिष्ट जल को उचित प्रबंधन करना चाहिए। अपशिष्ट जल को उपचारित करने के लिए ट्रीटमेंट प्लांटस की स्थापना की जानी चाहिए। इससे रासायनिक तत्त्वों और हानिकारक जीवों को हटाया जा सकता है।

(iii) **जन जागरूकता कार्यक्रम** जल प्रदूषण के प्रति जागरुकता बढ़ाने के लिए विभिन्न कार्यक्रमों का आयोजन करना चाहिए। स्कूल, कॉलेज और समुदायों में जागरूकता अभियान चलाने से लोग जल के महत्त्व और जल प्रदूषण को प्रभावों को समझ सकेंगे।

अतः इन उपायों को अपनाने से जल प्रदूषण को कम करने में सहायता मिल सकती है और जल स्रोतों की गुणवत्ता को बचाए बनाए रखने में सहायता मिलेगी

5. पर्यावरण प्रदूषण क्या है? भारत से उदाहरण देते हुए प्रदूषण के प्रकारों का उल्लेख कीजिए।

उत्तर इस प्रश्न के उत्तर के लिए पृष्ठ संख्या 345-348 पर शीर्षक 'प्रदूषण के प्रकार' का अध्ययन करें।

6. मानव क्रियाकलापों से उत्पन्न होने वाले प्रदूषक किस प्रकार का जल प्रदूषण के लिए उत्तरदायी हैं? उदाहरणों सहित सपष्ट कीजिए।

CBSE 2022

अथवा **हाल के दिनों में जल प्रदूषण एक गंभीर समस्या बनता जा रहा है। क्या मानवीय हस्तक्षेप। गतिविधियां इसके लिए उत्तर दायी हैं? इस कथन की पुष्टि कीजिए।**

उत्तर औद्योगिक विस्तार एवं बढ़ती हुई जनसंख्या के कारण जल के अनुचित उपयोग से जल की गुणवत्ता में ह्रास हुआ है तथा नदियों, नहरों, झीलों एवं तालाबों आदि में उपलब्ध जल अशुद्ध हो गया है। जल में निलंबित कण, कार्बनिक एवं अकार्बनिक पदार्थों की सांद्रता बढ़ने से जल प्रदूषित हो जाता है, जिससे वह उपयोग के योग्य नहीं रहता, साथ ही जल में स्वतः शुद्धीकरण की क्षमता भी समाप्त हो जाती है। जल प्रदूषण के मानवीय कारण निम्नलिखित हैं

- मानव, जल को उद्योगों, कृषि एवं सांस्कृतिक गतिविधियों के द्वारा प्रदूषित करता है। जल को प्रदूषित करने में सबसे अधिक योगदान उद्योगों का है। उद्योगों में उत्पादन प्रक्रिया के दौरान अनेक अवांछित उत्पाद; जैसे— औद्योगिक कचरा, प्रदूषित अपशिष्ट जल, जहरीली गैसें, रासायनिक अवशेष, अनेक भारी धातुएँ, धूल एवं धुआँ आदि उत्पन्न होते हैं। इस औद्योगिक कचरे को बहते जल में अथवा झीलों आदि में बहा देने से जल प्रदूषित होता है। चमड़ा, लुग्दी एवं कागज, वस्त्र तथा रसायन उद्योग सर्वाधिक जल प्रदूषक हैं।

- कृषि में विभिन्न प्रकार के रासायनिक पदार्थों—कीटनाशक, खरपतवार नाशक, अकार्बनिक उर्वरक आदि का उपयोग होता है, जो प्रदूषण उत्पन्न करते हैं। जब इन रसायनों को नदियों, झीलों एवं तालाबों में बहा दिया जाता है, तो वे भू-जल तक पहुँचकर जल को प्रदूषित करते हैं। भारत में सांस्कृतिक गतिविधियाँ; जैसे—तीर्थयात्राओं, धार्मिक मेले एवं पर्यटन आदि द्वारा भी जल प्रदूषण होता है।

स्रोत आधारित प्रश्न

निम्नलिखित स्रोतों को ध्यानपूर्वक पढ़कर उन पर आधारित प्रश्नों के उत्तर दीजिए।

1. बढ़ती हुई जनसंख्या और औद्योगिक विस्तारण के कारण जल के अविवेकपूर्ण उपयोग से जल की गुणवत्ता का बहुत अधिक निम्नीकरण हुआ है। नदियों, नहरों, झीलों तथा तालाबों आदि में उपलब्ध जल शुद्ध नहीं रह गया है। इसमें अल्प मात्रा में निलंबित कण, कार्बनिक तथा अकार्बनिक पदार्थ समाहित होते हैं। जब जल में इन पदार्थों की सांद्रता बढ़ जाती है, तो जल प्रदूषित हो जाता है और इस तरह वह उपयोग के योग्य नहीं रह जाता। ऐसी स्थिति में जल में स्वत: शुद्धीकरण की क्षमता जल को शुद्ध नहीं कर पाती।

यद्यपि, जल प्रदूषण प्राकृतिक स्रोतों (अपरदन, भू-स्खलन और पेड़-पौधों तथा मृत पशु के सड़ने-गलने आदि) से प्राप्त प्रदूषकों से भी होता है, तथापि मानव क्रियाकलापों से उत्पन्न होने वाले प्रदूषक चिंता के वास्तविक कारण हैं। मानव, जल को उद्योगों, कृषि एवं सांस्कृतिक गतिविधियों के माध्यम से प्रदूषित करता है। इन क्रियाकलापों में उद्योग सर्वाधिक महत्त्वपूर्ण सहायक है।

उत्पादन प्रक्रिया में, उद्योग अनेक अवांछित उत्पाद उत्पन्न करते हैं, जिनमें औद्योगिक कचरा, प्रदूषित अपशिष्ट जल, जहरीली गैसें, रासायनिक अवशेष, अनेक भारी धातुएँ, धूल, धुआँ आदि शामिल होता है। अधिकतर औद्योगिक कचरे को बहते जल में अथवा झीलों आदि में विसर्जित कर दिया जाता है।

परिणामस्वरूप, विषाक्त रासायनिक तत्त्व जलाशयों, नदियों तथा अन्य जल भंडारों में पहुँच जाते हैं, जो इन जलों में रहने वाली जैव प्रणाली को नष्ट करते हैं। सर्वाधिक जल प्रदूषक उद्योग-चमड़ा, लुगदी व कागज, वस्त्र तथा रसायन हैं।

आधुनिक कृषि में विभिन्न प्रकार के रासायनिक पदार्थों का उपयोग होता है जैसे कि अकार्बनिक उर्वरक, कीटनाशक, खरपतवार नाशक आदि भी प्रदूषण उत्पादन करने वाले घटक हैं। इन रसायनों को नदियों, झीलों तथा तालाबों में बहा दिया जाता है। यह सभी रसायन जल के माध्यम से जमीन में स्रावित होते हुए भू-जल तक पहुँच जाते हैं। उर्वरक धरातलीय जल में नाइट्रेट की मात्रा को बढ़ा देते हैं। भारत में तीर्थ यात्राओं, धार्मिक मेले व पर्यटन आदि जैसी सांस्कृतिक गतिविधियाँ भी जल प्रदूषण का कारण हैं। भारत में, धरातलीय जल के लगभग सभी स्रोत संदूषित हो चुके हैं और मानव के उपयोग के योग्य नहीं है।

जल प्रदूषण विभिन्न प्रकार की जल जनित बीमारियों का एक प्रमुख स्रोत होता है। संदूषित जल के उपयोग के कारण प्राय: दस्त (डायरिया), आँतों के कृमि, हेपेटाइटिस जैसी बीमारियाँ होती हैं।

(i) **जल प्रदूषण के मुख्य कारण क्या हैं?**

उत्तर जल प्रदूषण के मुख्य कारणों में मानव और औद्योगिक क्रिया कलाप प्रमुख हैं। उद्योगों द्वारा उत्पन्न कचरा, जहरीली गैसें, रसायन और भारी धातुएं जल को प्रदूषित करती हैं। कृषि में प्रयुक्त होने वाले अकार्बनिक उर्वरक, कीटनाशक और खरपतवार नाशक भी जल को प्रदूषित करते हैं । इनके अतिरिक्त तीर्थ यात्राएँ, धार्मिक मेले और पर्यटन जैसी सांस्कृतिक गतिविधियाँ भी जल प्रदूषण में योगदान देती हैं।

(ii) **जल प्रदूषण का मानव स्वास्थ्य पर क्या प्रभाव पड़ता है?**

उत्तर जल प्रदूषण मानव स्वास्थ्य के लिए गंभीर खतरा है। संदूषित जल के उपयोग से डायरिया, आँतों में कृमि और हेपेटाइटिस जैसी जल जनित बीमारियाँ होती हैं। इसके अतिरिक्त दूषित जल में मौजूद रासायनिक तत्त्व लंबे समय तक उपयोग से गंभीर बीमारियाँ; जैसे कैंसर और त्वचा रोग उत्पन्न कर सकती हैं। दूषित भू-जल पानी से नाइट्रेट की अधिकता भी स्वास्थ्य के लिए घातक हो सकती है।

(iii) **उद्योग जल प्रदूषण में किस प्रकार योगदान करते हैं?**

उत्तर उद्योग जल प्रदूषण का मुख्य स्रोत है। उत्पादन प्रक्रियाओं में भारी मात्रा में रासायनिक कचरा, जहरीला अपशिष्ट जल और धातु के अवशेष उत्पन्न होते हैं। इस कचरे को अक्सर नदियों, झीलों और जलाशयों में बहा दिया जाता है, इससे विषाक्त रासायनिक तत्त्व जल में मिल जाते हैं, जो जलाशयों में रहने वाली जैव प्रणाली को नष्ट करते हैं और भूमिगत जल को भी प्रदूषित करते हैं।

2. विभिन्न स्रोतों से उत्पन्न ध्वनि का मानव की सहनीय सीमा से अधिक तथा असहज होना ही ध्वनि प्रदूषण कहलाता है। विभिन्न प्रकार के प्रौद्योगिकीय अन्वेषणों के चलते हाल ही के वर्षों से यह एक गंभीर समस्या बनकर उभरा है। ध्वनि प्रदूषण के प्रमुख स्रोत विविध उद्योग, मशीनीकृत निर्माण तथा तोड़-फोड़ कार्य, तीव्रचालित मोटर वाहन और वायुयान इत्यादि हैं। इनमें सायरन, लाउडस्पीकर, फेरी वाले तथा सामुदायिक गतिविधियों से जुड़े विभिन्न उत्सव संबंधी कार्यों से होने वाली आवधिक किंतु प्रदूषण करने वाले शोर को भी जोड़ा जा सकता है। सुस्थिर शोर के स्तर को डेसीबल के संदर्भ में ध्वनि स्तर के द्वारा मापा जाता है। ध्वनि प्रदूषण के सभी स्रोतों में से यातायात द्वारा उत्पन्न किया गया शोर सबसे बड़ा क्लेश है। समुद्री यातायात में शोर की तीव्रता माल को चढ़ाने व उतारने का निपटान करने वाले पत्तन तक अधिक सीमित रहती है। ध्वनि प्रदूषण स्थान विशिष्ट होता है तथा इसकी तीव्रता प्रदूषण के स्रोत; जैसे- औद्योगिक क्षेत्र, परिवहन मार्ग, हवाई अड्डे इत्यादि मुख्य मार्ग से दूर कम होती जाती है।

(i) **ध्वनि प्रदूषण की तीव्रता किस प्रकार मापी जाती है? इसके मापन का क्या उद्देश्य है?**

उत्तर ध्वनि प्रदूषण की तीव्रता डेसीबल से मापी जाती है। यह स्थान विशिष्ट होता है यह मापन व्यक्ति को यह समझने में सहायता करता है कि किस स्तर की ध्वनि सराहनीय है और कब तक यह स्वास्थ्य और पर्यावरण के लिए हानिकारक हो सकती है।

(ii) **ध्वनि प्रदूषण के प्रमुख स्रोत क्या हैं?**

उत्तर ध्वनि प्रदूषण के प्रमुख स्रोतों में विविध उद्योग, मशीनीकृत निर्माण कार्य, तीव्रगति वाले मोटर वाहन, वायुयान, सायरन, लाउडस्पीकर और सामुदायिक उत्सव जैसी गतिविधियाँ शामिल हैं। यातायात द्वारा उत्पन्न शोर इस प्रदूषण का सबसे बड़ा कारण है। प्रदूषण का स्तर मुख्यतः स्रोत के निकट अधिक होता है।

(iii) **ध्वनि प्रदूषण क्या है और यह हाल के वर्षों में गंभीर समस्या क्यों बन गया है?**

उत्तर ध्वनि प्रदूषण उस समय होता है, जब विभिन्न स्रोतों से उत्पन्न ध्वनि मानव सहनीय सीमा से अधिक हो जाती है और यह असहजता उत्पन्न करती है। ध्वनि प्रदूषण हाल के वर्षों में एक गंभीर समस्या बनकर उभरा है, क्योंकि आधुनिक प्रौद्योगिकी और औद्योगिक विकास के साथ मशीनों, वाहनों और निर्माण गतिविधियों से उत्पन्न शोर काफी बढ़ गया है। सायरन, लाउडस्पीकर और सामुदायिक उत्सव भी इस समस्या में योगदान देते हैं। यह स्वास्थ्य और पर्यावरण पर नकारात्मक प्रभाव डालता है।

3. **कृषि योग्य भूमि पर दबाव का कारण केवल सीमित उपलब्धता ही नहीं, बल्कि इसकी गुणवत्ता में कमी भी इसका कारण है । मृदा अपरदन, लवणता (जलाक्रांतता) तथा भू-क्षारता से भू-निम्नीकरण होता है। भू-उर्वरकता के अप्रबंधन के साथ इसका अविरल उपयोग होने पर क्या स्थिति होगी ? भू-निम्नीकरण होगा तथा उत्पादकता में कमी आएगी। भू-निम्नीकरण का अभिप्राय स्थायी या अस्थायी तौर पर भूमि की उत्पादकता की कमी है।**

यद्यपि सभी निम्नकोटि की भूमियाँ व्यर्थ भूमि नहीं है, लेकिन अनियंत्रित प्रक्रियाएँ इसे व्यर्थ भूमि में परिवर्तित कर देती हैं।

भू-निम्नीकरण दो प्रक्रियाओं द्वारा तीव्रता से होता है। ये प्रक्रियाएँ प्राकृतिक तथा मानवजनित हैं। भारतीय दूर-संवेदन संस्थान ने व्यर्थ भूमि को दूर-संवेदन तकनीक की सहायता से सीमांकित किया है और इन प्रक्रियाओं के आधार पर इनको वर्गीकृत किया जा सकता है। जैसे –प्राकृतिक खड्ड मरुस्थलीय या तटीय रेतीली भूमि, बंजर चट्टानी क्षेत्र, तीव्र ढाल वाली भूमि तथा हिमानी क्षेत्र । ये मुख्यतः प्राकृतिक कारकों द्वारा घटित हुई हैं । पाकृतिक तथा मानवजनित प्राक्रियाओं से निम्नकोटि भूमियों में जलाक्रांत व दलदली क्षेत्र, लवणता व क्षारता से प्रभावित भूमियाँ; झाड़ी सहित व झाड़ियों रहित की भूमियाँ आदि सम्मिलित हैं; कुछ अन्य निम्नकोटि भूमियाँ भी हैं जैसे स्थानांतरित कृषि जनित क्षेत्र, रोपण कृषि जनित, क्षरित वन, क्षरित चरागाह तथा खनन व औद्योगिक व्यर्थ क्षेत्र जो मानवीय प्रक्रियाओं से कृषि के अयोग्य हुई हैं।

(i) **'भू-निम्नीकरण' के अर्थ को स्पष्ट कीजिए।**

उत्तर 'भू-निम्नीकरण' से तात्पर्य स्थायी या अस्थायी तौर पर भूमि की उत्पादकता की कमी है। मृदा अपरदन, लवणता तथा भू-क्षारता से भू-निम्नीकरण होता है।

(ii) **किसी एक मानवजनित प्रक्रिया की व्याख्या कीजिए जो 'भू-निम्नीकरण' के लिए जिम्मेदार है।**

उत्तर स्थानांतरित कृषि जनित क्षेत्र एक मानवजनित प्रक्रिया है जो भू-निम्नीकरण के लिए जिम्मेदार है। इसके अंतर्गत जनजातीय लोग पहले वृक्षों तथा वनस्पतियों को काटकर उन्हें जलाते हैं। तथा इसके बाद इस भूमि पर खेती की जाती है और जब इस भूमि की उर्वरा शक्ति समाप्त हो जाती है तो इसे छोड़ दिया जाता है।

(iii) **'भू-निम्नीकरण' की समस्या के समाधान के लिए कोई दो उपाय सुझाइए।**

उत्तर 'भू-निम्नीकरण' की समस्या के समाधान के लिए दो उपाय निम्नलिखित हैं

(i) चारागाहों का सही प्रबंधन करना और पशुओं के चराने पर नियंत्रण रखना

(ii) औद्योगिक जल को सही तरीके से परिष्कृत करके विसर्जित करना।

4. **दिए गए अनुच्छेद को ध्यानपूर्वक पढ़िए और उसके नीचे दिए गए प्रश्नों के उत्तर लिखिए**

धारावी

धारावी से केवल एक मुख्य सड़क गुजरती है, जो अपनी चौड़ाई में घटकर आधे से कम रह गई है। कुछ एक गलियाँ एवं पगडंडियाँ इतनी सँकरी हैं कि वहाँ से एक साइकिल का गुजरना भी मुश्किल है। समूची बस्ती में अस्थायी निर्माण के भवन हैं, जो कि दो से तीन मंजिल ऊँचे हैं तथा उनमें लगी लोहे की सीढ़ियाँ ऊपर को जाती हैं, जहाँ एक ही कमरे को किराए पर लेकर पूरा परिवार रहता है। कई बार तो यहाँ एक कमरे में 10-12 लोग रहते हुए देखे जा सकते हैं। यह एक प्रकार से विक्टोरिया लंदन के पूर्वी सिरे की औद्योगिक इकाइयों के उत्कट अनवर्ती संस्करण जैसा है।

लेकिन धारावी बहुत ही निराशाजनक रहस्यों का पालक है, अपेक्षाकृत धनाढ्य मुंबई के निर्माण में इसकी भूमिका है। यहाँ पर छायारहित स्थान, वृक्षरहित सूर्य की रोशनी (धूप), असंगृहित कचरा, गंदे पानी के ठहरे हुए गढ्ढे जहाँ केवल प्राणी जैसे काले कौओं और लंबे भूरे चूहों के साथ-साथ कुछेक सर्वाधिक सुंदरतापूर्ण तथा भारत में निर्मित मूल्यवान एवं उपयोगी सामान बनाए जाते हैं। धारावी से मृत्तिका शिल्प (सरेमिक्स), मिट्टी के बर्तन, कसीदाकारी एवं जरी का काम, परिष्कृत चमडे का काम, उच्च फैशन, वस्त्रादि महीन पिरवां (रॉट) धातु, (रॉटमैटल) का कार्य, उत्कृष्ट आभूषण सेट, लकड़ी की पच्चीकारी तथा फर्नीचर आदि एवं दुनिया भर के घरों तक जाता है ।

(i) **धारावी की भौतिक स्थिति का वर्णन कीजिए।**

उत्तर **धारावी झुग्गी बस्ती मुंबई (महाराष्ट्र) में स्थित एशिया की विशालतम गंदी बस्तियों में से एक है। इस बस्ती से केवल एक मुख्य सड़क गुजरती है। इसे 'नाइटीफुड रोड' के नाम से जानते हैं। समूची बस्ती में अस्थायी निर्माण के भवन है; जोकि दो से तीन मंजिल ऊँचे हैं।**

(ii) **धारावी की एक प्रमुख समस्या की व्याख्या कीजिए।**

उत्तर **धारावी, मुंबई का एक प्रसिद्ध झोपड़ पट्टी क्षेत्र है, जो घनी आबादी और आर्थिक गतिविधियों के लिए जाना जाता है। यहां की एक प्रमुख समस्या स्वास्थ्य सुविधाओं की कमी है। धारावी में बहुत से स्थानों पर गंदगी और अपशिष्ट पदार्थों का ढेर है,जिससे बीमारियों का खतरा भी बढ़ जाता है।**

(iii) **धारावी के संदर्भ में 'स्वच्छ भारत मिशन' के प्रमुख उद्देश्यों को स्पष्ट कीजिए।**

उत्तर **धारावी के संदर्भ में 'स्वच्छ भारत मिशन' के प्रमुख उद्देश्य है भारत को स्वच्छ और स्वस्थ बनाना, नागरिकों में स्वच्छता के प्रति जागरूकता बढ़ाना। विशेष रूप से धारावी जैसी घनी बस्तियों में यह मिशन स्वास्थ्य, पर्यावरण और जीवन की गुणवत्ता में सुधार के लिए महत्त्वपूर्ण है।**

5. 'प्रदूषक भोगता है' के वैश्विक नियम के आधार पर मेरठ के निकट दौराला में लोगों की प्रतिभागिता के सहारे पारिस्थितिकी के पुनर्भरण और मानव स्वास्थ्य की सुरक्षा के लिए प्रयास किया गया है। मेरठ के एक गैर-सरकारी संगठन (एन.जी.ओ.) द्वारा पारिस्थितिकी पुनर्भरण के एक मॉडल की रचना के तीन वर्ष बाद परिणाम आने आरंभ हो गए। दौराला में स्थित उद्योगों के पदाधिकारियों, गैर-सरकारी संगठनों, सरकारी अधिकारियों और अन्य पणधारियों की मेरठ में हुई मीटिंग में परिणाम सामने आए। लोगों के शक्तिशाली तर्कों, प्रामाणिक अध्ययनों और दबाव ने इस गाँव के 12,000 निवासियों को एक नया जीवन दान दिया है। यह वर्ष 2003 की बात है जब दौरालावासियों की दयनीय दशा ने एक जनहित सभा (सिविल सोसायटी) का ध्यान आकृष्ट किया। 12,000 लोगों की जनसंख्या वाले इस गाँव का भू-जल भारी धातुओं के संपर्क से संदूषित हो चुका था। इसका कारण यह था कि दौराला के उद्योगों के अनुपचारित अपशिष्ट जल का भू-जल स्तर में निक्षालन हो रहा था। एन.जी.ओ. के कार्यकर्ताओं ने घर-घर जाकर लोगों के स्वास्थ्य-स्तर संबंधी सर्वेक्षण किया और एक रिपोर्ट बनाई। उस संगठन, ग्रामीण समुदाय और जन-प्रतिनिधियों ने आपस में बैठकर इन समस्याओं के टिकाऊ समाधान ढूँढने का प्रयास किया। उद्योगपतियों ने पारिस्थितिकी की गिरती दशा को नियंत्रित करने में गहरी रुचि दिखाई। गाँव की उपरली टंकी (over hand tank) की क्षमता बढ़ाई गई और समुदाय को पाने योग्य जल उपलब्ध कराने के लिए 900 मीटर की अतिरिक्त पाइपलाइन बिछाई गई। गाँव के गाद-युक्त तालाब को साफ किया गया और इसे गाद-विमुक्त करके पुनः जल से भर दिया गया। बड़ी मात्रा में गाद को हटाकर अधिक मात्रा में जल का मार्ग प्रशस्त किया गया तथा जलभृतों में जल पुनः भरा जाए। जगह-जगह वर्षा-जल संग्रहण की संरचनाएँ बनाई गई जिनसे मानसून के पश्चात् भू-जल के संदूषण में कमी आई। एक हजार वृक्षों को लगाया गया जिससे पर्यावरण का संवर्द्धन हुआ।

(i) **वैश्विक नियम के आधार पर दौराला में लोगों की प्रतिभागिता के सहारे किसकी सुरक्षा का प्रयास किया गया है?**

उत्तर वैश्विक नियम के आधार पर दौराला में लोगों की प्रतिभागिता के सहारे पारिस्थितिकी के पुनर्भरण और मानव स्वास्थ्य की सुरक्षा के लिए समग्र प्रयास किए गए।

(ii) **दौराला के निवासी किस प्रकार के प्रदूषण का सामना कर रहे थे?**

उत्तर दौराला के निवासी जल प्रदूषण का सामना कर रहे थे। सिविल सोसायटी के माध्यम से यह ज्ञात किया गया कि 12000 लोगों की जनसंख्या वाले इस गाव का भू-जल भारी धातुओं के संपर्क से संदूषित हो चुका था। उद्योगों के अनुपचारित अपशिष्ट जल का भू-जल स्तर में निक्षालय हो रहा था।

(iii) **भू-जल के हानिकारक प्रदूषकों के समाधान हेतु किस उपाय पर ध्यान दिया गया?**

उत्तर भू-जल के हानिकारक प्रदूषकों के समाधान के लिए दौराला में अनेक स्थानों पर वर्षा जल संग्रहण की संरचनाएँ बनाई गईं, जिनसे मानसून के पश्चात् भू-जल के संदूषण में कमी आई है।

स्वयं को जाँचें

वस्तुनिष्ठ प्रश्न

1. निम्न में से क्या जल प्रदूषण का कारण है?

(a) सांस्कृतिक गतिविधियाँ
(b) औद्योगिक कचरा
(c) रासायनिक अपशिष्ट
(d) उपरोक्त सभी

2. निम्न में से क्या जल प्रदूषण का परिणाम नहीं है?

(a) दूषित नदिया
(b) जल जनित रोग
(c) भूजल की गुणवत्ता का ह्रास
(d) जल स्तर में वृद्धि

3. अम्लीय वर्षा का मुख्य कारण है

(a) जल प्रदूषण
(b) वायु प्रदूषण
(c) मृदा प्रदूषण
(d) उपरोक्त सभी

4. निम्न में से कौन-सा प्रवास का प्रतिकर्ष कारक है?

(a) रोजगार के अवसर
(b) बेहतर स्वास्थ्य सेवाएं
(c) उच्च जीवन स्तर
(d) प्राकृतिक आपदा

5. भारत में गंदी बस्तियों की विशेषता है

1. मूलभूत सुविधाओं का अभाव
2. अधिक भीड़-भाड़
3. सुव्यस्थित जल निकासी
4. स्वच्छ एवं स्वास्थ्यवर्द्धक, वातावरण
5. संकरी गलियाँ

कूट

(a) 1, 2 और 4
(b) 2, 3 और 4
(c) 1, 2 और 4
(d) 1, 2 और 5

6. निम्न में से कौन-सा कथन सही नहीं है?

(a) अनुचित मानव क्रियाकलाप और उर्वरक, भू-प्रदूषण के स्रोत हैं
(b) पेट्रोल व डीजल का दहन वायु प्रदूषण के प्रमुख स्रोत हैं
(c) वायुयान, मोटरवाहन व रेलगाड़ियों की आवाज ध्वनि प्रदूषण के प्रमुख स्रोत हैं
(d) कोयले का दहन जल प्रदूषण का प्रमुख स्रोत है

अतिलघु उत्तरीय प्रश्न

7. जल प्रदूषण से आप क्या समझते हैं?

8. "ठोस अपशिष्टों का सही निपटान न होने के कारण स्वास्थ्य जोखिम उत्पन्न होता है।" इस कथन की पुष्टि के संदर्भ में कोई तर्क प्रस्तुत कीजिए।

9. वे कौन-सी मानवीय क्रियाएँ हैं, जिनसे भूमि की उत्पादकता में कमी आती है?

लघु उत्तरीय प्रश्न

10. वायु प्रदूषण के लिए उत्तरदायी प्रमुख प्रदूषकों व उनके उत्सर्जन के स्रोतों का वर्णन कीजिए।

11. ध्वनि प्रदूषण से आप क्या समझते हैं? क्या वृक्षारोपण ध्वनि प्रदूषण को कम कर सकता है? पुष्टि कीजिए।

12. नमामि गंगे कार्यक्रम में प्रमुख उद्देश्यों को लिखिए। यह कार्यक्रम अपने उद्देश्य को प्राप्त करने में सफल रहा है? पुष्टि कीजिए।

13. भारत में नगरीय अपशिष्ट निपटान की समस्या के समाधान हेतु कोई चार उपाय सुझाइए।

दीर्घ उत्तरीय प्रश्न

14. वायु प्रदूषण विभिन्न स्वास्थ्य संबंधी समस्याओं को जन्म देता है। इस कथन की पुष्टि करते हुए इसकी रोकथाम हेतु अपने समाधान प्रस्तुत कीजिए।

15. वर्तमान, में जल प्रदूषण (विशेषत भूमिगत) एक प्रमुख समस्या बनकर उभरा है, इसके कारण बताते हुए इसके समाधान हेतु सुझाव प्रस्तुत कीजिए।

प्रयोगात्मक कार्य

आँकड़े : स्रोत और संकलन

1. आँकड़े : स्रोत और संकलन

आँकड़ों को ऐसी संख्याओं के रूप में परिभाषित किया गया है, जो यथार्थ विश्व के मापन को प्रदर्शित करती है। आधार सामग्री एकमात्र माप है। दूसरे शब्दों में तार्किक और संख्यात्मक सूचनाओं को आँकड़ा कहा जाता है; जैसे-दिल्ली में चौबीस घण्टे में 150 सेमी वर्षा हुई।

आँकड़ों की आवश्यकता

आँकड़े विज्ञान, अर्थशास्त्र और भूगोल सहित विभिन्न क्षेत्रों के लिए आवश्यक होते हैं। इसके कुछ प्रमुख उपयोग इस प्रकार है

- प्रवृत्तियों (ट्रेंड्स) को समझने में आँकड़ों की मदद से जनसंख्या वृद्धि, जलवायु परिवर्तन और आर्थिक विकास की प्रवृत्तियों का पता लगाया जा सकता है।
- निर्णय लेना में सरकारें और व्यवसाय आँकड़ों का उपयोग नीतियों की योजना बनाने, संसाधनों का सही आवंटन करने और कार्यक्षमता बढ़ाने के लिए करते हैं।
- सांख्यिकीय विश्लेषण करने में शोधकर्ता (रिसर्चर) आँकड़ों का विश्लेषण करके परिकल्पनाओं (हाइपोथीसिस) का परीक्षण करते हैं और निष्कर्ष निकालते हैं।

पूर्वानुमान विश्लेषण में मौसम की भविष्यवाणी, शेयर बाज़ार की प्रवृत्तियों और रोगों के प्रकोप का अनुमान लगाने में आँकड़ों का उपयोग किया जाता है।

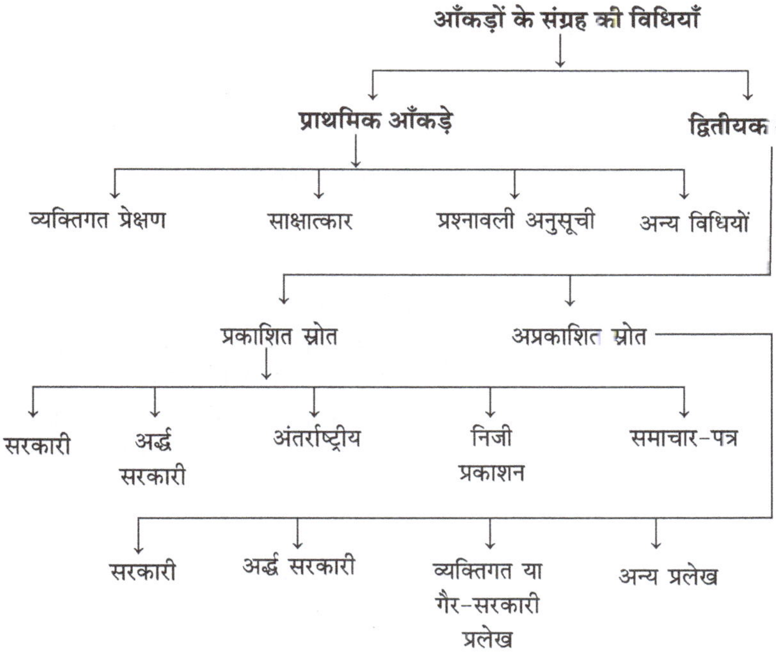

(i) **व्यक्तिगत प्रेक्षण** : यह सूचनाओं के उस संग्रह की ओर संकेत करता है, जो व्यक्तिगत या व्यक्तियों के समूह द्वारा क्षेत्र में प्रत्यक्ष प्रेक्षण द्वारा एकत्र किया जाता है। क्षेत्र-सर्वेक्षण के द्वारा भू-आकृति के लक्षणों, अपवाह प्रारूप, मिट्टी और प्राकृतिक वनस्पति के प्रकारों के साथ-साथ जनसंख्या संरचना, लिंग अनुपात, साक्षरता, परिवहन और संचार के साधन, नगरीय और ग्रामीण अधिवास आदि के बारे में सूचनाएँ एकत्र की जाती हैं।

(ii) **साक्षात्कार** इस विधि में शोधकर्ता उत्तर देने वाले से प्रत्यक्ष सूचना संवाद और बातचीत के द्वारा प्राप्त करता है।

(iii) **प्रश्नावली अनुसूची** इस विधि में साधारण प्रश्नों और उनके सम्भावित उत्तर एक सामान्य कागज पर लिखे रहते हैं और उत्तर देने वालों को दिए गए विकल्पों में से सही उत्तर पर निशान लगाना होता है।

(iv) **अन्य विधियों** मृदा और जल के गुणों से सम्बन्धित आँकड़े सीधे क्षेत्रों से मृदा किट और जल गुणवत्ता किट का उपयोग करते हुए उनकी विशेषताओं को मापकर एकत्र किए जाते हैं

आँकड़ों के द्वितीयक स्रोत

द्वितीयक स्रोतों के अंतर्गत आँकड़ों के प्रकाशित और अप्रकाशित स्रोत आते हैं, जो इस प्रकार है

प्रकाशित साधन

(i) **सरकारी प्रकाशन** इनके अंतर्गत भारत के महापंजीयक कार्यालय द्वारा प्रकाशित भारत की जनगणना, राष्ट्रीय प्रतिदर्श सर्वेक्षण की रिपोर्ट, भारतीय मौसम विज्ञान विभाग की मौसम रिपोर्ट, राज्य सरकारों द्वारा प्रकाशित सांख्यिकीय सारांश और विभिन्न आयोगों द्वारा प्रकाशित आवधिक रिपोर्ट सम्मिलित किए जाते हैं।

(ii) **अंतर्राष्ट्रीय प्रकाशन** अंतर्राष्ट्रीय प्रकाशनों के अन्तर्गत वार्षिकी, संयुक्त राष्ट्र के विभिन्न अभिकरणो जैसे-संयुक्त राष्ट्र अभिकरण, वैज्ञानिक तथा सांस्कृतिक संगठन (यूनेस्को), संयुक्त राष्ट्र विकास कार्यक्रम (यू. एन. डी. पी.), विश्व स्वास्थ्य सगठन (डब्ल्यू. एच. ओ.), खाद्य व कृषि परिषद् (एफ. ए. ओ.) आदि द्वारा प्रकाशित रिपोर्ट और मोनोग्राफ सम्मिलित किए जाते हैं।

(iii) **निजी प्रकाशन** इस श्रेणी के अन्तर्गत समाचार-पत्र और निजी संस्थाओं द्वारा प्रकाशित वार्षिक पुस्तिका, सर्वेक्षण शोध रिपोर्ट और प्रबन्ध आते हैं।

(iv) **समाचार-पत्र और पत्रिकाएँ** दैनिक समाचार-पत्र और साप्ताहिक, पाक्षिक और मासिक पत्रिकाएँ द्वितीयक आँकड़ों के आसानी से प्राप्य स्रोत हैं।

(v) **इलेक्ट्रॉनिक** यह स्रोत वर्तमान में इलेक्ट्रॉनिक माध्यम विशेषकर इण्टरनेट, द्वितीयक आँकड़ों का एक महत्वपूर्ण स्रोत बराबर उभरा है।

आँकड़ों के स्रोत

आँकड़ों को प्रमुख दो स्रोतों से एकत्रित किया जा सकता हैं—प्राथमिक और द्वितीयक।

आँकड़ों के प्राथमिक स्रोत

जो आँकड़े जो प्रथम बार व्यक्तिगत रूप से अथवा व्यक्तियों के समूह/संस्था/संगठन द्वारा एकत्रित किए जाते हैं, आँकड़ों के प्राथमिक स्रोत कहलाते हैं। प्राथमिक आँकड़ों के संग्रह की कुछ विधियाँ निम्न हैं।

आँकड़ों का प्रस्तुतीकरण कच्चा आँकड़ा प्राय: व्यापक और अव्यवस्थित होता है। इसे सार्थक स्रोत के लिए व्यवस्थित रूप से प्रस्तुत करने की आवश्यकता होती है। आँकड़ों का प्रस्तुतीकरण विभिन्न रूपों में किया जा सकता है।

सारणीबद्ध प्रस्तुतीकरण एक सारणी पंक्तियों और स्तम्भों में व्यवस्थित रूप से आँकड़ों को प्रस्तुत करता है। यह संरचनात्मक आँकड़ों को प्रदर्शित करने की सबसे सरल विधि है। सारणी की सहायता आँकड़ों की तुलना शीघ्र की जा सकती है तथा प्रवृत्तियों (Trenols) को आसानी से समझा जा सकता है।

उदाहरण के लिए

वर्ष	**जनसंख्या** (बिलियन में)
2000	1.1
2010	1.2
2020	1.4

प्रस्तुतीकरण (Graphical Representation) ग्राफ और चार्ट आँकड़ों को दृश्य रूप में प्रस्तुत करते हैं, जिसमें इसे समझना आसान हो जाता है। इसकी कुछ प्रमुख आलेखी विधियाँ निम्न हैं

(i) **बार आलेख** (Bar Graph) यह विभिन्न श्रेणियों की तुलना करने के लिए उपयोग किए जाते हैं।

(ii) **रेखा आलेख** (Line Graph) ये समय के साथ होते परिवर्तनों को प्रदर्शित करने के लिए उपयोग किए जाते हैं।

(iii) **पाई चार्ट** (Pie Charts) यह आँकड़ों के विभिन्न भागों का अनुपात प्रदर्शित करने के लिए उपयोग किया जाता है।

(iv) **आयतचित्र** (Histoqrans) यह आँकड़ों के आवृत्ति वितरण की प्रदर्शित करने के लिए उपयोग किए जाते हैं।

(vi) **सांख्यिकीय विधियाँ** (Statistical Methods) सांख्यिकीय तकनीकों; जैसे—माध्य, मध्य और बहुलक बड़े आँकड़ों को संक्षिप्त रूप में प्रस्तुत करने में मदद करते हैं। ये केन्द्रीय प्रवृत्ति के माध्यम से आँकड़ों के वितरण की समग्र जानकारी प्रदान करते हैं।

(v) **आवृत्ति वितरण** (Frequency dispibution) आवृत्ति वितरण आँकड़ों को संख्यात्मक अन्तराल के आधार पर समूहबद्ध करता है। इससे आँकड़ों के विस्तार को समझने में सहायता मिलती है। उदाहरण के लिए, छात्रों के परीक्षा अंकों को विभिन्न श्रेणियों में विभाजित कर उनके प्रदर्शन का विश्लेषण करते हैं।

आँकड़ों का प्रक्रमण और संग्रह

जब आँकड़ों को एकत्र किया जाता है, तो उसे कई चरणों में प्रक्रमित किया जाता है। ये चरण इस प्रकार हैं

(i) **सम्पादन** इस चरण में आँकड़ों की त्रुटियाँ, असंगतियाँ तथा खोई हुई जानकारी की जाँच की जाती है।

(ii) **वर्गीकरण** इस चरण में आँकड़ों को समान विशेषताओं के आधार पर समूहबद्ध किया जाता है।

(iii) **सारणीकरण** इस चरण में आँकड़ों को व्यवस्थित रूप से सारणी में प्रस्तुत किया जाता है।

(iv) **विश्लेषण** इस चरण में सांख्यिकीय उपकरणों का उपयोग करके निष्कर्ष निकाला जाता है।

(v) **व्याख्या** इस चरण में विश्लेषित किए गए आँकड़ों से महत्त्वपूर्ण जानकारियाँ तथा निष्कर्ष प्राप्त किए जाते हैं।

आँकड़ों का प्रस्तुतीकरण के प्रकार

आँकड़ों को अलग-अलग विधियों से प्रस्तुत किया जा सकता है, जो इसके उपयोग और सन्दर्भ पर निर्भर करता है। इसकी प्रमुख विधियाँ निम्न हैं

निरपेक्ष आँकड़ा जब आँकड़े अपने मूल रूप में पूर्णांक की तरह प्रस्तुत किए जाते हैं; जैसे—एक देश या राज्य की कुल जनसंख्या, एक कमल का फूल उत्पादन आदि।

प्रतिशत आँकड़ा कई बार आँकड़े अनुपात अथवा प्रतिशत रूप में सारणीबद्ध किए जाते हैं; जैसे-साक्षरता दर, जनसंख्या वृद्धि दर आदि।

सूचकांक यह समय के साथ हुए परिवर्तनों की माप करता है; जैसे—शेयर बाजार सूचकांक, मुद्रास्फीति दर आदि।

आँकड़ों का वर्गीकरण

कच्चे आँकड़ों के वर्गीकरण के लिए श्रेणियों की संख्याओं को निर्धारित करना होता है, जिसमें अपरिष्कृत आँकड़े अपने अन्तराल के साथ वर्गीकृत किए जाते हैं। वर्ग अन्तराल का चुनाव और वर्गों की संख्या, अपरिष्कृत आँकड़ों के परिसर और वर्गीकरण के उद्देश्यों पर निर्भर करते हैं।

सारणी : आवृत्ति प्राप्त करने के लिए बनाए गए मिलान चिह्न

वर्ग	कच्चे आँकड़े की संख्या	मिलान चिह्न	व्यक्ति की संख्या
0-10	02,02,09,06	||||	4
10-20	10,15,18,12,17	卌	5
20-30	22,28,26,22,28	卌	5
30-40	39,32,37,36,35,37,31	卌||	7
40-50	47,46,44,43,42,41	卌|	6
50-60	53.57,50,51,58.59,56,58,56,59	卌卌	10
60-70	64.62,67,65,63,64,68,64	卌||	8
70-80	74,73,75,70,74,71	卌|	6
80-90	89,84,84,80,83	卌	5
90-100	96,92,90,90	卌	4
			$\Sigma f = N = 60$

वर्गीकरण की प्रक्रिया

जब एक बार वर्गों की संख्या और प्रत्येक वर्ग का वर्ग अन्तराल निश्चित कर लिया जाता है, तब कच्चे आँकडों को वर्गीकृत किया जाता है, यह एक प्रचलित विधि है, जिसे फोर एण्ड क्रॉस विधि या मिलान चिह्न के नाम से जाना जाता है।

आवृत्ति वितरण

- मदों की संख्या आवृत्ति कहलाती है और कॉलम आवृत्ति वितरण को प्रदर्शित करता है। आवृत्तियों को साधारण और संचयी आवृत्तियों में वर्गीकृत किया जाता है।
- साधारण आवृत्ति *f* द्वारा प्रदर्शित की जाती है, जिसमें प्रत्येक वर्ग के व्यक्तियों की संख्या को प्रदर्शित किया जाता है।
- संचयी आवृत्ति को Cf द्वारा प्रदर्शित किया गया है, जिसे प्रत्येक वर्ग में दी गई क्रमिक सामान्य आवृत्ति को पहले योग के साथ जोड़कर प्राप्त किया जा सकता है। प्रत्येक सामान्य आवृत्ति इसके समूह अथवा वर्ग से सम्बन्धित होती है। समूहों या क्यों को तैयार करने के लिए अपवृत्ति अथवा समावेशी विधि प्रयोग में लाई जाती है।

सारणी : आवृत्ति वितरण

वर्ग	*f*	*cf*
00-10	4	4
10-20	5	9
20-30	5	14
30-40	7	21
40-50	6	27
50-60	10	37
60-70	8	45
70-80	6	51
80-90	5	56
90-100	4	60
	$\Sigma f = N = 60$	

अपवृत्ति विधि

एक वर्ग की उच्च सीमा अगले वर्ग की निम्न सीमा के समान है। उदाहरण के लिए, एक वर्ग (20-30) की उच्च सीमा 30 है, जो कि अगले वर्ग (30-40) की निम्न सीमा है।

समावेशी विधि

इस विधि में यदि कोई मान किसी वर्ग की ऊपरी सीमा (Upper Limit) के बराबर होता है, तो उसे उसी वर्ग में शामिल किया जाता है। इस विधि में वर्गों को विशेष रूप से दर्शाया जाता है, जैसा कि नीचे दी गई तालिका के पहले कॉलम में दिखाया गया है (जैसे 10-19, 20-29)

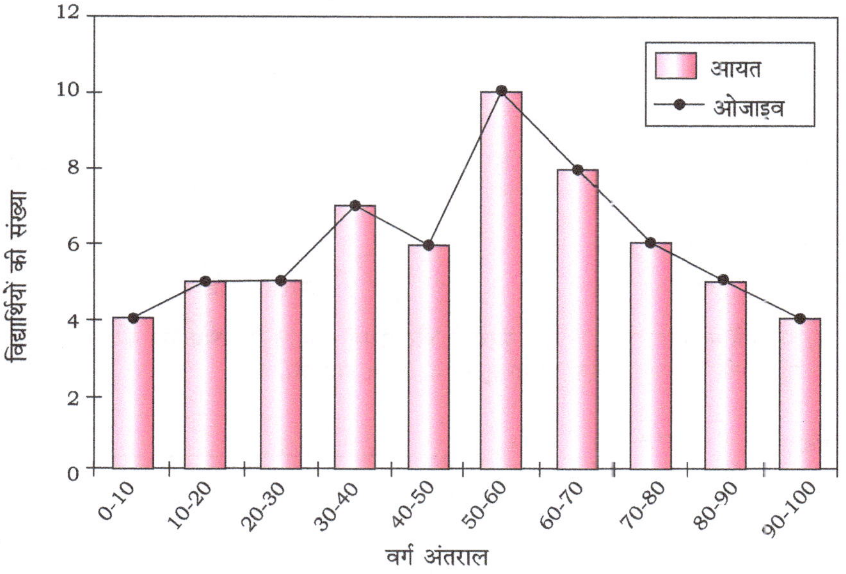

आवृत्ति वितरण बहुभुज

आँकड़ों के विश्लेषण में आलेखी उपकरण

आवृत्ति बहुभुज

आवृत्तियों वितरण का ग्राफ आवृत्ति बहुभुज की तुलना में सहायता करता है। यह दो या दो से अधिक आवृत्ति वितरण की तुलना में सहायता करता है।

ओजाइव

जब आवृत्ति को जोड़ दिया जाता है, उन्हें संचयी आवृत्ति कहा जाता है और जिस सारणी में सूचीगत किए जाते हैं, उसे संचयी आवृत्ति सारणी कहते हैं। संचयी आवृत्ति द्वारा प्राप्त किए गए वक्र को ओजाइक कहते हैं। इसका निर्माण या तो कमतर विधि (less than method) या अधिकतर विधि (more than method) द्वारा करते हैं।

कमतर विधि में, हम श्रेणियों की उच्च सीमा से शुरू करते हैं और आवृत्ति को जोड़ते जाते हैं। जब इन आवृत्तियों को अंकित किया जाता है, तो हमें एक उभरता हुआ वक्र प्राप्त होता है।

कमतर विधि	CF
से कम 10	4
से कम 20	9
से कम 30	14
से कम 40	21
से कम 50	27
से कम 60	37
से कम 70	45
से कम 80	51
से कम 90	56
से कम 100	60

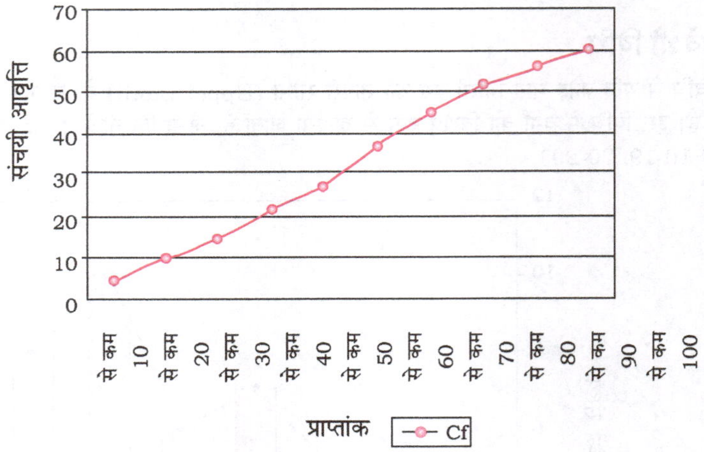

कमतर ओजाइव

अधिकतर विधि में, हम वर्गों की निम्न सीमा से शुरू करते हैं और संचयी आवृत्ति से प्रत्येक वर्ग की आवृत्ति को घटा देते हैं। जब ये आवृत्तियाँ अंकित की जाती हैं, तब हमें एक गिरता हुआ वक्र प्राप्त होता है।

कमतर विधि	CF
से अधिक 0	60
से अधिक 10	56
से अधिक 20	51
से अधिक 30	44
से अधिक 40	38
से अधिक 50	28
से अधिक 60	20
से अधिक 70	14
से अधिक 80	9
से अधिक 90	4

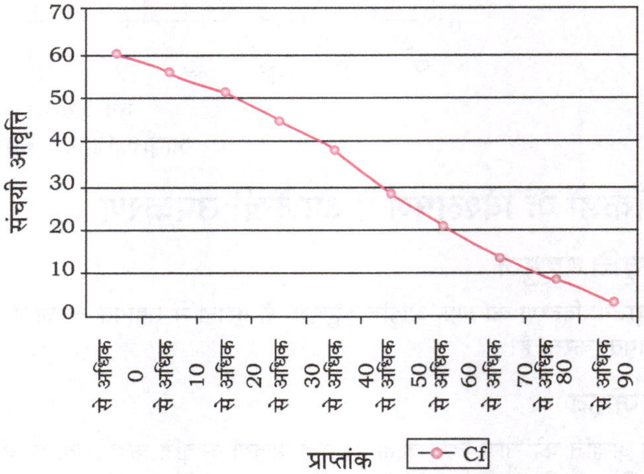

2. आँकड़ों का प्रक्रमण

हम अपने दैनिक जीवन में विभिन्न प्रकार के संख्यात्मक आँकड़ों को देखते हैं, जैसे—तापमान, जनसंख्या के आँकड़ों और परीक्षा के अंक आदि। ये संख्याएँ हमें प्रवृत्तियों को समझने और सही निर्णय लेने में सहायता करती हैं। इसे आसान बनाने के लिए, सांख्यिकी की कुछ विधियाँ होती हैं, जैसे—केन्द्रीय प्रवृत्ति का मापन, जो किसी पूरे डेटा सेट का प्रतिनिधित्व करने के लिए एकल मान प्रदान करते हैं।

केंद्रीय प्रवृत्ति के माप

वितरण का केन्द्र ज्ञात करने वाली सांख्यिकीय विधियों को केंद्रीय प्रवृत्ति के माप के नाम से जाना जाता है। केन्द्रीय प्रवृत्ति की द्योतक संख्या सारे आंकड़ों के समूह की प्रतिनिधि संख्या होती है, क्योंकि यह उस बिन्दु की प्रतीक होती है, जिसके निकट इकाइयों के समूहन की प्रवृत्ति होती है। केन्द्रीय प्रवृत्ति के मापों को सांख्यिकीय औसत के नाम से भी जाना जाता है।

केन्द्रीय प्रवृत्ति के कई माप हैं, जिनमें माध्य, माध्यिका तथा बहुलक सबसे महत्त्वपूर्ण हैं।

(i) **माध्य** सभी मानों का अंकगणितीय औसत।

(ii) **माध्यिका** वह मध्य मान जब आँकड़ों को क्रमबद्ध तरीके से व्यवस्थित जाता है।

(iii) **बहुलक** किसी बिन्दु या मान की अधिकतम पुनरावृत्ति अथवा आवृत्ति।

माध्य

किसी चर के विभिन्न मूल्यों का साधारण अंकगणितीय औसत माध्य कहलाता है। अवर्गीकृत तथा वर्गीकृत आँकड़ों के लिए माध्य ज्ञात करने की विधियाँ निश्चित ही भिन्न हैं। वर्गीकृत व अवर्गीकृत दोनों प्रकार के आँकड़ों के लिए माध्य प्रत्यक्ष व अप्रत्यक्ष विधियों के द्वारा ज्ञात किया जा सकता है।

प्रत्यक्ष विधि

अवर्गीकृत आँकड़ों से प्रत्यक्ष विधि द्वारा माध्य की गणना करने के लिए पर्यवेक्षण के सभी मूल्यों को जोड़कर घटनाओं/पदों की कुल संख्या से भाग देते हैं। इस प्रकार माध्य की गणना निम्नांकित सूत्र के उपयोग द्वारा की जाती है।

माध्य वह मान है, जो सभी मूल्यों के योग को कुल प्रेक्षणों की संख्या से विभाजित करने पर प्राप्त होता है। यह एक समग्र औसत प्रदान करता है, जो इसे सभी मूल्यों की तुलना करने के लिए उपयोगी बनाता है।

$$\overline{X} = \frac{\Sigma x}{N},$$

जहाँ, $\overline{X}$ = माध्य

Σ = भावों के सभी मूल्यों का योग

x = मापों की किसी श्रेणी में एक अपरिष्कृत समंक

Σx = मापों की किसी एक श्रेणी में एक अपरिष्कृत समंक

N = श्रेणी के वेदों की संख्या

उदाहरण के लिए, मध्य प्रदेश में मालवा पठार के विभिन्न जिलों की तालिका में दी गई वर्षा के आधार पर उस क्षेत्र की माध्य वर्षा की गणना कीजिए।

मालवा के पठार के जिले	सामान्य वर्षा (मि.मी. में)	अप्रत्यक्ष विधि
	प्रत्यक्ष विधि x	$d = x - 800$
इन्दौर	979	179
देवास	1083	283
धार	833	33

मालवा के पठार के जिले	सामान्य वर्षा (मि.मी. में)	अप्रत्यक्ष विधि
रतलाम	896	96
उज्जैन	891	91
मन्दसौर	825	25
शाजापुर	977	177
Σx और d	**6484**	**884**
$\Sigma \frac{x}{N}$ और $\Sigma \frac{d}{N}$	926.29	126.29

* जिसमें 800 कल्पित माध्य है; d कल्पित माध्य से विचलन है।

अप्रत्यक्ष विधि

श्रेणी में जहाँ प्रेक्षणों की संख्याएँ बहुत अधिक होती हैं, वहाँ सामान्यत: अप्रत्यक्ष विधि से माध्य की गणना की जाती है। इस विधि में एक स्थिरांक को सभी मूल्यों से घटाने पर प्रेक्षणों की संख्या का विस्तार कम हो जाती है। अप्रत्यक्ष विधि से माध्य की गणना निम्न सूत्र से की जाती है

$$\overline{X} = A + \frac{\Sigma d}{N}$$

जहाँ, A = घटाया हुआ स्थिरांक

Σd = स्थिरांक घटाए हुए मूल्यों का योग

N = उक्त श्रेणी में एकल प्रेक्षणों की संख्या

वर्गीकृत आँकड़ों से माध्य की गणना

जब आँकड़ों को वर्ग अन्तरालों में समूहीकृत किया जाता है, तो हम माध्य की गणना करने के लिए प्रत्येक वर्ग के मध्य-बिन्दु और उसकी आवृत्ति का उपयोग करते हैं।

प्रत्यक्ष विधि

जब आवृत्ति वितरण के रूप में आँकड़े वर्गीकृत हों, तो उसमें एकाकी मूल्य अपनी पहचान खो देते हैं। इन सभी मूल्यों का प्रतिनिधित्व वर्ग अन्तराल के मध्य बिन्दुओं द्वारा होता है, जहाँ वे स्थित हैं। प्रत्यक्ष विधि से वर्गीकृत आँकड़ों के लिए माध्य की गणना करते समय प्रत्येक वर्ग के मध्य बिंदुओं से सम्बन्धित आवृत्ति (f) को गुणा किया जाता है; fx (इसमें X मध्य बिन्दु है) के सभी मानों को जोड़कर प्राप्त Σ में पदों की संख्या (N) से भाग दिया जाता है। अत: निम्नलिखित सूत्र द्वारा माध्य ज्ञात किया जाता है

$$X = \frac{\Sigma fx}{N}$$

जिसमें,

X = माध्य

f = आवृत्ति

x = वर्ग अन्तराल के मध्य बिन्दु

N = पदों की संख्या (इसको Σf भी कहा जाता है)।

उदाहरण दिए गए आँकड़ों के प्रयोग से फैक्ट्री में काम करने वालों की माध्य मजदूरी दर की गणना कीजिए।

फैक्ट्री श्रमिकों की मजदूरी दर

मजदूरी (₹/दिन)	श्रमिकों की संख्या (f)
वर्ग	f
50-70	10
70-90	20
90-110	25
110-130	35
130-150	9

माध्य की गणना

वर्ग	आवृत्ति (f)	मध्य-बिन्दु (x)	fx	$d = x - 100$	fd	$U = (x - 100/20)$	fu
50-70	10	60	600	– 40	– 400	– 2	– 20
70-90	20	80	1600	– 20	– 400	– 1	– 20
90-110	**25**	100	2500	**0**	0	0	0
110-130	35	120	4200	20	700	1	35
130-150	9	140	1260	40	360	2	18
Σfx तथा Σfx	$\Sigma f = 99$		$\Sigma fx = 10,160$		$\Sigma fd = 260$		$\Sigma fu = 13$

जिसमें, $N = \Sigma f = 99$

इस प्रकार माध्य की गणना निम्न सूत्र के द्वारा ज्ञात की जा सकती है

$$X = \frac{\Sigma fx}{N} = \frac{10,160}{99} = 102.6$$

वर्गीकृत आँकड़ों के लिए अप्रत्यक्ष विधि निम्न सूत्र के द्वारा माध्य की गणना ज्ञात की जा सकती है

$$X = A \pm \frac{\Sigma fd}{N}$$

$$= 100 + \frac{260}{99} = 100 + 2.6 = 102.6$$

अप्रत्यक्ष विधि

वर्गीकृत आँकड़ों से अप्रत्यक्ष विधि द्वारा निम्न सूत्र से माध्य ज्ञात किया जा सकता है। इस विधि से माध्य की गणना के सिद्धान्त वही हैं, जो अवर्गीकृत आँकड़ों के लिए अप्रत्यक्ष विधि द्वारा माध्य की गणना में दिए गए थे। इसे निम्न प्रकार से अभिव्यक्त किया जाता है–

$$\bar{x} = A \pm \frac{\Sigma fd}{N}$$

जहाँ,

A = कल्पित माध्य वाले वर्ग का मध्य बिन्दु (तालिका 2.3 में 90-110 कल्पित माध्य वाला वर्ग माना गया है, जिसका मध्य 100 है।)

f = आवृत्ति

d = कल्पित माध्य वाले वर्ग (A) से विचलन

N = कुल पदों की संख्या अथवा Σf

i = वर्ग अन्तराल (इस उदाहरण में यह 20 है)

माध्यिका

माध्यिका स्थितिक औसत है। इसे ''वितरण में ऐसे बिन्दु जिसके दोनों बराबर संख्या में पदीय मान है।'' के रूप में परिभाषित किया जा सकता है। यह तब उपयोगी होता है। जब आँकड़ों में अत्यधिक मान होते हैं, जो औसत को प्रभावित कर सकते हैं।

माध्यिका की गणना करने के चरण

(i) आँकड़ों को आरोही क्रम में व्यवस्थित करें।

(ii) मध्यवर्ती पद को पहचानें।

- यदि पदों की संख्या विषम है, तो माध्यिका मध्यवर्ती पद होगा।
- यदि पदों की संख्या सम है, तो माध्यिका दो मध्यवर्ती पदों का औसत होगा।

उदाहरण के रूप में, पदों [12, 18, 22, 25, 28, 30, 35] में माध्यिका 25 है। यदि हमारे पास पदों की संख्या सम है, तो [12, 18, 22, 25, 28, 30] की माध्यिका क्या होगी?

अवर्गीकृत आँकड़ों के लिए माध्यिका की गणना

आँकड़े अवर्गीकृत होने पर उन्हें बढ़ते या घटते क्रम में व्यवस्थित कर लिया जाता है। इस व्यवस्थित श्रेणी में मध्यवर्ती पद के मान की स्थिति ज्ञात करके माध्यिका प्राप्त की जा सकती है। बढ़ते या घटते क्रम में व्यवस्थित श्रेणी के किसी भी सिरे से मध्यवर्ती मान की स्थिति निर्धारित की जा सकती है। माध्यिका की गणना करने के लिए निम्नलिखित सूत्र का उपयोग किया जाता है–

$\left(\frac{N+1}{2}\right)$ वाले पद का मान

वर्गीकृत आँकड़ों से माध्यिका की गणना

आँकड़े वर्गीकृत होने पर हमें उस बिन्दु का मान ज्ञात करना होता है, जहाँ कोई व्यक्ति प्रेक्षण किसी वर्ग के माध्य में स्थित होता है। इसकी गणना निम्न सूत्र से की जा सकती है

जहाँ,
$$M = l + \frac{i}{f}\left(\frac{N}{2} - c\right)$$

M = वर्गीकृत आँकड़ों के लिए माध्यिका

l = माध्यिका वर्ग की निम्न सीमा

i = वर्ग अन्तराल

f = माध्यिका वर्ग की आवृत्ति

N = आवृत्ति का कुल योग या प्रेक्षणों की संख्या

c = माध्यिका वर्ग से पहले वाले वर्ग की संचयी आवृत्ति

उदाहरण निम्न वितरण के लिए माध्यिका की गणना कीजिए।

वर्ग	f
50-60	3
60-70	7
70-80	11
80-90	16
90-100	8
100-110	5

माध्यिका की गणना

वर्ग	आवृत्ति (f)	संचयी आवृत्ति (F)	माध्यिका वर्ग की गणना
50-60	3	3	$M = \frac{N}{2}$
60-70	7	10	
70-80	11	21c	
80-90 (माध्यिका वर्ग)	16f	37	
90-100	8	45	$= \frac{50}{2}$
100-110	5	50	$= 50$
	Σf या $N = 50$		

नीचे दिए गए चरणों के अनुसार माध्यिका की गणना की जाती है

(i) आवृत्तियों के लिए सारणी बना ली जाती है।

(ii) प्रत्येक अगली साधारण आवृत्ति को जोड़कर संचयी आवृत्तियों (F) प्राप्त की जाती है।

(iii) $\frac{N}{2}$ के द्वारा माध्यिका संख्या ज्ञात की जाती है, जो कि इस उदाहरण में $\frac{50}{2} = 25$ है। इसकी गणना चौथे स्तंभ में दर्शाई गई है।

(iv) $\frac{N}{2}$ से अधिक मान प्राप्त होने तक संचयी आवृत्ति कीजिए। इस उदाहरण में $\frac{N}{2} = 25$ है, जो कि 40-44 वाले वर्ग में सम्मिलित है। अतः इसे माध्यिका वर्ग कहते हैं। इस वर्ग की संचयी आवृत्ति 37, साधारण आवृत्ति 16 तथा माध्यिका वर्ग से पहले वाले वर्ग की संचयी आवृत्ति 21 है।

(v) चौथे चरण में निर्धारित इन सभी मानों को निम्न सूत्र में प्रतिस्थापित करके माध्यिका की गणना की जाती है।

$$M = l + \frac{i}{f}(m - c)$$

$$= 80 + \frac{10}{16}(25 - 21)$$

$$= 80 + \frac{5}{8} \times 4 = \frac{80}{2} + \frac{5}{2}$$

$$= 80 + 2.5 = 82.5$$

बहुलक

किसी श्रेणी में जिस मान की सर्वाधिक पुनरावृत्ति होती है। वह मान बहुलक कहलाता है। इसके संकेताक्षर **Z** अथवा **M** हैं। माध्य तथा माध्यिका की तुलना में बहुलक का उपयोग कम प्रचलित है। किसी श्रेणी में एक से अधिक बहुलक भी हो सकते हैं।

वर्गीकृत आँकड़ों के लिए बहुलक की गणना

दिए हुए आँकड़ों के समूह से बहुलक की गणना करने के लिए पहले सभी मापों को बढ़ते या घटते क्रम में व्यवस्थित कर लिया जाता है। इससे सर्वाधिक पुनरावृत्ति वाले मान की पहचान करने में आसानी रहती है।

उदाहरण के लिए, दस विद्यार्थियों (61, 10, 88, 37, 61, 72, 55, 61, 46, 22) के भूगोल की परीक्षा में प्राप्तांकों के बहुलक की गणना के लिए सभी प्राप्तांकों को बढ़ते क्रम में व्यवस्थित कर लिया जाता है। दिए गए आँकड़ों में तीन बार की पुनरावृत्ति वाले मान 61, दी गई श्रेणी का बहुलक है। इस श्रेणी में अन्य किसी संख्या के मान में ऐसी विशेषता नहीं है, अत: यह इस श्रेणी में एक बहुलक है।

दस विद्यार्थियों के अन्य प्रतिदर्श (82, 11, 57, 82, 08, 11, 82, 95, 41, 11) के आधार पर बहुलक की गणना के लिए, पुन: सभी प्राप्ताकों को आरोही क्रम में व्यवस्थित किया जाता है। इस श्रेणी में आसानी से देखा जा सकता है कि 11 तथा 82 दोनों मानों के वितरण में तीन बार पुनरावृत्ति हुई है।

अत: आँकड़ों के समूह का स्वस्थ द्वि-बहुलक है। यदि किसी श्रेणी में तीन मानों की पुनरावृत्ति समान तथा सबसे अधिक बार होती है, तो उस श्रेणी को त्रि-बहुलक श्रेणी कहते हैं। ऐसे ही कई मानों की समान बार पुनरावृत्ति होने पर बहु-बहुलक श्रेणी बन जाती है तथापि किसी श्रेणी में एक भी मान की पुनरावृत्ति न होने पद वह बहुलक रहित श्रेणी कहलाती है।

माध्य, माध्यिका तथा बहुलक की तुलना

केन्द्रीय प्रवृत्ति की प्रत्येक माप एक अलग उद्देश्य पूरा करती है।

- **माध्य** चरम मूल्यों के बिना सतत् आँकड़ों के लिए सर्वोत्तम है।
- **माध्यिका** विषम आँकड़ों या बाह्य मान वाले पदों के लिए आदर्श है।
- **बहुलक** श्रेणीबद्ध आँकड़ों और आवृत्ति आधारित विश्लेषण के लिए उपयोगी है।
  सामान्य वितरण में माध्य, माध्यिका तथा बहुलक का मान समान होता है। हालाँकि विषम वितरण में वे भिन्न होते हैं।
- **सकारात्मक विषम वितरण** माध्यम > माध्यिका > बहुलक
- **नकारात्मक विषम वितरण** बहुलक > माध्यिका > माध्य

केन्द्रीय प्रवृत्ति मापों के अनुप्रयोग

- **शिक्षा** औसत अंकों का उपयोग करके छात्र के प्रदर्शन का विश्लेषण करना
- **अर्थशास्त्र** प्रति व्यक्ति आय की गणना
- **स्वास्थ्य** औसत जीवन प्रतयाशा का अध्ययन करना
- **व्यवसाय** बहुलक के माध्यक से उपभोक्ता की प्राथमिकताओं को समझना
- **मौसम विश्लेषण** औसत वर्षा या तापमान का निर्धारण

3. आँकड़ों का आलेखी निरूपण

आँकड़ों का प्रस्तुतीकरण निर्णय लेने की प्रक्रिया में महत्त्वपूर्ण भूमिका निभाता है। आँकड़ों का आलेख निरूपण कई लाभ प्रदान करता है।

जटिल डेटा को सरल बनाता है - बड़े डेटासेट को दृश्य रूप में प्रस्तुत करने से उन्हें समझना आसान हो जाता है।

तुलना को सुविधाजनक बनाता है—यह विभिन्न प्रवृत्तियों, क्षेत्रों या समय अवधियों की प्रभावी तुलना करने में मदद करता है।

निर्णय लेने की क्षमता बढ़ाता है—यह रुझानों और पैटर्न का स्पष्ट दृश्य प्रदान करता है, जिससे नीतिगत निर्णयों और व्यावसायिक रणनीतियों में सहायता मिलती है।

समय की बचत करता है—दृश्य डेटा को पाठ्य या संख्यात्मक डेटा की तुलना में तेज़ी से संसाधित किया जा सकता है।

संचार में सुधार करता है—ग्राफ और आरेखों के माध्यम से जानकारी को व्यापक दर्शकों तक अधिक प्रभावी तरीके से पहुँचाया जा सकता है।

आँकड़ों के प्रस्तुतीकरण के प्रकार

आलेखी प्रस्तुतीकरण

आलेखीय विधियाँ रेखा ग्राफ़, बार आरेख, पाई चार्ट और फ़्लो चार्ट जैसे दृश्य उपकरणों का उपयोग करके डेटा को प्रदर्शित करती हैं। ये विधियाँ निम्न प्रकार की होती हैं

- **रेखा ग्राफ** (Line Graphs) यह समय के साथ प्रवृत्तियों (Trends) को दर्शाने के लिए उपयोग किया जाता हैं, जैसे जनसंख्या वृद्धि या तापमान परिवर्तन। इसे *X*-अक्ष (समय) और *Y*-अक्ष (मूल्य) के आधार पर निर्मित किया जाता है।
- **बार आरेख** (Bar Diagrams) यह आँकड़ों को आयताकार पट्टियों (Rectangular Bars) के रूप में प्रदर्शित करता है। इसके प्रकार इस प्रकार हैं
  (i) **सरल बार आरेख** (Simple Bar Diagram) एक प्रकार के आँकड़ों को दिखाने के लिए उपयोग किया जाता है।
  (ii) **बहु-बार आरेख** (Multiple Bar Diagram) कई चरों (Variables) की तुलना करने के लिए प्रयुक्त होता है।
  (iii) **यौगिक बार आरेख** (Compound Bar Diagram) - एक ही बार में विभिन्न घटकों को प्रदर्शित करता है।
- **पाई चार्ट** (Pie Charts) यह डेटासेट के विभिन्न घटकों के अनुपात को प्रदर्शित करने के लिए उपयोग किया जाता है। इसमें एक वृत्त (Circle) को प्रतिशत के आधार पर विभिन्न अनुभागों (Sections) में विभाजित किया जाता है।
- **फ्लो चार्ट** (Flow Charts) यह वस्तुओं, सेवाओं या जनसंख्या के एक स्थान से दूसरे स्थान तक प्रवाह (Movement) को दर्शाते हैं। इनका उपयोग आर्थिक भूगोल (Economic Geography) और परिवहन विश्लेषण (Transport Analysis) में किया जाता है।

मानचित्रीय प्रस्तुतीकरण

- भौगोलिक डेटा को प्रदर्शित करने के लिए मानचित्रों (Maps) का उपयोग किया जाता है। इसके प्रमुख प्रकार निम्नलिखित हैं
- **डॉट मानचित्र ये मानचित्र किसी विशेष घटना (जैसे जनसंख्या, फसल उत्पादन) के वितरण को दर्शाते हैं। बिंदुओं (Dots) को डेटा मूल्यों के अनुपात में रखा जाता है।**
- **कोरोप्लेथ मानचित्र** ये मानचित्र विभिन्न रंगों या छायाओं (Shades) का उपयोग करके डेटा की भिन्नताओं को दर्शाते हैं (जैसे साक्षरता दर, जनसंख्या घनत्व)। डेटा को श्रेणियों में विभाजित किया जाता है और तीव्रता के विभिन्न स्तरों में दर्शाया जाता है।
- **आइसोप्लेथ मानचित्र** ये मानचित्र समान मान वाले बिन्दुओं को आपस में जोड़ने के लिए रेखाओं (Lines) का उपयोग करते हैं (जैसे तापमान, वर्षा)। इनके सामान्य उदाहरणों में आइसोथर्म्स (तापमान मानचित्र) और आइसोहाइट्स (वर्षा मानचित्र) शामिल हैं।

प्रभावी डेटा प्रस्तुतीकरण के नियम

आरेखों और मानचित्र की रचना

रेखा ग्राफ की रचना के चरण

- आँकड़ों को पूर्णांक में बदलकर सरल बना ले।
- X (समय) और Y (मूल्य) अक्ष खींचिए।
- उपयुक्त मापनी का चयन करें।
- बिन्दु द्वारा अंकित मूल्यों को चिह्नित करें तथा बिंदुओं की हाथ रेखा खींचकर मिलाएँ।

उदाहरण के लिए, दिए गए आँकड़ों को प्रदर्शित करने के लिए एक रेखा ग्राफ की रचना कीजिए।

वर्ष	वृद्धि दर % में
1901	....
1911	0.56
1921	-0.3
1931	1.04
1941	1.33
1951	1.25
1961	1.96
1971	2:2
1981	2.22
1991	2.14
2001	1.93
2011	1.79

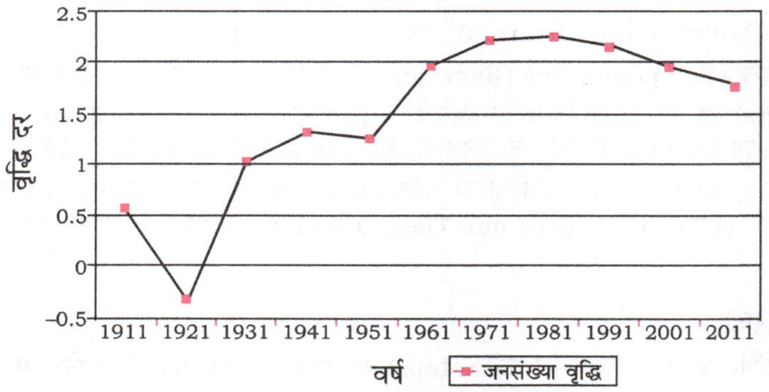

भारत में जंनसख्या दर की वार्षिक वृद्धि 1901-2011

दंड आरेख की रचना के चरण

- x तथा y अक्ष खींचिए
- x-अक्ष पर श्रेणियाँ तथा y-अक्ष पर मूल्य चिह्नित करें।
- सभी दंडों अथवा स्तंभों की चौड़ाई बराबर होनी चाहिए।
- सभी दंड बराबर अंतराल/दूरी पर स्थित होने चाहिए।
- स्पष्टता के लिए छायांकन या अलग-अलग रंगों का उपयोग करें।

उदाहरण के लिए, सारणी में दिए गए तिरुवनन्तपुरम की वर्षा के आँकड़े को प्रदर्शित करने के लिए एक सामान्य दंड आरेख की रचना कीजिए।

मास	जनवरी	फरवरी	मार्च	अप्रैल	मई	जून	जुलाई	अगस्त	सितम्बर	अक्टूबर	नवम्बर	दिसम्बर
वर्षा (सेमी) में	2.3	2.1	3.7	10.6	20.8	35.6	22.3	14.6	13.8	27.3	20.6	7.5

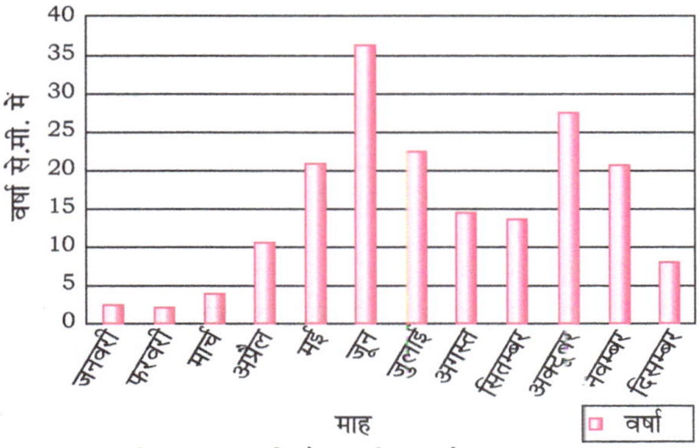

तिरुवनन्तपुरम की औसत मासिक वर्षा

वृत्त आरेख की रचना के चरण

- आँकड़ों के प्रतिशत वितरण की गणना करें।
- कोणों को प्रतिशत में परिवर्तित करने के लिए सूत्र का प्रयोग करें
- एक वृत्त बनाए तथा उसे गणना किए गए कोणों के आधार पर हिस्सों में विभाजित करें।
- प्रत्येक अनुभाग को उसकी संबधित श्रेणी के साथ चिह्नित करें।

उदाहरण के लिए, सारणी में दिए गए आँकड़े को अनुकूल आरेख द्वारा प्रदर्शित करें

इकाई/प्रदेश	% भारतीय निर्यात का
यूरोप	20.2
अफ्रीका	6.5
अमेरिका	14.8
एशिया व ASEAN	56.2
अन्य	2.3
कुल	100

स्रोत : आर्थिक सर्वेक्षण 2011-12

कोणों की गणना इस प्रकार होगी

देश	%	गणना	अंश
यूरोप	20.2	$20.2 \times 3.6 = 72.72$	73°
अफ्रीका	6.5	$6.5 \times 3.6 = 23.4$	23°
अमेरिका	14.8	$14.8 \times 3.6 = 53.28$	53°
एशिया व ASEAN	56.2	$56.2 \times 3.6 = 202.32$	203°
अन्य	2.3	$2.3 \times 3.6 = 8.28$	8°
कुल	100		360°

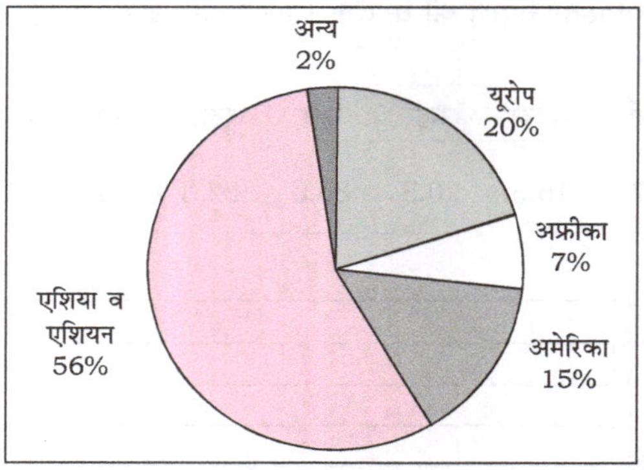

भारतीय निर्यातों की दिशा 2010-11

थिमेटिक (विषयक) मानचित्र की रचना के चरण

विषयक मानचित्रों को मात्रात्मक और समात्रात्मक मानचित्रों में वर्गीकृत किया जाता है। मात्रात्मक मानचित्रों को आँकड़ों में विविधता दर्शाने के लिए खींचा जाता है। उदाहरण के लिए 200 सेमी से अधिक वर्षा, 100 से 200 सेमी, 50 से 100 सेमी से नीचे वर्षा के क्षेत्रों को दर्शाने वाले मानचित्र को मात्रात्मक मानचित्र की तरह सन्दर्भित किया जाता है। ये मानचित्र सांख्यिकीय मानचित्र भी कहलाते हैं।

दूसरी ओर, समात्रात्मक मानचित्र दी गई सूचना के वितरण में अपरिमेय विशेषताओं को दर्शाते हैं। जैसे उच्च और निम्न वर्षा प्राप्त करने वाले क्षेत्रों को प्रदर्शित करने वाला मानचित्र। इन मानचित्रों को विश्लेषणात्मक मानचित्र भी कहते हैं।

विश्लेषणात्मक मानचित्रों के प्रकार

(i) बिन्दुकित मानचित्र
(ii) वर्णमात्री मानचित्र
(iii) समगन रेखा मानचित्र

बिंदुकित मानचित्र

बिंदुकित मानचित्र तत्त्वों; जैसे-जनसंख्या, जानवर, फसल के प्रकार आदि के वितरण को दर्शाने के लिए बनाए जाते हैं।

रचना

(i) एक बिन्दु के आकार और मान को चुनिए।

(ii) दी हुई मापनी के प्रयोग से प्रत्येक राज्य में बिंदुओं की संख्या निश्चित कीजिए।

(iii) प्रत्येक भाग में बिंदुओं को दर्शाइए जैसा कि सभी भागों में संख्या निश्चित की गई है।

वर्णमात्री मानचित्र

वर्णमात्री मानचित्रों को, आँकड़ों की विशेषताओं, जोकि प्रशासकीय इकाइयों से सम्बन्धित है, को दर्शाने के लिए खींचा जाता है।

रचना

- आँकड़ों को चढ़ते अथवा उतरते हुए क्रम में व्यवस्थित करना।
- अति उच्च, उच्च, मध्यम, निम्न और अति-निम्न केन्द्रीकरण को दर्शाने के लिए आँकड़े को 5 श्रेणियों में वर्गीकृत करना।
- श्रेणियों के बीच अन्तराल को, निम्नलिखित सूत्र, परास/ 5 और परास-अधिकतम मान-न्यूनतम मान, द्वारा पहचाना जा सकता है।
- प्रतिरूपों, छायाओं और रंगों का उपयोग चुनी हुई श्रेणियों को चढ़ते और उतरते क्रम में दर्शाने के लिए किया जाता है।

सममान रेखा मानचित्र

अराइसो-प्लेय (Isopleth) शब्द, आइलो (Iso), जिसका अर्थ 'बराबर' (equal) और 'प्लेथ' (Pleth) जिसका अर्थ रेखाएँ (Lines) हैं, शब्दों से लिया गया है। इस प्रकार एक काल्पनिक रेखा, जो समान मान के स्थानों को जोड़ती है, सममान रेखा कहलाती है।

प्राय: खींची गई सममान रेखाओं के अन्तर्गत समताप रेखा (समान तापमान), समवायुदाब रेखा (समान वायुदाब), समवर्षा रेखा (समान वर्षा), सममेघ रेखा (समान बादल), आइसोहेल (समान सूर्य प्रकाश), समोच्च रेखाएँ (समान ऊँचाई), सम गहराई रेखा (समान गहराई), समलवणता रेखा (समान लवणीयता) आदि आते हैं।

रचना

- मानो के बराबर अन्तराल को चुना जाता है।
- 5, 10 अथवा 20 के आदर्श अन्तराल को चुत्ता जाता है।
- सममान रेखाओं का मान रेखा के दूसरी तरफ अथवा रेखा को तोड़कर बीच में लिखना चाहिए।

क्षेपक की विधि

क्षेपक के लिए निम्नलिखित चरणों का अनुसरण करते हैं

- सबसे पहले, मानचित्र पर दिए गए न्यूनतम और अधिकतम मान को निश्चित करना।
- मान की परास की गणना करना जैसे कि, परास अधिकतम मान–न्यूनतम मान
- श्रेणी के आधार पर, एक पूर्ण संख्या जैसे 5,10 15 आदि में अन्तराल निश्चित करना।

सममान रेखा के चित्रण के बिल्कुल ठीक बिंदु को निम्नलिखित सूत्र द्वारा निश्चित क्रिया जाता है :

सममान रेखा का बिंदु

$$\frac{\text{दो बिंदुओं के बीच की दूरी (से.मी. में)}}{\text{लिए गए बिंदुओं के दो मानों के बीच अंतर}} \times \text{अंतराल}$$

अन्तराल, मानचित्र पर वास्तविक मान तथा क्षेपक मान के मध्य का अन्तर होता है।

4. स्थानिक सूचना प्रौद्योगिकी

'स्थानिक' शब्द की व्युत्पत्ति स्थान से हुई है। इसका तात्पर्य भौगोलिक रूप से परिभाषित क्षेत्र जिसके भौतिक रूप से माप योग्य आयाम है, पर लक्षणों और परिघटनाओं के वितरण से है। इस प्रकार स्थानिक सूचना प्रौद्योगिकी का सम्बन्ध स्थानिक सूचना के संग्रहण, भंडारण, पुनर्प्राप्ति, प्रदर्शन प्रबंधन और विश्लेषण में प्रौद्योगिक निवेश के प्रयोग से है।

अधिकांश आँकड़े, जिनका आज हम प्रयोग करते हैं, वे स्थानिक घटक (अवस्थिति) होते हैं, जैसे नगरपालिका का पता अथवा कृषि जोत की सीमाएँ आदि। यह सुदूर-संवेदन, वैश्विक स्थिति-निर्धारण तन्त्र (GPS), भौगोलिक सूचना तन्त्र (GIS), आँकिक मानचित्र कला और सूचनाधार प्रबन्ध प्रणालियों का एक सम्मिश्रण है।

स्थानिक सूचना प्रौद्योगिकी का एक महत्त्वपूर्ण भाग भौगोलिक सूचना तन्त्र है। इसे स्थानिक दृष्टि से पृथ्वी से संदर्भित आँकड़ों के प्रग्रहण, भंडारण, जाँच, समन्वय, हेर-फेर, विश्लेषण और प्रदर्शन के तंत्र रूप में परिभाषित किया जाता है। इसमें स्थानिक दृष्टि से संदर्भित कंप्यूटर सूचनाधार और उपयुक्त अनुप्रयोग सॉफ्टवेयर सम्मिलित समझे जाते हैं, यह कंप्यूटर सहायक मानचित्र कला और सूचनाधारित प्रबंधन तंत्र का सम्मिश्रण है जो स्थानिक और समवर्गी विज्ञानों; जैसे कंप्यूटर विज्ञान, सांख्यिकी, मानचित्र कला, सुदूर संवेदन सूचनाधार प्रौद्योगिकी, भूगोल, भू-विज्ञान, जल विज्ञान, कृषि, संसाधन प्रबंध, पर्यावरणीय विज्ञान और लोक प्रशासन से संकल्पनात्मक और रीति विधान संबंधी बल प्राप्त करता है।

भौगोलिक सूचना के प्रकार

दो प्रकार के आँकड़े भौगोलिक सूचना प्रदान करते हैं-स्थानिक आँकड़े एवं गैर-स्थानिक आँकड़े।

- **स्थानिक आँकड़े** स्थानिक आँकड़ों को उनकी स्थिति, रेजा, क्षेत्रीय रूप एवं बनावट के आधार पर विश्लेषित किया जाता है, जो पृथ्वी की सतह पर भौतिक स्थानों और विशेषताओं को परिभाषित करते हैं।
- **गैर-स्थानिक आँकड़े** जो आँकड़े स्थानिक आँकड़ों का वर्णन करते हैं, गैर स्थानिक या गुण न्यास कहलाते हैं।
- एक भौगोलिक सूचनाधार विस्तृत और सार्थक भौगोलिक विश्लेषण बनाने के लिए दोनों प्रकार के आँकड़ों को एकीकृत करता है। GIS अनुप्रयोगों के लिए आँकड़ों के स्रोतों का चयन अनुप्रयोग की आवश्यकताओं, वित्तीय बाधाओं और आँकड़ों की संरचना (बेक्टर या रेस्टर) जैसे कारकों पर निर्भर करता है।

स्थानिक एवं गैर-स्थानिक आँकड़े

साइकिल की दुकान का स्टॉक रजिस्टर			वर्ष 1981 में राज्यों की साक्षर जनसंख्या		
पार्ट संख्या	**मात्रा**	**विवरण**	**राज्य**	**% पुरुष**	**% स्त्री**
101435	54	चक्रकार	केरल	75.3	65.7
108943	68	बाल बियरिंग	महाराष्ट्र	58.8	34.8
105956	25	पहिए का रिम	गुजरात	54.4	32.3
123545	108	टायर	पंजाब	47.2	33.7

स्थानिक आँकड़ा प्रारूप

स्थानिक आँकड़ों का प्रदर्शन चित्ररेखापुंज (रेरेस्टर) और सदिश (वैक्टर) प्रारूपों द्वारा होता है।

(i) **चित्र रेखापुंज (रेस्टर) आँकड़ा प्रारूप**, रेस्टर आँकड़े वर्गों के जाल के प्रारूप में आँकड़ों का आलेखी प्रदर्शन करते हैं। जिसमें किसी क्षेत्र को छोटे-छोटे ग्रिड या सेल में विभाजित किया जाता है। प्रत्येक सेल में एक मान होता है, जो किसी विशेषता, जैसे ऊँचाई, तापमान या भूमि उपयोग को दर्शाता है।

इन आँकड़ों का उपयोग मुख्य रूप से सेटेलाइट इमेजरी, स्कैन किए गए नक्शों और भौगोलिक विश्लेषण में किया जाता है। ये आँकड़े ओवरले विश्लेषण के लिए सरल व प्रभावी होते हैं, लेकिन इसे संग्रहीत करने के लिए अधिक स्थान की आवश्यकता होती है तथा इसकी सटीकता सीमित होती है।

सदिश (वेक्टर) आँकड़ा प्रारूप यह स्थानिक विशेषताओं को बिन्दुओं, रेखाओं और बहुभुजों के रूप में दर्शाता है। यह प्रारूप उन अनुप्रयोगों के लिए उपयोगी होता है, जहाँ सटीकता की आवश्यकता होती है, जैसे-सड़कां या सम्पत्ति की

सीमाओं का मानचित्रण यह आँकड़े कॉमपैक्ट और सटीक होते हैं, लेकिन इसमें आँकड़ों को संरचना जाटेल होती है तथा यह सैटेलाइट इमेजरी के साथ सीमित रूप से संगत होता है।

चित्ररेखापुंज तथा सदिश मॉडल के मध्य तुलना

चित्ररेखापुंज (रेस्टर) मॉडल	सदिश (वेक्टर) मॉडल
• आँकड़ा संरचना सरल	• संहत आँकड़ा संरचना
• अधिचित्रण सरल और दक्ष	• परिपथ जाल विश्लेषण के लिए दक्ष
• सुदूर संवेदन प्रतिबिम्बों के साथ संगत	• प्रक्षेपण रूपांतरण में दक्ष
• उच्च स्थानिक विचरणशीलता का दक्ष प्रतिनिधित्व।	• परिशुद्ध मानचित्र बहिर्वेश
• स्वयं की प्रोग्रामिंग हेतु सरल	
• अनेक गुणों के लिए वही ग्रिड सेल	
हानि	**हानि**
• कंप्यूटर भंडारण का अदक्ष प्रयोग	• आँकड़ा संरचना जटिल
• परिमाप और आकृति में त्रुटियाँ	• अधिचित्रण के कठिन प्रचालन
• परिपथ जाल का विश्लेषण कठिन	• उच्च स्थानिक विचरणशीलता का अदक्ष प्रतिनिधित्व।
• प्रक्षेपण का रूपांतरण अदक्ष	• सुदूर संवेदन प्रतिविंबों के साथ असंगत।
• बृहद् सेलों का प्रयोग करते समय सूचना का ह्रास। कम परिशुद्ध मानचित्र (यद्यपि अन्योन्यक्रियात्मक)	

हस्तेन विधियों की तुलना में भौगोलिक सूचना तंत्र के लाभ

GIS (भौगोलिक सूचना प्रणाली) हस्तेन विधियों की तुलना में अनेक लाभ प्रदान करता है; जैसे—

- आँकड़ों का प्रभावी भंडारण और पुन: प्राप्ति - GIS में स्थानिक (spatial) डेटा को व्यूवस्थित रूप से स्टोर और आसानी से खोजा जा सकता है।
- **एक से अधिक मानचित्रों को ओवरले करना** GIS कई मानचित्रों को एक साथ जोड़कर तुलना (comparative analysis) करने की सुविधा देता है।
- **तेजी और सटीकता से आँकड़ों का विश्लेषण** GIS का उपयोग बफरिंग (buffering) और निकटता विश्लेषण (proximity analysis) जैसे कार्यों के लिए किया जा सकता है, जिससे परिणाम जल्दी और सटीक मिलते हैं।
- **बेहतर निर्णय लेने में सहायता** GIS शहरी योजना (urban planning) पर्यावरण प्रबन्धन (environmental management), और आपदा प्रबन्धन (disaster response) जैसे क्षेत्रों में प्रभावी निर्णय लेने में सहायता करता है।

भौगोलिक सूचना तन्त्र के घटक

भौगोलिक सूचना तन्त्र के महत्त्वपूर्ण घटकों में निम्नलिखित सम्मिलित हैं

- **हार्डवेयर** हार्डवेयर में प्रक्रमण भण्डारण प्रदर्शन और निवेश तथा बहिर्वेश उपतन्त्र समाविष्ट होते हैं।
- **सॉफ्टवेयर** आँकड़ों की प्रविष्टि, सम्पादन और अनुरक्षण सम्बन्धित कार्य।
- **आँकड़े** - स्थानिक आँकड़े और सम्बन्धित तालिका रूपी आँकड़े भौगोलिक सचूनात्न्त्र की रीढ़ हैं।
- **लोग** भौगोलिक सूचनातन्त्र के प्रयोक्ताओं का परिसर हार्डवेयर और सॉफ्टवेयर अभियन्ताओं से लेकर संसाधन एवं पर्यावरणीय वैज्ञानिकों, नीति-निर्माताओं और मॉनीटरिंग एवं क्रियान्वयन अभिकरणों तक अत्यधिक विस्तृत है।
- **प्रक्रिया** प्रक्रिया में आँकड़ों का प्रत्यायनन, तन्त्र में निवेश, संचय, प्रबन्ध, रूपान्तरण, विश्लेषण और अन्त में तंत्र में बहिर्वेश शामिल है।

भौतिक सूचना तंत्र के आधारभूत घटक

भौगोलिक सूचनातन्त्र की क्रियाओं का अनुक्रम

भौगोलिक सूचना तन्त्र से सम्बन्धित काम में क्रियाओं का निम्नलिखित अनुक्रम शामिल होता है।

- **स्थानिक आँकड़ा निवेश** डिजिटलीकरण, रिमोट सेंसिग या प्रत्यक्ष सर्वेक्षण के माध्यम से आँकड़े एकत्र करना।
- **गुण न्यास की प्रविष्टि** अतिरिक्त वर्णनात्मक जानकारी की प्रविष्टि करना
- **आँकड़ों का सत्यापन और सम्पादन** आँकड़ों की सटीकता सुनिश्चित करने तथा त्रुटियों को सही करने के लिए।
- **स्थानिक और गुण** न्यास आँकड़ों की सहलगणता स्थानिक आँकड़ों को गुण न्यास आँकड़ों के साथ जोड़ना।
- **स्थानिक विश्लेषण** भौगोलिक सूचना तन्त्र की प्रबलता उसकी विश्लेषात्मक सामर्थ्य में निहित है। यह भौगोलिक सूचना तन्त्र का प्रयोग दिक और काल से सम्बन्धित विभिन्न प्रकार की परिघटनाओं के भविष्य की प्रवृत्तियों का पूर्वानुमान प्रभावी ढंग से किया जा सकता है।

स्थानिक विश्लेषण प्रचालन

GTS में स्थानिक विश्लेषण वास्तविक संसार की प्रक्रियाओं का अध्ययन करने और समस्याओं का समाधान करने में सहायता करता है।

कुछ महत्त्वपूर्ण प्रचालन इस प्रकार हैं

- **अधिचित्रण विश्लेषण** अधिचित्रण प्रचालन का प्रयोग करके मानचित्रों के बहुगुणी स्तरों का समन्वय एक महत्त्वपूर्ण विश्लेषण क्रिया है।
- **बफर विश्लेषण** किसी विशेषता के प्रभाव का अध्ययन करने के लिए उनके चारों ओर बफर जोन बनाना, जैसे-प्रदूषण क्षेत्रों का आकलन करना या स्वास्थ्य सुविधाओं तक पहुँच का आकलन करना।
- **परिपथ जाल विश्लेषण** परिवहन और यातायात में सबसे छोटा रास्ता खोजना तथा यात्रा मार्गों को अनुकूलित करने के लिए उपयोग किया जाता है।
- **आंकिक भू-भाग मॉडल** पर्यावरण और शहरी नियोजन के लिए परिदृश्यों का 3-D प्रस्तुतीकरण बनाना।

मौखिक प्रश्न

1. आँकड़े क्या हैं?

उत्तर आँकड़े संख्यात्मक या तार्किक जानकारी होती है, जो वास्तविक दुनिया के मापको का प्रतिनिधित्व करती है।

2. आँकड़ों के प्राथमिक स्रोत क्या हैं?

उत्तर प्राथमिक स्रोतों में व्यक्तिगत अवलोकन, साक्षात्कार, प्रश्नावली और क्षेत्र का प्रयोग आदि शामिल हैं

3. आँकड़ों के द्वितीयक स्रोत क्या हैं?

उत्तर द्वितीयक स्रोतों में सरकारी प्रकाशन, अन्तर्राष्ट्रीय संगठन, निजी शोध रिपोर्ट, समाचार-पत्र और इलेक्ट्रॉनिक स्रोत शामिल हैं।

4. आँकड़े क्यों महत्त्वपूर्ण हैं?

उत्तर आँकड़े रुझानों को समझने, निर्णय लेने, सांख्यिकीय विश्लेषण और पुर्वानुमानात्मक विश्लेषण में सहायता करते हैं।

5. आँकड़ों को प्रस्तुत करने के विभिन्न तरीके क्या है?

उत्तर आँकड़ों को तालिकाओं, ग्राफ, बारम्बारता वितरण और सांख्यिकीय विधियों के माध्यम से प्रस्तुत किया जा सकता है।

6. आँकड़ों का सारणीबद्ध निरूपण क्या है?

उत्तर यह आँकड़ों को पंक्तियों और स्तम्भों में व्यवस्थित रूप से प्रस्तुत करने की विधि है, जिससे उसे आसानी से समझा जा सके।

7. बार ग्राफ का उपयोग किसलिए किया जाता है?

उत्तर स्तम्भ आरेख का उपयोग विभिन्न श्रेणियों के आँकड़ों की तुलना करने के लिए किया जाता है।

8. पाई चार्ट क्या है?

उत्तर पाई चार्ट एक वृत्तीय आरेख है, जिसे विभिन्न खण्डों में विभाजित किया जाता है, जो किसी आँकड़ों के सेट के अनुपातों को दर्शाता है।

9. बारम्बारता वितरण से क्या तात्पर्य है?

उत्तर यह आँकड़ों को अन्तरालों में वर्गीकृत करने की एक विधि है, जिससे यह प्रदर्शित किया जाता है, कि प्रत्येक मान कितनी बार आता है।

10. केन्द्रीय प्रवृत्ति के तीन मापक कौन-से हैं?

उत्तर माध्य, माध्यिका और बहुलक।

11. माध्य की गणना कैसे की जाती है?

उत्तर माध्य की गणना सभी मूल्यों के योग को कुल संख्याओं की संख्या से विभाजित करके की जाती है।

12. माध्यिका क्या होता है?

उत्तर माध्यिका वह मान होता है, जो आँकड़ों को आरोही क्रम में व्यवस्थित करने पर मध्य में स्थित होता है।

13. सांख्यिकी में बहुलक क्या है?

उत्तर बहुलक वह मान होता है, जो किसी आँकड़ा वर्ग में सर्वाधिक बार आता है।

14. माध्य और माध्यिका में क्या अन्तर है?

उत्तर माध्य अत्यधिक मूल्यों से प्रभावित होता है, जबकि माध्यिका बीच का मान प्रदर्शित करता है और चरम मूल्यों से कम प्रभावित होता है।

15. वर्णमात्री मानचित्र क्या है?

उत्तर यह एक थीमेटिक मानचित्र होता है, जिसमें विभिन्न क्षेत्रों में डेटा भिन्नताओं को प्रदर्शित करने के लिए रंगों या छायाओं का उपयोग किया जाता है।

16. जीआईएस (GIS) क्या है?

उत्तर भौगोलिक सूचना प्रणाली (GIS) एक प्रणाली है, जो स्थानिक आँकड़ों को संग्रहित करने, विश्लेषण करने और प्रदर्शित करने का कार्य करती है।

17. जीआईएस के घटक क्या हैं?

उत्तर जीआईएस के प्रमुख घटक हार्डवेयर, सॉफ्टवेयर, डाटा, लॉग और प्रक्रियाएँ हैं।

18. रास्टर और वेक्टर आँकड़े क्या होते हैं?

उत्तर रास्टर आँकड़े स्थानिक विशेषताओं को पिल्सेल ग्रिड के रूप में प्रदर्शित करते हैं, जबकि वेक्टर आँकड़ें बिन्दुओं, रेखाओं और बहुभुजों का उपयोग करते हैं।

19. जीआईएस में ओवरले विश्लेषण क्या है?

उत्तर यह एक तकनीक है, जिसमें विभिन्न मानचित्र स्तरों को मिलाकर स्थानिक सम्बन्धों और परिवर्तनों का अध्ययन किया जाता है।

20. बफर विश्लेषण से क्या तात्पर्य है?

उत्तर बफर विश्लेषण किसी विशेषता के चारों ओर क्षेत्र बनाकर उसके प्रभावों का अध्ययन करता है, जैसे प्रदूषण क्षेत्र या पहुँच योग्य सेवाएँ।

सैंपल पेपर्स

सैंपल पेपर 1
भूगोल

व्याख्या सहित (सॉल्वड) कक्षा 12

निर्देश 1. यह प्रश्न-प्रत्र पाँच खंडों में विभाजित है, जिसमें कुल 30 प्रश्न पूछे गए हैं। सभी प्रश्न करने अनिवार्य हैं।
2. खंड 'क' में 1 से 17 तक बहुविकल्पीय प्रश्न हैं।
3. खंड 'ख' में 18 से 20 स्रोत आधारित प्रश्न हैं।
4. खंड 'ग' में 21 से 23 तक लघु उत्तरीय प्रकार के प्रश्न हैं। प्रत्येक प्रश्न का उत्तर 80 से 100 शब्दों में लिखा जाना चाहिए।
5. खंड 'घ' में 24 से 28 दीर्घ उत्तरीय प्रकार के प्रश्न हैं। प्रत्येक प्रश्न का उत्तर 120 से 150 शब्दों में लिखा जाना चाहिए।
6. खंड 'ङ' में 29 व 30 मानचित्र आधारित प्रश्न हैं।

समय : **3 घंटे** पूर्णांक : **70**

खंड 'क' वस्तुनिष्ठ प्रश्न (1 × 17 = 17)

1. "मानव भूगोल मानव समाज और धरातल के बीच संबंधों का संश्लेषित अध्ययन है।" यह कथन किसका है? **(1)**
(a) पॉल विडाल-डी-ला ब्लाश का
(b) रैटजेल का
(c) ऐलन सी. सेंपल का
(d) कीड स्टिल का

उत्तर *(b)* रैटजेल का

2. निम्नलिखित में से कौन-सा युग्म सही सुमेलित है? **(1)**
(a) विपणन भूगोल – कृषि विज्ञान
(b) सांस्कृतिक भूगोल – पर्यटन विज्ञान
(c) चिकित्सा भूगोल – महामारी विज्ञान
(d) पर्यटन भूगोल – सैन्य विज्ञान

उत्तर *(c)* चिकित्सा भूगोल—महामारी विज्ञान

3. निम्नलिखित राज्यों को उनकी जनसंख्या के आधार पर अधिकतम से न्यूनतम में व्यवस्थित करें। **(1)**
1. **बिहार** 2. **महाराष्ट्र**
3. **उत्तर प्रदेश** 4. **पश्चिम बंगाल**

कूट
(a) 1, 3, 2, 4 (b) 4, 3, 2, 1
(c) 3, 2, 1, 4 (d) 2, 1, 4, 3

उत्तर *(c)* 3, 2, 1, 4

4. निम्न में से कौन-सी विचारधारा निर्धनता के कारण बंध एवं सामाजिक असमानता से संबंधित है? **(1)**
(a) व्यवहारवादी विचारधारा (b) कल्याण परक विचारधारा
(c) प्रकृतिवादी विचारधारा (d) आमूलवादी विचारधारा

उत्तर *(d)* आमूलवादी विचारधारा

5. भारत में नगरों के विकास के विभिन्न चरणों को नीचे दिया गया है, इन्हें काल क्रमानुसार व्यवस्थित कीजिए। **(1)**
1. **भारत में उद्योग पर आधारित प्रमुख नगर जमशेदपुर है। उद्योगों के अतिरिक्त सिविल लाइंस, प्रशासनिक क्षेत्र से संबंधित नगरों का भी विकास हुआ।**
2. **वाराणसी, उज्जैन, कौशाम्बी नगर भारत के प्रमुख विरासत नगर थे जिनका विकास धार्मिक, सांस्कृतिक केंद्र के रूप में हुआ था।**
3. **गाँधीनगर, भिलाई, बरौनी आदि औद्योगिक नगर उद्योगों को गति देने के लिए स्थापित नये नगर थे।**
4. **ग्वालियर, चित्तौडगढ़, दिल्ली, हैदराबाद प्राचीन खंडहरों पर बने दुर्ग नगर थे, जिन्हें सुरक्षा के दृष्टि कोण से बनाया गया था।**

कूट
(a) 1, 2, 3, 4 (b) 2, 3, 1, 4
(c) 4, 3, 2, 1 (d) 2, 4, 1, 3

उत्तर (d) 2, 4, 1, 3

6. निम्नलिखित में से धरातलीय खनन विधि की विशेषता का चयन कीजिए **(1)**
(a) खनन का सबसे सस्ता तरीका है
(b) इसके लिए लिफ्ट ड्रिल की आवश्यकता होती है
(c) वेंटिलेशन सिस्टम की आवश्यकता है
(d) इसमें उच्च श्रम लागत है

उत्तर *(a)* खनन का सबसे सस्ता तरीका है

7. निम्नलिखित युग्मों में से कौन-सा युग्म सही नहीं है? **(1)**
(a) जंग का कटोरा – पीट्र्सबर्ग
(b) रूर प्रदेश – जर्मनी
(c) सिलिकॉन घाटी – हैदराबाद
(d) फुटलूज उद्योग – नोएडा

उत्तर *(c)* सिलिकॉन घाटी—हैदराबाद

8. **विनिर्माण क्षेत्र के अंतर्गत वस्तुओं के उत्पादन का सही क्रम कौन-सा है?** **(1)**

(a) कच्चा माल, श्रम आपूर्ति, शक्ति साधनों की आपूर्ति, उत्पादन, बाजार तक पहुँच
(b) श्रम आपूर्ति, कच्चा माल, शक्ति साधनों की आपूर्ति, उत्पादन, बाजार तक पहुँच
(c) शक्ति साधनों की आपूर्ति, कच्चा माल, बाजार तक पहुँच, श्रम आपूर्ति, उत्पादन
(d) उत्पादन, कच्चा माल, श्रम आपूर्ति, बाजार तक पहुँच, शक्ति साधनों की आपूर्ति

उत्तर *(a)* कच्चा माल, श्रम आपूर्ति, शक्ति साधनों की आपूर्ति, उत्पादन, बाजार तक पहुँच

9. **ट्रांस कैनेडियन रेलमार्ग निम्नलिखित में से किन दो स्टेशनों के मध्य स्थित है?** **(1)**

(a) हैलीफैक्स और बैंकूवर
(b) न्यूयॉर्क और सैनफ्रांसिस्को
(c) हैलीफैक्स और मॉण्ट्रियल
(d) कैलगेरी और बैंकूवर

उत्तर *(a)* हैलीफैक्स और बैंकूवर

10. **निम्नलिखित कथनों पर विचार करते हुए सही कथन का चयन कीजिए** **(1)**

(a) मानव विकास सूचकांक 1990 के दशक में प्रारंभ किया गया था
(b) वर्ष 1980-90 से पूर्व आर्थिक विकास लाभ मानव तक नहीं पहुँच पाता था
(c) 'a' और 'b' दोनों
(d) सार्थक जीवन का तात्पर्य नियमित रूप से आर्थिक विकास से माना जाता है

उत्तर *(c)* 'a' और 'b' दोनों

11. **अंतर्राष्ट्रीय व्यापार से संबंधित निम्नलिखित घटनाओं को कालक्रमानुसार व्यवस्थित कीजिए।** **(1)**

1. **रेशम मार्ग द्वारा व्यापार**
2. **जनरल एग्रीमेंट ऑन ट्रेड एंड टैरिफ का गठन**
3. **दास व्यापार का उदय**
4. **वर्ष 1995 से GATT को विश्व व्यापार संगठन के रूप में परिवर्तित कर दिया गया।**

कूट

(a) 1, 2, 3 (b) 2, 3, 1 (c) 1, 3, 2, 4 (d) 3, 1, 2

उत्तर *(c)* 1, 3, 2 4

12. **निम्न में से कौन-से कथन सही हैं?** **(1)**

1. **पत्तन को अंतर्राष्ट्रीय व्यापार का मुख्य प्रवेश द्वार कहा जाता है।**
2. **राइन नदी पर स्थित मैनहीम एवं डसलड़ोर्क पत्तन प्रमुख अंतर्देशीय पत्तन हैं।**
3. **पैकेट स्टेशन पत्तनों का प्रयोग छोटी दूरियों को तय करने तथा जलीय क्षेत्रों में यात्रियों के आवागमन हेतु किया जाता है।**
4. **राइन नदी खनिज संपदा से भरपूर औघोगिक क्षेत्र में बहने के कारण इस नदी का महत्त्व व्यापारिक मार्ग के रूप में अधिक हैं।**

कूट

(a) 1, 3 और 4 (b) 2, 3 और 4
(c) 1, 2 और 4 (d) 1, 2, 3 और 4

उत्तर *(d)* 1, 2, 3 और 4

13. **कथन** (A) **वाणिज्य पशुधन पालन सामान्यतः चलवासी पशुचारण की अपेक्षा अधिक व्यवस्थित एवं पूँजी प्रधान होता है।** **(1)**

कारण (R) **विश्व में वाणिज्य पशुधन पालन वाले देश क्रमशः न्यूजीलैंड, ऑस्ट्रेलिया, अर्जेंटीना, उरुग्वे एवं संयुक्त राज्य अमेरिका हैं।**

कूट

(a) A सही है, किंतु R गलत है
(b) A गलत है, किंतु R सही है
(c) A और R दोनों सही हैं
(d) A और R दोनों गलत हैं

उत्तर *(c)* वाणिज्य पशुधन पालन सामान्यतः चलवासी पशुचारण की अपेक्षा अधिक व्यवस्थित एवं पूँजी प्रधान होता है। इसमें स्थायी फार्मों में चारागह की क्षमता के अनुसार पशुओं को पाला जाता है। साथ ही पशुओं की पर्याप्त चराई हेतु बाड़ लगाकर चारागाह क्षेत्र को छोटे-छोटे टुकड़ों मे बाँटा जाता हैं। विश्व में वाणिज्य पशुधन पालन वाले देश क्रमशः न्यूजीलैंड, ऑस्ट्रेलिया, अर्जेंटीना उरुग्वे एवं संयुक्त राज्य अमेरिका है।

14. **कथन** (A) **प्रादेशिक नियोजन का मुख्य उद्देश्य प्रादेशिक स्तर पर आर्थिक असंतुलन को दूर करना है।** **(1)**

कारण (R) **असमान विकास के अंतर को कम करने के लिए स्थानिक स्तर पर विकास की योजना को अपनाया जाता है।**

कूट

(a) A और R दोनों सही हैं तथा A, R की सही व्याख्या करता है
(b) A और R दोनों सही हैं, परंतु A, R की सही व्याख्या नहीं करता है
(c) A सही है, परंतु R गलत है
(d) A गलत है, परंतु R सही है

उत्तर *(a)* प्रादेशिक नियोजन का मुख्य उद्देश्य प्रादेशिक स्तर पर आर्थिक असंतुलन को दूर करना हैं। प्रादेशिक नियोजन के अंतर्गत उपलब्ध संसाधनों का प्रयोग उचित ढंग से किया जाता है। किसी भी देश के सभी क्षेत्रों मे विकास समान आर्थिक रूप से नहीं हुआ हैं। अतः असमान विकास के अंतर के को करने के लिए स्थानिक स्तर पर विकास की योजना को अपनाया जाता हैं।

निम्नलिखित को ध्यानपूर्वक पढ़कर उस पर आधारित प्रश्नों (प्र. सं. 15 से 17) के उत्तर दीजिए

नीचे दिए गए ग्राफ का अध्ययन कर निम्नलिखित प्रश्नों के उत्तर दीजिए

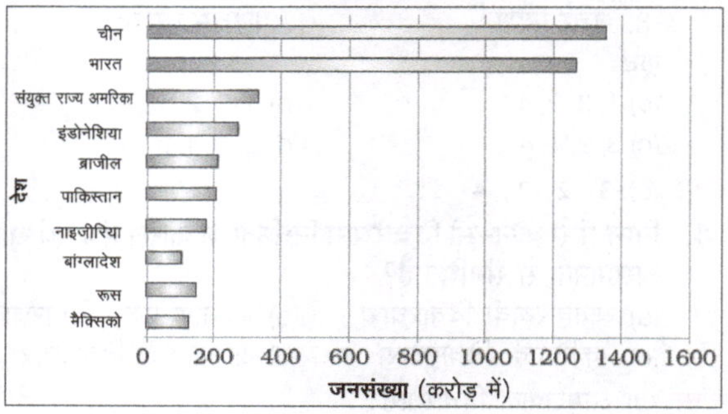

15. **सबसे अधिक जनसंख्या वाला देश कौन-सा है?** **(1)**

(a) रूस (b) भारत
(c) कनाड़ा (d) चीन

उत्तर *(d)* चीन

16. **निम्नलिखित में से कौन-सा चौथा सर्वाधिक जनसंख्या वाला देश है।** **(1)**

(a) ब्राजील (b) यू.एस.ए.
(c) मैक्सिको (d) इंडोनेशिया

उत्तर *(d)* इंडोनेशिया

17. **विश्व की सर्वाधिक जनसंख्या किस महाद्वीप पर है।** **(1)**

(a) अफ्रीका (b) उत्तरी अमेरिका
(c) एशिया (d) दक्षिण अमेरिका

उत्तर *(c)* एशिया

खंड 'ख' स्रोत/ग्राफ आधारित प्रश्न

प्रश्न संख्या 18 एवं 19 स्रोत आधारित प्रश्न हैं। **(2×3= 6)**

18. **मानव विकास सूचकांक (HDI) स्वास्थ्य, शिक्षा और संसाधनों तक पहुँच जैसे प्रमुख क्षेत्रों में निष्पादन के आधार पर देशों का क्रम तैयार करता है। यह क्रम 0 से 1 के बीच के स्कोर पर आधारित होता है जो एक देश, मानव विकास के महत्त्वपूर्ण सूचकों में अपने रिकॉर्ड से प्राप्त करता है।**

स्वास्थ्य का मूल्यांकन करने के लिए चुना गया सूचक जन्म के समय जीवन-प्रत्याशा है। उच्चतर जीवन-प्रत्याशा का अर्थ है कि लोगों के पास अधिक दीर्घ और अधिक स्वस्थ जीवन जीने के अधिक अवसर हैं।

प्रौढ़ साक्षरता दर और सकल नामांकन अनुपात ज्ञान तक पहुँच को प्रदर्शित करते हैं। पढ़ और लिख सकने वाले वयस्क की संख्या और विद्यालयों में नामांकित बच्चों की संख्या दर्शाती है कि किसी देश विशेष में ज्ञान तक पहुँच कितनी आसान अथवा कठिन है।

संसाधनों तक पहुँच को क्रय शक्ति (अमेरिकी डॉलरों में) के संदर्भ में मापा जाता है। इनमें से प्रत्येक आयाम को 1/3 भारिता दी जाती है। मानव विकास सूचकांक इन सभी आयामों को दिए गए भारों का कुल योग होता है।

स्कोर 1 के जितना निकट होता है, मानव विकास का स्तर उतना ही अधिक होता है। इस प्रकार 0.983 का स्कोर अति उच्च स्तर का, जबकि 0.268 मानव विकास का अत्यंत निम्न स्तर का माना जाएगा।

मानव विकास सूचकांक मानव विकास में प्राप्तियों का मापन करता है। यह प्रदर्शित करता है कि मानव विकास के प्रमुख क्षेत्रों में क्या उपलब्धि हुई हैं। फिर भी यह सर्वाधिक विश्वसनीय माप नहीं है। इसका कारण है कि यह सूचकांक वितरण के संबंध में मौन है।

मानव गरीबी सूचकांक मानव विकास सूचकांक से संबंधित है। यह सूचकांक मानव विकास में कमी मापता है। यह एक बिना आय वाला माप है। किसी प्रदेश के मानव विकास में कमी दर्शाने के लिए 40 वर्ष की आयु तक जीवित न रह पाने की संभाव्यता, प्रौढ़ निरक्षरता दर, स्वच्छ जल तक पहुँच न रखने वाले लोगों की संख्या और अल्पभार वाले छोटे बच्चों की संख्या, सभी इसमें गिने जाते हैं। प्रायः मानव गरीबी सूचकांक, मानव विकास सूचकांक की अपेक्षा अधिक कमी उद्घाटित करता है।

मानव विकास के इन दोनों मापों का संयुक्त अवलोकन किसी देश में मानव विकास की स्थिति का यथार्थ चित्र प्रस्तुत करता है।

मानव विकास को मापने की विधियाँ निरंतर परिष्कृत हो रही हैं और मानव विकास के विभिन्न तत्त्वों को ग्रहण करने की नूतन विधियों का अनुसंधान हो रहा है। शोधकर्ताओं ने किसी क्षेत्र विशेष में भ्रष्टाचार के स्तर और राजनीतिक स्वतंत्रता के बीच संबंध ज्ञात किए हैं। राजनीतिक स्वतंत्रता सूचकांक और सर्वाधिक भ्रष्ट देशों के सूचीकरण पर चर्चा हो रही है।

(i) **मानव विकास सूचकांक के लिए किन क्षेत्रों में निष्पादन के आधार पर देशों का क्रम तैयार किया जाता है?** **(1)**

उत्तर मानव विकास सूचकांक के लिए शिक्षा, स्वास्थ्य एवं संसाधनों तक लोगों की पहुँच के आधार पर देशों का क्रम तैयार किया जाता है

(ii) **मानव विकास सूचकांक सर्वप्रथम किसके द्वारा तैयार किया गया था?** **(1)**

उत्तर मानव विकास सूचकांक सर्वप्रथम पाकिस्तानी अर्थशास्त्री डॉ.महबूब-उल-हक द्वारा तैयार किया गया था।

(iii) **मानव विकास सूचकांक किस संगठन के माध्यम से तैयार किया जाता है?** **(1)**

उत्तर मानव विकास सूचकांक संयुक्त राष्ट्र विकास कार्यक्रम द्वारा तैयार किया जाता है।

19. **नीचे दिए गए ग्राफ का अध्ययन कर निम्नलिखित प्रश्नों के उत्तर दीजिए।**

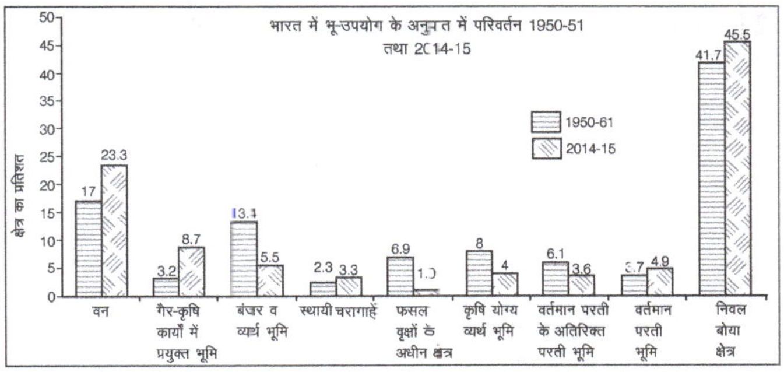

(i) **निम्न में से किस वर्ग में वर्ष 1950 से 2015 के दौरान वृद्धि दर्ज की गई** **(1)**

उत्तर निवल बोया क्षेत्र में वर्ष 1950 से 2015 के दौरान वृद्धि दर्ज की गई

(ii) **बंजर व व्यर्थ क्षेत्र में कितने प्रतिशत की हुई है।** **(1)**

उत्तर बंजर व व्यर्थ भूमि क्षेत्र में 7.9 प्रतिशत की कमी हुई।

(iii) **निम्न में से कौन-सा वर्ग भारत में भूमि उपयोग का सबसे कम प्रतिशत दर्शाता है?** **(1)**

उत्तर फसल वृक्षों के अधीन क्षेत्र वर्ग भारत में भूमि उपयोग का सबसे कम प्रतिशत दर्शाता है

खंड 'ग'

प्रश्न संख्या 20 से 23 लघु उत्तरीय प्रश्न हैं। **(4 × 3 = 12)**

20. चलवासी पशुचारण की प्रासंगिकता की व्याख्या कीजिए **(3)**

अथवा **"मिश्रित कृषि फसल उत्पादन तथा पशुपालन की संयुक्त कृषि का प्रारूप हैं, जो आय की वृद्धि के साथ-साथ कृषि कुशलता को समाहित करता है" इस कथन की समीक्षा कीजिए।**

उत्तर पशुपालक का पशुओं के साथ चरागाह तथा पानी की खोज में एक स्थान से दूसरे स्थान पर स्थानांतरण करते रहना चलवासी पशुचारण कहलाता है। इस पशुपालन में लोग जलवायु की स्थिति या क्षेत्रों के अनुसार पशुओं को पालते हैं; जैसे—मरुस्थलीय क्षेत्र में भेड़ व बकरी, उप-ध्रुवीय क्षेत्रों में रेंडियर आदि। पशुपालकों को मौसम के अनुसार प्रवास भी करना पड़ता है। आधुनिक समय में इसकी प्रासंगिकता यह है कि बस्तियों की योजना बनाने तथा राजनीतिक सीमाओं के निर्धारण से पशुचारण के क्षेत्रों में कमी आई है, जिससे यह घटता जा रहा है।

अथवा मिश्रित कृषि वह कृषि है, जिसमें फसल उत्पादन के साथ पशुपालन भी शामिल होता है। इस कृषि में खेतों का आकार मध्यम होता है। गेहूं, राई, जौ एवं पशुओं का चारा प्रमुख फसलें हैं। इसमें कृषि की कुशलता एवं योग्यता के साथ रासायनिक एवं वनस्पति खाद के गहन उपयोग तथा विकसित कृषि यंत्र हेतु अधिक पूँजी की आवश्यकता होती है, साथ ही इसमें खेतों की उर्वरता बनाए रखने हेतु ऋतुओं के अनुसार अलग-अलग फसलों की बुआई की जाती है। इसमें पशुओं का पालन आय की प्राप्ति हेतु किया जाता है। उत्तर-पश्चिमी यूरोप, उत्तरी अमेरिका का पूर्वी भाग, यूरेशिया के कुछ भाग एवं दक्षिणी महाद्वीपों के समशीतोष्ण अक्षांश वाले विकसित भाग मिश्रित कृषि के प्रमुख क्षेत्र हैं।

21. नीचे दिए गए मानचित्र पर आधारित प्रश्नों के उत्तर दीजिए

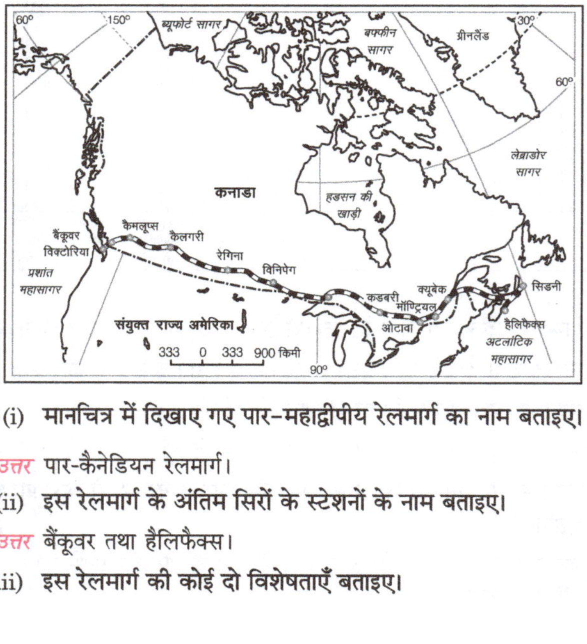

(i) **मानचित्र में दिखाए गए पार-महाद्वीपीय रेलमार्ग का नाम बताइए।** **(1)**

उत्तर पार-कैनेडियन रेलमार्ग।

(ii) **इस रेलमार्ग के अंतिम सिरों के स्टेशनों के नाम बताइए।** **(1)**

उत्तर बैंकूवर तथा हैलिफैक्स।

(iii) **इस रेलमार्ग की कोई दो विशेषताएँ बताइए।** **(1)**

उत्तर इस रेलमार्ग की दो विशेषताएँ निम्नलिखित हैं

(a) यह रेलमार्ग कनाडा आर्थिक रूप से अधिक महत्त्वपूर्ण है। फलतः इसे कनाडा की आर्थिक धमनी कहा जाता है।

(b) इस मार्ग के द्वारा किए जाने वाले महत्त्वपूर्ण निर्यात गेहूँ तथा मांस हैं।

22. विश्व में प्रवास को प्रभावित करने वाले कारकों के दो समूह कौन-से हैं? कारकों के दोनों समूहों को उपर्युक्त उदाहरण सहित स्पष्ट कीजिए। **(3)**

उत्तर प्रवास को प्रभावित करने वाले कारकों को दो प्रमुख समूह हैं।

प्रतिकर्ष कारक और आकर्षक कारक

(i) **प्रतिकर्ष कारक**–ये कारक लोगों को घरों से दूर करने के लिए प्रेरित है, प्रतिकर्ष कारक कहलाते हैं।

उदाहरण गरीबी, बेरोजगारी, भुखमरी, प्राकृतिक आपदाएँ, प्रतिकूल जलवायु और सामाजिक आर्थिक पिछड़ापन आदि कारकों से व्यक्ति एक स्थान से दूसरे स्थान के लिए पलायन करता है।

(ii) **अपकर्ष कारक** ये कारक लोगों को नए घर और बेहतर अवसरों की ओर आकर्षित करते है। ये अपकर्ष कारक कहलाते है।

उदाहरण बेहतर आर्थिक अवसर, ज्यादा नौकरिया और बेहतर जीवन का वादा, बेहतर रहने की स्थिति शैक्षिक व सांस्कृतिक विकास, नियमित काम उच्च मजदूरी शाति और स्थयित्व तथा शिक्षा व चिकित्सा की बेहतर सुविधाएँ व्यक्तियों को आकर्षित करती हैं।

23. भारत में कोयले के स्थानिक वितरण का संक्षिप्त विवरण दीजिए। **(3)**

उत्तर भारत में कोयला निक्षेपों का लगभग 80 प्रतिशत भाग बिटुमिनियस प्रकार का तथा गैर कोकारी (गैर-कोकिंग) श्रेणी का है। कोयला मुख्य रूप से गोडवाना और टर्शियरी निक्षेप में पाया जाता है। भारत में कोयला प्रमुख रूप से गोंडवाना क्षेत्र में पाया जाता है, जो मुख्यतः दामोदर घाटी में स्थित है।

झारखंड-बंगाल कोयला पट्टी में यह क्षेत्र अवस्थित है, जहाँ रानीगंज, झरिया, बोकारो एवं करनपुरा में प्रमुख खदानें हैं। मध्य प्रदेश में कोयला सिंगरौली, छत्तीसगढ़ में कोरबा, ओडिशा में तलचर तथा रामपुर एवं महाराष्ट्र में चादा-वर्धा में पाया जाता है। देश के कुछ भागों में टर्शियरी कोयला असम, अरुणाचल प्रदेश, मेघालय एवं नागालैंड में पाया जाता है।

खंड 'घ'

प्रश्न संख्या 24 से 28 दीर्घ उत्तरीय प्रश्न हैं। **(5×5=25)**

24. उन कारकों का आकलन करें जिन्होंने पूरे विश्व में बड़े पैमाने के विनिमार्ण उद्योगों के विकास में योगदान दिया। **(5)**

उत्तर आधुनिक वृहत उद्योगों में अधिक निवेश के द्वारा बड़े पैमाने पर वस्तुओं का उत्पादन किया जाता है, जिनके प्रमुख कारक निम्नलिखित हैं

(i) **कौशल विशिष्टीकरण** बड़े उद्योगों में वस्तुओं का उत्पादन शिल्प एवं कौशल विशिष्टीकरण विधि द्वारा किया जाता है, जिसमें कारखानों में सीमित मात्रा में वस्तुओं का उत्पादन किया जाता है। ये वस्तुएँ आदेशानुसार बनाई जाती हैं, क्योंकि इन वस्तुओं को

बनाने में लागत अधिक आती है। कौशल विशिष्टीकरण उत्पादन विधि द्वारा वस्तुओं का उत्पादन बड़े स्तर पर किया जाता है। इसमें संलग्न श्रमिक एक ही प्रकार के कार्य को करता है। अतः बड़े पैमाने पर उत्पादन हेतु कौशल का विशेष महत्त्व होता है।

(ii) **यंत्रीकरण** किसी कार्य को संपन्न करने के लिए मशीनों का उपयोग करना यंत्रीकरण कहलाता है, जिसमें सभी कार्य स्वचालित संयंत्रों से किए जाते हैं। वर्तमान में इसे बड़े स्तर पर देखा जा रहा है।

(iii) **प्रौद्योगिकीय नवाचार** शोध एवं विकासमान युक्तियों के माध्यम से विनिर्माण की गुणवत्ता को नियंत्रित करना, अदक्षता को समाप्त करना और प्रदूषण के विरुद्ध संघर्ष करना प्रौद्योगिकीय नवाचार कहलाता है। यह आधुनिक उद्योगों को बड़े स्तर पर प्रभावित कर रहा है।

(iv) **भौगोलिक वितरण** विनिर्माण स्थल का विस्तार कृषि स्थलों की अपेक्षा कम क्षेत्रों में पाया जाता है, जिसमें रोजगार की संभावना कृषि की अपेक्षा अधिक होती है।

(v) **उत्पादन की विधियाँ** उत्पादन में दो विधियों का प्रचलन पाया जाता है, जिसमें प्रथम विधि (शिल्प तरीके) में अधिक लागत आती है, वहीं दूसरी कौशल विशिष्टीकरण विधि में मशीनों द्वारा बड़े स्तर पर विभिन्न प्रकार की वस्तुओं का उत्पादन होता है।

(vi) **संगठनात्मक ढाँचा एवं स्तरीकरण** संगठनात्मक ढाँचे तथा स्तरीकरण में कई विशेषताएँ पाई जाती हैं; जैसे—कंप्यूटर प्रौद्योगिकी पर आधारित संगठन का बड़े स्तर एवं कुशल अधिकारी वर्ग द्वारा कार्य संचालन तथा जटिल प्रौद्योगिकी यंत्र आदि।

25. भारत में भू-राजस्व विभाग द्वारा अपनाए गए भू-उपयोग का वर्गीकरण कीजिए। (5)

अथवा **भारतीय कृषि की किन्हीं पाँच मुख्य समस्याओं का वर्णन कीजिए।**

उत्तर भारत में भू-उपयोग संबंधी अभिलेख भू-राजस्व विभाग द्वारा तैयार किया जाता है।

भू-राजस्व विभाग द्वारा भू-उपयोग का वर्गीकरण निम्नलिखित प्रकार से किया गया है

(i) **वनों के अधीन क्षेत्र** वर्गीकृत वन क्षेत्र तथा वनों के अधीन वास्तविक क्षेत्र दोनों अलग-अलग हैं। जहाँ वनों के विकसित होने की संभावना होती हो, उस क्षेत्र को सरकार द्वारा वर्गीकृत वन क्षेत्र में शामिल कर लिया जाता है।

इस प्रकार ऐसे वर्ग के क्षेत्रफल में बढ़ोतरी हो सकती है, किंतु यह आवश्यक नहीं कि वहाँ निश्चित रूप से वन पाए जाएँगे।

(ii) **गैर-कृषि कार्यों में प्रयुक्त भूमि** इस प्रकार की भूमि का उपयोग ग्रामीण व शहरी बस्तियों, अवसंरचना; जैसे—सड़कों, नहरों, उद्योगों, दुकानों आदि के लिए किया जाता है। जैसे-जैसे द्वितीयक व तृतीयक क्षेत्रों की कार्यविधियों में वृद्धि होती जाती है, वैसे-वैसे गैर-कृषि कार्यों में प्रयुक्त भूमि के उपयोग में भी वृद्धि होती जाती है।

(iii) **बंजर व व्यर्थ भूमि** पृथ्वी के धरातल का वह भाग, जो प्रौद्योगिकी की सहायता से कृषि कार्यों के लिए उपजाऊ नहीं बनाया जा सकता, बंजर भूमि कहलाता है। इसके अंतर्गत बंजर पहाड़ी भूमि, रेगिस्तान, खड्ड भूमि आदि आती हैं।

(iv) **स्थायी चरागाह क्षेत्र** ग्राम पंचायत या सरकार के स्वामित्व में आने वाली भूमि स्थायी चरागाह भूमि कहलाती है। ग्राम पंचायत के अधीन आने वाली भूमि को 'साझा संपत्ति संसाधन' भी कहा जाता है।

(v) **विविध तरु फसलों व उपवनों के अंतर्गत क्षेत्र** इस प्रकार की भूमि में वह भूमि शामिल की जाती है, जिस पर उद्यान तथा फलदार वृक्ष होते हैं।

(vi) **कृषि योग्य व्यर्थ भूमि** जिस भूमि पर पिछले पाँच वर्षों से या इससे अधिक समय से कृषि कार्य न किया गया हो या परती रही हो, उसे कृषि योग्य व्यर्थ भूमि कहते हैं। भूमि उद्धार तकनीक द्वारा इसे कृषि कार्यविधि के प्रयोग हेतु बनाया जा सकता है।

(vii) **वर्तमान परती भूमि** वह भूमि, जिस पर एक कृषि वर्ष या उससे कम समय तक कृषि कार्यविधि न की गई हो, वर्तमान परती भूमि कहलाती है।

(viii) **पुरातन परती भूमि** वह भूमि, जिस पर एक वर्ष से अधिक, किंतु पाँच वर्षों से कम समय तक कृषि कार्यविधियाँ न की गई हों, पुरातन परती भूमि कहलाती है

अथवा भारतीय कृषि की पाँच मुख्य समस्याएँ निम्नलिखित हैं

(i) **अनियमित मानसून पर निर्भरता** भारत में अधिकांश वर्षा दक्षिण-पश्चिमी मानसूनी पवनों द्वारा होती है, जिसमें अत्यधिक स्थानिक तथा कालिक अनिश्चितता पाई जाती है। देश में कृषि क्षेत्र का केवल एक-तिहाई भाग ही सिंचित है, शेष कृषि क्षेत्र में फसलों का उत्पादन प्रत्यक्ष रूप से वर्षा पर निर्भर है।

(ii) **निम्न उत्पादकता** भारत में अधिकतर फसलों की उत्पादकता अमेरिका, रूस तथा जापान से कम है। प्रायः देश के विस्तृत वर्षा निर्भर क्षेत्रों अथवा शुष्क क्षेत्रों में मोटे अनाज, दालें तथा तिलहन की कृषि की जाती है, जहाँ इनकी उत्पादकता काफी कम है।

(iii) **वित्तीय संसाधनों की बाध्यताएँ तथा ऋणग्रस्तता** आधुनिक प्रौद्योगिकी पर आधारित वर्तमान कृषि में भारी पूँजी निवेश की आवश्यकता है, जबकि सीमांत तथा छोटे किसानों की कृषि बचत कम या न के बराबर है।

बचत के अभाव में किसान सघन संसाधन दृष्टिकोण से की जाने वाली कृषि में निवेश कर पाते हैं।

(iv) **भूमि सुधारों की कमी** भारत में भू-संसाधनों का असमान वितरण पाया जाता है, जिसके कारण भारतीय कृषक लंबे समय से शोषित हो रहे हैं। स्वतंत्रता प्राप्ति के बाद भूमि सुधार कार्यक्रम चलाए गए, लेकिन ये कार्यक्रम राजनीतिक इच्छाशक्ति के अभाव में सफल नहीं हुए। अधिकांश राज्य सरकारें राजनीतिक रूप से शक्तिशाली जमींदारों के विरुद्ध कोई कठोर राजनीतिक निर्णय नहीं ले सकीं। भूमि सुधारों के अभाव में कृषि योग्य भूमि का असमान वितरण जारी रहा, जिसके फलस्वरूप भारतीय कृषि विकास में समस्या बनी हुई है।

(v) **छोटे खेत तथा विखंडित जोत** भारत में अधिकतर सीमांत तथा छोटे कृषकों की संख्या है। 60% से अधिक किसानों के पास एक हेक्टेयर से भी कम भू-जोत है तथा लगभग 40% किसानों की जोतों का आकार तो 0.5 हेक्टेयर से भी कम है। भारत की जनसंख्या तीव्र गति से बढ़ रही है, जिसके कारण जोतों का आकार और भी छोटा होता जा रहा है।

26. भरमौर जनजातीय क्षेत्र की भौगोलिक अवस्थिति, जलवायु, अर्थव्यवस्था एवं जनसंख्या का मूल्यांकन कीजिए (5)

अथवा **बाजार के लिए सब्जी खेती एवं उद्यान कृषि का क्या अर्थ है? संसार की इस प्रकार की कृषि की किन्हीं छः विशेषताओं का वर्णन कीजिए।**

उत्तर भरमौर जनजातीय क्षेत्र हिमाचल प्रदेश के चंबा जिले की दो तहसीलों—भरमौर और होली में 32°11′ से 32°41′ उत्तरी अक्षांशों तथा 76°22′ से 76°53′ पूर्वी देशांतरों के मध्य फैला है। इसका कुल क्षेत्रफल 1,818 वर्ग किमी है तथा अधिकतर भाग समुद्रतल से 1,500 से 3,700 मी की औसत ऊँचाई के मध्य स्थित है।

यह उत्तर में पीरपंजाल, दक्षिण में धौलाधर पर्वत तथा पूर्व में धौलाधर श्रेणी का फैलाव रोहतांग दर्रे के पास पीरपंजाल से मिलता है। इस क्षेत्र में रावी और इसकी सहायक नदियाँ बुढ़ील और टुंडेन प्रवाहित होती हैं तथा गहरे महाखड्डों का निर्माण करती हैं।

ये नदियाँ इस पहाड़ी क्षेत्र को चार भू-खंडों—होली, खणी, कुगती और तुंडाह में विभाजित करती हैं। भरमौर जनजातीय क्षेत्र में कठोर जलवायु पाई जाती है। शरद ऋतु में जमा देने वाली कड़ाके की सर्दी और बर्फ पड़ती है।

जनवरी में औसत मासिक तापमान 4° सेग्रे और जुलाई में 26° सेग्रे रहता है। भरमौर जनजातीय क्षेत्र में आधारभूत संसाधन कम हैं और पर्यावरण भंगुर है। यह क्षेत्र हिमाचल प्रदेश के आर्थिक एवं सामाजिक रूप से सबसे पिछड़े इलाकों में से एक है।

इस जनजाति का आर्थिक आधार मुख्य रूप से कृषि और इससे संबद्ध क्रियाएँ; जैसे—भेड़ और बकरी पालन हैं। 2011 की जनगणना के अनुसार, भरमौर उपमंडल की कुल जनसंख्या 39,113 तथा जनघनत्व 21 व्यक्ति प्रतिवर्ग किमी था। यहाँ पर गद्दी जनजाति निवास करती है और गद्दीयाली भाषा बोलती है।

अथवा आर्थिक दृष्टिकोण से इस प्रकार की कृषि अधिक मुद्रा की प्राप्ति हेतु की जाती है, जिसमें फल-फूल एवं सब्जियाँ उगाई जाती हैं, जिनकी माँग नगरीय एवं औद्योगिक क्षेत्रों में अधिक होती है। इस प्रकार की कृषि की निम्नलिखित विशेषताएँ हैं

(i) सब्जी खेती एवं उद्यान कृषि में अधिक पूँजी एवं श्रम की आवश्यकता होती है।

(ii) इस प्रकार की कृषि के लिए अच्छी किस्म के बीज, उर्वरक, कीटनाशी एवं सिंचाई के अतिरिक्त हरितगृह एवं शीत क्षेत्रों में कृत्रिम ताप की भी आवश्यकता होती है।

(iii) इस प्रकार की कृषि यातायात के साधन से उच्च आय वाले नगरीय उपभोक्ताओं से जुड़ी होती है। इस कृषि में खेतों के आकार छोटे होते हैं।

(iv) इस प्रकार की कृषि अधिक जनसंख्या घनत्व वाले औद्योगिक क्षेत्र, उत्तर-पश्चिमी यूरोप, संयुक्त राज्य अमेरिका के उत्तरी भाग एवं भूमध्यसागरीय प्रदेश में की जाती है।

(v) उद्यान कृषि में विशेष प्रकार के फल एवं फूलों का उत्पादन होता है।

(vi) कृषि संगठन, कृषकों का अपने खेतों पर अधिकार तथा सरकारी नीतियाँ इस कृषि में सहायक होने के साथ प्रभावित करते हैं।

27. भारत में जनसंख्या के असमान वितरण के लिए भौतिक और आर्थिक कारक किस प्रकार उत्तरदायी हैं? उदाहरण सहित स्पष्ट कीजिए। (5)

अथवा **जनसंख्या वृद्धि क्या है? इसके घटकों को कितने वर्गों में विभाजित किया गया? इसकी तृतीय प्रावस्था का वर्णन करें।**

उत्तर भारत में जनसंख्या का असम स्थानिक वितरण देश की जनसंख्या और भौतिक, सामाजिक, आर्थिक तथा ऐतिहासिक कारकों के बीच घनिष्ठ संबंध प्रकट करता है। जहाँ तक भौतिक कारकों का संबंध है, यह स्पष्ट है कि भू-विन्यास और जल की उपलब्धता के साथ जलवायु प्रमुख रूप से वितरण के प्रतिरूपों का निर्धारण करती है। परिणामस्वरूप हम देखते हैं कि उत्तर भारत के मैदानों, डेल्टाओं और तटीय मैदानों में जनसंख्या का अनुपात दक्षिणी और मध्य भारत के राज्यों के आंतरिक जिलों, हिमालय, उत्तर-पूर्वी और पश्चिमी कुछ राज्यों की अपेक्षा उच्चतर है। फिर भी सिंचाई के विकास (राजस्थान), खनिज एवं ऊर्जा संसाधनों की उपलब्धता (झारखंड) और परिवहन जाल के विकास (प्रायद्वीपीय राज्यों) के परिणामस्वरूप उन क्षेत्रों में जो पहले विरल जनसंख्या क्षेत्र थे वे अब जनसंख्या के मध्यम से उच्च संकेंद्रण के क्षेत्र हो गए हैं।

जनसंख्या वितरण के सामाजिक, आर्थिक और ऐतिहासिक कारकों में से महत्त्वपूर्ण कारक स्थायी कृषि का उद्भव और कृषि विकास, मानव बस्ती के प्रतिरूप, परिवहन जाल-तंत्र का विकास, औद्योगीकरण और नगरीकरण हैं। ऐसा देखा गया है कि भारत के नदीय मैदानों और तटीय क्षेत्रों में स्थित प्रदेश सदैव ही विशाल जनसंख्या सांद्रण वाले प्रदेश रहे हैं। यद्यपि इन प्रदेशों में ज़मीन और जल जैसे प्राकृतिक संसाधनों में उपयोग के कारण निम्नीकरण हुआ है, फिर भी मानव बस्ती के आरंभिक इतिहास और परिवहन जाल-तंत्र के विकास के कारण जनसंख्या का सांद्रण उच्च बना हुआ है। दूसरी ओर दिल्ली, मुंबई, कोलकाता, बंगलुरु, पुणे, अहमदाबाद, चेन्नई और जयपुर के नगरीय क्षेत्र औद्योगिक विकास और नगरीकरण के कारण बड़ी संख्या में ग्रामीण-नगरीय प्रवासियों को आकर्षित कर रहे हैं। इसलिए इन क्षेत्रों में जनसंख्या का उच्च सांद्रण पाया जाता है।

अथवा किसी निश्चित क्षेत्र में निश्चित अवधि के दौरान निवासियों की संख्या में हुए परिवर्तन को जनसंख्या वृद्धि या जनसंख्या परिवर्तन या वृद्धि कहते हैं। जनसंख्या वृद्धि दर को प्रतिशत में अभिव्यक्त किया जाता है। जनसंख्या वृद्धि के घटक को दो वर्गों में विभाजित किया जाता है, जो निम्नलिखित हैं

(i) **प्राकृतिक जनसंख्या वृद्धि** इसके अंतर्गत अशोधित जन्म और मृत्यु दरों को शामिल किया जाता है।
प्राकृतिक जनसंख्या वृद्धि दर का आकलन अशोधित जन्म दर से मृत्यु दर को घटाने पर प्राप्त किया जाता है।

(ii) **अभिप्रेरित जनसंख्या वृद्धि** अभिप्रेरित जनसंख्या वृद्धि किसी क्षेत्र विशेष के लोगों की इच्छाओं व आकांक्षाओं की प्रबलतावश अंतर्वर्ती (किसी विशेष क्षेत्र में लोगों का आगमन) व बहिर्वर्ती (बाहर जाना) संचलन का आकलन करके ज्ञात की जाती है।
अभिप्रेरित जनसंख्या वृद्धि दर किसी क्षेत्र विशेष के लोगों के आगमन की गणना करके प्राप्त की जा सकती है।

(iii) **तृतीय अवस्था** इसे तीव्र वृद्धि की अवस्था भी कहा जाता है। वर्ष 1951-81 की अवधि में भारत की जनसंख्या में 89.36% की वृद्धि हुई, जिस कारण इस अवस्था को जनसंख्या विस्फोट के नाम से भी जाना जाता है।
स्वतंत्रता प्राप्ति के पश्चात् यह ऐसी समय अवधि थी, जिसमें केंद्रीकृत नियोजन प्रक्रिया के माध्यम से विकासात्मक कार्यों को प्रारंभ किया गया, जिस कारण लोगों की जीवन दशाएँ सुधरने लगीं और देश की अर्थव्यवस्था में भी सुधार हुआ।
इन सबके अतिरिक्त तिब्बतियों, बांग्लादेशियों, नेपालियों एवं पाकिस्तान से आने वाले लोगों के प्रवास ने भी उच्च वृद्धि दर में योगदान दिया। इन सभी कारणों से इस अवस्था में जनसंख्या की प्राकृतिक वृद्धि उच्च और वृद्धि दर उच्चतर हुई।

28. भारत में नगरों के विकास के संदर्भ में विवेचना कीजिए। (5)

अथवा **कच्चे माल पर आधारित उद्योगों के वर्गीकरण का विश्लेषण पाँच शीर्षकों के अंतर्गत कीजिए।**

उत्तर भारत में नगरों का उद्भव प्रागैतिहासिक काल से हुआ है। उदाहरणस्वरूप, सिंधु घाटी सभ्यता में भी हड़प्पा और मोहनजोदड़ो जैसे नगरों का अस्तित्व था। 18वीं शताब्दी में यूरोपियों के भारत आगमन के पश्चात् नगरों के विकास को एक नई दिशा मिली। स्वतंत्रता के पश्चात् चंडीगढ़, भुवनेश्वर, गाँधीनगर, दिसपुर इत्यादि नगरों का विकास प्रशासनिक केंद्रों के रूप में तथा दुर्गापुर, भिलाई, सिंदरी, बरौनी इत्यादि नगरों का विकास औद्योगिक केंद्रों के रूप में हुआ है। विभिन्न युगों में नगरों के विकास के आधार पर नगरों को तीन वर्गों में विभाजित किया जाता है

(i) **प्राचीन नगर** भारत में 2,000 से अधिक वर्षों से ऐतिहासिक पृष्ठभूमि वाले नगरों को प्राचीन नगर वर्ग में रखा जाता है। इन नगरों में से अधिकांश नगरों का विकास धार्मिक एवं सांस्कृतिक केंद्रों के रूप में हुआ है। वाराणसी (काशी) इनमें सबसे महत्त्वपूर्ण नगर है। प्रयागराज (इलाहाबाद), पाटलिपुत्र (पटना) व मदुरई जैसे नगर प्राचीन नगरों के उदाहरण हैं।

(ii) **मध्यकालीन नगर** भारत के लगभग 100 नगरों का इतिहास मध्यकाल से जुड़ा है, जिनका विकास रजवाड़ों और राज्यों के मुख्यालय के रूप में हुआ है।
मध्यकालीन नगर किला नगर हैं, जिनका निर्माण प्राचीन नगरों के खंडहरों पर हुआ है। दिल्ली, हैदराबाद, जयपुर, लखनऊ, आगरा और नागपुर आदि मध्यकालीन नगर के उदाहरण हैं।

(iii) **आधुनिक नगर** भारत में आधुनिक नगरों का विकास अंग्रेजों और अन्य यूरोपियों ने किया। इन्होंने तटीय स्थानों पर सूरत, दमन, गोवा, पांडिचेरी, कोलकाता, चेन्नई इत्यादि व्यापारिक केंद्रों को विकसित किया है।
अंग्रेजों ने तीन प्रमुख केंद्रों—मुंबई (बंबई), चेन्नई (मद्रास) और कोलकाता (कलकत्ता) की स्थापना की तथा इनका अंग्रेजी शैली में निर्माण किया। 1850 ई. के बाद आधुनिक उद्योगों पर आधारित नगरों का विकास हुआ, जिसका जमशेदपुर एक महत्त्वपूर्ण उदाहरण है।

अथवा कच्चे माल पर आधारित उद्योगों को निम्नलिखित पाँच शीर्षकों के अंतर्गत बाँटकर देखा जाता है

(i) **कृषि आधारित उद्योग** ऐसे उद्योगों में कृषि उत्पाद को कच्चे माल के रूप में प्रयोग करते हैं तथा निर्मित माल को ग्रामीण एवं नगरीय बाजारों में बेचा जाता है। शक्कर, पेय पदार्थ, मसाले, रबड़ उद्योग आदि ऐसे प्रमुख उद्योग हैं।

(ii) **खनिज आधारित उद्योग** ऐसे उद्योगों में कच्चे माल के रूप में खनिजों का उपयोग किया जाता है। ये खनिज धात्विक तथा अधात्विक होते हैं। इसमें लौह अंश वाले धात्विक खनिज, अलौह अंश वाले धात्विक खनिज तथा अधात्विक खनिज पर आधारित उद्योग शामिल होते हैं।

(iii) **रसायन पर आधारित उद्योग** ये ऐसे उद्योग हैं, जिनमें रासायनिक खनिजों का उपयोग होता है; जैसे—नमक, गंधक एवं पोटाश उद्योगों में प्राकृतिक रसायन का प्रयोग होता है।

(iv) **वनों पर आधारित उद्योग** जिन उद्योगों में वनों से प्राप्त उत्पादों का प्रत्यक्ष या अप्रत्यक्ष रूप में उपयोग किया जाता है, उन्हें वनों पर आधारित उद्योग कहा जाता है। फर्नीचर, कागज एवं लाख उद्योग ऐसे ही उद्योग हैं, जिनमें बाँस, लकड़ी तथा लाख का उपयोग किया जाता है।

(v) **पशु आधारित उद्योग** पशुओं से प्राप्त उत्पादों पर आधारित उद्योग पशु आधारित उद्योग होते हैं। चमड़ा उद्योग, ऊनी वस्त्र उद्योग व हाथीदाँत उद्योग ऐसे प्रमुख उद्योग हैं, जिनमें कच्चे माल के रूप में चमड़ा, ऊन व हाथीदाँत का प्रयोग किया जाता है।

खंड 'ङ'

प्रश्न संख्या 29 व 30 मानचित्र आधारित प्रश्न हैं। **(2×5 = 10)**

29. संसार के दिए गए राजनीतिक रेखा-मानचित्र में सात भौगोलिक लक्षणों को दिखाया गया है। किन्हीं पाँच की पहचान निम्नलिखित जानकारी की सहायता से कीजिए और उनके सही नाम उनके पास खींची गई रेखाओं पर लिखिए **(5×1 = 5)**

(A) रेलवे टर्मिनल स्टेशन
(B) पार-कैनेडियन रेलमार्ग का टर्मिनल स्टेशन
(C) एक प्रमुख समुद्री पत्तन
(D) ऑस्ट्रेलियाई पार-महाद्वीपीय रेलमार्ग का टर्मिनल स्टेशन
(E) एक प्रमुख समुद्री पत्तन
(F) एक प्रमुख समुद्री पत्तन
(G) ऑस्ट्रेलिया का प्रमुख वायु पत्तन

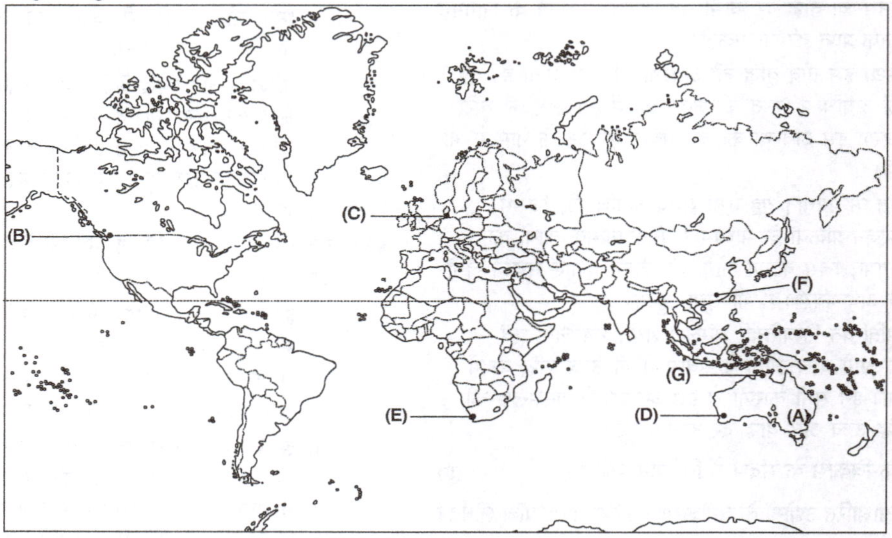

उत्तर

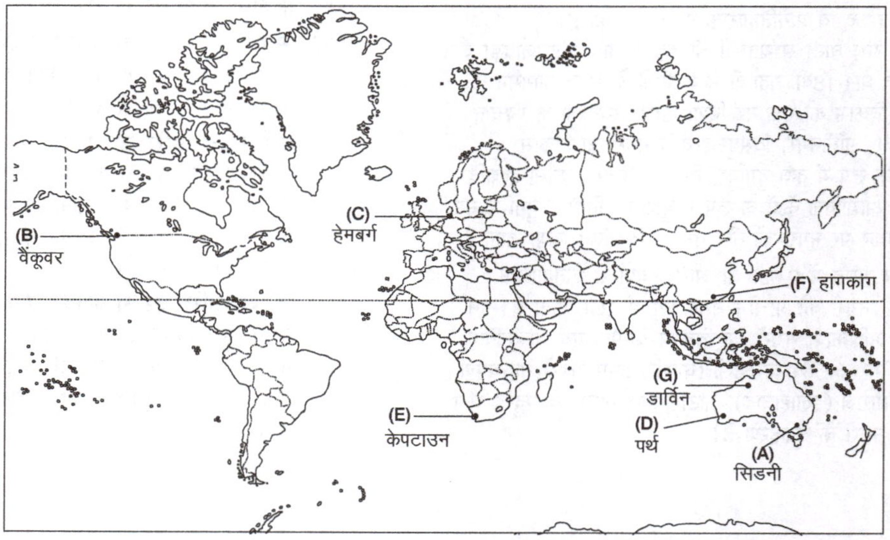

उत्तर

1. (b)	*2. (c)*	*3. (c)*	*4. (d)*	*5. (d)*	*6. (a)*	*7. (c)*	*8. (a)*	*9. (a)*	*10. (c)*
11. (c)	*12. (d)*	*13. (c)*	*14. (a)*	*15. (d)*	*16. (d)*	*17. (c)*			

30. भारत के दिए गए राजनीतिक रेखा-मानचित्र में निम्नलिखित सात भौगोलिक लक्षणों में से किन्हीं पाँच को उपयुक्त चिह्नों द्वारा अंकित कीजिए और उनके नाम लिखिए **(5 × 1 = 5)**

(A) गोवा में स्थित प्रमुख पत्तन
(B) मुंबई अंतर्राष्ट्रीय हवाई अड्डा
(C) उड़ीसा में स्थित प्रमुख समुद्री पत्तन
(D) भारत का दक्षिणतम समुद्री पत्तन
(E) केरल का प्रमुख समुद्री पत्तन
(F) चाय का सबसे बड़ा उत्पादक राज्य
(G) गन्ने का अग्रणी उत्पादक राज्य

उत्तर

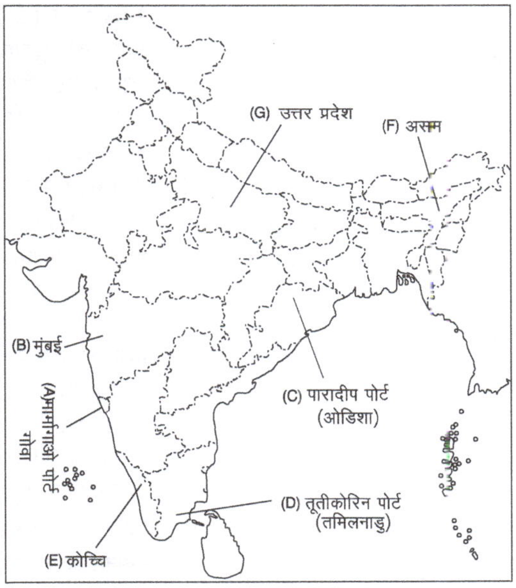

सैंपल पेपर 2
भूगोल
व्याख्या सहित (अनसॉल्वड) कक्षा 12

निर्देश 1. यह प्रश्न-प्रत्र पाँच खंडों में विभाजित हैं, जिसमें कुल 30 प्रश्न पूछे गए हैं। सभी प्रश्न करने अनिवार्य हैं।
2. खंड 'क' में 1 से 17 तक बहुविकल्पीय प्रश्न हैं।
3. खंड 'ख' में 18 से 20 स्रोत आधारित प्रश्न हैं।
4. खंड 'ग' में 21 से 23 तक लघु उत्तरीय प्रकार के प्रश्न हैं। प्रत्येक प्रश्न का उत्तर 80 से 100 शब्दों में लिखा जाना चाहिए।
5. खंड 'घ' में 24 से 28 दीर्घ उत्तरीय प्रकार के प्रश्न हैं। प्रत्येक प्रश्न का उत्तर 120 से 150 शब्दों में लिखा जाना चाहिए।
6. खंड 'ङ' में 29 व 30 मानचित्र आधारित प्रश्न हैं।

समय : **3 घंटे** पूर्णांक : **70**

खंड 'क' वस्तुनिष्ठ प्रश्न **(1 × 17 = 17)**

1. डॉ. महबूब-उल-हक के अनुसार, मानव विकास का अर्थ ······ है **(1)**
(a) व्यवसाय के अवसर बढ़ाना
(b) लोगों की आय बढ़ाना
(c) लोगों के जीवन-स्तर में सुधार करना
(d) उपरोक्त में से कोई नहीं

2. निम्नलिखित में से कौन-सा युग्म सही सुमेलित है? **(1)**
(a) भूमध्यसागरीय कृषि — खट्टे फलों का उत्पादन
(b) मिश्रित खेती — धान केंद्रित खेती करना
(c) आदिम निर्वाह कृषि — यंत्रीकृत अनाज की खेती
(d) गहन निर्वाह कृषि — झूमिंग खेती

3. परिवार नियोजन के उद्देश्यों से संबंधित निम्नलिखित कथनों को पढ़िए और सही विकल्प का चयन कीजिए। **(1)**
1. **जन्म दर को नियंत्रित करना**
2. **बच्चों के जन्म के बीच अंतराल रखना**
3. **महिलाओं के स्वास्थ्य को बेहतर करना**
4. **बच्चों की मृत्यु दर को कम करना**

कूट
(a) 1, 2 और 4 (b) 1, 2 और 3
(c) 2, 3 और 4 (d) 1, 3 और 4

4. जल संसाधन मानव जीवन के महत्त्वपूर्ण संसाधन है जिसका वर्तमान समय में संरक्षण करना उतना ही महत्त्वपूर्ण है। इस सन्दर्भ में सरकार द्वारा कुछ प्रावधान किए गए हैं। नीचे दिए गए इन प्रावधानों को इनके कालक्रम के अनुसार व्यवस्थित कीजिए। **(1)**
1. **पर्यावरण सुरक्षा अधिनियम**
2. **प्रधानमंत्री कृषि सिंचाई योजना**
3. **जल अधिनियम**
4. **जल उपकर अधिनियम**

कूट
(a) 1, 2, 3, 4 (b) 2, 3, 4, 1 (c) 4, 3, 2, 1 (d) 3, 4, 1, 2

5. दूरस्थ स्थानों को जोड़ने वाली पक्की सड़कें जिनका निर्माण इस प्रकार से किया जाता है कि आवागमन अबाधित रूप से हो सके। अबाधित प्रवाह की सुविधा के लिए अलग-अलग यातायात लेन, पुलों, फ्लाईओवरों और दोहरे वाहन मार्गों युक्त 80 मीटर चौड़ी सड़कें होती हैं, इन सड़कों को ······· कहा जाता है। **(1)**
(a) राज्य मार्ग (b) महामार्ग (c) रज्जुमार्ग (d) जिला मार्ग

6. निम्न में से क्या नगरीय विपणन केंद्र की विशेषता नहीं है? **(1)**
(a) ये विशिष्ट सेवाएँ उपलब्ध कराते हैं
(b) ये समय-समय पर आयोजित होते हैं
(c) ये सामान्य सेवाएँ उपलब्ध कराते हैं
(d) ये विशिष्टीकृत बाजार होते हैं

7. निम्न युग्मों में से कौन-सा युग्म सही नहीं है?
(a) पोर्सलीन – चीन
(b) कालीन – ईरान
(c) ब्रोकेड (किमखाव-जरीदार) – भारत
(d) मूल्यवान वस्त्र व हस्तशिल्प – इंडोनेशिया

8. निम्न में से किस विकल्प में जनसंख्या के आधार पर मेगानगरों को उच्चतम से निम्नतम स्वरूप में व्यवस्थित किया गया है? **(1)**
(a) बंगलुरु, कोलकाता, दिल्ली, मुंबई
(b) मुंबई, दिल्ली, कोलकाता, बंगलुरु
(c) दिल्ली, मुंबई, कोलकाता, बंगलुरु
(d) कोलकाता, बंगलुरु, मुंबई, दिल्ली

9. **राजस्थान के कौन-से जिले इंदिरा गाँधी नहर से सबसे अधिक लाभान्वित हैं?** **(1)**

(a) जैसलमेर, बीकानेर, हनुमानगढ़, गंगानगर
(b) अलवर, कोटा, जयपुर, जोधपुर, गंगानगर
(c) बूँदी, बारां, करौली, दौसा, चुरु
(d) नागौर, हनुमानगढ़, कोटा, बीकानेर

10. **निम्न में से कौन-सा कथन असत्य है?** **(1)**

(a) हुगली के सहारे जूट के कारखाने सस्ती जल यातायात की सुविधा के कारण स्थापित हुए
(b) चीनी, सूती वस्त्र एवं वनस्पति तेल उद्योग स्वच्छंद उद्योग हैं
(c) खनिज तेल एवं जल-विद्युत शक्ति के विकास ने उद्योगों की अवस्थिति कारक के रूप में कोयला शक्ति के महत्त्व को कम किया है
(d) पत्तन नगरों ने भारत में उद्योगों को आकर्षित किया है

11. **मानव भूगोल के निम्नलिखित उपागमों को कालक्रमानुसार लगाइए** **(1)**

1. **स्थानिक संगठन उपागम**
2. **क्षेत्रीय विभेदन उपागम**
3. **उत्तर आधुनिकवाद उपागम**
4. **अमूलवादी उपागम**

कूट

(a) 2, 3, 1, 4 (b) 3, 2, 4, 1
(c) 3, 1, 4, 2 (d) 2, 1, 4, 3

12. **उच्च प्रौद्योगिकी उद्योग के संदर्भ में निम्न में से सत्य कथन चुनिए** **(1)**

1. **उच्च प्रौद्योगिकी उद्योग में नीले कॉलर श्रमिकों की अपेक्षा सफेद कॉलर श्रमिक अधिक कार्यरत् हैं।**
2. **भारत की सिलिकॉन घाटी (बंगलुरु) प्रौद्योगिकी ध्रुव का उदाहरण है।**
3. **उच्च प्रौद्योगिकी वाले औद्योगिक प्रदेशों में अविकसित यातायात एवं संचार की व्यवस्था होती है।**

कूट

(a) 1 और 2 (b) 2 और 3
(c) 1 और 3 (d) 1, 2 और 3

13. **कथन (A) भारत में आर्थिक विकास के निचले स्तरों के क्षेत्रों में कार्य भागीदारी दर अधिक होती है।** **(1)**

कारण (R) निर्वाह गतिविधियों को करने के लिए बड़ी संख्या में हाथों से कार्य करने वाले श्रमिकों की आवश्यकता होती है।

कूट

(a) A और R दोनों सही हैं तथा R, A की सही व्याख्या करता है
(b) A और R दोनों सही हैं, परंतु R, A की सही व्याख्या नहीं करता है
(c) A सही है, परंतु R गलत है
(d) A गलत है, परंतु R सही है

उत्तर *(b)* भारत में आर्थिक विकास के निचले स्तरों के क्षेत्रों में कार्य की भागीदारी दर अधिक होती है। निर्वाह गतिविधियों को करने के लिए बड़ी संख्या में हाथों से कार्य करने वाले श्रमिकों की आवश्यकता होती है।

14. **कथन (A) 18वीं शताब्दी में यूरोपियन के आगमन के पश्चात् भारत में नगरों के विकास को एक नई दिशा मिली थी।** **(1)**

कारण (R) अंग्रेजों ने तीन प्रमुख केंद्रों मुंबई (बंबई), चेन्नई (मद्रास) एवं कोलकाता (कलकत्ता) की स्थापना की थी।

कूट

(a) A सही है, किंतु R गलत है
(b) A गलत है, किंतु R सही है
(c) A और R दोनों सही हैं
(d) A और R दोनों गलत हैं

उत्तर (c) 18वीं शताब्दी में यूरोपियन के आगमन के पश्चात् भारत में नगरों के विकास को एक नई दिशा मिली थी। यूरोपीय शक्तियों ने भारत में अपनी उपस्थिति स्थापित की, जिससे इस क्षेत्र में गहरा सामाजिक राजनीतिक और आर्थिक परिवर्तन हुआ। अंग्रेजों ने तीन प्रमुख केंद्रों बंबई, चेन्नई (मद्रास) एवं कोलकाता (कलकत्ता) की स्थापना की थीं।

निर्देश (प्रं. सं. 15 से 17) निम्नलिखित स्रोत को ध्यानपूर्वक पढ़कर उस पर आधारित प्रश्नों के उत्तर दीजिए

मानव विकास संवर्ग, मानदंड और देश

मानव विकास का स्तर	मानव विकास सूचकांक का स्कोर	देशों की संख्या
अति उच्च	0.800 से ऊपर	66
उच्च	0.700 से 0.799 के बीच	49
मध्यम	0.550 से 0.699 के बीच	44
निम्न	0.549 से नीचे	32

15. **अति उच्च मानव सूचकांक वाले देशों में वे देश शामिल हैं, जिनका स्कोर** **(1)**

(a) 0.700 से ऊपर है
(b) 0.550 से 0.699
(c) 0.800 से ऊपर है
(d) 0.900 से नीचे है

16. **उच्च मानव विकास सूचकांक वाले देशों में निम्न या मध्यम सूचकांक वाले देशों से अलग क्या होता है?** **(1)**

(a) उच्च सूचकांक वाले देश सामाजिक खंड में अधिक निवेश करते हैं,
(b) उच्च सूचकांक वाले देश सुशासन पर विशेष ध्यान देते हैं
(c) उच्च सूचकांक वाले देशों में सामाजिक विविधता बहुत अधिक होती है
(d) 'a' और 'b'

17. **मानव विकास सूचकांक में भारत के किस राज्य का प्रदर्शन अन्य से बेहतर है?** **(1)**

(a) गुजरात
(b) महाराष्ट्र
(c) केरल
(d) उत्तर प्रदेश

खंड 'ख' स्रोत/ग्राफ आधारित प्रश्न

प्रश्न संख्या 18 एवं 19 स्रोत आधारित प्रश्न हैं। **(2×3= 6)**

18. जनांकिकीय संक्रमण सिद्धांत का उपयोग किसी क्षेत्र की जनसंख्या के वर्णन तथा भविष्य की जनसंख्या के पूर्वानुमान के लिए किया जा सकता है। यह सिद्धांत हमें बताता है कि जैसे ही समाज ग्रामीण, खेतिहर और अशिक्षित अवस्था से उन्नति करके नगरीय औद्योगिक और साक्षर बनता है, तो किसी प्रदेश की जनसंख्या उच्च जन्म और उच्च मृत्यु से निम्न जन्म व निम्न मृत्यु में परिवर्तित होती है। ये परिवर्तन अवस्थाओं में होते हैं, जिन्हें सामूहिक रूप से जनांकिकीय चक्र के रूप में जाना
जाता है।

प्रथम अवस्था में उच्च प्रजननशीलता व उच्च मर्त्यता होती है, क्योंकि लोग महामारियों और भोजन की अनिश्चित आपूर्ति से होने वाली मृत्युओं की क्षतिपूर्ति अधिक पुनरुत्पादन से करते हैं। जनसंख्या वृद्धि धीमी होती है और अधिकांश लोग खेती में कार्यरत् होते हैं। जहाँ बड़े परिवारों को परिसंपत्ति माना जाता है। जीवन-प्रत्याशा निम्न होती है, अधिकांश लोग अशिक्षित होते हैं और उनके प्रौद्योगिकी स्तर निम्न होते हैं। 200 वर्ष पूर्व विश्व के सभी देश इसी अवस्था में थे।

द्वितीय अवस्था के प्रारंभ में प्रजननशीलता ऊँची बनी रहती है, किंतु यह समय के साथ घटती जाती है। यह अवस्था घटी हुई मृत्यु-दर के साथ आती है। स्वास्थ्य संबंधी दशाओं व स्वच्छता में सुधार के साथ मर्त्यता में कमी आती है। इस अंतर के कारण जनसंख्या में होने वाला शुद्ध योग उच्च होता है।

अंतिम अवस्था में प्रजननशीलता और मर्त्यता दोनों अधिक घट जाती है। जनसंख्या या तो स्थिर हो जाती है या मंद गति से बढ़ती है। जनसंख्या नगरीय और शिक्षित हो जाती है तथा उसके पास तकनीकी ज्ञान होता है। ऐसी जनसंख्या विचारपूर्वक परिवार के आकार को नियंत्रित करती है।

इससे प्रदर्शित होता है कि मनुष्य जाति अत्यधिक नम्य है और अपनी प्रजननशीलता को समायोजित करने की योग्यता रखती है। वर्तमान में विभिन्न देश जनांकिकीय संक्रमण की विभिन्न अवस्थाओं में हैं।

(i) भविष्य की जनसंख्या के पूर्वानुमान के लिए किस सिद्धांत का उपयोग किया जाता है? **(1)**

(ii) जनांकिकीय चक्र की प्रथम अवस्था की मूल विशेषता क्या है? **(1)**

(iii) किस कारण से द्वितीय अवस्था में उच्च-प्रजननशीलता एवं निम्न मृत्यु-दर पाई जाती है? **(1)**

19. दिए ग्राफ/चित्र के आधार पर प्रश्न का उत्तर दीजिए।

(i) तृतीयक क्षेत्र में शामिल गतिविधियाँ क्या हैं? **(1)**

(ii) कच्चे माल का प्रयोग कर विनिर्माण कार्य की गतिविधियों का संचालन किस क्षेत्र की गति विधि में शामिल है? **(1)**

(iii) चतुर्थ क्षेत्र गतिविधि पंचम क्षेत्र से किस प्रकार भिन्न है? **(1)**

खंड 'ग'

प्रश्न संख्या 20 से 23 लघु उत्तरीय प्रश्न हैं। **(4× 5= 12)**

20. औद्योगिक क्रांति के पश्चात् अंतर्राष्ट्रीय व्यापार में क्या बदलाव आया? **(3)**

अथवा वर्ष 1951-81 का काल भारत में जनसंख्या विस्फोट के रूप में क्यों जाना जाता है?

21. निर्वाहन संग्रहण के क्षेत्रों को दिखाने वाले दिए गए मानचित्र का अध्ययन सावधानी पूर्वक कीजिए और निम्नलिखति के उत्तर दीजिए।

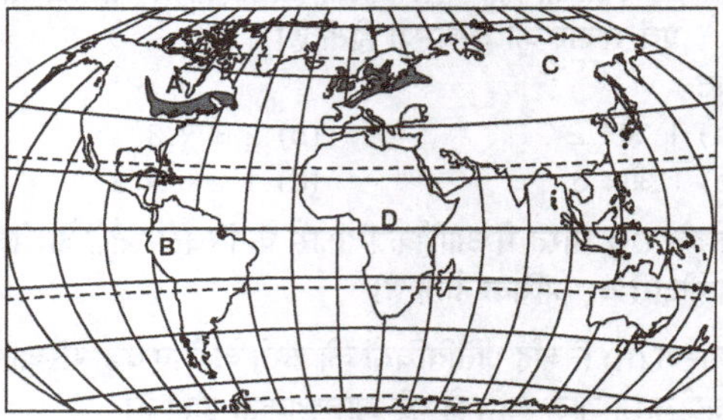

(i) A, B, C और D द्वारा अंकित क्षेत्रों की पहचान कीजिए और उनके नाम उत्तर पुस्तिका में लिखिए।

(ii) संग्रहण की किन्हीं दो विशेषताओं की व्याख्या कीजिए।

(iii) विश्व स्तर पर संग्रहण महत्त्वपूर्ण क्यों नहीं हो सकती है? दो कारण दीजिए। **(3)**

22. रेशेदार फसल कपास पर संक्षिप्त टिप्पणी लिखिए। **(3)**

23. पेट्रोलियम से आप क्या समझते हैं? उसके किन्हीं तीन व्यापारिक उत्पादन क्षेत्रों का वर्णन कीजिए। **(3)**

खंड 'घ'

प्रश्न संख्या 24 से 28 दीर्घ उत्तरीय प्रश्न हैं। **(5 × 5 = 25)**

24. विकास एक बहुआयामी संकल्पना है और अर्थ व्यवस्था समाज तथा पर्यावरण में सकारात्यक व अनुत्क्रयणीय परिवर्तन की द्योतक है, इस कथन की पुष्टि भारत से उपयुक्त तर्कों की मदद से कीजिए। **(5)**

25. भारत में तेल एवं गैस पाइपलाइन का विकास तथा इसकी महत्ता को स्पष्ट कीजिए। **(5)**

अथवा भारत का सड़क जाल विश्व के विशालतम सड़क जालों में से एक है" इस कथन को स्पष्ट कीजिए।

26. भारत के पूर्वी तट पर अवस्थित पाँच प्रमुख पत्तनों का उल्लेख कीजिए। **(5)**

अथवा स्वास्थ्य पर होने वाले वायु प्रदूषण के प्रभावों का विवरण दीजिए तथा वायु प्रदूषण को नियंत्रित करने के उपाय बताइए।

27. प्राकृतिक एवं सांस्कृतिक पर्यावरण के किन्हीं तीन-तीन महत्त्वपूर्ण घटकों की चर्चा कीजिए, जिनसे मानव व पर्यावरण अंतर्संबंधित होते हैं। **(5)**

अथवा पर्यावरण प्रदूषण क्या है? भारत से उदाहरण देते हुए प्रदूषण के प्रकारों का उल्लेख कीजिए।

28. जल की उपलब्धता और भू आकृतियाँ विश्व में जनसंख्या के वितरण को किस प्रकार प्रभावित करती हैं? उदाहरण सहित स्पष्ट कीजिए **(5)**

अथवा "किसी प्रदेश के आकार और उसकी प्रतिव्यक्ति आय का मानव विकास से प्रत्यक्ष संबंध नहीं है।" उदाहरणों सहित इस कथन की पुष्टि कीजिए।

खंड 'ङ'

प्रश्न संख्या 29 व 30 मानचित्र आधारित प्रश्न हैं। **(2 × 5 = 10)**

29. संसार के दिए गए राजनीतिक रेखा-मानचित्र में सात भौगोलिक लक्षणों को दिखाया गया है। किन्हीं पाँच की पहचान निम्नलिखित जानकारी की सहायता से कीजिए और उनके सही नाम उनके पास खींची गई रेखाओं पर लिखिए **(5 × 1 = 5)**

(A) एक प्रमुख वायु पत्तन
(B) पार-साइबेरियन रेलमार्ग का पूर्व में स्थित रेलवे टर्मिनल
(C) एक अन्तर्राष्ट्रीय वायु पत्तन
(D) यूरोप का एक प्रनुख समुद्री पत्तन
(E) उत्तरी अमेरिका का एक प्रमुख वायु पत्तन
(F) यूरोप का एक प्रनुख समुद्री पत्तन
(G) वाणिज्य पशुधन पालन का एक प्रमुख क्षेत्र या देश

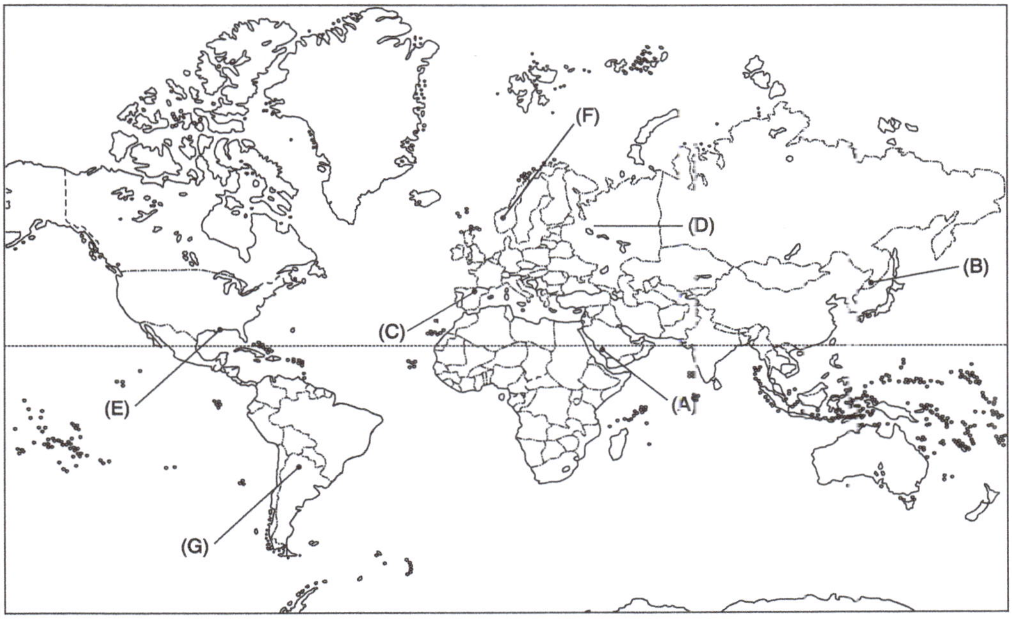

30. भारत के दिए गए राजनीतिक रेखा-मानचित्र में निम्नलिखित सात भौगोलिक लक्षणों में से किन्हीं पाँच को उपयुक्त चिह्नों द्वारा अंकित कीजिए और उनके नाम लिखिए **(5 × 1 = 5)**

(A) ज्वार का सबसे बड़ा उत्पादक राज्य
(B) जूट का सबसे बड़ा उत्पादक राज्य
(C) तमिलनाडु में प्रमुख समुद्री पत्तन
(D) मूँगफली का अधिक उत्पादकता वाला राज्य
(E) कपास का सबसे बड़ा उत्पादक राज्य
(F) बंगलुरु स्थित अंतर्राष्ट्रीय हवाई अड्डा
(G) मध्य प्रदेश में मैंगनीज खदान

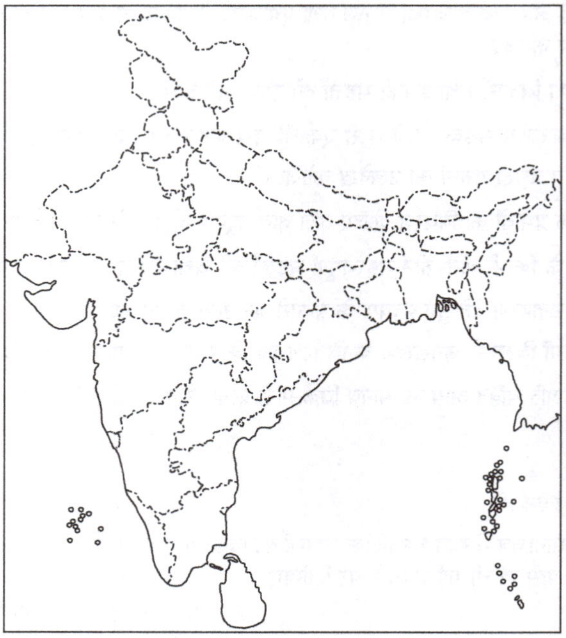

उत्तर

1. (c)	*2. (a)*	*3. (b)*	*4. (d)*	*5. (b)*	*6. (b)*	*7. (c)*	*8. (b)*	*9. (a)*	*10. (b)*
11. (d)	*12. (a)*	*13. (b)*	*14. (c)*	*15. (c)*	*16. (d)*	*17. (c)*			

सैंपल पेपर 3

भूगोल

व्याख्या सहित (अनसॉल्वड) कक्षा 12

निर्देश 1. यह प्रश्न-प्रत्र पाँच खंडों में विभाजित हैं, जिसमें कुल 30 प्रश्न पूछे गए हैं। सभी प्रश्न करने अनिवार्य हैं।
2. खंड 'क' में 1 से 17 तक बहुविकल्पीय प्रश्न हैं।
3. खंड 'ख' में 18 से 20 स्रोत आधारित प्रश्न हैं।
4. खंड 'ग' में 21 से 23 तक लघु उत्तरीय प्रकार के प्रश्न हैं। प्रत्येक प्रश्न का उत्तर 80 से 100 शब्दों में लिखा जाना चाहिए।
5. खंड 'घ' में 24 से 28 दीर्घ उत्तरीय प्रकार के प्रश्न हैं। प्रत्येक प्रश्न का उत्तर 120 से 150 शब्दों में लिखा जाना चाहिए।
6. खंड 'ङ' में 29 व 30 मानचित्र आधारित प्रश्न हैं।

समय : **3 घंटे** पूर्णांक : **70**

खंड 'क' वस्तुनिष्ठ प्रश्न **(1 × 17 = 17)**

1. संसार के अधिकांश महान पत्तनों को किस पत्तन के रूप में वर्गीकृत किया गया है? (1)

(a) नौसेना पत्तन
(b) विस्तृत पत्तन
(c) तेल पत्तन
(d) औद्योगिक पत्तन

2. निम्नलिखित में से सही युग्म की पहचान करें (1)

(a) छावनी शहर — अंबाला
(b) पर्यटन शहर — सहारनपुर
(c) खनन शहर — कोलकाता
(d) प्रशासनिक शहर — सिंगरौली

3. भारत के पश्चिम तथा उत्तर-पश्चिम भागों में गर्म तथा शुष्क जलवायु में बोया जाता है, जो इस क्षेत्र के शुष्क दौर तथा सूखा को सहन करने में सक्षम है। यह एकल तथा मिश्रित फसल के रूप में बोया जाता है, जो भारत के कुल फसल क्षेत्र के 5.2% पर बोई जाती है। यह फसल ······ है। (1)

(a) बाजरा (b) चना
(c) मक्का (d) ज्वार

4. निम्न में से क्या बंजर एवं व्यर्थ भूमि के संदर्भ में सत्य है? (1)

(a) वह भूमि, जो तीन वर्ष से अधिक समय तक अनुउपजाऊ रहे
(b) वह भूमि, जो प्रचलित प्रौद्योगिकी की सहायता से भी कृषि योग्य नहीं बनाई जा सकती
(c) ग्राम पंचायतों के अधीनस्थ भूमि
(d) फलों एवं मोटे अनाज की कृषि हेतु योग्य भूमि

5. आधुनिक भारतीय भाषाओं को बोलने वालों की संख्या के अनुसार अधिकतम से न्यूनतम के सही क्रम वाले विकल्प को चुनिए। (1)

(a) भारतीय-यूरोपीय, द्रविड़, ऑस्ट्रिक एवं चीनी-तिब्बती
(b) भारतीय-यूरोपीय, ऑस्ट्रिक, द्रविड़ एवं चीनी तिब्बती
(c) द्रविड़, भारतीय-यूरोपीय, चीनी-तिब्बत एवं आस्ट्रिक
(d) द्रविड़, आस्ट्रिक, भारतीय-यूरोपीय एवं चीनी-तिब्बती

6. ········ विश्व के उष्ण कटिबंधीय तथा उपोष्ण कटिबंधीय क्षेत्रों में पाई जाती है यह कृषि का एक ऐसा रूप है जहाँ उत्पाद व्यावसायिक उद्देश्यों के लिए बेचा जाता है। इसमें एक बड़ा क्षेत्र शामिल होता है, जिसमें लम्बी अवधि के लिए एकल फसल उगाई जाती है। (1)

(a) वृक्षारोपण कृषि (b) निर्वाह कृषि
(c) मिश्रित कृषि (d) पारंपरिक कृषि

7. निम्नलिखित में कौन सही सुमेलित नहीं है? (1)

	क्रियाकलाप		विशेषताएँ
(a)	ट्रक फार्मिंग	—	सब्जियों का उत्पादन
(b)	फैक्ट्री फार्मिंग	—	पशुपालन व मुर्गीपालन
(c)	मार्केट गार्डनिंग	—	फूलों का उत्पादन
(d)	विटी कल्चर	—	मत्स्यन

8. भू-मध्य सागरीय कृषि के संबंध में कौन-सा कथन सत्य नहीं है? (1)

(i) भू-मध्य सागरीय कृषि क्षेत्र में अँगूर का उत्पादन मुख्य रूप से किया जाता है।
(ii) यह क्षेत्र खट्टे फलों की आपूर्ति हेतु महत्त्व पूर्ण माना जाता है।
(iii) इस क्षेत्र के उच्च गुणवत्ता वाले अँगूर से शराब व निम्न गुणवत्ता वाले अँगूर से किशमिश बनाई जाती है।
(iv) भू-मध्य सागरीय क्षेत्र की प्रमुख फसल सेब है।

कूट
(a) कथन I और II
(b) केवल II
(c) केवल III
(d) कथन IV

9. अटल भूजल योजना के संदर्भ में कौन-सा कथन सही है? **(1)**
1. इस विस्तार से भारत के 8 राज्यों में जैसे-गुजरात, हरियाणा, कर्नाटक, मध्य प्रदेश, महाराष्ट्र, राजस्थान, उत्तर-प्रदेश तथा झारखंड शामिल हैं।
2. यह जल संरक्षण तथा जल के विवेकपूर्ण उपयोग पर बल देता है।
3. चुने गए इन राज्यों के 80 जिलों में जल की कमी वाले ग्राम पंचायतों को चिह्नित किया गया है।

कूट
(a) 1 और 2 (b) 1 और 2
(c) 2 और 3 (d) 1, 2 और 3

10. निम्न में से कौन-सा कथन सही है **(1)**
(a) पत्तन को अंतर्राष्ट्रीय व्यापार का मुख्य प्रवेशद्वार कहा जाता है
(b) राइन नदी पर स्थित मैनहीम एवं ड्यूसबर्ग पत्तन प्रमुख अंतर्देशीय पत्तन हैं
(c) पैकेट स्टेशन पत्तनों का प्रयोग छोटी दूरियों को तय करने तथा जलीय क्षेत्रों में यात्रियों के आवागमन हेतु किया जाता है
(d) उपरोक्त सभी

11. भारत के निम्नलिखित राज्यों को गेहूँ उत्पादन के आधार पर (उच्च से निम्न) क्रमानुसार व्यवस्थित कीजिए **(1)**
1. पंजाब 2. मध्य प्रदेश
3. उत्तर प्रदेश 4. हरियाणा

कूट
(a) 1, 3, 4, 2 (b) 2, 1, 3, 4
(c) 3, 2, 1, 4 (d) 4, 1, 3, 2

12. निम्न में से कौन-से कथन सत्य हैं? **(1)**
1. भारत में कुल उपयोगी जल संसाधन 1,122 घन किमी है।
2. भारत में विश्व के धरातलीय क्षेत्र का लगभग 2.45 भाग पाया जाता है।
3. गंगा, ब्रह्मपुत्र एवं सिंधु का जल ग्रहण क्षेत्र बहुत बड़ा है।
4. गंगा एवं ब्रह्मपुत्र नदियों के जल प्रवाह का पूर्ण प्रयोग किया जाता है।

कूट
(a) 1,2 और 3 (b) 2, 3 और 4
(c) 1,3 और 4 (d) ये सभी

13. जनसंख्या वृद्धि की अवस्था के संदर्भ में दिए गए कथनों को उनके विकास के क्रम में व्यवस्थित कीजिए। **(1)**
1. 1981 के बाद से लगातार जनसंख्या की वृद्धि दर में कमी देखी जा सकती है, इसलिए इस अवस्था को घटती जन्मदर की अवधि कहा गया।
2. निरंतर वृद्धि की अवस्था में मृत्यु दर में कमी तथा जन्मदर में उच्च स्तर देखा गया।
3. खराब स्वास्थ्य और चिकित्सा सेवा के कारण ऋणात्मक वृद्धिदर रही।
4. केन्द्रीकृत नियोजन तथा बाहरी प्रवासन के कारण जनसंख्या विस्फोट की स्थिति उत्पन्न हुई।

कूट
(a) 4, 3, 2, 1 (b) 2, 1, 3, 4
(c) 1, 2, 3, 4 (d) 3, 2, 4, 1

उत्तर (c) भूमध्य सागरीय कृषि खट्टे एवं रसदार फलों की आपूर्ति हेतु प्रसिद्ध है, इसे ट्रक कृषि कहा जाता है। भूमध्यसागर के समीपवर्ती क्षेत्रों मे होने वाली कृषि को भूमध्य सागरीय कृषि कहते हैं। सर्दियों के मौसम में यूरोप तथा संयुक्त राज्य अमेरिका में सब्जियों एवं फलों की आपूर्ति भूमध्य सागरीय क्षेत्रों से की जाती है।

14. **कथन** (A) ग्रामीण क्षेत्रों में सप्ताह या महीने के कुछ निश्चित दिनों के अंतराल पर लगने वाले बाजार को आवधिक बाजार कहते हैं। **(1)**

कारण (R) ऐसे बाजारों में विशिष्ट प्रकार की सेवाएँ भी उपलब्ध होती हैं, इसलिए इन्हें विशिष्टीकृत बाजार भी कहा जाता है।

कूट
(a) A सही है, किंतु R गलत है
(b) A गलत है, किंतु R सही है
(c) A और R दोनों सही हैं
(d) A और R दोनों गलत हैं

उत्तर (a) ग्रामीण क्षेत्रों में सप्ताह या महीनें के कुछ निश्चित दिनों के अंतराल पर लगने वाले बाजार को आवधिक बाजार कहते हैं। आवधिक बाजार में लोग दूर-दूर से सामान खरीदने के लिए आते हैं। ऐसे बाजारों में सामान्यतः दैनिक उपयोग की वस्तुएँ उपलब्ध होती है। इन बाजारों में विशिष्ट प्रकार की वस्तुएँ उपलब्ध नहीं होती है।

निर्देश (प्रं. सं. 15 से 17) निम्नलिखित को ध्यानपूर्वक पढ़कर उस पर आधारित प्रश्नों के उत्तर दीजिए

भारत का निर्यात को संघटन 2015-2022

वस्तुएँ/माल	2015-16	2016-17	2020-21	2021-22
कृषि एवं समवर्गी उत्पाद	12.6	12.3	14.3	11.9
अयस्क एवं खनिज	1.6	1.9	3.2	2.0
विनिर्मित वस्तुएँ	72.9	73.6	71.2	67.8
पेट्रोलियम व अपरिष्कृत उत्पाद	11.9	11.7	9.2	16.4
अन्य वस्तुएँ	1.1	0.5	2.1	1.9

15. अयस्क एवं खनिज वस्तुओं के निर्यात में सर्वाधिक वृद्धि किस वर्ष दर्ज की गई? **(1)**
(a) 2015-16 (b) 2020-21
(c) 2021-22 (d) 2016-17

16. विनिर्मित वस्तुओं के निर्यात में किस वर्ष के दौरान सर्वाधिक कमी दर्ज की गई? **(1)**
(a) 2015-16 से 2016-17 (b) 2016-17 से 2020-21
(c) 2020-21 से 2021-22 (d) 2016-17 से 2021-22

17. कृषि तथा सन्मार्गी वस्तुओं के अंतर्गत क्या शामिल नहीं है? **(1)**
(a) दुग्ध उत्पादन उद्योग (b) मत्स्य पालन
(c) बागवानी (d) उर्वरक

खंड 'ख' स्रोत/ग्राफ आधारित प्रश्न

प्रश्न संख्या 18 एवं 19 स्रोत आधारित प्रश्न हैं। **(2 × 3 = 6)**

18. अपनी केंद्रीय अथवा नोडीय स्थान की भूमिका के अतिरिक्त अनेक शहर और नगर विशेषीकृत सेवाओं का निष्पादन करते हैं। कुछ शहरों और नगरों को कुछ निश्चित प्रकार्यों में विशिष्टता प्राप्त होती है और उन्हें कुछ विशिष्ट क्रियाओं, उत्पादनों अथवा सेवाओं के लिए जाना जाता है।

फिर भी प्रत्येक शहर अनेक प्रकार्य करता है। प्रमुख अथवा विशेषीकृत प्रकार्यों के आधार पर भारतीय नगरों को वर्गीकृत किया गया है।

उच्चतर क्रम के प्रशासनिक मुख्यालयों वाले शहरों को प्रशासन नगर कहते हैं; जैसे–चंडीगढ़, नई दिल्ली, भोपाल, शिलांग, गुवाहाटी, इंफाल, श्रीनगर, गाँधीनगर, जयपुर, चेन्नई इत्यादि।

औद्योगिक नगर में मुंबई, सेलम, कोयंबटूर, मोदीनगर, जमशेदपुर, हुगली, भिलाई इत्यादि के विकास का प्रमुख अभिप्रेरक बल उद्योगों का विकास रहा है।

परिवहन नगर वे पत्तन नगर हैं, जो मुख्यतः आयात और निर्यात कार्यों में संलग्न रहते हैं; जैसे–कांडला, कोच्चि, कोझीकोड, विशाखापत्तनम इत्यादि अथवा आंतरिक परिवहन की धुरियाँ; जैसे–धुलिया, मुगलसराय, इटारसी, कटनी इत्यादि हो सकते हैं।

व्यापार और वाणिज्य में विशिष्टता प्राप्त शहरों और नगरों को वाणिज्य नगर कहा जाता है। कोलकाता, सहारनपुर, सतना इत्यादि कुछ उदाहरण हैं।

खनन नगर खनिज समृद्ध क्षेत्रों में विकसित हुए हैं; जैसे–रानीगंज, झरिया, डिगबोई, अंकलेश्वर, सिंगरौली इत्यादि।

गैरिसन (छावनी) नगरों का उदय गैरिसन नगरों के रूप में हुआ है; जैसे–अंबाला, जालंधर, महू, बबीना, उधमपुर इत्यादि।

वाराणसी, मथुरा, अमृतसर, मदुरै, पुरी, अजमेर, पुष्कर, तिरुपति, कुरुक्षेत्र, हरिद्वार, उज्जैन अपने धार्मिक/सांस्कृतिक महत्त्व के कारण प्रसिद्ध हुए।

मुख्य परिसर नगरों में से कुछ नगर शिक्षा केंद्रों के रूप में विकसित हुए, जिन्हें शैक्षिक नगर कहा जाता है; जैसे–रुड़की, वाराणसी, अलीगढ़, पिलानी, इलाहाबाद।

(i) किन आधारों पर नगरों को प्रकार्यात्मक किया जाता है? **(1)**
(ii) प्रशासन नगर क्या है? **(1)**
(iii) छावनी नगर कौन-से हैं? **(1)**

19. नीचे दी गई तालिका का अध्ययन कीजिए और उसके नीचे दिए गए प्रश्नों के उत्तर लिखिए।

जनगणना वर्ष	कुल जनसंख्या	वृद्धि दर	
		निरपेक्ष संख्या	वृद्धि का %
1901	238396327	----------	--------
1911	252093390	(–) 13697063	(+) 5.75
1921	251321213	(–) 772117	(–) 0.31
1931	278977238	(–) 27656025	(+) 11.60
1941	318660580	(–) 39683342	(+) 14.22
1951	361088090	(–) 42420485	(+) 13.31
1961	439234771	(–) 77682873	(+) 21.51
1971	548159652	(–) 108924881	(+) 24.80
1981	683329097	(–) 135169445	(+) 24.66
1991	846302688	(–) 162973591	(+) 23.85
2001	1028610328	(–) 182307640	(+) 21.54
2011	1210193422	(–) 181583094	(+) 17.64

(i) कौन-सा दशक जनसंख्या की वृद्धि दर की नकारात्मक प्रवृत्ति को दिखाता है? **(1)**
(ii) किन्हीं दो दशकों का उल्लेख कीजिए, जिनमें दशकीय वृद्धि की दर को लगातार गिरती प्रवृत्ति के रूप में दिखाया गया है। **(1)**
(iii) जनसंख्या वृद्धि दर की घटती प्रवृत्ति के किन्हीं दो कारणों की व्याख्या करें। **(1)**

खंड 'ग'

प्रश्न संख्या 20 से 23 लघु उत्तरीय प्रश्न हैं। **(4 × 3 = 12)**

20. वर्ष 1901 से 1921 की अवधि को भारत की जनसंख्या की वृद्धि की रुद्ध अथवा स्थिर प्रावस्था क्यों कहा जाता है? **(3)**

अथवा

निर्वाह कृषि क्या है? आदिकालीन निर्वाह कृषि की किन्हीं चार विशेषताओं का उल्लेख कीजिए।

21. नीचे दिए गए मानचित्र मैप का अध्ययन कर निम्नलिखित प्रश्नों के उत्तर दीजिए।

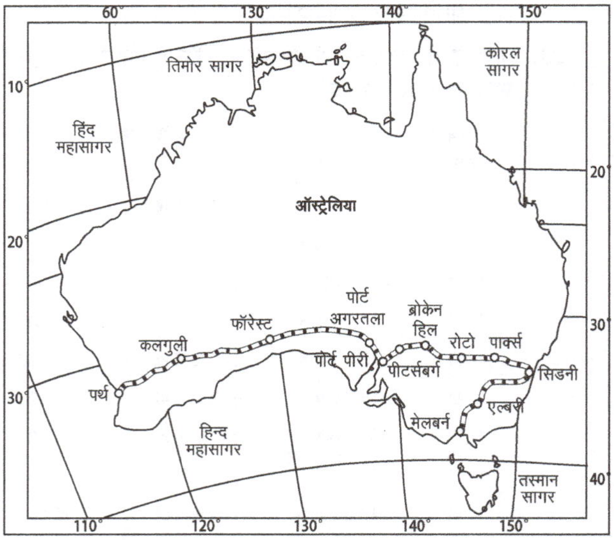

(i) उपरोक्त मानचित्र में दिखाए गए रेलमार्ग का नाम बताइए।

(ii) इस रेलमार्ग में अंतिम सिरों के स्टेशन कौन-से हैं?

(iii) यह रेलमार्ग ऑस्ट्रेलिया के किस भाग में स्थित है। **(3)**

22. विनिर्माण शब्द की परिभाषा दीजिए। छोटे पैमाने के विनिर्माण उद्योग की किन्हीं पाँच विशेषताओं को स्पष्ट कीजिए। **(3)**

23. यूरोप के रेल परिवहन की किन्हीं पाँच विशेषताओं की व्याख्या कीजिए। **(3)**

खंड 'घ'

प्रश्न संख्या 24 से 28 दीर्घ उत्तरीय प्रश्न हैं। **(5 × 5 = 25)**

24. भारत में पाई जाने वाली ग्रामीण बस्तियों के चार प्रकार कौन-से हैं? देश में प्रत्येक प्रकार की ग्रामीण बस्ती के वितरण का वर्णन कीजिए।

अथवा भारत में आधुनिक नगरों में से कई नगर अंग्रेजी शासन में विकसित हुए थे। इस कथन को स्पष्ट कीजिए। **(5)**

25. "किसी प्रदेश के आकार और उसकी प्रतिव्यक्ति आय का मानव विकास के प्रत्यक्ष संबंध नहीं है।" उदाहरणों सहित इस कथन की पुष्टि कीजिए। **(5)**

26. यदि प्रारंभिक लागत का ध्यान रखा जाए तो ऊर्जा के गैर-परंपरागत स्रोत अधिक स्थायी पर्यावरण के अनुकूल एवं सस्ती ऊर्जा प्रदान करेंगे? कथन का परीक्षण कीजिए।

अथवा एक अंतर्राष्ट्रीय संगठन के रूप में विश्व व्यापार संगठन की भूमिका क्या हैं? कुछ देश द्वारा विश्व व्यापार संगठन की आलोचना क्यों की गई है? स्पष्ट कीजिए। **(5)**

27. भारत में मैंगनीज अयस्क और बॉक्साइट के उपयोग और वितरण का वर्णन कीजिए। **(5)**

अथवा भारत में ऊर्जा के अपरंपरागत स्रोत अधिक स्थायी एवं पर्यावरण के अनुकूल ऊर्जा प्रदान करेंगे? इस कथन की समीक्षा कीजिए।

28. अंतर्राष्ट्रीय व्यापार में समुद्री पत्तन तथा हवाई अड्डे के महत्त्वों पर प्रकाश डालिए। **(5)**

अथवा 'पार-महाद्वीपीय रेलमार्ग' शब्द की परिभाषा दीजिए। पार-साइबेरियन रेलमार्ग तथा पार-कैनेडियन रेलमार्ग की चार-चार विशेषताएँ बताइए।

खंड 'ङ'

प्रश्न संख्या 29 व 30 मानचित्र आधारित प्रश्न हैं। **(2×5= 10)**

29. संसार के दिए गए राजनीतिक रेखा-मानचित्र में सात भौगोलिक लक्षणों को दिखाया गया है। किन्हीं पाँच की पहचान निम्नलिखित जानकारी की सहायता से कीजिए और उनके सही नाम उनके पास खींची गई रेखाओं पर लिखिए **(5 × 1 = 5)**

(A) यूरोप का एक प्रमुख समुद्री पत्तन

(B) दक्षिण अमेरिका का एक प्रमुख समुद्री पत्तन

(C) अफ्रीका का एक प्रमुख पत्तन

(D) न्यूजीलैंड का प्रमुख समुद्री पत्तन

(E) पार-कैनेडियन रेलमार्ग का टर्मिनल स्टेशन

(F) रेलवे टर्मिनल स्टेशन

(G) ऑस्ट्रेलियाई पार-महाद्वीपीय रेलमार्ग का टर्मिनल स्टेशन

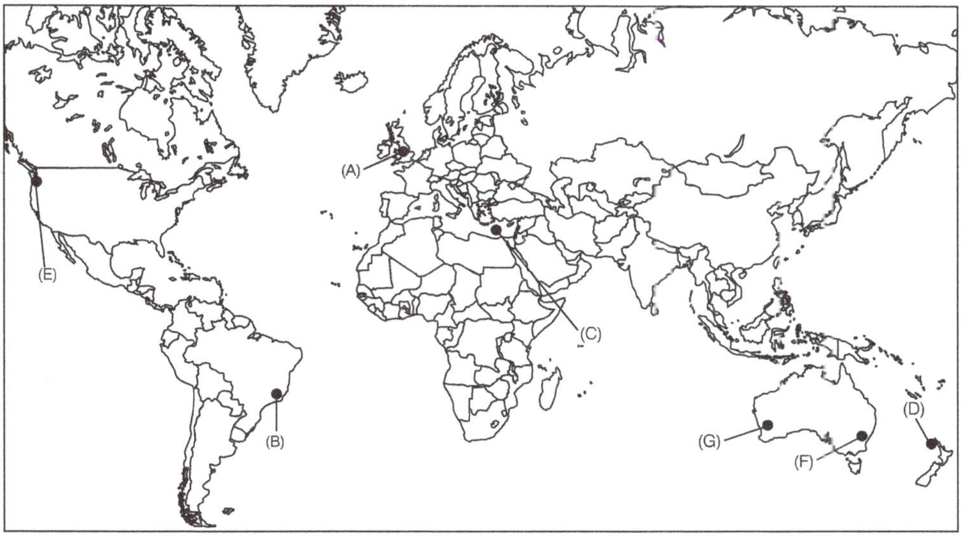

30. भारत के दिए गए राजनीतिक रेखा–मानचित्र में निम्नलिखित सात भौगोलिक लक्षणों में से किन्हों पाँच को उपयुक्त चिह्नों द्वारा अंकित कीजिए और उनके नाम लिखिए **(5 × 1 = 5)**

(A) मयूरभंज लौह–अयस्क खनन क्षेत्र।
(B) दक्षिणी झारखंड का ताँबा खनन क्षेत्र।
(C) भारत का सबसे बड़ा पत्तन।
(D) गुजरात में स्थिति तेल शोधक वाले स्थान का नाम बताइए।
(E) शिमोगा मैंगनीज खदान।
(F) तिरुवनंतपुरम स्थित अंतर्राष्ट्रीय हवाई अड्डा
(G) गेहूँ का सबसे अधिक उत्पादकता वाला राज्य

उत्तर

1. (b)	*2. (a)*	*3. (a)*	*4. (b)*	*5. (a)*	*6. (a)*	*7. (d)*	*8. (c)*	*9. (c)*	*10. (d)*
11. (c)	*12. (a)*	*13. (d)*	*14. (a)*	*15. (c)*	*16. (c)*	*17. (d)*			

बोर्ड प्रश्न–पत्र (2025)

CBSE
बोर्ड प्रश्न-पत्र 2025

भूगोल

समय : 3 घंटे **पूर्णांक : 80**

निर्देश 1. इस प्रश्न-पत्र में 30 प्रश्न हैं। सभी प्रश्न अनिवार्य हैं।
2. यह प्रश्न-प्रत्र पाँच खंडों में विभाजित है–खंड क, ख, ग, घ एवं ङ।
3. खंड (क) में प्रश्न संख्या 1 से 17 तक बहुविकल्पीय प्रश्न हैं।
4. खंड (ख) में प्रश्न संख्या 18 एवं 19 स्रोत आधारित प्रश्न हैं।
5. खंड (ग) में प्रश्न संख्या 20 से 23 तक लघु उत्तरीय प्रकार के प्रश्न हैं। प्रत्येक प्रश्न का उत्तर 80 से 100 शब्दों में लिखा जाना चाहिए।
6. खंड (घ) में प्रश्न संख्या 24 से 28 दीर्घ उत्तरीय प्रकार के प्रश्न हैं। प्रत्येक प्रश्न का उत्तर 120 से 150 शब्दों में लिखा जाना चाहिए।
7. खंड (ङ) में प्रश्न संख्या 29 व 30 मानचित्र आधारित प्रश्न हैं।

खंड 'क' वस्तुनिष्ठ प्रश्न **(1 × 17 = 17)**

1. **" मानव भूगोल मानव समाज और पृथ्वी की सतह के बीच संबंधों का संश्लेषित अध्ययन है।" मानव भूगोल की यह परिभाषा किसके द्वारा दी गई है?** **(1)**

(a) विडाल -डी-ला-ब्लाश (b) रिचर्ट हार्टशोर्न (c) रिटर (d) रैटजेल

2. **निम्नलिखित में से कौन-सा एक विषय के रूप में 'भूगोल' का मुख्य सरोकार है?** **(1)**

(a) जनसंख्या वितरण और उसको प्रभावित करने वाले कारकों को समझना।
(b) संसाधन-वितरण और उनके उपयोग के बीच संबंध को समझना।
(c) पृथ्वी को मानव के आवास और इसकी वहनीयता को समझना।
(d) पृथ्वी को प्राकृतिक संसाधनों का घर और उनके आंकलन को समझना।

3. **'नवनिश्चयवाद' की संकल्पना .... के द्वारा प्रस्तुत की गई** **(1)**

(a) एहरलिच (b) सी. सेपल (c) ग्रिफिथ टेलर (d) हम्बोल्ट

4. **पतनों के विषय में निम्नलिखित कथनों को ध्यानपूर्वक पढ़िए और सही विकल्प का चयन कीजिए** **(1)**

(i) पत्तन माल को लादने, उतारने और भंडारण की सुविधाएँ प्रदान करते हैं।
(ii) पत्तनों के महत्त्व का आकलन उनके पृष्ठ प्रदेश के आकार से किया जाता है।
(iii) किसी पत्तन द्वारा सँभाले जाने वाले माल की मात्रा उसके पृष्ठ प्रदेश के विकास के स्तर को दर्शाती है।
(iv) पत्तन विश्व व्यापार के मुख्य प्रवेश द्वार है।

विकल्प

(a) (i), (ii) और (iii) सही हैं। (b) (i),(iii) और (iv) सही है।
(c) (i),(ii) और (iv) सही हैं। (d) (ii),(iii)और (iv) सही हैं।

5. **नीचे दो कथन दिए गए हैं। ये अभिकथन (A) और कारण (R) हैं। दोनों कथनों को ध्यानपूर्वक पढ़िए और सही विकल्प का चयन कीजिए।** **(1)**

अभिकथन (A) **' विश्व व्यापार संगठन (WTO)' अमीर देशों को और अधिक अमीर बनाकर अमीर और गरीब के बीच खाई को चौड़ा कर रहा है।**

कारण (R) **विश्व व्यापार संगठन (WTO) में प्रभावशाली राष्ट्र अपने स्वयं के वाणिज्यिक हितों पर ध्यान केंद्रित करते हैं।**

विकल्प
(a) (A) तथा (R) दोनों सही हैं और (R),(A) की सही व्याख्या है
(b) (A) तथा (R) दोनों सही हैं, लेकिन (R),(A) की सही व्याख्या नहीं है
(c) (A) सही है, लेकिन (R) गलत है
(d) (A) गलत है, लेकिन (R) सही है

6. **रिक्त स्थान की पूर्ति के लिए सही विकल्प का चयन कीजिए।** **(1)**

व्यापार के लिए अर्थव्यवस्थाओं को खोलने का कार्य .... के रूप में जाना जाता है।

(a) संतुलित व्यापार (b) एकतरफा व्यापार (c) मुक्त व्यापार (d) द्विपक्षीय व्यापार

7. **भारत के निम्नलिखित नगरों को उनके ऐतिहासिक विकास के अनुसार प्राचीनतम से नवीनतम के क्रम में व्यावस्थित कीजिए और सही विकल्प का चयन कीजिए।** **(1)**

(i) **जयपुर** (ii) **चंडीगढ़** (iii) **मदुरै** (iv) **जमशेदपुर**

विकल्प
(a) (iii),(i),(ii),(iv) (b) (iii),(i),(iv),(ii) (c) (i),(iii),(iv),(ii) (d) (i),(iii),(ii),(iv)

8. **स्मार्ट सिटी मिशन के उद्देश्यों से संबंधित निम्नलिखित कथनों को ध्यानपूर्वक पढ़िए और सही विकल्प का चयन कीजिए** **(1)**

(i) **साफ और सतत पर्यावरण के साथ शहर को बढ़ावा देना।**
(ii) **अपने नागरिकों को गुणवत्ता पूर्ण बेहतर जीवन प्रदान करना।**
(iii) **नौकरी तलाश करने वालों को रोजगार प्रदान करना।**
(iv) **शहर को आपदाओं के प्रति जोखिम कम करने वाला बनाना।**

विकल्प
(a) (ii),(iii)और (iv) सही हैं
(b) (i),(iii) और (iv) सही हैं
(c) (i),(ii) और (iii) सही हैं
(d) (i),(ii) और (iv) सही हैं

9. **भारत में पन्ना, पाड़ा, नगला, ढाँणी आदि स्थानीय नाम निम्नलिखित में से किस प्रकार की ग्रामीण बस्तियों के उदाहरण हैं?** **(1)**

(a) गुच्छित बस्ती (b) अर्द्ध -गुच्छित-बस्ती (c) पल्ली बस्ती (d) परिक्षिप्त बस्ती

10. **नीचे दो कथन दिए गए हैं। ये अभिकथन (A) और कारण (R) हैं। दोनों कथनों को ध्यानपूर्वक पढ़िए और सही विकल्प का चयन कीजिए।** **(1)**

अभिकथन (A) **'कृषि में समृद्ध राज्य पंजाब, हरियाणा और पश्चिमी उत्तर प्रदेश भूजल की कमी के संकट का सामना कर रहे हैं।**

कारण (R) **जल स्तर पुनर्भरण की तुलना में सिंचाई के लिए अधिक भूजल का उपयोग किया जाता है।**

विकल्प
(a) (A) तथा (R) दोनों सही हैं और (R),(A) की सही व्याख्या है
(b) (A) तथा (R) दोनों सही हैं, लेकिन (R),(A) की सही व्याख्या नहीं हैं
(c) (A) सही नहीं है, लेकिन (R) सही है
(d) (A) सही है, लेकिन (R) सही नहीं है

11. **इंदिरा गाँधी नहर परियोजना से संबंधित निम्नलिखित कथनों को ध्यानपूर्वक पढ़िए और सही विकल्प का चयन कीजिए।** **(1)**

(i) **इंदिरा गाँधी नहर परियोजना को वर्ष 1950 में कँवर सेन द्वारा संकल्पित किया गया था और इसको वर्ष 1961 में प्रारंभ किया गया था।**
(ii) **नहर सिंचाई की शुरुआत से कमांड क्षेत्र की कृषि अर्थव्यवस्था में उल्लेखनीय परिवर्तन आया है।**
(iii) **नहर सिंचाई के प्रसार से खेती के क्षेत्र और फसल सघनता में वृद्धि हुई है।**
(iv) **ज्वार -बाजरे की परंपरागत फसलों को गेहूँ और चावल आदि ने प्रतिस्थापित कर दिया है।**

विकल्प
(a) (i), (ii) और (iv) सही हैं
(b) (i),(ii) और (iii) सही है
(c) (i),(iii) और (iv) सही हैं
(d) (ii),(iii) और (iv) सही हैं

12. **भारत के अंतराष्ट्रीय व्यापार से संबंधित निम्नलिखित कथनों को ध्यानपूर्वक पढ़िए और सही विकल्प का चयन कीजिए।** **(1)**

(i) **भारत की एक लंबी तट रेखा है, जो तीन तरफ से समुद्र से घिरी हुई है।**
(ii) **भारत के तट पर बड़ी संख्या में सुविकसित पतन हैं।**
(iii) **कांडला पत्तन बड़ी मात्रा में लौह-अयस्क का निर्यात करता है।**
(iv) **भारी-भरकम वस्तुओं का जलमार्ग द्वारा परिवहन खर्च बहुत सस्ता है।**

विकल्प
(a) (i), (ii) और (iv) सही हैं
(b) (i),(ii) और (iii) सही है
(c) (i),(iii) और (iv) सही हैं
(d) (ii),(iii) और (iv) सही हैं

13. ऐसा क्यों है कि झुग्गी बस्तियाँ (slums) सबसे कम विकल्प वाला निवास क्षेत्र है? सही विकल्प का चयन कीजिए **(1)**

(i) इनमें खराब वेंटिलेशन वाले जर्जर घर हैं।
(ii) रोशनी और शौचालय जैसी बुनियादी सुविधाएँ मिलना मुश्किल है।
(iii) स्वास्थ्यकर परिस्थितियाँ और पेयजल अव्यवस्थित हैं।
(iv) बेहतर जल–निकासी सुविधाएँ उपलब्ध हैं।

विकल्प

(a) (i), (ii) और (iii) सही हैं
(b) (ii),(iii) और (iv) सही है
(c) (i),(iii) और (iv) सही हैं
(d) (ii),(ii)और (iv) सही हैं

14. मध्य प्रदेश के झाबुआ जिले में जल संभर प्रबंधन कार्यक्रम निम्नलिखित में से किस मंत्रालय द्वारा वित्तपोषित है? **(1)**

(a) ग्रामीण विकास (c) पर्यावरण (c) परिवहन (d) सिंचाई

निर्देश (प्रं. सं. 15 से 17)निम्नलिखित तालिका का ध्यानपूर्वक अध्ययन कीजिए और प्रश्न सं 15 से 17 तक के उत्तर लिखिए

भारत का निर्यात संघटन 2009-2017

वस्तुएँ/माल	2009-10	2010-11	2015-16	2016-17
कृषि का समवर्गी उत्पाद	10.0	9.9	12.6	12..3
अयस्क एवं खनिज	4.9	4.0	1.6	1.9
विनिमित वस्तुएँ	67.4	08.0	72.6	73.6
पेट्रोलियम व अपरिष्कृत उत्पाद	16.2	16.8	11.9	11.7
अन्य वस्तुएँ	1.5	1.2	1.1	0.5

15. निम्नलिखित में से किस श्रेणी की वस्तुओं के निर्यात में निरंतर वृद्धि दिखाई देती है? **(1)**

(a) कृषि एवं समवर्गी उत्पाद (b) अयस्क और खनिज (c) विनिर्मित वस्तुएँ (d) अन्य वस्तुएँ

16. निम्नलिखित में से किस श्रेणी की वस्तुओं के निर्यात में वर्ष 2015-16 से वर्ष 2016-17 तक अधिकतम गिरावट दर्ज की गई है? **(1)**

(a) कृषि एवं समवर्गी उत्पाद
(b) अयस्क एवं खनिज
(c) पेट्रोलियम व अपरिष्कृत उत्पाद
(d) अन्य वस्तुएँ

17. निम्नलिखित में से किस श्रेणी की वस्तुओं के अंतर्गत वर्ष 2010-11 से वर्ष 2016-17 तक निर्यात में वृद्धि देखी गई है? **(1)**

(a) कृषि एवं समवर्गी उत्पाद (b) अयस्क और खनिज (c) पेट्रोलियम व अपरिष्कृत उत्पाद (d) अन्य वस्तुएँ

खंड 'ख' स्रोत/ग्राफ आधारित प्रश्न

प्रश्न संख्या 18 एवं 19 स्रोत आधारित प्रश्न हैं। **(2 × 3 = 6)**

18. दिए गए अनुच्छेद को ध्यानपूर्वक पढ़िए और उसके नीचे दिए गए प्रश्नों के उत्तर लिखिए **(3)**

आखेट एवं भोजन संग्रह

मानव सभ्यता के आरंभिक युग में आदिमकालीन मानव अपने जीवन–निर्वाह के लिए अपने समीप के वातावरण पर निर्भर रहता था। उसका जीवन–निर्वाह दो प्रकार के कार्यों द्वारा होता था (क) पशुओं का आखेट करके और (ख) अपने समीप के जंगलों से खाने योग्य जंगली पौधे एवं कंद-मूल आदि को एकत्रित करके ।

आदिमकालीन समाज जंगली पशुओं पर निर्भर था। अतिशीत एवं अत्यधिक गर्म प्रदेशों के रहने वाले लोग आखेट द्वारा जीवन–यापन करते थे। तकनीकी विकास के कारण यद्यपि मत्स्य–ग्रहण अवैध शिकार के कारण जीवों की कई प्रजातियाँ या तो लुप्त हो गईं, आधुनिकीकरण से युक्त हो गया है, तथापि तटवर्ती क्षेत्रों में रहने वाले लोग अब भी मछली पकड़ने का कार्य करते हैं। अवैध शिकार के कारण जीवों की कई प्रजातियाँ या तो लुप्त हो गई हैं या संकट में हैं। प्राचीन काल के आखेटक पत्थर या लकड़ी के बने औजार एवं तीर इत्यादि का प्रयोग करते थे, जिससे मारे जाने वाले पशुओं की संख्या सीमित रहती थी।

भोजन संग्रह एवं आखेट प्राचीनतम ज्ञात आर्थिक क्रियाएँ हैं। विश्व के विभिन्न भागों में यह कार्य विभिन्न स्तरों पर विभिन्न रूपों में किया जाता है। भोजन संग्रह कार्य कठोर जलवायुविक दशाओं में किया जाता है। इसे अधिकतर आदिमकालीन समाज के लोग करते हैं। ये लोग अपने भोजन, वस्त्र एवं आश्रय की आवश्यकता की पूर्वी हेतु पशुओं एवं वनस्पति का संग्रह करते हैं। इस कार्य के लिए बहुत कम पूँजी एवं निम्न स्तरीय तकनीकी ज्ञात की आवश्यकता होती हैं। इसमें भोजन अधिशेष भी नहीं रहता है एवं प्रतिव्यक्ति उत्पादकता भी कम होती है।

(i) जंगली पशुओं के अवैध शिकार के प्रभाव का मूल्यांकन कीजिए।
(ii) आदिम काल में पशुओं का शिकार सीमित क्यों था? व्याख्या कीजिए।
(iii) आदिमकालीन मनुष्य अपने समीप के वातावरण पर निर्भर क्यो था? व्याख्या कीजिए।

19. निम्नलिखित तालिका का ध्यानपूर्वक अध्ययन कीजिए और उसके नीचे दिए गए प्रश्नों का उत्तर दीजिए **(3)**

समस्त कृषि योग्य भूमि की संरचना

कृषि योग्य भू-उपयोग वर्ग	रिपोर्टिंग क्षेत्रफल का प्रतिशत		समस्त कृषि योग्य भूमि का प्रतिशत	
	1950-51	2014-15	1950-51	2014-15
कृषि योग्य बंजर भूमि	8.0	4.0	13.4	6.8
पुरातन परती भूमि	6.1	3.6	10.2	6.2
वर्तमान परती भूमि	3.7	4.9	6.2	8.4
निवल बोया गया क्षेत्र	41.7	45.5	70.0	8.4
सकल कृषि योग्य भूमि	59.5	58.0	100.00	100.

(i) वर्ष 1950-51 की तुलना में वर्ष 2014-15 में कृषि योग्य भूमि में कमी के कारण का उल्लेख कीजिए।

(ii) वर्ष 1950-51 की तुलना में वर्ष 2014-15 के दौरान वर्तमान परती भूमि में वृद्धि के कारण का उल्लेख कीजिए।

(iii) निवल बोए गए क्षेत्र में निरंतर वृद्धि के कारण की व्याख्या कीजिए।

खंड 'ग'

प्रश्न संख्या 20 से 23 लघु उत्तरीय प्रश्न हैं। **(4 × 3 = 12)**

20. विश्व जनसंख्या के वितरण पर जलवायु, जल की उपलब्धता और मृदा उर्वरता की भूमिका को स्पष्ट कीजिए। **(3)**

अथवा जनांकिकीय संक्रमण सिद्धांत की तीन अवस्थाओं को स्पष्ट कीजिए।

21. 'राईन जलमार्ग' के मानचित्र का अध्ययन कीजिए और उसके नीचे दिए गए प्रश्नों का उत्तर लिखिए। **(3)**

(i) उस देश का नाम लिखिए, जिसमें राईन नदी का अधिकांश भाग आता है। **(1)**

(ii) उन दो देशों के नाम लिखिए जिनके औद्योगिक क्षेत्रों को राईन नदी जोड़ती है। **(1)**

(iii) राईन नदी विश्व का सर्वाधिक उपयोग किया जाने वाला जलमार्ग क्यों है? **(1)**

नोट : निम्नलिखित प्रश्न केवल दृष्टिबाधित परीक्षार्थियों के लिए प्रश्न संख्या 21 के स्थान पर हैं।

(i) उस देश के नाम का उल्लेख कीजिए, जिससे राईन जलमार्ग उद्गम की ओर से शुरू होता है।

(ii) उस प्रमुख समुद्री-पत्तन का नाम लिखिए, जहाँ राईन नदी उत्तरी सागर में मिलती है।

(iii) वाणिज्य जल राजमार्ग के रूप में राईन नदी के महत्त्व को स्पष्ट कीजिए।

22. भारत में ग्रामीण सड़कों की मुख्य विशेषताओं को स्पष्ट कीजिए। **(3)**

23. 'नमामि गंगे कार्यक्रम' के उद्देश्यों को प्राप्त करने के लिए उपाय सुझाइए। **(3)**

खंड 'घ'

प्रश्न संख्या 24 से 28 दीर्घ उत्तरीय प्रश्न हैं। **(5 × 5 = 25)**

24. 'मानव विकास' की अवधारणा को स्पष्ट कीजिए। मानव विकास के चार उपागमो का मूल्यांकन कीजिए। **(5)**

25. विश्व में बड़े पैमाने के विनिर्माण उद्योग की मुख्य विशेषताओं की व्याख्या कीजिए। **(5)**

अथवा

विश्व में उच्च प्रौद्योगिकी उद्योग की मुख्य विशेषताओं की व्याख्या कीजिए।

26. विश्व अर्थव्यवस्था के विकास में सेवा क्षेत्रक की वृद्धि एवं महत्त्व का मूल्यांकन कीजिए। **(5)**

अथवा

विश्व अर्थव्यवस्था में परिवहन एवं संचार सेवाओं की वृद्धि एवं महत्त्व का मूल्यांकन कीजिए।

27. भारतीय जनसंख्या की ग्रामीण एवं शहरी विशेषताओं का विश्लेषण कीजिए। **(5)**

अथवा

भारत में श्रमजीवी जनसंख्या संघटन की मुख्य विशेषताओं का विश्लेषण कीजिए।

28. "पेट्रोलियम ऊर्जा का एक आवश्यक स्रोत है और इसके शोधन से कई उप-उत्पाद जुड़े हुए हैं।" उदाहरणों सहित इस कथन की व्याख्या कीजिए। **(5)**

अथवा

"सतत पोषणीय विकास के लिए गैर -परंपरागत स्रोतों से ऊर्जा का उत्पादन समय की माँग है " उदाहरणों सहित इस कथन की व्याख्या कीजिए।

खंड 'ङ'

प्रश्न संख्या 29 व 30 मानचित्र आधारित प्रश्न हैं। **(2 × 5 = 10)**

29. विश्व के राजनीतिक रेखा -मानचित्र पर सात भौगोलिक लक्षणों को A, B, C, D, E, F और G के रूप में अंकित किया गया है। उनमें से किन्हीं पाँच की पहचान कीजिए और उनके समीप खींची गई रेखा पर उनका नाम लिखिए। **(5)**

A. जर्मनी का एक मुख्य समुद्री-पत्तन

B. पार-साइबेरियन रेलवे का टर्मिनल स्टेशन

C. एक अंतर्राष्ट्रीय वायु-पत्तन

D. निर्वाहन संग्रहण का एक क्षेत्र

E. एक महत्त्वपूर्ण जलमार्ग

F. 'चलवासी पशुचारण' का एक क्षेत्र

G. विस्तृत वाणिज्यिक अनाज कृषि का एक क्षेत्र

नोट निम्नलिखित प्रश्न केवल दृष्टिबाधित परीक्षार्थियों के लिए प्रश्न संख्या 29 के स्थान पर हैं। किन्ही पाँच का उत्तर लिखिए। **(5 × 1 = 5)**

(i) जर्मनी के एक मुख्य समुद्री -पतन का नाम लिखिए।

(ii) पार -साइबेरियन रेलमार्ग के सबसे पूर्वी टर्मिनल स्टेशन का नाम लिखिए।

(iii) दक्षिण अफ्रीका के एक अंतर्राष्ट्रीय वायु -पत्तन का उल्लेख कीजिए।

(iv) कनाडा के एक निर्वहन संग्रहण क्षेत्र का नाम लिखिए।

(v) मिस्र के एक महत्त्वपूर्ण जलमार्ग का नाम लिखिए।

(vi) अफ्रीका के एक चलवासी पशुचारण क्षेत्र का नाम लिखिए।

(vii) ऑस्ट्रेलिया के एक विस्तृत वाणिज्यिक अनाज कृषि क्षेत्र का नाम लिखिए।

30. दिए गए भारत के राजनीतिक रेखा-मानचित्र पर से किन्हीं पाँच भौगोलिक लक्षणों को उपयुक्त चिह्नों द्वारा दर्शाइए और उनके नाम लिखिए। **(5 × 1 = 5)**

(i) ओडिशा में लौह-अयस्क की महत्त्वपूर्ण खाने

(ii) केरल का एक महत्त्वपूर्ण समुद्री -पत्तन

(iii) राजस्थान की एक ताँबे की खान

(iv) बिहार में एक तेलशोधन कारखाना

(v) पंजाब में एक अंतराष्ट्रीय वायु -पत्तन

(vi) सर्वाधिक जनसंख्या घनत्व वाला एक राज्य

(vii) जूट उत्पादन में अग्रणी एक राज्य

नोट निम्नलिखित प्रश्न केवल दृष्टिबाधित परीक्षार्थियों के लिए प्रश्न संख्या 30 के स्थान पर हैं। किन्हीं पाँच का उत्तर लिखिए। **(5 × 1 = 5)**

(i) **ओडिशा के एक मुख्य लौह-अयस्क खनन क्षेत्र का नाम लिखिए।** (ii) **केरल के एक मुख्य समुद्री-पत्तन का नाम लिखिए।**

(iii) **राजस्थान के एक ताँबा खनन क्षेत्र का नाम उल्लेख कीजिए।** (iv) **बिहार में एक तेलशोधन कारखाने के स्थान का नाम लिखिए।**

(v) **पंजाब में उस स्थान का नाम लिखिए, जहाँ एक अंतर्राष्ट्रीय वायु-पत्तन स्थित है।**

(vi) **सर्वाधिक जनसंख्या घनत्व वाले राज्य का नाम लिखिए।** (vii) **जूट उत्पादन में कौन-सा राज्य अग्रणी है?**

व्याख्या

1. (d) रैटजेल

2. (c) पृथ्वी को मानव के आवास और इसकी वहनीयता को समझना

3. (c) ग्रिफिथ टेलर

4. (b) (i), (iii) और (iv) सही हैं।

5. (a) (A) तथा (R) दोनों सही हैं और (R), (A) की सही व्याख्या है।

6. (c) मुक्त व्यापार

7. (b) (iii), (i), (iv), (ii)

8. (d) (i), (ii) और (iv) सही हैं।

9. (c) पल्ली बस्ती

10. (a) (A) तथा (R) दोनों सही हैं और (R), (A) की सही व्याख्या है।

11. (b) (ii), (iii) और (iv) सही हैं।

12. (a) (i), (ii) और (iv) सही हैं।

13. (a) (i), (ii) और (iii) सही हैं।

14. (a) ग्रामीण विकास

15. (b) अयस्क और खनिज

16. (d) अन्य वस्तुएँ

17. (b) अयस्क और खनिज

18. (i) अवैध शिकार के कारण जीवों की कई प्रजातियाँ या तो लुप्त हो गई हैं या संकट में हैं।

(ii) आदिम-काल के आखेटक पत्थर या लकड़ी के बने औजार एवं तीर इत्यादि का प्रयोग करते थे, जिससे मारे जाने वाले पशुओं की संख्या सीमित रहती थी।

(iii) मानव सभ्यता के आरंभिक युग में आदिमकालीन मानव अपने जीवन-निर्वाह के लिए अपने समीप के वातावरण पर निर्भर था। उसका जीवन-निर्वाह दो प्रकार के कार्यों द्वारा होता था। (क) पशुओं का आखेट करके और (ख) अपने समीप के जंगलों में खाने योग्य जंगली पौधे एक कन्दमूल आदि एकत्रित करके।

19. (i) 1950-51 की तुलना में वर्ष 2014-15 के दौरान वर्तमान परती भूमि में कमी के कारण शहरी करण और औद्योगीकरण, मृदा क्षरण और प्रदूषण, बढ़ती आबादी और आवासीय विस्तार जलवायु परिवर्तन और सूखा।

(ii) 1950-51 की तुलना में वर्ष 2014-15 के दौरान वर्तमान परती भूमि में वृद्धि के कारण अत्यधिक दोहन और कम उपज, जल संकट और सिंचाई की कमी मशीनी करण और कृषि प्रणाली में बदलाव, भूमि अधिग्रहण और नीति परिवर्तन।

(iii) निवल बोए गए क्षेत्र में निरंतर वृद्धि के कारण सिंचाई सुविधाओं का विकास, हरित क्रांति और कृषि तकनीक का विकास, कृषि नीति और सरकारी योजनाएँ, बंजर भूमि का सुधार।

20. जनसंख्या वितरण में जलवायु महत्त्वपूर्ण भूमिका निभाती है। अनुकूल जलवायु वाले क्षेत्र, जैसे समशीतोष्ण जलवायु अधिक जनसंख्या घनत्व वाले होते हैं, जबकि अत्यधिक शुष्क (सहारा) या ठण्डे (साइबेरिया) क्षेत्र विरल जनसंख्या वाले होते हैं।

जल की उपलब्धता भी जनसंख्या घनत्व को प्रभावित करती है। नदियों के किनारे (गंगा, नील, यांग्जी) घनी आबादी होती है, जबकि मरुस्थलीय क्षेत्रों में जनसंख्या कम होती है।

मृदा की उर्वरता कृषि उत्पादन को प्रभावित करती है। ऊपजाऊ मैदान (गंगा-बह्मपुत्र, डेल्टा) घनी आबादी वाले होते हैं, जबकि बंजर भूमि में बसावट कम होती है।

इस प्रकार, जलवायु, जल संसाधन और मृदा उर्वरता मिलकर विश्व जनसंख्या वितरण को निर्धारित करते हैं।

अथवा

जनांकिकीय संक्रमण सिद्धांत किसी देश या क्षेत्र में जन्मदर, मृत्यु दर और जनसंख्या वृद्धि के परिवर्तन को दर्शाता है।

इसकी तीन मुख्य अवस्थाएँ हैं

(i) **प्रथम अवस्था** इसमें अधिकतर लोग कृषि कार्य में संलग्न रहते हैं। अशिक्षा, निम्न प्रौद्योगिकी और महामारी के कारण मृत्यु दर और जन्मदर दोनों अधिक होते हैं जिससे जनसंख्या वृद्धि धीमी रहती है। वर्तमान में अंगोला और सोमालिया इस अवस्था में हैं।

(ii) **द्वितीय अवस्था** इसमें मृत्युदर घटती है, लेकिन जन्मदर उच्च बनी रहती है जिससे जनसंख्या तेजी से बढ़ती है। स्वच्छता और चिकित्सा सुविधाओं में सुधार मुख्य कारण है। अधिकांश विकासशील देश इस अवस्था में है।

(iii) **तृतीय अवस्था** इसमें जनसंख्या शिक्षित और नगरीय हो जाती है। जन्मदर और मृत्युदर स्थिर हो जाते हैं, जिससे जनसंख्या वृद्धि धीमी हो जाती है। पूर्वी यूरोप और मध्य एशिया इस अवस्था में आते हैं।

21. (i) जर्मनी देश में राईन नदी का अधिकांश भाग आता है।

(ii) राईन नदी जर्मनी और नीदरलैंड देशों के नाम को ओद्योगिक क्षेत्रों से जोड़ती है।

(iii) यह यूरोप के प्रमुख औद्योगिक क्षेत्रों (रुर घाटी, राइटडैम बंदरगाह) को जोड़ती है। यह जल परिवहन के लिए उपयुक्त गहराई और स्थिर जल प्रवाह प्रदान करती है, जिससे माल दुलाई सुगम होती है, साथ ही यह जर्मनी, फ्रांस, स्विट्जरलैंड और नीदरलैंड के बीच व्यापार का महत्त्वपूर्ण मार्ग है, जिससे आर्थिक गतिविधियों को बढ़ावा मिलता है।

22. भारत में ग्रामीण सड़कें ग्रामीण क्षेत्रों को शहरी और अर्द्ध-शहरी क्षेत्रों से जोड़ने में महत्त्वपूर्ण भूमिका निभाती हैं। इनकी प्रमुख विशेषताएँ निम्नलिखित हैं

संबंधता ग्रामीण सड़कें गाँवों को कस्बों, बाजारों और प्रमुख सड़कों से जोड़ती हैं, जिससे सामाजिक और आर्थिक विकास को बढ़ावा मिलता है।

प्रधानमंत्री ग्राम सड़क योजना सरकार ने ग्रामीण सड़कों के विकास के लिए वर्ष 2000 में योजना की शुरुआत की, जिससे गाँवों को पक्की सड़कों से जोड़ा जा रहा है।

कम घनत्व ग्रामीण क्षेत्रों में सड़कों का घनत्व शहरी क्षेत्रों की तुलना में कम होता है।

जलवायु प्रभाव बरसात में कई ग्रामीण सड़कें खराब हो जाती हैं, जिससे आवागमन बाधित होता है।

कृषि और बाजार संपर्क ये सड़कें किसानों को उनके उत्पाद बाजार तक पहुँचाने में सहायता करती हैं, जिससे ग्रामीण अर्थव्यवस्था सशक्त होती है।

सुधार और विस्तार सरकार और स्थानीय निकाय लगातार ग्रामीण सड़कों के सुधार और विस्तार के लिए काम कर रहे हैं। ग्रामीण सड़कों का विकास भारत के समग्र विकास के लिए आवश्यक है, जिससे रोजगार, शिक्षा और स्वास्थ्य सेवाओं की पहुँच उचित होती है।

23. 'नमामि गंगे कार्यक्रम' के उद्देश्य को प्राप्त करने के लिए कुछ प्रभावी उपाय अपनाए जा सकते हैं।

औद्योगिक अपशिष्टों को गंगा में प्रवाहित होने से रोकने के लिए कड़े नियम लागू किए जाए और अपशिष्ट शोधन संयंत्रों की संख्या बढ़ाई जाए।

- गंगा किनारे बसे शहरों और गाँवों में ठोस एवं तरल कचरा प्रबंधन को सुदृढ़ किया जाए।
- जैविक खेती को बढ़ावा देकर रासायनिक उर्वरकों और कीटनाशकों के उपयोग को कम किया जाए।
- जनभागीदारी को प्रोत्साहित करने के लिए जागरूकता अभियान चलाए जाएँ, साथ ही नदी किनारे वनों की कटाई रोकी जाए और अधिक-से-अधिक वृक्षारोपण किया जाए, जिससे नदी का जल स्तर बना रहे।
- नदियों का एक विशेष पारिस्थितिकी तंत्र होता है, जो नदी प्रणाली के लिए महत्त्वपूर्ण होता है। इसलिए ऐसे उपायों को अपनाया जाना जरूरी है, जो नदी की जैव विविधता को संरक्षित और पुनर्स्थापित कर सके।

24. मानव विकास का उद्देश्य ऐसी परिस्थितियाँ उत्पन्न करना है, जिसमें लोग सार्थक जीवन व्यतीत कर सकें। यह केवल आर्थिक वृद्धि तक सीमित नहीं है, बल्कि स्वास्थ्य, शिक्षा, समानता और स्वतंत्रता जैसे पहलुओं को भी शामिल करता है। मानव विकास के चार प्रमुख स्तंभ है

1. **समता** प्रत्येक व्यक्ति को उपलब्ध अवसरों तक समान पहुँच सुनिश्चित करना, जिससे लिंग, जाति, आय या अन्य भेदभाव के बिना सभी को समान अवसर मिलें।
2. **सतत् पोषणीयता** विकास को इस प्रकार सुनिश्चित करना कि वर्तमान पीढ़ी की आवश्यकताओं की पूर्ति हो, बिना भविष्य की पीढ़ियों की क्षमताओं से समझौता किए।
3. **उत्पादकता** मानव श्रम की उत्पादकता को बढ़ाना, जिससे लोगों की क्षमताओं का विकास हो और वे राष्ट्र की समृद्धि में योगदान दे सकें।
4. **सशक्तीकरण** लोगों को अपने विकल्प चुनने की शक्ति प्रदान करना, जो बढ़ती स्वतंत्रता और क्षमता से आती है। इसके लिए सुशासन और लोकोन्मुखी नीतियों की आवश्यकता होती है।

इन स्तंभों का समग्र मूल्यांकन मानव विकास को संतुलित और समावेशी बनाना है, जिससे समाज के सभी वर्गों को लाभ होता है।

25. विश्व में आधुनिक बड़े पैमाने के विनिर्माण उद्योगों की प्रमुख विशेषताएँ इस प्रकार हैं।

1. **कौशल और उत्पादन विधियों का विशिष्टीकरण** इन उद्योगों में श्रमिक विशेष कार्यों में निपुण होते हैं, जिससे उत्पादन लागत कम होती है और उत्पादों की गुणवत्ता समान रहती है।
2. **मशीनीकरण** स्वचालित मशीनों और कंप्यूटर नियंत्रित प्रणालियों का उपयोग करके उत्पादन प्रक्रिया को तेज और कुशल बनाया जाता है।
3. **प्रौद्योगिकी नवाचार** निरंतर अनुसंधान और विकास के माध्यम से नई तकनीकों को अपनाकर, उत्पादों की गुणवत्ता में सुधार, अपशिष्ट प्रबंधन, दक्षता वृद्धि और प्रदूषण नियंत्रण सुनिश्चित किया जाता है।
4. **संगठनात्मक ढाँचा और स्तरीकरण** इन उद्योगों में जटिल प्रौद्योगिकी, श्रम विभाजन, उच्च पूँजी निवेश, बड़े संगठन और प्रशासनिक पदानुक्रम शामिल होते हैं, जो समवित उत्पादन प्रक्रिया को सक्षम बनाते हैं।
5. **अनियमित भौगोलिक वितरण** विनिर्माण उद्योग कुछ विशेष क्षेत्रों में सकेंद्रित होते हैं, जो आर्थिक और राजनीतिक शक्ति के केंद्र बनते हैं।

इन विशेषताओं के माध्यम से बड़े पैमाने के विनिर्माण उद्योग वैश्विक अर्थव्यवस्था मे महत्त्वपूर्ण योगदान देते हैं और समाज की आवश्यकताओं की पूर्ति करते हैं।

अथवा

उच्च प्रौद्योगिकी उद्योग, जिन्हें हाइटेक उद्योग भी कहा जाता है, नवीनतम वैज्ञानिक और इंजीनियरिंग नवाचारों पर आधारित होते हैं। इनकी मुख्य विशेषताएँ इस प्रकार हैं

1. **उन्नत वैज्ञानिक अनुसंधान** इन उद्योगों में उत्पादों का विकास गहन वैज्ञानिक शोध और विकास के माध्यम से होता है, जिससे अत्यधिक परिष्कृत और तकनीकी रूप से उन्नत उत्पाद बनते हैं।
2. **कुशल श्रमिक** उच्च प्रौद्योगिकी उद्योगों में सफेद कॉलर (व्यावसायिक) श्रमिकों की संख्या नीले कॉलर (कार्य क्षेत्र) श्रमिकों से अधिक होती है। ये उच्च कौशल वाले पेशेवर होते हैं, जो अनुसंधान, विकास और प्रबंधन में संलग्न रहते हैं
3. **प्रमुख उत्पाद** इन उद्योगों में रोबोटिक्स, कंप्यूटर सहायता प्राप्त डिजाइन, इलैक्ट्रॉनिक नियंत्रण प्रणाली, नई रासायनिक सामग्री और औषधीय उत्पादों का निर्माण शामिल है।

4. **आधुनिक अवसंरचना** पारंपरिक उद्योगों के विपरीत, उच्च प्रौद्योगिकी उद्योगों में स्वच्छ, सुव्यवस्थित और डिजाइनर भवन होते हैं, जिनमें अनुसंधान प्रयोगशालाएँ और कार्यालय शामिल होते हैं, जो पर्यावरण के अनुकूल होते हैं।
5. **तीव्र उत्पाद जीवन चक्र** बाजार की बदलती माँगों के अनुसार ये उद्योग अपने उत्पादों में तेजी से सुधार व नवाचार करते हैं, जिससे उत्पादों का जीवनचक्र छोटा होता है।

इन विशेषताओं के माध्यम से, उच्च प्रोद्योगिकी उद्योग वैश्विक अर्थव्यवस्था में नवाचार और दक्षता को बढ़ावा देते हैं।

26. सेवा क्षेत्र वैश्विक अर्थव्यवस्था के विकास में महत्त्वपूर्ण भूमिका निभाता है। यह न केवल रोजगार सृजन में अग्रणी है, बल्कि वैश्विक सकल घरेलू, उत्पाद (GDP) में भी महत्त्वपूर्ण योगदान देता है। भारत में, सेवा क्षेत्र का GDP में योगदान वित्त वर्ष 2023-24 में लगभग 55% था, जो इसकी बढ़ती महत्ता को दर्शाता है।

सेवा क्षेत्र की वृद्धि ने व्यापार संतुलन में सुधार किया है, विशेषकर सेवा निर्माता के माध्यम से विदेशी मुद्रा अर्जन में। वित्त वर्ष 2023-24 में भारत के सेवा निर्यात ने कुल निर्यात का 44% हिस्सा बनाया, जिससे भारत सेवा निर्यात में वैश्विक स्तर पर 5वें स्थान पर रहा।

इसके अतिरिक्त सेवा क्षेत्र में उच्च कौशल वाली नौकरियों की उपलब्धता ने मानव संसाधन विकास को प्रोत्साहित किया है, जिससे सामाजिक-आर्थिक प्रगति में योगदान मिला है। सेवा क्षेत्र की निरंतर वृद्धि और विविधता ने वैश्विक अर्थव्यवस्था को सुदृढ़ बनाने में महत्त्वपूर्ण भूमिका निभाई है।

अथवा

परिवहन और संचार सेवाएँ वैश्विक अर्थव्यवस्था की जीवन रेखाएँ हैं, जो विभिन्न क्षेत्रों के विकास में महत्त्वपूर्ण भूमिका निभाती है। परिवहन सेवाएँ माल और लोगों को एक स्थान से दूसरे स्थान तक पहुँचाने में सहायक होती हैं, जिससे उत्पादन और वितरण प्रक्रियाएँ सुचारू रूप से चलती हैं। उदाहरण के लिए, कच्चे माल को कारखानों तक और तैयार उत्पादों को बाजारों तक पहुँचाने में परिवहन का प्रमुख योगदान होता है।

संचार सेवाएँ विचारों, सूचनाओं और तकनीकी ज्ञान के आदान-प्रदान को संभव बनाती हैं, जिससे व्यापार, शिक्षा, स्वास्थ्य और प्रशासनिक कार्यों में दक्षता बढ़ती है। आधुनिक संचार माध्यम; जैसे इंटरनेट, रेडियो टेलीविजन और समाचार पत्र सूचना के त्वरित प्रसार में सहायक हैं, जो आर्थिक गतिविधियों को गति प्रदान करते हैं।

परिवहन और संचार सेवाएँ बाजारों और उत्पादन केंद्रों को जोड़ती हैं जिससे व्यापार का विस्तार होता है और आर्थिक विकास को प्रोत्साहन मिलता है। ये सेवाएँ विभिन्न क्षेत्रों के बीच सामाजिक-सांस्कृतिक आदान-प्रदान को भी बढ़ावा देती हैं, जिससे राष्ट्रीय एकता और समृद्धि में वृद्धि होती है।

अतः परिवहन और संचार सेवाओं की वृद्धि वैश्विक अर्थव्यवस्था के समग्र विकास और स्थिरता के लिए अनिवार्य है।

27. भारत की जनसंख्या में ग्रामीण और शहरी क्षेत्रों की विशिष्ट विशेषताएँ परिलक्षित होती हैं। जो इस प्रकार है

ग्रामीण जनसंख्या की विशेषताएँ

संख्या और वितरण वर्ष 2011 की जनगणना के अनुसार, भारत की कुल जनसंख्या का लगभग 68.84% भाग ग्रामीण क्षेत्रों में निवास करता था। कुछ राज्यों में यह प्रतिशत और भी अधिक है। उदाहरण के लिए, हिमाचल प्रदेश, असम, बिहार और ओडिशा में 80% से अधिक जनसंख्या गाँवों में निवास करती है।

- **सामाजिक संरचना** ग्रामीण समाज में संयुक्त परिवार प्रणाली प्रचलित है जहाँ तीन या अधिक पीढीयाँ एक साथ निवास करती हैं। जाति प्रथा यहाँ सामाजिक संगठन का मूलभूत आधार है, जो सामाजिक स्तरीकरण और श्रम विभाजन को निर्धारित करती है।
- **आर्थिक गतिविधियाँ** ग्रामीण क्षेत्रों में अधिकांश लोग कृषि और संबंधित गतिविधियों में संलग्न हैं, जिससे उनकी आजीविका चलती है।

शहरी जनसंख्या की विशेषताएँ

- **संख्या और वितरण** वर्ष 2011 की जनगणना के अनुसार, भारत की कुल जनसंख्या का लगभग 31.16% शहरी क्षेत्रों में निवास करता था दिल्ली और चंडीगढ़ जैसे केंद्र शासित प्रदेशों में शहरीकरण का स्तर अत्यंत उच्च है, जहाँ क्रमशः 97-5% और 97-28% जनसंख्या शहरी क्षेत्रों में रहती है।
- **सामाजिक संरचना** शहरी समाज में एकल परिवारों की प्रधानता है, जहाँ लोग व्यक्तिगत स्वतंत्रता और निजी जीवन को महत्त्व देते हैं। जाति आधारित पहचान की तुलना में आर्थिक स्थिति और पेशेवर पहचान अधिक महत्त्वपूर्ण होती है।
- **आर्थिक गतिविधि** शहरी क्षेत्रों में लोग विविध आर्थिक गतिविधियों में संलग्न होते हैं, जैसे-उद्योग, सेवा क्षेत्र, व्यापार और प्रौद्योगिकी आदि।
- इन विशेषताओं के माध्यम से भारतीय जनसंख्या की ग्रामीण और शहरी विभाजन स्पष्ट होता है, जो सामाजिक, आर्थिक और सांस्कृतिक विविधताओं को प्रतिबिंबित करता है।

अथवा

भारत की श्रमजीवी जनसंख्या का संघटन आर्थिक गतिविधियों के आधार पर विविधतापूर्ण है। वर्ष 2011 की जनगणना के अनुसार, श्रमिकों को तीन प्रमुख श्रेणियों में विभाजित किया गया।

1. **मुख्य श्रमिक** वे व्यक्ति जो वर्ष में कम-से-कम 183 दिन छह महीने या उससे अधिक कार्यरत रहते हैं।
2. **सीमांत श्रमिक** वे व्यक्ति, जो वर्ष में 183 दिनों से कम अवधि के लिए कार्यरत रहते हैं।
3. **अश्रमिक** वे व्यक्ति जो किसी भी आर्थिक गतिविधि में संलग्न नहीं होते हैं।

वर्ष 2011 में, भारत की कुल जनसंख्या का लगभग 39.8% श्रमजीवी (मुख्य और सीमांत) था, जबकि 60% जनसंख्या अश्रमिक थी।

व्यावसायिक संघटन

- **कृषक और कृषि मजदूर** कुल श्रमजीवी जनसंख्या का लगभग 54.6% हिस्सा कृषक और कृषि मजदूरों का था, जो प्राथमिक क्षेत्र में संलग्न थे।

- **घरेलू औद्योगिक श्रमिक** लगभग 3.8% श्रमिक घरेलू उद्योगों में कार्यरत थे।
- **अन्य श्रमिक** 41.6% श्रमिक गैर-घरेलू उद्योगों, व्यापार, वाणिज्य, विनिर्माण, मरम्मत और अन्य सेवाओं में संलग्न थे।

लिंग आधारित विभाजन

पुरुष श्रमिकों की संख्या सभी क्षेत्रों में महिला श्रमिकों से अधिक थी। हालाँकि प्राथमिक क्षेत्र (कृषि) में महिला श्रमिकों की सहभागिता अपेक्षाकृत अधिक थी, जबकि द्वितीयक और तृतीयक क्षेत्रों में उनकी सहभागिता में वृद्धि देखी गई।

इन आँकड़ों से स्पष्ट होता है, कि भारत की श्रमजीवी जनसंख्या संघटन लिंग आधारित, क्षेत्रीय और आर्थिक गतिविधियों के आधार पर विविध है, जो देश की आर्थिक संरचना और सामाजिक ताने-बाने को प्रतिम्बिंबित करता है।

28. पेट्रोलियम ऊर्जा का एक आवश्यक स्रोत है, जिसका शोधन (रिफाइनिंग) प्रक्रिया से कई उप-उत्पाद प्राप्त होते हैं। कच्चे तेल (क्रूड ऑयल) में विभिन्न हाइड्रोकार्बन होते हैं, जिन्हें प्रभाजी आसवन द्वारा अलग किया जाता है। इस प्रक्रिया में कच्चे तेल को गर्म करके विभिन्न अवयवों को उनके क्वथनांक के अनुसार, पृथक् किया जाता है। जिसका विवरण इस प्रकार है

प्रमुख उप-उत्पादों में शामिल हैं।

1. **पेट्रोलियम गैस** 25°सेमी से 30°सेमी पर प्राप्त एलपीजी के रूप में रसोई गैस में उपयोग होती है।
2. **पेट्रोल** (गैसोलीन) 38° सेमी से 120° सेमी पर प्राप्त, वाहनों के ईंधन के रूप में प्रयोग किया जाता है।
3. **नैफ्था :** 120°सेमी से 180°सेमी पर प्राप्त : रासायनिक उद्योगों में कच्चे माल के रूप में उपयोग होता है।
4. **केरोसिन** (मिट्टी का तेल) 180°सेमी से 260°सेमी पर प्राप्त घरेलू ईंधन और जेट इंजन में उपयोग होता है।
5. **डामर** 600° सेमी पर प्राप्त, सड़क निर्माण में उपयोग होता है।

इन उप-उत्पादों का विविध उपयोग आधुनिक जीवन के विभिन्न क्षेत्रों में होता है, जो पेट्रोलियम को एक बहुमूल्य संसाधन बनाते हैं।

अथवा

सतत् पोषणीय विकास के लिए गैर -परंपरागत ऊर्जा स्रोतों का उपयोग समय की महत्त्वपूर्ण माँग है, क्योंकि ये स्रोत पर्यावरण मित्र है और पारंपरिक जीवाश्म ईंधनों पर निर्भरता कम करते हैं। प्रमुख गैर परंपरागत ऊर्जा स्रोतों में शामिल है।

1. **सौर ऊर्जा** सूर्य की किरणों से ऊर्जा उत्पादन। भारत में राजस्थान के जोधपुर जिले में मथानिया गाँव में 140 मेगावाट की एक समन्वित सौर संयुक्त चक्र बिजली सहित 35 मेगावाट की पहली सौर ताप ऊर्जा प्रणाली स्थापित की गई है।
2. **पवन ऊर्जा** वायु की गति से विद्युत उत्पादन। भारत में, तमिलनाडु के कन्याकुमारी के निकट 425 मेगावाट क्षमता वाला पवन ऊर्जा संयंत्र स्थापित है, जो विश्व का दूसरा सबसे बड़ा संयंत्र है।
3. **बायोगैस** गोबर और जैविक अवशेषों से मीथेन गैस का उत्पादन होता है। यह ग्रामीण क्षेत्रों में खाना पकाने और प्रकाश के लिए उपयोगी है। भारत में गोबर गैस संयंत्रों से प्रति वर्ष 22.425 मिलियन घन मीटर बायोगैस उत्पन्न भी जा सकती है।, जिससे 33,904 मिलियन लीटर मिट्टी के तेल की बचत होती है।

इन गैर-परंपरागत ऊर्जा स्रोतों का व्यापक उपयोग न केवल पर्यावरण संरक्षण में सहायक है, बल्कि ऊर्जा सुरक्षा और आर्थिक विकास को भी प्रोत्साहित करता है।

29. विश्व के राजनीतिक रेखा - मानचित्र पर ज्ञान भौगोलिक लक्षणों को A, B, C, D, E, F और G के रूप में अंकित किया गया है।

1. जर्मनी का एक मुख्य समुद्री पत्तन
2. पार साइबेरियन रेलवे का टर्मिनल स्टेशन
3. एक अंतर्राष्ट्रीय वायु पत्तन
4. निर्वाहन संग्रहण का एक क्षेत्र
5. एक महत्त्वपूर्ण जलमार्ग
6. 'चालवार्स पशुचारण' का एक क्षेत्र
7. विस्तृत वाणिज्यिक अनाज कृषि का एक क्षेत्र

दी गई जानकारी की क्रम संख्या	अंग्रेजी वर्णमाला	संबंधित नाम
1	A	
2	B	
3	C	
4	D	
5	E	
6	F	
7	G	

अथवा

दी गई जानकारी की क्रम संख्या	अंग्रेजी वर्णमाला	संबंधित नाम
1	A	हैम्बर्ग पोर्ट
2	B	ब्लाडिवोस्टक
3	C	न्यूयॉर्क
4	D	दक्षिणी चिली
5	E	वोल्गा जलमार्ग
6	F	मंगोलिया
7	G	दक्षिण अफ्रीका (वेल्डस)

30. नीचे दिए गए भारत के राजनीतिक रेखा-मानचित्र में भौगोलिक लक्षणों को A, B, C, D, E, F और G के रूप में चिह्नित किया गया है। नीचे दी गई जानकरी के आधार पर इन लक्षणों की पहचान करें और संबंधित कम संख्या के साथ अपनी उत्तर-पुस्तिका में उनके सही नाम लिखे।

1. ओडिशा में लौह-अयस्क की महत्त्वपूर्ण खानें।
2. केरल का एक महत्त्वपूर्ण समुद्री-पत्तन।
3. राजस्थान की एक ताँबे की खान।
4. बिहार में एक तेल शोधन कारखाना।
5. पंजाब में एक अंतर्राष्ट्रीयय वायु पत्तन।
6. सर्वाधिक जनसंख्या घनत्व वाला एक राज्य।
7. जूट उत्पादन में अग्रणी एक राज्य।

दी गई जानकारी की क्रम संख्या	**अंग्रेजी वर्णमाला**	संबंधित नाम
1	A	
2	B	
3	C	
4	D	
5	E	
6	F	
7	G	

दिए गए भारत के राजनीतिक रेखा-मानचित्र पर निम्नलिखित में से किन्हीं पाँच

दी गई जानकारी की क्रम संख्या	**अंग्रेजी वर्णमाला**	**संबंधित नाम**
1	A	मयूर भंज
2	B	कोच्चि बंदरगाह
3	C	खेतड़ी
4	D	बरौनी
5	E	शहीद भगत सिंह अंतर्राष्ट्रीय हवाई अड्डा, मोहाली
6	F	बिहार
7	G	पश्चिम बंगाल